The Essential
World History

威廉姆·J·杜克
杰克森·J·斯皮尔沃格　/著

易丙兰/译

简明世界史

从史前文明到
21世纪的人类历史

上

郑州大学出版社

图书在版编目(CIP)数据

简明世界史 / (英)威廉姆·J. 杜克, (英)杰克森·J. 斯皮尔沃格著; 易丙兰译. — 郑州:郑州大学出版社, 2022.1
ISBN 978-7-5645-8031-5

Ⅰ.①简… Ⅱ.①威… ②杰… ③易… Ⅲ.①世界史 – 通俗读物
Ⅳ.① K109

中国版本图书馆 CIP 数据核字(2021)第 139763 号

Title: The Essential World History

Author: William J. Duiker, Jackson J. Spielvogel

Copyright © 2014 by Wadsworth, a part of Cengage Learning.

Original edition published by Cengage Learning. All Rights reserved.

本书原版由圣智学习出版公司出版。版权所有,盗印必究。

Zhengzhou University Press Co., Ltd. & Beijing Han Tang Zhi Dao Book Distribution Co.,Ltd. is authorized by Cengage Learning to publish and distribute exclusively this simplified Chinese edition. This edition is authorized for sale in the People's Republic of China only (excluding Hong Kong, Macao SAR and Taiwan). Unauthorized export of this edition is a violation of the Copyright Act. No part of this publication may be reproduced or distributed by any means, or stored in a database or retrieval system, without the prior written permission of the publisher.

本书中文简体字翻译版由圣智学习出版公司授权郑州大学出版社出版、北京汉唐之道图书发行有限公司独家发行。此版本仅限在中华人民共和国境内(不包括香港、澳门特别行政区及台湾地区)销售。未经授权的本书出口将被视为违反版权法的行为。未经出版者预先书面许可,不得以任何方式复制或发行本书的任何部分。

Cengage Learning Asia Pte. Ltd.

151 Lorong Chuan, #02-08 New Tech Park, Singapore 556741

本书封面贴有 Cengage Learning 防伪标签, 无标签者不得销售。

备案号:豫著许可备字 –2021–A–0097

简明世界史
JIANMING SHIJIE SHI

策划编辑	郜 毅		封面设计	陆红强
责任编辑	郜 毅 席静雅		版式制作	九章文化
责任校对	孙 泓		责任监制	凌 青 李瑞卿

出版发行	郑州大学出版社		地 址	郑州市大学路40号(450052)
出 版 人	孙保营		网 址	http://www.zzup.cn
经 销	全国新华书店		发行电话	0371-66966070
印 刷	鸿博昊天科技有限公司			
开 本	710 mm × 1 000 mm 1/16			
总 印 张	67.75		总 字 数	1110千字
版 次	2022年1月第1版		印 次	2022年1月第1次印刷

书 号	ISBN 978-7-5645-8031-5		总 定 价	298.00元(共2册)

本书如有印装质量问题, 请与本社联系调换。

前　言

　　灵长类动物出现在地球上数百万年后，人类开始小群体生活，在恶劣环境下以狩猎、渔猎和采集为生。在接下来的数千年中，随着数个广为分散的地区的人们掌握了种植粮食作物的技术，人类社会发生急剧转变。食物产量的增加促使这些地区的人口迅速增长，人们开始结成更大的群体。人们组成政府，为所在地人们提供保护和其他所需服务。城市出现并且成为文化和宗教发展重地。历史学家将这一进程称为文明的曙光。

　　长期以来，欧美历史学家认为，这些文明的兴起标志着现代世界的起源。西方文明课程的循例是在前两章讲述埃及和美索不达米亚社会，接着讲授希腊和罗马帝国，然后直接就是西方现代文明的兴起。

　　这种方法本质上并没有错。当今世界的诸多重要领域实际上都可追溯到这些早期文明，全世界所有人都在很大程度上得益于它们所取得的成就。不过，人们常常用这种阐释来暗示文明的进程是线性的，似乎古代美索不达米亚的农业文明可以直接进化到欧洲和北美先进工业社会的崛起。直到近些年来，美国讲授的大多数世界史课程几乎将注意力全都集中于西方的崛起，对非洲、印度和东亚等世界其他地区不过匆匆一瞥。这些地区对我们今天的文化和技术的贡献往往被忽视了。

　　人们用两大理由来证明这种方法的正当性。一些人认为，更重要的是让年轻人理解其自身之源，而非理解世界其他地区的人们。不过，在许多情况下，这种欧洲中心论的动机是，人们相信，自苏格拉底和亚里士多德以来，西方文明是人类社会进化的唯一推动力。

　　然而，这样的阐释严重扭曲了人类历史进程。在人类历史的绝大多数时期，最先进的文明并不在西方，而是在东亚或中东。欧洲人相对短暂的统治时期在 19 世纪的帝国主义时代达到顶峰，当时，西方先进国家的政治、军事和经济势力遍布全球。然而，在近几代人的时期内，这种主导地位逐渐削弱，部分原因在于西方社会发生的变化，部分原因在于全球其他地方出现了新的发展中心，尤其引人注目的是亚洲地区经济实力日渐强大的中国、印度及其邻国。

世界史是一个复杂的历史进程。许多人类社会都积极参与了这一进程，任何一个地区的主宰都只是暂时而非永恒的现象。本书的目的就是对这一进程进行公允论述，我们尽可能尊重人类浩瀚历史的丰富性和多样性。当然，我们必须关注西方的崛起，因为西方是近几百年来世界历史上最具有主导性的地区。但是，我们也要充分关注其他地区的人们的贡献，这不仅仅限于 1500 年以前的时期——当时世界的几大文明中心都位于亚洲，还要关注显然已经开始了多极化发展的当下。

任何要讲授或写作世界史的人都必须决定，是将世界史作为一个整体还是将它作为不同文化的集合来呈现。当然，我们今天所生活的世界在经济、文化和交通等层面是相互依存的，这种现实常常被人们称为"地球村"。地球上各民族在很早就开始融合为统一的世界体系，在近代早期，资本主义的兴起加剧了这一进程。随着人们越来越意识到这一趋势，在全球史中成长起来的历史学家以及日益增多的全球史课程的导师们开始用"全球化方法"授课或著述，即重点不再关注个体文明的研究，而是关注"大图景"，或者，用世界史学家费尔南德·布罗代尔（Fernand Braudel）的话说，世界历史是无岸的河流。

总体来说，作为将人类社会进化中的共同元素引入我们讨论和关注中的一种手段，这样的发展趋势可喜可贺。不过，这种方法也产生了两个问题。第一，人类社会的绝大多数时间中，人类是部分或整个地生活在相互隔绝的状态中的。气候、地理位置、地形特征的差异使不同地区的人类社会在文化和历史发展上极为不同。只是在相当近的时期（人们通常接受的时间是 15 世纪末开始的欧洲大航海时代，不过，现在有人将其推到蒙古帝国时代或更早），文化交流才形成了共同的"世界体系"。在这一世界体系中，世界某地发生的事件迅速传至全球，并产生重大影响。当然，最近数十年来，全球相互依存的进程更为迅速。然而，即便是现在，由于民族和地区差异继续存在并塑造着世界史发展，这一进程尚不完全。这种差异和敏感不仅仅反映在非洲、印度和东欧等地区自相残杀的冲突中，也反映在近些年来如非洲联盟、东南亚国家联盟和欧盟这样的地区组织中。

第二个问题是个现实问题。今天的大学生们对中国、印度等文明的特性知之不深，对这些国家的历史了解不多，他们常常想当然地认为，这些国家与我们的历史经历相似，它们对各种刺激的反应与西欧和美国差不多。因此，忽视那些将我们联系在一起的力量是错误的，低估那些继续分裂我们并将我们分化为不同民族的世界的力量同样是错误的。

面对这样的挑战，我们的回答是，在采用全球化方法讨论世界史的同时，也公正对待世界各文明和各宗教的独特个性与发展。在第一部分和第二部分，各地区文明尤为重要。这两个部分所涉及的是人们普遍认为全球一体化还远未推进的时代。第三部分和第四部分则用比较和专题的方法讨论15世纪和16世纪以来世界各国人民间更为深刻的联系。第五部分以世界各地区为中心，同时关注与冷战有关的共同问题以及生产过剩、环境污染等全球性问题的产生。

我们也试图寻求其他方面的平衡。许多教材倾向于通过强调知识、政治视角或近来的社会视角以简化历史课的内容，这种做法的代价是缺乏足够的细节，成为编年史的笼统论述。我们试图写作一本较为周全的教材，按照时间顺序展开论述，并兼及政治史、经济史、社会史、宗教史、知识史、文化史和军事史。

总 目 录

PART I

The First Civilizations and the Rise of Empires
(Prehistory to 500 C.E.)

第一部分

最早的文明以及帝国的兴起
（从史前时期到公元 500 年）

数十万年来，人类一直以小群体聚居，在恶劣、危险的环境中靠渔猎和采集谋生。随后，在数千年时间里，人们掌握了种植技术，人类社会发生了剧变。食物产量增加，人口随之增长，人们开始生活在更大的社群内。城市随之出现并成为人类文化和宗教中心。历史学家将这些变化称为人类文明的曙光。

最早的文明是为什么以及如何形成的？跨文化交流在这些文明的发展中起到什么样的作用？这些农业文明与其他地方的非农业文明之间的关系如何？是什么导致了这些文明的衰落？它们留下了什么样的遗产？公元前4000年到公元前3000年间出现的美索不达米亚、埃及、印度和中国文明具备一些共同特征。可能最重要的是它们都发源于河谷地带，这些地方能够提供维持大量人口生存所需要的农业资源。

这些定居社会的兴起对生活在其中的人们的社会组织、宗教信仰和生活方式产生了重大影响。随着人口增加和城市涌现，集中化权威成为必需品。在城市，新的生活方式形成了，人们的生活服务和消费品需求日益增加。有些人成了手工匠人或商人，有些人当了战士、学者或祭司。有些地方的早期城市反映出社会的整体等级性特点，城市中央是王宫，王宫周边有围墙环绕，将统治者与城市居民隔离开来。

尽管早期文明的出现导致了由精英统治的城市的形成，但大多数人口是农民或有地富人的奴隶。总体来说，与城市居民相比，生活在村落中的人们较少受到这些变化的影响。随着私人财产观念的发展，人们越来越不愿意生活在大的氏族群体中，核心家庭日益盛行。性别分工也由此形成，男人主要耕种土地或从事各种特定职业，女人则留在家里。女人更多地被看作男人的财产而非伴侣。

这些文明在宗教和文化领域也有重大进步。各文明都产生了新的试图解释乃至影响自然力量的宗教。获得神的认可被认为是一个社群成功的关键因素，于是，出现了职业祭司阶层，主要掌管与神圣世界相关的事务。

在这些新兴文明的发展过程中，文字至关重要。这几大文明均用文字作为交流和创作的工具。

从公元前3000年前后人类最早的文明出现起，人类历史发展的潮流就是建立领土更广、控制体系更复杂的国家，这一进程在公元前 1000 年前后达到高潮。公元前 1000 年到公元前 500 年，亚述人和波斯人在中东建立起帝国。公元前 4 世纪，亚历山大的征服促成了更大帝国的出现，不过，该帝国存在时间较短，很快就分裂为四个王国。后来，这几个王国的西部地区与地中海世界和西欧大部分地区一同构成了庞大的罗马帝国。同时，印度大部分地区纳入了孔雀王朝的控制之下。公元前几个世纪里，中国的秦汉两朝建立了"大一统"的中华帝国。

起初，这些新兴文明与周边地区极少往来，但越来越多的证据显示，中东地区已经出现了地区贸易，东亚和南亚也在很早的时候就有类似发展。随着人口的增长，贸易的体量也在增加，新兴文明由内向外发展，以获得新的土地和所需资源。在扩张过程中，它们与周边地区的人们发生了更多的接触。

虽没留下太多记载这些早期接触的资料，但很可能这些来往的结果因时因地而大不相同。有些情况下，这些日益发展的文明发现它们更易吸收周边比较孤立的农业或采集经济的民族，如中国的华南地区、印度的南部。但有些情况下，尤其是在亚洲东北部或亚洲中部的游牧或半游牧民族地带，早期文明与它们的相遇更加复杂，往往导致激烈的冲突。

这些游牧或半游牧民族与农业定居文明间的关系可能是在漫长的时间内渐渐发展起来的。至少一开始，这种关系对双方都是有利的，因为各自都需要对方的东西。早在公元前 3000 年，中亚游牧民族就是各农业定居文明间思想和货物的传播中介。亚洲西南一带的陆路贸易在公元前 3000 年时已经比较稳定。

农业文明与游牧民族间的关系特点是具有越来越强的冲突性。一旦发生冲突，农业文明就用一系列技术手段解决问题，包括谈判、征服或与其他游牧民族结盟以孤立对手。

最终，这些早期文明由于游牧民族入侵和自身弱点，均走向衰落。它们自身面临着诸如政治、气候或环境方面的问题。

当然，古代帝国的衰落并不意味着文明的终结，而是人类社会转向新的日益复杂化阶段的标志。

第1章

早期人类与文明的起源

1849 年，胆识过人的英国年轻人威廉姆·洛夫特斯（William Loftus）冒险前往伊拉克南部的沙漠和沼泽地带。他冒着狂风和 120 华氏度（将近 49 摄氏度）的高温，沿幼发拉底河沿岸探寻当地文明的发源地。他说："从孩提时期开始，我们就被引导着将这个地方视为人类的摇篮。"

洛夫特斯在当地阿拉伯向导的带领下进入伊拉克最南端，很快，他和随行的探险小队被眼前的景象惊呆了。他写道："再没有什么时候能比第一次看到周围的平原和沼泽中隐约可见的巨大遗址堆更令我兴奋和印象深刻。"其中一个被当地人称为"瓦尔卡"（Warka）的遗址堆中包括了乌鲁克（Uruk）的遗迹，它曾是世界上最早的城市，也是世界最早的文明的一部分。

伊拉克南部被古代希腊人称为美索不达米亚，这里是文明的发源地之一。在美索不达米亚的底格里斯河和幼发拉底河、埃及的尼罗河、印度的印度河、中国的黄河这几大河流的肥沃土地上，精耕农业可以支撑大规模聚居的人们的生活。文明在这些地方形成。最早的文明出现在西亚（大约为现在的中东）和埃及，在那里，人们建立了有组织的社会，形成了与文明密切相关的思想和组织。

不过，在细数西亚和埃及早期文明之前，我们须简要检视史前时代，考察人类是如何从狩猎和采集经济转向农业社会，并最终向城市文明转变的。

■ 早期人类

□ 问题：旧石器时代与新石器时代有什么不同？新石器时代的革命对男性和女性的生活产生了什么样的影响？

最早被称为原始人类（Hominids）的类人生物生活在距今三四百万年前的非洲，

发现者们称其为南方古猿。南方古猿在东非和南非一带繁衍生息，也是最早能够使用简单石制工具的原始人类，他们两足行走，这个特征使其活动范围更大，手脚进化后拥有了不同的功用。

从 1959 年开始，路易斯·利基和玛丽·利基夫妇（Louis and Mary Leaky）在非洲陆续发现了新的原始人类化石，他们将其命名为能人（Homo habilis）。利基夫妇相信，能人的脑容量比南方古猿扩大了近 50%，他们是最早能够制造工具的原始人类。更大的脑容量和直立行走的能力使能人在寻找肉、种子和坚果等食物时更加老练。

150 万年前，随着直立人（Homo erectus）的出现，早期人类发展进入了新阶段。直立人是进一步进化了的人类，他们能使用更大、更多样的工具，也是最早从非洲迁徙到欧洲和亚洲的原始人类。

● 智人（Homo sapiens）的出现

25 万年前，智人的出现使人类发展到至关重要的阶段。智人目前被认定为最早的现代人类，出现在距今 20 万—15 万年前的非洲。近期有证据显示，7 万年前，他们开始向非洲之外的地区扩散。

这些现代人是我们的直系祖先，他们很快与其他原始人类相遇，如最先在德国尼安德特河谷发现的尼安德特人（Neanderthalis）。后来，在欧洲和西亚也发现了尼安德特人的遗址，其时间可以追溯到公元前 30 万—前 20 万年。尼安德特人依靠各种石制工具，也是最早埋葬死者的人类。到公元前 3 万年时，晚期智人（Homo sapiens sapiens，也被称为现代人）取代了尼安德特人，尼安德特人近乎绝迹。

人类的迁徙：走出非洲还是多区域迁徙？

最早的现代人的迁徙并非突然，速度也不快。群居人仅以每代人 2~3 英里的速度从原来的狩猎地向外扩散。然而，这已经足够让人类在数万年的时间里遍布世界各地了。有些学者倡导多区域迁徙理论，他们认为进化的人类可能在世界不同地方独立出现，而不仅仅在非洲。但是，最新的基因、考古和气候方面的证据有力地支持了走出非洲的理论是人类起源最具可能性的解释。无论如何，到公元前 1 万年，晚期智人已经遍布全世界了。到这时候，他们是仅剩的人类物种了。今天所有的人类——无论是欧洲人、澳大利亚土著还是非洲人——都属于同一亚种。

● 旧石器时代的狩猎——采集经济

人类的一个基本特征是他们拥有制造工具的能力。最早的工具是用石头制造的，因此人类历史的这一早期阶段被称为旧石器时代（Paleolithic Age，180万年—1万年前）。

在数十万年间，人类依靠狩猎和采集（食物收集）满足日常食物所需。旧石器时代的人们与周边世界关系密切，一段时间后，他们知道哪些动物可以狩猎、哪些植物可以食用。然而，他们不知道种植作物，也不知道蓄养动物。他们采集野生坚果、浆果、水果、各种野生谷物和绿植。他们在各地捕获和消耗包括水牛、驯鹿和鱼在内的各种生物。

猎获动物和采集野生植物毫无疑问促成了特定居住模式的出现。旧石器时代的人们很可能生活在20~30人的小群落中，他们漂泊不定，随着动物迁徙和植被生长的周期变迁，从一个地方迁徙到另一个地方。久而久之，他们的工具更精良，也更好用。矛的发明以及后来出现的弓箭让狩猎更容易。自从使用骨头制造的鱼叉和鱼钩后，他们捕获的鱼更多了。

无论男女都要负责寻找食物，这是旧石器时代人们的首要工作。由于女人要孕育和抚养孩子，渐渐地，她们留在营地附近。但她们通过采集浆果、坚果和谷物来获得食物，地位非常重要。男人捕猎野生动物，这项活动常常要远离营地。由于男、女均在部落生存中占有重要地位，科学家们认为这一时期的男女关系大致平等。

部分旧石器时代的群落，尤其是那些生活在寒冷地带的群落，在洞穴里寻找容身处。久而久之，他们创造了新的居住模式，可能最普遍的是以简单的木柱或木棍作支撑，上面覆盖动物毛皮的住室。考古学家认为，50万年前，人类开始系统地使用火，这使得洞穴和人造结构的居住场所有了光和热。早期人类还以火烧烤食物，如此，食物口感更好、保存更久，一些食物——比如野生谷物——经过烧烤后，更容易咀嚼和消化。

制造工具和使用火是旧石器时代的两个重要发明，它们提醒我们，适应能力对人类生存至关重要，但旧石器时代的人们所做的不仅仅是生存。在法国西部和西班牙北部发现的描绘大型动物的洞穴壁画，是旧石器时代人类文化活动的反映。1994年，在法国南部发现的一个洞穴中有300多幅描绘狮子、公牛、猫头鹰、熊和其他动物的壁画。在旧石器时代，人类不会随意猎捕其中的大部分动物，这表明这些壁画可能是出于宗教或装饰的目的而绘制的。

● 新石器时代革命，公元前 1 万年到公元前 4000 年

公元前 1 万年左右，最后一个冰川期结束，紧接而来的是新石器时代革命，这是新石器时代生活模式的一个重要变化。然而，"新石器时代"这个词有误导性。尽管新石器时代的人类制造新型的抛光石斧，但这并不是他们最重要的变革。

农业革命

最大的变革是从狩猎和采集谋生转向以系统地农业来生产食物。种植谷物和蔬菜为人类提供了具有季节规律的食物供应，而驯养绵羊、山羊、牛和猪等动物又为其提供了稳定的肉、奶和制作衣服所用的羊毛等织物来源。种植作物和驯养动物也构建了人与自然的新关系，历史学家更乐意将此称为农业革命（参照下页《从狩猎－采集者和牧人到农夫》）。这是一个急剧并需要极大努力实现的变革，不过，稳定获得食物的能力使人类对环境有更强的控制力，也使他们放弃了游牧生活，转向定居。食物供应的增加也使人口显著增加。

公元前 8000 年到公元前 5000 年间，系统农业在世界多个地区独立发展起来。公元前 8000 年，中东居民开始种植大麦和小麦，驯养猪、牛、山羊和绵羊。农业从中东传播到欧洲东南部。到公元前 4000 年左右，中欧和地中海沿海地区也有了农业。到公元前 6000 年，大麦和小麦的种植还通过西亚传播到了埃及的尼罗河河谷，并很快沿尼罗河传播到非洲其他地区。在中非林地和热带森林地区，出现了以种植如山药等块茎、根茎作物为基础的独立农业体系。公元前 7000 年到公元前 5000 年，大麦和小麦的栽培还向东传播到了印度西北部和中部的高原地区。到公元前 5000 年，东南亚开始种植水稻，并传播到了中国的华南地区。公元前 6000 年，中国的华北地区已经开始种植粟，并驯养猪和狗。公元前 7000 年到公元前 5000 年，西半球的中美洲（今天的墨西哥和美国中部一带）开始栽培豆子、南瓜和玉米，驯养狗和鸡。

新石器时代革命的影响

种植规律性作物促进了相对永久性定居地的形成，历史学家将此称为新石器时代的农业村庄或城镇。尽管在新石器时代，欧洲、印度、埃及、中国和中美洲都出现了村庄，但最古老、最庞大的村庄却在中东。土耳其的加泰土丘（Çatal Hüyük）遗址，四面环有围墙，墙内面积达到 32 英亩，在它发展最盛的公元前 6700 年到公元前 5700 年间，人口可能达到了 6000 人之多。人们住在简单的泥砖房子里，房子一个紧挨着一个，甚至几乎没有街道，人们不得不从屋顶上的洞回家。

新石器时代的农业革命有深远的历史影响。一旦人们在村庄或城镇中定居下来，

他们就建造遮风挡雨的房子，以及其他存储食物的设施。由于有了有组织的群落、储存起来的食物以及不断积累的物资，人们开始从事贸易活动。同时，还出现了特定的行业，劳动分工进一步明显。人们制作泥陶，用火烧制，使其硬化。陶罐用来烹制和

参照文章

从狩猎—采集者和牧人到农夫

大约 1 万年前，人类开始尝试栽培作物和驯养动物。毫无疑问，最早的农夫使用的是简单的技术，并且仍依赖于其他食物生产形式，比如狩猎、采集和放牧。当农夫们开始沿着河流的冲积平原栽培作物时，真正的突破出现了。这种方式的优势在于，在这样的地方生长的作物不那么依赖降雨，因而可以获得更可靠的收成。另一个好处在于，河水带来的冲积物为土壤储存了养分，使一个农夫可以在同一块土地上耕作多年，而无须迁徙到新的地方。因此，真正的最初的定居（非迁徙）社会产生了。

亚洲和非洲各地河谷农业的发展是早期文明兴起的决定性因素。这些地区食物产量的增加使人口显著增长成为可能。控制水流量以使耕地灌溉面积最大化，以及保护本地居民免受部落外敌对力量侵扰的努力，是大规模合作互助行动的第一步。对整个过程的监督需求使之出现了一个精英阶层，并最终转变为一个政府。

接下来的几个章节里，我们将在讨论中东、地中海、南亚和中国的早期文明时考察这一进程。我们还会提出许多重要疑问：为什么一些有农业发展潜能的地方未向农耕社会飞跃？为何其他已经掌握了栽培作物技术的部落未能进一步发展并建立更大更先进的社会？最后，在农业革命向全世界扩展期间，那些现存的狩猎—采集部落的命运如何？

多年来，针对上述问题，人们有各种解释，这些解释有些是生物学的，也有些是从文化角度或自然环境角度阐述的。根据贾雷德·戴蒙德（Jared Diamond）的《枪炮、病菌和钢铁：人类社会的命运》（*Guns, Germs and Steel: The Fates of Human Societies*）一书的解释，导致人类社会命运差别的终极原因并不在于定居人口的特征或文化价值，而在于当地的气候和地形特点。这些气候和地形特征决定了当地哪些作物和动物可以为人类所用并进而散播到邻近地区。例如，在美索不达米亚，小麦和大麦等可食用作物的普遍存在促进了该地区转向农耕。同时，美索不达米亚与其东边和西边邻近地区没有地形障碍，这也有利于农业技术和作物迅速传播到印度河谷和埃及的相似气候地区。

□ 问题：农业在文明起源中有什么样的作用？

储存谷物。另外，编织的篮子也可作为储器。石制工具更为精致，燧石刀片被用来制作镰刀和锄头。从亚麻和棉花中提取的植物纤维制成线后，用来织布。今天人类种植的许多作物在新石器时代就已经产生了。

新石器时代的农业革命还引起了两性关系的变化。男人主要从事田间劳作和放牧等远离家园的工作。女人多留守家园，碾磨谷物、养育儿女、洗濯衣物，做其他各种需要大劳动量的家务。由于户外工作越来越被认为比家务活更重要，男性在社会中日益占据主导地位，从而产生了父权制以及一直延续至今的男性主导型社会模式。

新石器时代确立的其他一些模式也被证明是人类历史中的常青元素。固定的居所、蓄养的动物、规律的耕作、劳动分工、男人当政——这些都是人类历史的一部分。尽管我们的科技有了长足进步，但人类的生存仍然依赖于新石器时代人们所取得的成就——食物的日益增加和储存。新石器时代革命真真切切是人类历史的转折点。

公元前4000年到公元前3000年间，人类取得的重大技术进步改变了新石器时代的城镇。文字的发明使人类的经历得以保存，金属的使用标志着人类控制自然及自然资源达到了新水平。早在公元前4000年前，就有工匠掌握了加热金属矿石来熔炼金属的技术，这些金属经过锻造，制成比石制工具用处更大的生产工具和武器。尽管铜是最先用来制造工具的金属，不过，在公元前4000年后，西亚的工匠们已经开始用铜混合锡来制造比简单的铜器更加坚固耐用的青铜器。历史学家将公元前3000年到公元前1200年这一广泛使用青铜的时期称为青铜时代（Bronze Age）；后来，铁逐渐取代了青铜。

起初，新石器时代的定居点不过是些村庄。但随着农业技术的发展，更加复杂的人类社会慢慢建立起来。随着财富的增加，这些社会开始建立军队、筑起城墙来进行防卫。进入青铜时代后，大量人口集中在河谷地带，产生了全新的人类生活模式。

■ 文明的出现

□ 问题：文明的基本特征是什么？文明起源于何处？

如前所述，早期的人类形成了赖以生存的小群体和简单文化。随着人类社会发展得更为复杂，文明应运而生。文明是文化的综合体，这一复杂文化综合体具有一些共同特征。历史学家们标识出了一些文明的如下基本特征：

1. 城市。城市成为政治、经济、社会和文化发展的中心。

2. 新的政治和军事组织。产生了有组织的政府官僚机构，以满足不断增加的人口的行政需求。建立军队来获取土地和权力，保卫自身安全。

3. 基于经济实力的新的社会组织。这一组织有王族和由祭司、政治首脑、武士支配的上层阶级，也有大量自由的普通民众（农夫、工匠、手工艺人），以及处于社会等级体系最底层的奴隶阶级。

4. 物质层面上的整体进步。农业作物的盈余解放了部分劳动力，他们可以从事农业之外的其他工作。统治精英对奢侈品的需求刺激了新产品的创造。而且，随着城市人口用制成品与邻近地区的人们交换原料，有组织的贸易显著发展。

5. 清晰的宗教组织。神明被认为对集体的成功至关重要，有职业的僧侣阶层充当神明的财产管家，掌控着人类与神明间的交流。

6. 书写的进步。王族、祭司、商人和工匠开始用书写进行记录。

7. 新的、重要的艺术和知识活动。例如，具有宗教纪念性的建筑往往占据了城市的显要位置。

本章主要讨论美索不达米亚和埃及的最早文明。不过，在其他地区也出现了独立发展的文明。公元前 3000 年到公元前 1500 年间，印度河孕育了从喜马拉雅山脉延伸到阿拉伯海海岸数百英里的繁荣的印度文明（参见第 2 章）。在中国华北，黄河流域孕育出灿烂的中国文明（参见第 3 章）。商王朝（公元前 1600—公元前 1046 年）时期，中国文明已经有了"外有城墙包围、内有各种宫殿"的城市。

很长一段时间内，学者们认为文明仅在底格里斯河和幼发拉底河流域、尼罗河流域、印度河流域和黄河流域这四个区域附近出现。然而，近来，考古学家们陆续发现了其他早期文明，其中一个是公元前 4000 年前蓬勃发展（今天的土库曼斯坦和乌兹别克斯坦）的中亚文明。这里的人们建造了泥砖建筑，饲养绵羊和山羊，制造青铜器，还用灌溉系统来种植大麦和小麦，并且有书写体系。另一个早期文明发现于秘鲁的苏佩河（Supe river）流域，它的中心是公元前 2600 年左右繁荣发展的卡拉尔（Caral）。这座城市中有官员们的住所、普通公寓和住宅，全用石头建造。卡拉尔城的居民们还修造了灌溉系统，将一英里外的河水引来灌溉田地。

■ 美索不达米亚文明

□ 问题：古代美索不达米亚文明的主要特点是什么？

希腊人将底格里斯河和幼发拉底河之间的地带称为美索不达米亚，意思是"两河之间的地方"。这一地区降雨极少，但由于受淤泥日久年长的冲击，美索不达米亚南部平原的土壤不断扩大，且甚为肥沃。春末，底格里斯河和幼发拉底河河水泛滥，为河岸带来大量肥沃的淤泥。不过，由于洪水取决于这两条河流发源地山脉的积雪的融化情况，故其来去很不规律。在这样的条件下，只有依靠人为灌溉和排水沟才能进行耕作。人们需要复杂的系统来控制河水，种植作物。大规模灌溉使这一地区的农业扩张成为可能，丰富的食物为美索不达米亚文明的出现奠定了物质基础。

● 美索不达米亚的城邦

美索不达米亚文明的创建者是苏美尔人（Sumerians），但其起源尚不清楚。到公元前 3000 年，苏美尔人建立起许多独立的城市，如埃利都（Eridu）、乌尔（Ur）、乌鲁克（Uruk）、乌玛（Umma）、拉格什（Lagash）等。随着城市的扩展，苏美尔人开始控制周边乡村地区的政治和经济，建立苏美尔文明的基本单位——城邦。

苏美尔人的城邦

苏美尔人的城邦都被围墙包围。乌鲁克的围墙有 6 英里长，沿墙每隔 30~35 英尺远就有一座防御塔。城市住宅用晒干的泥砖建造，有农夫住的小屋子，也有市民和祭司住的大房子。尽管美索不达米亚没有什么可用来建造房屋的石头或木头，但这里有的是泥土。泥砖制作起来很容易，放在烈日下晒干后，可用于建筑房屋。美索不达米亚的人们在泥砖建筑方面极富创造力，他们发明了拱门和圆顶，还建造了世界上最大的泥砖建筑。

苏美尔城邦中最显耀的建筑是神庙，供奉着城市的主要神灵，神庙的顶部还建有巨大的阶梯式的吉古拉特（Ziggurat）塔。苏美尔人相信城市为神所有，他们耗费大量的财富建造神庙，给那些为神服务的祭司们精心打造住所。祭司们看管神庙及其财产，拥有很大的权力。不过，苏美尔城邦的统治权主要掌握在国王手中。

苏美尔人认为君王血统神圣，他们相信，国王的权力是神授予的，他们是神的代理人。正如有人在对国王的祈求中所言："您就是正义，您是阿努神（Anu，天空之神）之子；您的命令就是神的旨意，不可违抗。您的话语如同天上倾落之雨，无以数计。"[1] 国王们大权在握，他们统帅军队，组织人们进行灌溉工作。军队、国家官僚机构、僧侣阶层协助国王进行统治。

经济和社会

苏美尔城邦的经济主要是农业，不过，商业和手工业也很发达。美索不达米亚人主要生产毛织品、陶器和金属制品。苏美尔人进口铜、锡和木材，并输出干鱼、羊毛、小麦、大麦和金属制品。商人们经陆路抵达西边的地中海东部，经由海路抵达东边的印度。由于引进了公元前3000年黑海北部游牧民族发明的车轮，苏美尔还出现了带轮子的车，运输货物也更为容易。

苏美尔城邦大致包括四个社会群体：精英、依附民、自由民和奴隶。精英包括王室和祭司及其家庭；依附民包括为王宫和神庙服务的办事人员；自由民指的是农夫、商人、渔民、抄写员、手工艺人。可能苏美尔90%或更多的人都是农夫。奴隶或属于王公贵族，主要从事建筑工作；或属于祭司——大部分是女奴隶——从事洗濯和碾磨工作；或属于富裕地主，主要从事农业和家务工作。

● 古代美索不达米亚的几大帝国

伴随苏美尔城邦数量的增加和面积的扩张，城邦间为争夺水和土地而引发的冲突也增多了。由于地处美索不达米亚平原，苏美尔各城邦很容易遭遇外来侵袭。苏美尔各城邦以北地区生活着阿卡德人（Akkadians），由于其语言体系，阿卡德人也被称为闪米特人（Semitic，见表1.1）。公元前2340年，阿卡德人的首领萨尔贡（Sargon）征服了苏美尔城邦，建立了萨尔贡帝国。这一帝国囊括了美索不达米亚的大部分地区，并且向西延伸到地中海。公元前2100年，在邻近高山民族的攻击下，阿卡德帝国崩溃，分裂成数个独立城邦，互相争战不休。到公元前1792年以汉谟拉比（Hammurabi）为首的新帝国控制美索不达米亚大部分地区后，这一局面才告结束。

---

[1] 引自 A.Kuhrt: *The Ancient Near East, c.3000-330B.C.*, vol.1, London, 1995, p.68.

表 1.1　部分闪米特语

阿卡德语（Akkadian）	亚述语（Assyrian）	希伯来语（Hebrew）
阿拉伯语（Arabic）	巴比伦语（Babylonian）	腓尼基语（Phoenician）
阿拉米语（Aramaic）	迦南语（Canaanitic）	叙利亚语（Syriac）

注：黑体部分的语言已不再使用。

汉谟拉比帝国

汉谟拉比（公元前 1810—公元前 1750 年）雇佣了一批纪律严明的步兵，他们装备着斧头、茅、铜质或青铜匕首。他分化敌人、逐个击破，用这样的方法控制了苏美尔和阿卡德，建立了以巴比伦为首都的新美索不达米亚王国。

汉谟拉比既好战又爱和平，他对国事兴趣盎然。他建造神庙、城墙和灌溉渠，鼓励贸易，带来经济复兴。事实上，汉谟拉比自认为是人民的指引人，他说："我是和平的指引人，我的权杖就是公正。我的仁慈遍及整个城市。我让苏美尔和阿卡德的人民安居乐业。"[1]然而，汉谟拉比死后，继任的几个国王均软弱无能，根本不能维持帝国的统一，最终，汉谟拉比帝国在新入侵者的攻击下衰落。

《汉谟拉比法典》

汉谟拉比最为人津津乐道的是他颁布的包括 282 条法令的法典。尽管现在许多学者认为，与其说这是汉谟拉比的法典，不如说是汉谟拉比将自己比作正义之源的举措，但它仍能让我们管窥汉谟拉比时代美索不达米亚的社会价值观。

《汉谟拉比法典》展现了一个有严格司法体系的社会。对犯罪的惩罚非常严厉，惩罚因受害者所属的社会阶层而各不相同。同样的过错，如果过错方是较低阶层（平民），他受到的惩罚要比较高阶层（贵族）的过错方严厉得多。而且，这一司法体系的基础是"以牙还牙，以眼还眼"。这意味着同态复仇。例如，"如果一个自由民毁掉另一个自由民的一只眼睛，则应当毁掉毁人者的眼睛"（第 196 条）。《汉谟拉比法典》反映了当时亚洲西南地区盛行的法律和社会思想，正如希伯来语《圣经》中的《利未记》所言："若有人伤害了他的邻居，他怎样做，邻居也要照样向他怎样做：以伤还伤，以眼还眼，以牙还牙。因为他伤害了别人，所以他要被伤害。"

汉谟拉比法典内容最多的关乎婚姻和家庭。父母指定儿女婚姻。婚后，男女双方需签订契约，否则视婚姻为非法。新郎须向新娘父母支付聘金，新娘父母也要向对方支付嫁妆。

如同任何父权制社会一样，在古代美索不达米亚的婚姻关系中，女性拥有的权利

---

[1]　引自 M.Van de Mieroop：*A History of the Ancient Near East*，*ca*，*3000-323B.C.*，Oxford，2004，p.106.

比男性少得多。女人主内，女人未能完成预期的任务是离婚的理由之一。如果她未能生育或试图离家从事其他行业，丈夫也可以与之离婚。妻子"到处游荡……忽略家务、侮辱丈夫，则投之水中"（《汉谟拉比法典》，第143条）。

汉谟拉比法典还对性关系进行了严格规定。丈夫可以有婚外性关系，但妻子不被容许。如果妻子通奸被捉，要和情夫一起被扔进河里，然而，如果丈夫原谅妻子，国王将宽恕罪人（情夫）。同时，严禁近亲通婚。父亲若与女儿乱伦，他将被驱逐出当地。母子通奸，双方均处以火刑。

家庭与社会

汉谟拉比法典

《汉谟拉比法典》是美索不达米亚虽非最早却是内容最完整的法典。这部法典强调同态复仇（"以眼还眼"）原则，惩处措施因社会地位不同而异。有些惩罚非常严厉。其中的一些法令很清楚地显示出这些特征：

第25条　任何房屋失火，前来救火的自由民若觊觎房主之财产而取其任何财物者，此人应被投入该处火中。

第129条　倘自由民的妻子与其他男人同宿并被抓住，则应将他们绑起来，扔入河中。如果女人的丈夫愿意保全妻子，则国王也将保存其奴隶的生命。

第131条　丈夫指控妻子"同另一男人睡觉"，但无实据，妻子应对神宣誓，然后释放回家。

第196条　如果一个人挖出了另一个人的眼睛，他的眼睛也该被挖出来。

第198条　任何毁坏平民的眼睛或折断平民的骨头，他应赔偿一米那（mina）银。

第199条　倘若毁坏了自由民的奴隶的眼睛或折断他的骨头，则应赔偿奴隶买价的一半。

第209条　倘若自由民殴打另一自由民之女，致其流产，他应当为其腹中胎儿赔偿十舍克尔（Shekel）银。

第210条　倘若该妇女死亡，应当将他的女儿也打死。

第211条　倘若自由民殴打平民的女儿，致其流产，他应当赔偿五舍克尔银。

第212条　倘若该妇女死亡，他应当赔偿半个米那银。

第213条　倘若自由民殴打自由民的女奴，致其流产，他应当赔偿两舍克尔银。

第214条　倘若该女奴死亡，他应当赔偿1/3个米那银。

□ 问题：汉谟拉比法典的这些内容反映了美索不达米亚社会的哪些特点？

父亲如控制妻子一样控制儿女。法典要求子女顺服父亲："如果儿子殴打父亲，应当被砍手。"（《汉谟拉比法典》，第195条）尽管父亲不能随意剥夺儿子的继承权，但如果儿子严重冒犯父亲，其继承权是可以被剥夺的。

● 美索不达米亚的文化

有神论的世界观对美索不达米亚文化非常重要。对美索不达米亚的人们来说，神是活生生的现实存在，它影响着人们生活的方方面面。因而，遵守等级制度至关重要。首领们集结军队，进行战斗，但人们认为，获胜实际上取决于与神的良好关系。这也是祭司阶层如此重要以及即便是国王也极端重视祭祀和神庙的原因。

宗教的重要性

自然环境显著影响着美索不达米亚人的宇宙观。美索不达米亚的气候包括凶猛的洪水、暴雨、热风、闷热潮湿。这样的环境及其带来的饥荒很容易让美索不达米亚人确信世界由超自然力控制着，它往往不友善，不可靠。他们很容易在这样的自然界面前感到无助，如同下面这首诗感叹的：

> 无人能阻止泛滥的洪水，
> 它撕裂天空，让大地颤抖，
> 母亲和孩子们在毛毯的包裹下战战兢兢，
> 繁盛的作物饱受拍击，
> 成熟的庄稼毁于一旦。[1]

美索不达米亚人分辨出自然的节奏，接受宇宙的规则，但他们认为，由于任性、强大的宇宙力——他们将其称为神或女神——的存在，宇宙并不十分安全。

由于美索不达米亚人认为有许许多多的神掌管着宇宙的方方面面，他们的宗教是典型的多神论。其中，最重要的四个神是：天神安（An），是宇宙间最重要的力量；风神恩利勒（Enlil）；大地之神恩奇（Enki），掌控着土地、河流、泉水、渠道、发明和手工业；女神宁胡尔沙格（Ninhursaga），掌握着土壤、山川和植物，因此也被人们尊为万物之母，她通过孕育国王和赋予他们神权标识来显示力量。

---

[1] 引自 T.Jacobsen："Mesopotamia"，转引自 H.Frankfort 主编：*Befor Philosophy*，Baltimore，1949，p.139.

新的艺术和科学

美索不达米亚文化的另一个特征是，它们显示出了文字的巨大潜力。公元前3000年左右，苏美尔人发明了楔形文字。他们用芦苇笔在泥板上留下楔形符号，然后将泥板烘干或晒干。这些泥板一旦干化，几乎坚不可摧。迄今已经发现了数十万块这种泥板，它们为当代学者提供了重要研究资料。苏美尔人的文字从描述具体实物的图像文字进化成简化的表意符号，并且最终发展成一套语音体系，人们因此可以用文字表述抽象思维。

文字极为重要，因为它能让社会生活留下记录，留下此前的经历和对各类事件的记忆。文字还让人们有了新的思想交流方式，这在美索不达米亚最重要的文学作品《吉尔伽美什史诗》（The Epic of Gilgamesh）中尤为显著。这是一部记载国王吉尔伽美什寻求永生秘密的传奇经历的史诗。不过，吉尔伽美什的努力以失败告终，他仍难逃一死。人类孜孜以求的梦想即对永生的渴求以彻底的挫败结束。正如这一史诗所描述的，只有神才能永生。

美索不达米亚人在数学和天文学上也取得了杰出成就。在数学领域，苏美尔人发明了60进制的计数体系，在实际生活中，6进制和10进制结合使用。他们还用几何学来丈量土地、建造房屋。在天文学方面，苏美尔人以60为单位，绘制星座。他们的日历以阴历12个月为基础，时不时增加一个闰月，以实现与太阳年的和谐一致。

表 1.2　楔形文字的发展

象形符号 公元前3100年									
楔形**符号** 公元前2400年									
楔形**符号** 公元前700年 （90度旋转后）									
释　读	星	太阳从地平线升起	溪流	麦穗	公牛头	碗	头＋碗	下肢	裹起来的身体
表　音	dingir, an	u₄, ud	a	še	gu₄	nig₂, ninda	ku₂	du, gin, gub	lu₂
意　思	神、天空	白天、太阳	水、种子、儿子	麦子	斧	食物、面包	吃	走、站立	人

附注：有些符号是多音的，有的音有几种符号表示，如 u₄ 表示 u 的第4种读音。

图表来源：*Cultural Atlas of Mesopotamia & the Ancient Near East* by Michael Roaf/Courtesy Andromeda Oxford Limited, Oxford, England.

说明：本表显示的是起源于公元前3100年的象形文字，到公元前700年时，发展为楔形文字。注意星星符号的意思演变成了"神"或"天空"；头和碗这两个形状不断简化后形成楔形文字"吃"。

■ 古埃及文明：“尼罗河的馈赠”

□ 问题：古埃及历史上三个主要时期的基本特点是什么？它们的哪些因素具有明显的延续性？其主要区别又在哪里？

有位阿拉伯旅人曾这样写道："埃及的尼罗河比世界上所有其他河流都芬芳、源远流长和用处多多。世界上没有任何河流如它般在沿岸有如此多连绵的村庄和城市。"尼罗河对埃及文明的发展至关重要。如同美索不达米亚文明一样，埃及文明也是典型的河流文明。

● 地形的重要性

尼罗河独一无二，它发源于非洲中心地带，向北流经数千英里，是世界上最长的河流。尼罗河在两岸创造了数英里宽的肥沃且收成可观的土地。尼罗河的"奇迹"在于它每年的泛滥。夏季，河水因中非的雨水不断上涨，9~10月在埃及达到洪峰顶点，带来大量滋养土壤的淤泥。这种土壤颜色深重，其上种植的作物长势浓密，因此埃及人将它称为"黑土地"。此外，尼罗河流域还有沙漠中狭长的肥沃土壤（"红土地"）。在距离地中海100英里左右，尼罗河分为两大支流，它们形成的三角洲被称为下埃及，以此与上游的上埃及相区分。埃及的一些重要城市就是在这一三角洲的顶点部分发展起来的。

不同于美索不达米亚的河流，尼罗河的洪水很有规律性，往往是可预测的，而且河流本身就被人们认为是永生不朽，而非致命危险。尽管有组织的灌溉系统仍有必要存在，但在尼罗河沿岸的小村庄，人们不需要大规模国家干预就可以建造起这种灌溉系统；而在美索不达米亚，却需要国家的大规模干预。埃及文明因此更趋于乡土性，不少聚居区都集中在尼罗河两岸的狭长地带。

肥沃的尼罗河河谷地带种植的大量作物所带来的食物盈余使埃及非常繁荣。尼罗河在埃及历史上还是促进统一的重要因素。在古代，经由尼罗河的航行是穿越非洲大陆的最快途径，运输和交流也由于尼罗河而更加便利。北风使帆船顺风南下，水流又使它们一路北上。

和受到不断入侵的美索不达米亚不同，埃及拥有自然屏障，使它在某种程度上免

宗教与哲学

尼罗河和法老的意义

古埃及人的两个最重要的生活源泉是尼罗河和法老。埃及人认为，尼罗河给他们提供了丰富的食物，这是他们生活安宁的主要原因。下面这首创作于新王国时期第19—20王朝的《尼罗河赞美诗》表达了埃及人对尼罗河的态度。

我赞美你，尼罗河，赞美你带来的一切，带给埃及的勃勃生机……

它滋润着其所创造的草地，为了让每个孩子都有活力

它浇灌沙漠和远离水源的土地，它的水滴来自上天……

它召唤了鱼类的神，让鱼儿逆流而上……

它带来了小麦，带给我们大麦，它让神庙欢庆一堂

假若它倦怠了，流通不畅了，人人都将一贫如洗……

一旦水流上涨，大地欢腾，人人丰衣足食，眉开眼笑

它是善的信使，食物的使者，所有美善的创造者，庄严与甜蜜的芳香之主……

它让每棵树在它的滋润下茁壮成长

埃及国王或法老被认为是神和埃及的绝对统治者。他的重要性和埃及人对他的感恩之情在下面这首作于塞索特里斯（Sesotris）三世统治时期（公元前1880—公元前1840年）的《法老赞美诗》中体现得非常明显。

他来到我们之中，他带走上埃及

他头顶戴上了双王冠

他来到我们之中，他统一了上下埃及

他融合了芦苇与蜜蜂

他来到我们之中，他控制了黑色之地

他称自己是红土地的主人

他来到我们之中，将上下埃及置于他的保护之下

他给两河之岸带来了和平

他来到我们之中，让埃及得以生存

消除了它的痛苦

他来到我们之中，让人民安乐

让臣民们得以喘息

他来到我们之中，开疆拓土

让人们前往被征服的领土

□ 问题：这两首赞美诗是怎样强调尼罗河以及法老制度对埃及文明的重要性的？

于被入侵。这些屏障包括东西两边的沙漠、防卫相对容易的尼罗河南部的大瀑布、北边的地中海。不过，它们只有与在战略要点建立的防御工事结合后才起作用，而且，也不会阻碍贸易的发展。

有规律的尼罗河洪水以及相对孤立的环境给埃及人带来安全感和稳定感。对古埃及人来说，每逢洪水泛滥，"大地笑了，人们喜气洋洋"。和美索不达米亚人不同的是，埃及人在安稳中以乐观的精神面对生活。古埃及文明的特征之一是其历史延续数千年不断。

● 宗教的重要性

宗教也为埃及人提供了安全感和永恒感。事实上，当时并没有宗教这个词语，因为它是埃及社会所属的世界秩序中不可分割的一部分。毫不奇怪，鉴于阳光、河流以及尼罗河两岸的肥沃土地对埃及人生活安宁的重要性，埃及人崇拜多神，有数不胜数的与天体或自然力量相关的神。太阳是生命之源，因而理应受到崇拜。太阳神因具体角色不同，名称和形式各异：当他是人身时，被称为阿图姆神（Atum）或拉神（Re）。人们认为，埃及的统治者是拉神在尘世中的形象，因此，其被称为"拉神之子"。河神和大地女神包括奥西里斯（Osiris）和伊西斯（Isis），以及他们的孩子荷鲁斯（Horus）。荷鲁斯既是尼罗河之神也是太阳神，奥西里斯后来被视为复活或重生的象征，尤其重要。

● 古埃及历史：古王国、中王国和新王国

现代历史学家将古埃及的历史分为三个主要阶段：古王国、中王国和新王国。这是埃及历史上三个长期稳定的时期，其特征是：有强有力的君主制、不受外力入侵、大量修建神庙和金字塔、相当丰富的知识和文化活动。不过，这三个稳定期之间还存在着动荡期，即中间期。

古王国时期

埃及的历史是从公元前3100年左右开始的。当时，国王美尼斯（Menes）统一了
上埃及和下埃及的各个村庄，建立起埃及历史上第一个王朝。此后，埃及的统治者被
称为"上埃及和下埃及之王"，国王的王冠是双王冠，融合了代表上埃及的白色王冠和
代表下埃及的红色王冠。尼罗河在地理地形上统一了上埃及和下埃及，国王则在政治
上将二者统一了起来。

古王国包括第三到第六王朝，其时间是从公元前2686年起到公元前2180年止。
这是埃及历史上的繁荣昌盛期，从所建的最大金字塔即可窥见一斑。在古埃及，王权
是神圣的，也是宇宙体系的一部分。"上埃及和下埃及的王是谁？他是万民之神，万民
的父母，独一无二。"[1]臣民们服从国王，也为维持宇宙秩序助一臂之力。王权的崩溃
意味着民众冒犯了神灵，动摇了宇宙结构。在埃及国王的各种名号中，法老（原义为
"大房子"或"大地方"，特指王宫）最终成为最普遍的称号。

尽管理论上国王有绝对权力，但实际上，法老们并非以一己之力统治埃及。到第
四王朝时，埃及已经建立了常规性的官僚机构。后来，埃及被分为多个省或希腊人所
称的诺姆（nome），其中上埃及有21个诺姆，下埃及则有20个诺姆。各省的管理者（相
当于州长官）被埃及人称为诺马尔赫（Nomarch），他们对国王负责。

金字塔

埃及文明的一大成就是始建于古王国时期的金字塔。单个金字塔是一个更大的建
筑群的一部分，其目的是为纪念死者。该建筑群包括埋葬国王的大金字塔和埋葬王室
成员的小金字塔，以及埋葬王公贵族的平顶矩形建筑。

这些陵墓的墓室里设施齐全，包括椅子、小船、箱子、武器、猎物、碗碟和各种
食物。埃及人相信，人除了肉身的存在外，精神上的灵魂或卡（Ka）也是不灭的。如
果肉身保存正当（木乃伊化）、陵墓里备有日常生活所需之物，尽管肉身已死，但灵魂
依然可以继续存活。

最大最宏伟的金字塔是国王胡夫（Khufu）下令建造的吉萨（Giza）金字塔。它始
建于公元前2540年，占地面积达13英亩，底座各面长756英尺，高481英尺。金字
塔的四面都几乎精确对应指南针的四个方向。金字塔里面有一条通往墓室的墓道，墓
室用花岗岩建造，放着装有法老遗体的无盖石棺。大金字塔也是古王国时期埃及国王

---

〔1〕引自 M.Covensky: *The Ancient Near Eastern Tradition*，New York，1966. p.51.

的权力象征和奠定社会基础的精神信念。此后，再没有金字塔在宏伟程度上能与胡夫金字塔相比拟的。金字塔是国王的陵墓，也是王权的重要象征。远在数英里之外就能看见，不禁使人联想到被视为凡间之神的埃及统治者的荣耀、威望和财富。

中王国

尽管古王国时期形成了神圣秩序的理论，但它最终还是崩溃了，此后，埃及进入了长达 125 年的动乱期。最终，新王朝重新统一埃及，开创了从公元前 2055 年延续到公元前 1650 年的新稳定期——中王国时期。后来埃及人将这一时期描述为黄金时代，清晰地表明了该时期的稳定性。

中王国时期的埃及为彰显实力，开始向外扩张。它征服了"下努比亚"（一般指从阿斯旺到瓦迪哈勒法之间的地区），建立要塞防守南部边境。埃及军队还进入了迦南和叙利亚，但并未对其实施直接统治。法老还派遣商队前往库什、叙利亚、美索不达米亚和克里特岛。

中王国时期的一个特征是人们对法老有了新看法。古王国时期，法老一直被看作是无法接近的神王。现在，他被描述为人民的指引人，负有引导发展公共事业、提供公共福利的责任。中王国的法老们促成了许多有利于民生的工程。这一时期修建的尼罗河三角洲排水工程为埃及增加了数千英亩耕地。

混乱和新秩序的建立：新王国

公元前 1650 年前后，埃及遭受了被其称为喜克索斯人（Hyksos）的西亚民族的入侵，中王国时代结束。马拉战车的喜克索斯人压倒性地战胜了驴拉战车的埃及士兵。在近一百年的时间里，喜克索斯人统治着埃及的大部分地区。被征服者从征服者那里获得了不少好处：埃及人学会了用铜制造农具和武器，掌握了喜克索斯人的军事技术，尤其是马拉战车。

最终，第十八王朝的法老们用新武器推翻了喜克索斯人的统治，重新统一了埃及，开创了新王国时期（公元前 1550—公元前 1070 年），带领埃及走上黩武之路。新王国时期的埃及创建了帝国，成为中东地区势力最强的国家。

巨大的财富强化了新王国时期法老们的权力，他们通过建造神庙彰显其财富。第一位靠能力当上法老的哈特谢普苏特女王（Hatshepsut，公元前 1473—公元前 1458年）在底比斯附近建造了德巴哈里（Deir el Bahri）神庙，她的继任者，也是其侄子图特摩斯三世（Tuthmosis，公元前 1480—公元前 1450 年）对叙利亚和迦南发动了十几次军事行动，甚至一度抵达幼发拉底河。最终，埃及军队占领了迦南和叙利亚，并且西进到利比亚。

不过，十八王朝并非一帆风顺。阿蒙霍特普四世（Amenhotep Ⅳ，公元前 1364—公元前 1347 年）树立并推广对太阳神阿吞（Aten）的一神崇拜，还将自己的名字改成埃赫那吞（Akhenaten，意为阿吞神的仆人），并封闭了其他神的神庙。不过，阿蒙霍特普的宗教改革最终失败了。埃及人不愿意放弃传统的生活方式和信仰，他们把破坏旧神庙视为对埃及赖以生存和持续繁荣的正确宇宙秩序的颠覆。同时，由于埃赫那吞全神贯注于宗教改革，忽略了外交，致使埃及丢掉了叙利亚和迦南。埃赫那吞死后，小法老图坦卡蒙（Tutankhamun）废除宗教改革，恢复了以往的多神崇拜。公元前 1333 年，第十八王朝宣告终结。

第十九王朝再次复兴了埃及。拉美西斯二世（Ramses Ⅱ）治下的埃及重新控制了迦南。但到公元前 13 世纪，迦南又遭遇了被埃及人称为"海民"的外族的入侵，埃及在迦南的势力被摧毁，不得不退回到以前的边境。公元前 1070 年，埃及帝国崩溃，新王国时期宣告终结。在接下来的一千多年里，尽管埃及时不时有短暂的复兴，但长期处在利比亚人、努比亚人、波斯人的统治之下，最终被亚历山大大帝征服，不得不接受马其顿人的统治。公元前一世纪，埃及成为罗马帝国的一个行省。

表 1.3　埃及各王国时间起始表

朝　代	时　间
早王国时期（第一——二王朝）	公元前 3100—公元前 2686 年
古王国时期（第三—六王朝）	公元前 2686—公元前 2181 年
第一中间期（第七—十王朝）	公元前 2181—公元前 2055 年
中王国时期（第十一——十二王朝）	公元前 2055—公元前 1650 年
第二中间期（第十三—十七王朝）	公元前 1650—公元前 1550 年
新王国时期（第十八—二十王朝）	公元前 1550—公元前 1070 年
后王朝时期（第二十一——三十一王朝）	公元前 1070—公元前 332 年

● 古埃及的社会与日常生活

数千年来，埃及成功地维持着一种简单的社会结构，这种结构与以神王为顶端的等级制度相辅相成。围绕在国王周边的是贵族和祭司构成的上层阶级，祭司们主要掌管法老生活所需的各种复杂仪式。这一统治阶级掌管着埃及政府，管理着他们财富的主要来源——地产。

次上层阶级是商人和手工艺人。商人在尼罗河上下游以及城市和乡村集镇从事贸易，有些商人甚至进行跨国贸易：国王派他们前往叙利亚和克里特岛收购木材和其他产品，有些商人到努比亚购买象牙，并从红海前往非洲南端的蓬特（Punt）获取熏香和香料。由此，红海各港口与印尼群岛等地都建立起贸易往来。埃及手工艺人制作出各种令人难以置信的结实、美观的产品：石制餐具、陶质彩绘盒、木制家具、各种金银铜具和容器、纸莎草做的纸和绳子、麻质衣服。

不过，多数埃及人从事农业。尽管名义上一切土地归国王所有，但国王会将小部分土地赐给臣民，而大部分土地由贵族和神庙所有。大部分下层阶级是农奴或依附于土地的平民，他们用谷物的形式向国王、贵族和祭司交税，住在小村庄或城镇，须服兵役和劳役。

古埃及人对世俗日常生活的态度非常乐观。他们早早地结婚成家（女孩12岁，男孩14岁）。丈夫是家里的主人，但妻子也受尊重，主管家务和子女教育。埃及的箴言集中有这样的忠告："男儿顶天立地，应当组建自己的家庭，在家里呵护妻子，让她衣食无忧……只要你活着，就要让她心生欢喜。"[1]女人可以自己掌握财产和所继承的遗产，即便婚内也是如此。尽管大部分职业和公共职务都不对女人开放，但确实有部分妇女经商。女性农民不仅要在地里忙活，还要做许多家务。上层阶级的妇女可以当祭司，史上甚至出现了四位女法老。

● 埃及文化：艺术和文字

埃及艺术是为国王或贵族服务的，主要用在神庙或陵寝上，因此，其作用很大程度上是功能性的。壁画、神庙里的神像和国王雕像都有宗教意义。人们认为，这是维持宇宙秩序并进而维护埃及安宁所必需的仪式中不可或缺的部分。同时，陵墓中的壁画和雕塑也有特殊功用：人们认为它们可以为死者的阴间之旅提供帮助。

埃及艺术也具有程式化特点。手工艺人和雕塑家必须严格遵守决定作品形式和外观的比例准则，这种准则使埃及艺术在数千年里形成了独特的表现形式，尤其在宗教作品和绘画中，有准确体现人体各部位并兼具侧面、半侧面和正面的表现形式。这种风格使埃及艺术既高度程式化又不乏独特性。

在第一、二王朝时期，埃及出现了文字。后来的希腊人将这种文字称为象形文字，意思是"祭司雕刻"或"神圣的"之字。象形文字是指物的神圣图形符号，具有宗教意义。为了书写，尽管后来象形文字简化成了两种字体，但它始终未能进化为字母。起初刻在石头上的象形文字，简化后书写在用尼罗河沿岸生长的芦苇做的纸莎草纸上。

---

[1] M.Covensky, *The Ancient Near Eastern Tradition*, p.413.

● 埃及影响力的扩散：努比亚

埃及文明影响了生活在地中海东部的人们。埃及和克里特岛上都发现了出自对方的物品，埃及对早期希腊雕塑也影响显著。埃及还影响了撒哈拉沙漠以南的努比亚（现苏丹南部）。事实上，近来有些考古学家认为，努比亚王国甚至可能比埃及王国还要早。

到公元前 3000 年时，尼罗河上下游之间已有往来，当时，埃及商人到努比亚购买象牙、乌木、乳香和豹皮。几个世纪后，努比亚成了埃及的附庸。公元前 2000 年，乘埃及衰落和混乱之机，努比亚地区出现了独立的库什王国（Kush）。不过，埃及的影响力仍在，库什文化广泛借鉴了包括宗教信仰、金字塔以及象形文字在内的埃及文化。

公元前 1000 年前后，库什王国也直接影响了埃及。公元前 8 世纪后半期，库什王国统治了埃及，建立起埃及第二十五王朝。库什王国对埃及的统治持续到公元前 663年。其间，埃及的努比亚统治者甚至帮助以色列人与亚述人作战。

尽管库什王国的经济以农业或畜牧业为基础，但它也是非洲的一大贸易国，并持续了数百年之久。在麦罗埃（Meroe）洪泛区发现铁矿石后，库什王国的商业迅速发展。麦罗埃地处穿越沙漠的陆地路线和尼罗河相交的战略要地上，故而也是库什王国的都城。除了铁制品外，库什王国还向罗马帝国、阿拉伯帝国和印度帝国输出象牙、黄金、乌木和奴隶。

■ 新的文明中心

□ 问题：印欧人有什么样的重要性？犹太教与美索不达米亚和埃及的宗教有什么区别？

到目前为止，我们谈到的文明集中在美索不达米亚和北非。不过，这些文明周边的地区也取得了重大发展。到公元前 6500 年，农业已经传播到巴尔干半岛和欧洲，到公元前 4000 年，法国南部、欧洲中部和地中海沿海地区的新石器时代的人们已经开始蓄养动物，并且主要依靠自己的力量发展起农业。

欧洲新石器时代晚期的一个显著特征是巨石文化。最早的巨石建筑建于公元前

4000 年左右，比埃及的大金字塔还要早一千年。公元前 3200 到公元前 1500 年间，整个不列颠群岛和法国西北地区到处树立起巨石，它们或围成圈，或排列成行。此外，北至斯堪的纳维亚，南至科西嘉岛、撒丁岛和马耳他这样遥远的地方也出现了巨石建筑。考古学家证实，这些石圈是用来观测如冬至和夏至的日出等天文现象，以及月球停变（lunar standstill）等月相的。

● 游牧民族：印欧人的影响

生活在上述文明周边地区的是依赖狩猎、采集和放牧为生的游牧民族，当然，他们多少也有一些农业活动。最重要的是，游牧民族时不时攻占文明地区，建立起自己的帝国。为了衣食，他们也蓄养牲畜，并沿一定的规律迁徙，为牲畜寻找稳定的草场。

印欧人是最重要的游牧民族。印欧各族均源自同一个母语体系——印欧语系，它包括希腊语、拉丁语、波斯语、梵语和日耳曼语（见表 1.4）。最早说印欧语的人可能来自于黑海北部或亚洲西南地区的草原（现伊朗或阿富汗），不过，到公元前 2000 年前后，他们开始迁往欧洲、印度和西亚。蓄养马匹、使用车轮，以及从美索不达米亚传入的四轮车加速了印欧人向其他地区迁徙的速度。

其中一支印欧人在公元前 1750 年左右迁往小亚细亚和安纳托利亚（现土耳其），与当地人融合，建立了赫第王国（Hittites），以哈图沙（Hattusha，即今天土耳其的博阿兹卡）为都城。公元前 1600 到公元前 1200 年间，赫第人在西亚建立起自己的帝国，甚至对埃及造成威胁。赫第人也是最早使用铁的印欧人，由于拥有丰富的铁矿石，赫第人可以制造更坚硬、更便宜的武器。

表 1.4　部分印欧语种

亚　　种	语　　言
印伊语	**梵语**、波斯语
巴尔图 - 斯拉夫语	俄语、塞尔维亚 - 克罗地亚语、捷克语、波兰语、立陶宛语
希腊语	希腊语
意大利语	**拉丁语**、罗马语（法语、意语、西语、葡语、罗马尼亚语）
凯尔特语	爱尔兰语、盖尔语
日耳曼语	瑞典语、丹麦语、挪威语、德语、荷兰语、英语

注：黑体部分的语言已不再使用。

● 西亚的国家：腓尼基

全盛期的赫第帝国是西亚最有势力的国家之一。但到公元前 1200 年，它被新一波印欧民族的入侵摧毁了。赫第帝国崩溃和埃及帝国衰败后，西亚地区群龙无首，小王国或城邦林立，这在叙利亚和迦南地区尤为明显。腓尼基就是其中之一。

腓尼基人属于闪米特语系，他们居住在地中海海岸迦南地区 120 英里长的狭长地带上。赫第人和埃及人的势力消亡后，新发现的政治独立有助于腓尼基人扩大贸易，这一直成为他们繁荣的基础。

腓尼基人改进了造船技术，成为海上贸易商。他们绘制了新的地中海和大西洋贸易路线——北抵不列颠，南达非洲西海岸，还在地中海西边建立起了许多殖民地，其中最著名的便是非洲北部沿海的迦太基（Carthage）。

腓尼基人以文化上的传播者闻名。与美索不达米亚使用楔形文字、埃及使用象形文字来表述整个词语或音节不同，腓尼基人将文字简化，用 22 个不同的符号表示音调，并以此拼出腓尼基语的所有词语。尽管腓尼基人不是发明字母表的唯一民族，但因其字母表传播到希腊，具有特殊意义。今天的希腊、罗马和西里尔字母都是从古希腊字母衍生而来的。

● "以色列的孩子"

在腓尼基以南，居住着另外一支说闪米特语的民族，这就是以色列人。尽管以色列人在当地政治中只是微不足道的一支力量，但他们的一神论——上帝崇拜——深刻地影响了基督教和伊斯兰教这两大独立、繁荣的宗教。以色列人有关注自身起源和历史的传统，他们将其写入《希伯来圣经》，即后来的基督教《旧约》。现在的许多学者质疑《圣经》是否反映了早期以色列人的真实历史。他们认为，《圣经》早期版本中所描述的事件实际上成书于数百年后，近来的考古学证据与《圣经》所记载的内容相左。然而，人们也大体上赞同在公元前 1200 年到公元前 1000 年间，以色列人已成为一个独特的民族，很可能已经有了部落或部落联盟组织。

以色列是否有统一的国家？

根据《希伯来圣经》记载，以色列人在扫罗（Saul）和大卫（David）时期建立了统一的国家以色列。以色列人认为，大卫的儿子所罗门统治时期（公元前 970—公元前 930 年），以色列以耶路撒冷为都城控制了整个迦南地区。据记载，所罗门还采取了诸如扩大政府、增加军队、促进贸易活动等措施来加强王权。所罗门被形容为一个伟大的奠基者，在他的敦促下，建造了耶路撒冷的圣殿。以色列人视圣殿为其宗教中心和以色列王国的象征。一般认为，在所罗门王的统治下，古代以色列发展到了顶峰。

新一代考古学家和历史学家质疑《圣经》中所记载的关于扫罗、大卫、所罗门统治下的以色列王国的准确性。尽管他们大致赞同扫罗、大卫和所罗门都是真实的历史人物，但却认为他们是大领主而非国王。如果在此期间确实存在着统一的以色列王国，那么，它也不会如《圣经》所描述的那样势力庞大或组织完善。况且，他们认为，并没有确定的考古学证据证明所罗门建造了耶路撒冷圣殿。

以色列和犹大王国

也许所罗门时期尚不存在统一的以色列王国，但所罗门死后，以色列南北部落间的矛盾导致了两个独立王国的出现——北方十个部落组成的以撒玛利亚（Samaria）为都城的以色列王国和南方两个部落组成的以耶路撒冷为都城的犹大王国。公元前722—公元前721年，亚述人征服了以色列王国，将大量以色列人驱逐到亚述帝国的其他地区。这些被驱逐的以色列人（"失落的十个部落"）与周边居民融合，逐渐失去了原本的身份。

随着亚述帝国的衰落，南方的犹大王国成功地在一段时间内保持了独立，然而，很快在犹大王国边境又出现了新的入侵者。迦勒底人（Chaldeans）击败了赫第人，征服了犹大王国，并且在公元前586年彻底摧毁了耶路撒冷。犹大王国上层阶级的许多人被驱逐到巴比伦（即"巴比伦之囚"）；圣经《诗篇》第137篇里令人心潮澎湃的文字仍让人想起他们的流亡记忆。

不过，巴比伦之囚的持续时间并不长。新的征服者波斯人摧毁了迦勒底王国，犹太人回归耶路撒冷，重建家园和圣殿。复兴的犹大王国仍处在波斯的控制之下，这一状态持续到公元前4世纪亚历山大大帝征服波斯帝国后才结束。犹大人得以幸存，他们后来成为人所熟知的犹太人，创建了犹太教，即信仰以色列人的上帝——耶和华的宗教。

以色列人的精神世界

根据《希伯来圣经》的观念，世间只有唯一的神——耶和华，他创造了世界及世间万物。这个全能的创世者不会远离他所创造的生活，他是正义、善良之神，要求人们敬爱他。如果人们不遵从他的意志，就会受到惩罚。不过，耶和华是宽容、仁爱之神：

"神仁慈、富有同情心、不动怒、富有爱心、一视同仁；怜悯他缔造的万物。"[1] 每个人都可以与神产生联系。

希伯来的宗教传统有三个重要内容：盟约、律法和先知。以色列人相信，当摩西（Moses）遵照圣经的传统带领人们出埃及、抵达应许之地（即耶路撒冷——译注）时，神与以色列各部落订立了盟约，他们相信，耶和华通过摩西与他们对话。以色列要遵从并跟随耶和华的律法。反过来，耶和华许诺将会特别照顾他选定的子民，"在万民中作属我的子民"。

然而，耶和华与他选定的子民间的这种盟约只有遵从神的律法才可以实现。最重要的是律法的核心——伦理问题。一些戒律表现了神对于人们行为举止的看法，如"不可杀人。不可私通。不可偷窃"[2]。真正的自由是自愿遵循神的道德标准。如果人们忽视了善良，苦难与不幸将随之而至。

以色列人相信，某些宗教导师——先知——是神派来传达其口谕的。公元前8世纪中期，先知们开始提出黄金时代预言，当以色列王国和犹大王国的人们面临亚述和迦勒底征服者的威胁时，这一预言四处流传。这些"上帝之子"到处游历，警告以色列人说，他们未能遵从神的戒律，将因为破坏盟约而遭受惩罚："我将因你们的罪孽而惩罚你们。"

先知话语中产生的新理念进一步丰富了犹太人的传统。先知们表现出对全人类的关心，终有一天，所有国家将皈依以色列的神："整个世界都将崇信你。"这种观念也有为所有国家建立和平的含义。先知以赛亚（Isaiah）说："他必在列国中施行审判，为许多国民断定是非。他们要将刀打成犁头，把枪打成镰刀；这国不举刀攻击那国，他们也不再学习战事。"[3]

尽管先知们发展出了一种普世主义，但犹太教（必须遵从神）的要求最终助长了犹太人与非犹太邻居间的分离。不同于中东地区其他大多数人，犹太人不会接受其征服者及邻居们的神，并进而融入新集体。为维持神所要求的忠诚，他们甚至拒绝效忠政治领袖。

〔1〕《Psalms》，145：8—9。
〔2〕《Exodus》，20：13—15。
〔3〕《Isaiah》，2：4。

■ 新帝国的崛起

□ 问题：为巩固和维护帝国，亚述人和波斯人各自采用了什么样的方法？

只要没有更强大的国家统治西亚，小的独立国家就可能生存下来。然而，新的帝国很快崛起，并且征服了古代世界的许多地区。

● 亚述帝国

第一个新帝国形成于底格里斯河上游的亚述地区。亚述人说闪米特语，公元前700年，他们开始使用铁制武器，其所建立的亚述帝国领土包括美索不达米亚、伊朗高原部分地区、小亚细亚小部分地区、叙利亚、迦南以及南到底比斯的埃及。不过，在不到一百年的时间里，内部争斗以及被征服地区人们对亚述统治的憎恨，引发了连绵不断的暴动。公元前612年，亚述都城尼尼微（Nineveh）在迦勒底人和米提亚人（Medes）的攻击下陷落。公元前605年，亚述帝国的其余地区分裂为两个部分。

亚述帝国的鼎盛期，统治者——国王享有绝对权威。亚述人建立起一套高效的通信系统，有效地管理着整个帝国。他们还在整个帝国内建立了驿站网，用骡子或驴子来传递信息。

亚述人是杰出的征服者。经过多年的征战，他们培养出高效的军事将领和士兵。亚述军队人数庞大、组织精良、纪律严明，不仅有作为核心力量的步兵常备军，还有骑兵和马车。而且，亚述人还是第一支大规模装备铁制武器的军队。

亚述军事机器高效性的另一个原因在于它将恐怖作为战争工具。作为一项常规性政策，亚述人砸毁作战区的水坝，劫掠和摧毁城镇，焚烧作物，砍倒树木——尤其是果树。亚述人尤以对被掳掠者实施暴行而闻名。亚述国王阿淑尔巴尼帕（Ashurbanipal）记载了他是如何对待囚犯的：

> 我击败了3000人的军队……将许多俘虏扔进火中。我活捉了许多人，将一些砍头，一些削鼻，一些割耳，一些剁手指，我还挖掉了许多敌方士兵的眼睛……把那些青年男女用火烧死。[1]

---

[1] 引自 H.W.F.Saggs: *The Might That Was Assyria*，London，1984，pp.261—262.

政治与统治

亚述的军事机器

亚述人以掌握强大的军事机器闻名。他们使用各种军事战术，无论是游击战还是对阵战，抑或攻城战，他们都非常在行。以下三段文字是亚述国王夸耀自己战功的言辞。

在亚述之神、伟大的主的命令下，我如飓风一般冲入敌军阵营……我让他们溃不成军。我用箭和长矛杀得他们丢盔弃甲……我像宰杀绵羊一样割断他们的喉咙……我那训练有素、疾驰的骏马；将他们践踏得血流成河；我的战车满是敌人的血污，敌军士兵的尸体如同牧草般填满了草原……迦勒底人的酋长在我的猛攻面前惊恐万分。他们丢掉了房子，四散逃亡，踩踏着自己军队的尸体……他们在战车里吓得屁滚尿流。

——辛那赫里布（公元前 704—公元前 681 年）描述公元前 691 年与埃兰人（Elamites）的战斗

至于希西家，这个不愿意向我俯首称臣的犹太人，我围攻了他有坚固城墙防守的 46 座城市、无数的村庄。我在城墙四周筑起土坡，布下围攻装置，差遣步兵发起进攻。我抓住了200150 个俘虏，男女老幼皆有；俘获了难以数计的马匹、骡子、驴子、骆驼、牛羊，这都是我的战利品。被我关在耶路撒冷王城里的希西家本人如同笼中之鸟。我派兵昼夜看守，没人能进出城门。

——辛那赫里布描写公元前 701 年围攻耶路撒冷

那些以污言秽语亵渎我神阿淑尔、密谋反对我即敬畏之王的人，我扯下他们的舌头，彻底击败了他们。其他人，如同他们曾用神像打击我的祖父辛那赫里布一样，我用神像砸死了他们。他们成了祖父迟来的陪葬品。我把他们的尸体切成小块，喂狗喂猪……天空中的秃鹫和海里的鱼。做完这些后，在伟大的神的安抚下，我再度平静下来，清理掉了那些死于瘟疫的人的尸体，那些被狗和猪啃食、堆满了巴比伦街头的残骸，以及那些死于饥荒的人的尸体。

——阿淑尔巴尼帕（Ashurbanipal，公元前 669—公元前 627 年）描述他对待被征服的巴比伦

□ 问题：按他们的叙述，军事获胜的重点是什么？你认为他们的叙述有夸张的成分吗？为什么？

● 波斯帝国

亚述帝国崩溃后，在尼布甲尼撒二世（Nibuchadnezzar，公元前605—公元前562年）的带领下，巴比伦王国成为西亚的领头羊。尼布甲尼撒重建巴比伦，将其作为帝国的中心，并使其成为古代世界最伟大的城市之一。不过，迦勒底巴比伦王国是个短命王国，公元前539年，巴比伦落入波斯人之手。

波斯人属于印欧语系民族，他们居住在伊朗西南地区，以游牧为生，在阿契美尼德王朝（Achaemenid）统一波斯之前，一直是部落组织。阿契美尼德王朝的居鲁士（Cyrus，公元前559—公元前530年）创建了势力庞大的波斯帝国，其领土从西部的小亚细亚延伸到东边的印度西部一带。公元前539年，居鲁士进入美索不达米亚，占领了巴比伦。他对巴比伦的处置显示出明显的克制和智慧。巴比伦并入波斯帝国，成为波斯帝国的一个省，但许多政府官员仍保留原职。居鲁士还发布告令，允许公元前6世纪被掳掠到巴比伦的犹太人带着他们的圣物重返耶路撒冷，重建圣殿。

在同时代人中，居鲁士当得起居鲁士大帝的称号。他肯定是一位不同寻常的统治者，一个在征服和管理其帝国的过程中彰显出高度智慧和怜悯的人。不同于亚述帝国的统治者，居鲁士的仁慈声名在外。米提亚人、犹太人和巴比伦人都承认他是他们的合法统治者。

居鲁士的继任者进一步扩张波斯帝国。他的儿子冈比西斯（Cambyses，公元前530—公元前522年）成功入侵埃及。大流士（Darius，公元前521—公元前486年）将西印度变为波斯的一个省，使波斯的版图扩张到印度河流域。甚而进入欧洲，占领了色雷斯（Thrace），创建了当时世界上最大的帝国。大流士还入侵了希腊大陆。

行政管理与军事

大流士把波斯帝国更合理地划分为20个行省，强化了波斯政府的基本行政结构。各行省由总督管治，总督的字面意思是"王国的保护者"。总督要收集贡品、负责司法和安全、为波斯帝国军队征兵，名义上他们还统率其行省内的军队。总督的实权就如同地方的小国王。

对维持波斯帝国的运转来说，高效的通信系统至关重要。道路的维护有利于军队和政府人员的快速调动。其中最重要的一条御道从萨蒂斯（Sardis）经小亚细亚的吕底亚（Lydia）抵达波斯帝国的大城市苏萨（Susa）。和亚述人一样，波斯人也建立了驿站，为国王的信使配备壮马。

在这一庞大的行政体系中，国王占据了崇高地位。所有臣民都是国王的仆从，伟大的王是正义之源，掌握着每个人的生死。鼎盛时期，波斯帝国的大部分势力都依赖于军事。大流士时期，波斯帝国建立了由职业军人组成的常备军。这支军队具有真正的国际性特点，其成员来自波斯帝国的各民族，中枢力量是一支万人骑兵队和一支号称"长生军"的万人精英步兵队，之所以称为"长生军"，是因为他们人数决不能低于1万人，减一员，即添一员。

大流士之后，波斯国王越来越孤立，他们沉溺于斥巨资购置奢侈品。一般认为，波斯统治者大肆囤积财富以及对臣民征收苛捐杂税是波斯帝国衰落的关键因素。

波斯的宗教：琐罗亚斯德教（Zoroastrianism）

波斯的文化成就中，最具独创性的是他们的宗教——琐罗亚斯德教（也称拜火教）。据传，琐罗亚斯德生于公元前 660 年。过了一段时间的漂泊和隐居生活后，得到天启，被尊崇为"真正宗教"的先知。公元前 3 世纪，他的教诲被记录整理成琐罗亚斯德教的圣书《阿维斯陀经》（*Zend avesta*）。

琐罗亚斯德的宗教观念是一神论。在琐罗亚斯德看来，他所宣扬的宗教是唯一完美正确的，而阿胡拉·马兹达（Ahuramazad，智慧之主）是唯一的神，至高无上的神，"万物的创造者"。琐罗亚斯德认为，阿胡拉·马兹达拥有人类所向往的一切品质，如善良的思想、正确的行为、虔诚的心。然而，阿胡拉·马兹达也并非没有对手，据传，创世之初，阿胡拉·马兹达遭到恶神的反对，后来这一恶神被称为阿利曼（Ahriman）。这赋予了琐罗亚斯德教二元论的特点。

人类也在宇宙的善恶之争中发挥作用。阿胡拉·马兹达给予所有人选择善恶的自由。善良的人们会选择阿胡拉·马兹达的善的一面。琐罗亚斯德教说，善恶间的斗争终有胜负。在世界终结和最后审判的时候，阿胡拉·马兹达终将获胜，善恶将成定局。同样，每个人也将被审判，每个灵魂都将面临着基于其行为的最终评判。如果此人行善，

表 1.5　早期各帝国大事记

	事　件	时　间
亚述帝国	势力巅峰	公元前 700 年
	尼尼微沦陷	公元前 612 年
	亚述帝国灭亡	公元前 605 年
波斯帝国	阿契美尼德统一波斯	公元前 600 年
	居鲁士的征服	公元前 559—公元前 530 年
	冈比西斯征服埃及	公元前 530—公元前 522 年
	大流士统治	公元前 521—公元前 486 年

他或她将前往天堂；若是行恶，其灵魂将坠入痛苦的深渊。有些历史学家认为，琐罗亚斯德教对善与恶、天堂与地狱、最终审判的重视，影响了后来势力超过琐罗亚斯德教的基督教。

▬ 本章小结

三四百万年前非洲出现了类人动物。一段漫长的岁月后，旧石器时代的人们学会了制造复杂工具、使用火，适应并改变他们的生活环境。他们主要过着游牧生活，靠狩猎和采集为生。公元前一万年左右，新石器时代的农业革命急剧改变了人类的生活方式。食物的规律性增加和驯养动物使人类开始定居生活，从而促进了更复杂的人类社会的形成。

公元前 3000 年，我们称之为早期文明的更复杂的人类社会在两河流域、埃及、印度和中国出现了。这些地区的食物的增加促进了人口的极大增长和城市的兴起。在从个体社区向更大的领土单位以及形成帝国的过程中，亚洲西南和埃及的人们创建了城市和国家，并与各种困难做斗争。他们发明了文字，用于记录历史和文学创作；建立了各种纪念性建筑物，或是取悦神，或是彰显自身的力量，或是保留自身的文化；发展起了新的政治、军事、社会和宗教制度，以处理人类生存和组织的基本问题。这些早期文明还留下了许多详细记录，使我们得以了解他们是如何努力解决人类一直在探索的三个基本问题的：人类关系的本质、宇宙的本质、宇宙中神圣力量的作用。

到公元前 2000 年中期，美索不达米亚和埃及的冲劲开始消退。到公元前 1200 年，出现了一些小国，但它们在新兴亚述帝国和波斯帝国面前黯然失色。亚述帝国是第一个统一了古代中东地区的国家。不过，波斯帝国较亚述帝国更加庞大。波斯帝国给中东带来和平，从而促进了贸易的发展和人们的安居乐业。毫不奇怪，许多人对波斯大王们的统治心存感激。这些人中，有虽没有创建帝国、却留下了重要精神遗产的希伯来人。他们推崇一神论，创建了犹太教。

▬ 本章思考

— **问题 1**：早期人类在新石器时代和旧石器时代取得了什么成就？这些成就是如

何使文明的出现成为可能的？

— **问题 2**：亚洲西南和埃及文明中，地形、自然环境、宗教、政治、经济、妇女和家庭对文明的形成有什么影响？

— **问题 3**：对比亚述帝国和波斯帝国的行政、军事结构以及它们对臣民的态度。

一 拓展阅读

关于史前世界。可参见 I. Tatterall, *The World from Beginnings to 4000 B.C.E*, Oxford，2008；S. Mithen, *After the Ice: A Global Human History, 20000-5000 B.C.*, Cambridge, Mass., 2006。史前时期的妇女问题，可参见 J. M. Adovasio O. Soffer、J. Page, *Invisibale Sex: Uncovering the True Roles of Women in Prehistory*, New York, 2007。

关于古代近东。概述性分析，可参见 M. Van de Mieroop, *A History of the ancient Near East, ca. 3000-323 B.C.*, 2th, ed, Oxford, 2006)。详细的讨论可参见 A. Kuhrt, *The Ancient Near East, c. 3000-323 B.C.*, London, 1996。古代近东的经济和社会史，可参见 D.C.Snell, *Life in the Ancient Near East*, New Haven, Conn. 1997。

关于古代美索不达米亚。可参见 M. Roaf, *Cultural Atlas of Mesopotamia and the Ancient Near East*, New York, 1996)。苏美尔文化，可参见 H. Crawford, *Sumer and the Sumerians*, 2th, ed, Cambridge, 2004)。日常生活方面，可参见 S. Bertman, *Handbook to Life in Ancient Mesopotamia*, New York, 2003。

关于古代埃及。可参见 T. G. H. James, *Ancient Egypt*, Ann Arbor, Mich., 2005 以及 I. Shaw 主编：*The Oxford History of Ancient Egypt*, New York, 2004。古埃及的日常生活，可参见 R. David, *Handbook to Life in Ancient Egypt*, Cambridge, Mass., 1993。古埃及与努比亚人或埃及以南其他民族的关系，可参见 D.B.Redford, *From Slave to Pharaoh: The Black Experience of Ancient Egypt*, Baltimore, 2004。

关于古代以色列。考古学方面，可参见 I. Finkelstein、N. Silberman, *The Bible Unearthed: Archaeology's New Vision of Ancient Israel*, New York, 2002。历史研究方面，可参考 H.Shanks, *Ancient Israel: A Short History from Abraham to the Roman Destruction of the Temple*, rev.ed, Englewood Cliffe, N.J., 1998。有关以色列人的争

论，可参考 J.M.Golden, *Ancient Canaan and Israel*, Oxford, 2004。

关于亚述帝国和波斯帝国。有关亚述帝国的政治、经济、社会、军事和文化，可参考 H.W.F.Saggs, *The Might That Was Assyria*, London, 1984。波斯帝国，可参考 L.Allen, *The Persian Empire*, Chicago, 2005。琐罗亚斯德教，可参考 S.A.Nigosian, *The Zoroastrian Faith：Tradition and Modern Research*, New York, 1993。

第 2 章
古代印度

战斗时，阿周那（Arjuna）灰心丧气。对阵军中有许多人是他的朋友和同僚，有些人从儿时起就与他相识。绝望之下，他求助于驾驶他战车的克利希那（Krishna）。阿周那并不知道克利希那是印度神毗湿奴（Vishnu）在现实生活中的化身。克利希那劝告阿周那，"不要对你的职责感到绝望"。他说：

> 生者必定死去；
> 死者必定再生。
> 对不可避免的事，你不应该忧伤……
> 这场合法的战斗，
> 如果你不投身其中，
> 抛弃了正法和名誉，
> 你
> 就会犯下罪过。

克利希那给阿周那的建言收入印度最神圣的经典著作之一《薄伽梵歌》（Bhagavad—Gita），该书反映了印度哲学的核心信条，即相信轮回或灵魂重生，同时，还强调无须顾及后果地尽职的重要性。阿周那是个战士，根据雅利安的部落传统，他必须遵从阶级准则。克利希那说，"比起成功履行别人的职责带来的乐趣，未十全十美地完成自己的职责，其乐趣更多"。

《薄伽梵歌》作于公元前 2 世纪左右，它描述的是一场千年前的战斗，作者在对阿周那完成其职责的建议中，暗示所有读者遵从他们作为印度阶级的一员的责任。这种将社会分为不同群体、地位明显的等级观念，后来成为印度社会的主要特征。

《薄伽梵歌》也是鸿篇巨制《摩诃婆罗多》（Mahabharata）的一部分。《摩诃婆罗多》描述了公元前 1500 年至公元前 1000 年间从开尔伯山口（Khyber Pass）以北的山脉进入印度的雅利安人的早期历史。当印欧语系的游牧民族雅利安人抵达印度时，印度次大陆的文明已经有近两千年的历史。印度文明尽管没有美索不达米亚和埃及文明那般知名，但同样历史悠久，政治、社会和文化成就同样引人注目。历史学家用当时的两大城市给它命名：哈拉巴（Harappa）文明和摩亨佐-达罗（Mohenjo-daro）文明，它们出现于公元前50世纪晚期，繁荣了近千年，到公元前1500年前后衰落，很快，被雅利安人主导的社会所取代。新出现的文明充分融合了哈拉巴和雅利安两种文化，并在此后三千年的发展中演化为今天的印度。

■ 印度文明的出现：哈拉巴社会

□ **重点问题**：哈拉巴文明的主要特点是什么？它在哪些方面与两河流域文明和埃及文明相似？

印度次大陆是多民族聚居之地：说达罗毗荼语（Dravidian）的民族，很可能来自于四千多年前印度文明兴起之初的印度河；雅利安人，源自公元前2000年从中亚南下的游牧民族；可能在印度次大陆有组织的社会产生之前就一直居住于此的高山民族，也是印度次大陆最早的居民。

尽管这种美好的民族和文化融合到今天已经破裂，分离成多个独立国家，其内部也存在着多样性，但印度次大陆仍保有显然可被称为印度的连贯历史。

● 多元之地

印度过去以及现在都是一个多元之地。这种多元在语言、文化以及地理特征方面都很明显。印度语言种类颇多，正如中东被称为宗教的摇篮，印度也是如此，世界两大主要宗教——印度教和佛教都发源于此。

从面积和多元性上看，印度更像是一个大陆而非单一的国家。这种多元性首先表现在地理环境上：印度次大陆像一把挂在亚洲南部脊背上的铲子，由若干个核心区域构成。最北端是世界上最高的山脉喜马拉雅山脉和喀喇昆仑山山脉。两山的正南方是恒河流域，这里也是印度文化的核心区。西边是印度河流域，其相对较贫瘠的高原构成了今天巴基斯坦的主干。不过，在古代，印度河流域的气候更为平稳，故而，它也是印度文明的发源地之一。

印度南部的两个主要河谷地带被称为德干（Deccan），是从恒河流域延伸到印度次大陆最南端的山地和高原地带。德干高原的内陆多丘陵，气候干旱，东西沿海则是茂密的平原，也是印度历史上人口最密集的地区。东南海岸外的岛屿就是今天的斯里兰卡，尽管而今的它是一个独立国家，在政治和文化上都与印度有很大差别，但在历史上，它与近邻印度的关系却异常密切。

● 哈拉巴文明：引人入胜之谜

20世纪20年代，考古学家在印度河流域下游即今天的巴基斯坦境内发现了可追溯到6000年前的农业聚居地。这些小村落最终发展成复杂的人类社会，历史学家将之称为哈拉巴文明。尽管现在这一地区气候相对干燥，但在公元前4000—公元前3000年，这里的降雨却很多。印度河流域及其所支撑的繁荣文明从喜马拉雅山延伸到印度洋沿岸，面积达60多万平方英里。19世纪50年代第一次发掘以来，这里已出土了70多处遗址，不过，主要遗址都集中在两大城市——旁遮普的哈拉巴和南部靠近印度河河口约400英里处的摩亨佐-达罗。

政治与社会结构

哈拉巴文明与美索不达米亚和埃及文明有几处相似：哈拉巴文明可能也是从分散于整个河谷的小农业村落的基础上发展起来的，有些小村落早在公元前6500年或公元前7000年前就出现了。这些村落不断繁荣和发展，到公元前3000年中期，它们已经可以支撑起特权统治精英的城市生活。哈拉巴文明的权力中心是哈拉巴城，整个城市被地基超过40英尺、周长达到3.5英里的砖墙包围着，呈矩形网格式，有几条30英尺宽的街道，大部分建筑是用泥砖建成的，方方正正。鼎盛时期，哈拉巴城的人口可能多达8万，与人口最密集的苏美尔城市规模相当。

哈拉巴和摩亨佐-达罗都被围起来的街区分割开来，各房屋间有狭窄的小巷。房子面积不一，有些高达三层，不过其大致结构相差无几，都带有一个方方正正的院子。浴室的存在表明哈拉巴已经有比较先进的排水系统，废水通过下水道排往城墙外的污水井。

遗憾的是，至今尚未破译出哈拉巴的文字，因而历史学家对哈拉巴的组织结构知之甚少。不过，近来的考古学证据显示，不同于同时代的埃及和苏美尔，哈拉巴并没有自称神圣的集权君主，它是由1500多个城镇松散组成的联合体，由地主和富有商人共同治理。这里没有王室领地，没有宏伟陵寝，只有极少留存下来的可能代表国王、祭司或军事首脑的石头或陶瓦雕像。不过，哈拉巴的宗教很可能已经超越了一神崇拜的阶段。祭司祈祷神保佑土地的肥沃和每年的收成。

如同美索不达米亚和埃及，哈拉巴的经济基础主要是农业。大麦、小麦、稻子和豌豆是主要作物，不少地方发现了棉花种子，这表明哈拉巴人可能是最早掌握棉花栽培技术的人群之一，而且，他们可能将棉花和稻子传播到其他社群。哈拉巴还建立了延伸到西边的苏美尔和其他文明地区的贸易网。哈拉巴从苏美尔输入纺织品和食品，并输出铜等金属、木材、珍稀石头和各种奢侈品。尽管有些贸易通过陆路进行，但多数贸易是经由波斯湾的海路进行的。

哈拉巴的文化

考古学家认为，印度河流域的文化在复杂精致方面丝毫不亚于西方的苏美尔文明。哈拉巴的一些陶器和雕塑极富美感，与其他地方的同类作品不相上下。雕塑是哈拉巴艺术成就最高的领域，一些雕塑在表现生命力上极为出色。陶土烧制的印章如大象、老虎、犀牛和羚羊等，雕刻灵巧生动；铜、陶质人物的雕像颇为优雅、动感十足。

哈拉巴的另一个成就是其至少可以追溯到公元前 3000 年初期的文字。遗憾的是，哈拉巴文字仅存的样本是刻在泥土图章上的象形符号。这些符号有 400 多个，大部分都非常不写实，只能辨形，因而学者们还未能破译。尽管哈拉巴文字与美索不达米亚文字没有什么联系，但是，它可能也主要用来记录商业交易。文字被破译之前，如历史学家所言，哈拉巴文化仍可谓引人入胜之谜。

哈拉巴文明的衰落

哈拉巴文明的一大谜团是，它是如何终结的？发掘摩亨佐 - 达罗的考古学家已经发现了它逐渐衰落并在公元前 1500 年前后城市和居民突然消失的迹象。许多幸存的人体骸骨都呈现出逃跑或躲藏的姿势，这不禁让人联想到公元 79 年被维苏威火山摧毁的罗马庞贝古城遗址。

学者们曾推测，摩亨佐 - 达罗（意思是"死亡之城"）以及哈拉巴文明的残余可能都是被公元前 2000 年中期来到印度次大陆的北方游牧民族雅利安人摧毁的。尽管人们认为雅利安文化没有哈拉巴文明那么精致发达，不过，同其他许多游牧民族一样，他们的战争艺术却极其出彩。与美索不达米亚和尼罗河流域一样，印度次大陆的游牧民族与农耕民族间关系很不稳定，常常发生武装冲突。然而，今天的历史学家怀疑雅利安人是否对摩亨佐 - 达罗的最终毁灭负有直接责任。更大的可能是，受印度河流域气候变化的影响，哈拉巴文明早已在艰难时世中没落。考古学家已经找到了社会衰退的明显迹象，包括街头的大量垃圾、公共服务的缺乏、城市居民区的过度拥挤。摩亨佐 - 达罗可能是被流行病摧毁的，也可能是被诸如洪水、地震或河流改道等自然现象摧毁的。如果真是这样，任何在伟大的哈拉巴文明之后迁入这一地区的人们的踪迹可能都早已消失。

谁是雅利安人？

历史学家对雅利安人的起源和文化知之不多。传统观点认为，他们是说印欧语的

艺术与思想

文字与文明

公元前 3250 年，埃及国王蝎子王发布告令，称他的军队在与敌战斗中取得了重大胜利。这份告令刻在尼罗河流域的石灰岩悬崖峭壁上，可能是今天留存于世的最古老的历史文献。

根据史前史学家的观点，人类在 5 万年前创造了最早的口语。随着人类从非洲扩散到其他大陆，这一口语体系逐渐分化为无数独立的语言。到 1 万年前开始的农业革命时，世界上已经有了将近 20 种不同的语系。

在农业革命的后期，世界各地的人们开始发明文字。显然美索不达米亚和埃及是最早成功的，但有关文字的知识很快传播到地中海和南亚印度河流域。在中国和中美洲，人们也发明了完全独立的文字体系。人们使用文字有许多目的。蝎子王的告令表明，使用文字的目的之一是让统治者与臣民沟通官方事务。在其他情况下，文字的目的是让人们与超自然力交流。比如，在中国和埃及，祭司用文字与神交流；在美索不达米亚和印度河流域，商人用文字记录商业和其他合法交易。最后，文字也是保留思想的新载体，它产生了如美索不达米亚的《吉尔伽美什史诗》这样的早期文学作品。

那么，这种早期文字又是如何进化为今天我们所使用的复杂文字体系的呢？在几乎所有情况下，早期文字体系都由象形文字，即表示如树、水、牛、人体和天体等具体对象的图形构成的。后来，为了方便抄写，这些图像更为程序化——如同我们现在经常用草书而非印刷体。这些图形文字在后来的发展中最重要的一点就是，开始有了特定的语音含义来代表文字的音调。绝大多数复杂的文字最后都进化为以代表口语中所有音调的字母符号为基础的语音文字。不过，也有一些文字只是在字母上添加表示发音的语音符号，而仍保留象形文字中用以表意的这一部分。后者中的大多数，比如埃及的象形文字和美索不达米亚的楔形文字最终都绝迹了，但古代中国的文字却一直保留至今，尽管字体有所变化。

□ **问题**：古人创造文字的目的是什么？创造哈拉巴文字的最初目的是什么？

民族，居住在黑海、里海北部及东部广袤大草原地区。印欧人是游牧民族，随季节迁徙，为牲畜寻找饲料。历史学家相信他们取得了一系列技术成就，包括发明了战车和马镫，二者最终传播到欧亚超级大陆的大部分地区。

虽然其他印欧语系的人们向西迁徙并最终在欧洲安定下来，但雅利安人却向南穿过了兴都库什山脉，进入印度北部的平原地区。公元前1500年至公元前1000年间，他们逐渐从印度河流域向东发展，穿过恒河，向南进入德干高原。雅利安人将其政治统治扩大至整个印度次大陆，使这里说达罗毗荼语的居民不断增加，纵然如此，印度的土著文化仍保留了下来，成为传统印度文明的重要元素。

近年来，一些印度历史学家提出了一种新理论。这种理论认为，雅利安人并不是从中亚迁移到印度次大陆的，他们实际上是最初创造了印度河流域文明的本土居民。而尽管证据并不确凿，大部分学者仍赞同移民论，他们指出，雅利安人说的梵语，被广泛认为属印欧语系。而且，雅利安人自己创作的《梨俱吠陀》（*Rig Veda*）描述的是以游牧为主的文化，这不契合印度河流域的文化。最终定论尚待更多证据。

■ 印度的雅利安人

□ 问题：雅利安人阶级体系的特点是什么？它对印度文明产生了什么样的影响？

雅利安人定居印度后，逐渐适应了新家园的地理环境，放弃了游牧生活，转向农耕。冶铁术对雅利安人助益甚大，该技术可能来自中东。铁犁的发明和灌溉技术的提高使雅利安人及其统治下的本土居民能清除掉恒河沿岸的茂密丛林，将恒河流域变成南亚最肥沃的农业地带之一。雅利安人还发展起以中东阿拉米语（Aramaic）为基础的早期文字体系，记录他们从前靠记忆代代相传的传奇历史。早期雅利安人的历史很大程度上出自他们定居印度之后写成的《梨俱吠陀》中的口述内容。

● 从酋长到国王

和其他印欧社会一样，雅利安人的每个部落都由一位称为拉贾（Raja，"藩王"）的部落酋长率领，该部落其他领导者组成的长老议事会协助拉贾处理事务；拉贾是武

政治与统治

王权的起源

印度和中国都有一种观念，即遥远的过去是黄金时代，为后来的政府和人民提供了效仿的榜样。下面这段文字引自印度著名史诗《摩诃婆罗多》，描述了人类历史上国家治理的三个发展阶段，尤帝士提尔（Yudhisthira，亦称为坚战王）和毗湿摩（Bhishma）是这部史诗的两位主人公。

大光辉的法王坚战双手合十，向毗湿摩行礼致敬，说道："婆罗多子孙啊！'国王，国王'，这个常用词是怎样产生的？请你告诉我，祖父啊！……"

毗湿摩说：

人中俊杰啊！你专心听我详细讲述这一切。王国最初出现在圆满时代。原先并没有王国，没有国王，没有刑杖，没有执杖者，一切众生依照正法互相保护。人们依法这样互相保护，婆罗多子孙啊！后来，他们感到极其疲劳，于是，痴迷侵入他们。这样，人们处于痴迷的控制下，人中雄牛啊！由于知觉陷入痴迷，他们的正法消失殆尽。一旦理智丧失，在痴迷的控制下，所有的人又陷入贪欲的控制，婆罗多族俊杰啊！人们渴望没有得到的东西，主人啊！于是，又出现另一种贪欲，名为爱欲。然后，激情缠上陷入爱欲的人们，坚战啊！受激情控制的人们不知道什么该做什么不该做。他们不再区分该性交与不该性交、该说与不该说、该吃与不该吃和错与对，王中因陀罗啊！一旦人世陷入混乱，梵便消失；梵一消失，正法也就毁灭，国王啊！

梵和正法消失，众天神感到恐惧，人中之虎啊！恐惧的众天神前去请求梵天庇护。受痛苦、忧愁和恐惧折磨的众天神向尊敬的世界之祖（梵天）双手合十，致以敬礼，说道："尊者啊！由于出现贪欲和痴迷，居于人世的永恒的梵消失了，我们陷入恐惧之中。由于梵的消失，正法也消失，主人啊！由此我们变得与凡人一样，三界之主啊！因为我们向下降雨，凡人向上降雨，现在他们停止祭祀，我们陷入危机。祖父啊！请想想至高幸福吧！我们的威力产生于你的威力，不能遭到毁灭。"

于是，尊者自在天（梵天）对众天神说道："我会考虑至高幸福，众位神中雄牛啊！请你们消除恐惧吧！"然后，他运用自己的智慧创作了十万章，讲述正法、利益和爱欲。自在天（梵天）命名这组为"三要素"，第四要素是解脱，具有各自的含义和性质。

然后，众天神到生主毗湿奴那里，说道："在凡人中，你指定一位最优秀的能人吧！"于是，尊神那罗延（毗湿奴）考虑了一下，用思想创造了一个精力充沛的儿子，名叫无尘（在这个版本关于印度国家起源的故事中，他成了第一位国王）。

□ 问题：作者写作此段文字的目的是什么？这一观点与其他古代世界对政治领袖出现的原因的解释有何区别？你认为这与第一章埃及对法老的赞美诗中对王权的描述有什么异同？

士阶级的一员，也即常说的刹帝利（kshatriya），其权威源于他在其他敌对部落面前保护部众的能力，这种能力对处理交战国和不断变化的同盟关系至关重要，交战与结盟也是早期雅利安社会的典型特征。尽管拉贾们声称自己对神负责，但人们还是没有把他们看作神。

随着印度社会的逐步扩张和不断复杂化，酋长转变为国王，他们被称为王公（maharajas，"大王"）。不过，统治者不掌握绝对权威的传统仍然十分强大。也就是说，其必须遵从印度社会中规定所有个体和阶层的一系列规则——法（dharma）。

希腊的影响

印度各部落正互相较量时，西方出现了势力强大的新帝国。先是居鲁士和大流士建立了波斯帝国。紧接着，希腊崛起。经过两百多年断断续续的战争，到公元前4世纪末期，随着亚历山大大帝的马其顿王国（Macedonia）的崛起，希腊一度在西方占据优势地位。亚历山大听闻印度繁华，于公元前330年开始东征（见第4章）。公元前326年，亚历山大的军队抵达了印度西北的平原，尽管他们来去匆匆，却为当地文化打上了希腊文化的烙印，其影响达数十年之久。

● 孔雀帝国（the Mauryan Empire）

亚历山大的征服在印度次大陆的历史上不过是一段简短的插曲，但它影响了印度历史，因为亚历山大撤离后，印度出现了第一个控制印度大部分地区的王朝。其创建者旃陀罗笈多（Chandragupta，公元前324—公元前301年）清除了亚历山大撤离后留下的希腊官员，强化了对北部印度平原的控制。旃陀罗笈多是摩揭陀国一名出身刹帝利的贵族，因其家族以饲养孔雀闻名，故其王朝被称为孔雀王朝，都城位于恒河流域的华氏城［Pataliputra，即现在的巴特那（Patna）］。

人们对孔雀帝国了解不多。对孔雀王统治的了解大部分源于公元前302年出使孔雀帝国的希腊使节麦加斯蒂尼（Megasthenes）的著作残片。显然，旃陀罗笈多得到了一位名为考提利耶（Kautilya）的出色官员的协助，他的名字还与一部政治著作《政事论》（Arthasastra）联系在一起。此书的实际成书时间稍晚，但可能反映了考提利耶的思想。

尽管《政事论》的作者按照雅利安人的传统，声称英明的君王以臣民之乐为乐，但他也表示，如果神法与现实政治出现冲突，必须优先考虑后者："无论何时，一旦在历史与神法或证据与神法之间发生分歧，那么事情应当根据神法解决。但是，无论何时，如果神法与理性法发生矛盾，那么，理性应当是权威的。"[1]《政事论》强调结果，而非手段，重视取得的成就，而非采用的方法。因此，它常常被拿来与一千多年后意大利文艺复兴时期的马基雅维利（Machiavelli）的著名政论著作《君主论》(*The Prince*)作比。

《政事论》中记载，旃陀罗笈多的政府高度集权，甚至实施专制统治："只有国王不偏不倚地按照罪过的比例，对自己的儿子或敌人行使权力，才能维持今世和后世的权力。"[2]国王拥有一支规模庞大的军队和只对他负责的秘密警察（据希腊使节麦加斯蒂尼说，旃陀罗笈多一直害怕被暗杀。对靠暴力获得权力的人来说，这种担忧并非杞人忧天）。据说，旃陀罗笈多吃饭时，都必须有人当着他的面试吃所有食物，在他奢华的王宫里，他常常在不同房间里换寝。为避免腐败，他授权给审查委员会调查官僚机构内的渎职或不称职的情况。

然而，统治者的权威在都城以外的地方可能是有限的。孔雀帝国被划分为多个省，由总督治理。起初，这些总督都由国王任命，但后来总督的职位变为世袭制。各省又分为不同的区，各区的主管官员由总督任命。位于行政金字塔底部的是绝大多数印度民众居住的村社。村社由一些长者组成的长老会管理。长老会成员通常也是世袭，多来自村社中最富裕的家族。

● 种姓与阶级：古代印度的社会结构

雅利安人到达印度时，当地已有强大的阶级体系，构成这一体系的基础是处于统治地位的武士阶层和其他典型游牧社会的社会群体。在印度次大陆，雅利安人与以农耕为主，偶尔也以渔猎、狩猎和采集等方式为生的民族不期而遇。最终形成了一套延续并影响至今的社会制度和阶级体系。

阶级体系

在文化碰撞中产生的社会制度的核心是社会等级观念，它将每个人都置于一个仪式框架之内，框定了个人的职业和在更广泛的社会中的地位。这种分化在某种程度上是雅利安人对待土著居民的态度的产物。以游牧生活为主的雅利安人看不起农耕生活的新邻居。浅肤色的雅利安人还鄙视深肤色的土著居民。久而久之，人们认为，浅肤

---

[1] 引自 R.Lannoy: *The Speaking Tree: A Study of Indian Culuture and Society*, London, 1971, p.318.
[2] 同上，第319页。

色意味着社会地位高，深肤色则表示社会地位低。

然而，肤色的概念不过是印度社会分化的经济职能的外在表现。印度的阶级"瓦尔纳"（varna，字面意思为"颜色"，但在英语中常被误译为 castes，即种姓）并不只是反映了一种非正式的劳动分工。至少在理论上，这是一套刻板顽固的社会分化体系，它不仅决定着一个人的职业，还决定了一个人的社会地位和对终极救赎的希望。在古代，印度社会主要有五个瓦尔纳。顶层的两个阶级——僧侣和武士被视为贵族阶级，代表着抵达印度前雅利安社会的统治精英。

僧侣阶层被称为婆罗门（brahmins），通常被看作社会阶级的顶端。他们最初是雅利安部落社会中向统治者提供宗教建议的先知，宗教角色的重要性削弱后，婆罗门最终转变为官僚阶级。麦加斯蒂尼这样形容这个阶级：

> 尚在母亲身孕时，就有博学多才者在其周围照顾和守护……给他各种周到的提示和建议，最乐意听从他们的妇女被认为其腹中的胎儿是有福气的。孩童时期，照顾他们的人一个接一个。年岁渐长后，取得卓越成就的人是他们的老师。智者居住在城外中等大小的小树林里。他们生活简单，草垫为床，鹿皮为被，不食荤，禁欲，时间都用来听严肃的谈话和向乐意倾听者传递知识。[1]

第二阶级是刹帝利（kshatriya），即武士。尽管他们的社会地位低于婆罗门，但不少人源自雅利安人征服印度之前占统治地位的武士阶级。因此，起初他们的宗教影响虽不如婆罗门，但社会地位却高于婆罗门。和婆罗门一样，刹帝利也以一种职业——战士著称，不过，随着雅利安社会的变化，他们也从事其他职业。

第三阶级是吠舍（vaisya，字面意思是平民）。吠舍通常指商人阶层。有些历史学家推测，吠舍最初是部落社群的护卫，安居印度后，许多人转而从商。麦加斯蒂尼指出，这一阶级的成员"住在帐篷里，过着游荡的生活，被允许猎杀、蓄养、售卖或出租牛。他们从国王那里获得谷物补贴，作为对清除侵扰耕地的野兽飞鸟的回报。"[2]。尽管吠舍的社会地位低于前两个阶层，但他们和前两个阶层一样，享有"再生"的特权。

在这三个"再生"阶级之下是首陀罗（sudras），代表的是大多数印度人。首陀罗

---

〔1〕 Strabo's *Geography*, bk. 15, 引自 M.Edwardes: *A History of India: From the Earlist Times to the Present Day*, London, 1961, p.55.
〔2〕 同上，第 54 页。

被认为是非完全的雅利安人，这一术语起初可能指的是土著民。绝大多数首陀罗是农民、工匠或从事其他体力劳动的人，在社会中只有有限的权利。

印度社会的最底层，甚至被认为不属于阶级体系中合法部分的是不可接触者（也被称为无种姓者或贱民）。不可接触者很可能源自由俘虏、罪犯、少数民族或其他被认为是印度社会之外的人组成的奴隶阶级。即便奴隶制已被宣布为非法，不可接触者仍只能从事其他印度人不会接受的低微和不体面的工作，如清扫垃圾、抬尸体、屠夫或制革工。有历史学家估计，这一阶层的人在整个古代印度人口中，所占比例可能略超过5%。

不可接触者的生活极为困难。他们被认为非完整意义上的人，甚至其存在都被认为是对其他瓦尔纳的玷污。没有印度人会接受不可接触者所做或端上来的食物。不可接触者住在特殊的贫民窟，当他们在居住地以外活动时，必须敲打棍棒以示其他人回避。

理论上，这种阶级化分是绝对的，每个人应当生老病死在同一个阶级中。但在实际生活中，可能会发生向上或向下阶级流动的现象。毫无疑问，在经济上，这会出现一定的灵活性。但在印度历史上，绝大多数情况下，阶级禁忌仍然非常严格。一般来说，跨阶级通婚不被允许（实际上，男人偶尔可以娶低阶级的女子为妻，却不可娶更高阶级的女子）。

迦提（jati）

作为个体，古印度人并不属于一个特定的阶级，而是通常被称为迦提（葡萄牙语中称 casta，后在英文中发展为 caste）的更大血缘群体的一部分。迦提源于古印度的大家族体系，直到今天，这一体系仍然存在，尽管在某种程度上形式已变。尽管迦提制度的起源还不清楚（哈拉巴社会中并没有严格的阶级区分），但它最终成为特定地区的特定血缘群体，并有特定的社会功能。每个迦提对应一个特定的瓦尔纳，至少在理论上有其独立的经济职能。

因此，迦提也是区分传统印度社会的基本组织。每个迦提本身由成百上千的个体核心家庭构成，由他们自己的长老委员会统治。这一委员会的成员通常是世袭的，且往往来自于该社区内的富裕或地位较高的家庭。

理论上，每个迦提被安排从事特定的经济活动。不过，并非每个既定迦提内的所有家庭都会从事同一职业，久而久之，各迦提的成员通常会从事好些不同的职业。有时候，为了能继续从事某一行业，整个迦提可能不得不搬迁。有时，为了能够留在某个地区，整个迦提也会彻底转行。这种住处或职业变迁有可能使人们的社会地位向上或向下流动。尽管对那些终生都与阶级身份紧密相依的个人来说，这通常不太可能实现。

表 2.1　古代印度大事记

事 件	时 间
哈拉巴文明	公元前 2600—公元前 1900 年
雅利安人进入印度	公元前 1500 年
乔达摩·悉达多	公元前 560—公元前 485 年
亚历山大大帝入侵印度	公元前 326 年
孔雀王朝创建	公元前 324 年
旃陀罗笈多的统治	公元前 324—公元前 301 年
阿育王的统治	公元前 269—公元前 232 年
孔雀王朝衰亡	公元前 183 年
贵霜帝国崛起	公元 1 世纪

古代印度的阶级体系可能听起来很死板，但它能存活如此之久，是有其令人信服的社会原因和经济原因的。首先，在一个高度等级化的社会里，它为每个人提供了身份认同。尽管个体可能在社会等级上低于其他阶级的成员，但他／她总能找到更低社会等级的人。可能同样重要的是，迦提也是一种原始的社会福利体系。每个迦提有责任救助贫穷或赤贫的成员，它也为一个往往处在政治不稳定状态的社会提供了稳定因素。

● 古代印度的日常生活

在这种僵化的社会阶层分化之外，印度的家庭显得极为重要，它是人们生活的中心，也是最基础的社会单元。

家庭

理想的社会单元是三代同堂的大家庭，这种大家庭本质上是父权制的。印度次大陆西南端附近的马拉巴尔（Malabar）海岸一带是个例外，这一带形成了流传至今的母系社会。在印度其他地方，传统上，最年长的男性拥有控制整个家庭的合法权威。

通过一系列纪念祖先的仪式，家庭实现了宗教意义上的紧密相连。这些纪念死者、沟通阴阳的仪式源于吠陀时代。男性大家长负责引领仪式，他死后，则由长子负责葬礼仪式。

家庭仪式中父子的重要性凸显出男性在印度社会中的地位。男性优势表现在方方面面。女性不能当祭司（尽管实际上有些女人被当作先知），通常她们也不能学习吠陀。总体而言，由于学习读写的首要目的是进行家庭仪式，因而男性在教育上有垄断权。在高阶级的家庭中，年轻男性在上师（guru）的指导下学习吠陀。有些人还会在大城市继续深造，这种教育的目的兼具专业和宗教性。

婚姻

总体来说，只有男性可以继承财产，极少数没有男性子嗣者，则由女性继承。法律认为女人始终是微不足道的。法律禁止离婚，尽管离婚时有发生。据《政事论》记载，被丈夫抛弃的妻子可以离婚。普通阶层中，极少有一夫多妻的情况，一夫多妻制主要出现在高阶层中。不过，如果第一个妻子不孕，丈夫可以再娶一个。养育孩子是婚姻的重要内容，这既是因为孩子要为年迈的父母养老，也因为这是男性性能力的有形证明。对年轻女孩来说，或是出于对子嗣的渴求，或由于女儿对父母而言意味着经济累赘，故而童婚极其普遍。不过，最能形象反映女人从属地位的可能是鼓励女人自焚殉夫的萨蒂（sati，通常写作 suttee）仪式。麦加斯蒂尼写道，"他听说有些人的妻子欣然自焚殉夫；那些拒绝自焚的女人为人所不齿，被关押起来"。[1]总而言之，毫无疑问，女人生存艰难。据可能成书于公元前 2 世纪、反映古印度早期社会组织和行为的《摩奴法典》（Law of Manu）记载，女人终其一生都要从属于男人——婚前从父，婚后从夫，夫死从子。

> 妇女虽在自己家内，决不应随己之意处理事情。
>
> 妇女少年时从父，青年时从夫，夫死从子，始终不应随意自主。
>
> 妇女应经常快活、巧妙地处理家务，让家具洁净，勤俭持家。
>
> 丈夫操行虽有可指摘，品质不好，另有所欢，但有德的妻子应该时常敬他如神。[2]

妇女的地位

女性从属于男性的根源在于：如同大多数农业社会一样，男人承担了绝大部分田间劳务。人们认为，女人除了主内，几乎没什么用处。而且，由于父母必须为女儿提供嫁妆，实际上她们往往被看作经济累赘。在家庭单位的延续中，女童看似没有什么优势，因为她们在结婚后将成为夫家的人。

尽管总体来说女性从属于男性，但也有许多迹象显示，在印度社会中，女性在某些领域扮演了重要角色，《摩奴法典》也强调女性应当获得尊重。印度人似乎对女性的性欲极为着迷，传统观点认为，女性常常用性交来实现对男性的支配。早期印度史诗巨著《摩诃婆罗多》的作者抱怨女性"欲壑难填"，他说："火焰永远不会有太多的木头，海洋永远不会有太多的河流，死亡永远不会有太多的生灵，而白皙的女人永远不会有太多的男人。"尽管有法律和社会约束，妇女在家庭内常常起重要作用，许多妇女还因为她们

---

[1] M.Edwardes, *A History of India：From the Earlist Times to the Present Day*, p.57.

[2] 出自 the Law of Mana, 引自 A.L.Basham：*The Wonder That Was India*, London, 1961, pp.180—181.

家庭与社会

古印度妇女的社会地位

《摩奴法典》中的这一段话表示尊重女人是男人的责任，它显示出古代印度人对女性的矛盾态度。同时，它也清楚地表明女人的家庭位置。

妇女必须受期望好运气的父亲、兄弟、丈夫和大伯子小叔子的尊敬和爱戴。

妇女到处受人尊敬则诸神欢悦；但是，倘若不被尊敬，则一切敬神事宜都属枉然。

凡愁苦家庭中的妇女，不久就趋于衰亡；但她们未遭不幸的家庭，则日见昌盛……

父亲不及时嫁女应受谴责；丈夫不及时接近妻子应受谴责；丈夫死后，儿子不保护母亲应受谴责。

妇女的不良倾向，虽极微小，也应加以防范；如妇女不被监护，可能给夫家和娘家带来不幸。

丈夫无论如何赢弱，考虑到这是各种姓的最高法律，也应对努力保护其妻子。

丈夫维护妻子，即维护了他的子孙、他的性情、他的家庭、他自身和他的律法。

丈夫应将收入和支出、清洁工作、履行律法、做饭、保养家用物品等工作交予妻子……

妇女理应生儿育女，乐享好运，应得尊敬，一手将家操持好，一手给家人维持好运，二者并无任何差别。

□ 问题：与中东和北非相比，印度人对妇女的态度有什么样的不同？

的才华而备受尊崇。古代和中世纪印度的绘画和雕塑也常常显示女性与男性是平等的。

同性恋在印度也不鲜见。不过，法典谴责同性性行为，总体上，印度的文学作品主要集中于异性情欲，极少关注同性恋。

● 经济

雅利安人的到来并没有使印度社会的经济特征发生急剧改变。不仅大部分雅利安人最终从事农耕，而且，很可能在雅利安人的统治下，由于铁犁的发明以及北方文化传播到德干高原，农业得以迅速发展。这一进程的结果之一是印度文化的中心从印度河流域向东转移到恒河流域。直到现在，恒河流域仍然是世界上人口最为密集的地区之一。德干高原和沿海平原的平坦地带也变为耕地。

印度农民

印度绝大多数农民的生活很艰苦。最幸运的是那些有自己的土地的人，尽管他们要向政府交租。其他大多数是佃农或无地者，他们受市场兴衰的影响，并常常要向地主交极高的地租。由于所有男性子嗣均有继承权，因此土地难以大规模集中；不过，由雇工劳作或出租给佃农的大片私有土地并不鲜见，尤其是在那些地方藩王的财富大部分来自于土地收入的地区，更是如此。

印度农民面临的另一个大难题是气候的难以预测。印度属于季风气候。南亚的夏季是西南风，冬季则是东北风。西南季风来自印度洋，通常会带来暴雨。一旦西南季风迟来，成千上万的人就会忍饥挨饿，特别是在严重依赖降雨的干旱地带，情况更为严重。强势政府通过建设国营粮库和维护灌溉工程来解决类似问题；问题在于，强势政府少之又少，饥荒却又很常见。北方的主要作物是大麦、小麦、粟，肥沃的河谷地带还常常种植水稻。南方除了粮食和蔬菜之外，还有各种热带作物、棉花和各种香料，如辣椒、生姜、肉桂、藏红花。

贸易和制造业

并非所有印度人都是农民。随着时间的推移，印度成为古代贸易和手工业最发达的文明古国之一。孔雀帝国崛起后，印度在地区贸易中的地位不断上升，印度次大陆成为从太平洋沿岸到中东和地中海的庞大商业网中的主要中转站。这种地区贸易既有海路，也有靠骆驼运输的陆路，依靠横穿印度洋的季风为基础的海上贸易可能早在公元前5世纪就开始了。它向东发展到东南亚和中国，向南远至非洲与马达加斯加岛之间的海峡。印度向西输出香料、柚木、香水、宝石、纺织品、珍稀石头和象牙、野生动物，从国外输入黄金、锡、铅、酒。事实上，印度次大陆是古代贸易的主要交汇地。

毫无疑问，印度作为日益重要的古代世界制造业和商业中心的地位也推动了国家的发展。在游陀罗笈多的统治下，中央政府越来越积极地参与到商业和制造业活动中来。中央政府拥有许多矿山和王室田产，它还因在地区商业中的地位而获利匪浅。印度还设立了单独的贸易、矿业、农业和武器制造等部门，私营行业会被课以重税。然而，仍有一些私营行业在垄断了关键经济部门的大种姓行会的主宰下蓬勃发展。公元前2世纪时，由于铜和金从中东传入，印度可能已有货币经济。最终，货币经济促进了金融业的发展。

■ 逃出生死轮回：古代印度的宗教

> □ 问题：婆罗门教与佛教的主要教义是什么？二者间有什么区别，它们又是如何
> 影响印度文明的？

如同印度的政治与社会一样，印度宗教也是雅利安文化和达罗毗荼文化的混合体。这两种文化的融合产生了极具多样性与差异性的复杂宗教信仰和实践体系，还催生了佛教和印度教这两大宗教，以及耆那教（Jainism）和锡克教（Sikhism）等许多小宗教。历史学家将早期雅利安人的宗教信仰称为婆罗门教。

● 婆罗门教

有关雅利安人最早的宗教信仰的佐证主要来自于如吠陀等珍稀文献。吠陀共有四部，是数百年中雅利安祭司们记忆相传的赞美诗和宗教仪式文献。在印欧人于四千年前分立为不同民族之前，吠陀中的许多宗教思想可能是所有印欧人共有的。早期雅利安人信仰的基础是代表各种伟大自然力量的多神崇拜，它们类似于希腊神话中的诸神。如：早期雅利安人传统中，希腊神话中的天神宙斯被称为特尤斯（Dyaus）。

不过，天神特尤斯的形象有点遥远，与其他具备更多人的特性和职能性的神相比，他有点黯然失色。有段时间，雅利安人的主神是自然界的雷神，也是伟大的战神因陀罗（Indra），他鼓舞雅利安部落民众战斗。后来，因陀罗的地位衰落，被正义之神伐楼那（Varuna）取代。此外还有许多人们所需的代表各种自然力量——如火、生育、财富等的神。

吠陀时代，献祭是雅利安人信仰的关键元素之一。如同其他古代文化一样，献祭可能最初是人祭，后来用动物取代。祭司阶层即婆罗门在这些仪式中起关键作用。

古代印度宗教信仰的另一个元素是苦行主义。尽管吠陀时代还没有苦修，但到公元前6世纪，强迫自己经受痛苦刺激乃至自残这样的自律开始取代献祭，作为抚慰神或与神交流的手段。显然，苦行的最初动机是为了获得神奇的能力，不过，公元前6世纪编撰的解释吠陀的《奥义书》（Upanishads）中，苦行被视为精神冥想的方法。通过这种方法，修行者能超脱物质现实，抵达真理世界，摆脱尘世的悲欢。苦行的另一

个动机可能是让那些有强烈宗教信念的人无须依靠官方祭司阶层而直接与形而上的世界沟通。

当然，其他宗教也有苦行，但苦行似乎尤其与源自早期印度宗教传统的印度教联系在一起。最终，苦行还发展成今天被认为是印度宗教活动中意义非凡的组成部分之一——"瑜伽"。

轮回

《奥义书》成书时期出现的另一个新观念是轮回说（reincarnation）。这种观念认为，人在死后将以另一种方式重生，经过几道轮回后，实现其回归大梵天（Brahman）的最终宿命。由于人生苦难，这种解脱是所有生者的最终追求。雅利安宗教传统的早期形式婆罗门教即源自这一理念。

轮回理论的核心是"业力"（karma）思想，即人的来世是由现世的业（行为）决定的。1世纪时印度教从婆罗门教中衍生后，它将一切生物——包括四大种姓和不可接触者——纳入一个庞大的存在体系中。因此，个人的现状并不是简单的宇宙意外事件，而是他／她在既往存在中的行为的必然结果。

位于体系顶端的是婆罗门。顾名思义，根据轮回法则，他们是最接近最终解脱的人。自婆罗门以下是人类社会的其他各阶级以及动物界。在动物界，牛的地位尤其高，即便今天的印度教中，牛仍然被当作圣物而受崇拜。有些人推测，牛的神圣地位可能来自于哈拉巴文化中的圣牛观念。

业力论受规范人类行为的法所支配。对不同社会地位的人有不同要求。比起首陀罗来，婆罗门和刹帝利等社会地位高的人有更严格的行为规范。例如，婆罗门不能吃肉，因为吃肉意味着要杀害别的生命，就会破坏业力。

显然，对早期的人们来说，相信人将以别的形式重生并不罕见，不过，我们还不清楚轮回说的起源。无论如何，在印度，轮回说既有现实原因，也有现实观照。首先，它为雅利安人到来后的印度社会中的严格阶级分化提供了宗教认可，也为更高社会阶层的人所享有的特权提供了道德和政治合理性。其次，轮回说也为较低层的人提供了一定的补偿。比如，它给穷人以希望：如果他们在今世行为恰当，那么，他们在来世的状况可能就会改善。它还有助于印度社会中如少数民族等未被同化的群体找到社会定位，同时允许他们保持其不同的生活方式。

如上所述，获得"好"的业力的最终目标是逃出生死轮回。《奥义书》将这一终极解脱描述为摆脱了俗世的无梦睡眠，其本质是个人灵魂与大梵天的相融。然而，毫无疑问，对普通印度人而言，这种观念过于缥缈，他们需要的是形式更具体的天堂救赎：

在经历疾病困苦的一生后，每个人都将抵达美丽的极乐世界。

● 民间宗教

就南亚社会形成过程中的绝大多数宗教信仰，人们至今知之甚少。公元前 1000 年的民间宗教可能是今天拥有众多人性化的神的印度民间宗教的遥远映射。据估计，印度大大小小的神有 3.3 万多个。其中，只有一小部分是主神，值得一提的是所谓的"三位一体"神：创造神大梵天（Brahman）、保护神毗湿奴（Vishnu）和破坏神湿婆［Shiva，起初是梵神楼陀罗（Rudra）］。尽管大梵天（有时以实体形态梵天出现）被认为是至高无上之神，但在许多印度人的信仰实践中，毗湿奴和湿婆的地位更高，可大致分为毗湿奴派和湿婆派。这些神还有角色和个性极易辨认的妻子，生有数不清的、各司其职的小神。一个典型的例子是象头神伽内什（Ganesha），在印度文学中，他被描述为湿婆之子，意外地被怒火中烧的父亲砍了头。湿婆后来对自己的举动后悔不已，给伽内什做了一个象头。即便到了现在，广受崇拜的伽内什还常常被视为好运之神。

然而，这些神的丰富种类和朴实性格多少有点误导人，因为印度人只是将众多的神视为一个终极实在的不同表现形式。不同的神也为普通印度人提供了一种将其宗教情感人格化的途径。即便早期雅利安人试图通过动物祭祀或禁欲主义与神交流，但毫无疑问，绝大多数印度人都试图通过经由寺庙中的仪式和供奉来满足自己的宗教需求。

经过数个世纪，源于雅利安游牧社会的印度宗教信仰发生了根本性变化。早期对代表自然力量的神的信仰逐渐让位于更精英化的宗教体系，出现了宫廷祭司阶层，他们为获得上天恩惠而主持祭祀仪式。公元前 1000 年，宗教信仰发展成更为个体化的体验，强调道德伦理是获得阿特曼（Atman，即自我）与梵（Branhaman，即终极实相）合二为一的途径之一。[1]

不过，普通印度人可能认为上天救赎的形式更具体，即存在一个极乐之地。在后来的几个世纪里，早期雅利安人的婆罗门教信仰将逐渐被更大众化的、后来发展为印度教的宗教信仰所取代。

---

[1] 宗教史学家 Karen Armstrong 认为公元前 1000 年到公元前 1 年，人类社会诸多早期信仰的重心均逐渐从祭祀转移到伦理。可参见她的 *The Great Transformation：The Beginning of Our Religions Traditions*，New York，2006。

寻找真理

在《梨俱吠陀》初步成文的公元前 2000 年，宫廷中的婆罗门相信，与神交流的最佳方式是以火神阿耆尼（Agni）为媒介所实施的献祭，首选是在祭祀仪式上出自祭司之口的咒语。

然而，到公元前 500 年，传统的献祭方式受到攻击，反对者们认为，寻找真理和安宁的最佳方式是放弃物质存在，采用云游行乞的生活方式。《剃发奥义书》（*Mundaka Upanishad*）记载了一名支持该观点的人的慷慨激昂的陈词。这与早期基督教信徒的热忱惊人地类似，早期基督教信徒与日常生活中的腐败势力决裂，在沙漠中与世隔绝的寺院里寻求庇护。

　　我歌颂阿耆尼，是众望所归的祭司

　　是神，是祭祀的主持者

　　祈祷者，慷慨的财富赋予者

　　古今仙人齐颂阿耆尼

　　他值得赞扬

　　他将引领众神到这里

　　愿通过阿耆尼得到财富

　　甚至日日兴旺

　　声名显赫、英雄辈出

　　啊　阿耆尼，祭火围绕

　　那完美的祭祀

　　这献祭才真正走向众神

　　阿耆尼，你充满智慧，名副其实

　　有最荣耀的声望

　　愿阿耆尼与众神一同降临

　　对于崇拜者的任何赞美

　　阿耆尼，你将授予酬偿

　　安吉罗赛，你那愿望定将实现

　　啊　阿耆尼，黑暗的驱散者

祈福者天天念着你

我们带着敬意走近你

你统领着各种祭祀

是秩序永久辉煌的护卫者

在你的居所内不断生辉

——《梨俱吠陀》

为数十八的这些祭祀仪式

如同破船，被认为是低下之业

愚者视为至福，满心欢喜

结果是再次返回衰老和死亡

始终生活在无知之中

却自认是智者和学者

愚者到处蒙受伤害

犹如盲人引导盲人

愚者陷身各种各样的无知中

而自以为"我们已经达到目的"

祭祀者出于贪婪，不知这些

以致从耗尽的世界坠落而痛苦

愚者以为祭祀和善行最好

不知还有比这更好的

他们靠善行享受天国之后

又进入这个或更低的世界

在森林中恪守苦行和信仰

平静的知者们遵循比丘行

他们涤尽污垢，经由太阳门

走向灵魂不变的永恒原人

考察了那些由业积聚的世界

婆罗门心生厌弃：无非业所成

应该手持柴薪，求教于通晓吠陀、立足于梵的老师

老师思想平静，沉着镇定

按照仪轨如实向他讲述梵学，让他据此

知道真正的、不灭的原人

——《剃发奥义书》

□ 问题：你认为这两段资料中哪一段提到了业（参考本章关于"轮回"部分的内容）？
哪段资料使用了这一概念，是怎样运用的？苦行主义在这两段资料中扮演了
什么角色？

● 佛教：中间道路

公元前 6 世纪，印度北部出现了一种新教义，并很快与流行的婆罗门信仰在整个
印度次大陆发生竞争。这种新教义就是佛教。

乔达摩·悉达多（Siddhartha Guatama）的人生

佛教的奠基者乔达摩·悉达多是今天尼泊尔南部喜马拉雅山山麓的一个小公国的
人，公元前 6 世纪中叶出生于刹帝利家庭。年轻的悉达多在富裕的环境中成长，并和
许多刹帝利一样接受了武术训练。成年后，他结婚养家。然而，29 岁那年，他突然发
现凡人年老时常受疾病之苦、死亡之痛和潦倒之困，"人永远受这生老病死的束缚"。
于是，他决定用其一生来寻找人类生老病死之因及其治愈之道。

为寻找答案，悉达多离家出走，游历四方。他先是苦修，最终却又放弃，在他看来，
禁欲主义并不能加深对人生的理解。后来，有一天，他在树下经过漫长的冥想，觉悟
了人生意义，并将余生致力于布道。他的教义中体现出来的思想构成了佛教哲学（或
如有些人所说的宗教）。据传，恶魔摩罗（Mara）竭力用政治权力和女色来诱惑悉达多，
但被悉达多拒绝：

快乐短暂如闪电

或如秋雨般转瞬即逝……

我又何必贪求你所说的快乐

你身体满是污秽

你有生老病死之苦

我追求人力难以企及的至高奖励

真理和永恒的智慧[1]

佛教与婆罗门教

由于乔达摩·悉达多离世已经太过久远且缺乏反映他思想的历史文本，现代的佛教教义与最初的教义有多少相似性仍是疑问。我们甚至难以肯定乔达摩·悉达多是否真的试图建立一种新宗教或教义。他的思想在某些方面可看作是对婆罗门教的改良，旨在将宗教职责从祭司转向个人，这与16世纪的德国修士马丁·路德将其思想视为对基督教的改革类同。即便未在实践中完全践行婆罗门教，悉达多仍接受了婆罗门教的大部分信仰。比如，他接受了轮回说，赞同"业力"影响个人的生命轮回。他赞扬非暴力，也借鉴了禁欲主义者过简单纯净的生活理念。而且，他的形而上学现实观——通常被称为涅槃（nirvana）——更接近雅利安人的大梵天观念而非基督教的天国拯救概念。涅槃包括自我的消亡和与大我（great world soul）的重聚，它有时类似无梦之眠，或有点"熄灭"（如同蜡烛）的意味。有时，佛教徒认为那些执着于描述涅槃的人并不理解其概念。

同时，悉达多的新教义在许多关键之处与现存的婆罗门教不同。首先，悉达多否认个体灵魂的存在。在他看来，自我（atman）——个体灵魂——的概念意味着灵魂将会重生，因此并没有从这个世界的忧虑中获得彻底解脱。实际上，悉达多完全否认物质世界的终极实在性，并教导说，它是一种需要超越的幻象。悉达多的实现涅槃思想基于他的信念，即折磨人的苦、贫、悲本质上都源于人们对尘世万物的执念。一旦舍弃俗世的执念，苦痛将得克服。在这一思想基础上，形成了菩提（Bodhi，即大彻大悟）或悟的概念［佛教（Buddhism），佛陀乔达摩（Guatama Buddha），均来源于Bodhi］。

理解这一点是实现佛教所说的从生命轮回中解脱——涅槃——的关键一步。按照惯例，悉达多在距离现今天贝拿勒斯［Benares，也被称为瓦拉纳西（Varanasi）］不远的鹿野苑（Sarnath）向信众们布道。如同其他理念一样，悉达多的理念看似简单，可以总结为四圣谛：苦圣谛，即人生皆苦；集圣谛，即苦皆源于欲求；灭圣谛，即消灭苦厄的方法在于消灭欲求；道圣谛，即消灭欲求的方法在于避免极端的庸俗唯物主义和自我折磨的生活，遵循中间道路。所谓的中间道路也称八正道，即正见、正思维、正语、正业、正命、正精进、正念和正定。

---

[1] 引自 A.K.Coomaraswamy: *Buddha and the Gospel of Buddhism*, New York, 1964, p.34.

佛教的相对平均主义也有其独特性。尽管悉达多接受了轮回说（以及人因先前积累的业力而思想千差万别），但他反对依据以往的业力轮回而将人作严格的等级区分，他教导说，作为他们此生行为的结果，所有人都可以渴望涅槃——这一要旨有助于佛教赢得社会底层的支持。

此外，比起现存的宗教信仰，佛教更为简单。悉达多不认同婆罗门教诸神，禁止教徒于他生前死后对他实施个人崇拜。实际上，许多佛教徒认为佛教是一种哲学，而非宗教。

公元前485年，乔达摩·悉达多涅槃后，他的忠实信徒们将其教义广为传播。印度次大陆各地都建立了佛教寺院，寺庙和佛塔（stupas，保存佛陀舍利的石塔）在整个印度农村遍地开花。

佛教教义中，妇女也可以出家修行，但只能居于次等地位。悉达多曾解释说，妇女"易怒""感情充沛""愚蠢"，"这是妇女在公众集会中没有地位……并且不能靠任何职业谋生的原因"。然而，在古印度，佛教社会中妇女的地位要比其他任何地方都高得多。

耆那教（Jainism）

接下来的几个世纪里，佛教开始与雅利安信仰以及另一种被称为耆那教的新宗教积极竞争。耆那教的创建者是与乔达摩·悉达多同时代的摩诃毗罗（Mahavira，即大雄）。与佛教对物质世界的排斥相类，耆那教在实践中更极端。乔达摩·悉达多呼吁在激情和奢华、痛苦和自我折磨间走中间道路，而摩诃毗罗却向教徒们宣扬极简教义，不蓄产，以行乞为生。有些教徒甚至不着衣衫，赤裸云游。由于耆那教坚持贫苦生活，故而未能吸引足够多的追随者，也从未获得官方支持。不过，据传，旃陀罗笈多退位后接受了摩诃毗罗的教义，并最终在耆那教寺院中绝食而死。

佛教国王阿育王（Ashoka）

佛教在旃陀罗笈多的孙子阿育王统治（公元前269—公元前232年）时得到大力发展。阿育王被公认为是印度历史上最伟大的统治者。正如他自己在王国各地竖立的石柱法敕中所说的，他的统治源自征服、掠夺和杀戮，但在公元前3世纪皈依佛教后，他开始悔悟，并实施仁政。

阿育王下令路边要种上菩提树、搭上棚子，为疲惫的行人提供遮蔽和休息之所。他还向整个印度地区派遣佛教徒使节，命令竖立写有官方法令和佛教铭文的石柱，教导民众行之有道。按传统说法，阿育王的儿子让还与孔雀帝国有朝贡关系的斯里兰卡岛皈依了佛教。

■ 鱼类法则：孔雀帝国之后的印度

□ 重点问题：为什么印度在公元前 1000 年未能维持统一？孔雀帝国如何暂时克服
　　了分裂倾向？

公元前 232 年，阿育王去世后，孔雀帝国开始衰落。公元前 183 年，孔雀帝国的最后一位统治者被他手下的一名将领推翻，印度回归分裂状态。在印度次大陆的巴克特里亚（Bactria，今阿富汗）的边缘一带出现了许多新王国，有些可能受到了亚历山大征服的历史的影响。公元 1 世纪，印欧语系的人们纷纷逃离控制中亚、建立了贵霜帝国（Kushan）的游牧民族匈奴的统治。在接下来的两个世纪中，贵霜人不断扩大对印度北部的控制，其势力远至恒河中游。然而，在印度次大陆的其他地方，为争夺主导权，各王国发生混战。此后又经过了 5 个多世纪，印度才再度统一。

印度未能维持统一有多方面的原因。有些历史学家认为，在公元前 1000 期间，印度在区域贸易中的衰落可能促进了以农业为主的小陆地王国的发展。雅利安人强调部落对抗的传统制性也可能是原因之一。尽管孔雀帝国的统治者试图强化中央集权，但帝国衰落后，氏族忠诚再度冒头。而且，印度统治阶级的行为具有印度人称之为弱肉强食的"鱼类法则"的特点，将战争美化为国王和贵族的天赋之举。提出集权的印度国家模型的《政事论》一书认为，战争是"国王的运动"。不过，分裂时期的印度并非碌碌无为：印度雅利安人（Indo-Aryan）的思想继续向南传播，婆罗门教和佛教也在朝新的方向发展。

■ 印度文化的繁荣

□ 重点问题：古代印度的文化在哪些方面与古代两河流域和埃及文化相似？又在
　　哪些方面与之不同？

世界上极少有其他文化像印度文化这样丰富多样。大多数社会仅在艺术和文学成就的某些领域非常出色，其他领域则不然，然而，印度却几乎在所有文化领域——艺术、雕塑、科学、建筑和文学中都成就斐然。

● 文学

最早为人所知的印度文学作品是四部吠陀，它们口口相传，雅利安人到来后，用文字记录了下来。《梨俱吠陀》可追溯到公元前2000年，其第一部由一千多首在宗教仪式上使用的赞美诗构成。其他三部吠陀成书要晚得多，内容包括祭祀仪式或其他仪式表演的各种指导说明。

吠陀使用的语言是梵文（sanskrit），为印欧语系的一支。雅利安人到达印度后，梵文逐渐口语化，在印度北部，被一种更简单的方言——古印度语（prakrit）所取代。然而，如同中欧的拉丁文一样，在此后的几个世纪中，梵文仍然被用作官方和文学用语，是印度各个地区间交流的通用语言。在印度南部，人们仍说各种达罗毗荼语。

公元前一千年里，新的文字体系形成。其后，印度的宗教文学作品写在贝叶上，粘贴在一起成书，有点类似于地中海地区最早用纸莎草或羊皮纸制作的书。这一时期，印度最伟大的史诗《摩诃婆罗多》和《罗摩衍那》（Ramayana）首次成文。这两部史诗的内容原本都是在宗教仪式中吟诵的，但它们本质上是历史著述，叙述了伟大的雅利安统治者和武士们的军事征伐。

《摩诃婆罗多》有9万多段，可能成书于公元前100年，它用大量细节描述了公元前1000年前后几个兄弟争夺王位的故事，其中交织着许多印度神的传奇故事。最重要的是，《摩诃婆罗多》是一部描述道德冲突的传奇之作，在其最著名的部分《薄伽梵歌》（Bhagavad Gita）中有这样的场景：一次大决战前夕，印度传奇人物黑天（Krishna）布道时提出了印度社会的一个关键伦理准则：行动时，人们必须无视成败，而只考虑行动本身的道德正确性就行。

尽管《罗摩衍那》与《摩诃婆罗多》成书于同一时期，但前者的内容要简短得多。它描写的是一个半传奇的统治者罗摩（Rama）的故事。罗摩因宫廷阴谋被逐出王国，隐居于森林。后来，他与绑架了爱妻悉多（Sita）的斯里兰卡魔王对决。和《摩诃婆罗多》一样，《罗摩衍那》也有强烈的宗教和道德意义。罗摩本人被描述为理想的雅利安英雄、完美的统治者、理想的儿子，他的妻子悉多彰显出贞洁这一至高美德和对丈夫的忠诚。这本书里，善战胜了恶、职责战胜了放纵、无私战胜了自私，它对自然的诗意描述将亲情和性爱、人类的感情冲突、性格分析和融为一体。

《罗摩衍那》也包含了引人入胜的冒险故事的所有要素：巨人、奇妙的飞行战车、所向披靡的弓箭、魔药和咒语。故事中的一个真正英雄是猴王哈奴曼（Hanuman），他从印度飞往斯里兰卡，发动了战争。毫不奇怪，数千年来，《罗摩衍那》不断获得各个年龄段的印度人的喜爱，近年，印度甚至出了一部同名电视剧。

● 建筑和雕塑

除文学外，早期印度文明取得最大成就的领域是建筑和雕塑。印度最早的部分建筑可以追溯到佛教成为国教的阿育王时期。孔雀帝国前，雅利安建筑都是木制。随着孔雀帝国的崛起以及被亚历山大大帝摧毁的波斯帝国的工匠来印度谋生，石质建筑开始出现。许多石匠接受了阿育王的赞助，阿育王利用他们在印度次大陆各地宣讲佛教思想。

印度宗教的建筑主要有三种类型：柱子、佛塔和石窟。在阿育王统治时期，路边竖立了许多柱子以纪念佛陀的生平大事并指明朝圣路线。有些柱子重达 50 吨，高达 32 英尺，这些光滑石柱顶端都雕刻了描绘狮子传讲佛陀教义的柱头，现在仍有 10 个柱子保存下来。

佛塔最初是存放佛陀遗物——如他的一缕头发或菩提树的一个枝条——的地方，通常建成坟冢形式（埃及的金字塔同样源于坟冢）。后来，佛塔成为供奉之所，也是最典型的佛教建筑形式。佛塔建得极高，顶端还有代表通往涅槃之路的尖塔。据传，为宣传佛陀教义，阿育王下令在印度各地建造了 8.4 万座佛塔。至今仍有部分保存。

早期印度建筑的最后一种形式是悬崖边开凿的石窟。这些石窟始建于阿育王时期，用来给僧侣或云游的苦修者提供住所，同时也充当宗教仪式之所。石窟多呈矩形，有柱子、祭坛、拱顶，让人想起西方的罗马教堂。最著名的三座石窟建筑是巴加（Bhaja）石窟、卡尔利（Karli）石窟和埃洛拉（Ellora）石窟。其中，埃洛拉石窟有 29 个房间。

这三种形式的建筑各有装饰，有细节丰富的浮雕、独立的神像和人与动物形象，洋溢着自然和生命活力。如男女土地神等诸多建筑的装饰兼容通俗和神圣，具有佛教、吠陀和前雅利安时代的宗教色彩。直到公元 2 世纪，乔达摩·悉达多一直被表现为某种符号，如生命之轮、菩提树、脚印，这可能归因于艺术家们认为的想象，在他们看来，悉达多已脱离肉身而进入觉悟，将他描述为人类形象不太合适。公元 2 世纪，大乘佛教（mahayana buddhism）广泛传播后，佛陀被描绘为神，其形象开始作为神圣崇拜对象出现在石雕中。

至此，印度有了自己独特的宗教艺术。这种艺术充满了美感和蓬勃生机，往往带有明显的性欲色彩。这些场景表达的是超世俗的极乐，而非尘世之趣。对普通印度人而言，这种点缀于古代印度宗教艺术中的感官极乐代表着救赎与满足。

● 科学

我们对古代印度科学的了解受限于文字记载的缺乏，但古代印度人显然在许多科学领域取得了可观的成就。尤其值得注意的是，他们在数学领域的成就：发明了至今仍在使用且被称为"阿拉伯数字"的数字体系。天文学领域，他们很早就绘制出天体运动图，并且认识到地球是圆的。他们对物理学知识的认知程度类似于希腊人；物质被分为土、空气、火、水和太空五类。他们的许多技术成就令人印象深刻，尤其是纺织品的质量和阿育王统治时期建立的大型石柱。这些石柱每个重达 50 吨，并且途经数英里才运到目的地。

━ 本章小结

在北非和中东的早期文明形成期间，印度河流域的人们也在进行文明创建。近年来，人们对早期印度文明的特征已有不少认识，但由于缺乏文字记录，了解仍非常有限。哈拉巴的人们是如何处理第一章结尾处提及的那些基本问题的？答案仍极其模糊。

然而，如同在其他地方常常发生的一样，哈拉巴文明的衰落并未导致其文化的彻底消失。雅利安人到达印度后，印度次大陆出现的新社会融合了两种极其不同的文化，这对古代印度文明的政治、社会结构起了重要作用。

随着公元前 4 世纪孔雀帝国的崛起，一个伟大文明的鲜明特征开始清晰地显示出来。它幅员辽阔，包括整个印度次大陆，它的佛教和印度教传播到中国和东南亚。但是，印度潜在的民族、语言和文化差异对国家的统一构成长期的挑战。孔雀帝国衰落后，印度次大陆在数百年时间里始终未能建立起一个统一的政权。

同时，在遥远的喜马拉雅山脉以外的东北地区，另一个重要文明正在兴起。如同许多古代其他文明一样，中国的第一个国家也是以河流为中心的。同样类似的是，中国的政治和文化成就最终传播到距离其起源地极其遥远的地方。我们将在下一章探讨古代中国文明。

━ 本章思考

━ **问题 1**：有关雅利安人的起源存在什么样的争论？为什么许多印度史学家认为这个问题极为重要？

━ **问题 2**：婆罗门教主宰印度次大陆如此之久后，为什么佛教还能在印度流传？

━ **问题 3**：公元前 1000 年期间，印度政治和统治的主要特点是什么？与美索不达米亚和埃及文明相比，有哪些不同？

━ 拓展阅读

关于印度文明的兴起。概述性著作，可参见 S.Wolpert，*New History of India*，7th.ed，New York，2003；B.Metcalf、T.Metcalf，*A Concise History of India*，Cambridge，2001。印度史学家 R.Thapar，*Early India：From the Origins to AD 1300*，London，2002 也极为出色。

关于哈拉巴文明。由于南亚考古发现相对缺乏，哈拉巴文明的考古学证据不像美索不达米亚和尼罗河流域文明那般丰富，比较有代表性的著作可参考 J.M.Kenoyer，*Ancient Cities of the Indus Valley Civilization*，Karachi，1998。有关哈拉巴与周边地区的关系，可参考 S.Ratnagar，*Encounters：The Westerly Trade of the Harappan Civilization*，Oxford，1981。

有关文字的发明，可参考 J.T.Hooker 编：*Reading the Past：Ancient Writing from Cuneiform to the Alphabet*，London，1990；A.Hurley，*The Alphabet：the History，Evolution and Design of the Letters We Use Today*，New York，1995。

关于古代印度宗教。有不少论述佛教在印度社会的传播和发展的佳作。有关佛教思想，可参见 P.Williams，*Buddhist Thought：A Complete Introduction to the Indian Tradition*，London，2002；J.Strong，*The Buddha：A Short Biography*，Oxford，2004。印度教的早期发展，可参见 E.Bryant，T*he Quest for the Origins of Vedic Culture*，Oxford，2001；V.Narayan，*Hinduism*，Oxford，2004。对比研究，可参考 K.Armstrong，*The Great Transformation：The Beginning of Our Religous Traditon*，New York，2006。

关于印度文化。有不少佳作讨论古代印度的艺术，如 R.Craven 编：*Indian Art*，

London，1997，此外，还可参考 V.Dehejia，*Devi*：*The Great Goddess*，Washington，D.C.，1999；*Indian Art*，London，1997。许多梵文文学作品翻译成了英文，其中不少收录在哈佛东方学系列丛书中。印度的经典著作选辑，可参考 S.N.Hay 主编：*Source of Indian Tradition*，New York，1988。古代印度女性作家的地位和作用，可参考 S.Thara、K.Lalita 编：*Women Writing in India*：*600 B.C. to the Presetn*，New York，1991。

第 3 章
古代中国

到公元前 6 世纪末，中国社会一直处于混乱之中。周代形成的主宰社会的政治原则已被广泛摈弃，随着周王室的日渐衰微，各诸侯间混战不休。百姓在领地制度的暴虐下苦不堪言，他们只能任贵族们摆布。

在此动荡时期，一个名叫孔丘的云游学者四处游历，体察世情，寻找参政机会。其间，他吸引了许多学生，向他们详细阐述他的一系列思想，这些思想后来成为中华帝国的指导原则。他的部分思想要旨极具现代意义，甚至包含革命性的命题——仁，仁政。

但是孔圣人，或用今天更为人所熟悉的称呼孔夫子，并不认为自己是革命者，而以真正的保守派自居，试图维护被同时代人忽视了的中国历史的各项要素。在他看来，他所试图坚持的原则早在过去几百年中就已确立，那是中国历史上的黄金时代，据说政府都是在高道德准则的基础上运行的。他说："道之以政，齐之以刑，民免而无耻。道之以德，齐之以礼，有耻且格。"此语出自孔子的语录集《论语》，这是孔子的弟子在他死后收集整理的孔子言论集，成书于公元前 5 世纪。传统与变革的两分法是孔子哲学的核心，在接下来的 2500 多年的历史进程中，这将体现在许多方面。

催生了以孔子为代表的儒家学说的中华文明在此前更早的 1500 多年前发源于黄河和长江流域。这一生机勃勃的新文明逐渐扩展到周边地区。到公元前 3 世纪，中华文明形成了一个大帝国，是一股在整个东亚地区占主导地位的文化和政治势力。

如同苏美尔文明、哈拉巴文明和埃及文明，古代中国文明最初也是沿主要河流而形成的农业自治村庄的集合体。农业技术的进步使食物大有盈余，促进了城市文明的发展。这一城市文明的特征是其具有更复杂的政治和社会组织，以及艺术和知识创作新形式。

如同时代的其他文明一样，古代中国也面临着边境地区游牧民族的挑战。然而，与哈拉巴、苏美尔和埃及不同，古代中国战胜了这一挑战，它的诸多机构和文化价值观一直延续到 20 世纪初。因此，中华文明常被称为地球上最古老的连续文明。

■ 中华文明的曙光

┄┄

□ 问题：地理环境是如何影响中华文明的？

┄┄

据说，中国社会是由好几个统治者创建的，在近 5000 年前就已奠定了这一地区的文明基础。第一个是伏羲，他"结网渔猎"，驯养家畜，引导人们以家庭形式过聚居生活。第二个是神农氏，他弯木制犁，砍树做耒，教给人们农业技术。还有一位是黄帝，他以木制弓，以棍制箭，制成弓箭；还发明了文字。当然，当代史学家并不认为这种传说就是真的，他们认为，这些传说是早期人们理解世界及他们在该世界中位置的想象之一。不过，这种对神奇过去的再创造常常也包含了一定的真实成分。尽管"三皇"的真实存在在史学界中仍有争议，但他们的成就确实代表了中华文明的一些明确特征：农耕民族和游牧民族的互动；家庭作为中国人生活的基本单位的重要性；独特的文字体系。

● 中国的土地和人民

尽管中国有人类活动的历史达数十万年之久，但智人却是在公元前 4 万年前才出现在中国的，这也是智人向非洲以外地区迁徙历程中的一环。大概在公元前 8000 年前，居住在中国北部和中部河岸的人们掌握了农作物的栽培技术。早期的许多农业聚居地都集中在黄河流域一带，那里出现了两大新石器文化，考古学家将之称为仰韶文化和龙山文化（有时根据它们的陶器特征分别称为彩陶文化和黑陶文化）。在中部和南部沿海地区的长江流域，也出现了类似文化。南方聚居地则以水稻而非小米、大麦、小麦等（小麦是公元前 2000 年前后从中东传入的）旱作物种植为基础，它们的历史和北方聚居地的一样悠久。因而，农业和早期文明的其他要素可能在中国的几个地方同时发展起来，而不是一个从中心区向外辐射。

起初，这些简单的新石器社会不过是些村落，随着人们掌握了粗浅的农业技术，逐渐发展起了更复杂的社会。如同其他地方可见的模式，中华文明逐渐从黄河和长江流域的一些核心聚居地向东部和中部其他低地地带扩散。因而，黄河流域和长江流域可以被看作中国文明发展过程中的两大核心区域。

这些稠密的农耕河谷地带形成了古代世界的两大产粮区，尽管土地肥沃，然而，中国却只有12%的土地是可耕地，与美国23%的可耕地面积形成鲜明对照。除可耕地外，中国的其余大部分地区由北部和西部边境的山脉和沙漠组成。

这种干旱和令人生畏的地形是中国人生活的一个主要特征，并且对中国历史产生了重要影响。地理屏障将中国人与亚洲其他地方的先进农业社会隔离出来。中亚的戈壁沙漠和西藏高原的边境地带稀疏地散居着其他民族。他们大部分都是游牧民族，与中原地区常常处于一种互相不信任和冲突的状态中，这些民族的人口数量远不如中原地区，却以精湛的战争技巧为长，时不时掠夺戈壁沙漠以南农业区的财富和土地，而中原王朝的军队则试图保护珍贵农田免遭边境外游牧民族的劫掠，在接下来的2000多年里，北部边境成了亚洲的大冲突地带。当关内统一、统治者励精图治时，中央政府通常能够有效阻挡住游牧民族的入侵，甚至使他们接受中央的宽松治理。然而，一旦内部羸弱，北部关隘就很容易遭受攻击，有时，游牧民族甚至成功推翻了中原的统治者，建立起自己的王朝。

在其他方向，中国通常无须担忧。尽管东边的东海偶有骚扰沿海的匪寇，也有强台风袭来，但多数时候则平安无事。长江流域的南部是丘陵地带，语言多种多样，各民族混居其中。久而久之，也渐渐被纳入势不可当的中华文明扩张圈中。

● 商代

中国的历史学家传统上将中华文明的开端定为4000多年前的夏朝。尽管夏朝的确切兴起时间仍在争论，但近来的考古学证据证实了它的存在。传说，夏朝的创始人叫禹，他也被认为是灌溉技术的引入者，他治理了华北平原一带的水患。公元前16世纪，商朝取代夏朝。商代后期的都城设在安阳，考古学家一直在对殷墟遗址进行发掘。已出土的文物包括数千片甲骨，这是商代统治者用来祭祀（通过各种神迹来占卜）和与神沟通的牛骨或龟壳。刻在这些甲骨上的图形即甲骨文是已知最早的中国文字，给我们留下了大量有关中华文明起源的资料，它们反映了一个逐渐从新石器时代向早期青铜器时代发展的文明。

政治组织

商代中国是以农业为主的社会，由贵族阶级统治，他们的主要关注点是战争以及维持对金属和盐等关键资源的控制。《周易》有云："国之大事，在祀与戎。"作战通常用两匹马拉的战车冲锋陷阵。中国在二千年中期出现了战车，与世界其他地方的发展轨迹大致相同。商代墓葬中出土的文物与龙山陶器有类似处，表明商代统治阶级是该地区新石器时代本土居民的直系后裔。如果情况属实，商人很可能是通过与周边地区的联系而获得了制造马车的技术。

最新从中国新疆出土的一些证据支撑了这一设想。考古学家发现了可追溯到公元前2000年与欧洲人有相似物理特征的遗骸。他们还穿着当时欧洲人常穿的衣物，这表明他们可能是从更远的西方迁徙而来的印欧人。倘果真如此，他们很可能掌握了战车制造技术。早在几百年前，该技术已经推广到今天俄国南部和哈萨克斯坦一带。公元前2000年前后，乌克兰和中国河套北部戈壁沙漠的墓葬中已经有带辐条的车轮了。因此，商王朝的建立者们很可能有了这种新技术，并运用这一技术在华北加速崛起。

商王依靠中央官僚机构进行统治。国家被分成由贵族首领统治的小诸侯国，不过，诸侯要由商王分封，商王可以随意撤换他们。诸侯要负责国家的防卫。统治者至高无上的地位从他死后数百侍从的殉葬中形象地表现出来。

正如甲骨文所显示的，商代统治精英相信存在超自然力量，并认为与之沟通后就能获得对世界各种问题的神谕。实际上，制作甲骨的目的正是为了与神对话。各种天体力量中，最重要的是天神——帝。出土的甲骨文显示，王已经被视为沟通天人的媒介。实际上，早期的中国汉字"王"是由三横一竖组成，中间的一竖即表示王身处人类社会与自然界神圣力量之间。

早期中国人有清晰的来世观。尽管在王室墓葬中发现的部分殉葬者可能是为了安抚神灵，但也有一些殉葬者是王室成员通往来世道路上的陪伴。这种信念产生了敬奉祖先（veneration of ancestors，西方常常将之误作祖先崇拜，即 ancestor worship）的观念与实践，直到今天，中国许多地方的人们仍会给逝者烧各种物品，供其在阴间使用。

社会结构

新石器时代，村庄显然是中国基本的社会单位，至少在黄河流域的核心区是这样。村庄是通过氏族而非核心家庭组成的，整个村庄甚至可能都是同一个姓氏。在有些地方，一个村庄可能包括数个氏族。今天西安一带至少可以追溯到8000年前的半坡遗址中，房子被一条壕沟分隔出来，有些学者认为这可能为了区分两个氏族。半坡遗址的个人住房中住的是核心家庭，但在村里还有一个显然是用作氏族集会的大建筑。中国社会以氏族为基础，这可能有助于解释古代中国为何有数代同堂的大家庭，以及中国社会中姓氏数量相对较少的现实。即便今天，十几亿人口的中国，常用姓氏只有400多个，即中国人常说的"百家姓"。

到商代，阶级分野日渐明显。一些贫穷的农民没有自己的土地，却不得不为村里拥有众多土地的领主或其他精英家族做工。贵族不仅制造战争，还当官做士（实际上，汉字"士"最初指的是勇士），是土地的主要所有者。除了贵族精英和农民外，还有人数较少的商人、工匠，以及可能主要由罪犯和俘虏构成的奴隶。

有商一代最为人所熟知的可能是他们精湛的青铜铸造技术。各地王室墓葬中出土的青铜日用器具、武器和礼器都显示出商代青铜文化的发达。显然，商代已经有了相当复杂的文字体系，它将传播到整个东亚地区，并发展成今天中国仍在使用的汉字。

商王朝：中国的"母文化"？

直到最近，中外历史学家中流行的观点是黄河流域是古代中华文明的核心，这里出现了包括文字、先进的农业技术和青铜礼器的制造技术在内的第一次技术突破。技术和文化也是从这里逐渐辐射到了东亚其他地区。中国的第一批重大考古发现——包括商代晚期都城遗址殷墟——也支撑了这一观点。

不过，现在，人们已不再广泛接受这种有时被称为扩散论（diffusion hypothesis）的理论。长江流域和南部沿海发现了一些早期农业社会遗址，川中墓葬遗址出土了大批青铜器。这些发现表明，尽管黄河流域可能在某些领域处于领先地位，如复杂的政治组织和文字，但中国其他地方的类似进程也不能忽视。

■ 周王朝

□ **问题：儒家、法家、道家的主要信条是什么？它们各自对中国早期历史起到了怎样的作用？**

公元前 11 世纪，商王朝被位于其都城殷（现安阳）西边的周所取代。周王朝延续了近八百年，是中国历史上统治时间最久的王朝。据传，商王朝的最后一个统治者纣王是个压迫人民的暴君（中国史料中说他堕落腐化，建造"酒池""肉林"，下令创造淫靡之乐，"败坏国家道德"），[1] 导致诸侯国周的统治者起来反抗并建立新王朝。

---

〔1〕 引自 E.N. Anderson：*The Food of China*, New Haven, Conn., 1988, p.21.

周将都城建在封地内，称"丰镐"，其位置靠近今天的西安市。为治理从商王朝获得的领土，周王朝后期都城迁往更东的洛邑（今洛阳）。在接下来近2000年的时间里，西安和洛阳成为中国两大都城。

参照文章

金属的使用

公元前6000年左右，西亚人发现了如何利用金属制造东西，与此同时，也认识到，与石制工具和武器相比，金属工具和武器更好用。金属可以造出较锋利边缘和形状规则的精制工具和武器。铜、银、金是最早被使用的金属。它们相对较软，能较容易地锻造成各种形状。当人们发现含有金属的岩石可以被加热、液化成金属时，重要的一步出现了。液化金属可以被注入黏土或石制模具中，造出形状更精确的工具和武器。

铜是最先用来制造工具的金属。已知最早的铜炉可以追溯到公元前3800年，发现于西奈半岛。与此同时，东南亚的工匠们发现可以在铜中添加锡，铸成青铜。到公元前3000年前后，西亚的工匠也开始制造青铜。青铜的熔点比铜低，更容易锻造，却比铜硬，更不易腐蚀。到公元前1400年，中国人开始用青铜装饰器具、战斧和头盔。青铜的广泛使用使历史学家将公元前3000年至公元前1200年这一段时间称为青铜时代，不过，这个说法有点误导视听，因为在青铜器开始使用后，还有许多人继续使用石制武器和工具。

不过，青铜器的使用也有一些局限。锡不像铜般广泛，因而青铜武器和工具比较昂贵。公元前1200年后，青铜逐渐被铁取代。铁的最早使用者是公元前1500年的西亚人，赫第人就是用铁制造新式武器的。公元前1500—公元前600年，制铁技术传到整个欧洲、北非和亚洲。青铜仍在继续使用，但大部分用于珠宝和其他日常生活所需。铁用来制造边缘更锋利的工具和武器。由于铁制武器比青铜武器便宜，可以装备大量士兵，战争规模也随之更大。

锻铁与铸造青铜不同：它可以一直被加热并锤炼成理想形状。每一次捶打都会增加铁的韧性。这种锻铁方式一直到中世纪晚期都是西方的典型制铁方法。然而，在中国，公元前4世纪的工匠就能够将铁熔化，因而能够用模具铸造。欧洲人直到15世纪才有熔铁高炉。

□ 问题：早期人类社会用青铜制造器物有何优缺点？为什么最终会被铁所取代？

● 政治结构

周王朝（公元前 1046—公元前 256 年）借鉴了前朝的政治体系，并进行了部分改造。周王朝继续了商王朝的分封制，位于政府层级顶端的是周王，服务于他的是一个规模和复杂程度不断增加的官僚机构，分为主管礼仪、教育、法律和公共事务的几个部门。都城以外，周王分封了许多诸侯国，由世袭贵族统治，他们经周王任命，故而至少在形式上要听命于周王。

天命

周王也进行了一些革新。根据现存最早的治国典籍《周礼》，周王朝之所以能统治中国，在于它拥有天命（mandate of heaven）。根据这一观念，天（现在被视为自然的客观规律，而非拟人化的神）通过周王维护宇宙秩序，作为天的代言人而非神圣存在，周王是靠才干和美德来统治天下，有责任仁政爱民、高效施政。为了保护人民免遭灾害或庄稼歉收之苦，他需要祭祀上苍，乞求平安。不过，如果王未能有效治理国家，至少理论上他可以被新的统治者取代。如前所述，这种观念给周王朝取代商王朝提供了合理性解释。最后，这种天命论也是中国治国的基本原则。每个新王朝的开创者都照例宣称自己掌握天命，推翻前朝统治者，乃是天命所归。如同实用主义式的中国俗语所说："天命难违。"

中国传统断言，统治者与主宰宇宙的神圣力量之间有直接联系，这反映出所有古代文明中普遍存在的信仰。不过，在有些社会中，尤其是美索不达米亚和希腊，神是反复无常、难以理解之徒。而在中国，天被视为本质仁慈的力量，它致力于维持宇宙的和谐与秩序，人类的积极行为可以影响这种和谐与秩序。这种态度是否是这样一种事实的结果呢？即中国尽管受到困扰世界其他地方的气候变迁的影响，但它却和中东一样，环境更可预测、更为有利。

到公元前 6 世纪，周王朝开始衰落。随着中央政府权力旁落，各诸侯国之间开始激烈角逐，诸侯们成功地以牺牲王权为代价，将其地位世袭下去。随着诸侯们的权力增长，他们开始规范地方经济，为了扩充军队而四处寻求可靠的收入来源，如建立统一的税收体系，对盐和铁等实行官卖。

正如《周礼》（当然，这和任何现代官方文件一样，它并非公正、不偏不倚的史料）中所描述的，后来的中国人将周王朝早期视为黄金时代，在这个时代，天下太平，礼、乐有道。当然，彼时是否真按照理想方式运行仍值得怀疑。不管怎样，黄金时代并未持续，其原因或是它从未实际存在过，或是中华文明的复杂性日益增加。它的消亡也可能是周王室后期统治者的智识和道德羸弱所致。

● 经济与社会

中国经济和社会结构的基本特征在周代开始显现，它继续推行商代的土地所有制：农民除耕种领主的土地外，也有自己的土地。这种土地所有制形式被称为井田制，类似于汉字"井"，故名。每个农家耕种一小块"井"字外围的自用土地，与其他农家一起耕种中间的世袭领主的土地。井田制在多大范围内实施仍不清楚，但它代表了后来儒家学者所描绘的理想状态。如《诗经》所言，普通农民的生活并不轻松：

> 硕鼠硕鼠，无食我黍！
> 三岁贯女，莫我肯顾。
> 逝将去女，适彼乐土。
> 乐土乐土，爰得我所。[1]

"硕鼠"指代的可能是向农民征收重税的政府或地方领主。

商人和工匠从事商业和制造业，居住在由地方领主直接控制的城镇。商人并非独立从商，他们被看作地方领主的财产，甚至可以被买卖。奴隶阶级从事大量的体力劳动，可能还要参与地方灌溉工程，他们中的绝大多数可能是战俘。学者们还不清楚古代的奴隶制范围有多大，不过，或许他们在总人口中所占比例不大。

公元前 6 世纪到公元前 3 世纪的东周是经济增长和技术革新的重大进展期，尤其表现在农业上。这一时期已经有大规模的水利工程，可用以调节河水流量，将河水均匀地排往田间地头，同时开凿了便利各地区间货物运输的运河。这一时期令人印象最深刻的技术成就是长江支流岷江的都江堰水利工程。它是由周王朝时期的秦国所建，灌溉面积广泛，至少使 500 万人口受益。两千多年后的现在，仍在使用这一水利工程。

农业技术上的诸多进展也促进了粮食生产。公元前 6 世纪中叶，铁器引入后，用于犁头，这使深耕第一次成为可能。此外，还有一些技术革新可追溯到东周时期，包括天然肥料和挽具的使用、让土壤中的养分得以保护或补充的休耕技术。到东周，水稻已成为主要的食物来源。尽管种植水稻费时费力，但它的口感良好、容易烹饪、营养价值较

---

[1]《诗经》，转引自 S.de Grazia 主编：*Masters of Chinese Poltical Thought*：*From the Beginnings the Han Dynasty*，New York，1973，pp.40—41.

高，故而在气候温暖地带取代了其他作物。

农业的发展使东周人口增至 2000 万，无疑也推动了商业和制造业的进步。东周时期，经济财富开始取代贵族出身成为权势的主要来源。铁制器具越来越常见，包括衣服、盐和其他各种制造品在内的商品的发达也促进了贸易发展。

丝绸是古代中国最重要的贸易品之一。有证据表明，中国人早在新石器时代就开始养蚕。商代青铜器上已经发现了丝质材料的残迹，周代中期的王室墓葬中还发现了大量的丝绸碎片。丝绸不仅用来制作衣被，还用来包裹尸体。在整个中亚乃至雅典等地方发现的丝绸碎片表明，著名的从中国中部向西延伸到中东和地中海的丝绸之路早在公元前 5 世纪就已经开通了。

实际上，最初驱动丝绸之路沿线的商人们的更重要的贸易品可能是玉石。早在公元前 6000 年，就已经有人在西藏北部的山脉中开山采玉，商人也开采玉石。儒家将玉视为纯洁与美德的化身，到了周代，玉被认为具有近乎神圣的品质。

随着贸易和制造业的进步，中国的货币经济也发展起来。如世界其他许多地方，中国最早的货币可能是贝壳（与物品或财产有关的汉字通常都以"贝"为偏旁）。不过，周代出现了刀状或中间有孔的圆形铁片货币，用绳子将之串起，便于携带使用。然而，绝大部分中国百姓仍以货易货。税收、地租甚至官员的薪水通常都用谷物支付。

● 诸子百家

同其他大河流域的社会一样，在中国，文明的出现同样伴随着人们对宇宙本质的理解以及人类在其中的作用所作的思考。在中国文明的极早阶段，人们就对这些问题有所思考。周代后期，这些思考不断积累，形成了中国古代哲学的"诸子百家"时代，各学派对人类、人类社会和宇宙的性质进行了广泛的论争。

早期信仰

对古代中国宗教信仰的了解主要来自于新石器时期的墓葬遗址。到新石器时代，中国人的宗教意识已经超越自然界中有神灵存在的原始信仰阶段。自商代起，中国人相信有一个至高无上的神主宰着自然界中的一切力量。随着时间的推移，中国人的宗教观念从模糊的拟人化的神发展为更宏观的宇宙秩序的象征——天。中国知识分子中对宇宙秩序的性质思虑良多。最终，形成了善与恶、光明与黑暗、代表太阳的阳（男）与代表月亮的阴（女）共存的宇宙理念。按照这一理论，人生就是阴与阳两种力量的互动过程。早期的中国人只能试着理解这一过程，或者只能对其运行施加些微影响，

孔子的智慧

　　孔子去世后，他的门人弟子辑录了孔子及其弟子的言行，编成《论语》一书，此书被认为是反映孔子思想的主要著作。《论语》在多大程度上精确反映了孔子对各种问题的看法？学者对此一直争议不断。有些学者认为，《论语》的内容反映更多的是孔子去世后两个世纪中的儒家思想，而非孔子个人的思想。

　　无论如何，人们通常认为，《论语》是孔子思想的代表，在漫长的历史长河里，它为无数中国人提供了道德和哲学指引。因而，在中国人的生活方式和文化形成过程中，起到了无可取代的作用。以下是《论语》中孔子的一些言论：

人性

性相近也，习相远也。

唯上知与下愚不移。

生而知之者，上也；学而知之者，次也；困而学之，又其次也；困而不学，民斯为下矣。

道德

贫与贱，是人之所恶也。不以其道得之，不去也。

君子喻于义，小人喻于利。

予所否者，天厌之！天厌之！

子贡问曰："有一言而可以终身行之者乎？"子曰："其恕乎！己所不欲，勿施于人。"

孝道

孟武伯问孝。子曰："父母唯其疾之忧。"

孟懿子问孝。子曰："无违。"樊迟御，子告之曰："孟孙问孝于我，我对曰，无违。"樊迟曰："何谓也？"子曰："生，事之以礼；死，葬之以礼，祭之以礼。"

子曰："事父母几谏，见志不从，又敬不违，劳而不怨。"

教育

学而不思则罔，思而不学则殆。

其身正，不令而行；其身不正，虽令不从。

自古皆有死，民无信不立。

宗教

君子于其所不知，盖阙如也。

我非生而知之者，好古，敏以求之者也。

务民之义，敬鬼神而远之，可谓知矣。

季路问事鬼神。子曰："未能事人，焉能事鬼？"曰："敢问死。"曰："未知生，焉知死？"

....

□ 问题：有些人认为孔子是个改革家，有些人则认为他是个保守者。请根据本章内容概括孔子的思想。

却并不希望颠覆它。可以断言，这种信仰是中国民间智慧中宿命论的重要来源。中国人认为否极泰来，反之亦然。

中国人相信世界中存在着某种神秘的"天法"，人们可以揭示天法，预测未来，比如商代用甲骨或其他办法占卜。哲学家发明了各种解释天意的方法，最迟在公元前 5 世纪时，统治者就聘请巫师为其出谋划策。中国最著名的一部哲学和占卜典籍是《易经》。

儒家

尽管中国人用许多占卜方法来预测天意，但他们在对超自然的探索中也有些实用主义的味道，这一点在大哲学家孔子的思想中表现得尤为明显。孔子于公元前 551 年出生于鲁国，即现今的山东。成年后，他周游列国，试图施展政治抱负，但却未得当政者赏识。然而，作为一位独立（某种程度上，也有点愤愤不平）的政治家和哲学家，他在历史上留下了不可磨灭的痕迹。

在记录孔子及其弟子言行的《论语》中，孔子的天命观常常表现出超然的、近乎无神论的色彩。孔子曾言，"未能事人，焉能事鬼？""未知生，焉知死？"在许多情况下，他告诫弟子要敬鬼神而远之。孔子认为，思考太多形而上的问题毫无益处。最好的办法是，假定宇宙间存在理性秩序，集中注意力关注尘世俗事。

因而，孔子的哲学兴趣本质上具有政治性和伦理性。宇宙是通过这样的方式构建的：如果人按照宇宙的目的和谐行事，人事也将兴旺。孔子关注的是人的行为举止。正当的行为是要遵从"道"。孔子认为，人人皆有各自的"道"，这取决于他们个人在生活中的角色。人们有责任依"道"而行。即便是统治者，也有"道"可循，若统治者罔顾"道"，则将失天命。这种道的观念让人联想到古印度的业力观，二者处理社会行事的方式有些类似。

孔子对"道"的阐释有两个因素尤其值得一提。第一个是责任概念。每个人都有责任以家庭和社会需求为先，以自己的利益和诉求为次。孔子认为，如果每个人都努力完成其既定天命，作为整体的社会也将欣欣向荣。在这一方面，统治者的表率作用非常重要。如果统治者遵从"王道"，其积极影响将会辐射到全社会。

第二个因素是"仁"的思想。这一思想包括对他人怀有同理心和同情心。某种程度上，有点类似于基督教的一些思想，但其含义较后者有微妙之别。基督教教义说"待人如人待我"，而儒家格言却完全不同，"己所不欲，勿施于人"。对许多中国人而言，这一态度表现出中国人性格中的包容性，而其他社会却未践行这一点。

孔子或许自认为失败了，因为他从未获得自己想要的位置，但他的同时代人发现他的思想非常有吸引力。孔子去世后，他的思想传遍中国。孔子直言不讳地抨击时世，悲叹消失了的他眼中的黄金时代：西周。

实际上，孔子并非仅仅是个哀叹美好旧时光流逝的保守者，相反，他是个具有革命性的思想家，他的许多核心思想是展望未来，而非回望过去，最引人注目的政治思想是政府应当向所有贤才开放，而不应局限于身份门第。《论语》中，有这样的记载："仲弓为季氏宰，问政。子曰'先有司，赦小过，举贤才。'曰：'焉知贤才而举之？'曰：'举尔所知，尔所不知，人其舍诸！'"毫无疑问，孔子认为自己是"贤才"，世袭贵族的贪欲一定强化了他选贤与能的信念。

当然，贤人治国的观念在孔子时代并不陌生，《周礼》清楚地指出，王之所以为王，是因其才与德而非由于尊贵出身。不过，许多孔子的同时代人肯定认为他的贤能治国的要求既令人兴奋，又很危险。孔子并未明确质疑世袭贵族在政治中起关键作用的正当性，他在世时，其思想也未产生太大影响。不过，孔子的思想催生了一种设想，后来，这一设想发展为通过考试选拔官员的科举考试制度。

孔子的思想通过《论语》和其他被认为是孔子所作的文章而世代流传，也对礼乐崩坏、问题丛生的春秋时期的一些政治思想家产生了巨大影响。不过，如同许多伟大的思想家一样，孔子的思想太过模棱两可，因而对它的阐释五花八门，甚至相互矛盾。如孟子（公元前372—公元前289年）等思想家强调孔子思想中"仁"的一面，认为人性本善，可教导人们懂得公民责任。他还强调，统治者有责任实施仁政：

> 桀纣之失天下也，失其民也；失其民者，失其心也。得天下有道：得其民，斯得天下矣；得其民有道：得其心，斯得民矣；得其心有道：所欲与之聚之，所恶勿

施，尔也。民之归仁也，犹水之就下，兽之走圹也。[1]

孟子的这一论述在当今也可获得广泛赞同与支持。不过，其他一些思想家反对孟子的人性论，看法与之完全不同。

法家

法家思想在"诸子百家"时期曾非常流行。与孟子和其他孔子弟子的人性本善论不同，法家认为人性本恶，只有严刑峻法才能让人们遵循正确道路。持这一思想的思想家们被称为法家学派，他们反对孔子靠贤能治国以解决社会问题的观念，认为只有客观法律才可解决。

法家也不赞同孔子宇宙有道的看法。他们认为，只有政府的坚决行动才能带来井然的社会秩序。最能积极激发普通民众服从统治者利益的是对严刑的恐惧，而非仁慈的施政。由于人的本性堕落腐败，法家不相信官员们会公正公平地履行职责，只有强大的统治者才能创造秩序井然的社会。所有人的行为都应服从统治者创建强大繁荣国家的意志。

道家

可与儒家相提并论的另一个最有影响力的思想流派是道家学派。据说，道家的创始人是老子。不过，许多现代学者质疑老子是否真有其人。

我们难以对最初的道家思想有清晰了解，因为道家的经典《道德经》甚为神秘，几个世纪以来，学者们一直困惑于如何阐释其思想。比如，《道德经》开篇解释道的时候，阐述更多的是"道"不是什么，而非是什么，曰："道可道，非常道；名可名，非恒名。"[2]

不过，道家的基本思想并非特别难以理解。如同儒家，道家思考的不是宇宙的深层含义。相反，它试图确立正确的人世行为规则。然而，在大多数层面上，道家代表了一种几乎与儒家完全对立的人生观。儒家思想认为，人们应努力改善尘世人生，即有为，道家思想却认为遵从天意的正确方式是无为。天人合一的最佳途径是无为而治，顺乎自然。

对于那些不太满意儒家伦理的死板色彩、更喜欢个人主义方式的人们来说，道家的思想很有吸引力。这种形象最终在中国山水画中有了表达意趣。中国山水画的经典

---

[1]《孟子·离娄上》，引自 W.T.de Bary 等主编：*Sources of Chinese Tradition*，New York，1960，p.107.
[2] 同上，第53页。

人性善恶的争论

东周时期，中国哲学家关注的一大焦点问题是人性本质的问题。在《论语》中，孔子认为人出生时性质本非善非恶，是中性的，必须培育人们的思想，激发其潜在的善。后来，孔子的弟子们更详尽地阐述了这一问题。人道主义哲学家孟子坚持人性本善。但荀子却持相反观点，认为人性本恶，只有通过圣贤的严格教导才可根除恶。尽管荀子对教育效应的坚信为他赢得了儒家代表人物的一席之地，但他的观点却被后来秦代的法家思想家所吸收。

人性之善也，犹水之就下也。人无有不善，水无有不下。今夫水，搏而跃之，可使过颡；激而行之，可使在山。是岂水之性哉？其势则然也。人之可使为不善，其性亦犹是也。

恻隐之心，人皆有之。

——《孟子·告子章句上》

所以谓人皆有不忍人之心者，今人乍见孺子将入于井，皆有怵惕恻隐之心。非所以内交于孺子之父母也，非所以要誉于乡党朋友也，非恶其声而然也。由是观之，无恻隐之心，非人也；无羞恶之心，非人也；无辞让之心，非人也；无是非之心，非人也。恻隐之心，仁之端也；羞恶之心，义之端也；辞让之心，礼之端也；是非之心，智之端也。

——《孟子·公孙丑章句上》

人之性恶，其善者伪也。今人之性，生而有好利焉，顺是，故争夺生而辞让亡焉；生而有疾恶焉，顺是，故残贼生而忠信亡焉；生而有耳目之欲，有好声色焉，顺是，故淫乱生而礼义文理亡焉。然则从人之性，顺人之情，必出于争夺，合于犯分乱理，而归于暴。故必将有师法之化，礼义之道，然后出于辞让，合于文理，而归于治。用此观之，人之性恶明矣，其善者伪也。

——《荀子·性恶》

□ 问题：上述思想家的人性善恶论的依据是什么？在你看来，谁的论点更有说服力？

形式是描绘自然山水景观，强调个人的渺小和脆弱。

东周日渐没落时，道家繁荣发展。尤其在知识分子中，道家甚为流行，在秩序崩溃的世界，他们或许觉得道家思想很吸引人，是逃避现实的灵丹妙药。

宗教与哲学

道家对儒家的回应

　　《道德经》是道家的经典著作，相传它是道家创始人老子所作，大概写于春秋时代。《道德经》的开篇阐明了老子的两大关键思想：定义宇宙的本质是不可能的，"无为"是处理人事的关键。

　　道可道，非常道。名可名，非常名。无，名天地之始；有，名万物之母。故常无，欲以观其妙；常有，欲以观其徼。此两者，同出而异名，同谓之玄。玄之又玄，众妙之门。

　　天下皆知美之为美，斯恶矣；皆知善之为善，斯不善已。有无相生，难易相成，长短相形，高下相倾，音声相和，前后相随，恒也。是以圣人处无为之事，行不言之教。万物作而弗始。生而弗有，为而弗恃，功成而弗居。夫唯弗居，是以不去。

　　□ 问题：《道德经》的作者老子是如何看待宇宙的基本性质的？是否存在着一种可以被人类思维所理解的道德秩序？对孔子的道德观，老子会如何回答？

民间信仰

　　道家思想的第二个作用是为民间流行信仰——唯心论和万物有灵论提供了松散支撑，后来演变出了"道教"。民间信奉道家学说与其说是一种哲学思想，不如说是一种宗教教义。道教有许多被认为是实现救赎乃至长生不死的手段的修行方式和仪式。道士进行各种精神和身体修炼，期望提升体力、性能力，获得长寿。道教长存下来的主要也是这些修炼方式。

　　哲学形态的儒家和道家对普通大众没有多大意义，对他们而言，有关生命终极意义的哲学争论远没有日常的生存问题重要。整个中国古代，即便在对超自然现象和占星术兴趣颇浓的社会精英中，对自然科学和人文理念的兴趣也始终与巫术 – 宗教思想并存。

　　对大多数中国人来说，天并不是一种如儒家和道家知识分子所认为的模糊的客观自然规律。相反，他们认为天充满着无数神灵鬼怪，它们或善或恶，既存在于山川河流，也存在于各类天体中。随着人类掌握了农耕技术，他们便祈求神明保佑庄稼丰收。另外，还有各种保佑渔民、脚夫或孕妇的神明。

　　中国民间宗教信仰的另一内容是，相信死者的灵魂会堕入地狱或升入天界。其间，亲属们必须用恰当的仪式供奉死者的灵魂，否则它们将变为恶鬼，伤及生者。

因此，古代中国存在着各种各样对宇宙本质的解释。儒家思想满足了现存政治和社会结构瓦解之时的国家建设和社会组织的理性主义需求。道家思想则提供了面对命运和自然的变幻无常的更感性的解决途径，同时也为民间各种万物有灵论信仰提供了基本框架。然而，二者都无法满足人们更深层的情感需求，这种情感需求时不时会刺激人类灵魂。况且，它们也无法在人们苦痛或乞望更美好来生的时候提供有效抚慰，得需要一些别的什么东西填补这一空缺。

■ 第一个中华帝国：秦朝（公元前 221—公元前 206 年）

□ 问题：游牧民族对早期中国的历史有何影响？与亚洲其他地区的游牧民族相比，
　　其影响有何异同？

东周的最后两百年（公元前 4 世纪到 3 世纪），王权日渐徒有其名，几个诸侯国渐趋强大，挑战周王室的权威。起初，它们之间的竞争尚能克制，但到公元前 5 世纪晚期，不断加剧的角逐引发了战争，形成了通常所说的战国时期。强势的诸侯国互相争霸，甚至不顾周王室名义上的权威。铁制武器的发明、装备了杀伤力强大的弩的步兵和骑兵的出现催生了新型战争。为了防卫，城市筑起高墙，攻城一方则发展出各种攻城技术。

到公元前 4 世纪中期，位于周的起源地的资历较浅的秦国通过在农业、行政管理、军事组织和财政等领域的大力改革，国力渐强，成为诸侯争霸中的重要一员。公元前 4 世纪中期，秦国的商鞅推行一系列变法，将秦国置于严刑峻法的统治之下。汉代著名史学家司马迁曾这样描述商鞅的变法：

令民为什伍，而相牧司连坐。不告奸者腰斩，告奸者与斩敌首同赏，匿奸者与降敌同罚。民有二男以上不分异者，倍其赋。有军功者，各以率受上爵；为私斗者，各以轻重被刑大小。僇力本业，耕织致粟帛多者复其身。事末利及怠而贫者，举以为收孥。宗室非有军功论，不得为属籍。明尊卑爵秩等级，各以差次名

政治与统治

战争艺术

除了 19 世纪德国的著名军事战略家克劳塞维茨（Carl Von Clausewitz）外，就战争艺术的著书立说而论，没有人比中国古代军事思想家孙子更知名、更具代表性。令人吃惊的是，西方世界对孙子所知不多。孙子生活于公元前 5 世纪，即战国时代，出身于显赫之家，先辈们曾辅佐周王达两个多世纪。尽管孙子的生平仍谜团重重，但毫无疑问，他在军事方面对后世的影响极为深远。近现代史上孙子的热忱信徒有中国革命领袖毛泽东和越南革命家胡志明，此外，曾在太平洋战争期间偷袭珍珠港的日军谋略家也是孙子的信徒。

以下是孙子的代表作《孙子兵法》的选段，我们可由此管窥孙子直至今天都尚未过时的军事谋略：

是故百战百胜，非善之善也；不战而屈人之兵，善之善者也。故上兵伐谋，其次伐交，其次伐兵，其下攻城。攻城之法，为不得已。修橹轒辒，具器械，三月而后成；距堙，又三月而后已。将不胜其忿而蚁附之，杀士卒三分之一，而城不拔者，此攻之灾也。故善用兵者，屈人之兵而非战也；拔人之城而非攻也，毁人之国而非久也。必以全争于天下，故兵不顿而利可全，此谋攻之法也。

故用兵之法，十则围之，五则攻之，倍则分之，敌则能战之，少则能逃之，不若则能避之。故小敌之坚，大敌之擒也。……

故知胜有五：知可以战与不可以战者胜，识众寡之用者胜，上下同欲者胜，以虞待不虞者胜，将能而君不御者胜。此五者，知胜之道也。故曰：知彼知己，百战不殆；不知彼而知己，一胜一负；不知彼不知己，每战必殆。

□ 问题：为何说孙子的军事思想在 2500 年后的今天仍能盛行？在当今美国及其他国家处理国际恐怖主义问题方面，孙子的思想会给我们什么样的启发？

田宅……为田开阡陌封疆，而赋税平。平斗桶，权衡丈尺。[1]

秦国地处黄河几字弯道以西的多山地区，有天然的地理屏障，并控制着富庶的四川盆地，通过军事征伐或外交上的纵横捭阖而傲视群雄。公元前 221 年，秦统一六国，

---

〔1〕 M.Lewis, *The Early Chinese Empires*: *Qin and Han*, Cambridge, Mass., 2007, p.31, 参见《史记·商君列传》。

宣告秦朝建立，这也是中国历史上第一个真正的大一统王朝。

秦之所以能统一六国，一个重要原因在于秦王嬴政的个性和才干：个性强悍，野心勃勃。公元前246年，13岁的嬴政即位为秦王。史书中形容他"长目，挚鸟膺，豺声，少恩而虎狼心"。公元前221年，秦王政灭齐国，称"始皇帝"，建立了秦王朝。

● 政治结构

秦朝改变了中国的政治体制。曾在春秋战国时期繁荣一时的各种思想到秦朝时被禁，法家思想遂成为官方意识形态。新政权政策的反对者都遭到了处罚，有些甚至还被处死，与官方正统思想不符的著作被公开焚毁，这可能也是中国历史上的第一次焚书。

法家思想带来行政和政治的诸多进步，有些行政和政治体制在秦王朝灭亡后仍保留下来，为后世历朝历代沿用。与周代不同，秦王朝是个皇权高度集中的政权。中央实行三公九卿制，三公即丞相、太尉和监察文武百官的御史大夫。这一体系成为中国后来各朝代的基本行政架构。

中央政府之下，另有两个行政层级：郡和县。与周代不同，郡县两级官员并非世袭，而由中央政府任命，并可被皇帝随时免职。尽管没有证据显示官员们是经由考试选拔出来的，但显然秦朝已经采用了一些有长处的选拔方式。有些官员是经别人举荐被选用的，他们受御史大夫监察，违法者将被严惩，犯渎职罪者要被处决。

● 社会和经济

秦始皇热衷于集权，他统一度量衡、货币和文字，并下令在全国修建驿道。他还试图削弱分封地主的剩余势力，将其财产分给直接向政府交税的农民，确保了中央政府的财政税收。各诸侯国的王公贵族必须住在咸阳，以方便朝廷掌控行踪。不过，由于中央政府现在收税更为高效，农民要服兵役和劳役，这些制度对农民并没有什么好处。秦朝对待商人同样无情，商人被视为不劳而获的寄生虫。私商被严厉禁止，并课以重税，一些重要的商业和制造业，如采矿、制酒、盐运等，均由政府垄断。

秦始皇在处理与其他诸侯国关系方面同样咄咄逼人。统一六国前夕，他的军队向南前进，占领了原属周王室的属地，并将所辖边境推进到红河流域。秦朝还开凿了一条从华中的长江流域到现今广西的大运河（即灵渠），以便于该地区军队在内河航行。

● 边境之外：游牧民族与长城的修筑

不过，秦始皇的主要关注地在北方，那里生活着一支被中国人称为匈奴的游牧民族。匈奴人可能与匈人（Huns）有渊源，他们在戈壁沙漠一带日趋活跃。自史前时期起，黄河以北之地一直人烟稀少。有秦一代，黄河以北的气候比现在更为温和湿润，有些地方森林覆盖率很高，那里的居民可能靠狩猎和渔猎、有限形式的农业或养殖牛羊等动物而生活。

随着气候越来越干燥，人们越来越多地依靠畜牧业谋生，过着骑马游牧的生活。他们松散地组织成各个部落，在广袤的天地中牧牛放羊，常常背着东西和毡房走上数百英里，季节性地从一个牧场转移到另一个牧场。

不过，新的生活方式也有新的挑战。食物增多后人口也随之增加，干旱时期，如此之众将使现有资源捉襟见肘。各部落为抢夺牧地你争我斗。公元前 11 世纪中期，掌握了骑马作战的技术后，自太平洋至中亚，游牧民族间的争夺战屡见不鲜。

艺术与思想

焚书

李斯是秦始皇的丞相，也是法家思想的代表人物之一，他希望清除政府内的一切不同思想，皇帝同意了他的意见，下令将与法家精神不合的书统统焚毁。这一事件被史学家司马迁记载了下来。幸运的是，有些典籍被民间藏起，还有一些书籍被其所有者背会并流传，从而使后人还能读到。秦始皇和李斯因为思想控制和力行专制而招致后人批评。看来，极权主义并非现代之物。

丞相臣斯昧死言："古者天下散乱，莫之能一，是以诸侯并作，语皆道古以害今，饰虚言以乱实，人善其所私学，以非上所建立。今皇帝并有天下，别白黑而定一尊；私学而相与非法教，人闻令下，则各以其学议之，入则心非，出则巷议，夸主以为名，异取以为高，率群下以造谤。如此弗禁，则主势降乎上，党与成乎下。禁之便，臣请史官非秦记皆烧之。非博士官所职，天下敢有藏诗、书、百家语者，悉诣守、尉杂烧之，有敢偶语诗书者弃市。以古非今者族。吏见知不举者与同罪。令下三十日不烧，黥为城旦。所不去者，医药卜筮种树之书。若有欲学法令，以吏为师。"制曰："可。"

——司马迁《史记》

....

□ 问题：法家思想家李斯为什么认为清除危险思想的建议是正当的？类似的情况在我
　　们当前社会也有吗？

到公元前3世纪，匈奴人严重威胁着中国北方边境的安全，许多诸侯国开始修建长城和堡垒来抵御匈奴。不过，与中原步兵相比，匈奴骑兵更具明显优势。

秦始皇解决匈奴威胁的办法是加固长城，将入侵者拒之墙外。司马迁曾写道：

> 秦已并天下，乃使蒙恬将三十万众北逐戎狄，收河南。筑长城，因地形，用制险塞，起临洮，至辽东，延袤万余里。于是渡河，据阳山，逶蛇而北。[1]

秦始皇的这一工程被称为修长城，从西北到东海，延绵近4000英里。有些地方的长城是用花岗岩所建，上有宽可通行马车的道路。尽管现存的长城大部分是在秦朝灭亡1500年后的明代修筑的，但秦长城的遗迹仍有迹可寻。修建长城是个浩大的工程，是数十万人的劳动结晶，史书上说，修长城时许多死掉的苦工就被埋在城墙内。

● 秦朝的衰亡

秦始皇采用法家治国是为了实现最高效的治国方略和国家的整体安全，但事与愿违。秦始皇清醒地意识到皇宫内斗的危险，并且以宦官（被净身的男子）来服侍皇帝及宫嫔。启用宦官的初衷可能是限制朝臣们的权力，宦官制度也成为后来中国帝制的标准特征之一。不过，宦官近身接触皇室，实际上影响力极大。皇室与朝廷的内外竞争所引发的紧张关系伴随帝制始终。

秦始皇将整个帝国牢牢控制在自己手中，用司马迁的话说，即"秦王之心，自以为……子孙帝王万世之业也"。实际上，秦始皇的集权离间了许多重要群体。拥有大量土地的贵族、儒家知识分子以及普通民众因思想和言论控制、重税、劳役而苦不堪言。公元前210年，秦始皇死去。很快，秦王朝陷入派系斗争，四年后，秦朝统治被推翻。

秦朝的灭亡，在后来许多中国史学家看来，是违背孔子仁政原则的绝对集权试验的失败。不过，从另一个意义上来说，秦朝制度也是治理一个庞大且日益复杂的社会的尝试，只不过是措施有点极端而已。

表 3.1　古代中国历朝起讫表

朝　代	时　间
夏　代	？—公元前 1570 年
商　代	公元前 1570—公元前 1045 年
周　代	公元前 1045—公元前 256 年
秦　代	公元前 221—公元前 206 年
汉王朝建立	公元前 202 年

---

[1] 转引自 B.Watson：*Records of the Grand Historian of China*，vol. 2，New York，1961，pp.155、160.

尽管后来的统治者们贬抑法家，以儒家为正统，但实际上他们借用了法家的诸多关键理念来统御国家和控制臣民。

是否所有水利社会都是专制的？

秦朝的极权专制，导致了中国社会的高度组织化，其影响达及后来。以汉学家卡尔·奥古斯特·魏特夫（Karl August Wittfogel）为代表的一些研究者认为，如周代一样，东方专制统治（oriental despotism）有利于大型公共水利工程的建设，这种统治适应于所有水利社会（hydraulic societies）。然而，最近的发现却与这种观点相左，它表明先有水利系统的建设，才有强力的中央政府，而非先有后者再有前者，水利系统最初往往是地方倡导的结果，而非中央计划的产物。专制统治或许用来解释统治者限制出现豪强地主和维系庞大帝国时更为合理。

■ 古代中国人的日常生活

··

□ 问题：古代中国社会和经济生活的核心是什么？

··

在中国，几乎没有什么社会组织像家庭那样至关重要。在大多数农业社会，家庭是基本的经济和社会单位。然而，在古代中国，家庭的地位近乎神圣，它是整个社会秩序的缩影。

● 家庭的地位

在新石器时代，至少在黄河流域中心地带，以氏族为基础组成的农业村落是中国的基本社会单位。尽管如此，更小的家庭单位越来越重要，至少在贵族阶级中是如此，他们相当重视对直系祖先的崇拜和供奉。

在周代，家庭的重要性不断上升，其部分原因在于农业协作的需要。从长江到南方各地，水稻是主要粮食作物，而水稻种植是一项劳动密集型工作。稻种必须在有水的秧田里培育，然后分株移栽到其他田里，并需要不断灌溉。收获时，稻子要整株割下，然后再仔细将稻谷脱粒。因而，无论是年轻时的家庭维系还是年老后照顾父母，子嗣和劳动力都至关重要。人们认为，对家人的孝悌比对社会或国家的忠诚更重要。孔子认为，即便父亲犯了罪，儿子也应保护他，这是文明社会的标志。

家庭观念的核心在于尽孝，它要求所有家庭成员的个人需求和愿望都从属于家庭的父权。更广泛地说，它创建了一种等级制度，身处其内的所有家庭成员都各适其所。中国人都知道，正确社会秩序的关键在于"五伦"——子从父，妻从夫，弟从兄，臣从君，最后一重是朋友间的关系。只有家庭和社会的所有人都正确遵从伦常，社会才能高效运行。

建立在家庭成员顺从和勤奋基础上的稳定家庭体系是政府的堡垒，不过，将对家庭和宗族的忠诚建立在国家之上，也对集权君主造成了威胁。因而，秦朝试图摧毁家庭体系，将国家放在首要地位。法家甚至主张对有两个成年儿子的家庭迫令分家，以削弱家庭观念。秦朝首创了五家为伍、十家为什的制度，将百姓组成什伍编制，互相监督和控制。此后，这一制度发展成了历朝沿用的保甲制度。

不过，秦朝消除——或至少是减弱——家庭体系的重要性的尝试与中国的传统和经济动力相违，继秦之后的汉代，家庭体系复兴，家庭的重要性与日俱增。在官方鼓励下，家庭成为中国的一大特征，直到今天仍是如此。家庭不仅是基本的经济单位，也是基本的教育、宗教和伦理单位。

● 生活方式

关于古代中国的生活方式，我们对精英阶层的了解要比普通人多得多。中国人最初的房屋可能是木头造的，不过，后来掌握了砖瓦建筑技术。到公元前 11 世纪初，大部分公共建筑和富人房屋可能都是砖瓦建造。到汉代，大部分中国人可能都住的是泥、木、砖质的房子，屋顶多用茅草，偶尔铺瓦。不过，在一些地区，尤其是北方的黄土地带，住窑洞的方式一直存续至今。

房屋内通常没有什么坐具，大部分人屈膝或盘腿而坐。椅子显然到公元六七世纪才出现。人们衣着简单，夏天穿棉质衣裤，冬天穿羊毛或粗麻布衣服。

北方的主要食物是粟，南方是大米。其他常吃的食物还有小麦、大麦、大豆、芥菜和竹笋等。最初，主要是煮食，到了周代，炒的烹饪方式越来越普遍。条件允许时，中国人还将食物与蔬菜、水果（包括梨、桃、杏、李）、鱼或肉一同食用，不过，对多数人来说，在米饭、粟和大豆之外，日常能吃上这些东西是罕见的奢侈。

中国的神话故事中说，源于华南和东南亚高山地带的茶叶是神农氏发现的。不过，实际上，直到 5 世纪，喝茶的风气才在中国广为流传。到 5 世纪时，茶叶被赋予药用价值，人们用它来安神。中国的上层社会比较早地开始喝麦芽酒，到周代初期，酗酒已经引发官方关注。《尚书》曾载，周文王告诫："无彝酒。越庶国，饮惟祀，德将无醉。"[1] 对穷人来说，酒仍是奢侈品。

● 城市

有秦一代，城市在历史上的重要性开始显现。城市中心分成各个居民区——这可能是被后来中华帝国各城市广泛采用的模式雏形，如此能更方便地控制百姓。如前所述，有土地的贵族——许多人是秦统一前各诸侯国的王公贵族——被迫迁居咸阳，几百年后的法兰西和日本也采取了这种手段。在修建秦皇宫时，甚至还模仿了诸侯们的宫殿花园。

尽管城市人口占总人口的比重极小，但城市还是成了中国的文化中心，拥挤的街道上，贵族们耻于与平民百姓为伍，但商人、手工艺人等当时社会地位较低的人却模仿贵族阶层的举止。当时曾有文讽刺：

> 城中好高髻，四方高一尺。
>
> 城中好广眉，四方且半额。
>
> 城中好大袖，四方全匹帛。[2]

● 卑微的财产：古代中国的妇女

古代中国社会制度的一个关键特征是男尊女卑。如同许多古代社会一样，男性在食物采集（农业社会中的食物生产）中的作用越来越大，故而人们认为他们也最重要。在古代中国，男人们在外耕作，妇女则在家养儿育女，照顾家务。这种基于性别的分工差异可以追溯到史前时代，并深深植根于中国的神话故事中。据传，伏羲的妻子女娲不仅通过婚姻和家庭帮助丈夫组织社会，还在家中操劳家务，她也是中国神话中的创世女神。

在古代，女性通常不能正式掌权，不过，她们也是一股政治力量，尽管往往为人侧目，但在朝廷中，皇后或其他后宫成员常常干预政事。如《诗经》所说：

〔1〕 C.Waltham, *Shu Ching*: *Book of History*, Chicago, 1971, p.154.

〔2〕 M.Lewis, *The Early Chinese Empires*, p.19.

哲夫成城，哲妇倾城。懿厥哲妇，为枭为鸱。妇有长舌，维厉之阶。乱匪降自天，生自妇人。匪教匪诲，时维妇寺。[1]

男女性别差异也在汉字中形象地表现出来。汉字的"男"字由象形的"田"和"力"构成，而"妇"字则呈顺从和尊重的姿态。表示和平安宁的"安"字由象征屋顶的宝盖头和"女"字组成。"妻"字则象征女人拿着扫帚。由此可见，男性沙文主义在中国有深厚的语意根基。

孔子虽不贬低女性作为母亲和主妇的重要性，但他也赞同中国社会中男女的不同分工和角色。男人治国主政，祭祀祖先，掌握家庭礼仪，是武士、学者、当政者。他们的主导性还得到法律制度的坚定维护。男人娶妻后不仅可以纳多个妾，而且还可以仅仅因妻子未生子嗣而将之休掉。女人没有财产权，在遭受丈夫和夫家的侵虐时，也没有嫁妆制度为其提供财产保障。3世纪时的文学家傅玄在诗中写道：

苦相身为女，悲陋难再陈。

男儿当门户，堕地自生神。

雄心志四海，万里望风尘。

女育无欣爱，不为家所珍。

长大逃深室，藏头羞见人。

垂泪适他乡，忽如雨绝云。

……[2]

■ 中国文化

□ 问题：中国文字体系的主要特征是什么？与埃及和美索不达米亚的文字有何不同？

我们对古代文明的艺术成就了解有限，因为只有极少数艺术成就在时光的洗礼中

---

〔1〕引自 H.A.Giles：*A History of Chinese Literature*，New York，1923，p.19.

〔2〕A.Waley 主编：*Chinese Poems*，London，1983，p.20.

保留了下来。幸运的是，如埃及和美索不达米亚等一些文明的艺术成就，在相对干旱的地区，即使经过了数千年，仍能保存下来。但在湿润地带，如中国和南亚，那里的古文明遗迹受到了不利气候的侵扰。

除了新石器时代的陶器和安阳的殷墟遗址外，史前中国文明保留下来的文化成就相对很少。近年来，在西安附近的秦始皇陵和汉陵周边出土了大量文物。不过，很少有古代中国的文学遗迹，而书画、建筑和音乐文物几乎更是空白。

● 金属制造和雕塑

考古发现表明，古代中国取得了丰硕的文化成就。新石器时代的文化，如红山文化和仰韶文化发现的陶器造型、设计和装饰鲜活多样，彰显出强烈的美感。

青铜铸造

中国文化自商代（公元前 16 世纪—公元前 11 世纪）起发展迅速。商代开始铸造青铜器，出现了各种礼仪上使用的盛酒器或盛食器。后来，又有了装饰用和朝廷宴会用的青铜器。

成熟的铸造方法是商代青铜器质量非凡的原因之一。大多数古代文明中，青铜器手工艺采用的是脱蜡铸造法，即先用蜡做模具，将模具加热脱去蜡模，注入融化的金属液体。在中国，人们在注入青铜液前，先用各种陶土模具将各部分密切组合为一个整体。这使得手工艺人能将在新石器时代基础上发展而来的制陶技术直接用于金属加工设计中，因此，商代的青铜器线条清晰、纹饰丰富。

青铜制造是个庞大的行业，迄今，留存下来的各种形制和设计的青铜器达一万多件。黄河流域和华南的四川一带都有青铜作坊。青铜艺术在周代继续发展，但质量和创造性有所下降。商代是古代中国青铜艺术的顶峰期。

青铜铸造衰落的原因之一是铁的广泛使用。公元前 9 世纪至公元前 8 世纪，中国开始使用铁，比中东地区晚了近千年。不过，一旦掌握了制铁技术，中国人很快就走到了前列。欧洲和中东的铁匠未能掌握高温化铁的铸造技术，不得不使用工序烦琐、造价高昂的锻铁术。到公元前 4 世纪，中国人发明了鼓风炉，由一人拉动风箱往火中鼓风。因而，中国工匠们比西方更早地掌握了制造铁质礼器和农业工具的能力。

青铜铸造衰落的另一个原因在于更价廉的漆器和陶器的发展。中国从新石器时代就开始使用本土产的黄栌树汁液做成的漆。到公元前 2 世纪，漆广泛使用于木质或织物硬涂层。同样，中国人很早就开始了陶器制作，不过，随着技术的进步，出现了一种质量上乘、外面覆有棕色或灰绿色的陶器，这就是人们后来普遍所说的青瓷。到公元前11世纪末，漆器和陶器广受欢迎，逐渐取代了青铜器，如同现在的塑料制品取代了更昂贵材质的物品。

秦始皇陵

1974年，西安以东35英里左右，一些农民挖井时发现了秦始皇陵的一些陶俑，这是令世人瞩目的发现。随之，中国考古学家在此发现了在他们看来再现了秦始皇军队的兵马俑，这支军队陪伴着皇帝前往另一个世界。

兵马俑的一大特点是规模宏伟。兵马俑存放在三个坑中，坑外最初还有木质框架。一号坑出土了1000多个兵马俑，以及战马、战车和7000多件青铜武器。考古学家估计，这三个坑内仅武士俑就有7000件。

兵马俑另一个令人印象深刻的特点是工艺高超。兵马俑比例比真人稍大，用纹理精细的陶土制作后再烧制和彩绘，其服饰细节写实而复杂。不过，最令人惊叹的是，士兵们各个面部栩栩如生。这些兵马俑有十种发型，并通过不同手势反映出秦朝军队士兵的不同民族和个性。

兵马俑的发现还表明，从商朝灭亡算起，中国的殉葬历史持续了很长时间。不过，兵马俑的工程肯定耗资极为巨大，这也是秦朝统治者对百姓压迫之深的又一明证。有历史学家估计，秦汉时代，1/3的财政收入可能都用在了修建皇陵上。秦始皇陵不限于地下，其周围还有高约250英尺、长约4英里的长方形城垣。据汉代史学家司马迁记载，秦始皇陵地宫中"以水银为百川江河大海，机相灌输，上具天文，下具地理。以人鱼膏为烛，度不灭者久之"。而且，帝陵中设有各种防盗机关，那些修建的工匠们带着陵寝的制造机密最终被活埋于陵墓之中。

● 语言和文学

中国的文字确切缘于何时已难以确定，不过，如甲骨文所揭示的那样，到了商代，中国人已经形成了简单有效的文字。如同古代许多其他文字体系一样，中国的文字最初也是既象形又表意。人们通常用符号来表意，或用图形代表一种事物。比如，山、日、月等都是代表事物的。其他的一些字，如"大"（一个伸开双手的人）字则用来表意。"東"表示太阳从树后升起。

当然，在发音的时候，每个字都有声调。在其他文化中，这一过程往往导致放弃表意体系，采用以语音符号为基础的文字。然而，中国的语言文字从未完全放弃其最初的表意形式，尽管语音已发展为单个汉字的重要部分。在这个意义上，中国人的文字在当今世界上实属独一无二。

中国的语言文字仍保持其表意特质的一个原因可能在于书写之美。到汉代——即便不是更早——书写已经成为一种艺术形式和交流方式，书法是中国最珍贵的艺术形式之一。

一旦书面语言向音标字母方向发展，它将不再是不断扩张的文明中对所有人都起作用的文字体系。尽管大多数人说的都是源自同一母语的汉语（音调和发音千变万化，直到今天，这一特点仍使得汉语抑扬顿挫、轻快美妙），但不同地区的方言在发音时千差万别，词汇和语法也有不同，更重要的是，各方言古今不同，难以理解。

中国人解决这一难题的方法是，所有口语都用同一套书写体系。尽管每个汉字可能在不同地区发音不同，但不管在哪里，它的写法都是一样的（自秦代起，文字就统一了）。只要受过教育，全国各地的人都能阅读这种书面文字。书面文字遂成为官方语言，也是中国文化从长城到南部边境，乃至在境外中国人中传播的重要媒介和工具。不过，不能将这种书面语言等同于口语，书面语进化出一种与口语不同的、完全独立的语法和词汇结构。因此，须经过特别训练才能使用。

目前，最早的中国文学可追溯到周代。当时的文学作品是写在丝绸或竹简上的，包括《周礼》等历史记述、《道德经》和《论语》等哲学著作，以及《诗经》等诗歌作品。儒家思想成为官方意识形态后，其主要作品组成了所谓的经籍，中国历朝历代的学龄儿童都要学习，以此规范自己的行为举止，成年后，他们更须遵循这些规范。

美索不达米亚楔形文字					
埃及象形文字					
中国甲骨文					
现代汉字（楷体）	日（太阳）	山（山）	水（水）	男（男）	女（女）

说明：所有书面文字都是从象形文字进化而来的。象形文字指代各种物理对象，最终被程式化，并与口语中的发音相联系。这张表格显示的是三个古代文明独立形成的象形文字，其中包括进化为现代汉字的中国文字。

● 音乐

从很早开始，中国人不仅将音乐视为美的享受，还是实现政治秩序和陶冶个人情操的手段。实际上，音乐可能最初是祭礼的伴奏。《史记》说："圣王使人耳闻雅颂之音，目视威仪之礼，足行恭敬之容，口言仁义之道。"不过，音乐最初是由于其自身以及载歌载舞的形式而被人们欣赏的，如《史记》所言"陶心畅志，舞手蹈足"[1]。

中国人有各种乐器，如竹笛、各种弦乐器、铃铛、鼓和葫芦丝等。青铜器做的编钟在商代最初是礼乐器，并排分组挂在木架上，在仪式中，由专人敲击演奏。制作最精良的编钟出现在周代中期，是中国早期青铜器的杰作。

到周代晚期，编钟逐渐让位于弦乐器和风乐器，也从仪式中脱离出来，供娱乐之用，保守的批评人士抱怨说这是礼崩乐坏。

古代史学家强调音乐与宫廷生活密切相关，不过，很可能在普通百姓中，音乐、歌舞同样极为盛行。旨在描述中国上古历史的《尚书》表明，源于大众文化的民谣也受到庙堂人士的欢迎。然而，宫廷音乐与流行音乐存在几方面的不同。流行音乐可能更多的是受了渴望快乐的激励，并非因提升法律、秩序和道德而产生。中国近代音乐的发展中仍能看出这种区别。

▬ 本章小结

作为伟大的古代文明之一，中国是较晚开始繁盛的文明。到商代，中国才有了有组织的国家，此时两河流域和尼罗河流域的文明已经处于先进水平。不幸的是，我们对这些文明的早期阶段缺乏充分了解，没法让我们判断为什么有的文明比其他文明发展得更早。不过，中国文明相对发展较晚的一个原因可能是，它与其他地区的文明相比较为孤立，不得不独立发展。到公元前11世纪末，中国才与南亚、中东和地中海的其他文明有经常性接触。

不过，中国独立地朝着复杂社会前进的结果是，与其他文明相比，它在各方面都毫不逊色。到公元前3世纪，中国第一个统一国家秦朝建立时，中国的国土面积已从北方的戈壁沙漠延伸到现在越南边境附近的亚热带地区。中国哲学家对人的本性、宇宙状态等错综复杂的问题进行了各种思辨，中国的艺术和技术成

---

〔1〕 Chang Chi-Yun, *Chinese History of Fifty Centures*, vol.1, p.183.

就——尤其是青铜铸造和兵马俑——在全世界都无可匹敌。

同时，另一个伟大的文明在地中海北岸形成，即希腊文明。与我们此前讨论的中国文明和其他文明不同，这个新兴欧洲文明的商业贸易基础如农业一样根基深厚，它的政治和文化成就毫不逊色于此前的其他伟大文明，并且，这些成就很快将对世界其他地区产生深远影响。

▬ 本章思考

— **问题1**：在政治架构、社会组织和文化方面，商代给周代留下了什么样的遗产？能否将商代称为中国的"文化之母"？

— **问题2**：中国历史上第一位皇帝秦始皇对中国早期的政治、社会和经济进行了哪些方面的改变？

— **问题3**：古代中国人在冶金方面有什么样的贡献？与两河流域文明和埃及文明相比，他们的成就有什么不同？

▬ 拓展阅读

关于中国古代文明的早期阶段的权威概论性著作，可参考 M. Loewe、E.L. Shaughnessy，*The Cambridge History of Ancient China from the Origins of Civilization to 221 B.C.*，Cambridge，1999。

近些年来，新石器时代和商代的历史日益受到学术界的关注。与此相关的文献和注释可参考 K.C. Chang et al.，*The Formation of Chinese Civilization*：*An Archaeological Perspective*，New Haven，Conn.，2005。另外，还可参考 D. Keightley，*The Ancestral Landscape*：*Time，Space，and Continuity if Late Shang China*，Berkeley，Calif.，2005。

关于周秦两代的研究成果也很多。Cho—yun Hsu、K. M. Linduff，*Western Zhou Civilization*，New Haven，Conn.，1988，对西周史的论述极为详实深入。N. Di Cosmo，*Ancient China and Its Enemies*：*The Rise of Nomadic Power in East Asian History*，Cambridge，2002；研究了中国与周边民族的关系。青铜器方面的研究，可参考 E. L. Shaughnessy，*Sources of Easter Zhou History*，Berkeley，Calif.，1991。秦代研究，可参考 M. Lewis，*The Early Chinese Empires*：*Qin and Han*，Cambridge，

Mass., 2007; C. Holcombe, *The Genesis of East Asia*, *221 B.C—A. D.907*, Honolulu, 2001。

西方学者高度关注古代中国的哲学。有关"诸子百家"的主要著作，可参考 W. T. de Bary、I. Bloom 主编：*Sources of Chinese Tradition*, vol.1, New York, 1999。有关儒家思想，可参考 B. W. Van Norden 主编：*Confucius and the Analects*：*New Essays*, Oxford, 2002。

关于环境问题的研究，M. Elvin, *The Retreat of the Elephants*：*An Environmental History of China*, New Haven, Conn., 2004, 最有代表性。

有关中国文化的经典著作，可参考 V. H. Mai 主编：*The Columbia Anthology of Traditional Chinese Literature*, New York, 1994; S. Owen, *An Anthology of Chinese Literature*：*Beginnings to 1911*, New York, 1996。有关中国艺术的深入介绍，可参考 M. Sullivan, *The Arts of China*, Berkeley, Calif.1999, 此书有许多彩色插图。另外，还可参见 P. B. Ebrey, *The Cambridge Illustrated History of China*, Cambridge, 1999。近年来的新发现和研究，参见 J. Rowson, *Mysteries of Ancient China*：*New Discoveries from Early Dynasties*, Ney York, 1996。有关中国音乐，可参见 J. F. So, *Music in the Age of Confucius*, Washingtong, D.C., 2000。

第4章
古希腊文明

当中国在列国纷争时，地中海北岸也爆发了一场内战。公元前431年，两个差别很大的城邦国家——雅典和斯巴达的——为了希腊的主导权而大打出手（即伯罗奔尼撒战争）。雅典人觉得城墙背后的他们很安全，在战争的第一个冬天，他们举行公葬，纪念那些战争中的死难者。纪念日当天，雅典的公民都来参加了葬礼，死难者家属伤心欲绝。按照雅典的习惯，会有一位首席公民向集会者发表演讲。当天的演讲者是伯利克里（Pericles）。伯利克里谈到了雅典的伟大，提醒人们记得他们的政治制度的力量。他说："我们的制度之所以被称为民主制，是因为城邦是由大多数人而非极少数人管理的。我们看到，法律在解决私人争端的时候，为所有人提供了平等的公正；在公共生活中，优先考虑承担公职者的是他的才能，而不是社会地位、从属阶级；任何人，只要对城邦有所贡献，绝对不会湮没无闻。我们在政治生活中享有自由，在日常生活中也是如此。……每个人关心的除了自己的事务，还有城邦的事务。"

这次著名的葬礼演说中，伯利克里阐述了民主思想和个人的重要性，这些思想与其他古代社会相差极大，在其他社会中，个人须服从更大的、以臣服于高贵统治者为基础的秩序。希腊人就人类的一些基本问题发出质问：宇宙的本质是什么？人类存在的目的何在？我们与神圣力量的关系如何？什么构成了社会？什么构成了城邦（国家）？什么是真理，我们如何认识真理？希腊人不仅提出了自己的答案，还创建了一套检验其逻辑的思想体系。他们的回答和逻辑思想体系奠定了西方文明理解人类社会的知识基础。

古希腊文明的非凡历程要从公元前1900年前希腊人的到来讲起。

公元前8世纪时，古希腊的特色制度即城邦（polis）或城市国家已经出现。公元前5世纪，古希腊文明繁荣并达到古典时代的巅峰，但希腊城邦无力结束其自相残杀的战争，最终导致他们无力反抗马其顿国王菲利普二世的统治，独立的希腊城邦时代结束了。

被马其顿国王打败后，尽管城邦不再，但这次失败并没有终结希腊文明的影响，菲利普的儿子亚历山大带领马其顿人和希腊人征服了波斯帝国，开启了希腊文明向整个中东地区传播的大门。

■ 早期希腊

□ 问题：地理环境是如何影响希腊历史的？荷马是谁？为什么他的著作能成为希腊教育的基础？

地理环境深刻影响着希腊的历史，尤其是山与海。与美索不达米亚和埃及相比，希腊面积更小，是个多山的小岛，只有 4.5 万平方英里，相当于美国的路易斯安那。希腊的许多地方都是由 8000~10000 英尺高的多山包围的小平原和河谷。也正是这些山脉将希腊各城邦彼此分隔开来，使它们都能遵循各自的道路发展出独特的生活方式。一段时间内，这些城邦非常强烈地坚持自身的独立性，以至于为了保持自身优势而争斗不休，且乐此不疲。毫无疑问，这些小城邦有利于促进人们参与政治事务，形成独特的文化表达，但它们之间的竞争也引发了最终摧毁希腊社会的自相残杀的战争。

海洋也影响着希腊社会。希腊有很长的海岸线，海湾星罗棋布，港口众多。希腊本岛以西和南边各岛，尤其是东边一些岛屿也居住着许多希腊人。为了与外部世界沟通，希腊人向爱琴海和地中海一带航行、建立殖民地，希腊文明能传播至整个地中海地区，绝非偶然。

希腊的地形将希腊分成几大部分。科林斯湾南部是伯罗奔尼撒半岛（peloponnesus），它实际上通过一条狭窄的地峡与希腊大陆相连。伯罗奔尼撒半岛主要由丘陵、高山和小峡谷构成，是斯巴达城邦的所在地。伯罗奔尼撒半岛的东北边是雅典城邦所在的阿提卡半岛（attic）。阿提卡半岛的北边和西边都被山脉包围，南边和东边则是广袤的大海，西北边是位于希腊中部的维奥蒂亚（Boeotia），这里的主要城邦是底比斯。维奥蒂亚的北边则是色萨利（Thessaly），这里有希腊最大的平原，也是主要的产粮区和牧区。位于色萨利北边的是马其顿（Macedonia），在公元前 338 年马其顿王国征服希腊以前，这里在希腊历史上一直无足轻重。

● 米诺斯文明

爱琴海一带最早的文明出现在希腊大陆东南边的克里特岛。公元前 2800 年左右，克里特岛进入了使用金属，尤其是以青铜制造武器的青铜时代。克里特文明的发现者是 20 世纪初期的英国考古学家亚瑟·伊文思（Arthur Evans），他以克里特岛传奇国王米诺斯（Minos）的名字命名这一文明为"米诺斯文明"（Minoan）。从语言和宗教上看，米诺斯人并不是希腊人，尽管他们确实对希腊大陆的人们产生了某些影响。

20 世纪初，经伊文思的挖掘，宏伟的克诺索斯［Knossus，位于现在赫拉克利翁（Heracleion）附近］王宫重见天日。克里特遗址显示这里曾经有过繁荣的文明，克诺索斯则是这一庞大的以贸易为基础的"海上帝国"的中心。

公元前 2000 年—公元前 1450 年，米诺斯文明达到顶峰。克诺索斯王宫宏伟壮丽，有许多供王室成员使用的起居室，以及大量用来制作精美花瓶、象牙制品和珠宝的工作间，甚至还有连着精心设计的排水管的浴室，如同印度的摩亨佐-达罗。各屋装饰着色彩鲜艳的描述运动场景和自然景致的壁画。

公元前 1450 年前后，克里特岛米诺斯文明的中心区突然灾难性地崩溃了。有些历史学家将之归因于锡拉岛（Thera）火山引发的海啸。不过，大多数历史学家坚持，是希腊大陆迈锡尼人（Mycenaean）的入侵和掠夺造成了米诺斯文明的崩溃。

● 最早的希腊国家：迈锡尼

迈锡尼人（Mycenaen）一词源自德国业余考古学家海因里希·施里曼（Heinrich Schliemann）从 1870 年起发掘发现的古城迈锡尼（Mycenae）。迈锡尼是繁荣于公元前1600 年—公元前1100 年的迈锡尼文明的中心。迈锡尼人是从起源地扩散到南部和西欧、印度、波斯的印欧人（见第 1 章）的一个分支。公元前 1900 年前后，部分印欧人进入希腊并最终控制了希腊大陆，建立起自己的文明。

迈锡尼文明于公元前 1400 年到公元前 1200 年达到顶峰，主要由许多强力君主国组成，它们的王宫通常建在山上，周围环以高大的石墙，类似于迈锡尼古城。这些权力中心可能形成了由各独立城邦构成的松散联盟，其中，最强大的是迈锡尼城邦。

迈锡尼人是战斗民族，以英勇作战为荣。有些学者认为，迈锡尼人向外扩张并征服了克里特。迈锡尼人的军事征战活动后来被写成了《荷马史诗》一书。

在迈锡尼国王阿伽门农（Agamemnon）的率领下，迈锡尼人真的在公元前 1250 年前后攻占了小亚细亚西北海岸的特洛伊城吗？从施里曼发掘迈锡尼古城起，学者们一直对此争论不休。许多人相信，《荷马史诗》中描述的故事尽管细节有所夸张、神秘，但确有其事。

到公元前 13 世纪末，迈锡尼文明陷入困境。在来自北方说希腊语的入侵者的新一波进攻下，迈锡尼古城在公元前 1190 年被付之一炬，与此同时，其他迈锡尼文明的中心城市也遭遇了相同命运。到公元前 1100 年，迈锡尼文明终结，希腊进入新的动荡期。

● 黑暗时代的希腊（公元前 1100 年—公元前 750 年）

迈锡尼文明衰落后，希腊进入了人口和粮食产量下降的困难时期，直到公元前 850 年才再度复兴。由于以上情况，加之可以帮助我们重建该时期基本情况的资料阙如，历史学家将这一阶段称为希腊的黑暗时代。

黑暗时代里，许多希腊人离开大陆，越过爱琴海，移居到其他岛屿，尤其是小亚细亚的西南海岸，这里的长条陆地被称为爱奥尼亚（Ionia）。另外两个主要的希腊群体则定居在希腊其他地方。希腊北部和中部的爱奥尼亚人在莱斯波斯（Lesbos）以及与希腊大陆毗邻的地方建立殖民地。多利亚人（Dorians）在希腊西南部，尤其是伯罗奔尼撒一带建立殖民地，另外，他们还在包括克里特岛在内的爱琴海诸岛也建立了部分殖民地。

随着贸易和经济活动的复苏，在武器制造方面，铁器取代青铜器越来越普及化。公元前 8 世纪，希腊人借鉴了腓尼基字母（Phoenician），形成了新的文字体系。黑暗时代末期，《荷马史诗》问世。荷马被认为是希腊历史上最伟大的诗人之一。

荷马

早期希腊最伟大的史诗《伊利亚特》（*Iliad*）和《奥德赛》（*Odyssey*）其素材源于世代相传的故事。人们通常认为，公元前 8 世纪初，是荷马（Homer）用这些口耳相传的故事写成了有关特洛伊战争的史诗《伊利亚特》：特洛伊王子帕里斯（Paris）诱绑了斯巴达王后海伦（Helen），由此激怒希腊人。在斯巴达国王的哥哥——迈锡尼国王阿伽门农的率领下，希腊人进攻特洛伊。这场战争持续十年之久，最终，希腊人攻占了特洛伊城。然而，《伊利亚特》对战争本身的描写并不多，它描绘的是希腊英雄阿基里斯（Achilles）的传奇经历，以及"阿基里斯之怒"带来的灾难。荷马的另一杰作《奥德赛》是一部浪漫史诗：特洛伊陷落后，希腊英雄奥德修斯（Odysseus）巧用智谋，历经种种磨难，历时二十年之久，最终回归妻子珀涅罗珀（Penelope）的怀抱。

希腊人认为，《伊利亚特》和《奥德赛》是诗人荷马记载的可靠历史。它们赋予了

艺术与思想

荷马笔下的理想

数百年里，《伊利亚特》和《奥德赛》都是古希腊人的基本教育文本。以下选段来自《伊利亚特》，描述了特洛伊王子赫克托耳（Hector）与妻子安德洛玛克（Andromache）见面时的景象，阐述了希腊人通过战斗获得荣誉的理念。文末，荷马还揭示了希腊人对妇女的态度：她们应当纺织、缝纫，打理家务和照顾儿女。

赫克托耳看着自己的儿子，不由得微笑起来，可是不说什么。安德洛玛克挂着眼泪，走到他身边，握着他的手。"赫克托耳，"她说道，"你是着了魔了。你这样的勇敢是要送了你的命的。你也不想想你的小儿子和你不幸的妻子，你马上就要叫她做寡妇了呢。总有一天阿克亚人会集合大军来杀掉你。我要是失去你，还不如死去。……我没了父亲、没了母亲……我本来有七个兄弟，谁知道他们为了夺权去了哈德斯的宫殿。那伟大的阿喀琉斯（Achilles）把他们一齐杀掉了……"

"所以，赫克托耳，你对于我不但是亲爱的丈夫，也是我的父母兄弟。现在你要可怜我，在这城楼上待着吧，不要让你的儿子成为孤儿，让你的妻子成为寡妇……"

"所有这一切，亲爱的，"头盔闪亮的伟大的赫克托耳说，"原本都是我所关心的。可是如果我也像一个懦夫那样躲藏起来，不肯去打仗，我就永远没有颜面再见特洛伊人和那些拖着长袍的特洛伊妇女了。而且，这样的做法也是我不愿意做的，因为我一直像个优秀的士兵那样训练自己，身先士卒，替我的父亲和我自己赢得荣誉……"

显赫的赫克托耳说完话，伸出胳膊去抱他的孩子。可是孩子被父亲的样子所惊吓，哭了起来，缩回系着腰带的使女怀里去了。他害怕的是那头盔上的铜和那狰狞地对他点头的发饰。他的父亲和母亲不由得大笑起来。高贵的赫克托耳赶快摘下头盔，将那亮晶晶的东西放在地上。他亲了亲儿子，把他抱在怀里抚慰着，一边向宙斯和其他神祈祷："宙斯和诸神，请保佑我的孩子能在特洛伊如我一样出色，像我一般刚强和勇敢；成为伊利昂的伟大君王。愿他在打仗回来的时候，有许多人说'这个人比他的父亲还要出色呢'。让他带着染了敌人之血的铠甲凯旋，好叫他的母亲高兴。"

赫克托耳把孩子交给妻子，她把孩子搂进怀里，泪中带笑，丈夫看了非常感动。他抚摸着妻子，说道："亲爱的，我恳求你不要过分难过。不到时候，是没人能把我送到冥王哈德斯那里去的。可是命运这东西，谁都不能违反它的安排，无论是懦夫还是英雄。现在你回家去吧，去打理好家务，把你织布和纺纱的事做好，打仗是男人的事情。而且，这次战争是伊利昂所有人的事情，尤其是我的。"

　　□ 问题：这段资料揭示了希腊人关于男女的怎样的重要理念？这种理想的女性形象与
　　　　古代印度和中国的女性有何差别？

　　希腊人一段理想化的历史，有点类似于古代中国的尧舜禹时代。这是各种英雄的传奇时代，它被当作希腊历代男性教育的标准范本。如同一个雅典人所说："父亲一直想让我成为一个好人，他曾要我好好学习荷马的那些诗歌。所以呢，哪怕到了现在，我都还能随口背诵《伊利亚特》和《奥德赛》。"[1]

　　荷马的谆谆教诲，本质上是贵族式勇气和荣耀的体现，它在努力争取最符合英雄的美德——希腊人所说的德性（arete）方面至关重要。荷马所描述的武士贵族的世界里，德性要通过斗争或竞赛才能获得。英雄经由战斗保护家人和朋友、自己和家庭的荣耀以获得个人威望。在荷马的世界中，贵族女性也要追求美德。例如，奥德修斯的妻子珀涅罗珀始终对丈夫忠贞不渝，丈夫长期在外征战期间，她表现出保护家庭的巨大勇气和智慧。

　　对后世希腊人来说，这些英雄的价值观构成了贵族美德的核心，这一事实也表明荷马史诗因其教育功能而广泛流行。荷马确立了被希腊人普遍认可的英勇、荣誉和高贵的典范。不过，一段时间后，随着希腊新城邦国家时代的出现，希腊人从荷马那里习得的价值观被一种新的集体合作价值观替代。

■ 希腊城邦（公元前 750 年—公元前 500 年）

　　□ 问题：城邦的主要特征是什么？雅典和斯巴达城邦有何区别？

　　在黑暗时代，希腊的村落逐渐扩大并形成独立的城邦。公元前 8 世纪前后，希腊文明迸发出新的活力，开启了历史学家所说的古典希腊时代。这一时期的发展突出表

---

[1] Xenophon, *Symposium*, Harmondsworth, England, 1946, O.J.Todd 译, 3：5。

现在两个方面：一是城市国家，或希腊人所说的城邦（polis）成为希腊生活的核心；二是希腊对地中海和黑海的殖民。

● 城邦

"城邦"一词的基本含义是小而自治的政治单位，由城市、城镇、乡村或周边村落构成，是城邦民众举行政治、社会和宗教活动的中心和集中地。有些城邦中，这种集会中心是一座山，如雅典卫城，受到敌人攻击时，这里便成了避难所。有些地方，集会中心是建有神庙或公共纪念碑的宗教中心。卫城下面通常有一个广场，既可以充作市场，又能当作民众集会地。

城邦规模大小不一，小到几平方英里，大到数百平方英里。各城邦人口数量也不一样。公元前5世纪，雅典大概有25万人。但绝大多数城邦人口要比这少得多，从几百人到几千人不等。

尽管我们今天所说的政治（politics）一词源于希腊城邦（polis），但城邦本身远不是一个政治机构。它是民众所有政治、经济、社会、文化和宗教活动的中心。作为一个社区，城邦居民由有政治权利的公民（成年男性）、没有政治权利的公民（妇女和儿童）、非公民（奴隶和外来人口）构成。城邦的所有公民都有基本的权利，但权利也伴随着责任。然而，公民对城邦的忠诚也有消极影响。城邦之间互不信任，强烈的主权意识使希腊分裂，并最终导致了城邦的毁灭。

新的军事制度：重装步兵

城邦的发展同时伴随着新的军事制度的出现。希腊此前的战争主要靠贵族骑兵，他们推崇与敌兵单兵作战。不过，到公元前700年，以青铜或皮革头盔、胸甲、胫甲等全副武装的重装步兵（hoplites）为基础的新军事制度产生了。士兵每人持有一块盾牌、一把短剑、一支9英尺长的长矛。战斗中，重装步兵成单位地前进，组成组织严密的方阵（phalanx），通常一个方阵有8列。只要步兵能够维持秩序，侧翼没被包围，方阵就不会被冲破，这样，即使无法取胜，也能将损失减少到最低。不过，如果方阵秩序被打乱，队伍也很容易被冲散。因此，方阵的安全取决于方阵成员的纪律和团结。正如一位公元前7世纪的诗人所观察到的，一个好的重装步兵是"一个坚定有力的矮子，内心坚强，战斗勇敢，决不会在他站立的地方轻挪一步"[1]。

重装步兵队伍的出现既有军事影响，也有政治影响。贵族骑兵现在已经过时。由于每个步兵都得自己准备盔甲，有产者——贵族和小农——成为新方阵的主要成员，他们不仅为城邦奋战，也挑战着贵族的控制权。

● 殖民和贸易的发展

公元前 750 年—公元前 550 年，许多希腊人离开故土，在遥远的岛屿上安居。不断拉大的贫富差距、人口过剩、贸易发展导致了殖民地的建立。各殖民地总认为自己是一个独立城邦，与母体城邦没有政治上的联系，在社会、经济，尤其是宗教等活动中，是一种共享关系。

在西地中海，新的希腊定居地沿着意大利南部、法国南部、西班牙东部、埃及以西的北非洲地区建立起来。在北边，希腊建立了色雷斯（Thrace）殖民地，这里有种植农作物的良田。希腊人还在黑海沿岸定居，并前往达达尼尔海峡和博斯普鲁斯海峡各城市，最著名的是拜占庭（Byzantium），即后来的君士坦丁堡（Constantinople）。在建立殖民地的过程中，希腊人将其文化传播到地中海盆地。而且，殖民也有助于希腊人培育更强的希腊身份意识。公元前 8 世纪以前，希腊各地区大多互相孤立，对邻国也不太友好。不同地区的希腊人前往海外遭遇了不同语言和风俗的人们后，越来越意识到其语言和文化中的相似性。

殖民也促进了贸易和工业的发展。希腊大陆上的希腊人将陶器、美酒、橄榄油带到了殖民地；同时，也从西方各殖民地获得了粮食、金属，从黑海地区获得鱼、木材、小麦、金属和奴隶。贸易和工业的发展催生出了新的富人群体，他们渴望获得与其财富相称的政治特权，却发现由于贵族统治的存在，这样的特权难以企及。

● 希腊城邦的僭主政治

新的工业和商业群体的渴求，为公元前 7 世纪到前 6 世纪希腊僭主（tyrants）政治的兴起奠定了基础。僭主并非必定如现代英语中所表示的压迫或暴政。希腊的僭主指的是那些不合规定程序上台的统治者；僭主不服从法律。许多僭主实际上是统治阶

---

[1] 引自 T. R. Martin：*Ancient Greece*，New Haven，Conn.，1996，p.62.

层中的贵族反对派，其支持者主要是靠贸易和工商业致富的新贵和遭受土地贵族沉重压迫的贫苦负债农民，他们反对贵族寡头（oligarchy，即少数人统治）主导的政治权力。

僭主上台执政后，建立新的市场、神庙、城墙，不仅让城邦容光焕发，也提高了自己的支持率，他们代表了商人和贸易主的利益。不过，尽管取得了部分成绩，但到公元前6世纪末，僭主政治已大致消亡。希腊人信仰法治，僭主政治恰恰让这一理想成了笑话。

尽管僭主政治未能持续下去，但它却在希腊历史进程中起到了重要作用，它结束了寡头贵族的统治。僭主政治消亡后，社会治理的大门向新的、更多的人打开了。这种趋势在某些地区最终发展成民主政治，但在另一些地区，各种寡头政治仍占主导地位。希腊各城邦在政治结构上显示出相当大的多样性，两个最著名、最强大的城邦，也即斯巴达和雅典就可以揭示这一点。

● 斯巴达

斯巴达位于伯罗奔尼撒半岛东南部，和其他希腊城邦一样，它也有更多的土地需求。不过，斯巴达不是向外建立新的殖民地，而是征服了邻近的拉哥尼亚（Laconian），并从公元前730年起开始征服邻近人口比它多、面积比它大、拥有大量肥沃耕地的米塞尼亚（Messenia），被征服后的米塞尼亚人和此前被斯巴达征服的拉哥尼亚人一样，变成了农奴，被称为希洛特人（helots）——源自希腊语"俘虏"一词，意即为斯巴达人服务。为了确保对希洛特人的控制，斯巴达人有意识地建立起军事国家。

新斯巴达

公元前800年—公元前600年，斯巴达人以立法者吕库古（Lycurgus）的名义实施了许多改革。尽管史学家们不确定是否真有吕库古其人，但改革的结果是确定无疑的：斯巴达人的生活被严密地组织和控制起来。男孩们7岁时，就将其从母亲身边带走，置于国家控制之下，住在军事化的兵营中。在那里，他们要服从严苛的、让他们变得坚强的纪律，接受以军事训练和服从权威为重心的教育。斯巴达男性在20岁时都要参军入伍，定期服兵役。尽管允许结婚，但却要继续住在兵营里，与同袍一起在公共食堂就餐。伙食非常简单：著名的斯巴达黑肉汤就是将猪肉、猪血、盐、醋一起煮熟，一位在公共食堂就餐的访客评论其味道说，吃了这顿饭后，他就明白了为什么斯巴达人不怕死。30岁时，斯巴达男性有选举权，并可住在家里，但须服兵役到60岁。

与希腊其他地方相比，丈夫住兵营妻子住家里的夫妻分居状态让斯巴达妇女有更大的活动自由，在家庭事务中也有更大的发言权。为生育和培养健康的孩子，斯巴达要求妇女锻炼身体、保持健康，和男人一样，妇女也要赤身进行体育锻炼。许多斯巴达妇女赞同严格的斯巴达价值观，期望丈夫和儿子英勇作战。有个故事说，一位斯巴达母亲正在埋葬儿子时，路过的一位老妇人说："可怜的女人，你真是太不幸了。"这位母亲回答："不！我养育他，是为了让他有机会为斯巴达而死。今天他为斯巴达牺牲，这正是我所希望的。"[1]

斯巴达政体

吕库古改革还重组了斯巴达政府，建立了寡头政治。斯巴达实行双王制，两位国王负责军事活动，他们也是斯巴达军队的首领。每年，斯巴达要选举出一个被称为监察官的五人团，负责教育青年人和教导所有公民。另外，还有由两位国王和28个60岁以上公民组成的长老会，决策公民集会上的各项事务。这种由所有男性公民参与的公民集会并不辩论，而只是在各议题提交长老会前进行投票表决。

为了保障这一军事体制的安全，斯巴达人有意地与外界隔绝，阻止可能带来新观念的外来者拜访。除非因军事原因而不得不去斯巴达以外的地方接受新观念，否则，他们哪儿也不去。而且，斯巴达公民也不能学习哲学、文学、艺术或其他可能激发新思想的学科。斯巴达的典范是战争艺术，其他艺术都不受称赞。

● 雅典

到公元前700年，雅典已经在阿提卡半岛建立了统一的城邦。尽管早期的雅典人一直被君主统治，但到公元前7世纪时，君主权力在贵族的控制下已然衰落。贵族占有最好的土地，通过贵族议事会控制政治生活，并得到由9个执政官组成的委员会的协助。尽管雅典也有所有公民参加的议事会，但其权力甚微。

到公元前7世纪末，由于一系列经济问题，雅典面临着政治动荡。越来越多的农民因为无法偿还贵族的债务只能以自身作为抵押品，被迫为奴。不断有人呼吁取消债务，将土地分给穷人。

公元前594年，统治雅典的贵族对这场危机做出回应，他们授权贵族梭伦（Solon）进行改革。梭伦取消了所有土地债务，宣布以人为抵押品的新贷款是非法的，让那些因债务而变为奴隶的人们重获自由身。然而，他拒绝重新分配土地。因此，梭伦的改革虽然非常受欢迎，但并未真正解决雅典的问题。各贵族派系仍在继续争夺权力，贫困农民

---

〔1〕 引自 E.Fantham 主编：*Women in the Classical World*, New York, 1994, p.64.

政治与统治

吕库古改革

为了控制征服的米塞尼亚人（Messenian），斯巴达进行了改革，建立了军事城邦。在对可能是虚构人物、也可能是真实历史人物的立法者吕库古的描述中，希腊历史学家普鲁塔克讨论了这些改革对男孩子的教育和训练的影响。

吕库古秉持另外的观点，不准将斯巴达的孩子交由市场上买来的教师管教……法律规定父亲不可随心所欲地教育子女。男孩子到了7岁，就要按命令全部加入到团体或班级之中，在那里，他们遵守同样的纪律，接受统一的训练，一同运动和游戏。其中，能力卓越、最勇敢者担任队长，其他孩子对他密切关注，服从他的指令，甘受他的责罚；这样，他们的整个教育就是再三训练，养成无条件服从的习惯。年长者经常监督和观看他们的表现，也常常激起争吵和纷争，借机发现他们的不同个性，一旦遇到更加危险的情况，也能知道他们当中，哪个是懦夫，哪个是勇者。他们还要学习读写，但只限于够用就行。主要关心的是让他们成为优秀的国民，教导他们忍受痛苦，赢得战斗。等到年岁稍长，训练会进一步增加；他们的头发剪得很短，习惯于赤脚，大部分运动都是赤身裸体地进行。

12岁后，不许他们再穿内衣，整年之中只有一件衣服遮体；他们的身体强壮而干燥，很少沐浴或涂油膏；只有极少的机会能有这样的享受。他们被分成小队，一同睡在铺着芦苇的床上。这种芦苇生长在河边，不可用刀割，只可赤手折断。到了冬天，可以在芦苇中掺一些蓟花冠毛，因为这东西保暖。

到了这个年纪，每个被认为有出息的男孩都会找到相伴的爱慕者。年长者会关注他们，到操场上听取或观察他们在比赛中表现出来的智慧或体能，而且，这是非常严肃的事情，如同他们的父亲、老师或长官一样。几乎随时随地都有人在场提醒他们要尽职尽责，如果玩忽职守，就会受到责罚。

……（斯巴达的男孩子们被鼓励偷取食物）他们还偷各种能找到的肉食，时刻注意周围的状况，寻找机会，趁别人睡熟或比平时不注意的时候下手。如果被抓住，他们不仅会被鞭打，还要挨饿，食物的配给量会相应减少，难以果腹，故而必须自谋生路，迫发出一切力量和本领。这就是他们艰难生活的主要目的。

——普鲁塔克《吕库古传》

□ **问题**：普鲁塔克对吕库古改革的描述揭示了斯巴达的什么特点？这一体制为什么为雅典人所赞同和接受？

无法获得土地。内部纷争最终出现了梭伦极力避免的僭主政治。公元前560年，贵族庇希特拉图（Pisistratus）上台掌权，他奉行向外发展的政策，雅典的贸易大为兴盛，由此他本人也得到了商人和工业阶层的热烈拥护。不过，公元前510年，雅典爆发了反对庇希特拉图儿子的暴动，结束了僭主政治。

公元前508年，当贵族试图重建寡头政治时，另一位贵族改革家克里斯提尼（Cleisthenes）出面反对，并在雅典人民的支持下占据了上风。克里斯提尼创立了500人议事会来监督外交事务和财政，提出在公民大会上表决法律提案。雅典的公民大会由所有男性公民参与，经过自由和公开辩论后，其拥有通过法律的最终决定权。由于公民大会在雅典政治体制中的这种核心作用，克里斯提尼的改革为雅典民主奠定了基础。

■ 希腊文明的鼎盛：古典希腊

□ 问题：希腊人的民主是什么意思？雅典政治制度在哪些方面可以说是民主？公元前5世纪的两次大规模战争——希波战争和伯罗奔尼撒战争——对希腊文明产生了什么样的影响？

古典希腊起自公元前5世纪，终至公元前338年被马其顿国王菲利普二世征服。其间，希腊人取得了诸多文化成就。古典时代是从希腊城邦与庞大的波斯帝国之间的大规模冲突开始的。

● 波斯的挑战

随着希腊向地中海一带扩张，他们与东方的波斯帝国有了接触。到公元前6世纪中叶，小亚细亚的爱奥尼亚城邦已经臣服于波斯帝国。公元前499年，爱奥尼亚爆发了反对波斯的暴动，尽管得到了雅典人的支持，但还是以失败告终，波斯国王大流士（Darius）向希腊本土发起了报复性进攻。公元前490年，波斯大军抵达距离雅典仅26英里的马拉松平原。雅典及盟友显然在人数上占劣势，但希腊的重装步兵穿过马拉松平原，击退了波斯军队。

公元前486年，薛西斯（Xerxes）继任波斯国王，他发誓复仇，计划进攻希腊。

为了做好应对波斯进攻的准备，在斯巴达的领导下，部分希腊城邦结成防守同盟。同时，雅典人有了一位新领袖——特米斯托克洛斯（Themistocles），他劝说雅典公民发展海军，实行新的军事政策。到公元前 480 年波斯进攻希腊时，雅典已经建立起拥有两百艘船只的舰队。

薛西斯向希腊发起了大规模进攻，其军队规模将近 15 万人，有近 700 艘船只、数百艘携带大量物资装备的补给船。希腊试图在其中部的主干道温泉关（Thermopylae）拖住波斯大军。一支由 9000 人组成的希腊军队在斯巴达国王及 300 名斯巴达勇士的率领下，抵抗波斯军队达数天之久。斯巴达军队尤为英勇。据说，当波斯军队的箭遮天蔽日般飞来时，斯巴达战士的反应是："这可是好消息。我们会在箭雨下战斗。"不幸的是，一个叛徒告诉波斯人可以走山路从侧翼包围希腊军队。最终，温泉关失手，斯巴达人全部战死。

遭遇波斯大军威胁的雅典人放弃了他们的城邦。尽管波斯人洗劫了雅典并将它付之一炬，但希腊舰队仍在萨拉米斯岛（Salamis）附近的海岸与波斯海军作战。尽管希腊军队的人数不如波斯军队多，但他们设法智取并彻底击败了波斯舰队。几个月后，即公元前 479 年年初，希腊建立起了当时规模最大的军队，在阿提卡半岛西北边的普拉塔亚（Plataea）战役中取得了决定性胜利。希腊人获胜了，现在，他们可以自由地追求自己的使命了。

● 伯利克里时代雅典帝国的扩张

打败波斯人后，公元前 478 年—公元前 477 年，通过建立反波斯人的防卫性提洛同盟（Delian League），雅典取得了希腊的领导权。提洛同盟的总部位于得洛斯（Delos）岛，但包括司库和舰队指挥官在内的主要官员都是雅典人。在雅典人的领导下，提洛同盟力图进攻波斯帝国。最终，爱琴海的所有希腊城邦都摆脱了波斯的控制。公元前 454 年，雅典将提洛同盟的金库从得洛斯迁往雅典。通过控制提洛同盟，雅典建立起帝国。

在雅典内部，雅典人赞同新的帝国政策，公元前 461 年，以年轻贵族伯利克里（Pericles）为首的政治派别取得主导权后，更是如此。伯利克里统领雅典政治长达 30 多年，在他的领导下，雅典在希腊本土和海外都实行扩张政策。在这段被后来历史学家打上"伯利克里时代"标签的时期，雅典权倾一时，取得了辉煌的文明成就。

伯利克里时代，雅典人深深陶醉于他们的民主制度。人民主权体现在由所有年满 18 岁的男性公民构成的公民大会上。公元前 5 世纪 40 年代，大概有 4.3 万这类公民。

不过，并不是所有的公民都参加雅典卫城东边山坡上为期 10 天的公民大会，而且，其与会者很少超过 6000 人。公民大会表决通过各种法律，在作战和外交政策方面有最终决策权。

公共事务的常规管理则由庞大的五百人议事会负责，其成员是抽签产生的，不论阶层，通常任期只有一年。这意味着许多男性公民在一生中某些时候都会参与公共事务的管理。另外，由投票选举产生的十人组成的十将军（strategoi）负责指导国家事务，他们的权力主要取决于他们的获尊重程度。尽管人民可以自由选择，但十将军一般是富裕贵族，可以重复当选，这样，就使个体领袖起了非常重要的政治作用。伯利克里多次当选十将军成员，是公元前 461 年—公元前 429 年间的政治领袖之一。

伯利克里扩大了雅典的民主，现在，雅典人可以称他们的政府为民主政府。权力掌握在人民手中，男性公民在公民大会上投票，在法庭上充当陪审员。现在，低阶层的公民也可以从事以前对他们不开放的公职。伯利克里还为包括广大的陪审团在内的公职人员引入薪水制度，这意味着即使是贫穷的公民也有财力参与公共事务，担任公职。然而，尽管雅典人建立了一个在当时来说算是平等的政府体制，在这一体制内，公民平等，人民组成政府，但贵族仍然占据大多数要职，包括妇女、奴隶、定居雅典的外国人等在内的许多人并没有同等的政治权利。

伯利克里时代，雅典成为希腊文化的领导中心。希波战争期间，波斯人对雅典造成了诸多破坏，但伯利克里用提洛同盟金库中的钱开启了庞大的重建计划。新的神庙和雕塑很快建了起来，使雅典更为辉煌壮丽。艺术、建筑、哲学异常繁荣，伯利克里自豪地夸耀说，雅典已经成为"希腊的典范"。雅典的成就也引起了其他希腊城邦的警惕，尤其是斯巴达。很快，希腊面临着新的战争。

● 伯罗奔尼撒战争与希腊城邦的衰落

波斯人被击败后的四十年，希腊世界分成了两大阵营：斯巴达与其盟友、雅典海上帝国。斯巴达及其盟友担心雅典帝国日益强盛。况且，斯巴达和雅典的社会制度极其不同，双方水火不容，常常引发一系列的争端。最终，公元前 431 年爆发了伯罗奔尼撒战争。

战争初期，斯巴达与雅典都相信自己能够获胜。雅典打算在其防护墙后严防死守，至于补给，则由海外帝国和海军提供。伯利克里知道，在开放式战斗中，斯巴达及其盟友会将雅典击败，这也是斯巴达战略的主要目标。斯巴达的进攻发起后，期盼雅典人将军队拉到防护墙外作战。识穿计谋的伯利克里坚信，雅典人在保护墙后面更安全，于是，按兵不动。

然而，战争进行到第二年，瘟疫给人口密集的雅典带来了灾难性影响，导致近 1/3 的人口伤亡。伯利克里也在公元前 429 年去世，这是雅典的巨大损失。尽管瘟疫造成了巨大损害，雅典人还是在长达 27 年的伯罗奔尼撒战争中坚持战斗。公元前 405 年，在赫勒斯滂（Hellespont）的羊河（Aegospotami）战役中，雅典舰队被击败，雅典遭遇致命打击。公元前 404 年，雅典被包围并投降。随后，城墙被推倒，海军被解散，雅典帝国不复存在。伯罗奔尼撒战争终于结束。

伯罗奔尼撒战争削弱了希腊各主要城邦的力量，促使它们之间结成了新的同盟。接下来的 70 年里，希腊历史一片黯淡，斯巴达、雅典和新崛起的底比斯都试图主宰希腊，故而，小规模战争不断，忙于征战的希腊人并未察觉到马其顿势力正在希腊北部崛起。

● 古典希腊的文化

古典希腊是希腊知识和文化取得显著发展的时期，伯利克里时代的雅典更是古典希腊非常重要的文化中心。

历史写作

正如我们所知，历史是对过去发生之事的系统分析，它是由希腊人引入西方世界的。希罗多德（Herodotus，公元前 484—公元前 425 年）的《希波战争史》（*History of the Persian Wars*）通常被认为是西方文明中的第一部真正史书，其中心主题是希腊人与波斯人之间的冲突，在希罗多德看来，这是自由与专制的斗争。希罗多德曾广泛游历，拜访时人，获得了大量有用资料。他也是一位出色的故事讲述者，有时会搜罗一些相当离奇的资料，当然，他并非不全部接受，而是批判地使用这些材料。

修昔底德（Thucydides，公元前 460—公元前 400 年）是古典希腊最出色的历史学家；实际上，他被认为是古代世界最伟大的史学家。他是雅典人，也是伯罗奔尼撒战争的亲历者。修昔底德曾被选为将军，一次战斗失利后，他被浮躁虚荣的公民大会投票放逐，遂有机会写作其代表作《伯罗奔尼撒战争史》（*History of the Peloponnesian War*）。

与希罗多德不同，修昔底德并不用神圣或神灵力量来解释历史事件的发生。他用纯粹理性的术语来考察战争和政治，认为这是人类活动的内容。他用清晰客观的方式考察伯罗奔尼撒战争爆发的原因，重视事实的准确性和精确性。修昔底德还深刻地洞察人类所处的环境。他认为，某些政治态势在类似情况下可能再现，因而，学习历史对于理解当前非常重要。

希腊戏剧

众所周知，西方文化中的戏剧起源于希腊。希腊戏剧在室外剧场上演，是宗教节日活动的一部分，有着非常固定的形式：由 3 名戴面具男性演员出演，另有男性合唱队解释和评论表演中的台词。

最初的希腊戏剧是悲剧，以英雄的苦痛经历为基础，通常结局悲惨。埃斯库罗斯（Aeschylus，公元前 525—公元前 456 年）是所知第一位悲剧作家。如希腊悲剧的惯常情况一样，他的戏剧情节简单，整个戏剧集中讲述一个悲剧事件及其意义。希腊悲剧有时也围绕共同主题，按照三部曲进行表演。现在所知的唯一一部三部曲是埃斯库罗斯创作的《俄瑞斯忒斯》（Oresteia），取材于《荷马史诗》。特洛伊沦陷后迈锡尼国王阿伽门农被奉为英雄回归故里，然而，因为他将女儿伊菲吉妮娅（Iphigenia）当作祭品，使其死亡，故而其妻、克吕泰涅斯特拉（Clytemnestra）将之谋杀。在这三部曲的第二部中，阿伽门农的儿子俄瑞斯忒斯（Orestes）为了给父亲报仇谋杀了自己的母亲。他因此被复仇女神追捕，因弑母而受尽折磨。埃斯库罗斯暗示，冤冤相报、痛苦是人类的命运。最终，正义会战胜邪恶。

另一位伟大的雅典悲剧作家是索福克勒斯（Sophocles，公元前 496—公元前 406年），最著名的作品是《俄狄浦斯王》（Oedipus the King）。在这部作品中，阿波罗（Apollo）预言有人（即俄狄浦斯）将杀掉自己的父亲，迎娶自己的母亲。尽管做了各种防备来阻止此事发生，但最终悲剧还是出现了。俄狄浦斯遭受的命运是神所决定的，对此，他深以为然，然而，作为一名自由人，他也深知，必须为自己的行为负责：“是阿波罗，朋友们，是阿波罗使这些凶恶的、凶恶的灾难实现的，但是刺瞎了双眼的非别人之手，而是我自己的。”[1]

第三位出色的雅典悲剧作家是欧里庇得斯（Euripides，公元前 485—公元前 406年），他创造了许多更具现实主义特点的角色，超越了前人。他的戏剧情节更复杂，更突出地表现了现实生活。由于质疑传统道德观和宗教价值观，欧里庇得斯备受争议。例如，他批评战争即荣耀的传统观念，将之视为野蛮残酷之事。

希腊悲剧所涉及的广泛主题与今天我们的生活仍密切相关，他们探究了诸如善与恶、个体的权利、神力的性质、人类的本质等问题。悲剧一再重演：人类是自由

---

[1] Sophocles, *Odipus the King*, Chicago, 1959, D.Grene 译, pp.68—69.

的，但也只能在神所限定的范围内行事。人们竭尽全力，却并非总能成功，尽管如此，这也是有价值的。希腊人在人类成就与独立方面取得的骄人成绩确非虚言。正如索福克勒斯在《安提戈涅》（*Antigone*）中所言："世上难道有比人类创造的奇迹更美妙的吗？"[1]

艺术：古典理想

希腊在古典时代形成的艺术标准很大程度上主宰了西方世界的艺术。希腊艺术关注的是永恒真理的表达，其主体基本上是人类，和谐地将之表现为大美。以万物理性、适度、对称、平衡、和谐等理念为基础的古典风格意味着文明教化。

建筑领域最重要的表现形式是神庙。古希腊神庙的中心是被围起来的屋子，其中安放着神的雕像和各种献给神的珍宝。屋子外面用立柱围绕，使其看起来更像是开放而非封闭的建筑。这些柱子最初是木质的，但到公元前 5 世纪，逐渐被大理石取代。

最出色、也被视为古希腊最伟大的神庙建筑的是帕特农神庙，建于公元前447—公元前 432 年，是奉献给雅典守护神雅典娜的，同时，也是为了表达雅典城邦及其公民的荣耀。帕特农神庙代表了希腊古典建筑的基本准则：平静、明晰，避免多余的细节。

希腊雕塑同样形成了古典风格，其最乐于展现的形象是裸体男性，往往显示出轻松之态；脸部表情自信，身体舒张，肌理分明。尽管这些雕像的自然特征使其看起来栩栩如生，但希腊雕塑家们追求的不是现实主义，而是理想美的标准。公元前 5 世纪的雕塑家波利克里托斯（Polyclitus）曾专文论述（已佚失）比例问题，其理念在他的作品《持矛者》（*Doryphoros*）中得以体现。他的理论认为，根据自然中的数学比例，使用理想比例可以创造出一个理想的人形，在其完美和精炼的特征中保持极致之美。这种对理想之美的追求是希腊古典雕塑最突出的特点。

古希腊的哲学

雅典是古希腊最重要的知识和艺术中心。雅典最负盛名的也许是它的哲学，希腊语中，哲学的最初含义是"爱智"。苏格拉底（Socrates）、柏拉图（Plato）、亚里士多德（Aristotle）提出了引发后人研讨两千余年的一些基本课题，至今我们仍在苦苦思索的其绝大多数哲学难题。

苏格拉底（公元前469—公元前399 年）没有留下著作，但我们可以通过他的学生来了解他的生平事迹和思想。出身于石匠家庭，但苏格拉底最爱的是哲学。他有许多学生，但他收学生并不是为了挣钱，他认为教育的目的完全是为了个人进步。他的

---

〔1〕 Sophocles, *Antigone*, London, 1986, D.Taylor 译, p.146.

教学方法被称为苏格拉底问答法，即通过问与答的方式引导学生自己观察和思考。苏格拉底认为，每个人都可以获得所有知识，人们只需要用批判式思考来唤出它们。哲学家的真正任务是思考，"没有思考的人生毫无意义"。

苏格拉底质疑权威，这很快让他惹上麻烦。雅典人过去有自由思考和质询的传统，但经伯罗奔尼撒战争之败，雅典形成了一种不容公开辩论和反省的环境。人们指责苏格拉底的教导是在腐蚀雅典年轻人，于是，雅典法庭审判了苏格拉底并处死了他。

苏格拉底的弟子之一柏拉图（公元前 429—公元前 347 年）是许多人眼里西方文明中最伟大的哲学家。和没留下著述的导师苏格拉底不同，柏拉图著述颇丰。他着迷于对真实的追问：我们如何知道什么是真的？在柏拉图看来，始终存在着一个理念（ideals）或型（forms）都不变的更高的永恒世界。知晓这些型就是知晓真理。这些理念构成现实，并且只有训练有素的头脑才能理解，哲学的目标当然就是锻造训练有素的头脑。我们感官所认知的对象只是理念的反射。这些对象是投影，而现实身在理念本身之中。

柏拉图在他的对话录《理想国》（*The Republic*）中阐述了他的理想政府理念。基于他在雅典的经历，柏拉图并不信任民主。在他看来，除非生活在正义和理性的国家，否则个人无法过上合乎道德的生活。柏拉图对正义国家的追求让他设想出一个理想国，在这个国度中，人们可以分成三个基本等级和类别。第一等级是"哲学王"所代表的上层阶级，他说，"除非……政治权力与聪明才智合而为一……否则……对国家，甚至我想，对全人类都将祸害无穷，永无宁日"[1]。第二个等级由勇士构成，他们是保卫社会的战士。剩下的普罗大众构成了第三等级，本质上，他们不受聪明才智或勇气驱动，而是被欲望驱使。这些人是社会生产者——手工匠人、商人、农夫。与一般希腊风俗相反，柏拉图还认为男女应当享有同等的受教育机会，并拥有平等获取各职位的权利。

柏拉图还在雅典建立了一所学校，即"阿加德米"（也称为柏拉图学院）。他的学生亚里士多德（公元前 384—公元前 322 年）曾在该学校学习二十年之久。但亚里士多德并不认同柏拉图的理念论，相反，他认为，通过对各个个体对象的考察，可以感知它们的形式，获得普遍的法则，不过，这些法则并非一个超越物质事物的独立的、更高的现实世界；它们是事物本身的一部分。因而，亚里士多德的兴趣在于在彻底研究和调查的基础上对事物进行分析和归纳。他兴趣广泛，在很多领域都颇有建树：伦理学、逻辑学、政治学、诗歌、天文学、地质学、生物学、物理学。

像柏拉图一样，亚里士多德也向往一个有效的政府，希望这个政府能理性地管理

---

〔1〕 Plato, *The Republic*, New York, 1945, F.M.Cornford 译, pp.178—179.

人事。与柏拉图不同的是，亚里士多德并不追寻一个理想国家，而是试图通过对现存政府的理性考察来寻找最佳的治理途径。在《政治学》（Politics）一书中，亚里士多德考察了158个城邦的情况，并确定了三种良好的治理方式：君主制、贵族制、共和制。他认为，对大多数人来说，共和制是最好的。

亚里士多德的哲学和政治思想的作用对整个中世纪时期西方的发展不可低估。他对女性的观点同样影响深远。亚里士多德认为，女性在生理上不如男性，"女人是残缺不全的男性"。因此，在亚里士多德看来，女人在社会上和婚姻中都要从属于男人，"夫妻之间的关系显然是贵族制。男人通过美德在家庭中实施统治，在家庭中，他就是权威；不过他也将适合妻子的事情交给她去做"[1]。

● 希腊宗教

如同整个古代世界的情况一样，宗教在希腊社会中扮演着重要角色，并且与人们日常生活的方方面面存在着错综复杂的联系，它既有社会性，也有实践和实用性。源自宗教实践活动的公共节日有其独特功能：男孩子准备上战场，女孩子则准备做母亲。由于宗教与日常生活的各个方面都密切相关，人们必须对神抱持正确的态度。对于城邦的福祉而言，宗教是必需的公民崇拜。希腊社会中的主要建筑就是献给各位神祇的神庙。

荷马史诗讲述了希腊宗教中各个神祇的故事。很长一段时间内，希腊人是多神崇拜，主要信仰的是生活在希腊最高山脉奥林匹斯山上的12位神。其中，宙斯是最重要的神，也是众神之父。雅典娜则是智慧和工艺之神；阿波罗是太阳神，也是诗歌之神；阿芙洛狄特是爱神；宙斯的兄弟波塞冬则是海神和地震之神。

由于希腊人都认为神喜欢旁观各种活动，因而希腊宗教中仪式感极重。祭司们常常基于"我全心向你，你亦将回馈于我"的原则，向神献礼。仪式即意味着献祭，祭品或是牲畜或是农产品，若是牲畜，将放在神庙或住房前面的祭坛上焚烧。

节日也发展成一种敬奉神的方式。有些节日对所有希腊人来说意义非凡，举行地点特殊，如在奥林匹亚敬奉宙斯、在德尔菲敬奉阿波罗。这些节日的特点是有无数为向众神致敬而举办的活动，包括所有希腊人都受邀参与的体育竞赛。

这类活动最早是公元前776年在奥林匹克举办的，此后，为了向宙斯致敬，每四年举办一次。起初，奥林匹克竞赛主要是赛跑和摔跤，后来增加了拳击、标枪和其他

---

[1] 引自 S.Blundell, *Women in Ancient Greek*, London, 1995, pp.106、186.

轴心时代（Axial Age）

到公元前 4 世纪，中国、印度、亚洲西南部、地中海盆地都出现了重要的文明。在公元前 700 年—公元前 300 年的形成期，它们的一大特点是出现了一些宗教和哲学思想家，其思想在数百年里仍是这些地区宗教和哲学思想的基础。因此，有些历史学家将出现这些思想家的历史时期叫作轴心时代。

到公元前 7 世纪，波斯地区、迦南一带分别在琐罗亚斯德教义、希伯来先知书的基础上形成了一神教的观念。希伯来人将犹太教发展为后来的世界性宗教：伊斯兰教和基督教。在公元前 5 世纪和公元前 4 世纪的希腊，苏格拉底、柏拉图、亚里士多德等哲学家提出的哲学和政治理念不仅对希腊世界和后来的西方文明至为关键，还构想了对现代科学非常重要的理性研究方法。

公元前 6 世纪，中国出现了两大重要思想流派——儒家和道家。二者都试图阐明建立稳定秩序的基本原则。尽管它们对现实的看法截然相反，但它们都对中国文明产生了深远影响，且这种影响持续至今。

两大世界性宗教，即印度教和佛教，兴起于轴心时代的印度。印度教来自于定居印度的雅利安人的信仰。这些理念表现在几部吠陀和公元前 6 世纪形成的解释吠陀的奥义书中。印度教信奉轮回和转世，为印度死板的阶级制度提供了理由。佛教是生活在公元前 6 世纪的乔达摩·悉达多即释迦牟尼创建的。释迦牟尼的教义创建了可与印度教一争高下的新哲学。

尽管这些哲学思想和宗教是在不同地区发展起来的，但它们也有共同特征。如同中国哲学家孔子和老子，希腊哲学家柏拉图和亚里士多德对于现实的性质也持不同的观点。印度和中国的思想家也形成了类似于柏拉图和亚里士多德的调查和研究方法。犹太教、印度教、佛教、儒家学说、道教或希腊哲学思想，不管它们起源于何时何地，都传播到了世界各地，直到今天，也仍然是我们的世界的重要组成思想。

□ 问题：历史学家说的"轴心时代"是什么意思？怎样解释为什么在这一时期，不同地方都出现了类似的思想理念？

门类。比赛一般是个人赛，没有团体赛，并且不乏危险。运动员们裸体比赛，规则相当随意。比如，早期的摔跤比赛允许参赛者抠眼睛，甚至可以抓住对方，将其头部往坚硬的地方摔。公元 393 年，信仰基督教的罗马皇帝狄奥多西（Theodsius）将奥林匹克竞赛视作异教徒运动，此项赛事因此告终。1500 年后，在法国贵族皮埃尔·德·顾拜旦（Pierre De Coubertin）的努力下，奥林匹克竞赛得以重新发起。1896 年，第一届现代奥林匹克运动会在雅典举行。

希腊宗教另一个现实性特点是希腊人希望知晓神的意志。他们利用神示所——供奉可以揭示未来的神的圣地——来获知神的意志。最知名的是位于帕纳萨斯山、俯瞰科林斯湾的德尔菲神示所。在德尔菲神庙中，女祭司在据说是阿波罗诱发的狂喜状态下听取人们的问题，其反应经由祭司解释，以诗歌的形式反馈给提问者。这时，城邦代表或其他人纷纷拥入德尔菲神庙，询问阿波罗的神谕。反应和反馈往往神秘莫测，有时甚至还掺杂着政治动机。来自小亚细亚、以财富难以数计著称的吕底亚国王克罗伊斯（Croesus）曾经派遣信使前往德尔菲神庙，询问他是否应与波斯开战。神谕显示，如果克罗伊斯攻打波斯，他将摧毁一个庞大的帝国。克罗伊斯听到此消息，狂喜不已，遂与波斯开战，却以惨败告终。的确，一个庞大的帝国被摧毁——他自己的帝国。

● 古典雅典时代的日常生活

城邦制是男性社会：只有成年男性公民才能参与公共生活。在雅典，这意味着妇女、奴隶、外国居民，或者说阿提卡近 85% 的人口都被排除在外。雅典大概有 15 万居民，其中，大概有 4.3 万成年男性可以实施政治权力。总数约 3.5 万的外国居民受法律保护，但也要承担部分公民责任，诸如服兵役和提供节日的资金。剩下的社会群体是奴隶，达 10 万之多。雅典的大部分奴隶是在家做厨师、女仆，或在田间劳作。有些奴隶是城邦所有，承担公共建筑工作。

雅典经济很大程度上以农业和贸易为基础。雅典人种植谷物、蔬菜、水果，主要用于本地消费；也种植葡萄和橄榄，用以制作供本地消费或出口的酒和油。为了获得毛皮制品和乳制品，雅典人还养殖绵羊、山羊。由于人口多、肥沃土地不足，雅典人的主食谷物五到八成需要进口。因而，贸易对雅典经济至关重要。

家庭和亲属关系

在古代雅典，家庭是中心组织。家庭通常由丈夫、妻子、孩子构成，尽管其他直系亲属和奴隶也被视作家庭经济单位的一部分。家庭的主要社会功能是生育新的公民。

成年男性要参与大多数宗教活动和节庆，否则会被排除在公共生活之外。他们不能拥有个人物品之外的其他财产，并且身边总有男性护卫。人们希望雅典女性都是贤妻，故而，其最重要的责任和义务是生儿育女，尤其是养育保存家庭血脉的男孩。妻

雅典和斯巴达的妇女

古典时期的雅典，妇女的位置就是在家里，作为妻子，她有两大责任——养育儿女、整理家务。以下第一段资料是关于财产的管理，是色诺芬描述的一个雅典人对新婚妻子的教导。尽管斯巴达的妇女也要承担这两项职责，但由于生活方式不同，她们与雅典妇女还存在一些差别。其后的三篇资料分属三位希腊作家，均阐明了这种差异。

（伊斯霍玛斯对新婚妻子说）"亲爱的，我觉得神聪明睿智地把所谓的男性和女性配在一起，其目的主要为了使他们结成完美的合作关系，互相帮助。因为：第一，各种生物若要传宗接代，就得结成婚姻，好生儿育女。第二，这种结合为他们养儿防老提供了条件，至少对于人类来说是这样。第三，人类不能像兽类那样生活在露天之下，显然需要遮风避雨的房屋。然而，人们如果需要生活必需品来充实住所，就得有人去从事露天的工作；因为耕耘、播种、栽植、放牧这些工作都是露天的，它们提供了人类所必需的食物……神使男人的身心更能耐寒耐热，能够忍受旅途和远征的跋涉，所以让他们从事室外劳作。而女人，由于身体对此的忍耐力较差，所以，我认为，神就让她们做室内的工作。而且，神知道他已经给女人创造了养育婴儿的任务，并使她们担负起这一职责，所以他分给女人的对于初生婴儿的爱要比男人更多一些……"

……

"你的责任就是待在家里，打发那些应在外面劳作的仆人出去干活，监督那些做家务的人；收受我们得到的东西，分配其中必须花出去的部分，照管其中应该储存起来的部分；要注意不在一个月之内花掉留备一年使用的东西。当给你送来毛巾的时候，你必须叫人为那些需要斗篷的人缝制斗篷。你还必须照管晒干的谷物，使其不受损失，以备制成食物。然而，你所担负的责任之一恐怕是不太合算的：你必须注意让任何得病的仆人得到照顾。"

——色诺芬《经济论》

先从生儿育女说起吧。在世界其他地方，有朝一日为人母且被以公认的良好方式抚养长大的女孩子们，吃的是最简单的食物，极少有稍微奢侈的东西。她们不可饮酒，即便允许，也要掺水稀释。如同大多数工匠都是久坐不动一样，其他希腊人也希望他们的女儿安静地坐着织羊毛。怎能指望靠这样抚养长大的女孩们生育健康的婴儿呢？吕库古不同，他认为女奴足可以满足制作衣服的需要，自由妇女最重要的活计就是抚育子女。因此，对女人的体能训练丝毫不亚于男人；而且，他为女人设置了与男人一样的赛跑和健身比赛。他认为，如果父母双方身强体壮，那么，所生育的后代也强健。

——色诺芬《斯巴达政制论》

斯巴达的妇女……由来已久，这些渊源是可以追溯的。男人多年在外征战，他们同阿尔戈斯人战斗，与阿卡迪亚人和梅塞尼亚人反复争战……全城邦近五分之二的土地由妇女把持，这是因为一方面斯巴达有无数的女性继承人，另一方面当地盛行查赠风俗……最好对她们进行一定的约束，不给，或少给或适当的嫁妆……但是现在，公民可以将他的遗产给任何他选定的人。

——亚里士多德《政治学》

吕库古认为教育是立法者最重要和最崇高的工作，他开始制定各种有关婚姻和生育的规定……他要求未婚女子用角力、赛跑、掷铁饼和投标枪来锻炼身体，使她们将来能够有健康强壮的身体以孕育孩子，还能更加容易地分娩。他着力于清除掉女人身上的各种柔弱和娇气，要求女孩子与男人一样裸体游行、在节日里裸体唱歌跳舞，而年轻的男人则站在旁边看着……裸体参加活动的女孩子并不会因此感到羞耻，因为在场的人都态度庄重，没有什么不道德的举动。相反，这种活动使人们习惯于简朴，注重身体的健康，也赋予了女性高贵的情操，因为她们也有勇敢精神和理想抱负。

——普鲁塔克《吕库古传》

□ 问题：雅典与斯巴达的妇女在生活方式上有哪些类似点？又有哪些方面是不同的？
雅典人和斯巴达人的世界观是如何塑造各自的两性观念和两性分工的？为什么会有如此不同？

子要照顾家庭，或者自己做家务，或是监督奴隶做事。

男性同性恋也是雅典生活的一个突出特点。希腊的同性恋理想是成年男子与年轻男子之间的恋情。尽管这种关系往往是肉体的，但希腊人认为这种关系也具有教育性。成年男性（爱人）因其作为教导者和训练中展示出来的奉献、忠诚而赢得被爱者的爱慕。在某种意义上，这种爱情被视作引导年轻男性进入男性主宰的政治和军事世界的一种方式。希腊人并不认为同性恋与异性恋并存会对个人及社会造成什么问题。

■ 马其顿的崛起与亚历山大的征服

□ 问题：亚历山大大帝为何能扩张其帝国？他留下了什么遗产？

在希腊各城邦互相争斗时，一个全新、实力强大的王国独立崛起于希腊北部。对希腊人而言，马其顿人无异于野蛮人，很大程度上不过是由农村村落组成的部落，而非城邦国家。到公元前5世纪末时，马其顿才成长为一个举足轻重的王国。不过，菲利普二世（公元前359—公元前336年）上台后，建立了高效的军队，马其顿遂成为希腊世界中最强大的国家，并很快卷入了希腊内战。

雅典人终于注意到了这个新的竞争者。出于对菲利普二世的恐惧，公元前338年，雅典与其他希腊城邦结成同盟，在底比斯附近的克罗尼亚（Chaeronea）战役中共同对付马其顿王国。马其顿军队横扫千军，菲利普二世迅速控制了整个希腊，终结了希腊城邦的自由。菲利普二世要求希腊各城邦与其结盟，共同向波斯开战。然而，菲利普二世未能完成进攻亚洲的大业就被刺身亡，这一任务留给了他的儿子亚历山大。

● 亚历山大大帝

亚历山大当上马其顿国王时，年仅20岁。早先，父亲就多方面培养他的治国才能，要他随军打仗，在克罗尼亚的关键战斗中负责骑兵队。父亲被暗杀后，亚历山大迅速掌控大权，防护马其顿边疆，镇压希腊的反叛。随后，重拾父亲的未竟梦想——征服波斯帝国。

亚历山大的征服

毫无疑问，亚历山大进攻仍然庞大的波斯帝国可谓一种冒险。公元前334年春，亚历山大率领3.7万人从别迦摩进入小亚细亚。这支军队中，马其顿人占了一半，剩下的是希腊人和其他盟军。其中，作用十分重要的突击队骑兵有5000人。到次年春，小亚细亚的整个西半部被亚历山大控制。同时，波斯国王大流士三世（Darius III）动员军队阻挡亚历山大前进的步伐，但在公元前333年的伊苏斯战役（Issus）中，马其顿再度获胜。随后，亚历山大率军南下，到公元前332年冬，叙利亚、巴勒斯坦、埃及等都被他收入囊中。

公元前 331 年，亚历山大东进，与波斯人在巴比伦西北边的高加米拉（Gaugamela）决一死战。亚历山大打败波斯人后，进入巴比伦城，向波斯首都苏萨（Susa）和玻斯波利斯（Persepolis）进发。在那里，他获得了波斯帝国的大量奇珍，夺取了无数金银。公元前 330 年，亚历山大再度出征，追剿大流士。大流士后被亲信杀害，亚历山大大

政治与统治

亚历山大与印度国王相遇

征服印度的过程中，亚历山大打了不少艰难的仗。在海达斯匹斯河（Hydaspes），他遭遇了印度国王波拉斯（Porus）的强力抵抗。据亚历山大的传记作家阿里安（Arrian）说，对击败的波拉斯，亚历山大待之以诚。

战斗中，波拉斯表现得很出色。他不但是一位统帅，也是一名勇敢的战士。当他看到骑兵和象队遭受屠杀，有些大象倒下，有些则因无人驾驶而到处奔跑如同丧家之犬，而且步兵也大半牺牲，此时的他不像大流士那样率先逃命，相反，哪怕仅剩一部分部队仍在坚守阵地、继续战斗，他就继续英勇奋战。他在战场上左突右奔，全身由极其坚固且非常合身的铠甲保护着，直到右肩负伤，他才骑着大象撤退……亚历山大不忍杀他，想留下这个伟大的士兵的性命。……他派一个叫麦洛斯的印度人去找他，亚历山大知道这个人是波拉斯的老朋友。波拉斯听到麦洛斯的口信时，正口渴难耐，于是让大象停下，喝起了水。然后，他让麦洛斯赶快带他去见亚历山大。

……亚历山大知道波拉斯要到，赶紧出来相迎……相见时，亚历山大勒住马，欣赏着波拉斯魁伟的身材和英俊的仪表：他并未失去一丝骄傲；他们的见面如同一个勇士遇到另一个勇士；一个为自己国家进行光荣战斗的国王见到了另一个国王。

亚历山大首先开口，说："你希望我怎样待你？"波拉斯回答："就像对待一个国王般待我。"亚历山大对此非常高兴，说："波拉斯，在我这里，会如你所愿。可是，难道你没有什么自己的要求吗？说说吧。"波拉斯说："一切都已在此了。"

亚历山大听了这样富有尊严的话后，更加高兴，将波拉斯王国的主权交还了他，甚至还划给他另外一些地区，使他的国土更大。他的确用勇士当国王，而且，从那时以后，他发现波拉斯在各方面都是位忠诚的朋友。

——阿里安《亚历山大远征记》

....

□ 问题：从阿里安的叙述中，能了解亚历山大的哪些军事技巧以及印度的战斗方法？

获全胜，遂控制了整个波斯帝国。接下来的三年里，亚历山大继续向东边和东北边前进，最远到达了现在的巴基斯坦一带。到公元前 327 年夏，进入了此时已经分裂成各个邦国的印度。公元前 326 年，亚历山大率领大军进入印度西北平原。在残酷的海达斯匹斯河（Hydaspes）之战中，亚历山大获胜。亚历山大决定继续东进征服印度的更多地区，但士兵们却厌倦了连年征战，发生哗变，拒绝继续行军。亚历山大回到巴比伦，准备继续征战。公元前 323 年 6 月，因受伤体弱、高烧以及饮酒过度，亚历山大去世，年仅 33 岁。

亚历山大大帝的遗产

亚历山大是历史上最令人难解的巨人之一。根据同样的资料，不同的历史学家得出不同的形象，甚至大相径庭。对有些人来说，他的军事天赋、无休止的征服、建立新的帝国，都证明了"亚历山大大帝"的称号名副其实。另一些历史学家对亚历山大热爱希腊文化、天赋智慧、尤其是在军事领域中的天才也大加赞赏。在征服各地，亚历山大试图将希腊人、马其顿人、波斯人融合成一个新的统治阶层。是否如某些人暗示的那样，之所以这么做，是因为他是一个相信普遍人性的理想主义者？或者，他只想彰显和巩固自己的权威，建立君主专制？

那些认为亚历山大是渴求君主专制的历史学家将他描绘为一个与众不同的、残酷无情的权谋家。有本描写他的传记书名赫然是《失败的亚历山大》（*Alexander the Great Failure*）。这些批评者质疑，一个屠杀土著民族、为一己之私而穷兵黩武、脾气暴烈至杀害朋友、疏于治国、以至于国政荒废的人，能否真正被称为伟人。

那么，亚历山大是如何看待自己的呢？他试图效仿《伊利亚特》中的战争英雄阿喀琉斯，随身携带一本《伊利亚特》，并在枕头底下放置一把匕首。他还声称，自己是被希腊人当作神崇拜的英雄赫拉克利斯（Heracles）的后代。

不管人们如何看待亚历山大的理念、动机、形象，有一个事实显而易见：他开启了一个全新的希腊化时代。希腊化（hellenistic）一词源于希腊语，意思是"效仿希腊"。因此，希腊化时代指的是希腊的语言和思想向中东地区的非希腊世界广泛传播的历史时期。亚历山大摧毁了波斯帝国，从而为希腊的能工

表 4.1　马其顿的崛起——亚历山大的征服大事记

事　件	时　间
菲利普二世的统治	公元前 359—公元前 336 年
克罗尼亚战役，征服希腊	公元前 338 年
亚历山大进攻亚洲	公元前 334 年
高加米拉战役	公元前 331 年
玻斯波利斯沦陷	公元前 330 年
亚历山大进入印度	公元前 327 年
亚历山大去世	公元前 323 年

电影与历史

《亚历山大大帝》（2004 年）

　　导演奥利弗·斯通对公元前 4 世纪征服了波斯帝国、开启了希腊化时代的马其顿国王亚历山大有着终生迷恋，于是，拍摄了影片《亚历山大大帝》。这部影片耗资 1.5 亿美元，制作精良、视觉美好。影片以亚历山大的将军、亚历山大死后曾控制埃及的托勒密（安东尼·霍普金斯饰演）为开端，通过一系列战争场面、显示亚历山大进步面的场景、他的军队征战中东和印度的历史以及他早年时光的闪回，讲述了亚历山大（柯林·法瑞尔饰演）的一生。斯通还描写了亚历山大与母亲奥林匹亚斯（安吉丽娜·朱莉饰演）的关系，来揭示他的早年成长经历；另外，也展现了他与父亲菲利普二世（方·吉默饰演）的僵化关系。影片聚焦于公元前 331 年的高加米拉战役。这场战役中，波斯国王大流士逃亡，亚历山大随之征服了波斯帝国的其他地区，并继续向东进入印度。在部队威胁要哗变后，亚历山大回到了巴比伦，结束了远征。公元前 323 年 6 月 10 日，亚历山大在巴比伦去世。

　　由于资金充足，斯通的这部影片视觉效果惊人。至于对史实的表现，就值得商榷了。亚历山大的性格始终未能深刻地揭露出来，他被描述为一个时不时性格软弱的人，困扰于对自己决定的怀疑之中，却又似乎经常痴迷于追求荣誉。亚历山大还被描绘成一个理想化的领袖，相信他所征服的人民渴望改变，他"正在解救全世界的人"，在他治下，亚洲和欧洲将会成为一个统一体。不过，亚历山大是如斯通认为的理想化的梦想家，还是一个信奉"好运偏好勇者"格言、为实现自己梦想不顾士兵意愿、须对征战期间的大屠杀负责的军事领袖？后者被斯通粉饰过去，但托勒密可能表达了更加现实的想法，即"我们无人相信他的梦想"。影片也没有详细说明亚历山大成神的愿望。亚历山大肯定渴望神圣荣誉；他曾经指令希腊各城"推选他为神"。斯通对亚历山大最现实化的描述可能是他的酗酒和双性恋——这在希腊、罗马世界非常普遍。影片不仅描写了他与一位巴克特里亚贵族的女儿洛克珊妮（罗莎里奥·道森饰演）的婚姻，也谈到了他与终生同伴赫费斯提翁（杰瑞德·莱托饰演）之间的爱，以及与波斯奴隶巴格斯（弗兰西斯科·博世饰演）的同性恋关系。

　　影片的许多细节并非史实。亚历山大第一次进入巴比伦时并没有遇到波斯公主和巴格斯。他也没有在埃及杀害克雷塔斯，更没有在海达斯匹斯战役中受伤，他的受伤是在围攻马里时。波斯史学者也认为波斯军队远比影片中所展现的更有纪律。

巧匠、知识分子、商人、行政管理人员和士兵创造了机遇。跟随亚历山大及其继任者的人们加入了以君主制原则为基础的新政治统一体。亚历山大对帝国的憧憬毫无疑问激励了罗马人，可以说，他们是亚历山大真正的继承者。

亚历山大也留下了文化遗产。作为亚历山大征服的结果之一，希腊的语言、艺术、建筑、文学传播到整个中东地区。希腊化时代很多由亚历山大和其继任者创建的大城市成为希腊文化传播的中转站。希腊人将其文化东传的同时，也不可避免地受到东方文化的影响。因此，亚历山大的遗产包含了希腊化时代的一个基本特征：不同文化的碰撞与融合。

■ 希腊化时代的世界各国

□ 问题：希腊化时代的政治和社会组织与古典希腊时代有何不同？

亚历山大通过武力征服建立起来的统一帝国在他死后很快分崩离析。很快，马其顿的军事将领为掌权而纷争不断。作为亚历山大的接替者，公元前300年，出现了四个希腊化王国：安提柯（Antigonid）统治的马其顿王朝、统治叙利亚及小亚细亚东部的塞琉古（Seleucids）王朝、统治小亚细亚西部的帕加马（Pergamum）王朝以及统治埃及的托勒密王国（Ptolemies）。最终，这四个王朝都被罗马人所征服。

● 政治机构和城市的作用

显然，亚历山大打算融合希腊人与东方人——他起用波斯人出任行政官员、带头并鼓励士兵娶东方女性为妻，但他的继任者却主要依赖希腊人和马其顿人，组成了以他们为主的统治阶级。即便那些身居高位的东方人也都懂希腊语（所有政府公务都使用希腊语），而且在文化意义上已经希腊化，但希腊的统治阶级却决意维持自己的特殊地位。

亚历山大建立了新的城市和军事要塞，后来的希腊各国国王萧规曹随。这些新聚居中心的面积和地位千差万别。军事要塞的主要功能是维护秩序，其驻守者或许只是几百个强烈依附于国王的亲信。不过，也有一些城市有数千人之多，且比较独立。公元前 1 世纪前后，埃及的亚历山大城成为地中海一带最大的城市。

希腊各国的统治者鼓励在中东地区大规模建立希腊殖民地。希腊人和马其顿人不仅为这些殖民地提供了大量士兵，还提供了大量有助于经济发展的文职人员和工人。而且，这些新城市还需要建筑师、工程师、戏剧家和演员。很快，许多希腊人和马其顿人看到了移居到这些新城市的好处，就开心地前往中东寻求出路。希腊化时代，这些希腊城市是希腊文化在中东——实际上远至现在的阿富汗和印度——传播的主要媒介。

● 希腊化时代的文化

尽管希腊化各国领域辽阔且民族众多，但希腊文化在整个希腊化世界的传播还是形成了一种统一意识。希腊化时代的各个领域都成就出色，尤其是科学和哲学方面。尽管这些成就在整个希腊世界都有体现，但在有些地方尤为突出，例如亚历山大城。亚历山大城成为诗人、作家、哲学家、科学家等各个领域学者的家园，它的图书馆是古代规模最大的图书馆，藏书超过 50 万册。

新城市的创建、老城市的重建为希腊建筑家和雕塑家们提供了无数的机遇。希腊各国君主尤其渴望用重金来美化和装饰城市。希腊本土建筑体育场、浴池、剧院和神庙林立于这些城市的街道。

希腊各国君主和富裕市民都为雕塑家提供资助。希腊雕塑家受富裕赞助者物质奖励的吸引，游历各国，其作品在保留古典时代技巧的同时，远离了长达五个世纪的古典理想主义，转向了更情感化和现实化的艺术，这在那些老妇人、酒鬼、玩耍的孩子之类的雕塑中体现得淋漓尽致。希腊化的艺术风格甚至影响了印度艺术家。

科学的黄金时代

希腊化时代见证了哲学与科学更自觉的分离。在古典时代，我们所说的物理学和生命科学一直是哲学研究的分支。然而，在亚里士多德时代，希腊人已经建立了一个科学研究的重要原则：以实证研究或系统观察为依归。在希腊化时代，科学往往在自己的领域中被研究。

希腊化时代最著名的科学家是阿基米德（Archimedes，公元前287—公元前212年）。他在球面几何学和圆柱几何学方面的研究以及创建数学常数 π 上的贡献尤为重要，此外，他还是个发明家，他可能设计了用来抽取矿井的水和提取灌溉水的阿基米德螺旋抽水机；罗马人攻占他的家乡叙拉古（Syracuse）时，阿基米德还建造了不少装置击退敌人。他的成就使世间流传着许多有关他的传奇故事。据说，通过观察浴池里的水，他发现了相对密度，还在洗澡中的他兴奋不已，跳出浴室，全身赤裸地跑回家，大喊"我搞清楚了"。据传，他向叙拉古王如此宣告杠杆的重要性："给我一个支点，我就能撬动地球。"叙拉古王深受震动，鼓励阿基米德放低视野，建造各种防卫武器。

哲学

尽管在希腊化时代亚历山大城作为文化中心而声名鹊起，但雅典仍是主要的哲学圣地。苏格拉底、柏拉图、亚里士多德的家乡雅典吸引了希腊世界最杰出的哲学家们，他们在此创建了雅典学院。新的哲学流派进一步提升了雅典作为哲学中心的声誉。

公元前4世纪末，伊壁鸠鲁学派的创始人伊壁鸠鲁（Epicurus，公元前341—公元前270年）在雅典创建了一所学校。他相信人类可以自由追求一己之私，这是人们行动的基本动力。人生的目标就是追求幸福，其实现途径乃是寻找快乐，快乐也是唯一的、真实的善。不过，伊壁鸠鲁认为，追寻快乐并不意味着肉体和享乐意义上的快乐，而是摆脱情感的混乱与忧虑。为了达到这样的快乐，人们必须从公共事务和政治中脱身。不过，这并非放弃社会生活，在伊壁鸠鲁看来，只有当人们的生活以友谊为根基时，快乐才会实现。他在雅典的生活正是这种理念的典型写照。他与朋友一起开办私人社区，在那里，他们可以追求各自理想的真幸福。

另一个哲学流派斯多葛学派（Stoicism）在希腊世界最为繁盛，在后来的罗马帝国同样十分流行。它的创始人是芝诺（Zeno，公元前335—公元前263年）。芝诺在雅典教授学生，因其常在柱廊（Painted Portico）之下授课，人们称之为斯多葛柱廊（Stoa Poikile），斯多葛学派也因此得名。与伊壁鸠鲁学派一样，斯多葛学派关注的是人们如何找到幸福。不过，这一学派提出了完全不同的解决方法。对他们来说，只有与神圣意志和谐共处、只有获得内心安宁，才能实现快乐这一至高无上的善。生活的难题困扰不了他们，他们对生活给予他们的一切都泰然处之（stoic一词即来源于此，意为坚忍克己）。与伊壁鸠鲁学派不同，斯多葛学派并不认为要将自己隔离于世界和政治之外。他们认为公共服务是崇高的，真正的斯多葛主义者是优秀的公民，甚至是优秀的政府官员。

伊壁鸠鲁学派和斯多葛学派都主要关注人类的幸福，两个学派的盛行也表明希腊生活方式发生了重大变化。在古典希腊，个人幸福、人生意义紧密地与城邦联系在一起，人的成就感是在社区中找到的。而在希腊化时代，人们通过城邦生活寻求成就感的色彩淡化了，开始追寻新的、关注个人幸福的哲学。在希腊化的大世界里，由于各民族间的融合，广泛的思想开放也随之出现。对某些人来说，斯多葛学派恰恰体现了这样更广泛的社会意识。

▬ 本章小结

　　与波斯和中国这种高度集权的国家不同，古希腊主要由许多小规模的独立城邦组成。其中，由寡头统治的军事化城邦斯巴达以及因其民主制度——尽管奴隶和妇女都没有政治权利——而闻名的雅典最为知名。尽管希腊各城邦规模很小，但他们却创造出了不朽的文明，奠定了西方文化的基础。苏格拉底、柏拉图、亚里士多德奠定了西方哲学的根基。西方的各种文学形式多数起源于希腊的诗歌和戏剧。古希腊有关协调、比例与美的观念是此后西方所有艺术的试金石。对现代科学至关重要的研究方法是古希腊孕育的。许多政治术语起源于希腊。公民权利与义务等概念也源自希腊，尤其是它们产生于世界上第一个民主政体雅典。特别是在希波战争开始的古典时代，希腊人提出并讨论人类存在的目的、人类社会的结构、宇宙的本质等基本问题，这些问题至今仍受思想家们关注。

　　与此同时，雅典的不断壮大最终导致了它与斯巴达之间的大规模冲突——伯罗奔尼撒战争，这场战争导致希腊城邦衰落，也为马其顿国王菲利普二世的入侵打开了方便之门。公元前338年，马其顿王国终结了希腊的城邦时代。不过，希腊文化并未因此消亡，反而开启了希腊化时代。

　　希腊化时代是从菲利普二世的儿子亚历山大大帝征服波斯开始的。亚历山大是位伟大的军事家，却非合格的执政者，他未能在所征服地区建立任何稳定的机构和组织。他死后，有四个王朝继承了他的事业，它们被称为希腊化王朝，即类似希腊或仿效希腊的王朝。随着希腊思想的影响不断扩展，希腊语也成为主要语言。希腊商人、艺术家、哲学家、士兵在整个近东地区寻找机会。此时的近东是一个由各王国而非独立城邦组成的世界。

　　希腊化时代本身生机勃勃。新城市繁荣发展；新哲学流派，如伊壁鸠鲁学派和斯多葛学派广为流行。科学领域里也取得了巨大成就，希腊文化传播到整个近东地区，并对该地产生了深远影响。尽管希腊化时代政治较为稳定，但到公元前3世纪末，衰落之相逐渐增加，罗马的不断崛起也最终危及希腊世界的安宁。

■ 本章思考

— 问题1：什么是城邦？为什么许多历史学家认为它在西方政治史上至关重要？

— 问题2：希腊古典时代以文学、艺术和知识成就著称。希腊的史学著述、戏剧、艺术和哲学反映了希腊文化的哪些基本特征？这些领域的成就又反映了怎样的人文关怀？

— 问题3：希腊化各国的主要成就是什么？为什么它们未能给近东各地带来长久秩序？

■ 拓展阅读

关于希腊的通读性著作，可参考 S.B.Pomeroy 编：*Ancient Greece：A Political, Social, and Cultural History*，New York，1998。有关希腊的战争，可参考 V.D.Hanson，*The Wars of the Ancient Greeks*，London，2006。

关于早期希腊历史，可参考 J.Hall，*History of the Archaic Greek World，c.1200-479B. C.*，London，2006。有关斯巴达的历史，可参见 P.Cartledge，The Spartans，New York，2003。早期雅典的情况，可参考 R.Osborne，*Demos*，Oxford，1985。希波战争，可参考 P.Green，*The Greco-Persian Wars*，Berkeley，Calif，1996。

关于古典希腊概况，可参考 P.J.Rhodes，A *History of the Greek Classical World，478-323B.C.*，London，2006。伯罗奔尼撒战争，可参考 D.Kagan，*The Peloponnesian War*，New York，2003。

关于希腊文化与社会。希腊艺术史，可参考 M.Fullerton，*Greek Art*，Cambridge，2000。希腊哲学的系统研究，可参考 W.K.C.Guthrie，*A History of Greek Philosophy*，6 vols，Cambridge，1962—1981。有关古希腊的家庭与女性，可参考 S.Blundell，*Women in Ancient Greece*，Cambridge，Mass.，1995。

关于希腊化时代的通论，可参考 P.Green，*The Hellenistic Age：A Short History*，New York，2007。希腊化时代的总论性著作，还可参见 G.Shipley，*The Greek World After Alexander，323-30B.C.*，New York，2000。对亚历山大的评价历来观点不一，有关亚历山大的传记有 P.Cartledge，*Alexander the Great*，New York，2004；G.M.Rogers，*Alexander*，New York，2004 以 及 P.Green，*Alexander of Macedon*，Berkeley，Calif.，

1991。有关希腊化时期各君主的评介，可参考 C.Habicht, *Hellenistic Monarchies*, Ann Arbor, Mich., 2006。

关于希腊化时代的文化概论，可参见 J.Onians, *Art and Thought in the Hellenistic Age*, London, 1979。

第 5 章

最早的世界文明：罗马、中国、丝绸之路

尽管亚述人、波斯人和孔雀王朝时代的印度人都曾建立过帝国，但它们无一能与罗马帝国和汉帝国相比。这两个帝国是当时有史以来最大的政治体。汉帝国的疆域广至中亚、太平洋；罗马帝国控制了地中海周边的所有地区、中东的部分地区、欧洲西部和中部。尽管这两个文明之间并无直接的外交往来，但丝绸之路却将两个帝国在商业上连为一体。

罗马史是一群说拉丁语的人在意大利中部拉丁姆平原建国并进而征服整个意大利和地中海的荣耀史？为何罗马人能做到？学者们并不知晓所有答案，但罗马人对此有自己的阐释。早期的罗马史充满着英雄的传奇色彩，其中最为人所熟知的是桥边的霍雷修斯（Horatius）的故事。

由于受到邻近伊特鲁里亚人的威胁，罗马的农夫放弃了田地，搬入了有城墙护卫的城市之中。不过，罗马城的防御有个弱点——台伯河（Tiber River）上的木桥，敌人可以从这里进入罗马城。伊特鲁里亚人突然来袭，罗马士兵不敌，扔下武器纷纷逃跑，这时，霍雷修斯正守在桥边，他建议同伴斩断木桥，以防故军攻入城内。为了给同伴拿取更多时间，他自告奋勇，立于桥头，抵御故军。伊特鲁里亚人看到桥头只有一个守卫，大吃一惊。疑惑不已的伊特鲁里亚人纷纷向霍雷修斯投掷长矛，却都被霍雷修斯的盾牌挡住了。正当伊特鲁里亚人就要战胜这个唯一的抵抗者时，霍雷修斯全副武装跳入水中，在箭雨中游至对岸。罗马因为忠于职守的霍雷修斯的英勇行为而获救。勇气、职责、决心——这是无数罗马人的品质，他们认为，罗马人的神圣使命就是对国家和人民实行统治。正如有人所言，"天意注定罗马城将是世界的都城"。

■ 早期罗马和共和时代

□ 问题：罗马征服意大利，得益于什么样的政策和机构？公元前 264—公元前 133 年，罗马是如何建成帝国的？罗马帝国的崛起给自身带来了什么问题？

意大利是个南北长约 750 英里的半岛。不过，这个半岛的平均宽度只有 120 英里。中部亚平宁山脉（Apennines）将意大利分为东西两部分。不过，意大利也有相当多的肥沃平原，是理想的耕地。其中，大部分平原位于北边的波河（Po River）河谷，罗马城位于拉丁平原，其南还有坎帕尼亚（Campania）平原。意大利半岛东临亚德里亚海（Adriatic Sea），西临第勒尼安海（Tyrrhenian Sea），二者以科西嘉岛（Corsica）和撒丁岛（Sardinia）为界。西西里岛就位于靴子形状的意大利半岛的脚趾的西边。

地理位置对罗马影响深远。尽管亚平宁山脉将意大利一分为二，但比起希腊的山脉而言，亚平宁山脉没那么崎岖险峻，也没有将意大利半岛分割许多小块的、独立的地区。意大利的耕地也比希腊多得多，故而能养活更多的人口。罗马的地理位置非常优越，它离台伯河 18 英里，靠近出海口，但又离水域有一定距离，可以不受海盗的侵扰。而且，罗马城建在七个山头上，易守难攻。

意大利半岛地处地中海海域，是地中海东西间的重要交汇处。一旦罗马统一意大利，它参与和卷入地中海事务也就是自然而然的事。罗马人征服地中海后，由于意大利的这种中心位置，统治地中海也更为容易。

● 早期罗马

据传，罗马城是在公元前 735 年由罗慕洛（Romulus）和勒莫（Remus）兄弟建立的。考古学家发现当时罗马的山头已有村落。早期的罗马人基本上是游牧民族，和希腊人一样说属于印欧语系的拉丁语。传统的罗马史中，早期罗马（公元前 753—公元前 509 年）是由七个王统治的，称为王政时期，其中，最后的两个王是伊特鲁里亚人——一支生活在罗马北边的伊特鲁里亚民族。历史学家认为，这些王有一定的历史真实性。其中，可确定的一点是，王政时代的罗马曾经受伊特鲁里亚人的影响达百年之久，而且，在公元前 7 世纪初，在伊特鲁里亚人的影响下，罗马城已经成形。伊特鲁里亚人的建筑才能非常突出。到公元前 575 年前，他们修建了罗马主要街道——罗马圣道——的路基，并在神庙、市场、商店、街道、房屋等方面都有所发展。公元前 509 年，王政被推翻，继之而起的是共和时代，新的罗马——本质上是伊特鲁里亚人和罗马土著相融合的结果——出现了。

● 共和时代的罗马

从王政转向共和并非易事。罗马人感受到了来自四面八方的威胁，在应对这些威胁的过程中，罗马走上了征服整个意大利半岛的军事征程。

罗马人征服意大利

共和时代初期，罗马被包括来自拉丁姆平原的各类外敌包围。根据早期罗马史主要来源，即李维（Livy）《罗马史》的叙述，罗马在接下来的一个世纪里，一直征战不断。李维的著作详细记述了罗马的这段历史，书中的不少故事极具传奇色彩。该书写于公元1世纪，他用这些故事来教导罗马人使其知晓那些让罗马得以伟大的道德和价值观：坚韧不拔、忠于职守、勇敢以及尤为重要的恪守纪律。

公元前340年，罗马人已经荡平了拉丁姆平原。在接下来的半个世纪里，罗马又在与意大利中部的高山民族的战斗中获胜，随后，罗马人与希腊人直面相对。在希腊向海外殖民时代（公元前750—公元前550年），大量希腊人抵达意大利半岛。起初，希腊人主要聚居在意大利南部，后来散居到沿海并北上。希腊人对罗马产生了诸多影响，他们在意大利半岛种植橄榄和葡萄，传播希腊字母，并通过建筑、雕塑和文学传播希腊的艺术和文化模式。到公元前267年，罗马人战胜了希腊人，征服了意大利南部；公元前264年，又战胜了北边的伊特鲁里亚人（Etruscans），控制了意大利大部分地区。

为了对意大利实施统治，罗马人于公元前338年建立了罗马联盟（Roman Confederation）。在这一联盟体制中，罗马人只允许部分人，尤其是拉丁人，拥有完全的罗马公民权。其他大部分人只是盟友，可以自由处理自己的事务，但要为罗马人提供兵源。当然，罗马人也明确表示，忠实盟友的地位会相应提升，甚至有成为罗马公民的希望。罗马人找到了让被征服地区的人们为罗马出力的妙计。

在罗马向整个意大利扩张的过程中，罗马人奉行一贯的政策，这些政策可以解释罗马为什么能够成功。其一，罗马人有许多卓越的外交家，他们在制定外交策略上极其出色。其二，罗马士兵非常优秀，意志坚定。哪怕损失一支军队或一支舰队，他们都不会停止战斗，他们会重新集结，组成新的军队和舰队。其三，罗马人具有非常务实的战略意识。在征战过程中，罗马人在整个意大利的各战略要地建立殖民地——固若金汤的城镇。通过修建联通这些要塞的道路，罗马人建立起令人印象深刻的交通和军事网，故而能够进行有效和高效的统治。罗马人坚持要求各盟友为罗马联盟提供兵源，实际上是动员整个意大利的人力资源为其征战服务。

罗马城邦

罗马贵族推翻君主制后，渴望维持其自身权力，建立起共和形式的政府。罗马共和国的主要行政官员是执政官（consuls）和裁判官（praetors）。起初，罗马每年遴选出两名执政官来管理政府、统帅军队。公元前 366 年，罗马设立裁判官。裁判官的职责是掌管国内法律（适用于罗马公民的法律），不过，他也可以领导军队，并在执政官离开罗马城时对罗马实施统治。随着罗马版图不断扩大，又增加了一名裁判官，且可以由非公民担任。罗马城邦还有许多具体负责各种职务的行政官员，如负责财政事务、监督罗马公共体育等。

罗马共和国时期，元老院（senate）尤为重要。元老院或长老院是由 300 位终身制成员构成。元老院只能给行政长官提供建议，不过，这些建议分量颇重。到公元前 3 世纪，它们还具有了法律效力。

罗马共和国还有各种平民议会（popular assembly）。平民议会是以财富为基础组成的，因而，最富有的公民总是占据了平民议会中的大多数。平民议会的职责是选举主要的治安官、通过法律。此外，秩序和阶级之争还使罗马形成了另一类议会，即平民大会（council of the plebs）。

这种秩序和阶级斗争致使早期罗马分裂为贵族（patricians）与平民（plebeians）两大阵营。贵族主要是大地主，他们构成了贵族统治阶级。只有他们才能担任执行官、治安官和元老院议员。平民则由与贵族相比数量更大的无派系大地主、不那么富裕的土地所有者、工匠、商人和农民构成。尽管他们也是公民，但他们的权利与贵族不对等。贵族与平民都有选举权，不过，只有贵族才能当选政府官员。贵族与平民都有权订立法律合同和婚姻条款，但平民与贵族间禁止通婚。公元前 5 世纪初，平民发起了要求与贵族在政治和社会上平权的斗争。

双方间的斗争持续了数百年，最终平民取胜。公元前 471 年，只由平民构成的平民大会设立，同时，新设的保民官（tribunes of the plebs）被赋予了保护平民免遭贵族官员逮捕的职权。新法律允许贵族与平民通婚。公元前 4 世纪，平民可以当选执行官。最终，在公元前 287 年，平民大会获得了"可通过针对所有罗马人的法律"的权力。

贵族和平民之间的斗争对罗马城邦的发展影响深远。理论上来说，到公元前 287 年，所有罗马公民在法律面前一律平等，所有罗马公民都有权参与政治。不过，实际中，作为平民与贵族通婚的结果，一部分贵族和平民家族形成了新的元老院贵族，他们开始占据各项要职。罗马共和国并没有走向民主。

政治与统治

辛西纳图斯（Cincinnatus）拯救罗马：罗马美德故事

在描写职责和简朴如何让杰出的罗马公民战胜 5 世纪的困难上，没有比李维所写的辛西纳图斯的故事更好的了。据说，辛西纳图斯于公元前 457 年当选为独裁官，抵抗爱奎因（Aequi）人的进攻。独裁官只是紧急情况下的权宜之计。这种情况下，执政官辞职，任命一位有无限权力的人短期（通常是半年）担任领导人。以下描述中，辛西纳图斯完成了自己的职责，击败了爱奎因人，15 天后，他又回到了自己简朴的农庄。

罗马城陷入混乱状态，警报声音响得好似罗马已经被包围了。那提乌斯被派往征战，但很快，大家认为他不是个有充分信心的统帅；当时的情况急需一位独裁官，在毫无异议的情况下，辛西纳图斯被推选担任这一职务。

现在，我要恳请那些认为金钱至上、能力和等级与财富密不可分的人注意，让我们看看辛西纳图斯的故事，看看这个被寄予拯救罗马的期望的人、这个当时正在农庄耕种自己一亩三分地的人……他的农庄在台伯河以西，就在现在的船坞所在地的对面。当罗马城派出的人找到他时，他正在田里忙碌着，挖沟渠或犁地。他们相互问候之后——还有人祈祷神保佑他和他的国家——他被要求换上长袍，听从元老院的指示。他自然非常惊奇，他问是否一切都还好，并让妻子拉西亚（Racilia）跑回家去取长袍。长袍取来后，他擦干净手上和脸上的汗水，穿上衣服；罗马城的代表们向他欢呼，祝贺他当上独裁官，迎接他前往咯嘛城，并将穆尼西乌斯（Municius）军队的危险境地告诉了他。河边有一艘船正等着他，还有他的三个儿子、其他亲友以及几乎所有的元老们都在迎接他。大家热情护送他去罗马城的住处，街道上挤满了平民，据说，对新独裁官的到来，人们绝非高兴，反而因其权力过大，担心他不知如何行使。

（辛西纳图斯组织一支军队出征，击败了爱奎因人）

在罗马，行政长官奎图斯·法比乌斯（Quintus Fabius）通过一项命令，要求辛西纳图斯和军队一同庆祝胜利。他们乘坐的战车前头是敌军将领，后头跟着的是他的军队和战利品……15 天后，辛西纳图斯辞去了原本任期 6 个月的独裁官之职。

——李维《罗马史》

□ 问题：李维在讲述辛西纳图斯的故事时，强调了他的哪些美德？这些美德对罗马的成功有什么样的重要性？作为奥古斯都时期的一位作家，李维以这样的目的书写历史会取悦还是惹恼奥古斯都呢？

● 罗马征服地中海（公元前 264—公元前 133 年）

征服意大利半岛后，罗马人发现自己与难以对付的地中海强国迦太基直面相撞了。迦太基出现于公元前 8 世纪的北非沿海，创建者是腓尼基人（Phoenicians）。此后，迦太基在地中海西岸不断扩张，建立起了庞大的帝国。到公元前 3 世纪，迦太基帝国的疆土包括了北非沿岸、西班牙南部、撒丁岛、科西嘉岛和西西里岛西部。西西里岛的迦太基人距意大利沿岸如此之近，以至于让罗马人寝食难安。公元前 264 年，罗马与迦太基为争夺地中海西岸一带的控制权展开了长期的争斗。

罗马人试图通过第一次布匿战争（the First Punic War，拉丁语中，Phoenician 称之为 Punicus）控制西西里。陆上强国罗马意识到，如若没有海军和及时建立起的强大舰队，则不太可能获胜。厮杀多时后，罗马舰队将迦太基海军驱逐出西西里，迅速结束了战争。公元前 241 年，迦太基放弃了西西里的所有控制权，向罗马赔款。西西里成为罗马的第一个行省。

迦太基发誓复仇，并扩大其在西班牙的地盘，以弥补布匿战争中损失的领土。当罗马人煽动迦太基的西班牙盟友反抗迦太基的统治时，迦太基最伟大的将领汉尼拔（Hannibal）率军反击，开启了第二次布匿战争（公元前 218—公元前 201 年）。

这一次，迦太基的战略是将战争引向罗马控制区，在罗马后院打败他们。汉尼拔率领一支三四万人的军队越过阿尔卑斯山，给了罗马人一连串的打击。公元前 216 年，在坎尼战役中，罗马人损失了近 4 万人。罗马军队濒临崩溃，但他们拒绝屈服，重新组织起一支军队，并且重新控制了被汉尼拔夺走的一些意大利城市。罗马还派兵进入西班牙，到公元前 206 年，西班牙摆脱了迦太基的统治。

随后，罗马直取迦太基，迫使迦太基人召回汉尼拔。公元前 202 年，罗马人在扎玛战役中摧毁了汉尼拔的军队，战争结束。公

表 5.1　罗马征服意大利和地中海大事记

事　　件	时　　间
完成对拉丁姆地区的征服	公元前 340 年
罗马联盟建立	公元前 338 年
第一次布匿战争	公元前 264—公元前 241 年
第二次布匿战争	公元前 218—公元前 201 年
坎尼战役	公元前 216 年
罗马人占领西班牙	公元前 206 年
扎玛战役	公元前 202 年
第三次布匿战争	公元前 149—公元前 146 年
马其顿成为罗马行省	公元前 148 年
迦太基被摧毁	公元前 146 年
别迦摩王国归附罗马	公元前 133 年

元前 201 年，迦太基与罗马订立和约，迦太基丢掉了西班牙，西班牙成为罗马行省。罗马自此成为地中海西岸的主宰者。

五十年后，罗马又与迦太基发生了第三、第四次规模较大的战争。公元前 146 年，迦太基被罗马摧毁。罗马人屠了整整十天的城后，迦太基城灰飞烟灭。迦太基的男女老少共 5 万居民被迫为奴。迦太基的领土变成了罗马的亚非利加（Africa）行省。

在与迦太基为敌期间，罗马人还与东地中海的希腊化国家发生纠葛。击败迦太基后，罗马将目光转向这些国家。公元前 148 年，马其顿成为罗马行省，两年后，希腊处于马其顿行省总督控制之下。公元前 133 年，别迦摩（Pergamum）将其领土献给罗马，罗马有了第一个亚洲行省，成为地中海的主人。

● 罗马共和国的衰亡（公元前 133—公元前 31 年）

公元前 2 世纪中叶，罗马完全控制了地中海。然而，创建罗马帝国的进程却削弱了罗马内部的稳定，在接下来的一个世纪中，引发了困扰罗马的一系列危机。

日益动荡以及罗马军队的新地位

到公元前 2 世纪，元老院已经成为罗马的有效统治组织。它有 300 位成员，多为有地贵族，任职终身，且还担任着罗马共和国的要职。元老院指挥了公元前 3 世纪和公元前 2 世纪的战争，控制着罗马的内外决策，甚至财政。

当然，这些贵族只在罗马人中占极小比例。从传统上说，罗马城邦的基石一直是小农。久而久之，许多小农发现，他们根本没法与富有的大地主相抗衡，只得任土地失去。这些有地贵族通过接管国有土地和购买小农的土地积累了大量不动产，形成了使用奴隶的大地主（latifundia）。因此，大地主的崛起导致了许多作为兵源的小农公民的没落。而且，这些小农大量涌入城市，尤其是罗马城，构成了庞大的无地贫民阶层。

部分贵族试图修正这一日益严峻的经济和社会危机。提比略·格拉古（Tiberius Gracchus）和盖约·格拉古（Gaius Gracchus）兄弟俩认为，罗马各种问题的深层原因在于小农的衰落。为了帮助无地穷人，他们绕开元老院，由平民大会通过了土地改革方案，这一方案呼吁政府收回大地主把持的公共土地，将其分给无地的罗马人。许多元老院成员本身就是包括公共土地在内的大量土地的拥有者，为此，他们勃然大怒。一群贵族利用手中掌控的法律，于公元前 123 年杀害了提比略。后来，盖约也遭遇同样的厄运。格拉古兄弟的改革尝试揭开了更暴力的时代的序幕。罗马军队中存在的问题更加严峻化。

公元前 2 世纪前后，一位名为马略（Marius）的罗马将军招募了一支部队，组成了一支新的海军。传统上，罗马军队一直由拥有土地的小农组成，但马略却从那些城市和农村的无地穷人中招募自愿入伍的士兵。这些自愿入伍的士兵发誓忠于将领，而非元老院，从而形成了一支不听从元老院号令的职业军队。当初，为了招募士兵，军事将领以土地相许，后来，为了通过向退伍士兵分配土地的法律，这些将领不得不干预政治。马略创建了一种新的募兵体系，使权力向军事将领手中倾斜。

罗马共和国的消亡

公元前 1 世纪的罗马主要有两大特点：大量强势人物互相争权，及因他们的斗争而引发的内战。其中，三个人把持着军事和政治大权：克拉苏（Crassus）、格里乌斯·庞培（Pompey）、尤利乌斯·恺撒（Julius Caesar）。克拉苏是罗马最富有的人，并且成功地率领军队镇压了奴隶起义。庞培在公元前 71 年成功指挥西班牙的军事行动后回到罗马，也被人们尊为战争英雄。恺撒也在西班牙指挥军队。公元前 60 年，恺撒、克拉苏、庞培结盟，历史学家称之为前三头同盟（the First Triumvirate）。

这三位有钱有势者的结盟声势庞大，在操纵了罗马政治后，实现了各自的基本目标。其中，庞培成为西班牙行省总督，克拉苏成为叙利亚行省总督，恺撒则分到了高卢（今天的法国）。公元前 53 年，克拉苏在战斗中身亡。克拉苏的死，导致庞培和恺撒之间展开直接竞争。恺撒征服了整个高卢地区，并由此获得声望、财富和军功，同时也收获了忠于他的军队。元老院的一些人支持庞培，认为庞培对他们危害较小，便投票罢免了恺撒的职位，要求恺撒作为普通公民回到罗马。结果，元老院的决定遭到恺撒拒绝，他牢牢控制住军队，并非法越过高卢行省南部边界的卢比孔河，进入意大利。随后，恺撒进军罗马，击败了庞培及其盟友。由此，恺撒完完全全控制了罗马政府。

公元前 47 年，恺撒正式成为罗马独裁官（dictator），三年后，他又被任命为终身独裁官。任上，他意识到改革的必要性，于是，将土地分给穷人，还把元老院成员扩增至 900 人。另外，恺撒还改革历法，引入埃及一年按 365 天计算的太阳历（1582 年，这一历法稍作改变后，奠定了今天通用历法的基础）。恺撒也进行了不少建设，还计划东征。然而，公元前 44 年，他在元老院遭到刺杀。

恺撒死后的几年里，他的侄子兼养子屋大维（Octavlus）与恺撒的盟友和助手马克·安东尼（Antonius）将罗马一分为二，屋大维占领西罗马，安东尼占据东罗马。不过，对于他们来说，庞大的罗马仍不够大，二人最终兵戎相见。安东尼与埃及女王克里奥帕特拉七世（Cleopatra VII）结盟。在公元前 31 年的阿克提姆海战（the Battle of Actium）中，屋大维的军队摧毁了进攻埃及的安东尼和克里奥帕特拉联军。一年后，安东尼和克里奥帕特拉自杀身亡。32 岁的屋大维成为罗马世界至高无上的统治者。内战随之结束。罗马共和国也因此消亡。

■ 鼎盛时期的罗马帝国

□ 问题：公元 2 世纪时，处于鼎盛的罗马的主要特征是什么？

随着屋大维的节节胜利，罗马终于回归和平。尽管罗马内部仍时不时爆发冲突，但屋大维建立的新罗马帝国在接下来的两个世纪里惊人地稳定。罗马人为这个古代最庞大的帝国带来了安宁。

● 奥古斯都时期（公元前 27 年—14 年）

公元前 27 年，屋大维宣称要"复兴共和"。他认为，只有传统的共和体制才能让元老院的贵族们满意。同时，屋大维意识到，共和不能完全恢复。尽管他赋予了元老院部分权力，但屋大维实际上成了罗马的第一个皇帝。元老院授予他奥古斯都（Augustus）——即至尊者的称号。这个称号切合了屋大维的权力观，而且，该称号此前一直是给神灵使用的。奥古斯都的称号证明了屋大维的受欢迎程度，不过，他的主要权力来源于他一直操控着军队。元老院还授予了他元帅或统帅（imperator，即我们所说的帝王）头衔。

奥古斯都的常备军长期维持在 28 个军团的规模，总人数约 15 万（一个军团约 5000 人）。只有罗马公民才能参加常备军，但臣属百姓可以充当后备兵力。在奥古斯都时期，这些后备军大概有 13 万人。奥古斯都还建立了 9000 人的亲卫队（praetorian guard），他们的主要职责是保护帝王。

虽然号称要复兴共和，但奥古斯都却开创了一种新的统治各行省的制度。在共和制下，各行省总督是由元老院任命的。现在，有些行省总督直接由奥古斯都统治，他派遣代理人对这些地方实施统治。其他行省的总督仍由元老院任命，但奥古斯都的权威使他可以否决元老院任命的总督人选，形成统一的帝国政策。

奥古斯都还确立了罗马帝国的边界。他征服了阿尔卑斯山脉的中部和沿海一带，随后将罗马势力扩张到巴尔干半岛、多瑙河。奥古斯都试图征服日耳曼人，结果，公元9年，由瓦鲁斯（Varus）率领的三个罗马军团被日耳曼部落联盟彻底击败，奥古斯都的目标落空。进攻日耳曼的失败让奥古斯都意识到罗马的威力并非无限，也让他一蹶不振。好几个月里，奥古斯都以头撞门，大喊着："瓦鲁斯！还我军团！"

公元14年，统治罗马长达四十五年的奥古斯都离世。在建立新秩序的同时，奥古斯都又通过复兴传统价值安抚了旧势力。到他去世时，由他建立的新秩序已经极其稳固，以至于基本上没什么变数。实际上，如罗马历史学家塔西陀（Tacitus）指出的，"事实上根本没人真正见过什么共和政府……政治平等是过去的事了；所有人都在等待皇帝的命令"[1]。

● 早期罗马帝国（14—180年）

奥古斯都建立了朱利安·克劳狄王朝（Julio-Claudian），当他把继子提比略（Tiberius）选为其继任者时，并没有多少人反对。他死后的四个继任者均来自他的家族或妻子莉维亚的家族。

朱利安·克劳狄王朝统治时期（14—68年）有几个主要特点。总体来说，奥古斯都给予元老院的权力越来越多地被皇帝接管，皇帝建立了自己的官僚机构处理日常政务。随着克劳狄王朝几位继承者的行为越来越像真正的统治者，而非"国家的第一公民"，专权和腐败也随之增加。例如，罗马皇帝尼禄（Nero，54—68年在任），任意残杀百姓，被杀中甚至包括他的母亲。由于元老院没有军权，因此之故，也没法反对这种出格之举，然而，暴动还是发生——罗马军团最后暴动了。尼禄被卫兵抛弃，不得不自杀，临死前，他说出了自己的遗言："世界失去了我这个艺术家。"

五贤帝（96—180年）时期

许多历史学家将"罗马和平时期"（Pax Romana）及其繁荣——五贤帝统治时期尤为突出——视为公元1—2世纪时罗马统治的主要成绩。这几位统治者尊重统治阶层，维持了罗马帝国的和平安宁，实施普遍有利于国家的国内政策。尽管他们是绝对的君主，却以宽容和善于交际知名于世。因为以有能力的人为养子或继承者，故而前四位没有遭遇继承问题。

---

〔1〕Tacitus, *The Annals of Imperial Rome*, Harmondsworth, England, 1964, M.Grant 译, p.31.

五贤帝时期，皇帝的权力继续扩大，元老院权力则更加削弱。皇帝直接任命和指导的官员逐渐接管了政府。同时，五贤帝还将罗马帝国的统治扩张到了此前从未触及的地区。图拉真（Trajan，98—117年在位）统治时期，罗马实施了补助计划，向穷人家庭提供抚养和教育子女的政府资助。图拉真和哈德良（Hadrian，117—138年在位）在公共建设方面尤为积极，他们在罗马全境广泛兴修水渠、桥梁、道路和海港设施等。

边境和行省

尽管图拉真将罗马的统治扩张到了西亚（现在的罗马尼亚）、美索不达米亚和西奈半岛一带，但他的继任者们却认为罗马帝国版图过大，于是回归到了奥古斯都时期的防御性帝国政策。哈德良撤离了美索不达米亚的大部分地区。尽管他还维持了对达西亚和阿拉伯半岛的统治，但所实施的只是防御性边境政策，为了强化连接莱茵河和多瑙河的防御工事，他在不列颠北部修建了一条长80英里的围墙，用来防御苏格兰人。到公元2世纪末，罗马军队都安扎在边境线后面的永久基地里。

公元2世纪时的鼎盛阶段，罗马帝国是当时世界上最伟大的国家之一，疆域达到了350万平方英里，人口与中国的汉帝国相当，约有5000万之多。皇帝和帝国政府为罗马帝国带来了一定程度上的统一，在保留了相当程度的各地风俗的同时，罗马帝国境内的许多百姓也被赋予了罗马公民才有的特权。公元212年，罗马皇帝卡拉卡拉（Caracalla）给予罗马帝国所有自由民以公民身份，进一步完善了该进程。拉丁语是罗马帝国西半部的通用语言，而东部罗马帝国则主要使用希腊语。罗马文化传播到帝国各处，并与希腊文化自由交融，从而形成了所谓的希腊—罗马文化。

罗马帝国的统治和文化生活主要依赖于城镇。行省总督的班子规模不大，因而不少当地城市官员身兼多职，尤其是充任了税收代理人。按今天的标准来说，大部分罗马帝国的城镇并不大。最大的城市是罗马，东罗马也有一些大城市，如埃及的亚历山大城，居民数超过了30万人。西罗马的城市通常较小，居民只有数千人。对于罗马文化、法律和拉丁语的传播来说，城市至关重要，而且它们往往相类，有同样的神庙、市场、竞技场和其他公共建筑。

早期罗马帝国的繁荣

早期罗马帝国是繁荣昌盛的时期。国内的和平带来了前所未有的贸易繁荣。来自罗马帝国四面八方的商人聚集在那不勒斯海湾的普泰奥利港和台伯河河口的奥斯提亚港。这一时期，长途贸易发展不小，罗马帝国和汉帝国的壮大对其增长有推动之功。尽管罗马帝国和汉帝国修建的驿道主要充作军用，但无疑也为贸易提供了便利。罗马人和中国人所建立的庞大的帝国，不仅形成了稳定的内部环境，也给边境带来了安宁，使商人少受劫持之苦，从而得以建立起连接这两个庞大帝国的商业贸易网。其中，最重要的一条贸易路线是陆上丝绸之路，这是一条联通东西两个世界的常规商路。

尽管商业和贸易有诸多益处，但农业仍然是大多数民众的主业，也是罗马繁荣的根基。大地主仍然主宰着农业，尤其是在意大利中部和南部更是如此。不过，小农经济也持续繁荣。虽然大型农业要依赖奴隶养牛，但有些大地主的土地是由自由的佃农耕种的，他们用劳力、农产品或现金付租。

罗马帝国看似欣欣向荣，实际上，国内贫富差距悬殊极大。对任何文明来说，城镇的发展至关重要，其主要基于农村的农业盈余。在古代，每个农民的农业盈余相当有限。上层阶级和城市人口的生活却要依赖大量农业人口劳作，让这些农民生产比自己需要多得多的东西，从来并非易事。

● 罗马的文化和社会

罗马文化和社会的一大显著特点是受希腊影响。希腊的使节、商人和艺术家纷纷前往罗马，并将希腊思想和习俗传遍各地。征服希腊化各国后，罗马将领们将希腊手稿和艺术品运回罗马。众多受过教育的希腊奴隶在罗马家庭中劳动。富裕的罗马人雇佣希腊教师，甚至将子女送往雅典学习。正如罗马诗人贺拉斯（Horace）所说，"被俘虏的希腊俘虏了她粗暴的征服者"。希腊思想俘虏了不那么复杂深奥的罗马思想，罗马人成为希腊文化的自觉传播者。

罗马的文学

拉丁文学在奥古斯都时代达到顶峰，这一时期往往被称为拉丁文学的黄金时代。奥古斯都时代最出色的诗人是维吉尔（Virgil，公元前70—公元前19年）。他出生于意大利北部的一个小地主家庭，拥护奥古斯都的统治，还用他的伟大作品表示对皇帝的敬意。维吉尔的杰作《埃涅阿斯纪》（Aeneid），是一部显然与荷马作品一较高下的史诗。当诗中特洛伊的英雄埃涅阿斯在特洛伊被毁后幸存下来并最终在拉丁姆定居时，特洛伊与罗马发生了联系——罗马文明与希腊历史之间的关联。埃涅阿斯被描述为一位理想的罗马人，他负责、虔诚、忠诚。维吉尔的总体目标是阐明埃涅阿斯完成了他在意大利创建罗马人的使命，从而开启了罗马统治世界的神圣使命。他写道："有人铸造出充满生机的铜像，造得比我们高明，有人用大理石雕出宛如真人的头像，有人在法庭上比我们雄辩，有人擅长用尺绘制出天体运行图，并预言星宿的隐与现。但是，罗马人，你千万要记住，统驭世间万国，确立和平秩序，对臣服者宽大，对傲慢者用武力征服，这是你们的专长。"[1]正如维吉尔所说的，统治是罗马人的礼物。

罗马的艺术

罗马人的艺术追求也依赖于希腊。罗马人喜爱希腊肖像雕塑，不仅在公共建筑上安置希腊雕像，还将其摆放在家里。罗马人肖像雕塑艺术的特点是强烈的现实主义色彩，甚至包括令人不快的身体细节。富人家里的壁画通常写实地描绘风景、肖像和神话故事。

罗马人在建筑方面非常出色，这也是极其实用的艺术。尽管罗马人借鉴了希腊风格，并使用柱廊和矩形结构，但也有创新。他们大量使用曲线形式：拱门、拱顶、圆顶等。罗马人在古代最早大规模地使用混凝土来修筑宏伟的建筑——如公共浴场和竞技场，卡拉卡拉时期的竞技场规模之大可容纳5万名观众。这些宏大的建筑靠罗马人出色的工程技巧而成为现实。这些技巧还用于修路架桥，引水灌溉。罗马人建设了5万英里的道路网，将罗马各个地方连为一体。在罗马，近12条引水渠维持着罗马城百万人口的用水需求。

罗马的法律

罗马带给当时地中海一带的人们以及后世的一大馈赠是其法律体系。罗马的第一部法典是公元前450年颁布的《十二铜表法》(*the Twelve Tables*)，不过，这部法典主要适用于简单的农业社会，难以满足后来的需求。从《十二铜表法》开始，罗马逐渐形成了适用于所有罗马公民的民法体系。随着帝国的扩张，公民与非公民间、非公民内部间出现了种种问题。尽管民法的部分规则可用于这些情况，但仍时不时需要特殊规则。这些规则催生了所谓的"万国法"，即适用于罗马人和外国人的法律。在斯多葛主义的影响下，罗马逐渐将万国法等同于自然法，即一套以理性为基础的一般法律体系。这让罗马人得以建立起适用于所有人的正义标准。

这些正义标准包括我们一眼就能认出的一些原则。例如：一个人在被证明有罪前应认定他是无罪的；被指控犯错的人可以在法官面前自我辩护；相应地，法官要在判决前仔细衡量证据。这些原则在罗马帝国衰落后仍长期存在。

罗马人的家庭

罗马社会结构的核心是以家长为首的家庭，家长由占主导地位的男性充任，家庭中有家长的妻子、儿子儿媳、未嫁的女儿、孙辈，以及奴隶。和希腊人一样，罗马男性认为女性需要男性监护人。行使这一权威的正是家长，家长去世后，其儿子或关系

---

[1] Virgil, *The Aeneid*, Garden City, N.Y., 1952, C.Day Lewis 译, p.154.

最近的男性亲属出任监护人的角色。

父亲为女儿安排婚事。在罗马共和时代，女人一旦结婚，父亲对她们的"法律控制"便转至丈夫。到公元前 1 世纪中叶，主流做法已经变成了结婚与"法律控制"无关，这意味着父亲仍然对出嫁女儿拥有的法律控制权。于是，父亲去世后，出嫁女儿便不在丈夫的"法律控制"范围之内，这使她们拥有独立的财产权，因此，强势女性在家庭内外拥有相当大的权力。

上层社会家庭的一些父母会为女儿提供教育机会，雇佣家庭教师，或把她们送到初等学校学习。不过，当家里的男孩子们到了进入中等学校的年龄，女儿们就会被推入婚姻了。女性的法定最早结婚年龄是 12 岁，但实际上 14 岁是很普遍的结婚年龄（男性的法定最早结婚年龄是 14 岁，不过，多数男性都超过了这个结婚年龄）。虽然有医生警告说，过早怀孕对女性很危险，但由于女性通常寿命不长，早婚继续存在。西塞罗的爱女图莉亚就是个很好的例子：她 16 岁结婚，22 岁守寡，一年后再婚，28 岁离婚，29 岁三婚，33 岁再度离婚，34 岁去世，对罗马社会中的女性来说，这个寿命不算短。

公元 2 世纪，罗马的家庭发生了重大变化。家长对子女再无绝对权威，不能将子女卖为奴隶，或致其死亡。而且，丈夫也没有了对妻子的绝对权威。到公元 2 世纪末，上层社会的罗马女性拥有相当大的自由和独立。

奴隶和奴隶主

虽然奴隶制在古代社会再寻常不过，但在拥有奴隶数量和对奴隶劳动的依赖上，没有谁能比得过罗马人。罗马社会的许多领域都利用奴隶。富人拥有的奴隶最多最好。罗马共和时代晚期，拥有奴隶数量的多寡成了声望大小的象征。对希腊奴隶的需求量很大，家庭教师、乐师、医生和画手都由奴隶充当。罗马商人也雇佣希腊奴隶做店员或工匠。种植园中也使用奴隶，大地主领地里，成群的奴隶在艰苦的环境下劳作，做着卑贱的家务活，如厨师、招待、清洁工、园艺工等。承包商们雇佣奴隶修筑道路、水渠和其他公共设施。

罗马奴隶的境遇各不相同。有许多奴隶主善待奴隶的例子，甚至有资料显示，有的奴隶出于对主人的感激和尊敬而保护主人免受危险。不过，奴隶也要遭受严苛的惩罚、虐待、辱骂和重体力劳动，不堪忍受者遂寻机逃跑，尽管法律严厉禁止帮助奴隶逃跑。有些奴隶则揭竿而起，反抗甚至杀害奴隶主，这导致有些罗马人对奴隶有种不可言喻的恐惧。

公元前 2 世纪末期，西西里半岛一带发生了大规模奴隶暴动，成群奴隶被迫在恶劣环境之下在种植园劳作。最著名的奴隶起义发生在公元前 73 年，首领是斯巴达克斯

家庭与社会

罗马对奴隶的恐惧

奴隶处于罗马社会的最底层，他们广泛充任于家务、宫廷、手工作坊、商业管理以及其他诸多行业。尽管有些历史学家认为，早期罗马帝国时期奴隶的待遇更加人性化，但罗马历史学家塔西佗和政治家普林尼的记载表明，因为遭受的虐待，奴隶也经常起而反抗主人。许多主人对奴隶心生恐惧，正如俗语所说，"你的敌人如奴隶一般多"。

行政长官路奇乌斯·佩达尼乌斯·谢孔都斯（Lucius Pedanius Secundus）被自己的一名奴隶杀死了。这或许是因为约定了解放的价格后佩达尼乌斯依然拒绝释放，或者是这个奴隶与主人共同爱上了一个娈童，而不许主人争夺。按照古老习俗，他家里的全部奴隶都要被处死。民众聚集起来，希望挽救这许多无辜人的性命，很快，叛乱爆发，元老院被围。元老院内部，有人感到这种做法太过严苛，但大多数人都反对改变决定。坚持严惩的人中，有一位是盖乌斯·卡西乌斯·路吉努斯（Gaius Cassius Longinus），他发言时说："……一位前执政官在自己家中被其奴隶所杀。没有任何一个奴隶来阻止或揭露这一阴谋，尽管元老院要处决全体奴隶的命令并未动摇，但如果你们愿意，就赦免了他们吧。如果行政长官的地位都保障不了自己的安全的话，那么，还有谁能保证自身的安全呢？如果四百名奴隶还不能保护佩达尼乌斯·谢孔都斯的话，那么要多少奴隶才能保证主人的安全呢？如果奴隶主的生命危险都不能引起奴隶的关心、使其免遭危险，那么，谁能指望他的奴隶做事呢？"

（死刑令实施了）

——塔西佗《罗马帝国编年史》

这件恐怖的事情需要公开，远不能在一封信里谈谈就罢。元老院的执政官拉齐乌斯·马赛多（Larcius Macedo）成了自己奴隶的受害者。必须承认，他是个残忍、蛮横的主人，他几乎想不起来他父亲也是一名奴隶，或者说，他对此太过敏感。他正在自己家里洗澡，忽然就被奴隶包围了。一个奴隶扼住他的喉咙，其他奴隶打他的脸、砸他的胸和胃——我震惊得没法说——以及其他身体部分。在奴隶们看来，已经将之打死后，为了解保万无一失，又将他扔进热水中。他或是失去了意识，或是装死，不管怎样，他一动不动，奴隶们觉得他已彻底死亡。于是，放心地把他抬了出去，仿佛他只是热得晕了过去，有些忠心的奴隶接住了他，他的情妇吓得尖叫起来。这声尖叫刺激了他，加上新鲜空气的作用，他睁开了眼睛，动了动身体，表明他还活着，他现在安全了。犯罪的奴隶们四下逃散，但大多数都被抓获，未抓获者，则将被继续搜查。拉齐乌斯·马赛多艰难熬了几天，最终还是断气了。至少，他是带着已经复仇的满意而死去的，因为他眼睁睁地看着凶手被处死了。你从中可以看到我们面临的愤怒、危险、侮辱和冒犯。没有主人会因为自己友善、宽容而感到安全；因为，是主人们的残忍而非他们的理性驱使着奴隶杀害主人。

——普林尼致阿西里乌斯的信（节选）

□ 问题：这些文本揭示了罗马帝国奴隶制的什么情况？罗马人对这两段资料中所描述的事件持什么样的态度？

（Spartacus）。起义爆发于意大利南部，有 7 万人参加。斯巴达克斯几次击退罗马军队的进攻，公元前 71 年，他在意大利南部被诱捕，随后被杀，其 6000 名追随者也用传统的处决方式钉死在十字架上。

帝国的罗马

庞大罗马帝国的核心是古城罗马。罗马是罗马帝国境内最大的城市，在奥古斯都时期，人口将近百万。同时期只有汉帝国首都长安的人口规模可与之相比。罗马居民的饮食和娱乐需求都非常大。罗马诗人尤维纳利斯（Juvenal）这样描述罗马民众："可是，现在，没有选票可卖了，他们的座右铭是'我才不在乎'。他们曾经投票选出将军、国家首脑和军团指挥官，但现在他们临阵退缩了，所关心的只有两件事：面包和马戏。"[1] 皇帝将公共表演作为庆祝伟大宗教节日的一部分。其中最著名的演出是竞技场上的角斗士秀，而最著名的竞技场罗马圆形竞技场可容纳 5 万名观众。在各知名城镇中，竞技场是规模最大的建筑，只有运动场和公共浴场的规模可与之媲美。

角斗赛要举行整整一天。训练有素的角斗士间的生死决斗是整个竞赛的焦点，不过，也有其他形式的娱乐活动。年龄不一、手无寸铁的男女罪犯被送上比赛场地，与可将他们撕成碎片的野兽决斗。同时，还有各种各样的比赛，如熊与水牛决斗，猎手扮演者安全地站在铁栏杆后与动物打斗，角斗士与牛、虎、狮决斗等。据记载，提图斯（Titus）当皇帝期间的公元 80 年，每天有 500 只动物死于罗马圆形竞技场。

---

〔1〕 Juvenal, *The Sixteen Satires*, New York, 1967, P.Green 译, p.207.

电影与历史

《角斗士》（2000 年）

　　雷德利·斯科特导演的影片《角斗士》以 2 世纪末期的罗马帝国为背景展开。影片中，罗马皇帝马可·奥勒留（Marcus Aurelius，理查德·哈里斯饰演）告诉他的儿子康茂德（杰昆·菲尼克斯饰演），他打算将帝国权力交给战功赫赫、备受尊重的将军马克西姆（罗塞·克劳饰），希望这个体面而诚实的人能够恢复罗马元老院和罗马共和国。老皇帝对将军这种超越亲情的宠爱自然招来了康茂德的妒忌与不安，他杀掉了父亲，篡夺了帝位，并下令处死马克西姆一家。马克西姆出逃，当他回到西班牙时，为时已晚，没能救出自己的妻子和孩子。他自己也被抓住，被卖给普罗西摩（奥列佛·里德饰演）为奴。普罗西摩将马克西姆训练为一名角斗士。最终，马克西姆又被送回罗马，在那里，他成了圆形角斗场上的一名超级角斗英雄。马克西姆一直等待机会杀掉康茂德好为妻儿复仇。后来，他与皇帝的姐姐露西亚（康妮·尼尔森饰演）和元老格拉乌斯（德里克·雅各比饰演）合谋，加入了后者的军队，向罗马进军，企图推翻皇帝。康茂德发现了阴谋，与马克西姆在圆形角斗场上决战，并先刺伤了马克西姆。尽管受伤，马克西姆仍然在决斗中杀死了皇帝。

　　《角斗士》是部相当令人激动的影片，但它有多大的史实基础呢？除了马可·奥勒留外，其他如康茂德、露西亚等所有角色都是虚构。马可·奥勒留是个喜爱哲学的皇帝，死于 180 年，死因可能是瘟疫，但肯定不是如影片所说死于儿子之手。康茂德从 180 年到 192 年统治罗马，他登基时只有 18 岁而非影片中说的 20 多岁，而且，他是金发，而非影片中的黑发。康茂德是个不安分、残忍的年轻人，特别喜欢参加角斗。实际上，他着迷于竞技场上的表演，尤其是与野兽厮杀。不过，他不是死在竞技场上，而是在 192 年的最后一天被他的摔跤伙伴所勒死。

　　与影片相反，马可·奥勒留并不打算恢复共和制。到 180 年，大多数罗马人都已经习惯了帝制。实际上，177 年，马可·奥勒留已经让儿子康茂德作为联合统治者了。他也没有如影片中所描述的取消角斗竞赛。而且，尽管康茂德的姐姐露西亚的确与一些元老合谋暗杀弟弟，但这个阴谋在 182 年实施时以失败告终，露西亚及所有合谋者全部被处死。

　　虽然《角斗士》并不关心史实，但它表明，许多人仍然对古代史颇有兴趣。它也是2000 年的卖座片之一，获奖无数，包括奥斯卡最佳电影、最佳男主角等奖。影片还有助于人们引起对罗马史的兴趣，影片公映后，罗马人物传记和马可·奥勒留的《沉思录》的销量一度攀升。

■ 危机与晚期罗马帝国

□ 问题：戴克里先（Diocletian）和君士坦丁（Constantine）进行了怎样的改革？
　　　这些改革取得了什么样的成效？基督教的什么特征使它最终获胜？

五贤帝中的最后一位皇帝即马可·奥勒留（Marcus Aurelius）统治时期，一连串的自然灾难降临罗马。对许多罗马人来说，这些自然灾难似乎预示着罗马的厄运。公元180年，马可·奥勒留去世，罗马出现了新问题。奥勒留统治期间，基督教不断发展，并且最终成为罗马的国教。

● 公元 3 世纪的危机

公元 3 世纪，罗马几近崩溃。赛弗鲁王朝（Severan）时期（193—255 年），罗马先是经历了一系列内战后的军事专制，接着，军事专制演变为军事无政府状态。接下来的 49 年里，罗马皇冠转手于手握军权者，出现了 22 个皇帝，其中，只有两个没有死于非命。同时，罗马帝国因一系列的外来入侵而动荡不安。毫无疑问，这种状况又因内战进一步加剧。东边，波斯的萨珊王朝向罗马进攻。日耳曼的部落势力也拥入罗马帝国。到 3 世纪末期，罗马才得以收复大多数边境。

外敌入侵、内战和饥荒直接导致了 3 世纪罗马帝国的经济衰落。贸易和手工业明显衰退，灾害导致的劳动力短缺也影响了士兵招募和帝国经济。由于入侵者，更多的时候是罗马军队的破坏，农业生产急剧恶化。货币贬值和通货膨胀也引发了货币体系的崩溃。然而，这一时期对士兵的需求却前所未有地增大，财政危机下，军饷和兵源难以为继。到 3 世纪中叶，罗马不得不雇佣日耳曼人在罗马将领的指挥下战斗。

● 晚期罗马帝国

3 世纪末和 4 世纪初，经过戴克里先和君士坦丁两位皇帝的努力，情况有所好转。在他们治下，罗马帝国进入新时期，即所谓的晚期罗马帝国，其特点是新的政府结构、僵化的经济和社会体系以及新的国教——基督教并存。

戴克里先和君士坦丁的改革

戴克里先（284—305 年在位）和君士坦丁（306—337 年在位）都通过强化和扩大罗马帝国的行政官僚机构而加强了对帝国的控制。各级官员对各级政府实施控制。军队规模增加，为了方便边境遭到危险后迅速增援，还设立了机动部队。

君士坦丁在位期间的最大工程是在罗马帝国的东边建立了新首都——位于博斯普鲁斯海峡的希腊城市拜占庭。后来，这座城市被重新命名为君士坦丁堡（即现在的伊斯坦布尔），它是为军事防御而建立的，战略位置极为突出。君士坦丁也被称为"新罗马"，在这里建起了广场、宫殿和竞技场。

戴克里先和君士坦丁的政治、军事改革还壮大了军队和官僚队伍的规模，耗费了大部分公共资金。虽然需要更多收入来支付军饷和官员俸禄，但罗马帝国的人口并没有增加，因此，税收基础并未扩大。在劳动力短缺的情况下，为确保税基和帝国运转，罗马帝国的皇帝们发布法令，强迫人们从事指定的职业。面包师、船夫等基础职业成了世袭制。很快，人们发现自己被束缚在种植园主的土地上，而这些种植园主利用萧条的农业扩大了他们的土地占有量。

西罗马帝国的终结

君士坦丁重新统一了罗马帝国，并恢复了表面秩序。然而，君士坦丁死后，罗马帝国再度分裂为东西两部分。公元 395 年，罗马帝国最终分成了两个独立的国家，即东罗马帝国和西罗马帝国。公元 5 世纪时，君士坦丁堡皇帝统治下的东罗马帝国仍完好无缺，但西罗马帝国却在越来越多的日耳曼人的拥入和挑战下江河日下。

尽管罗马人沿着莱茵河和多瑙河建立了一系列政治边界，但罗马人与日耳曼人还是经常越过边界，爆发冲突。到 4 世纪，在不危害其政治结构的前提下，罗马帝国将这些人明确吸收进帝国统治层中。然而，4 世纪晚期，日耳曼各部族遭遇来自亚洲草原的凶悍游牧民族匈人（Huns）的新压力。匈人可能与汉帝国时期的匈奴族有关，或许被南边富庶的罗马帝国吸引而进入黑海地区。受到匈人冲击的一支日耳曼人即西哥特人（Visigoths），向南边和西边迁徙，越过多瑙河，进入罗马帝国境内，并作为罗马盟友而定居下来。不过，西哥特人很快就反叛了。378 年，罗马帝国试图在阿德里安堡（Adrianople）镇压西哥特人，结果一败涂地。

现在，越来越多的日耳曼人越过边界。410 年，西哥特人洗劫了罗马城。汪达尔人（Vandals）拥入西班牙南部和非洲，西哥特人进入西班牙和高卢地区。汪达尔人从北非进入意大利，并且于 455 年再度洗劫罗马城。到 5 世纪中叶，罗马帝国的西部各行省已经被那些建立独立王国的日耳曼人接管。尽管罗马还保持表面上的帝国权威，但皇冠背后，真正的实权都操纵在主要军事将领手里。这些军事将领控制着罗马政府，主宰着罗马的朝政。476年，日耳曼人、新的军事将领奥多亚赛（Odoacer）废黜了年轻的罗马皇帝罗慕洛·奥古斯都（Romulus Augustulus）。在许多历史学家看来，罗慕洛被废黜标志着西罗马帝国的灭亡。当然，这只是一个象征性的日期，因为帝国的诸多直接统治在5世纪早已消失。

什么导致了西罗马帝国的消亡？

西罗马帝国的终结催生出各种各样的理论，它们试图为"罗马帝国的衰落"提供单纯的、包罗万象的解释。这些五花八门的理论包括：基督教强调精神世界，削弱了罗马的军事价值观和爱国主义；由于非意大利人在罗马帝国内获得优势，罗马传统价值观衰落；铅制的水管和杯子引起的铅中毒造成了罗马人精神的衰退；灾害导致人口剧减；罗马因奴隶制盛行，未能取得技术上的突破；罗马未能建成行之有效的政治体制。这些理论可能各自都有其合理性，但它们也一直饱受非议。历史是各种关系、原因和影响的错综复杂的综合体，单一的解释不足以阐明历史事件。然而，有件事是显而易见的，这就是西罗马的军队因兵源不足而战斗力大打折扣，根本无法抵挡涌入意大利和高卢的大批入侵者。相反的是，东罗马帝国在西罗马帝国灭亡后，存续了千年之久。

● 罗马世界的转变：基督教的发展

基督教的兴起标志着希腊—罗马世界主流价值观的根本性突破。要理解基督教的发展，我们必须首先考察罗马世界的宗教环境和基督教产生的犹太背景。

罗马的国家宗教主要崇拜希腊—罗马各神，包括妇女的守护神朱诺（Juno）、手工艺人的守护神密涅瓦（Minerva）、战神玛尔斯（Mars）以及至尊的朱庇特（Jupiter Optimus Maximus）。祭司们遵守正确的宗教仪式，与神保持着良好的关系，进而保障人们生活安宁、和平与繁荣，罗马帝国的建立使人们进一步确认他们得到了神的偏爱。恰如公元前1世纪罗马政治家西塞罗所言："我们征服了世界上的所有国家，因为我们知道，世界是受神指导和治理的。"[1]

多神崇拜的罗马人对其他宗教非常宽容，他们不但允许各行省之人崇拜本地神，甚至自己还吸收和崇拜一些当地神。此外，从奥古斯都开始，罗马皇帝经常被元老院

---

〔1〕引自 C.Starr: *Past and Future in Ancient History*, Lanham, Md., 1987, pp.38—39.

正式封为神，以彰显他们对皇帝的支持。

随着罗马向地中海扩张，他们也与东边的其他民族发生接触，其中也包括犹太人。罗马人与犹太人的接触始于公元前 63 年。到公元 6 年，朱迪亚（Judaea，包括古以色列王国在内）成为罗马的行省，受罗马总督统治。不过，这里一直不安宁，受犹太人内部分裂影响，混乱之局越演越烈。犹太人中的艾塞尼派（Essenes）一直期待弥赛亚（Messiah）的出现，希望由他来拯救以色列免遭压迫、迎接上帝国度、建立尘世天堂。而另一派即奋锐党（Zealots）则是提倡暴力推翻罗马统治的军事极端主义者。公元 66 年，犹太人反叛；四年后，被罗马镇压。耶路撒冷的圣殿被毁，罗马的权威再度君临朱迪亚。

基督教的起源

拿撒勒人耶稣（Jesus of Nazareth，公元前 6—29 年）是巴勒斯坦的犹太人，在奋锐党的重镇加利利（Galilee）长大。耶稣的意旨很简单，他向犹太信众们保证，不会动摇他们的传统宗教。重要的不是严格遵照法律条款，而是内在的人的转变。"所以无论何事，你们愿意人怎样待你们，你们也要怎样待人。因为这就是律法和先知的道理。"[1] 神的命令就是爱神，爱他人。"你要尽心、尽性、尽力爱你的神。其次，爱人如己。"[2] 山顶布道中，耶稣提出了伦理观念——谦卑、仁善、兄弟友爱，它们形成了中世纪西方文明价值体系的基础。

然而，对于巴勒斯坦的罗马当局来说，耶稣是个潜在的革命者，可能会将犹太人对于弥赛亚降临的期望转变为反叛罗马。耶稣发现自己被多方谴责，罗马总督比拉多（Pontius Pilate）下令将他钉死。不过，这并未解决问题。一些耶稣的忠实追随者传播耶稣的故事，说耶稣战胜死亡，复活了，随后升入天堂。耶稣复活的信仰成为基督教的重要信条。现在耶稣被誉为是"受膏者"（the anointed one），也就是将回归并引领尘世神国的弥赛亚。

随后，基督教开始作为犹太教内部的宗教运动发展起来，罗马当局也在数十年的时间里这样看待基督教。不过，早期基督教的一位突出人物塔尔苏斯的保罗（Paul of Tarsus，5—67 年）认为，不仅要向犹太人布道，也要向非犹太人宣讲耶稣的教义。保罗说，耶稣是救世主，是神之子，他来到世间是为了拯救所有人类——由于亚当违背了神的旨意，他们都是罪人。耶稣以死为全人类赎罪，这让人可以与神和解，从而实

---

[1] Matthew 7: 12。
[2] Mark 12: 30—31。

参照文章

统治者与神

世界上所有的初始文明都认为统治者与神之间有密切关系。在埃及，人们认为法老这个角色的职能是维持宇宙的秩序和谐。埃及的一首赞美诗这样说："上埃及和下埃及之王是谁？是神，是管理我们人生的神，是所有人的父母，唯他至尊，别无他人。"在美索不达米亚、印度和中国，统治者被认为是得到神助。人们认为，国王的权力来自神，他们就是神的代言人。在古代印度，统治者自称神的代表，因为他们是自摩奴之后（摩奴是第一个）被至尊神大梵天封为国王的人。许多罗马人确信，他们能够成功建立帝国是神所偏爱的有力证明。

这种假定的与神的关系也促使统治者在处理俗世事务时寻求神的帮助。这催生了占卜术以及有组织的体察神意的方法。在美索不达米亚和罗马，有一种占卜术是观察献祭动物的肝脏——肝脏的各种状态被解释为预言即将发生的事。中国人用甲骨来获取人力之外的超自然力量的信息，人们将询问神的各种问题刻在龟壳或动物骨头上，放置火上烤裂。巫师借由甲骨的裂纹，将其当作超自然力量的信息解读。希腊人用神谕来预测神的旨意，另外，还有一座献给揭示未来的神的神殿。

这些占卜活动潜藏着一种认为存在超自然宇宙的信仰。宇宙中有各种神圣力量，人类的幸福要依赖于他们。到出现现代科学革命后，人们才开始相信自然世界不是由神圣力量主宰的。

□ 问题：早期文明中，神圣力量起了什么作用？

现各自的救赎。只要人们接受耶稣是救世主，就可以获得拯救。

基督教的传播

起初，基督教的传播速度极为缓慢。尽管早期基督教的教义主要是由基督教信徒的讲道而传播的，但也出现了书面资料，其中就有保罗为不同基督教群体所写的概括基督教教义的一系列书信。耶稣的部分门徒可能通过书信也保留了他的一些言论，并通过记忆流传下来，这些成了书面"福音"（gospels）的基础，到 1 世纪末，这些福音书已经成为记载耶稣生活和教义的权威记录，构成了《新约》的核心。

尽管耶路撒冷是基督教的第一个中心地，但它于公元 70 年被罗马人摧毁，导致基

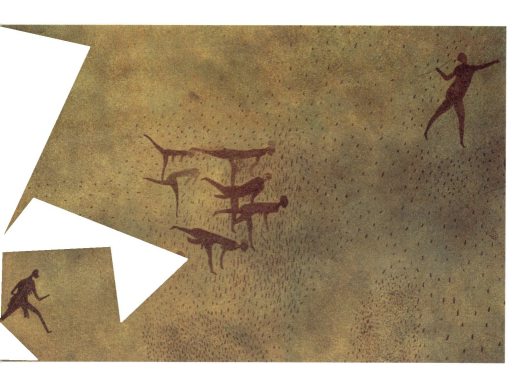

的工作

阿尔及利亚岩画的创作时间可追溯到公元前4世纪，
的是妇女们正在收获谷物的场景。

艾因·加扎尔的雕像

这尊雕像由泥土和沥青制作而成，真人大小，于1984年
在约旦安曼附近的艾因·加扎尔（Ain Ghazal）遗址中发
现。其制作时间约为公元前6500年，是已知最早的人像
雕塑，栩栩如生，但因其特征过于笼统模糊，很难说塑
造的是某个特定人物。人们尚不知晓制作这种雕像的目
的何在。

早期的文字书写

早期苏美尔王朝乌鲁伊尼姆基那（Uruinimgina）圆锥上的楔形文字（上图）。最初的埃及文字也是象形文字，如左下图拉美西斯一世陵寝中壁画的细节所示。如右下图，在中美洲，玛雅文明也有以象形文字为基础的文字体系。该图来自墨西哥卡巴（Kabah）面具宫前的石台。

孟卡拉与王后雕像

古王国时期，国王（通常称法老）被认为是神，是维持宇宙基本秩序与和谐的神圣媒介，拥有绝对权力。埃及的王室陵寝中常常放置各种或坐或站的国王像。此图是第四王朝的国王孟卡拉（Menkaure）与王后卡美瑞内卜提（Khamerernebti）的立像。按照惯例，统治者的雕像总是姿势生硬，反映出永生的特点。丈夫和妻子眼望前方，显示不出什么夫妻恩爱之情。

埃及的努比亚人

新王国时期，埃及的版图扩大，北至迦南和叙利亚，南至努比亚。努比亚是兴起于公元前2300年的非洲王国。此图来□元前14世纪时的一个埃及官员之墓，描绘的是努比亚人带着金袋子和金链子来到埃及的场景。努比亚也是埃及的主要□来源地。

巨石阵

迄今最著名的巨石建筑是英格兰一系列由巨石同心圆组成的巨石阵。它建于公元前2100—公元前1900年，建筑成就非□可。巨石阵共有80块石柱，每块重达4吨，从217千米外运来。如同其他巨石建筑，巨石阵彰显出建设者非凡的天文□识，也是工人们精心合作的劳动结晶。

国王大流士石刻像

从公元前521年到公元前486年，大流士统治着波斯。此图中的大流士端坐在波斯新首都波斯波利斯的王位上，右手握权杖，左手握着两瓣莲花托着的花瓶，这也是王权的象征。

准备战争的克利希那与阿周那

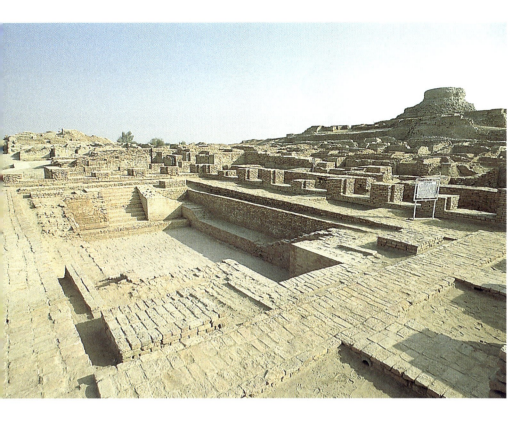

之城

（式印度河流域两大城市之一摩亨佐—达罗遗址
图）。除一排排住宅外，这里还有一个典礼中
典礼中心有一处富丽堂皇的住宅，此外，可能
一个祭司们用来净化的浴室。浴室让人想起如
赖（Madurai）的米纳克希（Minakshi）神庙
图）等现代印度神庙中的水池。这些神庙中，
们要先洗干净脚才可进殿祈祷。水是印度神庙
的重要组成部分，因为它象征着毗湿奴的宇宙
和湿婆沐浴神圣的恒河之水。对于印度这样的
气候地区，水还是极为重要的必需品。

哈拉巴的印章

和同时期的美索不达米亚人一样，哈拉巴人也发展起记录他们口语的文字体系。不幸的是，哈拉巴文字尚未被破译。大多数现存的哈拉巴文字是烤干的黏土印章，绘有各种动物和人物形象。有些印章可能用作护身符，或用在其他重要宗教场合中。部分印章刻画的是宗教人物或献祭仪式。

母亲神

公元前2600—公元前1900年，哈拉巴的手工艺人创作了大量陶俑，包括各种动物玩具、哨子、陀螺、骰子等。最引人注目的是如此图所示的各种女性雕像。图中雕像宽臀、胸前装饰着宝石、头上戴着扇形头饰和各种项链。和其他早期文明中掌管生育各神的形象一样，这些母亲神也代表着理想化的女性美，并在后来印度艺术中反复印证。

大地女神

这尊大地女神像出现在2200年前印度桑吉佛塔的门柱上，反映了生育女神是如何融入佛教艺术的。女性被看作强大生育能力的象征，月经期和分娩后的妇女又被看作是危险的。雕像彰显出性感和理想的大地女神形象。人们相信，她将脚绕在树干上或甚至只需触摸树枝，就能使树开枝散花。

三面湿婆

1世纪时，印度人开始接受佛教石刻艺术。现存于孟买附近的象岛石窟是佛教石刻艺术的杰作之一。其中，最显眼的便是这尊约5.5米高的湿婆头像，三个面相代表着这个印度神的不同面貌：中间显示的是他平和、沉浸于绝对知识中的一面；左边的愤怒像描述的是湿婆作为毁灭者与时间、死亡和其他负面力量抗衡的一面；右边显示的是他爱人以及伪装成妻子帕尔瓦蒂（Parvati）的女性的一面。

耶稣与释迦牟尼

随着佛教的日渐发展,乔达摩·悉达多渐渐地从凡人变为神,被称为释迦牟尼,有关他的佛教艺术也因此发生转变。
开始用各种雕像和挂屏来讲述释迦牟尼的一生。

左图是2世纪的雕像,婴儿时期的乔达摩·悉达多在母亲玛雅(Maya)王后身后。尽管玛雅的服饰显示出亚历山大进入
西北部后留下的希腊影响,但她富有美感的姿势以及抚摸树枝的动作显然来自印度传统艺术中的大地女神。

右边是6世纪时的拜占庭画作,描绘了婴儿时期的耶稣与圣母玛利亚。值得注意的是,乔达摩·悉达多和耶稣的头顶都
环围绕。光环在古代世界是神圣、圣洁的象征。在印度、希腊和罗马艺术中,神的头顶总是散发着阳光般的神圣光芒
期的国王们戴着用黄金和宝石做成的王冠,以象征他们的神圣权威。

佛塔和大门

佛塔建于公元前1世纪阿育王统治时期，此后不断扩建，最终成为印度次大陆最大的佛塔。佛塔最初用来供奉佛祖的舍是佛教圣地，也是佛教建筑的重要形式。桑吉佛塔有4个精致的石门，各高约12.2米，以欢快的日常生活场景讲述佛祖事。基督教教堂后来也用耶稣的生活场景来引导信徒。

鹿野苑佛塔

佛祖的象征

早期的佛教雕塑只通过表现释迦牟尼觉悟之路的视觉符号来描绘
他。这尊建造于公元前2世纪巴尔胡特（Bharhut）佛塔的浮雕中有四
位向佛祖致敬的信徒，而佛祖被刻画为一个巨大的法轮。左边无人
骑乘的马代表了乔达摩·悉达多离开故乡，开始寻找人生意义。

《孔子授学图》

甲骨文和铭文

已知中国最早的文字可以追溯到商代，文字被刻在贝壳或牛的肩胛骨上。人们在这些甲骨上刻下向神问卜的问题，然后将其放在火上烤出裂纹，由巫师来解释这些裂纹的含义。占卜通常是实际问题：是否会下雨？王在战斗中能否获胜？王能否康复？中国文字源自四千年前的象形文字和表意文字，后来进化成表意与表音相结合的文字体系。

来世与陪葬品

如同埃及的法老，中国的统治者也在陵寝
摆满各种日常生活所需之物。人们相信，如
果陵寝家具齐全，并摆上包括椅子、船、
车、武器、餐具等各种物品，死者虽肉身不
在，但仍能继续享用。上图是中国河北省
的周代陵寝中的战车和战马残迹。
下图是埃及图坦卡蒙陵墓中的一艘小船。

商代的酒器

中国的青铜器起初在商王室的仪式上用来盛酒，其制造技术之
先进在当时无人能及。这个酒器外表呈深绿色，且有兽纹浮
雕，兽纹还有眼睛、鼻子、尖牙，这也是众多商代青铜器的经
典图案。这种有趣的怪兽叫作饕餮，饕餮纹通常表现为两条面
对面的龙。尽管饕餮被认为是抵抗恶神的神兽，但学者们仍不
太清楚它对早期中国人的确切重要性。

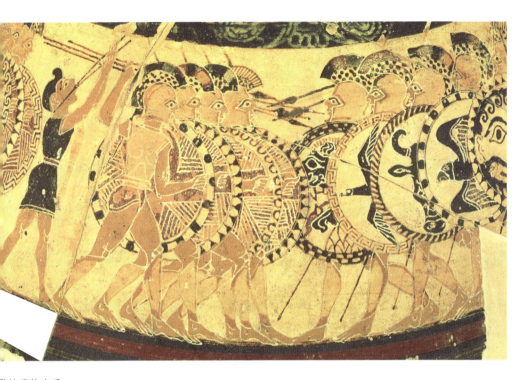

背的重装步兵

背的重装步兵装备着大圆盾和长矛。战斗中，他们组成紧密的方
□进，只要方阵维持不变，他们就会所向无前。这幅公元前7世纪
□描述的是两组重装步兵正在战斗的场景。左边的吹号手正在领
□阵的士兵参加战斗。

帕特农神庙

古典希腊艺术的主要目的是表达理性、节制、对称、平衡、和谐等理念。最重要的建筑形式是神庙，其最出色者是公元前447—公元前432年建造的雅典帕特农神庙，它位于雅典卫城，是献给雅典女神雅典娜的，也是雅典城邦势力和财富的象征。

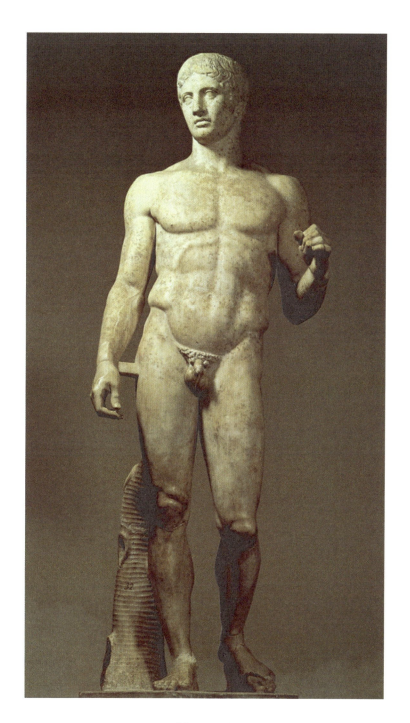

《持矛者像》

这尊雕像是公元前5世纪的雕塑家波利克里托斯的作品。人们认为波利克里托斯的作品表现了人物的理想比例。古典希腊的雕塑摆脱了早期人物雕塑的僵硬形象，但裸体雕像仍是最受欢迎的主题。这幅雕像更加逼真，姿势放松、灵动，身体肌肉平滑。不过，雕塑的目的不是简单地写实，而是理想美的表达。

希腊式雕塑与希腊风格的佛像

左图是一尊希腊式披着斗篷的年轻女子陶俑，出土于底比斯附近的墓葬。亚历山大对印度西部的征服给当地留下了希腊文化的痕迹。

公元前1世纪，位于现在巴基斯坦境内犍陀罗的雕塑家开始创作融合了印度和希腊艺术传统的佛像，如右图的佛陀像。要注意的是，佛陀的卷发用发髻扎着，系着丝带，这也是早期希腊神像雕塑的特点。而且，佛陀还穿着希腊风格的宽袍。

亚历山大大帝

这座亚历山大大帝半身像雕塑创作于公元前2—公元前1世纪。长发、微侧的头像反映了当时文学作品关于亚历山大大帝的描述。亚历山大说自己的祖先是被当作神来崇拜的希腊英雄赫拉克勒斯。当他自称为埃及法老时，人们认为他是活生生的神。据说，有一尊遗失了的雕像，刻画的是亚历山大凝视着宙斯。雕像底座上刻着这样的话，"地球由我掌控；你，宙斯，就管着奥林匹斯山吧。"

心时代的哲学家　这幅壁画来自庞贝古城，主题是柏拉图学院的一群古希腊哲学家。

17世纪法国画家夏尔·勒·布伦画的守桥的霍雷修斯

与中国的道路

修建了杰出的道路系统。道路以砾石为基，上铺密实
板，这样有利于排水。和其他建设类似道路的民族不
罗马人并未循着道路的自然痕迹铺设，而是修建得
竖直，尽可能便利于交通和运输，尤其是便利于军事

是公元前312年前修建的阿比亚大道，这条道路使罗
军能够从罗马直接抵达152里外的新近征服的卡普
到4世纪初期，罗马帝国已经修建了372条主道，里程
万里。

马帝国一样，汉帝国也倚赖如右图所示的石板道路。
是修建了4350里道路，到2世纪末，中国的道路已近
里。尽管罗马和中国的道路起初主要是为军事目的
建的，但它们也用于通信和商业交通。

奥古斯都

恺撒的养子屋大维在恺撒被刺身亡后，□马共和国的内讧中脱颖而出。元老院授□"奥古斯都"的称号。这尊大理石的奥□都像是以希腊人而非罗马人模型为基础□想化肖像。这尊雕像也是宣传品，它描□是一个正在对军队训话的年轻将军。雕□边还立着爱神维纳斯的儿子丘比特，意□撒的家族是维纳斯的后代，因此，屋大□神圣背景所加持。

罗马妇女

罗马妇女，尤其是上层阶级的罗马妇女□雅典古典时期的妇女有更多的自由，尽□时男人们认为妇女需要保护。这幅壁画□因维苏威火山爆发而被摧毁的庞贝城另□迹，描绘的是一群女士与打理发型的侍□一起。

毗湿奴

创造者大梵天、毁灭者湿婆、保护者毗湿奴是印度教
三大主神。毗湿奴之所以被称为保护者，是因为他调
停大梵天与湿婆之间的关系，负责维持宇宙的稳定。

基督和他的使徒

这幅壁画来自4世纪罗马地下墓葬，描绘的是耶稣及其使徒。地下墓葬是早期基督徒安葬死者的常见方式。基督教传统认为，在帝国压迫时代，基督徒们会到地下室祈祷和隐匿。

督徒四散各地，也让各基督教教会拥有了相当的独立性。到公元 100 年，东罗马帝国的大部分城市以及西罗马帝国的部分城市都建立了基督教教堂。许多早期基督徒是希腊化犹太人和操东部希腊语系的居民。不过，在 2 世纪和 3 世纪，操拉丁语的基督徒越来越多。

起初，罗马人不太关注基督徒，认为他们不过是另一个犹太教分支。然而，随着时间的推移，罗马对基督教的态度变了。只要不危及罗马的公共秩序或公共道德，罗马人就可容忍其他宗教。不过，由于基督徒拒绝崇拜罗马帝国诸神和皇帝，许多罗马人认为基督徒对罗马国家有害。尽管如此，在 1 世纪和 2 世纪罗马对基督徒的迫害还比较零星和地方化，而非系统化。在 2 世纪，基督徒大体上被忽视，罗马人认为他们无害。到五贤帝统治末期，基督徒纵然实力强劲，但仍占少数。

基督教的胜利

基督教在 1 世纪缓慢发展，于 2 世纪扎根，到 3 世纪广泛传播。为何基督教能够吸引如此多的信徒？首先，基督教的教义适合罗马世界。由于耶稣的死和复活，人们认为救赎的许诺是可实现的，这对满是苦痛不公的世界产生了深远影响。基督教似乎给人生带来了超越日常现实物质世界的意义和目的。其次，基督教似曾相识。它被视为另一种在希腊化的东方甚为常见的神秘宗教，救世主因牺牲而实现不朽。同时，基督教又远非其他神秘宗教可比。耶稣一直是以人的形象而非神话人物存在，这样，人们更容易找到与他的关联。

1—2 世纪时，罗马人对基督徒的零星迫害不仅未能阻止基督教的发展，反而促使它在 2 世纪和 3 世纪建立了更强的组织。这种转变的关键是新兴的主教，他们开始对教会社区实施更强的控制。基督教教堂正在创建一种明确的层级结构，当中，主教和神职人员是有薪水的官员，这与普通教会成员不同。

随着基督教堂越来越有组织，3 世纪的一些罗马皇帝用更体系化的迫害来回应它，不过他们的努力失败了。最后一次大规模的迫害发生在 4 世纪初，此时的基督教已经强大到武力消灭不了的地步。在君士坦丁成为第一个基督教皇帝后，基督教更加繁荣。尽管君士坦丁在临终前才受洗，但他在 313 年颁布了米兰敕令，正式承认和容许基督教。狄奥多西一世（Theodosius，378—395 年在位）时期，基督教成为罗马官方宗教。在不到四百年的时间里，基督教蓬勃发展起来。

罗马当局与基督教

起初，罗马当局不确定怎样处理基督教徒。2世纪时，基督徒经常被看作是无害的，但如果他们坚持自己的信仰，仍会遭到迫害。以下第一段资料是小普林尼与罗马皇帝图拉真之间的通信。小普林尼是位于小亚细亚西北部的比提尼亚省的行政长官，他写信建议皇帝应如何对待那些被控是基督徒的人。图拉真的回信反映了2世纪时罗马皇帝对基督徒的普遍态度。第三段资料来自于亚历山大的俄利根（Origen of Alexandria）于246年所写的《驳塞尔苏斯论》（Against Celsus）。在这篇文章中，俄利根反对攻击基督徒及基督教教义的哲学家塞尔苏斯，为基督教价值观作辩护。

我习惯于将我的困难诉诸于您，陛下，因为没人能比您更好地解答我的困扰，指出我的无知。

我从来没有参加过对基督徒的审判。因此，我不知道通常施加给他们的刑罚的尺度，也不知道是不是应当进行调查以及应当调查到何等程度……

目前，这是我对于那些被控是基督徒并带到我跟前的人所采取的办法。我私下询问他们是否是基督徒，如果他们承认是，我会一而再、再而三地询问，并警告说承认要被处罚。如果他们还在坚持，我就下令将他们带出去处决……

现在我开始处理这个问题，因为这发生得太频繁了，指控越来越普遍，涉及的人越来越多。有人散发了匿名小册子，是有许多被指控人的名单……

因此我只得暂停进一步调查，并向您请教。我认为，鉴于处在危险中的人数之多，这个问题似乎值得您考虑；各个年龄、各个阶层、男男女女，都被加以审判，而且这种情况还将继续。不仅城市，就连乡镇和农村也因接触这个宗教而受影响。毫无疑问，人们已经拥入长期几乎一片荒芜的神庙里。

——小普林尼致图拉真

亲爱的普林尼，你在检查被指控为基督徒的人的案件中遵循了正确的程序，因为对基督教的处理并无先例。不要再专事搜捕基督徒，带到你面前的人，若是对他们是基督徒的指控为实，那就按罪量刑；任何人若是否认自己是基督徒，那就明白表示，他再也不是我们的神的信徒；不管过去如何，如果忏悔，他就会被赦免。不过，匿名册子不能作为任何控告的证据。这是最为恶劣的先例，完全不容于我们时代的精神。

——图拉真给小普林尼的回信

塞尔苏斯说，基督徒偷偷摸摸地举行仪式、传播教义，他们这样做有很好的理由，即为了逃避死刑。他将其与哲学所面临的危险进行对比，如苏格拉底……我要说，说到苏格拉底，雅典人非常后悔他们的所作所为，对他毫无不满和怨愤……但在基督徒的情况中，元老院、皇帝、军队……以及信徒的亲属都反对福音，阻碍基督教；由于多种力量的联合反对，基督教很可能会失败，除非神力相助，战胜和克服这些对手，并进而征服世界……

他对于试图从各方面提升灵魂、靠近宇宙造物主的福音导师的看法也是荒谬可笑的……他把基督徒比作剪羊毛的工人、鞋匠、洗衣工和最愚钝的乡巴佬，仿佛说他们在叫懵懂无知的儿童、德行有亏的妇女离开父母、老师，跟他们走。但是，让塞尔苏斯……告诉我们，我们是怎样让妇女儿童离开高尚的、良好的教导，并教他们从事邪恶之事？然而，他没法证明任何对我们不利的事。相反，我们将妇女们从放浪、对寻欢作乐的迷恋和迷信之中拯救出来。

——俄利根《驳塞尔苏斯论》

□ 问题：小普林尼对基督教的看法是怎样的？为什么他要处死基督徒？图拉真做出了怎样的回应？这对基督徒产生了怎样的影响？俄利根关于基督教信仰的益处有哪些主要观点？为什么罗马当局认为这些理念对罗马国家是危险的？

■ 汉帝国的荣耀（公元前 206 年—公元 220 年）

□ 问题：汉帝国的主要特点是什么？

罗马文明在西方繁盛之时，中国也建立了自己的帝国。秦王朝衰落后，中国进入了短暂的内乱时期，各路豪杰争相夺权。激烈的争夺中，中国历史上最长久的帝国之一——汉帝国——应运而生。汉代后来被认为等同于中华文明，即便现在，许多中国人还以"汉人"自称，中国人的语言也被称为"汉语"。

汉代的奠基者是刘邦。刘邦出身农家，史称汉高祖（公元前206—公元前195年在位）。在他的怀柔政策和继任者逐渐强势的统治下，新兴的汉朝很快巩固政权，发展壮大。汉高祖的统治按当时的标准看至少是高效、仁和的，他继承了秦代的中央集权制，却取消了法家暴政。汉代的统治者在儒家学说中发现了建立新国家哲学的基础。有汉一代，儒家逐渐具有官方意识形态的特征。

● 儒家学说与国家

经过一段时间，孔子的学说与法家思想相融合，形成了后来被称之为国家儒学的体系。在国家儒学的形成过程中，汉代统治者保留了不少秦代旧制。例如，沿用了秦代中央政府的丞相、太尉、御史大夫三公制，保留了秦代的地方行政建制，将地方按州、郡、县层级划分。

此外，汉代还沿用了秦代以才能而非出身为选拔标准的官员遴选制度。立国不久后，汉高祖就下诏求贤，令各郡推举有治国才能的人入朝。三十年后，即公元前 165 年，汉代举行了策问，这也是最早的文官考试。汉武帝时期，又设立太学。最初，太学生都是贵族或富家子弟，汉代的官僚机构本身也由传统世家精英掌控。不过，选贤与能的原则还是确立下来了，并最终成为标准做法。到公元前 1 世纪末，太学生已近 3 万人。

汉代人口增长迅速，据估计，鼎盛时期的汉代，人口规模在 2000 万至 6000 万，这也使汉代需要庞大而高效的官僚机构来维持国家的正常运转。不幸的是，汉代没能解决所有积弊。朝廷中的党争仍然是个大难题，严重削弱了中央政府的效率。同时，汉代统治者虽多方努力，但始终未能抑制在政治和经济方面起主导作用的世家大族的势力。

● 汉代的经济

汉代统治者施行的财政政策最终导致土地更加集中于富人手中，这在不知不觉中加剧了各种问题。他们意识到直接向国家交赋税的自由农民能够制约世家大族的财富和权力，提高国家的财政收入。然而，汉代在防止再度发生经济不平等方面却遭遇重重困难，这种经济不平等也是周代晚期的一大特征。汉代的土地税相对较轻，但农民还面临着其他苛捐杂税，包括服兵役和每年为期达一个月之久的劳役。尽管铁犁的使用使耕地和农业产量稳定增加，但汉代人口增加了三倍，导致最终人均耕地面积减少到一英亩，农民生产所得仅能勉强糊口。久而久之，许多贫苦农民不得不出卖土地，成为佃农，地租高至收成的一半。土地于是再度集中到地主豪强手中，他们所拥有的土地经常高达数千英亩。

虽然类似的经济问题最终致使汉代衰落，但整体来说，汉初国家的生产力和繁荣程度无与伦比，其主要原因是国内外贸易的大规模扩张。这并非一定是官方鼓励的结果。实际上，汉代统治者如同前朝一样，对私人贸易活动疑心重重，对贸易课以重税，

政治与统治

皇帝求言诏

根据儒家思想，君主是应天命实施统治的，是上天之子，即天子。他们要妥善照应人民的福祉，其最重要的一项职责是确保人民丰衣足食。洪水、干旱、地震等自然灾害是上天对"子"的不满的昭示。以下资料来自汉文帝（公元前179—公元前157年在位）的罪己诏，他奇怪是否自己未能实施好王道，结果招致上天愤怒。这份罪己诏在公元前163年颁布后，政府采取措施增加粮食生产，改变了粮食短缺的局面。

间者数年比不登，又有水旱疾疫之灾，朕甚忧之。愚而不明，未达其咎，意者朕之政有所失而行有过与？乃天道有不顺，地利或不得，人事多失和，鬼神废不享与？何以致此？将百官之奉养或费，无用之事或多与？何其民食之寡也？夫度田非益寡，而计民未加益，以口量地，其于古犹有余，而食之甚不足者，其咎安在？无乃百姓之从事于末以害农者蕃，为酒醪以靡谷者多，六畜之食焉者众与？细大之义，吾未能得其中。其与丞相列侯吏二千石博士议之，有可以佐百姓者，率意远思，无有所隐。

——《汉书·文帝纪》

□ 问题：汉文帝为什么要解释中国粮食生产下降？他提出了什么样的解决办法？他的办法是否符合如孟子这样的思想家提出的对官员的要求？

试图以此限制商业活动。商人也受到严重的社会制约。他们不能担任公职，居住地受限，还往往被当作对社会没什么价值的寄生虫对待。

同时，政府自身也控制着一些贸易和制造业。例如，有官造兵器、官办造船厂以及官办采矿业等。驿道体系进一步扩展和完善。与罗马的驿道不同，汉代统治者主要依靠水路满足大部分运输需求。为通畅人口稠密地带纵横交错的河流，汉代还开凿了新的运河，促进了汉帝国内部各地之间的货物运输。

汉王朝还谨慎地开展了对外贸易，尽管其贸易对象远至与罗马帝国关系活跃的印度和地中海，但它的主要贸易地是中亚和东南亚。这种远途贸易有的是通过南方的番禺（今广州）等港口进行的，但更多是经由陆上丝绸之路和其他向西进入中亚的路线展开。

新技术的发展也促进了汉代的经济繁荣。中国人在纺织、水磨、铸铁等领域取得巨大进展，铁加工技术的进步使中国在几个世纪后就炼出了钢。汉代还发明了造纸术，船舵和前后帆技术的发展使中国人第一次可以顶风航行。装备了这些装置、载着大量货物的中国商船在东南亚和印度洋畅行无阻。

● 汉帝国的扩张和丝绸之路的起源

汉代统治者延续了秦代以来开疆拓土的进程。尤其是汉武帝（公元前 140 年—公元前 87 年在位）时期，汉王朝成功地完成了对包括现在越南北部红河三角洲在内的长江以南地区的同化。汉王朝的军队还西征至里海一带，安抚沿途的游牧民族，将中国的疆域开拓到中亚地区。

汉代西征的最初目的显然是为了解决匈奴造成的边境压力。匈奴时不时自长城以北的聚集地南下侵袭，威胁汉王朝。公元前 138 年，汉武帝派遣张骞出使西域，寻找共同对付匈奴的盟友。张骞带回了有关中亚经济和政治的大量信息。对西域的新认知促使汉王朝在塔克拉玛干沙漠和天山一带派驻军队，设置西域都护府。

此后，中国与中亚各民族间的商业往来急速扩展。从西方引入中国的有来自波斯和中亚的葡萄、贵金属、玻璃器具、马。其中，马尤其重要，因为中国的军事战略家们在与匈奴对抗的过程中意识到骑兵的重要性，为提升骑兵的战斗力，汉王朝大力引进汗血宝马。相应地，中国也将各种物品，尤其是丝绸，输往西方各国。

中国人从公元前 4000 年时就开始用蚕丝做成丝绸。这种奇妙的产品后来流传到其他地方，中国的丝绸出口量急剧增加。到公元前 2 世纪时，中国的丝绸制品首次传到地中海一带，刺激了罗马与中国的第一波交流。尽管在海路方面也有重要的中外往来，但主要的贸易还是经由中亚的跨大陆商路（这条贸易通道现在有"丝绸之路"的美誉）进行的。丝绸风靡于罗马精英阶层，大量白银也从罗马流向中国，罗马皇帝提比略无不抱怨："罗马女人和她们那些小玩意搞得我们的钱都到了外国人手中。"

丝绸贸易也激起了这两大文明对对方的好奇，不过，这并未实质性地促进他们对对方的了解和理解。如皮里尼（Pliny）这样的罗马作家以及如斯特拉波（Strabo，他推测丝是丝树的叶子）这样的地理学家曾将远在东方的汉王朝描述为丝国（Seres），汉朝则将丝绸之路终点的罗马帝国称为大秦。实际上，两国间距离因太过遥远，而并未能建立有效的个人或外交联系。不过，这两个坐落在欧亚大陆东西两端的帝国第一次因商业关系而联系起来了。

● 汉代的社会变迁

在汉代，中国的社会组织发展得更加复杂。自耕农的出现导致核心家庭的强化。大家庭——周代的血系氏族体系——仍然在农村占主导地位，但核心家庭也是农村普遍存在的社会单位。妇女在汉代社会中居次要地位，不过，她们在家庭内部的作用却常常很大。

绝大多数中国人都生活在农村。城市——主要在水路中心或商路交汇地——的数量已经大大增加了，最大的城市是都城长安，它也是古代世界最大的城市之一，可与罗马相提并论。长安城的面积近16平方英里，城墙高12英尺，城墙四周环绕着护城河。整个长安城有12个城门，东西向和南北向的主干大街有8条，每一条宽至150英尺。皇帝的宫殿和园林占据了长安城南部和中部的近一半面积。

● 汉代的宗教与文化

汉代尊儒学为官方哲学，这对中国人的宗教信仰并没有造成什么直接影响。民间宗教的神庙里供奉着各种地方神和自然神，有些与道家相关。然而，在公元1世纪的一段时期内，出现了新的宗教信仰。经由丝绸之路而来的中亚商人第一次将佛教引入中国。由于到公元5世纪佛教的梵文经典才被译成中文，因此，起初，佛教的影响很有限。不过，中国的地理环境有利于新宗教的引入，魏晋时期，第一批中国佛教徒就出发去了印度。

尽管有不少新表达形式的尝试，但汉代文化成就主要表现在传统文学领域。文学方面，诗、赋非常流行，史书是文学创作的主要形式。司马迁和班固等著名史学家的著作成为后世史书的写作典范。这些史书将关键人物的生平与政治、社会史相结合。如同中国的诸多文学作品一样，这些史书的主要目的是道德性和政治性的——揭示个人起落和朝代兴衰的深层原因。

绘画——常常以壁画形式展现出来——越来越流行，在时光的剥蚀下，只有极少数的绘画作品留存下来。

造型艺术方面，铜质逐渐被铁质取代。铁更容易获取，也能更好地满足经济不断繁荣时期内人们日益增长的普遍需求。

● 汉代的衰落

公元 9 年，改革派官员王莽夺取政权，宣布建立新朝。此后，西汉维持了十几年。不过，统治者耽于享乐，纵情声色，导致中央政府的权力和影响削弱，豪强贵族填补了权力真空，他们兼并了大量土地，将自耕农变为佃农。王莽试图没收豪强的土地、废除奴隶制。然而，他的这些举措导致强势豪强与他离心，进而图谋推翻其统治。公元 23 年，饱受朝政混乱和边境防线崩溃困扰的王莽在政变中被杀。

此后一段时期，西汉初年的荣光一度在东汉的强势统治下似乎有所恢复。朝廷试图减免赋税，实行土地改革。如水稻、小麦、大豆等营养作物和新引入的苜蓿、葡萄日益普及，促成了粮食丰产。不过，豪强地主的土地和权力垄断仍在继续。羸弱的皇帝们隔绝于深宫内，权臣把持着朝政。官员腐败和土地高度集中于富人手中导致农民起义此起彼伏。此外，在北方，匈奴仍然在长城外威胁着汉王朝，到东汉灭亡前，匈奴时不时地侵扰汉朝的边境，甚至一度逼近长安城。

表 5.2 汉代大事记

事　件	时　间
灭秦	公元前 206 年
汉代建立	公元前 202 年
汉武帝统治时期	公元前 140—公元前 87 年
张骞出使西域	公元前 138 年
丝绸首次抵达欧洲	公元前 2 世纪
王莽篡政	9—23 年
佛教商人抵达中国	1 世纪
东汉灭亡	221 年

2 世纪末，由于内外交困，汉代走向没落。早在公元 2 年，汉代人口达到 6000 万，但两个世纪后，人口下降至 1/3。3 世纪初，后世名著《三国演义》中的主人公之一曹操上台掌权，东汉名存实亡。不过，曹操也没能统一全国，中国进入了长期的分裂之中，并因北方游牧民族的侵扰而雪上加霜。下一个伟大的王朝要到 400 年后的 7 世纪初才出现。

● 罗马与中国的对比

在公元初期，西方的罗马帝国和东方的汉帝国统治着世界大片地区。尽管两个帝国之间联系很少，但二者间有一些惊人的相似处——两个帝国都持续了数个世纪，都极为成功地建立了中央集权；为了统治高效，都建立了复杂的道路系统，并且主要依赖各省地方官员来进行地方治理。罗马帝国和汉帝国的稳定环境使它们保持了高水平的农业生产，据估计，能为五六千万人口提供生计。尽管这两个帝国内部各地区的语言、民族、生活方式各不相同，但他们成功地将政治和法律制度、技术、语言推行到了各地。

罗马帝国和汉帝国在经济和社会结构上也有相似性。家庭是它们社会结构的核心，男性家长拥有无上权威。家庭还灌输有助于两大帝国强盛的价值观——负责、勇敢、服从、守纪。罗马和汉帝国的富裕阶层都依赖于农业。尽管自耕农为它们的强大和稳定提供了支柱，但富裕地主仍逐渐地将自耕农变为佃农，最终削弱了两大帝国的力量。

当然，两大帝国的区别也极大。在罗马，商人被认同的程度和自由度比中国要高很多。造成这种区别的一个关键原因在于，罗马帝国的许多人高度依赖商业来获得小麦、橄榄油、酒、布料、木材等，而绝大多数中国人是自给自足的农民，他们的需求通常在当地环境中就能得到。

罗马帝国与汉帝国的另一个不同点是，在四百多年的时间里，汉帝国的权威远比罗马更强。中国的领土更统一和完整，皇权更强大，因而中国统治者可以轻易地将其权威推行到其他皇亲贵族之中。尽管罗马皇帝死后会被元老院赋予神圣地位，但帝国皇冠的获得却较少依赖于稳定的皇权规则，更多依靠的则是单纯的军事实力。

罗马帝国和汉帝国都时不时地遭遇游牧民族的侵扰，汉帝国的统治因匈奴侵袭而削弱，罗马帝国也最终在日耳曼人的进攻下崩溃。尽管汉王朝衰亡了，但中国的帝制传统以及支撑该传统的阶级结构和价值观体系却得以保留。在新王朝的统治下，中华帝国作为一个单一的政治实体延续到 20 世纪。相反，罗马帝国却衰落了，仅作为一个印象而继续存在。

■ 本章小结

公元前 509 年至公元前 264 年，拉丁语系的罗马人向外扩张，几乎控制了整个意大利。更引人注目的是，公元前 264—公元前 133 年，罗马向西扩张，成为地中海及其周边地区的主人，建立了古代最庞大的帝国之一。然而，罗马的共和体制并不适合统治一个帝国，在一系列血腥内战后，奥古斯都建立了新秩序，并最终建成了罗马帝国。公元 14—180 年，罗马帝国进入长期的和平繁荣时期。不过，到 3 世纪，由于外敌入侵、内战和经济衰退，罗马走向衰落。尽管在戴克里先和君士坦丁时期，罗马一度获得新生并进入晚期罗马帝国时代，但他们的努力只能暂时挽救罗马帝国。公元 395 年，罗马帝国一分为二，476 年，西罗马帝国灭亡。

尽管罗马帝国名存实亡，但其成就却长存于世。今天的罗曼语系（法语、意大利语、西班牙语、葡萄牙语、罗马尼亚语）都以拉丁语为基础演变而来。西方的司法公正和陪审团制度也在很大程度上得益于罗马法。罗马行政治理的诸多方面在西方世界存续了数百年。罗马还保存了古代希腊——罗马世界的知识遗产。不过，罗马的后继者也在创造新的文明——欧洲、伊斯兰、拜占庭——导致人类社会发展出现了极其不同的阶段。

东方的汉王朝也建立了古代世界的伟大帝国。在汉代的辉煌时期，中国的边境向西推进到了中亚，向南到了南海沿岸现属越南境内的一些地区。儒家思想成为官方意识形态，中国文化无与伦比。在很多领域，中国的科学和技术成就都难以超越。

中国取得惊人成就的原因之一在于，与其他同时代文明不同，它能够长期抵挡住北部边境游牧民族的侵袭。不过，到公元前2世纪末，匈奴成了大威胁，匈奴各部族开始骚扰边境。尽管汉王朝实力强大，但它面临的问题极具挑战性，当内部问题开始削弱汉王朝的统一时，它在北方的威胁面前脆弱起来，进入衰落期。

与罗马帝国一样，汉帝国也为后世留下了丰厚遗产。汉代兴盛的儒学在长达数百年的分裂中仍存续下来，并最终成为直到20世纪的中华帝国的统治教义。

▬ 本章思考

— 问题1：罗马共和的衰落是体制机构的衰弱还是军事将领和政治家的个人野心所导致的？谈一谈你的看法。

— 问题2：1—2世纪时，罗马各皇帝的统治在哪些方面比公元前1世纪的共和时期有所改善？又在哪些方面没有改进？

— 问题3：罗马帝国与汉帝国的统治制度有哪些相似性？又有哪些区别？

▬ 拓展阅读

关于罗马历史概论。可参见 M.T.Boatwright、D.J.Gargola 和 R.J.A.Talbert，*The Romans：From Village to Empire*，New York，2004。罗马共和史，可参考 M.H.Crawford，*The Roman Republic*，2th.ed，Cambridge，Mass.，1993。早期罗马史，可参考 T.J.Cornell，*The Beginnings of Rome：Italy and Rome from the Bronze Age to the Punic Wars c.1000-264B.C.*，London，1995。罗马共和晚期的情况，可参考

M.Beard、M.H.Crawford，*Rome in the Late Republic*，London，1984。恺撒的地位，可参考 A.Goldsworthy，*Caesar: Life of a Colossus*，New Haven，Conn.，2006。

关于早期罗马帝国的历史，可参见 M.Goodman，*The Roman World，44B.C.-A.D.180*，London，1997；R.Mellor，*Augustus and the Creation of the Roman Empire*，Boston，2005。

关于罗马社会和文化。罗马艺术和建筑，可参考 F.S.Kleiner，*A History of Roman Art*，Belmont，Calif.，2006。罗马家庭，可参考 S.Dixon，*The Roman Family*，Baltimore，1992。罗马奴隶制，可参考 K.R.Bradley，*Slavary and Society at Rome*，New York，1994。

关于晚期罗马帝国。3 世纪危机的情况，可参考 D.S.Potter，*The Roman Empire at Bay，A.D.180-395*，New York，2004。晚期罗马帝国的情况，可参考 S.Mitchell，*History of the Later Roman Empier，A.D.284-641*，Oxford，2006。西罗马帝国的衰落，可参考 P.Heather，*The Fall of the Roman Empire: A New History of Rome and the Barbarians*，New York，2006。早期基督教的情况，可参考 R.MacMullen，*Christianizing the Roman Empire*，New Haven，Conn.，1984。

关于汉帝国的著作有许多。其中，近期比较出色的有 M.E.Lewis，*Early Chinese Empire: Qin and Han*，Cambridge，Mass.，2007；C.Holcombe，*The Genesis of East Asia，221B.C.E-A.D.207*，Honolulu，2001。有关汉帝国与罗马帝国的比较，可参考 W.Scheidel 主编：*Rome and China: Comparative Perspectives on Ancient World Empires*，Oxford，2007。

The Essential World History

PART II

New Patterns of Civilization
(500–1500 C.E.)

第二部分

文明新格局

（500—1500 年）

公元第一个千年里，古代世界的大国趋于衰落，有些甚至处于瓦解边缘。400—1500年，在这些古代帝国的废墟上形成了新文明。有些新帝国是建立在既往文明的政治和文化基础上的。中国的唐王朝以及印度的笈多王朝都回溯古时，将其视为楷模。另一些新兴国家吸收了此前古典文明的部分元素，却朝着极其不同的方向发展，如中东的阿拉伯国家、中世纪的欧洲文明。在欧洲，15世纪的文艺复兴使希腊罗马文化得到前所未有的复兴。

这一时期，许多重要力量影响着人类社会。文明的概念逐渐从中东、地中海盆地、南亚次大陆和中国等心腹地带延展到撒哈拉以南非洲、欧洲中部和西部、东南亚，甚至是欧亚大陆东部边缘的日本群岛等新地区。大洋彼岸，美洲也形成了独特又先进的文明。与此同时，人口大迁徙仍在继续，这不仅引发了大冲突，也使技术和思想越来越密集地交互在一起。其结果是独立、独特的文化和文明转变成技术和贸易、思想和宗教信仰日益交织的复杂而庞大的世界体系。

如同古代一样，中东是这一转变的核心。7世纪初期形成的阿拉伯帝国是整个中东地区复苏的贸易路线的关键节点。阿拉伯人和柏柏尔人开启了与撒哈拉以南的西非地区的联系，他们的船只追随季风向东航行到东南亚的香料群岛。来自中亚的商人往返于中东与中国间的丝绸之路上。在接下来的数百年里，中东的大城市，如麦加、大马士革和巴格达，成为当时最富裕的地方。

阿拉伯人在这一时期对人类历史的贡献既体现在文化和技术上，也反映在经济上。哲学家为后人保留下古希腊的著作，科学家和数学家在宇宙和人体方面有了新发现，阿拉伯制图家和历史学家绘出了已知世界的地图，并思考人类社会的基本力量。

不过，中东并非唯一，甚至不是最主要的文明扩张的贡献者。在阿拉伯帝国成为地中海与东亚和南亚贸易的关键点时，世界贸易最重要的新中心正在东亚——主要是中国——形成。汉代中国是地区贸易最主要的参与者，它的丝绸经由中亚运往罗马。但汉帝国衰落后，中国的地位下降了。随着唐宋王朝的崛起，中国再度成为东亚地区的主要商业势力，它与东南亚和日本进行海上贸易，与中亚游牧民族进行陆路贸易。

如同中东一样，中国也是新技术的主要来源地。中国发明了造纸术、印刷术、指南针和火药。明代时期航行至印度洋的中国双体帆船虽然又慢又笨重，但适航性极强，而且能够携带大量货物进行远距离航行。许多发明经由印度或中东传入欧洲，因此，西方并不知道它们的中国渊源。

日益发展的地区间或全球贸易也促进了思想的交汇。商人将佛教引入中国，伊斯兰教也经同样方式进入撒哈拉以南非洲和印度尼西亚群岛。不过，商人不仅仅是宗教和文化思想的传播者。有时，他们也是移民、征服者或相对和平进程的推动者。中非说班图语民族显然是和平扩张的例子；尽管伊斯兰教有时也遵循阿拉伯战士的道路，但他们极少用武力将其宗教强加给当地居民。某些情况下，征服者，如蒙古人，根本没有让被征服者皈依他们的宗教。与此相反，受传教狂热驱使的基督教修士们却让许多中欧和东欧民族皈依了基督教。罗马天主教教士将拉丁基督教传播给日耳曼人和西斯拉夫人，拜占庭帝国的教士则主要让南斯拉夫人和东斯拉夫人皈依了东正教。

500—1500 年的另一个特征是，游牧民族与半游牧民族近乎永不停歇地移动。戈壁沙漠、中亚、阿拉伯半岛和中非的游牧力量导致大量人口放弃家园，前往他处谋生。有时候，这种移居是比较和平的。然而，更经常性的是，移居会引发暴力冲突，有时还会发生入侵与征服。如同古代，最活跃的移居源地是中亚。这一地区后来孕育出可怕的蒙古人，他们的军队长驱直入于中欧。在 13 世纪（1279 年），蒙古人无意间成了席卷欧洲的新一波传染病的传播者。瘟疫的蔓延——当时称为黑死病——致使欧洲人口剧减。

即便是蒙古人西征——13 和 14 世纪欧洲人称其为"上帝的惩罚"，有其破坏性，但也有建设性。在最初的征服之后，短短三代人的时间里，蒙古人在有史以来最广袤的帝国内（即蒙古帝国）为人们提供了商贸坦途。

第 6 章
美洲

2001 年夏，一场强大的飓风席卷了中美洲，伯利兹和危地马拉所在的加勒比海岸的大量房屋被摧毁，洪灾肆虐。在更远些的内陆地区古遗址双柱城（Dos Pilas），人们发现了与 1500 年前一系列戏剧性事件相关的新证据。考古学家在被飓风连根拔起的树底下发现了带有象形文字的石头，这些文字描述的是当地两个城邦间的一场恶战，这场战争最终导致了可能是整个中美洲最进步的玛雅文明的衰落和灭亡。

可以追溯到公元前 500 年的玛雅文明没有本书第一部分讲述的各文明般古老。不过，它是西半球早在公元前 2000 年就出现的一系列人类社会的最近版本。尽管这些早期人类社会不如古埃及、美索不达米亚和印度文明那么著名，但越来越多的证据表明，早在 1519 年赫尔南·考特斯（Hernan Cortes）率领的西班牙征服者抵达之前，美洲已经有了数千年的先进文明。

■ 移居美洲

□ **问题**：最早的美洲人是谁？他们是什么时候以及怎样来到美洲的？

从数千年前人类第一次越过白令海峡以来，玛雅并非是在北美洲和南美洲各地蓬勃兴起的一系列复杂社会中的最后一个。美洲的大多数人——现在往往指的是印第安原住民（amerindias）——主要依靠渔猎或采集食物为生。最终，依靠农耕形成的有组织社会在中美洲和南美洲扎根了。这些有组织社会的第一个关键地区是中部墨西哥平原，第二个是沿墨西哥湾并延伸到现在危地马拉的低地地带，第三个是安第斯山脉中部与南美洲太平洋沿岸的毗邻之地。北美洲大平原和河谷地区的有组织社会则仅具雏形。

接下来的两千多年里，在与世界其他地区相隔绝的情况下，这些社会靠自身发展起来，因此之故，它们没法获得非洲、亚洲和欧洲所取得的技术和文化成就。比如，这些美洲社会不知轮子为何物，与同时期世界其他地区的复杂文明相比，它们的文字很不成熟。不过，在其他一些领域，它们的文化成就毫不逊色。16世纪初，当第一波欧洲冒险家抵达美洲时，他们用热烈的语言描述了所见所闻。

● 最早的美洲人

人类是什么时候进入西半球的，长期以来人们对这个问题众说纷纭。克里斯托弗·哥伦布航行后的几个世纪里，人们的推测主要集中在"最早的定居者穿越大西洋后抵达美洲大陆"这个可能性。他们是迷失的以色列部落吗？是迦太基的腓尼基水手吗？是遗失的传奇大陆亚特兰蒂斯的难民吗？无论如何，这样的推测都认为他们是在比较晚近才到达美洲的。

19世纪中期，在达尔文进化论的影响下，一种新理论诞生了。该理论认为，定居美洲要比此前人们所推测的早得多，在亚洲和北美洲有陆地桥相通时，一小群人通过白令海峡到达美洲。最近发现的最早的美洲人与当时东亚人的生理具有相似性等大量证据确认了这种说法。不过，大家还在争论人类是什么时候定居美洲的。寻找非洲人类起源的先锋人物、考古学家路易斯·里克（Louis Leakey）提出，原始人可能早在10万年前就已经抵达了美洲。然而，大多数当代学者认为，为了追逐美洲野牛和驯鹿，最早的美洲人，即晚期智人在1万—1.5万年前的冰川时代晚期从亚洲进入了美洲大陆。有些学者认为，来自亚洲的早期移居者可能是沿美洲西海岸的海上路线进入美洲的，他们以渔猎和采集海上其他漂浮有机物果腹。

近年来，出现了许多有趣的新可能。新近在弗吉尼亚中部仙人掌山发现的遗迹显示了1.5万年前人类定居的迹象。其他一些新近发现表明，早期的一些美洲定居者可能起源于非洲或南太平洋，而非亚洲。不管怎样，这个问题仍未有确定答案。

无论如何，现在大家广泛接受的是，人类定居美洲的历史至少有1.5万年，他们渐渐扩散到整个北美大陆，到公元前1.1万年，甚至抵达了南美洲的南端。这些最早的美洲人是狩猎人和食物采集人，在靠近食物来源的地方过着小规模的游牧生活。尽管我们尚不了解美洲最早的农业出现于何时，但我们已经在有1万年历史的遗迹中发现了豆子和南瓜子。在现代韦拉克鲁斯以及更东边的尤卡坦半岛一带，人类很早就开始种植玉米或其他谷物了。在考古学家所说中的中美洲（Mesoamerica），西半球的最初文明形成了。

■ 中美洲的早期文明

□ 问题：早期中美洲宗教信仰的主要特征是什么？

中美洲在公元前第二个千年末出现了第一道文明曙光，这就是韦拉克鲁斯以南墨西哥湾沿岸的炎热沼泽低地地带出现的奥尔梅克（Olmec）文化。

● 奥尔梅克：橡胶之乡

奥尔梅克文明的特点是沿河岸发展的密集型农业和圣洛伦佐（San Lorenzo）、拉本塔（La Venta）等遗址出现的大量石制工具、纪念碑和装饰品。拉本塔遗址中，有一个30英尺高的土质金字塔。它还有仪式区，是当时中美洲最大的金字塔建筑。奥尔梅克人建立了广泛的贸易网，他们举行宗教仪式，并设计了一个尚未破译的象形文字体系，该体系在某些方面类似于后来的玛雅文字，可能是西半球最早的真正书面文字之祖。

奥尔梅克社会显然有好几个阶层，包括由熟练工匠构成的阶层，他们制造了巨大的石头头像，其中一些高度超过 10 英尺。奥尔梅克人主要通过种植玉米和豆子等谷物果腹，但也有渔猎经济；他们显然在球场上举行仪式，这种仪式后来在中美洲地区广泛施行。球用当地橡胶树的乳液制成，"奥尔梅克"之意即为"橡胶地之乡"。

显然，奥尔梅克人与周边地区的贸易非常广泛，橡胶是附近地区人们需求最盛的东西之一，不仅可以制作球，还可以做成橡胶绳和橡胶鞋，奥尔梅克人学会了将生橡胶与其他物质混合，使它更为柔软。

后来，奥尔梅克文明走向衰落，公元前 4 世纪前后，显然已经瓦解。不过，在其全盛时期，奥尔梅克文明从萨尔瓦多延伸到墨西哥城，甚至可能蔓延到了太平洋海滨。

● 萨波特克人（Zapotecs）

俯瞰现在墨西哥中部瓦哈卡（Oaxaca）城的阿尔班山（Monte Alban）一带，也出现了同样的发展进程。公元前一千年中期，萨波特克人创建了繁荣数百年的复杂文明。如同奥尔梅克遗址一样，阿尔班山遗址也包括大量庙宇和金字塔，不过其周边环境更令人敬畏，它坐落在 1200 英尺高山上的巨大石质平台上，从那里可以俯瞰瓦哈卡山谷。据估计，当时人口有 2 万，居住在山侧的斜坡处，当地人称这座山为"Danibaan"，即"圣山"。

阿尔班山的社会显然是神权政治，贵族和祭司构成的精英阶层统治着主要由农民和手工匠人组成的绝大多数人口。如同奥尔梅克人一样，萨波特克人也发明了尚未被破译的文字。萨波特克社会在奥尔梅克文明衰落后存续了数百年，到 8 世纪晚期，萨波特克文明由于未知原因而消失。

● 特奥蒂瓦坎（Teotihuacan）：美洲最早的大城市

中美洲最早的大城市是特奥蒂瓦坎，它是公元前 3 世纪左右在墨西哥城东北 30 英里处兴起的一个早期国家的首都，这个国家繁荣了近千年，最终在 800 年前后神秘地衰落了。特奥蒂瓦坎干道沿线都是神庙和宫殿，还有巨大的太阳金字塔。考古学家在遗址中发现了人牲的残骸，可能是举行祭祀活动时被杀害的。遗址附近还有大市场的遗迹，居民在此交换远方之物和当地农产品：可可、橡胶、皮毛、各种蔬菜和肉。宗教仪式上还使用从龙舌兰中提取的龙舌兰酒。附近的一座黑曜石矿也许能解释为什么特奥蒂瓦坎城会坐落于此。黑曜石是一种火山晶体，中美洲人很喜欢用它来制造工具、镜子以及祭祀活动时宰杀牲畜的刀。

特奥蒂瓦坎城的大部分建筑都是单层的泥土屋，有些房子的面积达 3.5 万平方英尺，足够容纳一百人。每座房子分成几个房间，屋子顶部搭盖着木梁、木杆和灰泥制作的平顶。每座建筑物被宽敞的长方形街道分割出来，人们可以通过巷子步入街道。

特奥蒂瓦坎城的居民生活在肥沃的高地平原墨西哥谷，周边是白雪皑皑的山脉，他们可能主要依赖于农业。当时，墨西哥谷谷底到处是沼泽湖，湖水来自于周围的山。肥沃的土壤和充沛的雨水使这里成为中美洲最富裕的农业区。

8 世纪，由于我们尚不知晓的原因，特奥蒂瓦坎城走向没落。接下来的 200 多年里，这里混乱不堪，各小国为争夺有限的耕地冲突不断。后来，周边地区的居民受富裕耕地的吸引，移居墨西哥谷，与早已扎根在这里的小国争夺领土，进一步加剧了混乱局势。随着当地人口的不断增加，农民们开始进行更密集的耕种。他们从湖中抽水建造水中田畦（chinampas），即由水渠交错纵横构成的沼泽小岛屿，水渠既可灌溉，也便于他们将额外收获物运往当地市场。

● 奥尔梅克：文化之母还是同类中的佼佼者？

早期中美洲各社会之间的关系怎样呢？贸易联系活跃，如奥尔梅克人将橡胶运往邻近地区，交换盐和黑曜石。鼎盛时期，奥尔梅克的影响延伸到整个中美洲地区，也让一些历史学家推断奥尔梅克是中美洲的文化之母，如同中国的商代被认为是古代中国文化之母一样。

最近在墨西哥恰帕斯州发现的一座带有墓葬的 7 世纪的金字塔与拉本塔的奥尔梅克遗址有类似处，但也显示出当地盛行的索克文化（Zoque）的独特性。有些学者指出，这些因素表明奥尔梅克文明只不过是同时期各文明中的佼佼者而已。总之，这个问题尚未解决。

● 玛雅文明

在离墨西哥谷东边很远的地方——现在的危地马拉以及尤卡坦半岛一带，另一大文明崛起。这就是玛雅文明，它比特奥蒂瓦坎文明更古老，但却同它一样先进。

起源
尚不知晓人类是何时定居于尤卡坦半岛的，但在公元前 1000 年左右，即奥尔梅克文明同期，这里已经种植玉米、山药和木薯了。随着人口增长，在太平洋沿岸直抵尤卡坦半岛南部的地带以及现在危地马拉的高地地区，开始出现了早期文明。且已与西边的奥尔梅克文明建立了联系。

由于当地盛产可可树和黑曜石，这里的居民很快与邻近地区的早期文明有所往来。可可树（其名称来自玛雅语 kakaw）是上层阶级的吃食巧克力的重要原料，而可可树的种子可可豆在尤卡坦半岛的市场上已被当作货币使用。

人口增加后，当地居民开始移居尤卡坦半岛中部以及更远的北方地区，这也促使低地地带的农民从刀耕火种的农业转变为如墨西哥谷地区所发展起来的灌溉农业。到公元 1 世纪中期，整个尤卡坦半岛充斥着许多小城邦，它们争相抢夺耕地和其他资源。最大的城市如蒂卡尔（Tikal）在鼎盛期人口可能达到 10 万，该地区的技术水平和文化成就已显得高不可攀。到 3 世纪末，玛雅文明进入古典阶段。

政治结构
玛雅统治者的权力非常大。科潘国（Copan）国王——学者们从象形文字中将其名字称为十八兔（18 Rabbit）——下令建立一座庞大的宫殿，工人超过了 3 万人。围绕国王周边的是贵族阶层，他们的财富可能是基于他们较贫困的亲族所耕种的土地所有权。许多贵族成为王室祭司，或从事尊荣的行业，如画家或雕刻家。随着社会财富的增加，手工艺人和商人的地位有所上升，形成了小规模的中间阶层。

不过，尤卡坦半岛的绝大多数人口（据估计，在玛雅文明鼎盛之时，人口约有300万）都是农民。他们居住在水中田畦或高原的梯田山坡上。房屋是用土坯和茅草搭建的，可能与今天生活在这里的大多数人的房子差不多。劳动分工的性别划分非常明确。男人负责作战和狩猎，女人负责家务、做主食用的玉米粉。

不过，有些贵族妇女似乎在政治和宗教中扮演重要角色。例如，7世纪时，玛雅最大的城邦之一帕伦卡（Palenque）王国的国王帕卡尔（Pacal）是从母亲和奶奶手中接过王位的，显然该国两度打破父系传承。他的母亲统治国家3年，这为后来儿子25年的统治奠定了基础。帕卡尔称他的母亲是神圣的女神、"第一母亲"，以此将其王权合法化。

学者一度认为玛雅人热爱和平，很少有暴力冲突。不过，现在人们认为玛雅城邦间的竞争非常激烈，往往导致血腥冲突。壁画和岩石画描述的是一个专注于战争、以俘虏作祭品的社会。本章开头提到的冲突并非唯一例子。7世纪，两个势力强大的城邦——蒂卡尔和卡拉克穆尔（Calakmul）——为了争夺地区主导权建立起傀儡政权，发动了长达数年的激烈拉锯战，最终以7世纪末卡拉克穆尔的失败告终。

玛雅的宗教

玛雅宗教是多神崇拜。尽管名字各不相同，但玛雅各神与附近各文化的神有许多共通之点。最高神即天神伊特萨姆纳（Itzamna），是万物的创造主，人们认为是他把玉米、可可豆、药草和文字带给了玛雅人。

各神按照重要性分为不同类别，它们具有人性特征，如同古代印度和希腊的宗教一样。美洲豹神等被认为是恶神而非善神。一些学者认为，许多自然神可能被视为至尊天神的体现。如同特奥蒂瓦坎一样，玛雅文明也施行人祭（往往是斩首）。

玛雅的城市是围绕仪式中心最耀眼的金字塔建造的，上面设有神龛。金字塔周边有神殿、宫殿和神圣的球场。如同许多现代城市一样，玛雅的城市也饱受城市扩张的困扰，在郊区有穷人和中间阶层的居住区。

球场呈长方形，周围是带有金属环的墙，选手们在场地内玩一个硬橡胶球。尽管我们不了解全部规则，但显然它有宗教作用，游戏结束后，战败者将会被当作祭祀品。大多数玩家是男性，可能也有女性参与。中美洲和南美洲各地都发现了类似的球场，最早的球场位于韦拉克鲁斯附近，时间可以追溯到公元前1500年前后。

玛雅的文字与日历

公元1世纪中期形成的玛雅文字，是象形文字，很长时间内都未被破译，直到学者们认出了玛雅日历中的许多符号，才有所进展。玛雅日历用公元前3114年8月这一特定日期来计时，它需要对天文和数学有深刻了解才能绘就。现代学者以这些已知象征为基础，逐渐破译了玛雅文字。如同古代埃及人和苏美尔人的文字一样，玛雅人的文字也是既表音又表意，并且随时间的推移，表音性更强。

玛雅城邦中编撰官方记录的责任是由抄写阶层承担的，他们在树皮或鹿皮上写字。不幸的是，受潮湿气候的影响及16世纪抵达美洲的西班牙传教士的故意破坏，这些文字记录存留无几。当时的一位西班牙主教曾这样评论："我们发现了大量这样的书，由于它们全部是各种魔鬼的迷信和谎言，我们将它们全部烧掉了，后来后悔至极，痛苦不已。"[1]

结果，几乎所有幸存的玛雅古典时代的记录都来自石刻。玛雅象形文字最重要的来源地是位于墨西哥半岛深处、尤卡坦半岛较西的帕伦卡。此处的碑铭神庙（Temple of the Inscriptions）下，考古学家发现了一座王陵和一块巨大的写有象形文字的石板。考古学家破译了石板上的文字，第一次确认了玛雅历史上的一位人物，即国王帕卡尔，他的铭文是"盾牌"。7世纪中期，帕卡尔下令建造碑铭神庙，他就被埋葬在通往墓室的楼梯脚下的坟墓中。

由于他们对时间流逝的强烈兴趣，玛雅人拥有丰富的天文学知识，留下了大量有关天体运动的记录。他们关心天文有着现实原因。例如金星在夜空亮起时，是传统的备战时间。玛雅人还根据阴历计算时间的日历体系，发明了玛雅历（Long Court）。按照该体系，西历2012年是一个为期5200年的周期的终结。

玛雅衰落之谜

8世纪或9世纪的某个时间段，尤卡坦半岛中部的玛雅古典文明开始衰落。比如，科潘于822年突然灭亡，统治者下令修建各种石雕的工程戛然而止。帕伦卡紧随其后而衰亡，蒂卡尔城于870年被遗弃。它们的灭亡是由于土地被过度利用，还是无休止的战争，是因内乱还是飓风等自然灾害？数十年间，一直困扰着考古学家。最近的证据显示，由于人口不断增长，土地被过度开发，作物产量日渐减少。9世纪和10世纪的长期干旱可能是主因，因为蒂卡尔城邦幸运地拥有肥沃的土地以及靠近佩滕湖（Lake Peten）的有利条件，所以未遭遇缺水危机。总体来说，可耕地和水资源越来越稀缺，

---

〔1〕 引自 S.Morley、G.W.Brainerd：*The Ancient Maya*，Stanford, Calif.，1983，p.513.

宗教与哲学

玛雅人心目中的创世说

《波波尔·乌》是古代玛雅的圣书，描写了玛雅的历史和宗教信仰。在西班牙征服玛雅之前，玛雅并没有留下它的书面历史，被西班牙征服之后不久，这些内容被记录下来，显然出于人们的记忆，由基切语（Quiche，玛雅人的口语）变成了拉丁语稿本。后来，这些被翻译成西班牙语。以下资料来自《波波尔·乌》中开篇对玛雅创世传说的描述。

起初，一切都悄无声息、安宁、寂静；没有任何动静，天空一片虚无。

这是太初，没有人、没有动物、没有飞鸟、没有游鱼、没有虾蟹、没有树木、没有岩石、没有草地，也没有森林，只有天空。

大地尚未出现。只有寂静的大海和浩渺的天空。

没有任何东西，没有任何声响，没有任何可以在天空移动、晃动或发出声响之物。

没有任何长久的东西，只有平静的水、宁静的海洋，无声无息。无物存在。

只有黑暗中、夜晚中的死寂和沉寂。只有造物者特佩乌（Tepeu）、古库马兹（Gucumatz）、先祖处在被光明包围的水中。他们周身覆盖着绿色和青色的羽毛，名叫古库马兹。他们是伟大的圣者、伟大的思想者。

然后，有了语言。特佩乌和古库马兹在黑暗中、在夜晚相互靠近，相互交谈。他们交谈着、讨论着、思考着；他们同意将他们的语言和思想凝聚起来。

他们沉思时，黎明来到，显然，人应当出现了。他们决定创世，创造出树木、藤蔓，创造出生命和人类。这些都在黑暗和夜晚中由天心——叫作乌拉坎（Huracan）——安排好了。

第一个是卡库尔·乌拉坎（Caculha Huracan），第二个是奇比·卡库尔（Chipi Caculha）。第三个是拉克萨·卡库尔（Raxa Caculha）。这三个就是天心。

经过思考和沉思之后，他们完成了这项工作。

□ **问题：**你认为这种创世叙述与其他古代文明的创世传说有何异同。

为争夺资源，各小城邦间的冲突日渐加剧，遂进一步加速了其瓦解进程。

不管怎样，蒂卡尔和帕伦卡等城市被遗弃于丛林之中了。在尤卡坦半岛北部，乌斯马尔（Uxmal）和奇琴伊察（Chichen Itza）等文明仍继续繁荣，尽管它们在后古典时代的文化成就并未达到此前的水平。当地史书中将这一后来活跃于此的玛雅人称为

艺术和思想

玛雅文字

玛雅是中美洲唯一有完整书面语言的民族。尽管我们尚不知道玛雅文字的起源，但许多专家认为，它可能是源自早先由邻近的萨波特克人和奥尔梅克人发明的字符，玛雅人在公元前第一个千年里通过与这些民族的联系而知道了这些字符。

如同苏美尔和埃及的文字一样，玛雅文字体系也是由语音符号与表意符号构成的，一般是双栏书写，从左至右、从上往下阅读。这种文字在很多方面可以说发展不全。很少有形容词或副词，数字体系只有三个字符：贝壳代表零、点代表一、一横代表五。

在 300—900 年的古典时期，玛雅人用字符来精确记载各种王朝的数据，列出统治者的出生、继位、结婚、去世，尤其是打了胜仗、俘获俘虏以及各种典礼的情况。这些信息刻在石板、石碑、棺椁上，或印在用树皮做成的书上。仅有 4 本这样的书留存下来。下图是玛雅象形文字的几个例子。

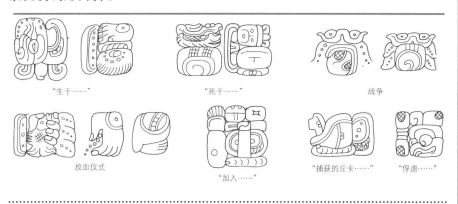

"生于……"　　　　　　"死于……"　　　　　　　战争

放血仪式　　　　　　"捕获的丘卡……"　"俘虏……"
　　　　　　"加入……"

□ **问题**：玛雅文字与埃及、中国和美索不达米亚的早期文字有何差别？从目的、书写的难易度以及发展为纯粹语音体系的潜力等方面进行思考。

托尔特克（Toltecs）人，其首脑被称为库库尔坎（Kukulcan），他们是 10 世纪时从墨西哥中部的特奥蒂瓦坎移居到尤卡坦半岛的。有些学者认为，他们移居此地是由于羽蛇神（Quetzalcoatl）的传说——传说羽蛇神曾许诺，终有一天他会回到故乡。

托尔特克人显然以其都城奇琴伊察为中心将尤卡坦半岛上半部分控制达数个世纪之久。不过，这里的土地没那么肥沃，比起此前玛雅人的定居地来说，这里更容易遭遇干旱。最终托尔特克文明也走向没落。到 16 世纪初，分裂成许多小国和城邦，包括乌斯马尔和奇琴伊察在内的许多城市都被遗弃了。

● 阿兹特克人

特奥蒂瓦坎没落后，一支叫作墨西卡（Mexica）的民族迁居到墨西哥谷。民间传说他们的最初发源地是阿兹特兰（Aztlan）湖泊中的一座岛屿，然而，没人知道他们真正源自何处。人们根据传说称他们为阿兹特克人（Aztec），这一称呼沿用至今。12世纪的某个时期，阿兹特克人离开故土，带着守护神开始了传奇般的迁徙，到12世纪末，他们定居于墨西哥谷。

与周边邻居相比，阿兹特克人没那么老练，他们起初不得不与更强大的城邦结盟。不过，他们是优秀的战士，并且很快依靠武力成为当地城邦中的佼佼者。阿兹特克人将都城设在特斯科科湖（Texcoco）中的特诺奇蒂特兰（Tenochtitlan）岛，还控制了整个特斯科科湖地区。

15世纪，阿兹特克人对现代墨西哥大部分地区的控制得以巩固，统治范围从大西洋到太平洋，甚至远至危地马拉边界处。新的阿兹特克帝国不是集权制国家，而是各种半自治小部落组成的联盟。为了让帝国有统一的凝聚力，阿兹特克人将他们的战神维齐洛波奇特利（Huitzilopochtli）推为整个帝国数百万人的主神。

政治

如同古代所有伟大的帝国一样，阿兹特克帝国也是独裁制。权力由国王掌握，他既是宗教权威也是世俗权威。阿兹特克统治者宣称其权力来自于神，他们是物质世界与形而上的世界之间的媒介。不过，与同时期其他地区的古代文明不同，阿兹特克国王的王位不是按照严格的继承法获得的。国王去世后，一小群高级官员从王室成员中推选出继任者，这些官员也是王室成员，因此，他们也能角逐王位。国王上任后，由一群大臣组成的议事会充当顾问，议事会带头人是首席大臣，也是整个阿兹特克行政和官僚机构的首脑。中央政府的权力除首都特诺奇蒂特兰外，在其余地方都行之有限。臣服于阿兹特克的各部落有相当程度的自治权，与之相对，它们也要以献出俘虏或实物的形式向中央政府进贡。各部落中最重要的官员是征集税收的税务稽查员。他们用武力胁迫那些没能完成义务即缴纳税收的部落。16世纪初，曾拜访阿兹特克的西班牙人贝纳尔·迪亚兹（Bernal Diaz）如此描述他的印象：

所有城镇都在抱怨蒙特苏马（Montezuma）和他的税收稽查员，不过，他们都在私下议论，因此，墨西卡的使节们并未听到这些怨声。他们说，这些稽查员将他们的一切财产洗劫一空，如果一个人的妻子和女儿特别漂亮，他们甚至当着这个人的面强暴、掳走她们。他们还说，墨西卡人（来自首都的使节）让男人去做苦工，迫使他们把木头、石头、玉米运到陆地或船上，另外还要做其他苦力劳动，如开垦玉米地。而且，他们还抢走了百姓的土地，破坏神像。[1]

社会结构

政府官僚机构中的职位是世袭贵族的特权，他们的血系都可追溯至阿兹特克的起始氏族。贵族家庭的男童被送往修道院学习，在那里接受繁重的体力劳动、严格的军事训练，学习有关阿兹特克的社会和宗教知识。成年后，可以在军队、政府机构中任职，也可以担任祭司。

除贵族之外，阿兹特克的其他人口主要是平民、雇佣劳工、奴隶。大多数雇佣劳工是没有土地的劳动者，受雇为贵族打理土地，奴隶则主要为贵族做家务。奴隶地位并非世袭，奴隶的孩子被认为是自由民。

阿兹特克的绝大多数人是平民。所有平民都是庞大血缘集团即氏族部落（calpullis）的成员。每个氏族往往有上千人，由推选的首脑进行日常管理，该首脑也是氏族部落与中央政府的中间人。每个氏族部落都向国家交税（往往以实物形式）和服劳役的义务。

各氏族都有自己的神殿和学校，管理各自的领地。氏族内的土地是公有的，不可买卖，尽管可以在家庭内继承。在城市，每个氏族都有自己独立的社区，其成员往往有特定的职业，如金属冶炼、石头切割、缝纫、木工、经商等。显然，有相当多的人从事商业活动，在人口密集的墨西哥谷有一半人口居住在城市里。许多农民将其物品经由运河运到市场直接出售。

家庭内部的性别分工非常明确。男孩要接受战争训练，要求他们在成年后从军。女性要在家里做缝纫、

表 6.1　早期中美洲大事记

事　件	时　间
人类抵达美洲	至少 1.5 万年前
农业出现	公元前 8000 年
奥尔梅克文化兴起	公元前 1200 年
奥尔梅克时代结束	公元前 400 年
特奥蒂瓦坎文明	公元前 300 年—800 年
玛雅文明起源	公元前 1000 年初期
玛雅文化古典时代	300—900 年
蒂卡尔被遗弃	870 年
墨西卡人迁居到墨西哥一带	1100 年代末期
阿兹特克王国	1300 年代—1400 年代

---

[1]　B.Diaz, *The Conquest of New Spain*, Harmondsworth, England, 1975, p.210.

抚育儿女，尽管她们也能和自己的兄弟们一样从事神职。在传统社会，孝顺和服从是女性的美德。尽管阿兹特克的妇女比旧世界一些古典文明有更多的合法权利，但她们仍不能与男人平等。妇女可以拥有或继承财产，也可以从商。婚姻通常是一夫一妻制，有时，贵族家庭也会有一夫多妻制。如同当时的大多数社会，往往出于政治或社会关系的需要，婚姻由父母操办。

阿兹特克的阶级极为分明。平民不能进入贵族阶层，偶尔有人也会因才能出色而进入军队或祭司中的高层。如同中世纪的欧洲一样，这些职业往往为那些野心勃勃的平民进入贵族阶层提供了机会。贵族妇女有时会与平民结婚，这样的结合，孩子就可以继承她的头衔，夫家也会待她更好，故而，他们常以这种联姻为荣。

羽蛇神之地：阿兹特克的宗教与文化

和中美洲同时期的其他社会一样，阿兹特克人也生活在多神世界里。学者们已经在阿兹特克神殿里发现了一百多位神。其中一些是自然神，如雨神特拉洛克（Tlaloc）；也有一些是保护神，如阿兹特克人自身的战神象征维齐洛波奇特利。名为奥梅提奥托（Ometeotl）的至高之神是无所不在和无所不能的天之神，但该神可望而不可即。其他诸神，如羽蛇神，对人们生活的影响则更直接。羽蛇神代表着创造力、美德、知识和文化，与印度的湿婆十分类似。按照阿兹特克传说，该神在 10 世纪时离开故土墨西哥谷，许诺将凯旋。

阿兹特克的宇宙学是以存在两个世界——物质世界和神圣世界——的信仰为基础的。他们认为，地球是物质世界，是个扁平的圆盘，四周被水包围。神圣世界包括天堂和地狱，是神灵的居所。人们可以盼望获得天堂般的救赎，但首先必须要经过一个过渡性的阶段——有点类似于基督教的炼狱论——最终才能抵达终点，灵魂终将自由。为了为最后的审判日做好准备并让人们举止有当，所有人都要在青少年时到神学院接受宗教训练，并用余生参与各种宗教仪式。最虔诚者被鼓励学做祭司。接受这种安排后，他们可能在各氏族的地方神庙或特诺奇蒂特兰的最高级别的神殿中服务。不过，在某些方面，可能阿兹特克社会也一直经历着世俗化进程。到阿兹特克文明晚期，球场竞赛显然已经失去了部分宗教意义。赌博之风越来越盛，对赌比赛非常流行。据说，有一个部落每年要向首都特诺奇蒂特兰的王室进贡 1.6 万个橡胶球。

因缘于阿兹特克的创世神话其宗教带有独特的宿命论色彩。创世神话描述了宇宙中善恶两种力量间永不停歇的斗争，从而导致四个世界或四个太阳的形成与毁灭。人们当时所生活的时代是第五个太阳周期。不过，这个世界也注定要毁灭，世间的一切都将灰飞烟灭：

交流与交换

阿兹特克墨西哥的市场和买卖

描写阿兹特克文明最具价值的作品是 1519 年造访墨西哥的西班牙人贝纳尔·迪亚兹的《征服新西班牙信史》（*The Conquest of New Spain*）。以下节选资料中，迪亚兹描述了特诺奇蒂特兰的大市场。

我们先从金银和宝石摊看起，然后是羽毛、布匹、刺绣品摊，后来又看了出售男女奴隶的摊位。许多奴隶被带到市场上出售，就像葡萄牙人从几内亚贩卖黑人一样。他们把链子套在奴隶的脖子后拴在长棍子上，防其逃跑，也有一些奴隶没被拴着。市场上卖粗布、棉花和用粗线织成的纺织品等，也有人卖可可。你在这里能找到整个新西班牙的各种商品，就跟在我们家乡麦迪纳·德尔·坎普（Medina del Campo）的情况差不多，那里的集市是每一列摊子出售同一类商品。这里的大市场也是如此。也有卖龙舌兰布和用龙舌兰做成的绳子以及当地人穿的鞋子。此外，还有煮熟的龙舌兰甜根、各种以龙舌兰为原料的小东西。市场的另一侧出售虎皮、狮子皮、水獭皮、胡狼皮、鹿皮以及其他兽皮，也有獾皮和山猫皮。这些皮有的鞣制过，有的没有。

也有卖菜豆、鼠尾草和各种蔬菜、草药的地方。我们还去了其他地方，看见了卖鸡、火鸡、家兔、野兔、野鸭、小狗等的摊位。此外，也有妇女在另外的地方出售各种水果、熟食、玉米糊和禽类杂碎。还有做成各种形状的陶瓷器具的摊位，器具从大到小，应有尽有。也有出售木材、木板、床、梁木、砧板、长凳的摊位，都各有其摊位。

我们也看到了出售松明和类似东西的摊点。还要提到的是，靠近市场的河滩上，有好多条独木船出售人粪。这是用来造盐或鞣制皮革的，据说没有它，皮革就鞣制不好。我知道，有些绅士会觉得好笑，但这的确是事实。我费许多笔墨介绍这里出售的各种东西，想仔仔细细地介绍，而非一笔带过。

□ 问题：文中提到的哪些东西可能在亚洲、非洲或欧洲的市场里找到？哪些东西又是美洲所独有的？

即便是玉，也终将破碎

即便是黄金，也终将被毁坏

即便是羽神的羽毛，也终将被撕裂……

世间万物不可永存

我们只能短暂驻留[1]

为了延迟审批日的到来，阿兹特克人施行活人祭祀。他们相信，只要通过活人祭祀取悦太阳神惠兹洛波奇特里（Huitzilopochitli），就能延迟世界末日的到来。"祭品"经过复杂的仪式后被带到祭坛，将他的心挖出，供献给神。被选为祭品是种荣耀，俘虏由于代表着阿兹特克人最珍视的勇敢品质而往往成为不二之选。

如同奥尔梅克文明的艺术一样，大多数阿兹特克的建筑、艺术和雕塑也具有宗教性。首都特诺奇蒂特兰城中心有许多献给惠兹洛波奇特里和雨神特拉洛克的大型金字塔。据贝纳尔·迪亚兹说，金字塔的基底相当于欧洲6个城镇中的房子之和，从底部向上呈锥形，顶端是一个平台，有神殿和施行人祭的祭坛。整个金字塔装饰着色彩明亮的绘画和雕刻。

尽管阿兹特克的绘画极少流传下来，但其水平很高。贝纳尔·迪亚兹将其中最出色的作品比照米开朗琪罗之作。

手工匠人使用石头或金银等软金属进行脱蜡铸造。不过，阿兹特克人还没有掌握青铜器或铁的制造术。他们的石雕主要是神像和描绘宗教仪式的作品。最出色者莫过于特诺奇蒂特兰金字塔上一个刻着第五太阳的大圆石盘。

阿兹特克人也发明了表示对象或概念的象形文字。这些符号没有表音意义，还没有构成书写体系，但能传递信息，可能是神职人员或行政官员们做笔记之用。经过训练的抄写员仔细地将这些内容抄录于用无花果树皮制成的纸上。不幸的是，许多记录都在摧毁阿兹特克宗教和文化的过程中被西班牙人毁掉了。

■ 南美洲的早期文明

□ **问题：**环境对南美洲社会的进化起了什么作用？

南美洲是片广袤的大陆，有着极端的气候和地理环境，其北边被宽阔的亚马孙河主宰，它流经密集的热带雨林，水流量为世界河流之最。往南，森林被向西延伸到安

---

[1] M.D.Coe、D.Snow、E.P.Benson, *Atlas of Ancient America*, New York, 1988, p.149.

第斯山脉的草原所取代，安第斯山脉纵贯整个南美洲，从巴拿马海峡延伸到麦哲伦海峡。西边的太平洋沿岸群山连绵，有些地方是世界上干旱的沙漠地带。

人类在南美洲生活的历史超过了 1.2 万年。亚马孙地区的彩绘岩洞中发现的壁画显示，至少在 1.1 万年前的石器时代，这里就有人类居住了。早期人们主要依靠渔猎和采集为生，不过，在公元前 2000 年左右，安第斯山脉北麓边缘地区也出现了灌溉农业的痕迹。同时代的亚马孙河谷地区和安第斯山脉西边也有农业社会，这里的梯田农业遗迹可追溯至 5000 年前。

● 卡罗尔（Caral）

到公元前 3000 年，现在的秘鲁和厄瓜多尔沿海一带出现了复杂社会。有些居住点坐落在沿海地区，但在安第斯山脉流经的河谷也发现了农业文明的痕迹。这里的人们把鱼和农业产品运往内陆地区，交换那里的羊毛和盐。到公元前 3500 年——比中美洲最早的城市还要早 1000 年——南美洲出现了最早的城市定居地。离海岸 14 英里的广为人知的内陆地区卡罗尔，一座 60 英尺高的金字塔顶端发现了有 4500 年历史之久的城市遗迹，其居民从事农业，种植南瓜、豆子和西红柿，也为沿海的渔猎社会提供用来制作渔网的棉布。土地分配类似于古代中国的井田制。

卡罗尔文化在公元前 1000 年前后随着查文（Chavin）文化的出现达到顶峰。"查文"一词来自靠近现今查·德·万塔尔（Chavin de Huantar）城的一个内陆地。遗址中心包括一个巨大的内有画廊和石质天花板的石头神庙以及一个可能是宗教仪式用水的地下管道体系，周边是各种神灵的石雕和两座金字塔。此外，在查文文化遗址还发现了冶金痕迹，出土了铜制和金制物品。卡罗尔文化另一个令人印象深刻的技术成就是在公元前 300 年出现了美洲最早的天文观测台，位于现在秘鲁利马北部山坡上，由 13 个石塔组成。此外，有迹象表明，卡罗尔还有了初步的文字体系。

表 6.2　早期南美洲大事记

事　件	时　间
人类抵达南美洲	公元前 1.05 万年
农业出现	公元前 3200 年
卡罗尔建城	公元前 2500 年
查文文化	公元前 1000 年
莫奇文明	150—800 年
瓦利文化	500—1000 年
奇穆文化	1100—1450 年
印加人占领安第斯山脉中部	1400 年代

● 莫奇（Moche）文明

查文文化到公元前 200 年已经没落。公元 1 世纪初期，秘鲁北部的莫奇河流域出现了另一个先进文明。这一文明的占地面积超过了 2500 平方英里，其都城可容纳 1 万

历史与环境

在《罗马帝国衰亡史》（*The Decline and Fall of the Roman Empire*）中，英国历史学家爱德华·吉本（Edward Gibbon）提出了世界历史学家一直都颇感兴趣的一个问题：曾经一枝独秀、主宰地中海长达五个多世纪的罗马帝国为何衰亡？传统回答聚焦于政治和文化因素，如帝国的过度扩张、道德腐化、军事羸弱、外敌入侵等。不过，新近一些历史学家认为，环境因素——如导水管的毒素、疟疾泛滥、北非地区小麦种植区长期干旱等——至少是古罗马帝国灭亡的因素之一。

当前就环境对罗马帝国的影响的关注反映了历史学家越来越意识到，环境条件可能是关系古代世界几个大国命运的一个关键原因。几乎可以肯定地说，气候变迁或自然灾害导致了印度河流域文明的衰落和崩溃。在美洲，厄尔尼诺现象（由于太平洋海水温度变化造成的气候剧变）造成的大规模洪灾似乎是今天秘鲁境内莫奇文明崩溃的原因之一，而干旱和过度耕种也被认为是中美洲玛雅文明衰落的因素之一。

气候变迁也影响了远古时代结束后国家和民族的命运。干旱和土地的过度利用可能造成了中东地区先进文明的焦点美索不达米亚文明的日渐衰落。土壤侵蚀和气候变冷使维京人试图在格陵兰和北美建立立足点。有时，一些问题出自自作自受，例如太平洋上偏远的复活节岛：900 年前后从西边迁徙来的波利尼西亚人大肆对其破坏，到 15 世纪时，原本相当稳定和平的社会陷入内战和动荡。

当然，气候变迁并非总是对人类社会的繁荣和健康有害。1 万年前，最后一个冰期的气候向暖变现象最终使世界上越来越多的地方适于农耕。厄尔尼诺现象对于有些地区是有利的，对有些地区是灾难性的。但是人类对土地和水资源的滥用始终是定居社会的一大危险，尤其是那些生态环境脆弱的地区。

□ 问题：世界上许多古代文明都由于环境变化而衰败或毁灭。人类的行动能够阻止某些后果吗？如果可以，有什么例子？如何阻止？

居民，有两座 100 英尺高的砖质金字塔。其中，小一点的月亮金字塔占地总面积达到 15 英亩，金字塔还装饰着描述战斗、祭祀仪式和各种地方神的彩绘壁画。

莫奇文化中还发现了其他文物，如金属制品、石像或陶质人像，显示出高超的手工艺水平。整个莫奇河河谷地区都出现了类似情况，表明莫奇统治者的权威可能已经辐射到沿海 400 英里的地方。这些文物也揭示了莫奇文化的人们如同中美洲地区的人们一样热衷于战争。绘画和陶器以及其他石器、金属制品往往描绘的是战士、囚犯或人祭场面。莫奇人迷恋天空，他们的不少艺术作品是由天体符号和天文星座组成的。

环境问题

莫奇河河谷极为干旱，平均年降雨量不到 1 英寸。为弥补自然水的不足，这里的人们通过修建复杂的灌溉系统从河中引水。鼎盛时期，莫奇文化甚为壮观。不过，到 8 世纪，莫奇文化陷入崩溃境地，灌溉渠被废弃了，剩下的人也离开了这里，迁往内陆地区，或是过着严重营养不良的生活。

莫奇文化为何走向如此结局？考古学家们推测可能是由于环境恶化造成的，太平洋上的厄尔尼诺现象使沿海地带常常遭遇干旱和洪水，造成田地淤塞。厄尔尼诺现象"制造"的温暖海水还杀死了当地的海洋生物，严重威胁着当地的渔猎产业。

● 瓦利（Wari）文化和奇穆（Chimor）文化

距离莫奇以南几百英里的地方，创造了瓦利文化的民族从他们的起源地安第斯山脉山脚处向外发展，在今天秘鲁利马沿海一带建立起多个社会。随着莫奇文化的衰退，瓦利文化于 8 世纪逐渐向北扩散，占领了莫奇河河谷的许多地方。在一些学者看来，他们甚至利用了莫奇文化的宗教建筑，并借用了它的宗教象征。在此过程中，瓦利创建了南美洲迄今最广袤的陆地帝国。然而，面对不稳定的环境条件的挑战，瓦利文化屈服了。

公元 1100 年前后，一股新的势力在莫奇河河口出现了，这就是都城位于昌昌（Chan Chan）的奇穆文化。昌昌遗址整个几乎都是土坯，在这个 12 平方英里的地方，居民数可能达 3 万，还有许多被近 30 英尺高的围墙包围着的宫殿。其中通往一座宫殿之路错综复杂宛如迷宫，弯弯绕绕中到达中央庭院，这可能是当时昌昌文化统治者的所在。和此前的莫奇文化一样，奇穆文化的人们也依靠灌溉渠从河中引水入田。复杂的渠道网引水穿过数百英里的丘陵，灌溉着沿海农田。不过，到 15 世纪，由于洪水和一系列地震毁坏了奇穆文化存在的根基即灌溉体系，奇穆文化消失了。

安第斯山脉的这些早期文明与南美洲其他地区并非隔绝。早在公元前 2000 年，安第斯山脉的人们就开始用轻质木头制造的筏在太平洋上冒险。到公元 1 世纪晚期，厄瓜多尔沿海的水手建立起从秘鲁南部到中部，甚至远至 2000 英里外的墨西哥西部的巨大贸易网。贸易的物品包括珠宝、金属制品等。技术交流多半也是这种互通有无的贸易关系的重要副产品。

不过，陆地贸易非常困难。即使有道路往来，山区的险峻也依然障碍多多，整个南美洲大陆唯一的役畜是美洲驼。美洲驼比亚洲常用的骆驼、马和水牛瘦弱得多。这些问题毫无疑问妨碍了距离较远社会间的往来、货物交换和思想交汇，从中国到地中海的各文明的兴盛正得益于这种往来和互通。

● 印加文明（Inka）

奇穆王国最终在 15 世纪被来自遥远南方山区的一股外来力量继承。14 世纪晚期，印加只是秘鲁南部海拔 1 万英尺的山区之城库斯科城（Cuzco）的一支小势力。不过，15 世纪 40 年代，在其强大的统治者帕查库提（Pachakuti，有时也称为 Pachacutec）的带领下，印加人进行了征服运动，并最终将整个秘鲁南部纳入其统治之下。在帕查库提及其继任者托帕·印加（Topa Inka，Inka 一词的意思是统治者）和怀纳·印加（Huayna Inka）的率领下，印加帝国的边界延伸到遥远的厄瓜多尔、智利中部和亚马孙盆地边缘。

四季：印加的政治与社会

帕查库提建立了高度集权的国家。他密切关注数学的精确性，将他的帝国（称为 Tahuantinsuyu，即"四个季节的世界"）分成各个行省和行政区。每个行省有 1 万名居民（至少理论上如此），由一名王室出身的总督进行管理。都城库斯科分成四个区，各区居民的社会地位和经济职能都有明确区分。

印加帝国建立在强制劳动的基础上。往往是整个社区的工人都被强迫跨地区垦荒或从事大型工程建设。在帕查库提的统治下，库斯科从一个满是泥土和茅草的城市变成了一座气势宏伟的石头城。不用砂浆却能将石头墙砌得严丝合缝，这令初睹此墙的欧洲人极为惊奇。库斯科最令人印象深刻的建筑是一座献给太阳神的神庙。据一位西班牙参观者说，"神庙四周的围墙从上到下都覆盖着黄金盘子和板子"[1]。同样让人印象深刻的还有建在乌鲁班巴河边高山上、被遗弃的马丘比丘城（Mach Picchu）遗迹。

---

〔1〕 G.de la Vega, *Royal Commentaries of the Incas and General History of Peru*, Austin, Tex., 1966, H.v.Livermore 译，p.180.

家庭与社会

红颊处女

400 年前，秘鲁酋长写给西班牙腓力三世的一封信（下文节选）为我们提供了了解印加传统社会的一手资料。瓦曼·博玛（Huaman Poma）为印加人民的历史和文化辩护，记载了在西班牙统治下，印加人遭受的苦难。这封信中，博玛详细描述了印加人从生到死的日常生活。他解释了男女的不同分工，从早期教育起就有所区别：男孩们要学习看守羊群、捕杀动物，女孩们要学习染布、纺织、缝制衣服和做其他家务。最有意思的可能是印加人对童贞的重视，以下资料就与此相关。印加神庙中的童贞少女传统让人想起古罗马的类似情况，在罗马，灶神维斯塔神殿中，长达三十年的时间内，选择贵族家庭的童贞少女充任女祭司来照看神殿中的圣火。如果少女失去了童贞，将受到谴责，并被活埋到地下室。

印加有一些妇女被称为阿克拉（accla），即被选择的人，她们要终身守贞。通常被限制在屋内，分成两类，即神圣处女和普通处女。

"红颊处女"从 20 岁起开始履行职责，侍奉太阳神、月亮神和日星神，终其一生都不能与男人讲话。印加瓦纳卡乌里（Huanacauri）神庙中的处女以美丽和仁慈著称。其他一些主要神庙也有许多少女。不那么重要的神庙中则是年龄更大的女性，忙着给神纺织和缝纫衣服。另外，还有一些更低阶层的处女，往往年过四十岁，容颜不再，主要承担一些不太重要的宗教职责，如同普通的裁缝一样，或是在田里干活。

贵族家庭的老姑娘们很擅长在虔诚奉献中忙里偷闲做腰带、头饰、袋子以及其他各类东西。

有音乐天赋的女孩子，会被选出，在宫廷内、婚礼和其他仪式上以及印加一年中的无数节日里唱歌、弹奏乐器。

也有另一类阿克拉，只有部分人保持童贞，她们是生活在宫殿里的贵族家庭的美丽使女和嫔妃。她们用比丝绸更好的材料为国王缝制衣服，也会准备非常好的玉米，还会烹制特别美味的食物。她们也要服侍国王，但绝不屈身于其他男人。

□ 问题：这段资料中，印加妇女的一大主要职责是纺织和缝纫。在其他哪些社会中，妇女也要从事纺织工作？为什么会这样？

印加帝国另一个规模浩大的建设工程是长达 2.48 万英里、从现在的哥伦比亚边境延伸到智利圣地亚哥以南的道路网。其中，有两条南北向的大干道：一条经过安第斯山脉，另一条则沿海而行，两条干道间还有其他道路相连，沿途设有驿站和仓储库。一些河流的两岸，还架设了用纤维编织的悬索桥，两头用石基固定。这些道路的使用仅限于官员和军事目的。受过训练的驿卒迅速将信息从一个驿站传送到另一个驿站，每天可以传递 140 英里。

农村地区，人们主要依靠农业谋生。山区最常见的是梯田，通过灌溉系统将水引入种植土豆、玉米和其他谷物的田间地头。耕种小块田地的集体劳动都由政府分配。如同印加社会的诸多领域一样，婚姻也受到严格制约，男女成员都必须从直系部落中选择婚姻对象。对妇女来说，有一种逃避家庭劳役的生活方式，那就是服务于神庙，一些幸运的少女被作为"天选处子"，侍奉神庙；贵族妇女通过竞选后为库斯科的太阳神庙服务，平民妇女则有望服务于各省神庙。对违背贞洁的处罚极为严厉，乃至于很少有人敢于公然冒犯。

印加文化

如同哥伦布以前拉丁美洲的其他诸多文明一样，印加社会也建立在黩武的基础上。印加军队的规模达 20 万，在整个拉美地区规模最大、实力最强，由普遍的征兵制维持。其军队可沿着道路网迅速调动，并在沿途各驿站休整。由于印加没有轮式车辆，各种装备都用美洲驼运输。一旦某一地区被印加控制，当地居民就要学习印加的通用语言克丘亚语（quechua），并接受印加宗教。印加没有文字体系，却有一种结绳记事的方法，即奇普（quipu），这种方法由受过专业训练的官员掌握，能够记载具有数字性质的一切数据。无法用这种方式记录的东西则依靠记忆和口述。这种实践显然并非印加独创。卡罗尔也发现了可追溯到 5000 年前的一些奇普碎片。这种现象显然并非美洲仅有。中国的典籍《道德经》中就曾指出，"使人复结绳而用之"。

如同阿兹特克和玛雅一样，缺乏健全的文字系统并没有阻碍印加取得高水平的文化成就。留传至今的大部分印加文化成就都是西班牙人记载的，体现的是精英阶层的娱乐。印加有发达的宫廷戏剧，既有悲剧也有喜剧。此外，还有一些诗歌，主要是无韵诗，往往为簧乐器伴奏。印加的建筑技术也很惊人，库斯科的大型石质建筑遗迹马丘比丘惊人的山顶宫殿就是典型。

■ 美洲的无国家状态

□ **问题：**美洲无国家社会的主要特点是什么？美洲各文明间有哪些相同与不同之处？

在中美洲和安第斯山脉山脊之外的北美大平原、南美洲亚马孙流域、加勒比海各岛屿，人们开始掌握了农业技术，建立了有组织的社会。

尽管人类定居美洲初期，人们就已经占领了北美洲的诸多地方，但以农业为生存手段的转变至少到公元前3000年才开始出现，而大多数地区要更晚才出现这种变化。此前，大多数北美洲人主要依靠渔猎和采集经济为生。

● 东部林地

大概在公元前3000年，东部林地（北美洲东部从大湖流域到墨西哥湾一带）开始有体系地种植本土植物来获取食物。由于野生食物越来越稀少，一些地方开始更加重视种植谷物。这种变化首先出现在从俄亥俄、印第安纳和伊利诺亚到墨西哥湾的密西西比河河谷。种植谷物中最常见的是玉米、南瓜、豆子和各种蔬菜。

随着北美地区人口的增加，人们也开始向村落聚居，农耕社会在冲积平原上形成，河水冲积形成的淤土层养分富足，可以种植数年。这些社会还出现了调解争端的村治会，在一些地区，几个村庄联合起来，推举地方头人进行治理。城市也开始出现，有些城市的居民有1万人甚至更多。俄亥俄霍普韦尔文化（Hopewell culture）的居民为了寻找满足其经济需求和宗教信仰的金属、贝壳、黑曜石及其制造品，活动范围从苏必利尔湖延伸到阿巴拉契亚山脉和墨西哥湾。

● 卡霍基亚（Cahokia）

今伊利诺伊州东圣路易斯附近的卡霍基亚，考古学家发现了一个高超过98英尺的墓葬，其底部比埃及大金字塔还大。周边还发现了一百多个小土堆。卡霍基亚占地近300英亩，四周围以木栅栏，显然，到13世纪衰落前，这里都是周边地区的都城。卡霍基亚的居民超过2万人，一度是北美洲最大的城市，直到9世纪初期，其规模才被费城超过。卡霍基亚与其他社会进行广泛的贸易往来，有迹象显示，它与中美洲的一些文明有常规性交往。不过，战争并非罕见，生活在今宾夕法尼亚州、纽约以及加拿大南部部分地区的易洛魁人（Iroquois）通过战争建立了易洛魁部落联盟。

● 古代普韦布洛人（Pueblo）

密西西比河盆地西部的大多数美洲人以狩猎或采集为生。公元1000年前后，农业知识逐渐溯河而上传播到北美大平原，科罗拉多州等地也出现了农业。从新墨西哥北部和亚利桑那到科罗拉多西南部和犹他州的南部部分地区，出现了广袤的农业社会。尽管尚未发明轮式工具，也没有使用畜力，但这些古代的普韦布洛人建立了道路网，促进了技术、产品和思想的广泛交流。到 9 世纪，灌溉技术的掌握，扩大了瓜类和豆类种植。以新墨西哥南部查科峡谷（Chaco Canyon）为中心，一个有围墙的城市拔地而起，内有数十座被称为普韦布洛（pueblos）的木头屋顶的三层建筑。宗教活动在两个被叫作基瓦（kiva）的圆形大房间进行。鼎盛时期的普韦布洛·博尼托（Pueblo Bonito）建筑数百、居民数千。12 世纪中期，普韦布洛人北迁到科罗拉多南部的梅萨韦德（Mesa Verde）。起初，他们主要居住在梅萨韦德山顶，后来撤退到了周围峡谷的悬崖边上。

13 世纪晚期，就连梅萨韦德也被遗弃了，居民们向南迁徙。他们的后代祖尼人（Zuni）和霍丕人（Hopi）占领了亚利桑那中部和新墨西哥。多年来，考古学家认为，严重干旱是人们迁徙的主因，不过，新近发现的证据表明降雨量减少并非迁徙的充分理由。气候变迁引发的频繁自相残杀可能也是迁徙的原因之一。一些考古学家指出了普韦布洛·博尼托同类相食的证据，他们表示，南来的移民激发了普韦布洛社会的激烈竞争。不管怎样，随着日益严重的干旱以及从西班牙人中引入马匹的增加，16 世纪，狩猎复兴了，阿帕奇（Apache）和纳瓦霍（Navajo）等游牧民族主宰了北美洲西南部的大部分地区。

● 南美洲：阿拉瓦克

南美洲安第斯山脉东部的其他一些美洲社会也开始向农业社会转变。最突出的是阿拉瓦克，这是居住在现在委内瑞拉奥里诺科河（Orinoco）流域的一支民族。他们在河岸种植木薯（现在人们还用来生产木薯淀粉），逐渐移居到沿海地区，并继续向东朝南美洲大陆北部沿海迁徙。一些人在加勒比海的岛屿上定居。在这些新的定居岛屿，他们过着渔猎和农耕经济相结合的生活，种植玉米、豆子、南瓜、花生、胡椒和菠萝等。随着人口增长，这里出现了村庄水平的政治组织，也出现了以权力包括掌控经济在内的酋长为首脑的社会阶层。阿拉瓦克施行人祭，一些城镇中心也有球场，表明它们可能与中美洲有所联系。

在大多数类似社会里，明显的阶级区分尚未出现，男女地位平等。男人负责狩猎、作战和处理外部事务，妇女则种植作物、分配食物、操持家务并养育子女。他们的角色和分工互补，往往被认为是神圣的。通常情况下，北美洲无国家社会中的妇女比起同时期的非洲和亚洲的河流文明来说，往往更受尊重。

● 亚马孙流域

亚马孙流域也出现了大量的人类活动。由于这里的土壤缺乏足够的养分以支撑大量人口，学者们一直怀疑这里能否出现先进的社会。不过，最近的考古发现表明，在某些地区，腐烂的有机物质带来了适合农业生产的肥沃土壤，如靠近现代港口城市圣塔伦（Santarem）的地方，可能曾经存在大规模的农业社会。要更多地了解这一此前我们尚不知晓的社会，必须等待进一步的考古发现。

━ 本章小结

史前较晚时期人类才进入美洲。接下来的数千年里，他们的后代不得不应对美洲与世界其他地方整体隔绝的环境的挑战。然而，在公元前5000年前后，农业定居点开始出现在中美洲与南美洲的河谷地带和山地。不久之后——用历史时间来说——有组织的社会开始向先进技术社会发展。尽管生活在美洲的总人口数尚存争议，但据估计，可能在1000万到9000万。

最令人吃惊的是，西半球的文明发展与其他地区的文明发展进程何其相似。灌溉农业、长途贸易、城市化和文字体系都是先进社会出现的典型标志。

当然，有些相似性没有太大吸引力。西半球的各社会比起其他地方同时代的各社会来说，对战争有些上瘾。活人祭祀的广泛化让人想起其他古代社会的类似情况。我们尚不了解美洲人的两性关系，但性别的角色分工显然与亚洲和地中海一带文明同样明显。

在一些领域，美洲各社会的技术水平不如其他地区的文明先进。它们还未掌握炼铁技术，也没有发明轮式工具，文字体系还处于萌芽阶段。这种技术差距的原因可能在于：

首先，地理上的隔绝。不仅仅是美洲与其他大陆的隔绝，有些时候，美洲各地之间也互相隔绝，这导致美洲各社会难以如其他文明一样通过相互交流思想而进步。美洲各社会之间的联系由于地形和环境的多样而更为困难。

其次，美洲受自然的庇佑更小。如同社会学家贾雷德·戴蒙德所指出的，美洲没有那么多可以让人们从狩猎和采集经济转为农业经济的可食用植物，也没有大量被驯养的用来吃或运输的大型动物（晚期智人抵达美洲前的最后一次冰川期，马在西半球消失了）。直到欧洲人抵达美洲后，这些可食用植物和大型动物才大规模在美洲被人类利用。[1]

这些不利因素可以解释早期美洲人在适应环境方面遇到的难题。有意思的是，农业的蔓延和城市化的提升也导致了传染病的上升。同样重要的是，如同其他地方一样，美洲许多人类早期文明的终结既因环境变化和疾病所致，也与战争密不可分。下一章，我们将回到亚洲。在那里，新的文明正在取代古代帝国。

▬ 本章思考

— **问题1**：地理和气候是怎样影响早期美洲社会的兴起与衰落的？在同时期的世界中，地理和气候起到了类似的作用吗？

— **问题2**：公元第一个千年末期，哪些原因造成了玛雅文明的衰落？考古学家认为哪些原因更具说服力？

— **问题3**：哥伦布抵达美洲以前的时代，美洲各社会有哪些共同性？美洲各社会是否像世界其他地区的社会一样存在着技术和文化的经常性传递和传播？

▬ 拓展阅读

有关美洲早期文明。早期美洲文明的翔实论述，可参考 M.D.Coe、R.Koontz，*Mexico：From the Olmecs to the Aztecs*，6th，ed，New York，2008。近期对哥伦布以前的美洲历史的论述，可参考 C.Mann，*1491：New Revelation of the Americas Before Columbus*，New York，2006，以及 W.Polk，*The Birth of America*，New York，2006。

有关玛雅文明。可参考 D.Webster，*The Fall of the Ancient Maya：Solving the Mystery of the Maya Collapse*，London，2002；J.Sabloff，*New Archeology and the Ancient Maya*，New York，1990。宗教的对比研究，可参考 B.Fagan，*From Black Land to Fifth Sun，Reading*，Mass.，1990。

有关古代南美洲。可参考 G.Bawden，*The Moche*，Oxford，1996。有关印加文明，

---

[1] J.Diamond，*Guns，Germs and Steel：The Fates of Human Societies*，New York，1997，pp.187—188。

可参考 N.Thomson，*A Sacred Landscape*：*The Search for Ancient Peru*，Woodstock，N.Y.，2006。

有关古代美洲的艺术、文化、环境。古代美洲的艺术和文化，可参考 M.E.Miller，*Maya Art and Architecture*，London，1999；E.Pasztory，*Pre-Columbian Art*，Cambridge，1998；M.Leon-Portilla、E.Shorris，*In the Language of Kings*，New York，2001。有关美洲的文字，可参见 M.Coe，*Breaking the Maya Code*，New York，1992；G.Upton，*Signs of the Inka Quipu*，Austin，Tex.，2003。有关美州的环境问题，可参考 B.Fagan，*Floods，Famine，and Emperors*：*El Nino and the Fate of Civilizations*，New York，1999；J.Diamond，*Collapse*：*How Societies Choose to Fail or Succeed*，New York，2005。

第 7 章

中东的萌发：伊斯兰教的兴起

570 年，阿拉伯城市麦加，一个将改变世界历史进程的婴儿出生了，这便是穆罕默德。穆罕默德的父亲是个商人，他成长于时代交替之际：曾经统治中东的罗马帝国已是遥远的回忆，现在的中东地区分裂成许多矛盾重重的国家，人们的信仰也各不相同。

据传，年轻的穆罕默德特别关注当时社会的腐败和堕落，他在麦加城外的山上苦思冥想。一次冥想中，他确信自己受到了真主安拉的启示。穆斯林相信，这是天使加百利（Gabriel）带给穆罕默德的信息，他下令穆罕默德宣讲他得到的启示。最终，这些都被记录在伊斯兰教的经典《古兰经》中，激励了世界数百万信徒。据流行说法，加百利还带着穆罕默德乘仙马夜行天堂，安拉领着穆罕默德遨游天堂和地狱，这样，当他回到尘世时，就能引导信众了解另一个世界的景象。

穆罕默德去世后的几十年里，中东再度统一。起初的胜利主要基于充满活力的新宗教所带来的政治和军事上的成功，由数千信众将其信仰扩散到邻近地区。不管怎样，伊斯兰教信仰和文化给阿拉伯军队占领的所有地区带来了深远影响。起初，阿拉伯人的信仰和风俗——如同穆罕默德教义中所反映的——改变了阿拉伯帝国的社会和文化。最终，中东地区长期以来的独特政治和文化力量重新彰显自身影响。阿拉伯帝国在派系斗争中走向衰落与毁灭。

阿拉伯人的征服仍然留下了强大的历史遗产，在阿拉伯政治力量衰退后仍继续存在。伊斯兰教的意识形态和情感诉求在整个中东地区仍然强烈，并最终扩散到未被阿拉伯军队占领的地区，如印度次大陆、东南亚和撒哈拉以南非洲。

■ 伊斯兰教的兴起

□ 问题：伊斯兰教的主要教义是什么？它与犹太教和基督教有何异同？

阿拉伯人是亚洲西南部说闪米特语的一支古老民族。公元前5世纪，希腊文献中就有关于他们的记载，甚至在更早的《旧约全书》中也有对他们的描述。希腊历史学家希罗多德将阿拉伯的名称用于整个半岛，称之为阿拉伯半岛。公元前106年，罗马人控制了阿拉伯半岛，将其变为罗马帝国的一个行省。

罗马帝国时代，阿拉伯半岛的主要居民是贝都因（Bedouin）阿拉伯人，他们是源自阿拉伯半岛北部的一支游牧民族。贝都因部落的统治者被称为酋长（sheikh），由一群长者组成的委员会马吉利斯（majlis）从上层家庭中推选而出。酋长在委员会的许可下统治部落。各部落施行自治，但又有对该地区所有氏族部落的大团结的忠诚感。早期贝都因人主要依赖养羊或劫掠过往商人谋生，公元前2000年，骆驼被驯化后，贸易兴起，他们遂成为波斯湾与地中海间的主要贸易商。

前伊斯兰教时期的阿拉伯人崇拜多神，最高神是安拉（Allah）。宗教信仰是共同的，涉及所有部落成员，没有祭司。人们还信仰各种自然物的神，如树木、河流、山川，至高神以一块神圣石头为象征。每个部落都有各自的圣石，到穆罕默德时代，麦加城中克尔白（Ka'aba）神殿的一块巨大的黑色陨石被认为尤为神圣。

5—6世纪，阿拉伯半岛的经济重要性突现起来。由于美索不达米亚——东罗马帝国与波斯帝国间长期战争导致的——以及埃及的政治动荡，直接经过阿拉伯半岛或顺着红海而下的贸易路线越来越危险，第三条贸易路线即穿过麦加从地中海到也门并穿越印度洋的路线渐受欢迎。阿拉伯半岛部分地区受益于这种变迁，并在地中海与印度洋各国间的贸易中占据了更大的份额。沙漠地区的贝都因人与城镇间日益富裕的商人阶级的联系越来越紧密。

● 穆罕默德的地位

穆罕默德用他的精神以无可争辩的速度统一了阿拉伯世界。

穆罕默德（570—632年）生于麦加的一个商人之家，6岁时父母双亡，成年后的他成了一名大篷车车队管理者，后来娶了他的雇主、富裕的寡妇赫迪亚（Khadija）为妻。穆罕默德是当地古莱西部族哈什米特（Hashemite）家族的成员，在麦加经商好几年，据传，穆罕默德显然受到贝都因人诚实慷慨的价值观与富裕城市精英的贪婪行为间不断加深的鸿沟的困扰。高度关注这些问题的穆罕默德开始在周边的山上冥思。其间，他遇到了天使加百利。加百利令穆罕默德传播他获得的天启。

据说穆罕默德熟悉犹太教和基督教信仰，并相信尽管安拉已经通过摩西和耶

电影与历史

《使者》（*The Message*，1976 年）

多年来，好莱坞拍摄了无数反映早期基督教的商业电影。相反，讲述其他宗教——如佛教、印度教和伊斯兰教——的影片少之又少。伊斯兰教题材电影稀少，部分原因在于它有禁止描述先知穆罕默德人物形象的禁令。近些年来，人们对欧洲媒体上出现的穆罕默德形象描述的反应表明，这一问题在世界各穆斯林社会中仍高度敏感。

1970 年代，叙利亚籍美国导演、本身就是穆斯林的穆斯塔法·阿卡德（Moustapha Akkad）就西方各国对伊斯兰教教义的普遍无知深感失望。因此，他决定拍摄一部在欧洲和美国上映的反映穆罕默德一生的长篇故事片。他在美国没找到资金支持，后来从利比亚领导人穆阿迈尔·卡扎菲处得到援助。1976 年，这部影片的英语版和阿拉伯语版公映。

影片着重对先知穆罕默德从 610 年开始传教到 630 年回到麦加的这段经历进行了准确而富有同情心的描写。为了缓和穆斯林的情绪，影片并未出现穆罕默德的形象和声音。他的妻子、女儿、女婿也未在银幕上出现。对他们的相关叙述是通过穆罕默德的朋友、信徒们的评论与行为进行的，尤其是由美国演员安东尼·奎因饰演的穆罕默德的叔叔哈姆萨。

影片在利比亚和摩洛哥取景，对 7 世纪初期伊斯兰教在阿拉伯半岛形成做了生动描述。尽管影片并未涉及伊斯兰教信仰中更深层的方面，但却突出了伊斯兰教人性化的一面，包括尊重妇女、反对奴隶制、真主面前人人平等。穆罕默德和信徒们被描述为和平之使，他们的暴力只是面临敌人伤害时不得不为之的自保之举。

影片节奏缓慢，稍显冗长，但《使者》（也称为 *Muhammad：The Messenger of God*）却是一部出色的影片，片中也有许多激烈的战斗场面。通过观看此片，可以对穆罕默德的人生以及他的信仰有比较准确的了解。

稣——通过希伯来和基督教传统——部分揭示了其启示，但最后的启示得由他来完成。这些启示最后经过口述形成了伊斯兰教的典籍《古兰经》（伊斯兰的本意是归顺、服从，即表示服从安拉的旨意）。《古兰经》包括了安拉的追随者即穆斯林生活的各种准则。如同基督徒和犹太教信徒一样，穆斯林也是"经书之民"（people of the book），即以经书为基础的信仰者。

穆斯林相信，穆罕默德回家后，遵照加百利的指示，向麦加民众宣讲所获得的启示。起初，许多人认为他是个疯子或骗子。其他人毫无疑问地认为，他对传统信仰和腐败社会的激烈抨击极大地动摇了社会和政治秩序。然而，布道 3 年后，他只得到了 30 名追随者。

可能是受到他的追随者遭遇的系统性迫害（据说这种酷刑让人想起早期基督徒所遭受的虐待）和麦加人不买他的账的打击，622 年，穆罕默德及亲信（大部分来自于他的哈什米特家族）离开麦加，前往雅什里布（Yathrib），即后来的"先知之城"麦地那。这次逃离历史上称之为希吉来（hegira，即迁徙），是伊斯兰教历的元年。在麦地那，穆罕默德未能实现其最初目的——让麦地那的犹太人皈依他的信仰。不过，他成功获得了不少麦地那居民以及周边农村中贝都因人的追随。通过这种融合，他建立了最早的穆斯林公社乌玛（umma）。后来，穆罕默德带领一支庞大的军队回到他的出生地，征服了麦加，让麦加人皈依了新信仰。630 年，穆罕默德象征性地造访了克尔白神庙，并再次宣布这是伊斯兰教的圣物，下令摧毁传统信仰中的各种偶像。两年后，穆罕默德去世，此时伊斯兰教正开始向整个阿拉伯半岛传播。

● 穆罕默德的教义

和基督教、犹太教一样，伊斯兰教也是一神论宗教。安拉是无所不能的神，创造了宇宙以及宇宙中的万物。伊斯兰教关心的是救赎并许诺来生。那些希望得到救赎和实现来生的人必须遵从安拉的旨意。不像基督教，伊斯兰教并未宣称它的创造者具有神性。穆罕默德与亚伯拉罕、摩西以及其他《旧约全书》中的人物一样——是先知，是如其他人一般的凡人。按照《古兰经》的说法，早先的先知败坏了安拉的天启，安拉遂通过穆罕默德发出完整的启示。

伊斯兰教的核心是《古兰经》，其基本理念是，除了安拉外再无别的神，穆罕默德是安拉的先知。《古兰经》共有 114 章，穆罕默德去世后由一个委员会起草完成，《古兰经》不仅是伊斯兰教的唯一圣书，也是伦理指南、法典，以及政治理论的集合体。

伊斯兰教的发展中形成了许多基本教义，核心是要服从安拉的意志。这意味着信徒们要遵循一个基本的由伊斯兰教五大支柱组成的道德准则：坚信除了安拉外，再无其他的主，穆罕默德是安拉的先知；一天要礼拜五次，聚礼日须在星期五中午时敬拜安拉；每年须有斋月，斋月中，从黎明到日落间不可饮食；如果可能，一生至少要去麦加朝觐一次；施天课（zakat）即施舍穷人。遵守法律的忠诚信徒可以保证在永恒的天堂（天堂即豪华的乐园，这种观点与东正教有些类似）中有一席之地，享受在阿拉伯沙漠中显然没有的极乐。

伊斯兰教不仅是一整套宗教信仰，也是一种生活方式。穆罕默德死后，伊斯兰学者欧莱玛（Ulama）撰写了一部法典，即沙里亚（Sahri'a），为信众提供了一套规范日常生活的法规。沙里亚的许多内容来自现存的法规或《圣训》（Hadith），即用以补充《古兰经》的先知言论集。

信徒们要严格遵守行为准则。除五大支柱外，穆斯林不能赌博、吃猪肉、喝含有酒精的饮品，不能有不诚信的行为。性道德也非常严格。未婚男女不能来往，理想的婚姻由父母安排。按照贝都因人的习俗，允许一夫多妻，但穆罕默德试图通过限制男性最多只能娶四个妻子来约束这种行为。

《古兰经》的传统阐释与内在含义在多大程度上能经得起历史分析，这是个争议性话题。考虑到缺乏可证实的证据，穆罕默德的生活环境以及他在奠定伊斯兰教过程中的地位仍然值得高度质疑。毫无疑问，许多穆斯林担心严格的考察可能会损害伊斯兰教信仰的核心教义。与此相关的一个问题是，已知最早版本的《古兰经》并不包含现代阿拉伯人用来区分意义的分音符号，从而使这一圣典在文本上有不少模棱两可之处，也留下了各种阐释的空间。

■ 阿拉伯帝国及其继任者

□ 问题：为什么阿拉伯人能够在 7—8 世纪迅速扩张并成功建立起一个帝国？

穆罕默德的去世令他的追随者们陷入两难之境。尽管穆罕默德没有宣称过他有神性，但穆斯林认为政治和宗教权威不存在分野。服从安拉的旨意意味着服从先知穆罕默德。据《古兰经》所言，"谁服从使者，谁确已服从了安拉"[1]。穆罕默德的个人魅力型权威以及政治技巧是他成功的关键。不过，穆斯林在穆罕默德是否指定了继任者这一问题上从未达成一致。穆罕默德有好几个女儿，但没有儿子。在当时男性主导的社会，谁能领导一个有信仰的团体呢？

穆罕默德去世不久，他的一些亲信便推选麦地那富商、穆罕默德的岳父，也是他的最早支持者阿布·巴卡尔（Abu Bakr）为哈里发（caliph，字面意思是继承者）。哈

---

〔1〕 M.M.Pickthall 译: *The Meaning of the Glorious Koran*, New York, 1953, p.89.

里发是伊斯兰社会的世俗领袖，一般也被认为是宗教领袖或伊玛目（imam）。在阿布·巴卡尔的精明领导下，成功压制住了阿拉伯半岛一些贝因部落中的派系倾向，伊斯兰教开始将注意力转向更广泛的领域。在对付敌人的过程中，穆罕默德利用了阿拉伯部落的抢劫习俗。现在，他的继任者也运用同样的习俗扩张伊斯兰教的权威。

人们常常用吉哈德（Jihad）一词来形容穆罕默德去世后伊斯兰教的扩张运动。这一词语在《古兰经》中出现过几次，似乎含有多重意思，类似于英语中的 crusade 一词。有时吉哈德被用作形容"努力靠近主"，是鼓励信徒与自身之恶做斗争的一种手段。不过，在一些情况下，它被翻译为"圣战"，用来正义化伊斯兰教的对敌行动。

● 帝国的创建

在穆罕默德继任者的率领下，阿拉伯人实现了统一，随后，立即将目标外转向了此前互相敌对的邻近地区的民族。拜占庭帝国和萨珊帝国最早感受到了新近统一、因共同信仰而热情饱满的阿拉伯人的威力。636 年，穆斯林在死海北部的雅穆克河击败了拜占庭军队。四年后，占领了拜占庭的叙利亚行省。在东边，阿拉伯人在 637 年打败了波斯军队，随后在 650 年征服了整个萨珊帝国。同时，埃及以及北非其他地区也被阿拉伯统治了。

伊斯兰教在 7 世纪初期兴起后，为什么阿拉伯人的扩张如此迅速呢？历史学家提出从阿拉伯半岛长期干旱到伊斯兰教领袖渴望引导新近皈依者发挥力量等解释。另一种假设是，阿拉伯人的扩张是因为麦加统治精英精心谋划以扩张他们的贸易路线、占领更多的生产区。不管怎样，伊斯兰教统一贝都因民族的能力肯定起了作用。拜占庭帝国与波斯帝国之间互相消耗对方的战争使阿拉伯人的胜利容易了许多，然而，贝都因的军事实力和机动性也不容小觑。在诸多才华横溢的将军的带领下，阿拉伯人组织起了一支庞大英勇的军队，战死沙场者将在天堂有一席之地，这一信念促使士卒越战越勇。

倘若军事中占了上风，阿拉伯对所征服地区的管理就往往比较宽容。有时候，由于受过训练的阿拉伯行政管理人员不足，只得由当地官员管理征服地区。是否皈依伊斯兰教往往也成了自愿，如《古兰经》中所说，"对于宗教，绝无强迫"[1]。那些不愿信教的人只需服从穆斯林的统治，交人头税就可免除所有穆斯林男性都需承担的兵役。

---

〔1〕 T.W.Lippman, *Understanding Islam：An Introduction to the Moslem World*, New York, 1982, p.118.

在这样的背景下，比起拜占庭帝国或萨珊王朝，当地人往往更欢迎阿拉伯人的统治。而且，新宗教简单直接的特点及平等性（安拉眼中人人平等）毫无疑问对阿拉伯半岛之民非常有吸引力。

● 倭马亚王朝（Umayyads）的崛起

日益强大的阿拉伯帝国的主要挑战来自于内部。穆罕默德的一些支持者不同意推选阿布·巴卡尔为第一任哈里发，他们推出穆罕默德的侄子兼女婿阿里（Ali）为哈里发。事实上，阿里也没有得到其他阿拉伯领导人的认同，阿布·巴卡尔去世后，穆罕默德的另一位追随者乌玛（Umar）接任哈里发。656年，乌玛的继任者奥斯曼（Uthman）遭暗杀身亡，当时恰好在麦地那的阿里最终成为哈里发。据传，阿里的竞争者们认为他与前任哈里发之死有牵连，阿拉伯帝国领导层内部由此引发派系斗争。661年，阿里被暗杀，叙利亚总督、阿里的主要竞争对手之一穆阿维叶（Mu'awiya）取而代之。穆阿维叶随后将哈里发变为其家族内部的世袭制，建立了倭马亚王朝。新哈里发在首都大马士革统治了近百年。

伊斯兰教内部的派系斗争并没有终结阿拉伯的扩张。8世纪初，阿拉伯在地中海最西边和最东边发起进攻，越过北非，征服了居住在地中海沿岸及山地和内陆地区的柏柏尔人。穆斯林船队占领了地中海东部的几个岛屿。710年，阿拉伯军队及柏柏尔盟军在塔里克（Tariq）的指挥下，穿过直布罗陀海峡占领了西班牙南部。因内战而早就衰弱不堪的西哥特王国很快灭亡。到725年，伊比利亚半岛的大部分地区成了伊斯兰国家，都城为安达卢西亚。七年后，一支阿拉伯军队直入法兰西南部，在图尔与普瓦捷之间被查理·马特（Charles Martel）击败。这是阿拉伯骑兵第一次在纪律严明的法国步兵面前棋逢对手。一些历史学家认为，内部虚空使入侵的阿拉伯军队在尚未被法兰克人击败的情况下就撤退了。不管如何，图尔或普瓦捷战役是阿拉伯人在欧洲扩张的顶峰。

717年，另一支阿拉伯军队向君士坦丁堡发起进攻，希望摧毁拜占庭帝国。不过，拜占庭帝国用混合了生石灰和硫的希腊火药摧毁了阿拉伯舰队，拯救了拜占庭帝国。倘若君士坦丁堡陷落，阿拉伯人入侵东欧的门户就此打开、可以说，拜占庭帝国也间接拯救了基督教欧洲。拜占庭帝国与阿拉伯帝国由此在小亚细亚南部建立了不稳定的边界。

● 继承问题

阿拉伯的势力也向东扩张，巩固了对美索不达米亚和波斯的统治，并向北扩张到中亚地区。然而，派系争端长期困扰着阿拉伯帝国。不少非阿拉伯裔的穆斯林憎恨地方行政官员偏袒阿拉伯人。有些时候，这种憎恨引发了暴动，如伊拉克，由于阿里的次子侯赛因（Hussein）质疑倭马亚王朝的合法性，鼓动他的支持者即后来的什叶派（源于阿拉伯语，意思是阿里派）于680年起而反抗倭马亚王朝。尽管侯赛因的军队被击败，侯赛因本人也在战斗中身亡，但什叶派与逊尼派（通常被翻译为正统派）之间的嫌隙却持续至今。

倭马亚王朝的统治总是"政治大于虔诚"［语出历史学家亚瑟·戈尔德施密德（Arthur Goldschmidt）］，不仅在美索不达米亚引起人们的怨愤，在北非也是如此。北非，特别是沿海平原南边山地的柏柏尔人一直反对阿拉伯人的统治。批评者说，倭马亚王朝的灭亡终因其堕落而咎由自取。据说，有位哈里发过着酒池肉林的生活。最终，750年，穆罕默德叔叔的后人阿布尔·阿拔斯（Abu al-Abbas）推翻了倭马亚王朝的统治，在今天伊拉克境内建立了阿拔斯王朝（Abbsid，750—1258年）。

● 阿拔斯王朝

阿拔斯王朝的哈里发给伊斯兰世界带来了政治、经济和文化变革。他们试图打破阿拉伯穆斯林与非阿拉伯穆斯林之间的界限，将自己的宗教立于正统之地。所有穆斯林都可以担任文职和军职。这种变化推动了伊斯兰文化对被占领地区的文明的影响。许多阿拉伯人开始与被征服地区的人通婚。在伊斯兰世界的许多地方，尤其值得注意的是北非和地中海东部，绝大多数皈依者开始认为自己是阿拉伯人。762年，阿拔斯将首都迁到远离倭马亚王朝首都大马士革的底格里斯河流域的巴格达。新首都地处底格里斯河与波斯湾的水上交通枢纽，地中海与中亚的贸易路线也经过这里，战略地位优越。向东迁移也让波斯的影响更深，促成了文化的新定位。在阿拔斯王朝的统治下，人们认为理想的公民是法官、商人和政府官员，而非战士。

阿拔斯王朝的统治

到9世纪前，新任阿拔斯哈里发的统治都在辉煌期。这一阶段最著名的哈里发是哈伦·拉希德（Harun al-Rashid，786—809年在位），也被称为"正直的哈伦"，他的统治期被形容为阿拔斯哈里发的黄金时代。其子玛蒙（al-Ma'mun，813—833年在位）是位学术赞助人，创建了天文观测台，为古典希腊著作的翻译奠定了基础。同时，这也是经济不断繁荣之时。阿拉伯人征服了罗马帝国不少最富裕的行省，控制了通往东方的通道。巴格达成为通往欧洲、中亚和非洲的巨大商业中心，极大地扩充了伊斯兰世界的财富，促进了文化、思想、技术在世界各地间的交流。来自中国的造纸术被引入伊斯兰世界，并最终传播到了北非和欧洲。来自印度和东南亚的水稻、蔗糖、高粱和棉花等作物向西扩散，而玻璃、酒、靛蓝染料等又传到了中国。在阿拔斯王朝时期，哈里发越来越君主化。他们更多的属于世俗统治者而非宗教领袖，在诗歌中被描述为"神的哈里发"，他们实行专制统治，很难将他们与邻近国家的国王或皇帝区分开来。13 世纪时，中国人赵汝适以游历为基础编写的世界地理志（《诸蕃志》）曾这样形容一位哈里发：

> 王头缠织锦番布，朔望则戴八面纯金平顶冠，极天下珍宝，皆施其上。衣锦衣，系玉带，趾间金履。其居以玛瑙为柱，以绿甘为壁，以水晶为瓦，以绿石为砖，以活石为灰。帷幕之属，悉用百花锦，其锦以真金线夹五色丝织成。台榻饰以珠宝。阶砌包以纯金。[1]

随着哈里发越来越世袭专制，协助他管理越来越庞大的帝国的官僚机构也日渐冗杂。哈里发有一个以维齐尔（vizier，即宰相）为首的顾问委员会，称为迪万（diwan）。哈里发参会时，并不按照常规方式进行，而是坐在屏风后，将旨意传给维齐尔。有些历史学家认为，哈里发的这种变化来自阿拔斯王朝迁都巴格达后受到不断深入的波斯人的影响。的确，波斯的影响强大（例如，哈里发玛蒙的母亲就是波斯人），但更可能的是，越来越大的排场是阿拉伯帝国实力和财富日益增加的自然结果。

不稳定因素与分裂之局

然而，繁荣的表面下潜伏着不稳定因素。宗教权威的缺乏削弱了哈里发与其潜在对手竞争时的实力，继承人争端最为普遍。哈伦死后，他的两个儿子阿明（Amin）与玛蒙为争夺继承权，引发了内战，最终，巴格达被摧毁。12 世纪的穆斯林史学家马斯欧迪（al-Mas'udi）这样描述："大厦倾塌，最瞩目的古迹消失了，物价飞涨……手足相残，父子反目，一些人支持阿明，另一些人则与玛蒙为伍。房屋宫殿付之一炬；繁荣景象一去不返。"[2]

财富助长了财政腐败。阿拔斯王朝的哈里发给朝廷宠臣奖励各种要职之举削弱

〔1〕 *Chu-fan-chi*, New York, 1966, F.Hirth、W.W.Rockhill 译，p.115.

〔2〕 Al-Mas'udi, *The Meadows of Gold*：*The Abbasids*, London, 1989, P.Lunde、C.Stone 主编，p.151.

了其自身的权威，终使其权力有名无实。哈伦·拉希德统治期间，他的哈什米特（Hashemite）家族从国库中获得大量钱财，据说，他的妻子祖拜达（Zubaida）在去麦加朝圣时挥霍无度。势力庞大的巴马基德（Barmakids）家族积累了大量财富和势力，结果被一时嫉妒的拉希德灭族。

哈里发和其他政治、经济精英阶层在巴格达的豪奢生活削弱了阿拉伯社会的根基，损害了伊斯兰教的清规戒律。禁止滥交的戒律被普遍忽视，传闻哈里发的后宫有佳丽数千。离婚非常普遍，同性恋现象普遍存在，对穆斯林禁止饮烈酒的法律视而不见，却在公众场合畅饮之举屡见不鲜。

阿拉伯帝国的官僚机构和军队中出现的变化加速了帝国的瓦解。由于军队和官僚机构中缺乏能胜任要职的阿拉伯人，哈里发只得从波斯人和中亚的土耳其人等非阿拉伯民族中招募，这些人渐渐成为军队和文官中的主力。

省一级的统治者也开始脱离中央政府的控制，建立起独立小王朝。8世纪时，西班牙已经出现了一个分裂的哈里发。环境问题也让阿拉伯帝国难上加难：美索不达米亚三千年来的生命线底格里斯河与幼发拉底河开始淤塞。官僚机构的懒政导致情况更加糟糕，许多运河几乎没法使用，运输困难造成粮食大规模短缺。

10世纪，伊斯兰帝国的分裂加速了。摩洛哥独立，973年，埃及的什叶派建立了新的法蒂玛王朝（Fatimids），首都设在开罗。随着阿拉伯帝国内部混乱的不断加剧，可以说，伊斯兰世界只是在《古兰经》的共同信仰和作为主要交流工具的阿拉伯语上才称得上统一。

● 塞尔柱土耳其人（Seljuk Turks）

11世纪，阿拔斯王朝的哈里发还面临着来自塞尔柱土耳其人的严重威胁。塞尔柱土耳其人是一支来自中亚的游牧民族，皈依伊斯兰教后，作为阿拔斯王朝哈里发的雇佣军而繁盛起来，他们以射箭出色闻名。随着阿拔斯王朝的没落，塞尔柱土耳其人逐渐进入伊朗和亚美尼亚，11世纪，他们的人口大量增长，占领了阿拔斯王朝的一些东边行省。1055年，一名土耳其将领攻占了巴格达，并以苏丹（sultan）的头衔对帝国发号施令。尽管阿拔斯王朝的哈里发仍然是逊尼派的主要代表，但帝国的军事和政治实权已被塞尔柱土耳其人控制。塞尔柱土耳其人并没有在已经开始衰落的巴格达建立统治中心。历史学家哈提卜·巴格达迪（Khatib Baghdadi）这样描述巴格达：

世界上没有比巴格达更富裕的城市，也没有与巴格达的商业地位相媲美的城市。巴格达的学者、要人、宫殿、居民、大街小巷、清真寺、浴场、船坞、旅馆之多无与伦比；空气之纯净、水质之甘甜、雨露和绿荫之清新、冬夏温度之适宜、春秋季节之健康、人群之蜂拥举世无双。它的建筑和人口在哈伦·拉希德时期最盛。当时，巴格达及周边地区到处都是凉爽的房间、肥沃的牧草、众多的船只补水处，一派繁荣之象。然后，暴乱开始了。巴格达的居民们遭遇诸多不幸，繁荣被毁，严重程度空前绝后。[1]

巴格达将复苏，但再也不是哈伦·拉希德所说的"神之礼物"了。

在 11 世纪的最后 25 年里，塞尔柱土耳其人不断向埃及和拜占庭帝国施加军事压力。1071 年，拜占庭帝国愚蠢地挑衅土耳其人，其军队在土耳其东部凡湖（Lake Van）附近的曼兹科特（Manzikert）被包围。土耳其人由此占领了安纳托利亚半岛的大部分地区。严重受困的拜占庭帝国转而向西寻求帮助——请求教皇发动东征。

在欧洲，以及毫无疑问在伊斯兰世界内部，土耳其人的到来被认为是一场灾难。土耳其人被看作是摧毁文明、镇压百姓的野蛮人。事实上，土耳其人在中东的统治可取之处可能甚多。土耳其统治者皈依了伊斯兰教，他们支持逊尼派，暂时终结了什叶派与逊尼派之间的内部矛盾，他们还积极复兴伊斯兰教法和体制，并为阿拉伯帝国带来了政治稳定，在一定程度上有助于恢复阿拉伯帝国的繁荣。在土耳其人的统治下，穆斯林开始成立自己的自治团体，其相对宽容之举是 19 世纪末以前伊斯兰教宗教态度的一大特征。

不过，塞尔柱土耳其人对阿拉伯帝国的统治激起了波斯什叶派的怨愤，在他们看来，土耳其人是篡权的、背叛了伊斯兰教真实信仰的外国人。塞尔柱土耳其人最可怕的敌人是哈桑·萨巴赫（Hasan al–Sabahh）。

哈桑·萨巴赫在开罗受教，他组成了起义组织，这就是广为人知的阿萨辛（assassins, 即刺客）。该组织在里海南边的山区建立了根据地，数十年中，不断行刺政府官员以及其他政治和宗教领袖。如同今天的恐怖主义基地组织一样，萨巴赫的追随者也非常积极，善于潜入敌人的营地实施秘密行动。13 世纪，阿萨辛最终被入侵的蒙古军队清除了。

---

〔1〕 引自 G.Wiet: *Baghdad: Metropolis of the Abbasid Caliphate*, Norman, Okla., 1971, S.Feiler 译, pp.118—119.

● 十字军东征

11世纪行将结束时，拜占庭帝国皇帝亚力克修斯一世（Alexius I）绝望地请求欧洲其他基督教国家帮助他保护其帝国免遭土耳其人侵略。他说，穆斯林正在圣地亵渎基督教，并骚扰前往圣地的朝圣者。实际上，穆斯林从未威胁圣地，也从未切断基督徒前往圣地之路。但基督教世界与伊斯兰世界的紧张关系持续发酵，拜占庭帝国皇帝的请求在欧洲迅速引起回应。基督徒入侵穆斯林领地的十字军东征始于1096年，持续到13世纪末，它使圣地以及相邻的从安条克到西奈半岛的地中海沿海地区都处于基督教统治之下。1099年，第一次东征的十字军在长期围攻后占领了耶路撒冷。

起初，穆斯林统治者在入侵的十字军面前节节败退。十字军的装甲骑兵使当地士兵受到了新挑战，乃至反击根本无效。此时土耳其人的精力被遥远的东部地区所牵制，没有采取行动。不过，1169年，逊尼派穆斯林在法蒂玛王朝最后一任哈里发的宰相维齐尔萨拉丁（Saladin）的领导下推翻了法蒂玛王朝的统治。萨拉丁自称苏丹，成功控制了埃及和叙利亚，进而在那里率领两派穆斯林一同与基督教国家对抗。1187年，萨拉丁的军队进攻耶路撒冷王国，摧毁了那里的基督教势力。萨拉丁的后续行动削弱了基督教的势力，使其局限在仅北部沿海地区的几个堡垒中。与第一次东征时占领耶路撒冷后进行大屠杀的基督徒不同，萨拉丁没有屠杀平民，甚至容许征服地区的百姓继续信仰基督教。一段时间内，基督教占领军甚至与穆斯林之间进行了不少商贸往来。

耶路撒冷陷落数年后，基督教试图卷土重来，但其东征运动只在几个沿海城市有所成功。尽管13世纪的很长一段时间内基督教势力在地中海沿海保留着立足处（1291年，基督教最后一个据点阿卡被穆斯林控制），但他们再也不是中东事务的主要力量了。尽管十字军可能起到了将穆斯林团结起来共同对付外来入侵者的作用，甚至造成了伊斯兰世界对基督教徒持续至今的不信任，但整体来说，十字军东征在中东历史上的影响微乎其微。影响更为重要的是蒙古人，这支游牧民族于13世纪初走出戈壁沙漠，控制了当时已知世界的大部分地区。蒙古军队在成吉思汗的带领下从中国华北起家，后来扩张到中亚。1258年，在忽必烈的兄弟旭烈兀的带领下，蒙古军队征服了波斯和美索不达米亚，结束了巴格达的哈里发的统治。

● 蒙古人

和塞尔柱土耳其人不同，蒙古人不是穆斯林，他们发现自己很难适应中东一些大城市的稳定环境。他们对被征服地区的居民极为残暴（据一位历史学家说，占领一个城市后，他们不仅屠杀所有居民，就连宠物都不放过），对经济造成破坏性影响。城市被劫掠一空，水坝或其他农业设施被摧毁，繁荣的农业社会饥荒四起。蒙古人的势力远至红海，但他们占领埃及的行动失败了，其中一个原因是遭到了马穆鲁克（Mamluks或 Mmelukes，土耳其最初由奴隶组成的军事阶层）的有效抵抗。当时，马穆鲁克推翻了萨拉丁的统治，自己上台掌权。最终，中东的蒙古统治者开始将百姓分成不同"人种"等级进行统治。蒙古精英皈依了伊斯兰教，波斯的影响在朝廷中占主导地位，城市得以重建。到 14 世纪，蒙古帝国分裂成许多独立王国并最终解体。与此同时，最初在 7—8 世纪由阿拉伯人建立的伊斯兰帝国也终结了。伊斯兰文明的新中心在开罗，将在马穆鲁克的带领下开始复兴伊斯兰文化。

在北边，随着安纳托利亚半岛上奥斯曼土耳其人的崛起，一股新势力即将横空出世。1453 年，苏丹穆罕默德二世（Mehmet II）占领了君士坦丁堡，拜占庭帝国灭亡。随后，奥斯曼土耳其人开始将注意力转向地中海的其他地方。

● 安达卢西亚：欧洲的穆斯林前哨

巴格达陷落后，穆斯林的闪亮之星可能在西班牙。750 年，倭马亚王朝在中东的统治被推翻后，王室成员阿卜杜勒·拉赫勒（Abd al-Rathman）逃脱屠杀，去了西班牙，很快，穆斯林势力取代了西哥特王国。756 年，他在西班牙南部建立了自己的政权。阿拉伯人称这里为安达卢斯（al-Andaluz），欧洲人则称其为安达卢西亚。阿卜杜勒·拉赫勒给自己冠上埃米尔（Emir）的头衔，将都城设在科尔多瓦（Cordoba）。阿卜杜勒·拉赫勒及其继承者试图将安达卢西亚建设为伊斯兰文化的新中心。由于巴格达已经衰落，安达卢西亚的统治者在 929 年拥了新哈里发。

安达卢西亚随后占领了克里特、撒丁岛、西西里以及巴利阿里群岛，将地中海变成了穆斯林的内陆湖，安达卢西亚成为从直布罗陀海峡到红海之外的庞大贸易网的一部分。棉花、糖、橄榄油、小麦、海枣等许多有价值的新物产传播到伊比利亚半岛。

安达卢西亚也是繁荣的艺术和文化中心。王室积极支持作家和艺术家，他们创造

围攻耶路撒冷：穆斯林视角与基督教视角

第一次十字军东征期间，1099 年 6 月，基督教骑士包围了耶路撒冷。以下第一段资料来自参加了围攻圣城的沙特尔的弗尔歇（Fulcher of Chartres）。第二段资料来自穆斯林作者伊本·艾希尔（Ibn al-Athir），以下对第一次十字军东征的记载出自他的《历史大全》。

法兰克人（十字军）在星期五的中午时分大规模进入耶路撒冷，这一天是基督在十字架上为全世界受难的日子。十字军吹起了号角、欢声震天，他们高喊着"上帝助我"，拥入城市，并在城墙上插起十字军的旗帜。所有的异教徒吓破了胆，纷纷从狭窄的街道上逃走。他们逃得越快，被我们击败得越快。

英勇地从另外地点发起进攻的雷蒙德伯爵（Raymond）和手下还没有察觉到这个现象，直到他们看到穆斯林从墙上跳下来。见此情形，他们欢快地快速入城，帮助同袍追捕和杀掉溃逃的敌人。

一些阿拉伯人和埃塞俄比亚人逃到了大卫塔，还有一些人躲在耶和华殿和所罗门圣殿，十字军在那里发起了大规模进攻。穆斯林无处可逃。

逃到所罗门圣殿顶上的许多穆斯林被箭射死，尸体从屋顶上栽下来。殿内大约有一万人被砍头杀掉。倘若在场，你的脚会被蔓延的血所淹没。还有什么我要说的呢？他们无一幸存，就连妇女儿童也没有逃过。

——沙特尔的弗尔歇《第一次十字军东征记》

回历 492 年沙班月 22 日礼拜五（公元 1099 年 7 月 15 日）上午，耶路撒冷城从北边被攻陷。全城居民都遭到了法兰克人的屠杀，杀戮和掳掠持续了整整一个星期。一小批穆斯林在大卫礼拜堂坚守了好些天。法兰克人说不会杀害他们，以此作为他们投降的条件。法兰克人实践了诺言，晚上，他们出城去了阿斯卡隆（Ascalon）。在阿克萨大清真寺，法兰克人屠杀了 7 万多人，其中包括许多伊玛目、穆斯林学者以及离家到圣城苦修的虔诚修士。法兰克人从天房掠夺了 40 多个大银烛台，每个烛台重约 3600 达姆（dram），一个 44 叙利亚磅的大银灯、150 多个小银烛台和 20 多个金烛台。此外，还有许多难以数计的东西。叙利亚难民们逃到了巴格达，其中包括阿布·萨德·哈拉维（Abu sa'd al-Harawi）法官。他们向哈里发的大臣们讲述了圣城的情况，大臣们心如刀割，泪如雨下。星期五，他们前往大清真寺请求援助，泣不成声地描述着圣城穆斯林的遭遇，男人遭到杀害、妇女和儿童被关押起来、家园被洗劫，听者凄然泪下。由于所受的这等困难，他们被允许结束斋戒。

——伊本·艾希尔《历史大全》

□ **问题**：基督教骑士攻陷耶路撒冷后，当地居民遭遇了什么？你怎样解释这些基督教骑士的残忍和不宽容？这两段资料的叙述有何区别？有哪些相似性？

了科尔多瓦、塞维利亚和托莱多三个世界级城市为中心的璀璨文化。来自伊斯兰世界各地的知识领袖们群集于安达卢西亚，也带来了他们的医学、天文学、数学和哲学知识。由于瓦伦西亚附近设有造纸厂，这些信息的传播手段有了革命性的改观，安达卢西亚的图书馆成为时代奇迹。

政治与统治

在穆尔西亚赢得人心

尽管 8 世纪时穆斯林占领西班牙南部是伴随武力征服的，但新统治者有时会与敌人达成和平协定，保护新臣民的生命和财产。以下内容出自 713 年穆斯林统治者阿卜杜·阿齐兹（Abd al-Aziz）与来自穆尔西亚的基督教败将、西哥特的贵族图德米尔（Theodemir）订立的《和平条约》。对穆斯林统治者来说，赢得当地人的人心有时要比奴役他们或用武力迫使他们改信伊斯兰教更加实用。

以仁慈的安拉之名：

这份文件是阿卜杜·阿齐兹向图德米尔发出的和平协议，承诺你们将获得安拉以及安拉使者（愿安拉福安之）的保护。我们将不再对他和他的人民进行特殊限制，不会伤害和剥夺他的权利，不会伤害和监禁他的追随者，或迫使他们与妻儿分离。只要图德米尔保持忠诚并履行以下事宜，他们将不再受到宗教上的限制，他们的教堂不会被烧毁，财产不会被没收。图德米尔将获得包括以下 7 座城市的封地：奥利维拉、瓦伦西亚、阿里坎特、穆拉、比加斯罗、埃罗、洛尔卡。他不得庇护逃亡者和安拉的敌人，不得煽动百姓起义，不得隐瞒有关敌人的消息。他和他的人们每年每人要上交 1 个第纳尔、4 斗小麦、4 斗大麦、4 升酒、4 升醋、4 盒蜂蜜、4 瓶橄榄油。奴隶上交的上述东西的数量折半。

□ **问题**：在安达卢西亚，非穆斯林往往有什么样的限制？

安达卢西亚成为艺术和文化活动重地的一个主要原因是它所营造的宽容的社会环境。尽管伊斯兰教被牢固地树立为官方信仰，也鼓励非穆斯林皈依伊斯兰教，但相容共存的政策为许多基督徒和犹太人维持自己的信仰提供了环境，他们中不少人还得到过朝廷的青睐。

麻烦时刻

不幸的是，安达卢西亚作为首要文化中心的时间极为短暂。到 10 世纪末期，派系斗争开始侵蚀这个穆斯林王朝。1009 年，科尔多瓦王宫在内战中彻底被毁。二十二年后，随着国家分裂为多个城邦国，哈里发也消亡了。

同时，已经在伊比利亚半岛北部建立起统治的基督教王国也在不断巩固其地位并向南扩张。1085 年，卡斯蒂利亚王国阿方索六世（Alfonso VI）占领了安达卢西亚文化中心之一的托莱多。新统治者继续大力支持艺术和知识活动。为了弥补新近的损失，塞维利亚的穆斯林统治者号召穆斯林同伴阿尔摩拉维德人（Almoravids）——摩洛哥的柏柏尔人王朝——帮助他们阻止基督教前进的步伐。柏柏尔人雇佣军在 1086 年的巴达霍斯战役中击败了卡斯蒂利亚军队，随后，柏柏尔人在西班牙南部其他穆斯林控制区建立了自己的统治。

阿尔摩拉维德人崇尚黩武文化，丝毫不容许有异端思想，他们很快结束了此前的宗教宽容和知识繁盛时代。不过，安达卢西亚好战的新统治者并不能阻止基督教的前进。1215 年，教皇英诺森三世号召进行新一轮十字军东征，以摧毁西班牙南部的穆斯林统治。接下来的二百年里，基督教军队无情地向南推进，占领了塞维利亚和科尔多瓦。阿卜杜勒·拉赫曼的辉煌成就硕果仅存者只有：荒僻的山城格拉纳达及其宏伟的山顶堡垒阿尔罕布拉宫（Alhambra）。

摩尔西班牙（Moorish Spain）: "文化宽容"时代?

在标准欧洲史的阐释中，西方史学家通常将北方基督教王国对西班牙南部

表 7.1　伊斯兰教: 第一个千禧年大事记

事　件	时　间
穆罕默德的一生	570—632 年
前往麦地那	622 年
征服麦加	630 年
开罗沦陷	640 年
击败波斯人	650 年
推选阿里为哈里发	656 年
穆斯林进入西班牙	710 年
阿拔斯哈里发	750—1258 年
巴格达建城	762 年
哈伦·拉希德统治	786—809 年
西班牙的倭马亚哈里发	929—1031 年
埃及法蒂玛王朝崛起	973 年
塞尔柱土耳其人占领巴格达	1055 年
塞尔柱土耳其人占领安纳托利亚	1071 年
第一次十字军东征	1096 年
萨拉丁摧毁法蒂玛王朝	1169 年
蒙古人占领巴格达	1258 年
奥斯曼土耳其人占领君士坦丁堡	1453 年

的收复失地运动（reconquista）描述为将西班牙人民从数百年穆斯林的高压统治下解放出来的积极之举。然而，近些年来，有种观点越来越时尚，也即，西班牙的摩尔时代（摩尔人，即 Moors，往往用来指西班牙的穆斯林）是文化多样性的"文化宽容"时代，紧随其后的是血腥的西班牙宗教裁判所时期。在宗教裁判所时期，天主教会大肆迫害穆斯林、犹太人以及基督教异端。这种阐释在 2001 年的 9·11 恐怖袭击后尤为流行，修正主义学者试图展示伊斯兰教的良好形象，以对抗所有同情针对西方的恐怖主义的流行看法。

不过，一些历史学家认为，将摩尔时代描述为"文化宽容"时代是夸大其实。他们指出，即便是在阿卜杜勒·拉赫曼相对亲和的统治下，也从未有过真正的宗教宽容，而且，无论如何，这样的时代也随着阿尔摩拉维德人以及 12 世纪取代阿尔摩拉维德人的阿尔摩哈德人（Almohads）的到来消失了。在历史学家艾略特（J.S. Elliot）看来，摩尔西班牙时期至多不过是"文化互动"时代，其后则是基督教和伊斯兰教文化趋于强硬时期。即便穆斯林统治下的西班牙存在宗教多元化时期，也为时极短。

■ 伊斯兰文明

□ 问题：伊斯兰社会和文化早期阶段的主要特点是什么？

穆斯林不单崇拜安拉，还要遵循《古兰经》中所揭示的伊斯兰教法。伊斯兰教法被视为根本的、永久的教义，也是所有人类都要遵循的教义。

只要是安拉的旨意，人们就必须遵从。因此，伊斯兰教教义必须确定政治问题、经济行为、民法和刑法以及社会伦理。在伊斯兰社会，教会与国家之间、世俗与宗教之间没有明显的区分。

● 政治结构

对早期的伊斯兰教信徒来说，建立符合伊斯兰教教义的政治制度及做法是个艰巨的任务。起初，安拉向先知显示的启示对宗教与政治权威间的关系并不精确，仅简单地下令说，人们应当"通过互相协商处理事务"。在更现实的层面上，在一个庞大、文化多元的帝国内建立其政治制度是阿拉伯人面临的重大挑战。阿拉伯人自身的政治制度比较简单，主要与游牧社会相关。

穆罕默德时期，由于他被广泛看作是伊斯兰公社即乌玛的宗教领袖和政治领袖，这个问题可以避免。不过，穆罕默德的去世产生了问题——如何推选继承者以及继承者有什么权威？如前所述，穆罕默德的直接继承者称为哈里发。尽管在广义上他们也被认为是宗教领袖，有伊玛目的头衔，但他们的权威是暂时的。起初，每个哈里发都是由乌玛的领导成员非正式推选的。很快，倭马亚王朝将继承变为世袭制，但他们的权威仍受到"应当与其他首脑层共同协商的理念"所限。阿拔斯王朝时期，哈里发的王权更强大，他们也变得更专制。

● 阿拉比的财富：中东的贸易与城市

整体来说，阿拉伯帝国时期可能是中东历史上最为繁荣的时期之一。贸易繁荣，不仅在伊斯兰世界内部有贸易往来，与中国（唐宋时期）、拜占庭帝国和东南亚也有贸易交往。商品通过商船或"沙漠舰队"（即从摩洛哥的干旱地带到里海以外的各国间的骆驼商队）运输。贸易品有来自西方的黄金和奴隶，来自中国的丝绸和瓷器，来自东非的黄金、象牙和犀牛角，来自南亚的檀香木、棉花、小麦、糖和香料。在伊斯兰世界内部，埃及贡献了谷物，伊拉克有麻、海枣以及宝石，西班牙有皮毛产品、橄榄油和酒，印度西部有各种棉产品。物产的互通由于金融的发展、货币和信用信的使用而更为便利。

在这样的背景下，城市地区繁荣发展起来。阿拔斯王朝时期，巴格达可能是整个阿拉伯帝国最伟大的城市，但在埃及法蒂玛王朝兴起后，贸易中心转至开罗。开罗被旅行家莱奥·亚菲里加努斯（Leo Africanus）描述为"全世界最伟大、最著名的城市之一，到处都是庄严和令人钦羡的宫殿和大学，以及最辉煌的神庙"[1]。其他大商业城市还有波斯湾的巴士拉、阿拉伯半岛最南端的亚丁、现在叙利亚的大马士革、摩洛哥的马拉喀什。城市居民通常被宗教信仰隔离开来，穆斯林、犹太人以及基督教教徒居住在不同的聚集区。不过，所有人同样面临着城市生活的共同威胁——火灾、洪灾和疾病。

最引人注目的城市建筑往往是哈里发、地方总督的宫殿以及清真寺。房子多用石

---

[1] L.Africanus, *The History and Description of Africa and of the Notable Things Therein Contained*, New York, pp.820—821.

政治与统治

父亲对儿子的忠告

塔希尔·伊本·侯赛因（Tahir ibn Husayn）出生在中亚的贵族家庭，后来成为 9 世纪阿拔斯王朝哈里发玛蒙的核心政治顾问。821 年，他被委任在现在阿富汗赫拉特附近的呼罗珊（Khurusan）担任要职。下面是他给儿子写的信，建议他如何最有效地行使权力。这封信打动了玛蒙，后来被广泛传播于阿拔斯王朝的官僚阶层中。

再看土地税……你要把土地税的收入分配给那些应该得到它的人们手中，要分配得合理、公正、平等、普及。在征收土地税时，不可因为他是贵族就少收，或因为他是富人、是你的秘书、你的亲信、你的侍从就格外开恩。从他们那里索取时，也不要超过他们能忍受的限度。

你要特别关注那些穷苦的人、那些无力向你申诉的人、那些不知道怎样维护自身权利的人，你要过问他们的情况，详细了解他们各方面的困难……你要关心命运悲惨的人，例如孤儿和寡妇，从国库中提取一些以资其用。在这方面，你要向有信仰的长官（commander of the faithful，即哈里发——译注）学习，神赞许他们，他们同情这些人，给他们提供财力支援。这样，安拉让他们的日常生活获得一些缓解，你也能获得安拉的祝福与恩惠。给那些盲人提供生活费用，给那些能够诵读《古兰经》或心中熟悉大部分《古兰经》的人发放更高的生活补助。修建医院，为那些生病的穆斯林提供避难之所，安排能够友善对待并治疗他们的医生……

你要观察手下的官员、秘书。每天为他们安排好时间，让他们带上所有官方文书以及需要你签字的文件到你这里来。让他们告诉你各官员们的需求，以及你治理下的各处事务。你要全心用耳朵听、用眼睛看、用脑子去思考。对这些事情，你要反复思考，再三斟酌。然后根据准确的判断和合理性来采取行动。

··

□ **问题**：塔希尔提出的建议与本书第 2 章中考提利耶的《政事论》有何异同？塔希尔的信能否为今天的政治领导提供有效的模型？

头或砖砌，框架则是木质。大一些的房子周围往往还有室内庭院，可以隔离街上的灰尘、噪音和热气。有时候，山羊、绵羊等驯养动物也养在院落里。富人家的房屋常常不止一层，带有阳台和格子窗，能保护屋内的隐私。穷人住的房子特别简单，多是土坯房或生砖房。贝都因人住在帐篷里，可随时因需要而拆卸转移。

阿拉伯帝国的城市化明显比当时大多数地区高。不过，大多数人口仍然居住在农村，主要靠种植业或养殖业为生。早期阶段，阿拉伯帝国的大多数农田都为独立的自由民所有，但后来大量集中于富人之手。王室也占有部分土地，由奴隶耕种，不过，阿拉伯帝国的农业种植不像世界其他地区那么普遍。在底格里斯河、幼发拉底河以及尼罗河等河谷地带，绝大多数农民可能都是自由农。

阿拉伯帝国各地的饮食习俗也因经济水平和宗教信仰各不相同。穆斯林不吃猪肉，但吃羊肉、禽肉或鱼肉。水果、香料以及各种甜点都极为丰富。穷人主要靠煮食各种谷子或豆子果腹，偶尔才能吃荤。除了以煮熟的谷物为主食的沙漠地区，阿拉伯帝国各地的餐桌上都会出现白面粉或粗面粉做的面包。

● 伊斯兰社会

在某些方面，阿拉伯社会也许是当时最平等的社会。安拉面前人人平等的原则以及贸易对阿拉伯帝国的繁荣的重要性促成了这种平等局面。尽管存在着明确由王室、高官、部族精英和富裕商人构成的上层阶级，但阿拉伯帝国没有像同时代其他国家那样的世袭贵族，商人受到在欧洲、中国或印度等地都不曾有的尊重。

不过，伊斯兰世界的高度流动性带来的并非全是益处。奴隶制非常普遍。由于穆斯林不可被奴役，奴隶主要来自撒哈拉以南非洲或亚洲其他非穆斯林人口。大多数奴隶从军（有时，这也是晋身之途，如马穆鲁克人）或做家佣，有时也能赎回自由身。大种植园中奴隶的生活条件最恶劣，以此之故偶尔也会爆发奴隶起义。

伊斯兰教的人人平等原则在对待妇女方面如同当时大多数国家一样名不副实。尽管《古兰经》告诫男人要尊重妇女，妇女有权拥有或继承财产，但总体上，穆斯林社会仍然是男权社会。允许一夫多妻制，离婚的权利严格限制在丈夫手上，尽管部分法律思想学派允许妇女要求丈夫只娶一个妻子或在特定条件下提出离婚。伊斯兰教严禁私通和同性恋（尽管现实中这些禁令往往被无视），社会习俗要求妇女居缩在家里，禁止在外与非亲族男性接触。

这方面最典型的例子是，阿拔斯王朝在哈伦·拉希德时期引入的女眷习俗。王室后宫女性来自阿拉伯帝国非穆斯林人口中。这种要求妇女在公共场合遮盖住整个身体的习俗在城市中非常普遍，直到今天仍在许多伊斯兰国家广为实行。不过，应当注意的是，这种习俗主要源自阿拉伯传统而非伊斯兰教法。

贸易与文明

2002 年，考古学家在红海沿岸发掘了一处古埃及海港城市遗址，这就是贝列尼基（Berenike）城。此城建于公元前一千年，将尼罗河流域与远到东南亚的爪哇岛等港口联系在一起。贝列尼基是确认人类有史以来地区间贸易的重要性的最新证据。遥远社会之间交换物产是古代先进文明崛起的重要推动力。原材料如铜、锡、黑曜石，日常所需品如盐、鱼、其他食物，奢侈品如金、丝绸、宝石等，从欧亚大陆这端传至那端，经由地中海到撒哈拉以南的非洲，到达美洲的许多地方。鲜为人知、但同样重要的是从地中海经印度洋到东南亚和东亚各港口的海上贸易。

11 世纪，由于印度洋、丝绸之路、撒哈拉沙漠三条主要商路建立起了单一贸易体系框架，人类社会的相互依存加深。新的全球网络既是信息网络，也是商业网络、技术交换和思想交流网络，例如，佛教、基督教、伊斯兰教在各地的传播。此外，传教与贸易也关系密切。佛教商人将乔达摩·悉达多的教义带到中国，穆斯林商人将穆罕默德的教义带到东南亚和撒哈拉以南非洲。印度商人把印度教信仰和政治体制传到东南亚。

这一时期，是什么引起了贸易扩张呢？罗盘的改进、地图绘制技术的提高、风向和气流知识的增加都促进了海上贸易的进步。在非洲、中亚和中东的沙漠地区，原来用轮子车或牛运输的大篷车贸易，开始用骆驼作为商贸负重运输载体。

另一个原因是几个多民族帝国的出现，它们在欧亚大陆的几个紧要区域建立起稳定和富裕地带。最重要的是中东的阿拔斯帝国、唐宋时期繁荣的中国。13 世纪蒙古人的入侵暂时打破了这一进程，但随后开启了新的稳定时代，促进了全世界长途贸易的繁荣。

关于地区间贸易在促进人类文明发展中的关键作用，可通过对比地区贸易活跃的国家与传统上同外界联系稀少的国家之间的社会、文化和技术成就而突现出来。在后续章节中将对这些社会进行讨论。即使在西半球，地区贸易将北美洲的大平原地区与现今秘鲁安第斯山脉一带联系起来，地理屏障还是限制了各种发明和思想交流，使这些社会在现代早期遭遇跨洋而来的人们时，处于极端不利的境地。

□ 问题：第一个千年期间，地区间贸易扩大的主要原因有哪些？国际贸易联系的发展对其他社会产生了什么样的影响？

华服的礼物

伊本·白图泰（1304—1377年）出生在摩洛哥的丹吉尔，是位旅行家，人们经常将之与意大利旅行家马可·波罗相媲美。在20多年的时间里，他广泛游历了非洲和亚洲，行程超过7.5万英里。他的趣味益然的私人游记是我们了解他所处时代的主要资料来源之一。以下资料出自《伊本·白图泰游记》，描写了途经中亚的丝绸之路上大篷车商队的主要停靠点巴尔赫（Balkh）城的情况。

在荒无人烟的沙漠中走了一天半后，我们抵达了巴尔赫城，这里现在已是废墟一片。自从被成吉思汗摧毁后，这里就再也没有重建，即使知道大致范围，但建筑早已难以辨别。现在更没人居住了。

这里的清真寺曾是世界上最大、最宏伟的，柱子无与伦比，其中三分之一因成吉思汗听说清真寺的财宝都埋在下面而被摧毁了。他毁掉柱子后，压根没发现什么财宝，于是，对之不再理会。

关于这个故事的起源是这样的。据说，阿拔斯王朝的一位哈里发因某事对巴尔赫居民大发雷霆，为此，他派人到巴尔赫向当地百姓征收沉重罚金。面对重罚，城里的妇女、儿童都到本地长官的妻子那里去诉苦。长官之妻便拿出自己的钱建造了这座清真寺。据说，她将自己镶着珠宝的华服（其价值比罚金要高得多）送给打算收取罚金的长官。她要求将这件华服作为礼物送给哈里发，以代替罚金。官员接受了华服，将它送到哈里发手中。看到这件衣服的哈里发被这位妇女的慷慨所打动，说，可不能让这个妇女的大方超过我。于是将华服送回，赦免了罚金。衣服送回去后，这位妇女问哈里发是否看过了这件衣服。当她得知哈里发看过后，说："我的衣服除了我丈夫外，不可被别的男人看到。"随后，她将衣服卖了，用这笔钱修建了这座清真寺。清真寺建成后，钱还剩三分之一，于是她叫人将这些钱埋在清真寺的石柱底下，以作将来维修之用。

成吉思汗听了这个故事后，下令摧毁柱子。不过，如前所述，他什么都没找到。

□ 问题：在穆斯林看来，这位长官妻子的行为值得赞赏吗？为什么？

● 伊斯兰文化

阿拉伯人是罗马帝国保留的希罗文化的继承者，除此之外，还吸收了拜占庭文化和波斯文化。8—9世纪，许多希腊、叙利亚、波斯的科学和哲学著作被翻译成阿拉伯语，最终传播到欧洲。阿拉伯语是地中海南部和中东的主要语言，也是一种国际语言。后来，波斯语和土耳其语在阿拉伯帝国的行政和文化中也变得相当重要。

伊斯兰教的广泛传播使阿拉伯帝国内出现了新文化，从文学到艺术，再到建筑，各个领域皆是如此。不过，前伊斯兰教时期的传统并未消失，并常常与伊斯兰文化相融合，于是，涌现了大量极富创造力和想象力的作品。

哲学和科学

阿拉伯帝国兴起后的几个世纪内，在保存和传播古文明时期的科学与哲学成就方面，伊斯兰世界贡献最大。在古希腊哲学尚不为欧洲知晓的时代，亚里士多德、柏拉图及其他希腊哲学家的重要著作就已被译成阿拉伯语，保存在巴格达图书馆里，供穆斯林学者研读。最终，这些著作中又有不少被译成拉丁文，传播到欧洲，并对后来基督教哲学和西方哲学产生了深远影响。

这一进程起于 6 世纪。当时，拜占庭帝国皇帝查士丁尼一世关闭了雅典的柏拉图学院，宣布柏拉图学院支持异端思想。该学院的许多学者遂逃往巴格达，他们的思想和希腊古典著作很快激起了当地学者的兴趣，并被翻译成阿拉伯语或波斯语。后来，这些著作流入君士坦丁堡和著名的亚历山大图书馆。

这些学术翻译工作往往由专门从事此项工作的家庭而非后来欧洲出现的大学等机构进行，是一项由伟大赞助人支持的私人工作，由那些居住在巴格达或其他大城市的受过良好教育的波斯人完成。造纸术传入中东后，译著的传播更加顺畅，它是由佛教徒从中国经丝绸之路带入中东的。纸比纸莎草纸更便宜，到 8 世纪末，巴格达出现了第一家造纸厂，随之，很快就出现了图书馆和书商。

是什么激励着阿拉伯帝国雄心勃勃地做文化保护事业呢？起初，可能只是努力为《古兰经》的宗教信仰提供哲学上的确认。不过，最终，许多富有冒险精神的人不仅用古典著作来了解神的意志，还用它们来更好地了解自然法则。

其中的典型代表是医学家伊本·希纳（Ibn Sina，980—1037 年），欧洲人称他为阿维森纳（Avicenna）。在伊本·希纳的哲学著作中，他引用了亚里士多德的话，说世界的运行不仅仅有安拉的意志，也有其自己的、可以通过人类理性来确定的自然法则。这种思想激起了传统穆斯林学者的愤怒，尽管欧几里得、托勒密和阿基米德等古典作家的论著仍在继续译出，但到 11 世纪，希腊哲学的影响在巴格达已经式微，并且再也没有恢复。

不过，到 11 世纪时，对古希腊思想的兴趣传播到了西班牙。阿拉伯语名字为伊本·路世德（Ibn Rushd）的阿威罗伊（Averroes）、常常用阿拉伯语写作的犹太人迈蒙尼提斯（Maimonides）等哲学家开始进行译著工作，并支持阿维森纳对人类理性作用的维护。他们二人均因自己的思想而被阿尔摩哈德王朝——柏柏尔人在安达卢西亚取代阿尔摩拉维德后建立的王朝——处罚，最后两人都在北非度过了流放生活。

到了 13 世纪，卡斯蒂利亚的阿方索十世和西西里的腓特烈二世等基督教统治者开始赞助将古希腊著作从阿拉伯语翻译为拉丁语。这些翻译工作很快在西欧各大学中兴盛。

伊斯兰学者因保存了诸多古希腊文化而备受赞誉，他们在自己的文化中也取得了相当大的成就。其中最杰出的是数学和自然科学领域。伊斯兰学者们吸取并发展了印度的数字体系，包括零的使用。9 世纪的波斯数学家创造了代数学。到 13 世纪，简化的阿拉伯数字开始取代繁复的罗马数字。

天文学领域中，为观测星象，伊斯兰科学家在巴格达建造了天文台，他们意识到地球是圆的，9 世纪时，阿拉伯科学家根据希腊天文学家托勒密的学说制作出一幅世界地图。在星盘的帮助下，阿拉伯科学家还设计了一个通过星象来定位的工具，阿拉伯的船队由此和商队开启了连接伊斯兰世界与其他文明的贸易新路线。

穆斯林学者在光学和化学方面也取得了许多新进展。在古希腊医学家盖伦（Galen）有关解剖学著作的帮助下，阿拉伯学者将医学发展为一个独特的科学门类。阿维森纳编纂了一部医学百科全书，特别强调了一些疾病的传染性，如有些疾病可以经污水传播。此书翻译为拉丁文后，成为中世纪欧洲大学的基本医学教材。

伊斯兰文学

伊斯兰教也给中东文学带来了重大变化。穆斯林认为《古兰经》是最伟大的文学作品，但前伊斯兰教时期的传统仍影响着整个中东地区的作者。

阿拉伯传统诗歌在穆罕默德时期已经非常繁荣。诗歌赞美贝都因人的游牧生活、战斗中的勇敢精神、狩猎和运动，也表达对沙漠动物——特别是骆驼——的尊重。阿拉伯诗歌起初都是口口相传，直到 4 世纪时才出现用阿拉伯语写成的书面文献。8—9世纪，出现了阿拉伯语诗歌集。

前穆斯林时代的波斯文学史也非常悠久，许多文学作品后来经口传或用阿拉伯字母记录。波斯的诗歌传统在伊斯兰教时期仍然非常强大。波斯第一位著名女诗人是生活于 10 世纪后半叶拉贝阿的千兹达尔（Qozdar）。她用诗歌描述了爱情之苦："我心烦意乱，我试图将其推得更远，绳索却拉得更紧。"[1]

---

[1] E.Yarshater 编：*Persian Literature*, Albany, N.Y., 1988, pp.125—126.

在西方，最知名的中东文学作品无疑是奥玛珈音（Omar Khayyam）的诗集《鲁拜集》（*Rubaiyat*）以及民间故事集《一千零一夜》。吊诡的是，这两部作品在中东读者中并不流行。实际上，在中世纪时，为方便欧洲读者，两部作品都翻译成了其各自语言，由此使他们对异域故事产生了浓厚兴趣。这个例子也非常典型地反映出西方人对非西方社会风俗和文化的猎奇心态。

遗憾的是，我们对 12 世纪的诗人奥玛珈音的生平及其作品知之甚少。看得出，对同时代人，他有些怀疑、矜持乃至略微轻视。在他的诗歌中还融合了数学和天文学知识，他所运用的日历比数百年后欧洲人用的公历还要准确。奥玛珈音并没有将诗歌付诸文字，而是在附近酒馆中与朋友高谈阔论时即兴而吟。后来，他的朋友们将这些诗歌记录下来。他的不少诗歌实际上是他去世后才发现的。最著名的莫过于（19 世纪翻译为英文）这首："树荫下，一壶酒，一片面包，一本诗集，还有依偎着的你。"

奥玛珈音的诗质朴而富有生活气息。他的诗歌主题是人生无常、人们无法了解神以及不相信来世。具有讽刺意味的是，新近对其作品的翻译恰好迎合了现代西方的怀疑主义和极简主义，使他在西方更受欢迎："年少不学无术，却常自我吹嘘。后来方知真理，人生轻若尘埃。无数匆匆过客，谁人知晓归处。世事这等无常，何须那般烦扰。不如对月畅饮，暂把月光留住。"[1]

和奥玛珈音的作品一样，《一千零一夜》也是不经意间被译成西方语言，却契合了西方人的品位。它包含了民间传说、寓言以及阿拉伯和印度的传奇故事，自然与超自然交织。这些故事起初口口相传，后来被记录下来并出现了许多阿拉伯语和波斯语的版本。比如，著名的阿拉丁神灯的故事是 18 世纪才出现的。然而，数个世纪以来《一千零一夜》一直令读者着迷，让他们通过非凡的情节、各种悲喜剧场景以及诸多令人难忘的角色进入一个如愿之地。

被认为是波斯的莎士比亚的沙地（Sadi）至今仍是伊朗最受欢迎的文学家。他的《玫瑰园》是一本诗体和散文体的故事集。他的十四行爱情诗也非常有名，为后代诗歌树立了典范。他还是个格言大师：

> 猫是捉老鼠的狮子
>
> 老鼠却与虎争斗。

---

[1] E.Yarshater 编：*Persian Literature*，pp.154—159.

他找到了永生的快乐，过上了美好生活

因为，在他离世后，好名声让他的名字永存。

不管你与谁争斗

都得想一想，你是否必须摆脱他，或是他必须摆脱你。[1]

　　一些阿拉伯语和波斯语文学作品反映了《古兰经》对精神和伦理的高度关注。不过，许多作者将伊斯兰教思想带往新方向。13 世纪的诗人鲁米（Rumi）崇尚呼吁在人类与安拉间建立神秘联系的苏菲主义（Sufism，苏菲一词源自阿拉伯语中的"羊毛"，代指该派的人多穿粗羊毛衣服）。鲁米在一位苦行僧的引导下，放弃了正统的伊斯兰教改信苏菲主义，认为通过热烈的爱就可以直接拥抱神。他认为爱可以超越知识，通过旋转舞、迷人的音乐就能触及真主。他边旋转边用诗歌即兴抒发自己的热情想象。他的信仰以及艺术至今仍对伊斯兰社会有深刻影响。

　　伊斯兰世界在史学著述方面也成就斐然。史学的发展也得益于造纸术的引入。第一位伟大的伊斯兰史学家是马苏迪（al-Mus'udi），他于 896 年出生于巴格达，游历广泛，其著述既包括伊斯兰世界也包括非伊斯兰世界。他的代表作《黄金草原》（*Meadows of Gold*）是我们了解阿拔斯王朝这一黄金时代的主要文献来源之一。他的作品中表现出广博的知识、敏锐的头脑以及人性的触动，这些品质在今天仍值得我们借鉴。与马苏迪齐名的是 14 世纪的历史学家伊本·卡尔敦（Ibn Khaldun），他将学术与政府服务相结合，是最早探索哲学史的历史学家之一。

伊斯兰的艺术和建筑

　　伊斯兰艺术融合了阿拉伯、土耳其和波斯三地的元素。在埃及、安纳托利亚、西班牙及其他地区的艺术中均可见到本土艺术的影响，蒙古人在 13 世纪将东亚风格引入伊斯兰世界后，长期以来，伊斯兰艺术在广义上来说非常和谐。最重要和最首要的是，拥有新宗教和文字体系的阿拉伯人是一股统一力量。阿拉伯人从罗马人或巴比伦人那里继承了数学和天文学知识，他们也有非常强的节奏感和抽象感，反映在他们对几何装饰的重复利用上。土耳其人擅长抽象的人物或非人物设计，波斯人抒情般的诗性神秘主义也非常突出。例如，伊斯兰绘画就包括波斯文本的插图。

　　伊斯兰艺术的终极表达是 7 世纪晚期开始的宏伟建筑。第一个典型例证是 691 年建造的圆顶清真寺（the Dome of the Rock），它的建造是为了宣告新的伊斯兰教在精神

---

〔1〕E.Rehatsek 译：*The Gulistan or Rose Garden of Sa'di*，New York，1964），pp.65、67、71.

和政治上的合法性。它坐落在耶路撒冷，围着穆罕默德登霄的圣石，挨着犹太人的哭墙以及最古老的基督教堂，也是保存最完好的伊斯兰教教堂之一。这座清真寺呈八角形，用大理石柱子支撑，内部用各种珍奇石头装饰着波斯图案。尽管它数次重建并受到东西方各种文化的影响，但这座古老的清真寺代表着新艺术的诞生。

无论是游牧者还是征战军队，起初，沙漠中的阿拉伯人都在沿麦加的朝圣墙（面朝圣城麦加的墙）用棕榈树支着的茅草棚下室外祷告。另外，还有一条小沟供信徒们在祷告前清洁沙漠中的尘土。随着伊斯兰教地位的巩固，许多清真寺陆续建起，但仍是开放性的祷告模式。祷告处四周都是柱子，屋顶是木头的。萨玛拉清真寺是世界上规模最大的清真寺，占地达到 10 英亩，有 464 根柱子。朝圣墙中有一个壁龛，即米哈拉布（Mihrab），上有一个指向麦加的小拱门。现在，30 英尺高的院墙仍然耸立着。不过，萨玛拉清真寺最知名的是 90 英尺高的宣礼塔，宣礼员每天五次召唤信徒们祷告。

提到清真寺，就不得不提西班牙南部的科尔多瓦清真寺，它建于 9 世纪，至今仍保存完好。514 根柱子支撑着双马蹄拱，从而使整座清真寺如同挺拔向上的森林，富有轻盈感。科尔多瓦清真寺无与伦比的壮丽与优雅使它成为伊斯兰艺术的珍奇，也是世界艺术的瑰宝。

由于伊斯兰教的政教合一性，各种宫殿也体现出伊斯兰教的荣耀。从 8 世纪叙利亚的各种壮观城堡开始，伊斯兰世界的统治者们纷纷建造庞大的让人想起罗马风格的砖质宫殿。这些宫殿有护城墙、大门、浴池。中间是两层的拱廊和巨大的城楼，它们既是宫殿，也是堡垒。这些"沙漠宫殿"的一大特征是大门上方有画廊，画廊开有孔洞，一旦遇袭，就可以从这些孔洞中向敌人抛洒热油。不幸的是，这些建筑都没能保留下来。

最终幸存下来的伊斯兰宫殿是 14 世纪西班牙的阿尔罕布拉宫。这座坐落在格拉纳达高处的由庭院、房间、喷泉和花园组成的庞大建筑营造出了一个如梦似幻的城堡形象。阿尔罕布拉宫外表处处装饰着繁复的花朵或半抽象图案。有些装饰用石灰雕刻，刻工极好，图案如同蕾丝。其中，狮子厅以狮子喷泉以及廊柱优雅、雕刻精美的拱廊而闻名。

自古代起，妇女的一大主业就是缝衣织布。在中东，妇女的手艺在地毯制作中臻于化境。地毯源自前伊斯兰教时期，起初在石头宫殿和帐篷中作御寒之用。后来，也用于宗教场合，因为穆斯林必须每天在干净的地面上祷告五次。小地毯祷告者用，而大的、精美的地毯则被统治者用作政治奖赏。阿拉伯沙漠中的贝都因人经常在帐篷中用地毯营造出舒适环境。

数百年来，中东地区的农村，织毯工艺都是母女相传。年仅 4 岁的小女孩就能帮着纺纱、剪羊毛。6 岁时，就开始织地毯了。到少女时期，她们精巧的双手已经可以织出五块地毯。手艺精湛的女孩子格外受男子喜爱，地毯也常常是她们嫁妆的一部分。结婚后，妻子继续为家人制作地毯，或是卖给别人，补贴家用。后来，地毯转而由作坊中专门的工匠制作，图案繁复、式样众多。

如同伊斯兰的所有艺术形式，大多数地毯的图案都有阿拉伯文字、各种植物和人物形象。各种自然或半抽象的几何图形花纹不断重复，整个地毯全部布满了花纹。这种密集的装饰在砖、马赛克和灰泥建筑中也大量使用，并在数个世纪后的瓷砖中登峰造极。

传统上，先知穆罕默德的形象不能出现在绘画或其他任何艺术形式中。尽管《古兰经》并没有禁止具象绘画，但《圣训》(*Hadith*)警告人们不得通过艺术创造或偶像崇拜来描述神，这一直被阐释为彻底禁止描绘神。

世俗艺术中常常表现人和动物，不过，这些早期的艺术极少能保留下来，仅有王宫的一些壁画例外。尽管波斯人用书法和艺术来点缀书籍，但阿拉伯人却没有自己的插画传统，到 12 世纪晚期，他们才开始用插画说明希腊科学著作。

13 世纪，蒙古人在里海西边的大不里士建立了统治，由此，中东居民第一次直接接触到东亚艺术。中国人用毛笔作画以及对动作和力量的表达也让伊斯兰画家突破了传统的局限，纷纷以这种新技术进行创作。

▬ 本章小结

西罗马帝国崩溃后，以君士坦丁堡为中心的东罗马帝国仍屹立于地中海东岸，并最终形成了独特的基督教文明，即繁荣了数百年的拜占庭帝国。拜占庭帝国面临的最大挑战来自伊斯兰势力。伊斯兰势力繁荣于阿拉伯半岛，并迅速扩张到整个中东地区。在中世纪的一些欧洲人看来，阿拉伯帝国是严重威胁基督教安宁的强大力量。他们的担心并非毫无道理，因为，在伊斯兰教创始人穆罕默德去世后的半个世纪内，阿拉伯军队征服了北非的基督教国家、伊比利亚半岛，土耳其穆斯林还向东推进到印度次大陆的边缘。

不过，尽管穆罕默德的教义带来了战争和征服，但也给中东地区的人们带来了希望以及稳定的政治和经济。因此，对中世纪时期的地中海世界来说，伊斯兰教的到来很受欢迎。伊斯兰教还带来了伊斯兰教法以及文字。最终，阿拉伯帝国通过从西非到中亚的贸易网的复兴建立起技术和思想交流的媒介，给成千上万的人带来了数不清的财富，也给数百万人带来了更好的生活。

如同其他帝国一样，阿拉伯帝国的存续也并不长久。内忧外患之下，到 13 世纪末，阿拉伯帝国已成明日黄花。不过，阿拉伯帝国留下了伊斯兰教这一丰富遗产，至今它仍是世界主要宗教之一。在接下来的几个世纪里，伊斯兰教开始向撒哈拉沙漠边缘以外的新地区渗透，并越过印度洋，传播到印度尼西亚群岛。

▬ 本章思考

— 问题 1：阿拉伯的势力是通过什么样的进程在穆罕默德去世后扩张到整个中东和北非的？它的征服对被征服地区的人们产生了什么样的影响？

— 问题 2：在促进从东亚到地中海及其以外地区贸易网路的建立中，阿拔斯帝国扮演了什么角色？伊斯兰世界是当时全球贸易的关键的说法是否合理？

▬ 拓展阅读

有关伊斯兰教的兴起。可以参考 J.Bloom、S.Blair, *Islam: A Thousand Years of Faith and Power*, New Haven, Conn., 2002; J.L.Esposito 主编: *The Oxford History of Islam*, New York, 1999。另外，还可以参考 K.Armstrong, *Islam: A Short History*, New York, 2000; F.Donner, *Muhammad and the Believers: At the Origins of Islam*, Cambridge, Mass., 2010; K.H.Ohig、G.R.Puin 主编: *The Hidden Origins of Islam*, Amherst, N.Y., 2008。有关先知穆罕默德的传记，可参考 K.Armstrong, *Muhammad: A Prophet for Our Time*, New York, 2006。

有关各历史时期的著作有很多。从阿拉伯人角度看十字军东征，可以参考 C.Hillenbrand, *The Crusades: Islamic Perspectives*, New York, 2001。有关基督教与伊斯兰教的扩张主义的对比，可参考 P.Partener, *God of Battles: Christianity and Islam*, Princeton, N.J., 1998。

有关阿拔斯帝国。可以参考 H.Kennedy, *When Baghdad Ruled the Muslim World: The Rise and Fall of Islam's Greatest Dynasty*, Cambridge, Mass., 2005; *The Great Arab Conquests: How the Spread of Islam Changed the World We Live In*,

Philadelphia，2007。有关基督教与穆斯林间的关系，可以参考 S.O'Shea, *Sea of Faith: Islam and Christianity in the Medieval Mediterranean World*, New York, 2006。

有关伊斯兰统治下的西班牙。可以参考 M.Menocal, *Ornament of the World: How Muslims, Jews, and Christians Created a Culture of Tolerance in Medieval Spain*, New York, 2002; R.Fletcher, *The Cross and the Crescent: Christianity and Islam from Muhammad to the Reformation*, New York, 2005。

有关妇女问题。可参考 F.Hussain 编: *Muslim Women*, New York, 1984; G.Nashat、J.E.Tucker, *Women in the Middle East and North Africa*, Bloomington, Ind., 1998。

有关伊斯兰艺术。可以参考 J.Bloom、S.Blairde, *Islamic Arts*, London, 1997。有关纺织品问题，可以参考 K.Wilson, *A History of Textiles*, Boulder, Colo., 1982。

第8章
非洲的早期文明

    1871年，德国冒险家卡尔·毛奇（Karl Mauch）开始在南部非洲的中部高原寻找遗失的传奇文明留下的巨型石质遗迹。8月末，他找到了心心念念的东西。他在日记中写道："当时我就站在它面前，看见一堵20英尺高的花岗岩砖墙。旁边有条瓦砾小道，穿过去就进入了内部。我在瓦砾堆和断壁残垣中跌跌撞撞地往前走，在一个塔式建筑前停了下来。这座建筑大概有30英尺高。"毛奇确信这里"肯定是一个文明国家的遗址"。不过，如同19世纪的许多欧洲人一样，毛奇同样确信非洲人不可能建造比他发现的大津巴布韦遗址（Great Zimbabwe）更宏伟的建筑。在毛奇和其他考古学家看来，大津巴布韦遗址肯定是"与腓尼基人和埃及人有特别密切关系的北方民族的杰作"。直到20世纪，欧洲人才克服偏见，最终承认埃及以南的非洲人也建立过成就辉煌的先进文明。

    非洲大陆在人类漫长的进化过程中起了关键作用。正是在300多万年前的非洲，原始人出现了，现代人类的直系祖先智人最初可能是在非洲出现的。动物的驯养以及农业革命的初始阶段也可能最早出现于非洲。可以肯定的是，最早的国家出现在非洲，更确切地说，是在非洲大陆东北角尼罗河河谷的法老王国。新近的证据表明，埃及文明受到了苏丹努比亚文化的深刻影响。

    公元前一千年前后，埃及帝国开始衰落后，非洲社会变迁的重心从尼罗河下游转移到非洲大陆的其他地方：在西非，一些主要贸易国穿越蛮荒的撒哈拉沙漠，与地中海一带进行贸易往来；在尼罗河上游，库什和阿克苏姆主宰当地贸易长达数个世纪；在东部，从非洲角——正式来说是瓜达富伊角（Cape Guardafui）——到非洲大陆与马达加斯加间海峡的广大沿海地带，非洲人民成为与印度洋地区商贸往来的重要参与者。同时，农耕民族的日渐发展使铁器时代的农业扩散到非洲大陆中部，最终促成了刚果河盆地以及赞比西河南部平原地带数个文明的兴起。

    因此，自古代以来，非洲人民就在人类历史进程中起了重要作用。从许多方面看，这些作用独一无二，且继续影响着今天非洲大陆的命运。非洲大陆的面积如此广袤，地形地貌如此多样，乃至于非洲大陆各地区间以及非洲大陆与其他大陆间人们的交流和交往殊为困难。这种情况导致一方面非洲大陆部分地区直接在不同程度上受到欧亚大陆潮流变迁的影响，另一方面，其他一些地方实际上与本书第一部分所论及的文化相隔绝，如同美洲文明一样，朝着自己的方向发展，这也使人们很难对非洲进行概括（即便并非不可能）。

■ 文明的出现

□ 问题：农耕和畜牧业是怎样影响非洲各民族的？与欧亚大陆和美洲农业革命的影响相比，非洲农业革命的影响如何？

非洲是仅次于亚洲的第二大大陆。从南边的好望角到临近北边的地中海，非洲延展近 5000 英里，从西边的佛得角到印度洋的非洲角，距离也差不多有 5000 英里。

● 非洲大地

非洲的物理环境如同其广袤的面积一样变化多样。北边沿海地区受地中海冲击，大部分地区属于多山地带。山地南边是地球上最大的沙漠——撒哈拉沙漠，它从大西洋延伸至印度洋。东边是古埃及文明的核心地带——尼罗河。此外，还有划分亚洲和非洲大陆的红海。

撒哈拉沙漠将非洲北部沿海与非洲大陆其他地区隔离开来。撒哈拉以南的非洲面积极为广阔；西边是所谓的非洲驼峰，它如同一只臂膀延伸到大西洋。在这里，撒哈拉沙漠逐渐被内陆草地以及沿海热带雨林取代。这片受尼罗河主宰的地区自然资源极为丰富，也是诸多古文明的发源地。

再远一些的东边，即靠近印度洋的地方是环境迥异的雪山、山地高原、草地和湖泊。在现代肯尼亚湖区的东非大裂谷一带，数百万年前，原始人开始了向文明发展的漫长历程。

西边是刚果盆地，水量丰富的刚果河为这里的雨林提供了充沛的雨水。非洲地区位于赤道的森林逐渐被丘陵、高原和南边的沙漠取代。这块肥沃的土地富含大量我们今天已知的矿产资源。

● 最早的农耕

我们尚不知道农耕在非洲大陆开始的确切时间。直到最近，历史学家才推断七八千年前的尼罗河下游是最早的谷物种植地，当时，这里可能已经种植了从地中海引入的小麦和燕麦。如第 1 章所述，最终，古埃及文明在尼罗河下游诞生了。

不过，新近的证据表明这种假设需要修正。埃及以南、靠近白尼罗河和蓝尼罗河相交的地方历史上称之为努比亚（Nubia）。公元前 9000 年，这里的居民已经开始畜养动物，最早畜养的是野骆驼，后来是显然起源于中东地区的山羊和绵羊。在气候合适的地方，他们通过采集野生谷物补充食物，并很快学会了种植高粱和粟等谷物，以及葫芦和甜瓜之类的植物。

后来，农耕技术越过撒哈拉沙漠向西传播。同时，地球上的气候比现在更为凉爽和湿润，撒哈拉部分地区气候温暖、潮湿，到处都是湖泊、池塘以及大片草地。因此，当地居民可以通过狩猎、采集和渔业为生。然而，公元前 7000 年—公元前 6000 年，气候越来越干旱，当地居民不得不寻找新的谋生手段。这一地区最适合居住的一些地方所发现的岩画显示，到公元前 4000 年，撒哈拉中心地带除了渔业和游牧业外，人们也开始种植谷物，包括耐旱的旱稻。

因此，从努比亚向西延伸到撒哈拉中心地带的北非成为世界上最早的人类以农业为生的定居地区。从这里的考古遗址中发现的陶器碎片显示出，北非还是世界上最早制造陶器的地区之一。到公元前 5000 年前后，这里的人们已经种植棉花、制造棉纺织品了。

公元前 4000 年后，随着撒哈拉气候的日益干燥，当地许多居民向东朝尼罗河流域迁徙，向南朝草地迁徙。其结果是，农业先是传播到沙漠南部边缘的热带草原地带，后又扩散到南边的热带雨林。同时，在尼罗河沿岸，埃及文明的基础已经奠定。

● 阿克苏姆（Axum）与麦罗埃（Meroe）

公元前 2000 年，在埃及以南的努比亚，库什王国成为主要贸易国。公元前 1000 年中期，库什王国衰落，最终被出现在尼罗河大拐弯第四瀑布处的新王国取代。它的首都位于麦罗埃，周边有巨大的铁矿床。随着冶炼技术的进步，铁器为这一地区的繁荣奠定了坚实基础。麦罗埃成为周边一带铁制品及其他制造品的主要贸易地。

同时，在麦罗埃东南部数百英里外，即现在埃塞俄比亚的高山地区，出现了麦罗埃的竞争对手，这就是阿克苏姆。据称，阿克苏姆的创建者是阿拉伯半岛南端的萨巴王国（Saba，也称为示巴，即 Sheba）居民的后代。萨巴王国是南亚与地中海之间的一个重要贸易中转地。《圣经》中记载"示巴女王"非常富有。实际上，"示巴女王"的财富来自更遥远的东方，经由萨巴王国的贸易路线运往地中海。不管阿克苏姆的创建者是否是萨巴王国的后代，但阿克苏姆与萨巴王国建筑风格的相似性显示了这两者之间可能存在某些联系。

萨巴王国可能由于阿拉伯沙漠的干燥而衰落后，阿克苏姆存续了数个世纪。如同萨巴王国一样，阿克苏姆的繁荣很大程度上得益于其地理位置：处在印度与地中海的贸易路线上，来自埃及的船只常常在红海的阿杜利斯（Adulis）港停留。阿克苏姆出口陶器、乳香、没药和奴隶，主要进口物为纺织品、金属制品、酒和橄榄油。一段时期内，阿克苏姆与邻近的麦罗埃成为象牙贸易的竞争者，带着进口铁质武器的猎人们到处寻找大象。可能正是由于双方的竞争，4世纪时，阿克苏姆统治者宣称受到麦罗埃的挑衅，发动战争，征服了麦罗埃，建立了一个在当时人看来与波斯不相上下的新帝国。

阿克苏姆文明最突出的特征可能是它的宗教。起初，阿克苏姆的统治者宣称自己是所罗门国王的后代，遵循的是萨巴王国的宗教。但在4世纪时，阿克苏姆统治者信仰了基督教。埃及的基督教形式（常常被称为科普特教）在阿克苏姆崩溃后，乃至此后数个世纪中伊斯兰教广为流传中仍能存续下来。后来，阿克苏姆被一些欧洲人认为是"隐士王国"以及传奇的东非基督教王国的祭司王约翰的故乡。

● 撒哈拉及其环境

麦罗埃和阿克苏姆是古代从地中海到印度洋贸易网的一部分，在各方面受到该贸易网沿线跨文化交流的影响。东非其他地区的发展模式则因地形和气候不同发展也各不一样。

历史学家尚不了解非洲地区跨撒哈拉的南北贸易是从什么时候开始的。但在公元前1000年，地中海的迦太基已经成为跨撒哈拉贸易的重心。东非的游牧民族柏尔尔人是重要的贸易中间商，他们带着迦太基的各种物产越过沙漠，交换盐、金、铜、皮毛和各种农产品，可能还有奴隶。

这种贸易激发了文化往来，对热带非洲居民产生了重要影响。除了各类物产外，制铁技术也传播到撒哈拉沙漠以南地区。尽管历史学家一度认为制铁技术是在1世纪时从麦罗埃传播到撒哈拉以南非洲的，但新近发现揭示，尼罗河流域人们炼铁的历史比麦罗埃要早五六百年。一些学者认为，撒哈拉以南非洲的制铁技术是独自发展起来的，也有一些学者认为，是从迦太基人那里学会了制铁技术的柏柏尔人将此技术传到这里的。

不管情况到底如何，尼日利亚北部的诺克（Nok）文化是非洲最活跃的制铁社会之一。诺克文化遗址出土了许多兵马俑、金属人物塑像以及石质或铁质农具，其时间可追溯到公元前 500 年。冶炼炉的残余物也确认了当地产铁的事实。

公元 1000 年初期，骆驼的引入为跨撒哈拉贸易提供了一大助力。骆驼能够储存大量食物和水，比此前人们的运输工具牛和驴更能适应沙漠的艰苦环境。柏柏尔人的骆驼商队被称为"沙漠船队"。

加拉曼特人（Garamantes）

并非所有参与跨撒哈拉贸易的民族都是游牧民族。最近在利比亚沙漠的发现揭示存在着一个古代王国。在长达一千多年的时间里，这个王国广泛参与地中海沿岸和撒哈拉以南西非地区的贸易。罗马人称这支民族为加拉曼特人，他们将盐、玻璃、金属、橄榄油、酒运往南边，带回来的则是金、奴隶以及各种热带物产。为了给沙漠深处的居民提供食物，加拉曼特人还建造了由数千英里地下水渠构成的复杂灌溉系统。这种技术让人联想到波斯和中亚地区的类似灌溉体系。学者们相信，加拉曼特王国的衰落是由于罗马帝国灭亡以及沙漠日趋干旱造成的。

● 东非

阿克苏姆的南边、印度洋沿岸以及内陆从埃塞俄比亚的山脉地带延伸到中非湖区地带，居住着多支民族，有些民族以狩猎和采集为生，有些过着游牧生活。

从公元前 3000 年起，说班图语的农业民族开始从其起源地向今天尼日利亚一带迁徙，公元初期，抵达东非。大量的作物和制铁技术由此传播到了东非大片地区，尽管有迹象显示，在他们来到东非以前，当地居民已经开始炼铁了。

班图人定居在以自给自足的农业为基础的农村地区。主要种植作物有粟、高粱、甘薯、甜瓜、豆子。东非的制造工具有石器也有铁器，后者往往出自当地的炼铁炉中。一部分人还开始养殖骆驼、绵羊、山羊、鸡，或是通过采集和狩猎补充食物。由于人口较少，可耕地较多，大部分定居点都相对较小；每个村子都形成了自治的政治和经济实体。

早在公元前 2000 年的新王国时期，埃及的船只就开始驶向东非沿海，寻找黄金、象牙、棕榈油、奴隶。到公元 1 世纪时，东非已经成为包括地中海和红海在内的贸易

人类迁徙

大约 5 万年前，一小群晚期智人越过非洲西奈半岛，开始在欧亚超级大陆开枝散叶。由此开始了一场如加速度般持续贯穿整个古代及以后的人类大迁徙。到公元前 4 万年，他们的后代已经扩散到中国、东部西伯利亚等遥远之地，甚至在更远的澳大利亚安定下来。

这些人是谁？是什么激发起他们改变居住地的决心？无疑，最早的迁徙者是野外的食物采集者和猎人，但是随着 1.2 万年前农业的出现和蓄养动物的开始，也有很多人是为了寻找适合农耕和蓄养动物的肥沃之地而远距离迁徙的。

这一进程中，毫无疑问，始终变化不断的气候也是一大因素。公元前 4000 年，撒哈拉一带牧草的干旱使当地居民不得不向西迁徙到尼罗河流域以及东非的草原地带。差不多在同一时期，印欧语系的农业民族也离开黑海地区，渐渐迁徙到欧洲中部，以寻找新的农耕地。最终，中亚的游牧民族也跟随他们的脚步，占领罗马帝国边境一带的土地，而其他游牧民族则从戈壁沙漠威胁着中国北部。与此同时，班图语系的农业民族从尼日尔河流域向南迁徙到中非的雨林地带及其他地区。类似情况也发生在东南亚和美洲。

迁徙者的稳定流动对他们途经的定居社会产生了不稳定影响。游牧民族的侵入是中国的几个王朝、埃及、罗马帝国长期面临的危险，并最终导致了它们的终结。不过，这样大规模的迁徙也有其积极影响，它传播了新技术和谋生新手段。尽管有些游牧民族，如匈族人，主要是进行劫掠并大肆破坏，但其他一些游牧民族，如凯尔特人和班图人，则繁荣了新环境。

各游牧民族中最著名的蒙古人就是个恰当的例证。13 世纪，蒙古人离开戈壁沙漠，向西进入俄罗斯，向南进入中国南宋王朝和中亚，在此期间，造成无数的伤亡和破坏。在蒙古帝国的鼎盛时期，蒙古人控制了除西部和南部偏远地区以外的整个欧亚大陆，从而建立起从太平洋到地中海的广袤的稳定地带，在这里，全球贸易和信息网络很快繁荣发展起来。

□ 问题：人类历史上大规模迁徙的主要原因是什么？这一进程在今天还在发生吗？

网的一部分。也是在 1 世纪时，来自亚历山大的一位希腊水手描述了他从非洲角顶部的瓜达富伊角到数千英里之外的马达加斯加的沿海旅程。这本命名为《红海回航记》（*Periplus*）的作品描述的便是非洲沿海地区居民的生活以及他们的贸易活动。

据《红海回航记》记载，拉普达（Rhapta）港（可能是现在的达累斯萨拉姆）是一个商业大城市，主要出口象牙、犀牛角、龟甲、进口玻璃、酒、谷物、金属武器和工具等。什么人参与这些贸易尚不清楚，可能是居住在这一地区的不同民族，也有一些是来自阿拉伯半岛的移民。这种融合最终促使出现了存在至今的斯瓦希里（Swahili）文化。拉普达以外是"未知的海洋"。一些当时的观察家们认为，印度洋和大西洋是相连的。另一些人则相信，因印度洋是封闭的海洋，故而非洲大陆没法环航。

由于季风的便利条件，跨印度洋和沿东非海岸的贸易逐渐成为古代和中世纪时期最有利可图的贸易线。尽管这一贸易的起源仍不清楚，但最远的海上贸易商来自东南亚大陆。公元初，从马来亚输入到中东的肉桂开始直接越过印度洋，抵达非洲东南沿岸一带。最终，马来亚人在马达加斯加岛建立了定居点，这里的人们至今仍然混杂着马来亚和非洲血统。尽管历史学家推断，马来亚的移民将东南亚的香蕉、甘薯等物产传入了非洲，但近来的考古发现显示，早在公元前 3000 年，这些物产就已经出现在了非洲大陆上。产量高，加之在未开垦的雨林地也能生长，香蕉遂成为班图人特别喜爱的作物。

■ 伊斯兰教的到来

□ 问题：伊斯兰教的到来对非洲的宗教、社会、政治机构、贸易和文化产生了什么影响？

如前所述，7 世纪前半叶伊斯兰教的兴起及影响远远不止阿拉伯半岛。阿拉伯军队横扫北非，将北非纳入阿拉伯帝国，也将基督教王国阿克苏姆隔离于南边。尽管撒哈拉以南的东非和西非并未被阿拉伯军队占据，但伊斯兰教也渗透到了这些地区。

● 伊斯兰教到来以前的非洲宗教信仰

伊斯兰教到来时，大多数非洲社会已经有比较稳定的宗教信仰。如同非洲生活中的其他方面一样，早期非洲的宗教信仰各不相同，但大多数非洲社会已经出现了一些比较稳定的特征。一个普遍特征是泛神论，都相信有一个创造万物的造物主。有时，造物主身边还有一个神性稍弱的众神之主。西非加纳的阿散蒂（Ashanti）居民信仰的至高之神是尼阿美（Nyame），尼阿美的儿子们的神性略弱，且各有职司：一个是雨神，一个富有同情心，还有一个掌管阳光。这种天上的等级秩序也反映在尘世之中：尼阿美崇拜为国王所独有，国王通过祭司掌管这一信仰；其他官员和普通民众则崇拜尼阿美的儿子，因为他们可以替普通民众向尼阿美说情。

有关来世的信仰则与祖先、氏族或宗族的重要性密切相关。每个氏族部落和宗族都可以追溯到一个共同的祖先。只要人们还继续以该氏族的名义举行仪式，祖先的灵魂就不会消失。这种仪式也给氏族的世俗生活带来好处，因为祖先的灵魂更接近神灵，他们有能力影响后世子孙的福祉与祸患。

这种信仰受到伊斯兰教的挑战，但并非都被伊斯兰教所取代。在某些方面，伊斯兰教的教义与非洲的传统信仰和风俗相冲突。另外，如不少穆斯林旅行家所观察到的，伊斯兰教强调的男女隔离与许多非洲社会不那么正式的男女有别形成鲜明对比，因而伊斯兰教的生根发芽也比较缓慢。长远来看，外来理念与本土信仰相结合，逐渐形成了独特的非洲化伊斯兰教。

● 北非的阿拉伯人

641年，阿拉伯军队进攻埃及，占领了尼罗河三角洲，结束了拜占庭在这里长达数个世纪的统治。为了抵御拜占庭军队的进攻，阿拉伯人不再将亚历山大作为首都，而将其设在内陆之地开罗，并开始巩固对整个尼罗河三角洲的控制。

阿拉伯征服者即便没有受到绝大多数人的欢迎，至少也得到不少当地居民的迎合。尽管在拜占庭时期，埃及一直是兴盛的商业中心，但普通的埃及人并没有享受到这种繁荣。赋税极高，基督徒时不时受到拜占庭帝国的迫害，埃及本土的科普特基督教（Coptic）和其他教派被拜占庭视为异端。尽管新统治者的税收仍大多来自当地农业人口，但赋税普遍比腐败的拜占庭政府统治时期低，皈依伊斯兰教还可以减免赋税。接下来的数十年里，许多埃及人皈依了伊斯兰教。不过，到七百多年后，伊斯兰教才传入尼罗河上游地区。随着伊斯兰教向南传播，许多低地民族也开始信仰伊斯兰教。但在埃塞俄比亚的山区，伊斯兰教传播力度不大，科普特基督教仍占上风。

同时，阿拉伯人的统治逐渐沿地中海向西扩张。公元前146年，罗马人征服迦太基后，将这一新征服地称为非洲（Africa），后来这一名字最终被扩大到整个非洲大陆。罗马帝国衰落后，非洲不少地区落入当地柏柏尔人酋长统治之下，但在公元6世纪中叶，拜占庭人占领了迦太基。690年，阿拉伯人攻占了迦太基，其统治被扩展到整个北非地区，并称这里为马格里布（al-Maghrib，即西方）。

起初，当地柏柏尔人发起了反抗阿拉伯人统治的斗争，在数代人之内，阿拉伯人的统治局限在城镇和沿海低地地带。不过，阿拉伯人的坚持最终成功了，到8世纪初期，整个北非沿海都处在了阿拉伯人控制之下。现在，阿拉伯人正准备渡过直布罗陀海峡，向欧洲南部扩张，并将其南部边界扩大到撒哈拉边缘。

● 埃塞俄比亚王国

6世纪末，长期主宰着红海周边贸易网的阿克苏姆王国走向没落。耕地的过度开发、红海与阿拉伯半岛和波斯湾的贸易路线的远离是其衰落的重要原因。9世纪初，阿克苏姆的首都迁往更远的内陆山区，它逐渐从海上强国变为孤立的农业社会。

随着阿拉伯人日益成为阿拉伯半岛周边贸易的中心，阿克苏姆衰落的进程也加快了。8世纪，非洲红海沿岸出现了许多贸易国，进一步导致阿克苏姆转变为以农业为主的内陆国家。起初，基督教王国的阿克苏姆与周边国家的关系较为平和，随着阿克苏姆王国的越来越强大，它成功迫使一些沿海国家为其纳贡，阿克苏姆暂时恢复了地区商贸网中的主导地位，成为象牙、黄金、乳香、没药和奴隶的主要来源地。奴隶主要来自南边，阿克苏姆一直试图征服其边境以南的阿姆哈拉高原诸部族。

然而，从12世纪起，为控制日益发达的象牙和奴隶贸易，沿海国家开始向内陆迁徙，阿克苏姆与邻近国家间的关系不断恶化。阿克苏姆以武力回应，起初，它成功地在一些地区重申其霸权。但在14世纪初，位于印度洋与红海交界处的阿达尔（Adal）苏丹国向基督教王国阿克苏姆发起了新一轮攻击。

这一时期内，阿克苏姆内部也出现了重大变化。自12世纪起统治阿克苏姆的扎格维王朝（Zagwe）强化中央集权，将基督教信仰推广到现在被称为埃塞俄比亚的整个国家。与王室关系密切或有亲缘关系的军事将领或文职官员占有大量土地，以维护其自身安全，便利于他们从当地百姓那里征收赋税。与此同时，基督教传教士在偏远地区建立修道院和教堂，宣传基督教。埃及的科普特教会首脑与圣地耶路撒冷的基督教官员们重新建立了密切联系。1270年，所罗门王朝（Solomanids）取代了扎格维王朝，这一进程加快了。到15世纪初，埃塞俄比亚与东边的阿达尔王国间的矛盾不断加深。双方间的冲突持续了一个多世纪，并慢慢地掺进了宗教战争的色彩。

● 东非：桑吉（Zanj）之地

伊斯兰教的兴起也对东非产生了深远影响。希腊人称东非为阿扎尼亚（Azania），称阿拉伯人为桑吉人（Zanj），意思是"黑色皮肤"的本地居民。据斯瓦希里传说，7—8世纪，阿拉伯半岛和波斯湾的居民开始在东非沿海以及海滨的一些小岛定居。10世纪中期，来自设拉子（Shiraz）的一位波斯人和他的六个儿子来到了这里。每个儿子都在沿海各岛建立了自己的小王国；这些定居点最终变成了重要的商业中心，包括蒙巴萨、奔巴（Pemba）、桑给巴尔（Zanzibar，字面意思是赞吉沿海）、基尔瓦（Kilwa）。尽管这种传说低估了本土居民在当地商业中日渐活跃的参与度，但它也反映出非洲商人——往往是内陆居民与来自印度洋周边各港口商人之间的中间人——自认为是国际商业网中的一部分。

不管如何，到9—10世纪，从北边的摩加迪沙到南边的基尔瓦（今天的达累斯萨拉姆以南）出现了一系列贸易港口。基尔瓦尤为重要，因为它靠近一个季节内船只往返航程的最南端。象牙、黄金、犀牛角等物产经由印度洋出口到远至中国这样的国家，进口物则包括铁制品、玻璃制品、印度的纺织品和中国的瓷器。正如在蒙巴萨和桑给巴尔所发现的一些商人的奢华豪宅所显示的，这种贸易的利润非常可观。尽管基尔瓦现在已经成为一片废墟，但当时它是东非沿海最重要的城市之一。14世纪的阿拉伯旅行家伊本·白图泰描述道，基尔瓦是"最美丽的城市，城市建设最优美。建筑都是木质结构，屋顶用芦苇搭盖"[1]。令人印象最深刻的是胡悉尼·库巴瓦（Husuni Kubwa）大宫殿，拱形屋顶上覆盖着精美的石雕，还有一个院子。普通城镇或更小镇子里居民的生活一点儿也不奢侈，富裕的城镇居民居住在宽敞的石头房子内，室内装饰和消费品甚至来自遥远的中国和南欧。

大部分沿海国家都是独立的，尽管一些城镇组织起来，由单一的统治者进行管理。政府的财政收入主要来自商业税。有些贸易是在沿海各小王国与内陆居民之间进行的，内陆居民售卖的主要是象牙、各种农产品和动物产品，购买的主要是各种制造品和武器。显然，双方间关系并非始终友好，沿海商人有时候会用武力从内陆居民手中获得各种物产。葡萄牙人曾评论，"蒙巴萨的男人们经常处在战斗之中，偶尔也与内陆居民和平相处、相互贸易，因为内陆居民有大量的蜂蜜、蜡和象牙"[2]。

12和13世纪，一个被称为斯瓦希里（源于阿拉伯语sahel，意思是沿海）的复杂文化出现在东非沿海。当地居民与少数外来移民间的通婚很常见，由此形成了一个统治阶层，他们中不少人是混血，谱系可追溯到阿拉伯或波斯人的祖先。此时，统治阶级的许多人皈依了伊斯兰教。中东的城市建筑风格及其他领域的阿拉伯文化

---

〔1〕 S.Hamdun、N.King 编：*Ibn Battuta in Africa*，London，1975，p.19.

〔2〕 D.Barbosa，*The Book of Duarte Barbosa*，Nedeln，Liechtenstein，1967，p.28.

在以非洲特性占主导的社会中渐渐扎根。阿拉伯词汇和短语与班图语语法体系相融合，形成了独特的斯瓦希里语。直到今天，它仍是肯尼亚和坦桑尼亚的官方语言。

● 西非各国

8 世纪时，来自北非马格里布一带的商人将伊斯兰教信仰带到了撒哈拉以南地区。起初，皈依伊斯兰教是个体行为，而非官方推动的结果。最早皈依伊斯兰教的统治者

交流与交换

桑吉沿海

从很早时候起，东非沿海的居民就积极参与了当地及跨印度洋的贸易。这一进程始于一千年前后阿拉伯商人到来之时。根据当地传说，阿拉伯商人经常娶当地酋长的女儿，这样就能获得嫁妆——沿海的小片土地。以下资料来自阿拉伯旅行家马苏迪，他在 916 年曾拜访"桑吉之地"。

桑吉之地盛产野生豹皮。人们用豹皮做衣服，或是出口到伊斯兰国家。他们有最大的豹皮，用最漂亮的做成马鞍……出口物有做梳子的玳瑁、象牙等……桑吉位于这里，它延伸到索发拉（Sofala）一带，索发拉是陆地的最末端，也是从阿曼（Oman）和希拉夫（Siraf）一带远航的终点。……桑吉人用牛做牲畜，因为他们没有马、驴或骆驼……这里有许多野象，但没有被驯养的象。大象既不用于打仗，也不用于他处，而是将之猎杀，以获取象牙，那些重量不低于 50 磅的象牙通常会被运往阿曼，再从那里运到中国和印度。这是主要的贸易路线……

桑吉人语言优美，也有人说教和讲道。尊者会召集人群，共同求神庇佑，服从神谕。他会向大家解释不服从者将要接受的处罚，提醒他们要尊敬祖先和古老的国王。这里的人没有宗教法，国王主要依靠习俗和政治手腕进行治理。

桑吉人吃香蕉，这里，香蕉如同印度一样普遍。不过，他们的主食是小麦和一种叫作卡拉里（kalari）的作物，这种作物拔出来后，有点像松露。他们还吃蜂蜜和肉。很多岛上都长着椰树，桑吉人将椰果当水果吃。其中一个岛距离大陆有两天的行程，那里居住着一个王室。这个岛叫作坎布鲁［Kanbulu，可能是现在的奔巴岛（Pemba）——译注］。

□ 问题：为什么阿拉伯商人沿着东非海岸旅行和定居？阿拉伯人对当地人的生活产生了什么影响？

是 12 世纪的高氏（Gao）王族。5 个世纪后，撒哈拉以南的绝大多数热带草原居民都接受了伊斯兰教。

伊斯兰教在西非的扩散对当地政治体制产生了巨大影响。阿拉伯语被作为书面语言引入西非，中东的伊斯兰教法和行政管理体系也传到西非，让当地统治者有了提升其权威和政府效能的工具。而且，随着伊斯兰教在西非传播渐广，共同的宗教吸引也将此前分立的人们结成了更有凝聚力的社会。

伊斯兰教传播到撒哈拉以南的热带草原地区时，这里正发生着重要的政治和社会变革。因为这里到处都是前往大西洋、中东和红海的商贸路线，许多贸易大国正在涌现，它们最终将撒哈拉转变为了世界贸易的一大渠道。

加纳

加纳是西非各大商业国家的代表之一。它起源于 5 世纪的上尼日尔河流域，这里是撒哈拉与西非沿海热带森林间的一片大平原（现在的加纳位于这一地区南部）。当地大多数居民都是农民，生活在当地酋长掌管下的村庄里。久而久之，这些小村庄演变为统一的加纳国。尽管这一地区的人们传统上以农业为生，但加纳地位越来越重要的一个主要因素是它出产黄金。加纳的心脏地带是非洲黄金产量最丰富的地方之一。加纳商人将黄金运往摩洛哥，继而从那里流向世界各地。这种黄金贸易古已有之，希腊历史学家希罗多德曾这样记载：

> 迦太基人还告诉我们，他们与海拉克列斯柱外（直布罗陀海峡）的利比亚做生意。到了那里后，他们卸下货物，沿着海岸把货物摆放妥当，然后回到船上，点燃烟火。当地人看到烟火后来到海岸，放下一定量的黄金来交换货物，并退回到远处。迦太基人下船查看黄金。如果觉得价格合理，他们就拿走黄金，如果觉得有点少，则回到船上等着。然后，当地人便回来再加些黄金，直到迦太基人满意。双方都非常诚实，迦太基人到觉得物价相符时才会取走黄金，当地人则直到迦太基人拿走黄金后才会动手拿货物。[1]

后来，说阿拉伯语的北非人将加纳称为"黄金之地"。实际上，这是误导，因为黄金并不来自加纳，而来自加纳邻近之地，是那里的商人把黄金卖给了加纳人。

加纳的其他产品，象牙、鸵鸟毛、兽皮、皮毛制品以及奴隶也在地中海沿岸的集

---

[1] Herodotus, *The Histories*, Baltimore, 1964, A.de Selincourt 译, p.307.

市上交易。这里的奴隶贸易可能起源于公元前 1000 年左右，当时柏柏尔人俘虏了撒哈拉以南的许多非洲村民，将他们卖到欧洲和中东。加纳的进口产品主要有金属制品（尤其是武器）、纺织品、马匹和盐。

穿越沙漠的贸易主要仍由游牧民族柏柏尔人进行。不过，作为中间商，加纳商人起了很大作用，他们主要输送热带地区的产品，如大西洋沿海几内亚森林地带的香蕉、可乐果、棕榈油。到 8—9 世纪时，有许多中东商人加入进来，他们从当地商人那里购买产品（用铁币、铜币或东南亚的货贝作为主要交换媒介），带着它们穿越沙漠，销往更远之地。从事这一贸易的商人往往能发大财，故而，有条件居住在加纳都城萨雷（Saleh）这样的大城市里。当然，如同对待农民或手工业者一样，国王也向这些商人

宗教与哲学

加纳的王权与宗教

穆罕默德去世几十年后，伊斯兰教开始在非洲出现，并与非洲本土宗教相互竞争。最终，好几个非洲统治者皈依了伊斯兰教。以下资料来自阿拉伯地理学家巴克利（al-Bakri）的作品，反映了 11 世纪加纳的宗教自由，当时，加纳非穆斯林统治者统治着许多穆斯林臣民。

国王的住所包括一个宫殿和一个圆锥形小屋，整个住所被围栏环绕起来，如同围墙一样。王城里有主持宗教仪式的祭司居住的小棚屋，还有荆棘树林。他们在荆棘树丛中崇拜偶像、安葬国王，周围有人守卫，不经允许，任何人不许进入。

除了国王和他的继承人即他姐姐的孩子外，其他人都不能穿特制的衣服，却可以按自己的喜好穿棉、丝、锦等衣服。国王颈、臂戴着各种妇女的装饰，头戴上好棉布做成的金色绣花帽，在屋里倾听百姓的牢骚和不满，屋子周边有 10 匹披着金色布的马。国王身后站着 10 个奴隶，各个举着镶嵌着黄金的盾牌和剑。国王的右手边是附庸国国王的儿子们，每人头戴金冠，身穿昂贵的衣服。周边地上坐着各位大臣，另外，城市的管理者也坐在他前面。守卫门口的还有血统纯正的、戴着金银项圈的狗。一面由挖空的木头做成的鼓敲响后，宣布国王准备听民众的意见了。人们聚集起来，跪地以示尊敬，如同穆斯林以鼓掌作为问候方式。

□ 问题：为何非洲统治者认为接纳穆斯林信仰是有利的？这种转变给西非人民带来了什么样的变化？

征税。

如同其他西非国家的国王一样，加纳国王也实行神权统治，由一些显赫氏族的主要成员组成的贵族阶层辅佐国王，他们也是负责维护法律和秩序、征收赋税的地区首脑。国王的主要职责是维护国家的安宁，充当人们与当地各种神灵的沟通中介、裁决纠纷。加纳国王并没有信仰伊斯兰教，他们欢迎穆斯林商人的到来，显然也并不阻止臣民皈依伊斯兰教。

马里

繁荣了数百年后，到12世纪，加纳因与柏柏尔人连年战争而走向衰落，12世纪末最终灭亡了。此后这里兴起了许多新兴贸易国家，包括西边占领了大片领土的马里帝国、东边的桑海（Songhai）帝国和卡涅姆 - 博尔努王国（Kanem-Bornu），以及一些小的城邦，如位于今天尼日利亚北部的豪萨（Hausa）等。

表 8.1　早期非洲大事记

事　件	时　间
非洲农业起源	公元前 9000 年—公元前 5000 年
撒哈拉开始干旱	公元前 5000 年
库什王国和努比亚王国	公元前 1070—公元前 350 年
铁器时代开始	公元前 6 世纪
跨撒哈拉贸易开始	公元前 1000 年
麦罗埃崛起	公元前 300 年
阿克苏姆崛起	1 世纪
马来人抵达马达加斯加	2 世纪
班图人抵达东非	公元初期
阿克苏姆征服麦罗埃	4 世纪
加纳王国兴起	5 世纪
阿拉伯人占领下尼罗河谷	641 年
伊斯兰教在北非传播	7 世纪
伊斯兰教在非洲角传播	9 世纪
加纳王国衰落	12 世纪
津巴布韦王国	1100—1450 年
埃塞俄比亚扎格维王朝的建立	1150 年
马里帝国崛起	1250 年

加纳衰亡后，西非地区出现的最大帝国是马里。它的疆域从大西洋沿海和内陆延伸到尼日尔河流域的廷巴克图（Timbuktu）和高城（Gao）。马里的财富和势力来源于黄金贸易。不过，它的核心地带是撒哈拉南部的热带草原，那里气候湿润，可种植高粱、小米和水稻。农民们住在村庄里，被称为曼萨（mansa）的村庄首脑，既是宗教首领，也是行政领袖，负责征税，并将其交给上一级政府。

马里的主要财富集中在城市。这里生活着不少商人，他们绝大多数都是本地人，尽管不少人此时信仰伊斯兰教。经商需要交税，不过，显然经商获利匪浅，商人和国王都从中获益。马里王国最强势的一个国王是曼萨·穆萨（Mansa Musa，1312—1337 年在位），他的主要功绩可能不在于繁荣经济，而在于推进伊斯兰教信仰。曼萨·穆萨积极鼓励兴建清真寺、研读《古兰经》，并引入学者和各类书籍，以向其臣民传播伊斯兰教。15 世纪末的一位欧洲游客描述，廷巴克图"到处都是医生、法官、祭司和博学之人，国王养着他们。这里可以买到各种巴巴里（北非）以外的书籍，并且卖得比别的地方都贵"[1]。

廷巴克图城建于 1100 年，是当时尼日尔河流域商人们的季节性营地。在曼萨·穆萨及其继任者的统治下，廷巴克图逐渐成为西非的知识和文化中心，这里有不少法律、文学和科学的学校。

■ 中非和南非的国家和非集权社会

□ 问题：移民在早期非洲各社会的演进中起了什么作用？这种影响与其他地区的情况有何差别？

从刚果河盆地到好望角的非洲大陆南半部，国家的形成比北半部稍慢。到 11 世纪时，这里的大多数人都还生活在非集权社会（non-centralized societies），其特点是各自由部落组成的村落实施自治，由部落首脑或酋长进行统治。从 11 世纪开始，在南部非洲的部分地区，这些独立分散的村落开始凝聚起来，并形成了最初的国家。

● 刚果河流域

刚果河流域是南部非洲国家形成进程中的一个重要发生地，这里土地肥沃，铜矿和铁矿富足，当地居民既可以从事农业，也可以从事商业。在这一进程中，两个新兴国家尤为突出。14 世纪，卢巴帝国（Luba）在南部非洲的中心地带兴起，这里靠近吉萨尔湖（Kisale），农业发达。卢巴帝国政府的集权程度较高，国王任命各省省长，省长负责从各村落首脑手中收集赋税。同时，刚果王国也在大西洋沿岸的刚果河河口北

---

[1] M.Shinnie, *Ancient African Kingdoms*, London, 1965, p.60.

边兴起。

尽管制造业也比较兴旺，贸易活动渐趋活跃，但这两个新兴国家都以农业为主。随着时间的推移，两国都向南扩张，吸收了现在安哥拉一带的各农牧民族。在南边的干旱草原地带，其他一些小的社群仍然以狩猎、放牧或采集为生。不过，由于没有文字，加之极少有拜访者，我们对其知之甚少。16 世纪晚期，一位与他们不期而遇的葡萄牙水手曾描述："他们既是牧人，也是农民……主要种植粟，用两块石头碾粟，或用木臼磨成粉……他们的财富主要来自于成群结批的牛羊……他们生活在小村庄里，住的是芦苇搭成的房子，根本没法挡雨。"[1]

● 津巴布韦

在更远的东边，情况有些不同。津巴布韦河南边的草原地带，大约在公元 1000 年初期，形成了放牧、农业和商业并存的经济。为防止野兽夜间袭击，这里的村庄都有围墙。此地最著名的国家津巴布韦位于赞比西河和林波波河之间的津巴布韦平原。从 12 世纪到 15 世纪中期，津巴布韦是这里势力最大、最繁荣的国家，并在东部沿海地区的斯瓦希里各国的黄金贸易中起主导作用。

津巴布韦的都城大津巴布韦遗址（班图语中"津巴布韦"意为"石头房子"）形象地反映了津巴布韦的势力和影响力。大津巴布韦位于山坡上，可以俯瞰小河，周边有围墙防护，城内可容纳 1 万多人。其西边是大黄金矿所在地，有一条小河与海相通，这一有利的地理位置使它从沿海与内陆的贸易发展中获益不小。城中富人的房子建在石头地基上，用混凝土盖成，平民家的房子则用干泥糊成，用茅草搭屋顶。王宫的石头城墙有 30 英尺高。遗址中发现的手工艺品包括用黄金和铜制作的家用器具、装饰品、珠宝以及来自中国的瓷器。

津巴布韦王室的财富来源可能主要有两个：一是蓄养了许多牛，二是对经由这里到沿海地区的黄金贸易征税。到 15 世纪中叶，显然大津巴布韦城被舍弃了，究其原因，可能是过度放牧造成环境恶化所致。随着津巴布韦的没落，经济中心开始北移到赞比西河流域。

---

[1] C.R.Boxer 编：*The Tragic History of the Sea, 1589-1622*, Cambridge, 1959, pp.121—122.

交换与交流

尼扬加人（Nyanga）与俾格米人（Pygmies）在加蓬相遇

很久以前，今天中非卢旺达和乌干达一带的尼扬加人迁徙到刚果河流域，并深入赤道非洲的雨林中心。在那里，他们遭遇了特佤族（Twa，当地土著民族，现在有时称为俾格米人），并很快借鉴了他们的文化元素。以下内容节选自《姆温都史诗》（*Mwindo Epic*），这部史诗赞颂了传奇人物姆温都带领人们来到这片土地定居一事，尼扬加人统治者擅长运用当地风俗，召集本地游吟诗人吟诵此诗。

姆温都休息以后，把他的人民集合起来，告诉他们："我，姆温都，生来就会行走的小不点儿，做出许多奇迹的人。我告诉你们我从天上带来的消息。当我到达天上的时候，我遇到了雨神、月亮神、太阳神、库比库比星神、闪电神。这五位神明禁止我杀害森林中、河流里、村庄上的动物。他们说，我胆敢杀害任何一个，天火就会熄灭；恩库巴（Nkuba）就会来抓我，使我来不及向我的子民告别，而且永远都回不来了。"他还说："我在天上看到了一些我无法透露的新鲜东西。"讲完这话，那里的人们就解散了。这一年里席姆温都（Shemwindo）和尼亚姆温都（Nyamwindo）的头发都长得老长，就像森林中死鬼的长发那样。在图邦都村，鼓不再发声，公鸡不再打鸣。但在姆温都重新出现在这里的那天，他父母的长发剃掉了，公鸡又开始打鸣，所有的鼓再次擂了起来，鼓声传遍大地，响彻天空。

此后，姆温都名声大振，声望传遍四面八方。他为他的子民通过了一系列法律。他说：

愿你们生产出许多食物和庄稼

愿你们居住在好房子里，生活在美丽的村庄中

相互不要吵架

不要追求别人的配偶

不要嘲弄经过村里的残疾人

引诱别人妻子的人要被杀掉

接受酋长吧。怕他，愿他也怕你们

愿你们和谐一致，在这个国家

没有不和，没有仇恨

愿你们生出高矮不一的孩子；生了孩子

你们要把他们带到酋长那里去

说了这些后，姆温都就一直留在村子里。他名声很响，他有父母、妻子和人民。他不但在

全国鼎鼎有名，就是在别的国家也非常出名，这些国家的人民也到这里向他表示忠诚。

□ 问题：姆温都的法律与此前讲述的其他文明的法律有什么异同？

● 南非

东非平原和刚果河盆地以南是大片的山地、草原和几乎延伸到好望角的干旱沙漠。随着班图语系的农民在公元前 1000 年的最后几个世纪内向南迁移，他们与那里主要仍以狩猎和觅食为生的新石器时代的本土居民相遇。

有证据表明，起初，这两大群体的关系非常和谐，通婚现象也很普遍，许多本地居民日渐被公元 1000 年前后扩散到南非大部分地区的说班图语的游牧和农业社会吸收。

科伊人（Khoi）和闪族人（San）

科伊人和闪族人的语言是科伊桑语（Khoisan），其特点是发音清脆。科伊人是游牧民族，闪族人则以狩猎和采集经济为生，生活在 20~25 人规模的家族团体中，主要居住在从西边的纳米比亚到东南沿海的龙山山脉一带。这一带发现的岩画有助于增进考古学家对闪族人早期生活的了解。早在欧洲人到来前，这些色彩丰富的岩画就已经存在了，是用固定在芦苇秆上的羽毛刷绘就的，描绘了闪族人日常生活中诸如狩猎技巧和宗教仪式在内的方方面面。

● 非洲：没有历史的大陆？

到 20 世纪下半叶，西方历史学家中主流的观点依然是，非洲是一个与世界主流脱节了的由分散村庄构成的没有历史的大陆。不过，第二次世界大战结束后的几十年里，新一代受过非洲研究训练的史学家——部分地受了 1959 年巴兹尔·戴维逊（Basil Davidson）的开创性著作《消失的非洲城市》（*The Lost Cities in Africa*）的激励——开始挑战这一观点。他们的研究表明，历史上，许多非洲国家不仅积极地与非洲海岸以外的人们交流往来，而且，非洲人民也创造了许多先进的文明。

尽管文字材料的缺乏仍旧是个大问题，但历史学家用其他材料越来越成功地揭示了非洲的历史进程。非洲人民在公元前八九千年时就走在了农业革命的最前沿，尽管非洲大陆的一些地区仍与主流社会相隔绝，但早在公元前 1000 年时，许多非洲社会已经活跃于从地中海到撒哈拉的贸易网。另外，还有一条从阿拉伯半岛沿印度洋到东非海岸的贸易路线。因此，越来越清晰的一点是，自有人类以来，非洲人民就为人类发展做出了巨大贡献。

■ 非洲社会

□ 问题：氏族部落、妇女、奴隶在非洲社会中扮演什么角色？非洲不同地区的各社会间有何差异？造成这种差异的原因是什么？

要概括古代非洲的社会结构、文化发展和日常生活是很困难的，因为非洲大陆上的居民极其多样化。非洲人民说的语言种类占人类语言总数量的1/4，其中，五大语系存在于此。族群同样极为多样。由于直到晚近许多非洲语言才有书写体系，故而，历史学家必须依赖一些偶然到访者的记载来了解这段历史，如马苏迪和14世纪的编年史学者伊本·白图泰。不过，这些到访者主要交往的是那些富贵人家和权势人物，记录也多着墨于此，这让我们难以推测早期非洲普通人的生活状况。

● 城市生活

起初，非洲的城镇都是围墙围起的村落，后来，进化成有多重功能的社区。当然，城市是统治中心，也是商贸中心，到处都是来自远方的货物。这里也是精于金属锻造、木工雕刻、陶器制作或其他工艺的手工匠人的集中地。与农村地区不一样，乡村主要由单一氏族或亲族成员组成，城市居民来自各个氏族，每个氏族或亲族的成员往往有自己的地盘，由其氏族或亲族首脑治理。

在西非各国，大城市的中心是国王的居所。在这里，统治者与商人的关系和大多数亚洲国家不同：在许多亚洲国家，王室和贵族与平民百姓相隔离。但在非洲，国王与平民间的差别没那么大。统治者往往容许人们表达对他们的不满，也热烈欢迎外来访客。东非沿海城邦中，统治者往往是富裕的商人，比如，基尔瓦（Kilwa），"国家比城市本身大不了多少"[1]。

---

[1] D.Nurse、T.Spear, *The Swahili*: *Reconstructing the History and Language of an African Society 800-1500*, Philadelphia, 1985, p.84.

● 乡村生活

非洲的绝大多数人口生活在小村庄里，其身份是由核心家庭和氏族群体的成员身份所确立的。基本上，核心家庭由父母和未成年子女构成；有时候也会有年迈的祖父母或其他家庭成员，他们生活在泥糊的小圆形房子里，屋顶呈圆锥形，用茅草搭盖。大多数非洲社会中，这样的核心家庭单位最终合并为更大的亲缘社群，即氏族。

氏族类似于中国的宗族或印度的阶级制度，通常建立在亲缘关系之上，尽管有时也会纳入一些外来者。在前殖民时代，用某历史学家的话说，氏族是非洲社会的"基础构件"。

尽管有些村庄会由好几个不同的氏族组成，但通常情况下，一个村庄可能就是一个单一的氏族群。村庄首脑也是氏族的"大人物"，各家庭代表组成的小委员会协助他处理事务。"大人物"往往被认为拥有超自然的能力，随着村庄越来越大，实力越来越强，他可能最终转变为地方酋长或君王。

● 妇女的地位

虽然归纳有失偏颇，但我们仍可以说非洲妇女通常是从属于男性的。有些情况下，她们的价值在于所从事的劳动或生儿育女上。一夫多妻并不罕见，特别是在穆斯林社会。妇女往往在田间地头劳作，而男人则照管牛群或打猎。有些地方的妇女也从事商业活动。南非某地，年轻姑娘因为体型较小而被送到金矿从事开采。

不过，与其他地方相比，非洲的妇女地位有一些关键区别。在许多非洲国家，氏族源自母系而非父系。伊本·白图泰在西非旅行期间观察到，"男性的财产只能由姐妹的子女继承，而不能留传给自己的孩子"[1]。这让伊本·白图泰大为惊奇：除了印度马拉巴尔沿海外，他从未见过这样的习俗。

非洲的男女关系比印度或中国要宽松得多，没有那么多的禁忌。伊本·白图泰记载道：

> 说到这里的妇女，她们在男人面前并不谦恭。尽管她们也坚持祷告，但并不遮掩自己。……妇女还可以有婚外的男性伴朋友（也就是说不是兄弟、父亲等）。男人也可以有婚外的女性伴侣。倘丈夫发现妻子和异性朋友在家中，他也不会反对。[2]

---

〔1〕 S.Hamdun、N.King 编：*Ibn Battuta in Africa*，p.47.

〔2〕 同上，第28页。

伊本·白图泰就这一习俗询问一个非洲熟人，对方回答说："在我们国家，女性与男性朋友间的关系是值得赞赏的，这种关系非常好：不存在怀疑。她们可不像你们国家的女人。"对如此"轻率的"回答，伊本·白图泰震惊不已，拒绝了朋友请他再度拜访家中之请。[1]

对两性关系的这种非常态的态度，在非洲也非随处可见，可能随着许多非洲人入教，这样的习俗也越来越少了。不过，这证明了传统习俗的韧性，即便是在西非教民家庭，中东教民带来的相对保守的妇女地位的观点也没有产生太大影响。

● 奴隶制

非洲奴隶制常常与 1500 年后的历史相联系。实际上，到 17 和 18 世纪时，奴隶贸易达到了相当大的规模，欧洲的奴隶贸易船将数百万不幸的非洲奴隶送往欧洲或美洲。

奴隶制并非是欧洲人带到非洲的。非洲奴隶古已有之，最初的奴隶可能是被永久奴役的战俘。在古埃及，奴隶制非常普遍，尤其是新王国时期，埃及从上尼罗河流域带回数千名俘虏做苦力，甚至人殉。

在国家兴起的早期阶段，奴隶制仍然存在。柏柏尔人的部落经常洗劫撒哈拉以南的农村地区，将俘虏带到北方，卖到地中海一带。有些奴隶去当兵，也有许多女性奴隶在富人家做佣人。非洲南部一些地区及东海岸一带，用俘虏做劳役或交易同样非常普遍。

对绝大多数奴隶而言，人生艰苦。运气最差者可能是那些被送到王室贵族家里耕种的人。士兵的境遇稍好一些，由于身处中东，在某种程度上可能还有些许自由。总体来说，这些奴隶的生活可能算是最过得去的。尽管没法赎回自由，但他们的生活还算体面，有的甚至与自由民差别不大。北非一些国家中，据说奴隶占总人口的 75%。其他地方的奴隶比例低一些，有些地区甚至不到 10%。

■ 非洲文化

□ 问题：非洲雕刻、音乐和建筑的主要特点是什么？这种形式的创造性表达对非洲社会有何影响？

---

[1] *Ibn Battuta in Africa*, pp.28—30.

北非的妇女

　　如同其他地方一样，北非的某些地区，妇女要遮蔽自己的身体，免使男性受惑，教义中强调男女有别和隔离的清规戒律并不符合许多非洲社会盛行的较为非正式的关系。以下资料来自《非洲的历史与描述》(The History and Description of Africa)，作者里奥·阿非利加努斯(Leo Africanus)描写了非洲地中海沿岸的一些风俗。里奥·阿非利加努斯于1518年被基督教海盗俘虏，后来服务于教皇利奥十世，曾多次造访非洲。

　　这里的妇女（据该国向导所说）打扮得漂漂亮亮：她们身着黑色的亚麻长袍，袖子特别宽大，有时还披着相同颜色或蓝色的斗篷，斗篷的两角用银扣漂亮地系起来，固定在肩膀上。她们还会戴上耳环（大部分都是银质的）和许多指环，还经常在腿上和脚踝上绕上丝巾或脚镯，这在非洲是非常时尚的。她们将脸遮起，只露出两只眼睛。如果路遇非亲友的男性，她们会立即把脸盖住，默默地从旁边经过……这些阿拉伯人在任何旅行中（他们经常这样）都会让妇女们坐在柳条编织的非常精致的鞍鞯上，鞍鞯放在骆驼背上，不太宽，刚好适合女性坐在上面。即便是打仗的时候，他们都会带着妻子，而妻子则为他欢呼鼓舞。未婚少女常常用染料描画脸、胸、手臂、手指等；这被认为是最得体的习俗。

　　□ 问题：作者赞同这段资料中非洲妇女的行为吗？

　　如同当时世界其他地方一样，早期非洲的创造力表达，无论是绘画、文学还是音乐，首先都是为宗教和社会秩序服务的手段。虽然在尼日利亚南部发现的木制面具或青铜雕像堪称艺术品，但对当时的制作者来说，这往往是表达宗教信仰或共同关切的途径。有了这层关系，一些非洲历史学家反对将类似手工作品称为艺术，因为这是出于精神或道德目的而非美学目的制作的。

● 绘画和雕塑

　　非洲现存最早的艺术形式是岩画。最著名的是撒哈拉中部塔西利(Tassili)山脉发现的岩画，虽然大多数岩画最多只有一千年的历史，但最早的岩画，可追溯至公元前

5000 年。一些后期岩画描绘了——在骆驼引入这里之前——人们用两匹马拉的车运送货物。非洲大陆的其他地方也发现了岩画，如尼罗河流域和东非、南非。南非的闪族人尤其热衷于描绘其宗教仪式的场景，如村里的巫师求雨、敬神或治病。

人们可能更熟悉的是非洲木雕和其他雕塑。这些精美的雕像、面具、头饰是祭祀完树神后，手工匠人在活树上雕刻而成的。盛装打扮的歌手和舞者戴着这些面具和头饰进行表演，以表示对各种神灵的尊敬，显示出非洲人与自然世界的认同和密切联系。例如，马里 3 英尺高的羚羊头饰（Ci Wara）分男女两种，主要用在祭祀发明了农业技术的英雄的表演中。陶土和金属雕像也有同样的功能。

13 世纪和 14 世纪，今尼日利亚南部伊非（Ife）一带的手工匠人用失蜡法制作了精美的青铜雕像。所谓失蜡法就是将熔化的金属浇铸进用蜂蜡铸形的模具中。伊非的雕塑可能影响了西非贝宁（Benin）一带的手工匠人，同一时期，他们也制作出了各种青铜作品。贝宁的雕塑有铜制头像、描绘生活场景的浮雕、装饰品以及各种动物形象。

西方人一度认为非洲的木雕和金属雕塑是一种"原始的艺术形式"，但这个标签不太恰当。例如，贝宁的金属雕塑极为复杂，不少精品可以说是杰作。这样的作品通常出自王室雇佣的手工匠人之手。

● 音乐

和雕塑一样，非洲的音乐和舞蹈也往往具有宗教性。非洲舞蹈的特点是节奏性非常强，它是人与神灵沟通的手段，人们认为，非洲舞蹈的大幅度动作是神灵在通过人类进行表演。

古代非洲音乐也因各地情况不一样而发展程度各异。乐器各种各样，如鼓、木琴、铃铛、喇叭、笛子，以及提琴、竖琴、扁琴等各种弦乐器。当然，非洲大陆的音乐也有一些共同特点：

第一，大多数非洲音乐都有强烈的节奏感，实现这一效果的方式是通过葫芦、罐、铃铛、棍棒等各种工具一同击打，同时加上拍手和击鼓。

第二，声音与乐器融合为完整的音乐体验。音乐器具和人声组合在一起讲述故事，说话鼓等器具常常用来表达声音。合唱和个人独声用于各种模式，比如有时是"一唱一和"。通过这种方式，听众也能加入到音乐之中，一遍又一遍地用短句回应，与独唱者呼应。有时候器乐也可以实现类似效果。

许多音乐用于特定场合，如婚礼、葬礼、宗教仪式、典礼等。音乐还有教育功能，向年轻人传递历史知识和社会传统。由于撒哈拉以南非洲没有书面文字（除了东非和西非的阿拉伯语外），音乐也就成了一代又一代人传递民间神话和宗教传统的主要途径，往往要靠祭司阶层或专门的"说书人"口口相传。

● 建筑

在非洲艺术的创造力表现上，没有比建筑更变化多端的了。从尼罗河的金字塔到赞比西河南边的大津巴布韦遗址，从桑给巴尔的摩尔式宫殿到西非的泥塔清真寺，非洲建筑显示出惊人的技术和形式上的多元性，这是其他领域难以比拟的。

现存最早的非洲建筑形式是金字塔。麦罗埃王国显然在公元前数百年中借鉴了埃及金字塔的建筑形式。尽管麦罗埃金字塔的建筑目的类似于吉萨金字塔，但它们风格独特：规模不大，顶部是平台而非尖顶。麦罗埃寺庙遗址中的巨大雕刻柱也显示出埃及的影响。

更南的阿克苏姆王国有自己的建筑风格。最独特的莫过于雕刻的石柱，通常用它来标记国王的陵墓，有些石柱高达 100 英尺。基督教也影响了阿克苏姆的建筑。在 12 世纪和 13 世纪的扎格维王朝，到处都有建造在坚固岩石上的教堂。最早可追溯到 8 世纪。风格上，这些教堂融合了前基督教时期的本土技术和来自圣地的基督教教堂元素。

在西非，国家形成前，这里的石质建筑非常少。当时，王宫和其他重要公共建筑通常用石头或水泥建造，绝大多数平民百姓的房子都是用干泥盖成的。16 世纪的旅行家"里奥·阿非利加努斯"在西非沿海的几内亚旅行时，注意到统治者和其他精英的房子是用白垩建造的，屋顶盖着稻草。不过，即便是在国家构建的时期，清真寺往往也是用泥土建造的。

非洲东海岸的精英建筑具有中东风格。从摩加迪沙到基尔瓦一带的城镇和岛屿，富人们的房子都用石头搭建，反映出阿拉伯的影响。如同其他地方一样，这里的平民百姓也住在泥巴房子里，屋顶用茅草或棕榈叶搭盖。清真寺则是石头建造的。

撒哈拉以南非洲最著名的石头建筑在大津巴布韦。这里的建筑用切割精良的石头建成，无需泥浆。从城墙和公共建筑中，可以深刻地感受到这里人们的建筑创造力。

● 文学

此时的非洲，除一些地区引入了中东的阿拉伯手稿外，撒哈拉以南的非洲没有成文的文学。不过，非洲丰富的口述史弥补了没有书面文字的不足。巴德（bard）或职业说书人是非洲的古老职业，历史通过他们口口相传。在许多西非国家，巴德因演讲和吟唱技巧、惊人的记忆力，以及对历史的精辟解读而受人尊敬。如一位非洲学者所写：一位巴德的去世如同毁灭了一座图书馆。

巴德在非洲生活中承担着几大职责。他们是历史的记载者，是社会习俗和行为规范的维护者，还是艺人，会演奏几种乐器，通常边讲边演奏。由于地位独特，巴德往往也是一个社区中敌对家族或氏族间矛盾的调停人。他们还被认为拥有神秘力量，能占卜、会咒语。传统上，巴德还是国王的顾问，有时会用其诗歌的激情来激励国王（如发动战斗）。如果被敌方所俘，巴德往往也会得到善待。

西非最著名的史诗《松迪亚塔史诗》（*The Epic of Son-Jara*）便是经由巴德之口流传七百多年而形成的，它描述的是马里帝国的缔造者松迪亚塔（Sundiata，1230—1255年）的英雄故事。尽管世界历史上，曼萨·穆萨因在 14 世纪去了麦加朝圣而广为人知，但松迪亚塔更受人尊敬，他的故事口口相传、始终未曾中断。

和巴德一样，妇女也因其讲述才华、传播道德伦理价值观和宗教信仰而受人赞赏。在缺乏文字体系的社会，妇女是社区的凝聚力量。母亲们诵读寓言故事、谚语、诗歌、歌曲等，提供了世世代代的共同纽带和道德观念，这一方式在欧洲、东亚、南亚和中东的父权社会极为罕见。这些活动不仅是古代非洲教育的重要组成部分，也为人们日常生活的困苦提供了一个喘息之机，激发了年轻人的想象力和艺术意识。

▬ 本章小结

得益于一代考古学家、人类学家和历史学家的辛勤工作，我们比数十年前更深入地了解了非洲人类社会的发展进程。考古学家的大量发掘成果毫无疑问地证明，最早的智人生活在非洲。新近发现的证据表明，非洲在 1.1 万年前就出现了农业。

我们对更近时期的非洲历史了解甚少，原因之一是缺乏文字记载。然而，历史学家确信，公元前 1000 年期间，撒哈拉以南的非洲出现了文明，同时，非洲大陆越来越活跃于与地中海世界以及跨印度洋的地区贸易往来。

因此，非洲人民从未像一度流行的观念所认为的那样与世界潮流隔绝。尽管撒哈拉以南非洲的国家建构进程与古代印度、中国、美索不达米亚相比，还较为原始，但这些新兴国家在许多方面都同同时期其他地区一样令人印象深刻、复杂精妙。

15世纪，新的因素出现了。在航海家亨利王子孜孜不倦的努力下，葡萄牙舰队沿着西非海岸向南前进。起初，他们的赞助者主要是为了寻找黄金和奴隶，但到15世纪末，达·伽马绕好望角的航线标志着葡萄牙主宰未来印度洋贸易的决心。这一新情况给非洲人民提出了挑战，他们处于萌芽状态的国家和技术将在欧洲人贪得无厌的要求面前接受残酷考验。

本章思考

— 问题1：非洲是在哪里以及怎样的条件下出现了最早的农业？农业对非洲人类社会的形成产生了什么样的影响？

— 问题2：尽管非洲的地理屏障是非洲人与非洲海岸以外社会交往的一大挑战，但到公元前1000年末，非洲大陆已经在全球贸易中甚为活跃。非洲哪些地区参与了这种商贸扩张？它们主要交换哪些物产？

— 问题3：班图语民族的移居是世界历史上最广泛的人口迁徙运动之一。请追溯班图语民族的起源与迁徙，讨论它对非洲大陆此后历史所产生的影响。

拓展阅读

总体概述。有关早期非洲历史的概述有不少代表作，可读性较强的有非洲史专家B.Davidson的著作，如他写的 *African History*, New York, 1968, 和主编的 Lost Cities in Africa, Boston, 1970。近年来的著述可参考 C.Ehret, *The Civilizations of Africa*: *A History to 1800*, Charlottesville, Va., 2002; V.B.Khapoya, *The African Experience*: *An Introduction*, Englewood Cliffs, N.J., 1994; R.O.Collins 主编: *Problems in African History*: *The Precolonial Centuries*, New York, 1993。

专门史研究。有关考古发现，可参考 D.W.Phillipson, *African Archaeology*, Cambridge, 2005。非洲早期历史更详细的论述，可参考联合国教科文组织资助的多卷本 General History of Africa, Berkeley, Calif., 1998; R.O.Collins, *African History in Documents*, Princeton, N.J., 1990; C.Ehret, *An African Classical Age*: *Eastern and Southern Africa in World History*, *1000 B.C. to A.D.400*, Charlottesville, Va., 1998, 用历

史语言学弥补了殖民时代前非洲历史研究中文献资料缺乏的不足。有关非洲各种文献，可参考 C.Hilliard 主编：*Intellectual Traditions of Pre-Colonial Africa*，Boston，1998；D.A.Welsby，*The Kingdom of Kush*：*The Napataean Meroitic Empire*，London，1996；J.Middleton，*Swahili*：*An African Mercantile Civilization*，New Harven，Conn.，1992。跨撒哈拉沙漠的贸易，可参考 E.W.Bovill，*The Golden Trade of the Moors*：*West African Kingdoms in the Fourteenth Century*，2th.ed，Princeton，N.J.，1995。有关埃塞俄比亚的早期历史，可参考 S.Burstein 主编：*Ancient African Civilizations*：*Kush and Axum*，Princeton，N.J.，1998。

关于非洲艺术的概况。可参考 M.B.Visond 等编：*A History of Art in Africa*，New York，2001；R.Hackett，*Art and Religions in Africa*，London，1996；F.Willet，*African Art*，rev.ed，New York，1993。

第9章
南亚和东南亚的文明进程

　　5世纪初期，在从中国出发，沿丝绸之路前往印度的途中，僧人法显在巴米扬稍作停留——一个位于现今阿富汗深山中的驿站。当时，巴米扬是佛教研习的一大中心，有数十个寺庙，不少僧人在此钻研佛法。巴米扬最引人注目的是悬崖边上雕刻的两尊巨佛。法显为之震撼，并称此地佛法兴盛。此后，他又向南去了印度，并在那里停留多年。由于当时印度的文学作品极少流传下来，法显的观察和记载成为我们了解印度人日常生活的珍贵资料。

　　法显拜访的印度并未维持长久的统一。公元前2世纪初期，孔雀王朝被推翻，随后印度进入数百年的分裂时期，南亚次大陆分裂为许多独立的王国和诸侯国。北边最强大的是贵霜帝国（Kushan），它的创建者是匈奴人。贵霜帝国定都于现在喀布尔附近的巴克特里亚（Bactria）。接下来的两个世纪里，贵霜沿着印度河和恒河扩张其疆域。

　　与此同时，南边德干高原一带说达罗毗荼语的民族建立了许多王国，这里曾经是孔雀帝国版图的一部分。其中最著名的是东南沿海的朱罗（Chola）王国。朱罗成为一大贸易国，派遣商队向东渡过孟加拉湾，把印度文化和物产带到了东南亚一带。4世纪时，朱罗被帕拉瓦（Pallavas）王朝推翻。帕拉瓦在甘吉布勒姆〔（Kanchipuram），即位于现在金奈（Chennai）附近的坎奇（Kanchi）〕建立起自己的统治，并维持了四百年之久。

■ 丝绸之路

....

　　□ **问题**：丝绸之路沿线有哪些主要贸易点、物产和思想？

....

　　孔雀王朝衰亡后的几个世纪里，在现代阿富汗开伯尔山口外的贵霜帝国成为印度次大陆北部的主要政治势力。它位于印度次大陆北半部的主要商路处，商业繁盛。此地的贸易方主要是罗马与中国，该贸易路线被称作丝绸之路，其中部分路线途经印度次大陆西北部的山脉地带。各种货物从印度次大陆经由波斯湾或红海运往罗马。

印度与欧洲间的贸易在罗马帝国兴起前就已经存在，但其迅速发展是在1世纪时，当时的水手掌握了印度洋的季风气候（夏天是西南风，冬天东北风）。正如1世纪时希腊语文学作品《红海回航记》中描述的，地中海与印度洋间贸易往来频繁，利润可观，于是印度洋沿岸出现了好几个小贸易据点。罗马人的进口物有印度象牙、靛蓝、纺织品、宝石和胡椒，以及中国的丝绸。有时罗马人直接用现金来购买货物，他们也向外输出来自埃及的白银、酒、香水、奴隶、玻璃和棉布。整体而言，罗马人的进口远远大于出口。

丝绸之路既是货物的流通渠道，也是技术和思想交汇的渠道。最早去中国的印度和尚可能是2世纪时经由丝绸之路前往的。到法显生活的时期，越来越多的中国佛教徒去印度参拜。双方的互访不仅对佛法的研究有促进作用，而且在其他领域如思想、天文学、数学、语言学等方面也加深了交流。据学者研究，从印度引入的书籍推动了中国印刷术的发展，造访过南亚次大陆的佛教徒还将一些医疗保健经验引入了中国。

实际上，贵霜帝国之所以成为一个商业大国，不仅由于它是罗马与中国的贸易枢纽，还因为这里是佛教日益兴盛之地。2世纪时，贵霜帝国历史上最伟大的君主之一迦尼色迦（Kanishka）就开始扶植佛教。在迦尼色迦及其继任者的推动下，塔克西拉（Taxila）、瓦拉纳西（Varanasi）等城市，佛教寺庙与当地商业社区建立起了亲密而互惠互利的关系。商人们急切地希望通过捐钱给寺庙的方式来获得社会声望和实现美好来生的期许。

从寺庙一方来说，一些有钱的寺庙再也不是教徒们逃避物质世界的避难所，相反，寺庙由于富人捐赠而成了奢侈品的主要消费者。寺庙以及教徒越来越频繁地参与社会经济生活，佛教建筑开始用大量本地或进口的奇珍异宝和玻璃加以装饰。这一现象有点类似于后来中世纪时期的欧洲基督教教堂。

从贵霜帝国时期开始，佛教从中亚向中国和其他东亚国家传播。随着中亚与亚洲贸易的不断发展，商人和教徒们从巴克特里亚沿丝绸之路越过山脉，向东北前进。若途中停留，教徒们则会雕刻雕像，用描绘佛陀生活以及佛陀教导信众的壮观壁画装饰山洞。其中最著名的是距离现在喀布尔不远的巴米扬，信徒们在悬崖峭壁上开凿了两尊巨大的佛像。据中国和尚法显记载，有时巴米扬佛法仪式上的参会僧侣超过一千名。

■ 孔雀王朝之后的印度

□ **问题**：释迦牟尼去世后的几个世纪内，佛教出现了什么变化？为什么佛教的影响最终在印度衰退？

3 世纪时，不知为何贵霜帝国衰落了。320 年，恒河流域中部地区，一位当地王侯旃陀罗笈多（Chandragupta，与孔雀王朝的奠基者旃陀罗笈多没什么关系）建立了一个新国家，即笈多王朝。旃陀罗笈多（320—335 年在位）将都城设在此时已是废墟的孔雀王朝宫殿旧址华氏城（Pataliputra）。在旃陀罗笈多的继任者沙摩陀罗笈多（Samudragupta，335—375 年在位）的统治下，笈多王朝的领土扩大到周边地区，最终，成为印度北部的主宰。它还对南边的帕瓦罗实行松散的统治，从而成为印度次大陆继孔雀王朝后最伟大的国家。经过数位强势、高效、文化程度高的君主，尤其是沙摩陀罗笈多二世和旃陀罗笈多二世（375—415 年在位）的治理后，印度进入了文明的新"古典时期"。

● 笈多王朝：新黄金时代？

印度历史学家的传统观点认为，笈多王朝是印度历史上与中国、东南亚和地中海发展贸易的繁荣兴盛时期。整个印度次大陆的主要贸易路线一带出现了许多以寺庙、佛学院和经济繁荣闻名的大城市。随着印度以及远在中国的朝圣者慕名而来，与宗教相关的贸易活动也繁荣起来。

同孔雀王朝一样，笈多王朝时期的贸易也多被政府控制或监理。笈多王室拥有矿产和大量土地，从商业交易中获取巨大利润。不过，在关键经济部门中，也有一些比较大的私营产业，它们由大贾提（jati，即亚种姓）垄断。公元前 2 世纪时，印度可能出现了货币经济，来自中东的铜币和金币流通起来，也因此带来了金融业的发展。然

中世纪时期的印度概况

我们对中世纪时期印度的诸多了解来自前往印度取经的中国佛教徒。以下资料来自 5 世纪时在印度礼佛多年的佛教徒法显，他记载了地处西印度的笈多帝国的一个小附属国摩头罗（Mathura）王国的情况。尽管法显对笈多王朝信仰印度教有所不快，但他发现，那里的人们除了贱民——法显称之为旃荼罗——之外，都可谓安居乐业。

从此东南行减八十由延，经历诸寺甚多，僧众万书。过是诸处已，到一国，国名摩头罗。又经捕那河，河边左右，有二十僧伽蓝，可有三千僧，佛法转盛。凡沙河已西，天竺诸国，国王皆笃信佛法。供养众僧时，则脱天冠，共诸宗亲、群臣，手自行食。行食已，铺毡于地，对上座前坐，于众僧前不敢坐床。佛在世时，诸王供养法式，相传至今。

从是以南，名为中国。中国寒暑调和，无霜、雪。人民殷乐，无户籍官法，唯耕王地者乃输地利，欲去便去，欲住便住。王治不用刑罔，有罪者但罚其钱，随事轻重，虽复谋为恶逆，不过截右手而已。王之侍卫、左右，皆有供禄。举国人民悉不杀生，不饮酒，不食葱蒜，唯除旃荼罗。旃荼罗名为恶人，与人别居，若入城市，则击木以自异，人则识而避之，不相唐突。国中不养猪、鸡，不卖牲口，市无屠行及酤酒者。货易则用贝齿，唯旃荼罗、猎师卖肉耳。

——法显《佛国记》

□ 问题：这段资料描述的景象在多大程度上符合乔达摩·悉达多的教义？像考提利耶和中国哲学家孟子这样的思想家会赞同这种统治政策吗？

而，有证据显示，硬币的流通是有限的。7 世纪中叶前往印度的中国佛教徒玄奘说，大部分交易还是以货易货。[1]

笈多王朝的好运相当短暂。5 世纪后期开始，西北游牧民族的侵扰渐渐削弱了笈多王朝的国力。很快，印度北部再度分裂成诸多小国，相互冲突不断。然而，在南边，出现了朱罗和帕拉瓦这样的国家，由于地处红海以东到东南亚的地区贸易网中，优势的地理位置使其很快繁荣起来。

---

[1] 玄奘：《大唐西域记》，引自 S.Beal 译 *Si-Yu-Ki*: *Buddhist Records of the Western World*, London, 1982, pp.89—90.

● 佛教的转变

　　笈多王朝时期，也即中国佛教徒前往印度朝拜的这段时间内，佛教正经历一场后乔达摩·悉达多时代的大转变：由于印度教，后来被雅利安人称为婆罗门教的兴起，佛教人气下降。

　　佛教产生变化的一个原因，在于悉达多去世两百多年后才出现最早的佛教文字记载；还有一个原因是，随着佛教成为人们日常生活的一部分，悉达多的教义被重新阐释，没法描述的抽象概念涅槃渐渐被更具体的天堂救赎观念取代了——至少在大众心里如此，悉达多越来越被认为是神明而非圣人。释迦牟尼的脸开始出现在神像上，这是佛教产生变化的征兆，显然，如同耶稣一样，他被认为是生而神圣。佛祖"所有种姓皆平等"的教义，渐渐让位于婆罗门教提出的"由于先前的轮回，有些人比其他人更接近涅槃"的观念。

小乘佛教

　　佛教发生的这些变化导致了它的分裂。一些人强调要坚持释迦牟尼的原始教义，他们称自己为小乘教派或长老教派（梵语为 Theravada）。小乘佛教的信众认为，佛教是一种生活方式，而非救赎主义信条。小乘佛教强调注重个人举止和理解佛法的重要性，认为这是解决生命轮回的手段。

大乘佛教

　　与此同时，西北一带出现了另一个佛教流派。这派佛教徒希望与周边其他信仰相竞争，他们认为，通过奉献而非过于关注举止可以实现涅槃。这一学派后来被称之为大乘佛教（梵语为 mahayana），它的教义对普通人来说要求过苛，因此主要受到富人们的追捧，因为他们可以花几个星期或几个月乃至更多的时间和精力去修行。大乘佛教教徒将其对手称为"小乘"（hinayana），在小乘佛教中，能够顿悟者只有少数。大乘佛教试图为大众提供涅槃的希望，对于其追随者而言，必须坚持举止得当。

　　大乘佛教提倡，可以向菩萨（bodhisattva）祈祷来实现救赎。按照大乘佛教的信仰，心怀慈悲者，即可成佛，死后进入涅槃状态，仍以神的形式留在人间，帮助人们解脱生命轮回。小乘佛教的信徒认为，佛的观念只能用于乔达摩·悉达多本身，他们反对"恶魔教义"这样的理念。不过，对大乘佛教的信众来说，这种理念反而将获得救赎的希望带给了普罗大众。他们相信，一些圣人会在死后成佛，于是为他们修建寺庙，以供当地人祈祷和供奉。

　　大乘佛教的另一个突出特点是，它将佛教重新解释为一种宗教而非哲学。尽管大乘佛教也有哲学内容，但它的追随者越来越将佛祖视为神明，并发展出了复杂的佛教宇宙论。极乐世界并非海市蜃楼，而是真实的天堂存在。

贵霜帝国统治时期，大乘佛教在印度北部极为流行，甚至一度传播到小乘佛教比较强势的斯里兰卡等地。不过，无论是大乘佛教还是小乘佛教都无法在印度社会占据统治地位。到 7 世纪末期，小乘佛教在印度次大陆迅速衰落，尽管它在斯里兰卡和东南亚一带仍然流传，并且至今仍有很大影响。大乘佛教在印度西北地区繁荣了数个世纪，最终被复兴的印度教以及新来的伊斯兰教取代。不过，大乘佛教经由丝绸之路或海洋传播到了中国，此后又散布到了朝鲜和日本，使它在印度以外的地方找到了乐土。在中、日、朝三个国家，佛教与儒家教义和其他本土信仰共存，并持续至今。

● 佛教在印度的衰落

为什么佛教没有在印度本土繁荣，反而在亚洲其他地区成为一个极有影响力的宗教呢？有人认为，佛教否认灵魂的存在，与传统印度宗教相悖。另外，佛教的优点可能也是它的弱点：佛教反对印度生活中的种姓划分，对那些在印度社会中缺位的特定群体（如贱民）产生了吸引力。同时，它又威胁着那些社会地位更高的阶层。况且，佛教所强调的人人都可通过修行实现涅槃的观念破坏了印度种姓制度中的牢固关系。

佛教衰落的另一重大原因是印度教的兴起。早期阶段，婆罗门教是高度精英化的，不仅其仪式由婆罗门垄断，而且，其个人救赎、苦修的主要途径对普通印度人来说也是不现实的。孔雀帝国衰亡后的几个世纪里，对虔诚（bhakti）——一种宗教仪式手段——的日益强调使印度各阶层都有了通过仪式性行为提升自己的"业"（karma）的可能性。印度教的虔诚主义正是为了对抗佛教而兴起的，必然会削弱佛教对印度大众的吸引力。笈多王朝中期曾访问印度的中国佛教徒法显描述道，佛教徒与婆罗门教徒间的敌对非常强烈：

> 出沙祇城南门道东，佛本在此嚼杨枝，刺土中，即生长七尺，不增不减。诸外道婆罗门嫉妒，或斫或拔，远弃之，其处续生如故。[1]

---

〔1〕 转引自 S.Beal, Si-yu-ki: Baddhist Records of the western world, p.43.

一段时期内，由于同样强调虔诚作用，佛教也许能够用它自己的大乘救赎主义理念来抵御印度教的挑战，但佛教在印度次大陆作为主要信仰的日子已经为数不多。到8世纪时，印度教教徒已经遍布南部印度，在著名的佛教寺庙所在地甘吉布勒姆和马马拉普兰（Mamallapuram）新建了湿婆神殿。

● 印度人（Indians）在什么时候成了印度人（Hindus）？

公元前2000年雅利安人的信仰婆罗门教，是什么时候进化成今天印度大多数人信仰的宗教印度教的呢？近年来，这个问题引发了印度史学家们的极大兴趣。当然，由于定义和转变毫无疑问是渐进式的，故而这个问题很难有精确的答案。

有些论者提出，公元一千年末期，南亚次大陆北部一带的穆斯林统治推动了印度教的发展，当时那里的本土居民被新来的穆斯林打上了"印度人"（Hindus）的标签，从而形成了他们独特的族群和文化认同感。另一些人认为，殖民时代，英国的政策强调了印度人的另类感，激励了当地人民保护其文化和历史遗产。

还有一些历史学家认为这种转变早在公元11世纪就已经出现。当时，婆罗门对苦修和祭祀的重视，慢慢地被更加纯粹的强调个人崇拜［即普迦（puja）仪式］和个人成就传统所取代。在这样的阐释中，向大众更容易接受的信仰的转变，最初可能受到了早期佛教平等主义倾向的刺激。不管怎样，到公元一千年末期，起初被称为婆罗门教的信仰已经抵抗住了其他信仰的挑战，将自身转变为绝大多数印度人的宗教信仰。

■ 伊斯兰教的到来

□ 问题：伊斯兰教是怎样抵达印度次大陆的？为什么穆斯林能够在印度次大陆建立政权？

笈多王朝衰落后印度继续转变的同时，伊斯兰教新势力正在阿拉伯半岛崛起。如前所述，7—8世纪时，阿拉伯军队将新信仰传播到了西至伊比利亚半岛，东越过干旱的波斯荒地，直至兴都库什山脉一带。8世纪时，伊斯兰教经由阿拉伯人第一次传播到印度，不过，10世纪和11世纪突厥人的第二波冲击其影响更为深远。

　　几个世纪来，尽管阿拉伯商人一直活跃于印度沿海，但直到8世纪初，其军队才抵达印度。印度海盗在印度河附近的三角洲伏击阿拉伯船只，美索不达米亚的统治者要求当地信德（Sind）王国的统治者赔礼道歉。遭到信德拒绝后，阿拉伯军队于711年占领了信德的不少地方，向北进入旁遮普，第一次将阿拉伯人的统治带入了印度次大陆的前沿地带。

● 加兹尼（Mahmud of Ghazni）帝国

　　接下来的3个世纪里，伊斯兰教没再向印度传播。但到10世纪末期，随着加兹尼王朝在贵霜帝国旧址一带的兴起，伊斯兰教在印度进入了第二个发展阶段。962年，波斯萨曼王朝的突厥族奴隶出身的将领阿勒普特勤占领加兹尼，其婿萨布克特勤建立加兹尼王朝。997年，新王朝的缔造者去世，继任的是他聪明能干而又野心勃勃的儿子马哈茂德·加兹尼（Mahmud of Ghazni，997—1030年在位）。尽管时不时与东南边邻近的印度教王国发生冲突，马哈茂德·加兹尼还是将其统治扩张到了整个印度河流域上游，甚至向南扩张到了印度洋。随着财富积累和文化繁荣，加兹尼王朝甚至可以与巴格达的阿拔斯王朝一争高下。不过，马哈茂德·加兹尼并没有广受尊敬。当时的历史学家比鲁尼（al-Biruni）这样描述马哈茂德·加兹尼对印度西北一带的征服：

> 　　马哈茂德彻底摧毁了这个国家的繁荣，尽其所能地剥削印度人，使他们流落四方，在百姓眼里，这如同一个古老传说。他们散落的遗骸无一不诉说着根深蒂固的怨恨。这也是印度的科学比我们征服其他地区的科学落后太多，以及印度人逃离到我们难以触及的克什米尔、贝拿勒斯（Banaras）等地方的原因。[1]

　　印度北部地区居民在拉吉普特人（Rajputs）的带领下，反抗马哈茂德及其继任者的扩张。拉吉普特人可能是几个世纪前从中亚进入印度西北地区的部落的后代。他们有强烈的尚武传统，战斗英勇。战斗中，往往以步兵为主、大象作援。与入侵者的骑兵相斗，自然无法抗衡，对方闪电般的攻击速度与他们缓慢的进攻形成鲜明对比。马

---

〔1〕 E.C.Sachau, *Alberoni's India*, vol.1, London, 1914, p.22.

哈茂德死后，加兹尼的势力渐趋衰退，不过，直到 12 世纪晚期，加兹尼王朝的后继者还在继续向北扩张，到 1200 年，德里苏丹（Delhi sultanate）将整个印度北部纳入了其统治之下。

● 德里苏丹

在恒河以南，穆斯林势力发展缓慢，实质上，其影响力也极小。即便德干高原一带分裂成许多争来斗去的小国——包括东部沿海的朱罗国和更南边的潘达亚（Pandyas）王国，但穆斯林军队在不时入侵之初依然不能取胜。

德里苏丹未能利用对手局势混乱的机会有所扩张，其重要原因是西北边境遭遇了蒙古人的威胁。13 世纪 50 年代，成吉思汗后裔率领的蒙古军队占领了巴格达，摧毁了阿拔斯王朝，其他蒙古军队则攻占了拉合尔周边的旁遮普地区，并从几个方向威胁着德里苏丹的统治。接下来的半个世纪内，德里苏丹的注意力都聚焦在蒙古人身上。

14 世纪，随着蒙古帝国的瓦解，这一威胁终于解除。新的伊斯兰教图格鲁克（Tughluq）王朝（1320—1413 年）兴起，其势力扩张到德干高原。印度诗人阿米尔·库斯洛（Amir Khusrau）如此赞扬图格鲁克王朝君主阿拉 - 乌德 - 丁（Ala-ud-din）的统治：

> 印度斯坦一片乐土，它的宗教光芒四射
> 这里的伊斯兰教法享有完全的荣耀和尊严
> 德里现在是布哈拉的强劲对手
> 国王们将伊斯兰教发扬光大
> 从加兹尼到海滨
> 随处可见伊斯兰教的荣光。[1]

不过，这样的喜乐注定难以持久。14 世纪后半叶，图格鲁克王朝走向没落。1398 年，一支新的军队从西北而来，渡过印度河，洗劫了德里，旋即退去。据当时的一些历史学家说，德里城门前有 10 万印度俘虏被屠杀。这是印度第一次遭遇坦麦能（Tamerlane，即帖木儿）。

---

[1] S.M.Ikram, *Muslim Civilization in India*, New Yor, 1964, p.68.

● 坦麦能

坦麦能（1336—1405年），也被称为帖木儿，是帕米尔山脉以北撒马尔罕（Samarkand）一带蒙古汗国的统治者。在13世纪，蒙古汗国因内部继承权斗争而瓦解，坦麦能的汗国便是在此废墟上建立起来的。坦麦能是当地一名贵族的儿子，有土耳其和蒙古血统，1369年，他在撒马尔罕建立统治，并很快展开了征服行动。14世纪80年代，他占领了整个里海以东地区，随后征服巴格达，占领了美索不达米亚。在短暂入侵印度北部后，他转向西进，洗劫了阿纳托利亚半岛，击败奥斯曼土耳其军队后，他率军撤退，此时，他已经快到博斯普鲁斯海峡了。他是"最后一位伟大的游牧民族征服者"，一位历史学家说。1405年，在最后一次征战途中，坦麦能去世。

坦麦能的去世消除了印度次大陆诸多国家的一大隐患。不过，外部挑战的缓解期并不长。到15世纪后期，又出现了两大挑战：开伯尔山口以外的游牧民族建立的新兴国家——莫卧儿王朝，以及从非洲东部沿海过来寻找黄金和香料的葡萄牙商人。这两类人以不同的方式对印度文明的后期阶段产生了深远影响。

表 9.1　中世纪时期的印度大事记

事　件	时　间
贵霜帝国	公元前150年—公元200年
笈多王朝	320—600年代
旃陀罗笈多	320—335年
沙摩陀罗笈多	335—375年
旃陀罗笈多二世	375—415年
法显抵达印度	406年
阿旃陀石窟	5世纪
玄奘前往印度	630—643年
阿拉伯人征服信德	711年
马哈茂德·加兹尼帝国	997—1030年
德里苏丹国	1206—1527年
坦麦能入侵	1398年

■ 印度的社会与文化

□ 问题：穆斯林统治对印度社会产生了何种影响？孔雀王朝与莫卧儿王朝之间的历史时期内，印度文明最重要的成就是什么？

穆斯林在印度次大陆北部的统治给印度社会和文化带来了深刻影响。

● 宗教

如同伊斯兰教统治下的其他地区一样，印度的许多穆斯林统治者也对其他宗教信仰相当宽容，他们使用和平手段鼓励那些人们皈依伊斯兰教。不过，即便是再开明的统治者，当他们的宗教热情被点燃时，也会变得狂暴。有统治者得知德里附近有印度教集会后，下令处死支持者，印度教神殿也被焚毁，其废墟上盖起了清真寺。然而，大多数穆斯林统治者意识到，不可能让所有印度人都皈依伊斯兰教。尽管总体来说穆斯林对印度的宗教活动持宽容态度，但所有非穆斯林都必须向政府交税。有些印度人可能为了避税而转信伊斯兰教，但他们必须如同所有伊斯兰社会一样进行慈善捐助。

久而久之，数百万人皈依了伊斯兰教。有些是穆斯林统治阶级中的一员或群体，如政府官员、手工艺人或迎合朝廷需求的商人。不过，还有不少信徒是来自首陀罗或更低的贱民阶层，希冀从伊斯兰教的平等主义中寻求安慰。

这两大宗教间天差地别。印度教承认多神存在（虽然不能否认它们被认为受同一个至高无上的神的管辖），而伊斯兰教是不折不扣的一神论；印度教讲究等级性，伊斯兰教则重视平等性；印度教认为存在一个与宇宙终极力量沟通的媒介阶层，而伊斯兰教的神与信仰者间没有过渡。这样的区别致使印度次大陆上两种信仰间的仇视不断加码，不过，可能更普通的一些问题，如穆斯林吃牛肉的习俗，以及印度教艺术中的偶像崇拜和性袒露，是造成大众层面势不两立的深层原因。

在其他一些情况下，印度教徒与穆斯林互相借鉴。一些穆斯林统治者发现印度的君权神授理念很有吸引力。与之相对，印度的王侯们也因惨痛教训知道了骑马作战的优越性，而摒弃了早期印度作战中的重要性进攻武器大象。一些印度上层男性被伊斯兰教的制度所吸引，开始让家中女性与日常社会隔离。印度文献称，实施这一习俗的原因是为了保护印度妇女免遭外国人目光的骚扰。不过，许多印度家庭这么做的原因可能是为了获得社会声望，或是他们认为深闺制度是保护女德的有效手段。

总而言之，伊斯兰教可能对大多数印度妇女的生活没有产生太大影响。深闺制度更多地施行于高种姓阶层。尽管这可能没什么值得欣慰的，但穷人和底层的两性关系相对更平等，因为男女要一起劳作。穆斯林的风俗习惯显然没能对印度教的萨蒂传统起作用。实际上，穆斯林女性在很多方面比印度教妇女有更多的权利，也有更多的财产权，特定条件下可以离婚，丈夫死后可以改嫁。然而，妇女的主要任务依然是生儿育女。人们重男轻女，不光因为男孩主持祭祖这样的仪式，也因为女孩是经济负担。女儿出嫁时，父亲得为她准备一份嫁妆，婚后，她的劳动资产则转入夫家。不过，在

交换与交流

穆斯林征服印度

穆斯林征服印度北部的后果之一是伊斯兰教的许多风俗传入了印度社会。以下资料来自14世纪历史学家齐亚丁·巴拉尼（Ziauddin Barani），文字描述的是一个名叫阿拉丁（Ala-ud-din）的穆斯林统治者试图禁止人们饮酒和赌博，这两种行为在穆斯林社会是被禁止的。1294年，阿拉丁在德里掌权。

他禁止饮葡萄酒、啤酒，禁止使用和售卖上瘾的醉酒药物，禁止赌博。葡萄酒商人和啤酒商人都被驱逐出城，对酒商征收的重税都取消了。苏丹宴会厅的各种瓷器和玻璃器皿都被打碎，扔到了巴达乌（Badaun）的门外，碎片成山。酒桶、酒罐都被清空，酒流得到处都是，仿佛雨季来临。苏丹本人完全放弃了酒会；不过，行家里手们还在酿酒，将之装在皮囊，藏在干草堆或柴火堆里，然后瞒天过海地走私到城内。监察员、城门守卫、特务勤快地到处搜查这些违禁品和走私犯，一旦被抓住，酒会给大象喝掉，买酒的、运酒的、喝酒的人会被鞭笞，坐一段时间的牢。然而，走私的人太多了，乃至于巴达乌的城门外挖了好些洞来监禁他们，不少酒徒死于严刑，还有一些放出时已是半死不活，需要很长时间才能康复。这种严刑酷法吓退了许多喝酒之人。那些不愿意放弃的人要走到10—12里格（league，长度单位）远的地方去喝上一杯，因为离德里四五里格的地方都不能公开卖酒和饮酒。禁酒被证明是极难贯彻到底的，于是，苏丹不得不允许人们私下在家里饮酒和制酒，只要不聚众饮酒和售卖酒水就行。禁止饮酒后，各种阴谋诡计都减少了。

···

□ **问题：** 这段资料描述的穆斯林统治者用什么方法在印度教占优势的社会竖立道德规范？请对比前文描述的非洲社会穆斯林统治者采取的办法。

印度宗教中，女性也有一席之地。印度教中的女神被称为提毗（Devi），人们认为她是宇宙力量的源泉，是生育力的象征，代表着祝福。

整体而言，穆斯林一直认为自己是外来征服者，总体上，穆斯林统治阶级与普通的印度民众保持着严格的隔离。尽管一些印度人也在当地官僚机构中担任要职，但中央政府和各省的绝大多数要职都留给了穆斯林。到莫卧儿王朝建立后，才积极推动消除这种隔阂。

这一努力的结果之一是锡克教的出现。锡克教（Sikhism）是16世纪初期旁遮普

种姓、阶级与家庭

为什么在人类历史中，男女会扮演如此不同的角色？为什么历史上有些社会适用的是核心家庭？而其他一些社会则更倾向于大家庭或宗族？这些问题历来颇有争议，常常引起激烈的讨论，但对于我们理解人类的经历至为关键。

众所周知，最早的人类是依靠狩猎和采集经济为生的，他们以小规模或血缘部落聚居，为了生存不断迁徙。集体中的个体成员要承担不同的经济和社会角色——通常男人狩猎、女人采集食物——但这样的角色分工并非固定不变。此时还没有私人财产的观念，所有成员一起按需分享食物。

农业革命给人类社会组织带来革命性的变化。尽管采集食物的妇女可能是最早的农民，但男人——现在越来越偏离他们传统的狩猎者的角色——开始取代妇女，在田间劳动。随着人类社会渐渐走向定居的生活方式，女性越来越处在管理家务、养儿育女的地位。随着农业社会的规模不断增加、发展而渐趋繁荣，职业分化和私有财产观念出现了，这使得家庭成为实体单位，也促成了由精英、平民和奴隶构成的阶级制度的出现。妇女被认为不如男人，处在次要地位。

这种职业专业化和阶级制度的倾向在游牧社会发展相对滞后，有些游牧民族仍然过着居无定所的生活，集体内仍大致遵从平等分配食物的原则。即便是在定居的农业社会，社会组织的性质也差别极大。在有些地区，父母、孩子构成核心家庭。然而，在另外一些地方，存在着三代或四代同堂的大家庭（理论上或实践上），甚至还有几个家庭一同聚居构成同宗或同族。后者比较典型的例子是印度和中国，尽管现实在多大程度上与这种理念相一致还尚无定论。

这样大规模的社会组织一旦出现，往往会在集体中形成比较僵化的等级制，包括妇女的从属地位。同时，它还对社会起作用，为集体中的弱势成员提供了安全网或向上流动的阶梯，也是缺乏中心、有效和合法权威的社会的稳定源泉。

□ 问题：古代印度的社会和家庭生活中有哪些独特性？你认为为什么会具有这样的独特性？

的那纳格（guru Nanak）创建的。锡克教起源于印度教中的奉爱运动，该运动认为，神是唯一真实的现实，其他一切皆是虚幻。不过，那纳格反对印度教的禁欲和肉体苦行的传统，他告诉自己的信徒，要参与世事。锡克教在印度西北一带非常流行，并且

萨蒂习俗的实施

穆斯林旅行家伊本·白图泰在广泛游历非洲和亚洲期间，曾在印度的穆斯林地区待了几个月。以下资料来自他对印度萨蒂习俗的描述。寡妇在丈夫的葬礼上自焚，来表明她对主人——丈夫的贞洁。

在这里，我还看到那些在丈夫死后自焚的女人。打扮一番后，在一群印度教徒和婆罗门敲鼓吹号的簇拥下，来到焚化尸体的火堆前。那些跟在后面的印度教徒不过是为了消遣而已。柴火已经点燃，丈夫的尸体被扔进火中后，妻子坐到火堆上，活人死者一同燃烧起来。尽管妇女自焚并不是必需的，但这种行为还是受到了鼓励；一旦妻子在丈夫死后自焚，她的一家都会被认为高贵，也值得信任。如果不自焚，此后就要一直穿着粗布衣服。由于她不愿意忠于丈夫，在人际关系中就会受到各种约束。

自焚妇女周边通常围着好多妇女，她们向她告别，向她致敬。

此外，有些印度教徒会在他们崇拜的恒河中自溺，被焚烧的尸体的骨灰也会撒入河中。

□ 问题：为什么历史学家会比较慎重地评价上述材料中的行为？在这段资料中，你发现了伊本·白图泰以自己的经历和文化价值观观察印度社会的哪些证据？

最终成为一种激进的信仰，强烈要求信徒起而反对两大竞争对手。锡克教最终也没能调和印度教和伊斯兰教。

当印度教和伊斯兰教试图与混合社会达成妥协时，它们都面临着一个复杂难题，这就是印度的阶级和种姓制度。非印度人可以构成种姓吗？如果可以，这与印度的种姓有什么关系呢？构成多数伊斯兰国家统治阶级的突厥语系的精英们该如何融入其中呢？

这个问题最终以务实的方式解决了，这可能与此前非印度族群面对种姓制度时的传统做法有关。说土耳其语的统治阶层构成了一个与印度婆罗门、刹帝利大致相当的社会群体。尽管社会地位稍低，但皈依伊斯兰教的普通印度人也形成了穆斯林的种姓。许多皈依者可能是希望获得特权的手工匠人。

实质上，在印度大多数地方，穆斯林的统治并没有摧毁其阶级和种姓制度，尽管阶级的流动性更强了。

16世纪初期的一位欧洲游客记载，在西南沿海的马拉巴尔（Malabar），捕鱼、制陶、缝纫、木工、金属锻造、采盐、武术、耕种都在不同的种姓中进行，就连洗衣，都有为精英服务的和普通大众服务之分。

● 经济和日常生活

印度的地主和商业精英生活在城市，生活往往相当富裕。当然，统治者拥有的财富是最多的。例如，印度南部一个非常小的诸侯国有 10 万士兵、900 头大象、2 万匹马。另一个诸侯有 1000 名高阶层的妇女做他宫殿的清洁工。每人都拿着扫帚、端着装有牛粪和水的铜盆跟随其后，清扫所经之处。当然大部分城市居民的生活并非这样。中国佛教徒玄奘描述了 7 世纪印度城市中普通人家的生活：

> 至于宅居之制，垣郭之作，地热卑湿，城多叠砖，暨诸墙壁，或编竹木。室宇台观，板屋平头，泥以石灰，覆以砖墼。诸异崇构，制同中夏。苫茅苫草，或砖或板，壁以石灰为饰，地涂牛粪为净，时花散布，斯其异也。[1]

农业

印度人口（公元 1000 年前后，其人口略超过 1000 万）中的绝大多数都以农业为生。大多数都是用牛拉木犁的方式耕种小片土地，并且要向当地地主交租。地主则要向当地统治者上交一部分收成。实际上，地主如同国王的税收员，国王才是一切土地的所有者。农民最多也就是维持生活而已。年成不好时，他们债务缠身，成了收取高额利率的放债人的受害者。

北边和德干高原的丘陵地带，主要种植小麦和大麦。在恒河流域和南部沿海平原，主要作物是水稻。蔬菜到处都可以种植。南部印度产出许多香料、水果、蔗糖、棉花。棉花种植显然起源于印度河流域，并从那里扩散到各地。尽管 8 世纪和 9 世纪时西班牙和北非也种植棉花，但印度是主要的棉产品生产地。肉桂、胡椒、生姜、檀香、豆蔻和孜然等香料也是印度的主要出口产品。

对外贸易

当然，农业并非印度财富的唯一源泉。从古代起，印度次大陆就是中东与太平洋盆地间贸易往来的必经之地，这里的许多产品也运往世界各地。尽管印度连年内战、

---

[1] Si-yu-ki, pp.77—74.

匿患严重、地方统治者对商业活动征收重税、各王国间的关税等因素妨害了印度次大陆内部贸易的发展，但印度的对外贸易是比较发达的，特别是处在中东与地中海间贸易往来要道的南部各王国以及西北沿海地区，对外贸易更为突出。从事对外贸易的很多人是与王公贵族关系密切的印度富裕阶层。不过，也有其他人从事这一行，包括非印度人的少数族群，如穆斯林、帕西人或耆那。帕西人来自波斯，信仰琐罗亚斯德教，他们主宰了库奇兰恩（Rann of Kutch）等城市的金融业和纺织业。耆那人则是孟买一带的主要经济势力。尽管耆那教崇尚简朴、反对物质主义，但耆那教徒却成了贸易和制造业中的主导者。

据早期造访印度的欧洲人观察，商人的生活条件非常好。一位葡萄牙人这样描述孟加拉"摩尔人"的生活：

> 他们系着布做的腰带，其上缠着丝巾。根据社会地位，有些人的腰带上挂着饰有金银的匕首，手上戴着许多镶嵌宝石的戒指，头上缠着头巾。他们生活奢侈，钟鸣鼎食，挥霍放纵。他们在自己家里的大浴室里洗浴。只要娶得起，人人都可以三妻四妾。他们把妻妾们小心地束缚在家里，给她们丰厚的物质生活，如大量的金银和丝绸。[1]

除了这些小而专门的贸易群体外，大多数制造业和商业是由小商人和手工匠人进行的，他们通常只在当地市场进行商贸活动。这让许多历史学家疑惑，为什么印度没有像中世纪鼎盛时期的欧洲或中国的宋代那样形成商业扩张和城市大发展？有些人认为，这是由于印度手工匠人和商人社会地位低下所致，正如《政事论》中评论的，商人"虽无窃贼之名，却有窃贼之实"。而在中世纪时的欧洲，尽管许多地方商业不振，但并未阻止大部分地方出现资本主义社会。

另外一个原因可能是政府垄断了不少对外贸易。更重要的还在于种姓制度的影响，它制约了企业家扩大业务和与其他地方的商业界人士打交道的机会和能力。例如，成功的手工匠人通常不能通过经商来推销自己的产品，商人也不能在他们正常活动区域之外做生意。这种一定地区之内各阶层的相互封闭状况严重阻碍了印度商业的繁荣。

科学和技术

印度思想家在促进欧亚世界科学知识的传播和发展中扮演了重要角色。5 世纪时的

---

[1] D.Barbosa, *The Book of Duarte Barbosa*, Nedeln, Liechtenstein, 1967, pp.147—148.

天文学家阿耶波多精确地计算出了 π 值，测量出一个阳历年略超过 365 天。印度的天文学、数学和医学著述对欧亚大陆其他地区产生了深远影响，如前所述，印度的数字体系，包括零的概念传入中东，最终在中世纪的欧洲取代了罗马数字。

● 奇妙的印度文化

孔雀王朝与莫卧儿王朝之间是印度文化的变革时期，印度的作家和艺术家在前人创作的基础上，取得了文学和艺术中的诸多成就，这并不是说印度文化都在吃老本。相反，它们在各领域都出现了大量的创新。

艺术和建筑

古典时代末期，印度的主要宗教建筑是佛教寺庙和佛窟。公元 1000 年前后，印度的宗教建筑出现了从地下佛窟到纪念性建筑的演变。

德干高原阿旃陀的 28 个佛窟是印度最伟大的艺术成就之一，其雕塑、建筑和绘画均令人难忘。除了少数石窟是公元前 2 世纪开凿的，大部分石窟都开凿于坚固的岩石之上，时间在 460—478 年这令人难以置信的短短十八年内，与早期不事雕饰的寺庙建筑不同，这些寺庙装饰着大量华丽的柱子、饰带、天花板以及各种佛像。有好几个石窟是当时的佛学院，当时已经从简单的石窟变化成有居住区、大厅和神龛的大型建筑。

石窟内中的一切，包括天花板、雕塑、墙壁、门框、柱子，均色彩鲜艳。可能最著名的是描绘了佛陀各种生命形态和化身的壁画。此外，斯里兰卡 5 世纪时的王宫斯基里亚（Sigiriya）也有许多壁画，描述的是世俗主题。

南部印度最令人印象深刻的石窟是现在金奈南边的马马拉普兰石窟。里面的雕塑《恒河后裔》（*Descent of the Ganges River*）描绘的是湿婆截取了恒河的天堂之水，并轻柔地将它们倾泻在大地上。马马拉普兰还以 8 世纪的海岸寺庙闻名，它也是印度次大陆幸存最早的独立建筑。

从 8 世纪到莫卧儿帝国时期，印度建筑师建造了大量宏伟的印度教神殿，此时的宗教建筑全都建在地面上。每个神殿的中央都有一个塔座大神龛、一个供祭拜者用的大厅、一个门厅、一个连廊，所有这些都位于长方形的庭院中，并且可能还有其他小神龛。到 11 世纪时，神殿变得越来越华丽，开始用雕塑装点神殿。塔越来越高，神殿越来越复杂，有些神殿还成了外围建筑，一座接着一座，彼此连成了一个小城镇。

中世纪印度神殿艺术中最出色的例子可能是克久拉霍（Khajuraho）。这里最初有 85 个神殿，其时间可追溯到 10 世纪，幸存至今的有 25 座。所有的塔都通过两头的扶壁支撑，给人整体上的和谐一致感，也形成了类似于印度教圣山喜马拉雅的凯拉萨山

（Mount Kailasa）那样的垂直效果。在这里，观者可以看到众多的寺庙舞者为这些庞大的建筑带来了活力，一人正在拔脚上的刺，一人正在画眼妆，一人正在拧头发。

文学

印度文学家也留下了大量文学作品，主题有宗教性的，也有世俗性的。印度的宗教诗是用梵文和印度南部的一些语言写作的。随着印度教从冥想到更讲究虔诚的宗教转变，其诗歌也越来越热情和色情，形成了一种神圣狂欢的感觉。不少宗教文学作品通过对同一主题的反复描写来赞扬湿婆、毗湿奴、罗摩、克里希那的生命力和英勇行为，这也是印度艺术的一大特点。8 世纪时，印度南部出现了一个由对神灵的强烈神秘崇奉所激发的诗圣传统。不少诗出自女性之手，她们通过想象与神之情人的性关系来逃避家庭劳作之苦。例如，这首 12 世纪的一位神秘主义诗人的诗作，表达了她与神的神秘肉体结合所带来的欢愉：

> 如同溪流穿过干涸的河床，
> 如同雨水浇灌枯萎的植物。
> 如同世上的欢愉和通往另一个世界之路，
> 都在向我接近。
> 我看见主人的脚，
> 如茉莉般洁白的主，
> 人生足矣。[1]

古代印度的世俗文学如诗歌、戏剧和散文是用梵文写成的。这一时期最杰出的印度诗歌是单节诗，即只用四句话就能创造出一个完整的情感场景。如下面这首由诗人阿马鲁（Amaru）创作的诗：

> 我想看看到底怎样，于是，我又对她硬起心肠。
> 什么？那个坏蛋竟不理我？她忍不住怒火中烧。
> 我们站着，刻意不看对方。
> 直到最后我强作欢笑，
> 她的眼泪让我缴械投降。[2]

---

〔1〕 S.Tharu、K.Lalita, *Women Writing in India*, vol.1 London, 1954, p.77.

〔2〕 A.L.Basham, *The Wonder That Was India*, London, 1954, p.426.

印度最知名的作家之一是生活在笈多王朝时代的迦梨陀娑（Kalidasa）。我们对他知之甚少，就连他的生卒年月也一无所知，他可能是旃陀罗笈多二世时的宫廷作家。即便到今天，迦梨陀娑的作品《云使》（*The Cloud Messenger*）仍然是最流行的梵文诗之一，它是融色情、英雄主义和喜剧为一体的罗曼诗歌。他的名作《沙恭达罗》（*Shakuntala*）可能是印度文学中最著名的戏剧作品，讲述的是一位与女仆沙恭达罗相爱的国王的故事。国王向沙恭达罗求婚，但在婚礼前夕突然被国事召回。怀孕在身的沙恭达罗并没随他一同前往，此后，国王受到诅咒，再也认不出她。在神的帮助下，国王最终唤回了爱情，与沙恭达罗和孩子团聚了。

印度的散文也是从吠陀时代开始发展，到6—7世纪时基本成形，这比欧洲在17世纪才出现小说早了整整一千年。印度最出色的梵文散文作家之一是生活在7世纪的檀丁（Dandin）。他在《十王子传》（*The Ten Princes*）中创建了一个融合了历史和虚构的奇妙世界，敏锐的观察力、对下层生活的细节描写以及幽默给他的作品带来了相当大的活力。

音乐

印度音乐也是在这一时期发展起来的。古代印度的音乐源于吠陀吟诵，因而有强烈的形而上和宗教色彩。音乐的实际外在表现被认为与精神世界相关。演奏时走调或敷衍了事可能破坏整个宇宙的和谐与平衡。

形式上，印度古典音乐的基础是被称为拉格（Raga）的音阶。印度音乐中有好几十个独立的音阶，根据演奏时间的不同分成不同的种类。演奏者使用的是弦乐器西塔琴以及各种风琴和鼓。演奏者选出一个基本拉格，然后自由地即兴创作旋律结构和节奏。一个优秀的演奏者从来不会用同样的方式重复演奏一个独特的拉格。如同西方的爵士乐，印度音乐首要的关注点是创造性而非重复准确性。

■ 黄金地带：早期的东南亚

□ 问题：16世纪以前，东南亚社会、经济、文化和宗教的主要特点是什么？

中国与印度之间的地区是东南亚。它由两大部分组成：一块从中国边界向南延伸到马来半岛的陆地，以及一片大部分属于今天印度尼西亚和菲律宾的群岛。从这些岛屿向西、向北、向东阻碍都不大，因此，历史上来说，东南亚是中国、印度次大陆与超过 2.5 万个太平洋岛屿之间的人们迁徙的重要陆地桥。人类最早在这里活动是在 4 万年前，是智人从非洲向外迁徙的第一波抵达地。有些智人的最后一个目的地是澳大利亚，他们被称为土著人的后代，至今仍然生活在那里。

东南亚大陆主要由几个南北走向的山脉构成，中间则有南向或西南向的河流相区隔。有好几个移民群体到这里寻找新家园。最早的是源自中国台湾或华南一带的马来 - 波利尼西亚语系（Malayo-Polynesian）居民，他们大多数在东南亚大陆的南部或南边的海岛上定居。其后来到这里的是中国西南的少数民族，他们来到东南亚后，很快在肥沃的河流冲积地区或南边岛屿的低地地带定居下来，如缅甸的伊洛瓦底河（Irrawaddy）流域和萨尔温江（Salween）流域、泰国的昭披耶河（Chao Phraya）流域以及越南的红河和湄公河流域。

尽管河谷对东南亚大陆的南北向迁徙非常有利，但横亘东西的山则导致迁徙非常困难。因此，河谷低地地带的居民往往相互隔绝，与山区高地地带的人们接触极其有限。这种地理屏障可能有助于解释为什么东南亚是亚洲少数几个从未在单一政府下统一的地区之一。

由于东南亚位于中国与印度之间，毫不奇怪，中印两大文明都对东南亚的文明发展有所影响。公元前 111 年，中国征服越南，将其控制逾千年之久。印度各个国家虽从未对东南亚施加多少政治控制，但它们的影响仍然普遍存在。印度与东南亚的最初往来发生在公元前 4 世纪，当时，印度商人开始航行到东南亚一带；很快，佛教徒和印度教徒也跟随前往。印度的影响在东南亚文化诸多方面均可显见，从政治到宗教，再到建筑、语言和文学，都能见到印度的影子。

● 稻田和香料：东南亚各国

传统上的东南各国可以大体分为农业国家和贸易国家。贸易国家多位于经过东南亚的贸易路线上，农业国家——特别是越南、柬埔寨的吴哥、缅甸的蒲甘——主要分布在可以种植水稻的肥沃河流三角洲。如同印度和中国一样，水稻的种植加剧了人口的扩大，最终促进了国家的形成。尽管这些国家都生产一些地区市场所需的东西，但商业从来不是它们国家财富的主要来源。

东南亚大陆各国

东南亚比较例外的一个国家是扶南国（Funan），它于 2 世纪兴起在湄公河下游的肥沃河谷地带。当时，印度与中国南海一带的地区贸易要经由马来半岛狭窄的脖颈处。扶南王国由于有铜、锡、铁和各种热带农作物，成为这一贸易进程中的重要参与者，泰国湾的俄厄（Oc Eo）成为一大商业港口。5世纪时，由于贸易转而主要途经马六甲海峡，扶南开始衰落，并最终被真腊（Chenla）取代，3个世纪后，真腊又被吴哥取而代之。

6世纪前，吴哥是东南亚大陆势力最大的国家。从其都城大吴哥遗址中仍能感受到吴哥文明的辉煌。整个大吴哥四面城均超过了2英里。宏伟的石头城墙有数英尺厚，四周环以护城河。整个城市有四个大门，可见鼎盛时期其人口之多。如同此前的王国一样，吴哥的财富主要来自于水稻种植，这是公元前3000年从中国引入湄公河流域的。其他物产还有蜂蜜、纺织品、鱼类、盐。不过，到14世纪时，吴哥开始衰落，主要是由与周边国家连年战争以及灌溉体系淤塞导致的。1432年，大吴哥被自13世纪起从中国西南进入东南亚的泰人摧毁。1351年，泰人在泰国低地建立国家，都城设在阿育塔亚（Ayuthaya）。

泰国政权向南扩张的过程中，遭遇了来自西方的缅人的竞争，他们在萨尔温江和伊洛瓦底河建立了自己的农业社会。如同泰国一样，他们也是新近才抵达这里的。7世纪初，来自西藏高原的缅人向南迁徙到此。征服当地更羸弱的政权后，他们在此建立了第一个缅人国家蒲甘（Pagan）王国。如同泰国一样，蒲甘也很快皈依了佛教，并且借鉴了印度的政治体制和文化。一段时期里，蒲甘是东南亚西部的主要势力，但13世纪时蒙古人的进攻削弱了其实力，在此地所造成的空白最终由泰人来填补，他们进入到了缅人居住的昭披耶河一带。

马来世界

马来半岛和印度尼西亚群岛形成了另外的发展模式。几个世纪来，这里一直与地区贸易网有所往来，其财富不少来自将热带产品卖到中国、印度和中东的利润。这里的绝大多数居民是马来人，其祖先从中国东南迁往东南亚各岛屿，甚至抵达了太平洋上更远的地方。

最终，印度尼西亚群岛催生了两个最引人注目的贸易国：室利佛逝（Srivijaya）和满者伯夷（Majapahit）。这两个国家很大程度上都是依赖于香料。随着中东阿拉伯帝国和西方欧洲的日见富裕，它们对东亚产品的需求量也不断增加。来自印度和阿拉伯半岛的商船，航行到印度尼西亚各岛购买橡胶、胡椒、肉豆蔻、肉桂、珍贵木头以及其他供富人阶层消费的东西。8世纪时，早在670年就于苏门答腊东部沿海建国的室利佛逝成为强大的商业国，主宰了经由马六甲海峡的贸易路线，这也是当时从东亚进入印度洋最便捷的路线。室利佛逝的统治者通过打击此前不断劫掠此处船只的海盗，进一步提升了这一贸易路线的地位。室利佛逝发展的另一个诱因是其首都巨港（Palebang），这是一个深水港，水手返航时在此等待季风的转变。然而，1025年，室

吴哥王国

吴哥是当时东南亚最大的国家。以下资料来自泉州市舶使赵汝适写于13世纪的《诸蕃志》。他的叙述加上水手的报告，为我们提供了关于吴哥王国的都城大吴哥的简要描述。直到现在，大吴哥仍旧是该地区的一大考古遗址。赵汝适写作此书时，吴哥王国已经衰落，1432年，吴哥王国灭亡。

官民悉编竹覆茅为屋。惟国王镌石为室，有青石莲花池沼之胜，跨以金桥，约三十余丈。殿宇雄壮，侈丽特甚。王坐五香七宝床，施宝帐，以纹木为竿、象牙为壁。群臣入朝，先至阶下三稽首，升阶则跪，以两手抱膊，绕王环坐。议政事讫，跪伏而退。……奉佛谨严。日用番女三百余人，舞献佛饭，谓之阿南；即妓弟也。其俗淫，奸则不问。犯盗则有斩手、断足、烧火、印胸之刑。其僧道咒法灵甚。僧衣黄者，有室家；衣红者，寺居，戒律精严。道士以木叶为衣。有神曰婆多利，祠祭甚谨。以右手为净，左手为秽；取杂肉羹与饭相和，用右手掬而食之。厥土沃壤，田无畛域，视力所及而耕种之。米谷廉平，每两乌铅可博米二斗。土产象牙、暂速细香、粗熟香、黄蜡、翠毛、笃耨脑、笃耨瓢、番油、姜皮、金颜香、苏木、生丝、棉布等物。番商兴贩，用金银、瓷器、假锦、凉伞、皮鼓、酒精、酰醢之属博易。

□ 问题：由于缺少有关吴哥王国的文字资料，对当地情况的了解许多都要靠类似于《诸蕃志》等中国典籍。这段资料透露了13世纪时吴哥怎样的政治制度、宗教信仰和土地利用状况？

利佛逝的强劲商业对手、印度南部的朱罗王国给它带来了毁灭性打击。尽管室利佛逝幸存下来，但它再也无法重回此前的主导地位，其中一大原因是贸易路线转向了东边，即经由桑达海峡直接进入印度洋。13世纪晚期，这种贸易模式的变化促成了爪哇岛上满者伯夷的兴起。14世纪中期，满者伯夷统一了爪哇岛的大部分地区，甚至控制了东南亚大陆的部分地区。

印度的地位

印度对东南亚各国的影响都非常明显，程度也各不一样。东南亚各国都是以印度南部各国模式为基础建立的，国王被认为拥有特别神力，这也是他们区别于普通民众之处。在吴哥这样的国家，最出色的王室顾问组成了一个类似于印度婆罗门的阶层。在蒲甘和吴哥，尽管没有如印度的阶级制度般僵化，但人们也按照职业和民族分成不同的阶级。

印度还给东南亚带去了文字体系。印度人抵达前，东南亚各国没有书面文字。印度的声音表征被东南亚各国借用，来记录他们的口语。起初，东南亚文学是用印度梵文书写的，后来才用的是当地语言。东南亚作者借鉴了印度文学的主题，如佛教稿本中的故事、《罗摩衍那》中的传奇。

普通大众中流行的娱乐方式是皮影戏（Wayang Kulit），它可能源自中国或印度，但成了爪哇岛和印度尼西亚其他各岛的独特艺术。皮影戏演出中，扁平的皮革人偶在发亮的屏幕后表演，演出内容多为印度的各种经典故事。皮影戏还常常由锣、鼓等各种源自爪哇的打击乐器伴奏。

表 9.2　早期东南亚大事记

事　件	时　间
汉帝国设日南郡	公元前 111 年
缅人进入东南亚	7 世纪
室利佛逝建国	670 年
婆罗浮屠兴建	8 世纪
吴哥王国建立	9 世纪
泰人进入东南亚	13 世纪
满者伯夷帝国崛起	13 世纪晚期
吴哥王国灭亡	1432 年

● 日常生活

由于民族、宗教和文化的多样性，归纳东南亚早期历史的日常生活是比较困难的。然而，东南亚各国似乎并不始终适用来自印度的社会分野。

社会结构

当然，东南亚的传统社会仍然在某种程度上具有显然的等级制特点。社会阶层的顶层是贵族，他们垄断了政治权力和经济财富，享受着因靠近统治者而带来的光环。大多数贵族生活在一些大城市中，这里也是权力、财富和外国影响力集中之地。东南亚各国的大多数人口是由农民、渔夫、手工匠人和商人构成的。在大多数东南亚国家，绝大多数人口可能是种水稻的农夫，他们生活水平极低，要向地主或当地统治者交高额的租或税。

东南亚的普通农民不太积极参与商业活动，从一些外国游客的记述中可以看出，在马来世界，一些农作物或矿产品也用于出口，如热带食物、珍贵的木头、锡、宝石等。大部分地区贸易是由当地商人承担的，他们购买当地物品，将其用小船顺河送到大的港口城市，再被装到更大的船上，送到外面的世界。沿海地区出口农产品的种植者们直接促进了地区贸易的发展，但他们并未从中获得很多经济利益。

东南亚各国的社会结构因各国情况差异而很不相同。在东南亚大陆印度化的各国，世袭部落贵族的传统可能由于造成印度种姓分立的做法而加剧。例如，在吴哥和蒲甘，种姓区分是以职业或民族背景为基础的。尽管有些人受到法律限制，不能更改职业，但他们仍被认为是国王的自由臣民。另外许多人则一直受雇主的契约束缚。每个社区都有一个族长或酋长管理，而该族长或酋长又服从于更高一级的官员，如此层层递进，直至中央政府。

马来半岛和印度尼西亚群岛各国中，总体来说，社会关系不那么正式。这一地区的大多数人，不管是农民、渔夫还是手工匠人，都住在干栏式小甘榜（kampongs）的木头房子里，以躲避季风季节的暴雨。有些农民可能是佃农，要将部分收获物支付给通常是贵族阶级成员的地主。不过，在另外一些地区，自由农的传统很强。

妇女与家庭

东南亚妇女一直被描述为世界上最幸运的妇女。尽管大多数东南亚妇女如同非洲妇女参加贸易活动一样，与男人一同耕种，但这不仅让她们有了更多的识字机会，也让她们比起同时代的中国和印度妇女，有更高的财产独立性。13世纪末的中国旅行家周达观就注意到这一现象，他说："国人交易，皆妇人能之，所以唐人到彼，必先纳一妇人者，兼亦利其买卖故也。"[1]

如同其他地区一样，在东南亚，战争通常也是由男人主宰的，但妇女有时候也参加防护工作。据周达观记载，吴哥、爪哇岛和苏门答腊各国的妇女常常保卫王室安全。尽管没有证据显示妇女参加战斗，但她们的确激发了如14世纪穆斯林旅行家伊本·白图泰作品中所描述的亚马孙战士那样的传奇故事。

东南亚传统中妇女地位较高的一个原因是，与中国和印度次大陆的大家庭相比，这里更流行核心家庭。在整个东南亚地区，婚姻财产从男性传递给女性，这与中国和印度的嫁妆制度形成鲜明对比。东南亚的大多数国家并不特别重视婚姻中的忠贞，男女均可提出离婚。但是，大多数婚姻都是一夫一妻制，人们高度重视婚姻的忠诚度。

东南亚一带相对丰富的可耕地，可能有助于解释为什么这里缺乏大家庭。父权领导下的大家庭制更容易在那些土地不足、各个家庭必须一同协作以维护有限的资源并将收入最大化的地区。除了一些拥挤的河谷外，东南亚很少有人口高度集中的地方。东南亚的大多数地方，水资源都很丰富，土地也非常肥沃。

● 精神世界：宗教信仰

印度宗教也深刻影响了东南亚地区。这里的传统宗教信仰是与其他地区文化类似的神灵崇拜和万物有灵论形式。东南亚人相信，山川、河流、溪流以及周边其他神圣

---

[1] S.Hughes、B.Hughes, *Women in World History*, vol.1, Armonk, N.Y., 1995, p.217.

之所均有灵。山川尤为神圣，因为它们被认为是祖先灵魂的居所，是逝者安息之地。

11世纪初，印度教和佛教开始向东南亚渗透，对东南亚的地方精英产生了强大吸引力。新教义不仅提供了有关宇宙性质的更令人信服的解释，还为当地统治者提供了提升其声望的手段，赋予了他们与臣民的关系的合法性光环。在吴哥，国王的职责包括在都城的山上主持祭典，久而久之，这种仪式演变为一种国家祭祀。在万神殿中，印度教各神、各地方神，以及祖先灵魂一同接受祭拜。

这种得到朝廷资助的国家祭祀导致庙宇在全国各地涌现。许多庙宇可容纳数千信众，积累了大量财富，包括由当地农民耕种的大量土地。据估计，吴哥势力最鼎盛时，有3万名和尚。这样巨大的财富——往往还享受免交赋税的待遇——也许是吴哥在13世纪和14世纪渐趋衰落的原因之一。

起初，印度教和佛教教义主要在精英阶层中传播。尽管普通民众也参与国家崇拜，帮助修筑神殿，但他们并未放弃其传统信仰。然而，从11世纪起，随着小乘佛教从斯里兰卡向蒲甘传播，情况有了转变。小乘佛教从蒲甘迅速传播到东南亚其他地区，最终成为安南山脉（Annamite Mountains）以西的地区的流行信仰。

小乘佛教在东南亚的流传让人想起几个世纪前佛教最初在印度次大陆的风行。小乘佛教告诉人们，无须经由统治者或和尚的代祷，人人皆可实现涅槃和极乐，因此它比统治者推崇的官方崇信更容易被大众接受。在接下来的几个世纪内，小乘佛教渐渐削弱了国家扶植的宗教的影响，成为包括缅甸、泰国和柬埔寨在内的几个东南亚大陆国家的主要信仰。

小乘佛教没能渗透到马来半岛和印度尼西亚岛链的深处，这可能是因为它是经由远在北边的缅甸进入东南亚的。不过，当伊斯兰教于13—14世纪传入东南亚后，马来亚世界找到了替代其国家宗教的信仰。由于伊斯兰向东南亚的传播主要发生在1500年后，我们将在后面的章节进行论述。

毫不奇怪，印度也影响了东南亚的佛教和印度教庙宇。1世纪时，笈多风格或印度南部风格的寺庙建筑出现在东南亚。其中，最著名的佛教寺庙是位于爪哇中部的婆罗浮屠（Borobudur）。这是8世纪末期在夏拉连特王国（Sailendra，爪哇东北的一个农业国）国王的命令下修建的，9层大台阶上矗立着巨大的佛塔。每层四面的浅浮雕描绘了乔达摩·悉达多从儿童时代到最终解脱的人生九个阶段。在中央的巨大佛塔周围环绕着空心的钟状塔，整个建筑是方圆几英里的风景地标。

在技术精湛度上仅次于婆罗浮屠，但规模上更胜一筹的是大吴哥遗址。吴哥寺是大吴哥现存最著名、也可以说是最美的建筑。它建在传奇的须弥山（Mount Meru，印度教各神之家）上，融合了印度建筑技术和本土建筑的灵感，整座建筑极为优雅迷人，其历史达八百多年之久，是印度教与佛教建筑风格沟通之桥梁。

人类历史上最伟大的航海壮举之一是，马来－波利尼西亚语系的人们向太平洋各岛屿迁徙。到公元前 2000 年，这些无畏者已经迁徙到远至新几内亚岛东北边的俾斯麦群岛，在那里与美拉尼西亚人（Melanesian）相遇，早在 3 万年前，后者的祖先就在此定居了。

波利尼西亚人乘坐着最长至 100 英尺的大型木船继续向东前进，这种船只可以容纳 40 多人及鸡肉、辣椒、芋头等食物补给。第一个千年前后，他们抵达了斐济、萨摩亚和库克群岛，他们的后代继续前进，最终到达了塔希提、夏威夷，以及人类最荒僻的居住地之一复活节岛。波利尼西亚人中的一支，即毛利人（Maori）从拉罗汤加岛（Rarotonga）向西南方向航行，在新西兰一带定居下来。人类生活的最后一个边界也被攻破了。

■ 本章小结

从孔雀王朝没落到莫卧儿帝国兴起的一千五百多年里，印度文明面临着诸多严峻挑战。其中一大挑战来自外部，在印度西北的山脉外持续存在。印度北部被阿拉伯势力征服后，伊斯兰教传入印度。新宗教很快成为印度传统宗教的强劲竞争对手。另一大挑战来自内部派系传统和内部斗争，这在公元前 2000 年雅利安人拥入印度后就成为贵族关系间的一大特征。这种现象几乎未间断地持续到 16 世纪莫卧儿王朝的建立。

印度文明面临内部挑战的同时，也对东南亚的新兴各国产生了深远影响。东南亚地处两大洋和两大文明之间，长期以来是各民族和各文化的沟通桥梁，随着复杂社会的发展，这里毫不出奇地受到了古老印度和中国文明的深刻影响。同时，东南亚人民在那些所引入的理念上施加了自己的独特印记，摒弃了那些不适合当地情况的东西。

这种现象造成的一大结果是，东南亚拥有几乎难以比拟的文化丰富性和多样性，既反映出遥远的中东文化的影响，又保留了根植于当地文化的本土元素。不幸的是，随着外部新挑战的到来，这种多样性也带来了一些潜在问题。我们将在本书后面内容中讨论这一问题。此外，我们必须注意另一个对东南亚各国造成影响的主要文明——中国。

━ 本章思考

— 问题 1：实质而言，我们今天熟悉的印度教与公元 1000 年初催生它的婆罗门教有什么区别？怎么解释这种区别？

— 问题 2：印度社会制度的特点是存在着大量的宗族集团——贾提，他们的规模比其他国家的传统大家庭和核心家庭要大得多。这种群体的主要特点是什么？为什么他能在印度社会中存在如此之久？

— 问题 3：东南亚在公元 1000 年期间形成的许多国家受到来自印度的商人和传教者的深刻影响。这些国家在政治、社会和宗教方面是怎样吸收印度文明的？又是如何将印度文明的影响调适进新环境的？

━ 拓展阅读

概述性著作。有关从孔雀帝国的衰落到莫卧儿帝国兴起期间的印度历史的英文史料不够充分，但仍有一些可值得参考的著述，可以参考 B. Metcalf、T.Metcalf，*A Concise Hitory of India*，Cambridge，2001；S.Wolpert，*India*，3th.ed，New York，2005。

关于印度社会与文化。这方面有不少著作，例如，R.Thapar，*Early India, from the Origins to A.D.1300*，London，2002，对中世纪时期印度的文化有权威论述。佛教方面，可参考 H.Nakamura，*Indian Buddhism: A Survey with Bibliographical Notes*，Delhi，1987；H.Akira，*A History of Indian Buddhism from Sakyamuni to Early Mahayana*，Honolulu，1990。

关于妇女问题。可以参考 S.Hughes、B.Hughesde，*Women in World History*，vol.1，Armonk，N.Y.，1995；V.Dehejia，*Devi: The Great Goddess*，Washington，D.C.，1999。

关于中亚。中亚概述，可参考 D.Christian，*Inner Eurasia from Prehistory to the Mongol Empire*，Oxford，1998。有关坦麦能，可参考 B.F.Manz，*The Rise and Rule of Tamerlane*，Cambridge，1989。

关于印度艺术。可参考 V.Dehejia，*India Art*，London，1997。

关于早期东南亚历史。东南亚早期历史的相关资料，有关印度和中国的记载最多。历史学家很早就用中文写作，记载了有关当地的各种资料。因此，历史学家主要依靠石刻和其他国家的旅行者的记载来研究东南亚，殖民时代前东南亚的历史都是以旁观者的方式观察的。现代学者对东南亚的研究，可参考 N.Tarling 主编：*The Cambridge Hitory of Southeast Asia*，vol.1，Cambridge，1999。

关于东南亚史前时期的研究取得了很大进展。可以参考 P.Bellwood，*Prehistory of the Indo-Malaysian Archipelago*，Honolulu，1997；C.Higham，*The Bronze Age of Southeast Asia*，Cambridge，1996。C.Higham，*Civilization of Angkor*，Berkeley，Calif.，2001，收录了有关吴哥的最新资料。东南亚对世界历史的影响，可以参考 V.Lieberman，*Strange Parallels：Southeast Asian in Global Context*，*c.800-1300*，vol.1，Cambridge，2003。

第 10 章
古代中国的繁荣

第一次来到这座城市的人会对它终身难忘:街道宽广笔直,从这头能望到那头;街道两旁是美丽的宫殿和林立的客栈。整个城市如棋盘一样方方正正,棋盘上的每个格子宛如宽大的庭院和花园。游客说,这肯定是世界上最大、最富裕的城市之一,一个"规划精确、难以形容其美的城市"。

这位游客就是马可·波罗,他描绘的这座城市就是元大都,即后来的北京。马可·波罗是个意大利商人,13 世纪末来到中国,忽必烈统治时他还在中国做过官。后来,他又游览了其他许多大城市,如黄河流域的商业重镇西安。他这样描述:

> 这里是一个大商业区,以制造业著称。盛产生丝、金丝织物和其他绸缎,也创造军队所需的各种物品。各种食物十分丰富,价廉物美。[1]

马可·波罗回到意大利近二十年后,他的日记得以出版,读者震惊于书中他们尚未了解的遥远东方国度的传奇故事,当时的许多欧洲人甚至怀疑他是个用离奇故事沽名钓誉的骗子。

不过,另外一些读者毫无疑问地发现马可·波罗描绘的东方传奇可信,因为中华帝国——此时正处于令人生畏的中亚民族蒙古人的统治之下——各种鼎盛发展的证据均展现在他们面前。事实上,在11—12世纪阿拔斯王朝没落后,中国显然是欧亚超级大陆上最富裕、最强大的帝国。

■ 汉代以后的中国

□ **问题**:汉代衰亡后,中国为何历经数百年的内乱? 这对中国有什么影响?

---

[1] The Travels of Marco Polo, New York, n.d., pp.128、179.

3 世纪初期，汉代灭亡后，中国进入了长期的分裂和内乱时期。来自沙漠的游牧民族乘虚而入，进入长城以南，在华北建立了政权。在长江流域和更南边的地区，汉人的统治仍在继续，但不断的内战以及混乱使历史学家将这一时期称为"六朝"。

汉帝国的崩溃对中国人的心态产生了标志性影响。强调勤奋、个体服从社会利益、对宇宙本质上的理性秩序的信念等儒家准则遭到了严峻挑战，不少知识分子开始拒绝儒家学说古板的道德主义和自满自足，在享乐主义或道教哲学中寻找情感慰藉。

举止古怪和崇尚道教成了人们反对堕落腐化的共同回应。"竹林七贤"就是典型代表，最著名者刘伶举止怪异：

> 刘伶恒纵酒放达，或脱衣裸形在屋中。人见讥之，伶曰："我以天地为栋宇，屋室为裈衣。诸君何为入我裈中？"[1]

不过，无论是超自然的大众信仰还是哲学性的道教，都没法满足人们的深层情感需求，也没法为人们提供排忧解难的慰藉或对未来生活更美好的期盼。但是，佛教填补了这一空白。

1 世纪或 2 世纪时，佛教可能由佛教徒和商人通过丝绸之路传入中国。轮回理念可能对大多数中国人来说比较陌生，佛祖教义争论中出现的知识上的细致较量可能对他们来说也有些深奥，某种程度上而言，往往可能不那么合中国人的口味。然而，在汉代衰亡后的历史时期里，佛教理念，尤其是大乘佛教思想，开始在知识分子与普通民众中间引起共鸣。随着佛教越来越受欢迎，它常常因其外来起源而招致儒家学说和道教的攻击。不过，这并未阻止佛教的发展，最终，在如法显、玄奘等佛教徒以及中国统治阶层孜孜不倦的推动下，新信仰被中国文化吸收了。

■ 中国的重新统一：隋、唐、宋

□ 问题：隋、唐、宋时期，中国的政治结构、社会和经济生活发生了哪些重大变化？

---

[1] 引自 A.F.Wright: *Buddhism in Chinese History*, Stanford, Calif., 1959, p.30.

经历了近四个世纪的分裂后，随着北方望族杨坚在581年建立隋朝（581—618年），中国再度统一。杨坚即隋文帝，他建都长安，开始将其统治权威扩散到中国心脏地带。

● 隋代

如同此前的皇帝一样，隋文帝为了提升政府效能，也在寻求统一的意识形态。虽然汉王朝的统治者们最终将儒家思想作为官方教义来控制整个帝国，但隋文帝却选择了佛教和道教。他兴建道观和寺庙，甚至任命一些佛教徒担任要职。

隋文帝既是缔造者也是征服者，他下令修建从都城到渭水和黄河的大运河。他的儿子隋炀帝继续这一工程，最终完成了1400英里长、连接黄河和长江的大运河。新运河的开通使南方鱼米之乡的粮食更方便地运往人口密集的北方，而且，它还有利于调兵遣将。

尽管取得了这样的成就，但在隋炀帝死后，隋朝很快就灭亡了。隋炀帝是典型的暴君，他耗费无数的军事征战激起了百姓的普遍不满。614年，隋炀帝第三次远征高句丽，高句丽请降，四年后，炀帝被杀。他手下的一名将领李渊乘形势混乱之机，建立了唐王朝。唐王朝的统治延续了近300年。

● 唐代

在李渊短暂的统治后，权力由他的儿子李世民（即唐太宗）接管。唐太宗治下，唐王朝开始了内部复兴和向外扩张，因此也成为中国最伟大的王朝之一。与吐蕃地区的长期矛盾导致中国人第一次统治了喜马拉雅山脉以北这片广袤荒凉的高原。长江以南的各省份完全并入中华帝国，唐王朝还与东南亚各国建立了商业和外交关系。完全有理由说此时的中国是东亚地区最强大的国家，中国皇帝接受四方朝贡：朝鲜向中国朝贡，采用中国制度；日本派遣官方使节来华，学习其风俗文化和体制机制。

此外，唐代见证了文化的异常繁荣，往往被视为中国历史上诗歌和雕塑最富创造力的时期。受佛教影响，中国的艺术、文学、哲学，以及宗教和政治都空前繁荣。寺庙遍地开花，（如同隋代）和尚可以在朝堂上参政议政。长安再度成为首都，其人口接近200万，很可能是当时世界上最大的城市。

不过，如同汉王朝一样，唐朝也种下了自我毁灭的种子。唐代统治者并未阻止最终摧毁唐王朝的各个藩镇在其内部兴起。另外两个普遍存在的问题是宫廷内乱和官员腐败，长期旱灾也对唐王朝的衰落推波助澜。755 年，叛军曾一度占领长安（即安史之乱）。尽管叛乱最终被镇压，但唐王朝已经元气不在。中央政府权力旁落导致藩镇和豪强的影响力和势力越来越强，也致使北部和西部边疆长期不稳，那里的军事将领（即节度使）在不受中央政府的干预下自行统治。汉代最后几十年的历史再次重演。

10 世纪初，随着北方游牧民族契丹的不断侵扰，唐王朝在其经典的"以夷制夷"策略——与说土耳其语的回纥结盟共抗契丹中走向终结。不过，另一支游牧民族吉尔吉斯斯坦人击败了回纥，并趁唐王朝赢弱之机推翻了该政权。

● 宋代

唐亡后，中国再度陷入混乱和分裂。这次，外来入侵和分裂的时间要短得多。960 年，宋王朝（960—1279 年）建立。不过，宋王朝的统治者从一开始就面临着比唐代更复杂的疆域防御问题。宋代的开国皇帝宋太祖未能从契丹手中夺回幽云十六州，因而将都城迁往更东的大运河与黄河连接之地开封。后来，北边游牧民族的压力日见增加，宋王朝将都城迁往更南边长江三角洲的杭州，开始了南宋时期（1127—1279 年）。尽管宋代的政治和军事力量虚弱，但在其统治时期，中国的经济异常繁荣，文化成就斐然，中国的人口达到了 4000 万，比整个欧洲大陆的总人口还略多，因此它被认为是中国历朝历代更为成功的时期。

不过，宋王朝从未能解决北边游牧民族的挑战，最终也导致了其统治的结束。在其统治的最后几十年里，宋代统治者被迫向东北的女真族纳贡。13 世纪初，宋王朝无视唐代的教训及命运，与来自沙漠的游牧民族蒙古人结盟。如同唐代一样，这一决策带来的灾难足以致命。短短数年内，蒙古人成了比女真族更加强大的威胁。蒙古人击败女真族政权（即金国）后，转而对付宋王朝，从北边和西边向宋王朝进攻。此时，宋朝已经由于内部的派系斗争和财政匮乏而赢弱不堪。蒙古

表 10.1　中世纪时期的中国大事记

事　件	时　间
佛教传入中国	公元 1 世纪
东汉灭亡	220 年
隋代	581—618 年
唐代	618—907 年
李白和杜甫	700 年代
宋代	960—1279 年
王安石	1021—1086 年
南　宋	1127—1279 年
元代	1206—1368 年
忽必烈统治	1260—1294 年
明代	1368—1644 年

人用弩炮与火药进击和围攻，宋王朝灭亡，蒙古人建立元朝。具有讽刺意味的是，蒙古人起初是从汉人那里了解到火药的。

● 政治结构：儒家学说的胜利

从隋代到宋代灭亡的近7个世纪的时间里，中国自秦汉开创的政治体制已经成熟。除唐代短期崇佛外，儒家学说始终是凝聚中国政治体制的意识形态。这一制度的发展历经了数个世纪，并在宋代达到顶峰。

机会平等：科举制度

中国政府层级的顶端是宰相，下有中书、门下、尚书三省辅佐。三省外，还有吏部、户部、礼部、兵部、刑部和工部六部。

唐代通过定期考试来选拔官员。不过，这种制度的有效性是有限的，因为它被大贵族群体主宰了，他们掌握了考试的各种技巧和技术。有资料说，唐代科举考试中有1/3的人来自世家大族。

宋代在限制贵族对官僚机构的控制上更成功一些，部分原因在于世家贵族的势力在唐代末期以及它灭亡后的一段时期内已经被削弱了。以科举考试作为官员选拔主要途径是强化中央行政权力的一种手段。为了削弱贵族势力，朝廷要员的亲属不得参加科举考试。不过，倘若朝廷的目标是让官僚机构更顺从，那么，它可要失望了。官僚机构影响力和职业化的不断提高（其总数达到了2万人，仅首都就有1万人），使它有时可以抵制皇帝的奇思妙想。

在宋代，科举考试制度的形式比较稳定，持续达数百年。整个科举考试共有三级。第一级是乡试，每年在省会举行，通过乡试的人通常只获得地方一级的功名。想要再进一层的人则要参加每三年一次的会试，会试通过者可以获得一官半职。最后一级是在皇宫举行的每三年一次的殿试，通过者可以在中央机构任职或到地方任职。

科举考试是完全以儒家经典为基础的。读书人要背诵经典，并阐述其中的意义。这一制度确保通过者即官员全面接受儒家学说中政治和社会伦理的洗礼。许多人抱怨背诵的僵化和过程的无关紧要，还有些人在考试中作弊（有人将整本书藏在衣服里）。

宋王朝无视这些批评，但它向除了罪犯以外的几乎所有男性开放考试权，并且在各州县设置了学业机构。没有县学的地方，人们只能在私塾中学习。久而久之，大多数参加科举考试的读书人主要来自农村的有地乡绅、非贵族地主之家。由于乡绅重视教育，也是儒家学说传统的主要维护者，他们往往被称为士绅。

"为"还是"不为"：中世纪中国的意识形态纷争

从汉亡到唐兴的四百年间，道家批评家嘲笑"儒家君子"的虚伪，以及对克己复礼和维持社会个体间恰当关系的尊崇。以下第一段资料来自 3 世纪，当时的道家学者攻击道貌岸然的儒士的伪善。

到 8 世纪，情况截然相反。第二段资料来自于新儒家的核心人物韩愈（768—824年）。新儒家是当时国家的官方意识形态。韩愈的文章回应了老子"无为"理念的弊端与危险。

大人先生……唯法是修，唯礼是克。手执珪璧，足履绳墨，行欲为目前检，言欲为无穷则。少称乡闾，长闻邦国，上欲图三公，下不失九州牧。故挟金玉，垂文组，享尊位，取茅土。……

……且汝独不见夫虱之处于裈之中乎？逃乎深缝，匿乎坏絮，自以为吉宅也。行不敢离缝际，动不敢出裈裆，自以为得绳墨也。饥则啮人，自以为无穷食也。然炎丘火流，焦邑灭都，群虱死于裈中而不能出。汝君子之处寰区之内，亦何异夫虱之处裈中乎？

——阮籍《大人先生传》

……古之时，人之害多矣。有圣人者立，然后教之以相生相养之道。为之君，为之师。驱其虫蛇禽兽，而处之中土。寒然后为之衣，饥然后为之食。木处而颠，土处而病也，然后为之宫室。为之工以赡其器用，为之贾以通其有无，为之医药以济其夭死，为之葬埋祭祀以长其恩爱，为之礼以次其先后，为之乐以宣其湮郁，为之政以率其怠倦，为之刑以锄其强梗。相欺也，为之符、玺、斗斛、权衡以信之。相夺也，为之城郭甲兵以守之。害至而为之备，患生而为之防。今其言曰："圣人不死，大盗不止。剖斗折衡，而民不争。"呜呼！其亦不思而已矣。如古之无圣人，人之类灭久矣。何也？无羽毛鳞介以居寒热也，无爪牙以争食也。

……今其言曰："曷不为太古之无事？"是亦责冬之裘者曰："曷不为葛之之易也？"责饥之食者曰："曷不为饮之之易也？"……

……然则如之何而可也？曰："不塞不流，不止不行。人其人，火其书，庐其居。明先王之道以道之，鳏寡孤独废疾者有养也。其亦庶乎其可也！"

——韩愈《原道》

□ 问题：第一段资料的作者可能会怎样回应韩愈的观点？在各自立场上，哪位作者更有道理？

不过，科举制度并非真正给所有人都提供了平等机会。只有男人才能参加科举考试，而且宋代从未建立普及的基础教育体系。实际上，只有那些在家里接受过一定基础教育的人才能进入官学并最终在官僚机构中谋得一官半职。因此，穷人几乎没什么机会。

该制度也并不能确保官僚机构的诚信和高效。官员的傲慢、官僚机构的内讧和腐败如同世界其他地方一样普遍。裙带关系是个特别的难题，因为许多遵循儒学的中国人认为忠于自己的家族和社区是孝道美德。

尽管有种种缺点，科举考试在当时仍然是一项引人注目的成就，与同时期其他国家相比，它提供了一个更高效的政府和更多向上流动的机会。例如，大多数西方政府到 19 世纪才按照择优原则选拔官吏。而且，通过规范考试内容，这一制度给中国提供了亚洲其他国家所没有的文化统一性。

地方政府

宋代在地方政府机构上继承了前朝传统。行政机构金字塔的底端是县，由县令进行管理，其职责是维护法律和秩序、征收赋税，一个县的人口可能超过 10 万人。县以下是中国最低的治理单位——村。村可以实施自治，由宗族长老组成自治组织，负责灌溉、交通运输设施的维护、调停争端、组织民兵、帮助收税（通常是征收粮食）。

● 经济

自隋至宋，中国经济如同其政府一样，规模和复杂程度有非常大的发展。中国仍然是农业社会，但也发生了一些重大变化。城市变得日益重要，新的社会阶层开始出现，长江三角洲农业发展和北方游牧民族南下的影响，经济中心开始从黄河流域向长江流域转移。

土地改革

唐王朝建立后不久，中国经济开始复苏。在长时期的内乱中，土地被集中在豪强手里，大部分农民变为佃农或农奴。初唐试图削弱地主豪强的势力，通过均田制提升赋税收入，在这一制度下，土地被分配给农民，农民每年交税，并服劳役三个星期。

起初，这一新制度增进了农村繁荣和政府收入，但最终，富人和权力阶层——包括一些大的寺庙——利用和操纵了这一制度，积累了大量土地。越来越庞大的人口也对这一制度造成压力。最终，政府取消了均田制，土地又回到了私人手中，同时政府试图通过赋税制度防止不平等。土地问题解决的失败与唐王朝在 10 世纪初灭亡有所关联，尽管土地回归私有在某种程度上推动了生产，促进了粮食产品的长途贸易。

宋代试图通过恢复初唐时期的成功做法，即削弱地主贵族的势力来解决土地问题。11世纪晚期，改革派官员王安石（1021—1086年）通过累进土地税限制土地所有权，给穷苦农民提供低息贷款以免他们破产。他的改革取得了一定成功，但对宋代的农业繁荣而言，其他一些技术的发展可能影响更大：诸如在长江流域开辟的新耕地、水车技术的进步、从东南亚引入的快熟水稻的种植等。正是在宋代，水稻成为中国人的主要粮食作物。

制造业的进步

城市经济也发生了重大变化，贸易和制造业在好几项技术的推动下有了长足进步。唐代时期，中国人掌握了混合生铁和铸铁冶炼钢铁的技术，通过烧煤来提高鼓风炉的温度，如此生产出的钢铁被用来制作刀剑、镰刀，甚至盔甲。到11世纪，中国每年可生产3.5万吨钢。棉花的引入则促进了纺织业的发展。晚唐时期，中国发明了火药，主要用于制造炸药和燃放烟火。12世纪时，火药经阿拉伯人传播到了欧洲。

商业的发达

贸易的性质也在发生变化。过去，大多数远途贸易被政府垄断，但到宋代，民营商业开始活跃。行会和新的货币经济出现了。8—9世纪时，商人们发现，铜钱对日益增长的复杂商业活动来说太不方便了，由此纸币开始使用，金融业有了更进一步的发展。被称为飞钱的汇票也在唐代出现了。计算器的早期形式——算盘的发明为商业计算提供了便利。

丝绸之路

陆地或海上的长途贸易在唐宋时期都大有进步。几个世纪以来，中国一直与西方各国和民族进行商贸往来，但4—6世纪时，中外贸易大幅衰落。随着唐代的崛起以及阿拉伯人统一中东大部分地区，这一贸易复兴了。在唐代，丝绸之路发展到鼎盛。沿着丝绸之路，各种皮毛、马匹流入中国。丝绸之路的贸易不少是由回纥人或来自中亚的说伊朗语的粟特人开展的，回纥商人用双峰骆驼携带货物往返于中国与东南亚各国和中东各国。

实际上，丝绸之路是由许多独立的路线构成的。最早的路线之所以开辟可能是缘于和田以南的山上发现了玉，这条路线沿着塔克拉玛干沙漠南部边缘经过帕米尔山脉抵达巴克特里亚。佛教徒最早就是经由这条路线从印度来到中国的，然而，这条路线最终还是凋零了，商人们不得不寻找其他路线。天山以北的路线有水草丰美的牧场，但这里往往遭受盗匪骚扰，因此大多数商人走南路，该路线经塔克拉玛干沙漠北部边

技术的传播

　　从石制工具的发明，到火运用于农业之中，再到文字的发明，技术一直是人类历史的一大推动力。不过，为什么有些国家在技术运用上比其他国家和地区更加先进呢？例如，新儿内亚的人们早在一万年前就开始种植芋头和香蕉等本土作物，但直到几千年后欧洲人到来时，才发展和进化出复杂的社会。古代时期，西半球就出现了先进社会，但它们当中无一发现和使用轮子，也不会通过冶炼金属来制造工具。那里的文字也尚处在萌芽阶段。

　　技术的先进似乎主要与两个原因有关：一是需求，一是机会。世界各地的农耕民族都需要控制水，因此，在水资源比较稀少或分布不均的地区，他们发展出了灌溉技术来调配水资源。不过，有时意外（如中国传说中，嫘祖就是因为不小心将蚕茧掉到茶杯中而发明了制丝技术）或者从邻近地区传入的新技术（如安纳托利亚发现锡之后，中东地区都进入了青铜时代）也会促进技术进步。

　　使各社会紧跟最新技术的最重要因素可能是参与全球贸易和交流。在这一方面，阿拔斯帝国是典型例子。阿拔斯帝国位于地中海地区与印度河流域之间，交流相对容易，这种有利条件让它能够接触到世界其他地方的各种资源和先进技术。中国则因喜马拉雅山等物理屏障在这方面更为隔绝，不过，由于中国文明的规模与文化水平之高，以至于它几乎可以被看作一个大陆，除此之外，它还可以通过丝绸之路与西方各国进行交流。

　　与这样庞大的贸易和交流网没有建立联系的社会，在追随新技术时处于极端的不利境地。新儿内亚的人们身处遥远的印尼群岛末端，与外部世界只有极少联系，甚至全无联系。在西半球，贸易网主要局限于安第斯山脉一带与美索不达米亚之间。由于交通不便，联系时断时续。直到欧洲征服者到来之后，欧亚大陆的先进技术才抵达美洲。

　　□ 问题：从隋代到明代，中国对于世界的技术和思想交流与传播做出了哪些贡献？中国从这一进程中收获了什么？

缘进入喀什，随后进入印度西北一带。旅行者可以避免直接穿过沙漠，沿天山南坡一个又一个的绿洲艰苦跋涉。丝绸之路的最东端是长安城，唐代长安可能是世界上最富裕的城市。不过，它作为中国最重要的大都市的日子并不长久。长期的干旱导致这里越来越难以支撑城市的粮食需求，越来越强大的游牧民族的势力也让长安城越来越容易受到攻击。唐代晚期，朝廷时不时迁到东都洛阳。宋代时，随着国家重心稳定转移到南方，长安城最后被放弃了。

海上丝绸之路

陆上丝绸之路非常危险，海运因而越来越受欢迎。中国长期以来与周边国家进行海上贸易，不过，大多数商贸活动起初都掌握在亚洲或中东商人手中。然而，到宋代时，由于罗盘的发明和船尾舵等造船技术进步，中国的海上贸易大为发展。如果马可·波罗的记载可信，那么，到 13 世纪时，中国的帆船（有方形帆，底部是平的）有好几个帆，载重可达 2000 吨，比同时期西方船只要大得多。12 世纪初期，朱彧这样描绘广州的情况：

> 甲令海舶大者数百人，小者百余人……舟师识地理，夜则观星，昼则观日，阴晦观指南针，或以十丈绳钩，取海底泥嗅之，便知所至。[1]

各种各样的货物经由中国港口来往。中国将茶叶、丝绸、瓷器出口到南海以外的其他地方，进口的有印度木材、珍贵宝石、棉花，以及各种热带特产。南方的主要港口是广州，据估计这里有 10 万商人。唐宋时期，受到丰富物质消费的刺激，中国贵族对来自热带地区的异国物产，以及从陆上丝绸之路而来的沙漠中的动植物着迷不已。

这种贸易也是朝贡体系的结果。中国人将内部的等级观念用于观察外部世界。中国周边的小国国主被视为中国皇帝的"幼弟"，须顺服它。接受这种关系的外国国主必须向中国皇帝进贡，并承诺不与中国的敌人为伍。与之互惠的是，他们获得了进入庞大中国市场的合法性和权利。

● **传统中国的社会**

这些政治和经济变化也影响了唐宋时期的中国社会。总体来说，中国社会越来越复杂。尽管此前中国几乎整个是农业社会，由商人和手工匠人构成的小市民阶层甚至完全依赖于国家，而现在，城市变成了人口居住的重要部分——即便在统计上而言还微不足道。城市再也不只是行政中心，它还是官员、商人、工匠、伶人等更广泛群体

---

[1] 朱彧：《萍州可谈》，引自 R.Temple：*The Genius of China*：*3000 Years of Science，Discovery，and Invention*，New York，1986，p.150.

的居住地。不过，不同于欧洲城市，中国的城市没有那种保护其居民免受中央政府劫掠的特权。

随着地主贵族与普通农民之间比较僵化的界限逐渐让位于有地士绅、自由农、佃农以及无地农民的复杂融合，农村也发生了重大变迁。

士绅兴起

唐初，如同四百年前的汉代一样，豪强贵族不仅拥有大量的国家财富，还在政府中担任要职。中国贵族的野心和傲慢在唐初这位新郎列举的愿望清单上体现得淋漓尽致：

> 汉奴为我管库仓，胡奴替我牧牛羊。
> 腿壮奴隶随鞍蹬，身强奴隶耕耘忙。
> 美貌奴隶娱琴酒，细腰奴隶舞且唱。
> 侏儒捧烛食床旁。[1]

一些唐代皇帝尤其是女皇武则天试图从科举考试中选拔官员来削弱豪族势力，但最终敲响贵族制度丧钟的是 755 年安史之乱后地方权力（往往是那些非汉人的节度使）的扩张。

宋代最重要的发展可能是有地士绅成为中国社会最有影响力的势力。士绅控制着农村的多数财富，也为官僚机构提供了大量预备人才。由于他们掌握了土地以及儒家经典，从而取代贵族成为中国社会的政治和经济精英。不过，与贵族不同，士绅没有构成排他性的阶层。士绅与其他人之间向上或向下的流动并不罕见，这可能也是这一制度稳定的关键原因之一。官职向富人和望族开放，但并不保证他们一定会成功。个别家族的命运可能会因此大起大落。

对这一时代的中国富人而言，他们的生活要比祖辈快活得多。有新的娱乐活动，如玩牌、下棋（尽管早在周代时中国人就发明了象棋，但此时的棋是从印度传入的）；有新的交通运输方式，如乘坐有桨船和骑马；有更好的交流方式（8 世纪时，中国发明了雕版印刷术）。汉初时从缅甸边界传入的茶叶此时开始成为国饮。7 世纪时，白兰地以及其他蒸馏酒也出现了。

---

[1] 引自 E.H.Schafer: *The Golden Peaches of Samarkand: A Study of Tang Exotics*, Berkeley, Calif., 1963, p.43.

乡村与家庭

绝大多数中国人仍住在乡村。他们的生活情况主要视整个村庄的情况而定。尽管许多村庄通过道路或河流与外部世界相连，但大多数人除了偶尔拜访一下邻近的村镇外，极少离开村子。

当然，对大多数中国人而言，更基本的生活单位是家庭。理想的家庭模式至少是三代同堂。由于种植水稻的繁重劳动，大家庭的传统在南方尤为盛行。即便儿子结婚，父母也不希望分家而过，而是一同生活。

中国的乡村建筑也反映出这一传统。大多数民居都很简单，只有一两个房间。房子围墙通常都是用干泥、石头或土砖建造的，屋顶用茅草或瓦，大房子往往有庭院。用什么材质主要看建造者的家庭经济状况以及周边材料情况。

家庭内部，理论上来说，最年长的男性如同贵族一样掌管家庭并负责祭祖。丈夫对妻子有合法的传统操控权，如果妻子生不出儿子，则他可以纳妾。然而，妻子是无权离婚的。如同古谚语所说，"嫁鸡随鸡，嫁狗随狗"。富人可能还会纳好几个妾，她们有各自的房间，有时候还要与正妻争宠。

按照儒家传统，孩子首先要服从父母，父母不仅可以决定子女的事业，还可安排他们的婚姻。孝顺被视为绝对的美德，位居其他美德之首。

妇女的地位

男人优先和优越的传统仍延续下来，尤其是南宋理学兴起后。人们重男轻女，因为女孩不能承担田里的繁重劳作，也不能延续香火。穷人经常把女孩卖给富人做妾，饥荒时期，为了确保其他家庭成员果腹，杀害女婴绝非罕见。

宋代时，出现了改变妇女婚姻命运的两种做法。首先是出现了新的嫁妆制度。婚前，夫家要给女方家里支付一笔彩礼，而女方家也要为出嫁的女儿提供一份嫁妆。随着宋代经济的繁荣，不少富裕之家的父母花大钱给女儿找一个满意的夫婿，最好是有较高的社会地位和良好的官场前景的人。

其次是女性开始缠足。女孩在5~13岁时开始缠足，缠足后脚只有正常大小的一半。不过，缠足往往是母亲推动的，她们希望以此确保女儿有个良好婚姻。缠足代表着顺从和自律，这也是儒家理想中妻子的两个美德。

中国北方各阶层妇女普遍缠足，南方则少见。南方种植水稻，下地干活的小脚妇女多有不便，因而缠足者主要是士绅家庭的女儿。不过，大多数中国妇女是裹着脚从事体力劳动、补贴家里的。尽管20世纪初裹脚被取消了，但那时的一些农村地区仍有遗留。

吴孝妇

妻子应当为丈夫和夫家牺牲自己的利益，这个理念深深根植于传统中国社会。特别是寡妇，更加没有什么权利，改嫁会受到严厉的谴责。以下故事来自于12世纪的作家洪迈，他记载了一个吴姓寡妇因为侍奉婆婆而受到众人尊敬的故事。

都昌妇吴氏，为王乙妻，无子寡居，而事姑尽孝。姑老且病目，怜吴孤贫，欲为招婿接脚，因以为义儿。吴泣告曰："女不事二夫，新妇自能供奉，勿为此说。"姑知其志不可夺，勉从之。吴为乡邻纺绩、浣濯、缝补、炊爨、扫除之役，日获数十百钱，悉以付姑，为薪米费。或得肉馔，即包藏持归。……常炊饭未饙馏，有外人相呼与语，姑恐饭过熟，将取置盆中，以目不能见，误置桶内，其中甚垢污不洁。吴还视之，不发一言，丞于邻家借饭馈姑，而取所污饭，洗涤蒸熟食之。一日正昼，里人皆见祥云五色从空下，吴氏蹑之而升，冉冉际天，惊报其姑，姑曰："莫胡说，恰才与人舂米回家，方倦卧在床，尔谛视之。"众诣房前窥之，果熟睡未寤，皆骇然而退。及寤，姑语之故，吴曰："适梦二青衣童驾云而来，执符牒，牵我衣，言天帝有召，令我步空，直抵天门。引入朝谒，帝御坐临轩劳问曰：'汝一下愚村妇，乃能诚事老姑，勤苦尽力，实为可重。'赐酒一盉，馨香彻鼻，又与钱一贯，曰：'将归供赡，自今不须佣作。'拜谢而返，二童仍前送归，恍忽而醒。"果有千钱在床，满房香气。始悟众所睹者，乃神游尔！自是佣唤愈多，吴亦不拒，而赐钱专留姑用，用尽复生一千，绵绵不匮，姑双目寻亦再明。

——洪迈《都昌吴孝妇》

□ 问题：上述故事讲述了怎样的道德？故事中的超自然现象是如何强化作者的立意的？

如同大多数古代社会一样，妇女在中国社会的地位整体较低，但偶有例外。妇女有一定的财产权，离婚或守寡后也可以拿回自己的嫁妆。妻子通常在家里有一定地位，她们掌管家里的账务，养育儿女。有些女性还活跃于政治舞台。最突出的例子就是武则天（625—706年）。武则天起初是唐太宗的妃子，后来参与国政。起初，她满足于通过儿子垂帘听政，但在690年，她自己当了皇帝。后来的中国史学家经常诽谤她，实际上，她是个精明能干的统治者。她改革了科举考试制度，也是第一位从科举考试结果中选拔高官的皇帝。据说，她统治的最后几年里颇受朝臣的制约，以至于705年病重时，被迫退位。

■ 西征：蒙古人的故事

□ 问题：蒙古人为什么能建立庞大的帝国？蒙古人在中国的统治有什么特点？

早在 1279 年推翻宋王朝前，蒙古人就以惊人的速度在亚洲崛起。12 世纪后半叶，蒙古人还是一个在现今蒙古高原一带默默无闻的游牧民族。如同大多数游牧民族一样，他们松散地组织起来，甚至内部都没有一个统一的名称来称呼自己。各部落对牧场、牲畜和战利品的争夺非常激烈，12 世纪末，随着人口的增长以及牧场过度放牧引发的严重后果，这种争夺更加白热化。

后来尊号为成吉思汗的铁木真就遇到了这一难题。年少时，他的父亲被敌对部落杀害，迫使他不得不四处避难。据说年轻时期的铁木真身材高大、身手敏捷、干劲十足，渐渐地，他用实力和个性魅力统一了蒙古各部落。1206 年，他被各部落尊称为成吉思汗。从此，他一心征战。有记载显示，他曾说："男子最大之乐事，在于压服乱众、战胜敌人，夺取其所有的一切，骑其骏马，纳其美貌之妻妾。"[1]

成吉思汗派出横扫世界的军队的规模并非特别大——1227 年，其总数不到 13 万人，当时蒙古总人口为 100 万～200 万。不过，蒙古人的军事战略令他们极为突出：精力充沛的骑兵驱牛赶羊般包围和骚扰敌人，待对方惊魂未定时发起闪电进攻。

蒙古人起初击败了西边的西夏，然后转而对付华北的金政权。他们发现那里的对手装备的是手持的火枪，这是一种早期的喷火式枪支，喷射火焰可达到三四十码。到 13 世纪末期，火枪进化为更高效的手枪和大炮。然而，这些发明对于想要免遭蒙古人荼毒的南宋来说，为时已晚，14 世纪初，这些武器经由受雇于元代统治者的色目人传到欧洲。

就在部分蒙古军队南下征金的同时，另一部分蒙古军队向更远的地方进攻，甚至远至中欧一带。1227 年成吉思汗去世时，蒙古军队全面进攻西欧的脚步才暂停下来。1231 年，蒙古人进攻波斯，随后于 1258 年在巴格达击败了阿拔斯王朝。1260 年，蒙古大军从西边向南宋发起进攻，最终于 1279 年消灭了南宋残余势力。

此时，蒙古帝国已经与其初建时大为不同。成吉思汗以前，蒙古人是完全的游牧民族：冬季时，迁徙到南边平原，在那里找到放牧的牧场，夏天则北迁。他们住在圆

---

[1] 引自 J.K. Fairbank、E.O. Reischauer、A.M. Craig：*East Asia：Tradition and Transformation*，Boston，1973，p.164.

两个世界的相遇

1245 年，教皇英诺森四世派遣圣方济各会的教士约翰·柏朗嘉宾（John Plano Carpini）携带文书前往蒙古帝国都城哈尔和林（Karakorum），请求大汗停止攻击基督徒。等待很长时间后，柏朗嘉宾接到了大汗不会让教皇开心的回信。这封回信是在梵蒂冈的档案中发现的。

我们被迫以强硬措辞表示我们对你狂暴行为的惊讶，并非没有道理。我们听说，你侵略了许多属于基督徒和其他人们的国家，蹂躏他们，使之满目疮痍……我们遵循和平之王的榜样，渴望所有人类都在敬畏上帝之中和谐共存。特劝告、请求并真诚地恳请你们全体人民，从今往后，彻底停止这种袭击，特别是停止破坏基督教徒。在犯了如此多、如此严重的罪过后，你们应当忏悔，平息上帝的愤怒。……因此，我们认为派遣我们钟爱的孩子（约翰·柏朗嘉宾）和同伴，即送这封信的人，到你那里是最合适的……当你就上述事情、尤其是关于和平问题与他们探讨后，请让我们充分了解，是什么驱使你毁灭其他民族，你将来的意图到底何在。

——英诺森四世给蒙古大汗的信

我们，长生天气力里，大兀鲁思之汗，我们命令：

这是送给教皇的一个译本，以便他可从穆斯林语中得悉并了解信的内容。在皇帝国土举行大会时，你提出的表示拥护我们的请求书，已从你的使者处获悉。

如果你方使者返回你处，送上他自己的报告，你，大教皇，和所有的君主们，应立即前来为我们服务。那时，我将公布扎撒的一切命令。

你说你曾向上帝祈求和祈祷，希望我接受洗礼。我不懂你的意思。你还对我说，"你夺去了马札儿人和基督教徒的一切土地，使我非常惊讶。他们何错之有？"我也不明白你的话。长生天杀死并消灭了这些地方的人民，是因为他们不忠于成吉思汗，不忠于合罕，不遵守长生天的命令。如你所说，他们也是粗鲁、无耻、傲慢，他们杀死了我们的信使。任何人怎能违反长生天的命令，依靠自己的力量去捉人或杀人呢？

你又说，我应当成为一个虔诚的基督徒，崇拜上帝，成为苦行的修道者。但你怎么知道长生天赦免谁？你对谁真正表示慈悲呢？你怎么知道你的这些话得到了长生天的准许呢？自日出之处到日落之地，一切土地都被我降服。谁能违反长生天的命令完成这样的事业呢？

　　现在你应该真心诚意地说："我愿意降服并为你服务。"你本人应立即前来为我们服务、

侍奉我们。那时我将承认你的降服。

——蒙古大汗给英诺森四世的信

□ 问题：从这两段资料看，教皇想向蒙古大汗传递什么样的信息？后者的回信属于什
　　么样的性质？

形的帐篷即蒙古包里，这种帐篷很容易搭建，也可以轻松携带。饮食上，蒙古人主要
以牲畜之奶、肉以及打猎获得的猎物为生。

　　为了管理新帝国，成吉思汗建都于现在的哈尔和林，不过，他禁止蒙古人从事
稳定职业或定居城市。在其继任者的统治下，蒙古人开始适应所征服地方的生活。
一位可汗曾引用其汉人顾问的话说："马背上可得天下，不可马背上治天下。"蒙古贵
族担任行政职务，普通蒙古人过上定居生活，当了农民或商人。

　　蒙古帝国的疆域也发生了变化。按照部落习俗，可汗死后，其疆土要分给各继
承人。成吉思汗的统一帝国因此被分成了好几个汗国，每个儿子各掌管一个：成吉思
汗次子察合台掌管的是中亚的察合台汗国，其都城设在撒马尔罕；成吉思汗之孙旭
烈兀的伊利汗国则以大不里士为都城统治波斯；成吉思汗长子术赤统治的是钦察汗
国，也被称为金帐汗国。不过，建立新朝伟业的是成吉思汗的孙子忽必烈（1215—
1294）。忽必烈将都城定在地处长城到华北平原要道上的元大都，元大都后来被称为
北京，意即北方的都城。

● 蒙古人在中国的统治

　　起初，中国的新统治者表现出令人印象深刻的活力。在忽必烈的统治下，元代继
续扩张，彰显其武力。蒙古大军进入红河流域，征服了越南。蒙古舰队向爪哇岛和苏
门答腊各国发起攻击，一度还试图征服日本。然而，他们仅成功征服了越南，而且，
这一成功也是昙花一现。越南人奋起反击，最终将蒙古人驱逐出边境。征服日本更是
灾难性的举动。一场大风暴袭击了蒙古舰队，士卒死伤达数千人之多。

元朝统治者在统治中国方面更成功一些。在试图按照部落模式（据说有人建议将耕地全部变为牧场）统治失败后，元朝统治者开始采纳宋朝的政治体制，利用官僚机构中的地方精英进行统治。1237 年，北方取消了科举制度，四十年后，南方地区的科举制度也被取消了，到 14 世纪初期，该项制度又复兴了。儒家学说再度复兴，尽管忽必烈信仰的是佛教。

不过，元代的中国还是有些关键的区别。文化上，蒙古人完全不同于汉人，他们维持着自己独立的阶层和法律。官僚机构中的高级官职通常是由蒙古人担任。尽管一些统治阶层的蒙古人追随皇帝皈依了佛教，但大多数普通蒙古人还是保留着自己的传统宗教信仰。

尽管有种种不同，一些历史学家还是认为，元朝得到了绝大多数普通中国人的支持。毕竟，北方的中国人常常被外族统治，虽然南方人可能怨恨蒙古统治者，但他们也对蒙古人起初带来的稳定、统一和经济繁荣心存尊重。

事实上，蒙古人最大的成就可能是他们带来的繁荣景象。在国内，他们延续了南宋时期相对宽松的经济政策，将欧亚大陆的大部分地方置于统一治下，他们鼓励长途贸易——尤其是此时被中亚商人主宰的丝绸之路的沿线贸易。为了促进贸易进步，元代将大运河从黄河延长至元大都。还修筑了一条毗邻运河的从杭州延伸到元大都的宽阔官道。

元大都是个大都市。据马可·波罗说，元大都的直径距离有 24 英里，四周是厚重的城墙。他形容南宋旧都杭州是座高贵的城市，"城内处处景色秀丽，让人疑为人间天堂"。

不过，元朝最终遭遇了如中国历史上其他强大王朝一样的命运。耗费无数的对外征战、朝廷和官僚机构的腐败与派系斗争，加之忽必烈的继任者缺乏他那样的管理天分，到 14 世纪中期，元朝如同中亚其他汗国一样迅速衰落。

直接推翻元朝统治的是出身于穷苦农民的朱元璋，他的多数亲人在饥荒中丧生，元末起义中，他很快成为义军首脑。1368 年，在击败了诸多竞争对手后，朱元璋结束了四分五裂的元政权，建立了明朝（1368—1644 年）。

● 蒙古人的历史地位

蒙古人是出自蒙古高原的最后一支，也是最大的一支游牧民族，掠夺和征服了广袤的疆土。是什么导致了蒙古人的能量大爆发？为什么蒙古人比其他游牧民族有更大

电影与历史

《马可·波罗东游记》(1938年)、《马可·波罗》(2007年)

13世纪晚期，马可·波罗前往东亚的神奇经历长期以来一直激发着欧洲读者的想象。马可·波罗是个威尼斯商人的儿子，1270年，他来到中国，24年后他向西经过丝绸之路和海路回到意大利。1298年，他被热那亚人抓住并投入监牢，在那里他将自己的经历叙述出来，并由专业作家比萨的鲁斯蒂谦（Rustichello of Pisa）写了下来。马可·波罗的游记很快风靡整个欧洲，甚至连哥伦布也读过，哥伦布将这本书作为自己行程中了解东方的信息来源。马可·波罗的故事被译成多国语言，享誉全世界。

但是，马可·波罗真的来过中国吗？这本书抑或是彻底的骗局？近些年来，历史学家对马可·波罗的叙述产生了各种质疑。弗兰西斯·伍德（Frances Wood）的《马可·波罗到过中国吗？》(1996年)一书引发了学术界的热烈讨论，他认为，马可·波罗只是将他从其他人那里听到的传说重述了一遍。

尽管有这样的争议，但长期以来，电影制作者都对马可·波罗的故事颇感兴趣。第一部好莱坞的相关影片是《马可·波罗东游记》(*The Adventures of Marco Polo*，1938年)，由格里·库伯饰演马可·波罗、巴兹尔·雷斯伯恩饰演他在中国的死敌。和当时的许多电影一样，这部影片高度娱乐化，没有什么史实性。最近的版本是霍尔马克（Hallmark Channel）电影频道制作的《马可·波罗》(*Marco Polo*，2007年)，饰演马可·波罗的是年轻的美国演员伊安·萨默海尔德。影片基本忠实再现了马可·波罗的游历历程，同时还增加了惊心动魄的战斗场景，以及马可·波罗与一位蒙古公主若有若无的爱情故事。尽管萨默海尔德并不太令人信服地扮演了主角——在中国度过了艰难的二十多年后，他的外表仍然如同一个青少年偶像，但影片制作者在描述中国是当时世界上最先进的文明方面仍居功甚伟。当时欧洲尚不知晓的许多中国发明，如纸币、炸药、罗盘，都在影片中有所体现。

的成就？有些历史学家认为，干旱和人口过多可能已经耗尽了草原牧场。另一些历史学家认为成吉思汗和他激发个人忠诚的能力至关重要。还有一些则认为，蒙古人的宫帐（ordos）制度功不可没，历史学家萨缪尔·艾兹赫德（Samuel Adshead）形容宫帐制度是"将部落重组为十进制单位，其高层领导按照官僚机构模式组织起来"[1]。尽管其他游牧民族也有类似于宫帐的机制，但蒙古人将其建成纪律严明、行动高效的军事单位。被组织起来后，蒙古人高效地运用其高超的骑术和闪电战术，并乘敌人内部分裂之机，借鉴更先进的军事技术，长驱直入敌人腹心。

不过，一旦掌权，蒙古人潜在的弱点最终被证明是致命的。蒙古人难以适应从游牧生活向定居生活的转变，他们的权力继承制也导致政权不稳。当然，尽管元朝的存续时间并不长，但影响却很大。

蒙古人：盛名难副？

蒙古人的扩张时代常常被描述为人类历史上的悲惨时期。的确，蒙古人的征服造成了整个文明世界大量的人口伤亡和破坏。黑死病很可能是通过蒙古骑兵鞍袋中的虱子传播开来的，在中东和欧洲造成了严重的伤亡，也引发了严重的经济后果。

很少有历史学家质疑蒙古人扩张中的残暴。不过，有些人指出，除了造成伤亡和损失外，蒙古人也给欧亚超级大陆带来了广泛的和平，缔造了"蒙古和平"（Pax Mongolica），开创了学者形容的"全球一体化概念"，建立了一个"基本的信息交流网"，欧亚大陆这端的商品、理念、文化经它传至另一端。话虽如此，不可否认的是，蒙古人的扩张带来了巨大的灾难和不幸。倘若的确有"蒙古和平"，对许多人来说，也不过是死亡的和平。

■ 明代

□ 问题：明代早期统治者采取了哪些举措来提高中国在世界上的地位？朝廷为什么派遣郑和下西洋？为什么下西洋没能继续？

明朝开创了中国历史上新的伟大时期。在诸多强势皇帝的带领下，中国恢复了对蒙古各部和西域的统治。明朝还一度设置交阯承宣布政使司。在北部边境，永乐帝（1402—1424 年在位）加固了长城，平定了前几个世纪里一直麻烦不断的游牧民族，还与朝鲜建立了朝贡关系。

---

[1] A.M.Khazanov: *Nomads and the Outside World*, Cambridge, 1983, p.241.

明代的内部成就同样斐然。14 世纪，明王朝推翻元朝后，恢复了传统科举制，将其作为统治庞大帝国的工具，这包括实行六部制、以科举考试作为选拔官员的途径、行政上实行行省制。

明代庞大官僚机构治下的社会已经与农业为主的汉代社会相去甚远。在沿海和长江流域的许多城市，工场和作坊极大地增加了制造品的种类和数量。人口翻了一番，引入了新的作物，促进了帝国粮食产量的提高。

● 郑和下西洋

1405 年，永乐帝为了显示中国强大的海军力量，派遣一支由郑和率领的商船经由马六甲海峡进入印度洋；他们还向西航行到了非洲东海岸，并在南亚各港口逗留。这只船队的规模惊人：有 2.8 万名水手，62 艘船，有些船的规模远超当时世界其他国家的船只。看上去中国要成为远至大西洋的庞大贸易网的直接参与者。

对于进行这般远征的原因，人们尚有争论。有些历史学家认为，经济利益是主要原因。另外一些历史学家认为，永乐帝的好奇心是一大因素，而且，他们指出，郑和七次下西洋带回来的不仅是各种物产，还包括有关外部世界的海量信息以及中国人此前不知晓的各种东西（皇帝对长颈鹿尤为好奇，还将它们饲养在皇家动物园里）。

不管怎样，下西洋极大地增进了中国人对世界的了解，也促进了航海技术的进步。同样，它也给包括与郑和在朝中关系友好的人在内的赞助人带来了巨大利益。这激起了官僚机构中保守分子的不满，他们仍以传统观念中的轻商态度视之。

永乐皇帝死后，下西洋有所中断，直到五年半后，宣宗皇帝命郑和第七次出使西洋，之后再也没有出现类似行动。这一决策产生了长远影响，许多现代历史学家认为这标志着中国的内向化，不再重商，恢复了重农传统，不再对南边的异国感兴趣，将注意力转向了黄河流域腹地。

郑和下西洋为什么中断了？

为什么明朝不再继续郑和的航行，长期以来，这个话题争议不断。只是由于朝廷的内部争议或帝位更替造成的吗？或是有更深层的原因？有些学者认为，下西洋的真正目的是"耀武扬威"，一旦东南亚当地的统治者被吓到，接受与"长兄"中国间的朝贡关系，这样成本高昂的航行就无须继续了。

■ 寻路

□ 问题：隋代至明代，佛教、道教和儒家学说在中国人的生活中扮演了什么角色？

到隋代时，佛教和道教已经成为儒家学说的主要竞争对手。不过，在唐王朝的后半期，儒家思想复兴，再度主宰朝廷，这一地位一直延续到 20 世纪初期。然而，佛教和道教在地方和民间仍很流行。

● 佛教和道教的兴衰

如前所述，佛教是由商人从印度传入中国的，它最初的信众多是商人和知识分子。在汉代灭亡后几个世纪的混乱期中，对希冀寻求比儒家学说更能带来情感和精神慰藉的人们来说，佛教和道教很有吸引力。除了普通民众，这两种信仰在统治阶级中也都

宗教与哲学

大佛之道

在佛教徒看来，涅槃的状态是不可形容的，有时候甚至被描述为自我的消亡。不过，佛教学者发现难以避免地要向信众解释这一概念。以下文字来自中国禅宗的主要倡导人神会，他试图描述获得顿悟的方法和途径。这与道教哲学显然相类。

无念为宗，无作为本，真空为体，妙有为用。夫真如无念，非想念而能知实相。无生岂色心而能见？无念念者，即念真如；无生生者，即生实相。无住而住，常住涅槃。无行而行，即超彼岸。如如不动，动用无穷。念念无求，求本无念。菩提无得，净五眼而了三身；般若无知，运六通而弘四智。是知即定无定，即慧无慧，即行无行。性等虚空，体同法界。六度自兹圆满，道品于是无亏。是知我法体空，有无双泯，心本无作，道常无念。无念无思无求无得，不彼不此不去不来。体悟三明，心通八解。功成十力，富有七珍。

——神会《显宗记》

□ 问题：这段资料体现出佛教与道家哲学的哪些相似处？将之与新儒家的世界观对照分析。

找到了各自的支持者。

佛教的中国化

随着佛教吸引了越来越多的追随者，它开始具有中国化特点，并分成不同流派。例如，禅宗强调以内心修养和严格修炼为顿悟之途。净土宗则强调信、愿、行，这种方法对没有时间和精力严格遵照佛门规矩的普通人更有吸引力。密宗重视神秘符号和仪式。有些佛教团体如同道教团体一样，也有其政治目的。如1133年出现的白莲教往往以暴乱形式要求政治变革或推翻朝廷，建立"弥勒下生"的新时代。不过，大多数信众将佛教融入其日常生活，它与儒家意识形态和祖先崇拜一同形成了中国高度折衷和宽容的世界观元素。

唐代早期，佛教继续兴盛。初唐时期的皇帝们支持兴建佛寺，在全国各地大兴土木。不过，最终，佛教和道教都失去了朝廷的欢心。道家和儒家都批评佛教教义的外来渊源，一位知名的儒家学者批评说这不过是"蠢俗"而已。不过，这种心态变化的另一个原因是经济上的。大量佛教寺庙积累了无须纳税的成千上万亩土地和大量奴仆。随着政府试图消灭贵族大地主制，大寺庙也引起了注意。晚唐时期，无数寺庙被摧毁，大概有10万和尚被迫还俗。

危机下的佛教

佛教与国家间日渐严重的敌对可能有更深层的政治和意识形态因素。佛教宣扬物质世界本质上是虚幻的，这否认了儒家教义的本质——人生必须孝顺和勤奋工作。佛教鼓励年轻人放弃耕地，去寺庙里寻找智慧，削弱了中国社会的根基——家庭和职业道德。最后一点是，佛教与中国社会中的激进因素不相容。在国家支持儒学的基础上，佛教和道教一样几乎注定失败。

● 理学

佛教和道教衰落后留下的真空被复兴的儒学填补了。受到佛教和道教有关宇宙性质理念的挑战，儒家思想家开始用一套有关宇宙本质以及人在宇宙中的位置的复杂理论来充实经典儒家学说中形而上的结构。

理学（Neo-Confucianism）的基本目的是将佛教和道教的形而上理论与儒家的实用主义方法相融合。为了回应道教和佛教，理学坚持认为，世界是真实的，而非虚幻的，自我实现须入世，而非出世。

理学的主要贡献者是思想家朱熹。他生活于南宋时期，认为世界分为物质世界和终极关怀。他将终极关怀称为太极，这大致类似于儒家经典哲学中的道。对朱熹来说，这一终极关怀是一整套有阴阳法则和五行规范的抽象准则。

尽管人类生活在物质世界，但每个人都有与终极关怀相一致的身份，个人行为的目标就是超越佛教意义上的物质世界，实现终极关怀上的本质认同。在朱熹及其追随者看来，这种超越可通过修为来实现。

心学

宋末明初，朱熹的理念成为儒家意识形态的核心，也是科举考试最常见的考题。不过，在明代中期，他的理念受到王阳明的批评。王阳明及其支持者不同意朱熹通过观察外部世界进行学习的观点，他们宣称，超越物质世界的正确方法是自我理解。按照这一心学学派的理念，人心与宇宙是一体的。因此知识是直觉而非经验，是通过内部的内省而非观察外部世界来获得的。这种争论让人想起古希腊哲学家柏拉图与亚里士多德。柏拉图认为，一切知识都来自内心，而亚里士多德坚持，知识来自对外部世界的考察。王阳明的思想吸引了明朝的许多知识分子，心学很快与朱熹的理学形成竞争之势。不过，心学从未得到官方支持，可能因为它很像佛教——否认入世和社会活动的重要性。

当然，对普通中国人来说，对祖先或其他自然神灵的本能信仰远远优于佛教或儒家思想。不过，普遍流行的业力轮回以及投胎重生的观念是佛教留下的一大遗产，而儒家等级观念的一种新表现形式村神——往往被认为附在一棵大树上——出现了，人们相信，它能保护村里免遭其他幽魂恶鬼的伤害。

■ 中国文化的高峰

□ **问题**：唐代至明代，中国文学和艺术取得了哪些主要成就？技术革新和知识进步是怎样影响这些成就的？

唐代至明代是中国文学艺术的辉煌时期。中国诗歌、绘画因佛教和道教的影响，其形象与主题更趋丰富，其创造力达到顶峰。瓷器达到最高水平，在印度和中亚雕塑艺术的影响下，中国的雕塑持续繁荣。

● 文学

受汉代造纸术和唐代发明的雕版印刷术这两大技术革命的推动，中国文学也有了长足发展。起初，纸用来做服装、包装材料，到公元前1世纪，它开始被用来书写。

7世纪时，中国人发明了将整篇文章雕刻在模板上印于纸上的雕版印刷术。而书籍也从最初的卷轴装发展到后来的折叠装。现在已知最早的印刷书是868年的佛经，有16英尺长。尽管后来中国人还发明了活字印刷术，但由于篇幅长的文章拼版时需要大量汉字，直到近代雕版印刷术仍在使用。即便有了印刷术，对大多数人来说，书价仍昂，不过，它们的确推动了各种文学写作在受教育精英阶层的普及化。

诗歌

虽然史学和散文仍然流行，但从唐代到明代最能有效表达中国人才赋的文学形式还是诗歌。中国人的诗赞美自然之美、四季轮回、朋友之谊；有些诗也表达人生苦短的悲伤。也有描写爱情的诗，但不如西方诗歌那样多，也不像印度诗那样耽于声色。

汉语的性质使中国诗有其独有的特征，首要的便是简洁紧凑。最流行的是四行诗或八行诗，五言或七言。由于中国语法没有格或性别之分，也没有时态区分，因此五言律诗既简短又含义隐约。

李白和杜甫是唐代最有代表性的两位诗人。李白生性豪迈，他的诗经常在狂欢与忧郁间轻松转换，名作《月下独酌》写道：

> 花间一壶酒，独酌无相亲。
>
> 举杯邀明月，对影成三人。
>
> 月既不解饮，影徒随我身。
>
> 暂伴月将影，行乐须及春。
>
> 我歌月徘徊，我舞影零乱。
>
> 醒时相交欢，醉后各分散。
>
> 永结无情游，相期邈云汉。

李白是个逍遥自在的道家主义者，而杜甫则是清醒的儒家诗人，他的诗往往与历史或道德主题相关。杜甫的不少诗作关注的都是社会不公和百姓不幸，这在同时代诗人中是很少见的。

唐宋时期的诗赋并非为中国绝大多数普通人所写，普通人很难触及。中国农民和手工匠人更多的是通过说书人、吟游诗人或和尚道士们丰富的口述故事来了解中国历史、儒家道德乃至佛经。唯一例外的是诗人白居易（772—846 年），据传，其诗作老妪都能听懂。

中国的小说

元代时，包括大众戏曲和小说在内的新文学创作形式开始出现。其中最著名的一本小说是《水浒传》，它描绘的是北宋末年一群草莽英雄在梁山泊劫富济贫、聚合起义反对官府欺压的故事。这也是第一部用白话描绘书中人物日常生活或理想的小说。

政治与统治

红颜：传说中的祸水

唐玄宗迷恋杨贵妃并招致地方叛乱是中国历史上最为人津津乐道的一幕。755 年安史之乱中，杨贵妃被赐死。尽管几个世纪以来，中国史学家一直责怪杨贵妃让唐玄宗无心政事，但中国人一直对她的热情、美貌和戏剧性的香消玉殒极感兴趣。

其中，有一位唐代诗人试图追述她的故事，这就是白居易。1300 多年来，他的名作《长恨歌》一直令中国读者着迷。诗人在描写了杨贵妃之惨死以及唐玄宗的悲痛后，以皇帝与爱妃在天上人间相会结束。

> 汉皇重色思倾国，御宇多年求不得。
>
> 杨家有女初长成，养在深闺人未识。
>
> 天生丽质难自弃，一朝选在君王侧。
>
> 回眸一笑百媚生，六宫粉黛无颜色。
>
> 春寒赐浴华清池，温泉水滑洗凝脂。
>
> 侍儿扶起娇无力，始是新承恩泽时。
>
> 云鬓花颜金步摇，芙蓉帐暖度春宵。
>
> 春宵苦短日高起，从此君王不早朝。
>
> ……
>
> 在天愿作比翼鸟，在地愿为连理枝。
>
> 天长地久有时尽，此恨绵绵无绝期。
>
> ——白居易《长恨歌》

□ 问题：和杨贵妃一样，历史和传说中有许多美丽的女人，如特洛伊的海伦、克里奥帕特拉、罗摩的妻子悉多，都被认为是国家灭亡或其他不幸的原因所在。为什么世界各地的诸多文化中都出现了类似情况？你还能想出其他例子吗？

● 艺术

中国绘画在汉代时虽然已经繁荣了，但到唐代时，达到了更高的水平，然而，极少有这一时期的画作保留下来。宋元绘画被认为是中国绘画艺术的顶峰。

和文学一样，中国绘画也在道教和佛教中寻找灵感。唐代现存的一些上乘画作是敦煌壁画。与其他幸存的卷轴画一样，这些壁画同样色彩艳丽，让人想起印度和波斯的艺术风格。

道教对中国绘画的影响超过了佛教。从很早的时候起，中国的艺术家就喜欢以山水作画或写作，热衷于在自然中寻找道。5 世纪时，一位画家年事已高，不能外出旅行，他开始描绘记忆中的山水，并宣称描绘自然就如同体验自然，还说从绘画中可以得道。这部分地解释了为什么传统中国绘画如此重视自然。中国人称风景画为山水画，道家讲究的水土和阴阳平衡、刚柔并济都在中国画中得以体现。

为了表达自然，中国的艺术家试图揭示景色的精髓。他们不是描绘一座具体的山，而是描绘山的理念。画作上常常留白，因为在道家看来，人难以知晓一切真理。道家的影响在描绘人物上也体现得淋漓尽致，在大自然中，人往往显得无足轻重。与西方绘画聚焦于人体和个性的特点形成鲜明对比，中国绘画中，人常常立于一叶扁舟之上，或沉思于一方悬崖边缘，或徘徊在山间小道，形象微小，人与自然和谐共存，而非主宰自然。

中国人在长长的丝绸或纸上作画，然后将之装裱。画作长度从 3 英尺到 20 英尺不等，慢慢展开画作，图景跃然纸上。画作下半部分往往是乡村或河流，上半部分展现的则是山脉以及天空。

到 10 世纪，中国画家开始淡化绘画色彩，更倾向于在白色纸张或丝绸上用墨水捕捉风景之精华。画家借鉴精致而崇高的书法艺术，重视笔触，创作了大量水墨山水画。

创造性仅次于绘画的是瓷器制作技术和艺术。瓷器是在超高温度下用瓷土烧制而成的各种器物，汉末就已经出现，到唐代时，瓷器制作已经非常普遍，宋时更加盛行。薄胎瓷代表着瓷器技术的高峰，到 18 世纪时才传到欧洲。

▬ 本章小结

传统中国史家认为历史往往受到善恶、阴阳、兴衰的动态驱动而具有周期性。除了矛盾和变革的力量外，历史本质上具有延续性，其基础是孔子以及后世思想家奠定的儒家原则。

长期以来，中国历史的这种动力论被西方史家认为是合理的，也让许多人认为，中国历史是独特的，不能将之置于西方或普遍的框架下考察。西方历史是线性的，稳定地远离过去，而中国总是回归到原处，扎根于古代的价值观和机制。

然而，近些年来，认为中国没有变化的这种传统观点受到越来越强的挑战，这些史学家认为，导致中国在15世纪末与众不同的变化模式早在7世纪唐朝崛起时就已经出现了。中国度过了它自己的"中世纪"，正开始线性地向后传统社会演变。

如前所述，比起一千多年前汉代灭亡时，明初中国在许多领域已经有了很大的发展。工业和商业在规模、复杂程度和技术水平上都有了长足的进步，在农村，政治和经济权力集中于贵族手中的情况已经改变了，取而代之的是有地士绅、自由农和佃农共存的更稳定、更公平的景象。中国的官僚选拔体制提供了一种世界其他地方所没有的社会向上流动的途径，政府对其他在情感需求和喜好上受普通民众欢迎的信仰持宽容态度。中国的成就在诸多领域都是无与伦比的，这些成就也标志着它已经超越了古代世界的其他国家。

不过，明代中国与古代晚期的中国也有一些关键的相似性。明代中国仍然是农业社会，其财富主要来自土地。商业活动繁荣，但仍处于政府高度限制之下，并非国家收入的主要来源。中国仍然是以强调勤奋美德、社会和谐、等级制的官方意识形态为基础的高度集权的帝国。

因此，中国在中世纪时经历的重大变化也许最好将其描述为延续性中的变化，是早在汉代或更早时期就已经出现的趋势的进化，其后果是中华文明成了周边邻国及整个世界美慕嫉妒的文明，甚至还影响了包括日本、朝鲜和越南在内的亚洲其他国家。下一章我们将讨论的正是中国的这几个邻国。

— 本章思考

—— 问题1：为什么常把唐代形容为中国历史上最伟大、最荣耀的时代？你认为它当得起这样的赞誉吗？

—— 问题2：蒙古人的统治对其征服各地产生了什么影响？你是否认同从根本上说，"蒙古人的某些征服是有益的"这一观点？如果是，为什么？

— 问题 3：本章所讨论的历史时期内，有关中国是否发生了根本性变化的正反观点如何？你认为哪种观点更有说服力？

▬ 拓展阅读

关于中国与周边地区的关系。可参考 C.Holcombe, *The Genesis of East Asia*, *220 B.C.-A.D.907*, Honolulu, 2001。

关于汉代到明代的中国历史。这方面有不少名家名作，可参考哈佛中国史系列：M.E.Lewis, *China Between Empires*：*The Northern and Southern Dynasties*, Cambridge, Mass., 2009；*China's Cosmopolitan Empire*：*The Tang Dynasty*, Cambridge, Mass., 2009；D.Kuhn, *The Age of Confucian Rule*：*The Song Transformation of China*, Cambridge, Mass., 2009；T.Brook, *The Troubled Empire*：*China in the Yuan and Ming Dynasties*, Cambridge, Mass., 2010。还可以参考 C.Benn, *China's Golden Age*：*Everyday Life in the Tang Dynasty*, Oxford, 2004。

关于各种专门史。蒙古时代城市文化的兴起，可以参考 C.K.Heng, *Cities of Aristocrats and Bureaucrats*：*The Development of Medieval Chinese Cityscapes*, Honolulu, 1999。以外部视角观察中国的情况，可以参考 J.Spence, *The Chan's Great Continent*：*China in a Western Mirror*, New York, 1998。中国与外国文化间的关系，可以参考 J.Waley-Cohen, *The Sextants of Beijing*, New York, 1999。有关 15 世纪中国环球航行的争议，可以参考 G.Menzies, *1421*：*The Year China Discovered America*, New York, 2002。另外，还可以参考 E.Dreyer, *Zheng He*：*China and the Oceans in the Early Ming Dynasty*, *1405-1433*, New York, 2007。

关于中亚。可以参见 S.A.M.Adshead, *Central Asia in World History*, New York, 1993；E.T.Grotenhuis：*Along the Silk Road*, Washington, D.C., 2002。有关玄奘访问印度的情况，可以参考 R.Bernstein, *Ultimate Journey*：*Retracing the Path of an Ancient Buddhist Monk Who Crossed Asia in Search of Enlightenment*, New York, 2000。

关于中国的文学和艺术。可以参考 V.Mair, *The Columbia Anthology of Traditional Chinese Literature*, New York, 1994；M.Sullivan, *The Arts of China*, 4th.ed, Berkeley, Calif., 1999。

第 11 章

东亚各国：早期日本、朝鲜和越南

越南首都河内市中心有一方湖泊，当地居民亲切地称之为还剑湖。其名得之于 15 世纪黎朝奠基人黎利的故事，据说他从湖中得一剑，用它击败了明朝军队。因此，对许多越南人来说，还剑湖是他们英勇抵抗北边强大邻居的精神象征。

具有讽刺意味的是，后来在还剑湖中心的龟岛上修建了一座寺庙，无不反映出中国文化对越南社会的强烈影响。据说，黎利获胜后，还剑湖中，越南统治者接受了与"长兄"中国的朝贡关系。到 20 世纪初期前，中国的哲学、政治体制和社会习俗一直都是越南的标杆。这也是几个世纪以来，越南被称为"小龙"的原因。

黎利对中国的恭敬态度不足为奇。在古代，中国是东亚技术最先进的国家。它的北边和西边都是军事势力强劲但政治和文化成就有限（与当时的大河流域文明相比，至少如此）的游牧民族。在长江以南的内陆地区，分散着许多种植水稻的民族或山地民族，大多数尚未进入国家建构时代，对儒家伦理也知之不多。中国边境沿线是许多发展滞后于中国却步入类似于中国发展进程的农业国家，其中之一就是越南早期文明的核心地带红河流域，早在 2 世纪被中国征服前的数百年，这里就已经有了比较进步的农业文明。另一个则是日本各岛，在中国试图巩固对越南的控制时，这里也出现了有组织的社会；朝鲜半岛则在几个世纪前就已经形成了新石器时代社会。

这几个早期农业社会都不同程度地受到中国的影响。越南受中国统治达千年之久。朝鲜虽维持独立，但长期以来是中国的朝贡国，在许多方面都模仿中国。只有日本保持了政治独立和文化独特性，即便如此，日本也强烈地受到了其强大邻居的文化影响，乃至今天日本的许多机制和风俗仍保留着数百年前的中国印记。本章我们将讨论中国周边的这几个国家，分析它们的文化成就是如何反映或区别于中国的。

■ 日本：太阳升起的地方

□ 问题：日本的地理位置怎样影响了其早期的历史进程？它对日本的政治结构和社会机制产生了什么影响？

地理因素是导致中日两国间历史差异的原因之一。中国是大陆文明，而日本则是岛国，主要由四个大岛组成：北边的北海道、中部的本州岛、西南小一些的九州岛和四国岛。日本的陆地总面积约为 14.6 万平方英里，大致与美国的蒙大拿州相当。日本的几个主要岛屿在纬度上与美国东海岸相当。如同美国东部一样，日本的气候也非常适宜，东部沿海受到从南部北上的太平洋洋流的影响，气温稍暖，有不少可以免遭风浪的天然港。因此，大多数日本人都喜欢住在东海岸，特别是东京、大阪和京都周围的平原地带。由于这样的自然条件，自古代起，日本农民一年种植两季水稻。

不过，日本绝非农业天堂。如同中国一样，日本很多地方都是山地，只有 20% 的国土是可耕地。由于日本位于亚洲板块与太平洋板块交接处，故而有不少火山。这样的地理位置优劣兼具：火山土壤非常肥沃，因此日本农业相对高产。同时，日本又很容易发生地震，如 1923 年的地震几乎摧毁了整个东京城。2011 年的灾难性海啸席卷了本州岛北部。

日本作为岛国的现实对它的历史产生了重大影响。如前所论，中国文明的大陆性特点以及来自北边的长期威胁深刻影响了其历史，结果之一是中国人在保护自身文化免受非汉人入侵者摧毁这一问题上极为敏感。4 世纪时的中国皇帝在游牧民族入侵的压力下被迫将都城南迁时，表示"王者以天下为家"。[1] 中国人对自己辉煌的文化成就以及优越地位极为自豪，历来不愿因外来创新冲淡其文化的纯净性。中国人的身份认同中，文化而非种族是决定性因素。

与之相对的是，日本的岛国特点可能也强化日本人的民族和文化独特性意识。尽管日本人以东亚最纯正的民族自居的观点可能并不十分准确（现代日本人也是融合民族，如同亚洲大陆其他国家一样），但他们的种族和文化纯正性意识使他们在引入外来观念时无须担忧自身独一的文化遭到摧毁。

---

〔1〕 Holcombe：*The Genesis of East Asia*, *221B.C.-A.D.907*, Honolulu, 2001, p.41.

● 神的礼物：史前日本

8世纪的日本史著作中，记载了这样一个古代传说：日本各岛是伊邪那岐（Izanagi）与女神伊耶那美（Izanami）结合后形成的。两神的结合催生了日本，伊耶那美还生下了天照大神（Amaterasu）。天照大神的后代降生于地球，成为日本的创始者。日本的这种创世故事让人联想起其他古代社会的类似信仰，它们往往视自己是神的产物。有意思的是，这个传说流传至今，依然在解释日本人的独特性和日本天皇的神性，有些日本人仍然相信天皇是天照大神的直系后代。现代学者则对日本文明起源的解释要平淡得多。从考古学证据看，人类在日本各岛生活的历史至少有10万年。已知最早的新石器时代居民是以陶器图案命名的绳纹人，他们在公元前8000年时已经生活在日本。绳纹人以狩猎、渔猎和采集为生，可能尚未掌握农业技术。

日本可能是在公元前1000年前后出现农业的，尽管有些考古学家认为更早之前绳纹人就已知道如何种植作物。公元前400年左右，日本开始种植水稻，这可能是来自朝鲜半岛的移民引入的。直到最近，历史学家一致认为，这些移民驱逐了当地原住民，形成了弥生文化。不过，现在人们认为，弥生文化是绳纹人与新近移居者融合的产物，并因移民引入的水稻农业而更为丰富。不管怎样，弥生文化时期的人们是现在日本绝大多数人口的祖先。

起初，弥生人主要生活在九州岛南部，后来向北迁居，到达本州岛，征服、融合或驱逐了此前这里的本土居民，其中一些被称为爱奴人（Ainu）的本土居民的后代至今仍生活在北边各岛。1世纪时，弥生人在现在大阪和京都附近的平原定居。日本传说中描述了神武天皇（Jimmu）带领人们从九州岛向东迁徙并建国的故事。

在本州岛，弥生人建立了许多以氏族为基础的部落社会，称为氏（uji）。每个氏由一位世袭族长统治，为居民提供保护，作为回报，治下之民每年将部分收成交给他。整体而言，社会分成小贵族阶级和平民阶层，平民包括农民、手工匠人和贵族的仆役。弥生社会高度分权化，尽管大和一带占主导地位的氏族族长——宣称是天照大神的后裔——有名义上的统治头衔。不过，没有证据表明日本出现了类似于中国商周时期那样的国主。

● 日本国家的兴起

几个世纪以来，尽管日本一直知道中国的存在，但7世纪初期以前，日本极少关注这个更先进的邻国。而到 7 世纪，集权化和不断扩张的唐朝成为日本的一大挑战。唐朝开始干预朝鲜半岛事务，征服了西南沿海地区，这使日本颇为紧张。大和国的统治者用两种手法来应对中国的潜在威胁。首先是与朝鲜半岛建立同盟，其次是试图建立集权政府，这样一旦遭遇中国的进攻，就可组织起更高效的抵抗。其关键人物便是圣德太子（Shotoku Taishi, 572—622 年），他派"遣唐使"到长安学习中国的政治制度。

模仿汉制

圣德太子进行了一系列改革，基本仿照中国模式建立了新制度。在所谓的《十七条宪法》中，圣德太子呼吁建立以至高无上的统治者为核心的集权政府，确立选贤与能的官员选拔机构。他的目标是限制世袭贵族的势力，提升大和国君主的声望和权威。大和国君主声言其地位神圣，是日本民族独特性的象征。事实上，有证据显示大和部族与朝鲜半岛有些渊源。

宗教与哲学

地球是怎样形成的

8 世纪起，当日本人撰文思考地球的产生和人类社会的出现时，日本早期的编年史作者已经了解了中国典籍，故而，他们对这一问题的描述受中国创世神话的深刻影响。不过，日本的描述手法还是大有不同：侧重于自然神而非圣王的作用。此外，日本人的记载中，直接将日本诸岛的出现与神权联系了起来。以下资料节选自 8 世纪的编年史《古事记》。

夫混元既凝，气象未效，无名无为，谁知其形。然乾坤初分，参神作造化之首，阴阳斯开，二灵为群品之祖。所以出入幽显，日月彰于洗目，浮沈海水，神祇呈于涤身。故太素杳冥，因本教而识孕土产岛之时，元始绵邈，赖先圣而察生神立人之世。实知悬镜吐珠，而百王相续，吃剑切蛇，以万神蕃息欤。议安河而平天下，论小滨而清国土。

是以番仁岐命，初降于高千岭，神倭天皇，经历于秋津岛。化熊出爪，天剑获于高仓，生尾遮径，大乌导于吉野。列舞攘贼，闻歌伏仇。即觉梦而敬神祇，所以称贤后，望烟而抚黎元，于今传圣帝。定境开邦，制于近淡海，正姓撰氏，勒于远飞鸟。虽步骤各异，文质不同，莫不稽古以绳风猷于既颓，照今以补典教于欲绝。

··

□ 问题：这段对地球形成的描述与前所述玛雅文献《波波尔·乌》的创世神话相比，有何异同？

622 年，圣德太子去世后，他的继任者延续了改革举措，使政府更加高效。7 世纪中期开始的"大化革新"中，日本实施了八省百官制。在唐代的六部外，增加了中务和宫内两省。其行政管辖仿照中国的行政区划分成不同的郡里。乡村以 50 户为一里，组成基本的治理单位。里长负责登记户籍、安排耕种、抵御侵扰、征收赋税、组织劳役。日本还颁布了新法典，建立了新的赋税制度，所有耕地名义上归国家所有，因此必须直接向中央政府交税，而不是像以前那样通过地方贵族上交。

随着日本与中国确立了新型关系，日本也对佛教产生了浓厚兴趣。第一批遣唐使中就有部分佛教徒，他们前往中国学习佛教教义，带回来许多佛经。到 7 世纪时，佛教在日本贵族中盛行，活跃于日本政治中的大寺庙都有他们的捐资。起初，新信仰尚未渗透到民众当中，最终，从中国传入的净土宗等流派，获得了许多普通信众。

奈良时代

日本最初大致遵照唐代模式建立国家的努力很成功。圣德太子去世后，政治权力被强大的藤原家族控制，藤原家族通过与皇室结亲掌握了权力，继续了圣德太子的改革。710 年，日本在奈良建都，其城市制式与长安极其相似。大和国的统治者开始冠上中国风的"天子"头衔。日本人相信皇室是具有神性的，统治权应永归于皇室，而不是像中国那样，权力只属于皇帝个人：因其才能和美德而被天选为帝。

如果这些改革取得成功，日本可能会如同中国那样发展出一个高度集权的官僚制政府。不过，随着时间的推移，中央政府根本没法控制贵族的权力。和唐代的中国不同，日本的科举考试并不向所有人开放，而仅面向贵族。身居要职的官员有大量封地，他们和其他权势家族可以自己保留赋税。由于财政收入日渐枯竭，中央政府的权力和影响力持续下降。

平安时代

奈良城中强大的佛教寺庙很快造成压迫性影响，794 年，天皇将都城迁往皇室最初的发家地——距离现在京都不远的平安京。平安京是按照长安的棋盘格局建造的，规模比奈良大。皇室越来越自信，不再照搬唐代模式，停止派遣唐使出访。平安时代，天皇作为天照大神的后裔谱系正式确立，名义上继续实行最高统治，但实际权力仍由藤原家族操控，通过联姻，他们将自己的命运与皇室紧密地联系起来。藤原家族的族长开始摄政。

随后，日本又回归到圣德太子时期的分权化状态。中央政府直接征收田赋的努力失败，农村地区仍处在豪强大族的控制之下，其财富建立在被称为庄园（shoen）的免税农田的所有权上。为了避免交税，农民往往将其土地献给地方贵族，贵族们让农民耕种土地，农民则交税给他们。为了获得保护，这些地方贵族可能也将各自土地挂靠在更有势力和影响力的大贵族名下。作为回报，大贵族可以从中获得部分收入。

随着中央权力的旁落，地方贵族倾向于自我掌握正义，越来越重视用武力保护自身利益。新的武力家臣阶层即武士由此形成，武士的职责就是保护主家的财产和安全。他们往往从失意的求官者中寻找带头人，这些人在当地社会中声望较高，既是行政官员又是军人。武士生活简朴，常怀自我牺牲精神，对领主保持坚定的、毫无疑问的忠诚。武士阶层内部的忠诚度也非常强，同性恋现象非常普遍。如同中世纪欧洲的骑士一样，武士也是骑行作战（尽管他们拿的是弓和箭而非矛与盾），他们遵从严格的武士生活准则即日语中所说的武士道，久而久之，形成了一支军事力量，几乎充当了乡村地区代理政府的角色。

镰仓幕府及镰仓幕府之后

到 12 世纪末，随着贵族家庭之间竞争导致的不断内战，中央政权再度宣示自

政治与统治

十七条宪法

以下资料节选自《日本书纪》，据传是 604 年颁布的《十七条宪法》。尽管开篇有中国人重视社会和谐的影子，但其内容却强调高度服从和等级制度。这是圣德太子统治期间制定和颁布的。

夏四月丙寅朔戊辰，皇太子亲肇作宪法十七条。

第一条 以和为贵，无忤为宗。人皆有党，亦少达者。是以或不顺君父，乍违于邻里。然上和下睦，谐于论事，则事理自通，何事不成。

第二条 笃敬三宝，三宝者佛、法、僧也。则四生之终归，万国之极宗。何世何人非贵是法。人鲜尤恶，能教从之。其不归三宝，何以直枉。

第三条 承诏必谨，君则天之，臣则地之。天覆地载，四时顺行，万气得通。地欲覆天，则致耳。是以君言臣承，上行下靡，故承诏必慎，不谨自败。

第四条 群卿百寮，以礼为本。其治民之本，要在乎礼。上不礼而下非齐，下无礼以必有罪。是以群臣有礼，位次不乱。百姓有礼，国家自治。

··

□ **问题**：日本历史上第一个宪法的关键内容是什么？它的条款在多大程度上契合了中国的儒家准则？

已的权力。这一次，中央政府手中的工具是出身于武士阶层的强势贵族——源赖朝（Mnamoto Yoritomo，1142—1199年），他击败了好几个对手，在现在东京附近的镰仓（Kamakura）建立了自己的统治基地。为了强化政府，源赖朝建立了更集权化的政府——幕府（balifi），即强势的军事领袖幕府将军（shogun）控制下的政府。幕府将军试图强化中央政府的权力，同时削弱贵族势力，使其成为附庸。这种天皇虚有其表而

参考文章

世界的封建秩序

封建主义通常让人联想起骑着马、挥着长矛和剑的欧洲骑士。不过，公元800—1500年，世界不同地方都出现了被现代历史学家称为封建主义的社会组织形式。关于封建主义（feudalism）这一术语，有些历史学家指的是一种分权的政治秩序，在这一政治秩序中，地方领主忠于更有势力的领主或国王，为他们提供军事服务。在欧洲，以领主—附庸为基础的封建秩序在公元800—900年兴起，并在接下来的四百年里繁荣发展。

在日本，公元800—1500年间也出现了类似于欧洲的封建秩序。到9世纪末，对日本天皇维持着松散的忠诚的农村强势贵族开始在自己领地周边实施政治和法律权威。为了保护自身的安全和财产，这些贵族保留着大量忠于他们并为他们提供军事服务的武士、士兵。如同欧洲的骑士，武士也要遵从武士法则，骑兵作战，身穿盔甲。不过，他们携带的是弓箭和短剑，而非剑和矛。

印度各地于5世纪形成的政治联系在某些方面具有欧洲中世纪封建秩序的特征。如同中世纪时的欧洲领主一样，印度的地方王公可以说是国王的附庸，但与欧洲的封建主义不同，他们之间的关系不具有契约性。印度模式极为复杂，根据他们与国王的外在或政治的接近度，可分为"外在""内在"附庸，根据势力大小，又可分为"大""小"附庸等。如同欧洲一样，附庸往往也有自己的附庸。

在墨西哥，公元1300—1500年，阿兹特克也出现了类似于日本、印度和欧洲封建秩序的政治体制。尽管阿兹特克的国王是强势、权威的统治者，但都城以外的地方统治者有相当大的自由。然而，他们要向国王进贡，也要为国王提供军队支撑。与欧洲的骑士和日本的武士不同，阿兹特克的战士们主要装备的是锋利的石刀以及木柄石尖的长矛。

◻ 问题：我们所说的封建主义政治秩序的关键特点是什么？日本的封建主义在何种程度上显示出这些特点？

实权掌握在幕府将军手中的幕府制度一直持续到了 19 世纪后半期。

幕府将军制度运作得很有效，这也是一种幸运，因为在接下来的 13 世纪，日本将面临前所未有的严峻挑战。当时，摧毁了南宋政权的蒙古人正试图在整个亚洲建立霸权。1266 年，忽必烈要求日本向中国朝贡。日本拒绝这一要求后，蒙古 3 万多大军东征日本，不过，艰苦的条件和恶劣的气候逼退了蒙古大军。1281 年，蒙古大军卷土重来。15 万多蒙古军队在九州岛北部沿海登陆。蒙古人在日本待了两个多月，最后被强烈的台风——"神风"——摧垮。此后，直到 1945 年美国登陆，日本才再度经历被外国占领。

不过，抵抗蒙古人给日本的幕府统治带来了强大压力，1333 年，镰仓幕府统治被推翻。新的足利幕府在京都建立统治，足利家族试图延续幕府统治，但没能如前人那样恢复中央政府的权力。中央政府徒有其名，地方有地贵族的势力发展到前所未有的程度。大贵族的首脑大名（daimyo）控制了大量土地，无须向政府或京都的中央政府交税。随着各大名之间的争斗继续，大名越来越依赖于武士阶层，政治权力掌握在贵族家庭组成的松散联盟上。

政治与统治

日本的武士阶层

日本的武士阶层类同于中世纪的欧洲骑士。和骑士一样，武士也在马背上作战，要遵循严格的道德准则。尽管以下资料来自于 1500 年，但早在 10 世纪武士阶层就已经出现了。这段资料显示，等级与职责在受儒家教义影响至深的日本社会中的重要性。

士道

世代谋生，或耕种、或制造、或互通有无，故人之需求得满足。农工商为必需之业，互为补充。然士不耕种以谋食，不制造以谋用，不经商以获利……

大凡为士之职，在于省其身，得主人而尽效命之忠，交友笃信，慎独重义。然而己身有父子、兄弟、夫妇等不得已交接。此亦天下之万民悉不可无之人伦，而农工商因其职无暇，不得经常相从以尽其道。士则弃置农工商业而专于斯道，三民之间苟有乱伦之辈，速加惩罚，以待正天伦于天下，是故士必须具备文武之德知也。

....

□ 问题：日本的武士道与第 2 章印度武士的职责有哪些类似之处？它与中国儒家所谓的"士"的职责有何异同？造成这种异同的原因何在？

到 15 世纪末期，日本再度陷入无政府状态。这段战争不断的"应仁之乱"（1467—1477 年）毁灭了京都城，也瓦解了幕府统治。由于没有中央权威，势力强大的农村贵族控制了大量土地，实施独立的大领主统治。领土纷争以及主导权的斗争导致了连年战争，这一时期因此被称为"战国时期"。到 16 世纪最后 1/4 的时间里，日本才再度建立中央权威。

日本是封建社会吗？

日本是封建社会吗？近些年，这个问题引发了历史学家的激烈争论。少数人认为，日本的政治、经济状况与中世纪的欧洲有诸多类似，"封建"之谓适用。不过，部分欧洲历史学家担心封建主义（feudalism）被过度使用，他们认为，应当以特定时期的欧洲为基础严格界定"封建"。

表 11.1　日本国家的形成大事记

事　件	时　间
圣德太子统治	572—622 年
大化革新	7 世纪中期
奈良时代	710—794 年
平安时代	794—1185 年
紫式部	978—1016 年
源赖朝统治	1142—1199 年
镰仓幕府时期	1185—1333 年
蒙古军队东征	13 世纪晚期
足利时代	1333—1600 年
应仁之乱	1467—1477 年

对于世界史专业的学生来说，这个术语显然具有一定的比较价值，因为世界许多地方都具有通常被视为封建社会特征的广泛条件。然而，重要的是，表象之下，一个地方的封建社会与另一个地方的封建社会常常存在着复杂的区别。

● 经济和社会结构

从弥生文化形成起，日本就是一个农业占绝对主导地位的国家。尽管日本缺乏广袤的河谷和河流三角洲，但其居民能够利用有限的耕地和充沛的雨水建立以种植水稻为基础的社会。

贸易和制造业

如同中国一样，日本的商业发展也比较缓慢。古代时期，每个氏均有手工匠人阶层，主要包括缝纫工、木匠、铁匠，但本质上来说贸易仅限于本地，受到当地族长的规约。随着大和国的兴起，货币经济逐渐形成，然而，12 世纪前，绝大多数贸易仍是以货易货。12 世纪后，从中国传入的金属钱币越来越流行。

镰仓时期，大城镇中形成了每三月一次的集市，造纸、铸铁、瓷器制造等行业也具初形，贸易和制造业迅速发展。从 11 世纪起，日本开始与中国、朝鲜进行对外贸易。日本出口原材料、油漆、剑和其他制造品，进口丝绸、瓷器、书籍和铜币。一些日本贸易者在追求利益上野心勃勃，以至于中国和朝鲜不得不试图限制每年的日本贸易团人数。不过，这样的限制往往无济于事，甚而更加激发了一些日本贸易商的走私活动。

足利幕府和战国时期，制造业和商业发展飞速，其原因可能在于各地大名的财富和自治权迅速增加。城镇出现了完全的货币经济，当地制造业者为了保护自己的利益组成了行会。有时，当地农民在市场上出售家庭加工品，如丝绸或麻布衣服、家居用品、食品等。不过，整体上看，贸易和制造业仍处于大名的控制之下，他们往往为当地行会提供减税优惠，以换取其他利益。尽管日本仍是一个以农业立足的社会，但它正朝制造业的方向大步迈进。

日常生活

最早描述日本人生活的记载见于 3 世纪的中国史书：书中描述了以种植水稻为基础的日本农业社会中地主和农民的境况。日本还制定了惩罚罪犯的法律，市场上已经有贸易往来，政府的粮仓存储着税粮。

普通人的生活可能在接下来的几百年里差别不大。大多数人都是耕种地主土地的农民，有时也耕种政府或佛教寺庙的土地。不过，并非所有农民在经济上或社会上都是平等的。尽管在古代，所有土地都是政府所有，农民按照所耕种作物交同等比率的税，但在大和国（4—7 世纪）建立后，情况发生了变化，最顶层的地方官员往往也是富裕农民，负责组织劳役，征收赋税，作为回报，可免除自己的一些义务。

普通农民都处于这些地方官员的管辖下。理论上来说，农民交完税粮后可以自由支配其收成，实际上，他们的自由是有限的。不交税的人会被降为下人（genin）或无地佃农，会被东家买卖为奴隶。有些人为了逃避这样的命运，试图流亡山中开荒度日或当土匪为生。

除了下人外，还有一个被称为秽多的底层阶层，他们主要从事卑贱的职业，如剥皮毛、丧葬等。秽多阶层的起源尚不完全清楚，可能是战俘、罪犯或与大和国民族没什么关系的高山居民的后代。至今，秽多仍然是日本社会中的一个独特组成部分，尽管在当前的宪法中，他们有完全的法律权利，但对他们的偏见并不鲜见。

早期普通日本人的日常生活与亚洲其他国家类似。大多数人生活在小村庄里，通常一个村子就是一个氏。居住环境非常简单：大多数人住在由木头、泥巴和茅草搭建的房子中，地面上铺的是稻草或编制的垫子——这可能是榻榻米的最初形式。他们的日常饮食包括大米（如果交完税后还有剩余）、野菜、小米、根茎以及一些鱼类。其艰苦的生活正如 8 世纪诗中的悲叹：

> 矮屋四倾颓，稻铺湿地眠。妻儿伏脚下，父母偎枕边。举家无大小，呜咽复

长叹。灶头无烟火，锅上蛛网悬。[1]

妇女的地位

早期日本的两性关系非常复杂。中国史书记载，"其会同坐起，父子男女无别"。3世纪时的日本还出现过萨满女王的统治。不过，中国史书也记载了日本盛行的一夫多妻制，"国大人皆四五妇，下户或二三妇"[2]。8世纪的法律规定妇女有继承权，被丈夫休掉的妻子可以离婚或再嫁。丈夫可因为妻子未生男、与人通奸、不孝顺公婆、多言、偷盗、嫉妒、重病等原因离婚。[3]

佛教传入日本后，妇女起初在佛教中处于从属地位。尽管妇女可以出家——往往是寡妇在丈夫死后入居佛寺——但她们不能参拜佛教圣地，甚至就佛教层面而言，来生地位也与男人不平等。13世纪初期的一位僧人说，妇女没法顿悟，因为"她罪孽深重，不能进入大梵天的宫殿，也看不到大梵天所施的云彩"[4]。其他佛教高僧则更加平等一些，"男女都可以学习佛法，实现解脱"[5]。这样的观点最终占了上风，女性终于可以完全参与佛教的各种活动。

尽管妇女在法律和社会权利上不能完全与男性平等，但她们在日本生活的各领域中都起了积极作用。一些贵族妇女在朝廷中很突出，如紫式部（978—1016年）等女性作家的文学或艺术才华非常出色。尽管平民妇女极少有这样杰出的表现，但她们也和男性一样参与绘画，参加春播耕种，当脚夫、小商贩、伶人等。

● 寻找纯净之地：早期日本的宗教

如同其他地方一样，日本的宗教也源自自然神崇拜。早期日本人崇拜的神（kami）是树木、河流、山川。因为他们相信，祖先的灵魂就在四周的空气中，这样的信仰最终进化成至今仍存的国家信仰——神道教（Shinto）。神道教是一种意识形态和情感力量，将日本凝聚成一个单一民族的国家。

神道教并没有复杂的形而上的上层建筑或详尽的道德准则，但它确实需要仪规，

---

〔1〕引自 D.J.Lu：*Sources of Japanese History*，vol.1，New York，1974，p.7.

〔2〕《三国志·魏书·乌丸鲜卑东夷传》，引自：*Sources of Japanese History*，vol.1，p.10.。

〔3〕同上，第32页。

〔4〕同上，第127页。

〔5〕B.Ruch："The other Side of Culture in Medieval Japan." K. Yamamura：*The Cambridge History of Japan*，vol.3，Medieval Japan，Cambridge，1990，p.506.

电影与历史

《罗生门》（1950 年）

日本导演黑泽明是 20 世纪后半期最受人们尊重的导演之一。二战后拍摄的一系列影片中，他试图唤起人们对久违的时代，即中世纪日本的情感。他惊艳世界的第一部影片是 1950 年的《罗生门》，在这部电影中，黑泽明利用非同寻常的手法来探讨事实的模糊性。电影名声大噪，以至于"罗生门效应"成了描述难以确定事件真实性的特有名词。

影片中，一个妇女在丛林中被强盗多襄丸调戏并强奸，她的丈夫也被杀害。然而，事实却模糊不清，因为故事中的关键证人——包括借逝者之魂的女巫——提供的是完全不同的故事版本。丈夫是被强盗所杀还是因未能保护妻子的安全而羞愧自杀？抑或是因丈夫认为妻子不忠致使愤怒的妻子痛下杀手？甚至妻子可能真的希望与强盗一同逃跑而杀死丈夫？

尽管《罗生门》中的情节是虚构的，但影片揭示了中世纪日本生活的几个关键因素。阶级制度的等级性为影片提供了引人入胜的背景，夫妇俩是贵族精英的成员，而由作者非常偏爱的三船敏郎饰演的强盗却是个粗野的平民。两者之间的阶级分化从一段很长的为荣誉而战的对手戏中各自的外表和体力上就能明显看出。尽管丈夫对妻子被侵犯一事表现出的勃然大怒看起来令人费解，但考虑到她的名声不可挽回地被玷污后，从当时社会来看，也可以理解。反过来，妻子也因为跟两个男人发生性关系而深感羞耻。

多年来，黑泽明继《罗生门》后拍摄了一系列反映前现代日本的影片。在《七武士》（1954 年）中，一个村庄雇佣了一群武士来对付附近的强盗。武士被雇佣的情节在《大镖客》（1961 年）中再度出现。而《乱》（1985 年）借鉴了莎士比亚的《李尔王》，描述了年老军阀的几个儿子之间的权力斗争。好莱坞也有不少影片借鉴了黑泽明，如《十一罗汉》《豪勇七蛟龙》《人质》等。

即往往在神殿中进行的祭拜，这也是一个自我净化的过程，可能源自人们最初对死亡、分娩、疾病的关注。这种传统的关注身体纯净之举有助于解释日本人对个人清洁的高度重视及拒绝妇女进入圣地的习俗。

神道教的另一个特点是强调日本人生活中的自然之美和自然的重要性。神道教的神殿往往设在风景极为优美的地方，久而久之，这种初始信仰促成了日本人对自然的热爱。在这个意义上，早期神道教信仰已经融入到了所有日本人的生活中。

后来，神道教成为国家教义，与天皇的神性和日本人的民族神圣性相连。在奈良附近的伊势设立了神道教的国家神殿，天皇每年都在此祭拜天照大神。不过，尽管神道教进化后已经超越了其初始模样，但与其他地方的同类宗教一样，它也不能满足日本人的一切宗教和情感需求。为了满足这些需求，他们转而投奔佛教。

佛教

如前所述，佛教在 6 世纪时从中国传入日本，到 8 世纪时，佛教从朝廷迅速扩散到普通民众间。和中国一样，大多数日本人认为佛祖与他们的本地自然神之间没有冲突，许多自然神被视为是佛祖的表现。中国流行的各种佛教流派都在日本扎根，许多流派还得到了朝廷的大力支持。不少大佛寺的财富和影响力与传统贵族的影响力不相上下。

日本最有影响力的两个佛教流派是净土宗和禅宗。强调奉献和信仰就可实现顿悟和解脱的净土宗在普通民众中盛行，对他们而言，入寺生活是他们为数不多的向上流社会流动的途径之一。贵族中最有影响力的是禅宗，它对日本战国时期的文化和生活产生了深远影响。禅宗所强调的节俭、自律、与自然交流契合了日本社会的传统信仰，也是武士阶层法则的重要组成部分。

禅宗的教义中有不同的开悟途径（satori）。有些教义强调顿悟。例如，据说一位僧人听到竹子拂动屋瓦的声音的时候开悟了；还有一人是在春天赏桃花时开悟的。不过，也有一些被称为行家的禅宗信仰者认为只有通过学习佛经和艰苦自律修行（即坐禅）才能开悟。坐禅要长期冥想，以净化一切思绪。

● 日本传统文化的源泉

日本人的天才是将外来元素与本土元素融合成更有效的非仅限于文化的整体。在艺术、雕塑、建筑、文学等诸多领域中，日本从早期开始就显示出令人印象深刻的借鉴国外而不破坏本土元素的能力。

日本与中国日益增强的联系激励了日本艺术家。7—8 世纪，遣唐使带回的许多唐代文学、雕塑和绘画作品都深深地影响了日本人。

文学

然而，借鉴中国模式也颇复杂，因为早期日本人没有记载他们口语的文字，最初只能借用汉字书写。不过，灵活多变的日本人很快开始借用汉字的偏旁来记载。在某些情况下，汉字在日语中表音。但汉字通常不能记载多音节的日语词组。日本人有时只用汉字来表音，组成日语词组。后来，他们又将汉字简化为假名，置于汉字旁边。这种假名沿用至今。起初，大多数受教育的日本人更愿意用汉字书写，宫廷文学——诗词、赋、官方史书——主要用汉字写成。不过日语口语在受教育的日本各阶层中从未彻底消失，最后成为独特的文学工具。10 世纪受到中国文学影响后，日本的和歌再度出现。10—15 世纪之间，日本编成了 20 卷和歌集。起初，这些诗歌主要出自朝臣之手，随着平安时代的结束，武士和商人阶层崛起，社会中各种识字阶层都开始创作诗歌。

日本的诗歌非常独特，即用非常简单的形式表达主题，这种特点源自日本传统美学、禅宗和语言。日本诗歌的目的是描述心境，诗人通过具体所指来描绘完整的世界，正如禅宗可能顿悟。诗中经常用轻微的变化重复回应此前的诗句，这种技巧不仅不被视为抄袭，反而是对前诗意义的进一步阐述。

到 14 世纪，这种"连歌"成了日本诗歌中最流行的形式。由十七音组成的俳句（haiku）一般每行 5 音或 7 音。日本的诗歌常常聚焦于自然和生活图景，有时往往由好几个作者交互写作，以至于有些诗歌长达数百乃至数千行。下面这首诗就是宗祇、肖柏、宗长三人创作的《水无濑三吟百韵》的连歌：

　　　　残雪犹未消，山麓罩暮霭。（宗祇）

　　　　山村河水远，梅花发芳香。（肖柏）

　　　　河风吹柳丛，春色在眼前。（宗长）[1]

诗歌在平安时代的日本有独特功能，是恋人间交流的最初方式。由于风俗之故，贵族妇女与外界男性相隔绝，为了在深闺中打发时日，有些女性沉溺于诗歌写作。当男女求爱时，交换诗歌也就成了女性吸引情人的唯一手段，情人会被她的诗作吸引。

平安时代，男性朝臣用汉语写作，他们认为中国文明更优越，更值得模仿。和中国人一样，他们认为散文、小说上不得台面。然而，9—12 世纪，日本妇女用日语创作了大量小说。因为女性不能去学校学习，她们只能待在家里学习读写，靠写作打发时光。一些优秀的女性会被招纳为宫廷作家。

镰仓时代（1185—1333 年）战乱不断，在这个越来越悲观的世界里，日本的小说往往集中描述一个孤独的主人公，他远离朝廷，直面战争，乃至死亡。另一种小说类型是描述新兴武士阶层中的英勇故事，这些作品描述武士们的军事征伐，往往伴随着强烈的悲怆和孤独感。

---

〔1〕 H. P. Varley："A Sample of Linked Verse" K. Yamamura, ed., *The Cambridge History of Japan*, vol.3, *Medieval Japan*, Cambridge, 1990, p.480.

日本最经典的戏剧——能剧也起源于同一时期。能剧是从舞蹈、杂耍等诸多娱乐形式中发展而来的，它们可能是本土传统，也可能来自于中国或其他亚洲国家。能剧通常讲述的是日本的历史或传说故事，到后来，能剧进化为高度程式化的戏剧，演员们戴着面具，和着乐器舞蹈。如同日本文化的整体形象一样，能剧也具有克制、优雅、精致的特点。

艺术和建筑

日本的艺术和建筑追求美、简朴和自然。日本艺术家和建筑家在某种程度上受到中国艺术和建筑形式的影响。日本建筑类似于中国，统治者和贵族试图模仿唐代文明的辉煌磅礴，按照中国风格来建造宫殿。

平安时代，日本的卷轴、屏风、推拉门、扇子、漆器装饰等各种艺术形式中都反映出对美的追求。就像文学一样，日本艺术中的主题主要是自然，如海滨美景、春雨、月亮、雾霭、盛开的紫藤花和樱花。这些主题都是为了激起观者的情感共鸣。日本的绘画以小小的画幅展现出自然的脆弱之美。中国画中的雄伟山峦在日本绘画中变成更加亲切的群山和稻田。绘画中极少出现人的脸部，往往是躺着或用袖子遮脸的女性形象。人与人之间的紧张和冲突是通过两人的远距离交谈或背对对方的形式表达出来的。

镰仓幕府时期，手卷因其描绘新兴武士阶层的现实主义和动感十足而极为流行。反映这一时期的动荡的肖像画繁荣发展，此类作品在描述全副武装的武士或圣人，细节极其逼真，乃至不太美观，诸如胡茬、皱额、破牙都有呈现。雕塑家们还创作了颇有写实色彩的将军、贵族和圣人木雕。不过，最有特色的是凶猛的守护天王，直到今天，看起来还有些吓人。

13世纪，从中国传入的禅宗也影响了日本美学。禅宗强调顿悟而非理智的分析和精心的仪式，强化了日本人对简单质朴和自律的偏好。禅宗哲学在日本的园林、茶艺、花艺、陶瓷和盆景艺术中均有体现。

风景是日本艺术和建筑的重要表达手段。日本园林起初模仿于中国。平安时代初期强调庭园艺术中要有溪水或池塘。14世纪建于京都的金阁，其景观体现出了花园、流水、建筑的和谐统一，也是世界建筑艺术的瑰宝。由于京都缺水，后来的花园讲究用石头造型，用白色鹅卵石代表水。

日本茶艺也体现出禅宗的意蕴和美学。茶艺是15世纪发展起来的，茶艺室一般是空旷的榻榻米房间，装饰简单，除一张茶案、一个茶架外，别无他物，故而，参加茶艺的人更能专心致志地烹茶和饮茶。"茶禅一体"，日本谚语如是说。茶艺被认为是精神解放的终极象征，从古至今都具有很强的美学价值和道德意义。

● 日本与中国模式

历史上，亚洲很少有国家如日本一样对外隔离。日本与亚洲大陆隔着 120 英里的海洋，在其早期历史时期，与外界的往来极其有限。

这种隔绝对日本社会来说是好是坏尚难定论。一方面，缺乏对其他地方的知识可能阻碍了日本的变化进程。另一方面，可使日本免于其他古代文明那样遭受外来侵袭。可以肯定的是，日本与盛唐时期的中国接触后，很快就抓住了机遇，在短短数十年里，年轻的日本借鉴了中国的许多经验和成果，引起了日本社会生活的重大变革。

然而，日本的政治体制却没有遵从中国模式。尽管圣德太子试图有效利用唐代中国的帝制传统，但日本社会内部的分权势力仍然占主导地位。借鉴的科举考试制度不但没有打破日本的分裂状况，反而强化和维护了这一局面。尽管佛教和道教都对日本宗教产生了重要影响，但神道教仍然是塑造日本世界观的主要因素。

为什么日本未能按照中国的封建集权模式发展？历史学家对此仍有争论。有些观点认为，答案在于日本不同的文化传统；也有观点认为中国的机制和价值观被引入太快，以致难以有效地适应日本社会。不管怎样，原因之一可能是日本没有面临过外国入侵的威胁（除蒙古人之外）。最近的观点认为，从中国传入的疾病（天花和麻疹）使日本人口和粮食产量大幅降低，从而阻碍了日本人口聚集更紧凑的城市化进程。

■ 朝鲜：通往东方的桥梁

□ 问题：朝鲜早期经济和社会生活的主要特点是什么？

中国周边很少有国家如朝鲜那样直接受中国影响如此之大。

一个生动例子是，近些年来两国官员和历史学家在解释朝鲜早期历史时分歧尖锐。朝鲜面积略大于美国的明尼苏达州，最早生活在这里的人可能来自新石器时代的中国东北一带。由于朝鲜半岛多山（只有 1/5 的地方适合耕种），直到公元前 2000 年才出现农业。当时，朝鲜半岛的居民开始向有组织的社会进化。

也恰是这个问题引发了学者的争论。2004 年，中国官方资料称，朝鲜半岛最早有组织的国家是高句丽（公元前 37—公元 668 年），所统治的朝鲜半岛的北部是中国历史的组成部分。朝鲜学者则以传说和零碎的史学证据出发，认为朝鲜半岛最早的国家是古朝鲜，是朝鲜人檀君在公元前 2333 年建立的。这些学者坚持说，当时亚洲东北正处于青铜器时代。

尽管这个问题仍在争论中，但大多数学者认为，公元前 109 年，朝鲜半岛的北部附属于中国。在此后数代人的时间里，朝鲜半岛均受汉朝统治，汉王朝将朝鲜半岛分成不同的郡县，建立各种机构。3 世纪汉王朝衰亡后，朝鲜半岛的权力逐渐由地方部族首脑掌握，他们驱逐了中国官员，但继续吸收中国文化，最终形成了三个独立的王国：北边的高句丽、西南边的百济和东南边的新罗。大和国建国不久后，日本可能在朝鲜半岛南部沿海有一块小小的殖民地。

● 朝鲜三国

4—7 世纪，高句丽、百济和新罗为争夺朝鲜半岛主导权发生激烈竞争。同时，它们都吸收了中国的政治和文化体制。中国对高句丽的影响最深，4 世纪晚期，佛教传入高句丽，其都城平壤出现了第一所儒学学府——太学。这三个国家都接受了与中国的朝贡关系。新罗受中国的影响稍弱，也是三者中实力最弱的，在其强大的内部凝聚力之下，可能也因其较强的部族传统，最终成为朝鲜半岛的主要势力。新罗统治者迫使中国从朝鲜半岛撤退，仅保留着鸭绿江的邻近地区。为了安抚中国人，新罗接受了对唐朝的朝贡关系。南边日本人的殖民地被收回了。

朝鲜半岛首次统一后，新罗统治者试图用中国的政治机制和意识形态构建集权国家。此时越来越盛行的佛教遂成为国教，朝鲜僧人追随着日本僧人的脚步前往中国。中国的建筑和艺术在都城光州或其他城市随处可见，汉字是朝鲜的官方交流语言。朝廷中蔓延的长期盘踞在朝鲜半岛东南部的强大贵族势力，企图阻拦朝廷采取科举考试制度，反对将土地分配给穷人。朝鲜借鉴中国模式于是失败，其后果堪称致命：贵族间的内斗日趋严重，公元 780 年，新罗国王被暗杀，朝鲜半岛陷入一片内乱中。

● 高丽王朝的崛起

10 世纪初期，高丽王朝在朝鲜半岛北部崛起。高丽王朝采用了中国的政治体制，强化中央政府的权威与领导。958 年，高丽王朝确立了科举制度，不过，如同日本一样，官僚机构仍被势力强大的贵族所操控。

高丽王朝的统治持续了四百年，成功抵挡住了中国的侵入。高丽王朝时期，朝鲜的工商业缓慢发展起来，不过，其财富的主要来源仍是农业。理论上，所有土地都属于国王，实际中却是贵族控制了大量土地。农民的地位与欧洲的农奴非常类似。社会最底层的阶级包括奴隶、手工匠人和其他特定职业的人。

从文化角度而言，高丽王朝成就巨大。包括净土宗和禅宗在内的佛教流派传入朝鲜，佛寺占领了大片地产，僧人在朝廷中充当顾问。起初，朝鲜艺术和雕塑的主题都是佛教，朝鲜还用木版印刷了整套三藏经。然而，随着风景画和瓷器出现，儒家主题在朝鲜艺术和文学中开始占据主导地位。

● 蒙古人统治下的朝鲜

和此前的新罗国一样，高丽王朝也落入了贵族势力过大的窠臼，没有可靠的税收来源。13 世纪，蒙古人占领了朝鲜北部，将其并入元帝国。高丽成了元代的附庸。

对朝鲜人民而言，蒙古统治时代极为痛苦，尤其对被迫为忽必烈东征日本造船的农民和匠人而言更是如此。在积极的一面，蒙古人引入许多新思想和新技术。高丽王朝继续存在，但须接受蒙古管制，蒙古统治衰落后，高丽王朝随之衰亡。明代时，高丽王朝崩溃，权力被军事将领李成桂掌握，1392 年，他建立了李氏王朝。朝鲜人再度将命运握在了自己手中。

■ 越南：小龙

□ **问题：**1500 年前的越南有哪些主要成绩？为什么附属于中国千年后越南能够实现独立？

朝鲜人在强势的中华帝国阴影下试图建构身份认同之时，中国南部边境的越南也在进行着同样的尝试。越南人（中国人将东南沿海的居民称为越族）很早就在红河流域从事农业生产，公元前 2000 年前后，越南进入青铜时代。公元前 200 年左右，越南出现了新兴国家，但很快与不断扩张的秦国相遇。不过，秦帝国的崩溃使他们暂时保持了独立地位。一个世纪后，越南还是被汉朝征服了。

起初，汉朝对越南在当地地主贵族的统治下税收极重的自治很满足，当公元39年，徵氏姐妹起而反抗，一度摆脱了汉朝的管制时，汉朝很快将其镇压、直接派遣官员治理越南。初来乍到的中国官员对越南的不开化极为震惊：越南人竟"裸着身体"到处晃荡。[1]不过，时间久了，这些官员也开始与当地贵族通婚，形成了一个越南华裔统治阶层，他们虽受了中国文化的熏陶，但也开始认同越南的自治。

在近千年的时间里，中国试图左右越南的文化、政治和行政，将先进的儒家文明引入其中。中国人对红河三角洲的意图和目的从其对它的"安南"这一称呼中便可看出：希望这块南边之地长治久安。

● 大越国的崛起

939年，越南利用南汉朝廷没落的机会，摆脱了南汉的统治。

新的越南国称自己为大越，是东南亚大陆的一支新兴势力。随着红河三角洲一带人口的增加，大越很快与南边的占婆国发生冲突。占婆国位于现代越南的中部沿海，

政治与统治

第一次征越战争

公元前3世纪，秦军向红河三角洲进军，对小国越南发起进攻。以下资料来自于汉代哲学著作，从中可以看到，越南人是不容易被征服的，新成立的越南国家很快就宣布脱离秦王朝的统治。以后数个世纪中，这个教训经常被人遗忘。

秦皇挟录图……又利越之犀牛、象齿、翡翠、珠玑，乃使尉屠睢发卒五十万，为五军……三年不解甲驰弩。使监禄无以转饷，又以卒凿渠而通粮道，以与越人战，杀西呕君译吁宋。而越人皆入丛薄中，与禽兽处，莫肯为秦虏。相置桀骏以为将，而夜攻秦人，大破之。杀尉屠睢，伏尸流血数十万，乃发谪戍以备之。

——《淮南子》

□ 问题：第3章提到的中国古代军事战略家孙子可能会对秦军将领征伐越南提出什么样的建议？他会赞同秦军对越南采取的策略吗？

---

[1] K.W.Taylor: *The Birth of Vietnam*, Berkeley, Calif., 1983, p.76.

于 192 年建国，是以印度文化传统为基础的贸易国。在接下来的数十年中，大越国与占婆国冲突不断。1471 年，大越征服了占婆。随后，向南扩张，在新征服区发展农业。到 17 世纪，越南的势力已经抵达了泰国湾一带。

越南人在北边面临着更严峻的挑战。宋代时，尽管它的北部边疆问题重重，但还是接受了大越统治者的朝贡，后来的中国各朝试图重新将越南纳入中国版图。最初进行尝试的是 13 世纪晚期的蒙古人，他们两次进攻越南。一番艰苦的战斗后，越南人用出色的游击战击退蒙古人。一个多世纪后，明朝设置了交阯承宣布政使司来管理越南。1428 年，越南再度摆脱中国统治。

中国的遗产

虽然越南坚决抵抗中国的统治，但在 10 世纪越南恢复独立后，统治者很快发现借用儒家模式管理国家有诸多便利，遂按照中国的实践构建了自己的政权。越南统治者也按中国的样子给自己冠上皇帝称号（尽管他谨慎地自称是受中国朝廷册封的），采用中国的朝廷礼仪，称其统治是天命，独揽大权。不过，中国皇帝并不具备中国人民或中国文化的保护者这样的独特象征作用，越南的君主却首先被视为越南的保卫者和独立的象征。

如同中国皇帝一样，越南统治者也试图在豪强贵族势力面前维护权威，故采用了中国式的官僚制度，如用科举制度选拔官僚，用六部制、御史制，以及郡县制进行行政管辖。在强势君主的统治下，越南地主贵族的势力虽未完全被推翻，但也削弱了不少。

中国留给越南的另一遗产是佛教、道教和儒家思想。佛教在越南各地非常流行，人们将它与本土信仰结合起来，在佛寺里供奉本地乡村的神明，祈求风调雨顺。接受了儒家教育的上层社会更倾向于接受儒家的不可知论，但也有一些人加入了佛教。道教也在越南各社会阶层中传播，农村中尤为流行万物有灵论。

独立早期，越南也借鉴了中国文化。受教育的越南人用汉语创作诗歌，遵照中国范例写作史书，建筑、雕塑和瓷器制造也都有模仿，中世纪时期越南的不少知名建筑都是典型的中式风格，如文庙、河内的独柱寺等。

不过，也有迹象表明越南人的创造

表 11.2　早期朝鲜与越南大事记

事　件	时　间
箕子朝鲜	公元前 2333 年
汉设日南、九真、乐浪、临屯、平壤等郡	公元前 2 世纪
徵氏姐妹起义	39 年
占婆国建立	192 年
朝鲜的三国时代	300—600 年代
南汉衰落，对南部边疆疏于管辖	939 年
蒙古人征伐越南和朝鲜	1257—1285 年
朝鲜李氏王朝创建	1392 年
越南征服占婆	1471 年

力超越了中国文化范式。尽管大多数经典著述都用汉字记述——儒家保守派认为这是唯一适合的文字表现形式，但越南人借鉴汉字所创造的喃字（chu nom）是越南的口语。9 世纪初期，人们开始用越语来创作散文和诗歌。这样的努力将使越南在此后几个世纪里形成了完全独立于中国范式的焕发勃勃生机的民族文学。

● 社会和家庭生活

越南的社会组织和习俗也受到中国的深刻影响。如同中国，儒学和科举考试的引入削弱了旧地主贵族的地位，他们最终被士绅阶层取代。科举考试也和中国一样向大部分男性开放而不问其家庭出身，从而提升了越南的社会流动性。官员候选人要熟读儒家经典，吸收儒家伦理准则。此外，也要阅读越南的经典著作，从而强化越南文化的独特性。

大多数越南人是农民，他们中绝大多数是小地主或佃农，越南极少有大地主，其原因在于中央政府制定的一些举措有效阻止了强势地方有产精英的崛起。

越南人的家庭生活在很多方面都与中国类似。儒家家庭观、孝道和男女不平等在中国统治越南期间扎下根来。可能最大的不同是，无论在法律上，还是实际生活中，越南妇女都比中国妇女有更多的权利。从古代起，越南妇女就可以有自己的财产，可以离婚。中国统治的后果之一是，男人的主导地位越来越突出，不过，妇女的权利并未因此完全消失，1460 年，越南的一项法律再度确认了她们的权利。

而且，越南有比较强的女英雄保家卫国的传统。徵氏姐妹是典型但非唯一的例子，18 世纪的越南史学家在《钦定越史通鉴纲目》中记载了她们的故事。

━ 本章小结

如同其他许多伟大的文明一样，中国也将其文化传播给了邻近各民族。正如《论语》所言，"性相近也，习相远也"。结果，中国在周边地区的政策往往是基于这样的考虑而形成的：将中国人的价值观和机制传播给非汉地区。

如本章所述，如果环境适合，中国的"教化"任务有时候会取得成功。日、朝、越三国都借鉴了中国模式，然而，为适应本国社会又并非全盘接受，在对中国的成就表现出无比尊重与崇拜后，却希望敬而远之。

作为一个岛国，日本在维护政治主权和对自身文化身份认同上最成功。越南和朝鲜不得不时时用武力维护独立。这种经历塑造了它们强烈的民族独一性的意识，我们接下来还将讨论这些问题。

中国制度对这三个国家如此具有吸引力，毫无疑问的一个原因是：它们与中国一样都是农业社会。不过，无须否认，中国政治文化中最难适应周边国家情况的是科举考试制度。儒家的择优选能理念直接冲击这三个国家早期历史中强大的贵族传统。即便有了科举制，也与中国大相径庭，也只有越南，因大越国的强势统治者将中国模式视为建立集权政府的手段之一，择优选能的理念才占据了优势。

▬ 本章思考

— 问题 1：中世纪日本的政治机制和价值观在哪种程度上遵循了中国模式？其关键区别何在？

— 问题 2：朝鲜半岛是如何融入东亚整体历史的？

— 问题 3：早期历史上，中越关系，与中日、中朝关系相比，有哪些类似？又有哪些不同？

▬ 拓展阅读

关于日本文明的兴起。有一些教材讨论了这一问题，其中最出色的是 J.K.Fairbank、E.O.Reischauer 和 A.M.Craig：*East Asia：Tradition and Transformation*，Boston，1989；C.Schirokauer 编：*A Brief History of Chinese and Japanese Civilizations*，4th.ed，Boston，2013。还可以参考 J.W.Hall、M.B.Jansen、M.Kania、D.Twitchett 编：*The Cambridge History of Japan*，Cambridge，1988。

关于日本的早期历史及文献。可以参考 W.T.de Bary 编：*Sources of Japanese Tradition*，New York，2001。

关于这段时期内更专业化的著作，可以参考 J.Mass 编：*The Origins of Japan's Medieval World：Courtiers，Clerics，Warriors，and Peasants in the Fourteenth Century*，Standord，Calif.，1997；K.Friday，*Samurai，Warfare and the State in Early Medieval Japan*，New York，2004；P.Valrey，*Japanese Culture*，4th，ed，Honolulu，2000。

关于早期日本历史上的妇女问题。可以参考 S.S.Hughs 和 B.Hughes，*Women in*

World Hitory，Armonk，N.Y.，1995。有关 10 世纪时日本朝廷中妇女的日常生活，可以参考 I.Morris 译：*The Pillow Book of Sei Shonagon*，New York，1991。

关于日本的文学。最精炼而深刻的是 D.Keene，*Seeds in Heart*：*Japanese Literature from Earlier Times to the Late Sixteenth Century*，New York，1993。

关于朝鲜。可以参考 M.J.Seth，*A Concise History of Korea*：*From the Neolithic Period Through the Nineteenth Century*，Lanham，Mass.，2006。关于朝鲜历史的史料，可以参考 P.H.Lee 编：*Sourcebook of Korean Civilization*，New York，1996。

有关越南文明起源的详细讨论，可以参考 K.W.Taylor，*The Birth of Vietnam*，*Berkeley*，Calif.，1983。

第 12 章
欧洲的形成

公元 800 年，法兰克王查理曼（Charlemagne）前往罗马协助天主教领袖教皇利奥三世。此时的教皇在叛乱的罗马人面前几乎毫无招架之力。圣诞节时，查理曼及家人在拥挤的罗马人和法兰克人中参加了圣彼得教堂的弥撒。据一位法兰克人所说，这完全出乎意料，"国王从圣徒彼得的墓前起身，教皇利奥将一顶金色王冠放在他的头上"。教堂中的人们群起欢呼："查尔斯·奥古斯都万岁！上帝为伟大的、爱好和平的罗马皇帝加冕！"西罗马帝国看似重生了，查尔斯成为公元 476 年以来第一位罗马皇帝。不过，这个"罗马皇帝"实际上是日耳曼国王，是被西方基督教教会的首脑加冕的。事实上，查理曼的加冕并非罗马帝国的重生，而是西罗马帝国崩溃后新欧洲文明崛起的标志。

这一新的文明——欧洲文明——主要由三个因素构成：罗马人的遗产、基督教会以及在帝国西部定居的日耳曼人。欧洲文明在历史学家所说的中世纪即公元 500—1500 年间进一步发展。对那些最先使用这一名词的历史学家来说，中世纪指的是古代世界与现代世界之间的历史时代。中世纪早期，即公元 500—1000 年间，西方的罗马世界缓慢地演变为新的欧洲基督教社会。

■ 中世纪早期欧洲的兴起

□ **问题**：西罗马帝国崩溃后，在欧洲新文明形成过程中，罗马人、基督教教会和日耳曼民族做出了什么样的贡献？

如前所述，汉帝国瓦解后，中国进入了政治动荡和内乱时期，这一时期延续近四百年后才出现了恢复政治秩序的新王朝。同样，5 世纪西罗马帝国崩溃后，也历经了数百年才建立起一个新社会。

● 新日耳曼王国

早在 3 世纪，大量日耳曼人就开始迁居到罗马帝国境内。到公元 500 年，西罗马帝国在政治上已经被日耳曼国王统治的诸多诸侯国取代。罗马人与日耳曼人的融合因各日耳曼王国情况不同而有所区别。意大利的东哥特王国和西班牙的西哥特王国尽管由日耳曼武士阶层统治，但因其人口以罗马人为主，基本保持了罗马的社会结构。久而久之，日耳曼人与当地居民相融合。不过，在大不列颠，罗马军队于 5 世纪初撤离后，来自丹麦和德意志北部的日耳曼民族盎格鲁人和撒克逊人迁居于此。

欧洲大陆只有一个日耳曼国家长期存续下来，这就是法兰克王国。法兰克王国的建立者是克洛维一世（Clovis I, 482—511 年在位），公元 500 年前后，他信奉了天主教。到 510 年，克洛维一世已经建立了一个强大的法兰克王国，其疆域从西边的比利牛斯山延伸到东边的德意志（即现在的德国和法国一带）。不过，克洛维一世死后，依照法兰克人的习俗，他的儿子们将王国分成几个小王国，到 6 世纪和 7 世纪，一度统一的法兰克王国已经被一分为三：北部高卢地区的纽斯特里亚（Neustria）、莱茵河两岸的法兰克人领地奥斯特拉西亚（Austrasia），以及此前的勃艮第王国（Burgundy）。

● 天主教会的地位

到 4 世纪末，基督教已成为罗马帝国的主要宗教。随着罗马帝国的分裂，基督教会在新兴欧洲文明的发展中起着越来越重要的作用。

教会组织

到 4 世纪，基督教教会已经发展起一套统治体系。各个城市的基督教社区都由一名主教统治，其统治区域被称为教区（diocese）；罗马各省的教区一同受大主教领导。罗马、耶路撒冷、亚历山大城、安条克这四个大城市的主教在教会事务中拥有特殊地位。不过，很快，罗马主教即声称他是西边基督教会（即后来的罗马天主教会）的唯一领袖。根据教会传统，耶稣将天国的钥匙给了彼得，彼得因此被当作首席圣徒，也是罗马的第一位主教。此后的历任罗马主教都被看作是彼得的继任者，并被称为教宗。到 6 世纪，通过修道院运动，教宗成功地将其权威扩张到了西方基督教教会中，并让异教的日耳曼民族皈依了基督教。

修士及其使命

修士（拉丁文 monachus，意思是"独处的人"）指的是全心奉献于上帝而脱离世界、与世俗社会生活相隔绝的人。随着修道理念的扩散，修士集中居于一起的新隐修方式很快形成。圣·本尼迪克特（Saint Benedict，480—543 年）创建了一座修道院，并撰写了修道院的一系列规则，确立了西方基督教教会修道生活的基本形式。

本尼迪克特的修道规则将每天细分为一系列活动。所有修士每天都要做几个小时的体力劳动，因为懒惰是"灵魂的敌人"。修道实践的重中之重是祷告，即正确的"神的正业"。尽管这包括了个人冥想与阅读，但所有修士每天都要进行 7 次集体祷告和念诵圣歌。本尼迪克特式生活是一种集体生活，修士们同吃、同住、同睡、同行。

每个本尼迪克特式的修道院（本笃会）都由一位修道院院长严格管理，他对手下的修士们有绝对权威。修道院里，修士们要履行苦修的誓言："如圣经所言，'一切都归众人公有'，谁亦不能说某物是自己的，亦不能占为己有。"[1]只有男性才被称为修士，那些决心奉献于上帝的女性被称为修女。

修道主义在早期中世纪文明中有不可或缺的地位。修士成为基督教文明的新英雄，献身上帝的决心是基督徒的最高理想。他们也是所在社区的社会工作者：修士为年轻人提供了学习场所，为旅人带来友善亲切，为病患提供医疗服务。他们还抄写拉丁著作，将古典时代的遗产传播给新兴的欧洲文明。修道院也是所在地区的学习中心，为了将基督教传播到整个欧洲，修士们努力不已。

在修道院的传教运动和日耳曼各王国的皈依中，女性起了重要作用。有些女性当上了女院长（女修道院院长）；不少女院长来自于贵族家庭，特别是盎格鲁—撒克逊时期的英格兰。例如，诺森比亚王国的圣希达（Saint Hilda）于 657 年创办了惠特比修道院（Whitby Abbey）。圣希达作为院长，将学习变为修道院生活的重要组成部分。

● 查理曼与加洛林王朝

7 世纪和 8 世纪时，随着法兰克王国国王权力的逐渐旁落，宫相（国王宫廷总管）的控制权越来越大。一位叫丕平的宫相（Pepin，即矮子丕平，714—768 年）为自己家族的掌权铺平了道路。768 年，丕平去世，他的儿子继任法兰克国王之位。

被称为查理大帝（Charles the Great，768—814 年在位）或查理曼（来自于拉丁语）的新国王精力充沛、意志坚定、做事果决、聪明又好奇心重，是个强势的政治家，也是个虔诚的基督徒。尽管他自己不会读写，却明智的支持教育和学习。通过一系列军

---

〔1〕 N.F.Cantor: *The Medieval World，300-1300*，New York，1963，p.104.

事运动，他大大地扩张了国土，建立了加洛林帝国。鼎盛时期的加洛林王朝占领了欧洲中部和西部的大片地区。

查理曼的重要性

随着查理曼势力的增长，正如一位修士所说，作为"欧洲王国"最有势力的统治者，他的声望也在不断攀升。公元 800 年，查理曼有了新称号：罗马皇帝。历史学家对查理曼加冕的重要性存在争议。我们甚至不能确定当 799 年教皇与查理曼在帕德博恩会晤时，到底是教皇还是查理曼提出了加冕的想法，也不知道查理曼对这一加冕高兴与否。

无论如何，查理曼加冕为罗马帝国皇帝，说明了哪怕是三百年后，经久不衰的罗马帝国观念依然强劲。更重要的是，它象征着罗马、基督教和日耳曼的融合：一个日耳曼国王被西方基督教的精神领袖加冕为罗马皇帝。查理曼建立了一个疆域从黑海到意大利、从大西洋到多瑙河的庞大帝国，这与主要局限在地中海世界的罗马帝国已经有了极大区别。这表示出现了一个新的文明吗？查理曼应当被认为是他的传记作者所说的——"欧洲之父"[1] 吗？

● 领主与附庸的世界

公元 814 年，查理曼去世，尽管继任的查理曼之子路易意欲保存帝国的统一，但帝国依然分崩离析。路易死于 840 年，他的儿子洛泰尔一世成为唯一统治者，但是在 843 年，路易的三个儿子还是将帝国分裂为三个主要部分。旧的加洛林帝国内部相互间的不断侵扰加速了它的解体。

9 世纪和 10 世纪的入侵

9—10 世纪，入侵浪潮导致西欧动荡不安。穆斯林入侵欧洲南部沿海，并派兵进入法兰西南部。来自西亚的马扎尔人（Magyars）于 9 世纪末进入欧洲中部，并在匈牙利平原安顿下来。他们从匈牙利为起点，不断侵扰西欧。955 年，在莱西菲尔德（Lechfeld）战役中，马扎尔人被击败并皈依基督教，创建了匈牙利王国。

当时，西欧遭到的最为深远的攻击来自斯堪的纳维亚半岛的诺曼人，也就是我们常说的维京人。维京人是喜欢冒险的战士，为了搜寻战利品和新的贸易渠道不断入侵欧洲其他地区。维京人有当时最为先进的船只：吃水浅，能让他们在欧洲各河流中畅行无阻，去攻击其他较远的内陆地区。9 世纪时，维京人大肆进攻各村镇，摧毁教堂，

---

〔1〕 A.Barbero：*Charlemangne：Father of a Continent*，Berkeley, Calif., 2004, A.Cameron 译，p.4.

政治与统治

查理曼的成就

查理曼的传记作者艾因哈德（Einhard）于 775 年出生在德国的美因河。他在学术重镇富尔达的修道院里接受教育并长大。791—792 年，他曾经在查理曼政府中任职。尽管在查理曼时期他并没有获得很高的职位，但却担任了查理曼之子虔诚王路易（Louis the Pious）的私人秘书。以下资料中，艾因哈德描述了查理曼的一些功绩。

这些计划得最为周全、取得了最大效果的战争是在这位最强有力的国王统治的四十七年里进行的。他大大扩张了法兰克王国的疆域，接手父亲的王国时，法兰克王国已经十分强大了，通过连年征战，查理曼又将法兰克王国的领土几乎扩大了一倍……他稳定了从莱茵河、维斯图拉河、大西洋到多瑙河间风俗和服饰迥异语言却大致相同的各种蛮族……

通过与其他国王和部族建立友谊，他为自己的统治添光添彩。他与加利西亚（Galicia）和阿斯图里斯（Asturias）的国王阿方索（Alfonso）的关系如此密切，以至于后者写信或派遣使节前往查理曼处时，总要自称为查理曼的人臣……君士坦丁堡的皇帝们几度派人与查理曼订立友好同盟关系；即便查理曼已经有了皇帝称号，希腊人（拜占庭人）为此怀疑并担心查理曼会夺取他们的帝国，为避免冒犯，也依然与他缔结了条约。实际上，法兰克人的势力总是让人嫉妒，有谚语说，"法兰克人是好朋友，但却是坏邻居"。

这位在扩充疆域和征服外族方面成就如此辉煌的国王，还一直大兴土木，兴建了许多工程，以便利公众，为民服务，好几项工程已经完工了。其中，最引人注目的是在亚琛建造得极为完美的圣母大教堂、美因茨跨莱茵河的近 500 英尺大桥……最重要的是，他还关心整个王国的各种神圣建筑；一旦发现这些建筑有损坏或年久失修，他就下令主教和神父们去修复，并且要确保他的命令付诸实行……他在保卫自己的王国，并为它的美丽添砖加瓦。

他对基督教的戒律极为虔诚，从幼年开始，就已耳濡目染。也正是这个原因，他在亚琛建造了教堂，教堂装饰着金银、烛台，门都是用坚固的黄铜所造。由于在其他地方找不到合适的大理石柱，他派人从罗马和拉维纳运来。只要健康状况允许，他总是在早晨、傍晚，乃至夜里前往教堂……

他关心民间疾苦，不仅对王国内的百姓予以关照，只要他知道情况，甚至还常常对叙利亚、埃及、非洲、耶路撒冷、亚历山大、迦太基等地的贫困基督徒们施予照料，给他们运送财物，发放援助金……他还送给教皇许多礼物，在他统治期间，他竭尽全力地希望通过自己的努力与影响恢复罗马城的往昔荣耀，防卫和保卫圣彼得教堂，用自己的财富美化和装饰它，使它比其他任何教堂都富丽堂皇。

——艾因哈德《查理曼传》

□ 问题：艾因哈德认识查理曼有多久？上述资料是否反映了作者对查理曼个人、查理曼的朝廷、查理曼的工程或传闻有深刻了解？

轻易地击败了小规模的西欧本地军队。

到9世纪中期，维京人开始在欧洲各地建立冬季定居点。850年，挪威的一群维京人在爱尔兰定居下来，丹麦的维京人则在878年占领了英格兰东北部。911年，法兰克西部领地的统治者将塞纳河河口的部分地区给了维京人，这里遂成为法兰西的一部分，被称为诺曼底。维京人的这种策略，以及对基督教的皈依可以说经过了深思熟虑。通过皈依基督教，他们很快成为欧洲文明的一分子。

分封制的发展

加洛林王国中央权威的分裂以及穆斯林、马扎尔人和维京人的入侵使自由民中出现了一种新型关系：当臣民无法得到政府保护时，转而找寻强大且能为其提供保护的领主，同时，他们也要为领主服务。领主与下级（通常称为附庸）的这种合同般关系是现代历史学家所说的封建主义社会的基本组织形式。不过，封建主义从来不是一个紧密的体系，当今的许多历史学家并不愿意使用这一名词。

随着王权政府的倒塌，强势贵族控制了大片土地，他们需要有人为他们战斗，因此，他们会给附庸们分一些土地，以换取附庸为他们战斗。法兰克的军队起初由穿甲配剑的步兵组成。不过，到8世纪，由于引入了体形更大的马匹和马镫，军队中出现了一些变革：此前，骑兵一直投掷长矛；现在，他们穿着铠甲（更大的马可以负重更多）挥舞长矛，战斗中肆意拼杀（马镫让他们在马上的稳定性更大）。近五百年来，欧洲的战争都是由重装备的骑兵或骑士主宰的，因而骑士的社会威望最高，构成了欧洲贵族的支柱。

当然，马、盔甲和武器非常昂贵，若要在马背上熟练刺杀，就要花费更多的时间去训练。因此，这些附庸希望他们为之战斗的领主能够给自己一小片土地，以使自己能够支撑起个人及家庭的生活。附庸需以自己的战斗技巧回报领主。他们相互需要。在中世纪早期，贸易很不发达，财富主要以土地为基础，土地是领主对附庸的忠诚和兵役所能回馈的最重要礼物。

欧洲、日本的领主与附庸

公元 800—900 年的欧洲，随着王室被证明难以抵御入侵和动乱，以领主—附庸为基础的社会秩序开始形成，并在接下来的四百年里繁荣发展。附庸们从领主那里获得保护和小片领土，他们则为领主提供军事服务。不过，领主—附庸为基础的社会组织形式并非欧洲独有。公元 800—1500 年间的日本也出现了类似的社会秩序。以下第一段资料是 1024 年沙特尔主教富尔伯特（Fulbert）对领主与附庸的各自义务的经典论述。第二段资料来自日本 13 世纪前半期的《平家物语》，这是一部以 12 世纪末日本的军事战争为描述对象的著作。

那些宣誓效忠于其领主的人，应时刻牢记六件事情：无害、安全、尊敬、有用、轻松、可行。所谓无害就是说封臣不应伤害领主的人身；安全就是封臣不应因未保守秘密或放弃保证领主安全的防卫而伤害领主；尊敬就是封臣不应在法庭和其他与财产相关的事件中伤害领主；轻松或可行就是领主可以轻易做成的事情，封臣不应使绊阻挠。

忠诚的封臣应当避免在这些方面伤害领主，但仅仅这样还不足以使他领有土地，因为仅仅清除罪恶是不够的，还得做好事。因此，除了上述六件事外，他还应当忠诚地劝告和帮助领主。

领主也应同等对待忠诚的封臣。如果他没有这样做，他就只能被看作是没有信用的人；如果人们发现他回避对封臣的义务或与他们就此达成一致意见，他就会被认为是背信弃义和破坏誓言。

——沙特尔主教富尔伯特的论述

在相距一町之处，相互辨认出来，两人策马相聚，木曾握着今井的手说道："义仲本想在六条河原拼了这条性命，只因为担心你的去向，便突破宠物，朝这边来了。"

"多谢你关怀。兼平也想在势田拼却一死，只因挂念着你，便往这边赶了过来。"

木曾说道："这般看来，我们主从的缘分还没有尽。义仲的军兵被敌人打乱，逃散于山林之中，也许就藏在这一带，把你卷起的战旗举起来作个集合的标志吧。"

今井便把战旗高高举起。那些从京城败下来的军兵，以及从势田败下来的军兵，约三百余骑，看到今井的战旗便聚集过来。木曾大喜，说道："有了这些勇士，可以作最后一战了。"……说罢，便率先杀了过去。

木曾左马头当日的装束是：红地的锦绸直裰，外穿唐绫密缀的铠甲，头盔顶上打着锹形结，佩着名贵的长刀，拿着缠藤的弓，背后高过头部插着当天交战剩下的几支鹰尾箭，骑着有名的灰褐色烈马，剽悍肥壮，佩着金饰的马鞍。他脚踏马镫立起身来，高声通报姓名："平时听说过木曾冠者吧，今日你们看到的就是左马头兼伊豫守、朝日将军源义仲。那边是甲斐国的一条次郎吗？咱们是棋逢对手，就来和义仲一决雌雄，让兵卫佐瞧瞧吧！"大喊着飞奔过去。

一条次郎向部下吼道："刚才通名的是位大将军，小伙子们！一个也别让他们跑掉，给我杀呀！"

——《平家物语》

□ 问题：在富尔伯特主教看来，领主与附庸的相互义务是什么？在分封制的实践中，为什么这些义务非常重要？你认为欧洲和日本的领主—附庸关系有何异同？欧洲骑士与日本武士所用的武器有什么不同？

到 9 世纪，这些分赏的土地形成了封地（fief）。一块封地就是附庸从领主手里领得的服兵役的回报，不过，那些掌握了许多土地的附庸也在各自的封地内行使司法权力或政治权威。随着加洛林王国的政治在内忧外患中濒临瓦解，越来越多的强势领主崛起，负起维持秩序之责。

分封制的特点是有一整套决定领主与附庸间关系的惯例。附庸对领主的主要义务是服兵役，通常是每年需要服役 40 天。一旦领主要召集会议吸取建议，附庸也应当参加。附庸还可能要在法律案件中做出判决，因为领主与其重要附庸都是同行，只有他们才能相互评判。此外，附庸常常还要负责为领主提供援助或财政支持。当然，领主也对附庸负责，为其提供保护，或在军事上提供防卫，或在法律上同站一边。领主也要负责巩固附庸的势力，通常是给他一块封地。

庄园制

贵族和骑士阶层构成了军事精英，他们作为战士的能力依赖于闲暇时追求战争艺术。领主给附庸封地上的地产或庄园，以及为其劳作的农民提供经济支撑，使附庸能安然享受这种生活方式。尽管庞大的自由农阶层仍然存在，但越来越多的自由农成了农奴（serfs），即束缚于土地、需要提供劳役、缴纳地租、受领主管辖的人。到 9 世纪，西欧有六成人口都是农奴。

劳役包括为领主的领地劳作，它们可能占庄园整个耕种土地的 1/3~2/3。其他土地则由农民自己利用。修建谷仓、开挖沟渠等也是劳役的一部分。农奴常常每周要为领主工作 3 天，作为租金，要将耕种作物的一部分交给领主。

法律上，农奴们被束缚在领主的土地上，没有允许不能离开领地。尽管农奴有婚姻自由，但只有在领主许可下，才能嫁娶庄园之外的人。而且，有些领主还在其领地内实施公共或政治权威，有权在自己的法庭内审判农民。

■ 中世纪鼎盛时期的欧洲

□ 问题：贵族、农民、市民在中世纪欧洲的地位如何？他们的生活方式有何不同？
　　　 欧洲的城市与中国和中东的城市有何区别？中世纪鼎盛时期，欧洲发生
　　　 了什么样的政治、经济、精神和文化复兴？

中世纪早期出现的新兴欧洲文明在公元 1000—1300 年进入鼎盛时期。新的农业生产增加了粮食供应，刺激了商业和城市的扩张。领主和附庸都从中世纪早期的入侵和内部分裂中恢复元气，各国国王也开始建立中央权威。天主教教会的复苏，使其强势出现在生活的各方面。中世纪鼎盛时期也催生了文化复兴。

● 土地与人民

中世纪早期，欧洲人口比较少，仅有 380 万，但到了中世纪鼎盛时期，人口增加到近 7400 万。是什么导致了这样的巨幅增长？一方面，在中世纪早期的入侵结束后，欧洲的状况更加稳定，更加平和；另一方面，公元 1000 年后，欧洲的农业生产蓬勃发展。

农业新发展

中世纪鼎盛时期，欧洲有了新的耕作方法。气候的改善使欧洲的农业生产条件更好，不过，粮食产量不断增加的原因之一是将大量森林变成了可耕地。11—12 世纪，农民大肆砍伐林木、清理沼泽，从而使可耕地不断增加。

技术进步也推动了农业发展。中世纪时期，省力工具得到极大发展，因为铁在欧洲各地区都可开采，一些铁制工具诸如镰刀、斧头和锄头等农具与锯子、锤子和钉子等其他工具应运而生。在制作数匹马拉的重型犁时，铁至为关键。这种重型犁能掀翻

阿尔卑斯山北部的厚重土地。

除了马力外，中世纪鼎盛时期，水力和风力也开始取代了一些此前用人力或畜力从事的工作。安置在水边的水磨用来碾谷磨粉。没有河流或河流很容易干涸的地区，人们则发明了风磨。

从二区轮作向三区轮作制的转变也促进了粮食生产。中世纪早期，农民们一般用一片地耕种，另一片休耕，以恢复其肥力。现在，土地被分成三块：一片地秋天种小麦和黑麦等冬季作物、燕麦或大麦等春季作物；另一片地则种植豌豆或蚕豆等蔬菜瓜果；第三片地休耕。这样轮番利用，无论何时，都只有1/3的地休耕。土地轮耕使其不至于耗尽地力，土地的使用率更高。

农民的日常生活

农民的生活非常简朴。他们的房屋是木质框架，墙壁用碎石垒成、外面敷上黏土，屋顶用茅草搭成。贫苦农民只有一间屋子，条件稍好者有两间屋子，一间用来做饭、吃饭以及做其他活动，另一间用来就寝。

处在庄园制社会中的农村妇女，其地位既重要又艰苦：既要养儿育女，又要完成田间劳作。她们掌管家务的能力可能决定了一个农村家庭在困难时期是否会忍饥挨饿。

尽管简单，但食物充足时，农民的日常生活还过得去。农民吃的主食通常是面包。妇女在家里做好面团，带到庄园领主所有的烤炉中烘烤。面包营养丰富，不仅有小麦和黑麦，也有大麦、燕麦、小米等，外观看起来黑乎乎的，很重，质地粗糙坚硬。此外，还有自己种的各种蔬菜、自家产的牛奶或羊奶制作的奶酪、森林里采集的坚果、苹果、梨和樱桃等。另外，还有鸡蛋、鸡肉等。

中世纪的贵族

中世纪鼎盛时期，如同日本，欧洲社会也是由那些主要关心战事的武士主宰。和日本武士阶层一样，欧洲的许多贵族也热衷于战争。曾有贵族这样写道：

> 我喜欢听到"救命"声，喜欢看到伤者倒下
>
> 我也乐于看到别人大声求饶
>
> 我希望看到敌人死亡，不管他是大将军还是小士卒
>
> 我用锋利的长矛将他刺穿。[1]

---

[1] 引自 M.Perry、J.Peden 和 T.Von Laue：*Sources of the Western Tradition*，vol.1，Boston，1987，p.218.

电影与历史

《冬狮》（*The Lion in Winter*，1968 年）

安东尼·哈维执导的《冬狮》是根据詹姆斯·戈德曼的同名话剧改编而成的。詹姆斯·戈德曼为本片编剧，因此而获得了奥斯卡最佳改编剧本奖。影片故事发生在法国的希农（Chinon），时间是 1183 年的圣诞节。影片取景真实：中世纪城堡，肮脏的地板，用一个观察家的话说，（地板）"底下是陈年油渍、碎屑、骨头、猫屎狗屎和各种脏东西"。强势而厌世的英格兰以及安茹帝国的统治者亨利二世（彼得·奥图尔饰演）想确定继承人，并计划举行圣诞聚会来决定该由哪个儿子继承王位。他偏好的是被宠爱的小儿子约翰（尼格尔·特里饰演），但遭到了与他疏远的强势妻子、阿基坦的埃莉诺（凯瑟琳·赫本饰演）的反对。埃莉诺因为领导反对亨利二世的叛乱而被投入监牢，节日期间曾被暂时释放。埃莉诺中意的是她的儿子理查德（安东尼·霍普金斯饰演），他在三兄弟中最有军事头脑。二儿子杰弗里（约翰·卡斯特尔饰演）不是王位候选人，但他操纵其他兄弟为自己谋优势。三个儿子都被描述为奸诈叛逆之徒，亨利并不信任他们。亨利二世一度威胁将儿子们投进监狱，甚至杀掉他们；他打算娶自己的情妇、法国国王的妹妹阿莱斯（简·梦露饰演），由新家庭取代这几个儿子。

在当时，亨利二世与埃莉诺的婚姻并不幸福，家庭成员彼此攻讦，火花四溅，甚至故意用各种尖酸刻薄的话语来彼此伤害，完全没有家的样子。埃莉诺对亨利二世说："你想我做什么？放弃？屈服？"亨利二世回答说："让我安静会儿。"埃莉诺反唇相讥："一会儿？怎么这么谦虚？永久的和平怎么样？"当约翰听到王位继承的坏消息时，曾说，"可怜的约翰。谁说可怜的约翰？神哪，要是我现在着了火，可没有人会帮我灭火的。"对此，理查德回答说："我们还会火上浇油。"亨利二世对儿子们也很残酷，他说："你们不是我儿子！我们毫无关系！我不承认你！没人能继承我的王位。我不会给你们留下一丝一毫的东西，我希望你们都滚蛋！"

詹姆斯·戈德曼在对毫无温情的王室圣诞夜的再创作过程中，有大量素材可用。亨利二世是当时最有势力的君主之一，阿基坦的埃莉诺是最有势力的女人之一。她起初是法国王后，当婚姻宣告无效后，她嫁给了还是安茹公爵的亨利，1154 年，亨利当上国王，她顺理成章地成了英格兰王后。在这段风暴般的婚姻中，埃莉诺和亨利生了五个儿子、三个女儿。有人认为她谋杀了丈夫的一个叫罗莎蒙德的情妇。1173 年，她帮自己的儿子发动反对父亲的叛乱，导致亨利再也不信任儿子们。不过，亨利还是反击了，他将埃莉诺囚禁长达十六年之久。亨利死后，埃莉诺重返阿基坦，在两个儿子即理查德和约翰统治期间都扮演了重要角色。

领主是国王、公爵、伯爵、男爵、子爵（甚至做主教和大主教），他们拥有大量的土地和相当大的政治影响力。他们构成了掌握着实际政治、经济和社会权力的贵族阶层。大领主和普通骑士都是武士，骑士制度将他们团结起来。不过，他们内部也存在着基于财富和土地的巨大差异而形成的社会分层。

尽管贵族女性在法律上有财产权，但绝大多数妇女仍处于男性统治之下，婚前从父，婚后从夫。然而，她们仍有许多机会扮演重要角色。由于领主常常外出作战或料理政事，贵族女性不得不掌管庄园，管理着数量不少的官员和仆役，职责不小。

虽然妻子要服从丈夫，但也有许多强势者给丈夫出谋划策，甚至让丈夫听命于她。其中最著名的是阿基坦的埃莉诺（Eleanor of Aquitaine，1122—1204年），她嫁给了法兰西国王路易七世，并随同丈夫参加十字军东征。与路易七世离婚后，埃莉诺又与诺曼底公爵、安茹伯爵亨利结婚，1154年，亨利当上了英国国王，称亨利二世。埃莉诺积极参与政治，甚至在1173年和1174年支持儿子反对国王的叛乱。

● 贸易与城市的新世界

中世纪时的欧洲，农业占压倒性地位，绝大多数人都生活在农村。不过，11—12世纪，贸易复兴、专业化工匠和手工艺人的出现，以及城镇的发展和增加等新元素进入欧洲，欧洲文明的经济基础由此转变。

贸易的复兴

贸易复兴是一个渐进的过程。混乱的中世纪早期，西欧大规模贸易日趋衰落，仅拜占庭与意大利和穿梭于穆斯林与基督教世界的犹太人之间有贸易往来。然而，到10世纪末，人们带着技术以及产品在欧洲进行商业活动。意大利北部的城市在贸易复兴中起了带头作用。

意大利北部城市在参与地中海的繁忙贸易时，佛兰德斯的城镇也在北欧进行贸易活动。佛兰德斯指的是今天的比利时沿海地区以及法国北部，这里以生产高品质呢绒出名。佛兰德斯的地理位置使它成为理想的北欧贸易中心。来自英格兰、斯堪的纳维亚、法兰西以及德意志的商人们汇集于此，用各自的物产交换呢绒。11—12世纪，佛兰德斯繁荣起来。到12世纪，佛兰德斯与意大利已经形成了常规性的互通往来，成为北欧与南欧贸易的两大中心。

随着贸易的增加，金银在集市和各类贸易市场上的需求也随着增加。货币经济逐渐形成。人们开办新的贸易公司和银行来管理货物的交易和售卖。所有这些新实践成了商业资本主义崛起的一部分，在商业资本主义体系中，人们为了获得利润而投资贸易。

欧洲以外的贸易

中世纪鼎盛时期的贸易中，意大利商人的胆子最大，他们在开罗、大马士革和黑海的许多港口建立贸易据点，并从这些地方获得穆斯林从印度、中国和东南亚带来的香料、丝绸、珠宝、日用品及其他产品。

13世纪，蒙古帝国的扩张也为意大利商人打开了通往中亚、印度和中国的市场。蒙古人是依赖于与定居社会进行贸易的游牧民族，他们维护沿途贸易路线的安全。1260年前后，威尼斯商人尼科洛·波罗（Niccolo Polo）和马菲欧·波罗（Maffeo Polo）旅行至蒙古帝国境内。

12—13世纪，叙利亚和巴勒斯坦两个十字军国家的建立对意大利商人尤其有利。意大利的商船队伍在叙利亚和巴勒斯坦获得了贸易特权。威尼斯在与这两地的贸易中占最大比重，今天黎巴嫩沿海的泰尔（Tyre）还获得了"东方小威尼斯"的称号。这里和其他地区的一些城市很快成为利润丰厚的贸易基地。

城市的发展

贸易的复苏也带来了城市的兴旺。中世纪早期，欧洲，尤其是在阿尔卑斯山以北欧洲地区的城镇经历了大幅衰退。古罗马的许多城市虽仍存在，但人口和规模已经大幅缩减。随着贸易的渐渐复苏，商人们开始在这些古老城市中定居，手工艺人和工匠们也随之而来，庄园或其他地方的人们有了技术，他们看到了贸易以及制造可售卖商品的机会。11—12世纪，古罗马的城市随着新人口的涌入和发展而苏醒了。

从10世纪晚期开始，欧洲涌现了许多新兴城市或城镇，特别是在北欧地区。通常，一群商人会在城堡或修道院等坚固堡垒附近建立定居点（这也可以解释欧洲许多地方的地名为什么都以 borough、burgh、burg、bourg 等为词尾——它们都含有"堡垒""要塞"之意）。城堡尤受人们欢迎，因为它们通常地处贸易路线沿线；城堡的领主还能为人们提供保护。如果定居点繁荣并扩大，人们就会修建围墙进行防护。

尽管领主们想将城镇及其居民作为附庸和农奴，但城市有完全不同的需求和视角。为从事贸易活动，城镇居民需要流动。因此，这些商人和手工艺人（被称为 burghers 或 bourgeois，也是从 borough 和 burg 演变而来的）需要自己独特的法则来满足自身需求，并乐意为此付出。许多情况下，领主和国王认为，自己不但可以从中赚钱，而且还可以向城镇居民出售其一开始就要求的自由，包括馈赠物品和出售财产的权利、免除对领主的兵役义务，以及保障自由的城市成文法。有些城镇还获得了选举城镇官员、

中世纪的城市

　　各地区与社会间的物品交换是古代和中世纪时期世界的一大特征。中世纪的世界，贸易路线纵横交错，随着贸易的发达，城市也随之发展。在欧洲，西罗马帝国瓦解后，城镇曾大幅衰落，但随着11世纪和12世纪贸易的复苏，城市再度焕发生机。城市的复苏首先发生在古罗马的各城市，但很快新兴城市也因商人和手工匠人寻找其他活动中心而发展起来。随之，有堡垒的房屋、市政厅和教堂也增多了。可以说，教堂的尖顶是欧洲城市的天际线。然而，在中世纪时，西欧——特别是阿尔卑斯山以北——的城市仍然规模很小。即便是人口规模达到10万人的意大利大城市，与君士坦丁堡和中东，乃至中国的大城市相比，也不值一提。

　　君士坦丁堡的人口可能有30万，是中世纪早期和鼎盛时期欧洲的最大城市，直到12世纪，它仍旧是欧洲最大的商业中心，在东西方交流上处于极为重要的地位。君士坦丁堡除了宫殿、教堂、寺院建筑外，还有城内占地面积极大的无数花园、果园。尽管极为开阔和有大量耕种区域，君士坦丁堡还是不能自给自足，要大量依靠政府密切引导下的食物进口。

　　随着伊斯兰世界贸易的发展，城市更趋繁荣。阿拔斯王朝时期，巴格达的人口近70万，可能是阿拔斯帝国的最大城市，也是世界上最大的城市之一。埃及法蒂玛王朝崛起后，贸易的中心转到了开罗。伊斯兰城市的外观甚为独特。通常，最引人注目的城市建筑是哈里发的宫殿或地方首脑的官邸以及宏伟的清真寺。另外，还有一些有院子和喷泉的公共建筑、公共浴场、市场等。巴扎是封闭的市场，是每个穆斯林社区的重要组成部分，也是重要的贸易中心，在那里，有来自世界各地的物产。市场上售卖的食物受到仔细的监管。有穆斯林的城市的规则是，"烤肉只能用鲜肉制作，不可用有病的动物肉"。商人是伊斯兰世界城市发展的主要受益者。

　　中世纪，世界上最大的城市在中国。公元1000年时，杭州至少已有百万人口，开封、长安等城市也达到了同样规模。中国的城市以宽广的运河、宽阔和绿树成荫的街道闻名。城市不再是由官员及其家族主导的行政中心，而是商人、官员、手工匠人和娱乐业人员杂居之地。中国城市的繁荣举世闻名。13世纪，马可·波罗曾用这样令欧洲人难以置信的言辞描述杭州的繁荣，"城内处处景色秀丽，让人疑为人间天堂"。

　　□　问题：以城市的发展规模为对比基础，你认为中世纪的哪个文明最先进？为什么？

管理自己的法庭的自治权。

久而久之，中世纪的城市形成了自己的政府，管理自己的社区事务。只有出生于城市或在此生活达到一定年限的男性才能成为城市或城镇公民。许多城市的公民选举出市政委员会，其成员担任法官和市政官员，并制定和通过法律。

比起古代或现代的城市，中世纪的城市仍然相当小。大城市的人口约 5 万人。到公元 1200 年，伦敦已经成为英格兰的最大城市，人口为 3 万人。在阿尔卑斯山以北的欧洲大陆，只有少数几个商业中心城市，如布鲁日（Bruges）、根特（Ghent），其人口接近 4 万。意大利的城市要大一些，威尼斯、佛罗伦萨、热那亚、米兰和那不勒斯的人口近 10 万。不过，与拜占庭帝国首都君士坦丁堡，或阿拉伯世界的大马士革、巴格达和开罗比，即便是欧洲最大的城市也相形见绌。

中世纪城市的日常生活

中世纪城市的四周环以石墙，建造成本高，因而城内空间非常宝贵。故此，大多数中世纪城市都狭窄逼仄，蜿蜒的街道两边挤满了房子，甚至有些房子的第二层、第三层直接伸到了街道上方。由于 14 世纪前的房子多由木质建造，人们通常用蜡烛或烧木材取暖和照明，火灾是长期的隐患。一旦着火，很快就会烧得精光。

城市中的多数居民都是商人和从事纺织、冶炼、制鞋、制皮毛品等制造行业的手工匠人。通常，商人和手工匠人各有聚居区。商人聚集区中有仓库、旅馆、酒馆等。手工匠人的聚集区通常按照不同行业划分。自 12 世纪后，手工匠人开始建立自己的行业公会，到 13 世纪，几乎每个行业都有了自己的行业公会和集中活动的街区。

中世纪城市的硬件环境并不舒适：到处都脏兮兮的，人畜粪便和垃圾随意堆积在居民后院或街道中。大多数城市附近的河流被垃圾，特别是制革业和屠宰行业的废物污染。由于污染严重，城市饮水不能依靠河水，只能用地下水。

城市妇女除了要整理家务、购买食物、准备饮食、养育儿女、掌管家中财务外，还要帮助丈夫做事。一些妇女甚至自己做生意赚钱。一些手工匠人去世后，妻子甚至要独立从业。一些中世纪的城市妇女因此在生活上极为独立。

● 欧洲王国的进化

中世纪鼎盛时期的欧洲文明还影响了国家的发展进程。尽管领主和附庸似乎永远陷入无止境的大小冲突中，但一些中世纪的国王开始发展新形式的君主制国家，其基础是集权而非分权的分封制。到 13 世纪，欧洲各国君主通过巩固政府机构获得了更大权力。

中世纪鼎盛时期的英格兰

1066 年 9 月末，一支重装骑兵在诺曼底威廉公爵的带领下登陆英格兰。几周后的 10 月 14 日，他们在黑斯廷斯战役中击败了哈罗德的盎格鲁—撒克逊步兵。威廉（1066—1087 年在位）于圣诞节加冕为英格兰国王，很快，他就将盎格鲁—撒克逊与诺曼底的体制融合在了一起，永远地改变了英格兰。不少诺曼底骑士从新任英格兰国王那里得到一块封地。威廉让所有贵族承认他是英格兰唯一的统治者，并要求所有人都要效忠国王。总之，诺曼底的威廉建立起了一个强大的、集权的君主制王国。

12 世纪，英格兰国王的权力在亨利二世统治期间（1154—1189 年在位）又大为增加。新任国王在强化王室法庭上尤为成功。他增加了在王室法庭中审理犯罪案件的数量，并采取其他手段扩大王室法庭的权力，从而扩大了国王的权力。而且，由于在英格兰各地都设有王室法庭，普通法（即适用于整个英格兰王国的法律）体系开始取代各地的不同法律。

不少英格兰贵族憎恨国王权力的不断提升，并且在约翰国王统治时期（1199—1216 年）发动了叛乱。1215 年，约翰在兰尼米德（Runnymede）被迫接受确保封建贵族自由的大宪章（magna carta）。封建惯习始终认为国王与附庸间的关系基础是相互间的权利和义务。大宪章进一步承认了这一现实，并在此后多年中被用来支撑君主权力是有限的这一理念。

爱德华一世统治期间（1272—1307 年），英国出现了代议制政府发展中极为重要的一个机构——英国国会。起初，国会（parliament）一词主要用来指代国王的大议会（the great council），大贵族、教会的主教与国王的法官和顾问们群集起来，讨论司法事务。不过，1295 年，由于财政需要，爱德华一世从每个郡邀请两名骑士代表、每个城市邀请两名代表参加大议会，请他们同意征收新税。此即第一次国会会议。

因此，英国国会由每郡两名骑士代表、每城市两名市民代表，以及贵族和教会人员构成。最终，教会主教和贵族构成了上议院（house of lords），骑士和市民代表构成了下议院（house of commons）。爱德华一世统治期间国会的主要职责是批准征税、讨论政治、通过法律、处理司法事务。法律不再是单由国王决定，而是由构成英国社会的各群体代表与国王协商通过。

法兰西王国的发展

公元 843 年，加洛林帝国分成了三大部分。法兰克西部地区构成了后来法兰西王国的核心。987 年，加洛林王朝末代国王去世，法兰克西部地区的贵族推选卡佩（Hugh Capet）为国王，从而建立了卡佩王朝。尽管卡佩王朝的国王们拥有国王的头衔，却没有什么实权，他们所控制的王室领地只包括巴黎附近，被称为法兰西岛（Ile–de–

France）。作为法兰西国王，卡佩王室名义上是诺曼底公爵、布列塔尼公爵、勃艮第公爵、阿基坦公爵等法兰西各大领主的正式统治者，实际上，许多公爵的势力比国王还大，致使卡佩王朝花了数百年时间才建立起真正的集权君主制。

腓力二世奥古斯都（Philip II Augustus，1180—1223 年在位）统治期间是法国君主制发展的重要转折点。腓力二世发动了对——统治着诺曼底、缅因、安茹和阿基坦等法兰西领地的——英国金雀花王朝的战争，成功控制了这些领地的大部分地区，扩大了法兰西君主的权力。为了在新领地管理司法、征收王室收入，腓力二世任命了新的王室官员，于 13 世纪建立了法兰西王室官僚体系。

腓力二世后的卡佩王朝统治者继续扩大王室领地。公正王腓力四世（1285—1314 年在位）在强化法兰西王权方面尤为有效。他加强了王室官僚体制，邀请法兰西三个阶层的代表，即神职人员（第一阶层）、贵族（第二阶层）和市民（第三阶层）共商大事，由此建立了法兰西国会。1302 年，尽管尚无实权，法国的第一次三级会议即第一次国会召开。到 13 世纪末，法兰西成为欧洲最大、最富有、治理最好的君主国。

基督教的再征服：伊比利亚王国

从 8 世纪起，西班牙的大部分地区都是伊斯兰世界的一部分。不过，从 10 世纪开始，西班牙历史最显著的特征是伊斯兰势力的弱化和基督教的重新征服，并最终在 15 世纪末实现了去伊斯兰化。

11 世纪，西班牙北部出现了许多基督教小国，在短短一个世纪内，它们被合并到卡斯蒂利亚、阿拉贡、纳瓦拉以及 1139 年独立的葡萄牙王国中。西班牙南部则仍处于伊斯兰教控制下。

13 世纪，阿拉贡、卡斯蒂利亚和葡萄牙王国在征服伊斯兰控制领土方面取得重大进展。穆斯林的势力仅局限于伊比利亚半岛东南部的格拉纳达（Granada）一带，1492 年，格拉纳达在阿拉贡的斐迪南和卡斯蒂利亚的伊莎贝拉的联合进攻下被征服。

西班牙各王国在处理被征服的伊斯兰势力上并没有统一的政策。在阿拉贡，穆斯林农民仍然耕种着土地，被迫交纳很高的地租。在卡斯蒂利亚，自称为"三个宗教之王"的阿方索十世（Alfonso X，1252—1284 年在位）鼓励融合基督教、犹太教和伊斯兰教的多元文化的发展。

神圣罗马帝国

10 世纪时，强势的撒克逊公爵成为东法兰克王国（后来被称为德意志）国王。最著名的德意志撒克逊国王是奥托一世（Otto Ⅰ，936—973 年在位），他干预意大利政治，并于 962 年加冕为神圣罗马帝国皇帝，这也是自查理曼之后再次使用这一头衔。

作为新的罗马帝国皇帝，德意志的国王们试图对德意志和意大利的领域施行全面统治。腓特烈一世（Frederick I Barbarossa，1152—1190 年在位）和腓特烈二世（1212—1250 年在位）试图建立一个新帝国。此前的德意志国王将精力主要放在建立强大的德意志王国上，但腓特烈一世打算将征收意大利的收入作为他所声称的"神圣帝国"的中心事务。不过，他征服意大利北部的企图遭到了教皇以及意大利北部城市的反对。这些城市结成同盟，于 1176 年由教皇军击败了腓特烈的军队。

腓特烈二世的主要目标是在意大利建立强大的集权国家，但他也与教皇和意大利北部城市发生了殊死矛盾。双方兵戎相见，腓特烈二世打赢了不少战役，但最终仍却功亏一篑。

教皇与皇帝间的斗争对神圣罗马帝国产生了致命后果。由于与意大利连年战争，皇帝的不少权力移植到强势领主手中，他们建立了自己的独立王国。这也导致德意志的君主比较软弱，无法建立集权的君主政权，因此神圣罗马帝国皇帝对德意志和意大利都没有什么实权。与英格兰和法兰西不一样，无论是德意志还是意大利，它们在中世纪时都未能建立起集权的君主制，这种由许多小的独立王国组成的状态持续到了 19 世纪。

中欧和东欧的斯拉夫民族

斯拉夫人起初是中欧的一个单一民族，后来分裂为三支主要力量：西斯拉夫人、东斯拉夫人和南斯拉夫人。西斯拉夫人最终建立了波兰和波西米亚王国。10 世纪时，德意志基督教传教士让波西米亚的捷克人和波兰的斯拉夫人皈依了基督教，此外，还让马扎尔人定居后建立的非斯拉夫人匈牙利王国也皈依了基督教。波兰人、捷克人、匈牙利人都接受了天主教，与罗马天主教会及拉丁文化产生了密切联系。

南部和东部斯拉夫人的道路则不相同：摩拉维亚（Moravia）的斯拉夫人在 863 年开始传教活动的拜占庭传教士兄弟西里尔（Cyril）和梅萨迪乌斯（Methodius）的影响下皈依了东正教。南部斯拉夫人包括克罗地亚人、塞尔维亚人和保加利亚人，他们中的大多数也信仰东正教，但克罗地亚人接受的是罗马天主教，塞尔维亚人和保加利亚人接受的则是东正教，其文化与拜占庭帝国关系匪浅。

现代俄罗斯人和乌克兰人的祖先东斯拉夫人聚居于现在的乌克兰和欧陆俄罗斯一带。8 世纪末，他们与为寻找战利品和新贸易路线顺河流而下进入东斯拉夫地区的维京人不期而遇。这些维京人建立了贸易据点，最终主导了当地人民，当地居民将他们称为罗斯人（Rus），这就是俄罗斯（Russia）一词的由来。

俄罗斯的发展：蒙古人的影响

10 世纪初，一位叫奥列格（Oleg，873—913 年在位）的维京人在基辅定居，并建立了基辅公国。他的继任者扩大了对东斯拉夫人的控制权，将基辅公国的领土扩张到波罗的海与黑海、伏尔加河与多瑙河流域之间的广大地区。维京人统治阶层与斯拉夫女性结婚，逐渐融入到了斯拉夫人中。

基辅公国的发展吸引了不少传教士，尤其是拜占庭帝国的宗教人士。其中一位罗斯国的首脑弗拉基米尔（Vladimir，980—1015 年在位）娶了拜占庭皇帝的姐妹，并于987 年率领人民正式皈依了基督教。到 10 世纪末期，拜占庭的基督教已经成为俄国宗教生活的模范。

基辅罗斯国在 11 世纪前半期达到鼎盛。不过，内战及来自亚洲地区的游牧民族的入侵导致基辅公国渐趋衰落。1169 年，基辅罗斯被北边的罗斯王公击败，由此结束了第一个与拜占庭帝国而非欧洲关系密切的俄罗斯国家。13 世纪，蒙古人征服了俄罗斯，进一步切断了它与欧洲的关系。

蒙古人在 13 世纪盛极一时，向东进入辽宋，向西进入中东和中欧。尽管征服了俄罗斯，但因人数不够多，只占领了俄罗斯的部分地区后，便要求俄罗斯各王公向他们进贡。很快，一位叫亚历山大·涅夫斯基（Alexander Nevsky，1220—1263 年在位）的俄罗斯王公脱颖而出，于 1242 年击败了进攻俄罗斯西北部的日耳曼军队。他与蒙古人的合作广受民众欢迎，而他本人也被蒙古帝国西部地区的可汗贵由授为基辅大公，他的后人们遂成为莫斯科王公，并最终成为整个俄罗斯的首脑。

● 基督教与中世纪文明

基督教是欧洲社会和欧洲意识不可或缺的一部分。教皇的指示影响着各国国王和王公诸侯的行为，基督教教义与实践关乎所有欧洲人的生活。

教皇制改革

自 5 世纪以来，天主教会的教皇们就一直对教会事务有至高权力。他们还对意大利中部领土有统治权，这里后来被称为教皇国，教皇在此参与政治事务，并往往为此牺牲了精神义务。同时，教会日益纠缠于封建关系中。教会的高级官员，如主教和修道院院长等，把持职位，以此作为封赏，而附庸必须履行日常义务，其中一项就是服兵役。当然，领主们有权选择各自的附庸，也可以任命本领地的主教和修道院院长。

11 世纪，教会首脑意识到要解放教会，不让领主干预神职人员的任命。在世俗叙任（Lay Investiture）的实践中，世俗统治者不仅选择教职的提名人，而且还授予他们各种教职的象征。教皇格里高利七世（Gregory VII，1073—1085 年在位）决定挑战这一实践。格里高利七世宣称，作为教皇，他是"上帝在地球上的代理人"，教皇的权威

穆斯林对罗斯人的描述

尽管旅行有各种各样的困难，但中世纪早期仍见证了各文化间的某些联系，这可能是通过贸易、外交、征服或人们的迁徙而进行的。以下资料是对瑞典罗斯人的描述，他们最终与当地斯拉夫人融合，构成了普遍认为的第一个俄国国家——基辅罗斯公国的基础。这段描述来自一名叫伊本·法德兰（Ibn Fadlan）的外交官，他于 921 年从巴格达被派遣到伏尔加河某地。他对罗斯人生活邋遢的描述，从另一方面反映出了穆斯林对洁净的重视。

我看到罗斯人时，他们刚好到了贸易点，在阿图尔（伏尔加）河歇脚。我从未见过比他们更威风凛凛的人：他们身材高大，跟棕榈树一样，脸色红润，头发发红，既不穿外套，也不穿长袖的袍子，男人穿着粗糙的斗篷，披在一边肩上，另一只手露在外面。男人们随身携带着斧头、匕首和利剑，从来没见过不随身携带武器的罗斯男性。他们的剑两面开刃，剑体宽阔，装饰着璎珞，颇具法兰克风格。男人们从指甲到脖子都有树、数字等各类图案的文身。女人们胸前都挂着铁、铜、金或银质容器，其大小和材质取决于男人的富裕程度。

他们是最脏的人：便后从不洗手，饭后也是如此；身上的虱子多得跟驴子一样。他们从很远的陆地而来，把船停在阿图尔河边。他们在宽阔的阿图尔河边建房。10~20 个人住一个房子，每人坐在各自的长榻上，消遣着带着沿途出售的漂亮女奴。与女奴发生性关系时也不避讳，甚至还演变成集体淫乱；在出售女奴之前，罗斯人要先蹂躏完。

他们每天用脏得可怕的水洗手洗脸。每天早晨，女仆为主人端上一盆水，他用这盆水洗手洗脸洗头发，擤鼻子，朝水里吐唾沫。这人洗完后，女仆又将这盆水端给他旁边的人——他也重复这番动作。整盆水要在整个房间里轮流一圈。……

如果有人病了，则会被放在帐篷里，给他留下面包和水。不会有人去看望他，也不会跟他讲话，假如是奴隶的话则更甚。所幸康复，他就会回到大家中间；不幸死了，则会被找地掩埋。倘死者是奴隶，其尸体会留给狗或秃鹫吃掉。如果抓住的是一个强盗，则会被吊在树上，直到他在风吹雨淋中变成了碎片。

□ **问题：**伊本·法德兰对罗斯人有怎样的印象？你认为他为什么对他们的行为举止这般挑剔？

要延伸到基督教各王国，也包括其统治者。1075 年，他颁布敕令，禁止高级教职人员接受世俗叙任者的授权。

很快，格里高利七世与反对他的德意志国王发生冲突。德意志国王亨利四世（1056—1106年在位）是一位意志坚定的统治者，他任命高级教职人员，尤其是主教，以他们为附庸，让他们进行行政管理。亨利四世不打算遵照教皇挑战他核心权威的敕令。

亨利四世与格里高利七世之间的斗争被称为叙任权斗争（investiture controversy），是中世纪鼎盛时期教会与国家间的大规模斗争之一。这场斗争持续到1122年，当时，新德意志国王和新教皇达成妥协，此即沃尔姆斯宗教协定（concordat of worms）。按照这一协定，德意志教会首次选举主教。选举后，被提名人向国王致敬，认其为领主，国王则授予他们世俗职位的象征。教皇的代表随后向新主教授予宗教职位。

表 11.2　欧洲各王国大事记

地　区	事　件	时　间
英格兰	诺曼人征服英格兰	1066 年
	征服者威廉统治时期	1066—1087 年
	亨利二世统治	1154—1189 年
	约翰统治时期	1199—1216 年
	大宪章	1215 年
	爱德华一世统治	1272—1307 年
	第一届议会	1295 年
法　国	腓力二世奥古斯都	1180—1223 年
	腓力四世	1285—1314 年
	第一次三级会议	1305 年
德国和德意志帝国	奥托一世统治	936—973 年
	腓特烈一世统治	1152—1190 年
	腓特烈二世统治	1212—1250 年
东方世界	蒙古人征服俄罗斯	1230 年代
	诺夫哥罗德王公亚历山大·涅夫斯基统治	1220—1263 年

教会至上：教皇君主制

12世纪的教皇们并没有放弃格里高利七世的改革理念，不过，他们更倾向于巩固权力，建立强大的行政体制。教皇英诺森三世（Innocent III，1198—1216年在位）时期，天主教会达到权力顶峰。任职之初，在给一位教士的信中，英诺森三世清楚地阐述了教皇至上的观点：

宇宙的创建者——上帝创造了两个光体。大光体统治白天，小光体统治夜晚，因此，上帝让普世间的教会享有两种尊严……至尊控制白昼，即灵魂；次尊控制夜晚，即肉体。这两种尊严就是教权和王权。如同月亮的光明来自太阳，也低于太阳……王权的尊严也来自于教权。[1]

英诺森三世相信，作为教皇，自己是欧洲事务的至高裁判者。为了实现政治目标，他毫不犹豫地利用精神武器，尤其是禁令（interdict），禁止教士主持教会的圣礼，希望通过这一举措，使那些被剥夺了宗教慰藉的人们向统治者施加压力。

新宗教秩序和新的精神理念

1050—1150 年，宗教狂热席卷了欧洲，修道院大大增加，并出现了新的修道会。其中最重要的是 1098 年建立的西多会，它由一群对本尼迪克特修道院的道德败坏和无纪律不满的修士创建，西多会戒律极严。修士饮食简单，只着一件单袍。他们缩短了宗教服务时间，把更多时间用在祈祷和体力劳动上。在 12 世纪欧洲的新激进主义精神模式的发展中，西多会发挥了重要作用。正如西多会所宣扬的，"起来！基督的战士们，起来！起来！回到你逃离的战场！要更勇敢地战斗！荣耀地胜利！"[2]

女性也积极参与到这一时期的精神运动中。中世纪鼎盛时期，加入宗教活动的女性急剧增加。大部分修女来自于有地贵族。修道院对那些无法或不愿让女儿嫁人的家庭，以及不愿意结婚的贵族妇女来说，开了方便之门。女性知识分子发现修道院如同她们活动的天堂。中世纪时，大多数知识妇女都是修女。

13 世纪，形成了两个对普通人生活产生复杂影响的新教会团体。如同其创建者圣方济各（Saint Francis of Assisi，1182—1226 年）一样，圣方济各会士生活在百姓之中，讲道忏悔、帮助穷人。他们强调以自己为榜样，呼吁回归到早期教会的简单清贫中，故而传教效率很高，且广受欢迎。

多明我会源自一位西班牙修士多明我（Dominic de Guzman，1170—1221 年），他要保护教会教义，以免其受到与官方教会教义相悖的异端的伤害。多明我是个知识分子，他认为，生活贫困但学识丰富、布道高效的新宗教团体最能打击异端。多明我会教士以作为教皇的宗教裁判所的审判者的角色著称。

宗教裁判所（the holy office）是教皇宗教法庭（papal inquisition）的正式名称，它由教会建立，主要用来发现和审判异端。被控为异端并拒绝承认的人仍会当作有罪者

---

〔1〕 O.J.Thatcherhe、E.H.McNeal 主编：*A Source Book for Medieval History*，New York，1905，p.208.
〔2〕 引自 R.H.C.Davis：*A History of Medieval Europe from Constanitine to Saint Lousi*，2th.ed，New York，1988，p.252.

送交政府处决。对相信救赎之路唯一的 13 世纪的基督徒来说，异端就是反上帝反人类的罪行，应当用武力来拯救这些堕落的灵魂。

● 中世纪鼎盛时期的文化

中世纪鼎盛时期，文化和艺术异常繁荣。这一时代见证了大学的诞生和建筑的勃兴，欧洲遍地都是教堂。

大学的兴起

我们所说的大学——有教师、学生、学位等——是中世纪鼎盛时期的产物。英文

艺术与思想

牛津的大学生与暴力

中世纪的大学也未能摆脱时代的暴戾之气。尤其是在大学初创时期，市民和大学生的口舌之争往往演变成血腥冲突。以下资料描述了 13 世纪晚期牛津学生骚乱的情形，作者已不可考。

（市民）占领了学校，囚禁了所有可以下手的学者，闯入他们居住的旅馆，破坏他们的财物，践踏他们的书籍。面对这样的挑衅，学监（学校的官员）派出助手，禁止学生离开住所。但是所有的命令与劝告都无济于事。第二天上午 9 点，一群学者列队上街游行。正如学监没法约束学生，市长也约束不了市民。圣马丁的大钟敲响了警报；街头吹响了牛角号；信使被派往乡村招徕盟友。总数达到 3000 人的教职员工从不同地方同时发起攻击，四处破坏。他们用弓箭、短剑、小圆盾、石头等攻击对手，有 3 人被杀、50 多人受伤。一支队伍……占领了圣玛丽教堂与诸圣大教堂间的高街，袭击了爱德华·海尔斯的房子。海尔斯一家是牛津教职工的死敌。海尔斯奋起反击，抓起弩，将箭射进了一个好斗的院长眼睛。首脑的死亡导致教职工群龙无首，四散逃走，却被市民紧追不放。有些人在街上被打倒，就连教堂里避难的人也被抓了出来，无情地送进监狱，遭到鞭子和铁钉的殴辱。

双方都直接向国王投诉对方谋杀、暴力和抢劫的行为。市民声称损失达 3000 镑之多。然而，委派处理该事的委员会却要求市民作出赔偿，还撤除了法警，并将 12 名最不安分的市民驱逐出了牛津。

□ 问题：你认为在市民与牛津师生的冲突中，哪方应负主要责任？为什么国王支持大学一方？

大学"university"一词源于拉丁文 universitas，指的是公司或行业公会，因此，大学最初的意思是一群教师或学生组成的协会。中世纪时的大学是教育行会，主要培养受过教育或训练的人。

欧洲第一所大学出现在意大利的博洛尼亚，一位出色的讲授罗马法的教师伊内留斯（Irnerius，1050—1125年）吸引了欧洲各地的学生。为了保护自身，博洛尼亚的学生们成立了一个行会，此举得到腓特烈一世的承认，1158年，腓特烈一世给他们颁发了许可证。很快，国王、教皇和王公们争相创建大学。到中世纪晚期，欧洲已经有80所大学，大部分位于英格兰、法兰西、意大利和德意志。

大学的学生（全部都是男生，中世纪时女生不能入校学习）学习的是传统自由主义艺术课程，包括语法学、修辞学、逻辑学、算术、几何、音乐和天文学。教学不是通过讲授法进行的。讲授法（lecture）一词来自于拉丁文中的"阅读"（read）一词。在15世纪印刷术大发展以前，书籍价昂，只有极少数人才能买得起，因此，通常是教师朗读一段文本（比如法律课就是读一些法条），然后对其进行阐释。学生们也没有考试，如果要申请学位，必须通过教师委员会的综合面试。大学学习时间通常为四到六年。学生们获得的第一个学位是艺术学士，第二个学位是艺术硕士。

完成了自由主义艺术课程后，学生可以继续学习法律、医学或神学。通过最终面试的学生可以获得博士学位，这表明他可以正式从教了。除了教学外，中世纪获得学位者还可以从事其他有利可图的职业。对那些想当王室顾问的人来说，法学学位是必需的。

经院哲学的发展

中世纪时基督教的重要性使得神学在欧洲知识界发挥着重要作用。正规研究宗教的神学在新兴大学里可谓是"学科女王"。

从11世纪开始，将理性或逻辑分析应用于教会的基本神学学说的尝试对神学产生了重要影响。中世纪学校中的哲学和神学体系被称为经院哲学（scholasticism）。经院哲学试图调和信仰与理性，证明信仰所接受的东西与理性所理解的东西是一致的。

经院哲学的首要任务是将基督教教义与古希腊哲学家亚里士多德的作品相融合。12世纪，在西班牙的穆斯林和犹太学者的主要努力下，亚里士多德的作品在内的大量希腊科学和哲学著作得以引入西欧。不过，亚里士多德的著作让许多神学家茫然失措。亚里士多德通过理性思考而非信仰得出结论，他的一些理论违背了教会的教义。试图调和亚里士多德与基督教教义的最著名的神学家是圣托马斯·阿奎那（Saint Thomas Aquinas，1225—1274年）。

阿奎那的声望主要来自于他的信仰与理性相结合的出色成就。他认为，真理既出自理性，也源于信仰，这两类真理并不矛盾。自然的思考在不受信仰的支配下，可以获得与物质世界相关的真理。不过，倘若没有上帝的帮助，单靠理性并不能掌握精神真理，如三位一体（即神显现于独立而相同的人即圣父、圣子、圣灵身上）或道成肉身（即耶稣的神人共性）。

哥特式教堂

12 世纪出现、13 世纪完善的哥特式教堂是中世纪鼎盛时期最伟大的艺术成就之一，它们高耸入云，是中世纪人们崇奉上帝的切实象征。

12 世纪的两大根本性创新，使建造哥特式教堂成为现实。首先，肋架拱顶和尖拱相结合，取代了早前教堂的筒形拱，使哥特式教堂更加耸立，形象更加挺拔。其次，建造在墙壁外的沉重的石拱（即飞扶壁）能够将教堂拱顶的重量向外、向下分解，从而无须此前教堂般用厚重墙壁来支撑巨大的筒形拱顶。因而，哥特式教堂可以用装饰着绚烂彩色玻璃窗的轻盈墙体建造，教堂内部的明暗也因光线不同而绚丽多变。光线的利用反映了人们的自然光是上帝神圣之光的象征这一信仰。

第一座完整的哥特式教堂是巴黎附近的圣丹尼修道院，是由艾伯特·休泽（Abbot Suger）于 1140—1150 年间建造的。到 13 世纪中期，法国的哥特式建筑——以巴黎、兰斯、亚眠和沙特尔的教堂最为出色——几乎蔓延到整个欧洲。

一座哥特式教堂是整个社区工作的成果，各阶层的人们都会参与其建设。泥瓦匠既是建筑师又是工程师，他们设计教堂；石匠和其他手工艺人每日可以领薪，为教堂建造提供了熟练劳动力。修建一座哥特式教堂是中世纪基督教社区的首要任务之一，象征着对宗教理念的奉献。如此前所述，一个时代最伟大的建筑反映了其社会的价值观：高耸入云的尖顶哥特式教堂是宗教关乎社会大多数领域的时代见证。

■ 中世纪的欧洲与世界

□ **问题：**公元 1000 年后，欧洲与世界其他地方的人们是如何发生联系的？十字军东征的原因是什么？哪些人从十字军东征中获益最多？他们是如何获益的？

尽管欧洲从未与世隔绝，但欧洲文明在发展过程中，很大程度上仍局限于欧洲大陆。一些欧洲人，尤其是商人，与亚洲和非洲部分地区有来往，亚非两地的货物也经由他们进入中世纪欧洲的各个阶层。维京人也是果敢的冒险家。公元860年后，他们向西航行，穿过北大西洋，于874年抵达冰岛。红胡子埃里克（Erik the Red）甚至从冰岛出发，向更远的西边航行，于985年发现了格陵兰岛。有些维京人甚至到了北美洲，在纽芬兰登陆，这也是维京人在北美建立的唯一一个已知据点，不过随着10世纪末维京人扩张活动的终结，他们在北美洲的活动也匆匆结束。11世纪末，欧洲人才开始考虑通过征服巴勒斯坦向欧洲边界以外的地区扩张。

● 第一次十字军东征

十字军东征是以发动反对异教徒的圣战这一理念为基础的。基督徒的愤怒主要针对穆斯林，11世纪末，基督教欧洲发现击败穆斯林的大好机会来临：拜占庭皇帝亚力克休斯一世（Alexius Ⅰ）要求教皇乌尔班二世支持他反对塞尔柱土耳其人，而塞尔柱土耳其人都是穆斯林。教皇认为这是联合欧洲将士解放耶路撒冷、从异教徒手中夺回巴勒斯坦圣地的良机。1095年年末，在法国南部的克莱蒙特会议上，乌尔班二世号召基督徒拿起武器，加入收复圣地的圣战之中。

主要由法国贵族武士组成的三支十字军队伍向东进发。1098年占领安条克后，大部分十字军主力朝巴勒斯坦海岸前进，他们避开防守严密的海边城市，于1099年抵达耶路撒冷。经历了五个星期的围攻后，对男女老幼的恐怖屠杀中，圣城耶路撒冷沦陷。

进一步征服巴勒斯坦领土后，十字军无视拜占庭皇帝的意愿，组成了四个拉丁十字军国家。由于十字军各国被仇视它们的穆斯林包围，它们越来越依赖于经意大利商业城市从欧洲获得补给，故而，一些意大利城市，如热那亚、比萨、威尼斯越来越富裕，势力越来越强。

不过，十字军各王国要想活下来可不容易。到12世纪20年代，穆斯林开始反击。1144年，一个十字军国家沦陷后，人们开始呼吁进行第二次十字军东征，其中，尤以修士克莱尔沃的圣伯纳德（Saint Bernard of Clairvaux）最为激烈。他宣称，"现在，由于我们的罪过，敌人已经露出了嘴脸……你们在干什么？你们这些十字架的仆人？你们愿意把圣物给狗吗？你们愿意将珍珠扔给猪吗？"[1]伯纳德甚至征募了两位当权统治者，但第二次十字军东征彻头彻尾地失败了。

1187年，圣城耶路撒冷在萨拉丁率领的穆斯林军队进攻下沦陷后，整个基督教世

---

[1] 引自H.E.Mayer：*The Crusades*，New York，1972，J.Gillingham译，pp.99—100.

界都在呼吁进行新一轮的十字军东征。腓特烈一世、英格兰的狮心王理查一世（Richard Ⅰ,1189—1199年在位）和法国国王腓力二世同意带兵征战。这便是第三次十字军东征。尽管一些十字军队伍于1189年最终抵达圣城，但结果依然不容乐观：腓特烈一世在当地河中溺亡，随之，他的军队很快解体。英国和法国的军队经由海路抵达，因为有舰队支持，在与沿海城市的战斗中往往获胜，但当他们进入内陆后，却遭遇了惨败。最终，腓力二世返回法国后，狮心王理查一世与萨拉丁订立和约，同意基督教朝圣者可以自由进入耶路撒冷。

● 晚期的十字军东征

　　1193年，萨拉丁去世，教皇英诺森三世发动了第四次十字军东征。在前往东方途中，东征的威尼斯领袖认为这是压制他们最大的商业竞争对手拜占庭帝国的良机，不惜参与了拜占庭皇位继承权的争端。1204年，十字军进攻君士坦丁堡，将其洗劫一空，并在此建立了新的拉丁帝国。直到1261年，拜占庭军队才重新夺回君士坦丁堡。同时，另外的十字军队伍准备重新占领圣城，结果，大半遭遇劫难。到13世纪末，欧洲人占领巴勒斯坦的军事活动彻底失败了。

● 十字军东征有什么影响？

　　十字军东征是否对欧洲文明产生重大影响是个有争议的话题。十字军东征留下的唯一可见遗迹是欧洲的城堡，它们开始吸收十字军在东方见到的堡垒的特点。从更广的两种文化交流的角度看，基督教欧洲与伊斯兰世界在西班牙和西西里的互动实际上比圣城耶路撒冷更紧张、更有意义。

　　十字军东征是否由于将大量本来会在欧洲互相厮杀的青壮年战士转往他处而有利于欧洲社会的稳定？有些历史学家认为的确如此，他们相信，十字军东征使西方各国君主更容易建立其控制权。毫无疑问，十字军东征促成了意大利港口城市的经济发展，特别是热那亚、比萨和威尼斯。不过，重要的是，要记住，首先是12世纪欧洲不断增加的财富和人口使十字军东征成为可能。十字军东征可能促进了贸易复苏，但并非贸易复苏的主导。即便没有十字军东征，意大利商人也会寻求与东方世界的新贸易往来。

　　十字军东征带来了影响欧洲社会数代人之久的负面效果吗？有些历史学家认为，十字军东征可以被认为是"基督教的圣战"，这段记忆仍然困扰着今天的穆斯林与西

壁画《抓捕献祭者的武士们》

金字塔

修建纪念性建筑金字塔是许多古代文明的一大特点。金字塔象征着人间与神圣世界的联系，常常用作统治者的陵寝。

上图是建于公元前2000年的埃及吉萨金字塔群，位于现在开罗附近。

下图是位于墨西哥境内、5世纪建造的特奥蒂瓦坎太阳金字塔。

西半球各地都有各种类似的建筑。金字塔也在亚洲部分地区盛行。学者们至今仍对金字塔的建造技术争论不休。

玛雅的放血仪式

精英在各类仪式上放血。这幅图中，玛雅国王雅克西兰（Yaxchilan）的妻子在放血仪式上手拿绳子，同时，嘴巴也咬
绳子，她上方的国王举着一根燃烧的火炬。这幅生动场景来自8世纪时玛雅宫殿的过梁，显示出玛雅人出色的雕刻技艺，
的精美服装也反映了当时玛雅的复杂织造技术。

蒂卡尔的玛雅神庙

这座8世纪的神庙高耸于蒂卡尔丛林，是玛雅建筑工程和艺术的巅峰。神庙中安葬着一位玛雅统治者，类似的金字塔陵寝中保存着大量珠玉宝石、色彩鲜艳的陶瓷记载着统治者一生以及各种神灵的骨雕。这座神庙是广场的标志性建筑，周围有皇宫和各种宗教建筑。其台阶极为陡峭，攀登上去令人心惊胆战。

蛇神

蛇神是中美洲各民族最喜爱的神灵之一。其外表是装饰着羽
蛇，如上图所示，图中的羽蛇神雕塑位于特奥蒂瓦坎王
传说，羽蛇神是托尔特克人的首脑，他上了竞争对手的
喝得烂醉，饱受羞辱。羞愧难当的他离开敞地，并许诺终
归。1519年，阿兹特克国王蒙特祖玛热烈欢迎西班牙探险
队赫尔南·考特斯的到来，认为他就是羽蛇神的化身。

灵魂出窍的经历

数千年来，居住在安第斯山脉的各民族都通过
咀嚼古柯叶来缓解饥饿、恢复体力、驱除不
适。该地区各神殿中的仪式上，巫师往往通过
嚼古柯叶来与神灵或大陆先祖进行交流。这件
出土于厄瓜多尔的陶制作品描绘的是一个吃古
柯叶子的人进入迷幻状态、灵魂出窍的经历，
他的另一重身份从头顶上冒出来。

马丘比丘

位于秘鲁安第斯山脉的马丘比丘昭示了印加文明的繁荣。为了在这样崎岖不平的地方进行农耕，印加人建造出梯田和石渡槽。为了渡过宽阔的大峡谷，他们用绳子拉起固定在两边石头上的悬索桥。马丘比丘保存得最完整的神殿和石坛是栓日石，因离太阳神特别近而得名。

麦加的克尔白神殿

克尔白神殿位于阿拉伯城市麦加。殿内有一块黑色陨石。克尔白是伊斯兰教信仰中最神圣的地方。无论穆斯林在哪里祈祷，他们都要面朝麦加；因而，人人都在朝拜克尔白，它是伊斯兰教的神圣中心。只要条件允许，所有穆斯林一生中至少前往麦加朝觐一次克尔白神殿。到麦加朝圣代表着穆斯林的终极精神满足。

萨马拉的大清真寺

萨马拉大清真寺地处伊拉克的巴格达北边，建于9世纪。几百年里，它一直是穆斯林世界的最大清真寺。这座清真寺位于阿拔斯王朝首都萨马拉城的中心。萨马拉作为阿拔斯的首都达半个多世纪之久，是当时最大的城市之一。此图展示的是高156米的高塔。中世纪时期欧洲艺术家们想象美索不达米亚的古老文化时，这种螺旋状建筑形式激发起他们的灵感。清真寺仅存残迹，但这座高塔仍代表着两河流域伊斯兰教信仰的存在。

中世纪的城堡

从8世纪开始，穆斯林统治者开始在沙漠中修建坚固的城堡。这种新型防御工事给远征的十字军留下了深刻印象，他们也开始在修欧洲城堡时借鉴类似方法，而此前的欧洲城堡都是木制的。12世纪的叙利亚，十字军在穆斯林城堡的基础上，建起了上图所示的骑士堡。这种新式大型堡垒很快传到西欧，下图建于13世纪晚期的威尔士城堡就是典型。

阿拉伯商队中的商人

选自《艾布·哈里里故事集》中的村庄场景，这幅画向我们敞开了了解中世纪伊斯兰生活的一扇窗。

保存希腊智慧

罗马帝国衰亡后，古希腊哲学著作最终被欧洲遗忘，或是被拜占庭视为异端而禁止流通。幸亏有穆斯林学者，他们将古希腊著作的复制本放在亚历山大图书馆，从而使希腊古典著作得以保存下来。这幅图显示的是，年轻的穆斯林学者接受希腊语培训，这样他们就能将希腊著作翻译成阿拉伯语了。后来，这些典籍又被译成各种欧洲语言，在中世纪和复兴时期的欧洲，成为文化复兴的催化剂。

循环再建的清真寺

科尔多瓦大清真寺起初是罗马神雅努斯的神殿，后来西哥特人在此建造了一座基督教堂。8世纪时，穆斯林又将这座教堂一部分纳入新清真寺，并存续了数百年之久。穆斯林被驱逐出西班牙后，清真寺又变回了基督教堂。1523年，一座高大教堂从这里拔地而起（见左图）。清真寺与大教堂恰到好处地融合于一体，也是宗教和谐共存的典范。人类历史上社会经常摧毁过去的建筑奇观，掠夺往日的辉煌建筑，并建立新奇观。大清真寺连同它那闪亮高耸的穹顶（见右图）下来，可谓奇妙。

大津巴布韦寺庙遗迹

撒哈拉的岩画

早在埃及人建造吉萨金字塔之前，遥远西方撒哈拉沙漠的人们就已经在进行艺术创作了。这些部分可追溯到公元前3000年，并让人联想起欧洲、亚洲、澳大利亚类似景象的岩画为我们提供的极具价值的关于人类社会的记录，这一社会中有农业、狩猎和畜牧业。公元前1200年前后马出现之后，此后的岩画中常常有描述战车和骑马的场景。后来，骆驼也出现在岩画中，这反映出撒哈拉一带气候日渐干旱。

⋯文化的陶制头像

⋯尔河流域的诺克人是西非地区已知最古老⋯化创建者，他们创作各种雕塑。这尊陶制⋯是典型的诺克雕塑，制作年代在公元前⋯年—公元200年，是20世纪的锡矿工人无意⋯现的。这批雕像的特点是三角形或圆形的⋯、固定形式的眉毛、张开的厚唇、宽鼻、⋯孔、大耳朵。这样开阔的面部可能是烧制⋯了让热气发散出来。尽管我们尚不确定这⋯像的具体作用，但它们可能与向祖先献祭⋯教仪式有关。

非洲"遗失的城市"

盖地古城建于13世纪初，300年后，这座城市被遗弃了。这座古城遗址揭示了非洲东海岸斯瓦西里文明的一度辉煌。它坐落于肯尼亚蒙巴萨以北96.5千米处，这里曾有数千居民，但后来遭遇北方游牧民族的袭击后，他们放弃了这座城市。现在留下的古城遗迹由2.74米高的城墙环绕，四周全部是高耸的猴面包树，居民只剩下叽叽喳喳的猴子。此图显示的是古城的一个入口，这里当时可能是城中主管官员的居所。邻近的房子用珊瑚石建成，有好些个比较奢华的房间，有独立的女性居住空间、封闭的厕所、小便槽、双洗涤槽。这里发现的一些工艺品来自遥远的威尼斯和中国。

喀什的大门

哥的马拉喀什城始建于9世纪，是跨撒哈拉贸易的重要北边终
，也是前现代非洲的商业中心之一。它备受伊本·白图泰等
旅行家的赞誉，也是建筑奇迹，里面的公共建筑全部用红砂
造。此图显示的是马拉喀什城的城门，往来于撒哈拉沙漠的
商队途经这里进行贸易活动。在柏柏尔语中，马拉喀什的意
"无声无息地经过"，对于贸易商队来说，要警惕附近的盗
无声无息是必要的。

曼萨·穆萨

曼萨·穆萨是西非马里帝国的国王，也是当时最有势力、最富裕的统治者之一。在著名的麦加朝圣之旅中，他抵达开罗，随行有100头载着黄金的骆驼，因他捐赠的黄金太多，以至于当地货币贬值了好些年。为了推动伊斯兰教在马里帝国发展，他在开罗和麦加买了好些房子接纳朝圣者，另外，他还带了一个著名的阿拉伯建筑师回到马里，在商业中心高城和廷巴克图建造清真寺。他的声名传到了欧洲，这张1375年的西班牙地图就是证据，它描绘了曼萨·穆萨坐在王位上，手里拿着金块。

廷巴克图城

廷巴克图坐落于撒哈拉与西非和地中海各国间的主要贸易路线上。南边来的商队主要运输食物、各种制造品，他们需要的是盐、黄金、铜、皮毛、农产品和奴隶。盐是廷巴克图的重要物产，以至于1513年一位摩洛哥年轻人写到，一匹骆驼将盐运往500里外，就可以卖至80个金币，而一匹马所载的重量只能卖40个金币。廷巴克图经济繁荣，也是伊斯兰教的学术重镇。到1550年，这里已经有3所与当地主要清真寺有联系的大学，有180所古兰经学校。这幅素描图是1828年法国旅行家雷恩·卡耶（Rene Caillie）的作品，当时，廷巴克图的繁荣和名望早已不再。

的杰内清真寺

马里南部的金矿被开发，今天的加纳杰内成为重要的黄金贸易中心。此图是用未经烧制的黏土建造的杰内清真寺。向出的木头使清真寺的维修非常方便。这座清真寺始建于14世纪，此后不断重建重修。

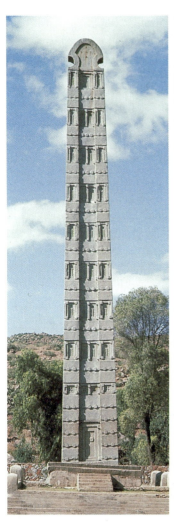

石柱

石柱是用石头做成的立柱或石板，通常用来装饰或镌刻，高高耸立。

左图是至今仍屹立不倒的阿克苏姆石柱，位于埃塞俄比亚境内，建于公元前4世纪，也是王室墓葬的标志性建筑，上面誉国王荣威的铭文。

中间是更早的、埃及境内的卢克索方尖碑。

右边是印度境内公元前3世纪阿育王统治时期修建的石柱，该石柱是为了纪念释迦牟尼的一生。考古学家还在古代中国、希腊和墨西哥发现了类似石柱。

巴米扬大佛

马马拉普兰的海滨寺庙

马马拉普兰（伟大的武士之城）是印度南部东海岸的帕拉维王国的国王命名的。船只从这个港口起航，前往斯里兰卡和东南亚更远的目的地。尽管这里起初是印度教毗湿奴的圣地，但到8世纪时，帕拉维的君主在此建立了毗湿奴的对手湿婆的神庙。几个世纪以来，风雨侵蚀了原本覆盖在大花岗岩上的精美雕饰。神庙附近有五个纪念《摩诃婆罗多》中的英雄的岩雕（下图）。这些令人印象深刻的巨大石刻是7世纪时的作品。

库杜布塔

1192年，为彰显战功，印度北部的穆斯林征服者在德里最大的印度教神庙旧址上建造起浩大的清真寺。建造该清真寺的许多材料来自当地27个印度教和耆那教神庙（右图）。毗邻清真寺的是库杜布塔（左图），也是征服者的新信仰的象征。库杜布塔起初高75.54米，上面刻有铭文，其内容是宣传库杜布塔的使命就是让真主的力量降临印度人的王国。

撒马尔罕：帝国宝石

撒马尔罕历史悠久。公元前1000年间，撒马尔罕建城。它是丝绸之路上的主要停靠点，先后被亚历山大大帝、阿拔斯王朝、蒙古人征服，后来成为庞大的坦麦能即帖木儿帝国的都城。坦麦能大大扩充了撒马尔罕的规模，以彰显他的帝国野心。

大图是撒马尔罕的里吉斯坦大广场。周边有清真寺、图书馆、穆斯林大学，全是波斯风格。撒马尔罕是中国与东边地区贸易的重要跳板。

小图是奇妙的镶嵌图案，描述的是狮子追逐鹿、太阳正露出笑脸升起的情景。

美好生活

婆罗浮屠的佛寺墙壁上有许多描绘顿悟的石浮雕。这里显示的是一位悠闲的妇女正由仆役服侍盥洗。

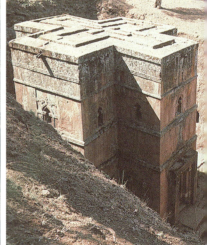

岩石建筑

左图是8世纪的埃洛拉石窟群、印度石雕建筑杰作。这座石窟群以湿婆在喜马拉雅的圣山命名，大小与雅典的帕特农神当，但它开凿在山上。建造者直接在距离山顶近30米高的一大块岩石上修建起这座神庙，共清除掉8.5万立方的石头。期主要在岩洞中开凿的神殿不同，埃洛拉石窟敞开在外，其中不少是印度雕塑中的佳作，给人们留下规模极其宏伟的印这种建筑形式也存在于非洲部分地区。1200年，埃塞俄比亚的基督教修士开始在坚固的火山岩上开凿建成11座教堂，图所示。在移除基岩并开凿出一个12米宽的沟槽后，中间的石头被雕成了希腊式十字形；随后，将十字形凿成中空并装饰。这些至今仍在使用的教堂印证了埃塞俄比亚的基督教之狂热，在保存该国家的文化和民族认同方面，基督教起要作用。

舞蹈的湿婆

0—12世纪，印度南部的朱罗国善于用失蜡法制作青铜雕塑。这些朱罗国青铜雕像经过清洁或装饰各种衣物、鲜花后
在宗教仪式上展现。数量最多、最受崇拜的青铜圣物是舞蹈的湿婆。此图描述的是湿婆正在表演宇宙之舞，他创造宇
宙，也毁灭宇宙。他的右上肢正在创造宇宙，左上肢则用火焰消灭宇宙，右脚踩在一个侏儒背上。湿婆的舞蹈姿势向
信众们传递着他的力量与怜悯之心。

东南亚的水稻文化

七八千年前，东南亚地区开始种植水稻。水稻是劳动密集型作物，需要不少人力播种和管理灌溉。一开始，要将水引中，促进幼苗生根并施肥。上图是巴厘的梯田，下图是现在的越南农民正在插秧。水稻在东南亚地区的重要性在各国水稻神灵的各种礼仪中可见一斑。在印尼，长期以来，人们一直崇拜稻米女神德威斯里，以求得好收成。

吴哥窟

的高棉统治者兴建了许多宏伟的寺庙和宫殿。这些寺庙或属印度教，或属佛教，也折射出国王的权力与神圣。这座被吴哥窟的12世纪的寺庙因其壮观的建筑规模、数以千计的与印度教传说和历史相关的精致浮雕而闻名。

婆罗浮屠遗址

岛的婆罗浮屠巨型金字塔寺庙是最宏伟的佛教建筑之一。它始建于8世纪，其目的是为了用石头描绘精神顿悟之路。低描绘佛陀生活的各种雕塑和浮雕。往上走是空的钟塔，最顶部是中空和封闭的佛塔，象征着涅槃。兴建后不久，婆罗就被转信印度教的新统治者遗弃了，他下令在普兰巴南附近兴建印度教寺庙。婆罗浮屠被火山灰和丛林遮蔽了一千多到19世纪才被发现，最近又恢复了往日的辉煌。

大运河

大运河修建了数百年，是世界工程奇迹之一，也是中国南北漕运的重要通道。宋代，随着长江以南逐渐崛起为中国的心脏地带，运河主要用来将南方的粮食和其他农业产品运往粮食短缺的北方。许多运河流经的城市和城镇因其经济富裕和文化繁荣而知名。其中，最闻名遐迩的是苏州，这里是丝绸制造中心，由于运河交错，它被称为"中国威尼斯"。图中显示的是苏州经典的跨运河拱桥。中国的工程师比欧洲人早好几百年就知道如何建造拱桥了。

来自中东地区的铜星盘，约9世纪

三彩骆驼像

唐代，丝绸之路沿线的中国、印度与中东地区间的贸易飞速发展，也给中国文化带去了中亚因素。这张图展示双峰驼在丝绸之路贸易中成为载货主力。双峰驼能长时间不喝水，耐得住穿越中亚沙漠地带的艰苦。属有无数马、骆驼、官员、仕女、仆役的陶瓷作品，金、绿、蓝等色彩鲜艳的釉制成。它们多用于陵墓装饰，因此，还有不少保留至今。

丝绸的宫女

代开始，人类就喜好大麻、亚麻、羊毛、棉花、丝绸等制成的纺织
商代的中国人已能制作大麻和丝绸的衣物了，而中东和希腊则盛行
制品。埃及的亚麻被罗马帝国用来制作军用衣物。上好的印度棉沿
绸之路进入中国，如同中国的绸缎被蒙古人带到欧洲。有时，朝廷
农民上交布匹作为赋税。尽管大多数农民所产的丝绸是农业副产
但宋代的宫女们也织布，如这张图片所示。在19纪前，丝绸的使
主要是精英阶层。

中国的长城

虽然人们通常认为长城有两千多年的历史，但今天的游客们经常参观的长城实际上是明代初期为了防御北方外敌的入[侵]
重建的。部分地段的长城是为了防卫首都北京，如上图所示。最早的长城从太平洋沿岸一直延伸到中亚的沙漠地带，[如今大]
多是乱石、土堆了。下图显示的是新疆吐鲁番盆地以北的长城残迹。

龙门石窟佛像

世纪时，唐高宗下令在龙门建造大规模石窟佛像。龙门佛像宏伟壮阔，这幅释迦牟尼像四周都是寺庙护卫和菩萨，反映出
唐代的荣耀与繁荣。

大雁塔

7世纪中期，玄奘从印度回到中国时，在长安安顿下来。受皇帝之命，他开始将梵文佛教典籍翻译成汉文。大雁塔就是为了保存这些典籍所建，起初叫藏经塔，整个建筑有7层，通高64.517米，底层边长25.5米。

唐代的两个世界

唐代艺术反映出多种文化的影响。左图是8世纪的敦煌壁画,敦煌是丝绸之路途中的一个主要停歇地。图中的释迦牟尼显然受到印度文化的影响。

右图是以唐代艺术家吴道子(680—759年)的孔子画像为摹本的石刻画。图中孔子穿着飘逸的长袍,反映的是中国本土风格。这也成为后来千千万万中国人描绘孔子的标志性画像。中国政府近来要求以吴本为基础,作孔子画像的标准像。

青綠關山迴
嵘嵻道路長
宋人多結束
李自圖祥經
為名和利那
翠芳與忙年
陳矢姓氏北宋
近平虜
甲午新秋
尚題

《明皇幸蜀图》（局部）

尽管唐代是中国绘画艺术的多产时期，但极少有绘画作品留存于世。幸运的是，临摹前人的画作在中国极
为普遍。这幅画是11世纪的画家对8世纪画作的临摹本。它描绘的是唐明皇在经历安史之乱后，逃往西南四
川一带的情景。然而，画家没有描绘皇帝逃亡之旅的辛苦，而是通过绚丽的色彩和田园风光彰显唐代的自
信与辉煌。

良的寺庙

本的佛教建筑为参观者提供了摆脱外界喧扰的逃避之所。寺庙一般
说包括入口、中庭、法堂、宝塔以及僧人的僧舍等。宝塔通常有好
层，供奉着圣物，可以说是印度佛塔的东亚版本。法堂类似于印度
庙中刻有吠陀经的祭堂。此图是奈良东大寺的法堂。东大寺始建于
世纪中期，是世界上最大的木质建筑，也是日本古老都城奈良郊区
庙群的核心。

《细川澄元画像》

镰仓时代，画家们开始描绘新兴武士阶层的形象。这幅图中的日本武士类似欧洲骑士。如同欧洲骑士一样，日本武士也遵循严格的道德准则，对领主忠贞不移。武士尤其要生活朴素、乐于牺牲。

皇居被毁

这幅13世纪平安时代的卷轴画体现了镰仓时代的鲜活场景。它描述的是皇宫半夜被毁，仆役纷纷从大火中逃离，情况一混乱。

屋

的许多民族都建造木质和茅草的长屋，用来储存东西，举行集体活动。这
建筑多数建在坚固的木桩上，以使屋内免遭洪水、虫子或野兽侵袭。

是日本大阪6世纪时的长屋仓库模型。显然，这里起初是当地人用来存储
食和其他食物的地方。

是丹麦复原的维京人的类似建筑。

是苏门答腊的尼亚斯小岛上现在人们仍在使用的长屋。外墙类似于17和18

尼亚斯近海的荷兰帆船的形状。

京都的金阁寺

花园、流水和建筑一同构成了金阁寺的美景。金阁寺建于14世纪，是幕府将军远离其行政权力中心的退隐之处，它的名字来源于表层贴的金箔。1950年，金阁寺被抗议现代佛教商业化倾向的纵火犯付之一炬，1987年重建。水的运用在中国、日本以及中东的园林艺术中尤其值得注意。

守护神

这尊比真人更大、威风凛凛的13世纪木雕偏离了平安时代宫廷的优雅，折射出镰仓时期的阳刚。这种雕像放在佛教法堂的入口处，其作用是守护寺庙和信众。与藤原宫廷的优雅不同，镰仓时代是武士的世界。

园林

在古代中国和日本，园林的寓意是让人摆脱世俗的焦虑，在自然的静谧中得到精神抚慰。中国的园林被设计为有序的世界的缩影，在这里，疲倦的儒家官僚可以获得精神慰藉。漫步在池塘、树木、假山、回廊构成的不断变换的景观中可以想象自己沉浸在浩然的景致中。上图是苏州的园林，假山代表着高耸的山脉，也意味着道家的避世与超然，使你觉到自己是众生中的渺小一员。

在日本，传统的园林反映了禅宗的简朴、克己、典雅和宁静的哲学。下图是京都龙安寺的花园，石头如同从鹅卵石构成的海洋中升起的山脉。这样的园林有助于人们冥想，激发出观者与志同道合者"联歌"的兴趣。

佛国寺钟楼

朝鲜半岛最杰出的建筑艺术成就之一是庆州附近的佛国寺，庆州是8世纪时新罗国的首都。图为佛国寺钟楼，位于这座美丽寺庙的正中。1966年，寺院毗邻的石塔中发现了一幅卷轴，其时间可追溯到8世纪初期，人们认为，这是当今世界发现的最古老的印刷品。

河内的独柱寺

建于11世纪的独柱寺是越南国王下令建造的。国王梦见观音菩萨坐在莲花上，许诺给他一个儿子。此梦过后不久，国王果真有了一个儿子。为了感谢观音指点，他下令建造形似莲花的独柱寺。莲花是佛教中出淤泥而不染的纯洁象征。

法国手稿中的彩色插图，描绘的是教皇利奥三世给查理曼加冕的情景

维京人进攻英格兰

左图来自11世纪的英格兰手稿，描绘一帮武装起来的维京人进攻英格兰。两艘船已经靠岸，一些维京人正经过跳板踏上英格兰领土。右图是在挪威奥斯堡发现的保存完好的维京人船只的复制品。奥斯堡船是当时维京人最大的战船之一。

中世纪的新农业

中世纪时的新农业方法和技术使欧洲和中国的粮食产量大为增加。这也是欧洲和中国人口激增的重要因素。

上图来自13世纪，显示一群英格兰农民在收割谷物，旁边还有一名监工。

下图是一幅13世纪的中国画，画中农民正在收割水稻。

记城市中的罪与罚

是中世纪生活的普遍特点。罪犯一旦被捕，很快会受到严厉惩罚，且公开处刑，如图所示。人们认为公开处刑对犯罪
是作用。

中世纪城镇的商店

大多数城镇居民是从事贸易的商人和各种手工匠人。手艺人把住房的底层当作坊。这张插图显示两个穿着讲究的人正在法国城镇的购物区闲逛。图中可见裁缝、皮货商人、理发师和杂货店主正在自己的店里忙碌着。

一群修女

尽管中世纪的教会仍认为女人不如男人，但12世纪时，女人的宗教狂热不亚于男人，女修道院应运而生。这幅手稿中图显示一群修女正迎接初学修女的到来，图中右边一个修女正接过用担架送来的病人。

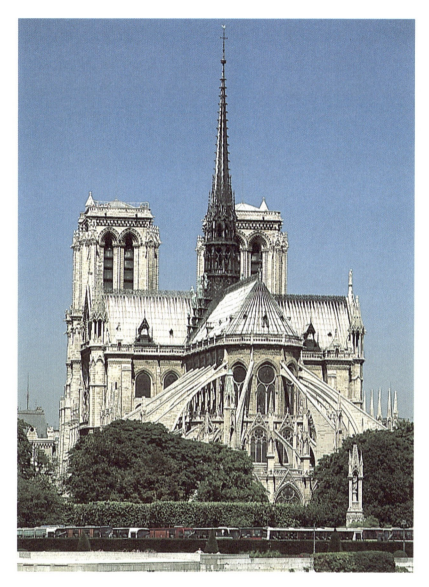

哥特式教堂

哥特式教堂是中世纪鼎盛时期最大的艺术成就之一。图中为巴黎圣母院大教堂。该教堂始建
于1163年，到14世纪初期才最终完工。

第一次十字军东征：占领耶路撒冷

第一次东征的十字军主要从西欧的贵族阶级中招募。1097年，十字军抵达君士坦丁堡。1098年，十字军占领了安条克。
年，十字军沿着巴勒斯坦沿海，占领了耶路撒冷。此图是15世纪法国手稿的插图，对十字军占领耶路撒冷进行了再创作

查士丁尼与他的朝臣

作为晚期罗马的所在地，拉维纳到处都是晚期罗马艺术的痕迹。拉维纳的圣维塔教堂中有一些16世纪镶嵌艺术的佳作
种小块彩色玻璃镶嵌在墙上，构成了人物形象和场景。皇帝被描述为政府首脑（他戴着珠宝王冠，穿着紫色长袍）和
领袖（拿着象征耶稣身体的金碗）。

菲亚大教堂的内部

查士丁尼统治时期由特拉列斯的安提缪斯和米利都的伊西多尔两位建筑师建造、位于君士坦丁堡（现在的伊斯坦布尔）的圣索菲亚大教堂内部。建造该教堂的一些石头来自小亚细亚（现在的土耳其）以弗所的戴安娜神庙。图中可看到窗户为教堂内部制造出了特别的光线效果。15世纪，土耳其人将它变为清真寺后，匾额上都写上了《古兰经》经文。

中世纪的宗教意象

中世纪是宗教艺术的黄金时代，反映出宗教在中世纪历史中的重要地位。这三幅图显示的是中世纪宗教意象的不同方面

左上图是《凯尔斯书》的插图，描绘的是耶稣形象，这是不列颠群岛的爱奥那岛上的僧侣们制作的一本装饰精美的《新
福音书》手抄本。拜占庭艺术也有很强的宗教色彩，在偶像崇拜中表现得尤为突出。

右上图是600年前后埃及西奈山修建的圣凯瑟琳修道院中的圣母和圣子的形象。这幅刻在木头上的偶像画描述的是圣母
子站在圣徒西奥多和乔治中间，后面有两个抬头望着上帝手中散发的光芒的天使。这些人物形象并非真实存在，偶像
目标是弥合神圣世界与外在物质世界之间的鸿沟。穆斯林世界的艺术家面临的挑战不同——他们通过创作各种生物来
人们不要模仿神，从而有效禁止了神的人类化，尤其是穆罕默德的人像化。因此，伊斯兰教的宗教艺术家运用各种几
案和阿拉伯文字作为装饰图案。

下图的壁画是《古兰经》内容的艺术表现，以此实现精神与艺术的交融。

六世

领王朝时期，拜占庭帝国通过贸易扩张和军事征伐获得的新领土取得了经济大繁荣。这幅君士坦丁堡的圣索菲亚大教
]上的镶嵌画描述了马其顿王朝皇帝利奥六世匍匐在耶稣面前的情景。这种谦卑行为象征着皇帝是上帝与百姓间的中
者。利奥的儿子形容他是"热爱基督、荣耀无比的皇帝"。

鼠疫死难者

年末，黑死病肆虐欧洲北部。图中的是在现在比利时的图尔奈，人们正在大规模地安葬瘟疫死难者。如此图所示，
人们尚有精力来给死者制作棺材。后来，随着瘟疫加剧，死者直接露天曝尸。

达·芬奇《最后的晚餐》

达·芬奇是文艺复兴鼎盛时期人们探索理想化自然的典范，促成了人们对人物描绘从写实转向理想化。他的《最后的晚餐》用人物的姿势和动作来描写其个性和内心世界。不幸的是，达·芬奇在这幅作品中使用了实验性技术，导致画质很快恶化。

米开朗琪罗《大卫》

这尊5.5米高的大理石大卫像展现了人体之美，也是意大利文艺复兴肯定人的力量的典型象征。这幅作品完成于1504年，后来被佛罗伦萨当局放在了佛罗伦萨政府所在的维奇奥宫。

方的关系。另一些历史学家认为，早期的十字军的动机有宗教因素，也有经济和政治因素。另一个更明显的副作用可能是，对犹太人的第一次大规模攻击是从十字军开始的。随着十字军的东征，屠杀犹太人成为中世纪欧洲生活的常见特征。

▬ 本章小结

3世纪汉帝国崩溃后，中国经历了近4个世纪的混乱局面，直到7世纪唐王朝建立，才恢复了汉代的大一统状态以及中华帝国的势力。5世纪，西罗马帝国的瓦解产生了不同的结果，地中海地区因罗马帝国崩溃出现了三个新文明：新兴的伊斯兰世界出现于东方，它占领了古罗马帝国的大片地区，建立了自己的繁荣文明。如第13章将要论述的，古罗马帝国的东部在文化上日益希腊化，并在拜占庭帝国出现后继续存在。同时，在西边，新的基督教欧洲文明扎根。到11—12世纪，罗马人的这三股后继力量开始了争夺地中海东部领土的斗争。日耳曼部落的后代查理曼皈依基督教，于公元800年称罗马皇帝，这象征着新兴欧洲文明的三类主要元素——日耳曼部族、罗马遗产，以及基督教教会——的融合。查理曼建立的加洛林帝国强化了独特的欧洲身份的理念。之后，随着加洛林帝国的解体，其权力分散到许多领主手里，从而构成了主导欧洲政治、经济和社会生活的贵族。不过，在这个满是城堡和私人权力的世界里，中世纪鼎盛时期的欧洲国王逐渐建立起国家机器，集中政治权力，尽管他们当时意识不到，但这些举措确实为欧洲国家的体制奠定了基础，从此以后，这些体制将主宰欧洲的政治舞台。

欧洲文明繁荣于中世纪鼎盛时期。贸易复兴、城镇扩展，以及货币经济发展并不意味着欧洲结束了以农业为主的状态，而是打开了寻找谋生之路的新机遇和发财致富的新方式的大门。同时，中世纪鼎盛时期还催生了文化复兴。这一文化复兴带来了新的知识中心——大学的兴起，促使人们运用理性系统地研究神学，并导致教堂的数量与规模急剧增加。

天主教会通过改革应对新挑战，走上了教皇强化对教会和欧洲社会的控制权的道路。中世纪鼎盛时期也见证了提升教皇领导权，以及神职人员和信徒们的精神生活的精神复兴。与此同时，这种精神复兴也导致了十字军的"圣战"，从而引起了影响至今的基督教徒与穆斯林之间的敌意。

■ 本章思考

— **问题1**：维京人对中世纪欧洲的历史和文化产生了怎样的影响？

— **问题2**：中世纪鼎盛时期贸易和城市的复兴是如何影响欧洲经济和社会的？

— **问题3**：天主教会在中世纪鼎盛时期出现了新的机制，其最重要的特点是什么？

■ 拓展阅读

关于中世纪早期。总体性概述，可以参考 J.M.Riddle, *A History of the Middle Ages*, *300-1500*, New York, 2008, 和 B.Rosenwein, *A Short History of the Middle Ages*, Orchard Park, N.Y., 2002, R.Collins, *Early Medieval Europe*, *300-1000*, New York, 1991。有关查理曼，可以参考 A.Cameron 译、A. Barbero, *Charlemagne*：*Father of a Continent*, Berkeley, Calif., 2004。

关于维京人，可参考 M.Arnold, *Vikings*：*Culture and Conquest*, London, 2006。关于封建主义的重要论述，可以参考 S.Reynolds, *Fiefs and Vassals*, Oxford, 1994。

关于中世纪鼎盛时期，可以参考 W.C.Jordan, *Europe in the High Middle Ages*, New York, 2003。

关于城市历史，可参考 D.Nicholas, *The Growth of the Medieval City*：*From Late Antiquity to the Early Fourteenth Century*, New York, 1997。关于妇女问题，可以参考 L.Bitel, *Women in Early Medieval Europe*, *400-1000*, Cambridge, 2002。关于日常生活，可以参考 R.Fossier, *The Axe and the Oath*, Princeton, N.J., 2010。

关于中世纪基督教的概论，可以参考 F.D.Logan, *A History of the Church in the Middle Ages*, London, 2002。P.Brown, *The Rise of Western Christendom*：*Triumph and Adversity*, *A.D.200-1000*, Oxford, 2002 对早期基督教有出色的论述。关于中世纪鼎盛时期的教皇，可以参考 I.S.Robinson, *The Papacy*, Cambridge, 1990。关于修道主义，可以参考 C.H.Lawrence, *Medieval Monasticism*, London, 2002。

关于中世纪的文化生活，可以参考 M.L.Colish, *Medieval Foundations of the Western Intellectual Tradition*, *400-1000*, New Haven, Conn., 1997。关于罗马风格的讨论，可以参考 A.Petzold, *Romanesque Art*, New York, 2003。哥特运动，可以参考 M.Camille, *Gothic Art*：*Glorious Visions*, New York, 2003。

关于中世纪欧洲与世界。十字军东征的详细论述，可以参考 C.Tyerman，*God's War*：*A New History of the Crusades*，Cambridge，Mass.，2006；J.Riley-Smith 编：*The Oxford Illustrated History of the Crusades*，New York，1995。

第 13 章
拜占庭帝国与西方的危机和复兴

当欧洲文明在西方兴起时，文化上越来越希腊化的东罗马帝国仍然存在。东罗马帝国（即拜占庭帝国）是欧洲与东边各国——特别是日益强大的伊斯兰帝国——之间的缓冲，也保存着希腊和罗马的文化和法律成就。

14 世纪前半期，东罗马帝国危机重重。东罗马帝国皇帝查士丁尼上台不久后就面临着一系列暴动的威胁。532 年，罗马竞技场上身着蓝绿两色的两个战队联合引发骚乱，共同反抗罗马皇帝的税收政策。随着叛乱分子在城市里烧杀抢劫，骚乱很快发展为暴动，他们呼喊着"尼卡"（胜利），后来，人们称此为尼卡暴动。罗马的一些贵族也加入暴动之中，并推选伊帕提奥斯（Hypatius）为皇帝。查士丁尼正准备逃跑，但根据普罗柯比（Procopius，500—562 年）的记载，皇后狄奥多拉（Theodora）却说了如下一段话："如果愿意，查士丁尼，你现在就可以逃跑，这毫无困难。我们有钱，大海就在前方，船只已经准备妥当。但想一想，你是否愿意苟延残喘。至于我，我赞赏那句名言，王位是最好的裹尸布。"[1] 查士丁尼听了皇后的话后，羞愧难当，放弃了逃跑。他命令刚从与波斯战斗归来的军队向聚集在竞技场欢呼伊帕提奥斯当选皇帝的人群发起进攻。这场大屠杀中，罗马帝国军队杀戮了 3 万名暴动分子，占罗马人口的 5%。镇压尼卡暴动后，查士丁尼进行了大规模的重建工作，继续进行专制统治，为拜占庭帝国奠定了基础。

尽管有早期的曲折，但 9—11 世纪，马其顿王朝的皇帝们还是扩大了罗马帝国的疆域，实现了经济繁荣，将罗马的文化影响扩张到东欧和俄国。但在 1056 年马其顿王朝结束后，罗马帝国开始缓慢而稳定地走向衰落。十字军东征尤其对罗马造成了灾难性影响，导致君士坦丁堡于 1204 年被西方的东征军攻占。1261 年，拜占庭帝国恢复统治，此后，帝国在日渐衰微的状态下又延续了一百九十年，最终于 1453 年被奥斯曼土耳其帝国征服。

中世纪鼎盛了三个世纪后，到 14 世纪，欧洲面临着一系列危机和动荡。不过，与

---

〔1〕引自 P.Cesaretti：*Theodora*：*Empress of Byzantium*，New York，2004，R.M.Frongia 译，p.197.

拜占庭帝国不同，欧洲文明在 15 世纪复苏，并且经历了文化和艺术繁荣的文艺复兴时期，同时，欧洲各国的君主制也再度复活。欧洲正蓄势待发。

■ 从东罗马帝国到拜占庭帝国

□ 问题：8 世纪形成的拜占庭帝国、查士丁尼帝国和西方的日耳曼王国有何区别？
它们又有哪些类似之处？

如前所述，罗马帝国于 4 世纪分裂为东西两部分。当日耳曼人进入西罗马帝国并在 5 世纪建立了多个王国时，东罗马帝国正处在巩固与繁荣期。

东罗马帝国首都君士坦丁堡自认为是罗马帝国的核心以及独特的基督教城市。居民们相信这座城市受到上帝和圣母玛利亚的庇佑，一位 13 世纪的拜占庭人如是说："关于这座城市，你得知道，除非世界终结，否则她不会惧怕任何国家；无论如何，没有人能攻陷或俘虏她，因为她是圣母所赐，没人能将她从圣母手中抢走。许多国家都将在她的城墙下折戟，他们将败退而归。"[1] 拜占庭人认为他们的国家是一个基督教帝国。

● 查士丁尼的统治（527—565 年）

6 世纪时，东罗马帝国处于其历史上最出色的皇帝之一查士丁尼的统治下。查士丁尼的皇后是一个底层马戏训练师的女儿狄奥多拉，她意志坚强，在 532 年查士丁尼决心镇压尼卡暴动的过程中起了关键作用。叛乱被镇压后，查士丁尼决定在地中海重振罗马帝国的权威并试图重新征服西方。

查士丁尼的军队由罗马帝国晚期最出色的将领贝利萨留（Belisarius）统帅，实力强大。贝利萨留进军北非，很快在两场战斗中击败了汪达尔人。535 年，贝利萨留占领西西里，随后率军进攻意大利半岛。不过，到 552 年才最终击败了意大利的东哥特人。查士丁尼似乎实现了抱负：他恢复了对地中海的控制；他的罗马帝国统治着意大利、西班牙部分地区、北非、小亚细亚、巴勒斯坦和叙利亚。不过，对西方的征战如昙花一现。查士丁尼去世三

---

〔1〕 引自 J.Harris：*Constantinople：Capital of Byzantium*，New York，2007，p.40.

年后，另一支日耳曼民族伦巴德人进入意大利。尽管东罗马帝国仍将意大利作为其统治下的一个行省，但实际上它只控制了几个小地区。

罗马法的编纂

尽管查士丁尼的征服被证明是比较短命的，但他为西方文明做出了一大贡献，这就是罗马法的编纂。东罗马帝国继承了罗马法的大量遗产。

查士丁尼在罗马帝国中受过良好训练，熟谙罗马法，他希望将大量罗马法律遗产进行编纂和简化。

为了完成这一目标，查士丁尼下令由法官特拉博尼安（Trebonian）系统汇编罗马帝国的诏令。529 年，罗马最终完成了《罗马法大全》（*Body of Civil Law*，也称为《查士丁尼法典》）的第一部分《罗马法》（*Code of Law*）。四年后，《罗马法大全》的另外两部分也得以完成，这就是罗马法学家的著作集《法学汇编》（*Digest*）以及概述罗马法基本原则的教材《法学原理》（*Institutes*）。《罗马法大全》的第四部分是查士丁尼时期最重要的新法汇编《新律》（*Novels*）。

查士丁尼的罗马法编纂工作奠定了拜占庭帝国的法律基础，直至它于 1453 年瓦解。不过，更重要的是，《罗马法大全》用拉丁文写成后（事实上，它也是东罗马文化中用拉丁文写成的最后作品，此后，希腊文迅速取代了拉丁文），在西方广泛运用，成为欧洲大陆所有法律体系的基础。

查士丁尼的建设工程

尼卡暴动摧毁了君士坦丁堡的不少地方，查士丁尼对之予以重建，这让它延续了近千年之久。此前，狄奥多西二世（Theodosius，408—450 年在位）已经建造了宏伟的城墙来防卫君士坦丁堡。君士坦丁的主体是雄伟的宫殿、巨大的竞技场和数百座教堂。查士丁尼增建了许多建筑：诸如架桥修路、公共浴室、法庭、庞大的地下储水库、医院、学校、修道院和教堂等，对教堂，他尤为热衷，在君士坦丁堡新修或重建了 34 座之多，最大的成就莫过于修建了著名的圣索菲亚大教堂。

537 年，圣索菲亚大教堂完工。它的设计者是两位希腊科学家，他们彻底抛弃了西方建筑中简朴、平顶的教堂形式。圣索菲亚大教堂的中心由四个巨大的柱子构成，教堂顶部是庞大的穹顶，看上去如同飘浮在空中。宫廷历史学家普罗柯比应查士丁尼的要求，专文描述圣索菲亚大教堂的宏伟："她轻盈得似乎不是立在坚固的基石上，而如同传说中天上的金链将它轻轻提起。"之所以有这种效果，是因为教堂的穹顶下有42 个窗户，故而教堂内光线非常明亮，似在提醒人们敬拜上帝。正如普罗柯比所评论的：

任何进入这座教堂的人都会立刻相信这绝非凡人智慧所造，而是上帝圣意使然，一切都在瞬间化为美好幻象。为此，他的思想受到上帝的启示，精神备受鼓舞，不由得颂扬神的伟大，并确信上帝没有远离，他就在这里，必定圣临在这座宫殿里。[1]

当黑暗被光明照亮时，人们相信，世界也被看不见的神灵点亮了。

皇宫、圣索菲亚大教堂、大竞技场是君士坦丁堡最宏伟的三大建筑。大竞技场是个巨大的露天剧场，用砖建造，上面覆盖着大理石，可容纳 6 万名观众，其主要用途是战车竞技，一天往往要进行 24 场比赛。君士坦丁堡的市民们都是战车竞技的忠实观众。大竞技场上的观众还承担着政治使命，支持蓝队或绿队成为他们唯一真正的政治表达。即便是皇帝也不能无视他们的需求和态度：竞技中失败常常引发危及皇位的流血暴动。

● 新型帝国

查士丁尼的成就独一无二，不过，他死后却给东罗马帝国留下了一系列难题：疆域太广，难以统御；国库空虚；毁灭性瘟疫后人口减少；边疆面临新威胁。7 世纪是东罗马帝国的重要转折时期。

7 世纪的难题

7 世纪前半叶，赫拉克利乌斯（Heraclius，610—641 年在位）统治下的东罗马帝国面临着东边的波斯人和北边的斯拉夫人的威胁。东罗马帝国建立了一套新的防御体系，使用新的、更大的行政单位（即军区）将文职与武职交由一人掌握。因此，文官也是该地区的军事首脑。尽管这一创新有助于东罗马帝国的存活，但也强化了帝国军事化的倾向。到 7 世纪中期，显然，罗马帝国已经越来越偏离西方拉丁世界。7 世纪下半叶，东罗马帝国面临的一系列新外部威胁也加速了这一发展趋势。

东罗马帝国面临的最严峻挑战是伊斯兰势力的崛起。636 年，东罗马军队在亚尔木克河附近的失败意味着东罗马帝国丢掉了叙利亚和巴勒斯坦。阿拉伯人还进入了古老的波斯帝国境内，并征服了它。717 年，阿拉伯人试图围攻君士坦丁堡，但未能成功，双方在小亚细亚的南部一带长期对峙。

东罗马帝国的北部边境也出了问题，尤其是巴尔干半岛一带，6 世纪时，一支名

---

〔1〕 Procopius, *Buildings of Justinian*, London, 1987, pp.9、6—7.

为保加尔人（Bulgars）的亚洲民族进入这里。679 年，保加尔人打败了东罗马帝国军队，占领了多瑙河下游河谷地带，建立了强大的保加利亚王国。到 8 世纪早期，东罗马帝国的疆域已经大大缩小，只占据着巴尔干和小亚细亚的一部分。

现在的东罗马帝国只是一个地中海东部国家了。这些外部挑战也对罗马帝国内部产生了重大影响。到 8 世纪，东罗马帝国已经转变为历史学家所说的有着独特特征的拜占庭帝国，该帝国持续到了 1453 年（君士坦丁堡建立在旧城拜占庭的原址上，拜占庭帝国因此得名）。

8 世纪的拜占庭帝国

拜占庭帝国是个希腊国家，希腊语不仅是其民间通用语也是官方语言，拉丁文被弃用了。

拜占庭帝国也是一个以耶稣信仰为基础的基督教国家，几乎所有公民都信仰基督教。教堂的建造、教堂仪式以及教堂装饰中都体现出了出色的艺术才华。宗教深刻地渗透进拜占庭艺术中。宗教的重要性揭示了拜占庭帝国的神学争论有多么夸张，最著名的就是所谓的圣像破坏之争，8 世纪下半叶，甚至威胁着拜占庭帝国的稳定。

从 6 世纪开始，宗教形象——特别是偶像或圣像——的运用极为广泛，导致对偶像崇拜的指控屡有发生。有人认为，使用圣像或偶像自有其理，它们不是用来崇拜的，而仅仅是为了帮助人们理解宗教。然而，这种观点未能阻止反对圣像崇拜者。

反对偶像崇拜并非拜占庭帝国所独有。在邻近的伊斯兰帝国，宗教艺术不能包括任何穆罕默德的有形形象。

公元 730 年起，拜占庭皇帝里奥三世（717—741 年在位）取缔了圣像。结果，激起了强大的抗议运动，特别是在修士中，反对声浪最为强烈。里奥三世还把圣像崇拜的争议作为增加君士坦丁堡牧首声望的手段，君士坦丁堡牧首是东罗马帝国的最高教职，地位仅次于罗马教宗。罗马教皇反对破坏圣像崇拜的法令，他们的反对导致罗马教皇与拜占庭皇帝间产生了巨大的分歧。8 世纪晚期，拜占庭帝国的统治者又改变了反对圣像崇拜的立场，但对于内部团结已经大受损失的基督教教会来说无济于事。尽管直到 1054 年罗马天主教与希腊正教才最终决裂，但圣像破坏之争在促成双方分裂的过程中至关重要。

拜占庭帝国中，皇帝至为关键。他被描述为神选之人，在神圣的仪式中加冕，臣民要对他拜服。皇帝拥有绝对权力，在现实中，其权力只能因被免除或因暗杀而失去。由于皇帝任命牧首，他实际上既控制着政府还把持着教会。拜占庭人认为，既然上帝命令他们的国家保持真正的信仰——东正教，那么，皇帝、教士、官员都要为这一理想服务。可以说，宗教价值观将拜占庭帝国真正地联系在了一起。

到 750 年，显然，罗马的两个继承者即日耳曼王国和拜占庭帝国正朝着不同的方向发展。然而，拜占庭帝国对西方世界的影响仍非同小可，罗马帝国的形象仍萦绕于拜占庭帝国的西方。如前所述，西方的法律体系要归因于查士丁尼下令编纂的罗马法。此外，拜占庭还是一个重要的缓冲带，在很长时间内，它保护了西方世界免遭东方势力的侵扰。

思想文化

拜占庭帝国的思想文化受到古典文明传统的深刻影响。学者们积极地保存古希腊的著作，拜占庭帝国的文学大多也是以古典模式为基础的。尽管拜占庭创作了大量的文学作品，但其中大部分偏于实用，主要与法律、军事和行政事务相关。不过，早期拜占庭帝国最出色的文学成就是史学和宗教著作。

拜占庭帝国最著名的历史学家是查士丁尼时期的宫廷史学家普罗柯比。普罗柯比是拜占庭帝国统帅贝利萨留的秘书，代表查士丁尼与贝利萨留一同征战。他最著名的作品《战记》，是查士丁尼在西方重新征服地中海、在东方与波斯作战的第一手资料。该书以他所崇拜的希腊史学家修昔底德的著作为蓝本，其特点是对战斗场面描述生动、判断清晰，具有显著的客观性。

生活在君士坦丁堡：贸易的重要性

君士坦丁堡的人口有数十万，是中世纪欧洲的最大城市，12 世纪前，一直是欧洲最大的商业中心。这里是东西方产品的主要交汇地，贸易促使其繁荣异常。不过，君士坦丁堡的贸易主要是由外国人进行的。正如当时人所述：

> 这里有来自四面八方的人，如巴比伦……波斯、米迪亚、埃及、迦南、俄国、匈牙利、卡扎尔（里海一带）、伦巴第、西法拉等。君士坦丁堡是座繁忙的城市，商人们或由陆路、或由海路来到这里，除了伊斯兰的大城市巴格达外，再没有哪个城市如它这样。[1]

欧洲热切盼望着来自东方的各种物产：中国的丝绸、东南亚和印度的香料、印度的珠宝和象牙（用来装饰教堂）、俄国南部的小麦和皮毛、巴尔干半岛的蜂蜜和亚麻。这些东方物产中不少被运往地中海一带以及欧洲北部。尽管有日耳曼人的干扰，但君士坦丁堡与欧洲间的贸易从未断绝。

此外，各种进口原料也被用于君士坦丁堡的各种产业之中。查士丁尼统治期间，

---

[1] J.Harris, Constantinople, p.118.

两位基督教修士从中国走私蚕，开启了东罗马帝国的养蚕业。政府垄断了丝绸生产，丝绸作坊就坐落在君士坦丁堡的皇宫里。欧洲对丝绸的需求使丝绸成为君士坦丁堡最奢侈的产品。有意思的是，包括皇帝和皇后在内的上层阶级并不阻挠从贸易和制造业中挣钱，甚至有的皇后在自己的寝宫里制作香水。

■ 拜占庭文明的鼎盛（750—1025 年）

□ 问题：公元 750—1025 年，拜占庭帝国取得了哪些主要发展？

7—8 世纪，拜占庭帝国失掉的许多领土都落到了斯拉夫人、保加尔人和穆斯林手中。到公元 750 年，拜占庭帝国仅包括小亚细亚、巴尔干部分地区以及意大利的小片地区。尽管 9 世纪的拜占庭帝国饱受内部动荡和外部入侵的困扰，但它仍能解决这些问题，不仅保住了地位，到 10 世纪时甚至还发展到了一个高峰，某些历史学家将之称为拜占庭文明的黄金时代。

● 复兴的开始

米哈伊尔三世（Michael，842—867 年）统治时期，拜占庭帝国开始复兴。圣像破坏运动于 843 年被取消，拜占庭帝国在教育、宗教生活、军事和农业经济领域进行了改革。知识文化的复兴尤为突出。不过，拜占庭帝国仍然困扰在一些久已存在的问题之中：保加尔人发起了新进攻，阿拉伯人一直骚扰边境。而且，西方基督教会领袖罗马教宗与东方基督教会领袖君士坦丁堡牧首之间爆发了新的宗教纷争，引发了一些政治后果。牧首佛西亚斯（Photius）谴责罗马教皇接受了修订的《尼西亚信经》，它宣称圣灵来自圣父、圣子，而非仅源自圣父。东方的主教委员会按照佛西亚斯的意旨，将教宗驱逐出教会，是为"佛西亚斯分裂"。尽管分歧在后来被平息，但这一争端在东西教会间掘出了更深的鸿沟。

● 马其顿王朝

米哈伊尔统治时期的问题在拜占庭帝国的新王朝马其顿王朝（867—1056 年）时得

到有效解决。马其顿王朝驱逐了外敌，重建了国内秩序。得到教会支持的皇帝们认为拜占庭帝国延续了古基督教罗马帝国，尽管由于外交原因，他们还要时不时承认查理大帝、奥托一世等早期西方罗马帝国皇帝的称号，但内心里却将之视同野蛮的暴发户。

政治与统治

西方人对拜占庭帝国的看法

克雷莫纳的利乌特普兰特（Liudprand of Cremona）主教曾经代表意大利的贝伦加尔（949年）和德意志的奥托一世（950—964年）出使过拜占庭。以下资料来自他的见闻。利乌特普兰特对拜占庭的感情很是复杂，既不乏崇拜，又有对它的富裕无比的嫉妒和敌意。

君士坦丁堡的皇宫旁边有一个规模极为浩大、美丽非凡的宫殿……其名字类似于"清风"。为了迎接刚刚到来的西班牙使节和我……君士坦丁下令提前布置好宫殿……

皇帝宝座前立着一株尊贵的镀金树，树枝上站满了各种各样的镀金的铁鸟，其鸣各异。宝座设计非常巧妙，一会儿显得低，一会儿显得大，一会儿又显得很高。宝座两旁是守护的两尊大狮子，因为外面镀了金，不知道是金属做的还是木头做的。狮子的尾巴拖在地上，张着大口，舌头伸着，发出怒吼。两名内侍将我带到皇帝跟前。我刚一走进，狮子就开始吼叫，鸟也开始叽喳；但我既不害怕也不惊奇，因为此前我已经向熟悉情况的人打听清楚了。我匍匐叩拜三次以示敬意后，抬头目视皇帝。此前我看到坐在中等高度宝座上的皇帝就在前方，此时他换了服饰，宝座快升到天花板了。我想象不到这是怎么做到的，除非是用了类似我们用来抬起葡萄酒压榨机的装置。他并没有亲自跟我讲话，而是通过内臣询问了贝伦加尔的所作所为和健康状况。我得体地一一作答，内臣点头示意后，我离开了那里，回到了住处。

我很高兴在此记录下我为贝伦加尔所做的……西班牙使节……带了不少精致的礼物给君士坦丁。而我，除了贝伦加尔满是谎言的信外别无他物。我深感不安和耻辱，急切地思考着我应该怎么做比较好。思来想去，我觉得应当递交礼物。我可以将我买给皇帝的礼物说成是贝伦加尔的，以优美的言辞巧妙地表达我的谦卑。我给皇帝送上了九副精良的铠甲、七面镀金的坚固盾牌、两口镀银的坩埚、一些剑和矛，以及对皇帝来说比什么都珍贵的四个宦官，他们被凡尔登的商人做完手术后，带到了西班牙谋利。

——利乌特普兰特《欧洲大事记》（*Antapodosis*）

....

□ 问题：从利乌特普兰特的叙述中，你对拜占庭宫廷留下了怎样的印象？拜占庭一词的现代含义是什么？这一叙述对解释该词的现代含义有何帮助？

政治与统治

巴兹尔二世的成就

巴兹尔二世十八岁掌权，在他的长期统治下，拜占庭帝国大为扩张。统治期间，他与俄罗斯王公弗拉德米尔（Vladimir）结盟，使东正教传入了俄国。我们通过米哈伊尔·塞洛斯（Michael Psellus，1018—1081 年）的记载对巴兹尔二世有了诸多了解。塞洛斯是拜占庭帝国最著名的历史学家之一，所著《编年史》（*Chronographia*）是对 976—1078 年的拜占庭皇帝们的传记，其中不少内容据其观察而写。以下节选资料中，塞洛斯描述了巴兹尔的领袖特质。

在对待臣民方面，巴兹尔二世表现得极为慎重。完全可以说，作为统治者，他的巨大声望是建立在恐怖统治而非臣民的忠诚之上的。随着年龄增长和阅历丰富，他越来越抛弃那些比他自己的判断明智的建议，而是自己制定新措施，自己布置军队。至于民事管理方面，他不是根据已经成文的法律而是依靠直觉所下的口谕进行治理，这些指令最准确地反映出他的目的……

在解决了困扰帝国的蛮族后，他开始处理自己的臣民，并完全让他们臣服——我个人觉得"臣服"一词是最适合的评价。他决定放弃此前的政策，在羞辱了那些世家大族、让他们与其他人地位平等后，巴兹尔二世发现自己在把玩权术方面堪称成功。他周围都是一些既没有智慧也没有高贵出身和学识的宠臣……

压制了臣民的骄傲或嫉妒后，巴兹尔的权力之路更加容易了。而且，他谨慎地截留了国库收入，积累了大量的财富，其中有些是厉行节约而获得的，也有一些是国外的额外收入……他自己并未因此而快乐，……大量白色的、彩色的宝石没有装饰在王冠或衣领上，而是藏在地下宝库里……

在征伐蛮族的过程中，巴兹尔并没有遵照其他皇帝的模式，即仲春出征，夏末返回。他要在任务完成后才会返回。无论是严寒还是酷暑，对他来说，没什么区别，都能忍耐。他极为自律，事实上，他严格控制了自己的各种自然欲望，刚强如铁……他精于指挥，亲自部署每一场战斗，但他自己并不愿意上战场参加战斗……

巴兹尔的性格是两面的，比起和平的宁静，他一直更容易适应战争的危机。说实话，如果传言属实，他在战争时期更像暴徒，和平时期更像皇帝。就像谚语所说，"灰烬下的火星"，他能控制自己的愤怒。不过，战争时期若有人未遵守他的命令，待他回皇宫后，就会怒不可遏，会严厉报复和惩罚违反命令者。他通常坚持己见，不过偶尔也会改变心意……他行动谨慎，一旦决心已定，绝不改弦易辙。

——米哈伊尔·塞洛斯《编年史》

□ 问题：按照这段资料的叙述，哪些个性特质造就了巴兹尔的成功？你如何归纳拜占庭帝国政府的特点？对比巴兹尔二世与查理曼的成就，这两位统治者有什么相同的地方？又有哪些不同？你怎么解释这种区别？

经济和宗教政策

9 世纪和 10 世纪的马其顿王朝统治者们可以自夸他们取得了非凡的成就：当感到威胁的土地贵族试图以农民的利益为代价扩大庄园时，他们提高了自由农的地位。马其顿王朝的皇帝们清醒地意识到自由农是拜占庭帝国军事力量中骑兵的主要兵源。

另外，马其顿王朝的皇帝们还通过扩大与西欧的贸易——尤其是售卖丝绸和金属制品——促进了经济的发展，君士坦丁堡也繁荣起来，对它庞大的规模、巨大的财富和丰富的物质环境，外国观光客们惊叹不已。对西欧人来说，君士坦丁堡就是传说和神话的源泉。

鼎盛时期，拜占庭文化由于传教士的积极活动而进一步扩大。东正教传播到保加尔人和塞尔维亚人等东欧民族中，可能这一时期最成功的传教活动就是，俄国的基辅大公在 987 年皈依了东正教。

政治和军事成就

马其顿王朝时期，拜占庭帝国文官群体强大，皇帝们富有才干，军事上进展顺利。拜占庭的文官们是君士坦丁堡受过良好教育且有能力的贵族，他们负责监督征收赋税、国内行政和外交政策。同时，马其顿王朝还出现了一些极为出色的、熟谙法律和行政的皇帝，被称为智者的利奥六世（Leo，886—912 年在位）撰写了政治和神学著作，将贸易和法院规则系统化，重新编纂了拜占庭的所有法律法规。

10 世纪时，马其顿王朝许多能干的皇帝们还是出色的军事将领，他们动员帝国的军事资源，在军事上转为攻势。其中，巴兹尔二世（Basil，976—1025 年在位）尤为突出，他击败了保加尔人，吞并了保加利亚。1014 年，他取得了对保加尔人的最后一场胜战，弄瞎了 1.4 万名保加尔俘虏后将他们遣送回家。此后又将克里特和塞浦路斯纳入帝国版图，并击败了叙利亚的穆斯林军队，将拜占庭帝国的势力推进到幼发拉底河上游。到 1025 年巴兹尔统治结束时，拜占庭帝国达到了自 7 世纪以来的最大规模。

■ 拜占庭帝国的衰落与崩溃（1025—1453 年）

□ 问题：十字军东征对拜占庭帝国有何影响？君士坦丁堡和拜占庭帝国是怎样走向衰落的？

马其顿王朝恢复了拜占庭帝国的元气，可是，无能的继任者们却让这些成绩多数付诸东流。

● 新的挑战和新的应对

马其顿王朝于 1056 年衰亡后，拜占庭帝国爆发了野心勃勃的军事将领与贵族精英间的权力斗争，后者因允许安纳托利亚的大地主们扩大对农民的控制而获得了他们的支持。然而，这是自毁之策，因为自由农战士是拜占庭帝国军事力量的重要来源。到 11 世纪中期，拜占庭的军队也日渐衰落。

基督教的分裂

罗马天主教会与东正教教会之间不断加深的分立削弱了拜占庭帝国。东正教不愿意接受罗马教皇声称自己是基督教教会唯一领袖的说法。1054 年，教皇利奥九世与牧首米哈伊尔·色路拉里斯（Michael Cerularius）相互将对方驱逐出教会，东西教会间的冲突达到顶峰，迄至今日，基督教两大分支间的分裂仍未平息。

伊斯兰与塞尔柱突厥人

拜占庭帝国还面临着外部势力的威胁。诺曼人正在西边蚕食拜占庭帝国在意大利的领土，不过，更大的威胁来自于伊斯兰世界。

塞尔柱突厥人是来自于中亚的一支信仰伊斯兰教的游牧民族。随着人口的增加，他们进入阿拔斯帝国东部各省，1055 年，占领了巴格达以及阿拔斯帝国的其余领土。接着又进入小亚细亚，这里不仅是拜占庭帝国的心脏地带，也是粮食和人力的主要来源地，为此，拜占庭人不得不做出反应。1071 年，拜占庭帝国皇帝罗曼努斯四世（Romanus）率领一支由新兵和雇佣兵组成的军队进驻小亚细亚，在曼兹克特（Manzikert）与突厥人发生遭遇战，拜占庭惨败。突厥人随机占领了安纳托利亚的大部分地区，这里的许多农民早已对拜占庭地主的剥削痛恨不已，很快便顺理成章地接受了突厥人的统治。

新王朝

曼兹克特战役失败后，拜占庭帝国又发生了争夺帝位的内斗，直到阿莱克修斯·科穆宁（Alexius Comnenus，1081—1118 年在位）当上皇帝，建立了给拜占庭带来新生的新王朝。在阿莱克修斯的统治下，拜占庭在希腊亚德里亚海沿岸战胜了诺曼人，在巴尔干击退了敌人，使突厥人的脚步停留在安纳托利亚。12 世纪，拜占庭帝国出现了文化复兴，并由于贸易的扩大而经历了一段时间的繁荣。不过，无论是科穆宁王朝的统治，还是 12 世纪的复兴最终都遭遇了西方十字军东征的阻击。

● 十字军东征的影响

由于缺乏继续进行反突厥人的战争的各种资源，拜占庭帝国皇帝阿莱克修斯转而寻求西方的帮助，他请求教皇乌尔班二世（Urban）帮他对付突厥人。教皇并没有提供阿莱克修斯所盼望的军事援助，相反，他发动了第一次十字军东征，这一请求给拜占庭带来了无尽的麻烦。

阿莱克修斯要求第一次东征的十字军将领向他宣誓效忠，并许诺将所征服领土都置于拜占庭控制之下。不过，十字军无视皇帝的意愿，占领安条克、耶路撒冷和巴勒斯坦后，他们建立了安条克（Antioch）、特里波利（Tripoli）、埃德萨（Edessa）和耶路撒冷四个十字军国家。拜占庭现在不仅要担心安纳托利亚的突厥人，还得担忧十字军国家的西方来客。

更具灾难性的是第四次十字军东征。1193 年萨拉丁去世后，教皇英诺森三世（Innocent）发起了第四次十字军东征行动。不过，在向巴勒斯坦推进的过程中，十字军卷入了拜占庭帝位之争。十字军将领们认为消灭其最大商业竞争对手拜占庭帝国的机会来了。于是在 1204 年进攻并占领了君士坦丁堡。

此时的拜占庭帝国已经分裂成诸多由十字军将领和拜占庭诸侯控制的小国。其中，一个主要国家是由弗兰德斯伯爵鲍德温（Count Baldwin of Flanders）为皇帝的君士坦丁堡拉丁帝国，威尼斯人占领了克里特岛，控制了君士坦丁堡的贸易。

拜占庭帝国的复活

不过，西方根本无法维持其拉丁帝国，因为新近建立的各国的统治者很快彼此拆台。拜占庭帝国的部分地区处于拜占庭的一些王公的控制下。1259 年，希腊军事将领米哈伊尔·巴列奥略（Michael Paleologus）控制了小亚细亚西部的尼西亚（Nicaea），两年后，他带领拜占庭军队重新夺回君士坦丁堡，随后建立了巴列奥略王朝。

政治与统治

基督教东征军占领君士坦丁堡

萨拉丁帝国开始解体后，教皇英诺森三世发起了第四次十字军东征。可悲的是，大部分法国贵族组成的十字军决心前往君士坦丁堡，干预拜占庭的政治。1204 年，基督教十字军向基督教世界的最大城市之一君士坦丁堡发起进攻，并占领了君士坦丁堡。以下描述征服君士坦丁堡的资料来自于这场征服运动的亲历者杰弗里·德·维尔阿杜安（Geoffrey de Villehardouin）。

船上的骑士们一看到情况，立即登陆上岸，架起梯子，登上城墙，又占领了四个塔。剩下的所有人都开始跨出战船、帆船等，一个比一个快。他们攻下了三个城门，进入城内。马也牵了出来，骑手们翻身上马，长驱直入皇宫。皇帝让士兵们在前面做好战斗准备，但士兵们一看到骑兵朝他们攻来，立即四散而逃，皇帝也匆匆逃到了布克勒（Bucoleon）城堡。

接下来是屠杀和劫掠：拜占庭的人、马、骡都被砍翻在地，各种财物被抢劫一空，伤亡极为惨重，难以计数。许多希腊贵族逃到布拉奇尼（Blachernae）门；但此时已经是下午六点多，我们的人杀伐已经疲倦了。部队开始在君士坦丁堡的大广场上集合……决定在已占领的城墙附近扎营……

一夜无事，到了第二天……大清早，所有部队都武装起来，各入各队。他们离开时还担心可能会遭遇比昨天要强得多的抵抗，殊不知皇帝已经在晚上逃跑了。他们发现，无人反抗。

孟斐拉侯爵（Marquis de Montferrat）骑马直奔布克勒城堡，对方很快投降，条件是保全城内所有人的性命。其中，有不少是逃到这里的最高社会阶层的女士……我难以用语言描述我在皇宫中看到的奇珍异宝，根本不可计数……

其余的人分布在城市各处，他们到处打劫，事实上，根本没人能估算得出他们所劫掠东西的数量和价值。有金银、宝石、绫罗绸缎、各种皮毛，应有尽有……

人人满载而归，城里不乏各种上好的住宅。因此，军队被适当安置在这些地方。他们都感谢上帝让他们获得荣耀和胜利，过去一穷二白的人现在富得流油，庆祝着棕树节和复活节，满心欢喜，感怀上帝的恩赐。由于整支军队只有两万人上下，我们的确应当感恩上帝，感恩上帝帮助我们征服了四十万人，征服了世界上最强大、防卫最坚固的城市——君士坦丁堡。

——杰弗里·德·维尔阿杜安《征服君士坦丁堡》

□ **问题**：这段叙述揭示了欧洲人东征的何等理念以及实践？

拜占庭帝国得救了，但再也不是地中海强国了，它的实力被严重削弱，其领域主要是君士坦丁堡及其周边地区、小亚细亚的小部分地区和萨洛尼卡（Thessalonica）的部分地区。它的周边强邻环伺——保加利亚人、蒙古人、土耳其人、西方人，愤愤然的威尼斯人更是虎视眈眈。即便疆域大大减少，拜占庭帝国还是在越来越多的敌人的觊觎中苟延残喘了一百九十年，最终，土耳其人终结了古老的拜占庭帝国。

● 奥斯曼土耳其与君士坦丁堡的陷落

奥斯曼土耳其于 13 世纪崛起于小亚细亚东北一带，其势力迅速扩张，并占领了大片塞尔柱突厥人和拜占庭帝国的地盘。1345 年，他们绕过君士坦丁堡进入巴尔干。在苏丹穆拉德（Murad）的统治下，奥斯曼帝国的军队横扫保加利亚，进入了塞尔维亚人的领地；1389 年，在科索沃战役中，奥斯曼帝国军队击败了塞尔维亚。到 15 世纪初期，拜占庭帝国的领土仅略大于君士坦丁堡，四面八方都被奥斯曼帝国包围。1451 年，年仅 19 岁的穆罕默德二世上台，他决心占领君士坦丁堡，彻底摧毁拜占庭帝国。

1453 年 4 月，穆罕默德二世率领 8 万大军集结于君士坦丁堡西面 13 英里长的城墙下，企图推倒这些城墙。4 月 6 日，奥斯曼军队开始炮轰，他们在大炮上占绝对优势。其中一门炮是匈牙利工程师制造的，炮身长 26 英尺，可以发动 1200 磅重的石弹，要 60 头牛和 2000 个人力才能将这门大炮放置归位。5 月 29 日，穆罕默德二世决定发起最后总攻，集中进攻城墙倒塌的地方。当奥斯曼帝国的军队冲入城内时，拜占庭帝国皇帝成为了第一波伤亡者中的一员。4000 名君士坦丁堡的抵抗者被杀，数千人被卖作奴隶。午后不久，穆罕默德二世进入君士坦丁堡城内，宣布真主的力量降临圣索菲亚大教堂，下令将它改为清真寺。很快，穆罕默德二世将君士坦丁堡改为奥斯曼帝国的首都。拜占庭帝国灭亡。

750—1453 年的拜占庭帝国大事记

米哈伊尔三世的复兴	842—867 年
马其顿王朝	867—1056 年
利奥六世	886—912 年
巴兹尔二世	976—1025 年
东正教与罗马教的分裂	1054 年
土耳其人在曼兹科特战役中击败拜占庭	1071 年
阿莱克修斯·科穆宁的复兴	1081—1118 年
君士坦丁堡的拉丁帝国	1204—1261 年
拜占庭帝国复兴	1261 年
土耳其在科索沃击败塞尔维亚人	1389 年
拜占庭帝国灭亡	1453 年

■ 14 世纪的危机

....

□ 问题：14 世纪的黑死病对欧洲和亚洲产生了什么影响？欧洲人在 14 世纪面临着什么问题？这些危机对欧洲的经济、社会和宗教生活产生了什么影响？

....

14 世纪初叶，全球气候迎来了"小冰期"。缩短的农作物生长季节和诸如暴风、长期干旱等在内的灾难性气候环境导致了全球范围内的饥荒和歉收。很快，更大的灾难降临了。

● 黑死病：从亚洲到欧洲

14 世纪中叶，一场被称为黑死病的灾难席卷亚洲、北非和欧洲。鼠疫是黑死病传播过程中最常见和最重要的形式，由被跳蚤侵扰的黑鼠传播，跳蚤是致命的鼠疫杆菌的宿主。

蒙古人的作用

这场大瘟疫发端于亚洲。鼠疫在中世纪时从欧洲和中东消失了，但在中国西南一带仍继续肆虐。14 世纪初，老鼠随同蒙古大军将瘟疫传播到华中一带，1331 年，中国东北地区也爆发了瘟疫。在北京附近，据说九成人口死于鼠疫。14 世纪中期到 1400 年，中国人口由 1.2 亿下降到 8000 万。

13 世纪，蒙古人统治了亚欧大陆，促进了长途贸易的发展，尤其是丝绸之路，现在被中亚的穆斯林商人控制。人口和货物在欧亚大陆的流动也加速了瘟疫的扩散。

14 世纪 30 年代，瘟疫扩散到中亚。到 1339 年，丝绸之路上的撒马尔罕也出现了瘟疫。1346 年，大篷车将瘟疫从中亚带到黑海地区的卡法（Caffa）。次年，君士坦丁堡暴发瘟疫。在瘟疫中失去一个儿子的拜占庭帝国皇帝约翰六世在书中这样描述："瘟疫刚在君士坦丁堡爆发，皇后发现安德罗尼库斯……我们最小的孩子因瘟疫而亡……瘟疫几乎席卷了整个沿海地区，害死了大多数人。"[1] 1348 年，瘟疫扩散到埃及、麦加、大马士革以及中东其他地区。14 世纪的穆斯林历史学家伊本·卡尔敦（Ibn Khaldun）评论道："东西方文明都饱受瘟疫肆虐之苦，使各国灾难深重，导致大量人口死亡。它

---

[1] 引自 C.S.Bartsocas：*Two Fourteenth-Century Description of the 'Black Death'*，*Journal of the History of Medicine*，october，1966，p.395.

吞噬了文明的诸多成就，将美好的东西毁灭殆尽。"[1]

欧洲的黑死病

14世纪中叶的黑死病（Black Death）是欧洲历史上危害最大的自然灾难。1347年10月，热那亚商人将瘟疫从卡法带到了意大利沿海的西西里岛，瘟疫随之传入欧洲。很快，扩散到意大利南部，1347年末，又传播到法国南部。黑死病是紧跟着商业贸易路线流动的。1348年，又经西班牙、法国和低地国家传入德国。到1348年末，瘟疫扩散到英国，并于1349年席卷英国全境。到1349年年末，瘟疫扩散到北欧和斯堪的纳维亚。1351年，东欧和俄国也受到传染。

黑死病的致死率高得惊人。特别是在人口密集的意大利的一些城市，五六成人口死于黑死病。一位佛罗伦萨居民写道："许多人在街上咽了气，日夜不断；不少人在家里没了呼吸，邻居们嗅到尸体的腐烂气息，才知道他们已经死去。整个城内尸横遍野。"[2]在英国和德国，一个个村庄因黑死病而消失。据估计，1347—1351年，黑死病致使欧洲人口减少了75%，共3800万。

当时的人们试图阐释黑死病发生的原因并减轻其危害，也有一些人转向极端。许多人相信，黑死病是上帝因人之罪或撒旦之罪降下的惩罚。被称为鞭笞派的一些人转向用极端手段寻求上帝的宽恕。许多鞭笞者组织起来，互相鞭打着从一个城镇游荡到另一个城镇，以此请求上帝的原谅。一位时人这样描述他们的举动：

> 忏悔者们从德国出发。他们大声忏悔，用满是铁刺的结实皮鞭抽打自己。有些人肩胛间血流不止，一些无知的妇人拿衣服擦拭血迹并将其涂抹在眼睛上，说这是有神奇作用的血。他们一边鞭打，一边唱着有关我主的诞生与受难的哀伤之曲。这种苦行的目的是为了制止死亡……因为当时世界至少有三分之一的人因瘟疫而死。[3]

瘟疫传播到哪里，哪里就出现集体性的歇斯底里，各国政府竭力予以平息。黑死病还引发了反犹主义大爆发，人们谴责犹太人带来了瘟疫。非常恶劣的屠杀犹太人事件发生在德国，到1351年，超过60个犹太人社区被消灭。许多犹太人向东逃至俄国、

---

[1] 引自 M.Dols：*The Black Death in the Middle East*, Princeton, N.J., 1977, p.270.

[2] G.Boccaccio, *The Decameron*, New York, 1955, F.Winwar 译, p.xiii.

[3] J.Froissart, *Chronicles*, Harmondsworth, England, 1968, G.Brereton 译, p.111.

波兰，波兰国王下令对他们提供保护。东欧遂成为犹太人聚居地。

● 经济衰退和社会动荡

14 世纪如此大规模的人口死亡带来了严重的经济后果。贸易衰退，许多产业遭受严重影响。工人短缺，导致劳动力价格大幅上升，而人口剧减又导致粮食需求下降，物价跌落。地主现在要为劳动力支付更多，而地租收入却在减少。与此同时，黑死病后农民数量下降，使一些人更容易出让劳动力，从而让他们摆脱了农奴地位。不过，农民所获得的进步有限，他们与试图施加工资限制和恢复劳役形式的地主一样面临着经济困难。农民们怨声载道，很快引发了农村暴动。

尽管农民暴动有时能获得短期效果，但暴动很轻易地被镇压了，其斗争成果也轻易就丢失了。习惯于统治的既定阶级轻易就能团结起来、扼杀反对力量。

● 政治动荡

14 世纪面临的问题除了饥荒、瘟疫、经济混乱以及社会动荡外，还有战争和政治动荡。其中，百年战争最为惨烈。

百年战争

13 世纪时，英国仍然占有法国的小片地区——加斯科涅公国（the Duchy of Gascony）。英国国王也是加斯科涅公爵，他曾承诺加斯科涅公国是法国国王的附庸，当 1337 年法国国王腓力六世（1328—1350 年在位）占领了加斯科涅后，加斯科涅公爵、英国国王爱德华三世（1327—1377 年在位）向腓力六世发起了宣战。

百年战争是在骑士般的狂热中开始的。1337 年的法国军队仍主要依赖于全副武装的贵族骑兵，这些贵族骑兵轻视步兵和弓弩手，认为他们是社会底层。英国军队同样有重装骑兵，但他们更依赖领薪的步兵，这些步兵都装备着长矛，不少士兵还配备了威尔士人发明的比弩射程远、射速快的长弓。

百年战争中，第一场大规模战役发生在法兰德斯南边的克雷西，时在 1346 年。交战的法国军队尽管规模庞大，但打起仗来乱打一通，毫无章法。在英国弓箭手的射击下，法国骑兵元气大伤。编年史家傅华萨（Froissart）如此描述："（配备着长弓的）英国人持续朝最密集的人群射击，弹无虚发，刺伤的法国骑手和战马倒在地上，痛苦

疾病在历史中的影响

1519 年，赫尔南·科尔特斯和同伴抵达美索不达米亚时，当地居民被西班牙人的马和武器吓坏了。他们不知道，这些陌生人还携带着最危险的看不见的敌人——致命微生物，将会造成数百万人伤亡。

从史前时代以来，疾病就是各种生灵的天灾，用英国哲学家托马斯·霍布斯（Thomas Hobbs）的话来说，（疾病）使人类生命变得"艰险、粗野和短暂"。随着证据的日益增加，现在的考古学家们可以从最近发现的人类遗骸中确定我们的直系祖先受到了诸如贫血、关节炎、肺结核和疟疾等常见疾病的困扰。

随着农业革命带来的爆炸性人口增长，疾病引发的问题也在加剧。人们在村庄和城市中聚居，细菌也成倍地增长，随衣服中的跳蚤和虱子到处传播。动物的蓄养使人类更容易感染它们所携带的疾病。伴随着人口密度的增加，大规模传染病扩散的危险也随之增加。

久而久之，后来的人们逐渐对许多疾病产生部分或全部免疫。这些疾病对它们的受害者来说是慢性的而非致命的。例如，疟疾之于部分非洲地区犹如水痘之于美洲。不过，一旦一个社会传入了此前从未见过的疾病，其后果往往是毁灭性的。最典型的例子就是著名的黑死病，它肆虐于 14 世纪的欧洲和中国，造成了被感染地区的 1/4~1/2 人口的死亡（某些地区，死亡率甚至更高）。哥伦布抵达美洲后，天花对美洲人也产生了类似后果，在西非，欧洲人到来后，疟疾对当地人造成了致命的影响。

这些疾病是怎样传播的？大多数情况下，它们随贸易路线扩散。黑死病就是这种情况。它起初是随着 13 世纪和 14 世纪蒙古人征服欧洲，由蒙古人马鞍包中的跳蚤携带扩散的，后来又由货船中的老鼠传播。传入美洲的天花和其他疾病的罪魁祸首是西班牙征服者。传染病是人类快速交流网络中付出的代价，与人类社会的进化相始终。

□ 问题：疾病在人类历史中起了什么作用？

不堪，没有几个人的帮助根本就站不起来。"[1] 对英国来说，这是场惊人的胜利。

不过，克雷西战役并没有起决定性作用。尽管英国不断尝试征服法国，尤其是英国国王亨利五世（1413—1422 年在位）渴望更甚，但英国根本不具备完全征服法国全

---

[1] J. Froissart, chronicles, p.89.

黑死病的病因：当代观点

黑死病是中世纪时肆虐欧洲、北非和亚洲的最恐怖的自然灾难。然而，人们对它的起因困惑至极。以下第一段资料来自 14 世纪意大利作家薄伽丘（Giovanni Boccaccio）的作品《十日谈〈前言〉》。第二、三段资料来自当时的论著，提供了一种完全不同的解释。

那是在我主降生后的 1348 年，在繁华的佛罗伦萨，这座意大利最美丽的城市，发生了一场可怕的瘟疫。不知是受了其他天体的影响呢，还是威严的天主对作恶多端的人类加以惩罚。这场瘟疫最初几年发生在东方，在不长的时间里，死去的人就难以计数，而且不断地蔓延开来，后来竟不幸传播到了西方。大家都束手无策，一点对付的办法都没有。派人打扫过了城里各处污秽的地方，禁止病人进城的命令也办不了，还采用了保护健康的各种建议，甚至还有虔诚的人成群结队或者零零散散地向天主祈祷。可是到了刚才说的年头的初春，奇怪而可怕的瘟疫还是出现了，并且迅速恶化。

——薄伽丘《十日谈》

有第四种观点，我认为这比其他观点更有道理。这种观点认为，这是由自然原因造成的，其直接原因是泥土中散发的腐烂和有毒的东西，这些东西污染了世界各地的空气，进而被人们吸入身体，引起窒息并最终丢了性命……

科学事实是，地震是由地球内部包裹着的东西的爆发而引起的。烟雾撞击着地球的内部，没法发散出来，地球摇晃、震动。要我说，这些蒸汽和腐烂的空气就是 1347 年圣保罗日的地震所散发出来的，并且伴随着其他地区的地震和火山，污染了地球上方的空气，杀死了世界各地的人。我有许多理由支持这一结论。

——论地震是鼠疫的原因

1347 年，暴发了一场大瘟疫，几乎肆虐整个世界，死亡率极高，以至于一些消息灵通的人士认为人类仅有 1/10 幸存了下来……有些人认为是空气污染造成的；有些人说这是由于犹太人想毒死所有基督徒并给所有水井和泉水下毒造成的。许多犹太人在酷刑下招认：他们在盆里、罐里养蜘蛛和蟾蜍，从海外获得毒物；为免泄密，并非所有犹太人都知道这个毒计，只有那些有势力的人才知晓。作为令人发指的罪行的证据，很多人说在不少井边上发现了装满毒药的袋子。结果，整个德意志的城市和乡村、田间和丛林，几乎所有的井和泉都被封闭起来，只有这样，才能使人不饮其中的水，不用它们做饭，无奈，人们只好用河水和雨水。上帝、复仇之神，在惩罚犹太人的罪行。在整个德意志，除了少数地方外，犹太人都被烧死了，只有那些因惧怕惩罚而接受了洗礼的人才幸免于难。这种打击犹太人的行动发生在1349年，并且仍在继续，许多地方的人们，无论是贵族还是平民，都有预谋地打击犹太人和他们的支持者，除非整个犹太种族被消灭，否则绝不罢休。

——赫尔曼·吉格斯论中毒

□ 问题：这三段资料是怎么解释黑死病爆发原因的？你如何解释这种差别？这些阐释告诉我们中世纪后期人们的科学知识水平是怎样的？为什么犹太人做了替罪羊？

境的资源。1415年的阿金库尔战役中，全副武装的法国装甲骑兵试图在暴雨中穿过泥泞的田野向英军发起攻击，结果，法军惨败而归，1500名贵族骑兵阵亡。英国占领了法国北部。

随后，看似大势已去的法国进入查理统治时期，他控制了法国南部2/3的领土。查理的前景看似黯淡，然而，就在这时，一位农家女——圣女贞德出乎意料地拯救了胆小的国王。圣女贞德于1412年出生在一个小康农家，她是个虔诚的信教者，相信是圣徒令她解救法国。1429年2月，贞德劝说查理允许她率军前往奥尔良。法国军队显然受到了贞德这位"奥尔良的少女"的激励，找回了信心，并且解放了奥尔良和卢瓦尔河河谷。

贞德并未能活着见到战争结束。1430年，贞德被俘后送往宗教法庭审判，被指控为异端女巫。15世纪，人们认为宗教观要么是受上帝启发，要么受撒旦激发。贞德被作为异端判处死刑，1431年，牺牲在火刑柱上。

贞德的成就起了决定性作用。尽管战争继续拖延了二十年之久，但法军在诺曼底和阿基坦的获胜使法国在1453年赢得了最终的胜利。法国胜利的重要原因之一是大炮的使用，这是一种伴随火药发展起来的新式武器。中国人在10世纪时发明了火药，13世纪时，发明了简单的大炮。蒙古人则大大提升了大炮技术，使之更有杀伤力。13世纪，大炮和炮弹技术传至中东；14世纪，传入欧洲。火药的使用给欧洲战争带来了巨大变化，城堡、城墙、装甲骑兵都因此过时了。

政治解体

到14世纪，封建秩序开始瓦解。国王获得的税收可以雇佣比封建骑士更可靠的专职士兵。不过，14世纪的各国君主也都有各自的头疼事：欧洲的许多王朝没有男性继承人，新王朝的缔造者不得不为了自己的利益而支持其他王位候选人的贵族群体抗争。同时，各国君主还面临着财政困难。雇佣职业士兵导致他们缺乏现金流，进一步加剧了 14 世纪不稳定和混乱的局面。

● 教会的衰落

13 世纪，罗马教皇的势力达到鼎盛，但 14 世纪的危机加剧了教会的严重衰落，欧洲各国君主再也不愿意接受教皇至高无上的说法，这在教皇伯尼费斯八世（Boniface，1294—1303 年在位）与法国国王腓力四世（1284—1314 年在位）的斗争中尤为突出。为了获得新的财政收入，腓力四世宣扬他对法国神职人员有征税权，但伯尼费斯八世坚持任何国家的神职人员在没有得到教皇的许可下，不得向世俗统治者交税，并说教皇对政府和教会都有最高权威。

腓力四世拒绝接受教皇的说法，派遣一小支军队抓捕了伯尼费斯，将其带回法国审判。教皇逃脱了，但很快因惊吓而死。为了确保自己的地位，腓力四世推选法国人当教皇，即科勒芒五世（Clement，1305—1314 年在位）。新教皇居于罗讷河东岸的阿维尼翁。

1305—1377 年，教皇们都住在阿维尼翁，这引起了反教皇声浪不断高涨。因为罗马城是教会的传统首都，教皇也是罗马主教，所以，教皇不住在罗马很不合适。而且，教皇和红衣主教们在阿维尼翁的奢华生活也导致人们对神职人员和教皇的严厉批评。最终，因担忧教皇声望会急剧下降，教皇格利高里十一世（Gregory，1370—1378 年在位）于 1377 年回到了罗马，但很快于次年春去世。

当红衣主教们推选新教皇时，罗马公民发出威胁，除非选出一位意大利人做教皇，否则主教们别想活着离开罗马。吓坏了的红衣主教们明智地推选出意大利的巴里大主教乌尔班六世（Urban，1378—1389 年在位）为教皇。不过，5 个月后，一群不满的红衣主教——都是法国人——宣称乌尔班的胜选无效，随之选出了自己的教皇，并返回阿维尼翁。由于乌尔班仍在罗马，这样，就有了两个教皇，由此开启了教会大分裂。

教会大分裂撕裂了欧洲。法国及其盟友支持阿维尼翁的教皇，法国的敌人英国及其盟友则支持罗马教皇。大分裂也击垮了天主教信徒的信仰。教皇被广泛认为是基督教的真正领袖，当两个阵营的教皇都攻击对方是反基督教者时，人们对教皇的信任也消解了。最终，1417 年，各方在瑞士召开了康斯坦茨会议（Council of Constance），罗马教皇和阿维尼翁教皇或辞职、或被解职，推选了各方都能接纳的新教皇。

到 15 世纪中叶，由于上述危机，教会已经失去了大部分世俗权威。更糟糕的是，教皇也失去了道德声誉。

■ 复苏：文艺复兴

□ 问题：欧洲文艺复兴的主要特征是什么？它与中世纪时期有何不同？

生活在 1350—1550 年的意大利人认为，他们经历了古典时代即希腊罗马时期的重生。对他们来说，这标志着一个新时代，也就是后来历史学家所说的文艺复兴（Renaissance，法语中的"重生"）。文艺复兴也被认为是欧洲历史上非同寻常的一个时期，它起于意大利，后来扩散到欧洲其他地区。

文艺复兴时的意大利基本上是城市社会。城镇是意大利经济、政治和社会生活的核心。在这种新的城市社会中，伴随不断增加的财富出现的世俗精神为人们享受世俗世界创造了新的可能性。

文艺复兴也是人们从 14 世纪包括黑死病、政治动荡和经济衰退在内的灾难中恢复元气的时代。为了实现复兴，意大利知识分子对辉煌的过去即古典希腊罗马文化产生了浓厚的兴趣。

随着意大利文艺复兴时期人们开始重视个人能力，出现了对人类的新看法。14 世纪佛罗伦萨的建筑师莱昂·巴蒂斯塔·阿尔伯蒂（Leon Battista Alberti）简练地表述了这种新哲学思想："人可以做任何他们想做的事。"[1] 这种对人类价值和个人潜力的高度赞扬催生了全面人格或"全能之人"（l'uomo universale）的新理念，即人可以在诸多领域中取得成就。

● 知识的复兴

意大利文艺复兴的特点——个人主义和世俗主义——的出现与发展在知识和艺术领域中最为显著，与文艺复兴相关的最重要的文化运动是人文主义（humanism）。这

---

〔1〕引自 J.Burchhardt：*The Civilization of the Renaissance in Italy*，London，1960，S.G.C.Middlemore 译，p.81.

是一场以学习古希腊罗马经典为基础的知识运动。人文主义者学习各种人文艺术：语法、修辞、诗歌、伦理和历史，所有这些都以古希腊罗马作者的著作为基础，我们称这些学科为人文科学。

弗兰齐斯科·彼特拉克（Francesco Petrarca，1304—1374年）常常被称为意大利文艺复兴时的人文主义之父，他在推进14世纪时的人文主义发展上无人能比。彼特拉克试图寻找佚失的拉丁文手稿，并强调要使用纯正的古典拉丁语。人文主义者把西塞罗的著作当作散文范本、维吉尔的作品当作诗歌典范。正如彼特拉克所说，"基督是我主；西塞罗是语言之王。"

在佛罗伦萨，人文主义运动在15世纪出现了新的发展方向。14世纪的人文主义者，如彼特拉克等，将知识描述为一种独处的生活。而今，那些为佛罗伦萨市政会工作的人文主义者对公民生活产生了兴趣，他们认为，知识分子有责任为了国家而积极生活，他们的人文研究应当服务于国家服务。

15世纪前半期，人文主义的另一个显明特点是，对古希腊文明的兴趣不断增加。莱昂纳多·布鲁尼（Leonardo Bruni），是意大利人文主义者中深度了解希腊的先行者。他是穆斯林学者赫里索洛拉斯（Manuel Chrysoloras）的学生，1396—1400年，赫里索洛拉斯在佛罗伦萨讲学。

从女性角度而言，存在文艺复兴吗？

女性是否因文艺复兴而受益？历史学家对此一直存在分歧。有些历史学家认为，中世纪上层女性在满足情感需求时有更大自由，而文艺复兴时期的上层女性在社会和个人选择上都有所退后，他们更受男性权威的支配。也有一些史学家认为，尽管对大多数女性来说，环境仍然黯淡，但有些女性，尤其是那些混迹政府、宗教和知识圈中的女性，找到了培育自我意识的新方法，那些受人文主义熏陶的女性更是如此，她们有自己的文化事业。以伊索塔·诺加罗（Isotta Nogarola）为例，她出生于维罗纳的贵族家庭，熟谙拉丁文，从她的许多通信和论著中看，她的声望完全不亚于男性知识分子。

● 艺术复兴

这一时期的艺术家试图在艺术作品中模仿自然。他们对自然主义的追求也是其价值所在：说服观者了解对象的真实性，甚至是了解他们正在描绘的对象。同时，新的艺术标准也将关注点放在了人上，正如一位艺术家所说，"人是万物的尺度"。

15世纪，这种新的文艺复兴风格经由佛罗伦萨的画家们发展后，在两个方面进步重大：一是强调绘画的技术性——了解透视法则及室外空间和光线的几何结构；二是了解运动及解剖结构。写实描绘人类裸体是意大利人文艺复兴时期艺术的最重要主题。

到 15 世纪末，意大利艺术家已经掌握了科学观察周边世界的新技术，准备进行新形式的创作表达。这标志着文艺复兴进入了鼎盛期，其中，有三位最主要的艺术巨匠：列奥纳多·达·芬奇（Leonardo da Vinci，1452—1519 年）、拉斐尔（Raphael，1483—1520 年）和米开朗琪罗（Michelangelo，1475—1564 年）。

达·芬奇继承了 15 世纪的实验传统，学习各种知识，甚至为了观察人体结构而不惜解剖人体。不过，他也强调超越现实主义的必要性，并以自然的理想化，即从写实归纳出理想化的尝试开启了文艺复兴的鼎盛时期。

拉斐尔 25 岁时已被认为是意大利最出色的画家之一。他以无数的圣母像画作知名，并试图在这些作品中描绘远超出人类标准的美的理想形象。梵蒂冈教堂中，拉斐尔所作的壁画也非常出名，这些壁画展现了一个平衡、和谐、秩序的世界——这正是希腊罗马古典艺术的基本原则。

米开朗琪罗是一位极富成就的画家、雕塑家和建筑家，以超人的热情和精力创作了大量作品。米开朗琪罗受新柏拉图主义的影响，认为人类的理想之美是神圣之美的映射；人体越美，其形象就越像神。米开朗琪罗追求理想之美的典型代表是他的巨型大理石雕像《大卫》，1501 年，他受佛罗伦萨政府委而作，直到 1504 年才完工。

● 文艺复兴时期的国家

经历了 14 世纪的政治灾难后，15 世纪后半叶的人们试图重建君主政府的中央权威。一些历史学家将这些国家称为"新君主国"，尤其是法国、英国和西班牙。

意大利各国

意大利提供了 15 世纪国家建构的最早范本。中世纪时，意大利未能建立中央集权的国家。到 15 世纪，整个意大利半岛出现了 5 个主要国家：米兰公国、佛罗伦萨共和国、威尼斯共和国、教皇国，以及那不勒斯王国。

米兰、佛罗伦萨、威尼斯在建立强势的中央政府上尤其突出。在诸多公爵的带领下，米兰公国成为高度集权的国家，其统治者设计了一套税收体系，为政府带来了稳定的巨额收入。海上共和国威尼斯仍然是一个极其稳定的政治统一体，由一小群商人贵族寡头统治。商业为威尼斯带来了大量收入，也赋予了它国际地位。科西莫·德·美第奇（Cosimo de Medici）于 1434 年在佛罗伦萨建立了商人寡头统治。通过大量的赞助以及谨慎维持与政治盟友的关系，美第奇家族牢牢控制了佛罗伦萨，佛罗伦萨也成为意大利文艺复兴的中心。

尽管这些意大利国家如此强劲，但还是无法抗衡北边和西边的强势君主国。1494年，意大利成为法国与西班牙两大国的竞技场，最终西班牙主宰了意大利。

西欧

百年战争让法国元气大伤。不过，在一定程度上也激发了法国在共同敌人面前的民族感，国王可以利用这种民族感情，重建君主权威。路易十四统治时期（1461—1483年），法国的领土大规模扩大，路易十四将土地税——向土地或财产每年征收的直接税——作为皇室的永久税收，从此，他有了稳定的收入来源，为强势的法国君主制打下了基础。

亨利七世（1485—1509年在位）是都铎王朝的开创者，在英国建立了强大的君主制政府。亨利七世废除了贵族的私人军队，从而结束了贵族间的斗争。他还非常节俭。亨利七世未给贵族加重负担，也没有向中产阶级征税，因此，赢得了他们的欢迎和积极支持。

到15世纪末，西班牙的君主制也经历了大发展。中世纪时，从穆斯林手中收回伊比利亚半岛的过程中，出现了几个独立的基督教王国。其中最强大的是阿拉贡王国和卡斯蒂利亚王国。1469年，卡斯蒂利亚的伊莎贝拉（1474—1504年在位）与阿拉贡的斐迪南（1479—1516年在位）结婚，迈出了西班牙走向统一的关键一步。两位统治者加强了皇室对政府的控制，并让中产阶级律师参与皇家委员会，这些律师们认为，君主制体现了国家的力量。斐迪南和伊莎贝拉还重组了西班牙的军队，到16世纪，新西班牙军队成为欧洲最出色的武装力量。

中欧和东欧

与法国、英国和西班牙不同，神圣罗马帝国并未建立起强大的君主制。13世纪日耳曼皇帝的失败使中央集权君主制丧失了机会，德国变成了拥有数百个独立公国之地。1438年后，神圣罗马帝国皇帝之位掌握在哈布斯堡王朝手中。哈布斯堡家族慢慢地控制了后来被统一称为奥地利的多瑙河沿岸的许多地方，成为神圣罗马帝国中最富裕的领主之一。

在东欧，各国统治者试图建立中央集权的领土国家，却因宗教分歧而饱受困扰，这里有天主教、东正教的信徒和包括蒙古人在内的多个民族，相互冲突不断。在波兰，贵族们获得了上好的土地，并掌握了选举国王的权利，从而极大地削弱了王权。

13世纪后，俄国处于蒙古人的掌控之下。莫斯科大公利用与蒙古可汗的关系，扩大领地和财富，逐渐占据主导地位。伊凡三世（1462—1505年在位）统治时期，新的俄罗斯国家诞生了。伊凡三世吞并了其他俄国的公国，趁蒙古人内部分裂之机于1480年将他们驱逐出了俄国。

━ 本章小结

罗马势力在西方衰落后，以君士坦丁堡为中心的东罗马帝国继续矗立于地中海东部，最终形成了繁荣数百年之久的拜占庭帝国。尽管欧洲出现了新的基督教文明，拜占庭帝国还是形成了独特的基督教文明。当西欧各国在中世纪初期打得不可开交时，拜占庭帝国却在持续繁荣。特别是9～11世纪，在马其顿王朝统治者的领导下，拜占庭帝国势力扩大，经济繁荣，外国观光客们常常对君士坦丁堡的面积、财富和物质环境惊叹不已。

全盛时期的拜占庭是一个多文化和多民族的帝国，统治着许多说各种语言的民族。拜占庭的文化和宗教传到巴尔干、中东部分地区和俄国。拜占庭学者也将希腊语的知识传播到意大利，加强了文艺复兴时期人文主义者对古希腊文明的兴趣。拜占庭帝国还与东边的伊斯兰世界和西边的新欧洲文明有互动。这些互动可以说代价高昂，甚至致命。尽管欧洲文明和拜占庭文明有共同的纽带——基督教，但却无法在政治上和谐共存。实际上，西方表面上出于宗教动机东征巴勒斯坦之举使西方人在1204—1261年间控制了拜占庭帝国，尽管拜占庭帝国后来复苏，但在，1453年因与穆斯林世界的冲突而灭亡前，一直苟延残喘。最终，奥斯曼土耳其征服君士坦丁堡，终结了拜占庭帝国，君士坦丁堡成为奥斯曼帝国的首都。

当12世纪和13世纪拜占庭帝国渐趋衰亡之时，欧洲正经历新发展。然而，14世纪时，黑死病肆虐、经济衰退、政治动荡，以及宗教衰落，使欧洲磨难重重。到15世纪，当君士坦丁堡和拜占庭帝国残余势力都落入伊斯兰世界控制之下时，欧洲出现了复兴，这一时期，各领域的复苏使15世纪成为欧洲艺术、文化和政治的巨变期。到15世纪后半叶，如我们将在下一章要论述的，强势的集权君主制国家使欧洲开始向世界其他地方扩张。

━ 本章思考

━ **问题1**：查士丁尼的主要目标是什么？他是如何实现这些目标的？又取得了多大的成功？

— 问题2：本章为什么用"拜占庭文明的鼎盛"来描述750—1025年间的拜占庭帝国？

— 问题3：意大利文艺复兴时期的人文主义与艺术有什么联系？

— 拓展阅读

关于拜占庭帝国的概述，可以参考 T.E.Gregory, *A History of Byzantium*, Oxford, 2005；W.Treadgold, *A History of the Byzantine State and Society*, Stanford, Calif., 1997。专题性研究，可以参考 A.Cameron, *The Byzantines*, Oxford, 2006。

关于公元1025年前的拜占庭帝国历史。有关查士丁尼的研究，可以参考 J.A.S.Evans, *The Age of Justinian*, New York, 1996。关于君士坦丁堡，可以参考 J.Harris, *Constantinople: Capital of Byzantium*, London, 2007。拜占庭帝国的妇女，可以参考 C.L.Connor, *Women of Byzantium*, New Haven, Conn., 2004。拜占庭帝国的艺术，可以参考 T.F.Mathews, *The Art of Byzantium: Between Antiquity and the Renaissance*, London, 1998。

关于拜占庭帝国晚期历史（1025—1453）。关于十字军东征的影响，可以参考 J.Harris, *Byzantium and the Crusades*, London, 2003。第四次十字军东征的情况，可以参考 J.Philips, *The Fourth Crusade and the Sack of Constantinople*, New York, 2004。另外，关于君士坦丁堡的沦陷，还可以参见 D.Nicolle、J.Haldon 和 S.Turnbull, *The Fall of Constantinople: The Ottoman Conquest of Byzantium*, Oxford, 2007。

关于14世纪的危机。黑死病的情况，可以参考 J.Kelly, *The Great Mortality*, New York, 2005。百年战争的情况，可以参考 A.Curry, *The Hundred Years' War*, New York, 2004。

关于文艺复兴。可以参考 M.L.King, The Renaissance of Europe, New York, 2004。关于文艺复兴的人文主义，可以参考 C.G.Nauert Jr., *Humanism and the Culture of Renaissance Europe*, Cambridge, 2006。文艺复兴时期的艺术，可以参考 J.T.Paoletti 和 G.M.Radke, *Art, Power and Patronage in Renaissance Italy*, Upper Saddle River, N.J., 2003。文艺复兴时期欧洲政治情况的总论，可以参考 C.Mulgan, *The Renaissance Monarchies, 1469-1558*, Cambridge, 1998。意大利的政治情况，可以参考 J.M.Najemy, *Italy in the Age of the Renaissance, 1300-1550*, Oxford, 2004。

The Essential
World History

威廉姆·J.杜克
杰克森·J.斯皮尔沃格　/ 著

易丙兰 / 译

简明世界史

从史前文明到21世纪的人类历史

下

郑州大学出版社

图书在版编目（CIP）数据

简明世界史 /（英）威廉姆·J. 杜克,（英）杰克森·J. 斯皮尔沃格著；
易丙兰译 .— 郑州 : 郑州大学出版社，2022.1
ISBN 978-7-5645-8031-5

Ⅰ.①简… Ⅱ.①威… ②杰… ③易… Ⅲ.①世界史 – 通俗读物
Ⅳ.① K109

中国版本图书馆 CIP 数据核字（2021）第 139763 号

Title: The Essential World History
Author: William J. Duiker, Jackson J. Spielvogel

Copyright © 2014 by Wadsworth, a part of Cengage Learning.
Original edition published by Cengage Learning. All Rights reserved.
本书原版由圣智学习出版公司出版。版权所有，盗印必究。

Zhengzhou University Press Co., Ltd. & Beijing Han Tang Zhi Dao Book Distribution Co.,Ltd. is authorized by Cengage
Learning to publish and distribute exclusively this simplified Chinese edition. This edition is authorized for sale in the
People's Republic of China only (excluding Hong Kong, Macao SAR and Taiwan). Unauthorized export of this edition is
a violation of the Copyright Act. No part of this publication may be reproduced or distributed by any means, or stored in
a database or retrieval system, without the prior written permission of the publisher.
本书中文简体字翻译版由圣智学习出版公司授权郑州大学出版社出版、北京汉唐之道图书发行有限公司独家发
行。此版本仅限在中华人民共和国境内（不包括香港、澳门特别行政区及台湾地区）销售。未经授权的本书出
口将被视为违反版权法的行为。未经出版者预先书面许可，不得以任何方式复制或发行本书的任何部分。

Cengage Learning Asia Pte. Ltd.
151 Lorong Chuan, #02-08 New Tech Park, Singapore 556741

本书封面贴有 Cengage Learning 防伪标签，无标签者不得销售。

备案号：豫著许可备字 –2021–A–0097

简明世界史
JIANMING SHIJIE SHI

策划编辑	郜　毅		封面设计	陆红强
责任编辑	郜　毅　席静雅		版式制作	九章文化
责任校对	孙　泓		责任监制	凌　青　李瑞卿

出版发行	郑州大学出版社	地　　址	郑州市大学路40号（450052）
出 版 人	孙保营	网　　址	http://www.zzup.cn
经　　销	全国新华书店	发行电话	0371-66966070
印　　刷	鸿博昊天科技有限公司		
开　　本	710 mm × 1 000 mm　1/16		
总 印 张	67.75	总 字 数	1110千字
版　　次	2022年1月第1版	印　　次	2022年1月第1次印刷

| 书　　号 | ISBN 978-7-5645-8031-5 | 总 定 价 | 298.00元（共2册） |

本书如有印装质量问题，请与本社联系调换。

总 目 录

The Essential World History

PART III

The Emergence of New World Patterns
(1500–1800)

第三部分

新世界格局的出现

（1500—1800 年）

历史学家常常将 16—18 世纪称为现代早期，这一时期内的数个因素为我们当前的时代奠定了基础。

从全球性角度看，这一时期最值得注意的事件可能是海上贸易在世界范围内的延伸。中国人于 15 世纪初期前往东非的开创性远航开启了这一进程，不过，海上贸易扩张的主要推动者是复兴的欧洲，伴随葡萄牙人和西班牙人在 15 世纪晚期的初步探索，欧洲人登上了历史舞台，并在接下来的 300 年里逐渐主宰了海上国际贸易路线。

一些当代历史学家认为，正是欧洲的突然崛起创建了真正的全球经济网。在该理论的主要支持者伊曼纽尔·沃勒斯坦（Immanuel Wallerstein）看来，大航海时代创建了新的"世界体系"，出现了由不断崛起的欧洲资本主义国家主导的全球贸易网。这一欧洲资本主义正冲出欧洲外围，寻求市场和廉价的原材料。

不过，许多历史学家将 13 世纪时蒙古人的扩张，甚至几个世纪前中东地区阿拉伯帝国的兴起视为全球交流网的雏形，货物和思想借此网络从欧亚大陆这端传至那端。

不论上述争论是否正确，我们有许多理由可以将 15 世纪末视为世界历史上的关键时期。首先，它标志着西半球与世界其他地区结束了长期孤立的状态，从而催生了第一个真正意义上的全球思想和商品交流网，将各种作物、思想，以及（很不幸的是）许多新疾病传播到全世界。其次，它以惊人的速度加快了贸易和制造业的增长，激发了欧洲及世界其他地区的重大经济变迁。

公元 1500—1800 年是现代世界的孕育阶段，也是欧洲主导世界的序幕，到 19 世纪，欧洲的主导地位将进一步开花结果。要理解西方为什么会在当时成为主导力量，有必要先了解当时欧洲的变化，以及为什么没有在世界其他主要文明中产生这样的变化。

历史学家认为，欧洲在现代早期出现的航海技术、造船技术和武器方面的进步是大航海时代的基本要素。如前所述，这些技术进步的基础是先前中国、印度和中东等地区的发明，这些发明经穆斯林船只或中亚地区的贸易路线传到了欧洲。这一进程中的关键原因还在于欧洲人为发财和提高实力运用他人发明的能力与渴望，并进而使欧洲得以主宰国际航道，在西半球创建庞大的殖民帝国。

不过，欧洲的扩张并不仅仅受了经济因素的驱动。如同伊斯兰教的崛起，现代早期，宗教也在大航海时代起了重要作用。尽管基督教绝非 16 世纪出现的新信仰（如同阿拉伯人扩张时期的伊斯兰教一样），但此时的基督教世界正处于与伊斯兰教势力发生矛盾的重大时期，双方的矛盾又因 1453 年奥斯曼土耳其人征服拜占庭帝国而加剧。

尽管葡萄牙和西班牙的冒险家们所说的——他们的主要动机是将上帝福音带给非基督教世界的人民——带有相当程度的自我欺骗和虚伪性，但毫无疑问，宗教在欧洲人的大航海时代扮演了重要角色。可能在 17 世纪加入竞争队伍的非天主教国家的活动中，宗教动机不那么明显，因为英国、荷兰的商人和官员们追求更多的是纯经济利益。

亚洲许多国家的条件对经济和政治发展并不十分有利。在中国，高度集权君主专制仍然依赖于帝国经济的基础——繁荣农业。而日本，权力集中于强势的德川幕府之下，德川幕府统治时期的和平与稳定促进了制造业和商业的发展。不过，日本精英刚一对外部世界表示出兴趣，随即就关闭了与欧洲贸易往来和思想交流的大门，以免日本受到外部世界的污染。

自公元 1 世纪印度洋贸易出现以来，商业和制造业就在印度发挥了至关重要的作用。不过，在 17 世纪初，中东和印度经历了政治动荡后，又遭遇了来自中亚游牧民族的入侵，再加地方统治者缺乏海上贸易的经验，严重抑制了这两个地区的城市制造业和商业。

现代早期，欧洲的环境最有利于日新月异的技术革新。由于政治稳定、资本雄厚以及"现代化精英"的存在，欧洲能从新时代环境中获得最大利益。其他地区要么饱受内部问题的困扰，要么有意从国内寻求自身出路，而此时的欧洲却转向外部，企图在世界舞台上寻找全新的主导地位。与此同时，世界其他地区也正在发生重大变迁，其中不少变迁与西方基本上没什么联系。到 18 世纪末，欧洲在世界其他地方的扩张仍然有限。尽管欧洲的政治权威在一些关键地区极为稳固，但亚洲和非洲的大多数传统国家仍然岿然不动。这些国家的发展进程通常不但与欧洲没有多少关联，而且还催生出了各种制约或塑造西方影响的力量，其中一股力量就是集权国家的逐渐形成，而部分集权国家是建立在民族统一基础之上的。

第 14 章
新邂逅：世界市场的创建

1498 年春，当葡萄牙舰队抵达印度西海岸的科泽科德时，舰队指挥官瓦斯科·达·伽马（Vasco da Gama）下令一支队伍前往海岸联系当地权威人物。最先出来欢迎他们的是个突尼斯商人，他说："你们是魔鬼吧！什么风把你们吹来的？"葡萄牙人回答："是基督徒和香料。""幸运的冒险！幸运的冒险！"这个穆斯林回应，"这里有好多橡胶！好多宝石！你们要好好感谢神，感谢它把你们带到这样一个富有的国家！"[1]

这样的言辞毫无疑问振奋了葡萄牙人，他们得出结论，当地人似乎是基督徒。尽管后来证明他们的结论是错误的——当地的信仰是印度教中的一种，然而，他们的信心可能并没有严重受挫，毫无疑问，在黄金和水手的荣耀前，上帝没那么重要，这些水手是自古希腊以来第一波横穿印度洋的欧洲人。两个月后，他们带着两船香料和将率一支更大船队很快重返这里的决心离开了。

达·伽马的印度之旅揭开了长达几个世纪的欧洲向亚洲扩张的序幕，其影响至今。最终，西方接管了印度洋的贸易路线，并在亚洲、非洲和拉丁美洲建立了大量殖民地。后来，西方历史学家将这一时代形容为"地理大发现"——它极大地拓宽了海上贸易网，为近代世界的到来做好了准备。

事实上，达·伽马及后来者的旅程早在几代人以前就已开始，他们不过是重新起航了而已，当时欧洲的冒险家只到达了北大西洋。正如第 10 章所述，早在 15 世纪之初，郑和率领的中国船队已经在印度洋遨游数十年之久，将远至中东和东非沿海的国家与中国联系起来。中国人的远航持续时间不长，也没有什么长久的影响。随着穆斯林商人前往东南亚并穿越撒哈拉沙漠前往尼罗河沿岸各国，伊斯兰世界也在不断扩张。毕竟，当葡萄牙人第一次抵达印度海岸时，是北非的穆斯林迎接了他们。在这一章，我们主要关注达·伽马在印度之旅的前后数十年里商业和文化上的惊人扩张，以及导致

---

[1] 出自 *A Journal of the First voyage of vasco da Gama*, Lodon, 1898, 引自 J.H.Parry：*The European Reconnaissance：Selected Documents*, New York, 1968, p.82.

这一扩张的各种原因。

■ 开发和扩张时代

□ 问题：15 世纪末的穆斯林商人是如何拓展世界贸易网的？

一直以来，达·伽马被认为是打开通往东方贸易路线的关键之人。就这次旅程预示未来欧洲会更积极地参与香料贸易这一意义上来说，这种观点自有道理。不过，事实上，如前所述，几个世纪以来，印度洋一直是繁忙的航道。自从传奇的示巴女王时代以来，这里的香料贸易一直都是通过海路进行，从唐代起，中国的船只就在这里寻找丁香和肉豆蔻（见第 10 章）。

● 伊斯兰与香料贸易

到 14 世纪，穆斯林的船队在香料贸易中的比重越来越大。不管是阿拉伯人还是印度的信仰者，几个世纪以来，穆斯林始终参与了印度洋的贸易，到 13 世纪，伊斯兰已经在苏门答腊岛和爪哇岛建立了港口。1292 年，威尼斯旅行家马可·波罗观察到了穆斯林在苏门答腊的传教活动，他说："阿拉伯商人在这里随处可见，他们让不少当地人皈依穆罕默德——我指的只是城镇居民，因为，山地人跟野兽一样，不仅食人肉，还吃各种干净和不干净的肉。"[1]

伊斯兰在东南亚扩张的主要推动力量出现在 15 世纪，即新苏丹国马六甲的建立。它的创建者是爪哇的印度教附庸国满者伯夷的诸侯拜里米苏剌（Paramesvara），他先是去了苏门答腊，后又到了马来半岛末端的单马锡（即新加坡）。15 世纪之初，出于战略上的需要，拜里米苏剌前往马六甲。正如 16 世纪的葡萄牙游客所说，"马六甲是个商业之城……各国贸易和商业都须经过此地"。[2]

---

〔1〕 H.J.Benda、J.A.Larkin 编：*The World of Southeast Asia：Selected Historical Readings*，New York，1967，p.13.

〔2〕 Parry，European Reconnaissance，引自 A.Cortesao：*The Summa Oriental of Tome Pires*，vol.2，Lodon，1944，p.283、287.

中国人对马六甲的描述

马六甲位于马来亚半岛西海岸，15 世纪初期成为一大贸易港口，当时马六甲苏丹国的拜里米苏剌在中国皇帝的支持下，避免了被泰人统治的命运。以下关于马六甲的资料来自 15 世纪初期中国下西洋船队中一名官员的记载。

自占城向正南，好风船行八日到龙牙门，入门往西行，二日可到。此处旧不称国，因海有五屿之名。……此地属暹逻所辖，岁输金四十两，否则差人征伐。永乐七年己丑，上命正使太监郑和等赍诏敕赐头目双台银印、冠带袍服，建碑封域，遂名满剌加国……

其国东南是大海，西北是老岸连山，沙卤之地。气候朝热暮寒。田瘠谷薄，人少耕种。有一大溪，河水下流，从王居前过，东入海。王于溪上建立木桥，上造桥亭二十余间，诸物买卖皆在其上。……风俗淳朴，房屋如楼阁之制，上不铺板，但高四尺许之际，以椰子树劈成片稀布于上，用藤缚定如羊棚样，自有层次，连床就榻蟠膝而坐，饮卧灶具俱在上也。人多捕渔为业，用独木刳舟泛海。

土产黄速香、乌木、打麻儿香、花锡之类。

——马欢《瀛涯胜览》

□ **问题：** 为什么马六甲在世界贸易中占有这样重要的地位？

马六甲国建立不久，就有一支中国船队在郑和的带领下造访这里（见第 10 章）。为了在其他本土竞争者中保持优势，拜里米苏剌接受了与中国的宗藩关系，为了巩固关系，马六甲还向明王朝朝贡。可能更重要的是，拜里米苏剌还皈依了伊斯兰教，此举在很大程度上加强了马六甲参与由穆斯林商人主导的马六甲海峡贸易的能力。短短数年之内，马六甲成为该地区的主要经济力量，有助于伊斯兰教向爪哇岛、婆罗洲、苏拉威西岛和菲律宾等东南亚各岛的贸易港口传播。

● 伊斯兰在西非的扩散

同时，穆斯林的贸易和宗教影响继续经由撒哈拉以南传播到西非尼罗河流域。穆斯林商人——先是阿拉伯人，后是西非教徒——穿过沙漠，带去各种货物，以及伊斯兰的价值观、政治文化和法律传统。西非国家形成的初期阶段在著名的曼萨·穆萨领导的马里王国达到了顶峰。

桑海帝国

随着马里王国在15世纪末衰落，一个新帝国出现了：桑海帝国。桑海帝国的创建者是索尼·阿里（Sonnie Ali），他是一位酋长，1468年，他从柏柏尔人手中抢占了廷巴克图后，恢复了前人所建立的强盗帝国。索尼·阿里因支持治下传统宗教活动而受到穆斯林学者的批评。桑海帝国成为一个贸易大国。1492年索尼·阿里死后不久，他手下的一名军官夺取了政权，称阿斯基亚·穆罕默德（Askia Mohmmed，1493—1528年在位）。

阿斯基亚·穆罕默德是个虔诚的穆斯林，越来越依赖于伊斯兰机制与理念来强化国家统一和中央集权。从麦加朝圣回来后，阿斯基亚·穆罕默德试图将廷巴克图复兴为伊斯兰教的主要学习中心，尽管他的许多臣民，尤其是农民仍然抗拒转信伊斯兰教。阿斯基亚·穆罕默德确实让撒哈拉以南地区的贸易大幅增长（尤其是在盐和黄金贸易方面），也给桑海帝国带来了稳定的收入。不过，阿斯基亚·穆罕默德一死，桑海帝国就因内部离心而崩溃。1591年，拥有火枪的摩洛哥军队征服这里，控制了这一地区的黄金贸易。

● 新玩家：欧洲

差不多在近千年的时间内，天主教大体上只在欧洲发展，它也曾试图通过十字军东征扩张到欧洲以外地区，却以失败告终。当然，欧洲从未与外部世界失去联络：特别是在中世纪中期的贸易复兴中，欧洲商人开始频繁地前往非洲和亚洲。然而，到15世纪时，欧洲人与非欧洲文明的接触仍然有限，当时欧洲人开始进行一系列引人注目的海外航行。是什么导致欧洲海员冒险航向地球另一端呢？

长期以来，欧洲人就对东方兴趣盎然。中世纪时，欧洲广泛流传着东方的传说：异域风情、神秘又神奇、富裕异常。不过，描述东方最丰富的是威尼斯人马可·波罗。马可·波罗描述了他在13世纪忽必烈统治下元代中国的所见所闻（见第10章）。14世纪，奥斯曼土耳其人的征服，及后来蒙古帝国的崩溃影响了东西方交通。随着大陆交通线的阻隔，许多欧洲人对从海路前往亚洲发生了兴趣。

动机

文艺复兴时期的欧洲扩张中，经济动机非常重要（见第13章）。商人、冒险家、政府官员都特别希望在东方找到贵金属和香料的直接来源，当时，香料仍须经中间商阿拉伯人运往欧洲，价格极贵。欧洲人毫不踌躇地显示出他们对发财致富的渴望。正如一位西班牙征服者所说，他和同行者去美洲是为了"为上帝服务，给那些在黑暗中的人们带去光明，以及如所有人都希望的——发财"。[1]

这一阐述揭示了海外航行的另一个重要因素——宗教热情。葡萄牙和西班牙的十字军东征精神尤其狂热，在这两个国家，穆斯林在中世纪时期已被基本清除了。据说，葡萄牙领航员、欧洲扩张论的出色倡导者亨利王子之所以远征，是出于"提升人们对耶稣基督的信仰，以及拯救一切应当被拯救的灵魂的强烈愿望"。尽管大多数学者认为，与经济因素相比，宗教热情只是次要原因，但忽视让异教徒皈依基督教的愿望的观点也是愚蠢至极。墨西哥的征服者赫尔南·科尔特斯（Hernan Cortes）就曾问过他的西班牙国王，他们的职责是不是确保"将墨西哥的本地人引入并转信神圣的天主教"。[2]

方法

如果"上帝、荣耀和黄金"是主要动机，那么又是什么让航行成为可能呢？首先，欧洲的扩张是国家事业，与文艺复兴时期集权君主制的发展相关。到15世纪下半叶，欧洲君主的权威和资源都大为增加，可以将其精力施展至国境以外。对法国来说，意味着入侵意大利；对葡萄牙这样还未强大到追求欧洲霸权的国家来说，意味着必须向海外发展。西班牙的情况更为复杂，到16世纪时，它的君主制已经强大到不仅可以在欧洲内陆，而且在海外追求霸权。

同时，到15世纪晚期，欧洲各国的知识和技术水平已经有了很大提高，可以实现欧洲以外的常规航行。13世纪和14世纪，航海家和数学家开始绘制航海图，这种图表有海岸线、各港口间的距离、指南针等详细信息。航海图的价值对水手极为重要，不过，由于那时绘制的是平面图，没有标明地球曲率，对长距离跨洋航行来说，用处不大。只有当水手们开始向欧洲海岸外航行时，才会收集有关地球的实际形状和计算方法等各种信息。到15世纪末，制图法已经达到了欧洲人可以精准绘制已知世界的水平。

此外，欧洲人还在造船技术和航行技术上有了显著进步。欧洲的造船家们掌握了（从中国引入的）艉柱的使用方法，还学会了怎么结合使用三角帆与横帆索具。有了这些创新，他们就可以建造逆风航行、参加海战和携带大量货物的船只。另外，

---

[1] 引自 J.H.Parry：*Age of Renaissance：Discovery，Exploration，and Settlement，1450 to 1650*，New York，1963，p.33.

[2] 引自 R.B.Reed："The Expansion of Europe"，R.DeMolen主编：*The Meaning of Renaissance and Reformation*，Boston，1974，p.308.

交流与交换

廷巴克图

自 12 世纪创建以来，廷巴克图便成为伊斯兰教的学习中心，即便对欧洲人来说，它也是一个神秘而富有的城市。16 世纪时，廷巴克图仍然是撒哈拉贸易路线上的重要商贸中心。以下资料来自里奥·阿非利加努斯〔（Leo Africanus），即约翰内斯·列奥（Johannes Leo）〕笔下 1526 年的廷巴克图。阿非利加努斯是格拉纳达的一位穆斯林，也是当时的知名旅行家。

这里有许多手艺人和匠人开的商店，织布店、棉布店尤多。巴巴里的商人把欧洲的棉布带到这里。除女仆外，这里的所有妇女都蒙着面，售卖各种东西。这里的居民，尤其是外国人，极为富有，就连国王都想将女儿嫁给那些富有的商人。这里还有许多水质甘甜的水井；尼罗河经常泛滥，他们将河水经由水闸送到城镇。玉米、牛、牛奶、黄油等在这里都产量丰富；不过这里缺盐，盐要从 500 里外的塔哈扎（Taghaza）经陆路运到这里。我在廷巴克图时，看见有骆驼驮着 80 杜卡特（Ducat）的盐。廷巴克图的国王很富有，有好多金杯和金块，宫廷富丽堂皇。无论他到哪里，都坐在由贵族作仪仗队引领的骆驼上，士兵们都骑马。不管是谁，与国王讲话前，都要头肩贴地，匍匐在前。这种风俗在其他地方也很普遍。3000 骑兵和许多射击毒箭的步兵保护着国王，并经常与那些拒绝进贡的人发生冲突，也向商人索取不少……这里有许多医生、法官、祭司和其他博学之士，他们得到国王的慷慨资助，带来了巴巴里的许多书稿和手稿。书比其他东西都贵。廷巴克图的货币是没有任何标记的金币，价值很小，因此，人们通常用波斯引入的其他货币……，这里的居民温文尔雅、性情开朗，经常在街上彻夜欢歌载舞。

——里奥·阿非利加努斯《非洲的历史》

□ 问题：根据作者的叙述，廷巴克图在地区商业中扮演了什么角色？人们的主要支付手段是什么？

如指南针（中国人的发明）、星盘（据说是阿拉伯水手发明的，用来测量太阳和地平线以上的星星）等新的导航工具也让水手们探险外海时更加应付裕如。

■ 葡萄牙海上帝国

□ 问题：为什么葡萄牙人能够成功地掌握香料贸易？

在航海家亨利王子（1394—1460 年）的赞助下，葡萄牙率先向非洲海岸扩张。亨利希望借此找到一个可以联合对抗穆斯林的基督教国家并为葡萄牙寻找新的贸易机遇。1419 年，亨利王子创建了一所航海学校。很快，葡萄牙舰队开始向南沿着非洲西海岸寻找黄金。1441 年，葡萄牙船队抵达了佛得角附近的塞内加尔河。搜寻黄金无果后，返程时带了一船非洲黑人，大部分黑人被欧洲富人买去为奴。此后几年内，每年大概有上千名奴隶从非洲抵达里斯本。

1471 年，葡萄牙人继续向南航行，在西非南海岸发现了新的金矿（这里因此被欧洲人称为黄金海岸）。几年后，葡萄牙人与靠近刚果河河口的中非国家刚果和黄金海岸以北的内陆国家贝宁建立了联系。

● 葡萄牙人在印度

葡萄牙海员们听说可以绕过非洲南端前往印度，便继续向前探索。1487 年，巴尔托洛梅乌·迪亚士（Bartholmeu Dias）航行经过了好望角，因担心船员生变，很快他就打道回府。10 年后，在达·伽马的率领下，一支船队经过好望角，并在东非海包括索法拉、基尔瓦、蒙巴萨在内的几个穆斯林商人控制的港口稍作停留。随后，达·伽马的船队穿过印度洋，于 1498 年 5 月 18 日抵达印度沿海的科泽科德。葡萄牙船队的这次探险得到了皇室的积极支持，其目标是打破穆斯林对香料贸易的垄断——1453 年征服君士坦丁堡后，穆斯林加强了香料贸易的控制。但科泽科德依然是从香料群岛到地中海的主要门户，不过，消息不畅的欧洲人误将这里当作香料产地。达·伽马回返航时带了一船生姜和肉桂，从而使投资者的回报达数十倍之多。

● 寻找香料

此后数年里，葡萄牙人再度出发寻求香料贸易的控制权。1510 年，海军准将阿方索·德·阿尔布克尔克（Afonso de Albuquerque）在印度西海岸的果阿建立起葡萄牙人的据点。葡萄牙人在果阿劫掠阿拉伯船只，阿拉伯人曾这样描述："（葡萄牙人）大概有 7 艘船，他们杀了船上的人，还俘虏了一些人。这是他们的第一次行动，愿神诅咒他们。"[1] 1511 年，阿尔布克尔克占领马六甲，杀死了不少当地穆斯林。控制马六甲不仅让葡萄牙人有了进入香料群岛即今天马鲁古群岛的途径，还可以封锁马六甲海峡来摧毁阿拉伯人的香料贸易网。

葡萄牙人从马六甲出发，向更远的东方远征。1514 年，葡萄牙人到达了中国和香料群岛。在香料群岛，他们与当地苏丹订立了购买丁香的协定。几年内，葡萄牙从穆斯林手中抢占了香料贸易的控制权，为葡萄牙皇室带来了可观的利润。

为什么葡萄牙人能获成功呢？基本原因在于他们的枪炮和航海技术。在火枪和火药的使用上，葡萄牙人并没有垄断权，他们胜在船体轻、机动性能强，在确保速度的同时使用强大的火炮轰击敌人。这样的策略让葡萄牙人在与轻武装对手的较量中占尽了军事优势，使他们在数十年后其他欧洲人到来之前尽情扩张。

● 新对手

不过，葡萄牙并没有完全成功主宰印度洋，他们对殖民亚洲和镇压当地居民的反抗分身乏术且财力不足。而且，在船只建造和维持庞大帝国上耗资过大（造船厂和海外各据点有数百艘船和数十万工人）。本土太小帝国太大的葡萄牙终究没法维持大帝国。16 世纪末，葡萄牙人就遭遇了其他竞争对手的严峻挑战。

西班牙

最先挑战葡萄牙的是西班牙，它渴望找到向西前往东印度群岛的路线。早在 1492 年，伊莎贝拉女王就资助了克里斯托弗·哥伦布（Christopher Columbus，1451—1506 年）横跨大西洋的航行。两年后，为了解决两国冲突，西班牙和葡萄牙订立了瓜分新发现大陆的《托尔德西拉斯条约》。此后，葡萄牙人控制了东边绕好望角的贸易路线，西班牙控制了横跨大西洋的路线（出南美洲东部凸出部分）。

西班牙人最终确认了哥伦布发现的并不是印度，他们继续寻找前往香料群岛的路线。1519 年，葡萄牙人费迪南德·麦哲伦（Ferdinand Magellan）率领的一支西班牙船队绕过南美洲的南端、越过太平洋后登陆菲律宾。在与当地部落的冲突中，麦哲伦和他的 40 多个水手被杀身亡，即使如此，仍有一艘船抵达了马鲁古群岛，并途经好望角

〔1〕 K.N.Chaudhuri, *Trade and Civilization in the Indian Ocean: An Economic History from the Rise of Islam to 1750*, Cambridge, 1985, p.65.

完成了环球航行。用当代历史学家的话说，当他们最终抵达卡迪兹港时，"带着一船珍贵货物，出发时的 5 艘船队归来时仅剩 15 人"。[1]

事实证明，西班牙人并未继续麦哲伦的壮举。1529 年，西班牙人将马鲁古群岛的权力出让给葡萄牙人。不过，麦哲伦的航行并非彻底失败，西班牙成功巩固了对菲律宾的控制，最终，菲律宾成为西班牙跨太平洋贸易的主要基地。西班牙的船只装载着丝绸和其他奢侈品运往阿卡普尔科，去交换墨西哥的白银。

英国和荷兰

葡萄牙人在东南亚一带的主要危险来自英国和荷兰。1591 年，英国第一次途经印度洋远航至印度，返程时带回了许多胡椒。9 年后，为了给英国未来的远航提供稳定的据点，英国成立了一个民营联合股份公司——东印度公司。1608 年，一支英国舰队在印度西部沿海苏拉特登陆。英国与东南亚的贸易随之迅速发展。

很快，荷兰也加入了东南亚贸易的队伍。1595 年，第一支荷兰船队抵达印度。1602 年，在荷兰政府支持下的荷兰东印度公司成立。荷兰、英国和葡萄牙间激烈的竞争就此展开。1641 年，荷兰占领了葡萄牙贸易帝国的关键据点之一——马六甲。

■ 征服"新世界"

□ 问题：葡萄牙和西班牙是怎样在美洲建立各自帝国的？它们对所属殖民地的统治方法有何不同？

在葡萄牙人寻找向东经过印度洋的香料贸易路线的同时，西班牙人也试图向西穿过大西洋抵达相同的目的地。尽管西班牙人在海外地理大发现和扩张上略晚于葡萄牙人，但因资源丰厚，他们更能建立起庞大的海外帝国。

● 远航

15 世纪晚期，博学的欧洲人已经意识到，地球是圆的，但对地球的大小、亚洲大

---

[1] J.H.Parry, Age of Reconnaissance, pp.176–177.

陆的规模却知之甚少。热那亚人克里斯托弗·哥伦布认为的地球周长比当时人们认为的要小，而亚洲要比人们认为的更大，哥伦布坚信向西航行可以抵达亚洲，而不是向东经过非洲。他劝导西班牙伊莎贝拉女王为他的航行提供资金支持。1492 年 10 月，哥伦布的船队抵达美洲，并且探索了古巴海岸和邻近的海地岛。哥伦布认为，他们已经抵达亚洲，在后来的三次航行（1493 年、1498 年和 1502 年）中，他试图找到经过外部岛屿通往亚洲大陆的路线，但都徒劳而返。

不过，其他航海家意识到哥伦布发现了一个新大陆。受国家资助的冒险家们加入了被欧洲人称为"新世界"的竞争中。威尼斯人约翰·卡伯特（John Cabot）在英国国王亨利二世的资助下发现了新英格兰。1500 年，葡萄牙人佩德罗·阿尔瓦雷斯·卡布拉尔（Pedro Alvares Cabral）无意间发现了南美洲。佛罗伦萨人亚美利哥·韦斯普奇（Amerigo Vespucci）进行了几次航行，写的不少信都是描述了他所发现的大陆。这些信件公开后，人们将新发现的大陆命名为美洲（源自 Amerigo）。

● 征服

欧洲人所指的新大陆实际上是有着数百万人居住的繁荣文明。不过，对欧洲人来说，美洲是个新天地，他们很快就发现了征服和开发美洲的机遇。由于葡萄牙人显然在开发印度富源中处于领先地位，美洲对西班牙人来说就显得尤为重要。

西班牙征服者多数都是上层社会的人物，他们的主要动机是典型的融合了 16 世纪的荣耀、贪婪和宗教热情。尽管获得了卡斯蒂利亚王室的认可，但这些航海团队依然是由个人而非政府提供资金和装备的。

征服者们的优越武器装备、良好的组织能力和坚定的决心使他们取得了极大的成功。1519 年，赫尔南·科尔特斯率领的西班牙船队登陆墨西哥湾的维拉克鲁斯。科尔特斯带领一支小队伍前往特诺奇蒂特兰，受到了阿兹特克国王蒙特祖玛（Moctezuma Xocoyotzin）的热情欢迎。

不过，西班牙人与阿兹特克人很快还是发生了矛盾。西班牙人劫持了蒙特祖玛，摧毁了阿兹特克人的宗教圣地，这激起了阿兹特克人的暴动，他们将侵略者赶出了特诺奇蒂特兰。同时，阿兹特克人还遭受了欧洲人带来的疾病之苦，最终当地绝大多数人染病。在特拉斯卡拉王国的帮助下，科尔特斯最终击败了阿兹特克人。几个月内，被征服者眼里的撒旦之作——阿兹特克人的城市和神庙毁之殆尽。

南美洲的印加帝国也遭遇了同样的命运。1531—1536 年，以法兰西斯克·皮泽洛

（Francisco Pizarro，1470—1541 年）为首的远征队伍摧毁了秘鲁安第斯山脉的印加帝国。毫无疑问，西班牙人在这里的征服也因此前欧洲人传播的疾病而加速，这些疾病造成大量当地人的死亡。

葡萄牙人在巴西

与此同时，葡萄牙也在巴西建立了殖民地。按照《托尔德西拉斯条约》，南美洲东海岸属于葡萄牙的势力范围。如同西班牙，葡萄牙人也开始将殖民地视作金银来源地，但很快他们发现了其他发财之路。1549 年，葡萄牙在巴西建立行政机构，葡萄牙移民前往巴西建立种植园，主要生产糖、咖啡，以及出口欧洲的其他热带产品。

● 治理帝国

在葡萄牙占领巴西的同时，西班牙建立了一个包括中美洲、南美洲大部分以及北美洲部分地区在内的殖民帝国。在中美洲和南美洲，出现了我们所说的拉丁美洲这一新文明。

拉丁美洲很快成为多种族社会。到 1501 年，西班牙统治者已经允许欧洲人与美洲土著居民即欧洲人所说的印第安人之间通婚。他们的后代被称为麦斯蒂索人。此外，在 300 年的时间里，有 800 万非洲奴隶被送往西班牙和葡萄牙的殖民地从事种植园工作（见本章"奴隶贸易"部分）。非洲人与欧洲人通婚的后代黑白混血与麦斯蒂索人、白人后代、非洲人，及美洲印第安人形成了一个独一无二的多种族社会。

拉丁美洲的国家与教会

在管理美洲殖民地的过程中，葡萄牙和西班牙都试图将殖民政府最重要的职位控制在欧洲人手中。然而，因为天高皇帝远，殖民地在执行母国君主的政策上有很大的自主权。

葡萄牙在巴西的行政首脑是总督。总督主导着庞大的官僚机构，但顶多只对各省行政长官——省长有松散的控制权。

为了统治殖民帝国，西班牙国王设立了总督辖区。1535 年，第一个总督辖区——新西班牙总督辖区（墨西哥）创设。1543 年，又设立了秘鲁总督辖区。各总督辖区又分成更小的统治单位。政府所有要职都由西班牙人掌握。美洲的欧洲人后裔即克里奥尔人则主要任职于市政委员会中。

本来，西班牙和葡萄牙统治者决心让美洲土著居民皈依基督教。但在殖民过程中，天主教教起了重要作用，其势力从而大大增加。随着天主教传教士遍布西班牙殖民帝国，教会还建立了医院、孤儿院，以及指导印第安人进行阅读、书写和算术等入门教育的学校。为了方便工作，传教士经常把印第安人带到传教士的村庄布道，在那里他们可以改变信仰，接受行业教育，并被鼓励种植农作物，所有这些都在教会控制之下。

对殖民地妇女而言，天主教修女们给她们提供的是（思想、感情的）出路而非婚姻。信教妇女中，有不少出身贵族，她们经常在外经营学校和医院。胡安娜·伊内斯·德·拉·克鲁斯（Sor Juana Inés de la Cruz，1651—1695 年）是 17 世纪拉丁美洲最著名的文学家之一，她创作了不少诗歌和散文，倡导女性应当接受教育。

开发美洲富源

葡萄牙和西班牙都想从各自殖民地中获得经济利益。财富来源之一便是欧洲人热盼的黄金和白银。一位阿兹特克人这样评论西班牙征服者："他们对黄金贪婪若渴，身上写满贪婪，对黄金的贪欲如同狗见了骨头。"[1] 墨西哥和秘鲁南部（现在的玻利维亚）开采了大量的白银。1545 年，秘鲁波托西矿的开采使欧洲贵金属进口翻了 4 倍。1503—1650 年，据估计，西班牙的塞维利亚港进口了 1600 万千克白银和 18.5 万千克黄金。

不过，长期来看，农业的回报更高。美洲殖民地成为西班牙和葡萄牙向欧洲输入的糖、烟草、巧克力、羊毛、动物皮毛，以及其他产品的来源地。而母国则向殖民地输出制造品。

为了生产这些产品，殖民地当局起初试图主要依靠本地的劳工资源。西班牙对印第安人的政策可以说是困惑、错误的家长式主义和残酷的剥削相结合的产物。伊莎贝拉女王宣布印第安人是卡斯蒂利亚的臣民并建立了托管制度（encomienda system）。这一制度下，殖民地的欧洲居民既能获得土地，还可以从土著居民处获得进贡，也可以让土著居民为其服劳役。而托管地的拥有者则应当保护印第安人，照管他们的精神和物质需求。实际上，这意味着殖民地的定居者可以随意滥用这一制度。为了经济利益，西班牙定居者基本上无视遥远的母国，而是残酷地剥削印第安人，让其从事种植园和采矿工作。

被奴役、饥饿和疾病致使大量印第安人伤亡，对欧洲传入的疾病他们也毫无抵抗力或抵抗力极低，天花、麻疹、伤寒在印第安人中肆虐。据估计，有些地方死于这些疾病的土著居民至少占原来人口的一半。1493 年，哥伦布抵达海地岛时，人口有 10

---

〔1〕 引自 M.Leon-Portlla 编：*The Broken Spears*：*The Aztec Accout of the Conquest of Mexico*，Boston，1969，p.51.

万人；到 1570 年，仅有 300 名印第
安人幸存。1542 年，很大程度上是
为了回应巴托洛梅·德·拉斯卡萨斯
（Bartolome de Las Casas），西班牙政
府取缔了托管制，为印第安人提供了
更多保障。不过，到这时，土著居民
已经饱受疾病摧残，西班牙人和后来
的葡萄牙人不得不引入非洲奴隶来从
事制糖业。

表 14.1　西班牙人和葡萄牙人在美洲的活动大事记

事　件	时　间
哥伦布第一次航行至美洲	1492 年
葡萄牙舰队抵达巴西	1500 年
哥伦布最后一次航行	1502—1504 年
西班牙征服墨西哥	1519—1522 年
法兰西斯克·皮泽洛征服印加帝国	1531—1536 年
新西班牙总督设立	1535 年
巴西建立了正式的殖民管理体系	1549 年

● 竞争加剧

　　西班牙和葡萄牙在开发美洲富源上的成功很快引来了其他欧洲国家的竞争。1621
年，荷兰建立了荷兰西印度公司。尽管荷兰在巴西和加勒比一带已经取得进展，但始
终入不敷出。定居北美洲后，新荷兰殖民地从哈德逊河河口延伸到了现在纽约州的奥
尔巴尼。

　　不过，到 17 世纪下半叶，由于多年来与英国和法国的竞争和战争造成了损失，荷
兰在美洲的商业帝国开始衰落。1664 年，英国控制了新荷兰，改其名为纽约。荷兰西
印度公司很快破产。1663 年，加拿大成为法国王室的财产，被当作法国的一个省进行
管理。不过，在北美洲，法国始终缺乏足够的人力和财力，故而到了 18 世纪初，法国
将部分地区转让给了英国。

　　英国则在北美洲大西洋沿岸建立起殖民帝国。尽管起初英国的殖民活动并没有带
来什么利润，但逃离宗教压迫和获取经济利益这两大愿望纠缠在一起，促成了英国殖
民的成功。马萨诸塞海湾公司（Massachusetts Bay Company）就是典型的例子。起初，
马萨诸塞只有 4000 居民，到 1660 年，人口已经增加到了 4 万。

● 克里斯托弗·哥伦布：英雄还是恶棍？

　　数百年来，哥伦布一直被视为正面人物。因为他发现了西半球，从而打开了新世
界，为现代全球经济奠定了基础。不过，近些年来，一些历史学家开始质疑哥伦布的
英雄形象，认为他是欧洲殖民压迫的象征，也是灭绝美洲人民和文化的主要推手。

文明的前进

随着欧洲人在 15 世纪陆续发现世界其他地方，他们确信，他们的职责是将文明的方式带给他们遇到的愚昧的人们。这种态度在以下第一段资料中有所反映，这是描述 1513 年的西班牙船长瓦斯科·努涅斯·巴尔博亚（Vasco Nunez de Balboa）的，当时，他从巴拿马的山上第一次看到太平洋。

巴塔罗姆·德·拉斯·卡萨斯（Bartolome de Las Casas）是多米尼加的修士，参与了征服古巴的活动，作为回报，得到了大量土地和印第安人。但是，1514 年，他进行了激进改革，在他看来，印第安人受到了西班牙人的残忍虐待，故而，他将余生（他 92 岁高龄去世）都献给了印第安人。第二段资料来自他最有影响力的著作《印第安人的眼泪》。主要由于这部作品，西班牙人冠上了"天性残忍"的名声。当今许多学者认为，可能为了鼓动人们行动起来，卡萨斯在叙述中有所夸张。

1513 年 9 月 25 日，星期二，上午 10 点。船长瓦斯科·努涅斯走在前头，爬上光秃秃的山，从山顶眺望南边的海洋。队伍里的基督徒中，他是第一个看见这片海洋的人。他转头面对同伴，兴高采烈地望向天空，向耶稣基督、圣母玛利亚祈祷。然后，他葡匐在地上，感谢仁慈的天父让他发现了大海，从而能为天父、卡斯蒂利亚的天主教国王们和我们的君王服务……

他让同伴们跪地祈祷，感恩上帝，请求上帝让他发现这片海洋和海岸的秘密以及富源，让他光大基督教，让他与这里的土著居民印第安人交谈，为卡斯蒂利亚的声名和繁荣、现在与将来而服务。所有人都欢呼雀跃。船长令人砍下一棵树，做了一个十字架，并竖立在他们第一次看到太平洋的山顶上。

——冈萨罗·费尔南德兹·奥维耶多（Gonzalo Fernandez de Ovieda），《印第安的历史》

没有什么比西班牙人为了获得珍珠而暴虐印第安人更残酷、更可恨的了。即便地狱里的折磨也一定好过他们所遭受的痛苦；他们被泡在四五厄尔（ell，长度单位）的水中，采摘珍珠母贝，没有一丝自由；他们得不时把满是贝壳的网拖离水面，一旦略作停歇，立即就有人划着船来，殴打他们，再度将他们赶入水下。除了垃圾、贝壳，以及巴掌大的一小块面包外，他们没有其他东西果腹：前者根本谈不上营养；后者不仅制作困难，而且量小，难以为继。他们戴着脚镣睡在地上，以防逃跑。他们无数次浸泡在捞母贝的劳动中，直到浪头袭来，浮出水面，他们往往被海水吞噬。试想一下，剥削这些可怜人，将他们无情地置于残酷的死亡境地中，使他们在没有一丝同情和怜悯中死去，符合上帝告诫我们的睦邻箴言吗？他们不可能在水下生活多久，这种死法如此痛苦，胸腔受到挤压，肺部呛水，重要脏器受损严重，以致他们口中冒出血来。

他们原本的黑发也变色了，身体因长期泡在大海里而走样，形同怪物。

——巴塔罗姆·德·拉斯·卡萨斯《印第安人的眼泪》

□ 问题：瓦斯科·努涅斯描述的感受与拉斯·卡萨斯所写的印第安人的遭遇相调和吗？你认为哪段资料更符合西班牙人对美洲人的作为？请对比印第安人与非洲奴隶的遭遇。

这种观点确实中肯。如前所述，哥伦布航行的直接后果是给无数人带来的灾难。哥伦布本人就认为，为了增加西班牙的财富和实力，他不得不屈尊与土著居民打交道，并来剥削这些无辜者。于是，他的手下便有了残忍对待这些土著居民的长期理由。

不过，将哥伦布的这些性格特征和偏见普遍归因于时代是否公平？这样做是要求一个人超越时代的局限、采纳后人的价值观。简单地说，哥伦布及其同时代人对他们自身文明之外的人们缺乏理解与同情心，这种局限性可能在某种程度上适应于所有时代的人，也包括我们这一代人。哥伦布到底是英雄还是恶棍，仍然是个争议的话题。哥伦布及其同时代人在现代世界的出现中起到了关键作用，这一点无可置疑。

■ 转变中的非洲

□ 问题：非洲奴隶贸易的主要特征是什么？欧洲干预非洲事务造成了什么影响？

尽管葡萄牙人在绕好望角航行中的主要目标是寻找前往香料群岛的海路，但他们很快发现利润主要来自非洲东海岸的沿路。

● 欧洲人在非洲

16 世纪初期，一支葡萄牙人船队占领了东部非洲的多个港口城市，包括索法拉、

哥伦布大交流

西方传统中，人们一直以比较积极的角度来评判美洲的发现，认为这是全球贸易进程的第一步，并最终带来了世界范围内的经济增长和文明传播。然而，近些年来，这种观点遭到部分人的激烈抨击，他们指出，对于美洲人民来说，欧洲人征服的主要遗产不是改善了生活水平，而是严酷的殖民剥削和摧毁当地人民的瘟疫。

诚然，欧洲人的征服有诸多可指摘之处，哥伦布的航行对当地人及其后代并非普遍有益，不仅造成了美洲当地文明的毁灭，还导致了数百万非洲人最终沦为奴隶。

不过，只关注地理大发现时期以发现和文明之名所行之恶也是片面的，因为没有看到它的长远影响。从航海家亨利王子和哥伦布开始的欧洲扩张时代是人类历史上最近发生的人口大迁徙，其中也包括游牧民族在中亚的大迁徙、伊斯兰教向中东以外地区的扩散。实际上，从史前时代以来，人类迁徙的一大目的就是寻找更好的居所。所有大迁徙都包含着难以想象的残酷和对各民族、社会的暴力处置。

回顾人类历史，这样大规模的人口迁徙其后果太过复杂，显然很难用道德或意识形态来简单概括。蒙古人的征伐、伊斯兰教的扩张就是两个典型案例，他们对所征服地区人们的影响消极面和积极面兼具。同样，欧洲人对美洲的征服不仅使其文化尽毁，还带来了危险的新疾病，同时也促成了动植物的大交换，这种交换对全人类都是有益的。马、牛和各种经济作物的引入增加了美洲的粮食供应。玉米、木薯、土豆等西半球的物产对亚洲、非洲和欧洲也产生了同样影响。正如其名称所显示的，哥伦布大交流带来的后果远非简单的道德评判可归纳。

美洲的发现还有其他深远影响。大量金银的输入加速了价格革命，并扭曲了西班牙的经济。同时，流动资本增加也是商业资本主义增长的关键因素，而商业资本主义为现代全球经济奠定了基础。有人甚至认为，流入欧洲的贵重金属为工业革命提供了财政基础。

在这样的背景下进行观察，哥伦布大交流不管有何等道德瑕疵，总体上都是对全球人民有益的。在有些人看来，这个代价过于高昂，美洲土著居民本可以自己就能更好地转变自身命运。但是历史的丛林法有由其自身运转逻辑，不会等待后进者。无论好坏，哥伦布大交流都是人类历史从传统转向现代的标志。

□ **问题**：如何衡量哥伦布大交流的利与弊？在衡量这些利弊时，你所遵从的标准是什么？

基尔瓦、蒙巴萨，为了控制这一地区的贸易，沿海岸建立了一些堡垒。起初，葡萄牙人想垄断黄金贸易，这些黄金由山上的班图工人开采后运往沿海的索法拉（见第8章）。几个世纪以来，黄金贸易一直由津巴布韦说班图语的绍纳人垄断。15世纪，绍纳人建立的姆维内·穆塔帕（Mwene Mutapa）帝国控制了黄金贸易。一开始，姆维内·穆塔帕帝国认为欧洲人在对付当地竞争者时很有用，到了16世纪末，葡萄牙人迫使当地统治者出让大量土地。不过，葡萄牙人缺乏掌握当地贸易的人才、资本和专业知识，到17世纪晚期，姆维内·穆塔帕帝国的一个附庸国将葡萄牙人赶出了非洲高原。

第一波在南非定居的欧洲人是荷兰人。1652年，荷兰在好望角设立了一个小站，将之作为船队进入东印度的基地。最终，荷兰人的居住地变成了永久殖民地，非洲荷兰裔即布尔人所讲的荷兰方言演变成了南非荷兰语，布尔人开始在开普敦城外定居。由于当地气候环境，再加没有热带病，这里实际上成为欧洲人在撒哈拉南部发现的唯一适合居住的地方。

● 奴隶贸易

除了与外国人进行直接或间接贸易的少数人外，欧洲人在非洲沿海的开发对生活在非洲内陆的绝大多数人来说几乎没有什么明显影响，但对那些生活在近沿海地区的人来说，影响巨大。16—18世纪的奴隶贸易，迫使数千乃至数百万人背井离乡，到西半球从事种植工作。

欧洲人的到来

如第8章所述，欧洲人到来之前，非洲已经有不同形式的奴隶制了。几百年来，在某些非洲国家，奴隶——往往是战斗中的俘虏——被用作农业劳动力或家佣。8世纪伊斯兰教向撒哈拉南部扩展之后，伴随阿拉伯商人将奴隶运往中东，奴隶贸易兴旺起来。一些非洲奴隶或黑海附近说斯拉夫语的战俘被许多国家贩卖为奴充当农业工人或家佣。

随着欧洲人于15世纪抵达非洲，非洲奴隶贸易发生了极大的改变，尽管这种转变并非发生在短时间内。一开始，葡萄牙人只是用非洲奴隶取代欧洲奴隶。不过到了15世纪90年代发现美洲后，再加上南美洲和加勒比海的甘蔗种植，这种局面被改变了。蔗糖原产于印度尼西亚，十字军东征期间被引入中东。地中海大部分地区被奥斯曼帝国占领后（见第16章），欧洲人需要寻找甘蔗的新种植地。

蔗糖产业的主要推动力来自美洲的殖民化。16世纪，在巴西东海岸和几个加勒比海岛屿，建立了不少种植园。由于种植甘蔗非常艰苦，需要大量的劳动力，而印第安人无法为新种植园提供足够多的工人。如前所述，不少印第安人死于各种疾病。由于西非的气候和土壤并不特别适合于种植甘蔗，于是，非洲奴隶被运到巴西和加勒比地区，从事种植园工作。第一波非洲奴隶是从葡萄牙运送过来的，不过，1518年，一艘西班牙船直接将非洲奴隶从非洲运往了美洲。

奴隶贸易的发展

接下来的200年里，奴隶贸易大幅增加。据估计，16世纪，有27.5万非洲人被当作奴隶送往其他国家和地区，每年仅运往美洲的就有2000人。到17世纪，奴隶贸易的数量攀升到100万人。到18世纪，奴隶贸易从西非和中非扩展到东非，奴隶贸易的数量随之激增至600万人。有人估计，从16世纪初到19世纪末，共有1000万非洲奴隶被运往美洲。同一时期，还有200万非洲奴隶被运往其他地区。

奴隶贸易途中

奴隶贸易数量如此惊人的原因之一是途中死亡率极高。在通常所说的从非洲到美洲的艰苦航"中途航路"（middle passage），死亡率极为惊人。尽管奴隶贸易途中死亡的人数几乎完全靠推测，但在起初的航行中，高达1/3的人死于疾病或营养不良。甚至船员的死亡率有时也高达1/4。后来，这一贸易效率有所提高，死亡率减少到1/10。但奴隶仍然受到了非人的遭遇，他们被锁在船舱里，与恶臭的垃圾和害虫引起的各种疾病为伍。

具有讽刺意味的是，残酷航行中幸存下来的奴隶到达目的地后，其待遇有时比白人还稍好一点。西印度群岛上欧洲人的死亡率比欧洲本土高10倍到20倍，每年新抵这里的欧洲人中，平均每1000人中有125人死亡。不过，由于非洲人对黄热病有部分免疫力，非洲人的死亡率是3%。

尽管待遇差肯定是造成奴隶贸易途中死亡率惊人的原因之一，但其原因显然不限于此。如前所述，疾病从一个大陆传播到另一个大陆后，大量死亡的首先是那些缺乏免疫力的人。相比印第安人，非洲奴隶对欧洲疾病不那么敏感。实际上，他们似乎有一定程度的抵抗力，这也许是由于数百年来的跨撒哈拉贸易中，他们的祖先对旧世界的一些常见疾病有了抗体。不过，非洲人对美洲的本土疾病却没有免疫力。

奴隶的来源

奴隶主要通过传统方式获得。当欧洲人第一次参与奴隶贸易时，他们会在臭名昭著的奴隶市场上用黄金、枪支或其他如纺织品、铁制品或铜制品等欧洲制造品从当地非洲商人手中正式购买奴隶。起初，当地奴隶贸易者可以立刻从周边地区满足欧洲人的需求，但随着奴隶需求量的增加，他们不得不到更远的内陆地区寻找奴隶。一些当地统治者开始担心奴隶贸易对本地造成的影响。1526年，刚果国王阿丰索（Afonso）在写给葡萄牙国王的信中说："（奴隶贸易导致的）腐败和放任太过严重，我们的国家已经完全无人可用了。"[1] 不过，当地统治者越来越将奴隶贸易当作主要收入来源，有些统治者甚至对毫无防备的村庄发动突袭，以攫取奴隶。

奴隶贸易的影响

奴隶贸易的影响在各地区间存在差异。对非洲大陆来说，许多地区人口因此大量减少。这在刚果河河口南部即现代的安哥拉一带以及人口稀少的东非尤为明显，在西非则不那么显著。西非的高出生率往往能够抵消损失的成年劳动力，从西半球引入的玉米、花生和木薯等新作物也使粮食供应不断增加，能够养活更多的人口。对许多人来说，奴隶制堪称悲剧，但也一些人却从中受益不少，历史的残酷讽刺在此体现得淋漓尽致。

当然，毫无疑问，从道德上看，奴隶贸易代表的是数百万非洲人的悲剧，无论是从家庭还是个人角度而言，莫不如此。被卖往欧洲的奴隶中，儿童占两成之多，部分原因在于许多欧洲国家颁布的规章中，允许运输上船的儿童数量多于成年人。

欧洲人又是怎样为如此残忍的奴隶贸易辩护的呢？一些人辩称，奴隶贸易商只不过是在遵循地中海和非洲地区已经存续数百年的奴隶贸易传统而已。实际上，非洲的中介机构也参与了奴隶贸易，并且往往能够决定卖给欧洲人的奴隶的价格、数量以及日后的供应量。另一些欧洲人则指出奴隶贸易让不少奴隶皈依了基督教，从而减轻了他们内心的愧疚。

● 转变中非洲大陆的政治与社会结构

当然，西方经济对非洲的渗透还有其他错位的影响。从欧洲进口的制造品摧垮了非洲棉纺织业的基础，导致无数家庭破产。武器的引入加剧了政治动荡和内部冲突。随着欧洲人对奴隶需求的不断增加，非洲的奴隶贸易商开始用新近购买的武器劫掠邻近村庄，抓捕俘虏，激发了造成恐惧和无安全感氛围的暴力链。旧政权瓦解，新的由贪婪商人统治的政权在非洲沿海地区扩散。

同时，欧洲人的影响也不应过分夸大。只有在南非和莫桑比克等一些较为孤立的地区，欧洲人才建立永久定居点。在其他地方，由于非洲统治者和商人的坚持，欧洲

---

[1] 引自 B.Davidson：*Africa in History：Themes and Outlines*，London，1968，p.137.

的影响通常只局限在沿海。然而，内陆地区也常常受到其他地方发生之事的影响。例如，在撒哈拉西部，往东贸易路线的分流导致了古老的桑海帝国衰落，并最终在 16 世纪被新兴的摩洛哥征服。

欧洲的影响在西非沿海地带更为直接，不过，公元 1800 年前，欧洲人一直未在这里建立殖民地。从佛得角到尼罗河三角洲的许多非洲国家都足够强大，可以抵御西方的进犯。有些国家，如 1680 年在黄金海岸建立的强大的阿散蒂（Ashanti）王国，还从海上贸易中获利匪浅。有些国家，尤其是所谓沿奴隶海岸（即现在的贝宁和多哥）或人口密集的尼罗河三角洲的一些国家积极参与了奴隶贸易。不过，对奴隶的大量需求和利润诱惑也不断加剧了这些地区间的冲突。

这一点在刚果河流域尤为突出。葡萄牙人在这里的活跃最终致使刚果帝国分裂并陷入了之后长达 200 年的争斗之中。东非的情况也有类似之处。葡萄牙人的活动导致了姆维内·穆塔帕帝国的崩溃。沿着非洲海岸北上，在今天肯尼亚和坦桑尼亚一带，在阿拉伯军队的帮助下，非洲统治者于 1728 年将葡萄牙人赶出了蒙巴萨。斯瓦希里文化有所复兴，但因不少船只转向好望角周边，这一地区从未彻底复兴，且日益依赖于奴隶出口和与内陆非洲国家的象牙贸易。

■ 香料贸易时代的东南亚

□ 问题：东南亚各国的主要特征是什么？伊斯兰教和欧洲人的到来给它们造成了什么影响？

如前所述，由于 15 世纪全球贸易网的加速扩张，东南亚各方面均受到影响。不仅穆斯林信仰开始向这一地区渗透，随着 1511 年葡萄牙人占领马六甲，各欧洲国家为争夺香料贸易控制权的竞争时代也随之开启。起初，大多数东南亚国家的统治者尚能对付这些挑战，维持独立。但我们将在随后的讨论中看到，这不过是暂时的缓刑而已。

● 西方人的到来

前面已经提到，西班牙人紧跟葡萄牙人进入了东南亚。到 17 世纪，荷兰、英国和

观点争锋

王室通信

1681 年，法国国王路易十四写信给东京国王（郑主，越南统治者），要求对方允许法国派遣基督教传教士前往越南传教。后者极为礼貌地以此举不合旧俗之由回绝了。实际上，基督教传教士已经在越南活跃多年，他们干预地方政治，激起了河内朝廷的愤怒。

亲爱的朋友，愿上帝为你增福。

我们从前往你处的我国臣民口中得知你对他们的保护。我们无比尊重的向你致以国王之礼，深深感激你的举动，敬重你作为一国之王的赫赫军功和在国家中实施的正义举措。但是，我们甚至被告知，你对将此种一般性保护延及我国臣民并不满意，特别是你向戴迪耶（Deydier）和布尔热（Bourges）给出了证据。我们希望他们带给你的各种礼物能使他们得到你的恩惠。由于欧洲联合起来反对我们，几年来，我们的船只无法顺利前往印度群岛。不过，目前，在获得多次胜利后，我们已经处于和平之中，还通过征服几个重要地方扩张了疆土，我们已经下令皇家公司（Royal Company）尽快在你国开设分公司；另外，我们派遣戴迪耶和布尔热留在你国，维持我国臣民与你国臣民的良好关系，另一方面，这也是为了在可能出现的情况下，提醒我们，当我们能够向你证明我们对你的尊重、我们的愿望能够与你的满意和最大利益一致时，他们会在场。

作为初步证据，我们给你赠送了一些礼物，我们相信这可能会让你愉快。不过，为了你和你的王国，我们切盼，那些已经接受天地间唯一真神是上帝的法则的你国臣民有信奉上帝的自由，因为这个法则是至高、至尊、至圣的，特别是最适合于让国王对人民实施绝对统治。

我们确信，如果你知道上帝的真理与箴言，你会率先拥抱他，为臣民表率。我们希望你长治久安，祈求上帝保佑你。

你亲爱的朋友路易

1681 年 1 月 10 日于圣日耳曼昂莱

——路易十四给东京国王的信

东京国王向法国国王致最真挚之信。他非常高兴地知道，信是人之所长，义是重中之重。因而行信义者，必得正果。虽然法国与我国山川、河流、疆域各不相同。如果信与义能在乡野盛行，此举可表达我们的所有美意和馈赠。你千里致书，足见内心之诚，值得反复考虑和再三赞扬。对陌生人待之以礼在我国并非异常。没有一个陌生人不受我们欢迎。因而，我们又怎么拒绝法国人呢？法国是世界上最著名的国家之一，常以友爱待我们，给我们带来各种物产。这样的信与义的确值得赞赏。至于你提到的我们应当配合宣传你们的宗教，我们可不敢允从，因为旧俗明令禁止传教。禁令一经公布，就需严格执行；国无信则不立。我们怎敢蔑视既定习俗而满足私交呢？……

我们恳请你们理解，这是有关我们熟悉和了解彼此的通信，也是我的回信。随信赠上礼物一份，希望你心情愉快。

写于初冬的良辰吉日

——东京国王给路易十四的回信

□ 问题：对比东京国王给路易十四的回信与 1244 年蒙古大汗给教皇的回信，你认为哪封更能安抚对方？

法国也加入了争夺香料贸易的队伍中。

很快，荷兰通过财力雄厚的荷兰东印度公司赶走了香料贸易中的竞争对手，开始巩固对东南亚的控制权。在爪哇岛，荷兰人于 1619 年在巴达维亚设立了东印度公司总部，他们认为，为了保护其地位，有必要将内陆地区也纳入其控制之下。不过，荷兰人没有建立正式的殖民地，他们试图通过当地贵族来实施统治。在爪哇和苏门答腊，荷兰东印度公司开辟的胡椒种植园成为阿姆斯特丹的荷兰商人的利润源泉。在其他地方，荷兰人则试图通过限种丁香来垄断丁香贸易。到 18 世纪末，荷兰几乎控制了整个印度尼西亚群岛。

然而，欧洲各海上强国在领土和势力范围上的争夺加剧了东南亚的紧张局势，其前景不容乐观。分散在太平洋各岛屿的东南亚统治者已经发现他们难以抵抗越来越强大的欧洲人。有时候，结果可谓悲剧，因为本土文化完全被西方物质文明侵蚀，这常常使本土文化觉醒中的人们产生了巨大的心理压力和归属感缺失。

某种程度上，欧洲人的到来对印度次大陆和东南亚大陆的影响较小一些。在这里，缅甸、越南和泰国的君主反对外国侵入。此外，令欧洲人垂涎的香料在这里并不兴旺，因此，欧洲人也不热衷于向这里渗透。葡萄牙人与泰国、缅甸、越南和吴哥王国等几个大陆国家有一点贸易往来。到 17 世纪初期，其他国家也跟随着葡萄牙的脚步来到这里，在贸易和传教上开启了竞争。

17 世纪中期的越南，西方商人和传教士的到来与其统治阶级的内斗交织在一起。欧洲各国开始干预越南内政，葡萄牙人与荷兰人各支持不同派系。到 17 世纪末，显然，这里的经济机会已经很有限了，大多数欧洲国家开始从工厂（贸易据点）撤离。留下来的法国传教士受到了当地官员的阻挠，他们认为，天主教坚持要求皈依者首先忠于教皇，威胁到了越南皇帝的合法地位和声望。

● 东南亚前殖民时期的国家与社会

19 世纪，欧洲人统治东南亚前的公元 1400—1800 年，是东南亚传统文化的最后繁荣时期。尽管欧洲人的到来对某些地区产生了即时和直接的影响，特别是菲律宾和马来亚部分地区，但在大多数地区，西方人的影响相对有限。

不过，东南亚各国的贸易模式、生活方式和宗教信仰正在发生微妙的变化。在某些方面，这些变化加剧了各国间的差异。不过，差异之外，东南亚大多数人的生活也存在着基本共性。尽管文化和宗教信仰上存在多样性，但与外部世界相比，东南亚各国在很多方面极其相近。东南亚各国的绝大多数国家和人民仍然主宰着自己的命运。

宗教与王权

在现代早期，佛教和伊斯兰教都在东南亚盛行，基督教也吸引了一些信众，尤其在菲律宾。佛教在东南亚大陆从缅甸到越南的低地地区占主导地位。起初，穆斯林的影响主要局限在马来半岛，以及爪哇岛北部沿海和苏门答腊，在这些地方，本地的贸易商人常常与来自外岛的穆斯林接触。

佛教和伊斯兰教还促成了东南亚政治机制。随着政治体制的成熟，东南亚各国主要发展为四种类型：佛教国模式、爪哇国模式、伊斯兰苏丹制模式和越南的皇帝制（越南深受中国影响，见第 11 章）模式。这几种类型的国家组织和观念都是外来经验与当地环境相结合的产物。

佛教国家主要形成于 11 至 15 世纪，是东南亚大陆缅甸、老挝、柬埔寨、泰国等国家的主要政治制度。其突出特点是君主与神具有相同的特性，业力美德天生优于其他人，是人与宇宙的联系体。

爪哇国模式结合了佛教与伊斯兰教的政治传统。如同佛教国家一样，爪哇国国王也拥有神圣性，是神圣世界与物质世界的平衡体。

伊斯兰模式主要出现在马来半岛和印度尼西亚群岛沿海。这种模式下，国家首脑是苏丹，虽是凡人，但却拥有一些非凡的能力。

经济

欧洲人刚进入东南亚时，大多数东南亚国家的经济仍然以农业主。尽管早在 16 世纪初期一些东南亚国家的商业就已有所发展，特别是沿海或可通航河流地区的一些城

表 14.2　香料贸易大事记

事　件	时　间
瓦斯科·达·伽马抵达印度西南部的加尔各答	1498 年
阿尔布克尔克在果阿建立据点	1510 年
葡萄牙人占领马六甲	1511 年
葡萄牙的商船登陆中国南部	1514 年
麦哲伦的环球航行	1519—1522 年
英国的东印度公司建立	1600 年
荷兰的东印度公司建立	1602 年
英国人抵达印度西北的苏拉特	1608 年
荷兰在巴达维亚建立据点	1619 年

市。造成这种局面的部分原因在于，随着甘蔗、香料等作物取代水稻或其他谷物，东南亚的农业商业化程度越来越高。

在欧洲人到来前，东南亚的区域贸易已经非常普遍，其特殊的地理位置使它成为广泛贸易网的焦点。当然，香料是东南亚贸易的支柱，不过，其他一些产品也不容小觑。东南亚出口锡（10 世纪起，马来半岛就有锡矿开采）、铜、金、布、橡胶、奢侈品、热带水果和其他农产品，进口物主要有中国的制造品、陶瓷和丝绸等高端纺织品。

● 社会

总体而言，同时代东南亚人的生活水平可能比亚洲其他地区更高。尽管按照近代西方的标准来说，绝大多数人仍处于贫困之中，但饥饿并非普遍现象。这种相对繁荣背后有多种原因。首先，东南亚多数地区气候适宜。均匀的高温和充沛的雨水让这里的作物一年可种植两季甚至更多。其次，尽管一些地方土壤贫瘠，但东南亚大陆的三角洲土地丰腴，印度尼西亚的火山时不时喷发的大量火山灰使爪哇和苏门答腊的土壤更为肥沃。最后，除少数地方外，东南亚大多数地区人口相对稀少。

东南亚的社会制度趋于同质化。与中国和印度相比，东南亚的社会分层很不明显，核心家庭占主导地位。与亚洲其他地区相比，整体上，东南亚的妇女境遇稍好。女儿也有继承权，家庭财产夫妻共有。妻子有离婚权，普遍实行一夫一妻制。尽管妇女往往被限制在陶瓷制作、缝纫、插稻等一些特定行业，并且没有与男性同等的合法权益，但相对来说，她们有较高的自由度和社会地位，有时还能经商。

━ 本章小结

15 世纪，国际商贸的步伐急剧加快。中国船只抵达了印度洋，而穆斯林商人则将其活动拓展到香料群岛和撒哈拉以南的西非地区。随后，欧洲人进入世界舞台。欧洲人登上世界舞台的进程是从葡萄牙船队向南绕道西非海岸这一看似比较适中的冒险开始的，并且由于 15 世纪 90 年代哥伦布在美洲和达·伽马在印度洋的跨时代航行而加快。很快，其他许多欧洲国家也加入它们的行列，到 18 世纪末期，欧洲人已经建立起由西方船只和西方国家主宰的全球贸易网，经由这一网络，地球这端的粮食、纺织品和矿产品流通到地球那端。

在不到 300 年的时间里，欧洲的大航海时代改写了世界进程；在美洲和香料群岛等地区，致使本土文明瓦解、欧洲殖民地建立；在非洲、南亚、东南亚大陆等地区，地方政权保持完整，但欧洲对当地的社会和贸易模式产生了巨大影响。在另一些地区，它导致了传统制度和价值观的衰落，开启了迄今尚未逆转的崩溃历程。

当时的许多欧洲观察家以积极态度看待这一进程。因为它不仅扩大了贸易、促进了新旧世界间的作物交流，还给全世界"异教徒"带去了基督教。许多现代历史学家则更以批判性的态度看待这一进程，他们认为，欧洲人在 16 世纪和 17 世纪的活动创建了一种"生产的附庸模式"，这种模式的基础是欧洲人在不平等贸易中的利润。这种不平等贸易预示着后来殖民时期欧洲与殖民地的剥削关系这一特点。不过，也有学者质疑这一观点，他们认为，尽管西方的商业活动对全球贸易模式产生了重要影响，但它们并未——至少在 19 世纪前——开创欧洲统治世界的时代。长期以来，穆斯林商人抵挡住了西方人将他们驱逐出香料贸易的尝试，跨越撒哈拉的大篷车贸易也基本没有受到西非沿海的西方商船的影响。同时，一些强大的帝国仍然统治着穆斯林信仰盛行的地方。此外，以北京为新首都的中国皇帝们仍然强势统治着东亚大陆的大片疆域。我们将在第 16 章和第 17 章讨论这些地区的情况，分析他们是如何应对变化着的世界的。

▬ 本章思考

— **问题 1**：哥伦布大发现的主要特点是什么？对世界贸易产生了什么影响？

— **问题 2**：地理大发现时期欧洲势力的扩张与几个世纪前中东地区伊斯兰帝国的
　　　　　　扩张有什么不同？

— **问题 3**：为什么西班牙征服者能非常迅速地征服拉丁美洲，却未能迅速地征服
　　　　　　非洲和东南亚？

━ 拓展阅读

关于欧洲的扩张。欧洲扩张的技术发展，可以参考 F.Fernandez-Armesto 编：*The Times Atlas of World Exploration*，New York，1991；R.C.Smith，*Vanguard of Empire：Ships of Exploration in the Age of Columbus*，Oxford，1993；A.Pagden，*Lords of All the World：Ideologies of Empire in Spain，Britain and France，c.1500-c.1800*，New Haven，Conn.，1995。地理大发现时期的地图绘制问题，可以参考 T.Lester，*The Fourth Part of the World：The Race to the Ends of the Earth，and the Epic Story of the Map That Gave America Its Name*，New York，2009。另外，还可以参考 A.Gurney，*Compass：A Story of Exploration and Innovation*，New York，2004；W.Bernstein，*A Splendid Exchange：How Trade Shaped the World*，New York，2008。

关于各国别的研究。关于征服者的研究，可以参考 H.Thomas，*Conquest：Montezuma，Cortes，and the Fall of Old Mexico*，New York，1993。关于荷兰的情况，可以参考 J.I.Israel，*Dutch Primacy in World Trade，1585-1740*，Oxford，1989。英国的情况，可以参考 S.Sen，*Empire of Free Trade：The East Inida Company and the Making of the Colonial Marketplace*，Philadelphia，1998；Anthony Wild，*The East India Company：Trade and Conquest from 1600*，New York，2000。

关于香料贸易。欧洲贸易对东南亚的影响，可以参考 A.Reid，*Southeast Asia in the Age of Commerce，1450-1680*，New Haven，Conn.，1989。香料贸易的情况，可以参考 A.Dalby，*Dangerous Trastes：The Story of Spices，Berkeley，Calif.，2000*，以及 J.Turner，*Spice：The History of a Temptation*，New York，2004。

关于奴隶贸易。关于非洲的奴隶贸易，可以参考 P.E.Lovejoy，*Transformation in Slavery：A History of Slavery in Africa*，Cambridge，1983；P.Manning，*Slavery and African Life*，Cambridge，1990；H.Thomas，*The Slave Trade*，New York，1997。

关于妇女问题。地理大发现和全球贸易中妇女问题的简介，可以参考 S.Hughes 和 B.Hughes，*Women in World History*，vol.2，Armonk，N.Y.，1997。另外，关于美洲土著妇女与西方人的遭遇，还可以参考 R.Gutierrez，*When Jesus Came the Corn Mothers Went Away：Marriage，Sexuality，and Power in New Mexico，1500-1846*，Stanford，Calif.，1991。

第 15 章

欧洲的转变：宗教改革与国家的构建

1521 年 4 月 18 日，沃尔姆斯城，一位下层修士站在神圣罗马帝国皇帝面前慷慨陈词。他此次前来是为了回应危及他性命的异端指控，他面前摆了一堆书，当被问到是要全盘维护，还是拒绝其中的一部分时，这位名叫马丁·路德（Martin Luther）的修士大无畏地做出辩护，要求对方根据"圣经和普遍理性"指出他犯下的错误。对路德的回应，皇帝勃然大怒，次日便鲜明地表达了自己的态度："不仅仅是我，还有高贵的德意志民族，如果忽视异端以及异端的嫌疑，都将永远蒙羞。在听过昨天他那顽固不化的辩词后，我很后悔竟耽搁了这么久才反对他和他的错误教条。我绝不会再容忍他。"路德在沃尔姆斯城的露面对天主教会的权威造成了严峻挑战。1500 年来，这绝非天主教会遭遇的第一次危机，但其后果之深远是参与沃尔姆斯城会议的所有人都没有料到的。

分崩离析的 14 世纪过后，欧洲经历了 15 世纪的文艺复兴和 16 世纪的宗教改革运动。宗教改革运动造成了欧洲宗教（天主教与新教）分裂，对 1560—1650 年里主宰欧洲历史的一系列战争的初起产生了重要影响，加速了欧洲的经济和社会危机。

17 世纪的欧洲对这些危机的回应措施之一是寻求秩序，最普遍的趋势是将扩大君权作为稳定局势的力量。这种被历史学家称为专制主义（absolutism）或君主专制的发展趋势在路易十四统治时期的法国表现最甚，路易十四因此也被视为专制君主的最佳代表。

不过，专制主义并非 17 世纪的欧洲寻求秩序的唯一应对方式。英国等其他国家对内部危机的反应极为不同，形成了君主权力受议会限制的君主立宪制。专制和君主立宪制是 17 世纪欧洲国家建构的两极。

■ 16 世纪的宗教改革

□ 问题：路德主义和加尔文主义的主要原则是什么？它们之间有什么区别？与天主教又有何不同？

宗教改革运动（Protestant Reformation）指将西方基督教分为天主教（Catholic）和新教（Protestant）的宗教改革，16 世纪时，它由马丁·路德开启，不过，此前几个方面的发展早已为它奠定了基础。

● 宗教改革的背景

15 世纪文艺复兴时代的变迁为 16 世纪欧洲的剧变铺平了道路。

国家权力的增长

15 世纪上半叶，欧洲各国仍在继续前一个世纪的分裂。不过，到 15 世纪后半期，复兴已经开始，各国都在尝试重建君主集权。有些历史学家将其冠以"复兴国家"的称谓，另一些史学家将其称为"新君主制"——尤其是针对 15 世纪末的法国、英国和西班牙（见第 13 章）。

这些复兴国家的"新"表现在集中王权、压制贵族权力、控制教会、渴望获得新的收入来源以增强王权和强化军事力量等诸多方面。如同 15 世纪的意大利统治者一样，复兴国家的君主往往是痴迷于获取和扩大政治权力的精明人。当然，这些特点无一具备新东西，许多中世纪的君主——特别是 13 世纪的各国君主——也有这样的特点。然而，复兴时期的标志是中央王权的显著扩张。

文艺复兴时期，在关注政治权力这一问题上，没有比尼科洛·马基雅维利（Niccolo Machiavelli，1469—1527 年）更出色的了。这位意大利人所著的《君主论》（The Prince）是西方世界最有影响力的政论著作之一。马基雅维利在《君主论》中主要关注的是恢复和维持秩序的手段——政治权力的获取、维持和扩张。中世纪的许多政论家强调君主活动的伦理性——统治者应当怎样按照基督教的道德原则行事。马基雅维利直言不讳地反对这种看法，他认为："人们实际如何与应当如何之间存在着巨大的鸿沟，任何人若是为了应当如何而忽视实际如何，他不但将无法保全自己，反而会自我毁灭。"[1]马基雅维利是最早摒弃将道德作为分析政治活动的基础的西方思想家之一。实际上，这种强调结果而非手段、重视成就却无视方法的思想早在1000年前就由一位叫考提耶（Kautilya）的印度战略家在其作品《政事论》（*Arthasastra*）中有所阐述（见第2章）。

文艺复兴时期的社会变迁

15世纪的社会变迁也是16世纪宗教改革运动的重要背景。经历了14世纪的严重经济和社会动荡后，随着制造业和贸易的发展，欧洲经济逐渐复兴。

正如第12章所述，中世纪时期的欧洲社会主要分为三大阶级：神职人员为第一阶级，他们的优势地位基于这样的信念，即人们应当被引导至精神归属地；贵族为第二阶级，他们的特权地位依赖于这一原则，即贵族为社会提供了安全与正义；农民以及城镇居民属第三阶级。尽管这种社会秩序持续到文艺复兴时期，但有些变化已经非常显著。

14世纪和15世纪欧洲的大部分地区，有地贵族面临着实际收入减少的境况。许多旧贵族幸存下来，不少新贵涌入这一阶级。到公元1500年，大部分欧洲国家的新旧贵族占总人口的2%~3%，他们仍然如同中世纪一样主宰社会，占据着重要的政治职位，也是国王的顾问。

除了意大利和弗兰德斯的密集城镇地区，农民构成了第三阶级的绝大多数——占欧洲总人口的85%~90%。随着庄园制度的衰落，农奴制也走向没落。农民向地主承担的劳役日益转变为用现金支付的地租。到1500年，特别是西欧地区，越来越多的农民获得了法律上的自由。同时，不少地区的农民憎恨其他两个阶级，要求分享更多的劳动所得。16世纪，农民的不满——特别是在德国——使得他们中的不少人支持宗教改革运动。

源自商人和手工艺人的城镇居民构成了第三阶级的其余部分。不过，到15世纪，文艺复兴的各城镇越来越复杂。城市社会的顶层是贵族，其财富主要来自商业、工业和金融业，也让他们得以在经济上、社会上和政治上主宰城市社会。贵族以下是小市民，包括店主、手工匠人、行会首脑和行会工人，主要为本地提供消费产品和服务。贵族和小市民之下是无产工人，靠微薄的薪水谋生，失业者的生活一片凄惨。这些穷苦居民占城镇总人口的30%~40%。城市社会底层群体的悲惨境遇往往使他们支持宗教改革的呼吁。

---

[1] N.Machiavelli, *The Prince*, Indianapolis, Ind., 1995, D.Wootton 译, p.48.

印刷术的影响

文艺复兴时期,印刷术有了长足发展,并立即影响了欧洲的智识生活和思想。从12世纪开始,西方一直使用手工刻印的木版印刷。在中国,木版印刷的历史比欧洲更早。15世纪,欧洲有了金属活字印刷。活字印刷术的发展是个渐进的过程,到1445—1450年发展到了顶峰。美因茨的约翰内斯·古滕堡(Johannes Gutenberg)对完善活字印刷术起了重要作用。古滕堡于1455—1456年完成了第一部活字印刷本的《圣经》。

到1500年,欧洲已经有超过1000家印刷厂,共出版了近4万类(有800万~1000万册)书籍。其中近一半是宗教书籍,如《圣经》、圣经评论、灵修书和布道书等。

书籍的大量印刷和出版刺激了学术研究和人们对知识的渴望,不断扩大了公众阅读,这些都对欧洲社会产生了巨大影响。实际上,如果没有印刷厂,新宗教理念不可能如16世纪般传播如此迅速。而且,印刷术的进步也使欧洲文明第一次与中华文明相提并论。

宗教改革的前奏

15世纪后半叶,意大利文艺复兴的新古典主义传播到阿尔卑斯山以北的欧洲国家,并催生了一场被称为基督教人文主义(Christian humanism)或北方文艺复兴人文主义(northen Renaissance humanism)的运动。这场运动的目标是改革基督教世界。基督教人文主义者相信人类理性和人类完善自己的能力,认为通过学习古典主义人们就能够获得内心的虔诚或宗教感情,而这种虔诚和宗教感情将导致教会和社会改革。因此,他们认为,为了改变社会,首先必须改变构成社会的人。

最有影响力的基督教人文主义者是德西德里乌斯·伊拉斯谟(Desiderius Erasmus,1466—1536年),他构想并推广了基督教人文主义的改革进程。他将自己的宗教理念称为"基督的哲学",即基督教应当是人们日常社会中的指导哲学,而非中世纪教会强调的教条式的信仰和实践体系。毫无疑问,他的著作为宗教改革做了铺垫,正如当时人们所宣称的,"伊拉斯谟下蛋,路德孵蛋"。

宗教改革前夕的教会和宗教

天主教会的腐败是推动人们改革的另一个原因。1450—1520年即文艺复兴时期的诸多教皇未能满足教会的精神需求。教皇应当是天主教会的精神领袖,但作为教皇国的统治者,他们却常常卷入世俗事务。"武士教皇"尤里乌斯二世(Julius II,1503—1513年担任教皇)亲自带兵领将对付敌人,此举招致虔诚基督徒的厌恶,在他们看来,教皇是宗教领袖,正如一位知识分子所说:"你怎么敢站在使徒的房间里教导人们如何打仗?"不少高级教会官员将教职当作晋升和发财之道,许多普通牧师似乎已经无视他们的精神职责。

尽管教会首脑没法履行职责，但普通人却迫切需要有意义的宗教表达和救赎的确定性。结果，对有些人来说，救赎几乎成了呆板的操作。随着越来越多的人要求通过圣物崇拜（如与圣徒们密切相关的骨头或其他东西）获得救赎，收集到的圣物与日俱增。萨克森选侯智者腓特烈（Frederich the Wise）就收集了近 1.9 万件圣物，这么庞大的赎罪券（indulgence）可使人在炼狱中的时间减少 1443 年（人死后，一个赎罪券可以赦免他的一切或部分原罪）。其他人则通过参加被称为现代奉献（Modern Devotion）的神秘运动来获得救赎。这一运动淡化宗教教条，强调遵从基督教导的必要性。

● 马丁·路德与德国的宗教改革

马丁·路德（1483—1546 年）是位修士，也是维滕贝格大学的一名神学教授，主要讲授《圣经》。大约在 1513—1516 年，马丁·路德通过研究《圣经》，对自他进入修道院后就一直困扰着他的救赎的确定性有了答案。

天主教教义强调，基督徒要信仰和善行兼备，才能实现个人的救赎。但在马丁·路德看来，上帝眼中的人类脆弱无力，不可能在实现救赎中有足够多的善行。对《圣经》做过一番研究后，马丁·路德认为，获得救赎之道并不在于善行，而在于对上帝许诺的信仰，基督十字架受难已经让这种救赎变成可能。这种只通过信仰就能得到恩典的救赎教义成为新教改革的主要教义（即因信称义，justification by faith）。由于路德是通过研读《圣经》找到这一教义的，如同所有新教教徒一样，《圣经》遂成为路德寻求宗教真理的主要指引。

路德并不认为自己是个反叛者，但他对赎罪券的大肆流行极为不安。修士约翰·台彻尔（Johann Tetzel）激起了路德的愤慨，为了兜售赎罪券，他竟提出了"银钱叮当落银库，灵魂立即出炼狱"的口号。1517 年，愤慨不已的路德对兜售赎罪券的行为发出了强烈控诉，这就是《九十五条论纲》。它很快被印发数千次，传播到德国各地。

天主教会接受不了路德的理念，1521 年 1 月，教会开除了路德的教籍，还被新任神圣罗马帝国皇帝查理五世（1519—1556 年在位）传唤至帝国议会。查理五世要求路德放弃异端思想，路德不仅拒绝，还发表了著名的宗教改革的战斗檄文：

> 除非《圣经》和明白的理性证明我有罪，否则我绝不接受教皇和议会的权威，因为他们彼此矛盾。我的良心是被上帝约束的。我不能也不愿意撤销任何东西，

因为违背良心既不正确，也不安全。愿上帝助我。阿门！[1]

德国议会的议员们暴怒，他们要求逮捕路德，将其遣送到皇帝面前加以处置。但路德的上峰萨克森选侯智者腓特烈干预并保护了路德。

接下来的数年里，路德的宗教改革运动开始成熟并扩散，在影响普通民众的同时，也带来了新挑战，这在1524年农民战争爆发时表现尤为明显。随着越来越多的农民寻求马丁·路德的帮助，因农民境遇悲惨而形成的社会动荡便与宗教暴动交织在了一起。然而，当农民们拿起武器反抗地主时，路德转而反对农民，呼吁德国各国王镇压叛乱。在路德看来，上帝授予国王维持和平与秩序的神圣使命。到1525年5月，德国各国王残酷镇压了农民暴动。此时，路德发现自己是在依靠国家权威来推动教会改革。

路德得到了构成神圣罗马帝国的300多个公国的多数统治者的支持，这些统治者很快控制了领地内的教会。德国（以及后来的斯堪的纳维亚）的路德宗教会成为支持路德宗的各公国的国教。这种国家主导教会的发展结果之一是路德还创建了取代天主教弥撒的新宗教仪式——主要是阅读圣经、宣讲上帝圣言、唱圣歌。

德国宗教改革中的政治与宗教

从一开始，路德的宗教改革运动就与政治紧密相连。1519年，西班牙国王、马克西米利安之孙查理一世当选为神圣罗马帝国皇帝，称查理五世。查理五世统治的是一个由西班牙及其海外殖民地、传统的奥地利哈布斯堡领地、波希米亚、匈牙利、低地各国以及意大利南部那不勒斯公国组成的庞大帝国。政治上，查理五世想维持住这一庞大帝国；宗教上，他希望保持神圣罗马帝国在天主教上的信仰统一。

不过，神圣罗马帝国内部的政治形势不利于查理五世。尽管德国各公国都表示忠于神圣罗马帝国皇帝，但在中世纪，它们的独立性已经很强。到1546年查理五世可在德国驻军时，路德宗的地位已经比较稳定，路德宗的各公国也发展良好。查理五世无法击败这些公国，只得与它们妥协。1555年，随着《奥格斯堡宗教和约》的订立，德国的宗教战争终于结束。基督教的新分支被正式承认；路德宗各国与天主教国家享有同等的合法权利。尽管德国境内各国可自由选择天主教或路德宗，但《奥格斯堡宗教和约》并不承认个人的宗教信仰自由。各公国统治者有权决定臣民的宗教信仰，臣民们却无权自己选择宗教信仰。正是《奥格斯堡宗教和约》将人们的担心变成了事实：

---

[1] 引自 R.Baiton：*Here I Stand：A Life of Martin Luther*，New York，1950，p.144.

基督教的统一理想永久性地破灭了。各种新宗教改革团体的迅速扩散将基督教分裂变成了确定的现实。

● 宗教改革的扩散

瑞士是慈运理派和加尔文派这两场重要宗教改革运动的发源地。乌利希·慈运理〔Ulrich Zwingli，1484—1531 年〕于 1506 年成为一名修士，1518 年，他被任命为苏黎世大教堂的主教。他的福音布道引发大风潮，以至于 1523 年苏黎世市议会决定进行福音派改革。圣物和圣像被取缔；教堂的各种壁画和装饰品被移除，取而代之的是白墙；弥撒被新的读经、祈祷和布道等仪式代替；隐修、朝圣、圣人崇拜、牧师独身主义以及教皇的权威都被作为教廷残余而废除。

随着慈运理的宗教改革运动向瑞士其他城市蔓延，慈运理试图结盟马丁·路德和德国的宗教改革家们。尽管德国和瑞士的改革家们都意识到有必要团结起来一致防卫天主教当局的反扑，但他们在圣餐、圣礼的解释上未能取得一致意见。慈运理认为，圣经所说的"这是我的身体，这是我的血"应当从象征意义上而非字面意义上理解，他拒绝接受路德倡言的基督的身体和血真实存在于饼和酒之中。1531 年 10 月，瑞士的新教各邦与天主教各邦开战。苏黎世的军队被包围，慈运理在战斗中负伤后被敌方杀害，其遗体也被焚毁。瑞士宗教改革的领导权被神学家和新教改革运动的组织者约翰·加尔文（John Calvin，1509—1564 年）接管。

加尔文及加尔文派

约翰·加尔文在其祖国法国接受教育，皈依新教后，被迫逃离了瑞士。1536 年，他出版了大师级的新教思想论著《基督教要义》，随即声名鹊起，成为新兴的新教领袖之一。

加尔文的大多数教义与路德极其相近，他坚持仅仅因信称义就可获得救赎。不过，加尔文也强调神的绝对权威或全能，加尔文称之为"神之力量、优雅和荣耀"。加尔文从神的绝对权威论引申出一个理念，即先定论（predestination），这是加尔文教义的独特特征。加尔文所说的"永恒的意旨"意味着上帝预先决定了某些人（选民，the elect）是被拯救的，其他人则是弃民（the reprobate）。在加尔文看来，"有些人注定得到永生，另一些人却要永入地狱"。[1]尽管加尔文强调没有绝对的救赎，但他的追随者们却并未始终如此区分。先定论的这种实际心理效应给加尔文主义的后继者一种无可

---

[1] J.Calvin, *Institutes of the Christian Religion*, Philadelphia, 1936, J.Allen 译，vol.1, p228; vol.2, p.181.

宗教改革的争论：马尔堡的冲突

辩论在宗教改革期间起了关键作用。它们是将宗教改革引入无数城市的主要手段，也是解决如新教等志趣相投的群体内部分歧的有效途径。以下资料是路德与慈运理于1529年在马尔堡就圣餐而展开的激烈争论。两人在这一问题上无法达成一致。

黑森议长菲戈（Feige）：尊敬的菲利普伯爵召集各位前来，最急迫的目的是解决有关圣餐的争论……在场的双方以宽容的精神表达自己的观点……现在，路德博士，请你开始阐述……

路德：尊敬的王子、伯爵！毫无疑问，会谈是有意安排的……尽管我无意改变我的坚定想法，但我还是会提出我所信仰的理由，揭示为什么其他人是错的……你们的基本论点是：归根结底你们希望证明身体是不能同时处在两个地方的，你们提出了基于自然理性的无限体的问题。我不质疑基督怎么能成为神和人，以及为什么这两种性质可以结合。因为，神比我们所有人的思想都要更有力量，我们必须听从他。请你们证明圣经所言"这是我的身体！"时基督的身体并不在场。我不想听什么理性的证据……神是超越一切数学的存在，我们必须尊崇和敬畏神之所言。正是神说，"你们拿着吃，这是我的身体"。因此，我要求对方提供有效的反对证据。

路德在桌子上写下"这是我的身体"，并用绒布盖住了这些文字。

厄科兰帕迪乌斯（Oecolampadius，巴塞尔宗教改革运动领袖、慈运理派）：约翰福音第六章已经阐明了，耶稣说时并不是谈论当场的存在。耶稣说："肉身一无所用。"我并不打算用理性或几何来论证，我也不是要否认神的力量，但只要我有完全的信仰，我就要从信仰出发说起。基督已经升天，他坐在上帝右边，而非存在于面包之中。我们的观点既不新颖也非亵渎神明，而是基于信仰和圣经……

慈运理：我坚持认为圣餐是比喻性的。这是很明显的，甚至是信仰的要求："耶稣升上高天，坐在天父右边。"否则，在基督告诉我们他已在天上时，我们还在圣餐中去找他便是荒谬的。同一个、同样的身体不可能同时出现在不同地方……

路德：我还是要如从前一样对你说：你的基本论点是不可靠的。走开！将荣耀交还给神！

慈运理：我们要求你将荣耀归还给神，不要再讨论这个问题！迫在眉睫的问题是：你论点的论据呢？我在认真地思考你的话——完全没有恶意！你却在骗我。我坚持约翰福音第六章第63节的说法，我不会动摇。你得另找理由。

路德：你真是惹人厌。

慈运理（激动地）：难道你不相信耶稣基督是在约翰福音第六章中帮助那些没法理解的人去理解吗？

路德：你在试图操控！你坚持做判决！让别人来！……要证明的是你的观点，而不是我的。我们停止讨论这种问题。这无济于事。

慈运理：当然有用！这是为了向你证明约翰福音第六章谈到了身体的问题。

路德：你表现得太差劲，简直朽木难雕。

慈运理：不，不，不。这是会扼断你脖子的证据。

路德：别这么自信。我的脖子可不会这么断掉的。你是在黑森，不是在瑞士。

□ 问题：路德与慈运理关于圣餐问题的立场有何不同？这场辩论的目的是什么？以此为例，为什么许多宗教改革的辩论不仅没有带来各宗教团体间的团结和妥协，反而加深了敌意？这对新教改革的未来产生了什么影响？

动摇的信念——他们是在尘世中进行上帝的工作，这让加尔文主义成为一种生机勃勃和积极主动的信仰。

1536 年，加尔文开始在日内瓦进行宗教改革。他确立了组织严密的教会，雇佣神职人员和非教会成员从事礼拜工作。加尔文还设立了强化道德纪律的特殊机构——宗教法庭，以此监管加尔文教徒的道德生活、日常行为及规范，劝告并矫正离经叛道者。一些日内瓦人因跳舞、唱黄色歌曲、酗酒、诅咒、玩牌等各种"罪名"而受处罚。

加尔文在日内瓦的成功使这个城市成为繁荣的新教中心。遵照加尔文的领导，在日内瓦受训的教士被派往欧洲各地。到 16 世纪中期，加尔文派在法国、荷兰、苏格兰、欧洲东部和中部生根发芽，加尔文所在的日内瓦成为宗教改革的堡垒。

英国的宗教改革

英国的宗教改革根植于政治，而非地域。国王亨利八世（1509—1547 年在位）强烈要求与第一任王后阿拉贡的凯瑟琳离婚，因他们只有一女——玛丽，没有男性继承人。亨利八世想另娶两情相悦的安妮·博林（Anne Boleyn）。教皇不愿批准他离婚，亨利八世很不耐烦，转而寻求英国本土教会法庭的支持。英格兰最高等教会法庭的首脑、坎特伯雷大主教托马斯·克兰麦（Thomas Cranmer）于 1533 年 5 月裁定亨利八世与凯瑟琳的婚姻"完全无效"。6 月初，安妮·博林当上王后；3 个月后，她和亨利八世的孩子出生；让亨利八世大失所望的是，又生了一个女孩（即后来的伊丽莎白一世）。

1534 年，应亨利八世的要求，英国议会最终完成了英国教会与罗马教廷的决裂程序。当年,《至尊法案》宣布,国王是"英国教会唯一的至高首脑",从而赋予国王控制教义、任命神职人员及掌握宗教纪律等权力。尽管亨利八世与罗马教廷决裂了,但英国在宗教教义、理论和仪式等方面并无多大改观,包括托马斯·克兰麦在内的亨利八世的支持者,都希望宗教改革的同时还能推动一场行政改革,但亨利八世不为所动。1547 年,亨利八世去世,继任者是体弱多病的未成年儿子爱德华六世(1547—1553 年在位)。爱德华六世统治期间,克兰麦及其他倾向新教的信仰者进一步将英国国教推向了新教:英国议会的新法案赋予神职人员结婚的权利,并形成了新的新教礼拜仪式。

爱德华六世的继任者是天主教教徒玛丽(1553—1558 年在位),她试图让英国重新恢复天主教信仰。不过,这一举措激发了更大的民愤,尤其是当"血腥玛丽"屠杀了 300 多名新教徒时,民众的愤怒达于极点。玛丽统治末期,英国的新教信仰比她统治初期还要浓厚。

● 宗教改革的社会影响

新教在新家庭观的发展方面尤为重要。由于新教消除了独身神圣的理念,废除了隐修和神职人员独身制,家庭遂成为人们生活的中心,对"夫妻相亲相爱"的重视也值得称赞。

不过,新教的教义和现实真的相符吗?大多数情况下,现实中丈夫仍是传统中统治者的角色,作为服从者,妻子的主要职责是取悦丈夫。路德清楚地指出了这一点:

> 丈夫是统治者,妻子要按照上帝的要求服从他。丈夫掌管家里家外、发动战争、保护财产、耕种土地、建造家园。女人如同钉在墙上的钉子一样……作妻子的应当待在家里,料理家务,她的职责不在于主外或统治国家。她不应逾越自己的职责。[1]

服从丈夫并非妻子的唯一责任,她的另一个重要责任是生儿育女。加尔文和路德认为,女性的这一功能是天定之责,对多数新教妇女来说,家庭生活是她们唯一的命运。整体而言,宗教改革并没有对妇女在社会上的从属地位造成重大冲击。

---

[1] 引自 B.S.Anderson、J.P.Zinsser: *A History of Their Own*: *Women in Europe from Prehistory to the Present*, vol.1, New York, 1988, p.259.

● 天主教改革

到 16 世纪中期，路德宗在德国、斯堪的那维亚已然稳固，加尔文派也在苏格兰、瑞士、法国、荷兰以及欧洲东部扎稳根基。新教脱离罗马教廷后，英国将之变为了国教。欧洲的这种情况对罗马天主教廷来说尤为不利。然而，16 世纪，天主教经历了一场复兴，使其焕发出新的力量。

是天主教改革运动还是反宗教改革运动？

天主教复兴是一场天主教改革运动还是反宗教改革运动？有些历史学家更愿意称其为反宗教改革运动，认为它是对宗教改革运动的直接对抗。倾向于用天主教改革运动一词的历史学家指出，早在 15 世纪末和 16 世纪初，就出现了天主教改革的苗头。尤其值得注意的是方济各会、多明我会和奥古斯丁会要求改革宗教秩序的呼声。这些宗教教派的成员们特别强调向一般信徒布道。另一个例子是圣爱会。1497 年，圣爱会诞生于意大利，是一个由神职人员和一般信徒组成的非正式群体，其目标是通过强调个人的精神修炼和外在善举推动改革。圣爱会的成员包括西班牙红衣主教希曼内斯（Ximenes），他特别积极地用人文主义改革西班牙教会。

毫无疑问，天主教会改革的确具有改革运动和反宗教改革运动的双重性。天主教改革运动恢复了中世纪时期天主教的最佳特征，使其能够适应新时势，最突出的是出现了新神秘主义，它与天主教的虔诚传统、通过恢复旧宗教秩序和建立新秩序而复兴的隐修主义密切相关。

耶稣会

在所有的新教派中，最重要的一支是耶稣会，创建者是依纳爵·罗耀拉（Ignatius of Loyola，1491—1556 年）。罗耀拉将一小群人组织起来传教，1540 年，教皇承认其为一个新教派。该教派的原则是绝对服从罗马教皇、遵从严格的社会等级秩序、以教育实现其志趣、在战斗中为上帝献身。耶稣会绝对服从罗马教皇之举使它成为罗马教皇宣扬政策的重要工具。在德国和东欧部分地区恢复天主教的地位中，耶稣会教士尤为成功。

耶稣会的另一项突出成绩是向非基督徒宣传天主教信仰。耶稣会的创始成员之一方济各·沙勿略（Francis Xavier，1506—1552 年）将天主教传播到了东方。吸引了数万名印度信众后，沙勿略前往马六甲和马鲁古群岛传教，并于 1549 年抵达日本。他高度赞扬日本人，"他们是品性优良的民族，整体上很友善，没有恶意"。[1]数千名日本人，

---

[1] 引自 J.O'Malley, *The First Jesuits*, Cambridge, Mass., 1993, p.76.

现代早期的婚姻

　　婚姻是古老的制度。在中国，中国文明的起源神话认为，婚姻源自始祖伏羲与女娲，并由此产生了火、农耕和医药。在现代早期，家庭与婚姻是不可分割的，也是一切文明的中心。

　　在现代早期，家庭仍然是欧洲社会组织的核心。大多数情况下，人们还以传统观点看待家庭，家庭是父权制的，丈夫在家庭中主宰着妻子与儿女。特别是上层阶级，将家庭视为"公司"，集体的利益远比个体成员的利益重要。父母（特别是父亲）通常基于家庭利益为儿女选择结婚对象。一位法国贵族的儿子询问他即将到来的婚姻时，父亲回答说："管好你自己的事情就行了。"有些地方，孩子两三岁时就早早定下了婚姻大事，而且还会订立具有法律效率的婚姻契约。男女两家讨价还价的一大重点是嫁妆的多少，即女方给夫家提供的陪嫁的多寡。嫁妆可能是个大数目，所有家庭都要为女儿准备嫁妆。

　　包办婚姻并非欧洲特有，它在整个世界具有普遍性。在中国，婚姻通常是基于家庭利益而结合，往往经由媒人牵线，新郎新娘根本没有交流。而且，一般来说，夫妻在婚礼前都没见过面。爱情显然并非结婚的原因，实际上，爱情还常常被看作是有害之物，因为它会分散夫妻对大家庭的责任心。日本同样是包办婚姻，农村地区的婚姻一般由大家族的领头人决定，婚后，妻子搬入夫家生活。在印度，不仅婚姻是包办的，甚至女性10岁以前结婚也是常事。在拉美殖民地，父母为儿女择偶，也为新夫妻选择住房。在许多地区，较低阶层的人结婚前，必须给当地的强势贵族送上礼物，获得他们的许可。这些贵族经常拒绝女性的结婚要求，目的是为了让她们给自己做仆人。

　　包办婚姻是特定社会体制的自然产物。在这种体制中，男人占主导地位，妇女的主要作用是养儿育女、管理家务，并在田间劳作。直到19世纪欧洲出现了女权运动后，女性的权利才有所改善。到20世纪初期，女权运动扩展到世界各地。例如，中国的新文化运动倡导择偶自由。尽管世界的总体趋势是人们有婚姻自由，但在某些地方，特别是农村地区，家庭在选择结婚对象上仍然居于主导地位。

　　□　问题：现代早期，东西方在婚姻大事上有哪些相类之处？东西方婚姻存在实质性的区别吗？

　　尤其是最南部地区的人皈依了基督教。1552年，沙勿略在前往中国途中因病身亡。

　　尽管耶稣会在日本的传教成绩比较短命，但耶稣会——尤其是意大利耶稣会士利玛窦（Matteo Ricci，1552—1610 年）——在中国的传教活动则存续良久。耶稣会士意识到中国人对自身文化的高度自傲，试图在天主教与儒家思想中求同，找出两者伦理中的相似处。传教士们对中国文化的诸多方面印象深刻，他们的在华经历进一步激发了欧洲人对地球另一端的东方大国的好奇心。

改革后的教廷

天主教改革中另一项重要内容是教廷的改革。文艺复兴时期，教皇对财政以及意大利的政治和军事上的干预，致使腐败丛生。宗教改革给教廷带来了严重问题。教皇保罗三世（1534—1549 年在位）认为教廷必须有所变化，他采取了大胆举措，指定一个改革委员会来整顿教会之弊。改革委员会在 1537 年的报告中，将教会的各种问题归咎于教皇和红衣主教的腐败政策。保罗三世还正式承认了耶稣会，召集了特利腾大公会议。

特利腾大公会议

1545 年 3 月，一群高级教职人员在特利腾开会讨论德国和意大利的边界问题，并且发起了特利腾大公会议。特利腾大公会议在 1545—1563 年断断续续开了三轮会。它的最终议决重申了与新教信仰相对立的传统天主教教义。会议确认在宗教事务中《圣经》和传统教说具有同等权威，只有教会有《圣经》的解释权。会议还宣告，要获得救赎，不仅要有信仰，还需善行。会议强化了炼狱信仰和赎罪券的使用，但禁止售卖赎罪券。

特利腾大公会议后，罗马教会在承认教皇的至高地位原则下有了明确的教义和统一体制。自此，已经成为基督教众多教派中一员的罗马教会以自信精神进入了新的发展阶段中。

■ 危机中的欧洲，1560—1650 年

□ 问题：为什么 1560—1650 年的欧洲被认为是处于危机时代？

1560—1650 年，欧洲经历了宗教战争、革命和宪法危机、经济和社会解体，以及巫术横行，真可谓是危机时代。

● 16 世纪的政治与宗教战争

到 1560 年，加尔文派和天主教越来越激进，它们一心一意地解释并传播上帝福音。尽管在争取欧洲人的精神与心灵上的争斗是 16 世纪宗教战争的主因，但经济、社会和政治因素也极为重要。

法国的宗教战争（1562—1598 年）

宗教是 16 世纪法国内战的核心症结。加尔文教派的发展招来了法国国王的迫害，但他们无法阻止加尔文教派的扩散。胡格诺派（即法国的加尔文派）只占法国人口的 7%，不过，在法国权贵阶层中却有四五成都是胡格诺派信众，其中就有瓦卢瓦王朝之后的波旁王朝。众多权贵的皈依使胡格诺派在政治上成为法国君权的一大威胁。然而，在信众数量上，胡格诺派远不如天主教，而且，瓦卢瓦王朝是坚定的天主教拥趸。

法国因此出现了天主教与加尔文派长达 30 年的斗争。最终，在 1589 年，波旁王朝的王室成员、胡格诺派政治领袖纳瓦拉的亨利继任国王，称亨利四世（Henry Ⅳ，1589—1610 年在位）。不过，亨利四世认识到，作为胡格诺派，自己永远不可能得到法国天主教的认可，于是，转而皈依了天主教。1594 年，亨利四世加冕，法国的宗教战争结束。1598 年的南特法令确认天主教为法国国教，并承认胡格诺派享有包括从事公职在内的一切政治权利，法国宗教矛盾于是得以解决。

费利佩二世与激进的天主教

16 世纪下半叶，激进天主教最积极的倡导者是查理五世之子、西班牙王国的继承者费利佩二世（Philip，1556—1598 年在位）。费利佩二世的统治开创了西班牙政治和文化上的伟大时代。费利佩二世继承了其父对西班牙、荷兰以及意大利和美洲领地的统治。为了强化控制，费利佩二世坚持严格遵循天主教以及强力的君主制。后一项任务并非易事，因为他统治下的每一地区都有自身的统治结构。

费利佩二世试图强化对由 17 个联邦组成的荷兰（现代的荷兰和比利时）的控制，很快导致了荷兰的反叛。失去了政治地位的王宫贵族强烈反对费利佩二世。当费利佩二世镇压加尔文派时，宗教成为荷兰反叛的主要催化剂。1566 年，荷兰爆发了暴乱，特别是北方各联邦，在奥兰治亲王的带领下，暴动组织良好，并日益壮大起来。荷兰独立战争持续达数十年之久，到 1609 年才告结束，荷兰与西班牙订立了 12 年停战协定，西班牙承认了北方各联邦的独立。这 7 个北方联邦自称尼德兰联合省，也是现代荷兰的核心。

对 17 世纪初的大多数欧洲人来说，西班牙看上去仍然是最大的大国，但现实却远非如此。西班牙国库空虚、军力废弛、统治低效，尽管仍在发挥大国作用，但真正的权力已经转移到了英国。

伊丽莎白统治下的英国

亨利八世和安妮·博林的女儿伊丽莎白·都铎于 1558 年继承王位时，英国人口尚不足 400 万，但在她统治期间（1558—1603 年），这个小小的岛国却成了欧洲新教国家的领袖，奠定了日不落帝国的基础。

伊丽莎白聪明睿智、好奇心重、非常自信，她迅速解决了玛丽留下的宗教难题。伊丽莎白的宗教政策以稳定和妥协为基础，她撤销了玛丽时期的天主教法律，通过了新的至尊法案，将自己树为教会和国家的"唯一至高权威"。伊丽莎白统治下的英国教会基本上是新教，但也做了令大多数人满意的适当让步。

伊丽莎白的外交政策也比较谨慎和适当。不过，英国与西班牙的矛盾日渐突出。尽管费利佩二世坚持认为入侵英国的想法太不切实际，但他最终还是被顾问们说服了，他们认为西班牙可以趁英国国民反抗女王时进攻英国。成功进攻英国意味着打倒异端和让英国重返天主教世界。费利佩二世下令其无敌舰队做好进攻英国的准备。

舰队的命运可谓灾难。西班牙舰队起航时压根没有足够的船只和人手，在遭到英国的多次重创后，由北绕道苏格兰和爱尔兰返回西班牙，又因途中遭遇风暴而伤上加伤。

● 经济和社会危机

1560—1650 年的欧洲在经历政治动荡的同时，还遭遇了严重的经济和社会危机。到 17 世纪 20 年代，欧洲某些地方明显地出现了经济紧缩。17 世纪 30 年代和 40 年代，因从美洲进口的白银量下降，经济衰退加剧，地中海地区尤为突出。

人口下降

16 世纪和 17 世纪的人口发展趋势也表明了欧洲的形势在不断恶化。欧洲人口从 1500 年的 6000 万增加到了 1600 年的 8500 万，这是自 14 世纪中期黑死病后欧洲人口首次复兴。不过，到 1650 年，记录显示人口呈下降之势，特别是在欧洲中部和南部地区。欧洲的长期动荡——战争、饥荒、瘟疫——影响着人口规模。这些问题引起了社会矛盾，其中表现之一便是巫术恐慌。

巫术恐慌

16 世纪和 17 世纪的巫术恐慌影响了许多欧洲人的人生。欧洲可能有超过 10 万人因巫术的罪名遭受迫害。随着越来越多的人被审判，害怕巫术和担心被指控为巫师，将人们的恐惧升级到了可怕的境地。

普通民众——往往是穷人和一无所有者——更容易被指控为巫师。实际上，从名单上看，被控为巫师的往往是挤奶女工、农妇和女佣。在16世纪和17世纪的巫术审判中，超过75%的受审者是妇女，其中大多数是老姑娘或寡妇，许多人的年龄超过了50岁。

妇女成为巫术审判的主要受害者并非偶然。16世纪90年代法国的巫术案例审判官尼古拉斯·雷米（Nicholas Remy）认为，"人性中如巫术等糟粕主要来自女人，这一点并非妄言"。另一位法官认为女巫承认与撒旦发生性关系毫不奇怪，他说，"魔鬼利用她们，因为他知道她们喜欢肉体欢愉，他用这种肉欲刺激获得她们的忠诚"。[1]

到17世纪中期，巫术恐慌开始消退。随着各国政府的日益强大，愿意承担因审判女巫而导致的不安和分裂的法官越来越少。而且，到18世纪初期，越来越多的人质疑此前对宗教的整体态度，他们发现邪恶幽灵出没的旧世界观尤其有悖理性。

17世纪的经济发展趋势

17世纪的欧洲还出现了经济发展的新趋势。历史学家将17世纪的经济称为重商主义。重商主义者认为国家的繁荣依赖于充足的金银储备。因此，可取的办法就是实现贸易顺差，促进金银流入，增加金银总量。此外，为了鼓励出口，政府应当通过给予贸易垄断权、用补贴鼓励投资新产业、引入国外工匠、以修筑路桥和运河提升交通运输体系等手段来鼓励和保护出口产业和贸易。政府通过向外国商品征收高关税来减少进口量，以免与国内产业形成竞争。重商主义者还认为殖民地是重要的原料来源地和产品输出市场。

重商主义关于殖民地的理论契合了欧洲的海外扩张活动。随着欧洲在美洲和东方的殖民地的不断增加，欧洲于17世纪开启了国际商业活动的冒险之旅。尽管有些历史学家认为这是新生的世界经济，但我们应当记住，当地的、地区间的、欧洲内部的贸易仍然占主导地位。例如，17世纪末，英国的进口总量为36万吨，但仅有5000吨来自东印度。不过，跨大洋贸易的价值不在于数量，而在于货物的价值。荷兰、英国、法国的商人将那些主要由富裕阶层消费但也开始进入普通工商阶层生活中的产品带回国内。欧洲的消费者可以稳定地获得印度群岛和西印度群岛的胡椒和香料、巴西的糖、亚洲的咖啡和茶。

---

[1] 引自 J.Klaits: *Servants of Satan: the Age of Witch Hunts*, Bloomington, Ind., 1985, p.68.

16世纪和17世纪的商业扩张由于新的商业组织形式——特别是股份制公司——而更为容易。个人可以购买公司的股份，董事会管理公司并做出重要商业决策，个人投资者可以获得投资红利。投资的回报可能极为可观，股份公司更容易筹集大额资金用以世界贸易。

尽管商业资本主义有了发展，但欧洲经济的主体仍依赖于自13世纪以来就极少变化的农业。至少80%的欧洲人仍然务农，西欧农民绝大部分并非农奴，许多人要向贵族交各种封建赋税。随着市场的不断扩大，物价也不断提升，欧洲农民的境遇不但没有改善，反而面临着不断上涨的地租和政府强加的高额赋税。

● 17世纪危机：革命与战争

17世纪前半期，不少欧洲国家经历了一系列影响内部稳定的内战和暴乱。其中，一场影响欧洲大部分地区的灾难性战争加剧了危机。

三十年战争（1618—1648年）

三十年战争起于1618年神圣罗马帝国统治下的德意志。一方是哈布斯堡神圣罗马帝国皇帝们率领的天主教军队，一方是由波希米亚贵族们率领的新教（主要是加尔文派）军队。这场源自宗教问题的战争很快因欧洲各大小国家——丹麦、瑞典、法国和西班牙——的政治动机而演变为一场大规模战争。法国波旁王朝与西班牙和神圣罗马帝国哈布斯堡家族争夺欧洲领导权，成为重要诱因。不过，三十年战争中的大多数战斗都是在德意志领土上展开的。

德国的战争因1648年的《威斯特伐利亚和约》而正式结束。该和约宣布，包括加尔文派公国在内的所有德意志公国有权决定各自的宗教信仰。几个主要的竞争国家获得了新领土，法国遂成为欧洲的主宰者。和约还确认了神圣罗马帝国的300多个诸侯国的独立地位，使其有权制定自己的外交政策；这宣告着神圣罗马帝国的终结，也导致了德意志长达200年的分裂。《威斯特伐利亚和约》清楚地表明，政治动机而非宗教冲突是欧洲政治的主要因素。

军事革命

到17世纪，战争在欧洲扮演了越来越重要的角色。军事力量被认为是统治者声望和权力的关键元素，因此，建立一个高效的军事机器，对统治者来说压力很大。有些历史学家认为，1560—1650年战争中的变化构成了军事革命的一分子。

这些变化包括枪支和加农炮使用率的提高、更灵活和机动的战略、纪律优良和训

17 世纪的战争

我们从一部名叫《痴儿西木传》的流浪汉小说中可以得到相关德国战争的一手资料，这部小说的作者是雅克布·冯·格里美尔斯豪森（Jakob von Grimmelshausen）。作者参加了三十年战争，这段经历使他能以生动和写实的笔触描述出战争对普通人的影响。以下节选描述了一个农场的命运，这番经历可谓 1618—1648 年德国农民的写照。

这帮骑兵在我阿爸四壁乌黑的屋子里开始干的第一件事，便是把他们的马牵进马厩；然后，他们各干各的勾当，桩桩件件无一不是肆意破坏和糟蹋；有些人开始杀鸡宰鹅，又煮又烤，简直像是要举行一次盛大的宴会。另一些人在房子里上下乱窜，因为他们不知道密室在哪儿，好像那里藏着希腊神话阿耳戈英雄们要去取的金羊毛似的。另有一些人把布匹、衣服和各种东西都捆打成大包，似乎要在什么地方张罗一个旧货市场。凡是他们认为不能带走的东西，就全部砸烂。有几个家伙用剑刺进柴草垛，好像他们杀了猪羊还不尽兴似的；有几个把被褥里的鸭绒都抖落出来，把猪油、腌肉和其他东西塞进去，好像这样睡起来更舒服。另外还有一些人捅坏了窗户和炉子，好像他们要宣告永恒的夏天的来到；铜器锡器全都被捣毁，他们把这些七歪八拐的破烂碎片捆扎起来；床铺、桌椅、板凳都被烧光了，院子里留下许多枯木条；瓶瓶罐罐都被打碎了，因为他们只喜欢吃烤的东西，或者因为他们只想随便在哪儿凑合吃一顿就行了。我家的使女在牲口棚里被他们折磨得厉害，她再也走不出来了，她被糟蹋了！那雇工，他们把他捆倒在地，往他嘴里塞进一大块木头，灌了他满满一大桶臭水；他们把这叫作瑞典饮料，而他并不觉得这有什么好滋味，脸上倒出现了极为奇怪的表情。他们就这样强迫他领着一队人出去，到处抓人，拉牲口，然后全带到我家的院子里来。在这些人中间，我看到了阿爸、阿妈，还有我们的乌尔塞拉。

这时他们开始取出枪上的燧石，把农民们的大拇指夹在枪上，代替燧石击发，还把一个抓来的农民塞进了烤面包炉，在他背后点起了火，尽管他什么也没有供认出来。他们就这样折磨这些可怜的人，好像要烧死老巫婆一样。他们又用一根棍子绕在另一个人的头上，用一根短棍把它拧紧，于是，血便从他的嘴里、鼻子里和耳朵里喷出来。总而言之，每个人都用他自己的发明创造来折磨农民。因此，每个农民也遭受了自己特殊的痛苦。只有我的阿爸——我当时是这样想的——是最走运的人，因为当别人承受着痛苦和以惨叫回答拷问时，他却是张着嘴巴大笑着招认的。这样的荣誉临到他身上，无疑因为他是一家之长。他们把他挪到一堆火旁，捆绑住他的手脚，使他动弹不得，然后用湿的盐摩擦他的脚底板，再让我家的老山羊把这些盐舔掉，致使他奇痒难忍，笑不可支。我觉得这太迷人了，太美好了，因为我还从未听到过或见到过我阿爸这样长时间地大笑。为了跟他作伴，或者说因为我不太明白其中道理，我不禁也从心底里跟着他大笑起来。

在这样的大笑之中，阿爸承认了他应尽的义务，说出了隐藏的宝库，里面都是金子、珠宝和各种小首饰，比起他们原先想从农家搜得的多得多。至于那些被抓起来的妇女、使女和姑娘们，我没什么特别可说的，因为这些当兵的不让我看见他们是怎样摆弄她们的。我所知道的，只是从那些角落里不时传出可怜的叫喊声。我猜想，阿妈和乌尔塞拉的遭遇不会比别人好些。

——雅克布·冯·格里美尔斯豪森《痴儿西木传》

□ 问题：这段资料中，战争对普通欧洲人造成了什么样的影响？

练有素的军队。这些革新使部分基于征兵制的常备军必不可少，17世纪，欧洲各国的军队越来越庞大，军费越来越高昂。为了维持军队，只能征收更重的赋税，战争遂成为一项经济负担，在早期现代欧洲国家中占比越来越重。监管国家军事资源的庞大官僚机构的建立也增强了政府权力。

■ 应对危机：专制主义

□ 问题：专制主义是什么？法国、俄国、奥地利和普鲁士的专制君主有哪些主要特征？

许多人应对17世纪欧洲危机的手段是寻求秩序。提升君权便成为实现稳定的主要措施，其后果是形成了历史学家所说的专制主义或君主专制，即国家主权或最终权力掌握在拥有神圣权力——即君权神授和君主只对上帝负责的理念——的君主手中。16世纪晚期的政治理论家认为，统治权包括制定法律、征收赋税、管理司法、控制国家行政体制，以及制定外交政策的权力。

● 路易十四统治下的法国

传统上，路易十四（Louis XIV，1643—1715 年在位）统治时期的法国被认为是
17 世纪绝对君主制或神权君主制的最佳案例。法国的文化、语言和生活方式影响了欧
洲社会中各个阶层的民众，西欧和中欧的政治完全被法国的外交和战争所主宰。路易
十四的王朝似乎被欧洲各处模仿。

政治机制

路易十四掌握权力的关键之一在于他对国家中央决策机器的控制能力，因为这是
他朝廷和家事的一部分。路易十四的凡尔赛宫同时兼具三重身份：它既是国王的私人
住所，又是中央政府机构所在地，还是权贵要人们为自己和客户寻求支持和职位的地
方。路易十四统治的最大危险来自王公亲贵，他们认为决策政府各部门是自己的天职
所在。为了解除了这一威胁，路易十四将他们请出枢密院，诱其进入凡尔赛宫，让他
们耽于享乐，无心插手政治。路易十四的朝廷依靠的不是王公旧族，而是来自新贵之
家的臣子，他要求大臣们恭敬顺从，并表示："我可不想与他们分享权威。"

路易十四对大臣和枢密院的操控使他牢牢控制了国家的中央决策机器，从而掌握
了传统君主的各项权威，包括制定外交政策、宣战和媾和、宣告世俗权力不受任何宗
教权威约束，以及为履行上述职能而行的征税权。不过，路易十四在法国内政方面并
没有什么建树。

经济与军事

修筑宫殿、维持王朝运转和战争三者相加，使路易十四陷入了严重的财政窘境。
好在他有财政大臣让－巴普蒂斯特·柯尔贝尔（Jean–Baptiste Colbert，1619—1683 年）。
柯尔贝尔实施重商主义，主张可以为了国家利益计，政府干预经济，以增加财富，提
升法国的影响力。为了减少进口、增加出口，柯尔贝尔给从事新产业者提供补贴；为
了改善法国国内的交通运输状况，他大量兴修道路和运河；为了直接降低进口，他还
提高了进口关税。

路易十四对强化君权的孜孜以求导致他建立了一支职业军队，其人数在和平时期
约 10 万，战时则多达 40 万。为实现匹配绝对君主的声望和军事实力，确保波旁王朝
对欧洲事务的主导权，路易十四在 1667—1713 年发动了四次战争。他的野心激使欧洲
其他国家建立了反法联盟，一致决心阻止波旁霸权对欧洲军事的破坏。尽管路易十四
在法国东北部增加了一些领土，波旁王朝甚至还统治过西班牙，但他也让法国变得贫
困，树敌众多。

● 中欧和东欧的君主专制

17世纪，中欧和东欧出现了三个新兴国家——普鲁士、奥地利和俄国，这对近代西方世界的发展至关重要。

普鲁士

腓特烈·威廉（Frederick William，被称为"大选侯"，1640—1688年）奠定了普鲁士的根基。当他意识到自己继承的勃兰登堡是个面积不大、没有天然屏障的小国时，遂锐意进取，建立了一支4万人的军队，其规模是欧洲第四。为了维持这支军队，他还设立了战争军需总处，负责监督军队和为军队征税。军需总处很快演变为政府机构，成为选侯统治国家的主要工具。它的许多官员都是普鲁士的有地贵族，即容克，在军队中占有要职。

1701年，腓特烈·威廉的儿子威廉（Wilhelm I，1688—1713年）正式继承王位，即腓特烈·威廉一世。18世纪，普鲁士成为欧洲强国。

奥地利

奥地利哈布斯堡家族长期在欧洲政治中纵横捭阖，但到三十年战争结束时，他们希图在德国建立大帝国的梦想破灭了。17世纪，奥地利在中欧和欧洲东南部崛起为一个新兴帝国。

新奥地利帝国的核心区域是传统奥地利帝国的世袭统治地区：上奥地利、下奥地利、卡林西亚、卡尼奥拉、施蒂利亚和蒂罗尔。此外，波希米亚和匈牙利西北部的部分地区也在其统治范围内。1687年，击败土耳其人后，奥地利控制了匈牙利全境、特兰西瓦尼亚、克罗地亚以及斯洛文尼亚，从而在欧洲东南部建立起了庞大的奥匈帝国。到18世纪初，奥地利帝国的规模已经极其可观。

不过，奥地利的君主制从来不是高度集权和专制的，这主要归因于帝国内民族众多。奥地利帝国仍然是哈布斯堡家族皇帝统率下的领土集群，他也是奥地利大公、波希米亚国王、匈牙利国王。这些地区都有各自的法律和政治生态。

从莫斯科公国到俄国

15世纪，在莫斯科公国及其强势大公的领导下，一个全新的俄国崛起了。16世纪，伊凡四世（Ivan IV，1533—1584年）成为第一位沙皇（俄语中的恺撒）。伊凡四世向东扩张俄国领土，粉碎了俄国贵族的权力，他因手腕无情甚至在激烈争论中杀死了自己的儿子而被称为"恐怖的伊凡"。1598年，伊凡王朝的统治宣告结束。此后，俄国进入无政府状态，直至俄国缙绅会议（或国民大会）推举米哈伊尔·罗曼诺夫（Michael Romanov）

为新沙皇。罗曼诺夫王朝统治俄国长达 300 多年，其最出色的统治者是彼得大帝。

彼得大帝（Peter the Great，1689—1725 年在位）绝非常人。他身高超过两米，体格强壮，喜欢开些不入流的玩笑——打嗝比赛和拙劣的笑话，也喜欢用恶毒的刑罚，如鞭刑、刺刑、火刑等惩罚罪人；他还于 1697—1698 年亲访欧洲，回国后，锐意让俄国欧化。他尤其热烈地引入欧洲技术，创建了一支让俄国成为强国的陆海军队。

可以预料的是，他的重中之重是重组陆军、创建海军。他聘用的官员既有俄罗斯人，也有欧洲人。为了建立规模达 21 万的常备军和前所未有的海军，他征召农民服役达 25 年之久。

为了在俄国更有效地推行中央政府的统治，彼得大帝将俄国分为各个辖省。尽管他希望建立一个秩序井然、依法治理的"警察国家"，但没几个官僚认同他忠于国家的理念。彼得大帝希望激发民众的公民义务感，吊诡的是，他的强势个性制造的恐怖气氛恰恰妨碍了民众的感情。

彼得大帝国内改革的目的是让俄国成为一个大国和军事强国。他的主要目标是"打开向西方的窗口"，也就是获得一个通向欧洲的不冻港。只有在波罗的海才能实现这一目标，但当时波罗的海控制在瑞典手中。与瑞典长期而艰苦的战争最终让彼得大帝如愿以偿。1703 年，彼得大帝开始建造圣彼得堡，这是他的西边窗口，也是俄国向欧洲西进的象征。在彼得大帝的统治下，俄国成为一个军事大国，到 1725 年他去世时，俄国已经成为欧洲强国。

■ 英国与君主立宪制

□ 问题：英国是怎样避免了专制主义道路的？

并非所有 17 世纪的国家都是专制主义，最典型的抵制君主专制的例子是英国。为了确定对英国的统治中各自扮演的角色，英国国王与议会斗争不断。

● 国王与议会的矛盾

1603 年，伊丽莎白一世去世，都铎王朝终结。斯图亚特家族子弟、苏格兰国王詹姆斯继承了伊丽莎白的王位，称詹姆斯一世（James I，1603—1625 年在位）。詹姆斯一世信奉君权神授理念，英国议会对此大为不满，因为它已经习惯了都铎王朝时期与国王一同治理英国的"平衡政体"。英国圣公会中受加尔文理论影响的清教徒希望清除掉英国国教中天主教的所有痕迹，而詹姆斯一世则对圣公会持强烈的抗拒态度。英国不少士绅（绝大多数是富裕的地主）是清教徒，构成了下议院的主体。若与他们离心离德，似非良策。

詹姆斯一世时开始的国王与议会之争到他儿子查理一世（Charles，1625—1649 年在位）时期终结了。如同父亲，查理一世也相信君权神授，宗教分歧加深了他与议会的不和。为了恢复天主教，查理一世试图约束英国教会，以此挫败清教徒。当查理一世试图强迫清教徒接受他的宗教政策时，数千名清教徒愤而出走，前往荒芜的美洲。

● 内战与英联邦

不断积聚的不满终于引发了英国内战（1642—1648 年），最终，在议会支持下，军事天才奥利弗·克伦威尔（Oliver Cromwell）为主率领的新模范军获胜。新模范军主要由被称为平等派的极端清教徒组成，是典型的加尔文派，认为自己是在为上帝而战斗。正如克伦威尔在一份军事报告中所指出的："先生，这里有的只是上帝之手；荣耀也只属于上帝。"我们应当相信克伦威尔，他的军队是 17 世纪新军事战略下训练有素的队伍。

查理一世于 1649 年 1 月 30 日被处决，此后，议会废除了君主制，下议院宣布，英国是一个联邦制国家。不过，纵使克伦威尔及新模范军，也无法与议会达成有效合作，于是，用武力解散议会，建立了军事独裁统治。1658 年克伦威尔去世，军队决定放弃军事独裁、恢复君主制，查理一世的儿子查理二世（1660—1685 年在位）遂成为国王。

● 复辟与光荣革命

查理二世偏向天主教，当他于 1672 年公然签署，旨在恢复天主教地位的法律——《宽容宣言》（Declaration of Indulgence）时，议会对他的质疑不断上升。在议会的胁迫下，国王撤回了该宣言。

詹姆斯二世（1685—1688 年在位）的登基给英国带来了新的宪法危机。詹姆斯

15.1 绝对君主制和君主立宪制大事记

国　家	事　件	时　间
法　国	路易十四	1643—1721 年
普鲁士	大选帝侯腓特烈·威廉	1640—1688 年
	选侯腓特烈三世（国王腓特烈一世）	1688—1713 年
俄　国	恐怖的伊凡四世	1533—1584 年
	彼得大帝	1689—1725 年
	第一次访问西方	1697—1698 年
	圣彼得堡开始建设	1703 年
英　国	内战	1642—1648 年
	英格兰联邦组成	1649—1653 年
	查理二世	1660—1685 年
	宽容宣言	1672 年
	詹姆斯二世	1685—1688 年
	光荣革命	1688 年
	权利法案	1689 年

二世是个公开的、虔诚的天主教徒，他试图拓展天主教的利益，从而使宗教问题再度成为国王与议会间的主要矛盾。詹姆斯二世任用天主教徒担任政府、陆军、海军和大学中的要职。尽管议会对詹姆斯二世的政策有所不满，却也未再发动暴动，他们知道詹姆斯二世已经年迈，而他的继承人玛丽和安妮——他与第一任王后所生之女都是清教徒。

1688 年 6 月 10 日，詹姆斯与身为天主教徒的第二任王后的儿子出生。预感到了英国将会出现天主教世袭君主的一群权贵遂邀请荷兰首席执政、玛丽的丈夫奥兰治的威廉入侵英国。玛丽和丈夫率军进攻英国，詹姆斯二世夫妇带着新生的孩子逃往法国。英国因而几乎没有流血地实现了"光荣革命"。

1689 年 1 月，英国议会推举玛丽和威廉加冕。威廉和玛丽接受了王位，也承认了《权利法案》。该法案确认制定法律和征税属于议会权力范围。公民持有武器和陪审团审判的权利也得以确认。英国议会通过驱除一任国王、推举另一位国王摧毁了君权神授的理念，确保了议会参与政事的权利。议会没有完全控制政府，不过，却有了参政的权利。接下来的一个世纪里，议会将逐渐成为英国君主立宪制中的真正权威。

■ 欧洲文化的繁荣

□ 问题：这一时期欧洲的艺术和文学成就是如何反映其政治和经济发展的？

欧洲经历宗教战争和不断发展的君主专制的同时，欧洲文化仍然在继续繁荣，涌现出了诸多杰出的文学家和艺术家。

政治与统治

权利法案

　　1688 年，英国经历了一场不流血的革命，斯图亚特王朝的詹姆斯二世被女儿玛丽和她的丈夫奥兰治的威廉取代。玛丽和威廉掌权后，英国议会通过了权利法案，规定了议会的权利，奠定了英国君主立宪制的基础。以下为权利法案部分内容。

　　鉴于前任国王詹姆斯二世业已退位，王位出缺，奥兰治亲王殿下（其祈求万能的上帝的旨意，拯救本王国于教皇和专制的权力）特（根据贵族与神职议员和世俗议员以及诸多平民院之领袖们的建议）命向新教徒之贵族院神职议员和世俗议员致函，并向诸多郡县、大学、市镇以及五港同盟致另函，着其选任合适之人送往议会代表他们，于本年，即 1688 年，1 月 22 日集会于威斯敏斯特宫并开会，以立法使其宗教、法律及自由免再遭受灭顶之灾；据此函件遂行相应之选举。

　　于兹前述贵族院神职议员和世俗议员以及平民院议员，因应他们各自收到之函件及选举，现聚会于此，充分并自由地代表这个国家，以最为严肃的态度考量实现前述目的之最佳途径，为维护和主张他们源远流长的权利和自由乃首先（与其先人在类似情形下通常所为一样）宣告：

　　1. 凡未经议会同意，以国王权威停止法律或停止法律实施之僭越权力，为非法。

　　2. 自近来以国王权威擅自废除法律或法律实施之僭越权力，为非法。

　　3. 设立此前之宗教诉讼法庭之委任状及其他类似之委任状和法庭，为非法且有害。

　　4. 凡未经议会同意，凭借国王特权而超越议会批准的或者可能批准的期限或者方式征税以供国王之用，为非法。

　　5. 臣民有向国王请愿之权，因此等请愿而被囚禁或者指控的，为非法。

　　6. 在和平时期，除非征得议会同意，否则，征募并保有一支常备军，为非法。

　　7. 属于新教之臣民，有权依其条件、依法持有武器以自卫。

　　8. 议会议员之选举须为自由的。

　　9. 在任何法院或者议会之外的其他地方不得对议会中的讲演、辩论及议事自由提出指控和诉讼。

　　10. 不得要求过高之保释金，不得科以过高之罚金，亦不得科处残酷且非常之刑罚。

　　11. 应妥当选任陪审员，审判叛逆罪被告人的陪审员须为自由地产保有者。

　　12. 所有在有罪判决做出之科处罚金和没收财产的授权和允诺均为非法并无效。

　　13. 为平民愤和为修政、巩固及维护法律，应定期召开议会。

....

　　□ **问题：** 权利法案是怎样为英格兰的君主立宪奠定基础的？

● 艺术：巴洛克风格

巴洛克风格主宰欧洲艺术风格长达一个半世纪。巴洛克艺术风格起源于16世纪最后20多年中的意大利，并传播到了欧洲其他地区和拉丁美洲。巴洛克艺术家们试图将文艺复兴时期的古典艺术思想与16世纪复兴的宗教情怀相融合，其艺术和建筑大体上反映了人们对权力的追求，这也是17世纪大多数时候的特征。巴洛克式教堂和宫殿的特点是饰有华丽的外墙和楼梯，整体形象辉煌富丽，令人印象深刻。国王和王后们希望臣民和王公贵族都能对他们的权力心存敬畏。

巴洛克绘画以运用引人注目的效果来唤起人们的情感而著称，这在彼得·保罗·鲁本斯（Peter Paul Rubens，1577—1640年）的作品中尤为明显。鲁本斯是个高产的画家，也是将巴洛克风格从意大利传播到欧洲其他地区的重要人物，他多以剧烈运动和高度裸露的人体入画，大胆运用光影和丰富的色彩来表达强烈的情感。

● 艺术：荷兰现实主义

17世纪，荷兰商业的繁荣也带来了绘画的繁荣。城市社会的富裕贵族和商人运用艺术作品来装饰其公会、市政厅和个人住宅。荷兰许多绘画作品的主题反映的是这种市民社会的爱好：市民的肖像画、军队和行会的集体肖像、风景、海景、风俗画、静物画以及室内场景。荷兰画家既不是古典派也不是巴洛克派，他们的兴趣主要是描绘世俗生活的场景。

● 英国文学的黄金时代

1580—1640年，是英国文学的高峰期。英国文学的黄金时代也常常被称为伊丽莎白时代，因为文学在伊丽莎白统治时期繁荣异常，这一时代的文学展现了人们对当时英国势力扩张的自信与骄傲。表达伊丽莎白时期活力和才艺的文学形式中，戏剧最为出色。威廉·莎士比亚（1564—1614年）是当时最著名和最出色的戏剧家。

莎士比亚是个"完全的戏剧天才"。他不仅以写作戏剧知名，本人还是一名演员和常在伦敦各剧院演出的宫内大臣剧团的股东。直至今天，莎士比亚仍被称为天才。他是英语语言大师，用词充满力量，极有庄严感。他极其出色地深刻揭示了笔下人物的内心世界。无论是喜剧还是悲剧，莎士比亚都表现出对人类处境的非凡理解。

▬ 本章小结

上一章，我们讨论了欧洲人是如何改变欧洲以外的世界的。是什么让这种改变成为可能的呢？首先，自16世纪起，马丁·路德的宗教改革将欧洲宗教分为新教和天主教两大阵营。到16世纪中叶，宗教改革时代的宗教情绪显然终结了中世纪欧洲的宗教团结。这种宗教分裂（天主教与新教）也是一系列宗教战争的肇因，同时经济、社会和政治因素也在其中起了重要作用。

16世纪和17世纪的危机很快迫使人们寻求政治稳定和世俗秩序，也让民族国家的出现成为可能。在民族国家中，权力政治越来越重要，随之，缓慢出现了中央集权制。在那些被称为君主专制的国家中，在贵族的协助下，强势君主带头进一步加强了集权。在这一所谓的君主专制时代，法国的太阳王路易十四为其他国家的统治者树立了榜样。强势君主在中欧和东欧也很盛行，普鲁士、俄国和奥地利三个新兴国家的兴起便是明证。

不过，并非所有欧洲国家都遵循君主专制模式。尤其例外的是英国。17世纪，英国议会与国王进行了长期的斗争。最终，在牺牲君权后，有地贵族获得了权力，从而为英国的君主立宪制奠定了基础，也使议会成为中央集权的焦点。

在欧洲各主要国家中，对权力和扩张的不断关注加速了军队的扩大，也引发了更大的矛盾和冲突，更强劲的经济和更强势的政府也应运而生。从全球视角来看，欧洲人以及他们的强势政府、繁荣的经济和强大的军事实力正开始主导世界其他地区，这也使他们越来越自信其文明的优越性。

尽管欧洲人在全球贸易市场中的主导作用越来越大，但并没有实现削弱伊斯兰势力这一十字军东征的初始目标。实际上，正如我们将在下一章讨论的，欧洲扩张过程中，有三个新兴的、强大的伊斯兰帝国正在中东和南亚形成。

▬ 本章思考

— **问题1**：政治在宗教改革的成功中扮演了什么角色？

— **问题2**：路易十四在其对内对外政策上希望实现什么样的目标？他在哪种程度上取得了成功？

— **问题3**：17世纪的英国，绅士阶层起了什么样的作用？

■ 拓展阅读

关于宗教改革。有关宗教改革的概述，可以参考 J.D.Tracy, *Europe's Reformations*, *1450-1650*, Oxford, 1999; D.MacCulloch, *The Reformation*, New York, 2003; U.Rublack, *Reformation Europe*, Cambridge, 2005。

关于天主教和新教改革。关于马丁·路德的生平，可以参考 H.A.Oberman, *Luther*: *Man Between God and Devil*, New York, 1992; M.Marty, *Martin Luther*, New York, 1989。关于英国的宗教改革，可以参考 A.G.Dickens, *The English Reformation*, New York, 1989。关于加尔文的生平，可以参考 W.G.Naphy, *Calvin and the Consolidation of the Genevan Reformation*, Philadelphia, 2003。关于天主教的改革，可以参考 R.P.Hsia, *The World of Catholic Renewal*, *1540-1770*, Cambridge, 1998。

关于欧洲 1560—1650 年间危机。法国的宗教战争问题，可以参考 R.J.Knecht, *The French Wars of Religion*, *1559-1598*, New York, 1996。三十年战争，可以参考 P.H.Wilson, *The Thirty Years War*, *Europe's Tragedy*, Cambridge, Mass., 2009。巫术恐慌的问题，可以参考 R.Briggs, *Witches and Neighbors*: *The Social and Cultural Context of European Witchcraft*, Oxford, 2002。

关于绝对主义和开明专制。路易十四的可靠、可读性强的传记，可以参考 J.Levis, *Louis XIV*, New York, 2004。俄国和奥地利的情况，可以参考 P.H.Wilson, *Absolutism in Central Europe*, New York, 2000。彼得大帝的研究，可以参考 P.Bushkovitz, *Peter the Great*, Oxford, 2001。英国的内战，可以参考 D.Purkiss, *The English Civil War*, New York, 2006。

关于欧洲文化。巴洛克文化的概况，可以参考 F.C.Marchetti 编: *Baroque*, *1600-1770*, New York, 2005。有关莎士比亚的文学作品数量众多。莎士比亚的传记，可以参考 A.L.Rowse, *The Life of Shakespeare*, New York, 1963。

第 16 章
穆斯林帝国

1526 年 8 月的一个上午，苏莱曼（Suleyman）大帝率领的奥斯曼帝国军队抵达了匈牙利平原的莫哈奇。奥斯曼土耳其帝国的军队达 10 万之众，有 300 门新型的远程大炮。他们的对手是人数更多的欧洲军队，却是铠甲笨重，大炮也只有 100 门。

中午时分，战斗开始，两个小时后，就已结束：匈牙利骑兵被摧毁，附近的沼泽地中，尚有 2 万名伤亡的匈牙利陆军。奥斯曼土耳其帝国的伤亡不到 200 人。两周后，土耳其军队占领了匈牙利首都布达佩斯，并准备围攻邻国奥地利的维也纳。欧洲顿时陷入惊慌之中，接下来的莫哈奇之战成为奥斯曼土耳其向欧洲扩张的高潮。

在大航海时代，欧洲统治者希望通过控制全球市场削弱伊斯兰世界的势力，减小它对欧洲安全的威胁。不过，基督教国家的这一梦想未能完全实现。相反，在欧洲航海时代的阴影下，蒙古时代崩溃后貌似进入衰落期的伊斯兰世界因阿巴斯王朝而复兴，并在全球范围内兴起了三个庞大的穆斯林帝国，即奥斯曼土耳其帝国、萨菲帝国、莫卧儿帝国，并主宰了中东以及南亚次大陆，给数百年来一直动荡中的这些地区带来了稳定。

■ 奥斯曼帝国

□ 问题：奥斯曼帝国的民族构成是怎样的？苏丹政府是如何管理多样化的人口的？与欧洲和亚洲相比，奥斯曼帝国在这方面的政策有什么不同？

奥斯曼土耳其人是说土耳其语的游牧民族中的一支。公元 9—11 世纪，他们从中亚地区向西发展，最早出现的是塞尔柱土耳其人，他们起初试图在巴格达重建没落的阿拔斯王朝。后来，他们推翻了拜占庭帝国，在安纳托利亚半岛（即小亚细亚半岛）建立了统治。在他们的统治下，土耳其人充当士兵或官员，而耕田种地的则主要是希腊人。

● 奥斯曼土耳其的崛起

13 世纪晚期，一支新的土耳其人在奥斯曼（Osman，1280—1326 年）的领导下不断巩固其在安纳托利亚半岛西北一带的势力。起初，奥斯曼土耳其人还比较平和，忙着到处游牧，但随着塞尔柱土耳其人在 14 世纪初走向分裂，奥斯曼土耳其人开始向外

参照文章

形式不断变化的战争

正如法国历史学家费尔南·布罗代尔所指出的那样，战争始终是关乎武器和技术的问题。技术的进步可以从根本上改变事件的进程。布罗代尔的评论是针对 16 世纪地中海的战争而发的，当时，火炮的使用改变了战争面貌，使那些站在新技术革命前沿的国家掌握了巨大优势。但是，这也同样适用于潜在对手掌握了可以跨洋、跨大陆攻击的武器的今天。

当然，军事优势的一个关键因素是武器的性质。从弓箭的发明到原子能的发现，拥有性能优越的战术武器者在与装备较差的敌方对抗时，前者往往占据明显优势。例如，公元前二千年间，喜克索斯人能够征服埃及的原因之一是他们拥有青铜武器。

机动性是另一个至关重要的因素。公元前二千年间，马拉战车的发明和使用使从地中海到中国黄河流域的战争发生革命性变化。后来，马镫的发明又让士兵们可以在马背上使用弓箭，这一技术的威力在蒙古人身上最为明显，他们摧毁了欧亚大陆的诸多文明。

为了保护自己免遭劫掠，农耕社会开始在城市和堡垒周围修建浩大的城墙。这又催生了攻城武器的发明，如石弩和攻城车。据说蒙古人甚至有雏形的化学武器，将感染瘟疫的人带入敌人内部。

炸药的发明开启了战争的另一场大革命。炸药作为武器使用最初是在中国唐代，后来经由土耳其人引入西方。土耳其人曾在 15 世纪用炸药对付过拜占庭帝国。欧洲人很快也掌握了这一新技术，并将其用到极致，发明了手持火枪和大炮。在与对手争夺印度洋和太平洋的控制权中，大炮成为欧洲舰队的至关重要的有利条件。

20 世纪的战争艺术出现了革命性的大发展，从装甲车到飞机，再到核武器。不过，随着武器越来越可怕，它们的使用风险也越来越高，结果导致了越南战争中的悖论。当时，轻武装的越共军队反而使世界上最强大的美军进退两难。正如中国军事战略家孙子在很久以前所说的，"上兵伐谋"。

□ **问题**：在有效利用枪炮来扩大世界影响力上，为什么欧洲人走在了前列？

扩张，建立了奥斯曼利王朝，建都于布尔萨。奥斯曼利王朝后来被称为奥斯曼王朝。

奥斯曼土耳其控制了地中海与黑海之间的博斯普鲁斯海峡和达达尼尔海峡，占据了关键优势。当然，几个世纪以来，这里一直为拜占庭帝国所控制，也是中东穆斯林与西方之间的屏障。不过，随着君士坦丁堡在 1204 年第四次十字军东征时陷落，以及西方国家在接下来半个世纪里的不断侵占，拜占庭帝国已被严重削弱了。1345 年，奥斯曼军队在奥尔汉一世（Orkhan，1326—1360 年）的领导下，第一次越过博斯普鲁斯海峡，支持君士坦丁堡的内部篡权。奥斯曼土耳其在地中海进入达达尼尔海峡的入海处加里波利，在欧洲建立了第一个根据地，并逐渐向巴尔干半岛扩张，与反拜占庭的好战的塞尔维亚军队和保加利亚军队建立联盟。在这样动荡的环境下，奥斯曼土耳其人在巴尔干建立起了日渐稳定的统治，在此设立了总督，将以前的地主赶走后，开始从当地斯拉夫农民手中征税。奥斯曼土耳其的统治者开始以苏丹自居。

1360 年，奥尔汉一世去世，由穆拉德一世（Murad，1360—1389 年在位）继任。穆拉德一世巩固了土耳其人在巴尔干半岛的势力，拜占庭皇帝如同土耳其的下属。穆拉德建立起强大的军事统治，招募基督徒组成精锐卫队，这些被称为加尼沙里军团的禁卫军主要由巴尔干半岛的基督徒组成，后来他们皈依了伊斯兰教，经训练后成为步兵或官吏。禁卫军的主要组成优势之一是直接听命于苏丹，可以说，他们忠于苏丹本人。总督也组织自己的军队，这些军队主要忠于本地首脑。

禁卫军也代表着战争的转变。随着 14 世纪晚期火器的传播，土耳其人掌握了武器制造的新技术，包括攻城大炮和火枪。传统骑兵现已落伍，被装备着步枪的步兵取代。因而，禁卫军既是装备精良的保卫皇宫的精英步兵卫队，也是土耳其强化控制巴尔干半岛的工具。1389 年，土耳其军队在科索沃战役中击败了塞尔维亚的军队，结束了塞尔维亚在这一带的霸权。

● 奥斯曼土耳其帝国的扩张

穆拉德一世的继任者拜亚吉德一世（Bayazid，1389—1402 年在位）继续向北扩张，吞并了保加利亚，重创了法国骑兵。穆罕默德二世（Mehmet，1451—1481 年在位）上台后，决心占领君士坦丁堡。此时土耳其早已控制了达达尼尔海峡，穆罕默德二世下令在君士坦丁堡北边的博斯普鲁斯修建军事堡垒，造成对拜占庭帝国的扼杀之势。

君士坦丁堡的陷落
拜占庭最后一任皇帝绝望地请求欧洲的帮助，但只有热那亚予以响应。1453 年，穆罕默德二世率领 8 万军队围攻仅有 7000 人防卫的君士坦丁堡。土耳其人攻城时使用了炮身长度达 26 英尺的大炮，每次可以抛掷 1200 磅的石球。拜占庭在君士坦丁堡的入港处黄金角装上了沉重的铁链，用来防卫来自北边海军的攻击，并准备在君士坦丁堡西边 13 英里城墙处作最后的死守。但穆罕默德的军队占领了黄金角北边的尖角，从博斯普鲁斯登陆，越过铁链，下放船只。最终，城墙被攻破，拜占庭皇帝战死。

向西亚和非洲前进

奥斯曼土耳其将首都迁往君士坦丁堡，并改名伊斯坦布尔，使它成为巴尔干半岛和安纳托利亚半岛的主宰者。现在，他们开始东进，与波斯萨菲帝国的什叶派作对。什叶派是安纳托利亚的不稳定因素，时常破坏奥斯曼土耳其在中东一带的贸易。1514年，塞利姆一世（Selim，1512—1520 年在位）击败了萨菲帝国，占领了美索不达米亚一带，并转而对付支持萨菲帝国的埃及马穆鲁克王朝。1516 年，马穆鲁克军队在叙利亚被奥斯曼土耳其击败，一年后，开罗沦陷。此时，塞利姆一世控制了包括耶路撒冷、麦加、麦地那在内的数个伊斯兰圣城，并宣称自己是哈里发，是穆罕默德的继承者。接下来的数年里，土耳其军队和舰队沿非洲海岸西进，占领了特里波利、突尼斯、阿尔及利亚，其势力最终渗透至直布罗陀海峡。

土耳其对北非人民的统治并没有产生重大影响。如同其前辈一样，土耳其人也是穆斯林，他们更愿意用本土统治者管理所征服之地：由中央政府任命的帕夏（pashas）征税（按固定比例上交部分给中央政府）、维持法律和秩序，直接向伊斯坦布尔的中央政府负责。土耳其人统治了阿尔及尔、突尼斯、特里波利等沿海城市，但在内陆，他们除了控制从撒哈拉到尼罗河沿岸的贸易中心外，并未有其他作为。这一时期，从埃及到大西洋的北非海岸的海盗，与基督教对手共同争抢地中海的船只。

到 17 世纪，伊斯坦布尔的奥斯曼土耳其政府与它任命的北非代理人之间的关系开始减弱。一些地方精英赶跑了帕夏，另一些如突尼斯总督成了世袭统治者。即是埃及，其农业财富和对通往红海路线的控制使其成为该地区对土耳其最重要的国家，也逐渐成为由禁卫军组成的新官阶层统治下的自治地带。

奥斯曼土耳其在欧洲的扩张

1453 年征服君士坦丁堡后，土耳其人试图将领土扩张到欧洲。在苏莱曼一世（Suleyman，1520—1566 年在位）的带领下，土耳其军队向多瑙河一带进军，于 1521年占领了贝尔格莱德，并在 1526 年与匈牙利的莫哈奇战役中大获全胜。随后，土耳其人占领了匈牙利的大部分地区，并抵达维也纳，其攻势最终于 1529 年被击退。此外，土耳其还西进到地中海一带，试图将那里变为其势力范围，最终，西班牙人在勒班托海战中重挫了土耳其舰队。

17世纪后半期，奥斯曼土耳其再度采取攻势。到1683年年中，奥斯曼土耳其人越过匈牙利平原，占领了维也纳。奥地利人、波兰人、巴伐利亚人和撒克逊人一同抵挡住了土耳其人的进攻，并被欧洲新联盟赶出了匈牙利。尽管奥斯曼土耳其还保留着帝国的核心地区，但它再也不能成为欧洲的威胁了。奥斯曼帝国的统治继续维持了七八个世纪之久，但新的挑战也随即而至：欧洲东南部越来越强大的奥地利帝国以及北边新巨人俄国的崛起。

● 土耳其统治的性质

如同波斯和印度的穆斯林帝国一样，奥斯曼土耳其帝国的政治体制也是从部落向稳定帝国进化的结果。奥斯曼土耳其的最高权力机构是苏丹，他是政治和军事上的最高权威。这一体制的起源可追溯到贝伊（bey），即诸侯，他们是同类中的佼佼者，只要能给各部落提供战利品和放牧地，就能获得各酋长的忠诚。争端通过部族法律平息，而穆斯林律法居于次要地位。部族首脑从其控制地区征税或收取战利品，并将1/5的所得物贡献给诸侯。军事和行政权都集中于诸侯手中，诸侯国的都城就设在诸侯及其行辕所在地。

不过，奥斯曼帝国兴起后，借鉴了拜占庭的统治制度。相比于诸侯，现下，苏丹的地位和声望更大。奥斯曼帝国还继承了拜占庭帝国和波斯人的宫廷礼节，集中化的行政体制将苏丹日益隔离于宫殿之内。苏丹的地位是世袭的，父死子继，但不一定是长子继承。这种情况导致苏丹死后往往因继承权而爆发长期内斗，失败者常常或被处决（用丝绸勒死），或被监禁。王位继承人被安排到各地做总督，以期获得施政经历。

后宫

苏丹的权力中心是位于伊斯坦布尔的多普卡帕宫（Topkapi Palace）。多普卡帕宫于1459年由穆罕默德二世下令建造，它既是行政中心，也是苏丹一家的私人生活场所。结果，整个多普卡帕宫的工作人员就高达2万人。苏丹的私人区域被称为后宫（harem）。苏丹及其嫔妃们居于后宫，通常，苏丹并不娶妻，而是选择7位最宠爱的妃子；她们生下儿子后才能获得地位。一旦儿子成了苏丹，母亲自然成为太后和苏丹的顾问。这种起自苏莱曼大帝的后宫传统往往导致太后在国家事务中拥有相当大的权威。

如同禁卫军一样，服务后宫的人起初也多是奴隶，后来才成为奥斯曼帝国的精英阶层。由于奴役穆斯林是被禁止的，奴隶往往由非穆斯林充任。有些嫔妃出自囚犯之中，也有些是被当作礼物送给苏丹的。如禁卫军一样，她们随后会在被称为德米舍梅（Devshirme）的制度下接受训练和教育。德米舍梅制度源自苏丹要求部族首脑向苏丹提供囚犯，作为其税收义务的一部分。才艺俱佳的男性接受特殊训练，最终在军队或行政部门中任职，有才干的女性则经过培训后被送入后宫，她们能阅读《古兰经》，会缝纫和刺绣，也会演奏音乐。她们的等级因地位不同而各异，有些后宫女性还能出宫，并与军官结婚。

从15世纪开始，奥斯曼帝国的一个独特之处是专门用奴隶来生育王位继承人。不过，与传说相反的是，只有极少的妇女被用于生育，因为苏丹一家的大多数女性——苏丹的姐妹、女儿、寡母、儿媳——都需要各自的奴隶和随行。当代欧洲观察家将多普卡帕后宫比作基督教的修道院，有其自身的等级结构，要求贞洁，实施沉默规则。

由于后宫女性接近苏丹，她们往往掌握着政治大权，从而形成了苏丹女权时期。太后处理奥斯曼帝国的内务，参与外交，同时控制着女儿们与高级军官或其他皇室成员的联姻。有一位公主自两岁开始嫁了七次，其丈夫或是在战斗中身亡，或是被处决。

政府的管理

苏丹通过每周四天的朝政会议进行统治，朝臣首脑是大维齐尔（Grand Vizier），即宰相。苏丹往往坐在屏风后，将其意愿私下传达给宰相。宰相主持着奥斯曼帝国的官僚机构。如同禁卫军一样，官员们并非排他性群体，至少部分官员是在宫廷学校里择优选拔的。大部分官员都是穆斯林出身，也有一些有才干的禁卫军当上了高官，几乎后来所有的宰相都是从德米舍梅制度中选拔的。

地方的行政管理是土耳其部族传统的产物，在某些方面类似于欧洲的分封制。奥斯曼帝国分为不同的省和区，统治这些省和区的官员们要承担行政和军事职能。高级官员被苏丹安排在分封地，负责征税和向奥斯曼帝国提供兵源。这些地区的土地分包给本地的骑兵精英西帕希（sipahis），由他们向耕种这些土地的农民征税，从而获得收入。

● 奥斯曼世界的地区与社会

如同中东地区大多数说土耳其语的人们一样，奥斯曼帝国的统治精英是逊尼派穆斯林。16世纪初起，奥斯曼帝国的苏丹们自称为哈里发，因此理论上他们要负责引领臣民，维护伊斯兰教法。实际上，苏丹将这些职责指派给最高宗教权威，由他负责维护伊斯兰教法、管理教育穆斯林的各个学校。伊斯兰的法律和风俗适用于奥斯曼帝国的所有穆斯林。如同统治者一样，大多数说土耳其语的人都是逊尼派穆斯林，但有一些地区的人们是苏菲派或其他非正统教派。只要他们忠于奥斯曼帝国，奥斯曼帝国政府就容许这些宗教活动，但在 16 世纪初，这些群体——有些皈依什叶派——爆发的骚乱激怒了保守的乌里玛（ulama），最终引发了与萨菲王朝的战争（参见本章稍后有关萨菲帝国的内容）。

对待少数族群

非穆斯林，绝大多数是东正教教徒（希腊人和斯拉夫人）、犹太人、公理会教徒，构成了奥斯曼帝国境内重要的少数族群。奥斯曼帝国对待他们比较宽容。非穆斯林必须交人头税（因为他们可免除兵役），他们可以从事自己的宗教活动，也可以皈依伊斯兰教，因此，东正教、犹太教和公理会的女性教徒可以免除一些她们的伊斯兰姐妹所受的限制。奥斯曼帝国适用的伊斯兰法律就妇女地位的规定也较为宽容，女性可以拥有和继承财产，其婚姻不受强迫，特定情况下，甚至还可以离婚。如前所述，妇女常常在后宫拥有强大的影响力，个别时候，她们甚至可以当总督之类的高官。这种相对宽容的妇女态度部分可归因于土耳其在性别观上更为平等的部族传统。

表 16.1　奥斯曼帝国大事记

事　件	时　间
奥斯曼一世统治时期	1280—1326 年
奥斯曼土耳其人越过博斯普鲁斯海峡	1345 年
穆拉德一世在科索沃击败塞尔维亚军队	1389 年
穆罕默德二世统治时期	1451—1481 年
土耳其征服君士坦丁堡	1453 年
土耳其人在叙利亚击败马穆鲁克王朝，占领开罗	1516—1517 年
苏莱曼大帝统治时期	1520—1566 年
土耳其人在莫哈奇战役中击败匈牙利人	1526 年
土耳其人在维也纳失利	1529 年
勒班陀战役	1571 年
第二次围攻维也纳	1683 年

● 奥斯曼土耳其的衰落

到 17 世纪，奥斯曼帝国内部开始出现腐朽的迹象，尽管迟至 1699 年奥斯曼帝国才丢失了第一块领土，当时，奥斯曼帝国在《卡尔洛维茨条约》中被迫将特兰西瓦尼亚和匈牙利的大部分割让给了奥地利。显然，奥斯曼帝国的衰落原因众多。起初，从部落时代发展而来的行政管理体制开始崩溃。尽管德米舍梅制度仍在继续，但所培养的人材现在既可以结婚和继承财产，还可以将儿子送入皇家兵团。久而久之，他们从治国精英退化为拥有特权的世袭阶级；地方行政官员极为腐败，随着中央官僚机构与农村地区脱节，赋税越来越高；持续的战争耗尽了国库，交通运输得不到重视。曾经是阿拉伯帝国

土耳其关于咖啡的论述

咖啡最初是在 16 世纪中期从阿拉伯半岛引入土耳其的，并据称 1529 年土耳其人围攻维也纳时传入欧洲。以下资料来自 17 世纪土耳其人卡帝布·契列比（Katib Chelebi）的记载，他编纂了大型的百科全书和书目。在"真理的天平"（*The Balance of Truth*）中，他描述了咖啡是怎样传入土耳其，以及它怎样引起了公众的道德问题（如同欧洲和后来的美洲殖民地，伊斯兰世界喝咖啡往往离不开咖啡馆，反叛人士也常常聚集在此进行反政府活动）。1657 年，契列比在伊斯坦布尔去世时，据说正喝着咖啡。

咖啡起源于也门，很快如同烟草一样传遍世界。与修行者生活在山上的也门酋长们吃碾碎了的某种植物的种子……有些人会把种子烘焙后泡水喝。咖啡是一种冷干食物，适合苦行僧的苦行和修行生活……

1543 年前后，咖啡传入小亚细亚后，遭到了人们的敌视，甚至发布了抵制咖啡的命令。人们说，烘焙后的咖啡多在人群聚集时喝，且从你手传到我手，意味着生活的散漫无序。据说阿布尔苏德·阿凡提（Abul-Suud Efendi）曾在运送咖啡的船上钻孔，使咖啡流入了大海。不过这些禁令无济于事……一个又一个的咖啡馆开设起来，男人们聚集在此，热情洋溢、兴高采烈地喝着咖啡。尤其是那些瘾君子，找到了一个增加兴奋之道，简直愿意为之而死。

咖啡馆里的说书人和艺人让老百姓无心做事，勤奋谋生不再受欢迎。甚至，从王公到乞丐，人们互相取乐。到 1633 年末，加西·古尔坦·穆拉德（Ghazi Gultan Murad）意识到这种情况，出于对百姓的热心和关心，发布禁令，取缔了城内的咖啡馆，使其永不再开。此后，首都的咖啡馆趋于荒废……不过，在伊斯坦布尔之外的城市和城镇，咖啡馆还一如从前。如前所述，咖啡馆不可能被永久禁绝。

——卡帝布·契列比《真理的天平》

□ 问题：为什么奥斯曼帝国认为咖啡是危险的东西？奥斯曼当局是否成功阻止了人们消费咖啡？

标志对科学和技术的浓厚兴趣也在不断衰退。此外，由于贸易路线远离地中海东部，加之廉价的美洲白银涌入，物价开始上涨，奥斯曼帝国饱受经济困顿之苦。

此外，随着物质的不断丰富以及西方思想和风俗的影响，还出现了一些其他变化。精明的官员和商人开始模仿欧洲人的习惯和生活方式，穿欧式服装，购买西式家具和艺术品，无视穆斯林不能喝酒和婚外情的清规戒律。16 世纪和 17 世纪初，咖啡和烟草传入奥斯曼帝国的上流社会，一些大城市开始出现咖啡馆。17世纪初期的一位苏丹不得不发布禁止消费咖啡和烟草的命令，他认为（毫无疑问）咖啡馆是反政府阴谋的温床，为此，他不惜暗访伊斯坦布尔夜市。凡发现有不道德或非法活动的臣民，很快将之处死，暴尸街头，以儆效尤。

执政者能力的下降也是奥斯曼帝国衰落的标志。最初的苏丹上台执政的平均年龄是27岁，到后来却只有13岁，这意味着统治集团内部动乱加剧。王位此时往往由长子继承，竞争者们被拘禁牢中，即使他们荣登大宝，也无从政经历。后来的苏丹参与政事越来越少，权力遂流向以宰相为首的高门阶层或太监和后宫成员手中，导致宫廷阴谋不断。

● 奥斯曼帝国的艺术

奥斯曼帝国的苏丹们热衷艺术，给来自奥斯曼帝国内外各地的大量工匠和艺人配有工作室，其中大部分在伊斯坦布尔的多普卡帕宫，也有一些分布在重要的大城市中。从15世纪的穆罕默德二世统治期间到18世纪初期，奥斯曼帝国的陶瓷、地毯、丝绸及其他纺织品、珠宝、武器、书法等都极为繁荣。统治者的宫殿内都装饰着这些物品，以证明他们的富有和精致的品位。

建筑

奥斯曼帝国对世界艺术做出最大贡献的是建筑领域，特别是修建于16世纪后半叶的宏伟清真寺。传统上，清真寺内用许多柱子将祈祷室分割成了多个独立的小房间，制造出一种私密和隐秘的氛围。土耳其人在借鉴拜占庭的圣索菲亚大教堂（Hagia Sophia，537年竣工）的经验后，在墙外立柱，建成大圆顶下庞大的、不分割的中心区，以作祈祷。这种建筑形式可以让众多信众聚集一起，甚合穆斯林的偏好。16世纪中期，奥斯曼帝国最伟大的建筑师希南（Sinan）开始建造第一座拥有宽敞祈祷室的清真寺，他一生共建造了81座这样的清真寺。如同埃迪尔内的清真寺一样，这些清真寺都有宏伟的穹顶、四个狭窄高耸的尖塔。这些尖塔掩饰了清真寺的石质结构，突出了线条感，给人一种难以置信的轻盈感。60年后，这种优美的尖塔在印度的白色大理石建筑泰姬陵中又有了创新。

此前，在13世纪，安纳托利亚的塞尔柱土耳其人曾打造出优美的两色马赛克的装饰瓷砖。现在的奥斯曼帝国艺术家们发明了新的釉面瓷砖艺术，饰有精美的花朵、艳丽的蓝色、绿色、黄色和独特的"番茄红"的几何图案。

纺织品

16世纪也是奥斯曼帝国的纺织品和地毯制品繁荣发展的时期。这一时期，拜占庭皇帝查士丁尼将养蚕技术引入西方，奥斯曼帝国的丝绸行业再度发展。比土耳其丝绸更出名的可能是它的地毯。丝绸生产曾得到苏丹的支持，然而，地毯却无此殊荣，是典型的农村产业，每个村庄生产的地毯都有各自独特的图案和色彩。

■ 萨菲帝国

□ 问题：萨菲帝国是如何兴起和衰落的？

15 世纪初，随着坦麦能即帖木儿帝国的衰落，从波斯到中亚的广袤地带处于无政府状态。其中，来自中亚说土耳其语的乌兹别克人是这一地区的主要政治和军事力量。在 16 世纪初期萨菲王朝建立以前，乌兹别克人一直在里海以东的布哈拉控制着流动性极高的各联盟部族。

萨菲王朝的建立者伊斯玛一世（Shah Ismail，1487—1524 年）是伊斯兰教第四个伊玛目阿里的谢赫·萨菲丁（Sheikh Safial-Din，Safavid 一词即来源于此）的后代。14 世纪初期，萨菲丁是里海附近阿塞拜疆一带土耳其语部族的首脑。此时的萨菲社会不过是这一地区信仰苏菲派的宗教群体之一。久而久之，苏菲派教义扩散到整个中东地区的游牧部族中，并转变成更积极进取的伊斯兰教什叶派。信众戴 12 道折的红色帽子，因而被称为"红头"，这 12 道折象征着出于什叶派的 12 个伊玛目。

1501 年，伊斯玛的势力控制了伊朗和伊拉克的大部分地区，他自称是新波斯王朝的沙阿。1508 年，他占领了巴格达，随后，乌兹别克人及其首都布哈拉也被征服。伊斯玛将什叶派的实力推进到安纳托利亚，引发了奥斯曼帝国土耳其人的暴动。为了报复伊斯玛，奥斯曼帝国的塞利姆一世进攻伊朗，并在 1514 年的大不里士战役中获胜。不过，塞利姆一世没能控制住伊朗一带，几年后，伊斯玛再度占领了大不里士。

16 世纪 80 年代，奥斯曼帝国再度发起进攻，迫使萨菲帝国新沙阿阿巴斯一世（Abbas，1587—1629 年在位）与其订立条约，萨菲帝国丧失了不少领土。萨菲帝国的首都从西北的大不里士迁往南边的伊斯法罕。不过，也正是在阿巴斯大帝统治时期，萨菲帝国达到鼎盛。阿巴斯建立了类似于土耳其的禁卫军制度，训练行政人员取代传统的武士精英。和平时期，阿巴斯强化了其装备近代武器的军队。17 世纪初期，阿巴斯试图重新夺回失地，战争一直持续到了 17 世纪 20 年代，直到 1638 年，双方才订立了和平协定。

阿巴斯大帝极大地强化了萨菲帝国的统治，在他于 1629 年去世后，萨菲帝国仍然繁荣稳定。这一局面也部分地造成萨菲帝国政府内部和社会上激进什叶派势力的增长。此前，作为萨菲帝国全盛时期特征——知识自由受宗教正统所迫而有所削弱，曾经自由度和影响力相当大的伊朗女性被迫带上面纱退居幕后。同时，对少数派宗教信仰的高压激起了大众的不安。18 世纪初期，阿富汗军人趁当地暴动之机占领了伊斯法罕，迫使萨菲帝国的统治者撤退到发家之地阿塞拜疆。由于奥斯曼帝国占领了西部边疆的领土，萨菲帝国于 1723 年崩溃。最终，军事冒险家那迪尔沙汗（Nadir Shah）出面收拾残局，发动了一系列的战争来收复边疆，甚至占领了莫卧儿帝国首都德里。那迪尔沙汗死后，赞德王朝建立，其统治延续到 18 世纪末。

● 萨菲帝国的政治与社会

萨菲帝国统治下的波斯同奥斯曼帝国一样也是一个复合型社会。萨菲王朝是在说土耳其语的游牧民族的帮助下建立的，这些群体中的首脑拥有相当大的影响力。不过，萨菲帝国的臣民大多数是伊朗人，其中，尤以农民或城镇居民居多，其态度和倾向与前萨菲帝国时期伊朗相对成熟和城市化的文化一脉相承。萨菲帝国面临着不羁的土耳其各部落与定居农村的说波斯语的民众间的融合难题，并将什叶派信仰作为统一的工具。沙阿拥有近乎神圣的特点，并宣称自己是一切伊斯兰人民的精神领袖。

尽管萨菲王朝也存在有地贵族，但他们的权力和影响力都被意志坚定的沙阿牢牢控制着。沙阿没收贵族资产，将其置于王权之下；高官要员的任命选贤与能，而非定于出身。

萨菲帝国的沙阿们直接参与经济活动，在商业和制造业中极为活跃，尽管存在着庞大而富裕的城市资产阶级。一旦面包师或屠夫所售东西价格过高，就有可能会被沙阿活活烤死。

萨菲帝国的鼎盛时期，尽管伊朗的富裕程度逊于东西两边的近邻莫卧儿帝国和奥斯曼帝国，但依然不负强盛波斯帝国的接班人之称。由于被南边的欧洲海上强国和西边陆地强国奥斯曼双重包围，早期的萨菲帝国没有海军，为了避免奥斯曼帝国的封锁，与欧洲的陆路贸

表 16.2　萨菲王朝大事记

事　件	时　间
伊斯玛一世占领伊朗和伊拉克，成为波斯沙阿	1501 年
伊斯玛一世占领巴格达，击败乌兹别克人	1508 年
阿巴斯一世统治时期	1587—1629 年
奥斯曼帝国与萨菲帝国休战	1638 年
萨菲帝国瓦解	1723 年

易也不得不转而俄国南部。17 世纪初期，伊朗与英国的合作后，情况有所改变，伊朗控制了从霍尔木兹岛到葡萄牙的大片地区，在南部沿海阿巴斯建立了新港口。萨菲帝国与欧洲的商业联系于是不断紧密起来。

● 萨菲帝国的艺术与文学

阿巴斯一世统治期间，萨菲帝国的艺术异常繁荣。新首都伊斯法罕建筑宏伟、视

阿巴斯大帝的宗教狂热

阿巴斯一世可能是最伟大的萨菲帝国统治者，他将帝国疆域扩大到了高加索山脉以南的基督教教徒和其他非穆斯林居住的地区。控制波斯后，他要求当地居民为自保和遵从真主之荣耀而皈依伊斯兰教。以下资料来自波斯历史学家艾斯坎达·贝格·曼奇（Eskander Beg Monshi）所著的《阿巴斯传》，记载了阿巴斯在这方面的努力。

这一年，沙阿下令，生活在高加索南部并从事农耕的亚美尼亚人和其他基督徒要成为穆斯林。这个世界上，生活充满艰辛，沙阿担心，在中央政府权威羸弱之时，这些基督徒……可能很容易受到邻近部落的攻击（他们自然会遭到伤害），妇女儿童会被掳走。在这些基督徒聚居之地，沙阿的目的是将他们建造的教堂变为清真寺，那里应当听到穆斯林的声音，因此，这些基督徒会成为穆斯林，他们将来的地位也会因此得以保障……

有些基督徒受到真主的指引自愿投向伊斯兰教的怀抱；也有一些人难以放弃先前的信仰，对这种想法和做法极为厌恶。牧师们也鼓励他们坚定自己的信仰。然而，在对牧师们施压后，他们放弃了，这些基督徒眼看除了皈依伊斯兰教外没有其他选择，只好心不甘情不愿地接受了。妇女和儿童以极大的热情欢迎伊斯兰教，他们彼此相告，放弃了基督信仰，宣称信仰真主。一共有 5000 人皈依了伊斯兰教。每个群体都做出了信仰伊斯兰教的宣言，接受了古兰经和伊斯兰教教法的准则，圣经以及其他基督教的资料都被收集起来处理掉了。

所有亚美尼亚的基督徒也不得不按照类似的方法皈依伊斯兰教……大多数人皈依真诚，但也有一些人厌恶穆斯林的信仰。真知源自真主！愿真主永葆沙阿万岁与繁荣！

——阿巴斯关于基督教徒皈依伊斯兰教的谈话

□ 问题：与第 9 章描述的印度穆斯林统治者相比，阿巴斯将非伊斯兰教信仰者转变为伊斯兰教信徒的努力与之有何异同？这段资料的作者是如何看待这种转变的？

野开阔、秩序井然，可以说在中东地区独一无二。阿巴斯一世命令建筑师绕巨大的巨型马球场周边修建宫殿、清真寺、市场。伊斯法罕的城市面貌至今仍保持完好，也是现代伊朗的瑰宝。萨菲帝国的清真寺装饰着各种精美的蓝色琉璃瓦。宫殿结构精致，往往还饰有极为纤细的木柱。为了给建筑装饰各种华丽的饰物，萨菲帝国的建筑师们创造出各种极富想象力的金属制品、琉璃瓦和新颖精致的玻璃器皿。伊斯法罕的建筑宏伟、精致，而又色彩斑斓，是萨菲帝国黄金时代的缩影。

纺织品是萨菲王朝产量最大的制造品。基于新技术的丝绸制造业成为全国性产业。丝绸上用金银丝线织着禽鸟、动物和各种色彩鲜艳的花朵。受西方对波斯地毯需求的巨大刺激，地毯制造业甚为繁荣。

波斯绘画的长期传统延续到了萨菲帝国时代，但在 16 世纪后半期，绘画艺术发生了两大转变。一是，由于官方对肖像画的日益宽容，画家们开始突出绘画对象的内在特征；二是，由于王室的支持并非始终如一，艺术家们只好通过个人作品来吸引大量观众，促使形成了艺术家独特的个人风格，他们自豪地为自己的作品署名。

■ 莫卧儿帝国

□ 问题：伊斯兰教在莫卧儿帝国中有何影响？莫卧儿王朝的宗教政策与奥斯曼帝国、萨菲帝国有何不同？造成这种不同的原因何在？

观之历史，16—18 世纪可谓印度传统文化的鼎盛时期。这一时期始自印度次大陆最强大的帝国之一莫卧儿帝国的创建，这是自孔雀帝国没落后，印度次大陆第一次有了一个统一的政府，和在整个印度次大陆备受钦羡的共同文化。

16 世纪，莫卧儿帝国在阿巴尔（Arbar）的统治下达到鼎盛，帝国的活力在一系列强势统治者的带领下持续了一个世纪。随后，莫卧儿帝国开始衰落，其衰落进程因受海上外国力量的挑战而加快。1498 年，葡萄牙人抵达印度次大陆，但没有对印度造成什么冲击。不过，两个世纪后，欧洲人控制印度次大陆的贸易路线后，开始干预其内政。到 18 世纪末，莫卧儿帝国虽仍屈居印度次大陆北部，但已徒有其表。不过，有些历史学家认为，印度衰败的根源在于内在羸弱而非国外挑战，莫卧儿帝国的特性更像是各种政治力量的半自治的异质共存，而非如临近中国那样的集权帝国。

● 莫卧儿帝国的创建

1498 年，达·伽马率领的葡萄牙舰队抵达印度次大陆的卡利卡特港时，这里仍然分裂为许多个印度教和穆斯林王国。不过，印度即将开启新的统一时代，即莫卧儿帝国时期。如同北印度的诸多统治者一样，莫卧儿帝国的创建者巴布尔（Babur, 1483—1530 年）也非印度本土居民，他来自恒河流域北部多山地带。巴布尔家世显赫，父亲是坦麦能的后代，母亲是蒙古传奇英雄成吉思汗的后人。

巴布尔继承了坦麦能在锡尔河流域所建帝国的一部分。受日益强大的乌兹别克人和萨菲帝国的刺激，巴布尔及其势力于 1504 年占领了喀布尔，13 年后，巴布尔率军越过开伯尔山口进入印度。

如同此前模式一样，巴布尔通过帮助境遇堪忧的王朝对付其对手开启了自己的夺权之路。尽管他的势力远远弱于竞争对手，但他拥有并高效利用了包括大炮在内的先进武器，他在利用机动骑兵对付大规模集结的军队上尤为成功，此外，他还利用成群的大象运送补给。1526 年，巴布尔以 1.2 万人对抗近 10 倍于己的敌军，并最终占领了德里。接下来的几年里，巴布尔继续征服北印度，直到 1530 年 47 岁这年英年早逝。

巴布尔成功的原因之一在于他过人的精力和人格魅力，从而获得了部下的忠心追随。他的儿子胡马雍（Humayun, 1530—1556 年），用一位英国历史学家的话说，是个"聪明而懒惰的人"。1540 年，他被迫逃亡到波斯，在那里度过了 16 年的流亡生活。最后在萨菲帝国沙阿的帮助下于 1555 年回到印度，却于次年死去，死因据说是吸食鸦片后摔倒受重伤所致。

胡马雍的继任者是他的儿子阿克巴（Akbar, 1556—1605 年）。阿克巴在父亲流亡期间出生，登上王位时年仅 14 岁。他虽目不识丁，却极为聪慧和勤奋，并继续进行征服活动，曾进军到旁遮普和恒河流域上游。他说："一个君主应当在征服的道路上一往无前，否则邻居会起兵反抗。应当通过战争训练军队，免得他们疏于操练而自我放纵。"[1] 去世之前，阿克巴确立了莫卧儿帝国对印度次大陆的大部分地区的统治，其版图从喜马拉雅山脉延伸到中印度的戈达瓦里河，从克什米尔延伸到雅鲁藏布江江口和恒河流域。在此过程中，阿克巴建立了自两千多年前的孔雀王朝以来最伟大的印度帝国。尽管表面上莫卧儿帝国看似高度中央集权，但实际上，它是由地方精英控制的各土邦组成的半自治性质的集合体，各自认同莫卧儿帝王的威严。

---

[1] V.A.Smith, *The Oxford History of India*, Oxford, 1967, p.341.

政治与统治

完美社会的设想

15 世纪晚期，波斯作家穆罕默德·伊本·阿萨德·贾拉·阿尔 – 达瓦尼（Muhammad Ibn Jalal al-Dawwani，1427—1501 年）在一篇名为《贾拉里的行为准则》的文章里描写了一个理想社会。这篇文章受到印度莫卧儿王朝的注意和欢迎，并在后来被阿克巴的知名顾问乌布尔·费兹·阿拉米（Abu'l Fazl Allami）转译。从以下节选内容中，我们可以窥见莫卧儿帝国最著名的帝王阿克巴统治时期印度高官政要的社会和政治观点。

为了维护这种政治平衡，应当维持各阶级之间的平衡。如同人的体温的平衡要受到四种元素在体内融合的影响一样，政治平衡也取决于四个阶级的平衡。

1. 执笔者，如律师、占卜师、书商、统计员、几何学家、天文学家、医生和诗人。这些人靠笔和脑力生存，他们的信仰和在世间的地位是天赋的、天定的。他们在政治中的位置如同水。实际上，对于能理解的人来说，知识与水的相似性就如同水本身一样纯净，也如同让它具有如此特点的阳光一样明显。

2. 执剑者，如士兵、战士、城堡的守卫等。没有这些人耍刀弄棍，任何时代的利益都难以保障；没有这些人的暴风般的能力，那些腐败分子、反叛者和不满者就永远不可能被解决和镇压。因此，他们就如同火，两者之间的相似性无须赘言，理性之人无须通过火就能发现这一点。

3. 从商者，如商人、资本者、技师、工匠。他们互通有无，通过他们的工作，即便是最偏远的人也能享受到其他地方的便利与特产。他们就如同空气——是蔬菜生长中的重要补充，是动物恢复元气的重要动力，是各种运动和波动的媒介，如同各种东西经由听觉抵达人体的中枢，这也是极为明显的。

4. 务农者，如播种的人、农夫等。他们是植物和粮食的管理者和调适者。没有他们，人类的存续就会中断。因此，实际上，他们是唯一一产出此前没有的东西的生产者，其他几个阶级并没有增加实质性的物产，他们只是将已有的东西搬来运去。他们最靠近土地和地球表面，这也是极为显然的。

复杂组织中任何因素超越正常的度就会失去平衡，随之而来的是崩溃与毁灭。在政治上，任何一个阶级较之其他三个阶级过于强盛，都会破坏和谐，颠覆共存。接下来要关注的是它们各自的构成环境，并根据其权利确定各自地位。

□ 问题：这里描述的社会阶级体系与前近代印度的传统阶级划分有何不同？

● 阿克巴与印度—穆斯林文明

阿克巴可能是莫卧儿帝国各帝王中最伟大的一个，如同他的前辈阿育王一样，他以人性化统治而知名。尤为重要的是，他承认印度社会的多样性，并且采取措施调和印度教和穆斯林臣民间的关系。

宗教与政府

虽然阿克巴是个正统的穆斯林，但在童年时代他就接触到了其他宗教信仰，对朝廷中穆斯林学者的迂腐看法没什么耐心。作为帝王，阿克巴显示出对其他宗教的浓厚兴趣，他不仅允许印度教的存在并娶了一名印度教公主为王后，也对他的耶稣会顾问（1580 年耶稣会首度派出传教士前往阿格拉）的基督教观点持欢迎态度。他支持传统印度教艺术和建筑的发展，在穆斯林占主导地位的社会，取消了对印度教徒的诸多限制。

在人生的最后几年里，阿克巴越来越敌视伊斯兰教。他遣散了朝廷里的许多穆斯林官员，支持被称为"神圣信仰"（Din-i-Ilahi）的新形式的宗教崇拜，该信仰融合了几种宗教的特点，核心理念是皇帝的一切决定都是绝对正确的。这一新的信仰引起了穆斯林的极端仇视，因此在阿克巴死后很快就被取消了。

行政改革

阿克巴在行政领域也进行了改革。帝国分成多个省，每个省的行政机制都仿照中央政府，有军事、财政、工商、司法等部。各部的高级官员直接向首都的上级负责。

尽管莫卧儿帝国的上层仍然由外来穆斯林主导，但相当大比例的低级官员都是印度人，一些印度人还担任了要职。起初，大部分官员领取薪俸，后来常常还能分到供临时使用的土地；另外，还有部分薪俸来自农民缴纳的部分税款。政府要求这些被称为柴明达尔（zamindar，即地主）的地方官员征收所控制区域的剩余税收，缴纳给中央政府。柴明达尔还常常招募自己的军队和家臣，在当地积聚起强大势力。

阿克巴的宽容统治也延伸到司法领域。尽管穆斯林遵照的是伊斯兰教法，但在印度人聚居的地方适应的是印度教法律，1579 年后，印度人无须再缴纳非穆斯林的人头税吉兹亚（jizya）。对犯罪的惩罚按照当时标准来看是比较温和的，司法管理也相对公正和有效。

和谐社会

阿克巴社会秩序观的一个关键元素是和谐理念，这意味着莫卧儿帝国的每个个体与群体各司其职，为社会安宁做出贡献。这种和谐社会观在某种程度上以阿克巴建立遵循穆罕默德的伊斯兰教法社会的理念为基础，同时，也契合了印度种姓制度所反映的重视阶级和等级的本土信仰。整体而言，在社会结构上，莫卧儿帝国与西方的奥斯曼帝国极其相似。

阿克巴统治时期的莫卧儿帝国总体上和平、稳定、繁荣。尽管所有印度农民必须将其收获量的三成通过柴明达尔交给政府，但总的说来，这一制度较为公平。16世纪90年代印度遭遇旱灾，政府减免甚至取消了这部分赋税。正是由于有了长时期的和平和政治稳定，印度的商业和制造业获得了繁荣发展。特别是印度盛产的纺织品、热带食物、香料、宝石大量出口，同时，印度也大量引入金银。进口税则很低。如同莫卧儿帝国的统治者一样，印度人对海上贸易不太关注，故而，不少对外商业都操纵在阿拉伯商人之手。不过，国内贸易则被富商巨贾把持，他们在金融业和手工制造业上也极为活跃。

● 阿克巴的继任者

1605 年，阿克巴去世，继任者是他的儿子贾汗吉（Jahangir，1605—1628 年在位）。贾汗吉统治初期，继续强化中央对帝国的控制。不过，后来他的掌控力有所减弱（据他自己的回忆，他"只想喝瓶酒、吃点肉，快活一下"），莫卧儿帝国逐渐被他的妻子、王后努尔·贾汗（Nur Jahan）控制。努尔·贾汗利用地位优势，扩大自己家族的势力，安排自己的侄女慕塔兹·玛哈（Mumtaz Mahal）嫁给贾汗吉的第三个儿子即莫卧儿帝国的继承者沙·贾汗（Shah Jahan，1628—1657 年在位）。沙·贾汗继位后，表现出与祖父一样的坚定性格（尽管形式更加残酷），为了维护自己的地位，他下令杀死了所有的竞争对手。

沙·贾汗的统治

沙·贾汗在位的 30 年里一直秉承着祖父辈建立的制度，征服了德干高原和兴都库什山脉以北的撒马尔罕地区，扩大了莫卧儿帝国的疆域。不过，由于国内问题越来越突出，从而影响了沙·贾汗的统治。努尔·贾汗在奢侈品和慈善上的大肆挥霍，致使沙·贾汗继位时国库已经空虚。他的绝大多数臣民仍生活在贫困之中，沙·贾汗的频繁军事征战和造价高昂的建设工程也让莫卧儿帝国的财政捉襟见肘，无奈之下，政府不断提高征税标准。同时，莫卧儿帝国在改善农村境遇上却毫无作为，尽管它修筑了从首都阿格拉到数百英里外的西北城市拉合尔的大干道，但在交通原始（从恒河流域中部的帕特那到德里的 600 英里路程需耗时 3 个月）、干旱频繁的农村地带，却极少采取措施来提高农业生产、改善农村道路。古吉拉特的一位荷兰商人如此描述 17 世纪中

政治与统治

王权背后的势力

贾汗吉统治莫卧儿帝国时期，越来越沉溺于酒精与鸦片。由于他身体羸弱不堪，他的波斯妻子、王后努尔·贾汗开始替他统治。她是印度事实上的统治者，在对内和对外事务中均有生杀大权。尽管努尔·贾汗的影响力常常招致朝堂的批评，但她的能力让许多欧洲观察家印象深刻，诚如以下这位英国人所描写的：

朝堂上任何人请求发表或被允许发表意见，王后都会听他说完，但她从来不会明确地表明态度，而是将其转给弟弟阿萨夫·汗（Asaf Khan）。后者在不与姐姐商量的情况下常常自行处理一些不太重要的事。他也会调整自己的态度，这样他们两人的权威都不受影响。任何得到恩惠的人都要感谢他们，而非国王……

她能力非凡；她让自己在一个认为妇女无法承担任何事务的政府中拥有绝对权力。的确，她们有时候在后宫发挥一些作用；但是，如同磁铁一样，这种力量是静止的和难以被感知的。努尔·贾汗公开露面，她打破一切陈规陋习，她之能够获得权力更多是靠自身努力而非贾汗吉的羸弱……

她的从前和现在的支持者都获得了很大回报，因此，现在在王后身边的大多数男人都感谢她的提拔，也因此……对她忠心耿耿……由于国王的命令或任命在没有得到王后许可前并不能真切实施，也造成了许多误解。

□ **问题**：按照这段资料的描述，与中国、非洲和欧洲等地的女性政治人物相比，努尔贾汗在莫卧儿帝国的地位有何不同？这些女政治家又有什么共同点？

期印度的旱灾情景：

饥馑愈加严峻，人们离开城镇和村庄，绝望地四处流浪。一眼就能看出他们的境况：眼窝深陷，嘴唇苍白，肌肤干枯，骨瘦如柴，关节突出，肚腹空空如也。有人哭泣，饿得哀叫；也有人蜷缩在地，奄奄一息。无论走到哪里，都是哀鸿遍野，颗粒无有。[1]

---

〔1〕引自 M.Edwardes：*A History of India*：*From the Earliest Times to the Present Day*，London，1961，p.188.

1648 年，沙·贾汗将首都迁往德里，并建造了新皇宫红堡。不过，沙·贾汗更著名的是他在阿格拉建造的被公认为印度最美的建筑——泰姬陵。泰姬陵的故事非常浪漫，是沙·贾汗为了纪念妃子慕塔兹·玛哈而建。慕塔兹·玛哈在 39 岁时，因生育第13 个孩子而难产身亡。不过，泰姬陵的建造并不浪漫。为了建它，2 万名石匠苦苦劳作了 20 年，政府因此不断提高农业税，进一步加剧了印度农民的赤贫境况。

奥朗则布的统治

17 世纪 50 年代中期，沙·贾汗病重，两位皇子达拉·什克（Dara Shikoh）与奥朗则布（Aurangzeb）间爆发了王位争夺战。达拉·什克在人们的描述中是个进步、仁慈之人，但他显然缺乏政治敏锐力，被奥朗则布（1658—1707 年在位）击败。奥朗则布处死了达拉·什克，并将父亲监禁于阿格拉的城堡。

奥朗则布是印度历史上最富有争议性的人物。他特别讲原则，试图清除许多被他视为印度社会恶习的现象，禁止妇女在丈夫葬礼上自焚（萨蒂习俗），禁止阉割宦官，禁止乱收税。不过，在禁止赌博、酗酒和卖淫方面，他却没取得什么成效。奥朗则布还是个虔诚、甚至有些教条的穆斯林，不过，也采取一些措施，改变了此前历任皇帝的宗教宽容政策。奥朗则布禁止建造新的印度教寺庙，重新征收非穆斯林的人头税，恢复了强制皈依伊斯兰教的政策，非穆斯林被驱逐出朝廷。他的严厉宗教政策激起了复兴印度教的热潮。在他统治的最后几年里，莫卧儿帝国内部动荡不安，出现了许多反帝制权威的暴动。

阴影的延续

18 世纪，莫卧儿帝国内忧外患。由于地方乡绅和商人势力及自治的不断发展，从德干高原到旁遮普，到处都出现了反抗群体，他们重申地方权威，削弱了莫卧儿帝国皇帝的权威，皇帝成了"华而不实的统治者"。印度的日益分裂，也使它很容易遭受来自疆域之外的攻击。1739 年，波斯人洗劫了德里，将整个城市沦为一片废墟。

莫卧儿帝国的衰落是一系列显而易见的原因所致，如国库枯竭、莫卧儿帝国统治者无能等。值得注意的是，即便在阿克巴统治时期，莫卧儿帝国也不过是皇帝统治下各土邦组成的松散联盟而已，皇帝试图将波斯人的王权观念与印度的分权传统相结合。当离心力逐渐超过向心力时，莫卧儿帝国不可避免地走向了衰落。

● 欧洲对印度的影响

如前所述，最早抵达印度次大陆的欧洲人是葡萄牙人。尽管葡萄牙人在印度洋贸

争夺胡格利港

1632 年，莫卧儿帝国的统治者沙·贾汗下令进攻位于印度东北沿海的、堡垒森严的葡萄牙贸易据点胡格利（Hoogly）。对于半个多世纪来一直从中国、印度、中东以及东南亚许多国家和地区的多边贸易中获利的葡萄牙人来说，丢掉胡格利将加速他们在该地区的势力衰落。以下两段资料是关于胡格利战役的两个版本。第一段资料来自《帝王纪》（Padshahnama），是从莫卧儿帝国的视角描写这场战役的。第二段资料来自当时在胡格利旅游的耶稣会士约翰·卡布瑞尔（John Cabral）的著述。

孟加拉人统治时期，一群法兰克（欧洲）商人来到……离沙特贡（Satgaon）一科斯（kos，印度长度单位）的地方……他们借口需要一个贸易地，从孟加拉人那里获得了建造几栋楼的许可。久而久之，由于孟加拉统治者漠不关心，许多法兰克人聚集在那里，建造了许多宏伟华丽的建筑，并用枪、炮和其他战争武器层层防护。不久，这里变成了一个大聚居地，称为胡格利……法兰克人的船只停泊于此，这里还有了商业，致使沙特贡的市场凋零……他们用武力迫使这些地方的一些农民信仰了基督教，也有一些农民因为贪婪而信了基督教，还有一些人被送往欧洲……

早在国王登基前，他就已清楚地了解了胡格利港基督徒对穆斯林的不恰当行为，一直以来，国王就想宣传真正的信仰，清除异端，帝国统治孟加拉后，他决定消灭这一地区的这些可恶者的腐败。

——《帝王纪》

胡格利在伟大的国王贾汗吉时期一直和平安宁。这位国王更喜欢基督而非穆罕默德……沙贾汗一点儿也不像他的父亲，特别是考虑到后者向基督教学习的态度……他宣称自己是基督教的死敌，是穆罕默德教法的复兴者……他下令孟加拉总督不得延误或回避，立即向胡格利的班德尔进军并开战。

因此，1632 年 9 月 24 日星期五这天，所有葡萄牙人极其秘密地开拔了……对方知道将要发生什么，也希望能够吹嘘他们迅速占领了胡格利，到星期六中午，他们向班德尔发起总攻。他们先是向矿井放火，却得不偿失。不过，最终他们还是成了班德尔的主人。

——约翰·卡布瑞尔，塞巴斯蒂安·曼里克（Sebastian Manrique）游记，1629—1649 年

□ **问题**：对胡格利战役的这两段叙述有何差别？有办法将这两段叙述融合在一起吗？

易中占据了垄断地位，但他们并未试图渗透印度次大陆的内陆，也并未集中精力与中国和东印度群岛发展贸易。16世纪末，随着英国人和荷兰人进入印度次大陆，这种局面为之一变。英、荷两国很快与葡萄牙展开激烈竞争，同时，它们之间也为了印度的贸易特权而竞争不断。

进入新市场并非易事。1608年，当第一支英国舰队抵达印度西北繁荣的港口苏拉特时，他们所要求的贸易特权被莫卧儿帝国皇帝贾汗吉拒绝了。英国人需要轻质印度布来换取东印度群岛的香料，最终，1616年，莫卧儿帝国允许英国人在印度设立使节。3年后，苏拉特出现了第一个英国工厂（贸易据点）。

接下来的数十年里，莫卧儿帝国日渐衰落，而英国人在印度的势力却稳定增长。到17世纪中期，靠近孟加拉湾胡格里河流域的威廉堡（即今加尔各答）也出现了英国工厂；1639年，南部沿海马德拉斯（即今金奈）也开设了英国工厂。英国船只满载着印度产的棉纺织品驶向东印度群岛，并从那里购置香料后，返回英国。

英国在印度的成功也吸引了包括法国和荷兰在内的其他竞争对手的注意。17世纪中期，荷兰人不再聚焦于香料贸易，法国人则更为坚定，开设了自己的工厂。在野心勃勃的皇帝约瑟夫·弗朗索瓦·迪普莱（Joseph Francois Dupleix）的统治下，法国很快就与英国平分秋色，甚至于1746年从英国人手中抢占了马德拉斯。不过，在军事天才、野心勃勃的日不落帝国缔造者、东印度公司的主要代表罗伯特·克莱夫（Robert Clive）爵士的努力下，法国政府拒绝为迪普莱提供财政支援，最终使法国只剩下了本地治里（pondicherry）的据点和印度次大陆东南沿海的几片小领土。

与此同时，克莱夫开始巩固英国在孟加拉的势力。在孟加拉，当地统治者攻击威廉堡，将当地英国人监禁在臭名昭著的加尔各答黑洞（用来关押因犯的地牢，不少关押者在被囚期间死亡）。1757年的普拉西（Plassey）战役中，3000名英国军队击败了兵力十倍于己的莫卧儿帝国军队。作为战果之一，东印度公司迫使衰败的莫

表16.3　莫卧儿帝国时代大事记

事　件	时　间
达·伽马抵达加尔各答	1498年
巴布尔占领德里	1526年
巴布尔去世	1530年
胡马雍回到印度	1555年
胡马雍去世，阿克巴继任	1556年
第一个耶稣会士抵达阿格拉	1580年
阿克巴去世，贾汗吉继任	1605年
英国人抵达苏拉特	1608年
英国向苏拉特派驻大使	1616年
沙·贾汗统治时期	1628—1657年
英国在马德拉斯开设工厂	1639年
奥朗则布继任王位	1658年
奥朗则布去世	1707年
波斯人攻陷德里	1739年
法国占领马德拉斯	1746年
普拉西战役	1757年

卧儿帝国放弃了在加尔各答周边征税的权力。不到十年，英国军队在伯格萨尔战役中活捉了莫卧儿帝国皇帝，英国通过此时已经衰落不堪的莫卧儿帝国强化了对印度的经济和行政控制权。

对东印度公司的官员而言，将其权威扩张至印度次大陆内陆地带似乎是个简单的商业决策，同时也是确保其收入用来支付日益高昂的英国对印军事行动的军费方式。对历史学家来说，这是整个印度次大陆逐渐落入英国东印度公司之手，并最终于1858年由英国王室接管的关键一步。

经济困境

东印度公司接管了大量领土，特别是在印度东部的奥里萨邦（Orissa）和孟加拉邦（Bengal），野心勃勃的英国官员们大发横财，但这却是印度经济的灾难。首先，它使资本从当地印度贵族手中流向了东印度公司官员的腰包，东印度公司的绝大多数官员将所获利润带回了英国国内。其次，由于英国的棉纺织品免税进入印度，与印度的本土棉纺织品产生竞争，加速瓦解了曾经健康发展的印度本土工业。其三，英国的扩张伤及农民。由于英国接管了土地税的管理，他们借鉴英国法律，允许没收不能交税的农民的土地。18世纪70年代，一系列严重的饥荒导致东印度公司辖地近1/3的人口死亡。英国政府试图通过分税给当地柴明达尔的方式来解决这一难题，希望将柴明达尔转变为英式乡绅。然而，不少柴明达尔也濒临破产，将土地卖给了在外银行家，无地农民仍是赤贫。对英国统治"文明化"而言，这样的开端可不是个吉兆。

抗英

上述问题的结果之一是英国在印度的统治并非毫无挑战、风平浪静。精明的印度指挥官们避免与装备精良的英军正面激战，以类似今天游击战的方式对其骚扰和伏击。英军在南印度的一位主要对手海德·阿里（Haidar Ali）如此说：

> 你们会明白我的作战模式的。难道我会冒险用成本为每匹马一千卢比的骑兵与你成本仅为每发两块钱的炮弹去硬抗吗？绝对不会。直到你们的军队步履蹒跚、山穷水尽时，我才追击。你们将没有一根粮草，没有一滴水。我能听到你如敲鼓般的心跳声，你却不知道我会何时进攻。我会让你们战斗的，不过，战斗是我要求的，可不是你们选择的。[1]

---

[1] M.Edwardes, *A History of India*, p.220.

不幸的是，并非所有印度指挥官都如他一般敏锐。18世纪的最后数年里，英国对印度次大陆巩固统治的最后时机已经到来。

● 莫卧儿王朝："火药帝国"？

一些晚近历史学家认为，如同奥斯曼帝国和萨菲帝国一样，莫卧儿帝国的成功要归因于他们精湛的现代战争技术，尤其是火器的使用。这种观点认为，火器在这三个地区霸主的崛起中起了关键作用。因此，一些学者将他们冠上了"火药帝国"的标签。尽管战争技艺无疑是其成功的关键因素之一，但我们也不能忽视其他因素，如领导能力、政治敏锐力、受宗教热诚驱动的虔诚追随者等因素同样极为重要。

史学家道格拉斯·斯图桑德（Douglas Streusand）一直质疑莫卧儿帝国是火药帝国的说法。他认为，莫卧儿帝国用"胡萝卜和大棒"来扩张其势力，他们依靠的不仅有重型火炮，还有其他形式的攻城战，诸如谈判。莫卧儿帝国既是一个由半自治各邦联合组成的帝国，也是一个由皇帝用枪统治的帝国。即便今天，许多印度人仍然认为阿克巴是印度最伟大的统治者，他们不仅褒扬他的军事成就，也对他的人性化统治政策赞叹不已。

● 莫卧儿帝国时期的印度社会：多文化相融合

莫卧儿王朝是印度最后一个大传统王朝。如同自一千多年前笈多王朝衰落后的历任王朝一样，莫卧儿帝国的统治者也是穆斯林。不过，就像奥斯曼土耳其人，杰出的莫卧儿帝国统治者并没有简单地将伊斯兰的制度和信仰强加给占人口大多数的印度人。他们将穆斯林与印度人的观念和文化相结合，甚至还纳入了波斯人的思想和文化价值观，形成了独特的社会文化体系。16世纪初，为了融合伊斯兰教和印度教而形成的锡克教（见第9章）无疑受益于莫卧儿帝国融合政策的推动。

诚然，印度人有时会维护自身及宗教信仰，反对莫卧儿帝国的某些皇帝试图将伊斯兰信仰强加给本土居民的行为。尽管官方禁止印度人娶穆斯林妇女并让她们改信本土宗教，但通婚也时有发生，不过，印度家庭内皈依伊斯兰教的成员往往会失去继承权。政府摧毁印度教寺庙的命令常常被地方官员所无视，有时，这也是贿赂或恐吓的结果。尽管莫卧儿王朝的奠基者巴布尔极少赞誉自己统治的国家，但印度的做法最终也影响了莫卧儿帝国的精英，例如，不少莫卧儿帝国的要人娶了印度妇女，穿上了印度传统服装。

在一些地区，阿克巴融合中东与南亚宗教和文化价值观的不懈努力取得了丰硕成绩。在莫卧儿帝国统治期间，许多印度人决定改信伊斯兰教。有些人毫无疑问被伊斯兰教的平等特点吸引了，但也有一些人认为苏菲派传教者的神秘主义和虔诚品质更契合当地传统，这一点在印度次大陆东边的孟加拉最为突出，那里的印度教信仰并不稳固，但宗教奉献主义却甚为流行。

经济

尽管印度次大陆很多本土居民的生活都处在赤贫中，时不时还会遭遇饥馑，但在莫卧儿帝国的统治初期，印度次大陆的某些领域仍相对繁荣。在从红海、波斯湾到马六甲海峡与印度尼西亚群岛的日益发达的印度洋贸易中，印度是主要参与者。印度的高品质棉布尤受欢迎，用一位历史学家的话说，印度棉纺织业是"世界的工业车间"。

长期的稳定也不断加快了商业化进程，印度社会的内部财富也随之流向新群体。莫卧儿帝国时期，印度出现了富裕的有地乡绅阶层和工商阶层。前莫卧儿帝国时期的名门望族因为财富不断增加而获益匪浅，不过，有些变化超越了种姓界限，一些通过经济成就而非传统门第的人获得地位和财富后，形成了新的群体。18世纪晚期，由于莫卧儿帝国的衰落以及欧洲人在印度的势力日益增加，这种经济繁荣局面也遭受冲击。不过，一些出色的印度人通过建立与外国人之间的商业联系而稳定了形势。短期内，这种联系常常有利于印度。但如前所述，到后来，他们会后悔这样的举措。

妇女的地位

莫卧儿帝国的统治对寻常印度人的生活产生了多大影响，这在某种程度上来说仍然是个疑问。妇女的境遇就是个很好的例子。传统上，蒙古部落社会中的妇女非常活跃，许多女性甚至在战场上与男人并肩战斗，巴布尔及其继任者常常在家庭内部寻求女性的政治建议。贵族家庭的妇女常常有封号和薪俸，还可以拥有土地、从事商业活动。王室妇女有时还接受教育，贵族妇女常常在诗歌、绘画和音乐方面表现出创作天赋。各阶层妇女都擅长纺纱，这一方面是为了自用，另一方面又可将其卖给编织工，补贴家用。妇女们还会将本地乡村的粗布、棉花、丝绸和羊毛销往宫廷。

莫卧儿帝国对妇女的这种态度肯定影响了印度社会。妇女可以继承土地，有些妇女甚至还拥有了柴明达尔的权利。商人阶层的妇女有时候在商业活动中非常活跃。不过，作为穆斯林，莫卧儿帝国根据伊斯兰教法对妇女也有诸多限制。总体而言，莫卧儿帝国有关女性的举措符合并助长了印度社会的既存趋势。穆斯林对妇女隔离，以及阻止她们与外界男性接触（深闺习俗）的做法也被许多上层印度人采纳，以此作为提升他们地位或保护其女眷免遭当权穆斯林令人生厌的接触的手段。在其他方面，印度的做法并未受到影响。尽管莫卧儿帝国统治者试图取缔萨蒂，但其习俗仍在。童婚现象也仍具有普遍性（大多数女性不到 10 岁就已经订婚）。妇女们仍被教导要毫无疑虑地服从丈夫、保持贞洁。

● 莫卧儿帝国的文化

莫卧儿帝国的文化也如同政治和宗教一般多元融合。莫卧儿帝国在文化主题上融合了伊斯兰、波斯和本土色彩，创造出独一无二的风格，丰富了印度的艺术和文化。莫卧儿帝国的皇帝们都热心于赞助艺术，吸引了远至地中海一带的画家、诗人和手工艺人。显然，莫卧儿帝国统治者的慷慨使人们很难拒绝印度之旅。据说，一首诗可以得到与诗作者体重相当的黄金作为奖励。

建筑

无疑，莫卧儿帝国时期最显著的成就是建筑。他们将波斯建筑风格与印度风格相融合，形成了新的、有时候是惊人般美妙的建筑形式，这在 17 世纪沙·贾汗建造的泰姬陵中体现得淋漓尽致。尽管建造泰姬陵的巨大人力和物力成本让其浪漫传奇略显失色，但泰姬陵之美是无可否认的。泰姬陵的建筑风格源自数十年前的胡马雍陵。

胡马雍陵融合了波斯和伊斯兰广场建筑的基本模式，用红色砂岩建造，顶部是圆顶。泰姬陵是这种建筑形式的极致。沙·贾汗利用了波斯建筑师的模型，但抬高了圆顶，用富丽的白色大理石取代红色砂岩。整个泰姬陵的里里外外都装饰着各种几何图案、精致的黑石花纹或各种复杂镶嵌的彩色宝石以及古兰经。这些令人眼花缭乱的青金石、孔雀石、玛瑙、绿松石和珍珠母的镶嵌技术可能是莫卧儿王朝的意大利艺术家们引入的。沙·贾汗生命的最后数年被监禁在阿格拉所红堡，透过房间里的窗户，可以看到泰姬陵这座他为爱妻所建的美丽建筑。

泰姬陵绝非莫卧儿帝国时期唯一的宏伟建筑。被当时人们形容为"将其思想和心灵刻印在石头和泥土上"的阿克巴是莫卧儿王朝时期第一位伟大的建筑师。他的第一个宫殿是 1565 年建造的阿格拉红堡。几年后，为了向一位准确预言了皇帝第一个孩子出生的苏菲派牧师表示敬意，他下令在阿格拉以西 26 英里的法塔赫布尔西格里建造一座新宫殿。阿克巴决定建立一座新的都城，并将牧师的家安置在西格里村。从 1571 年到 1586 年，一座新的红色砂岩城市建成了。尽管这座城市在建成前就遭废弃，到现在也几乎原封未动，但仍是最受旅游者和朝圣者欢迎的地方之一。

绘画

莫卧儿帝国时期另一大艺术成就是绘画。如同莫卧儿帝国时期印度的其他诸多领域一样，绘画同样融合了两种文化。即便在流亡期间，胡马雍也学会了欣赏波斯细密画。1555年回印度期间，他特地邀请两位波斯大师来宫中并引入新技术。他的继承者阿克巴很欣赏这种新风格，在他的支持下，这一风格很快流行起来。阿克巴在法塔赫布尔西格里为200名工匠——大部分是印度人建造了工作坊，在波斯大师的指导下创作莫卧儿流派的画作。

"阿克巴风格"在波斯风格中融合了印度特色，例如对延展空间的运用和描绘人体动作等波斯艺术中较为少见的形式。阿克巴显然鼓励人们模仿欧洲艺术形式，比如描述基督教人物、利用透视法、栩栩如生的肖像画，以及文艺复兴风格中的色彩明暗对比。莫卧儿帝国绘画中对人体形象的描绘激怒了朝廷中的正统穆斯林。但阿克巴认为，画家"描绘任何有生命的东西时……必须意识到自己不能将个性凌驾于作品之上，他必须想到神，想到生命的赋予者，从而增长见识"。[1]

文学

印度文学的发展由于印刷技术的滞后而受到阻碍。到莫卧儿帝国晚期，印度才有了印刷技术。文学作品由书法家刻写。有历史学家估计，阿格拉图书馆的藏书超过了2.4万册。诗歌尤为繁荣，宫廷里还有不少桂冠诗人。诗歌多采用波斯风格和语言。实际上，在1739年德里陷落前，莫卧儿帝国的官方语言一直是波斯语。

莫卧儿帝国时期文学的另一大发展是印度灵修文学，其中不少作品是献给黑天神克里希纳和罗摩神的。其中，16世纪时印度诗圣杜尔西达斯（Tulsidas，1532—1623年）创作的讲述罗摩衍那故事的白话诗是出色代表。这部《罗摩功行录》讲述了罗摩和悉多的灵修故事。杜尔西达斯的天才之处在于他将相互冲突的毗湿奴与湿婆崇拜融合为统一的、压倒一切的神圣之爱，这在他创作的一些最动人的印度诗歌中也有所体现。《罗摩功行录》的流行程度远超过两千多年前的梵文版《罗摩衍那》，甚至成为20世纪80年代印度电视剧《罗摩衍那》的基础。

▬ 本章小结

本章讨论的三个帝国显示出许多惊人的相似性。首先，从宗教信仰上来说，

---

[1] 引自 R.C.Craven：*Indian Art*：*A Concise Histoy*，New York，1976，p.205.

它们都是伊斯兰国家，尽管萨菲王朝是什叶派而非逊尼派，双方之间常常发生紧张和冲突。更重要的是，这三个帝国的创建者都是游牧民族，它们的政治和社会制度也都带着此前历史的印记。不过，一旦确立统治后，这三个帝国都显示出了管理一个庞大帝国的惊人能力，也给长期处于内部分裂和战乱的人们带来了和平稳定。

这些强势穆斯林帝国兴起时，正值欧洲自 15 世纪末期和 16 世纪初期开始扩张之时。这三大帝国在军事上和政治上的能力有助于它们保护伊斯兰世界大部分地区免受基督教势力的冲击。实际上，奥斯曼土耳其人将其帝国扩张到了欧洲的心脏地带，甚至一度兵临维也纳。然而，到 18 世纪末期，萨菲帝国已经衰退，强盛的莫卧儿帝国濒临瓦解。只有奥斯曼帝国仍在继续运转。不过，即便是奥斯曼帝国，也失去了早期的蓬勃生机，显示出内部衰弱的迹象。

有关这三个帝国衰落的原因，历史学家众说纷纭。毫无疑问，原因之一在于欧洲势力向印度洋和中东的扩张。不过，长远来看，内部原因可能更为重要。这三个帝国的统治精英都经历了越来越突出的派系主义、无能的领导层、分裂势力的出现等问题，这些是传统帝国早已有之的必然现象。气候变迁（据说从 17 世纪初以来，这些地区越来越热、越来越干旱）可能也是原因之一。矛盾的是，他们最大的优势之一——对火药的掌握和运用——可能同时也是个致命误区，因为这让它们产生出一种自满的安全感。它们没什么兴趣关注科学和技术的新进展，于是在西方先进国家的进攻下变得越来越脆弱不堪。

不过，这几个穆斯林帝国并非旧世界中唯一能够抵御欧洲第一波向外扩张浪潮的国家。在遥远的东方，拥有成熟文明的中国和日本也遭遇了类似的西方商人和传教士的挑战。与南亚和中东的这几个帝国不同，中国和日本在 19 世纪得以幸存。

▬ 本章思考

— **问题 1**：奥斯曼人采取的社会政策与莫卧儿帝国有何不同？你认为这两个帝国存在什么异同？

— **问题 2**："火药帝国"的意思是什么？本章所讨论的穆斯林帝国在多大程度上符合这一描述？

— **问题 3**：奥斯曼帝国、萨菲帝国和莫卧儿帝国中的妇女地位如何？怎么解释妇女在这三个帝国中地位的异同？这些国家对待妇女的态度与世界其他地区有何区别？

━ 拓展阅读

关于君士坦丁堡。R.Crowley, *1453：The Holy War for Constantinople and the Clash of Islam and the West*, New York, 2005, 是比较有代表性的描写穆斯林占领君士坦丁堡的著作。作者还向 S.Runciman, *The Fall of Constantinople, 1453*, Cambridge, 1965 致谢。

关于奥斯曼帝国。比较有代表性的两本通史类著作是 C.Finkel, *Osman's Dream：The History of the Ottoman Empire*, Jackson, Tenn., 2006；J.Goodwin, *Lords of The Horizons：A History of the Ottoman Empire*, London, 2002。

关于奥斯曼帝国的衰落，可以参考 E.Karsh 等编：*Empires of the Sand：The Struggle for Mastery in the Middle East, 1789-1923*, Cambridge, Mass., 2001。

关于萨菲帝国。可以参考 R.M.Savory, *Iran Under the Safavids*, Cambridge, 1980。关于萨菲帝国崛起的杰出学术研究，可以参考 R.J.Abisaab, *Converting Persia：Shia Islam and the Safavid Empire, 1501-1736*, London, 2004。

关于莫卧儿帝国。关于莫卧儿帝国及其文化成就的概述，可参考 C.Attwood 译，A.Schimmel, *The Empire of the Great Mughals：History, Art and Culture*, London, 2004。中亚背景下讨论莫卧儿帝国的著作，可参考 R.C.Foltz, *Mughal India and Central Asia*, Karachik, 1998。

本章涉及的历史时段的各领域均有不少著作。"火药帝国"的研究，可以参考 D.E.Streusand, *The Formation of the Mughal Empire*, Delhi, 1989。近期的研究多关注经济问题，例如 O.Prakash, *European Commercial Enterprise in Pre-Colonial India*, Cambridge, 1998；K.N.Chaudhuri, *Trade and Civilization in the Indian Ocean：An Economic History from the Rise of Islam to 1750*, Cambridge, 1985, 从印度洋地区贸易的角度考察了印度的商业。

关于几个穆斯林帝国的比较研究。可以参考 J.J.Kissling 等编：*The Last Great Muslim Empires*, Princeton, N.J., 1996。关于伊斯兰教对印度次大陆的影响，可以参考 R.Eaton 编：*Essays on Islam and Indian History*, New Delhi, 2000。

关于奥斯曼帝国和莫卧儿帝国的妇女。L.P.Peirce, *The Imperial Harem：Women*

and Sovereignty in the Ottoman Empire，Oxford，1993，详细考察了奥斯曼帝国后宫中的妇女。E.B.Findly，*Nur Jahan：Empress of Mughal India*，Oxford，1993，生动地描述了莫卧儿帝国中王室妇女的重要地位和作用。

关于艺术和建筑。可以参考 R.C.Craven，*Indian Art：A Concise History*，rev，ed. New York，1997；J.Bloom 和 S.Blair，*Islamic Arts*，London，1997；M.C.Beach 和 E.Koch，*King of the World：The Padshahnama*，London，1997；M.Hattstein 和 P.Delius，*Islam：Art and Architecture*，Konigswinter，Germany，2004。

第 17 章
东亚世界

1717 年 12 月，康熙皇帝因眩晕症从长城外冬猎回京。他意识到自己大限已至——此时他已年近古稀，在畅春园召集皇子和大臣，发布上谕。他说，帝王应以敬天法祖为治国之首务。帝王应当恩德徕远，亲近贤能，育化人民，谨防叛乱，勤勤恳恳，兢兢业业，仁慈有致，苛严适中。既不悖原则，又注重权变。关注人民福祉，勤奋执政，保护国家免遭外敌入侵，选贤与能，宽严相济。这样才能长治久安。[1]

皇位继承者应当遵从皇帝的教导。康熙是中国古代历史上在位时间最久、也是最英明的皇帝之一。他对中国达多半个世纪的统治，是中国历史上的和平与繁荣期，中华帝国的势力和影响力都达到顶峰。在他人生将尽之际，上天对他的治理应当是满意的。

皇帝的上谕清楚地反映了重视深谋远虑、仁和、宽容的儒家教义的长远影响力，它不仅影响着清王朝的黄金时期，也影响着当前我们的时代。

康熙统治着中国悠久历史上最为荣耀的帝国。明清时期，中华帝国的边疆扩张到汉唐以来的极致。中国文化深受邻国艳羡，还备受包括耶稣会教士和启蒙思想家在内的许多欧洲观察家们的崇拜。

表面上看，中国似乎是一个自古老的黄金时代以来就没再变化的社会。中国的统治者就是典型代表，他们常常将传统视为帝国制度和文化价值的典范。然而，中国的确在变化，而且，变化相当之快，尽管当时极少有观察者意识到这一点。

邻国日本也发生了类似情况。17 世纪，日本出现了新的、充满活力的幕府统治，振兴了传统制度，使之在某种程度上更为集权，持续达 250 年。然而，日本社会也发生了重大的结构性变化，到 19 世纪，随着理想与现实之间的差距越来越大，日本的紧张局势不断加剧。

中日两国变革步伐加快的因素之一在于它们与西方的联系。这一联系始于 16 世纪上半叶葡萄牙商船抵达中日两国海岸。明代和日本幕府起初敞开大门迎接欧洲的贸易和传教活动。然而，后来，中日两国统治者越来越关注西方思想及举动的负面性，试

---

[1] 出自 J.D.Spence：*Emperor of China：Self-Portrait of Kang Hsi*, New York, 1974, pp.143–144.

图保护其传统社会免受外部势力侵蚀。不过，中日两国都无法永远阻止西方贸易国家的强硬要求，也无法抑制国内的社会变迁。到 19 世纪向西方的大门再度打开时，巨变的时机已经成熟。

■ 鼎盛时期的中国

□ 问题：为什么满族人能够成功地在中国建立统治？清朝统治的主要特征是什么？

1514 年，一支葡萄牙舰队在珠江口东侧的中国海岸（即现在的香港）抛锚。这是自两百年前威尼斯人马可·波罗之后，中华帝国与西方首次建立直接联系，它开启了一个最终将改变中国以及整个世界的时代。

● 从明代到清代

马可·波罗描述了自己在蒙古统治者忽必烈治下繁华富丽的中国的所见所闻。当然，葡萄牙舰队抵达中国海岸时，元代已成历史。忽必烈死后，元代渐趋衰弱，最终于 1368 年被朱元璋率领的农民起义军推翻。朱元璋随后建立了明朝（1368—1644 年）。

如前所述，明代的领土向西扩张到了中亚，向南扩张到越南一带，并加强了对中国广袤腹地的控制。1405—1433 年，郑和将中国的影响力传播到了印度洋一带。不过，这一远航随后突然中断，明王朝的注意力转移到了国内。

与西方的首次接触

尽管明王朝未再积极进行的海上贸易，但当 1514 年葡萄牙人抵达中国时，中国是一个从中亚延伸到南海、从戈壁沙漠延伸到东南亚热带森林的疆域广袤的庞大帝国。在北京的庄严帝国看来，欧洲人只是古老朝贡制度中的蛮夷而已，在这一朝贡体系中，其他所有国家的统治者如同中国天子的"幼弟"。事实上，葡萄牙人的好战和粗野激怒了中国官员，他们驱逐了欧洲人，但一番谈判后，中国允许葡萄牙人占据小小的澳门，有了一个到 20 世纪末前一直为他们所控制的据点。

起初，欧洲人的到来对中国社会并没有产生多大影响。欧洲与中国间的直接贸易很有限，葡萄牙船只参与了区域贸易，将中国的丝绸运往日本，同时将日本的白银运往中国。后来，西班牙也参与到了中国的贸易之中，将菲律宾作为贸易中转点，在中国与美洲的银矿间往来交易。

可能比贸易影响更大的是，16世纪最后20多年里最先获得在中国留驻许可的基督教传教士带来的观念和思想。传教士中，最积极、效率最高的是那些受过良好教育的耶稣会会士，他们熟悉欧洲的哲学和科学发展，能准确预测中国人极为敬畏的日食，这令一些中国官员对他们印象极深。

耶稣会士意识到中国人对自身文化极为自豪，他们试图将基督教与儒家思想相提并论（例如，他们将西方的上帝概念与中国的天的观念相类比），并表示基督教道德观与儒家道德之间有类同之处。欧洲的一些发明，如时钟、棱镜、天文仪器和乐器等，给始终深信中华文明优越性的中国官员留下了深刻印象，从而更加有利于西方思想在朝廷获得认可。一位年长的中国学者这样描述他对眼镜的惊奇：

> 西洋白眼镜，市自香山墺。
>
> 制镜大如钱，秋水涵双窍。
>
> 蔽目目转明，能察毫末妙。
>
> 暗窗细读书，犹如在年少。[1]

传教士对中华文明的诸多方面印象深刻，他们关于自身经历的描述加深了欧洲人对地球另一端的国度的好奇。到17世纪晚期，欧洲哲学家和政论家开始赞誉中华文明，推崇儒家制度和价值观，并以其为镜，批判西方。

明代的衰亡

16世纪末期，羸弱帝王统治下的明王朝腐败横生、土地兼并严重、农民暴动、北部边疆动荡，走向了衰落。大量海外白银流入中国，造成了惊人的通货膨胀。紧接着，英国人和荷兰人来了，他们的船只劫夺西班牙的贸易，扰乱了白银贸易；白银进口迅速下跌，白银与铜钱的比价上升，中国经济受到严重影响。气候不利导致粮食产量下降，进而使政府在饥荒时期无力供应粮食。赋税过高——某种程度上是因官员们侵吞税收造成的——使农村和城镇不断发生骚乱和暴动。

内部问题往往还伴随着北部边疆的动荡。长期以来，明王朝通过结盟和授予贸易特权安抚边疆部族，其中包括与曾在12世纪初期建立金朝的女真族后裔即满洲（今满

---

〔1〕R.Strassberg, *The World of Kang Shang-jen: A Man of Letters in Early Ching China*, New York, 1983, p.275.

族）结盟。满族是游牧与农耕相结合的民族，居住在长城以外的东北一带。

起初，满族集中力量于巩固其领土，并未向长城以南扩张。但到 17 世纪前期，一场大瘟疫席卷中国，随瘟疫之难而起的是李自成（1604—1645 年）领导的农民起义。李自成是一名驿卒，后被遣散。17 世纪 30 年代，李自成将起义扩展到全国各地，于 1644 年攻占北京。明代最后一位皇帝崇祯帝在景山自缢身亡。

不过，李自成并不能控制局势。明朝被推翻，给满族提供了巨大机遇。在不少明朝官员的支持下，满族占领北京。李自成的起义部队瓦解，满族宣布建立清朝。从 1644 年到 1911 年，中国再度被少数民族统治。

● 清朝的繁盛

起初，满族在北京建立的统治并没有得到广泛认同。许多忠明之士逃至东南沿海，其他一些人继续抵抗清朝统治者。为了更容易区分反叛者，清政府下令所有汉人必须遵循满族的服饰和发型。所有男性必须剃发结辫，拒绝服从者将被处死。正如当时民间所流传的，"留头不留发，留发不留头"。[1]

不过，事实最终证明满族统治者比他们的前人蒙古人更善于适应中国的环境。与试图强制实施统治方法的元代统治者不同，清朝统治者采用了汉人的政治体制（尽管仍保留满族的特殊地位），其统治的合法性逐渐被大多数汉人接受。

如同中国所有强盛的朝代一样，清朝早期也出现了一批强势统治者，他们平定国内情势，整顿了一些不平等的社会和经济现象，恢复了国家的安宁与繁盛。在明代，这样强势的统治者有朱元璋和永乐帝；清代的强势帝王则是康熙、乾隆。康乾祖孙两位帝王的统治从 17 世纪中期延续到 18 世纪末，超过一个世纪，也是清代繁盛的两大贡献者。

康熙统治时期

康熙（1662—1722 年在位）可以说是中国历史上最伟大的帝王之一。他 8 岁登基，勤奋好学、天资聪颖、政治敏锐、个性极强，并且在成年前就开始掌管清朝大权。在他统治的 61 年里，不仅稳定了西部和北部边疆，稳固了清帝国的统治，而且使绝大多数人认可了清朝的统治。他还积极支持艺术和文学事业，在位期间，通过一系列活动赞助文人学士。

---

[1] L.Struve, *The Southern Ming, 1644-1662*, New Haven, Conn., 1984, p.61.

艺术与思想

印刷术

欧洲人对中国的较多了解大多数来自于 16 世纪和 17 世纪服务明王朝的耶稣会会士。例如，1601 年抵达中国的意大利人利玛窦（Matteo Ricci，1552—1610 年），他对中国文明极为崇尚。利玛窦对中国印刷术表示出了极大的兴趣，当时，这种技术比西方的要好得多。后来，基督教传教士又表现出对儒家思想和中国政治思想的浓厚兴趣。

中国使用印刷术的时间比人们所了解的欧洲印刷术开始的时间即 1405 年要略早一些。可以十分肯定，中国人至少在 5 个世纪以前就懂得印刷术了，有些人甚至断言，这一时间在基督纪元开始之前的大约公元前 50 年。他们的印刷方法与欧洲所采用的大不相同，而我们的方法是他们无法使用的，因为中国的文字和符号数量极大。……

他们的印书方法非常巧妙。书的内文用很细的毛做成的笔沾上墨水写在纸上，然后反过来将它贴在木板上。纸张干透后，熟练地刮掉表面一层，木板上只剩下一层带有字迹的薄薄的棉纸。然后工匠们用一把钢刻刀按照字形雕刻出来，文字像浮雕一样凸起。用这样的木板，熟练的印刷工人可以用惊人的速度印出复本，一天可以印出 1500 份之多……这种方法极为适合中国文字既量大又复杂的特点，但我认为它并不适用于欧洲的文字，我们的字型太小，很难刻在木头上。

他们的印刷方法有一个明显的优点，这就是一旦做成了木板，就可以保存下来并随时随意地改动文字。也可以随意增删……我们从这种方法中受益匪浅，因为我们利用本国的设备印出了我们从各种文字译成中文的宗教和科学相关书籍。老实说，整个方法非常简单，只要看过一次这种印刷过程，人们都会想亲自试一试。正是中文印刷的简便说明了这里为什么能够发行大量书籍，而且价格极为低廉。

—— 《利玛窦中国札记》

□ 问题：中国的印刷术与当时欧洲的印刷术有何不同？它的优点是什么？

康熙年间，多明我会、耶稣会、方济各会的传教活动达到顶峰。康熙皇帝对基督教非常宽容，好几个耶稣会士都在朝廷很有影响力。数百位官员皈依基督教，另有 30 万普通基督教徒。不过，为了便利于中国人皈依，耶稣会容许本土信仰和习俗，这一做法引起了西方教会的争论，最终导致传教工作被破坏。对耶稣会甚为嫉妒的多明我

会和方济各会向教皇抱怨，于是，教皇下令所有传教士和教徒必须遵守欧洲的官方正统观念。起初，康熙直接向梵蒂冈呼吁，试图解决这一问题，但教皇并未妥协。康熙死后，其继任者严禁天主教活动。

乾隆统治时期

康熙的成就在其继任者雍正（1723—1735 年在位）和乾隆（1736—1795 年在位）期间继续发扬光大。如同康熙一样，乾隆也以勤奋、宽容、求知欲强而闻名。另外，他以强劲的军事行动平定边疆部族叛乱，并积极推动经济发展，提高行政效率，鼓励文学和艺术进步。这些举措使 18 世纪的清帝国得以继续繁荣。

不过，也正是在乾隆时期，清王朝的内部衰败迹象开始显现。其原因与此前历朝历代类似。清朝在边疆的军事行动耗费巨大，对国库造成了严重压力。随着乾隆年事渐高，他在挑选大臣方面也没那么精明了，朝堂上常常被腐败官员所左右。

朝廷的腐败使农村暴动成为必然。在农村，赋税高、官僚腐败以及由于人口增长导致的耕地紧张一同造成了经济困难。暴动的中心地带在华中、西北、西南，在那里，被安置在贫瘠土地上的愤怒农民发动了白莲教起义（1796—1804 年）。最终，清政府以极大代价镇压了这次起义。

清代的政治

满族统治者成功的原因之一在于他们适应新环境的能力。他们保留了明代的政治体制，只做了些微改变。他们还通过强化儒家思想准则来建立他们统治中国的合法性。康熙皇帝学习儒家经典，发布圣谕，向全国宣扬儒家道德观的重要性。

当然，如同蒙古人一样，满族在民族、语言和文化上与治下臣民有所区别。清王朝试图采取双管齐下的策略解决这一现实问题。策略之一是，使占全国人口不到 2% 的满族人在法律上与其他人区别开来。清贵族有特权，其经济基础受到广大旗地的保护，国家财政还为他们提供收入保障。其他普通满族人分配有旗地，组织成军事单位——旗。这些旗分布在中国各个战略要地。旗兵是清王朝的主要战斗力量。汉人不许在东北定居，并且被迫剃发以示归顺。

不过，清政府在试图维持满族特有身份的同时，也意识到将汉人纳入朝廷高级官僚行列的必要性。他们的办法是建立双头政治，即所有官职满汉均可担任。尽管官方努力保持满族语言和文化的独特性，但满族人仍日益被汉文化所同化。

西方侵略前夕的中国

不幸的是，清王朝开始衰落时，西方正准备开启新的军事对抗时代，并且不断施

表 17.1 近代早期的中国大事记

事　件	时　间
明朝建立	1368 年
郑和下西洋	1405—1433 年
葡萄牙人抵达华南	1514 年
利玛窦抵达中国	1601 年
李自成占领北京	1644 年
清军入关	1644 年
康熙皇帝统治时期	1662—1722 年
尼布楚条约	1689 年
广东出现第一个英国贸易点	1699 年
乾隆皇帝统治时期	1736—1795 年
马戛尔尼使团访华	1793 年
白莲教起义	1796—1804 年

加贸易压力。起初，麻烦来自北方，俄国的皮毛贸易商人开始向西伯利亚和中国东北渗透。此前的明王朝曾用朝贡体系下的传统方法安抚俄国人，但沙皇拒绝接受中国的规则。俄国派驻北京的使节无视朝贡体系，拒绝在朝堂行所有外国使节都须遵守的经典仪式磕头礼。1689 年，中俄建立正式外交联系，订立了《尼布楚条约》，解决了双方边界争端，确立了双方间的常规贸易。此后，清朝不仅平定了北部边境，还加强了对新疆和西藏的统治。

对付从海上来的外国人颇为棘手。到 17 世纪末，英国人取代了葡萄牙人，成为欧洲贸易的主宰者。1699 年，英国通过既是贸易机构又是治理英国占领的亚洲领土的组织东印度公司，在广东建立了第一个贸易据点。在接下来的几十年里，中国对英国的茶叶和丝绸出口迅速增长。为了限制中欧往来，清王朝发给一些广州商行与西方通商的特许权。后来，清政府将欧洲人局限在城墙外的一个小岛上，只允许他们每年 10 月到次年 3 月间在此居住。

有一段时间，英国人接纳了这一制度。但到 18 世纪末，英国政府对中英间的贸易不平衡开始焦躁不安，无奈英国只好用大量白银换取中国的丝绸、瓷器和茶叶。1793 年，马戛尔尼（Macartney）爵士率领使团访华，要求解除中英间的贸易限制。最终，双方在觐见时的磕头问题上妥协（马戛尔尼按照英国的习俗行屈膝礼），但乾隆表示，他对英国的制造品毫无兴趣。愤怒的马戛尔尼将中国比作一艘"老旧的头等战舰"，一度让邻居敬畏，"只是由于它的体积和外表"，"假如由无能之辈掌舵……它将在海岸上撞得粉碎"。[1] 乾隆皇帝轻蔑地驳回了英国的要求，无意间撒下的种子使中国遭受的屈辱超过一个世纪之久。

---

〔1〕 J.L.Cranmer-Byng, *An Embassy to China*: *Lord Macartney's Journal*, *1793-1794*, London, 1912, p.340.

■ 变革中的中国

....

□ 问题: 明清时期, 中国的经济和社会发生了什么样的变化? 这些变化在何种程度上引领中国走向欧洲模式的工业革命?

....

明清时期, 中国社会仍以农业为主, 85% 的人口是农民。不过, 尽管大多数中国人生活在农村, 但中国的经济正在发生诸多变化。

● 人口爆炸

首先, 中国的经济中心继续稳定地从北向南转移。在中国文明的早先几个世纪里, 行政和经济中心显然在北部。清初, 中国的粮仓是长江流域及南方地区。这种转变的一个具体象征发生在明代, 当时永乐帝下令重整大运河, 以便利从长江三角洲向北方运粮。

而且, 中国的人口迅速增长。几个世纪以来, 中国的人口在 500 万至 1 亿间。和平繁荣时期, 人口增长; 遭遇外来入侵和内部混乱时, 人口下降。然而, 到明代和清初, 人口从 1390 年的七八百万增长到 18 世纪末的 3 亿多。人口增长的原因可能有几个: 清初相对长时期的和平与稳定; 从美洲引入了包括花生、甘薯和玉米在内的新作物; 从东南亚引入了快速生长的水稻。

当然, 这种人口增长也意味着土地、耕地的紧张, 以及在遭遇自然灾害时的低保障。朝廷试图通过各种手段解决这一问题, 最引人注目的便是防止土地过分集中在富裕地主手中。然而, 到 18 世纪, 几乎所有可耕地都已开垦殆尽, 农村的饥饿和土地短缺问题越来越严峻。

● 工业化的种子

中国近代早期的另一个变化是制造业和商业的稳步增长。得益于长期的和平繁荣, 商人和制作业主开始向本土外的地方扩张。随着丝绸、金属制品、羊毛制品、瓷器和棉制品贸易的增加, 以及棉花和烟草等经济作物的迅速发展, 区域贸易乃至全国范围内的商业网开始形成。中国商人与东南亚各国建立了广泛联系, 对外贸易不断发展。

中国的茶叶、丝绸和瓷器在世界其他地方较此前更受欢迎，由于出口远远超过进口，贸易顺差持续增长。

清代的经济：准备起飞？

近些年来，许多历史学家认为，由于上述显著进步，到18世纪末，中国本可以从工业社会转变为以制造业和商业为主的社会。18世纪晚期的西欧正是由于工业革命而开启了这一进程。

确实，在清代中期，中国的经济如同世界其他许多国家一样也在进步。中国过去几个世纪的技术成就无人能比，同时代的敏锐观察者很可能得出这样的结论：在不远的将来，清帝国可以与世界上大多数先进国家一争高低。

然而，一系列因素使中国不可能迅速进入工业时代。首先，中国的商人阶层不像欧洲国家那样独立。中国的商业和制造业仍处在国家的严密控制之下。此外，对商业活动的政治和社会偏见仍然非常强烈。政府如同从前一样重农轻工商，对制造业和商业征收重税。

这种看法为大多数人所认同，因为在整个清初，士绅阶层仍然主宰着中国的知识潮流。中国的精英总体上对自然科学或经济活动没什么兴趣，并且常常将它们视作对自身社会主导地位的威胁。商业中间阶层没有社会地位和独立地位，在知识分子为主的官僚队伍中没有话语权。

这种态度的根源在于理学的长远影响，到清末，理学仍然是中国的官方学说。尽管理学的奠基者起初主要关注的是探究事物，随着时间流逝，理学的实践者倾向于强调性理之学，而非扩展科学知识。尽管中国经济逐渐从农业向商业和工业转变，但中国的学者们倾向于以历史（而非经验科学）作为了解自然世界和人类历程的主要知识来源。它造成了这样一种知识氛围：重视传统远胜于变革和革新。

中国对欧洲钟表制造技术的反应就是个典型例子。17世纪初期，耶稣会士利玛窦将由重物或弹簧驱动的西方钟表引入中国。接下来的几十年里，欧洲钟表成了中国朝廷的流行物，但中国人对钟表制造技术却毫无兴趣，以至于一位欧洲观察家评论说，像布谷鸟钟这样的物件"在这里更像是好玩的玩意儿，而非科学工具或艺术品"。[1]

---

〔1〕 引自D.J.Boorstin：*The Discoverers：A History of Man's Search to Know His World and Himself*，New York，1983，p.63.

交流与交换

朝贡体系的实施

1793 年，以马戛尔尼爵士为首的英国使团访问清王朝，要求与中国建立常规外交关系和贸易往来。以下是乾隆皇帝给英国国王乔治三世的回信，显示出北京朝廷看待世界的态度，反映了天朝对其疆域之外世界的自得自大。

……敕谕英咭利国王知悉：咨尔国王，远在重洋，倾心向化，特遣使恭赍表章，航海来廷，叩祝万寿，并备进方物，用将忱悃。

朕披阅表文，词意肫恳，具见尔国王恭顺之诚，深为嘉许。所有赍到表贡之正副使臣，念其奉使远涉，推恩加礼。已令大臣带领瞻觐，赐予筵宴，叠加赏赉，用示怀柔。其已回珠山之管船官役人等六百余名，虽未来京，朕亦优加赏赐，俾得普沾恩惠，一视同仁。

至尔国王表内恳请派一尔国之人住居天朝，照管尔国买卖一节，此则与天朝体制不合，断不可行。向来西洋各国有愿来天朝当差之人，原准其来京，但既来之后，即遵用天朝服色，安置堂内，永远不准复回本国，此系天朝定制，想尔国王亦所知悉。今尔国王欲求派一尔国之人居住京城，既不能若来京当差之西洋人，在京居住不归本国，又不可听其往来，常通信息，实为无益之事。

且天朝所管地方至为广远，凡外藩使臣到京，驿馆供给，行止出入，俱有一定体制，从无听其自便之例。今尔国若留人在京，言语不通，服饰殊制，无地可以安置。若必似来京当差之西洋人，令其一律改易服饰，天朝亦不肯强人以所难。设天朝欲差人常驻尔国，亦岂尔国所能遵行？况西洋诸国甚多，非止尔一国。若俱似尔国王恳请派人留京，岂能一一听许？是此事断断难行。岂能因尔国王一人之请，以至更张天朝百余年法度？

若云尔国王为照料买卖起见，则尔国人在澳门贸易非止一日，原无不加以恩视。即如从前博尔都噶尔亚、意达哩亚等国屡次遣使来朝，亦曾以照料贸易为请。天朝鉴其悃忱，优加体恤。凡遇该国等贸易之事，无不照料周备。前次广东商人吴昭平有拖欠洋船价值银两者，俱饬令该管总督由官库内先行动帑项代为清还，并将拖欠商人重治其罪。想此事尔国亦闻知矣。外国又何必派人留京，为此越例断不可行之请，况留人在京，距澳门贸易处所几及万里，伊亦何能照料耶？

若云仰慕天朝，欲其观习教化，则天朝自有天朝礼法，与尔国各不相同。尔国所留之人即能习学，尔国自有风俗制度，亦断不能效法中国，即学会亦属无用。

天朝抚有四海，惟励精图治，办理政务，奇珍异宝，并不贵重。尔国王此次赍进各物，念其诚心远献，特谕该管衙门收纳。其实天朝德威远被，万国来王，种种贵重之物，梯航毕集，无所不有。尔之正使等所亲见。然从不贵奇巧，并无更需尔国制办物件。……

□ 问题：乾隆帝拒绝马戛尔尼在北京设立常驻使节的理由是什么？这种朝贡体制与当时西方奉行的国际关系原则有何区别？

参照文章

人口爆炸

公元1700—1800年，欧洲、中国、印度和奥斯曼帝国都经历了人口的急剧增长。在欧洲，1800年时，人口由1.2亿增长到了2亿；同时期的中国，人口从不到2亿增加到了3亿。

造成人口爆炸的原因有四个。其一，更好的种植条件和气候条件影响了世界广大地区，粮食生产更丰富。中国和欧洲的夏天从18世纪初期开始变得更热。其二，到18世纪，人们对公元1500—1700年造成巨大伤亡的疫病产生了免疫。公元1500年以后的航行导致了大规模传染病的传播。例如，伴随欧洲人到达墨西哥的有天花、麻疹和水痘，当地人对此毫无免疫力。1500年，墨西哥人口为110~200万，到1650年，人口为150万。久而久之，人们对这些疾病产生了免疫力。

其三，新食物的传播与获得。哥伦布大发现的结果是，美国种植的作物，如玉米、土豆和甘薯，传播到世界其他地方，成为重要食物来源。中国从东南亚进口的新水稻，生长期更短。这些新食物提供了额外的营养来源，能够养活更多的人。同时，18世纪的土地开发和运河开凿也使政府有能力将粮食运往饥荒或歉收之地。

其四，以火药为基础的新武器的使用使国家能够控制更多的领土，秩序控制达到新水平。例如，清王朝的早期统治者平定了帝国的内部动荡，维持了长期的和平与稳定。欧洲的许多君主也实现了类似目标。因此，18世纪，暴力和疾病致死率下降，同时，粮食供应不断增加，从而开始了持续至今的人口爆炸进程。

□ 问题：现代早期人口爆炸的主要原因是什么？

● 清代中国的日常生活

清初的日常生活继续遵循传统模式。如同早些时期一样，中国社会围绕家庭组织起来。清代的理想家庭是大家庭，即三代甚至四代同堂。儿子结婚后，与妻子一同生活在原来的家里。年老的父母和祖父母同住，由家庭后辈成员照应。不过，这种理想家庭并非永远都能成为现实，因为许多家庭并没有足够的土地来养活一个大家庭。

家庭

清初，家庭仍然极为重要，原因和此前一样。作为一个主要以水稻种植为基础的劳动力密集型社会，中国需要大量劳力来耕种土地，并为年迈的父辈祖辈提供庇护。儿子尤受欢迎，不仅因为他们体力更强，还因为他们能广大门庭。家庭由最年长的男性主导，理论上所有家庭成员都得遵循他的意愿。包办婚姻是常态，为子女择偶的主要考虑是能否给整个家庭带来好处。婚姻中，年轻男女没有发言权，甚至到结婚前都未曾谋面。爱情在婚姻中不仅被认为无关紧要，甚至还常常被人厌弃，因为它会让丈夫和妻子分心，转移他们对大家庭的责任心。

尽管重视孝道看似公然无视个人权利，但并非子女才有义务。父亲也有责任像统治者一样照顾妻儿，尊重和包容他们。不过，男性家长往往享受特权，却并不履行职责。

大家庭之外是宗族。宗族有时也被称为家族，是由几十个甚至数百个大家庭或核心家庭组成的庞大的同姓亲属组织。宗族有许多功能。有些宗族拥有可租给贫困家庭的公共土地。由于中国没有公办教育体系，穷人家的孩子可以在宗族的私塾里读书。如果宗族里有人做了官，则会给整个宗族带来好处和声望。

妇女的地位

古代中国，妇女的地位总是低于男性。一位16世纪造访华南的西班牙观察家形容，中国妇女"非常娴静善良，我们极少在城市或大城镇看到老妪之外的女性"。[1]他表示，在农村能见到妇女的更多身影，她们常常在田间劳作。

女性从属地位的观念根植于中国历史。只有男性才能祭祖、才能作官的观念也体现了这一点。在家庭内部，妻子显然从属于丈夫。法律上，妻子不能离婚，也不能继承家产。丈夫可以因妻子不育而休妻，也可以纳妾。寡妇的境遇尤为悲惨，不仅要独自抚养子女，还可能与迫使她改嫁从而抢占其家产的夫家做斗争。

女孩受轻视，除了体力弱外，父母还得为她们准备嫁妆。女童通常不接受教育。

---

[1] C.R.Boxer 编：*South China in the Sixteenth Century*, London, 1953, p.265.

尽管理论上妇女的地位显然不如男性，但现实中并非完全如此。能干的妇女在家庭中的地位非常重要：负责教育儿女，管理家庭收支。一些缙绅之家的女性也能接受教育，尽管她们受教育的程度和时间显然不如男性。还有少数杰出女性留下了重要的文艺作品。

● 文化发展

明末清初，中国传统文化的成就达到新高峰。随着富裕城市阶层的兴起，艺术、瓷器、纺织品、文学等方面的需求与日俱增。

小说的兴起

明代出现了一种新的文学形式，并最终进化为中国近代小说。尽管这种开创性的拟话本作品不如诗词歌赋那般受人尊重，但却极为流行，在富裕的城市居民中尤甚。

这种口语化用写作的话本生动描述了中国社会的现实生活。许多故事同情被压迫者——往往是无助的少女，涉及爱情、金钱、婚姻和权力等关键问题。此外，这些小说还直白地描述了中国人生活的隐私——性。不管多么色情，读者总是喜好这些往往具有道德约束的故事：恶有恶报，善有善报。

《红楼梦》被视为中国最杰出的通俗小说。此书出版于1791年，讲述了两个年轻人的爱情悲剧，以及一个中国大家族的经济和道德崩溃。男女主人公贾宝玉和林黛玉敏感、娇生惯养，代表着贾家衰落的必然，最终，他们也不可避免地以悲剧收场，贾宝玉伤心另娶，林黛玉香消玉殒。

明清时期的艺术

明清之际，中国传统艺术再现辉煌。尽管大多数有创造性的作品仍然逃不脱仿照之嫌，但这一时期艺术的完美技艺和惊人数量令人印象深刻。

在建筑领域，最出色的例子是北京的紫禁城。1421年，永乐帝迁都北京，下令重建都城。此后，各皇帝不断增修。但紫禁城的基本设计自明代以来并未大改。这个庞大的建筑群四周有高耸的城墙环绕，里面分成迷宫般的无数的后宫住所，宫殿庄严、厅堂富丽，规模宏伟，用大量的大理石雕饰，还有精致的花园，这一切构成了紫禁城的辉煌与庄严。

明清时期，装饰艺术繁荣，特别是精美的漆器以及形状用色都很大胆的景泰蓝。景泰蓝是一种珐琅制品，用薄金属丝镶嵌，绘有各种花纹。丝绸生产也达到鼎盛，高质量的丝绸在中国风盛行的欧洲极受欢迎。明代最负盛名的可能是青花瓷，至今仍备受世界收藏家的赞誉。

清代艺术家创作了大量的绘画作品，绝大多数在国内流通。紫禁城里，宫廷画家与耶稣会艺术家一同协作，试验西方绘画技巧。然而，大多数学院派画家和文人却完全拒绝国外的艺术形式，迷醉于传统的中国风格。结果，清代绘画越来越重复守旧。

■ 幕府时代的日本

□ 问题：幕府时代，日本的经济和社会出现了什么样的变化？日本文化是如何反映这种变化的？

15世纪末，日本的传统制度几近混乱无序。随着京都足利幕府权威的衰退，各种势力群起竞争，进入战国时代。即便在地方一层，权力也往往是分散的。以往典型的大名控制区大多变成了效忠大领主的松散地主联盟，不过，这也是日本走向最伟大的德川幕府统治下的国家统一与和平时代的前夜。

● 战国三杰

16世纪中期，日本出现了实力最强的三大政治巨头：织田信长（1568—1582年统治）、丰臣秀吉（1582—1598年统治）和德川家康（1598—1616年统治）。1568年，足利幕府时代的武士之子织田信长控制了上洛（即京都），将足利义昭将军置于其控制下。此后的多年里，野心勃勃的织田信长试图击败其他竞争对手、镇压佛教势力，以此巩固他对日本中部平原地带的控制。但是，就在统一伟业即将实现前，他于1582年被亲信杀死。接班人是出身农家、凭借能力一步步升上来的丰臣秀吉。丰臣秀吉将宫殿选在大阪，在那里建立起坚固的城堡，并将势力扩张到了南边的四国岛和九州岛。到1590年，丰臣秀吉已经劝服日本各岛的大多数大名接受他的统治，发行统一货币。随后，为了将统治扩张到亚洲大陆，他入侵了朝鲜，但以失败告终。

织田信长和丰臣秀吉都没有能力消灭各地大名的势力，他们只能拉一派打一派。丰臣秀吉宣称，在其控制区内，他是最高统治者，但随后，他又将一些地区分封给宣布效忠他的当地大名。结果，这些大名开始驱平农村，实施刀狩令，解除农民的武装，并吸引武士为其服务。日本的集权统治传统并未被打倒。

1598 年，丰臣秀吉死去，随后，势力强大的江户（即东京）大名德川家康掌握了日本的统治大权。织田信长和丰臣秀吉都未以将军自称，但德川家康却在 1603 年就任将军，开启了日本历史上实力最强、时间最久的德川幕府时代。德川幕府恢复了织田信长和丰臣秀吉开启的中央权力，统治持续到了 1868 年。正如当时俗语所言："天下这块年糕，信长捣，秀吉和，家康吃。"[1]

● 向西方开放

日本的统一几乎与欧洲人的到来同步。1543 年，乘坐中国帆船的葡萄牙商人受台风影响，在日本的种子岛登陆。几年内，葡萄牙船只停泊于日本港口的根据地，在日本、中国和东南亚之间从事贸易。1549 年，第一位耶稣会传教士圣方洛各·沙勿略（Francis Xavier）抵达日本。

起初，日本很欢迎这些造访者。好奇的日本人被烟草、钟表、眼镜以及其他欧洲物品所吸引，各地大名纷纷购置欧洲的各种武器装备。织田信长和丰臣秀吉发现，新式火枪在打败对手和统一过程中助益匪浅。随着各地大名仿效欧洲修建堡垒，日本的军事建筑进步惊人，不少堡垒存留至今。

传教士在劝说大名皈依基督教方面也取得了一些成功，有些人的皈依可能某种程度上受商业利益驱动。到 16 世纪末，九州和四国已经有数千名皈依的基督徒。很快，日本基督徒宣称效忠教皇，加之欧洲人插手当地政治事务引起了日本官方的猜疑。传教士故意损坏日本本土偶像和神殿，并将一些寺庙变为教堂和教会学校，致使情况进一步恶化。

传教士被驱逐

日本政府必然对上述现象做出回应。1587 年，丰臣秀吉发布诏令，禁止在日本行传教之事。他宣布，日本是"神之地"，外国人摧毁神殿是"闻所未闻之事"。[2]并要求耶稣会士在 20 天内撤出日本。不过，丰臣秀吉认真地将传教与贸易活动区别开来，商人可以继续进行贸易往来。

---

〔1〕 C.Nakane、S.Oishi 编：*Tokugawa Japan*，Tokyo，1990，p.14.

〔2〕 引自 J.Elisonas："christianity and the Daimyo" J.W.Hall 编：*The Cambridge History of Japan*，vol.4，Cambridge，1991，p.360.

耶稣会士抗议日本的驱逐，迫使丰臣秀吉做出了一些让步：只要耶稣会士谨慎行事，就允许继续传教。不过，丰臣秀吉拒绝撤销诏令，当新近抵达日本的西班牙方济各会咄咄逼人的举动引起他的愤怒时，丰臣秀吉下令处决了 9 名传教士和不少日本基督徒。由于传教士继续干预地方政治，1612 年，德川家康下令驱逐所有传教士。

起初，日本政府希望限制西方宗教，只维持与欧洲各国的贸易往来，但最终他们决定更严格地限制对外贸易，关闭了平户和长崎的外国工厂，只剩下长崎的一个出岛口对西方开放。1609 年，日本允许荷兰人在出岛处设立定居点，

表 17.1　现代早期的日本和朝鲜大事记

事　件	时　间
朝鲜出现了字母	15 世纪
葡萄牙商人抵达日本	1543 年
方济各·沙勿略抵达日本	1549 年
织田信长统治时期	1568—1582 年
占领京都	1568 年
丰臣秀吉统治	1582—1598 年
日本发布禁止传教敕令	1587 年
日本入侵朝鲜	1592 年
丰臣秀吉去世，日本从朝鲜撤军	1598 年
德川家康统治时期	1598—1616 年
德川幕府创建	1603 年
荷兰获得在长崎的贸易特许权	1609 年
德川家康发布禁止传教敕令	1612 年
朝鲜李氏王朝宣布效忠中国	17 世纪 30 年代

从事对日贸易（与葡萄牙和西班牙人不同，荷兰不允许传教士干预商业利益）。荷兰船只每年只可在长崎港停留一次，经过严密审查后，荷兰人可以停留两三个月。出岛的条件非常有限，荷兰医生恩格柏特·坎普法（Engelbert Kaempfer）抱怨，住在这里"如同被终身监禁"。[1]日本人也不能自由从事对外贸易。日本只与中国和其他亚洲国家进行小规模贸易，日本百姓禁止出国，违者处以死刑。

● 德川和平

德川家族一上台，就试图强化日本实施了 300 多年的制度。他们遵循先例，通过幕府实施统治。现在的幕府由大名和资历深厚的"大老"等构成。德川时代，幕府制度比此前更集权，幕府扮演着双重角色：它既代表京都的幕府将军制定国家政策、发号施令，还掌管着幕府将军自己控制的占全国疆域 1/4 的领土，以及江户、京都和大阪三大城市。和此前一样，日本被分成不同的藩，由 250 名大名统治。

---

〔1〕 E.Kaempfer, *The History of Japan*；*Together with a Description of the Kingdom of Siam*, 1690-1692, vol.2, Glasgow, 1906, pp.173—174.

理论上，大名是自治性质的，可以通过在领地内征税实现自给自足（幕府将军的收入来自自身占有的大量土地）。现实中，幕府将军迫使大名向其领地和江户提供两名质子来确保忠诚。提供质子也使日本贵族陷入经济困境。有些大名主要通过种植经济作物和林业制品维持高消费，但大部分大名种植水稻，其收入长期持平。大名还可以通过剥夺武士家臣的专属土地、将其变为领取薪俸的官员的方式来维护经济利益。封地从而变成了补贴，大名与武士之间的私人关系逐渐让位于官僚机构。

德川幕府还以限制武士阶层的规模和让支持自己的武士去耕种土地的方式，改变了日本的社会制度。事实上，由于德川幕府长期的和平统治，武士逐渐不再是武夫，他们必须生活在城堡中。作为武士阶层以往荣耀的一种象征，他们仍可以佩戴剑，武士阶层与普通百姓之间存在着严格的等级区分。

资本主义萌芽

德川幕府时代的长期和平使日本商业和制造业得以飞跃，特别是在江户、京都和大阪等城市。到 18 世纪中期，江户人口已经超过 100 万，是世界上规模最大的城市之一。不断提高的生活水平——部分原因在于农业技术提升和耕地面积扩大，以及贵族对新产品的渴求，一同刺激了贸易和工业的发展。

商业发展主要体现在大城市和城堡。商人和贵族与聚集在城堡周边的武士聚居。金融业繁荣，纸币成为商业交易中的常见交换介质。商人还组织同业公会，以控制市场行情、便利政府调控和征税。在日本贵族统治者良性又略显蔑视的监控下，商人阶层日渐重要。有些历史学家将德川幕府时代看作是日本本土资本主义兴起的第一阶段。

不断发展的工业活动还拓展到了农村地区。如同英国一样，棉纺织业是日本的主要工业。中国从宋代开始种植棉花，很快，朝鲜和日本也种植起来。一直以来，对日本平民百姓来说，棉布比较昂贵，所以，以穿麻布衣服为主。不过，16 世纪时，随着进口产品的出现，棉布用来制作制服、煤油灯芯、船帆。技术的进步也降低了棉布制造成本，农村地区出现了专门制作棉布的作坊，这些地区逐渐演变成城镇。到 18 世纪，棉布已经取代麻布，成为大多数日本人的选择。

然而，并非人人都从 17—18 世纪的经济变化中获益，受传统束缚、轻视商业活动的武士阶层更是居于下风。大多数武士的收入仍然依赖于稻田，但稻田收入往往没法满足日益增长的支出需求，致使他们常常债台高筑。有些武士被领主解放后，成为"没有主人的武士"（即浪人），他们时不时发起反对当地政府的暴动。

土地问题

很难估计德川幕府时期的经济发展对农村人口造成的影响。有些农民家庭通过种

观点争锋

儒家戒律

尽管清王朝的统治者并非汉人，但在他们看来，儒家传统对维护社会秩序极为有用。公元 1670 年，康熙皇帝颁布了在民众中普及儒家价值观的圣谕十六条。圣谕要在中国的各个乡村中定期宣读，以确立整个帝国的行为准则。日本德川幕府的将军们也如同清王朝一样，试图让臣民遵从其规划的行为举止。不过，两者之间也有细微的表述差异：康熙圣谕鼓励积极向善，但德川幕府谕令却主要规训行为举止。

一　敦孝悌以重人伦

二　笃宗族以招雍睦

三　和乡党以息争讼

四　重农桑以足衣食

五　尚节俭以惜财用

六　隆学校以端士习

七　黜异端以崇正学

八　讲法律以儆愚顽

九　明礼让以厚风俗

十　务本业以定民意

十一　训子弟以儆非为

十二　息诬告以全良善

十三　诫窝逃以免株连

十四　完钱粮以省催科

十五　联保甲以弭盗贼

十六　解仇愤以重身命

——康熙圣谕十六条

一　年轻人不可大量结党聚众。

二　农民不得娱乐，禁止玩乐三弦、净琉璃等。

三　五年内不得进行相扑比赛。

四　必须遵守去年年末颁布的节俭法令。

五　村中社会关系应当和谐。

六　如果有人离村办事或取乐，必须晚上十点前返回。

七　父子不可在别人家过夜，除非是照顾病人。

八　必须服从劳役。

九　孝顺的子女须受奖赏。

十　不可饮酒至醉，叨扰他人。

十一　勤恳耕种的农民须受奖赏。

十二　忽视农事、耕种不勤的人要受惩罚。

十三　田地的边界不可随意变更。

十四　必须承认对村中事务做出巨大贡献的人。

十五　村内禁止吵闹斗殴。

十六　恶习、道德恶行必须纠正。

十七　贫困农民应当得到帮助。

十八　该村原比其他村更好，近年来境遇不佳。人人须 6 点起床、割草，努力振兴本村。

十九　每年最后一次村治会议上决定对违反村民规约的处罚以及应受奖赏者的奖励。

——德川幕府的谕令

□　**问题**：康熙的圣谕在哪些方面遵从了以儒治国的原则？与日本相比，这些标准有何异同？

植需求不断增长的经济作物度日。大部分农民仍主要依赖于水稻种植，在利润下降、成本和税收上升的双重打击（随着大名的支出不断增长，土地税通常占年收入的一半）下，许多人被迫成为佃农，或是给富农、乡村作坊打工。有些农村的境况极差，从而引起了农民暴动。据估计，德川幕府时代，共发生了近 7000 起农民骚乱。

一些受马克思主义历史观影响的日本历史学家将此作为德川时代经济制度具有高剥削性和封建贵族压迫无权势农民的证据。然而，近些年来，学者们倾向于更平稳的观点，他们认为，除农业外，这一时期制造业和商业取得了长足发展。有些学者指出，尽管日本的人口在 17 世纪以较慢的速度翻了一番、耕地面积增长也不大，但农业技术却取得了重大进步。

相对低的人口增速可能意味着，日本农民不像中国农民那样面临着耕地严重短缺的现象。新近发现的证据表明，日本人口增长较慢的主要原因在于晚婚、流产和杀婴。

● 乡村生活

德川幕府时代发生的变化对普通日本人的生活产生了重大影响。有些变化导致中央政府对乡村的影响不断增加。为了提高在日本民众中的权威，幕府将军日益依赖儒家的忠孝观和等级观。幕府将军的敕令指导着农民生活的方方面面，诸如饮食习惯、行为举止。同时，政府权力的增长也导致地方大名对当地农民有更多自治权。农村现在对本地事务有更多的控制权。

与此同时，德川幕府时代，核心家庭成为日本社会的基本单位。此前，日本农民几乎没有什么法律权利。大多数农民穷得难以为家，更无财产分配给子女，他们要么居住在大名领地的农场内，要么给富裕的村民做家佣。现在，随着农业收入的增长，出现了如同中国一样的核心家庭，尽管此时还没有数代同堂的概念。日本继承制度遵循长子继承制，家庭财产由长子继承，但其余诸子也能分到一些土地，使之有条件在婚后建立自己的家庭。

妇女的地位

德川幕府时代各种变化的另一个结果是妇女在某种程度上比此前受制更多。妇女的权利在受儒家价值观高度影响的武士阶层中尤其受限。男性家长在财产、婚姻上拥有绝对权威；妻子必须服从丈夫，违者要被处死。丈夫还可纳妾，或是拥有同性性伴侣，而妻子则必须忠于丈夫。武士阶层的男孩能在大名建立的学校里学习儒家经典，女孩只能待在家里，只有极少数幸运的女性能够接受一些基本的汉字读写训练。然而，也有一些女性能够作诗绘画，因为人们认为断文识字的贵族女性有助于提升家庭社交礼仪与道德品质。

平民百姓中的女性同样地位不佳。如同中国一样，婚姻往往被包办，新婚妻子搬到夫家生活。如果妻子不能达到公婆或夫家的要求，可能会被休掉。不过，平民百姓中的两性关系要比贵族更为平等。妇女的重要职责是养儿育女，打理家务，除此之外，还要随男性耕田种地。村里或镇上有私塾，女学生占 1/4。不过，贫苦人家常常杀死女婴，或是将女孩卖给风月场所。

日本日益僵化的社会分层，是形成这种对女性态度的原因所在。德川幕府统治者在社会政策上极为保守，对日本四个主要阶层（武士、手工业者、商人、农民）确立了严格的法律界限。理论上是不允许各阶层之间通婚的，尽管在现实中这些界限未必都会严格遵循。这几个阶层外是被称为"秽多"的贱民。此前，至少在理论上，秽多是可以摆脱贱民身份的。到了德川时代，将贱民的地位变成了世袭，还制定了严格的歧视性法律，规定了他们的居住地点、服饰乃至发型。

● 德川幕府时代的文化

德川幕府时代，形成了至关重要的新文化价值观，在城市中尤为突出。这一变革时代中，市民创作的通俗文学崛起。随着 17 世纪初期木版印刷技术的发展，普通人也可以读到文学作品，文学水准提升，图书馆的收藏量也不断增加。

新兴中间阶级的文学

新城市小说的最出色作家是井原西鹤（1642—1693 年），代表作《好色五人女》描述了五位商人阶层女性的情爱故事。此书部分内容来源于现实生活，打破了儒家提倡的妇女忠贞观，宣扬了女性为爱而亡的精神。尽管这本小说的故事悲惨，但它的基调是乐观的，有时候还有点喜剧色彩，作者也劝讽读者不要在情感上步女主人公的不幸后尘。

戏剧方面，歌舞伎的兴起对长期以来占主导地位的能剧产生了威胁。古典能剧中内敛、优雅的主题和表现手法被重视暴力、音乐和形体动作的新的歌舞伎取代。重要的是，歌舞伎这一新的戏剧形式并非源于宫廷，而是发端于休闲娱乐的新世界。不过，它在商业上的成功也让它与政府格格不入，日本政府时不时试图限制或压制其发展。早期的歌舞伎往往由游女（即娼妓）表演，因而，幕府官员担心这种艺术形式会腐蚀国家的道德精神，便禁止女性演出歌舞伎；同时，日本政府还促成了新的男性专业演员的出现，由他们在舞台上扮演女性角色。

与通俗文学相对，日本的诗歌俳句仍坚持更为严肃的传统。17 世纪，日本最优美的诗歌是日本俳圣松尾芭蕉（1644—1694 年）的作品。他的诗歌探索人类存在的意义，表达了诗意的人生经历。他喜爱道教和佛教中的禅宗，发现了自然界中蕴含的人生答案。他的俳句基于对四季的各种意象描述，即季语。

青蛙跃入水
古池发清响
（《古池》）

寒鸦栖枯枝

深秋日暮时

　　（《寒鸦》）

他的最后一首俳句是离世前三天口授给弟子的，简洁表达了人生之憾：

途中今卧病

梦萦于荒野

　　（《旅途》）

如同所有伟大的艺术家一样，松尾芭蕉的俳句简单轻巧。他随处随时吟诵。

德川时代的艺术

艺术也反映了德川幕府统治时期日本文化的变迁。由于幕府将军下令所有大名及其家庭必须每隔一年就要在江户生活一年，各地方统治者于是纷纷在江户大兴土木，相互较劲。而且，幕府将军们自己也修建富丽堂皇、装饰豪华的城堡。新兴商人阶层的不断壮大也锦上添花。日本的绘画、建筑、棉纺织、陶瓷制造都因此繁荣兴盛。

尽管在德川幕府时代，日本基本上是与西方世界隔绝的，但日本艺术也受到了其他国家思想的影响。日本的陶瓷工人借鉴了朝鲜的技术和设计，制造出了精美的陶瓷。向荷兰学习的热潮使日本人广泛地学习西方的医学、天文学和语言，他们还开始尝试作油画，运用西方的透视法和明暗交互法进行创作。日本的漆器、金属制品、镶嵌象牙制品、珍珠母广受西方人喜爱，陶瓷尤其，直至现在，日本瓷器的声誉完全不亚于中国瓷器。

德川时代最出名的艺术可能是版画。随着识文断字的商人阶层盼望读到口口相传的有趣又粗俗的插画文本，表现日常生活的风俗画即浮世绘在16世纪出现，并在18世纪被制成版画。其中，有些描绘的是人来人往、贸易繁荣、节庆中的城市全景，也有些描绘的是室内景象，还有一些描绘的是无忧无虑的人们狂欢娱乐的情景。这些版画为我们提供了鲜活可见的时代素材。

众多浮世绘画家中，最著名的是喜多川歌麿（1754—1806年），他以描绘日常生活或娱乐中的女性形象见长，如街上行走的妇女、正在做饭的主妇、浴后擦身的裸女等。葛饰北斋（1760—1849年）最出色的作品是《富岳三十六景》，全新而大胆地描述了日本富士山的自然景观。

■ 朝鲜和越南

□ **问题：** 朝鲜的发展在多大程度上反映了同一时期中日两国的情况？越南文明有
哪些独特性？

在东亚大陆的边缘，越南和朝鲜这两个中国的近邻试图在明清中国的扩张中保护
各自脆弱的独立地位。

● 朝鲜：危险的邻里

当德川幕府统治下的日本稳定地摆脱中华帝国的影响、建立起独特的社会时，朝
鲜的李氏王朝至少在表面上仍按照中国的模式运作。李氏王朝是李成桂在 14 世纪后期
建立的，自成立起，就与明王朝建立了密切的政治和文化联系。李氏王朝将首都设在
朝鲜半岛汉江流域中心地带的汉城（今名首尔），接受了与中国的朝贡关系，全面借鉴
中国的制度和价值观。如同中国，朝鲜的科举考试也主要考察儒家经典，科举考试的
成功是人们进阶上流社会的关键一步。

如同日本，李氏王朝限制官僚进入贵族阶层即两班。同时，农民的境遇如同农奴，
他们在政府或有地精英的土地上耕作。奴隶们耕种官方农地，或做屠夫、优伶等，这
些职业被认为低人一等。

另外，朝鲜社会也表现出脱离中国正统的迹象。15 世纪，朝鲜出现了谚文，即朝
鲜口语的表音文字。尽管谚文起初主要由精英阶层掌握，是一种教育辅助工具，但最
终却成为私人通信和通俗小说出版的媒介。同时，朝鲜的经济也发生了变化。农产品
产量的增加带来了人口增长，也促成了小城市工业和商业的出现。社会上长期占主导
地位的两班阶级开始衰落。随着两班阶级成员的增加及势力和影响力下降，一些两班
阶级的成员开始经商，甚至变成了农民阶级中的一员，进一步模糊了贵族与平民间的
区别。

与此同时，李氏王朝一直面临着如何在邻国压力下维持独立的挑战。整个 16 世
纪，朝鲜的主要威胁来自北边。不过，到 16 世纪 80 年代，朝鲜面临的威胁主要是
其东边新近统一的日本。16 世纪的大部分时间内，日本势力强大的大名之间爆发了
旷日持久的内战，织田信长、德川家康、丰臣秀吉试图巩固各自统治。这三人中，

顺我者昌

1590 年，丰臣秀吉击败了最后的敌人，控制了日本各岛。很快，朝鲜李氏王朝的使节向他递交了朝鲜国王的恭贺信。回信中，丰臣秀吉披露了他征服中国大陆和控制东亚的计划。丰臣秀吉含蓄地警告朝鲜，若是朝鲜不按他说的做，日本将会疯狂报复。但是朝鲜国王更害怕西边的强邻中国，于是，拒绝了丰臣秀吉的结盟要求。丰臣秀吉遂发动了所谓的壬辰战争（1592—1598 年），给整个朝鲜半岛带去了巨大灾难。

吾邦诸道，久处分离，废乱纲纪，格阻帝命。秀吉为之愤慨，披坚执锐，西讨东伐，以数年之间而定六十余国。秀吉鄙人也，然当其在胎，母梦日入怀，占者曰："日光所临，莫不透彻，壮岁比耀武八表。"是故战必胜，攻必取。今海内既治，民富财足，帝京之盛，前古无比。夫人之居世，自古不满百岁，安能郁郁久居此乎？吾欲假道贵国，超越山海，直入于明，使其四百州尽化我俗，以施王政于亿万斯年，是秀吉宿志也。凡海外诸藩，役至者皆在所不释。贵国先修使币，帝甚嘉之。秀吉入明之日，其率士卒，会军营，以为我前导。

——丰臣秀吉致朝鲜国王书

□ 问题：丰臣秀吉是怎样为其控制东亚的宏大图谋辩护的？

只有丰臣秀吉渴望建立海外帝国。尽管出身于平民家庭，但丰臣秀吉视野开阔、野心勃勃，16 世纪 80 年代后期，他宣布向明王朝开战。朝鲜国王李昖（1552—1608 年）拒绝了日本的结盟要求。1592 年，丰臣秀吉入侵朝鲜。

起初，日本进展顺利，致使朝鲜伤亡惨重，日本甚至一度推进到了朝鲜首都汉城。不过，朝鲜军队在名将李舜臣（1545—1598 年）的率领下，以他发明的速度快、装备良好的海船摧毁了入侵的日军笨重海军，成功阻止了日军的进攻，保卫了朝鲜的独立。然而，朝鲜只获得了短暂的喘息。到 17 世纪 30 年代，满族人威胁着整个朝鲜北部边境。一支满族军队袭击了朝鲜北部，迫使朝鲜承诺效忠于清政府。当欧洲商人和传教士抵达东亚时，朝贡的朝鲜人也将有关基督教的一些信息带回了朝鲜，到 18 世纪，天主教在朝鲜开始传播，但整体来说，它没有对朝鲜造成多大冲击。

● 越南：帝国的危难

大越或越南在 17 世纪和 18 世纪成功避免了它诸多邻国的命运。越南偏离东亚大陆的几条主要海上航线，在与西方的香料贸易中仅处在外围，没有遭遇西方殖民国家的入侵和丢失领土。实际上，越南走的是自己的帝国道路，它击败了南边的贸易国家占婆，强迫古老的吴哥王朝（即现在的柬埔寨）承认越南的宗主权。越南的控制范围已经从中越边境扩张到了暹罗湾（即泰国湾）。

不过，扩张也损害了越南传统社会的文化完整性，定居于湄公河流域的移民形成的"拓荒精神"与长期以来越南的中心地带——古老的红河流域——所形成的价值观极为不同。到 17 世纪，内战使越南南北分裂，也给了欧洲人乘虚而入、干预其内政的机会。1802 年，在长期活跃于越南的法国冒险家的帮助下，南边的阮氏重新统一越南，统治延续到了 1945 年。

为抚慰中国，大越改称越南，定都于港口城市顺化，此地与越南主要的产粮区湄公河流域和红河流域距离相当。嘉隆帝建立的阮氏王朝试图在日益多样化的越南继续推进传统儒家价值观，于是阻止了法国在越南的传教活动。

━ 本章小结

克里斯托弗·哥伦布于 1492 年 8 月从西班牙起航开始了第三次远航，此行是为了寻找前往日本和中国的航路。最终，他未能实现目标，但有人完成了他的未竟梦想。1514 年，葡萄牙人的船只抵达中国南部沿海。30 年后，一小支葡萄牙商队成为登陆日本的第一批欧洲人。

起初，欧洲人的到来受到中日两国的欢迎——假如他们只是好奇的造访者。后来，几个欧洲国家与中国和日本建立了贸易往来，各教会派出的传教士也活跃于中日两国和朝鲜半岛，但他们的成功如同昙花一现。欧洲人后来被视为法律和秩序的破坏者，17 世纪，中国、日本和朝鲜都纷纷驱逐外国商人和传教士。从那时起到 19 世纪，中、日、朝三国几乎未受其边境外所发生事件的影响。

这一事实导致许多观察者认为，东亚各社会本质上是停滞不前的，它们的土地制度和价值观使人联想到欧洲封建时代。不过，如前所述，这种看法是错误的，因为这三个国家都在不断进化，19 世纪初的它们已经与 300 年前大为不同。

具有讽刺意味的是，这些变化在德川幕府时代的日本最为显著。德川时代的日本看似"封闭"，但传统阶级和制度日益遭遇新兴商业阶层以及强势的德川幕府集权化倾向的压力。东亚大陆同样如此，流行于西方的"不变的中国"的印象越来越脱离现实，中国的经济和社会更加复杂化，到 19 世纪中期，其所造成的紧张态势将达到顶峰。

到 19 世纪初，理想与现实之间不断加大的鸿沟所造成的紧张局势席卷日本和中国。这样的背景下，中日两国很快面临着咄咄逼人的工业化欧洲各国带来的新挑战。

本章思考

— 问题 1：哪些因素促进或影响了 18 世纪末的中国向先进工业和市场经济转变？你认为哪个因素最重要？为什么？

— 问题 2：有些历史学家认为，德川幕府时期，日本政府本质上是要闭关锁国。这种观点合理吗？为什么？

— 问题 3：近代早期中日关系的性质是什么？中日关系与中朝、中越关系相比有何不同？

拓展阅读

关于明清时期的中国，可以参考 T.Book，*Troubled Empire：China in the Yuan and Ming Dynasties*，Cambridge，Mass.，2010；W.Rowe，*China's Last Empire：Great Qing*，Cambridge，Mass.，2009。关于中国的社会状况，可以参考 J.Spence，*Return to Dragon Mountain：Memories of a Late Ming Man*，New York，2007，和 *Treason by the Book*，New York，2001。

关于中国与欧洲的相遇，可以参考 L.Brockey，*Journey to the East：The Jesuit Mission to China，1579-1724*，Cambridge，Mass.，2007。关于对中国的科学辩护，参考 B.Elman，*On Their Own Terms：Science in China，1550-1900*，Cambridge，Mass.，2005。 J.E.Wills Jr.，*Mountains of Fame：Portraits in Chinese History*，Princeton，N.J.，1994，是一部很有意思的关于中国历史名人传记的著作。

关于中国的文学和艺术。有关中国文学的佳作，有 S.Owen，*An Anthology of Chinese Literature：Beginnings to 1911*，New York，1996；V.Mair，*The Columbia Anthology of Traditional Chinese Literature*，New York，1994。本章讨论时段的中国艺术的简介，可以参考 M.Sullivan，*The Arts of China*，4th.ed，Berkeley，Calif.，

1999。介绍中国绘画的最出色著作是 J.Cahill, *Chinese Painting*, New York, 1977。

关于日本和朝鲜的情况。日本的历史，可以参考 C.Totman, *A History of Japan*, 2th.ed, Cambridge, Mass., 2005。更详细的有关日本史的著作，可以参考 J.W.Hall 编：*The Cambridge History of Japan*, vol.4, Cambridge, 1991。关于社会问题，可以参考 W.Farris, *Japan's Medieval Population*, Honolulu, 2006。B.Bodart-Baily 译, Kaempfer, *Japan*: *Tokugawa Culture Observed*, Honolulu, 1999, 是拜访德川幕府时期日本的欧洲人的第一手记述。朝鲜的情况，可以参考 M.Seth, *A Concise History of Korea*: *From the Neolithic Period Through the Nineteenth Century*, Lanham, Md., 2006。

关于中国和日本的妇女。明清时期和德川幕府时期妇女的简要介绍，可以参考 S.Hughs、B.Hughes, *Women in World History*, vol.2, Armonk N.Y., 1997; S.Mann、Y.Cheng 编：*Under Confucian Eyes*: *Writings on Gender in Chinese History*, Berkeley, Calif., 2001。另外，还可以参考 J.R.Piggott 编：*Women and Confucian Culture in Premodern China*, *Korea*, *and Japan*, Berkeley, Calif., 2003。关于 17 世纪中国的女性文学，可以参考 D.Ko, *Teachers of the Inner Chambers*: *Women and Culture in Seventeenth-Century China*, Stanford, Calif., 1994。G.L.Bernstein 编：*Re-Creating Japanese Women*, *1600-1945*, Berkeley, Calif., 1991, 收录了许多非常有价值的文章。

关于日本的文学和艺术。德川幕府时期的日本文学，可以参考 D.Keene, *World Within Walls*: *Japanese Literature of the Pre-Modern Era*, *1600-1867*, New York, 1976。有关日本艺术讨论最为深刻的著作有 P.Mason, *Japanese Art*, New York, 1993。

第 18 章
新世界秩序前夜的西方

1789 年 7 月 14 日，一支由 8000 名男女组成的队伍拥入满是武器弹药的法国皇家巴士底军械库寻找武器。巴士底是一座王室监狱，尽管当时这里只关押了 7 名囚犯，但在这些愤怒的巴黎人眼中，它是专制政策的典型象征。防卫这里的是洛奈（Launay）侯爵以及一支 114 人的守卫队。午后，对巴士底狱的进攻开始了，经过 3 个小时的战斗，洛奈侯爵及其守卫队投降了。暴动队伍死了 98 人，愤怒的暴动者打死了洛奈，将他的首级砍下后当众游街。当罗哲福考德·里昂库尔公爵（Duc de la Rochefoucauld-Liancourt）将巴士底狱陷落的消息告诉国王路易十六时，路易十六称："怎么啦，这就是场暴动。"公爵回答道："不，陛下。这是革命。"

法国大革命是新世界秩序形成的关键。历史学家常常把 18 世纪形容为古老欧洲的最后阶段，这个古老的欧洲将被与法国大革命密切相连的剧变和社会重组永远改变。在法国大革命前，旧秩序——主要是农业社会、由国王和有地贵族主导、以贵族特权和神职人员以及地方为基础——似乎仍是基本模式，该模式自欧洲中世纪以来一直盛行。然而，在 18 世纪即将结束之时，新的以理性主义和世俗主义为基础的智识秩序形成了，人口、经济、社会和政治模式也开始发生变化，宣告着一个新的、更现代的秩序即将来临。

法国大革命摧毁了旧体制，建立了以人权、代议制、对国家而非对君主的忠诚为基础的新秩序。革命剧变时代，特别是在法国，产生了新的自由主义和国家政治理念，这集中体现在法国大革命的口号中——"自由、平等、博爱"。这些理念改变了法国，并传播到了欧洲其他国家，甚至全世界。

■ 走向新天堂和新世界：西方的知识革命

□ **问题**：科学革命和启蒙运动中有哪些领袖人物？他们的主要贡献是什么？

17 世纪，一群科学家让西方世界走上了被称为科学革命的新道路，它让欧洲人有了观察宇宙以及在宇宙中寻求自己位置的新方法，但科学革命只影响了一小批受教育的欧洲精英人士。到了 18 世纪，随着一群知识分子将科学革命的思想大众化并用它们重新检视生活的方方面面，情况有了巨变。这些思想对这一时期的社会产生了广泛的影响，以至于历史学家自此将 18 世纪称为欧洲的启蒙运动时期。

● 科学革命

科学革命最终挑战了中世纪晚期以来占统治地位的关于对外部世界之本质的信仰与概念。

走向新天堂：天文学革命

中世纪哲学家一直使用亚里士多德、托勒密（古代最伟大的天文学家，生活于公元 2 世纪）和基督教的理念，形成了托勒密宇宙理论，也被称为地心说。地心说认为，宇宙是一系列以静止的地球为中心的同心天体。地球由物质构成，并非完美，始终在发生变化。地球周围的星体都由晶体、透明物质构成，它们以圆形轨迹围绕地球运行。据说这些天体共有 10 个，都是纯正的光球体，镶嵌于运动的同心球体中。地球之外最近的八个同心球天体是月球、水星、金星、太阳、火星、木星、土星，以及固定的恒星。第九个天体常常被描述为最主要的运动天体，自转的同时也让其他天体运转。第十个天体就是天堂——上帝和所有得救的灵魂的居所，因此，上帝以及得救的灵魂在宇宙的另一端，人类则处于宇宙的中心。

波兰数学家尼古拉·哥白尼（Nicolaus Copernicus，1473—1543 年）认为，托勒密的地心说不符合人们观测到的天体运动，于是提出了日心说，认为这种理论能更精确地解释天体运动。哥白尼认为，太阳静止于宇宙中心。天体按照水星、金星、地球、火星、木星、土星的顺序绕太阳运行，而月球则绕地球运行。看似太阳绕地球运动之说，实际上可以用地球每天绕地轴自转和每年绕太阳公转来加以解释。不过，哥白尼并不反对天体的运行轨迹是圆形的观念。

之后，约翰尼斯·开普勒（Johannes Kepler，1571—1630 年）摧毁了地心说，支持哥白尼的天文理论。开普勒是一位聪慧的德国数学家和天文学家，他发现了天体的运行规律，确认了哥白尼的日心说。不过，他修正了哥白尼的说法，揭示出天体绕太阳运行的轨迹是椭圆形而非圆形，太阳是椭圆轨迹中的一个焦点而非中心。

开普勒的工作摧毁了托勒密体系的基本结构。人们现在可以用新的方式思考行星

参照文章

科学革命

当 16 世纪天主教传教士抵达中国时，他们惊叹于诸如雕版印刷、科举制度在内的中国文明的辉煌成就。同样，中国人对欧洲人发明的自鸣钟、眼镜等东西也印象深刻。

毫不奇怪，西方来访者对他们在中国的所见所闻印象深刻，因为长期以来中国处于人类文明成就的前列。然而，16 世纪以后，欧洲将在科学和技术方面领先，并最终催生出工业革命，开始了人类社会的转变，这一转变也奠定了现代世界的基础。

为什么欧洲在 17 世纪和 18 世纪突然出现快速转变？其中的一个重要因素是，其世界观从形而上学转向唯物主义，以及知识分子越来越质疑第一性原理。在宋代中国，思想家还在用"格物"来分析和确认起初由孔子及同时代思想家们提出的原则时，欧洲近代早期经验思想家却拒绝宗教理念，形成了新的宇宙观，并寻找改造周边物质环境的方法。

为什么欧洲思想家会比当时其他地区的思想家对其发明的实际运用更感兴趣呢？毫无疑问，原因之一在于，有文化的商人和有才能的精英被新科学所吸引，因为它提供了开发有利于可图资源的新方法。一些早期的科学家显示了他们将新理念运用于特定产业和技术需求的能力，从而使商人和精英们更容易接受这些新思想和新理念。例如，伽利略解释力学在建造桥梁或其他水上工程时有很大用处，有意识地去迎合知识精英们的物质利益需求。

此外，欧洲的政治变迁也是一个重要原因。许多欧洲国家扩大政府机构、巩固政府权力，以便征收赋税和集结必要的军队，在军事上与对手竞争。政治领袖也热切地寻找增加财富和扩大势力的途径，对可能确保国家生存和繁荣的新工具和新手段急不可待。

□ 问题：为什么科学革命发生在欧洲而非中国？

以椭圆轨迹绕太阳运转的实际路径。不过，还有些重大问题没有解决。例如，行星是由什么构成的？一位意大利科学家以新的宇宙理论对这一问题实现了重大突破。

伽利略·伽利雷（Galileo Galilei，1564—1642 年）是个数学家，也是通过望远镜系统观察天体的第一位欧洲人，他开创了天文学的新时代。伽利略将望远镜投向天空，有了一系列出色的发现：月球上的山、木星有四个卫星、太阳黑子。伽利略的观察似乎将要摧毁传统天文学的另一面——宇宙似乎是由与地球相似的物质组成的，而非完美、不变的物质。

伽利略将发现集结成《星辰使者》（*The Starry Messenger*）一书于 1610 年出版，

它让欧洲人看到了全新的宇宙图景。不过，天主教会谴责哥白尼的学说，命令伽利略放弃哥白尼的论点。教会攻击哥白尼体系，因为它不仅威胁到《圣经》，还威胁着整个宇宙观：天堂再也不是一个精神世界，而仅仅是物质世界而已。

到17世纪30年代和40年代，绝大多数天文学家都接受了新的宇宙观。然而，解释宇宙运转，以及整合哥白尼、伽利略和开普勒的思想的难题尚未完成。这一工作将由一位被认为是科学革命中最伟大天才的英国人——牛顿完成。

艾萨克·牛顿（Isaac Newton，1642—1727年）任教于剑桥大学，其间，他出版了代表作《自然哲学的数学原理》（*Mathematical Principles of Natural Philosophy*），该书按照其拉丁文书名的第一个单词 Parincipia，被简称为《原理》。该书中，牛顿提出了天体以及地球上物体运动的三大定律。其理论的核心部分是重力法则——解释了天体为什么不是以直线方式运动，而是绕太阳进行椭圆轨迹运行。在数学方面，牛顿解释了宇宙中的每一个物体都通过一种名为吸引力的力量而被其他物体吸引。

牛顿揭示了经过数学证明的可解释宇宙中一切运动的普遍法则。同时，牛顿学说还创建出新的宇宙学，按照这一理论，宇宙是一个在绝对的时间、空间和运动中遵照自然法则运行的巨大的、规律的机器。到20世纪爱因斯坦的相对论建立新宇宙图景前，牛顿的机械论一直统治着近代世界观。

欧洲、中国与科学革命

问题在于，为什么科学革命发生在欧洲，而非中国。中世纪的中国一直是世界上技术最先进的国家。公元1500年后，天平向西方倾斜了。历史学家尚难明了个中原因。有些人将中国社会的秩序性与西方的竞争精神相对较；有些人强调中国的意识形态重视人与自然的和谐，而非人主宰自然；有些历史学家甚至表示，中国的文官制度将"最优秀和最聪明者"选入政府部门，从而使其他领域乏材可用。

● 启蒙运动的背景

18世纪政治和社会变革的动力某种程度上源自启蒙运动，其发起者是深受科学革命成就影响的知识分子。他们常用最喜欢的词语之一理性（reason）来倡导用科学方法理解所有生命。如果人们能摆脱旧传统的束缚，特别是宗教传统的束缚，那么一切制度和思想体系都要遵从理性、科学的思维方法。如果牛顿能够发现规范自然世界的自然法则，那么，他们也能用理性发现人类社会的规则。这种理念促使他们希望创造一个比他们所继承的社会更好的社会。理性、自然法则、希望、进步，是令人陶醉的18

世纪的欧洲流行语。

　　启蒙运动的主要灵感来源是牛顿和他的同时代人英国人约翰·洛克（John Locke，1632—1704 年）。牛顿认为，世界以及其中的所有一切都如同巨大的机器。启蒙运动的知识分子们被这种宏伟的机器世界的设想迷住了，他们确信，遵从牛顿的理性原则，将会发现主宰政治、经济、正义和宗教的自然法则。

　　约翰·洛克的知识论也影响匪浅。在《人类理解论》（*Essay Concerning Human Understanding*，1690 年）一书中，洛克否定了天赋观念的存在，认为每个人生来如同白纸，他说：

　　　　我们假定人的心灵如同白纸，没有任何印记，没有任何观念。那么它是如何有了那些观念的呢？人的匆促、无限的想象既然能够在心灵上刻画近乎无限的花样，心灵又到底是怎么得到这么多材料的呢？它在理性和知识方面的一切材料源于何处？我可以用一句话来回答，它们都来自于经验。……我们能观察所知觉到的外面的可感物，能够观察所知觉和反省的内心活动，所以我们的理解能够获得思考的一切材料。[1]

　　洛克通过否定天赋观念论，暗示人们是被环境以及他们从周边世界的感知中设想出来的一切所塑造的。改变环境并让人们受到适当影响，就能改变人类自身，新的社会就能得以创建。应当如何改变环境呢？牛顿已经铺平了道路：理性可以启蒙人们去发现所有机制都应遵从的自然法则。

● 启蒙运动思想家及其思想

　　启蒙运动中的知识分子在法语术语里被称为 philosophes，尽管他们并非都是法国人，也极少有人是严格意义上的哲学家。启蒙运动思想家是文人、教授、新闻记者、经济学家、政治学家，而且，最重要的是，他们是社会改革家。尽管启蒙运动实际上是一场国际性和世界性的运动，但它也强化了法国文化的主导地位。巴黎是公认的启蒙运动之都。法国的启蒙思想家也影响了其他地方的知识分子，形成了一场触动包括英国和西班牙在美洲的殖民地在内的整个西方世界的运动（1707 年的联合法案合并苏

---

〔1〕 J.Locke, *An Essay Concerning Human Understanding*, New York, 1964, pp.89—90.

格兰和英格兰后，开始使用 British 一词了）。

对启蒙运动思想家而言，哲学的作用不仅是探讨世界，还要改造世界。理性批判精神应当应用于万事万物，宗教和政治也不例外。

启蒙运动持续近一个世纪之久，与这一百年中的每代人一同演进，随着新思想在前人思想的基础上不断发展，它也日渐激进起来。不可否认，是一些知识分子主导了启蒙运动，我们可以集中以孟德斯鸠、伏尔泰和狄德罗这三位法国巨匠为对象，探查启蒙思想家的思想。

孟德斯鸠

查理·德·塞孔达·孟德斯鸠（Charles de Secondat, baron de Montesquieu，1689—1755年）男爵出身于法国贵族之家。在他最著名的《论法的精神》（*The Spirit of the Laws*，1748 年）一书中，孟德斯鸠用科学方法对各国政府进行了比较研究，确定了主宰人类社会和政治关系的自然法则，还区分了三种基本的政府形式：共和制、君主制、集权制。

孟德斯鸠以英国为君主制案例分析了英国宪法后，形成了他影响最为久远的政治思想，即通过分权制实现制衡的重要性。他认为，英国的行政、立法和司法三权分立的制度能够使三者相互制衡，为国家提供最大限度的自由与安全。他的著作被一位美国政治领袖读到，并将其分权原则纳入美国宪法之中。

伏尔泰

启蒙运动中最伟大的思想家是本名为弗朗西斯–马利·阿鲁埃（Francois–Marie Arouet）的伏尔泰（Voltaire，1694—1778 年）。伏尔泰来自巴黎一个富裕的中产阶级家庭，学的是法律，却以剧作家的身份成名。伏尔泰极其多产，留下了无数小册子、小说、戏剧、书信、哲学论文和历史著作。

伏尔泰尤为知名的是他对传统宗教的批判，以及他对宗教信仰自由理念的强烈支持。随着年龄的渐长，他的谴责声越发尖锐，甚至语带咆哮，"粉碎那些臭名昭著的东西"。臭名昭著指的是宗教狂热、不宽容、迷信。

在伏尔泰的整个人生中，他不仅捍卫宗教信仰自由，还捍卫大多数其他哲学家都赞同的自然神论。自然神论建立在牛顿的世界机器论上，暗指存在一个创造了宇宙的机师（上帝）。对伏尔泰来说，宇宙如同一座钟表，上帝就是创造宇宙的造钟人，设置了宇宙的运动后，让其按照自己的自然法则运行。

狄德罗

技巧高超的手工匠人之子德尼·狄德罗（Denis Diderot，1713—1784 年）是个作家，自学了不少学科和语言。狄德罗最喜欢的话题之一是基督教，他指责基督教狂热、不

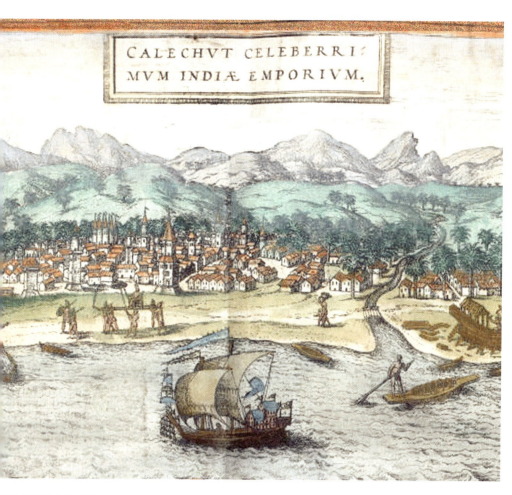

CALECHVT CELEBERRI?
MVM INDIÆ EMPORIVM.

紀中期的卡利卡特港

地理大发现时代的战船

15世纪以前，大多数欧洲船只要么是航行在地中海的小三角帆船，要么是航行在北大西洋的笨重的横帆小船。到16世纪，欧洲的航海家们开始建造快帆船（上图所示），这种船只既具大三角帆的机动性和速度（被印度洋的水手们广泛使用），又有横帆的载重量和适航性。经过一个世纪的发展，快帆船被称为"海上劫掠者"。最终，随着航海技术的进步，欧洲战船的大小和火力不断改进，发展成如下图所示的葡萄牙帆船。

牙人征服新世界

美洲的西班牙人与土著居民在感受上
相同。上图的欧洲绘画显示，外来者
平的使者，哥伦布和随从的眼睛显示
门来到美洲的动机是精神的，而非物
。下图是阿兹特克艺术家创作的作
它表达的观点极为不同，西班牙侵略
印第安盟友的帮助下，运用先进武器
当地的弓箭手，征服墨西哥。

guzmā. michvacā.

屠杀印第安人

这幅16世纪的作品富有想象力地描述了西班牙人试图奴役美洲人民，并将他们
转化成基督徒时可能发生的普遍景象。

种植园

纪，为了满足欧洲人日益增长的对糖的需求，
洲和加勒比群岛适合种甘蔗的地方都开辟了甘
植园。上图描绘的是法国人在海地岛上开辟的
园。显然，干活的都是黑人，他们是来自非洲
隶，砍伐甘蔗，并在作坊里将其碾碎，制成粗
右图是现在圣基茨岛的甘蔗种植园。

奴隶贸易的入口

在1200万非洲奴隶运往其他地方的过程中，不少船只要经□图所示的戈雷。这是靠近佛得角塞内加尔的一个小岛。从□纪起，欧洲商人从这里将非洲奴隶运往美洲的甘蔗种植园□工，有些受害者被关进岛上的监狱。这里先是被葡萄牙□领，后来又转手荷兰人、英国人和法国人。入口处（左图□标语写着："穿过这个门，他们将踏上没有回头路的旅程□们目视的是无尽的苦难。"

养数百万人的木薯

…冒险家带回旧世界的一大美洲物产是木薯。木薯是类似于土豆的块茎作物，多产，在贫瘠、干旱的土里也能生长，但…如小麦和水稻那样有营养，因此，它在欧洲并不盛行（除了做淀粉）。17世纪，木薯引进到非洲。由于它在干旱气候…能成活以及易于保存，它成了非洲大陆1/3人口的主粮。左图是东非的木薯种植园。右图是亚马孙河流域的巴西农民正…薯去皮，以便磨成粉。

…材运到爪哇

…欧洲人到来以前，印尼群岛和中国南海一带就有频繁的贸易往来。许多物产经由布吉人驾驶的坚固的皮尼西船运输。

…人是主要生活在东部各岛屿的贸易民族。

…贸易至今仍在继续，如左图显示的停泊在雅加达港的船只。布吉人也因为当海盗而惹人害怕，乃至于父母常常告诫孩…"别让布吉人给抓住了"。

…的插图来自婆罗浮屠神庙，描述了罕见的9世纪的航船。

美洲和亚洲的基督教

16世纪和17世纪，随着欧洲势力在美洲和亚洲的扩张，他所建的教堂也反映出母国的流行风格。

上图是墨西哥城的巴洛克风格教堂，这里是中美洲西班牙的总据点。这座教堂在特诺奇蒂特兰的阿兹特克太阳神庙遗址上建造，所用材料来自阿兹特克的金字塔。

荷兰人的教堂装饰更加简单，如左图的马六甲玫瑰色教堂，这是1641年荷兰人接管马六甲地区的贸易后建造的。

世纪描述沃尔姆斯会议上的马丁·路德的版画

宗教改革木刻画

16世纪20年代，路德回到维滕贝格后，他的教义迅速传播，并最终演变为得到国家当局支持的宗教改革运动。在路德教传播过程中，带有木刻画的宣传小册子起了重大作用。此图左边路德正在服侍受难的耶稣，右边教皇正在桌边卖赎罪券。

结婚典礼

左图是多梅尼克·迪·巴托洛1443年绘制的壁画中的婚礼细节。右边是17世纪描绘莫卧儿帝国统治者沙·贾汗正骑马前往儿子（前边骑马者）的结婚典礼的绘画。

丽莎白一世出巡

丽莎白·都铎天资聪颖、勤奋好学，她熟谙拉丁语和希腊语，还能
[说]几种欧洲语言。在能臣的辅佐下，她统治英国近45年，并且使英
[国]免了与大国发生大规模的军事冲突。这幅画作于她统治末期，描
[绘]的是庆祝游行中的女王。

东西方的太阳王

17世纪末期，两位统治者主宰了其所在地区的一切事务。他们都自认为
君权神授，一个是法国国王路易十四，一个是中国皇帝康熙。他们不仅
自认为是神圣之人，而且其神圣使命就是治理国家和社会。

左图是1643—1715年统治法国的路易十四。这幅亚森特·里戈所作的路
易十四肖像画抓住了皇帝的神圣和伟大。有人对路易十四说，"路易十
四的荣华无限"。

右图是坐在龙椅上的康熙皇帝，他在1662—1722年统治中国。康熙是个
励精图治的皇帝，他曾说，"一事不谨，即贻四海之忧；一念不慎，即
贻百年之患"。

尔赛宫内景：镜厅

图为凡尔赛宫的镜厅。镜厅在凡尔赛宫的二楼，可以俯瞰整个
园。窗户对面的墙上安装着357面镜子，视觉宽广异常。这里的
精雕细琢，甚至门把手都能映衬出凡尔赛宫的宏伟。图中是
年6月修缮后的镜厅，该修缮工程还包括修复波西米亚水晶吊
耗时3年、耗资1200万欧元（超过1600万美元）。

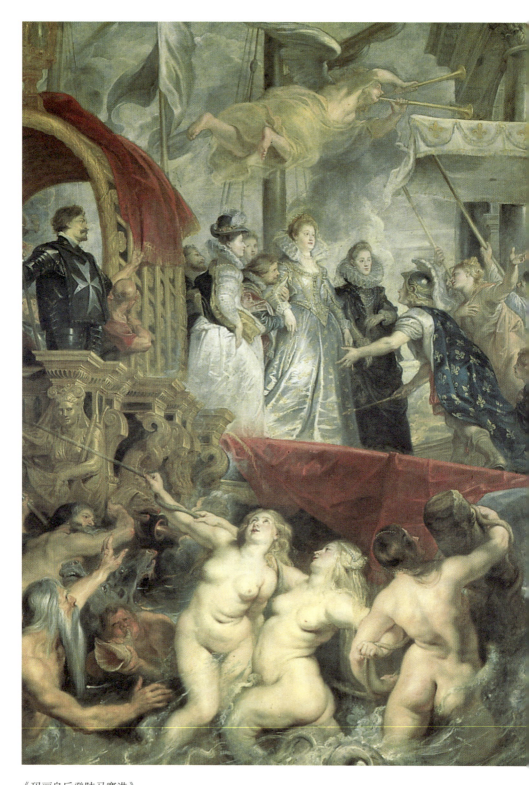

《玛丽皇后登陆马赛港》

佛兰德斯画家彼得·保罗·鲁本斯在将意大利的巴洛克风格传播至欧洲其他地方的过程中起了关键作用。在《玛丽皇后登陆马赛港》这幅作品中，鲁本斯出色地运用光和色彩、身体动作以及裸体来提升场景的情感强度。这是敬献给法国皇太后的21幅画作中的一幅。

行军中的土耳其士兵

别迦摩圣坛细节中描绘的罗马军队击败凯尔特人

土耳其征服君士坦丁堡

穆罕默德二世将船只布置在拜占庭帝国防线背后，发动突袭，占领了拜占庭首都君士坦丁堡。土耳其人还利用可以发
1200磅重的石球的加农炮攻城。这样大规模地轰炸城墙，表示欧洲出现了新型战争。

募儿童

司时期的中国人一样，奥斯曼帝国也是择优选才。他们通过德米舍梅制度在全帝国的非穆斯林中选拔年轻有为的候选人。中奥斯曼帝国的官员正在数给孩子们去伊斯坦布尔的旅费，这些孩子将要在那里接受大量的学术和军事训练。注意，旁边两位母亲和一位教士正向官员询问，毫无疑问，这位官员自己就从孩童时起经历了这一选拔过程。离开亲友后，孩子们将己的东西放在搭肩的袋子里。

伊斯坦布尔的苏莱曼清真寺

苏莱曼大帝支持下建造的宏伟清真寺是奥斯曼帝国的伟大遗产，可与6世纪时拜占庭帝国皇帝查士丁尼统治时期修建的天主教圣索菲亚大教堂相媲美。这些清真寺高高耸立，中间大穹顶，看上去如同欧洲的哥特式教堂一样显示出一种失重感。苏莱曼清真寺是伊斯坦布尔最令人印象深刻、最优雅的清真寺。与7世纪时用棕榈树干建造的沙漠清真寺不同，奥斯曼帝国的清真寺屹立于世界建筑奇观之列。

伊斯法罕的皇家学院

清真寺周边除了图书馆和医院等机外，常常还有神学院。其中，最壮观是伊斯法罕皇家学院。这是波斯沙阿8世纪初期建造的。图中是学院里的生宿舍，这让人联想起欧洲的修道院

(种植园

(海时代，胡椒是欧洲冒险家们最想寻找的香料之一。与丁香和
(蔻不一样，胡椒可以在亚洲除印尼群岛外的其他地方找到。此
(印度南部的法国胡椒种植园。后来，法国人被英国人赶出了南
(大陆，只在沿海保留小块飞地。

斋普尔的风宫

斋普尔王公于1799年建造的风宫是其宫殿群的一部分。宫里的妇女们可以通过粉色砂岩的窗户观察城市生活,而不会被其他人窥探到。如同斋普尔的大多数建筑一样,风宫也是用砂岩建造的,这是拉贾斯坦周围的沙漠的特产。

秦姬陵：东方风情的象征

秦姬陵完工于1653年，是莫卧儿帝国沙·贾汗为纪念深爱的亡妻而建。它立于亚穆纳河河岸的平台上，两边各有一个红砂岩建成的清真寺，还有广阔的花园，以及映照着秦姬陵美丽景象的水池，它们相互映衬。秦姬陵规模宏伟、光彩绚丽，与欧洲流行的厚重而阳刚的巴洛克风格形成强烈对照。中图是秦姬陵的外表装饰。秦姬陵也有不少仿作，如为纪念英国在滑铁卢战役中打败拿破仑而于1815年修建的布莱顿的皇家穹顶宫（右下图），它也是欧洲人模仿东方风情的典范之作。

天坛

天坛是中国最重要的历史建筑之一，建于1420年永乐皇帝当政期间，是皇帝每年祭祀上天的地方。皇帝向臣民表示他们的保护者，并将驱除自然界中的邪祟。

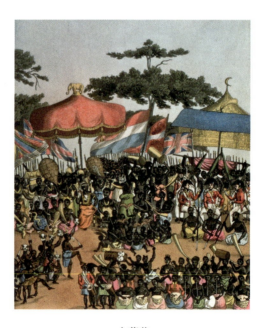

木薯节

随着一些主粮种植的扩散，新营养来源能养活更多人。这幅1817年描绘人们庆祝收获木薯的图片鲜明地表现了木薯对西非阿散蒂人的重要性。

...叶的讨价还价

...纪和19世纪初期中国贸易中的大宗商品是茶叶，它在英国极为流行。

...副画描绘了种茶、制茶和销售茶叶的场景。画中远景是工人们正在采摘

...，近景则是中英两国商人在茶叶上讨价还价。茶叶烘干后，装箱用船

...海外。

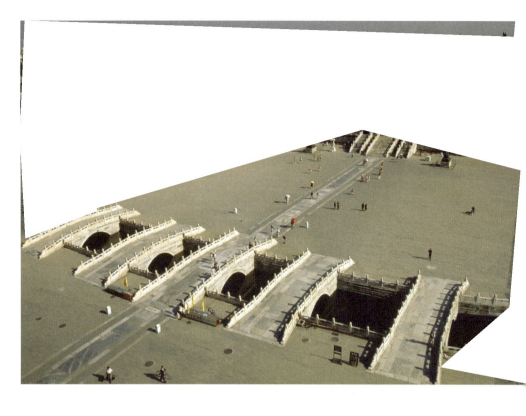

紫禁城

15世纪，明成祖朱棣在元朝皇宫的基础上修建了紫禁城。紫禁城的城墙南北长961米，东西宽753米，内部是各种各样的宫殿和房屋，还有宏伟的举行典礼的地方。由于这里戒备森严，非常人能来，因此被称为紫禁城。右图的狮子彰显出皇家威严，它们镇守在宫殿内院的入口处。

举世闻名的中国瓷器

明代优雅精致的青花瓷享誉全球。青花瓷的青色主要来自丝绸之路上中东的钴料。17世纪初期，第一批明代瓷器运往荷兰，被荷兰人称为"克拉克瓷"。它们被装载在两艘葡萄牙的船只上，后来这两艘船被荷兰舰队劫走。荷兰手工匠人花了一个多世纪才学会怎么制造如中国瓷般质地优美的瓷器。

《葡萄牙人抵达长崎》

穿着斗篷、戴着宽边帽的葡萄牙人于1543年偶然抵达日本长崎。此后数年中，他们经常造访日本，参与日本、中国、亚间的地区贸易。这些黑镶金的版画是16世纪晚期日本人描述葡萄牙人抵达日本的景象。日本人阅读时通常是从右往但这幅图要从左往右看。葡萄牙人是乘船来到日本的，右边可以看到，耶稣会牧师在教堂边急切地等待着他们。

日本的城堡

日本人仿照欧式城堡，于17世纪创建了新的城堡式宫殿。这种城堡一般建在山顶，整体建筑用厚重的石头，窗户特别还有许多碉楼和厚重的围墙，对于箭和石弩来说，这些城堡可谓坚不可摧。它们多是地方大名的居所，大名手下的武其治理机构也置于城堡之内。此图是日本最美丽的城堡——姬路城。

西方流行文化

世纪，与贵族精英文化完全不同的流行文化开始在东西方城市兴起。

是京都著名的娱乐区祇园。看台上的观众正在观看彩车和花枝招展的演员队伍。这一节日最初是为了庆祝中世纪日本
了传染病的侵袭。

是人们在意大利佛罗伦萨的圣十字广场庆祝嘉年华。嘉年华在大斋节前举行，主要在罗马天主教国家盛行。人们在嘉
纵情作乐享受，然后要进入从圣灰日到复活节的为期四十天的满是清规戒律的大斋节。

《攻占巴士底狱》

中世纪的宇宙观

这张16世纪的插图显示，中世纪的宇宙观将地球置于宇宙的中心，由各种天体包围。地球是不完美的，是在不断变化的，而包围它的天体则是完美和永恒的。第十个天体之外是天堂，即上帝和一切被解救的灵魂的居所（各圈从里到外分别是：1月亮、2水星、3金星、4太阳、5火星、6木星、7土星、8群星之苍穹、9水晶天体、10原动层。这10个天体之外则是天堂，也就是上帝和被解救的灵魂的居所）。

白尼宇宙体系

白尼体系是在他死前出版的《天体运行论》中形成。右图来自该书第一版，哥白尼认为，太阳是宇宙的心，其他包括地球在内的天体，均绕它运行。而且，球是每日绕着轴线旋转的（各圈从里至外分别是：太、水星、金星、地球、火星、木星、土星、静止星星成的静止天体）。

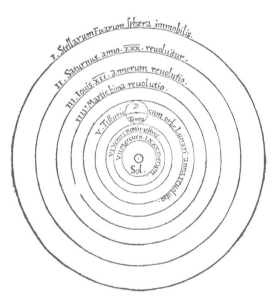

远镜——欧洲人的发明

《塞瑟岛朝圣》

安东尼·华托是18世纪法国最具天赋的画家之一。他对贵族生活的描绘显示的是一个优雅、富裕和欢愉的世界。这幅
瑟岛朝圣》中，华托描绘了一群即将离开塞瑟岛的贵族向爱神维纳斯致敬。

贵族生活

英国贵族对优雅和隐私的追求在18世纪的乡村别墅□
以实现。

上来自理查德德·威尔逊，描绘的是18世纪典型的□
乡间别墅，周围风景如画。

左图是托马斯·庚斯博罗的《公园里的交谈》，描□
是两位贵族在乡间公园中的轻松生活。

法国、中国的革命和叛乱

8和19世纪，法国和中国都经历了革命的动荡。普通民众往往在其中扮演了重要角色。

上图是1789年巴士底狱暴动的情景。巴黎人民的举动最终导致法国君主制倒台。

9世纪中期，中国农民发起了太平天国起义。下图为清军在1864年攻破太平天国都城天京（即南京）。

《拿破仑加冕》

1804年，拿破仑恢复了法国君主制，成为拿破仑一世。这幅雅克·路易·大卫创作的《拿破仑加冕》中，拿破仑正在给妻子约瑟芬王后戴上王冠，教皇在一旁观看。画中，拿破仑的母亲坐在后面，尽管历史上她没参加加冕仪式。

理性。

狄德罗最杰出的贡献是他编纂的 28 卷本巨著《百科全书》，他认为这是自己"一生中的伟业"，编纂此书的目的在于"改变人们的思考方式"。它的确也成为启蒙思想家反对法国旧社会的主要武器。《百科全书》的编纂者包括许多启蒙思想家，他们抨击宗教的不包容，倡导在社会、法律和政治领域进行改革，以建立一个更国际化、更宽容、更人道、更理性的社会。这套书的读者有医生、牧师、教师、律师，乃至军官，启蒙思想思想由此在这些人中广泛传播开来。

走向新的"人的科学"

启蒙运动对运用牛顿的科学方法发现人类所有生活领域的自然规律的坚信，导致了被启蒙思想家称为"人的科学"或我们所说的社会科学的兴起。启蒙思想家在诸多领域，如经济学、政治学、教育学等，都发现了他们认为的统治人类行为的自然法则。

亚当·斯密（Adam Smith，1723—1790 年）常常被视为经济学原理的创建者之一，他认为个体应当自由地追求经济利益。通过这些个体的举动，最终一切社会都将受益。因此，政府绝不应当在经济方面施加限制，干预自然经济力量的自由发挥，而应当任其自由发展，这种理论后来被称为自由放任主义。在亚当·斯密看来，政府只有三个基本功能：保护社会免受外敌入侵（军队）；保护居民免遭不公正待遇（警察）；进行某些个人无法承担的公共工程建设，如修桥筑路。

后期的启蒙运动

到 18 世纪 60 年代末，新一代启蒙思想家开始超越先辈信仰。最知名的是让-雅克·卢梭（Jean-Jacques Rousseau，1712—1778 年），其政治思想主要体现在他的两本代表作中：在《论人类不平等的起源》（*Discourse on the Origin of Inequality of Mankind*）一书中，卢梭认为，人们采用法律和检察长是为了保护他们的私有财产。这一过程中，他们被政府奴役。那么，应当怎样，人们才能重获自由呢？他在著名的《社会契约论》（*The Social Contract*，1762 年）中给出了答案，这就是社会契约概念，即整个社会都同意由公意支配。每个个体都可能有与公意相反的私意，但假如个人将其特定意志（自我利益）置于公意之上，则应当被迫遵从公意。卢梭说，"这恰恰意味着，人们要迫使他自由"，因为公意是合乎道德而不仅仅是政治的，它代表的是整个社会应有的作为。

卢梭的另一部有影响力的著作是小说《爱弥儿》（*Emile*），这是启蒙运动期间最有影响力的教育学著作。卢梭的基本关注点是教育应当培养而非限制儿童的自然天性。卢梭自己的经历揭示出情感的重要性，希求在心灵与意识、情感与理性之间找到平衡。

不过，卢梭并未践行他所宣扬的理念，他自己的孩子就被送到了孤儿院，在那里，一些孩子夭折了。卢梭还认为女性"天然"与男人不一样。在《爱弥儿》中，爱弥儿理想的未婚妻苏菲通过学习服从和养育技巧被教育成妻子和母亲，教育让她爱丈夫和孩子。然而，在18世纪，并非人人都赞同卢梭。

启蒙运动中的"妇女问题"

几个世纪以来，许多男性知识分子认为，女人的天性使她们不如男人，也让男性主宰女性成为一种必要。然而，在科学革命中，有些女性做出了突出的贡献。例如，德国的玛利亚·温克尔曼（Maria Winkelmann）就是一位出色的天文学家。不过，当她申请柏林科学院的助理天文学家职位时，尽管她完全能胜任这一岗位，却还是被科学院拒绝了，他们担心，雇佣她怕要破例。

18世纪的女性思想家并不赞同这种态度，并且提出了改善女性处境的建议。最强烈倡导女性权利的是英国作家玛丽·沃斯通克拉夫特（Mary Wollstonecraft，1759—1797年），她被许多人认为是现代欧洲女权主义的奠基者。

在《女权辩护》（*A Vindication of the Rights of Woman with Strictures on Moral and Political Subjects*，1792年）中，沃斯通克拉夫特指出了卢梭等启蒙思想家的妇女观的两个矛盾之处。她说，女性必须服从男性的观念与认为以君主对臣民的专权、奴隶主统治奴隶为基础的制度是错误的观念相悖。女性服从男性的观点同样是错误的。而且，启蒙运动是以人人都天生理性的思想为基础的。如果女性也有理性，那么，她们也有与男性一样的受教育、参与政治和经济活动的权利。

● 启蒙时代的文化

尽管主导17世纪以来的巴洛克风格仍然流行，但到18世纪30年代，新的装饰和建筑风格即洛可可风格风靡整个欧洲。与强调力量、壮观和动感的巴洛克风格不同，洛可可风格突出的是优雅、魅力和文雅。洛可可风格拒绝严格的几何构图，偏好曲线，喜欢遵循如贝壳和花朵等自然物体的曲线。它的高度世俗化、轻盈和美丽表达了人们对快乐、愉悦和爱的追求。

洛可可风格的一些诉求在安东尼·华托（Antoine Watteau，1684—1721年）的作品中特征显著。他对贵族生活的抒情，对华服翩翩的绅士和淑女的优雅、感性、文明的写意，显示出上流社会的快乐和欢愉。然而，在艺术家揭示快乐、爱与生活的转瞬即逝的本质之下，透露出一种悲伤。

艺术和思想

女性权利

玛丽·沃斯通克拉夫特的童年是在大家庭中度过的，很不快乐，后来她一直追求独立生活。在她生活的时代，极少适合中产阶级女性的职业，于是，她当了贵族家庭的家庭教师，在职业成就上有所进展。她一直书写和完善自己的女性权利思想。以下材料节选自她于1792年所写的《女权辩护》一书。该书奠定了她作为18世纪最著名的英国女权主义思想家的声誉。

这是一个可悲的事实，然而这也是文明带来的恶果！最值得尊敬的女性也是最受压迫的女性；除非她们具有远远超过一般人（包括男性在内）的智力，否则，她们会被当作卑贱之人对待，从而变成了卑贱的人。有多少女性就是这样忧郁地虚度一生？这些人本来可以成为医生，或是打理田庄、经营店铺，靠自己的劳动独立谋生，而非多愁善感地流泪，乃至抬不起头，这种多愁善感曾在最初给她们增光添彩……

然而，既然她们以软弱为傲，她们就必须永远受到保护，避免操心，也可避免赢得人格尊严的一切操劳和艰辛。如果这是命中注定，如果这让她们甘于自己的渺小和微不足道，舒服地"浪费生命"，那她们就不要期望在色衰时还能得到重视，因为最艳丽的花朵注定会受人喜爱，之后又被采摘它们的双手撕碎。我以最单纯的仁心出发，希望能够通过各种方式将这样的真理刻印在我的女性同胞们的心中；然而我担心的是，她们听不进那些代价昂贵的经验换来的真理，不愿意为了人类的权利而放弃等级和性别特权，这些没有履行职责的人，是没有资格享受人类权利的……

男人要是慷慨地打破我们的枷锁，愿意与我们以理性相处，而非我们的奴性服从，他们会发现我们是更孝顺的女儿、感情更真挚的姐妹、更忠贞的妻子、更通情达理的母亲——总之，我们将是更好的公民。我们也会真心实意地对待他们，因为我们学会了自尊自爱；一个可敬男人的宁静内心并不会因为妻子的闲散虚荣而搅乱。

——玛丽·沃斯通克拉夫特《女权辩护》

□ 问题：沃斯通克拉夫特描绘了关于她所处时代的女性的什么样的状态？为什么她们会如此可悲？为什么沃斯通克拉夫特认为在女性的"可悲"现状中，男女都存在过错？

上流文化

历史学家已经习惯于将一种文明区分为上流文化与大众文化。上流文化是受教育和富裕的统治阶级的文学和艺术；大众文化则是大众的成文和非成文的文化，它们大多数是以口耳相传的形式留存下来的。到 18 世纪，这两种形式由于阅读和出版的不断扩展开始融合。1750 年，法国的出版物大概有 300 种，但到 18 世纪 80 年代，年均出版量达到了 1600 种。尽管其中不少出版物的目标仍是受教育的精英小群体，但也有许多直接面向包括妇女甚至是城市工匠在内的中产阶级的新读物。

大众文化

大众文化的突出特征是它的集体性。集体活动在节庆日尤为普遍，节庆日涵盖了各种庆祝活动：集体节日；圣诞节和复活节之类每年都有的节日；西班牙、意大利、法国、德国和奥地利等地庆祝的嘉年华之类的大节日。

嘉年华在圣诞节之后不久，一直持续到大斋节开始前，大斋节一共 40 天，之后是复活节。由于人们平日里戒肉、戒欲，大斋节和嘉年华便成为大放纵的日子，大吃大喝是常态。这也是人们放纵情欲的时期。平时被认为冒犯人的语意双关的歌曲可以在此时公开传唱。例如，轻浮的佛罗伦萨歌曲《钥匙》（keymakers）中，就有对女性吟唱的下流歌词："我们武器精良，全新又实用。我们一直随身携带。它们好处多多。若想摸摸它，那就来吧。"[1]

■ 经济变迁与社会秩序

□ **问题：**欧洲经济在 18 世纪发生了什么变化？其社会形态在何等程度上反映了这些变化？

----

18 世纪的欧洲见证了最终对世界其他地区产生了强烈影响的经济变迁的序幕。

● **新的经济模式**

1750 年左右，欧洲的人口开始逐年增长。1700 年，欧洲总人口大概为 1.2 亿，1750 年为 1.4 亿，到 1790 年已达 1.9 亿。死亡率下降可能是这一时期人口增长的

----

〔1〕 引自 P.Burke：*Popular Culture in Early Modern Europe*, rev.ed, New York, 1994, p.186.

最重要原因。在降低死亡率方面，最重要的原因是鼠疫的消失和饮食变化。更丰富的食物和更好的运输途径改善了营养条件，可以更有针对性的解决灾难性饥荒。

食物更丰富的部分原因在于 18 世纪农业实践和方法的改进，特别是在英国、法国部分地区，以及荷兰、比利时和卢森堡。随着耕地增加、亩产量提升和气候改善，作物产量也增加了。产量增加的另一个原因是新作物的种植，包括 16 世纪从美洲引入的玉米、土豆。

18 世纪的欧洲产业中，纺织品最为重要，绝大多数仍由行会作坊中的工匠们生产。不过，在许多地区，纺织品生产通过包出制（putting-out system）或家庭包工制（domestic system）转移至农村。商人—资本家购买原材料——绝大多数是羊毛和亚麻，然后将其"包"给农村劳动力，由他们纺织成纱，再用简单的织布机将纱线织成布。企业家再出售成品，赚取利润，接着用利润购买更多的原材料。由于纺纱者和织布者在自己家里做工，这一产业也被称为家庭手工业（cottage industry）。

18 世纪，海外贸易繁荣发展。有些历史学家认为出现了真正的全球经济，欧洲、非洲、东方和美洲之间的贸易密切相连。一个重要的贸易模式是，从西班牙的美洲殖民地中流入母国的不少金银因购买制造品而流向了英国、法国和荷兰，三国商人又用其利润从印度和中国购买茶叶、香料、丝绸和棉制品，销往欧洲。

商业资本主义为一些欧洲国家带来了繁荣景象。到 1700 年，早已垄断了海外贸易的西班牙、葡萄牙和荷兰发现，英国和法国建立了利益极其可观的殖民帝国，越来越抢了他们的风头。1763 年，法国在七年战争中失败后，英国遂成为世界上最强大的海外贸易国家，伦敦成为世界上最大的港口。

● 18 世纪的欧洲社会

欧洲最早在中世纪时建立的社会组织模式到了 18 世纪依然运行良好，社会仍分为传统"秩序"或由遗传决定的"等级"。

由于 18 世纪的欧洲社会主要仍是农村社会，故而，农民仍是最大的社会群体，占欧洲总人口的 85%。不过，农民间也存在着巨大的差异，尤其是自由农与农奴之间。在德国东部、东欧、俄国，农奴被贵族地主束缚在土地上。比较而言，英国、意大利北部、卢森堡、荷兰、比利时、西班牙、法国大部分地区和德国西部的农民大致上是自由的。

占欧洲人口 2%~3% 的贵族在社会中居主导地位。贵族自一出生就自动占社会秩序顶层的一席之地，并享各种特权。例如，贵族可以免除许多税。自中世纪以来，有地贵族可以当军官，18 世纪的贵族占据了国家行政机构中的大多数要职，控制了他们所在地区的大部分人的生活。

除了荷兰、英国和意大利部分地区，城镇市民仍是少数。18 世纪末，1/6 的法国人生活在 2000 人或更多人口的城镇。欧洲最大的城市是伦敦，有 100 万居民；巴黎的规模是伦敦的一大半。

西方，甚至欧洲中部的许多城市有久远的贵族寡头统治传统，贵族寡头们主宰着城市和城镇的议会。贵族之下是中产阶级上层：非贵族身份的军官、金融家和银行家、依靠投资的食利者、包括律师在内的重要专业人员。另一个大城镇群体包括中产阶级中下层，主要由工匠、店主、小商人构成。在此之下是广大劳工阶层，以及极其低薪的、充当仆役的非熟练劳工。

■ 殖民帝国与美洲的革命

□ 问题：英法两国在美洲建立了哪些殖民地？它们对这些殖民地的管理有什么不同？

16 世纪，西班牙和葡萄牙最先在美洲建立了殖民帝国。不过，到 17 世纪初期，试图在西印度群岛和北美大陆建立殖民帝国的荷兰、英国和法国开始挑战葡萄牙和西班牙。

● 西印度群岛

英国和法国在美洲的殖民帝国包括了西印度群岛的大部分地区。英国占领了巴巴多斯、牙买加和百慕大群岛，法国占据了圣多米尼克、马提尼克和瓜德罗普。在这些热带岛屿，英法两国都建立起种植园，由非洲黑奴耕种，所出产的烟草、棉花、咖啡、糖在欧洲的需求日益增长。

加勒比"糖厂"的地位尤为重要。到 18 世纪 80 年代，英国最重要的殖民地之一牙买加每年生产 5 万吨糖，有 20 万奴隶在这些种植园里劳动。法国殖民地圣多米尼克（后来的海地），有 50 万奴隶在 3000 个种植园里劳动，每年生产的糖达 10 万吨之多，到 1789 年，它供应着世界上 40% 的糖，高昂的利润背后是奴隶的悲惨境遇和超高死亡率。毫不奇怪，圣多米尼克在 1793 年爆发了第一次成功的奴隶起义。

● 英属北美

尽管西班牙宣称整个北美都是其殖民帝国的一部分，但其他国家基本无视这一宣言。1607 年，英国在今天的维吉尼亚州的詹姆斯敦建立了第一个北美永久聚居地，然而，居民们却几乎难以生存，这清楚地表明，在美洲建立殖民地并不一定就能立即获利。马萨诸塞殖民地的情况要好得多，到 1660 年，居民从最初的 4000 人增加到了 4 万人。到 18 世纪，英属北美已经有了 13 个殖民地。这些殖民地人口稠密、经济繁荣，到 1750 年，英属北美的人口达到 150 万。

● 法属北美

法国也在北美建立了殖民地。1534 年，法国探险家雅克·卡蒂埃（Jacques Cartier）发现了圣劳伦斯河，并宣称加拿大由法国占领。不过，到 1608 年探险家萨缪尔·德·尚普兰（Samuel de Champlain）在魁北克建立第一个定居地后，法国才真正将加拿大视为殖民地。1663 年，加拿大成为法国王室的财产，由法国总督实施统治，如同法国的一个省。

法属北美是一个庞大的贸易专区，这里有珍贵的毛皮、皮革、鱼和木材。然而，法国政府无法说服国民移居加拿大，故而加拿大人口稀薄。1713 年，法国开始将在美洲的一些地方割让给竞争对手英国。作为七年战争的结果，1763 年，法国又将剩余的加拿大土地让渡给了英国（见本章后面"战争模式的变化：全球冲突"部分）。

● 美国革命

到 18 世纪中期，贸易的日益增长和工业的逐步发展，促使赞同扩张贸易和打造世界帝国的英国中产阶级不断成长起来。他们找到了代言人老威廉·皮特（William Pitt the Elder，1708—1778 年）。老威廉·皮特自 1757 年担任英国首相后，开始扩张英国势力。七年战争结束后，英国在北美控制了加拿大以及密西西比河以东的土地。

不过，美洲与英国在应当如何治理英帝国的问题上存在不同意见。18 世纪的英国，国王或女王与议会分享权力，议会逐渐占了上风。君主选择各部大臣，各部大臣对君主负责，制定政策、领导议会。议会有制定法律、征收赋税、通过预算等权力，并间接影响着其他大臣。议会被英国人视为整个英帝国的最高权力机构，但美国人却有自己的代议机构。他们认为，君主、议会都不应当干预其内部事务，若不经他们的议会同意，英国也不能向美洲殖民地征税。七年战争后，英国试图从北美殖民地获得新收入，用来支付保卫它们的费用，但殖民地人民拒绝了这一要求。1765 年的印花税法案提出征收新税，引发了北美的暴动，这项法案于是很快撤销。

危机接踵而来。1776 年，殖民地人民宣布脱离英国统治而独立。1776 年 7 月 4 日，第二次大陆会议通过了托马斯·杰斐逊（Thomas Jefferson）起草的独立宣言。独立宣言是一份激动人心的政治宣言书，它肯定了启蒙运动的天赋"生存、自由和追求幸福的权利"思想，宣布北美殖民地是"独立自由的国家，终止对英国王室效忠的全部义务"。美国独立战争正式开始。

对美国独立事业至关重要的一个因素是得到了其他国家如法国的支持，它们渴望以此来报早先败于英国之仇。在乔治·华盛顿领导的美洲大陆军中就有法国军官和士兵服役。1781 年，英军将领康华利（Cornwallis）在约克镇被迫向华盛顿领导的美法联军和法国舰队投降，英国决定放弃北美殖民地。1783 年，美英签订的《巴黎条约》承认了美国的独立，确立了美国的边界。

新国家的诞生

13 个北美殖民地获得独立，因担心集权，故而他们没什么兴趣建立强势中央政府，1781 年通过的《联邦条例》也未建立强大的中央政权，很快就兴起了建立不同形式的全国政府的运动。1787 年夏，55 位政治经验丰富、受过良好教育的代表聚集费城，开会修改联邦条例，但最终与会者还是决定制定新宪法。

拟定的美国宪法确立了一个与各州政府有所不同，并置于它们之上的中央政府。这一中央政府或联邦政府的权力主要分为行政、立法、司法三部分，各自制衡。总统是主要行政首脑，有执行法律、否决立法机关的法案、监督外交和指挥军队的权力。立法部是政府的第二大部门，美国实施的是两院议会，由各州立法机关选举产生的参议院以及从人民中直接选出的众议院构成。高等法院和其他法院是政府的第三大部门，它们确保宪法是"最高法律"。

美国宪法得到各州批准——批准票与否决票相差极小。宪法成功通过的一个重要因素在于它许诺会增加一系列权利。因此，在 1789 年，美国新国会通过了宪法前十条修正案，即权利法案。权利法案确保人民有宗教信仰、言论、出版、申诉、集会的权利，以及拥有武器、免遭不合理搜查和逮捕、经陪审团和正当法律程序审判、保护私人财产的权利。这些权利的思想来源不少出自18世纪启蒙思想家的自然权利说。

■ 走向新的政治秩序和全球矛盾

□ 问题：历史学家所说的开明专制（enlightened absolutism）指的是什么？ 18世纪的普鲁士、俄国和奥地利在什么状况下显示出了开明专制的特点？

毫无疑问，启蒙思想对18世纪欧洲各国的政治走向产生了一定影响。启蒙思想家相信，存在着确定的、任何人都不能抑制的自然权利，诸如法律面前人人平等、宗教信仰自由、言论和出版自由、集会、拥有财产和追求幸福。不过，如何确立和拥有这些自然权利呢？绝大多数启蒙思想家认为，人民需要由开明统治者统治。所谓开明统治，即允许宗教信仰自由、言论和出版自由、保护私人财产；促进艺术、科学和教育发展；最重要的是，遵守并公正地执行法律。似乎只有强势君主才能克服既得利益，进行所需的改革。因此，改革应当自上而下而非自下而上。

许多历史学家一度认为，18世纪晚期出现了新型的君主制，可以称之为开明专制（enlightened despotism）或开明绝对主义（enlightened absolutism）。如普鲁士的腓特烈二世（Frederick II）、俄国的叶卡捷琳娜大帝（Catherine the Great）、奥地利的约瑟夫二世（Joseph II）等君主，按照启蒙思想家的意见，进行开明统治。不过，近些年来，学者们质疑开明专制概念的有用性。我们可以通过分析18世纪晚期主要的"开明专制"政权来观察开明专制在多大程度上得以实施。

● 普鲁士

被称为腓特烈大帝（Frederick the Great，1740—1786年在位）的腓特烈二世是18世纪受过良好教育和最有教养的君主之一。他熟谙启蒙思想，甚至邀请伏尔泰前往普鲁士，担任他的文学侍从长达数年。腓特烈大帝是"国王是国家的第一仆人"理念的信仰者，也是位尽职尽责的统治者，他扩充了普鲁士的军队规模（20万人），并严格监督吏治。

腓特烈大帝一度似乎很愿意进行启蒙运动的改革。他取消了除叛国罪和谋杀罪之外的酷刑，并赋予有限的言论和出版自由，以及完全的宗教信仰自由。不过，他的努力终归有限，他维持着普鲁士僵化的社会结构和农奴制，避免进行任何额外的改革。

● 奥地利的哈布斯堡王朝

到 18 世纪初，奥地利帝国已经成为世界上数一数二的帝国。不过，由于它是一个庞大的多民族、多语言、多宗教、多文化的帝国，其治理极为困难。

约瑟夫二世（1780—1790 年在位）认为，必须扫除理性道路上的一切障碍。他曾说，"我要让我的帝国以哲学立法；合理应用哲学将改变奥地利"。约瑟夫二世的改革影响深远。他取消了农奴制，废除了死刑，确立了法律面前人人平等的原则。他还实施了激进的宗教改革，包括完全的宗教信仰自由。

约瑟夫二世的改革也让奥地利无所适从。他解放了农奴，却使贵族与他离心；他反对修建修道院，致使教会心生嫌隙。在给自己所写的墓志铭中，约瑟夫二世意识到了自己的失败："此处安眠着约瑟夫二世。他的所有努力都付诸东流。"的确，他的继任者中止了他的诸多改革。

● 叶卡捷琳娜大帝统治下的俄国

叶卡捷琳娜大帝（即凯瑟琳大帝，1762—1796 年在位）是位极其聪慧的女君主，她精通启蒙思想家的著作，似乎很乐于进行启蒙改革。不过，她对不切实际的理论心存疑虑。她的确考虑过颁布承认法律面前人人平等的新法典，但最终却未有行动。她知道，她的成功依赖于俄国贵族的支持。1785 年，叶卡捷琳娜给予贵族免税特权。她偏向有地贵族的政策致使农民处境更为恶劣，激发了民众暴动，但暴动很快失败。作为对暴动的回应，叶卡捷琳娜对农民采取了更为严厉的措施。

尤为重要的是，叶卡捷琳娜的向外扩张政策证明了她是彼得大帝的继承者。她将疆土向西扩张至波兰，向南扩张到黑海。最终，向南扩张之路被土耳其人挫败。俄国的西进让邻国波兰付出了沉重代价。俄国三次瓜分波兰，获得了波兰一半的领土。

● 重新审视开明专制

上述几位统治者中，只有约瑟夫二世真正践行了以启蒙思想为基础的激进改革。腓特烈大帝和叶卡捷琳娜大帝喜欢谈论启蒙改革，甚至也实施了部分改革，不过，他们的政策似乎并没有真正被启蒙思想所影响，在他们眼中，维护现存的制度优先于改革。实际上，许多历史学家认为，约瑟夫二世、腓特烈大帝、叶卡捷琳娜大帝主要关注的是权力以及政权的运行。归根结底，国家权力的增长被用在扩充军队，以及发动获得更多权力的战争上。

同时，开明统治者的改革能力也受到政治和社会现实的制约。在整个欧洲，世袭贵族仍然是最有势力的阶层。贵族是以传统特权为基础的制度的主要受益者，他们不愿意支持大肆宣扬人人平等原则的政治意识形态。冲击他们至高地位的第一波严峻挑战来自打开现代世界政治大门的法国大革命。

● 战争模式的变化：全球冲突

启蒙思想家谴责战争是浪费生命和资源的愚蠢之举。尽管有这样的言论，但在 18 世纪，欧洲各国间竞争与代价惨重的战争仍在继续。这是因为欧洲由许多自治的小国、多数受统治者自我利益驱使和统治的国家组成。诚如腓特烈大帝所言，"政府的基本原则是扩张领土"。

18 世纪规模最大的冲突是七年战争。尽管这场战争爆发于欧洲，但很快演变为一场全球冲突，印度、北美、欧洲都被卷入其中。在欧洲，英国和普鲁士与奥地利、俄国和法国作战。由于在军队数量上占优势和杰出的军事才华，腓特烈大帝一度击败了奥地利、法国和俄国。然而，最终他的军队疲惫不堪，面临惨败，幸亏俄国新沙皇从战争中抽身。1763 年缔结的和约终于结束了欧洲战事。

英法在世界其他地区斗争的结果更具有决定性影响。在印度，当地统治者联手英国，对法国展开了一系列战斗。最终，罗伯特·克莱夫（Robert Clive）率领的英军获胜。英国获胜倒不是因为力量更强，而是因为比法军更坚韧。1763 年双方订立《巴黎条约》，法国撤出，英国控制了印度。

七年战争中最大的冲突发生在北美，通常被称为法英战争。尽管法国起初在北美

政治与统治

英国在印度的胜利

英法在印度的争夺战中，英国所取得的胜利主要归功于罗伯特·克莱夫。以下资料节选自他的信件，描述了1757年6月23日加尔各答北边的普拉西战役中的胜利。这次战争彰显了当地印度士兵在与欧洲人对抗中的无能，也标志着英国开启了对孟加拉国的控制。克莱夫称，该战役中共有1000名欧洲人、2000名印度士兵，以及8门加农炮加入战斗。

黎明时分，我们发现对方军队正在逼近我们，共有15000匹马和35000名步兵，另外有40门加农炮。他们走近后，从6点开始就在重炮火的辅攻下整军向我们进攻，持续进攻了好几个小时。我们的处境极为有利，因为我们扎营在周围都是大片泥滩的树林中。他们的炮火难以为继，便从四周围攻我们，故我相距甚远。因此，我们静处以待，盼着晚上进攻他们的大本营。到中午时分，敌人撤除了炮兵，退回营地……

发现他们不再大力进攻后，我们又占领了一两个靠近他们营地的高地，接着又从那里占领了临近的地方，对方枪林弹雨横扫过来，他们好几次试图用加农炮，但我们的火炮非常厉害和密集，总是将他们打压回去。就在此时，他们的马将他们暴露无遗，许多人因而被杀，剩下的第一梯队只有四五个军官；在整个军队显然军心大乱、秩序混乱之时，我们向高地和他们的营地发起猛攻。近距离进攻中，我们的伤亡小到几乎为零。对方有40个法国人（全部是黑人）和两门加农炮的支持，我们也有大量黑人、步兵和骑兵。随后，我们将敌军赶出出6英里远，对方丢掉了40门加农炮、大量马车，以及装满了各种物资的车子……据统计，敌人死亡达500人。

我们仅有22人阵亡、50人受伤，而且，多数是黑人。

□ 问题：假如普拉西战役发生在欧洲，克莱夫的叙述会有什么不同？据这封信，当地印度人在战役中扮演了什么角色？为什么克莱夫极少提及他们？

比较成功，但英国却占领了蒙特利尔、五大湖区和俄亥俄河流域。法国被迫求和。在《巴黎条约》中，法国将加拿大和密西西比河以东的领土让与英国。法国的盟友西班牙则将西属佛罗里达转给英国控制；同时，法国将路易斯安那让给西班牙。到1763年，英国已经成为世界上最大的殖民帝国。对法国而言，大量殖民地丢失后，接踵而来的是更大的内部动荡。

■ 法国大革命

□ 问题：法国大革命的起因、主要经过和结果是什么？

1789 年发生了影响深远的两大事件，即美国在新宪法下全新起航和法国大革命的爆发。与十年前的美国革命相比，法国革命更错综复杂、更暴力，在建立新社会和新政治秩序方面也更激进。

● 法国大革命的背景

引发法国大革命的根本原因在于它的社会环境。革命前，法国是建立在特权和不平等基础上的社会，它的 2700 万人口分属自中世纪以来早已形成的三个等级之中。

法国旧政权的社会结构

法国的第一等级由神职人员以及拥有大概 10% 的土地、总数为 13 万人的有地者构成。神职人员可以免除最主要的赋税——租税，其内部等级悬殊：来自贵族世家的高级神职人员与贵族同权，而教区牧师则往往是普通穷人。

第二等级是贵族，约有 35 万人，占有 25%~30% 的土地。贵族一直在法国社会中扮演重要角色，他们占据着政府、军队、法庭和高等教会中的许多领导职务。贵族们还削弱君主权力、扩大自身权力，维护自己在军队、教会和政府中的地位。所有贵族都拥有免税特权，尤其是可以免除租税。

第三等级是占法国人口绝大多数的平民。他们在职业、受教育程度、富裕程度上各不相同。占总人口 75%~80% 的农民是第三等级中为数最多的群体，拥有 35%~40% 的土地，但超过一半的人或是只有仅能糊口的土地，或是压根儿没有土地。法国不存在大规模的农奴，但法国农民仍对他们深深憎恨的地主负有各种债务。这些"封建残余"是早先时代的遗留物，就连使用村里的磨坊、烤炉和榨酒器等设施都要支付费用。

第三等级还包括熟练工匠、店主以及其他挣工钱的城镇劳动者。18 世纪，由于消费品价格上涨速度远超过工资增长，这一群体的购买力下降了。平日里的挣扎求生，最终使他们中的许多人在法国革命中扮演了重要角色，特别是在巴黎。

占人口 8%、总人数约 230 万的是资产阶级或中产阶级，他们占有 20%~25% 的土地。这一群体包括商人、企业家，以及自 1730 年后在经济繁荣中得利的银行家。资产阶级也包括那些特殊的职业群体，如律师、公务员、医生、文人。因为往往被排除在贵族垄断的社会和政治特权之外，他们中的许多人早已心怀不满。

而且，启蒙运动的新政治理念对贵族和资产阶级都有吸引力。他们都是社会精英，长期以来已经习惯于以财富和经济成就为基础的新的社会经济现实，对以特权为基础的君主制和以旧的等级观念为基础的僵化社会秩序感到不满。对旧秩序的抗拒最终使他们激烈地反对旧的君主制。实质而言，革命源于对政治的普遍不满。

法国君主制面临的其他问题

尽管法国经历了长达半个世纪的经济繁荣，但 1787 年和 1788 年的农业歉收以及制造业低迷导致食物短缺，粮食和其他产品价格上涨，城市失业率上升。穷人的数量在革命前夕已经达到危机之数，占总人口的近 1/3。

法国君主似乎没能力处理新的社会问题。路易十六（1774—1792 年在位）于 1774 年上台，时年 20 岁；他对法国政府的运作几乎一无所知，也没有魄力果断处理国事。王后玛丽·安托瓦内特（Marie Antoinette）是个被宠坏的奥地利公主，大部分时间都花在宫廷的钩心斗角上。法国危机不断恶化时，路易十六和王后都未能洞悉即将导致暴力革命的人们的绝望和不满到底有多么深重。

法国大革命的直接原因是政府财政几近崩溃。耗资巨大的战争和王室的奢靡致使政府财政支出越来越高。在财政即将彻底崩溃之时，路易十六最终被迫召集自 1614 年起就停开的法国议会——三级会议。三级会议由来自法国社会三个等级的代表组成。在选举会议代表的过程中，政府规定，第三等级代表人数比前两个等级多一倍（毕竟，第三等级人数占总人口的 97%）。结果，第一等级和第二等级的代表人数各为 300 人，第三等级代表有 600 人，大部分是来自法国各城镇的律师。

● 从三级会议到国民议会

1789 年 5 月 5 日，三级会议在凡尔赛召开。此次会议讨论的第一个议题是，投票是按等级论还是按人头论（即一人一票）。传统上，每个等级都以集体形式投票，只有一票。这意味着第一等级和第二等级可能以二比一的比例淘汰第三等级。第三等级要求一人一票。在自由派贵族和神职人员的帮助下，这种方式将使第三等级的投票占多数。当第一等级宣布按等级形式投票后，第三等级的反应极其激烈。1789 年 6 月 17 日，第三等级宣布独自组成国民议会，准备起草宪法。这成为法国大革命的第一步，因为第三等级没有召集国民议会的合法权利。路易十六站在第一等级一边，准备用武力解

《玛丽·安托瓦内特》(*Marie Antoinette*, 2006 年)

索菲亚·科波拉执导的影片《玛丽·安托瓦内特》是以安托尼亚·费雷泽的小说《玛丽·安托瓦内特》(Marie Antoinette: A Journey, 2001 年）为蓝本拍摄的。1770 年，奥地利女皇玛丽亚·特蕾莎（玛丽安娜·菲斯福尔饰演）的女儿玛丽·安托瓦内特（克尔斯滕·邓斯特饰演）与法国王位继承人路易（杰森·施瓦兹曼饰演）结婚，影片以此为开端展开故事情节。4 年后，玛丽·安托瓦内特成为法国王后，1793 年，她将走上断头台。尽管影片在最后略微提及了法国大革命，但整个影片的重点是这位入主凡尔赛宫的年轻女人的早期生活。

可能整个影片最突出的是对凡尔赛生活的描绘。玛丽·安托瓦内特由于其奥地利血统和不熟悉朝廷利益而受到严厉指摘，初入宫时曾有几次失误。她拒绝与路易十六的情妇巴里伯爵夫人（艾莎·阿基多饰演）说话，因为对方危及了她——王朝地位最高的女人的权力。不过，这一举动似乎是挑衅国王。

玛丽·安托瓦内特的更大挑战是她需要为法国王室生下继承人。她的丈夫路易十六热衷狩猎和制锁，他们的婚姻只维持了 7 年。其间，玛丽·安托瓦内承受着母亲施加的越来越大的压力——她的母亲在统治奥地利期间生育了 16 个孩子。玛丽·安托瓦内特既感厌倦却又深知自己需要坚守贞洁，于是开始追求享乐——赌博、购买衣服。单是 1782 年她就做了 93 件丝绸礼服和其他昂贵的织品。

1777 年，第一个孩子出生后，玛丽·安托瓦内特开始淡出宫廷。1783 年后，她的大部分时间都在凡尔赛宫附近的小宫殿小特里阿农（Petit Trianon）渡过。尽管她花了很多时间与孩子们在一起，也不那么热衷于奢侈浮华，但她与宫廷的疏远进一步恶化了她在法国公众间的名声。

影片取景于凡尔赛宫，表现了 18 世纪法国王室生活的奢华与排场。影片在法国上映时差评不少，部分原因是影片使用了治疗乐队和鼓击乐团等现代艺术家创作的音乐作品，以及匡威运动鞋之类的现代道具。尽管繁乱的服饰和音乐分散了人们的注意力，但影片真实表达了一个挫折而又苦闷、孤独却总是张扬的年轻女人的复杂叛逆的内心世界。

散三级会议。

不过，平民们将第三等级的代表从国王军队的威胁之下救了出来。7 月 14 日，一群巴黎人冲进巴士底狱后将其拆毁。路易十六很快得知军队根本靠不住，便接受了现实，这是王室权威崩溃的象征，国王再也无法实施其意愿了。

同时，整个法国的城市与乡村都爆发了民众暴动。民众暴动的背后是人们对整个土地所有制及其特权的强烈憎恨。巴士底狱的陷落和国王对第三等级要求的明显妥协使农民掌握了主导权，农民暴动也对凡尔赛的国民议会产生了重大影响。

● 摧毁旧政权

国民议会的第一波举措是废除地主特权，取消贵族、神职人员以及各地的财政豁免权。三个星期后，国民议会发表了《人权宣言》，宣告人人享有平等和自由的权利，公职人员选贤与能。所有公民都有参与立法的权利；同时，人们还有言论和出版自由，并禁止任意逮捕公民。

该宣言倡导的"人人平等"之"人人"是否包括妇女呢？许多代表坚持将妇女排除在外，正如有人说的，"妇女可不希望行使什么政治权利"。但剧作家奥兰普·德古热（Olympe de Gouges）拒绝接受将妇女排除于政治权利之外。作为对官方宣言的回应，她发表了《女权宣言》，坚决主张女性应当享有与男性同样的权利。但国民议会无视她的要求。

由于天主教会被视为旧秩序的支柱，天主教会也被改革了。大部分教堂的土地被没收。1790 年 7 月 12 日通过的神职人员民事组织法案提出主教和牧师由人民推选，并由政府付薪。天主教会仍然是法国人生活的重要组织，但现在却成了革命的敌人。

到 1791 年，国民议会制定了新宪法，确立了君主立宪制。法国仍有君主（现在被称为法兰西国王），但统治权归属于新的立法议会，由它制定法律。立法议会每两年选举一次，由 745 名非直接选举产生的代表组成，以此确保权力掌握在更有影响力的社会成员之手。立法议会代表由人数为 5 万人的小选民团体选出。

旧秩序由此被摧毁了，但新秩序也有不少反对者——天主教教士、贵族、由于生活成本上升而不满的低层阶级、对仍未取消的税费不满的农民，雅各宾派等政治团体要求更激进的措施。当国王于 1791 年 6 月试图逃离法国时，新政府的局面很是不利。结果，国王在即将逃跑成功时被人认出，很快被捕，送回巴黎。面对动荡的形势和不诚信、不忠实的国王，新的立法议会于 1791 年 10 月召开了第一次会议。法国与欧洲其他国家的关系很快导致路易十六垮台。

1791 年 8 月 27 日，担心革命将会蔓延到自己境内的奥地利和普鲁士国王邀集其他欧洲君主试图以武力方式恢复法国的君主权威。1792 年春的战争中，法国的表现极

法国人民的自然权利：两种观点

1789 年 8 月 26 日，法国大革命中的重要文献之一《人权宣言》（*Declaration of the Rights of Man and the Citizen*）由国民议会颁布。宣言申明"人生而就是而且始终是自由平等的"，政府必须保障这些自然权利，政治势力源自人民。

奥兰普·德古热（Olympe de Gouges，玛丽·古兹所用笔名）的父亲是个屠夫，她本人主要创作戏剧和小册子。她认为，《人权宣言》并不适合于妇女，于是在 1791 年写成了《女权宣言》（*Declaration of the Rights of Woman and the Female Citizen*）。

第一条　人生而就是而且始终是自由平等的，只有在公共利益上面才显出社会上的差别。

第二条　任何政治结合均旨在保护人类自然的和不可动摇的权利。这些权利就是自由、财产、安全和反抗压迫。

第三条　整个主权的本原根本上乃存在于国民。任何团体、任何个人都不得行使主权所未明白授予的权力。

第四条　自由是指有权从事一切无害于他人的行为。因此，个人自然权利的行使，只以保证社会是其他成员能享受同样权利为限制。此等限制仅由法律规定。

第五条　法律仅有权禁止有害于社会的行动。凡未经法律禁止的行为即不得受到妨碍，任何人都不得被强制从事法律所未规定的行为。

第六条　法律是公共意志的表现。每一个公民都有权亲身或经由其代表去参与法律的制订。法律对于所有人，无论是实施保护或惩罚，都是一样的。在法律面前，所有公民都是平等的，因此他们都能平等地按其能力担任一切官职、公共职位和职务，除德行和才能上的差别外不得有其他差别。

第七条　除非在法律所确定的情况下并按照法律所规定的程序，任何人均不受控告、逮捕或拘留。凡动议、发布、执行使人执行专断命令者，皆应受惩罚；但任何根据法律而被传唤或被逮捕的公民应当立即服从；抗拒即属犯罪。

第八条　法律只应规定确定需要和显然不可少的刑罚，而且除非根据在犯法前已经制定和公布的且是依法施行的法律以外，不得惩处任何人。

第九条　任何人在其未被宣告为犯罪以前，均应被推定为无罪，即使认为必须予以逮捕，但为扣留其人身所不需要的各种残酷手段都应受到法律的严厉制裁。

第十条　意见的发表只要不扰乱法律所规定的公共秩序，任何人都不得因其意见、甚至信教的意见而遭受干涉。

第十一条　自由表达思想和意见是人类最宝贵的权利之一，因此，每个公民都有言论、著述和出版的自由，但在法律所规定的情况下，应对滥用此项自由承担责任。

第十二条　人权和公民权的保障需要有公共的武装力量，这种力量是为了全体的福祉而不是为了此种力量的受任人的个人利益而设立的。

第十三条　为了公共武装力量的维持和行政的支出，公共赋税就成为必不可少的；赋税应在全体公民之间按其能力做平等的分摊。

第十四条　所有公民都有权亲身或者由其代表来确定赋税的必要性，自由地加以批准，知悉其用途，决定税额、税率、客体、征收方式和期限。

第十五条　社会有权要求机关公务人员报告其行政工作。

第十六条　凡权利无保障和分权未确立的社会，都没有宪法可言。

第十七条　财产是神圣不可侵犯的权利，除非当合法认定的公共需要对他明确地提出要求，且在公正而预先赔偿的条件下，任何人的财产皆不得受到剥夺。

——《人权宣言》

母亲们，女儿们，姐妹们，国家的这些代表们要求取得参加国民大会的资格。妇女们相信，歧视、忽视或对妇女权利轻视的是妇女的社会不幸和政府腐败的唯一原因。她们决定，庄严地宣告她们天赋的（自然的）、不可转让的神圣的妇女权利，以便使这经常性地对全体社会成员公开的宣言不断提醒妇女意识到自己的权利和义务……

因此，那正受着母性束缚的、美丽又勇敢的性别，在上帝的在场和支持下，认可并宣布女权和女公民权如下：

第一条　妇女生来就是自由的，和男人有平等的权利。社会分工（差异）只能建立在这一普遍原则的基础之上。

第二条　任何政治结合的目的都是为了保护妇女和男人的自然的、不可动摇的权利，那就是自由、财产、安全、反抗压迫的权利。

第三条　任何主权的原则，根本上取决于人民，而人民不过是男人和女人的联合体，没有任何组织或个人可行使未经人民明确授予的权利。

第四条　自由和公正是指从事一切无害于他人行为的权利；因而，妇女行使她们自然权利的唯一限制，就是持续的男性暴政。这些限制应当依据自然法律和理性而摒除。

……

第六条　法律必须代表公意；每个女性和男性公民都有权亲自或通过代表参与立法。法律对任何人都应该是一样的。无论男性公民还是女性公民，在法律面前一律平等。在任何荣誉、地位和公职方面都应该平等，只能根据能力授予，不可因为他们的道德和才干之外的区别而有所区别。

第七条　没有妇女例外。妇女只能依据法律被指控、逮捕和拘留。妇女和男人一样遵守法律。

……

第十条　任何人都不能为他最基本的权利而忧虑，妇女有权登上讲台，她们必须享有同等的权利登上讲台，只要她的演讲不违反法定公共秩序。

第十一条　自由表达思想和意见的权利，是妇女最宝贵的权利之一。既然这一自由使孩子们认识他们的父亲……

第十二条　女权和女公民权的保证必须包含一项主要利益。这一保证必须为全体妇女和女公民制定，而不是专门为了有利于被委托制定这一保证的人。

……

第十四条　女性和男性公民有核实公共捐款（赋税）必要性的权利，无论是亲自还是通过代表。赋税只有在妇女得到平等的负担——不仅是财产，还有公共管理——的情况下才能征收，并且要由女性和男性公民决定它的税率、客体（基础）、征收方式和持续时间。

第十五条　全体像男人那样纳税的妇女，都有权要求知道任何公共部门的行政事务。

第十六条　任何社会都不会有一部没有权力的分立和权利的保障的宪法；如果组织国家的大部分人没有参与起草宪法，这部宪法就是无效的。

第十七条　财产同属于两性，无论是共同的还是分开的。对任何人来说，这都是不可侵犯的神圣权利。任何人的财产都不能被剥夺，因为它是自然的真正遗产。除非当合法认定的公共需要所显然必需时，且在公平而预先赔偿的条件下，才能征用他人的财产。

——《女权宣言》

□ 问题：第一段资料宣告的"自然权利"是什么？这一文件在多大程度上受到启蒙运动思想家著作的影响？第二段资料提到的妇女权利是什么？考虑到这两段资料所赞同的自然权利和妇女权利的性质与范畴，你认为欧洲社会的哪些关键因素促成了法国大革命？

其糟糕，人们疯狂地寻找替罪羊。有观察者注意到，"到处都有人说国王背叛了我们，将领们背叛了我们，无人值得信任。……六个星期内巴黎就会落入奥地利手中……我们正坐在即将喷发的火山口上"。[1]战争的失利和经济的短缺引发了新一轮的政治示威，特别是反对国王的游行示威。1792 年 8 月，巴黎的激进政治群体把国王关了起来，迫使国民议会暂停君主制，并要求召集国民大会，以男性普选方式决定未来的政府组织形式。法国大革命即将进入更激进的阶段。

● 激进的革命

1792 年 9 月，新近选举产生的国民大会开始召集会议。国民大会由律师和其他职业的代表主导，2/3 的代表年龄不到 45 岁，几乎所有代表都因为法国大革命而有过政治经历，也几乎都不信任国王。结果，国民大会在 9 月 21 日的第一个举动就是废除君主制，建立共和制。1793 年 1 月 21 日，国王被处决，旧制度得以摧毁。但处决国王在国内外都给法国革命制造了新敌人。

在巴黎，被称为公社的地方政府，其领袖来自于工人阶级，他们偏好激进改革，给国民大会施加压力，将其推向了更激进的方向。同时，西部的农民和地方主要大城市的居民拒绝承认国民大会的权威。

国外的危机也迫在眉睫。国王被处决后，大多数欧洲国家——奥地利、普鲁士、西班牙、葡萄牙、英国、荷兰——组成了非正式联盟，甚至俄国也加入其中，准备对法国展开军事行动。法国军队形势逆转，到 1793 年春末，法国面临着外敌入侵的威胁。

全民武装

为了应对危机，国民大会将广泛权力赋予马克西米连·罗伯斯庇尔（Maximilien Robespierre）主导的公安委员会。从 1793 年到 1794 年，一年之内，公安委员会控制了法国。为了挽救共和国免遭外部入侵，1793 年 8 月 23 日，公安委员会发布了全国动员令：

> 青年男人去战斗。已婚男子制造武器、运送军需、准备粮食。妇女应在革命中取得应有地位，追随她们的真正命运，她们将忘记无关紧要的任务，她们的勤劳双手要为士兵们制作衣裳，她们要制作帐篷，在医院里照料保卫祖国的伤员。儿童们用旧布改造成绷带。我们战斗是为了孩子，那些注定要收获革命一切果实的孩子们，我们要让他们朝天空举起他们纯净的双手。老人们如同青年人一样承担他们的使命。

---

〔1〕 引自 W.Doyle: *The Oxford History of French Revolution*, Oxford, 1989, p.185.

他们要鼓舞年轻战士们的斗志，宣扬对国王的痛恨，赞扬共和国的统一。[1]

在不到一年的时间里，法国革命政府动员了 65 万军队，到 1795 年，法国击退了莱茵河一带的盟军进攻，甚至还占领了奥属尼德兰。

法国革命军在现代民族主义发展中是至关重要的一环。此前，战争是在各政府或王朝之间进行的，参与作战的都是小规模的职业士兵。新的法国军队是"人民的"政府的产物，现在战争成了"人民的"战争，整个国家都卷入其中。不过，一旦王朝间的战争变成人民战争，就会更凶猛，也更不克制。法国革命时代的战争开启了现代世界的总体战。

恐怖统治

为解决国内危机，国民大会和公安委员会实施了恐怖统治。革命政权旨在保护共和国免遭内部敌人破坏。在为期 9 个月的恐怖统治中，1.6 万人被送上了断头台。断头台的设立是为了快速有效地砍下杀害者的头颅。

革命军队的建立则是为了让国民大会控制那些顽固不化的城市和地区。公安委员会决定先拿否认国民大会权威的里昂开刀。到 1794 年 4 月，1880 名里昂人被处决。此时，就连断头台也被证明无法快速地做出处决，于是，将那些被定罪的人直接以加农炮炸死。一位德国人描述：

> 所有房子，尤其是那些最漂亮的房子，都被烧毁了。教堂、修道院和所有从前显贵们的居所都被毁于一旦。我走到断头台前时，几个小时前被处决的人的鲜血仍在街上流淌……我跟那些激进分子说，还是清理一下这些血迹比较好。为什么要清理？他们中有人说。这是贵族和叛徒之血。狗会舔干净的。[2]

平等与奴役：海地革命

法国大革命初期，对平等的渴望使人们开始讨论如何处置奴隶制。一个叫黑人之友的组织倡导废除奴隶制，1791 年 9 月，法国宣布废除奴隶制。不过，从奴隶制中获利巨大的西印度群岛的甘蔗种植园园主们却反对取消法国殖民地的奴隶制。1794 年 2 月 4 日，受平等理念指引的国民大会最终还是取消了殖民地的奴隶制。

---

〔1〕 引自 L.Gershoy：*The Era of the French Revolution*，Princeton，N.J.，1957，p.157.
〔2〕 引自 W.Doyle：*The Oxford History of the French Revolution*，p.254.

法国的一个殖民地——圣多米尼克（伊斯帕尼奥拉岛以西的第三大岛）的奴隶已经等不及取消而起义了。1791 年，受法国革命的鼓舞，奴隶之子杜桑·卢维杜尔（Toussaint L'Ouverture，1746—1803 年）率领 10 万黑奴，发起了反法国种植园主的暴动，并控制了伊斯帕尼奥拉岛。后来，拿破仑派军队抓住了卢维杜尔，卢维杜尔最终死在法国。然而，法国士兵的状况也好不了多少，因疾病而虚弱不堪，很快就被奴隶军击败。1804 年 1 月 1 日，伊斯帕尼奥拉岛的西部即现在的海地成为拉美第一个独立的国家。法国的革命理念在海外获得了胜利。

● 热月政变与督政府

到 1794 年夏，法国成功击败了国外之敌，看似再无必要实施恐怖统治，但由于主导着公安委员会的罗伯斯庇尔执迷于净化政治，恐怖统治仍在继续。国民大会的许多代表开始担心如若罗伯斯庇尔继续为所欲为，就连他们的安全也终将不保。于是，国民大会投票反对罗伯斯庇尔。1794 年 7 月 28 日，罗伯斯庇尔被送上断头台。

罗伯斯庇尔死后，越来越多的温和中间派有了控制权，反正随即而来。恐怖统治结束了，国民大会削减了公安委员会的权力。1795 年 8 月，法国起草了新宪法。这一宪法反映了人们对稳定的渴望，却未放弃 1789 年宪法的理念。五人督政官组成的督政府开始执掌法国政权。

表 18.1　法国大革命大事记

事　件	时　间
法国三级会议开会	1789 年 5 月 5 日
国民议会组成	1789 年 6 月 17 日
巴士底狱沦陷	1789 年 7 月 14 日
人权宣言发表	1789 年 8 月 26 日
神职人员民事组织法案颁布	1790 年 7 月 12 日
国王逃离	1791 年 6 月 20—21 日
进攻皇宫	1792 年 8 月 10 日
取缔君主制	1792 年 9 月 21 日
国王被处决	1793 年 1 月 21 日
战时总动员	1793 年 8 月 23 日
罗伯斯庇尔被处决	1794 年 7 月 28 日
1795 年宪法颁布和督政府成立	1795 年 8 月 22 日

督政府时期（1795—1799 年），法国大革命停滞不前、腐败丛生。同时，督政府还面临着政治上的左右两派敌人。右翼保皇派仍试图恢复君主制，而左翼激进主义者由于经济难题正在死灰复燃。左右受敌的督政府既不能解决法国的经济问题，却还要继续公安委员会发动的战争，于是，不得不越来越依赖军队维持其统治。最终，1799 年法国爆发了雾月政变，受军队广泛支持的拿破仑·波拿巴（Napoleon Bonaparte）上台。

拿破仑与心理战

1796 年，27 岁的拿破仑·波拿巴被任命为驻意大利法军的指挥官，他在那里取得了一系列惊人的胜利。他以善于速战速决、诱敌深入而闻名。以下资料节选自他在意大利对军队的训示，显示出拿破仑是一个心理战的高手。

士兵们：

在半个月内，你们取得了 6 次胜利，夺得了 21 面军旗，缴获了 50 门炮，占领了好几处要塞和皮埃蒙特最富庶的地方。你们俘虏了 15000 人，打死打伤了 10000 多人。你们没有炮，却赢得了战斗；没有桥，却渡过了江河；没有鞋子，却完成了急行军；没有面包，风餐露宿。只有自由的、共和国的士兵才能忍受你们所经历的艰难困苦。士兵们，我要向你们致谢！满怀感激的祖国要将它的繁盛归功于你们！……那些讥笑过你们的困苦、因我们敌人的胜利而喜不自胜的坏人混乱了，发抖了。

但是，士兵们！你们不应回避这一点，这就是，你们什么也没干完，因为你们仍然有要做的事……毫无疑问，最大的障碍已经克服，但是你们还有要进行的战斗，要攻克的城市，要渡过的江河。你们中有人的勇气在消退吗？不……你们所有人都渴望把法兰西人民的光荣带给远方！你们都期盼打垮那些打算奴役我们的国王！大家都要赢得光荣的和平，以补偿祖国业已做出的巨大牺牲。大家都想在荣归故里时自豪地说："我曾是征服意大利军队中的一员。"

——1796 年 4 月 26 日拿破仑·波拿巴告法国军队

□ 问题：拿破仑用什么样的主题来激励部队，鼓励他们更加努力？你认为拿破仑自己相信这些吗？为什么？

■ 拿破仑时代

□ 问题：拿破仑保留了法国大革命的哪些成果？又怎样摧毁了法国大革命？

从 1799 年到 1815 年，拿破仑主宰了法国以及欧洲的历史。1769 年，拿破仑出生于被法国吞并不久的科西嘉。年轻的拿破仑·波拿巴被送往法国的军事学校学习，法国大革命爆发时，拿破仑只是一名上尉。法国大革命以及其后的欧洲战争为拿破仑创造了机遇。他很快在军队中不断晋升。1794 年，年仅 25 岁的拿破仑已经荣升为准将。两年后，他在意大利统率法国军队，打了一系列胜仗，并以战争英雄的形象回到法国。远征埃及的失败让他再度回到巴黎，在那里，他参与了雾月政变，并且大权在握。此时，他仅 30 岁。

1799 年雾月政变后，法国建立了新的共和制——执政府，拿破仑担任首席执政，控制了政府的整个行政权。他还在立法权方面拥有压倒性的优势，有权任命行政官员、统率军队、处理外交。1802 年，拿破仑成为终身执政。1804 年，他回归君主制，加冕称帝。

● 国内政策

拿破仑的第一波国内政策是与法国大革命的最古老、最无情的敌人天主教会握手言和。1801 年，拿破仑与教皇协定，承认天主教是法国的主要宗教。教皇则同意不再要求革命期间被没收的教堂土地。

在内政方面，拿破仑影响最持久的成就是编纂法典。大革命前，法国有 300 多套地方法制体系。大革命期间，法国曾准备编制全国性的法典，但直到拿破仑时代，这项工作才得以完成。这就是著名的《民法典》（也称为《拿破仑法典》）。《民法典》承认法律面前人人平等，取消了农奴制和封建主义，实施宗教信仰自由，从而保护了革命的大多数果实。此外，这一法典还确立了对财产权的保护。

拿破仑还建立了一个强有力的中央集权政府，并努力打造官员精明强干的官僚机构。尽管法律规定人人平等，各种职业也都向有才干者开放，但新贵族的兴起、对财产权的强力保护和征兵制的实施却清楚地表明，许多平等已经丧失。自由被日益专断的专制取代。73 家法国报纸中，拿破仑查封了 60 家。

● 拿破仑帝国

1799 年，当拿破仑当上执政时，法国正与俄、英、奥三国组成的第二次反法同盟激战。拿破仑意识到停战的必要，遂于 1802 年与各国订立和平协定。但到 1803 年，法国再度与英国开战，很快，奥地利、俄国、普鲁士加入英国一边，组成了第三次反法同盟。1805—1807 年，经过一系列战斗，拿破仑的大军击败了奥、普、俄三国军队，为建立欧洲新秩序创造了契机。

大帝国

1807—1812 年的欧洲，拿破仑是其主人。他的帝国分为三大部分：法兰西帝国、依附国以及同盟国。依附国由拿破仑的亲属统治，包括西班牙、尼德兰、意大利、瑞士、华沙公国、莱茵同盟（除普鲁士和奥地利外的德意志联邦国）。同盟国指的是那些被拿破仑击败、被迫加入反英阵营的国家，包括普鲁士、奥地利、俄国和瑞典。

在这一帝国内，拿破仑试图接受一些革命原则，包括法律面前人人平等、宗教信仰自由、经济自由。在帝国的核心地区以及依附国，拿破仑试图摧毁旧秩序。于是，这些地方的贵族和神职人员失去了特权。拿破仑还宣布各职位向才干者开放，机会平等；法律面前人人平等；人们享有宗教信仰自由。

拿破仑希望他的帝国能够屹立数百年而不倒，却是建之也速，崩之更速。只要英国掀起风浪，拿破仑帝国就免不了遭遇军事进攻。拿破仑试图入侵英国，1805年特拉法尔加一战，英国海军击败法国与西班牙的联合舰队。为了击败英国，拿破仑转而实施大陆封锁。1806—1808年，拿破仑实施反英联盟，目的是禁止英国商品运往欧洲大陆，企图在经济上削弱英国，破坏其战争能力。大陆封锁政策终究还是失败了：因为其他盟国反对这一政策，有些国家阳奉阴违，有些则明确抗拒。

拿破仑还遇到了新的反对力量。他的征服战争让法国人憎恨压迫者，也激发了被征服地区人们的爱国热情。得到英国帮助的西班牙反法起义在数年时间里绊住了20万法国军队。

拿破仑的陨落

拿破仑的陨落起于1812年远征俄国。当时，俄国拒绝加入大陆封锁，拿破仑没有更多的选择余地。尽管意识到远征这么庞大的国家，将会风险重重，但依然认为，如果不给挑战大陆封锁的俄国一点教训，其他国家也将纷纷效尤。1812年6月，拿破仑率领60多万大军入侵俄国。他将希望寄托在速战速决上，但俄军却拒绝作战，后撤途中摧毁了沿路村庄，让法军得不到粮食补给。

博罗季诺一战，拿破仑取得了一场无关紧要、但代价高昂的胜利后，剩下的法军抵达了莫斯科，却发现整个莫斯科陷于一片火海之中。缺衣少粮的拿破仑军队于10月末放弃莫斯科，在酷寒的冬季从俄国撤退。当1813年1月撤至波兰时，出征时的60万大军仅剩下4万人。

军事灾难也让其他欧洲国家乘机反抗和攻击法国军队。1814年3月，巴黎沦陷，拿破仑被流放到意大利海岸边的厄尔巴岛。同时，波旁王朝在路易十六的弟弟路易十八的率领下复辟（路易十六之子路易十七在10岁时早夭）。厌倦了厄尔巴岛流亡生涯的拿破仑偷偷潜回法国，面对派遣去抓捕他的军队时，拿破仑敞开外套，慷慨陈词，"第五步兵团的士兵们，我是你们的皇帝！你们有谁想杀死自己的皇帝，那就来吧！"

没人开枪。相反，军队都站到了他这边，并且高呼"皇帝万岁"。1815 年 3 月 20 日，拿破仑以胜利者的姿态重返巴黎。曾经击败他的对手们决定再度联手对付他。拿破仑组织起一支军队，在现在的比利时一带与对手激战。6 月 18 日，滑铁卢一役，拿破仑彻底败了威灵顿公爵指挥的英普联军。这一次，胜利的盟军将他遣送到南大西洋非洲海岸外的偏僻之地——圣赫勒拿岛。只有拿破仑的记忆继续困扰着法国的政治生活。

▬ 本章小结

    科学革命中，西方推翻了中世纪的托勒密世界观，产生了新宇宙观：太阳是宇宙的中心，其他星体以椭圆轨道绕太阳运转，宇宙是无限的。"天"的观念的变化也带来了"地"的观念的改变。18 世纪的启蒙思想家深受科学革命带来的新世界观的影响，希望创建一个用理性发现主宰世界自然法则的新社会。他们将传统宗教视为敌人，并且在经济、政治和教育领域形成了新的"人的科学"。总之，17 世纪的科学革命和 18 世纪的启蒙运动构成了一场知识革命，为以民族主义和世俗主义为基础的现代世界观奠定了基础。

    18 世纪初的欧洲，无论哪里，旧秩序仍然强大，贵族、神职人员依旧拥有特权。为了维持庞大的军队，各国君主扩大官僚机构，提高税收。这些军队却引发了世界范围内的战争，尽管战争并没有给欧洲带来太大影响，但英国的胜利却使它成为世界上海军和殖民力量最强的国家。同时，为支撑这些战争而日益增加的赋税也使人们将攻击矛头对准了旧秩序并切盼改革。人口的增长，以及财政、贸易和商业的变革使削弱旧秩序基础的各国间关系紧张。18 世纪末，因为对这些变革应对无能，各国引发了革命潮流，标志着旧秩序开始崩溃。

    18 世纪末，政治急剧变革。始自北美并延续到法国的革命动荡激发了政治自由和平等运动。这些革命中颁发的文件，如《独立宣言》和《人权宣言》，体现了启蒙运动的基本思想，确立了以人民主权论（人民是权力之源泉）和自由平等原则为基础的开明政治。就理论上而言，自由意味着非专权以及思想、言论、出版等方面的自由，平等意味着权利方面的对等，尽管它并未包括男女平等。

▬ 本章思考

— **问题 1**：17 世纪和 18 世纪的知识革命对欧洲社会产生了什么样的影响？

— 问题2：1789—1799 年的革命性事件怎样改变了法国？这些变化中，谁是最大的受益者？

— 问题3：拿破仑的政策在哪些方面体现了法国大革命的成就？他的政策是如何巩固这些成就的？

拓展阅读

关于西方的知识革命。关于科学革命，可以参考两本著作：J.R.Jacob, *The Scientific Revolution*: *Aspirations and Achievement*, *1500-1700*, Atlantic Highlands, N.J., 1998；J.Henry, *The Scientific Revolution and the Origins of Modern Science*, 2th edition, New York, 2002。关于启蒙运动的情况，可以参考 U.Im Hof, *Enlightenment*, Los Angeles, 2006；P.H.Reill、E.J.Wilson 主编：*Encyclopedia and the Enlightenment*, New York, 2004。18 世纪的妇女问题，可以参考 M.E.Wiesner-Hanks, *Women and Gender in Early Modern Europe*, Cambridge, 2000。

关于社会秩序。18 世纪欧洲贵族的问题，可以参考 J.Dewald, *The European Nobility*, *1400-1800*, Cambridge, 2004。

关于开明专制和全球冲突。关于开明专制，可以参考 D.Beales, *Enlightenment and Reform in Eighteenth-Century Europe*, New York, 2005。

关于法国大革命。W.Doyle, *The Oxford History of the French Revolution*, 2rd, ed. Oxford, 2003，是写得非常出色的有关法国大革命的代表性著作。整个法国大革命与拿破仑时代的情况，可以参考 O.Connelly, *The French Revolution and Napoleonic Era*, 3rd, ed. Fort Worth, Tex., 2000。法国大革命的激进阶段，可以参考 D.Andress, *The Terror*: *The Merciless War for Freedom in Revolutionary France*, New York, 2005。法国大革命期间的妇女的角色和地位，可以参考 O.Hufton, *Women and the Limits of Citizenship in the French Revolution*, Toronto, 1992。

关于拿破仑时代。最佳的拿破仑传记是 S.Englund, *Napoleon*: *A Political Life*, New York, 2004。关于拿破仑战争，可以参考 D.A.Bell, *First Total War*: *Napoleon's Europe and the Birth of Warfare as We Know It*, Boston, 2007。

PART IV

Modern Patterns of World History
(1800–1945)

第四部分

世界历史的现代模式

（1800—1945 年）

三个重大发展构成了 1800—1945 年世界历史的特征：工业化进程、西方控制世界、民族主义兴起。当然，三者的发展是相互联系的。工业革命是改变 19 世纪历史的主要推动力量之一，它使西方文明进入代表着现代世界的工业时代。它发端于英国，并在 19 世纪扩散到欧洲大陆和西半球。同时，工业革命带来了包括新武器在内的新技术手段，西方国家正是利用这些新技术手段，在 19 世纪末实现了对世界大部分地区的控制。而且，欧洲各国在 1870 年后的竞争无疑成为其激烈争夺海外领土的主要决定因素之一。

工业时代的到来产生了许多对现代世界影响长远的后果。一方面，成功地经历了工业革命的国家的物质财富迅速增加。通常，先进工业社会的建立带来了更强的民主机制，绝大多数人的生活水准因而更高。另一方面，工业革命的后果并非全部都是有益的。在工业化社会中，经济的迅速变迁往往导致贫富差距扩大、宗教信仰普遍衰退，增加了许多人的无根感和疏离感。

对时代发展产生巨大影响的是民族主义的兴起。如同工业革命一样，民族主义也起源于 18 世纪的欧洲，是世俗化、法国大革命和拿破仑时代的产物。尽管民族主义的概念为新的集体感和现代民族国家的兴起奠定了基础，但它也引发了民族间的紧张和仇恨，从而导致激烈的冲突和内乱，最终引爆了世界大战。

工业化和民族意识的觉醒改变了战争的性质。大规模杀伤性新武器为新形式的战争提供了可能性，这种新型战争将敌人领土的心脏地带也变成了战场，同时，民族主义概念也将战争从王与王的对抗变成国家荣誉与责任之战。从法国大革命起，各国政府依赖于民众应征入伍来守卫国家，其破坏引擎则深入敌方国土，摧毁其工业基础，破坏战斗意志。这种倾向在 20 世纪的两次世界大战中体现得甚为充分。

最终，工业力量和民族主义为欧洲的全球霸主地位创造了条件，同时也孕育了衰落的种子。这些种子在 20 世纪 30 年代发芽，当时，大萧条加剧了国际竞争和国家对抗，此后，便发展成大规模冲突，并最终扩散至整个世界。到二战结束时，一度强盛的欧洲各国已经筋疲力尽，为美苏两个新的超级大国的出现提供了机遇，也开启了欧洲殖民帝国衰落的历程。

欧洲人在 15 世纪时就开始探险世界，但到 1870 年，他们仍未完全深入北美洲、南非、澳大利亚，以及非洲大部分地区。在亚洲和非洲，除了少数例外，西方人的活动只局限在一些贸易港口。1870—1914 年，西方文明向美洲其他地方和澳大利亚扩散，而非洲和亚洲的大部分地区则成了欧洲的殖民地或势力范围。有两大事件可解释这种显著的扩张：由于欧洲人口的增长和帝国主义间的竞争，许多欧洲人移居到世界其他地方，技术的进步使这种迁移也成为可能。从 19 世纪 80 年代起，欧洲各国开始加紧争夺海外领土。这种帝国主义竞争——有些人称之为"新帝国主义"——促使欧洲人去瓜分亚洲和非洲。

帝国主义对所统治人们带来了什么样的整体性经济影响呢？对殖民地的大多数人来说，西方人的控制不仅几乎没什么好处，而且影响往往是破坏性的。尽管有些商人、大种植园主和传统世袭精英无疑在不断扩张的帝国主义经济秩序中繁荣发展，但绝大多数殖民地人民——无论在城市还是农村——由于外国统治者的政策而遭受了相当多的困苦。

有些历史学家却认为，即便殖民体制有种种不公平之处，但也有积极的一面。市场的扩大和现代交通运输网络的开启尽管在当时没有给殖民地人民立即带来多少好处，但却为未来的经济增长提供了相当大的希望。同时，殖民地人民也很快体会到民族主义的力量，到 20 世纪，随着亚洲、非洲和中东地区的民族主义革命风行，民族主义将成为一股强大的势力。况且，两次世界大战的消耗战削弱了欧洲各国的实力，二战后，殖民列强再也没有力气或财富维持他们的殖民帝国了。

第 19 章

现代化的开端：19 世纪的工业化和民族主义

1814 年 9 月，数百名外国人拥入奥地利帝国首都维也纳。他们中的许多人是欧洲王室成员——国王、大公、王子及其妻子们，与之同行的还有外交顾问和成群的仆从。好客的主人奥地利皇帝弗朗西斯一世乐此不疲地以音乐会、绚丽的舞会、盛宴招待客人。一位参加者曾如此回忆："吃吃喝喝、烟火表演、灿烂的灯光。在八到十天的时间里，我根本无法工作。这都是什么生活啊！"当然，在这贵胄云集的维也纳会议期间，并非每天都是愉快的。与会者代表的是与拿破仑作战的所有国家，他们的真正任务是结束近十年的战争，达成和平协定。1815 年 7 月 8 日，他们终于完成了此行的任务。

1815 年，随着各国统治者试图重建世界旧秩序以使饱经战争蹂躏的欧洲恢复稳定，法国大革命和拿破仑战争所造成的剧变暂时平静下来。不过，西方世界已然改变，它并未打算回归旧体制。法国剧变的产物——新的意识形态，尤其是自由主义和民族主义——已经变得势不可当。变革的力量时不时带来的暴动让西方震惊，甚至在 1848 年发展成一连串的革命。有些革命取得了成功，但大多数都失败了。到 1870 年，19 世纪前半期的自由主义者和民族主义者所追求的目标已经实现不少。意大利和德国实现了国家统一，许多西方国家的议会政治成形。1870—1914 年，这些新兴国家间的矛盾不断。欧洲各国开始了对殖民地的争夺战，进一步加剧了它们之间已然存在的紧张关系，同时，大规模的征兵制和常备军的建立也让主要大国间的矛盾加剧。

18 世纪晚期和 19 世纪初，另一场革命——工业革命——改变了欧洲的经济和社会结构，开启了构成现代世界史特征的工业化时代。

■ 工业革命及其影响

□ 问题：工业革命催生的新工业体系的基本特征是什么？这一新体系对城市生活、社会各阶级、家庭生活以及人们的生活水准产生了什么影响？

工业革命期间，欧洲从以农业和手工业为基础的经济转向以机器和自动化工厂制造业为基础的经济。工业革命引起了主要依靠煤和蒸汽的工业生产的巨大飞跃，煤和蒸汽取代了风和水，成为驱动省力机器的新能源。与之相对应的是，这些机器也要求用新方法组织劳动力，以达到其效益和利润的最大化。工厂取代作坊后，大量人口从农村转入城市，去工厂做工。富裕工业中产阶级和大量产业工人（或无产阶级）的形成彻底改变了传统的社会关系。工业革命也改变了人类与自然的关系，最终造成的环境危机，在 20 世纪被认为是对人类生存的一种危险。

● 英国的工业革命

工业革命开始于 18 世纪 80 年代的英国。18 世纪农业生产的进步使粮食生产大为增加。英国的农业此时可以以更低的价格、更少的劳动力养活更多的人口。即便是普通家庭也无须用大部分收入购买食物，这让人们有余力购买制造品。同时，18 世纪后半叶的人口迅速增长为新兴工业中的新工厂提供了劳动力来源。

在 18 世纪的战争中，英国击败了主要竞争对手荷兰和法国，成为庞大的殖民帝国。大英帝国的大量市场让英国工业家有了现成的制造品出口地。1660—1760 年，英国的出口额增长了四倍。英国工业化成功的关键因素在于有能力制造需求量最大的廉价产品。传统的棉纺织工业没法满足英国及其庞大殖民地不断增长的棉布需求。面对这一问题，英国的棉布制造商积极采用和依靠一系列新发明的新制造技术，由此他们激发了工业革命。

棉纺织业的变化

飞梭的发明使纺织工人的织布速度加快，产量翻倍，却也导致了纱线短缺。1787年詹姆斯·哈格里夫斯（James Hargreave）发明珍妮纺纱机后，纺纱量才得以提高。同年，埃德蒙德·卡特怀特（Edmund Cartwright）发明的水力织布机使织布速度跟上了纺纱速度。现在，能让河边纺织厂（早期机器的主要动力来源于河流）的工人更有效地利用机器和组织集体劳动了。

蒸汽机的发明将生产力推到更高水平。18 世纪 60 年代，苏格兰工程师詹姆斯·瓦特（James Watt，1736—1819 年）建造了蒸汽机，从而使矿井中的抽水速度比此前的机器高了 3 倍。1782 年，瓦特发明了旋转机，它能转动轴，从而驱动机器运转。蒸汽动力此时可以运用于纺纱和织布了。不久之后，使用蒸汽机的英国织布厂其产量成倍增长。这些用煤的蒸汽机可以随处使用。

技术革新带来的棉纺织业的兴旺显而易见。1760 年，英国进口了 250 万磅出自家庭手工业的原棉；1787 年，进口了 2200 万磅棉花，大多数都用在了机器纺织上，也有些用于大作坊中的水力纺织机。到 1840 年，英国进口了 3.6 亿磅棉花——这是英国最值钱的产品，英国的棉制品销往世界各地。

其他技术变革

英国的钢铁工业也出现根本性变化。英国一直拥有大量铁矿石储备，但因严重依赖于木炭炼铁，从中世纪直到 18 世纪初期，铁产量未发生实质性变化。18 世纪 80 年代，亨利·科特（Henry Cort）发明了搅拌炼铁法，利用以煤为原料的焦炭去除生铁中的杂质，生产出高质量的钢铁。随之而来的是英国钢铁工业的繁荣。到 1852 年，英国每年生产近 300 万吨钢铁，几乎超过世界其他所有地区的总和。

新的高质量钢铁最终用在了新工业和制造新机器上。1804 年，理查德·特里维斯克（Richard Trevithick）在南威尔士附近的一条铁轨上开发出第一台蒸汽机车，它能拉动 10 吨矿石和 70 个人并以每小时 5 英里的速度前进。很快，更先进的机车出现了。乔治·史蒂芬森（George Stephenson）和他的儿子是最出色的机车工程师。1830 年，史蒂芬森发明的火箭号机车首次被用于公共铁路，该条铁路从利物浦到曼彻斯特，全长 32 英里。火箭号的速度为每小时 16 英里。短短 20 年里，机车的速度提升到 50 英里每小时。到 1840 年，英国已经有近 6000 英里的铁路。

铁路对工业革命的成功和制造业非常重要。更快、更便宜的交通运输手段对工业经济的发展产生了连锁反应。随着商品价格的下降，市场更显庞大；不断增加的销售量意味着要有更多的工厂和机器，从而增强工业革命的自主性——一个标志着欧洲传统经济出现根本性突破的发展。自主经济的发展也是新经济的基本特征。

工业化工厂

工业革命的另一个明显特征是工厂。从一开始，工厂就催生了新的劳动力体制。工厂主希望机器运转起来后永不停歇，因而必须有有规律的工作时间并轮班操作机器的工人，以稳定的速度生产。然而，早期的工人大多来自农村，他们习惯了不同的生活节奏。农民辛勤劳作，特别是在收获季节更是辛劳，但农忙过后也有一些空闲时段。

早期的工厂主必须要有一套工作纪律制度，让工人们习惯规律的工作，且是重复的工作。这种乏味的工作迫使工厂主采取细致的规定和严格的办法以期实现目标。成年工人会因诸如上班晚了几分钟等轻微违规行为而受罚款，或是因为更严重的一些过错而遭解雇——尤其是酗酒可能会导致操作失误，从而引发重大生产事故。雇主们发现罚款和解雇对成年雇员很有用，当人口巨增催生大量非熟练工人时，被解雇对工人而言就像一场灾难。童工或因年少无知而难以自控，因此针对他们违反规定的做法更为直接——往往是殴打。到 19 世纪，第二代和第三代工人将规律的工作日程视为一种自然的生活方式。

到 19 世纪中期，英国已经成为世界上第一个、同时也是最富裕的工业国家。英国是"车间、银行家和商人的世界"。世界上一半的煤和制造品都是它生产出来的。1850年，仅英国的棉纺织业就等同于欧洲其他所有国家的工业总和。

● 工业化的推进

工业化从英国推进到欧美各国的时间和速度各不一样。欧洲大陆第一批工业化国家是比利时、法国和德国。这些国家的政府积极鼓励工业化，建立了一批技术学校用来培养工程师和机师，并且为修建道路、隧道和铁路提供资金。到 1850 年，欧洲已经形成了铁路网。

工业革命也改变了北美洲的新兴国家美国。1800 年，每 7 个美国工人中有 6 个是农民，人口超过 10 万的城市无从找到。到 1860 年，美国的人口增长了 6 倍，达到了3000 万人（超过了英国），人口超过 10 万的城市已有 9 个，只有 50% 的工人是农民。

与英国形成鲜明对比的是，美国是个大国。数千英里的公路和隧道将美国东西部连接起来。蒸汽船便利了五大湖区、大西洋沿岸水系的交通运输。美国交通运输体系中最重要的是铁路，因为整个美国都需要用铁路运输极为丰富的原材料。1830 年，美国只有 100 英里铁路，到 1865 年，美国铁路纵横交错，里程已经达到了 3.5 万英里。这一交通运输革命将美国东北部变成了工业制造品的巨大单一市场，也使其成为美国工业化的早期中心地带。到 19 世纪末，随着制造业的不断发展、丰富的原材料和复杂的交通运输系统的建立，美国成为世界第二大工业国。

● 限制工业化向世界其他地方扩散

1870 年以前，正在改变中欧、西欧和美国的工业化并没有向世界其他地方延展。甚至在东欧，工业化也甚为落后。例如，俄国主要还是个农村社会和农业国家，统治俄国的是乐于保持农奴制的专制政权。

新兴工业化欧洲国家在其控制的其他地区推行防止机器工业发展的政策。印度就是个绝佳的例子。18 世纪，印度是世界上最大的手工生产棉布出口国。19 世纪前半期，

工业革命

为什么19世纪有一些国家能够走上工业革命的道路，而其他一些国家却未能出现工业革命？这是长期争论的问题。一些历史学家指出这是由各社会的文化特征决定的，如欧洲部分地区的新教伦理以及日本的社会纪律和等级制度。另一些历史学家更重视实践层面的因素。例如，彼得·斯特恩斯（Peter Stearns）认为，资本、自然资源、商贸网络以及可通航的河流的存在，激发了19世纪英国工业的发展。相反，缺乏城市产品（降低了土地所有者引入农业机械化的动机）是中国未能走上独立工业化道路的一大因素。

在有些观察家看来，西欧国家剥削亚非拉殖民地资源的能力对它们的工业成就至关重要。这种观点认为，大航海时代导致形成了以全球贸易网为特点的新"世界体系"，它是由欧洲新兴资本主义国家推动的，其目的是到处寻求贵重金属、市场和廉价原材料。

这些观点并非截然对立。彭慕兰（Kenneth Pomeranz）在其著作《大分流：欧洲、中国与现代世界经济的形成》（*The Great Divergence: China, Europe, and the Making of the Modern World Economy*）中提出，煤炭资源以及获得美洲廉价原材料的能力是英国成为第一个工业化国家的两大重要因素。

显然，这一问题的答案并非唯一。无论如何，工业时代的到来对世界产生了诸多深远影响。一方面，各国的物质财富因工业革命而飞跃式增长。在许多情况下，先进工业社会的建立强化了民主体制，提高了大多数人的生活水平，它还有助于缩小阶级屏障，推动女性打破许多法律和社会限制，这些都是前工业革命时代的典型特点。

另一方面，并非工业革命的所有后果都是有益的。在工业化各国，飞速的经济变迁也加剧了贫富分化疏远了人们之间的关系，很多人被迫漂泊一生。尽管有些国家在解决这些问题上取得了一定成功，但也有一些国家面临着社会价值观的崩溃和广泛的政治动荡；同时，欧洲在转变为大型工厂的同时，也在不断消耗着原材料，大量制造品销售到全世界，这对那些经济、社会和文化尚未进入新世界的国家也产生了巨大冲击。

□ 问题：工业革命的消极后果和积极影响是什么？

印度大部分地区落入英国东印度公司的控制之下，英国工厂的廉价纺织品也源源而来，印度本土纺织业随即衰落，成千上万的印度纺纱者和织布者失去了活路，许多人被迫去种植棉花、小麦、茶等出口至英国的原料，反过来再去购买英国制造品。其他地方的情况也与此类似，迅速工业化的欧洲各国阻挠工业革命向其殖民地扩展。

● 工业革命的社会影响

最终，工业革命对欧洲和世界的社会生活产生了革命性影响。这种影响在 19 世纪的城市发展和新兴社会阶层的出现上表现尤为显著。

人口增长与城市化

18 世纪时，欧洲人口已经开始增长，但到了 19 世纪，增长步伐迅速加快。1750—1850 年，欧洲总人口差不多翻倍，从 1400 万增加到了 2660 万。人口增长的关键原因是战争的减少、鼠疫和天花等主要传染病的鲜见及随之而来的死亡率下降。食物供应增长后，越来越多的人可以吃得更好，对疾病的抵抗力更强。

19 世纪前半期，整个欧洲的城镇急速增长，这一现象与工业化关系匪浅。到 1850 年，特别是在英国和比利时，城市成为许多行业的所在地。随着蒸汽机的使用，工厂也可以设在城市中心，那里有便利的交通设施和从农村来找工作的大量新兴劳动力。

1800 年，英国已经有了一个人口达百万的城市——伦敦，以及人口在 5 万～10 万的六个中等城市。50 年后，伦敦人口达了 236.3 万，超过 10 万人口的城市有九个，5 万～10 万人的城市有十八个。到 1850 年，英国超过五成的人口生活在城镇和城市。欧洲大陆的城市人口也在增加，不过增速并不急剧。

19 世纪前半叶，城市急速增加的结果是许多居民的生活条件很悲惨。大多数工业城镇的中心是一排排产业工人的房子。房间很小，住者甚多，正如 1838 年英国一份政府报告所揭示的："有 63 户人家至少是 5 个人睡一张床，有些家庭甚至 6 个人挤在一张床上，挨挨挤挤，有成年人，也有儿童。"[1]

卫生条件也差得惊人，街上常常可见敞开的下水道。"这条街道的中心是贫民窟，就连动植物都避而远之。洗衣水和房屋的污水到处倾泻，那里的人们腐烂不堪、污浊无比。"[2] 由于没法处理粪便，早期的工业化城市气味极其难闻，也极不卫生。城镇和城市如同死亡陷阱：19 世纪前半期，大多数大城市的人口死亡率超过了出生率，只有从农村不断涌入的新人口使得它们还保持着活力和生机。

---

〔1〕 引自 E.Royston Pike: *Human Documents of the Industrial Revolution in Britain*, London, 1966, p.343.
〔2〕 同上，第 315 页。

新的社会阶层：工业中产阶级

工业资本主义的兴起催生了新的中产阶级群体。资产阶级并非新出现的，自中世纪出现城市以来，就已经存在。起初，资产阶级或市民是城镇居民，其身份是商人、官员、工匠、律师或文人。随着富裕的城镇居民购置土地，"bourgeois"一词的"有产者"含义逐渐丧失，所代指的群体包括商人、工场主、银行家，或者是教师、医生、政府官员等专门人才。

新的工业中产阶级主要由那些开办工厂、购买机器、寻找市场的人构成。他们的特点是足智多谋、专心致志、决心坚定、闯劲十足、富有远见、雄心勃勃，当然，还贪婪不已。正如棉布制造商杰迪亚·斯特拉特（Jedediah Strutt）所指出的，"赚钱……是人们的主要工作"。

工业中产阶级力图缩小他们与有地精英间的隔阂，同时又将自己与下层劳动阶级相区分。19世纪上半叶，工人阶级实际上是各种群体的混合，但在19世纪的百年时间里，工厂工人组成了工业无产阶级，构成了工人阶级的主体。

新的社会阶层：工人阶级

早期工人的工作环境恶劣。工作时间长达12~16小时，每周工作6天，午餐和晚餐只有半小时。工人没有就业保障，也没有最低薪资标准。条件最恶劣的是棉纺织厂，高温尤其让人难以忍受。有报告指出，"棉纺业中的工人每天要工作14个小时，无论冬夏，都被高达80~84华氏度的热浪席卷"。另外，工厂里面还非常脏，灰尘遍布，很不卫生。

煤矿中的工作条件也甚为艰苦。尽管用蒸汽机车从矿下拉煤，但在煤矿中，男人们还得挖煤，而马、骡子、妇女和儿童则将煤车拉至轨道。塌方、爆炸、煤灰是常态。糟糕的工作条件——挖煤的隧道往往只有三四英尺高、长期的阴湿环境导致煤矿工人身体变形、肺部受损。

早期的工厂和煤矿中，妇女和儿童为数极多。前工业时代，儿童是家庭经济的重要组成部分，他们在田间劳动，或是在家织布纺纱。工业革命期间，对童工的剥削比以往更甚。棉纺织厂主发现，童工好处极大，特别适合纺纱，因为个子小，他们能爬到机器下去捡拾掉下去的棉线。而且，童工很容易被训练去工厂劳动。最重要的是，童工是廉价劳动力。1821年，英国人口有一半年龄不到20岁。因此，他们构成了丰富的劳动力资源，而且，他们的薪酬只有成年人的1/6或1/3。棉纺织厂7岁的童工每天工作长达12~15小时，每周工作6天。

到1830年，妇女和儿童占棉纺织业劳动力的2/3。不过，1833年的《工厂法》禁

英日两国工业中产阶级的态度

19世纪，英国新兴工业中产阶级在工业革命中起领导作用。日本到1870年后才开始工业化。日本也出现了工业中产阶级，尽管英日两国商业领袖的态度极为不同。以下两段资料就体现了这种差别。第一段资料来自塞缪尔·斯迈尔斯（Samuel Smiles）的《自己拯救自己》（Self Help），他认为，人们通过"个人勤奋、努力和正直"而获得成功。第二段资料来自日本企业家涩泽荣一。涩泽荣一的商业事业始自1873年，他的自传作于1927年。

"自助者，天助。"这句至理名言已被众多的人类实践所证明。自助精神是个人发展进步的源泉，也是国家兴旺发达的根本。外在的支持经常显得软弱无力，而内在的支持才是生命的真正动力。从某种意义上说，对某些人或阶层的付出反而消磨了他们自力更生的动力和需要。在一个管理过度、指挥过度的国家，人们总是更加无助，这是不可避免的逻辑。……

国家进步是个人勤勉努力、积极进取的结果，正如国家衰败是个人懒惰、自私、邪恶的结果一样。……如果这种观点是正确的，那么，我们可以得出结论：至上的爱国和博爱精神不是通过改变法律和制度产生的，而是通过鼓励人们独立自主、完善自我的行动而产生的。……

不少畅销书告诉人们赚钱的秘诀。但是，赚钱没有什么秘诀，正如许多民族的谚语所说的，"积少成多""勤奋是好运之母""一分耕耘，一分收获""一份汗水一份甜""劳而有获""宁可饿着肚子睡觉，也不背着债务起床"，"世界属于勤劳者"。

——塞缪尔·斯迈尔斯《自己拯救自己》

我……觉得有必要提高从事商业和工业的人们的社会地位。举例来说，我开始学习和实践《论语》的教义。这些教义是2400多年前的了。但是，它为我们所有人提供了日常生活中遵循的终极实践伦理指引，里面有许多商人的黄金法则。例如，孔子说，"富与贵是人之所欲也，不以其道得之，不处也；贫与贱是人之所恶也，不以其道得之，不去也"。这明确地指出了商人应当怎样行事。

有人说，只有通过利己主义或个人主义，国家才能最快速地进步。他们声称，在个人主义之下，每个人都与其他人竞争，进步即因此种竞争而产生。但是，这是只看到了竞争的益处，而没有看到其不足。我不赞同这一理论。社会存在，国家建立。尽管人们都渴望富贵，但社会秩序与国家安宁将因为利己主义而被破坏。因此，我认为，要想社会和国家运行良好必须抛弃这种自私自利的思想，彻底反对利己主义。

——涩泽荣一自传

□ 问题：塞缪尔·斯迈尔斯与涩泽荣一在商业发展的观点上有何异同？你如何解释他
们的不同？

止雇佣 9 岁以下儿童，还规定了 18 岁以下童工的工作时间。童工数量下降，但并未消
失。1838 年，18 岁以下的童工占棉纺织业工人总数的 29%。随着被雇佣的童工数量的
下降，妇女成为早期工厂劳动力的主要力量，1870 年前，棉纺织业中女工占 50%，她
们绝大多数是非熟练工人，薪酬只有男性的一半，甚至更少。

工业革命提高了生活水准吗？

19 世纪前半期，工业化改变了欧洲人的生活，特别是在英国。人们离开农田，前
往城市，在工厂劳动。但是他们是否真的在此期间生活水准更高呢？有些历史学家认
为，工业化提高了雇佣劳动，降低了消费品价格，从而改善了人们的生活。他们还坚
持认为，由于一家有几个人都能做有酬劳的工作，人们的家庭收入也增加了。另一些
历史学家则认为，对许多家庭来说，雇佣劳动刚开始时让他们的生活更糟糕。他们认
为，由于工厂主在需求下降时很快解散工人，早期工厂的雇佣劳动非常不稳定，工资
也不稳定。早期工业城市中，人们生活在拥挤不堪和不卫生的环境中。家庭仍须将大
部分收入用于吃穿。大多数历史学家同意，中产阶级是早期工业革命的真正受益者，
产业工人则要到 19 世纪后半期才能享受到工业化的益处。

■ 工业繁荣的发展

□ 问题：何谓第二次工业革命？它对经济和社会生活产生了什么样的影响？卡
尔·马克思的主要思想是什么？这些思想在 19 世纪晚期和 20 世纪初期
的政治和工会运动中起了什么作用？

1870 年后，西方世界进入物质繁荣时期。第二次工业革命带来的新产业、新能源
和新产品让人们相信，他们的物质进步反映了人类的进步。

● 新产品

1870—1914 年，工业发展的第一个大变化是钢铁的升级换代。新的炼钢方法使人们能建造更轻更小更快的机器、机车、铁路、船只和武器。1860 年，英国、法国、德国和比利时生产了 12.5 万吨钢，到 1913 年，这一数字激增到 3200 万吨。

电力是一种主要的新能源，可以转换成热能、光能、动能等其他形式的能源，而且它能非常轻松地通过电线传导。19 世纪 70 年代，第一代商用发电机问世，到 1910 年，水力发电站和燃煤蒸汽发电厂使整个社区的每家每户和工厂都能与单一统一的电源相连接。

电力还催生了许多新发明。美国人托马斯·爱迪生（Thomas Edison）和英国人约瑟夫·斯旺（Joseph Swan）各自发明的灯泡让家庭和城市可以用电力照明。到 19 世纪 80 年代，使用电力的有轨电车和地铁已经出现在欧洲大城市。电力还改变了工厂。传送带、起重机、其他机器以及机床等，都可以使用电力，被安置在任何地方。同样，当 1876 年亚历山大·格拉汉·贝尔（Alexander Graham Bell）发明电话、1901 年古列尔莫·马可尼（Gulielmo Marconi）第一次让无线电波穿越大西洋时，通信领域也出现了革命。

以汽油和柴油驱动的内燃机带来了新的动力源，促进了远洋客轮、飞机和汽车的发展。1900 年，世界汽车产量为 9000 辆，但美国人亨利·福特（Henry Ford）通过大众化生产 T 型车，给汽车工业带来了革命性变化。到 1916 年，福特工厂每年可生产 73.5 万辆汽车。1903 年，奥维尔·莱特（Orville Wright）和威尔布·莱特（Wilbur Wright）兄弟在北卡罗来纳州的基蒂霍克进行了第一次固定机翼飞机的试飞。1919 年，第一条定期客运航线开通。

● 新模式

1870—1914 年，工业生产迅速增长的原因在于制造品销售的大幅提高。1870 年后，工人实际工资增长，加上由于运输成本下降导致制造品价格下降，欧洲人可以更轻松地购买消费品。在城市，由于钢铁和电气产业的发展，第一批百货公司开始售卖大量新消费品。拥有缝纫机、闹钟、自行车、电灯、打字机的欲望很快催生出新的消费伦理，这也是现代经济的关键组成部分。

并非所有国家都从第二次工业革命中受益。1870—1914 年，德国取代英国，成为欧洲工业领袖。而且，到 1900 年，奥匈帝国西部以及意大利北部构成了先进工业核心地带，这里的生活水准高，有良好的交通运输体系，人们的健康和受教育程度相对较好。欧洲的另一部分即落后、工业化程度低的东部和南部，主要包括意大利南部、奥匈帝国大部分地区、西班牙、普鲁士、巴尔干各国以及俄国，它们仍旧是农业国，向工业国提供粮食和原材料。

● 全球经济的形成

19 世纪晚期的经济发展，以及以海洋运输和铁路为代表的交通运输革命一同促使形成了真正的全球经济。1900 年，欧洲人可以购买阿根廷和澳大利亚的牛肉和羊毛、巴西的咖啡、阿尔及利亚的铁矿石以及爪哇的糖。工业革命时，欧洲各国从亚洲的进口量远大于对亚洲的出口量，但此时，其他国家为欧洲大量剩余制造品提供了市场。欧洲资本也投向了海外的铁路、电力厂和银行。到 20 世纪初，欧洲凭借其资本、产业和军事实力主导了全球经济。

● 工业化的扩展

1870 年后，工业化开始向西欧、中欧和美国以外的地方扩展。尤其值得注意的是，在政府推动下，日本和俄国的工业化发展迅速。19 世纪 90 年代，在财政大臣谢尔盖·维特（Sergei Witte）的领导下，俄国掀起了工业化浪潮。维特推动俄国政府支持庞大的铁路建设。到 1900 年，俄国已经铺设了 3.5 万英里的铁路。维特还推动了俄国现代钢铁工业和煤炭工业的迅速发展，到 1900 年，俄国成为继美国、德国和英国之后的第四大钢铁国。同时，俄国的石油产量占世界的一半。

在日本，明治政府在工业发展中起了领导作用。日本政府为产业发展提供财政支持、修建铁路、引进外国专家用新技术培训日本雇员，同时建立了以实用科学为基础的普及教育体系。到 19 世纪末，日本已经建立起了茶叶、丝绸、武器和船舶制造业。

● 妇女与工作：新的工作机遇

19 世纪，工人组织认为，妇女应当留在家里养儿育女。男性工人认为，把女人排除在工业之外将确保道德良好和家庭健康。然而，事实上，当丈夫们失业时，妇女们不得不在家做低酬劳的工作，或是在血汗工厂里兼职，用来养活一家。

第二次工业革命为女性打开了新的工作大门。更大规模的工厂的发展、政府服务的扩大带来了大量服务性和白领的工作机会。大量相对低薪的白领工作的需求以及男性工人的短缺使雇主们开始雇佣妇女。妇女们发现了电话接线员、打字员、秘书、消防员、店员等新机会。义务教育要求有更多的教师，现代医疗服务业的发展使护士大为增加。

● 组织工人阶级

提高生活和工作条件的愿望促使许多产业工人建立社会主义政党和工会。这些现象出现于 1870 年后，但早在 20 多年前，与之相关的理论就出现在卡尔·马克思的著作里。马克思主义最早出现于 1848 年革命前夜出版的《共产党宣言》这本小册子中，作者是两个德国人——卡尔·马克思（Karl Marx，1818—1883 年）和弗里德里希·恩格斯（Friedrich Engels，1820—1895 年）。

马克思主义理论

马克思和恩格斯在《共产党宣言》中断言，"至今一切社会的历史都是阶级斗争的历史"。在整个人类历史上，压迫者和被压迫者"始终处于相互对立的地位"。[1] 有一群人——压迫者——掌握了生产资料，从而有了控制政府和社会的力量。实际上，政府本身就是统治阶级的工具。另一个依赖于生产资料的所有者群体则是被压迫者。

在马克思所处的时代，阶级斗争仍然存在于工业化社会中。在马克思看来，"整个社会日益分裂为两大敌对阵营，分裂为两大相互直接对立的阶级：资产阶级和无产阶级"。马克思预言，资产阶级与无产阶级之间的斗争将最终引爆公开的革命，"无产阶级用暴力推翻资产阶级而建立自己的统治"。资产阶级的灭亡"和无产阶级的胜利是同样不可避免的"。[2] 在一段时间内，无产阶级会形成专政，以重新组织生产资料，但最终，国家——它本身就是资产阶级利益的工具——将消失。由于阶级源自终将会消失的经济差异，最终结果是，人类将是一个无阶级的社会。

社会主义政党

一段时间后，马克思的思想被工人阶级组成的社会主义政党领袖所纳。其中，最重要的是 1875 年的德国社会主义民主党，该党信奉马克思的革命思想，逐渐发展为

〔1〕 K. Marx、F. Engels, *The Communist Manifesto*, Harmondsworth, England, 1967, p.80.《共产党宣言》初版于 1848 年。

〔2〕 K. Marx、F. Engels, *The Communist Manifesto*, pp.91、94.

无阶级社会

在《共产党宣言》中，卡尔·马克思和弗里德里希·恩格斯预言，资产阶级与无产阶级之间斗争的最终结果是出现一个无阶级的社会。以下资料节选自《共产党宣言》，马恩在文中分析了实现无阶级社会的几个阶段。

前面我们已经看到，工人革命的第一步就是使无产阶级上升为统治阶级，争得民主。

无产阶级将利用自己的政治统治，一步一步地夺取资产阶级的全部资本，把一切生产工具集中在国家即组织成为统治阶级的无产阶级手里，并且尽可能快地增加生产力的总量。

要做到这一点，首先必须对所有权和资产阶级生产关系实行强制性干涉，也就是采取这样一些措施，这些措施在经济上似乎是不够充分的和没有力量的，但是在运动进程中它们会越出本身，而且作为变革全部生产方式的手段是必不可少的。

这些措施在不同的国家里当然会是不同的。

但是，最先进的国家几乎都可以采取下面的措施：

1. 剥夺地产，把地租用于国家支出。

2. 征收高额累进税。

3. 废除继承权。

4. 没收一切流亡分子和叛乱分子的财产。

5. 通过拥有国家资本和独享垄断权的国家银行，把信贷集中在国家手里。

6. 把全部运输业集中在国家的手里。

7. 按照总的计划增加国家工厂和生产工具，开垦荒地和改良土壤。

8. 实行普遍劳动义务制，成立产业军，特别是在农业方面。

9. 把农业和工业结合起来，促使逐步消灭城乡对立。

10. 对所有儿童实行公共的和免费的教育。取消现在这种形式的儿童的工厂劳动。把教育同物质生产结合起来，等等。

当阶级差别在发展进程中已经消失而全部生产集中在联合起来的个人手里的时候，公共权力就失去政治性质。原来意义上的政治权力，是一个阶级用以压迫另一个阶级的有组织的暴力。如果说无产阶级在反对资产阶级的斗争中一定要联合为阶级，如果说它通过革命使自己成为统治阶级，并以统治阶级的资格用暴力消灭旧的生产关系，那么它在消灭这种生产关系的同时，也就消灭了阶级对立的存在条件，消灭阶级本身的存在条件，从而消灭了它自己这个阶级的统治。

代替那个存在着阶级和阶级对立的资产阶级旧社会的，将是这样一个联合体，在那里，每个人的自由发展是一切人的自由发展的条件。

□ 问题：马克思和恩格斯是如何定义无产阶级和资产阶级的？为什么马克思主义者相信两个阶级的这种区别对历史和塑造未来至关重要？

大型政党，并在德国下议院选举中展开竞争。一旦进入帝国议会，社会主义民主党的下议院代表们就致力于实现改善工人阶级状况的立法。1912 年的选举中，该党获得400 万张选票，成为德国最大的政党。

欧洲其他国家也出现了社会主义政党。1889 年，多个社会主义政党联合组成了第二国际，这是一个反对世界资本主义的社会主义国际组织（1872 年，第一国际解散）。第二国际采取了一些协调举动——如将五月一日定为国际劳动节，但在第二国际的历次会议上，内部矛盾丛生。

各马克思主义政党在修正主义问题上存在分歧。纯正的马克思主义者信仰暴力革命，认为它将终结资本主义，实现社会主义者对生产资料的占有。但其他被称为修正主义者的人则反对革命社会主义，认为工人必须组织大型政党，与其他进步分子一起进行改革。他们认为，通过民主手段的进化而非暴力，也能实现社会主义。

另一个致力于进化而非革命社会主义的力量是工会。在英国，工会于 18 世纪 70 年代获得罢工权。很快，工人们开始组织工会，通过罢工的手段来改善工作条件。到1900 年，英国的工会有 200 万成员；到 1914 年，人数增加到 400 万。欧洲其他地区的工会也取得了程度不同的成功，到一战爆发时，他们在改善劳动阶级的居住和工作条件方面取得了相对大的进展。

■ 反应与革命：民族主义的发展

□ 问题：保守主义、自由主义和民族主义的主要理念是什么？ 1800—1850 年，这三种思想各自在欧洲产生了什么样的影响？ 1848 年革命的原因是什么？为什么会以失败告终？

西方进入现代世界的主要变革力量在于依赖于机器的工业化，另一种重要的变革力量——民族主义也改变了19世纪欧洲的政治版图。

● 保守秩序

拿破仑失败后，欧洲各国统治者开始恢复旧秩序。这是英国、奥地利、普鲁士和俄国几个大国在1814年结束拿破仑战争的维也纳会议上的目标。会议领导者是奥地利外交大臣梅特涅（Klemens von Metternich，1773—1859年），他宣称，维也纳会议的指导原则是合法性。为了恢复欧洲的和平与稳定，他认为有必要恢复各国的合法君主，他们将维护传统制度。在法国，随着波旁王朝的复辟，这已成为现实，其他一些国家也与此相类。不过，这并未阻止大国从小国、弱国攫取领土的脚步。

1815年的和平协定只是决心遏制法国大革命所激发的自由主义和民族主义力量的保守反应的开端。梅特涅及盟友代表的是被称为保守主义的意识形态。大部分保守主义者主张服从政治权威，他们认为，有组织的宗教对社会秩序至关重要，他们憎恨革命的巨变，不愿意接受自由民权的要求，也不愿意接受代议制政府或法国大革命时代催生的民族主义理想。1815年后，保守主义的政治哲学得到了世袭君主、政府官僚和地主贵族的支持，新教和天主教教堂得以复活。可以说，1815年后，保守力量占主导地位。

各大国维持新现状的方法之一是建立欧洲协调机制（the Concert of Europe），根据该机制，英国、俄国、普鲁士和奥地利（以及后来的法国）同意举行定期会议，商讨维持欧洲的和平问题。最终，各大国采取了干预原则，宣称它们有权向发生革命的国家派遣军队，并恢复君主的合法地位。

● 变革的力量

尽管1815年后整个欧洲的保守政府都在极力恢复旧秩序，但强大的变革力量——自由主义和民族主义也在发挥作用。自由主义大部分可归因于18世纪的启蒙运动以及法国和美国的革命，它的基本思想是人们应当尽可能地不被约束。

政治上，自由主义者形成了一套共同信念。这些信念中的主要内容是保护公民的自由或所有人民的基本权利，包括：法律面前人人平等；人民有集会、演讲和出版的自由；保护人民免遭任意逮捕；所有这些自由权应当确保成文，如美国的《人权法案》。

除主张宗教信仰自由外，大部分自由主义者也倡导政教分离。他们还要求在议会内外有和平反对政府的权利，以及通过由合格选民选举的议会代表制定法律的权利。因此，许多自由主义者认为君主立宪制或限制政府权力的议会制能够防止专制，而成文宪法能够保障人民的各种权利。然而，自由主义者并非民主主义者。他们认为，选举权和参政权只应向有财产的男性开放。自由主义者主张经济放任主义原则，反对政府干预工资和工作时间。作为一种政治哲学，自由主义被中产阶级男性接纳，特别是那些主张自己有选举权，从而可以与地主阶级分享权力的工业中产阶级男性。

民族主义是更为强大的变革力量。民族主义源于对有共同体制、共同传统、共同语言和风俗的共同体的归属意识。这种共同体构成了"民族"，成为个体忠诚的重心。到法国大革命时，民族主义才成为一种普遍力量。从那时起，民族主义者认为，每个民族都应当有自己的政府。因此，尚未统一的德意志民族要求实现国家统一，建立拥有一个中央政府的德意志民族国家。而被统治的民族，如匈牙利人，也希望建立自己的自主政权，而非受制于多民族奥地利帝国统治下的德意志少数民族。

民族主义因此成为现存政治秩序的威胁。例如，一个统一的德国将威胁1815年维也纳达成的势力平衡，而独立的匈牙利就意味着奥地利帝国的解体。由于许多欧洲国家都是多民族聚居，保守主义努力压制民族主义的严重威胁。

1815年后，保守主义主宰了欧洲大部分地区的秩序，但从法国大革命中兴起的民族主义和自由主义的力量随着工业革命的扩展继续成长，并催生出新的要求变革的群体。1848年，这些变革力量喷薄而出。

● 1848 年革命

法国革命点燃了其他国家的革命运动。下层中产阶级、工人、农民正饱受工农业萧条的严重苦痛时，政府却始终拒绝降低投票权中的财产要求，这激怒了中产阶级中被剥夺权利的群体。由于法国国王路易·菲利普（Louis-Philippe，1830—1848 年）拒绝实施改革，1848 年 2 月 24 日，反对者推翻了君主制。一群温和、激进的共和党人组成了临时政府，要求由男性公民进行选举，成立宪法会议，起草新宪法。

法兰西第二共和国宪法于 1848 年 11 月 4 日通过，规定了由男性公民选举任期三年的独立立法机构，总统须经选举产生，任期四年。1848 年 12 月的总统选举中，拿破仑的侄子查尔斯·路易·拿破仑·波拿巴（Charles Louis Napoleon Bonaparte，1808—1873 年）大获全胜。在四年任期里，路易·拿破仑很快变成了拿破仑三世，建立起独裁政权。

1848 年法国革命的消息传到中欧，激发了那里的革命浪潮。1815 年的维也纳议定书承认了曾经是神圣罗马帝国一部分的 38 个主权国家的合法性。奥地利和普鲁士是两个强国，其他的国家则大小不一。1848 年，改革呼声致使许多德意志统治者许诺制定宪法、允许出版自由、建立陪审团制和实施其他自由改革。在普鲁士，国王腓特烈·威廉四世（Frederick William，1840—1861 年）同意制定新宪法并统一德意志。

随着德意志各政府同意由有普选权的男性代表组成法兰克福议会，统一的声浪在整个德意志上空回荡。该议会的目的是实现自由主义者和民族主义者的梦想——为新的统一的德意国家准备宪法。不过，法兰克福议会并未实现目标，因为议会成员并没有什么切实手段促使德意志统治者接受他们起草的宪法。德意志的统一并未实现，革命以失败告终。

法国革命的消息一传到奥地利，奥地利立即于 1848 年 3 月爆发了革命。奥地利帝国是多民族政权，至少有 11 个民族，包括德意志人、捷克人、匈牙利人、斯拉夫人、罗马尼亚人、塞尔维亚人和意大利人。德意志人尽管只占奥地利帝国总人口的 1/4，但在经济上居于主导地位，在政府中也起领导作用。然而，匈牙利人却希望有自己的立法机关。3 月，布达、布拉格和维也纳爆发了示威活动，保守主义代表、外交大臣梅特涅下台并仓皇逃亡国外。在维也纳，革命势力控制了首都，要求颁布自由主义宪法。匈牙利有了自己的立法机关和独立军队。

为了安抚革命者，奥地利官员做出了让步，但却决心重建牢固的控制权。如同德意志，革命者内部的激进势力与温和势力间的分歧越来越有利于帝国统治者。1848 年10 月末，奥地利军队粉碎了维也纳革命，在 14 万俄国军队的协助下，匈牙利革命最终也于 1849 年被镇压。奥地利帝国的革命同样失败了。

意大利的革命也没有成功。维也纳会议承认了在意大利的 9 个国家，诸如萨伏依（Savoy）家族统治下的撒丁王国、两西西里王国（包括那不勒斯和西西里）、教皇国、几个小公国，以及当时属于奥地利帝国一部分的非常重要的伦巴第和威尼西亚（即威尼斯）。意大利大部分都处于奥地利控制下，但一场新的意大利统一运动，即所谓的"青年意大利"，在 1848 年革命中取得了最初的胜利。然而，到 1849 年，奥地利重新完全控制了伦巴第和威尼西亚，旧秩序在意大利其他地方也大为盛行。

1848—1849 年，整个欧洲的温和中产阶级自由主义者与激进工人之间在革命目标上很快出现分歧，革命者未能团结一致，致使专制政权重新建立。在西方世界的其他地区，革命方向则有些不同。

对革命的回应：两种视角

19 世纪前半期，由于政治信念不同，欧洲人对革命的反应也千差万别。以下第一段资料来自历史学家、英国议员托马斯·巴宾顿·麦考莱（Thomas Babington Macaulay，1800—1859 年）的演讲。麦考莱就 1832 的改革法案在议会进行演说，这一法案将投票权扩大到了英国的工业中产阶级中。1830 年法国发生的革命得到上层资产阶级的部分支持，这影响了麦考莱的信念，即改革要比政治革命好。

第二段资料来自卡尔·舒尔茨（Carl Schurz，1829—1906 年）的回忆录。如同德国的许多自由主义者和民族主义者，舒尔茨了解 1848 年法国革命的情况，他也因此希望德国能发生一些变化。德国革命失败后，舒尔茨移民美国，后来成了一名美国议员。

尊敬的牛津大学的朋友告诉我们，如果我们通过这项法律，英国将很快成为共和国。据他说，改革后的下议院将在十年内废黜国王，罢免议员。……他的论据实际上是说我们的君主和贵族制度对英国公众的思想没有约束力；这些制度遭到绝大多数中产阶级的厌恶……现在，假设我相信英国大多数中产阶级反感君主和贵族，我将不得不得出君主和贵族制度不适合于英国的结论。君主和贵族制是有价值、有用的，正如我所认为的，它们至今还是很有价值和用处的手段，而非目的。政府的目标是人民的福祉；我并不认为在我们这样的国家，人民福祉的增进可以依赖中产阶级不信任的政府……然而，阁下，我完全相信中产阶级衷心赞同维持君权和宪法赋予贵族的各种权利……

但是，让我们更好地了解我们的利益与职责。我们应当遵循重大事件给我们的启示而行动，"改革，就可持续下去。"因此，国内外的一切都预示着那些坚持无望的斗争必将毁灭；……现在，你们应当采纳忠告，遵从历史、理性……而非偏见、党派精神……拯救那些被瓜分的财产；拯救那些被无法控制的情感所危害的民众；拯救那些被不受欢迎的权力危害的贵族；拯救有史以来最宏伟、最文明的社会，使它多少个世纪积累的智慧和遗产避免毁于一旦，这已经是岌岌可危，时不我待。如果这项法律被否决，我只得祈求上帝，让那些投否决票的人在法律被践踏、财产被毁灭、社会秩序混乱时后悔莫及。

——托马斯·巴宾顿·麦考莱，1831 年 3 月 2 日演说

1848 年 2 月末的一天上午，我正安静地坐在阁楼里……突然，一位朋友上气不接下气地冲进来，大声嚷嚷说，"什么！你还坐在这里呢！你不知道发生了什么？"

"不知道。什么事？"

"法国人把路易·菲利普赶跑了，宣称要共和呢！"

……我们下了楼，走上街和广场……尽管还是上午，广场上已经挤满了兴奋地交谈的年轻人……他们到底想要什么呢？可能没人知道。但是自从法国人把路易·菲利普赶跑并宣告共和后，这里肯定也要发生些什么……

第二天……我们深切地感到要做点比我们（自己的阶级）更重要的事——投入到祖国的事业中去。我们尽可能快地联络我们的朋友，讨论已经发生的事以及我们要做的事。

在这些谈话中，我们都很激动，有些确定的理念和流行起了作用，它们或多或少地表现了人民的情感。现在是在德国建立"统一德国"的时候了，是时候建立伟大的、强大的德意志帝国了。这些谈论中居于首位的是召集全国议会。然后是要求公民权利和自由、言论自由、出版自由、集会自由、法律面前人人平等、人民自由选举权、社区自治、人民组织军队的权利，等等。简而言之，可以概括为"以广泛的民主为基础的宪政"。共和的观念起初讨论得比较浅。但是民主一词很快遍及各地，许多人认为如果君主剥夺人民的权利和自由要求，就当实行共和，武力将取代单纯的请愿。当然，只要可能，祖国的复兴应以和平方式实现。我整个人都沉浸在德国人民争取自由的最重要机会来了的情感中，自由是人民与生俱来的权利，也是祖国统一和繁荣的推动力。现在，每个德国人的首要责任是为这个神圣的目标奋斗和牺牲。

——卡尔·舒尔茨回忆录

□ 问题：麦考莱支持 1832 年改革法案的理由是什么？他的说法正确吗？为什么？卡尔·舒尔茨听到法国革命的消息时，为什么如此激动？你认为他的大学生身份是否是他有此反应的原因？为什么？你认为他们二人的方法有何区别？这两段资料传递了有关 19 世纪德国和英国政治发展的什么信息？

● 巴尔干的民族主义：奥斯曼帝国与东方问题

奥斯曼帝国长期以来控制着欧洲东南部巴尔干的大部分地区。不过，到 19 世纪初期，奥斯曼帝国走向衰落，它对巴尔干外围地区的控制削弱。结果，欧洲各国政府，尤其是俄国和奥地利，对奥斯曼帝国的解体极感兴趣。所谓的"东方问题"让整个 19 世纪的欧洲外交官麻烦不断。

1853 年，当俄国入侵奥斯曼的摩尔达维亚和瓦拉几亚时，奥斯曼土耳其于 10 月 4 日对俄国宣战。1854 年 3 月 28 日，担心俄国会获得好处的英法两国向俄国宣战。在这场所谓的克里米亚战争中，俄国计划极其不周，打得非常糟糕，在遭受了巨大损失后不得不向英法求和。1856 年签订的《巴黎和约》中，俄国同意摩尔达维亚和瓦拉几亚由所有大国保护。

克里米亚战争摧毁了欧洲的平衡。19 世纪前半叶维持主要秩序的奥地利与俄国因前者未在战争中支持后者，现在成了对头。遭遇屈辱军事失败的俄国在接下来的 20 年里不问欧洲事务。在战争中地位幻灭的英国也不再积极插手欧洲大陆事务。战争期间宣布中立的奥地利，在各大国间现在成了孤家寡人。这种国际新秩序为意大利和德国的统一开启了方便之门。

■ 1848—1871 年的国家统一与民族国家

□ 问题：为了统一意大利和德国，加富尔与俾斯麦各采取了什么行动？在统一过程中，战争起了什么作用？

1848 年革命失败了，但接下来的 25 年里，19 世纪前半期的自由主义者和民族主义者所追求的许多目标却都实现了。意大利和德国统一了，许多欧洲国家处于立宪君主统治下。

● 意大利的统一

最先从欧洲步调一致的崩溃中获益的是意大利人。1850 年，奥地利仍然是意大利半岛的主导力量。1848—1849 年革命失败后，越来越多的意大利人关注北边萨伏依家族统治下的皮埃蒙特王国（也称为撒丁—皮埃蒙特王国），他们将统一意大利的希望寄托在皮埃蒙特王国身上。然而，在 1852 年国王维克多·伊曼纽尔二世（Victor Emmanuel II，1849—1878 年在位）任命卡米洛·迪·加富尔（Camilo di Cavour，1810—1861 年）伯爵为首相前，人们一直质疑这个小王国能否领导统一。

加富尔实施了经济扩张政策，使政府财政收入增加，皮埃蒙特也有能力装备大规模军队。进而，他与法国皇帝拿破仑三世结盟，击败了奥地利，获得了伦巴第的控制权。加富尔的成功致使北方几个王国（帕尔马、摩德纳、托斯卡纳）的民族主义者推翻其政府、加入皮埃蒙特。

同时，意大利南部，虔诚的爱国者朱塞佩·加里波第（Giuseppe Garibaldi，1807—1882 年）率领了一支由千人革命者组成的红衫军。加里波第的队伍很快横扫西西里，向意大利半岛胜利进军。1860 年，加里波第控制了那不勒斯和两西西里王国。爱国者加里波第将征服的地方转交给了加富尔的

表 19.1　意大利统一大事记

事　件	时　间
维克托·伊曼纽尔二世统治	1849—1878 年
卡米洛·迪·加富尔任首相	1852 年
加里波第进攻两西西里	1860 年
意大利王国建立	1861 年 3 月 17 日
意大利统一威尼西亚	1866 年
意大利统一罗马	1870 年

皮埃蒙特军。1861 年 3 月 17 日，由伊曼纽尔二世和皮埃蒙特中央政府统治的新意大利王国建立。不过，意大利的统一尚未完成。1866 年，北方的威尼西亚脱离奥地利，并入意大利；1870 年 9 月 20 日，意大利军队占领了罗马城，罗马遂成为统一的意大利的新首都。

● 德国的统一

1848—1849 年，法兰克福议会实现统一的努力失败后，德意志人越来越将普鲁士视为统一的领袖。在国王对政府和军队的强力控制下，普鲁士成为一个强大、繁荣、权威赫赫的国家。1862 年，威廉一世（William I，1861—1888 年在位）任命奥托·冯·俾斯麦（Otto von Bismarck，1815—1898 年）伯爵为首相。人们往往将俾斯麦形容为一个现实主义者——19 世纪现实主义政治的最出色的践行者。他曾说："当前的各种重大问题不是演说和多数会议所能解决的，1848—1848 年的错误正在于此，只有铁与血才能解决问题。"[1] 国内对俾斯麦政策的反对使他转而采取积极的外交政策，这导致了战争的爆发和德国的统一。

1864 年，普鲁士打败了受奥地利支持的丹麦军队，获得了对石勒苏益格和荷尔斯泰因公国的控制权。1866 年 6 月 14 日，俾斯麦与奥地利开战。7 月 3 日，奥地利在柯尼格拉茨会战中惨败，普鲁士组织了北方的几个德意志王国组成北德意志联邦。南边的几个德意志王国大部分信仰天主教，仍然保持独立，但因担心西边邻居法国而与普鲁士订立了军事联盟。

---

[1]　引自 L.L.Snyder 编：*Documents of German History*，New Brunswick，N.J.，1958，p.202.

现在的普鲁士已经掌控了整个德意志北部，但俾斯麦认为，法国永远不会乐见自己东边出现一个强大的、有潜在威胁的德国。1870 年 7 月 15 日，普法战争爆发。普鲁士军队进入法国境内，9 月 2 日的色当战役中，普鲁士俘虏了整个法军以及法国皇帝拿破仑三世。1871 年 1 月 28 日，法国投降。法国割让阿尔萨斯和洛林给德国，这场大损失激起了法国的愤怒复仇情绪。

普法战争结束前，南边的几个德意志王国已经同意加入北德意志联邦。1871 年 10 月 18 日，在凡尔赛宫的镜厅，威廉一世被加冕为德意志第二帝国皇帝（第一帝国即中世纪的神圣罗马帝国）。在普鲁士君主和普鲁士军队的领导下，德国实现了统一。普鲁士领导德国统一意味着在新德国的崛起过程中，威权和尚武价值观战胜了自由主义、宪制精神。由于其工业资源和军事实力，新兴的德国成为欧洲大陆最强大的国家。新的欧洲力量平衡已经形成。

● 民族主义与改革：19 世纪中期的欧洲民族国家

与欧洲的大陆国家不同，19 世纪前半叶，英国避免了革命大动荡。19 世纪初，英国由主宰着上下议院的贵族地主阶级统治。但到 1832 年，为了避免欧洲大陆的动荡，英国议会通过了改革法案，增加了以工业中产阶级为主的男性选民数量，通过允许他们加入有产阶层的统治阵营，英国避免了 1848 年的革命浪潮。

19 世纪 50 年代和 60 年代，英国自由议会体制进行了政治和社会改革，使国家得以保持稳定。英国稳定的另一个原因是经济持续增长。1850 年后，中产阶级繁荣的同时，工人阶级的实际工资从 1850 年到 1870 年的 20 年里增加了 25%，他们的境遇也得到了改善。英国的国家荣誉感在维多利亚女王（1837—1901 年在位）身上得到极佳体现，她的道德责任感反映了那个时代——直接被称为维多利亚时代——的普遍观念。

1848 年革命后，法国恢复了君主制。路易·波拿巴当选总统 4 年后，恢复了法国的帝制。1852 年 12 月 2 日，他加冕为拿破仑三世（1814 年，拿破仑退位后，其儿子拿破仑二世继位）。由此开始了法兰西第二帝国。

拿破仑三世前五年的统治取得了巨大成功。他采取了许多措施促进工业发展：政府投资促使加快了铁路、港口、道路、隧道的建设。法国的主要铁路干线在拿破仑三世时期完成，钢铁产量翻了 3 倍。拿破仑三世还在巴黎大兴土木。中世纪时期巴黎狭窄的街道、老旧的城墙被拆毁了，取而代之的是现代的林荫大道、宏伟建筑、地下污水系统、自来水供应以及煤气路灯。

电影与历史

《年轻的维多利亚》（2009 年）

让 - 马克·瓦雷执导的影片《年轻的维多利亚》对英国历史上统治时间最长的维多利亚女王的早年生活的刻画既有想象力又较为写实。影片的故事情节从 1836 年开始，当时，17 岁的维多利亚（艾米丽·布伦特饰演）成为王位继承人。她的控制狂母亲肯特公爵夫人（米兰达·理查德森饰演）打算阻止女儿继承王位，由她自己及情人约翰·康罗伊爵士（马克·斯特朗饰演）担任摄政。肯特公爵夫人和约翰·康罗伊爵士最终还是失败了，1837 年，维多利亚在叔叔威廉四世（吉姆·布莱特本特饰演）去世后继承王位。影片还描述了首相墨尔本勋爵（保罗·贝特尼饰演）对年轻女王的影响。但是，维多利亚对墨尔本勋爵的依恋招致了英国人极大的不满。影片还浪漫化地描写了女王年轻的德国表弟萨克森 - 科堡 - 哥达亲王阿尔伯特（鲁伯特·弗兰德饰演）对她的求婚，准确表现了维多利亚与阿尔伯特间强烈、持久的爱情。

影片取景于城堡和教堂，视觉上很令人享受，但也有些不尽写实的地方。影片中维多利亚女王用右手书写，实际上她是个左撇子。事实有时候还被戏剧性地美化了。尽管女王的确遭到过一次暗杀，但阿尔伯特在保护她时并未被枪击中，暗杀者的两枪都失了准头。威廉四世在宴会上侮辱肯特公爵夫人是真实之事，威廉四世的一些话来自史实，不过其结果却并非如影片所反映的那样。公爵夫人并未离开宴会厅，维多利亚也未保持平静，而是哭了。此外，除了表现女王对工人居住条件的关心外，这部浪漫化的影片并未涉及维多利亚时代的政治和社会问题。

19 世纪 60 年代，面对反对统治力量的日益增多，拿破仑三世开始放开政权。他赋予立法会在国家事务中更多的话语权，包括就财政预算进行辩论。自由化政策起初是有效的。1870 年 5 月，在是否接受可能开创议会政权的新宪法的投票表决中，法国人民使拿破仑三世取得了压倒性胜利。然而，这一胜利极为短暂。1870 年的普法战争中，拿破仑三世被废黜，法兰西宣布建立共和国。

尽管民族主义是 19 世纪欧洲的一股主要力量，但势力最强大的国家之一奥地利帝国却在压抑其境内各民族的自决愿望。哈布斯堡王朝镇压 1848—1849 年革命后，又重新恢复了集权的专制政府。不过，1866 年，奥地利在与普鲁士的战争中失败后，被迫开始处理激进的匈牙利民族主义。

解放：农奴与奴隶

尽管俄国和美国的历史极不一样，但两国在 19 世纪 60 年代都有同样的特点。它们是西方世界中仅存的两个还有大量奴隶人口的国家（俄国的农奴实际上也是奴隶）。两国领导人都在两年内发表了废奴宣言。以下第一段资料来自 1861 年 3 月 3 日沙皇的废奴命令。第二段资料来自亚伯拉罕·林肯 1863 年 1 月 1 日的黑人奴隶解放宣言。

蒙上帝恩宠。朕，亚历山大二世，即全俄皇帝和专制君主，兼波兰国王、芬兰大公，等等，兹特向朕治下全体忠良臣民宣告如下：

天意和继承皇位的神圣法律既召朕登上了世袭的全俄罗斯帝位，朕为求不负此使命，曾立誓以朕的人君恩泽和关乎被于朕治下一切身份和地位的全体忠良臣民，上自身居国家高位的官吏，下至用犁耕田的农夫。……

所以朕深信：对朕说来，改善农奴状况这桩事业是先祖的遗命，也是天意通过一连串事件托付给朕的使命。……

根据上述新法令，农奴在适当的时候将获得自由农村居民的一切权利。不仅如此，农民还有权赎买他们所居住的房屋，并在获得地主同意后，购买分配给他们长期使用的土地和其他附属地产作为私产。农民由此获得一定数量的土地为私产后，因为赎买了土地，他们就摆脱对地主的义务，而成为拥有私产的完全自由的农民。

——亚历山大二世 1861 年 3 月 3 日敕令

我，合众国总统亚伯拉罕·林肯，现依据实际发生反抗合众国当局的武装叛乱时期被授予的合众国陆海军总司令的职权，作为镇压上述叛乱的一个适当的、必需的战争措施，特于本日——公元 1863 年 1 月 1 日，按照我在上面第一次提到的……命令指明这一天当地居民处于反叛合众国状态者有如下诸州及某些州的如下部分地区：

阿肯色州、得克萨斯州、路易斯安那州……密西西比州、亚拉巴马州、佛罗里达州、佐治亚州、南卡罗来纳州、北卡罗来纳州和弗吉尼亚州……

为了上述目的，我依据职权，正式命令并宣布凡在上面指明各州及一些州的部分地区之内作为奴隶被占有的人，从现在起永远获得自由；合众国政府行政部门，包括海陆军当局，将承认并保障上述人们的自由。

——林肯 1863 年 1 月 1 日的黑人奴隶解放宣言

□ 问题：什么样的变化促成了沙皇亚历山大二世发布废除农奴的法令？林肯的解放宣言对处于叛乱中的"南方军"产生了什么样的影响？两国领导人为何均有废奴举措？

奥地利与匈牙利最终在 1867 年通过了妥协宪章，建立了二元君主制的奥匈帝国。现在，该帝国两个部分都有自己的宪法、立法机构、政府官僚机构以及首都（奥地利的维也纳和匈牙利的布达佩斯）。将它们连在一起的是君主即奥地利皇帝和匈牙利国王弗兰茨·约瑟夫（Francis Joseph，1848—1916 年）以及共同的军队、外交和财政政策。然而，妥协宪章并没有使奥匈帝国内的其他民族主义者满足。

19 世纪初，俄国仍主要是一个农业、农村和专制的社会。俄国以士兵、秘密警察镇压为基础的帝制专制抵挡住了 19 世纪前半期的革命热潮。不过，1856 年克里米亚战争的惨败让即便是极其顽固的保守分子也意识到俄国已经远远落后于西欧各国。沙皇亚历山大二世（Alexander II，1855—1881 年在位）于是决定进行重大改革。

农奴制是俄国最难解决的难题。1861 年 3 月 3 日，亚历山大二世签署解放农奴法案。农民现在有了财产和婚姻自由，但是法案通过后的重新分配土地并不利于他们。政府从地主手中购买土地，提供给农民，但地主往往都把最好的土地留给了自己。很快，农民们发现自己根本没有足够的可耕地来养家糊口。

农民也没有完全的自由。政府为向农民售卖土地的地主提供赔偿，而农民却得长期偿还政府的债务。为了确保还款，农民不得不屈从于为政府收集资金的村社的威权之下。为了收取债务，村社也不愿农民离开土地。因此，解放农奴法案并没有让农民获得自由，也没有形成西方模式的有地农民群体，法案带来的是悲惨、缺田少地和很大程度上还在用传统方式进行农业生产的农民。

■ 1871—1914 年的欧洲各国

□ **问题**：19 世纪末 20 世纪初，西欧各国的总体政治趋向是什么？这些趋向在中欧和东欧的表现是怎样的？民族主义的发展是如何影响这一时期的国际关系的？

到 1870 年，欧洲大部分地区的民族国家成为民众忠诚的中心。只有在俄国、东欧、奥匈帝国和爱尔兰，各民族仍在为独立而奋斗。在主要欧洲国家中，它们在议会、宪法等自由主义机构的建立上取得了长足进步；西欧国家中，大众政治成为现实。男性投票和大众政党的创建等改革举措促进了民主政治的扩大。然而，在旧的政治势力仍然强大的一些欧洲地区，类似的改革遭到了严厉压制。

● 西欧：民主政治的发展

到 1871 年，英国已经形成了基本的两党制度。接下来的 50 年里，自由党和保守党交替执政，这两个党都由贵族地主和上层中产阶级商人掌控，它们竞相通过法律来扩大选举权。到 1918 年，所有 21 岁以上的男性和 30 岁以上的女性都有选举权。政治民主很快又与工人阶级的社会福利措施相伴随。

倡导更激进的经济变革的工会增多，以及 1900 年里出现了致力于工人利益的工党，使 1906—1914 年执政的自由党意识到，他们必须实施社会福利政策，否则将失去工人的支持。因此，他们投票通过了一系列社会改革。1911 年的《国民保险法案》为工人提供了疾病、失业等保障。另外，还立法给 70 岁以上的老年人提供小笔养老金。尽管福利增长的同时，税收也在适当增长，但它们是迈向后来福利国家的第一步。

在法国，随着 1875 年临时宪法宣布第三共和国建立，第二帝国崩溃后的混乱状态结束了。第三共和国持续了 65 年。不过，由于是几个政党迫使总理依靠政党联盟掌权，法国的议会制度比较脆弱。第三共和国也因政权更迭频仍而恶名远扬。不过，到 1914 年，第三共和国仍获得了绝大多数法国人的忠诚。

● 中欧和东欧：旧秩序的延续

1871 年，俾斯麦开启的新德意志帝国宪法规定德国实行两院制议会。下议院由全体男性选民选出，但没有行政权力。德国各部门大臣对皇帝而非对议会负责。皇帝掌控军队，控制着外交政策和官僚机构。

威廉二世（1888—1918 年在位）期间，德国仍是一个"专制、保守，由军事官僚掌权的国家"。到威廉二世统治末期，德国成为欧洲大陆最强大的军事和工业国家，但变革之速也撕裂了在传统与现代化之间徘徊的社会。随着工业和城市扩张而来的是，人们需求真正的民主。保守势力——尤其是有地贵族和工业家——试图支持威廉二世的积极外交政策，以封锁

表 19.2　民族国家（1870—1914 年）大事记

国　家	事　件	时　间
英　国	工党成立	1900 年
	国民保险法	1911 年
法　国	第三共和国建立	1875 年
德　国	俾斯麦担任首相	1871—1890 年
	威廉二世执政	1888—1918 年
奥匈帝国	弗兰茨·约瑟夫掌权	1848—1916 年
俄　国	沙皇亚历山大三世统治	1881—1894 年
	沙皇尼古拉二世统治	1894—1917 年
	日俄战争	1904—1905 年
	1905 年革命	1905 年

民主运动。他们认为，海外扩张会将人们的注意力，使人们不再呼吁国内的民主，而是将矛头对准海外。

1867 年，奥匈帝国的二元君主制确立后，奥地利通过了理论上建立议会制的新宪法。实际上，弗兰茨·约瑟夫皇帝在大多数情况下都无视议会，议会闭会时，仍以命令执政。不同民族主义者之间的问题仍未解决。统治奥地利的德意志少数民族越来越感受到捷克人、波兰人以及其他斯拉夫人的威胁。这些民族在议会中强烈要求自治，导致 1900 年后的首相无视议会，越来越依赖于皇帝的命令进行统治。

在俄国，1881 年亚历山大二世被暗杀，这让他的儿子及其继任者亚历山大三世（1881—1894 年在位）确信，改革是个错误，并乘机严厉镇压改革者和革命者。亚历山大三世死后，他羸弱的儿子和继任者尼古拉二世（1894—1917 年在位）开始统治俄国，尼古拉二世也坚持应当保持绝对权力，表示："我会如同我难以忘怀的父亲一样，坚决、毫不留情地维护专制原则。"[1] 不过，此时已是时过境迁。

1890 年后，俄国工业化速度发展很快，随工业化而来的是工厂、工人阶级、社会主义政党，其中包括社会主义民主党、社会革命党。在俄国政府的镇压下，这两个政党被迫转入地下，不过，反对沙皇政府的声浪一浪高过一浪，最终引发了 1905 年革命。

1904—1905 年，日俄战争中我方大败进一步激发了反政府力量群起反对沙皇统治。尼古拉二世开放民权，组成经广泛选举直接产生的立法机构杜马，但君主立宪制仅是昙花一现。1907 年，沙皇剥夺杜马权力，再度依靠军队管理和统治俄国。

● 国际竞争与战争风云

1871—1914 年的绝大部分时间里，欧洲都处在和平之中。尽管战争确有发生（包括征服非西方世界的战争），但没有一场战争引发列强共同参与。1871 年，俾斯麦已经意识到，作为欧洲大陆最强大国家，统一的德国打破了 1815 年维也纳会议达成的势力平衡原则。俾斯麦担心法国和俄国可能会结成反德同盟，甚至连奥地利也可能加入其中，因此于 1879 年率先与奥地利结盟。3 年后，对法国在北非野心勃勃的扩张殖民地一事深感愤怒的意大利也加入德奥同盟。1882 年成立的德奥意同盟决心共同防范法国；同时，俾斯麦又单独与俄国订立了和约。

1890 年，德皇威廉二世抛弃俾斯麦，直接控制德国的外交政策，通过积极的对外政

---

〔1〕 引自 S.Galai：*The Liberation Movement in Russia*，*1900-1905*，Cambridge，1973，p.26.

策，谋求"阳光下的合法地位"，以此提升德国的实力。威廉二世对俾斯麦的外交政策所做的改变之一是解除了与俄国的和约，他认为既然有德奥同盟，那么，该和约就比较奇怪。结果是1894年法俄两国结成军事同盟。接下来的10年里，德国的政策导致英法两国接近。到1907年，反对德奥意同盟国的英法俄协约国成立。欧洲分裂成越来越固化、不愿妥协的两大阵营。1908—1913年巴尔干半岛的一系列危机埋下了一战的伏笔。

巴尔干危机

19世纪，奥斯曼帝国的巴尔干各省逐渐获得自由，尽管奥地利与俄国的竞争致使这一进程更为复杂。1878年，希腊、塞尔维亚、罗马尼亚和黑山独立。保加利亚虽未完全独立，但被允许在俄国保护下实施自治。波斯尼亚和黑塞哥维那则处于奥地利控制下，奥地利占领但未吞并它们。

不过，1908年，奥地利兼并了两个斯拉夫语区的领土。塞尔维亚因建立联合南部几个斯拉夫地区的大塞尔维亚国家的希望破灭而怒火中烧。作为斯拉夫人保护者的俄国人支持塞尔维亚及反奥举动。受俄国支持，塞尔维亚准备对奥地利宣战。此时，威廉二世插手，要求俄国要么承认奥地利吞并波斯尼亚和黑塞哥维那，要么与德国开战。因日俄战争元气大伤的俄国退却了，不过，却立下誓言，定要复仇。1912—1913年，巴尔干各国间的两场战争进一步令这一地区的人们痛苦不堪，导致大国间关系更为紧张。

塞尔维亚建立大塞尔维亚国家的愿望仍未实现，深感挫败的塞尔维亚民族主义者将之怪罪于奥地利人。奥匈帝国也认为，塞尔维亚是个大威胁，必须将之镇压。塞尔维亚的主要支持者俄国人则决定，倘在巴尔干遭遇德奥，不会再退让。奥匈帝国的盟友与俄国都决定要在其他危机中进一步支持自己的盟友。到1914年初，两大武力阵营呈互相敌视之态。

▬ 本章小结

1815年，整个欧洲重新确立了保守秩序，但被法国大革命激发又因工业化扩散而强化的自由主义和民族主义力量正推动欧洲进入新的政治和社会变迁时代。工业化很快从英国扩散到欧洲大陆和美国。随着城市的发展，欧洲工人阶级的新困境成为新政治哲学的关注焦点，尤其值得注意的是寻求被压迫无产阶级的解放的马克思思想。同时，工业中产阶级采纳了自由主义的政治哲学，鼓吹政治和经济自由。到19世纪中期，民族主义日益危及分裂的德国、意大利和多民族的奥地利帝国。

1848 年，欧洲大陆爆发了一系列革命。法国建立了男性普选权的共和国，但4 年后，让位于法兰西第二帝国。法兰克福议会试图统一德意志，却以失败告终。在奥地利帝国，匈牙利人和其他民族主义者的自由要求最终被压制。意大利也同样如此，当保守分子重新控制大权后，反奥地利统治的革命也以失败告终。

到 1871 年，民族主义力量已经在德意志和意大利盛行。加富尔和加里波第的举措最终在 1870 年让意大利实现了统一。在俾斯麦的领导下，普鲁士与丹麦、奥地利和法国开战，1871 年，德国最终统一。其他西方国家的特点是改革。奥地利建立了二元君主制的奥匈帝国。俄国在克里米亚战争中的失败导致亚历山大二世进行改革，其中包括解放农奴。

1871—1914 年，随着安抚工人大众的医疗和老年保障等社会保障措施的实施，民族国家的功能开始拓展。自由主义和民主改革，尤其是在西欧国家的政治进程中，在参政权上有更大的可能性。然而，大量少数民族，特别是在奥地利、奥斯曼和俄国控制下的多民族帝国的少数民族并没有实现建立自己国家的目标。同时，奥斯曼帝国的瓦解使俄国和奥地利将目光投向了巴尔干的领土。随着德国势力的增强，欧洲各国结成了新同盟，这有助于维持力量平衡，但也引发了大规模的军备竞赛，结盟还造成了紧张局势，当欧洲人没法解决巴尔干的一系列危机时，战争一触即发，最终发展成灾难性的一场屠杀。

本章思考

— **问题 1**：第一次工业革命与第二次工业革命有哪些主要异同？

— **问题 2**：自由主义与民族主义的主要观念是什么？这些观念在 19 世纪前半期是如何实践的？

— **问题 3**：1871—1914 年，英国、法国、德国、奥匈帝国和俄国在多大程度上实现了提高政治民主化的主要目标？

拓展阅读

关于工业革命及其影响。对于工业革命的基本介绍，可以参考 J.Horn, *The Industrial Revolution*, Westport, Conn., 2007。关于英国在工业革命中的地位，可以参考 K.Morgan，*The Birth of Industrial Britain：Social Change，1750-1850*，New York，2004。关于妇女劳工问题，可以参考 J.Rendall，*Women in an Industrializing Society：England，1750-1880*，Oxford，2002。

关于全球视角下的现代经济问题。可以参考 K.Pomeranz，*The Great Deliverance：China，Europe，and the Making of the Modern World Economy*，Princeton，N.J.，2002。

关于工业的发展和繁荣问题。A.S.Milward、S.B.Saul，*The Development of the Economies of Continental Europe，1850-1914*，Cambridge，Mass.，1977，较为全面地讨论了第二次工业革命的情况。新技术对欧洲人思想的影响在 S.Kern，*The Culture of Time and Space，1880-1914*，rev.ed，Cambridge，Mass.，2003 中有出色分析。关于卡尔·马克思的研究，可以参考 D.McLellan，*Karl Marx：His Life and Thought*，4th.ed，New York，2006。

关于 1814—1848 年民族主义的发展问题。可以参考 R.Gildea，Barricades and Borders：Europe，*1800-1914*，Oxford，2003，以及 T.C.W.Blanning 主编：*Nineteenth Century：Europe，1789-1914*，Oxford，2000。

关于 1814—1848 年的情况。可以参考 M.Lyons，*Postrevolutionary Europe，1815-1856*，New York，2006。1848 年革命的情况，可以参考 J.Sperber，*The European Revolutions，1848-1851*，New York，2005。

关于 1848—1871 年民族统一与民族国家的情况。意大利的统一，可以参考 B.Derek、E.F.Biagini，*The Risorgimento and the Unification of Italy*，London，2002。德国统一的情况，可以参考 E.Feuchtwanger，*Bismarck*，London，2002。

关于路易·波拿巴的地位和作用，可以参考 J.F.McMillan，*Napoleon III*，New York，1991。奥匈帝国的情况，可以参考 R.Okey，*The Habsburg Monarchy*，New York，2001。沙皇俄国的情况，可以参考 T.Chapman，*Imperial Russia，1801-1905*，London，2001。维多利亚时期的英国的情况，可以参考 W.L.Arnstein，*Queen Victoria*，New York，2005。

1871—1914 年的欧洲各国，可以参考 J.Sperber，*Europe 1850-1914*，New York，2009。

第20章
美洲、西方的社会与文化

　　民族主义——19 世纪改变欧洲的主要力量之一——深刻影响了拉丁美洲殖民地人民推翻西班牙和葡萄牙的统治、建立新民族国家的进程。海地非同寻常的革命揭开了拉丁美洲独立运动的序幕。弗朗索瓦 – 多米尼克·杜桑·卢维杜尔（Fran cois–Dominique Toussaint Louverture）是个奴隶，1746 年出生于法国殖民地伊斯帕尼奥拉岛以东的圣多明各，祖父是位非洲国王。卢维杜尔受教于他的教父，通过个人的天赋和法国主人的慷慨积累了一小笔财富。1791 年，受法国大革命的激励，圣多明各爆发了奴隶起义，杜桑·卢维杜尔是这次起义的领导者。卢维杜尔率领军队与法国展开了多年的斗争。1801 年，卢维杜尔的军队控制了圣多明各后，宣布建立新政权，通过了解放全部奴隶的宪法。

　　不过，拿破仑拒绝承认杜桑对法国最富有的殖民地的控制，并派遣了一支由其妹夫查尔斯·勒克莱尔将军（Charles Leclerc）率领的 2.3 万人的军队前去镇压。尽管黄热病让法国军队付出了不小代价，但人数和武器占绝对优势的法军还是占了上风。1802 年，勒克莱尔许诺杜桑，"你找不到一个比我更诚挚的朋友"，杜桑受此诱骗被捕，被送往法国。一年后，在法国的地牢里去世。然而，1804 年，杜桑的部属们驱逐了法军，伊斯帕尼奥拉岛西部部分地区即现在的海地成为拉丁美洲第一个独立的国家。海地仅仅是 19 世纪美洲诸多新独立国家中的一个。事实上，随着加拿大和美国的扩张，北美洲的国家建构更为突出。

　　19 世纪，当西半球和欧洲纷纷出现民族国家时，这两个地方的社会和文化也发生了重大变化。19 世纪快速变迁的经济使西方世界出现了大众社会，这意味着下层阶级民众的境遇有所改善，他们得益于选举权的扩大、更高标准的生活、教育的普及。大众社会的到来也给民族国家政府赋予了新角色，培育出了人们对国家的忠诚感，通过征兵制建立的大规模军队，在公众健康和住房等方面承担起更多责任。社会的发展也带来了文化和知识的变化。1870 年后，西方哲学家、作家、艺术家开始进行现代文化表达，他们质疑传统思想，在民众中引发了信仰危机。

■ 19世纪和20世纪初的拉丁美洲

···

□ **问题**：1800—1870年，自由主义和民族主义在拉丁美洲扮演了什么角色？
19世纪晚期和20世纪初期拉丁美洲的主要经济、社会和政治潮流是
什么？

···

几个世纪以来，西班牙和葡萄牙在拉丁美洲的殖民地一直被纳入欧洲的传统君主
政体之中。在启蒙运动和拿破仑时代剧变的影响下，这一结构也受到挑战，拉丁美洲
也有了变化的可能性。然而，对这种可能性的回应在一定程度上是由该地区的独特环
境决定的。

● 独立战争

到18世纪末期，源自北美的启蒙思想和新的政治理念开始影响克里奥尔精英们
（拉丁美洲的欧洲人后裔）。法律面前人人平等、贸易自由、出版自由等原则极具吸引
力。西蒙·玻利瓦尔（Simon Bolivar，1783—1830年）和何塞·弗朗西斯科·德·圣
马丁（José Francisco de San Martín，1778—1850年）等克里奥尔人的后代、独立运动
的领导人曾在欧洲求学，在那里他们接受了启蒙运动的洗礼。这些拉丁美洲的精英与
不断庞大的商人阶层尤其痛恨西班牙和葡萄牙对拉丁美洲贸易的控制。

拉丁美洲的民族主义反抗

克里奥尔精英阶层很快开始用新思想谴责伊比利亚半岛各国和拉美的君主统治
（因政治和经济利益居住在拉丁美洲的西班牙和葡萄牙官员）。正如1815年玻利瓦尔所
言，"让西班牙与美洲两个大陆相遇比让它们实现思想和解更容易"。[1] 拿破仑推翻西
班牙和葡萄牙的君主统治后，两国殖民地的政权也随之削弱，1807—1825年，拉美多
数地区都爆发了独立起义。

正如本章开头所述，拉美首次起义实际上是一次成功的奴隶解放运动。杜桑·卢
维杜尔率领的这次起义使海地于1804年成为拉美的第一个独立国家。

1810年，墨西哥也爆发了起义。这次起义最初是因克里奥尔精英推翻殖民政权的

---

〔1〕引自 J.C.Chasteen：*Americanos*：*Latin America's Struggle for Independence*，Oxford，2008，p.122.

愿望激发的。墨西哥独立运动的首位真正英雄是米格尔·伊达尔戈·伊·科斯蒂利亚（Miguel Hidalgo y Costilla），他在距墨西哥城 100 英里左右的一个乡村担任牧师。曾研究法国大革命的伊达尔戈动员墨西哥遭受饥荒的印第安人和梅斯蒂索人（Mestizos）摆脱西班牙的统治，以争取独立。1810 年 9 月 16 日，用棍棒、大刀和少量枪支装备起来的印第安人和梅斯蒂索人很快组织起了一支起义队伍来攻击西班牙人，并大声呼喊："独立万岁！打死西班牙人！"不过，伊达尔戈并非出色的组织者，他的队伍很快被镇压。墨西哥的军事法庭判处他死刑，尽管如此，但他的思想却长存不朽。起义的开始日即 9 月 16 日成为墨西哥独立日。

印第安人和梅斯蒂索人反对西班牙殖民统治的起义让伊比利亚半岛和克里奥尔人都很恐慌，他们恐惧民众的力量，遂联手击败了民众革命队伍。包括克里奥尔人和利比里亚半岛居民在内的精英阶层决定推翻西班牙的殖民统治，维护自己的权力。1821 年，他们选举了克里奥尔人奥古斯丁·德·伊图尔维德（Augustin de Iturbide）为墨西哥第一任皇帝，然而，新政府并未实施政治和经济改革，显然，墨西哥的独立主要获益者是克里奥尔精英阶层。

拉美其他地区的独立运动也是精英阶层——主要是克里奥尔人的任务，他们推翻了西班牙的统治，建立了由自己主宰的新政权。阿根廷独立运动领导人何塞·德·圣马丁和委内瑞拉独立运动领导人西蒙·玻利瓦尔都是克里奥尔精英阶层中的一员，都被誉为南美洲的解放者。

玻利瓦尔和圣马丁

一直以来，玻利瓦尔被视为拉丁美洲的乔治·华盛顿。他出生于委内瑞拉的一个富裕家庭，年轻时受到启蒙思想的影响。1805 年，他在罗马目睹了拿破仑的意大利国王加冕典礼，决定投身于摆脱西班牙殖民统治的斗争之中。他发誓："我以我的父辈、我的荣耀和我的祖国向神起誓，在解除束缚我的西班牙势力前，我的双手和我的灵魂将永不停歇。"[1]回到南美洲后，玻利瓦尔开始领导委内瑞拉和南美洲北部其他地区的艰苦的独立运动。尽管在 1813 年他就被称为委内瑞拉的解放者，但实际上，直到 1821 年他才彻底击败委内瑞拉的西班牙势力。他还投身于哥伦比亚、厄瓜多尔和秘鲁的解放事业。1819 年，玻利瓦尔成为委内瑞拉总统，当时，委内瑞拉是哥伦比亚和厄瓜多尔联邦的一部分。玻利瓦尔清醒地认识到在拉美建立稳定共和政府的难处。

---

〔1〕引自 P.Bakewell, *A History of Latin America*, Oxford, 1997, p.367.

西蒙·玻利瓦尔论拉丁美洲的政府

西蒙·玻利瓦尔被称为将拉丁美洲从西班牙控制下解放出来的领导人。他对启蒙运动的历史和思想的兴趣使他开始思考，应当如何治理获得自由后的拉丁美洲？以下资料节选自他写给牙买加的英国总督的信。

很难……预测新世界的未来命运、制定其政治原则或预言它将采取的治理方式……我们生活在遥远的大陆，被广阔无垠的海洋包围着。我们在各种科学和艺术方面尚显稚嫩，但我们历史悠久，文明古老……我们不是印第安人，也不是欧洲人，而是这个国家的合法所有者与西班牙的融合，简而言之，尽管我们生在美洲，但我们的权利来自欧洲，我们必须维护这些权利，同时又要保护自己免遭侵略者的侵犯。因而，我们的处境极为特殊和复杂……

美洲人民的地位几个世纪以来都是纯粹消极被动的。政治上他们几乎可以说不存在。我们的地位比奴隶还低，因此，对我们来说，起来享受自由更为困难……由于其宪法的滥用或性质所在，国家如同奴隶；因此当政府因其性质或恶习而剥夺和侵犯公民的权利时，人民则被奴役。按照这样的原则，我们发现，美洲不仅毫无自由，甚至可以说是积极有效的暴政……

孟德斯鸠曾写道，将一个国家从奴役中解放出来要比奴役一个自由国家还难。这一真理已经被历史所证明，历史显示，大多数自由国家一直被枷锁束缚着，但极少数被奴役的国家已经重获自由。尽管如此，南美洲一直在努力争取自由乃至完美的制度，无疑是出自追求最大幸福的本能。这种幸福适用于所有人，它必然会是以正义、自由、平等等原则为基础的公民社会。不过，我们能够在共和国的困难挑战前维持平衡吗？新近解放的人民能够乐享自由吗？……这样的奇迹是不可思议的，没有先例的。没有合理的可能性来支撑我们的希望。

我比任何人都更强烈地盼望着在美洲建立一个世界上最强大的国家，一个不仅仅是因为其地理位置和财富，还因为其自由与荣耀而最强大的国家。尽管我是为自己国家寻求完美政体，我也希望新世界能够组成一个共和国，但我还不敢奢想；然而，我更不敢想让美洲都变成一个君主制国家，因为这不仅不切实际，还更不可能。现存的错误不能纠正，我们的解放就是徒劳的。美洲各国需要家长制政府来治愈专制和战争的创伤。

——玻利瓦尔《牙买加来信》

□ 问题：玻利瓦尔预见的美洲未来政治有哪些问题？你认为他信任民主吗？为什么？

当玻利瓦尔正忙于将南美洲北部从西班牙殖民统治下解放出来时，何塞·德·圣马丁正一心一意致力于南美洲南部的解放运动。圣马丁的父亲是阿根廷的一名西班牙军官，他曾在西班牙生活，并在西班牙军队中服役。1811年，服役22年后，圣马丁听说祖国阿根廷正爆发解放运动，随后放弃了西班牙的军队生活，于1812年3月返回阿根廷。此时的阿根廷已经摆脱了西班牙的控制，但圣马丁认为，西班牙人的势力必须被清除出整个南美洲。1817年1月，他率领部队穿过安第斯山脉。这是个惊人的壮举。在这次艰苦的行军中，他的部队损失了2/3的骡马。许多士兵在翻越海拔超过2英里的高山时因缺氧和极寒而痛苦不堪。圣马丁的部队抵达智利后惊呆了西班牙人。1817年2月12日的查卡布科战役中，西班牙军队被击溃。

1821年，圣马丁向西班牙殖民政权的中心即秘鲁的利马一带进发。圣马丁认为他难以完全解放秘鲁全境，因而提出请玻利瓦尔及其军队一同加入其阵营。在给玻利瓦尔的信中，他说："于我而言，在一位誓言解放美洲的将军的带领下结束战争，这将是我最为欣喜之时。这是命运之令，我必须遵从。"[1] 令人极为失望的是，圣马丁离开南美洲，前往欧洲，并于1850年在那里去世。

1824年12月，在阿亚库乔，玻利瓦尔担负起了对西班牙最后一战的任务。此时，乌拉圭、秘鲁、巴拉圭、哥伦比亚、阿根廷、委内瑞拉、玻利维亚、智利全部获得独立。1823年，中美洲各国独立，1838—1839年，中美洲各国分成了五个共和国（危地马拉、萨尔瓦多、洪都拉斯、哥斯达黎加和尼加拉瓜）。早在1822年，巴西王子宣布脱离葡萄牙统治，实现独立。

独立与门罗主义

19世纪20年代初期，对于新近获得独立的拉美各国来说，只剩下一个主要威胁。获胜的欧洲列强正因成功镇压了西班牙和意大利的暴动而沾沾自喜，他们也偏向用武力恢复西班牙在拉美的控制。不过，这一次，英国的反对意见占了上风：英国渴望获得进入拉丁美洲投资和贸易的机会，因而建议与美国联合行动，反对欧洲干涉拉丁美洲。美国总统詹姆斯·门罗（James Monroe）质疑英国的动机，于1823年发起单独行动，提出门罗主义，承认新生拉美各国的独立，警告欧洲不要干预美洲的任何事情。比起美国的表态，英国的海军对拉美更为重要：欧洲大陆各国谁都不愿意挑战站在拉美与欧洲入侵势力之间的英国海军。

---

〔1〕 引自 M.C.Eakin：*The History of Latin America：Collision of Cultures*，New York，2007，p.188.

● 国家建设的困难

如西蒙圣马丁所预见的，1830—1870 年，大多数成为共和国的新生拉美各国面临着诸多严峻问题。独立战争本身就带来了巨大的人口和财产损失。同时，各国间也因边界问题而争端不断。

政治难题

新生的拉美各国建立起共和政府，但它们并无任何治理国家的经历。由于独立后普遍存在的不安全感，被称为军事独裁者（caudillos）的强势领导人上台执政。在国家层面，军事独裁通常有两种类型。一种是由控制国家财政的独裁者组成的统治集团，他们支持精英阶层、中央集权，以此将新的民族国家聚集了起来。某种程度上而言，他们也是现代主义者，积极修建铁路、运河、港口和学校。这种军事独裁者往往受到天主教会、农村贵族以及军队的支持。军队在独立战争中形成，并成为实力强大的政治力量，他们经常组成或解散政府。实际上，许多军事独裁者本身就曾是军队首脑。

与之相比，另一个类型的军事独裁得到了大众的支持，他们极受欢迎，并成为激进改革的推动者。例如，1829—1852 年统治阿根廷的胡安·曼努埃尔·德·罗萨斯（Juan Manuel de Rosas）就因为维护阿根廷利益、反对外国干预而备受欢迎。

经济模式

尽管政治独立带来了经济独立，但旧模式迅速复苏。现在，英国取代了西班牙和葡萄牙，主宰了拉美经济。大量英国商人来到拉美，英国投资者携带着资金拥入，特别是大量投资采矿业。旧贸易模式很快重现。由于拉美是欧美工业化各国的重要原材料和食品来源地，拉美向这些地方的出口——特别是小麦、烟草、羊毛、糖、咖啡和兽皮——迅速增长。同时，制成品——特别是纺织品——的进口量日益增加，导致拉美工业生产衰落。大量出口原材料和大量进口制成品的模式使拉美经济进一步受控于外国人之手。

社会状况

对于所有新生的拉美国家来说，一个根本性的问题在于社会长期被有土地的精英阶层控制。大种植园仍然是拉美经济和社会生活的一个重要特征。独立后，这些种植园规模反而更为庞大。到 1848 年，桑切斯·纳瓦罗（Sanchez Navarro）家族拥有 17 个大种植园，占地 1600 万英亩。因为种植园规模太大，以至于往往不能进行有效种植。正如拉美的一份报纸所指出的，"财富有变得更大更集中的不幸趋势，它们的主人拥有大片或休耕或荒废的土地。他们对土地非常贪婪，却没有积极主动、智慧地利用土地"。[1]

19 世纪，土地仍然是财富、社会声望和政治权力的根基。拉美精英倾向于认同欧洲的进步标准，这一标准让他们得利，而大众却获益甚少。有地精英掌握着政府，控制着法庭，维护着给大规模土地所有者提供廉价劳动力的包身工制度。这些土地所有者通过集中种植咖啡等出口经济作物获利巨丰，而普通民众却没有土地耕种粮食，生活赤贫。

● 拉美社会、经济的传统与变迁

1870 年后，通过大量出口一些基本商品，拉美经济迅速发展。如阿根廷出口小麦和牛肉，巴西出口咖啡，智利出口硝酸盐，中美洲出口咖啡和香蕉，秘鲁出口糖和银。这些产品和原材料被用来交换欧美的制造品，如棉纺织品、机器和奢侈品。尽管拉美的经济有了增长，但仍然是西方各国的经济殖民地。

旧模式在拉美社会中占有很大程度上的优势。农村精英主宰着种植园及工人。尽管奴隶制于 1888 年被废除，但从前的奴隶和他们的后代仍处于社会最底层。印第安人依然极贫。

出口增长带来的新经济繁荣的结果之一是拉美社会中间阶层的成长，如律师、教师、店主、商人、教授、官员和军官。这些中间阶层占总人口之比为 5%~10%，他们依赖于国家，很难在数量上增长到形成真正的中间阶级。不过，1900 年后，中间阶层不断发展，他们居住在城市，受过一定程度的教育，有较好的收入，并且日益将美国视为效仿对象，特别是在工业化和教育方面。

随着拉美出口的不断增长，工人阶级也在壮大并促进了工会的发展，特别是 1914 年后，情况更为明显。激进的工会经常号召用总罢工作为改革手段。然而，总体而言，统治精英通过限制工人投票权的方式成功压制住了工人阶级的政治影响力。

对工业劳动力的需要也使拉美各国鼓励欧美向拉美移民。1880—1914 年，有 300 万欧洲人在阿根廷定居，主要是意大利人和西班牙人。1891—1900 年，平均每年有超过 10 万人移居巴西，大多数是意大利人、葡萄牙人和西班牙人。

如同欧洲和美国，拉美的工业化也促进了城市化进程，新城市大量出现，老城市也迅速发展。1900 年，阿根廷的布宜诺斯艾利斯（被称为南美的巴黎）有 75 万人，

---

[1] 引自 E.B.Burns：*Latin America*：*A Concise Interpretive History*, 4th.ed, Englewood Cliffs, N.J., 1986, p.116.

到 1914 年，人口增加到 200 万，相当于阿根廷总人口的 1/4。

● 拉美的政治变迁

1870 年后，拉美的政治也发生了转变。大种植园主开始更直接地参与国家政治，甚至直接治理国家。例如，阿根廷和智利的有产精英就控制了政府，尽管他们也出台了类似于欧美国家的宪法，但却以限制投票权来确保自己把持权力。

在有些国家，大种植园主支持那些保护他们利益的独裁者。1876—1910 年统治墨西哥的何塞·德·拉·克鲁兹·波费里奥·迪亚斯（José de la Cruz Porfirio Díaz，1830—1915 年）在军队、外国资本家、大种植园主和天主教会的支持下，建立了保守、集权的政府。然而，墨西哥也出现了导致 1910 年革命的变革势力。

在迪亚斯独裁政权的统治下，工人阶级的实际工资下跌。而且，95% 的农村人口没有土地，而 1000 个家庭却拥有墨西哥几近全部的土地。当自由派种植园主弗兰西斯科·马德罗（Francisco Madero，1873—1913 年）迫使迪亚斯下台时，他也打开了规模更大的革命的大门。马德罗的治理无能引发了人们的土地改革要求。这次土地改革运动由艾米里亚诺·萨帕塔（Emiliano Zapata，1873—1919 年）领导，他动员了大量无地农民，夺取富有种植园主的土地。随之而来的革命给墨西哥的经济造成始料不及的破坏。最终，1917 年的墨西哥宪法使墨西哥出现了强势总统，并开始实施土地改革、限制外国投资，还制定了工人阶级的社会福利议程。

此时，新势力已经开始影响拉丁美洲。1900 年，已经崛起为世界强国的美国开始干预其南边邻居拉美的内部事务。1898 年美西战争将古巴纳入了美国的保护国，波多黎各被美国完全吞并。美国投资随即涌入拉美，美国人也千方百计地保护在拉美的投资。1898—1934 年，美国在古巴、墨西哥、危地马拉、洪都拉斯、尼加拉瓜、巴拿马、哥伦比亚、海地和多米尼加均派驻了军队，以维护美国利益。同时，美国成为拉美最主要的外国投资者。

表 20.1 拉丁美洲大事记

事　件	时　间
墨西哥起义	1810 年
玻利瓦尔和圣马丁解放南美洲大部分地区	1810—1824 年
伊图尔维德任墨西哥第一任皇帝	1821 年
巴西摆脱葡萄牙殖民统治，实现独立	1822 年
门罗宣言	1823 年
波费里奥·迪亚斯统治墨西哥	1876—1910 年
墨西哥革命开始	1910 年

■ 北美邻居：美国和加拿大

□ 问题：1800—1870 年，自由主义和民族主义在美国和加拿大起了什么作用？
1870—1914 年，美国和加拿大的主要经济、社会和政治趋势是什么？

拉丁美洲一直受西班牙和葡萄牙的殖民统治，而北美的殖民地则是大英帝国的一部分，因而，北美洲与拉美在各方面都有所不同。尽管美国和加拿大在不同时期脱离了英国统治，但它们都是以独立和繁荣国家的姿态出现的，其政治制度很大程度上归功于英国的政治思想。19 世纪，美国和加拿大在实现国家统一上也面临着诸多障碍。

● 美国的成长

1789 年批准的美国宪法使其在 19 世纪上半叶主要受到自由主义和民族主义两种思潮的影响。起初，这种对国家统一的宪法承诺受到了联邦政府与各州权力分歧的挑战。1801—1835 年，约翰·马歇尔（John Marshall，1755—1835 年）担任最高法院首席大法官期间，最高法院成为国家统一的重要推动力量。马歇尔宣布，如果国会议案违反宪法，最高法院有权将之否决，最高法院从而成为重要的国家机构。在马歇尔的带领下，最高法院通过约束各州法院和立法机关的行动，进一步缔造了联邦政府的至高地位。

1828 年，安德鲁·杰克逊（Andrew Jackson，1767—1845 年）当选美国总统，开启了美国政治的大众民主新时代。由于放松了对财产资格的要求，选民人数大量增加，到 19 世纪 30 年代，几乎所有白人男性都拥有了选举权。1815—1850 年，通过为未成年罪犯建立专门学校和新刑罚制度，代表人类进步的传统自由主义理念有了具体体现。这种专门学校和刑罚制度的建立都受到了自由主义信念的驱动，该信念认为，正确的环境能够矫治人。

奴隶制与战争的来临

到 19 世纪中期，美国的国家统一日益受到奴隶制问题的威胁。19 世纪前半期，美国南方和北方的人口都急速增长，但增长的方式却迥异。南方的棉花经济和社会结构建立在剥削非洲黑奴及其后代的基础上。尽管 1808 年美国就禁止引入新奴隶，但到 1860 年，南方仍有 400 万奴隶，这一数字是 60 年前的 4 倍。棉花经济依赖于种植园奴隶，因此，南方决心维护奴隶制。在北方，许多人担心奴隶制蔓延到西部地区。19世纪初期，当时密西西比周边的移民潮促成了数个州的创建，奴隶制问题首次出现。北方各自由州担心美国将会形成奴隶制州占多数的情况。

随着奴隶制问题上的两极化不断加剧，妥协不太可能达成。1860年，曾于1858年在伊利诺伊州演讲时表示"这个政府不可能永远保持半奴隶、半自由的状态"的亚伯拉罕·林肯（Abraham Lincoln）当选总统，局势已经无可挽回。身为共和党第二个总统候选人的林肯在南方1109个县中仅赢得2个县，共和党甚至在南方10个州中压根没有选票。1860年12月20日，南卡罗来纳州投票宣布不承认美国宪法，退出联邦政府。1861年2月，又有6个南方州如法炮制，并宣布组成美国南部邦联。4月，南北战争爆发。

内战

美国内战（1861—1865年）是一场极其血腥的战争，也是20世纪全面战争的预演。在这场战争中，超过60万人死亡，或是直接在战场上阵亡，或是死于恶劣营地条件引发的致命疾病。北方军队在人数和物质条件上拥有巨大优势，但对南方军队来说，这并非决定性因素。正如他们提出的，南部邦联只需防守北军的入侵，而北方却需要征服南方。南方人也相信，由于北方和欧洲各国的工厂须仰赖南方的棉花，这会使北方出现反战情绪，为南方赢得外来支持。

长远来看，南方的这些算计都无济于事。在四年的时间里，北方联邦调动了优势人力物力，最终击败了南部邦联。战争的僵持和延续也使北方的舆论不断激进化。拯救美利坚合众国的战争演变为推翻奴隶制的战争。1863年1月1日，林肯公布了《解放黑人奴隶宣言》（the Emancipation Proclamation），宣布美国的奴隶将"永远自由"。到1864年末，北方联邦对南方各港口日益加强的封锁以及南方战斗人员的短缺使南部联邦陷入末路。1865年4月9日，北军在尤利西斯·S.格兰特（Ulysses S.Grant）将军的率领下迫使罗伯特·E.李（Robert E. Lee）将军统率的南方军队投降，北方联邦统一全国，并且确认美利坚合众国将是"不可分割的统一国家"。

● 美国的崛起

四年的血腥内战使美国重获统一。古旧的南方遭到摧毁：1/5的白人男性死亡，400万黑奴被解放。南方至少在短期内进行了激进改革。1865年的第13条宪法修正案正式宣布废除奴隶制，第14条修正案则赋予黑人公民权和选举权。19世纪70年代的激进重建运动试图建立一个以白人、黑人平权原则为基础的新南方，但这些变化很快就化为泡影。三 K 党等组织用暴力阻止黑人投票。新的租佃制度使黑人再度在经济上依附于白人种植园主。新的州法律使黑人几乎不可能实施选举权。到 19 世纪 70 年代末，南方各地掌权的依然是白人优越论的支持者。

繁荣与进步主义

1860—1914 年，美国实现了从农业社会向工业化强国的巨大转变。1900 年，美国的重工业已经处于难以撼动的地位。1900 年，仅卡内基钢铁公司的钢产量就超过了整个英国的钢产量。工业化也带来了城市化。1860 年，美国有 20% 的人口生活在城市，到 1900 年，这一比例超过了 40%。美国人口增长的 4/5 来自移民，800 万～1000 万人口从农村转入城市，有 1400 万人来自美国之外。

美国成为世界上最富有的国家，也是最强大的工业国。然而，美国人的生活仍存在一些严峻问题。1890 年，最富有的 9% 的人口掌握了 71% 的财富。针对不安全的工作环境、严苛的工作管制、周期性的灾难性失业等诸多问题引起的劳工暴动也促使工人们组织起来。到世纪之交，美国劳工联合会已经成了代美国劳工发声的主要机构。然而，这一组织并没有实权，这也反映在该组织的成员人数上。1900 年，劳工联合会仅吸收了 8.4% 的美国产业工人。

在 1900 年以后的所谓进步时代中，改革席卷美国。城市改革不仅要改善生活条件，还包括清除腐败政治。在州这一层面上，改革的州长们为实现廉洁政府而引入了直接民主，如公职候选人实行直接初选。州政府还实施了经济和社会立法改革，如工作时间、工资、工作条件方面的立法，特别是在妇女儿童权益立法方面更为突出。

然而，州法律在应对全国性问题上没什么效果，因此，很快出现了全国范围内的进步运动。1906 年的《肉品检验法案》和《纯净食品和药品法案》在一定程度上为工业活动提供了联邦层面的法规。伍德罗·威尔逊（Woodrow Wilson）担任总统期间（1913—1921 年），颁布了联邦累进所得税制，联邦储备体系得以建立，该体系允许中央政府在以往由银行家做出的重要经济决策中发挥作用。如同欧洲各国一样，美国也逐渐采取了扩大政府职能的政策。

作为世界强国的美国

19 世纪末，美国开始向海外扩张，太平洋的萨摩亚群岛成为第一个重要的美国殖民地，夏威夷群岛则是第二个。到 1887 年，美国人已经控制了夏威夷群岛的制糖工业。随着越来越多的美国人定居于夏威夷，他们也开始寻求政治权力。当夏威夷女王利留卡拉尼（Liliuokalani，1838—1917 年）试图强化君主制以维护夏威夷人对岛屿的控制时，美国政府派遣军舰前往夏威夷"保护"美国人。女王被废，夏威夷于1898年被美国吞并。

1898年的美西战争中，美国击败了西班牙，美国将势力扩张到了古巴、波多黎各、关岛和菲律宾。尽管菲律宾要求独立，但被美国拒绝。如美国总统威廉·麦金莱（William Mckinley）所说，几个世纪以来，鉴于菲律宾大多数人都是罗马天主教教徒，美国有责任"教化菲律宾人民并让他们基督教化"。美国花了3年时间、派驻了6万士兵平定菲律宾，确立美国的控制权。到20世纪初期，美国已经成为又一个西方帝国主义强国。

● 加拿大的形成

在美国的北边，国家建设的进程同样也有进展。按照1763年的《巴黎条约》，加拿大或新法兰西落入英国手中。到1800年，大多数加拿大人都希望有更多自治权，尽管殖民者并不同意其自治形式。上加拿大（现在的安大略）地区主要说英语，而下加拿大一带（现在的魁北克）主要是法裔加拿大人。急剧增加（1815—1850年约有100万）的英国移民也进一步强化了人们的自治要求。

1837年，许多加拿大群体群起反抗英国的统治。尽管暴动于次年被镇压，但英国政府也开始采取行动以满足加拿大的部分要求。美国的内战成为重要转折点。英国政府担心美国染指加拿大，最终向加拿大让步。1867年，英国国会正式承认拥有自己宪法的加拿大自治领，尽管其外交事务仍处于英国政府控制之下，但加拿大现在有了议会制，实现了自治。

1870—1914年，加拿大面临着国家统一的难题。1870年，加拿大自治领只有4个省：魁北克、安大略、新斯科舍和新不伦瑞克。1871年，随着加拿大

表20.2　美国和加拿大大事记

国　家	事　件	时　间
美　国	安德鲁·杰克逊当选总统	1828年
	亚伯拉罕·林肯当选总统，南卡罗来纳州脱离联邦	1860年
	林肯发布解放黑奴宣言	1863年
	罗伯特·李率部投降	1865年4月9日
	美西战争	1898年
	伍德罗·威尔逊任总统	1913—1921年
加拿大	加拿大独立	1837—1838年
	加拿大自治领创建	1867年
	跨大陆铁路	1885年
	沃尔夫·劳里埃当选总理	1896年

增加了两个省——曼尼托巴和不列颠哥伦比亚，其领土范围也从大西洋扩张到太平洋。首任总理约翰·麦克唐纳（John Macdonald，1815—1891 年）继续推进加拿大的统一。他推动了加拿大太平洋铁路的建设，1885 年该条铁路完工，促进了加拿大西部地区的土地开发和商业发展。它还促成了阿尔伯塔和萨斯喀彻温两省于 1905 年并入加拿大。

不过，由于英语区和魁北克法语区之间的互不信任，实现真正的统一很困难。1896 年上任的首位法裔总理沃尔夫·劳里埃（Wilfred Laurier）成功地调和了加拿大两大群体间的矛盾，解决了为法裔加拿大人单独设校的问题。劳里埃任职期间，加拿大的工业极为繁盛，特别是棉纺织品、家具和铁路设备的生产最为突出。主要来自中欧和东欧的数十万移民涌入加拿大。许多人在西部地区定居，也促进了广袤的加拿大的人口增长。

■ 大众社会的出现

□ 问题：大众社会指的是什么？它的主要特征有哪些？

19 世纪，在西半球各新生国家发展的同时，由于迅速的经济发展和社会变迁，一种新形式的社会——大众社会（mass society）——也在欧洲出现了，尤其是在 19 世纪下半期。对低层阶级来说，大众社会给他们带来了投票权、不断改善的生活条件和教育权。同时，大众社会也使操控民族国家（nation-states）民众的各种组织的发展成为可能。为了理解这一大众社会，我们需要考察其结构。

● 新的城市环境

19 世纪，工业化和人口爆炸的最重要结果之一是城市化。这一时期，越来越多的人居住在城市。1800 年，英国城市人口占全国总人口的 40%，法国和德国为 25%，而在东欧，这一比例仅有 10%。到 1914 年，英国的城市人口比例上升到 80%，法国为 45%，德国为 60%，东欧为 30%。城市的规模也急剧增加，特别是在工业化国家。1800—1900 年，伦敦人口从 96 万激增到 650 万，柏林人口从 17.2 万增加到 270 万。

城市人口的增长远远快于总人口的增长，这主要归因于大量人口从农村拥入城市。不过，城市在 19 世纪后半期迅速发展的另一个原因在于，城市改革者和官员用新技术改善了卫生和居住条件，改进了城市生活。各市政府遵循改革者的建议，设立卫生部门，提高居住质量，制定了法规条例，要求所有新建筑都要有自来水和内部排水系统。

中产阶级改革者还集中力量改善工人阶级的居住需求。人们认为，过于拥挤、疾病丛生的贫民窟不仅不利于身体健康，也不利于整个国家的政治和道德健康。德国住房改革者 V. A. 胡贝尔（V. A. Huber）于 1861 年写道："毋庸多言，家是家庭生活的公共体现。因此，住宅纯净的重要性不亚于个人的身体洁净。"[1] 在胡贝尔看来，良好的住房条件是稳定家庭生活的先决条件，没有稳定的家庭生活，社会行将分裂。

解决住房问题的早期努力主要来自于拥有自由信仰的企业中产阶级。到 19 世纪 80 年代，随着城市规模和数量的不断发展，政府认为，私人企业没法解决住房危机。故而，英国在 1890 年推出法律授权各地城镇议会为工人阶级建设廉价住房。政府越来越多地参与到此前从未涉足的活动领域。

● 大众社会的社会结构

欧洲社会的顶端是富裕精英，他们仅占总人口的 5%，却控制了 30%~40% 的社会财富。19 世纪，有地贵族与最成功的企业家、银行家和商人一起构成了新的精英阶层。联姻也让这两个群体紧密地结合在一起。商业大亨的女儿通过婚姻获得头衔，贵族继承人则以此获得新财源。这种精英阶层成员——不管其背景是贵族还是中产阶级——都认为他们应在政府机构和军队中担任领导角色。

中产阶级包括许多群体。中产阶级的上层是律师、医生、公务员，以及受益于工业扩张的企业管理层、工程师、建筑师、会计师和药剂师等。与这一稳定、舒适的上层相对的是由小店主、商人、工厂主和富裕农民构成的中下层中产阶级。

在中下层中产阶级与下层阶级之间是第二次工业革命的产物——新的白领工人，主要是销售员、书店店员、银行业务员、电报员、秘书等。尽管这些白领的薪水通常比熟练工人高不了多少，但是他们信奉中产阶级所坚持的勤奋工作、基督教道德、行为规矩等理念。

---

〔1〕 引自 N.Bullock、J.Read：*The Movement for Housing Reform in Germany and France，1840-1914*，Cambridge，1985，p.42.

在社会等级中，处于中产阶级之下的是占欧洲总人口80％的工人阶级。他们中不少人是拥有土地的农民、农场工人、种植园主，东欧的这种情况更为显著。城市工人阶级包括家具制造、印刷、珠宝制造等传统行业的熟练工匠和木工、瓦工等半熟练工人，以及工厂工人。底层城市工人阶级中数量最多的非技术工人，包括非定期工作、报酬极低的雇工，以及大量家佣，大多数家佣都是妇女。

● 妇女的经历

19世纪，妇女在法律上仍处于劣势，她们的经济及基本地位仍依赖于家庭和家庭角色。整个19世纪，妇女都在为改变自身的地位而努力奋斗。

婚姻与家庭

19世纪的许多女性都向往一些作家和诗人倡导的女性气质。阿尔弗雷德·罗德·丁尼生（Alfred Lord Tennyson）的《公主》一诗对此有清晰的表达：

> 男人耕种，女人持家；
> 男人驰骋，女人织缝；
> 男人打拼，女人用心；
> 男人施令，女人遵循；
> 夫妻同心，琴瑟和鸣。

19世纪，这种基于男女不同角色的传统性别特征上升到男女的普遍属性层面。作为家庭收入的主要提供者，男人在外挣钱，女人则在家操持家务，却没有任何金钱报酬。19世纪的大多数时间里，婚姻被视为绝大多数女人的光荣职业。

现代家庭最重要的进展在于女性的平均生育数下降。虽然有些历史学家将其归因于普遍的体外射精这一避孕方法，但其他一些历史学家则将之归于流产甚至杀婴。生育态度的转变在增进节育方法的认识运动中体现较著。1882年，欧洲第一个节育诊所在阿姆斯特丹开办。

家庭是中产阶级生活的中心组织。男人挣钱养家，女人操持家务、养儿育女。许多中产家庭雇用家佣，这使得丰富的廉价劳动力成为可能，也减少了中产家庭妇女作家务的时间。同时，随着家庭中孩子数量的减少，母亲能有更多时间投入到育儿和家庭娱乐中。

中产阶级家庭培育出一种团结的理念。在维多利亚时代，人们在圣诞节备置圣诞柴、圣诞树，唱着圣诞歌曲，交换礼物。19 世纪 50 年代的美国，人们将 7 月 4 日独立日这天从醉酒狂欢变成了家庭野餐。

工人阶级家庭的妇女更习惯于辛勤劳动。工人家庭的女孩出嫁前也要工作，甚至婚后，还要做计件活，以补贴家用。对工人家庭的儿童来说，他们的童年在 9~10 岁就已结束，此后他们去当学徒或被雇佣做零工。

不过，1890—1914 年，工人阶级的家庭模式开始发生变化。重工业的高薪工作和生活标准的提高使工人阶级家庭可以依靠丈夫的收入和成年孩子的工资度日。到 20 世纪初，有些工人家庭中，母亲可以同中产阶级的妇女一样操持家务，无须外出工作。

争取妇女权益的运动

近代欧洲的女权主义或争取女权运动起源于法国大革命。当时，一些妇女倡导基于自然权利原则的妇女平等。19 世纪 30 年代，许多致力于各种改革运动的欧美妇女要求妇女有离婚权和财产权，这些早期的努力不太成功。在英国，直到 1870 年，妇女才拥有财产权，而德国和法国则更晚，分别是 1900 年和 1907 年。

不过，离婚权和财产权只是女权运动的开始。部分中产阶级和上层阶级的妇女接受了教育，有些人试图进入男性主导的领域。首先就是教育领域。由于医学教育总体上不对妇女开放，她们转而进入护理行业。在诸如曾参加克里米亚战争（1853—1856 年）的南丁格尔（Florence Nightingale）和参加美国内战的克拉拉·巴顿（Clara Barton）等护理行业先驱的努力下，护理成了受过教育的中产阶级妇女的行业。

到 19 世纪 40 年代和 50 年代，女权运动进入政治领域，即要求女性享有平等的政治权利。许多女权主义者认为，投票权是改革所有女性地位的关键之举。妇女参政论者（suffragist）的一个基本目标是妇女享有完全的公民权。

在欧洲，英国的妇女运动最为积极活跃。1903 年，艾米琳·潘克赫斯特（Emmeline Pankhurst，1858—1928 年）和她的两个女儿克里斯塔贝尔（Christabel）、西尔维亚（Sylvia）一同成立了妇女社会政治联盟（Women's Social and Political Union），其成员主要是中产阶级和上层阶级妇女，她们意识到媒体的作用，利用非同寻常的宣传手段呼吁人们关注其要求。被男性政客嘲笑地打上"妇女参政论者"标签的她们通过向政府官员扔鸡蛋、把自己绑在灯柱上、打碎时髦商业大街上的橱窗玻璃、烧毁电车、在监狱中绝食等方式展开斗争。

尽管只有挪威和美国的几个州在 1914 年前赋予了妇女投票权，但要求妇女权益的声音传遍了欧美。一战后，由男人主宰的各国政府在妇女参政这一基本问题上态度发生巨变。同时，20 世纪初期，一大批新女性崭露头角。她们反抗传统的女性角色，寻求家庭之外的自由以及妻子、母亲之外的新角色。

● 大众社会时代的教育

19 世纪初期的教育主要是为精英和富裕中产阶级服务的，不过，1870—1914 年，大多数西方国家开始为 6~12 岁的儿童至少提供初级教育。各国政府还通过开办教师培训学校承担起更好地培训教师的责任。到 20 世纪初期，许多欧洲国家——尤其是在北欧和西欧——开办了国家财政支持的小学，教师薪水和培训由政府支持，推行初级义务教育。

为什么西方国家会如此大力发展大众教育呢？原因之一在于工业化。第二次工业革命中发展起来的工厂需要大量熟练劳动力。受过初级教育的男女更能在村庄和小城镇之外的地方找到工作，包括铁路、地铁、邮局、银行、运输公司、教育、护理等白领职业。大众教育为企业家提供了他们所需的受过训练的工人劳动力。对大多数学生来说，受过初级教育就能去当学徒或找工作了。

然而，发展大众教育的主要动机还是出于政治性。选举权的扩大需要更多受过教育的选民。在天主教仍控制着教育的某些欧洲地区，发展大众教育体系能够削弱教会对选民的影响力。不过，更重要的是，大众义务教育向民众灌输的爱国主义，可以更方便地将国家紧密融合起来。随着人们丢掉与乡土乃至宗教的纽带，民族主义成为新信仰。

初级义务教育也需要不少教师，女性承担了大部分教师的角色，因为许多男性认为，教育孩子是女性养儿育女的"天性角色"的延展。而且，女性的工资更低，这也是政府鼓励为女性建立教师培训机构的主要原因之一。第一批女子大学实际上是教师培训学校。到 20 世纪初期，女性才被允许进入男人主宰的大学。

● 大众社会时代的休闲

工业革命带来了新的休闲形式。随着休闲被认为是工作之余的放松，工作与休闲之间也变得对立。工业体制产生的休闲时光——工作后的晚上闲暇、周末以及夏天一两周的假期——很大程度上决定了大众的新休闲概貌。

新技术带来了新奇的休闲体验，如休闲公园里的摩天轮。19 世纪 80 年代的地铁

给妇女的建议：两种观点

随着严格基于性别的社会分工越来越成为常态，工业化对中产阶级妇女产生了深刻影响。男人在外工作养家，女人在家操持家务。以下第一段资料来自伊丽莎白·普尔·桑福德（Elizabeth Poole Sanford）在《妇女的社会和家庭特征》（*Woman in Her Social and Domestic Character*，1842 年）中建议妇女要举止规矩。

尽管大多数妇女可能都遵从 19 世纪中产阶级的理想，但越来越多的女性开始争取妇女权利。第二段资料来自亨利克·易卜生（Henrik Ibsen）1879 年的戏剧《玩偶之家》第三幕，主人公娜拉·赫尔默（Nora Helmer）宣布要脱离丈夫控制，追求独立。

时间带来的变化有许多……

因此，女性的观点和情感也随之发生变化。过去几乎让她神化的浪漫情怀正在衰退；出于内在需求，她现在必须激发起尊重之情。她再也不是歌舞升平的化身。不过，若说她没有那么热情的话，她的感情则更加理性，或者说，非常真诚；因为这与她主要关心和感慰的东西相关。

从这方面来说，我们必须承认，她的作用和重要性是最大的。家庭生活是她的影响力的主要源泉；社会给她的最大回报是家庭欢乐和幸福……女人可以让男人在家里幸福舒适，从而进一步激发他的奋斗热情。她安抚和平静他的内心——可能驱走他的愤怒、平定他的痛苦。与她的努力成正比的是，她幸福环绕，备受尊敬和爱戴。她尊重并乐享自己的性别特权，并因自己的出色而获得安全感，她值得尊重，她也认为这是理所当然的……

没有什么能如女性向男性寻求支持和指引那样更能抚慰男人的情感了。相对应的是，男人本身就优越些，他们也容易接受这样的恳求。相反，他们从来不会对一个只愿意提供帮助而不愿意寻求帮助的女人感兴趣。因此，实际上，独立是不那么女性的。它违反天性，冒犯天性。我们不喜欢看到女人花枝招展，但我们也不喜欢看到女人棱角分明。敏感的女人能感受到自己的依赖性。她做她能做的；但她认识到自己的不足，因此乐于求助于男人。她知道自己是女人，因而她应当得到荣誉。因此，她的弱点是她的吸引力，而非瑕疵。

——伊丽莎白·普尔·桑福德《妇女的社会和家庭特征》

娜拉：托瓦尔德，这是实话。我在家里和父亲一起生活的时候，他告诉我他的观点和意见，我就跟着他的意见走。如果我有跟他不同的观点，我也不会说，因为他会不高兴。他叫我"玩偶娃娃"，待我就跟我玩的玩偶一样。然后，我就嫁给你，到你家来了。

赫尔默：怎么能这样说我们的婚姻！

娜拉（满不在乎）：我是说，我就是从父亲手里转交到了你手上。什么都由你安排，你的品位就是我的品位；我也不知道——可能时真时假吧。我现在回想起来，我在这里简直就是个乞丐。我靠着取悦你过日子，托瓦尔德。……我要知道自己和自己的处境，我就得一个人生活，所以我没法再跟你待下去了。

赫尔默：你疯了！我不许你走！我不让你走！

娜拉：你不许也没用。我只带着自己的东西，你的东西我一样都不要。现在不要，将来也不要。……

赫尔默：你丢下自己的家！丢下自己的丈夫！丢下自己的孩子！你不想想别人怎么说。

娜拉：我不在乎。我只知道我要这么做。

赫尔默：这可真荒唐！你就扔下你的神圣责任？

娜拉：你说什么是我最神圣的责任？

赫尔默：还用得着我说？你的责任就是丈夫和儿女。

娜拉：我还有别的神圣责任。

赫尔默：不可能。你说你还有什么责任？

娜拉：对我自己的责任。

赫尔默：别胡说，首先你是个妻子，是个母亲。

娜拉：我再也不信这些话了。现在我只相信，首先我是一个人，一个跟你一样的人——至少，我要学着做一个人。托瓦尔德，我知道，多数人都赞同你的话，书本里也这么说的。可是我再也不能一味满足于大多数人说和书本上说的。我必须要自己想一想，把事情弄明白。

——亨利克·易卜生《玩偶之家》

□ **问题**：在伊丽莎白·桑福德看来，女性的正当角色是什么？ 19 世纪欧洲社会的什么力量形成了她对"正当"性别角色的定位？在易卜生的戏剧里，娜拉是怎样挑战丈夫对女性角色和行为的观点的？为什么她的丈夫如此吃惊？为什么易卜生给这部戏剧取名《玩偶之家》？

和有轨电车的出现，意味着即便是工人阶级也无须将休闲限定在家门口，而是可以前往公园或舞厅，铁路甚至让人们在周末前往海滩放松。

到 19 世纪晚期，团体运动也发展成重要的大众休闲形式。与自发性的、往往混乱嘈杂的古老乡村运动不同，新运动有严格的组织规则和实施者。这些规则是有组织运动团队的产物，如英国足球协会（1863 年成立）、美国保龄球总会（1895 年成立）。城市交通运输体系的发展使建设容纳数千观众的运动场成为现实，也将大众运动变成了大商机。

■ 文化生活：西方世界的浪漫主义和现实主义

□ 问题：浪漫主义和现实主义的主要特点是什么？

18 世纪末，被称为浪漫主义的新文化运动出现了，它改变了启蒙运动的理念。将理性看作发现真理的主要手段。尽管浪漫主义者并未贬低理性，但他们对理性的运用有所权衡，作为重要的知识源泉，他们重视感情、情绪和想象。

● 浪漫主义的特征

许多浪漫主义者对过去有超凡的兴趣。他们复苏了中世纪的哥特式建筑，欧洲农村盖起伪中世纪城堡，城市里建起了浮夸的新哥特式教堂、市政厅和议会大厦。这一时期的文学也反映出同样的浪漫主义历史意识。19 世纪前半期，沃尔特·司各特（Walter Scott，1771—1832 年）的小说风靡欧洲，他的小说《艾凡赫》（Ivanhoe）唤起了人们对中世纪撒克逊人与诺曼骑士之间的斗争记忆，是其最畅销的作品之一。

许多浪漫主义者还被异国风情和新奇世界所深深吸引。这种偏好的一个极端形式是所谓哥特文学的兴起，这在玛丽·雪莱（Mary Shelley，1797—1851 年）的《弗兰肯斯坦》（Frankenstein）和埃德加·爱伦·坡（Edgar Allan Poe，1809—1849 年）的短篇恐怖小说中体现得淋漓尽致。一些浪漫主义者为了追求药物带来的意识刺激，甚至在生活中融入了非常之举，如吸食可卡因、鸦片和大麻。

对浪漫主义者来说，诗歌是灵魂的直接表达形式，因此在各种文学形式中位居榜首。浪漫主义诗歌完美地表现出浪漫主义的最重要特征：对自然的热爱。这一点在威廉·华兹华斯（William Wordsworth，1770—1850 年）的诗歌中表现尤甚。他的自然之

民族主义的兴起

如同工业革命一样，民族主义的观念也起源于 18 世纪的欧洲，它是多种因素共同作用的产物，包括印刷术的发展、本国语言取代拉丁文、时代的世俗化、法国大革命和拿破仑时代的经历。法国最先显示出了一个武装起来的国家的力量，但是拿破仑所征服各地的人民很快也组建了自己的民族军队。19 世纪初，此前主要认同和忠于某一地区、某一君主或某一特定宗教信仰的人们，如今转向了以民族、语言和文化为基础的国家理念。这种国家理念产生了爆炸性的后果：到 1920 年，世界上最大的三个多民族帝国——沙皇俄国、奥匈帝国、奥斯曼土耳其帝国都瓦解了，形成了许多独立的民族国家。

以民族、语言和文化为基础确立政治边界的理念对西方世界产生了强大吸引力，但是，也产生了意想不到的结果。尽管这一理念为新的、与 19 世纪前半期的自由思想相联系的集体认同感提供了基础，但也引发了 19 世纪后半期各民族间的紧张和敌对，导致了各民族国家间的大争端和竞争，这种竞争最终引爆了一战。受到法国大革命期间激进政府影响的各国政府，全面利用兴起的强烈民族意识，将战争变为展示国家荣耀与奉献的象征。普及教育的实施使各国激发起的爱国热情，有利于构建民族团结。1914 年绝大多数士兵欢天喜地地参战，他们深信其国家大业是正义的。

尽管民族主义理念起初是现代欧洲的时代产物，但它很快传播到世界各地。有一些国家，如越南已经形成了强烈的民族认同感，但亚洲和非洲的大多数多民族、多宗教国家的人民尚未具备民族主义精神。最先对欧洲殖民统治的抵抗往往是基于宗教或族群认同，而非国家观念。不过，起初因为殖民地人民缺乏政治凝聚力而受益的西方列强最终自食其果。随着殖民地人民越来越熟悉西方的民主和自治理念，他们也开始形成了共同的目标，将不同的群体团结起来，反抗殖民政权，为后来创建国家奠定了基础。不管好坏，民族主义的观念已经普及全球。

□ 问题：什么是民族主义？它是如何兴起的？对 19 世纪和 20 世纪的人类历史产生了什么影响？

旅近乎神奇，正如他所说，是"无形之物中的真实"：

> 春天草木中的轻颤
>
> 将比所有博学之士

哥特文学：埃德加·爱伦·坡

美国作家和诗人对浪漫主义运动做出了巨大贡献。尽管埃德加·爱伦·坡受到德国神奇和恐怖的浪漫主义学派影响，但许多文学史学者还是赋予他现代短篇小说先锋的美誉。以下内容节选自他的《厄舍古厦的倒塌》(*The Fall of the House of Usher*)，这部作品带有哥特文学的典型特点。

我话音未落，就听见一阵哐当的金属落地之声，还带有沉闷的回音，就好像沉重的铜盾真的落在了银地板上一样。我吓破了胆，噌地一下站起身，但是厄舍却仍然像什么都没发生一样，轻轻地摇来摇去。我跑到他跟前，只见他两眼发呆，脸上的表情紧绷绷的，像是一尊石像。但是当我把手放在他肩上时，却发现他浑身都在发抖。他的唇边浮现出一抹惨淡的微笑，他好像没有意识到我的存在，又急匆匆地嘟囔了起来，声音含混不清。我凑到他嘴边，终于听出了他那可怕的话语。

"没听见吗？——是的，我听见了，我早就听见了。很久很久了，很多很多分钟，很多很多小时，很多很多天，我早听见了——可我不敢——我真是个可怜虫！——我不敢说！咱们把她活活地放进了棺材！我不是说过我的感觉特别敏锐吗？现在我来告诉你，她刚一在棺材里轻轻动弹我就听见了。好几天以前我就听见了——可我却不敢——不敢说！——而今晚——艾特尔雷德——哈！哈！——砸开了道士的门，巨龙临死前痛苦地呻吟，铜盾哐当落地！——喂，其实那是她在砸开棺材，嘎嘎地推开铁门，艰难地在包着铜皮的地窖拱道中行进！啊，我该逃往何处呢？她不是马上就要来到这儿了吗？她不是正在匆匆赶来，谴责我过早地把她送进停尸房吗？我不是已经听见她上楼梯的脚步声了吗？我不是听出了她那沉重可怕的心跳声吗？疯子！"

他噌地一下站起身，使出吃奶的劲儿尖声叫喊："疯子！门没有了，她就站在那儿！"仿佛他那超人的喊叫具有一种魔法，话音刚刚落地，他面对的那扇古旧的房门便缓缓打开。其实这是一阵风的功力，但是没有了房门，门外高高站着的确实就是厄舍家的小姐——那身穿殓衣的玛德琳。她的白袍上血迹斑斑，瘦削的身体上，每一处都显现出痛苦挣扎的痕迹。她浑身颤抖，摇摇晃晃，在门槛处站了一会儿，然后，发出一声长长的呻吟，沉重地跌向屋里，跌倒在她哥哥的跟前。她在做临死前的痛苦挣扎。这时候她的哥哥也倒在地上死去，他是被吓死的，被那他已预见到的恐怖所吓死的。

....

□ **问题**：哥特文学的审美是什么？为什么被称为"哥特文学"？它的价值观与浪漫主义整体价值观有何联系？

教给人们更多的善恶。[1]

浪漫主义者认为，自然是一面镜子，人们可以通过它来认识自己。

如同文学一样，视觉艺术也深受浪漫主义影响。对浪漫主义艺术家来说，所有艺术表达都是艺术家内心情感的反映，一幅画会折射艺术家的世界观，也是他想象力的工具。

欧根·德拉克洛瓦（Eugène Delacroix，1798—1863 年）是法国浪漫主义绘画的最著名代表之一。他曾在 1832 年造访非洲，并受到非洲鲜艳色彩和绚烂服装的深刻影响。他的画作显示出两个主要特点——对异国风情的迷恋和对色彩的热爱。这两个特点在他的《阿尔及尔的女人们》中体现得非常明显。他的作品通过大胆用色将戏剧性和动感性相融合，诚如他所说，"绘画应当是视觉的盛宴"，这一理念在他的不少画作中都有反映。

● 科学新时代

工业革命也唤起了人们对基础科学的研究兴趣。到 19 世纪 30 年代，新的科学发现带来了许多实际益处，也使科学对欧洲人的生活产生了越来越大的影响。

生物学方面，法国科学家路易·巴斯德（Louis Pasteur，1822—1895 年）提出了疾病的细菌学说，对现代医学发展产生了巨大影响。化学领域，俄国科学家德米特里·门捷列夫（Dmitri Mendeleev，1834—1907 年）在 19 世纪 60 年代按照原子量的大小划分了所有化学元素，为研究它们的周期律立下了系统性基础。

科学和技术成就的大众化使人们广泛接受了科学方法是获得客观真理和客观现实的唯一途径的观念，也削弱了许多人对宗教信仰的忠诚度。19 世纪是不断世俗化的世纪，并非偶然。这在真理要在人类的具体物质存在中发现的信念中表现得尤为明显。在描绘人是物质存在、只是自然世界的一部分这一方面，没有人比达尔文更突出。

1859 年，查尔斯·达尔文（Charles Darwin，1809—1882 年）出版了《物种起源》（*On the Origin of Species by Means of Natural Selection*）一书。该书的基本理念是所有植物和动物都是从更简单的形式经过长期进化形成的，这便是有机界进化论（organic

---

[1] W.Wordsworth, "The Tables *Turned*", M.Arnold 编：*Poems of Wordsworth*, London, 1963, p.138.

evolution）。他认为，"每一个物种所产生的个体，远远超过其可能生产的个体"，这就导致了生存竞争。达尔文认为，有些有机体比其他更适应环境的变化，这种进程被他称为自然选择（natural selection）。生存下来的适者不断繁殖和繁荣，而不适者则被淘汰。在达尔文看来，适者会发生一些小小的变异，直到形成一个新的、独立的物种。在 1871 年出版的《人类起源和性选择》（*The Descent of Man and Selection in Relation to Sex*）一书中，达尔文讨论了人类的动物起源。他认为，人类在演进规则上与其他物种一样，并不能独立于外。

● 艺术和文学中的现实主义

现实主义一词最早出现于 1850 年，当时用来形容一种新的绘画风格，但很快也应用于文学领域。19 世纪中期的文学现实主义者反对浪漫主义。他们想描写现实生活中的普通人，而非异国情调下的浪漫英雄。他们还避免使用感情化的语言，而是采用细致的观察和精确的描述，这种方法使他们更愿意创作小说而非诗歌。

19 世纪 50 年代和 60 年代的领军小说家是法国作家居斯塔夫·福楼拜（Gustave Flaubert，1821—1880 年），他推崇现实主义小说。在《包法利夫人》（*Madame Bovary*，1857 年）一书中，他直白地描写了法国单调粗鄙的乡镇生活：艾玛·包法利对与乡村医生的乏味婚姻生活深感厌倦，受到小说里浪漫爱情故事的刺激，她通过婚外情寻找浪漫爱情，最终自杀身亡。

到 19 世纪后半叶，现实主义也影响了拉丁美洲的文学。拉美的现实主义小说家聚焦于他们所处社会的不公正现象，这在克罗琳达·玛多·德·图尔内（Clorinda Matto de Turner，1852—1909 年）的小说中表现得极为显著，她的小说《无巢之鸟》（*Birds Without a Nest*）深刻地揭露了秘鲁印第安人的苦痛生活。她谴责天主教会是造成他们悲惨命运的重要原因。

19 世纪 50 年代以后，现实主义同样在艺术领域占主导地位。居斯塔夫·库尔贝（Gustave Courbet，1819—1877 年）是当时最著名的现实主义画家，他的作品是日常生活的现实写照，绘画对象有工人、农民、沙龙夫人，对此，他宣言："我未曾见过天使或神明，所以我没兴趣去画他们。"他最著名的作品之一《采石工》（*The Stonebreakers*）作于 1849 年，描绘了两名正忙着敲石头的修路工的形象。

■ 走向现代意识：知识和文化发展

□ 问题：19 世纪末 20 世纪初的"打开通往现代意识之路"指的是什么？这种现代意识与早期的世界观有何区别？

1914 年前，西方世界的许多人仍然深信源自科学革命和启蒙运动的价值观和理念。随着生活标准的提高、城市生活的舒适以及大众教育的发展，人类能自我进步并进阶到更美好的社会这一理念似乎有望成真。人们很轻易地认为，人类能够理解宇宙。然而，1870—1914 年，激进的新思想对这种乐观看法提出挑战，并开启了现代意识之途。

● 新的物理学

科学是 19 世纪许多西方人乐观、理性世界观的主要支柱之一。以所谓的坚定事实和冷冰冰的理性为基础的科学使人们确信自然规律。新的物理学则极大地改变了此种观念。

19 世纪的大部分时间里，西方人遵从宇宙机械论，认为宇宙是一个宏伟的机器，时间、空间和物质都是独立于观察者外的客观现实。人们认为，物质是由不可分割的稳定物质体即原子构成的。

出生于德国、在瑞典专利局工作的阿尔伯特·爱因斯坦（Albert Einstein，1879—1955 年）对这种宇宙观提出了质疑。1905 年，爱因斯坦提出相对论，他认为对观察者而言，空间和时间并非绝对，而是相对的存在。无论是空间还是时间，都不能独立于人类经验而存在。正如爱因斯坦后来对记者简单解释的，"人们此前认为，假如所有物质都消失于宇宙之外，空间和时间仍将存留。然而，按照相对论，时间和空间也将随它们一同消失"。[1] 爱因斯坦总结，物质不过是另一种形式的能量。他的划时代的质能方程 $E=mc^2$，表示一个物体的能量是物体质量与光速平方的乘积，这是解释原子内部的巨大能量的关键理论，由此开启了原子时代。

● 西格蒙德·弗洛伊德与精神分析学的创建

19 世纪和 20 世纪之交，维也纳医生西格蒙德·弗洛伊德（Sigmund Freud，1856—

---

〔1〕 引自 A.E.E.McKenzie: *The Major Achivements of Science*，vol.1，New York，1960，p.310.

1939 年）提出了一系列挑战人类思维的理性本质的理论。如同新的物理学一样，弗洛伊德的思想也给时代添加了不确定性。他的主要思想表现在 1900 年出版的《梦的解析》（ *The Interpretation of Dreams* ）一书中。

在弗洛伊德看来，人类行为很大程度上受到潜意识、过去的经历以及往往被人忽视的内力所主宰。他认为，人类行为绝非完全理性，而是本能的、非理性的。他提出，痛苦不安的经历被意识抹平，但由于它们是潜意识的一部分，故而仍然会影响人的行为。弗洛伊德提出了一种新的精神分析法，利用该种方法，治疗师和病人可以深入人的记忆，追溯回归至童年的压抑链。通过让人们意识到潜意识及其压抑的东西，来解决病人的心理冲突。

● 达尔文的影响：社会达尔文主义与种族主义

19 世纪后半叶，科学理论有时被错误地运用到极端。例如，查尔斯·达尔文的有机进化论就被用于社会秩序领域，形成了社会达尔文主义，该理论认为社会也是长期以来与环境斗争后进化而成的有机体。这种思想被狂热的民族主义者和种族主义者以激进方式利用。在追求民族伟业的过程中，极端民族主义者坚持认为，国家之间也要开展生存斗争，只有"适者才能生存"。

反犹太主义

反犹太主义在欧洲有很长的历史，不过，在 19 世纪，受启蒙运动和法国大革命的影响，许多欧洲国家日益在法律上赋予犹太人以平等地位。此时，许多犹太人离开犹太人聚集区，融入周边文化和社会之中。许多人成了成功的银行家、律师、科学家、学者、记者和表演家。

然而，这些成就只代表了当时社会的一个方面。在 19 世纪 80 年代和 90 年代的德国与奥地利，保守分子创建了右翼的反犹太政党，利用社会上的反犹情绪获得了大量感到新经济势力威胁的传统底层群体的选票。不过，世纪之交最恶劣的残害犹太人事件发生在东欧，在那里，生活着占世界上 72% 的犹太人。俄国的犹太人被迫居住在某些地区，对犹太人的迫害和屠杀司空见惯。数十万犹太人为了逃避迫害被迫移民他地。

许多犹太人前往美国，也有些人迁居巴勒斯坦，那里很快成为犹太民族主义运动即犹太复国主义的中心。对许多犹太人来说，古代以色列的领土即巴勒斯坦长期以来就是他们的梦魂之地。然而，由于当时的巴勒斯坦是反对犹太移民的奥斯曼帝国的一部分，故而，犹太人在巴勒斯坦的定居非常困难。尽管困难重重，但 1897 年在瑞士召

弗洛伊德及其压抑理论

弗洛伊德的心理学理论来自他对潜意识的理解和分析。以下的资料节选自他在 1909 年的演讲，弗洛伊德描述了他的压抑理论是如何形成的。

在我用这种方法获得决定性的证据之前，我一直没有放弃它。我发现能证实如下事实：被遗忘的记忆并没有真正丧失，它们依然属于患者，并随时会在联想到那些还被记得的事情时再显露出来。但是，确实有一种力量在阻止它们进入意识，而迫使它们处于潜意识状态。这种力量的存在是可以确定的，因为当你试图把病人的潜意识记忆引到他的意识中时，你会觉察到一种与此相关的力量在对抗它。这种保持致病条件的力量在病人方面是以抵抗的形式表现出来的。

正是基于抵抗的观念，我才建立了自己对癔症中心事件的历程的看法。要取得治疗效果，事实证明消除抵抗是必要的。从治疗的机制出发，也就有可能对疾病的起源形成相当明确的看法。现在以抵抗的形式出现，阻止被遗忘的材料进入意识的力量，想必当初就曾导致了遗忘并把那些致病的经验排除在意识之外。我把这个假设的过程称为"压抑"，我认为抵抗的不可否认的存在证明了这一点。

下一步我们可能会提出这样一些问题，如，这些力量是什么？我们现在所认识到的癔症致病机制中的压抑的决定性因素是什么？在宣泄法中，我们逐渐认识到病因性情景，对此进行比较性研究就有可能对以上问题做出回答。所有这些经验都与一种愿望冲动的出现有关，这种愿望冲动与患者的其他愿望形成鲜明对照，并被证明与其人格中的伦理标准和审美标准格格不入。它们发生过短暂的冲突，这种内在冲突的结果是，把这种不可调和的愿望输入到意识中的念头成了压抑的牺牲品，并把与此相关的记忆一起排除在意识之外，且从此被遗忘了。因此，与患者的自我不兼容的愿望冲动或者延长这种冲动都会产生严重不快，这种不快可以通过压抑的方式避免。因此，可以把压抑看成是保护心理人格的手段之一。

——弗洛伊德《精神分析五讲》

□ 问题：据弗洛伊德的说法，他是怎样发现压抑的存在的？压抑的作用是什么？

开的第一次犹太复国主义者大会仍宣布其目标是为世界犹太人创建一个"受公法保护的巴勒斯坦家园"。1900 年，约有 1000 名犹太人迁居巴勒斯坦，1904—1914 年，该数字缓慢上升到 3000 人，这让犹太复国主义者的梦想长盛不衰。

● 现代文化

在物理学和心理学革命的同时，文学和艺术领域也发生了革命性变化。1914 年前，文学家和艺术家正反对自文艺复兴以来主宰欧洲文化生活的传统文学和艺术风格，他们带来的变化被称为现代主义。

20 世纪伊始，一群被称为象征主义者的文学家发起了一场文学革命。象征主义者的主要兴趣在于诗歌创作，受到弗洛伊德思想的深刻影响，他们认为，客观认识世界是不可能的。外面的世界并非真实存在，不过是反映个人思维的各种象征的集合。

1870—1914 年是艺术史上成果最丰厚的时期之一。19 世纪晚期，艺术家纷纷寻求新的表达形式。现代绘画的雏形可追溯至 19 世纪 70 年代源于法国的印象派，当时，一群艺术家反对安居于工作室和博物馆，提倡前往农村，直接描绘自然。

其中一位著名的印象派画家是贝尔特·莫里索（Berthe Morisot，1841—1895 年），她认为，女性拥有独特的视野，"比男人更为细腻"。她利用清浅色和流畅的笔触作画。在人生的最后阶段，她感叹男人们不认真看待她的作品："我认为，从来没有男人平等地看待女人，这是我质疑的，因为我知道与他们相比，我毫不逊色。"[1]

19 世纪 80 年代，后印象主义运动在法国兴起，并很快扩散到欧洲其他国家，其代表人物之一是悲剧艺术家文森特·梵·高（Vincent van Gogh，1853—1890 年）。对梵·高而言，艺术是精神的历程。他对色彩尤感兴趣，认为色彩拥有自己的语言。

20 世纪初，艺术的任务是反映"现实"的理念已经失去意义。摄影技术的发展让艺术家有理由反对现实主义。摄影技术发明于 19 世纪 30 年代，1888 年，随着乔治·伊士曼（George Eastman）发明了面向大众市场的第一部柯达相机，摄影技术变得极为流行和大众化。艺术家干那些如同相机的活有什么意义呢？不同于拍摄现实的相机，艺术家可以创造现实。

1905 年，现代艺术史上最重要的艺术家之一开启了他的艺术生涯，这位艺术家就是巴勃罗·毕加索（Pablo Picasso，1881—1973 年）。他出生于西班牙，1904 年定居巴黎。毕加索的绘画极其灵活，风格丰富多样。他是新立体主义风格的开创性人物，这种风格以几何图案为视觉刺激，对观众心中的现实进行重新创作。

1910 年，随着抽象派绘画的兴起，现代艺术家逃避"看得见的现实"达到高潮。出生于德国的俄国艺术家瓦西里·康定斯基（Vasily Kandinsky，1866—1944 年）是抽

〔1〕 引自 A.Higonnet：*Berthe Morisot's Images of Women*，Cambridge, Mass.，1992，p.19.

象派绘画的奠基者之一，他在绘画中完全避开具体表达，认为，艺术应当直接与灵魂对话。为此，艺术必须避免反映任何视觉现实，而要集中表达线条与色彩。

━ 本章小结

从 16 世纪以来，西半球的诸多地方一直处于英国、西班牙和葡萄牙的控制之下。不过，1776—1826 年，大西洋的革命时代使美国和拉美九国建国。加拿大和拉美其他国家也在 19 世纪进入建国之旅。这一革命时代是发端于 18 世纪末的民族主义势力发展的表现，同时，启蒙运动的思想也对北美洲与南美洲的知识分子和政治领袖产生了深远影响。

然而，西半球的新建国家在国家统一过程中却各自面临着挑战。拉美各国往往发现它们难以建立稳定的共和制，遂转向强势领导人的军事统治。尽管拉美各国实现了政治独立，但它们在经济上却要依附于英国和美国。美国在四年残酷的内战后重新统一，加拿大则由于英语区与法语区的互不信任，统一问题困难重重。

到 19 世纪后半叶，西方世界的许多地区都进入新的大众社会。在这种大众社会中，低层阶级受益匪浅，他们获得了投票权，提高了生活水准，新学校的建立则使他们有了教育机会。新大众交通形式、新工作模式可以使人们周末去公园或周边地区旅行，或是参加新的大众娱乐活动。

1914 年前的文化革命引发了人们对西方文明的焦虑和信心危机。爱因斯坦揭示了时间和空间都是相对的，物质只是另一种形式的能量，古老的牛顿宇宙学说遂不再有效。弗洛伊德提出人类的行为并非由理性控制，而是由潜意识主宰，这给时代增添了不确定性。一些知识分子将达尔文主义运用于种族和国家的竞争之中，认为种族与国家间也是适者生存。所有这些新观念都推动了现代意识的形成，这种现代意识对大多数欧洲人的乐观进步论提出质疑。正如第 23 章将要论述的，毁灭性的一战将这种不确定性文化变成了 1918 年后的一种生活方式。

━ 本章思考

— **问题 1**：19 世纪的拉美各国、美国与加拿大存在什么样的异同？

— **问题 2**：新大众社会在教育、休闲和女性经历方面有哪些新气象？存在哪些问题？

— **问题 3**：1870—1914 年，文学和艺术领域的现代主义是怎样体现出来的？这些文学和艺术作品是如何反映这一时期的政治和社会发展的？

拓展阅读

关于拉丁美洲。关于拉丁美洲的历史概述，可以参考 M.C.Eakin, *The History of Latin America*: *Collision of Cultures*, New York, 2007; P.Bakewell, *A History of Latin America*, Oxford, 1997。关于拉丁美洲的独立战争，可以参考 J.C.Chasteen, *Americanos*: *Latin America's Struggle for Independence*, Oxford, 2008。关于拉丁美洲的经济，可以参考 V.Bulmer-Thomas, *The Economic History of Latim America Since Independence*, 2th.ed, New York, 2003。

关于美国和加拿大。关于 19 世纪前半期美国的情况，可以参考 D.W.Howe, *What God Hath Wrought*: *The Transformation of America*, *1815-1848*, Oxford, 2007。关于美国内战史，可以参考 J.M.McPherson, *Battle Cry for Freedom*: *The Civil War Era*, New York, 2003。关于 19 世纪后半期美国的情况，可以参考 L.Gould, *America in the Progressive Era*, *1890-1914*, New York, 2001。加拿大的通史，可以参考 S.W.See, *History of Canada*, Westport, N.Y., 2001。

关于西方大众社会的出现。N.Bullock、J.Read, *The Movement for Housing Reform in Germany and France*, *1840-1914*, Cambridge, 1985, 对欧洲大陆的居住改革有较好介绍。关于 19 世纪的妇女问题，可以参考 B.Smith, *Women in European History Since 1700*, Lexington, Mass., 2005。关于教育问题，可以参考 M.J.Maynes, *Schooling in Western Europe*: *A Social History*, Albany, N.Y., 1985。关于休闲模式的变化，可以参考 G.Cross, *A Social History of Leisure Since 1600*, State College, Pa., 1989。

关于浪漫主义和现实主义。关于浪漫主义思潮，可以参考 M.Cranston, *The Romantic Movement*, Oxford, 1994。浪漫主义艺术的情况，可以参考 W.Vaughan, *Romanticism and Art*, New York, 1994。关于现实主义的介绍，可以参考 J.Malpas, *Realism*, Cambridge, 1997。

关于现代意识。关于弗洛伊德，可以参考 P.D.Kramer, *Sigmund Freud*: *Inventor of the Modern Mind*, New York, 2006。关于欧洲种族主义的情况，可以参考 N.MacMaster, *Racism in Europe*, *1870-2000*, New York, 2001。关于现代主义，可以参考 P.Gay, *Modernism*: *The Lure of Heresy*, New York, 2007。G.Crepaldi, *The Impressionist*, New York, 2002; B.Denvir, *Post-Impressionism*, New York, 1992, 对了解现代艺术极有参考价值。

第 21 章
帝国主义的高潮

1877 年，英帝国的创建者塞西尔·罗兹（Cecil Rhodes）起草了他的遗嘱。他将开采南非钻石所得的巨额财富赠给了两位密友，并指示他们利用这一继承权建立一个秘密社团，旨在"在全世界扩大英帝国的统治范围、完善英国的移民制度……特别是要由英国人占领整个非洲大陆、圣地耶路撒冷、幼发拉底河流域、塞浦路斯和克里特岛、整个南非……要将美国恢复为英帝国的一部分……最终要为英国缔造强大的实力基础，使战争难以爆发，并促进人类的福祉"。[1]

今天看来，这样的观点荒谬至极，但它们是帝国主义时期罗兹及同时代人世界观中傲慢一面的生动表现，也是其道德关怀和勃勃野心的复杂结合的体现，正是这种世界观、关怀和野心激发了他们在世界舞台上的各种举动。

从 19 世纪到 20 世纪初，通过罗兹等人的努力，西方殖民主义扩张到非西方世界的大部分地区。受工业革命刺激，一些实力强大的西方国家，特别是英国、法国、德国、俄国和美国为了满足其不断扩张的经济需求，对世界原料市场和消费市场展开了贪婪、激烈的争夺。到 19 世纪末，亚洲和非洲的所有传统国家几乎都变为直接或间接的殖民地。20 世纪伊始，西方印记——无论好坏——似乎已经成为亚非各国社会和政治舞台的永久性特征。

■ 殖民统治的蔓延

□ 问题：19 世纪新帝国主义兴起的原因是什么？与早期欧洲人的扩张相比，这一时期的帝国主义有什么不同？

---

[1] 引自 J.G.Lockhart、C.M.Wodehouse: *Rhodes*, London, 1963, pp.69—70.

19 世纪，西方国家向亚洲和非洲的扩张进入新阶段。公元 1800 年以前，欧洲人对东方世界的目的可以总结为"基督徒和香料"，西方人用金银交换东方的丁香、丝绸和瓷器。但到了 19 世纪，欧洲国家开始将亚非当作欧洲工厂数量惊人的产品输出地，以及西方工业机器所需原料的来源地。西方因与亚非各国的这种关系而被称为新帝国主义。

● 动机

造成这种转变的原因当然是工业革命。此时已经工业化的西方各国急需国内没有的大量原材料和可靠的产品输出市场。当生产者发现国内市场已经无法吸收其全部产品时，必须通过出口才能获利，产品输出市场也就越来越至关重要。一旦消费需求放缓，经济萧条的危险随即而来。

关于殖民主义与国家生存之间的关系，法国政治家茹·费里（Jules Ferry）在 1885 年表述得最为直接。他警告说，"遏制或节制"政策将使法国"走上衰落之路"，使之成为"一个三流国家"。深信社会达尔文主义的英帝国主义者也赞同茹·费里的看法。正如英国数学家卡尔·皮尔森（Karl Pearson）在 1900 年所言，"进步的路上遍布着一些国家的残躯；随处可见那些被屠杀的劣等民族的遗骸……然而，这些人实际上是人类走上更高智慧、更深厚情感的生活的踏脚石"。[1]

对一些人来说，殖民主义带有道德目的，或是为了促进基督教的传播，或是为了创建更美好的世界。英国殖民官员亨利·柯曾（Henry Curzon）宣称，英帝国"是天道之选，是有史以来最良善者"。对当时最著名的英帝国创建者塞西尔·罗兹而言，从殖民地攫取物质财富是次要问题，"我的主要目标是张大英帝国"。[2]俗称"日不落帝国"的英帝国，让对手们艳羡不已，殖民扩张也被认为是英国在 19 世纪后半期主宰世界的主要原因。

● 策略

随着西方各国殖民动机的变化，殖民策略也有所转变。早先，欧洲各国通常满足于与现存独立国家打交道而非试图直接控制大片领土。当然，那些国家政权处于崩溃

〔1〕 K.Pearson, *National Life from the Standpoint of Science*, London, 1905, p.184.
〔2〕 引自 H.Braunschwig: *French Colonialism*, *1871-1914*, London, 1961, p.80.

新旧帝国主义

起初，帝国主义一词（imperialism，源自拉丁文中的"命令"）主要用来描述特定形式的政治实体。帝国要比王国更大，由多个国家或民族构成，由一个代表其境内的主导民族或宗教群体的皇帝或国王进行统治。比较典型的例子是罗马帝国、汉帝国、中亚的蒙古帝国、西非的加纳帝国和马里帝国，另外南美的印加帝国也可算入其中。

19世纪，随着西方人向亚洲和非洲不断扩张，人们越来越经常地将这一进程称为"帝国主义"。在这种背景下，扩张的动机主要是西方资本主义国家争夺西方以外的市场、廉价原材料和投资途径。最终，它导致了列强纷纷建立殖民地。在这一阐释中，帝国主义扩张的主要动机是经济性质的。英国政治经济学家约翰·A.霍布森（John A Hobson）在1902年出版的《帝国主义研究》（*Imperialism: A Study*）一书中提出了这一观点，他认为现代帝国主义是现代工业经济发展的直接结果。

然而，历史学家开始分析这一现象后，许多人认为，帝国主义列强的动机不仅仅是经济性的。正如霍布森自己所承认的，经济不可避免地与政治意蕴、国家地位和道德目的等问题密切相关。对19世纪的欧洲人来说，经济富裕、国家地位和政治势力在殖民帝国的建立过程中是携手并进、同时共存的。从全球战略角度来说，殖民地在带来经济利益的同时，也带来了均势政治中的实在利益。许多国家建立殖民地也是为了获得更多领土，以获得比竞争对手更多的优势。

二战以后，亚洲和非洲的殖民地被独立国家取代，新的名词"新帝国主义"（neocolonialism）出现了，主要用来形容帝国主义国家承认此前殖民地的政治独立，但继续通过各种政治和经济手段对它们实施控制。因此，许多批评家认为，西方帝国主义并未在它们此前的殖民地消失，只是找到了其他赖以维持影响的方法。

□ 问题：19世纪末期，各大贸易国在亚洲和非洲建立殖民地的主要动机是什么？

的地区（如印度）、欧洲经济利益尤为重大的地区（如拉丁美洲和东印度）或不存在中央集权的地区（如北美和菲律宾）是例外。不过，在大部分地区，西方的存在主要局限于控制地区贸易网络和建立一些外国人能够进行贸易和传教活动的据点。

1800年以后，欧洲工业化的需求激发了一系列新动力。获取如锡和橡胶等原材料以及为欧洲产品寻求市场，使西方各国需要对殖民地进行更严密的控制。随着各国在殖民地的竞争不断加剧，为免遭竞争对手进攻，它们对殖民地领土的控制也不断强化。1880 年后，随着美国和日本也加入欧洲各大国抢夺全球土地的阵营，寻求殖民地变成了殖民地掠夺战。在许多情况下，经济利益让位于安全考虑或国家声誉需求。例如，在非洲，英国为了维护在苏伊士运河和红海的利益与对手们展开了激烈的竞争。

1900 年，几乎非洲和亚洲的所有地区或是沦为完全殖民地，或是如中国和奥斯曼帝国一样濒临崩溃。只有屈指可数的一些国家，如泰国、阿富汗、伊朗、埃塞俄比亚和日本避免了内部崩溃或遭受殖民统治。大多数情况下，这些例外是好运气的结果。泰国之所以未被征服，主要是由于巴黎和伦敦的高官们认为，让这个国家变为一个缓冲国比武力征服它更有利。埃塞俄比亚和阿富汗之所以幸存，不仅由于它们有顽强抵抗外来威胁的传统，也因地理位置相对偏远、多山。只有日本是通过政治和经济改革的既定战略避免了被殖民统治的命运。

■ 殖民体制

□ 问题：各殖民国家在其殖民地建立了什么样的行政体制？这些体制是如何体现殖民主义哲学的？

既然各殖民国家控制了世界上大多数地区，那么，它们是如何处置这些地区的呢？如前所述，它们的主要目标是开发控制地区的资源、打开制造品市场和投资市场。在有些情况下，上述目标可以通过与当地政治精英合作来实现，殖民者可以用经济利益或确保其在新殖民体系中的权威和地位来收买这些政治精英的忠诚。不过，有些时候，这种间接统治政策不可行，因为当地领导者拒绝与殖民者合作，甚至积极抵抗殖民者。这种情况下，帝国主义者转向直接统治，清除地方精英的权势，用殖民母国的官员取而代之。

总体来说，最可能积极抵抗殖民征服的是那些拥有悠久的民族团结和独立传统的国家，如亚洲的缅甸和越南、尼日利亚北部的非洲伊斯兰国家和摩洛哥。在这些地区，殖民者遭遇了更顽强的抵抗，他们往往倾向于放弃与地方合作，对之进行直接统治。在非洲的某些地方、印度次大陆、马来半岛等地，那里的地方当局愿意与帝国主义势力合作，因此，在这些地方，间接统治更为普遍。

总而言之，殖民主义在印度、东南亚和非洲表现出许多相似性，但也有一些不同。有些不同可以追溯到殖民者本身的区别上。例如，法国往往试图在其殖民地推行集权管理制度，这种制度折射的是法国的管理体制，而英国则有时将殖民地的地方贵族改造为类似于母国的地主阶级。其他一些不同则源于各殖民地自身情况的差别。

● 殖民主义哲学

为了让自己的殖民统治正义化，殖民者部分诉诸"强权即公理"这一古老的准则。这种态度来自社会达尔文主义这一伪科学概念，该理论认为，在"适者生存"这一达尔文法则主宰的世界，只有那些直面和积极适应情况变化的国家才能生存和繁荣下去。

不过，有些人对这种残酷无情的观点感到不自在，而用看似对受害者有利的道德理由加以解释。其中，社会达尔文主义再度大行其道。他们提出，殖民者将西方民主、资本主义和基督教的好处带往传统社会，使原始各民族得以适应现代世界的挑战。西方人用这样的理论自我安慰，无视殖民主义的残酷性，并说服自己，长远看来，殖民的结果对殖民者和被殖民的人们都有利无害。极少有人比法属印度支那总督阿尔伯特·萨劳（Albert Sarraut）更擅长于粉饰这种"文明使命"了。萨劳虽然承认殖民主义最初是一种以利益为目的的"武力行为"，但他坚持，通过重新分配地球的财富，殖民将给所有人带来更好的生活，他说："无限期延长这种资源分配的不均衡是公正合理的吗？……不！……人类遍布地球各地。任何民族、任何种族都无权或无力自私地与普世生活相隔绝。"[1]

不过，假如历史和文化都与西方各国完全不同的亚非各国不愿遵循西方道路呢？在这种情况下，文化转型政策无法获取成功，甚至可能导致灾难。

同化还是协作？

事实上，殖民主义理论家从未在殖民策略这一理论问题上取得一致。对此最具有理论探讨价值的是法国采用同化（assimilation，这意味着要努力将殖民地改造成西方模式）和协作（association，这意味着在保留殖民地当地传统的同时与地方精英合作）两个概念来描述这两种选择，并在二者间来回摇摆。例如，法国在印度支那的政策起

---

[1] 引自 G.Garros：*Forceries Humaines*，Paris，1926，p.21.

白人的负担，黑人的悲伤

将帝国主义合理化和正义化的一条理由是"更先进"的白人有道德义务提升"无知的"土著居民的文明程度。对这一点的发挥，英国诗人拉迪亚德·吉卜林（Rudyard Kipling，1865—1936年）的《白人的负担》（*The White Man's Burden*）一诗可谓登峰造极。这首诗风行于整个英语世界。

然而，这种道德责任往往是错位的，更糟糕的是，甚至还是极为伪善的。很少有人如英国记者埃德蒙德·莫雷尔（Edmund Morel）那样深刻描述西方帝国主义对非洲人民造成的灾难性影响。他在《黑人的负担》（*The Black Man's Burden*）一书中尖锐地指出了比属刚果殖民主义更具危害性的一面。

> 肩负起白人的负担
>
> 将你们最优秀的种子输送出去
>
> 捆绑你的孩子，将他们放逐出去
>
> 去为你们的俘房服务
>
> 背负起沉重的马缰
>
> 去服侍那些刚刚被抓住的
>
> 急躁的、野蛮的、愤怒的
>
> 一半是恶魔、一半是孩童的人
>
>
> 肩负起白人的负担
>
> 保持耐心
>
> 掩藏起恐惧
>
> 隐藏起骄傲
>
> 用开放和简单的语言
>
> 不厌其烦地说明白
>
> 为他人去谋利益
>
> 为别人去辛勤工作
>
>
> 肩负起白人的负担

平息野蛮的战争

填饱饥饿的人们的肚子

祛除人们的病痛

当你的目标将近实现时

为他人的努力将告结束

小心那些懒惰与愚昧的人

你的所有希望都会化为乌有

——拉迪亚德·吉卜林《白人的负担》

　　非洲人承受的是"黑人的负担"。在白人占领非洲以前，非洲人民并未衰落……非洲吸纳和接受了所有白人，或者说，所有侵略者。白人在非洲寻找落脚点，大量屠杀非洲人民。非洲幸存下来，对白人来说，这是好事……

　　被白人占领的地区有多么失败呢？欧洲的政治"势力范围"又是怎样一幅失败的景象呢？那些马克西姆枪、来复枪、奴隶贩子又都做了些什么呢？那些他们带来的麻疹、天花和梅毒的危害又有多深呢？海外奴隶贸易如何呢？在现代毁灭性机器的帮助下，现代资本主义的剥削力量得以实现。

　　正是由于后者的邪恶、科学手段的运用与实施，才使非洲人无处可逃。它造成的灾难性影响并非暂时，而是永久性的。其中不乏致命的后果。它不只是消灭人们的肉体，还消灭人们的灵魂。它毁灭人的精神。它从四面八方、各个领域攻击非洲。它破坏了非洲的政治，侵犯非洲的家庭，损毁非洲的大地，损害非洲的天性追求，奴役着非洲。

——埃德蒙德·莫雷尔《黑人的负担》

　　□ 问题：在吉卜林看来，为什么西方各国要承担"白人的负担"？在埃德蒙德·莫雷尔看来，"黑人的负担"是什么？

初是采取协作，但后来受到那些认为殖民者亏欠了被殖民各民族的群体的压力，其政策又转向了同化。不过，同化（很多殖民官员从不认为这是可行或可取的）激起了殖民地人民的怨憎，许多人反对摧毁本土传统。最后，法国放弃正义化的努力，转向了武力统治。

　　其他殖民国家对这一问题兴趣寥寥。不管是出于实用主义还是种族优越感，英国拒绝考虑同化的可能性，将其殖民地视为文化和种族上截然不同的民族。

■ 英国统治下的印度

□ 问题：英国的统治给印度带来了哪些主要后果？它们又是如何影响印度人的？

到 1800 年，曾经辉煌的莫卧儿王朝已经在英国的武力征服下没落。在接下来的几十年里，英国强化了对印度次大陆的控制。一些地区先后被东印度公司和英国王室直接控制，另一些地区则通过地方王公贵族被英国间接统治。

● 殖民地改革

英国统治的影响并非全是负面的。英国对印度次大陆的统治使长期陷入内战的印度趋于有序和稳定。到 19 世纪初，英国的统治带来了相对诚信和高效的政府，并且在许多方面让普通印度人受益。其中一个好处是教育受到高度重视。在英国高级官员托马斯·巴宾顿·麦考莱的努力下，印度建立了培育精英阶层子女的新学校体系，英国的文官考试制度也被引入印度。针对年轻女孩的教育得以发展，其主要目的是让她们更好地为人妻、为人母。1875 年，马德拉斯医学院招收了第一批女学生。

英国统治也结束了一些很不人性的印度传统。萨蒂被宣布为非法，寡妇有再婚的合法权利。英国还试图结束自古以来就困扰印度的特有的匪患（被称为 thuggee，英文中的 thug，即"暴徒""恶棍"一词的来源）。铁路、电报、邮政服务在英国出现不久后就传入了印度。1839 年，从加尔各答到德里的主要公路干线开工；1853 年，北印度的第一条铁路开始运营。

● 殖民主义的代价

然而，印度人民也为英国统治带来的和平与稳定付出了沉重代价。最惨重的代价出现在经济方面。尽管英国企业家和印度当地小部分人从英国统治中得到一定的经济利益，但对印度城市和农村的数百万人来说，他们得到的是艰辛与困苦。英国纺织品的引入严重打击了印度本土的棉纺织业，使成千上万名孟买妇女失业。

农村地区，英国人引入了柴明达尔制度，他们错误地期盼这将便利于赋税征收，并形成新的有地士绅阶层。在英国，有地士绅阶层成为保守帝国统治的基础。然而，

印度的血脉，英国的品位与智识

作为 19 世纪 30 年代印度最高理事会的成员之一，托马斯·巴宾顿·麦考莱为印度人民绘制了教育政策。在他的《教育备忘录》(*Minute on Education*) 中，他提出，要将英语和各种当地语言作为教育的手段和工具，并更倾向于运用前者。他说，一旦印度的精英受到西方文明的教育，他们将"在我们英国人与被我们统治的数百万人之间形成一个沟通和媒介的阶层；他们拥有印度人的血脉和肤色，却又有英国人的品位、观念和智识"。后来，麦考莱成了一名杰出的历史学家。关于英语与印度本土语言孰好孰劣的争论至今仍在继续。

政府将直接引导这个国家的人民的智识进步。基本的问题是，最有用的办法是什么？

大家似乎都有一种共识，这就是印度土著居民广泛使用的方言既不具有文学性，也没有科学性。它们非常贫乏和粗鲁，除非它们能够从其他语言中有所吸收和借鉴，否则将任何有价值的作品翻译成这种土语都非易事……

那么，应当使用什么语言进行教育呢？委员会中有一半人认为，应当是英语。另一半人强烈建议采用阿拉伯语或梵语。对我来说，整个问题的关键在于，哪种语言更值得人们去学习？

我不懂阿拉伯语和梵语，但我尽可能地正确评判它们的价值。我读了一些翻译过来的最受赞誉的阿拉伯语和梵语著作，我也与印度和英国的精通东方语言的人交流过，我虚心接受东方学学者对东方语言的评价。我敢说，他们中没人会否认，欧洲图书馆中的一个书架就可抵得上印度和阿拉伯的全部本土文学了……

我认为，毫不夸张地说，一切梵语资料中所体现的历史知识，其价值比英国小学中的初级知识还小得多。物理或道德哲学的各分支在印度与英国的地位是相似的。

———托马斯·巴宾顿·麦考莱《教育备忘录》

□ 问题：为了在印度使用英语教学，麦考莱是怎样辩护的？对他的观点，批评家可能会怎样回应？

印度的本地士绅却利用新权威增加税收，迫使不幸的农民或变为佃农，或被迫失去全部土地。19 世纪的英国官员在印度引入民主机制和价值观上无所作为，正如 1898 年英国议会的一名政要所指出的，民主体制"不可能由英国人引入印度……如同人们没法在行李箱中携带冰块"。[1]

英国人也没有将现代科学和技术带到印度。印度出现了有限的工业化，尤其是在棉纺织业和黄麻（常常用来制造绳索）制造业。1856年，印度开设了第一个棉纺织厂。70年后，仅孟买就出现了80家棉纺织厂。然而，本土资本的缺乏和英国资本的涌入妨碍了其他重要的新兴商业和制造业的发展。

外国统治也影响了当地人民的心理。尽管许多英国殖民地官员真诚地希望改善印度人民的境遇，但英国人对当地百姓的傲慢和轻视深深地伤害了许多印度人的自尊，尤其是那些高种姓的印度人，他们往往习惯了在印度享有较高的社会地位。在英印学校里受教育并进入文官系统的印度人和英印通婚后出生的英印混血者往往模仿统治者的举止与服饰，他们说英语、吃西餐，热衷于欧式休闲，但许多人理所当然地想知道自己真正的文化忠诚度在哪里。

■ 东南亚的殖民政权

□ 问题：哪些西方国家在东南亚殖民过程中最为活跃？它们的动机是什么？

1800年，东南亚只有两个国家处于有效的殖民统治下，这就是西班牙统治的菲律宾以及荷属东印度。此后的19世纪，欧洲人对东南亚的兴趣迅速高涨，到1900年，整个东南亚都处在了殖民统治下。

● "东方的机会"：殖民接管东南亚

拿破仑战争后，英国与荷兰达成协议，英国人放弃了在东印度占有的领土，作为回报，英国可以插手马来半岛。1819年，殖民官员斯坦福·来福士（Stamford Raffles）在马来半岛的新加坡建立了英属殖民地。新加坡成为前往中国和东南亚其他商业中心的贸易路线上的主要中转点。

---

[1] 引自 B.Schwarz 对 D.Cannadine 的 *Ornamentalism*：*How the British Saw Their Empire* 的评论，见 *The Atlantic*，November 2001, p.135.

接下来的几十年里，欧洲人加速向东南亚渗透。1826 年，英国进攻缅甸，并最终对这里实施殖民统治。法国因此担忧英国可能会在中国华南一带获得贸易垄断权。1858 年，法国入侵越南。尽管法国的侵略未能完全成功，但越南的阮氏王朝最后被迫割让部分领土。二三十年后，法国的殖民统治扩张到越南其余地区。到 1900 年，法国还占领了邻近的柬埔寨和老挝，从而建立起法属印度支那联邦。

法国征服印支后，泰国是东南亚大陆仅剩的独立国家。在拉玛四世（1851—1868 年在位）和儿子朱拉隆功（1868—1910 年在位）这两位精明统治者的带领下，泰国引入西方思想，维持与欧洲几个大国的外交往来，既没有影响国内稳定，也未招致帝国主义入侵。1896 年，英法两国同意维持泰国作为东南亚独立缓冲区的地位。

东南亚殖民秩序的最后一环在 1898 年的美西战争中尘埃落定。在乔治·杜威（George Dewey）的带领下，美国海军在马尼拉湾击败了西班牙舰队。美国总统威廉姆·麦金莱（Willianm McKinley）颇为菲律宾的命运苦恼，但最终认为将菲律宾变为美国殖民地、阻止它落入日本人手中是道德正确的事。实际上，美国人（如同此前的西班牙人那样）认为，菲律宾群岛是前往对华贸易途中的重要中转站。道德理想主义与对利益的渴望相融合，这在印第安纳州参议员阿尔伯特·贝弗里奇（Albert Beveridge）1900 年 1 月的演说中体现得极为突出。他说：

> 总统先生，时代呼唤我们坦诚相待。菲律宾永远属于我们，即如宪法中所言，这是"美利坚的领属"。菲律宾之外，还有难以估量的庞大中国市场。我们绝不会从这两个地方撤退。……我们绝不会放弃我们的职责，即上帝赋予我们这个种族的神圣使命——教化世界。我们将奋力前进，绝不会像奴隶那样因肩上的负担而号啕后悔。这是一项光荣的任务，上帝选择了美国人民，美国将引领世界。[1]

并非所有菲律宾人都同意贝弗里奇对菲律宾形势的定位。在埃米利奥·阿奎纳多（Emilio Aguinaldo）的领导下，菲律宾的游击势力奋起反抗美国军队的入侵，要求建立独立的菲律宾国家。不过，美国起初针对菲律宾游击势力的战争取得了胜利，

---

[1] 引自 R.Bartlett 编：*The Record of American Diplomacy*：*Documents and Readings in the History of American Foreign Relations*，New York，1952，p.285.

1901 年，菲律宾的反抗被镇压。美国总统麦金莱在通往庞大中国市场的途中迈出了坚实的一步。

● 殖民统治的性质

在东南亚，殖民者主要关心的是经济利益，他们尽可能地与本土精英合作，以促进对当地自然资源的开发。比起培育欧洲行政官员实施直接统治来说，间接统治相对代价较小，对当地文化的腐蚀性影响也较小。例如，在荷属东印度，荷兰东印度公司的官员们将当地的管辖权委托给当地的贵族精英，他们维护法律、秩序、征收赋税，作为回报，荷属东印度公司则付给他们薪水。英国人在马来亚也如法炮制。尽管英国人在新加坡和马六甲的一些商业重镇建立了直接殖民统治，但他们允许当地的穆斯林统治者维持对马来半岛内陆地区的控制。

行政管辖与教育

间接统治尽管方便又低廉，但并非总是可行。有些时候，当地人对殖民征服的抵抗使间接统治政策压根没法实施。在缅甸，国王和其他传统主义者领导的强力反抗迫使英国取消了缅甸的君主制，通过印度的殖民政府进行直接统治。在印度支那，法国既有直接统治，也有间接统治。法国在南部湄公河三角洲一带实施直接统治，但将北方视为保护国，仍由皇帝在顺化的皇宫里发号施令。法国在柬埔寨和老挝也采取了类似的政策，由当地统治者实施统治，但接受法国顾问的指导。

表 21.1　帝国主义在亚洲大事记

事　件	时　间
斯坦福·来福士抵达新加坡	1819 年
英国入侵下缅甸	1826 年
英国铁路网在印度北部开工	1853 年
印度土兵起义	1857 年
法国入侵越南	1858 年
英法同意泰国中立化	1896 年
杜威在马尼拉湾击败西班牙舰队	1898 年
法国建立印度支那联邦	1900 年

不管采取何种办法，殖民政权在建立民主机制方面都极为迟缓。殖民地的早期立法机构和议会几乎全部由欧洲人组成。最初一批本土代表都是富庶人家，政治倾向上也比较保守。当东南亚人抱怨这种现状时，法国官员阿尔伯特·萨劳（Albert Sarraut）劝导他们要有耐心，他说："我待你们如同幼弟，不要忘了我才是兄长。我会慢慢地赋予你们人性的尊严。"[1] 殖民地官员缓慢且不太情愿地开始放宽参政权。

---

〔1〕引自 L.Routbaud：*Vietnam*：*La Tragedie Indochinoise*，Paris，1926，p.80.

殖民地官员在教育改革方面也不积极。尽管西方教育的引入是殖民主义正义化的理由之一，但殖民地官员很快发现，当地精英获得教育后可能对他们造成反噬。殖民地往往不能给律师、工程师、建筑师提供太多的工作机会，大量失业知识分子于是将挫败感转向了反对殖民政权。正如一位法国官员在反对增加越南学校的报告中所说，教化当地人意味着"不是少了一个苦力，而是多了一个反叛者"。

经济发展

各殖民国家都不愿意在殖民地的经济发展上承担"白人的责任"。如上所述，它们的主要目的是寻求廉价的原材料、控制制造品的销售市场。因此，各殖民国家的殖民政策主要集中在开发原材料上，如缅甸的柚木、菲律宾的糖和椰干、马来亚的橡胶和锡，以及东印度群岛的香料、茶叶和咖啡、棕榈油。

东南亚的一些殖民地确实有一定程度的工业发展，可以满足欧洲人和当地精英的需求。缅甸的仰光、爪哇岛的巴达维亚、法属印度支那的西贡等主要制造业城市发展迅速。不过，大多数工业和商业设施都归欧洲人所有和管理，部分由印度商人或华商掌握。

殖民主义与农村

尽管城市经济有所发展，但殖民地的绝大多数人口仍是农民。许多人以农业为生，但强调种植出口经济作物的殖民政策也使种植园农业有了一定的发展。农民在属于欧洲人拥有的橡胶园和茶园里工作，报酬低廉，许多雇工是被"掳掠"（英语中shanghai一词起源于上海街头和码头用武力、毒品拐骗工人的行为）至种植园做工的，极其恶劣的工作环境往往导致成百上千人伤亡。殖民政府为了支付其管理或改善地方基础设施的费用所征收的高额赋税给贫苦农民增添了沉重负担。

卫生和医疗条件改善后，婴儿死亡率下降，人口急剧增长，从而使经济情况更为复杂。例如，19世纪末，爪哇岛的人口比前殖民时期增加了4000万。农村再也无法支撑如此庞大的人口，许多年轻人逃到城市，在工厂或商店里做工。

如同印度一样，殖民统治也给东南亚带来了一定益处。它开启了这些地区的现代经济基础设施，催生了致力于建立工业社会的"现代化精英"阶层。出口市场的发展也有助于形成农村地区的企业家阶层。例如，在荷属东印度的外岛（如婆罗洲和苏门答腊），橡胶树、棕榈树、咖啡、茶和香料等小种植主开始分享殖民企业的利润。

■ 非洲的殖民帝国

□ 问题：各国"瓜分非洲"背后有哪些因素？这种瓜分对非洲大陆造成了什么影响？

1800 年前，欧洲人对非洲的经济兴趣极其有限，也没什么动机对非洲内陆进行渗透或在其沿海地区进行政治控制。18 世纪，欧洲在非洲的主要利益来源即奴隶贸易可以通过中间人，即非洲统治者和商人来完成。疾病、政治动荡、交通设施缺乏和不利于健康的气候条件让欧洲人对在非洲进行广泛活动敬而远之。19 世纪，欧洲各国不断增长的工业原料之需使帝国主义国家有理由加强在非洲大陆的存在，情况随之改变。

● 欧洲人在西非的存在日益强化

随着新世纪的到来，奴隶贸易开始衰落，部分原因在于几个欧洲国家所作出的人道主义努力。1795 年，荷兰商人停止贩卖奴隶。1803 年，丹麦终止奴隶贸易。1808 年，英美两国均宣布奴隶贸易非法。英国向其他国家施压，要求它们依样画葫芦，1815 年拿破仑战争结束后，大多数国家都效仿英国，只有葡萄牙和西班牙仍在赤道南部从事奴隶贸易。同时，西半球对奴隶的需求下降。1863 年，美国废除奴隶制，17 年后，古巴和巴西也废除了奴隶制，跨大西洋的奴隶贸易终结。不过，在东非的斯瓦希里海岸仍还存在着奴隶贸易，但比例极少。

当大西洋奴隶贸易衰落之时，欧洲开始对与非洲之间的所谓合法贸易越来越感兴趣。19 世纪的前 10 年里，西非的花生、木材、皮革和棕榈油出口大幅上升，同时，西非进口的纺织品和其他制造品也随之增加。

欧洲各国还开始在非洲沿海地区寻求更长远的存在。19 世纪初期，英国在黄金海岸和塞拉利昂一带建立了据点，他们在这些地方为从西半球返回家园或在前往美洲途中被英国船只解救的自由奴隶开辟了农业种植园。美国在利比里亚也为那些曾是奴隶的非洲人建立了类似场所。法国占领了靠近佛得角的塞内加尔流域，他们试图在那里开辟花生种植园。

欧洲人在西非的存在使那里形成了一个受西方文化影响的新阶层，他们通常被欧洲人雇用。许多人成了基督徒，有些人还在欧美的大学就读。与此同时，欧洲人与非洲政府间的关系也日渐紧张。大部分非洲国家能够在欧洲人的悄然入侵前保持独立地位，有些历史学家将这种状态称为"非正式帝国"，然而，它们的未来却凶险重重。一旦地方群体为维护自身利益试图组织起来，英国即进行干预，并于1874年将黄金海岸的沿海国家变成其殖民地。同时，英国将非正式保护国范围扩展到尼日尔三角洲的各敌对族群。

● 尼罗河的帝国主义阴影

尼罗河流域也出现了类似的进程。长期以来，人们一直希望通过开凿一条横跨地中海和红海的运河，来缩短通往东方的贸易路线。1798年，拿破仑入侵埃及，试图巩固法国在地中海东部的势力，打开通往印度的更便捷之路，但以失败告终。法国军队在埃及登陆，摧毁了摇摇欲坠的马穆鲁克政府，但是英国回击并摧毁了法国舰队，重新恢复了马穆鲁克政权。不过，1805年，奥斯曼帝国的军官穆罕默德·阿里（Muhammad Ali，1769—1849年）控制了埃及。

在接下来的30年里，穆罕默德·阿里进行了一系列改革，将埃及带入现代社会。他对埃及军队进行现代化改革，建立了公共教育体系（补充了穆斯林学校里的传统宗教教育），还帮助埃及建立了一些小规模的生产糖、纺织品、弹药、船只的工厂。穆罕默德·阿里还将埃及的控制权向南延伸到苏丹、向东延伸到阿拉伯半岛、向北延伸到伊拉克，甚至威胁要占领伊斯坦布尔。为了防止奥斯曼帝国的崩溃，英法承认穆罕默德·阿里是奥斯曼帝国松散治理下埃及的世袭帕夏。

蒸汽轮船的发展和尼罗河流域日益增加的经济重要性使实现极富远见的苏伊士运河计划更为迫切。1869年，在法国企业家斐迪南·德·雷赛布（Ferdinand de Lesseps）的领导下，苏伊士运河竣工。然而，苏伊士运河的开通并未给埃及带来什么即时之利。运河的开凿耗费了数千人的生命，让埃及政府债台高筑，日益依赖于外国的财政支持。1881年，埃及爆发了反对外国势力的军队暴动，为保护自己在埃及的投资（1875年，英国购买了埃及运河公司的股份），英国插手其中，埃及遂成为英国的非正式保护国。

苏丹地区不断加剧的不满进一步加重了埃及的内部矛盾。1881年，一位名叫穆罕默德·艾哈迈德（Muhammad Ahmad，1844—1885年）的穆斯林阿訇发起宗教暴动，控制了尼罗河上游的许多地区。英国名将查理斯·戈登（Charles Gordon）率军前往喀土穆，试图恢复埃及政府的权威。1885年，被围困的戈登军队在援军抵达喀土穆前夕被艾哈迈德的队伍歼灭，戈登本人也在战斗中阵亡。

奥斯曼帝国对西方的控制也日渐衰退。特里波利、突尼斯、阿尔及利亚的总督们

电影与历史

《喀土穆》(*Khartoum*,1966 年)

查理斯·戈登将军于 1884 年在喀土穆的任务是 19 世纪晚期最富有戏剧性的新闻故事之一。戈登已因成功终结北非的奴隶制和在 19 世纪 60 年代参与镇压中国的太平天国运动而声名鹊起,但喀土穆不仅是他传奇生涯的巅峰,也体现出英国内部向外扩张时的对立斗争。喀土穆战役是现代英国史上的一堂实例教学课。

向外扩张大英帝国的鼓吹者们认为,英国必须强化其在尼罗河流域的势力,以保护前往东方的主要贸易通道苏伊士运河。批评者则认为,帝国的过度扩张将不可避免地使英国卷入遥远地方的难以取胜的战争中。

在埃及和伦敦拍摄的电影《喀土穆》即聚焦于激烈的喀土穆战役以及它对大英帝国未来的影响。美国演员查尔顿·赫斯顿饰演的戈登将军是个虔诚的基督徒,将毕生献于了帝国主义的道德事业。当苏丹(英国统治的保护国)的和平受到穆罕默德·艾哈迈德(被称为麦哈迪)的穆斯林势力威胁时,戈登领命前往喀土穆镇压。但是,由英国演员拉尔夫·理查德森饰演的英国首相威廉·尤尔特·格莱斯顿担心戈登一心挽救苏丹会使得英国政府深陷难以取胜的战争泥潭,因此,他命令戈登撤出喀土穆。影片最迷人的角色是劳伦斯·奥利弗爵士饰演的麦哈迪,他认为,他的神圣使命是将先知的训示传播到全球穆斯林社区。

影片在争夺喀土穆的战争中进入高潮。尽管影片对于戈登与麦哈迪面对面交流的描述并非史实,但却表达了大英帝国过度扩张的危险的客观教训,同时,也可以将之视为今天伊斯兰教与基督教间冲突的可怕预示。

开始建立自己的政权。1830 年,法国以保护航运使其免遭受海盗袭击为借口,占领了阿尔及利亚周边地区,将其纳入法国版图。1881 年,法国把临近的突尼斯变成了保护国,只有属于今天利比亚的特里波利和昔兰尼加还处在奥斯曼帝国的控制之下。

● 东非的阿拉伯商人和欧洲传教士

东非的情况也遵循着自己的模式。尽管大西洋的奴隶贸易衰落了,但东非种植园的不断发展,使非洲对奴隶的需求反而上升。19 世纪初,法国将制糖业引入留尼汪岛,在阿曼阿拉伯所有的桑给巴尔岛上开辟了丁香(从马鲁古群岛引入)种植园。19 世纪初期，桑给巴尔成为非洲东海岸的一个主要港口。葡萄牙的统治衰落后，阿曼苏丹重申阿拉伯对该地区拥有宗主权，并于 1840 年将首都设在了桑给巴尔。

东非的奴隶贸易——此时桑给巴尔成了非洲最大的奴隶市场——的长期存在诱使基督教传教士在 19 世纪中期前来传教。其中最有名的是苏格兰医生大卫·利文斯顿（David Livingstone，1813—1873 年），他于 1841 年抵达非洲。利文斯顿的大部分时间都在非洲内陆探险，维多利亚瀑布便是他发现的，因此，他偶尔被人们批评说更像一个探险家，而非传教士。不过，利文斯顿确信，他的神圣使命是将基督教传播到非洲大陆，他对奴隶制的强烈反对的确争取一些公众起而支持废除奴隶制。公众呼吁促使英国政府加速废除奴隶制。1873 年，利文斯顿去世后不久，桑给巴尔的奴隶市场最终在英国的压力下关闭。

● 南非的班图人、布尔人与英国人

在非洲，没有其他地方如南非般经历了欧洲势力的迅速发展。18 世纪，定居开普殖民地的荷兰人后裔、说南非荷兰语的布尔人开始向东迁徙。英国人在拿破仑战争期间占领开普后，布尔人加快了东迁进程，到 19 世纪 30 年代中期，大迁徙（Great Trek）达到顶峰。布尔人迁徙的部分原因在于英国对当地人的态度。1834 年，英国废除奴隶制，总体而言，英国政府更同情当地非洲人，而非那些相信上天注定白人优越的南非白人。最终，布尔人建立了自己的独立国家奥兰治自由邦和常常被称为德兰士瓦（Transvaal）的南非共和国。

尽管布尔人对东部领土的占领起初由于当地居民间的自相残杀而加速，但他们也遭遇了新的抵抗。19 世纪初期，天才统治者沙卡（Shaka）率领的一支班图人（即祖鲁人）与欧洲人展开了长期斗争，直到沙卡被推翻后，争斗才告以终结。

● 瓜分非洲

19 世纪 80 年代初，非洲大多数地区仍是独立的。欧洲的统治主要局限在非洲大陆边缘，如阿尔及利亚、黄金海岸、南非。其他地区，如埃及、尼日利亚、塞内加尔、莫桑比克，都是欧洲的松散保护领地。不过，欧洲人的入侵步伐在加快。

对非洲的瓜分开始于 19 世纪 80 年代中期，当时几个主要欧洲国家，比利时、法国、德国、英国开始疯狂瓜分非洲这块蛋糕。到 1900 年，整个非洲都受到欧洲人程度不同的统治。英国强化了对尼罗河流域的控制，并获得了东非的其他地区。法国从塞内加尔西进到撒哈拉中部，还占领了马达加斯加和其他中非、西非的领土。德国人声称桑给巴尔对面的腹地以及西非和非洲西南部的海岸都是他们的势力范围。比利时的利奥波德二世（Leopold II，1835—1909 年）则宣布刚果是他的私人地盘。意大利在 1911—1912 年加入争夺非洲的阵营，占领了现在的利比亚的领土。

是什么引发了终结非洲独立状态的帝国主义的疯狂争夺战呢？尽管欧洲与非洲之间的贸易一直在增加，但这并不是各国冒这么大风险和代价去征服它的充分理由。比经济利益更重要的是，欧洲几个主要竞争国担心，如果自己不去占领非洲，其他国家则会捷足先登。正如一位英国外交官评论的，一个尼罗河流域入口处的英国保护领地是个"不受欢迎的负担"，不过，若它成了法国的保护领地，这可是"致命的"威胁。此后，如同东南亚一样，各国政客们认为，必须夺取殖民地，以此来防范竞争对手采取行动。值得注意的是，英国人巩固了对整个尼罗河流域的控制，用来保护苏伊士运河免受法国控制。

另一个原因可以被称为"传教士因素"，为了便利传教士向非洲人民传教，他们到处游说开辟非洲殖民地。社会达尔文主义和"白人的责任"观念使许多人认为他们有责任将欧洲文明的成果惠及非洲。就连大卫·利文斯顿也相信，传教工作和经济发展必须一致进行，他还恳请追随者将"3C"（基督教、商业和文明）带往非洲大陆。如果非洲人都处在欧洲人的仁慈统治之下，这任务该是多么轻而易举地完成呀！

当然，还有更平淡无奇的理由。在西方的进步技术和欧洲人的先进武器加持下，一小股军队就能击败大量对手。而且，欧洲人在非洲的寿命也延长了。发现奎宁（从金鸡纳树树皮中提取）可以治疗疟疾后，非洲的欧洲人的死亡率急剧下降。到 19 世纪末，生活在热带非洲的欧洲人的死亡风险只略高于欧洲。

在这种情况下，比利时国王利奥波德二世以传教活动为借口，宣称刚果河盆地的大片领土均属于比利时，他声称，"小国小民"的比利时需要殖民地来提升形象[1]。比利时王室抢夺土地之举引发欧洲各国瓜分整个撒哈拉以南非洲的狂潮。利奥波德占领了刚果河以南地区，而法国则占领了刚果河以北地区。贪婪的欧洲冒险家在比属刚果开辟种植园种植橡胶、棕榈树和其他有经济价值的出口作物。非洲工人的境遇极其恶劣，以至于在国际社会的呼吁下，1903 年成立了以英国领事罗格·凯斯蒙特（Roger

---

〔1〕 引自 T.Pakenham：*The Scramble for Arica*，New York，1991，p.13.

Casement）为首的调查委员会。1904 年，委员会公布正式调查报告，一定程度上推动了相关改革。

同时，德国在东非占领了坦噶尼喀。为了避免大国间的武力冲突，1884 年，德国首相奥托·冯·俾斯麦在柏林召集了会议，制定未来吞并非洲领土的基本规则。如同 50 年后的门户开放政策一样，这次会议既有崇高的决议，也有对实际利益的务实认可。各国代表呼吁在刚果和尼罗河流域一带实施自由贸易，号召今后一致努力终结奴隶贸易。同时，与会者也承认帝国主义的必然性，赞同各国将来对非洲领土的吞并只有在已经证明是有效占领后才能被承认。不过，此次会议并没有非洲代表参加。

此后数年里，非洲领土在未激起西方列强间的大冲突下陆续被兼并。不过，1898 年，法国与英国在苏丹的小城法绍达（Fashoda）差点发生战争。法军穿过撒哈拉沙漠，一路东进，目的是控制尼罗河上游地区。英国和埃及军队随即南下阻击法军。紧张对峙后，法国政府退让，英国在这一地区的控制转危为安。

● 殖民主义在非洲

在可谓攫取非洲领土的狂热过程中，欧洲各国必须决定如何处置非洲。除了德兰士瓦的金矿和比属刚果的铜矿外，各国对非洲的经济关注极为有限，大多数欧洲国家于是决心用最小的努力和尽可能低的成本管理占领的新领土。很多时候，这意味着它们在非洲实施的是类似于英国在印度的间接统治。

西非的间接统治

对英国政府来说，间接统治的既定目的是保持非洲的政治传统。之所以如此，是因为一来英国希望限制成本，二来英国人确信非洲人天生劣等，因此无法采用欧洲的习俗和制度。无论如何，间接统治也意味着要依赖非洲现存的政治精英和机构。在有些地区，英国只是要求当地统治者正式承认英国权威。有时，非洲人的确做到了这一点，正如喀麦隆的非洲领导人在给维多利亚女王的信中所言：

> 我们希望在我们的城市实施您的法律；我们想改变这里的方方面面；我们愿意遵循您的领事的意志。我们国家战乱频仍，有太多的谋杀，太多的偶像崇拜者。也许，您认为这字里行间如同天方夜谭。
>
> 我们已多次禀告您的领事，请求在这里建立英国政府，可我们一直没得到您

参照文章

恩德贝勒反叛

19世纪90年代，随着英国势力于从开普殖民地北上向赞比西河流域推进，他们大肆践踏生活在大津巴布韦遗址周边的恩德贝勒人。1896年，对英国人的残暴愤怒至极的恩德贝勒人发起了推翻殖民者的反抗斗争。尽管恩德贝勒人在人数上占很大优势，但英国人拥有杀伤力极大的马克西姆枪，放倒了成百上千的非洲反抗者。遭遇失败的恩德贝勒国王罗本古拉（Lobengula）逃亡山区，自杀身亡。以下资料来自幸存者对这场战役的描述。

我们向白人投降，他们让我们回家，如往常一样生活、照看庄稼。但是白人派了许多当地警察作威作福；他们非常粗暴，大肆攻击我们，还帮白人抢走我们的牛羊……

我们知道自己没有胜算，他们的武器比我们强太太多。但是我们会战斗到最后，即便我们没法打败他们，至少可以杀掉他们的一些人，报点仇……

记得有一次战斗……我们向他们冲过去。我们有好几百人；白人也不少。我们冲上去，离他们很近，我们觉得是杀掉他们的好机会，但是马克西姆枪杀伤力太大了……这场战斗我们损失了不少人……

我们还在打仗时，听说塞西尔·罗德斯（Cecil Rhodes）要来，想跟我们谈和。他说，最好能达成和解，不要再像这样双方都流血了……和平实现了。我们中许多人被杀害，现在，我们要饿死了；紧接着牛瘟来了，我们的牛都死了。我们忍不住在想，这一切可怕的事情都是白人带来的。

——恩德西·库玛罗（Ndansi Kumalo）口述

□ **问题**：如何概括恩德贝勒人与英国人之间的关系？这段资料中描述的英国人的行为
　　　与"白人的负担"理念相符吗？

的答复。故此，我们直接写信给您。[1]

尼日利亚是英国间接统治的典型国家。英国官员维持着中央行政权，但地方精英被任命为地方行政长官，各地英国官员则充当中央与地方间的中间人。地方当局的任务是

---

〔1〕引自T.Pakenham: *The Scramble for Arica*, New York, 1991, p.182.原文是1879年8月7日写给维多利亚女王的信。

维持法律和秩序，收缴税款。尽管奴隶制已经废除，但总的来说，地方风俗未受干扰。这里实施双重法律制度，即非洲人适用的是非洲法律，外国人适用的是欧洲法律。

虽然这样的制度并没有严重破坏当地机制，但它的确带来了一些负面后果。由于所有主要决策都是英国统治者做出的，地方当局只是这些决策的实施者，因此，本质上，这种制度是个骗局。而且，间接统治还起到了维护殖民统治前的专制制度的作用。

英国在东非

东非的情况有所不同，特别是在欧洲人相当多的肯尼亚。肯尼亚政府鼓励白人在此定居，以此促进经济发展，还将中部高地的所有肥沃农地留给了欧洲人，给非洲人预留的则是其他指定土地。欧洲人作为实质上的多数存在（尽管欧洲人只占肯尼亚总人口的1%）也影响了肯尼亚的政治发展。白人寻求的是如加拿大和澳大利亚那样的自治领地位。然而，英国政府怕激发与非洲人的种族矛盾，不愿意冒险，只同意针对欧洲人和非洲人建立不同的统治机构。

英国在南非

在欧洲人比例很高的南非，英国采用的是不同的制度。德兰士瓦共和国发现金矿和钻石后荷兰语群体与英语群体间的分立不断加剧，南非的情况因此更为复杂。塞西尔·罗德斯之后，开普殖民地的首脑试图将德兰士瓦置于英国统治之下，结果，1899年，英国人与布尔人之间爆发了布尔战争。布尔人的抵抗顽强异常，但到1902年，拥有绝对武力优势的英国占了上风。为了弥补布尔人失去的独立，英国政府承认白人只在已经自治的殖民地拥有选举权。然而，战争期间出现的暴行（英国后来引入了集中营）让双方都很痛苦。

1910年，英国同意由开普殖

表21.2　帝国主义在非洲大事记

事件	时间
荷兰取缔非洲的奴隶贸易	1795年
拿破仑进攻埃及	1798年
英国宣布奴隶贸易非法	1808年
法国占领阿尔及利亚	1830年
布尔人在南非大迁徙	19世纪30年代
阿曼苏丹建都于桑给巴尔	1840年
大卫·利文斯顿抵达非洲	1841年
美国取缔奴隶制	1863年
苏伊士运河竣工	1869年
桑给巴尔奴隶市场关闭	1873年
英国建立黄金海岸殖民地	1874年
英国在埃及建立非正式保护国	1881年
瓜分非洲的柏林会议	1885年
法绍达事件	1898年
布尔战争	1899—1902年
凯斯蒙特委员会关于比属刚果的报告	1904年
南非联邦组建	1910年

民地和布尔人的纳塔尔共和国共同组成南非联邦。新联邦实施代议制，但仅限于欧洲人。而巴斯托兰（即现在的莱索托）、贝专纳（即现在的博茨瓦纳）、斯威士兰都直接由英国管辖。南非联邦可以自由管理国内事务，在外交上也有相当大的自治权。英国正式的统治延伸到了赞比西河南边一带，这里最终分为北罗德西亚和南罗德西亚。南罗德西亚吸引了许多英国移民，1922年，经过全民公投，成了英国王室的殖民地。

直接统治

大多数欧洲国家是通过直接统治的方式管理它们的非洲领地的，其原型是集中体现法国中央集权行政体制的法式制度。中央层面是由法国政府任命的法籍总督；省级层面则由指派的法国专员与地方行政人员打交道，这些地方行政人员须熟谙法语。

法国的理念是将非洲人同化到法国文化之中，而非保持他们的传统文化。非洲人有资格参加法国国民议会的竞选和任职，还有一些非洲人在殖民政府中担任要职。相对来说，这样的政策反映了法国社会种族主义思想较弱，也折射出法国人相信高卢文化的优越性。

一战后，欧洲各国在非洲的殖民政策进入更为正规的阶段，非洲研究专家将其称为"高位殖民主义"（high colonialism）。行政管理网延伸到边远地区，这些地方设有政府官员，并且有一小支由欧洲军官指挥的非洲军队进行护卫。殖民制度被更正式地视为道德和社会责任，在非洲人有能力实施自治前，文明国家应当承担的神圣职责。欧洲各国注重提高非洲的社会服务，包括教育、医疗卫生和交通。欧洲各国也更重视经济发展，目的在于促使殖民地自立。在殖民政府中任职的非洲人更多了，尽管极少有人身处关键要职。同时，种族意识可能也强化了。当越来越多的欧洲官员携家带口来到殖民地后，纷纷建立了种族隔离的俱乐部、学校和教堂。欧洲人对非洲人的优越感促发了无数残酷事件。尽管奴隶制已经被禁止，但被用作推进帝国主义事业的非洲工人却常常在极其苛刻的劳动条件下工作。

非洲殖民地的妇女

殖民时代对非洲妇女的权利和地位产生了复杂影响。两性关系发生深刻变化，公正地说，这些变化在许多方面是有益的。殖民政府试图结束包办婚姻、割礼以及一夫多妻制。传教士向非洲妇女传播西方教育，鼓励她们组织起来，维护自身利益。

不过，殖民制度也有一些消极影响。此前，非洲妇女因母系社会和其传统的主要农业生产者身份而获益。在殖民主义时代，欧洲人不仅拿走了最好的土地，而且往往只与男性打交道，鼓励他们用新技术种植有利可图的经济作物，而妇女被局限于传统种植上。非洲男性用化肥施肥，而妇女则仍旧用粪肥；男人们开始用自行车和卡车运输，而女人们还得用脑袋顶东西。在英属殖民地，维多利亚女王就女性从属地位的态度也限制了妇女的自由，从前女性可以担任的政府职务现在也不再对她们开放。

■ 反殖民主义的兴起

□ 问题：殖民地人民对殖民主义的反应如何？民族主义在这种反应中扮演了什么角色？

我们已经主要以殖民者的角度考察了殖民历程。不过，殖民地人民对殖民的反应同样重要。在这一部分，我们要讨论殖民地人民的初始反应，在大多数情况下，将之可以称为"传统抵抗"。不过，后来，殖民地的许多人转向了民族主义，把它作为维护本民族、文化或宗教身份的工具。我们将在第 24 章对此进行更详细的论述。

● 民族意识的萌发

如前所述，民族主义包含对拥有共同制度、传统、语言和风俗的集体归属意识。19 世纪，极少有社会符合这样的标准。即便今天，大多数国家内有多种民族、宗教和语言，每一个群体都有其自身的文化和族群认同。另一个问题是民族主义与其他形式的部族、宗教或语言隶属关系有何不同。每一个曾抗拒被更大政治实体同化的群体可以称为民族主义吗？

这些问题使民族主义的研究更为复杂，也让人们难以对它有明确的一致定义。在讨论亚洲和非洲的情况时，这种困境尤为突出。亚洲和非洲的大多数社会都因族群、语言和宗教差异而分歧严重，而且，民族主义一词是西方舶来品。在殖民时代之前，亚洲和非洲大多数传统社会的立足之基是宗教信仰乃至对民族或君主的忠诚性。尽管有些个体可能认为自己是特定民族集团的一分子，但其他人都认为自己是君主的臣民、家族的一员或某个特定宗教的信仰者。

欧洲殖民主义的出现给这些社会带来了近代国家和民族意识。有确定边界和强势中央政府的殖民地的建立弱化了人们对当地族群和宗教的忠诚度。西方公民思想和代议制的传播——尽管往往不会在殖民地复制——激发了人们的参政愿望。同时，以所谓的种族或文化优越性为基础的新精英阶层的出现也在殖民地人民之间激起了共同的愤慨。20世纪前20多年里，致力于推翻殖民统治、建立现代国家的政治运动席卷了非西方世界的多数地区。

因此，现代民族主义既是殖民主义的产物，也是对殖民主义的反动。不过，民族认同感出现时并不成熟。现代民族主义的兴起通常始自小部分受过教育的精英阶层（绝大多数是律师、教师、记者和医生等专业人士），随后向大众扩散。由于族群、语言或宗教纽带常常继续凌驾于对更大群体的忠诚之上，即便有的地区已经实现了民族独立，但是否存在成熟的民族认同感依然是个问题（见第28章）。

● 传统抵抗：民族主义的先兆

现代民族主义的发端可以追溯至土著居民最初抵抗殖民征服的斗争上。这种抵抗本质上受维护传统制度的意愿所驱使，严格来说并非"民族主义"，不过，它的确反映出一种朴素的民族观念，其目的是保卫家园免遭外敌入侵。独立后，新政府往往将这种早期抵抗运动赞誉为20世纪民族主义运动的先驱。因此，反对殖民侵略的传统抵抗可以看作现代民族主义发展的第一阶段。

抵抗形式各异。大多数情况下，抵抗运动是由现存统治阶层领导的，尽管在某些情况下即便在统治阶层的抵抗结束后，保守分子仍会继续对抗。在印度，莫卧儿王朝灭亡后，提普·苏丹（Tipu Sultan）仍在德干一带抵抗英军。越南的情况也类似，腐朽的朝廷向法国屈服后，越南文武官员建立起勤王组织，在没有朝廷认可的情况下继续抵抗。

有时，对西方入侵的传统抵抗采取的是农民暴动的形式。在亚洲传统社会，农民对高额税收、官员腐败、日益增加的债务、饥荒的不满往往激发暴动。在殖民主义的冲击下，农村环境往往因人口剧增而恶化，农民被迫离开土地，给农业种植园让路。愤怒的农民将失意与痛苦发泄到外国侵略者身上。例如，在缅甸，佛教徒撒耶山（Saya San）领导了反英武装起义。印度也爆发了类似的暴动，地主和村民一同反抗政府提高税收。1840年，阿尔及利亚也发生了农民起义。

非洲的反殖民斗争

由于幅员辽阔，再加民族、宗教和语言多样，非洲对欧洲入侵的抵抗往往零散、不协调，但又非常激烈。苏丹马赫迪（Mahdi）领导的反侵略斗争是最引人注目的例子。在南非，祖鲁人爆发了反对来自开普殖民地的布尔人的激烈斗争。后来，他们又联合发起了反对英国占领的运动，直到19世纪末才逐渐偃旗息鼓。在西非，阿善提（Ashnti）的统治阶层领导了艰苦的反英斗争，得到人民的广泛支持。不过，缺乏近代武器是成败的决定性因素，整个非洲大陆的抵抗运动最终都以失败告终，不过，埃塞俄比亚属于例外，在阿多瓦（Adowa）战役中，埃塞俄比亚击败了意大利军，保卫了国家，以独立姿态进入20世纪。

印度土兵起义

19世纪中期的反欧洲侵略斗争中，最著名的可能是印度土兵（sepoys）起义。印度土兵（该词来自土耳其语sipahis，即骑兵或士兵）被东印度公司雇佣来维护英国利益。从19世纪初起，印度各殖民地部队内部的骚乱并不鲜见，这些骚乱或出自经济问题和宗教矛盾，或是因激起了新出现的反殖民主义情绪。1857年，由于英方要求印度土兵改用新的恩菲尔德步枪，双方矛盾频发。这种步枪是前装枪，子弹的外包装涂过猪油，使用时必须咬掉子弹包装，这打破了高种姓印度人不吃荤，以及穆斯林不食猪肉的戒律。北印度爆发的土兵抗议很快演变成大规模兵变，随之印度各地农村起义纷纷响应。不过，这次起义缺乏明确目标，印度教徒与穆斯林之间的分歧也使他们难以合作。尽管印度土兵英勇抗争、人数是英军的六倍，但起义队伍缺乏组织性，致使义军最终陷于英军（其后备补充力量往往是印度土兵）之手。

不过，受起义震惊的英国人最终还是做出了一系列改革。印度土兵的比例下降，那些似乎忠于英国人的群体有了优先权，如锡克人、旁遮普人和来自尼泊尔高地的廓尔喀人。英国还决定镇压支持土兵起义的莫卧儿王朝残余势力，并将印度次大陆的管理责任移交给皇室。

如印度土兵起义这样的传统抵抗运动通常多以失败告终，拿着长矛长剑的农民根本没法与拥有当时被称为人类社会最可怕武器的西方军队相抗衡。在某些情况下，如喀土穆的马赫迪起义，当地人民暂时击败了西方殖民者。不过，这样的成功很少见。19世纪晚期，人们见证了装备着加特林机枪（最早的速射武器，也是现代机枪的雏形）的西方列强在征服全球过程中的势不可当。

合作之路

并非所有的亚非国家在面对殖民侵略时都走上了暴力抵抗之路。有些国家发现了西方文明的长处，并将之与自己的传统做法和制度相比较。即便在殖民者最残暴的撒哈拉以南的非洲，也有一些精英分子支持殖民政权的过分要求。

与殖民政权合作的决定无疑往往出于利己主义的考虑。那些合作者往往受到同胞，尤其是选择抵抗的人的蔑视乃至仇视。不过，有时候这种合作的决定是在痛苦的权衡后才做出的。不管情况如何，合作往往会导致众叛亲离。正如越南中部的两位童年好友一样，一位选择抵抗，一位却选择与殖民者合作。

当然，并非所有殖民地人民都认为有必要在抵抗与合作之间做出选择。绝大多数人仍旧过着自己的小日子，没有参与政治。即便如此，在有些情况下，他们的举动也影响着国家的未来。拉姆·莫汉·罗伊（Ram Mohan Roy）就是一个典型案例。罗伊是孟加拉的一名婆罗门，他于1828年建立梵社（Brahmo Samaj），用来帮助印度教徒在亲友的口头攻击下捍卫自己的信仰。罗伊绝非墨守成规的传统主义者，他反对萨蒂的做法，也认识到将欧洲文明之长引入印度的益处。他也许并没有用切身行动促进印度独立的打算，但通过鼓励同胞捍卫自己的传统价值观、反对西方文明的入侵，从而对19世纪中期印度民族主义的萌发起了积极作用。

● 帝国主义：赞誉与反对

极少有历史时期如帝国主义时代一样备受争议。对拉迪亚德·吉卜林这样的殖民事业的维护者来说，帝国主义是"白人的责任"，是人类进化过程中一个令人不快却又必要的阶段。

反对者则将帝国主义描述为大悲剧。先进经济大国对原材料和市场永不满足的贪欲创造了剥削性的环境，将殖民地的绝大多数人变为永久的底层社会民众，同时，现代技术的好处只局限于极少数特权者。按照这一观点，吉卜林的"白人的责任"只是一种欺骗无辜者、减轻那些认识到帝国主义是一种野蛮强暴行为的人们的负罪感的虚伪姿态。用两位直言不讳地批评帝国主义的西方人的话说就是："为什么非洲（或者可以替换为拉丁美洲和亚洲的大部分）这么穷？……答案非常简单：我们造成的。"[1]

殖民事业的捍卫者有时也承认，殖民制度中存在着严重的不平等现象，但他们也说，其中有积极的一面。市场的扩张和现代交通运输尽管很少给殖民地人民带来即时好处，但为以后的经济发展奠定了基础。注重人类自由、个人与社会关系的新思想以

---

[1] 引自 P.C.W.Gutkind、I.Walllerstein 编：*The Political Economy of Contemporary Africa*，Beverly Hills，Calif.，1976，p.14.

埃及的教化使命

　　很多情况下，欧洲人的占领造成了传统社会阶级的尖锐对立，埃及也不例外，19 世纪 80 年代英国将埃及变为保护国后，受益的是当地精英。因为很少从欧洲人的存在中获益，普通埃及人并不愿意采纳外国方式。相对应的是，英国的行政官员们对那些认识不到欧洲文明优越性的人们耐心极少。总督克罗默（Lord Cromer）曾恼怒地表示，"东方的精神……如同这风景般的街道，很需要对称和整齐。它的理性思考是最滑稽的"。对女性的待遇，克罗默尤为恼火，他说，女性深居简出和戴面纱头巾是伊斯兰世界落后的主要原因。

　　这样的观点也得到一些埃及精英的赞同，他们热烈欢迎殖民主义者对传统生活方式的谴责。受过法国教育的律师卡西姆·艾敏（Qasim Amin）就是典型的例子，1899 年，他出版了《妇女的解放》（*The Liberation of Women*）一书，以下资料即选自该书，它引起了人们之间的激烈争论：有人认为西方国家是伊斯兰的解救者，反对者却谴责西方国家说他们是压迫者。

　　欧洲文明是靠蒸汽和电力迅速发展起来的，它的势力和影响波及全球每一个角落，因此，可以说，没有哪个角落没有欧洲人的足迹。他走到哪里，就要控制那里的资源……从中获利……如果说他伤害了当地的居民，那也只是因为他在追求幸福，无论走到哪里都在追求幸福……多数情况下，他运用自己的聪明才智，不过，一旦情况需要，他也会使用武力。他并不从殖民地和财产中寻求荣耀，因为这从他的知识成就和科技发明中就可获得。是什么驱使英国人前往印度、法国人前往阿尔及利亚呢？……是利润以及在这些地区获得资源的欲望，当地人尚不知这些资源的价值何在，也不知道如何从中获益。

　　当他们与野蛮人遭遇时，他们清除掉后者，或是将其从其土地上赶走，如同在美洲已发生的以及正发生的……当他们遇到我们这样的文明、历史和宗教……风俗和制度……的国家时……他们对待本土居民会很友善。不过，他们很快就会夺取最有价值的资源，因为他们的财力、知识、文化和武力更盛……（头巾）是女性进步的重大障碍，也是国与国交流的重大障碍。

　　□　问题：为什么卡西姆·艾敏认为西方文化将使埃及社会受益？殖民主义的批评家可能会怎样回应他的看法？

及民主原则的引入，为这些地区在二战前后恢复独立后采用这些思想和原则奠定了基础。此外，被殖民的经历也为这些地区的两性关系提供了新方法。尽管殖民统治并非一定意味着对亚非各国的女性有利，但她们日益意识到，西方妇女的平权运动给了她们反对长期存在的习俗障碍和法律歧视的斗争武器。

在这两种难以调和的观点中，真相何在？本书认为，哪一种极端观点都不合理。殖民主义的后果比它的捍卫者或批评者想让我们相信的要复杂得多。尽管殖民地人民没有得到什么即时好处，但总体来说，帝国主义时代带来了国家贸易的全面扩展，至少为亚洲和非洲各国在新的全球经济舞台上发挥积极、有益的作用创造了潜力。如历史学家威廉姆·麦卡尼尔（William McNeill）认为的，如果说通过跨文化碰撞带来的新技术成为世界历史的驱动力量，那么不管西方帝国主义有什么过错，它的确有助于打开通向这种变迁的大门，正如阿拉伯帝国的崛起和蒙古人入侵加速了早期全球经济的发展一样。

不过，批评者有一点很中肯。尽管殖民主义将新技术带给了亚非人民，并将他们带入不断扩张的全球市场，但如此野蛮凶残则毫无必要，也没必要一再吹嘘它的积极作用。现存的经济网络是后来经济发展的基础，有其潜在价值，但它却被无情地扫地出门，给西方制造品腾出市场。为了避免对阿姆斯特丹、伦敦、匹兹堡、曼彻斯特的工厂造成竞争，本土工业化的潜能也被扼杀了。殖民主义也不重视西方的民主教育及其实践，担心接受者会以之为武器，反对统治阶级的权威。

因此，殖民主义的根本弱点是，它本质上是建立在殖民列强的自身利益基础上的。一旦其利益与殖民地人民的利益发生冲突，前者总占上风。不管大卫·利文斯顿、阿尔伯特·萨劳、威廉姆·麦金莱在描述自己的文明使命时如何诚挚，最终的结果是，殖民地人民自己决定未来命运的权利被剥夺了。在"文明使命"的错误引导下，那些原本可以以自己的方式应对技术革命的古老社会的珍贵国家资源被榨干了。正如社会学家克利福德·格尔茨（Clifford Geertz）在他的《农业内卷化：印度尼西亚的生态变迁历程》（Agricultural Involution: The Processes of Ecological Change in Indonesia）一书中评论的，悲剧不在于殖民地人民痛苦地度过了殖民时代，而在于他们痛苦不堪，却毫无所获。

尽管占领国的物质好处和民主价值激起了殖民地世界的观察家们的崇拜，但最终开创了帝国主义时代的是武器而非思想。

观点争锋

抵抗还是不抵抗？

在亚洲许多国家，对政治精英而言，怎样回应殖民统治是个棘手问题。抵抗不仅往往看似徒劳，甚至可能还会增加本土人民的痛苦。黄高启与潘廷逢是越南同一个村子的儒士，但二人在法国侵略越南问题上的反应却极为不同。以下两封信揭示了他们面临的两难困境。

眨眼间，我们走上不同的人生道路已有十七年之久。回想在村里时，我们的友谊多么美好……当时，都城已经沦陷，你奋勇响应勤王的号召，举起大义之旗。当时环境下，这肯定是唯一的做法，没人会质疑。

现在已经时过境迁。即便无知无识之人也知道，无药可救了。你这么聪明的人又怎么会不知道呢？……你尊崇大义……即便你不顾个人安危，至少应当考虑当地民众的苦痛……

时至今日，毫无疑问，你的举动是忠诚的。然而，试问，民众又有何罪？何须受这样的苦难？我理解你奋起抗争，但难道你不是为了大多数家庭谋利益吗？而今，数百家庭正遭受折磨，你又于心何忍？我敢说，你的抗争不仅会毁了我们村里的人，还将使国家生灵涂炭、血流成河。我希望，至尊至诚如你，会审时度势，改弦易辙。

——黄高启致潘廷逢信

你信中写出了祸福之因，指出了利弊所在。所有一切都表明，你关心的不仅是我的个人安危，还包括整个国家的和平与秩序。我很理解你的苦心。

千百年来，我国地域不广、兵马不强、财富不裕，之所以能够立国，在于君臣父子五伦。汉、唐、宋、元、明，屡屡想将我国变为其郡县，但始终没有成功。像中国这样与我国疆域相连、国力强我百倍的国家尚且不能吞并我们，不得不说，此乃天意使然。

法国离我们不知几千里远，远涉重洋来到我国。不管到哪里，他们如同风暴，迫使国主逃亡。整个国家一片混乱，国土沦丧。

我省损失至此，不仅因战争之故。你可知道，不管法国去哪里，都有一群人为他们出谋划策，为虎作伥……他们竭尽一切榨取百姓财产。……法国人怎么会意识不到农村百姓所遭受的这些苦难？此种情境下，家散民逃难道很奇怪吗？

你要是关心百姓，我建议你设身处地。你就自然能理解我为什么无须多言。

——潘廷逢给黄高启的回信

··

□ **问题**：简要概述两位儒士为自己的举动辩护的理由。你认为在当时，谁的主张会得到更多人的支持？为什么？

▬ 本章小结

　　到 20 世纪 20 年代，整个非洲、南亚和东南亚的一部分均处于某种形式的殖民统治之下。随着帝国主义时代的到来，全球经济最终形成，西方文明对非洲和亚洲文明的主导地位似乎得以完成。

　　帝国主义对殖民地的斗争并非平稳、毫无阻碍。在世界多数地区，当地政府和人们反抗外来侵略。除了少数例外，他们未能抵抗住欧洲工业革命带来的新式武器和火药的威力。尽管殖民者的物质利益和民主价值观引起了殖民地世界不少观察者的艳美，但最终是武器而非思想开启了帝国主义时代。

　　非洲和南亚并非唯一在 19 世纪末遭遇西方扩张扫荡的地区。东亚、拉丁美洲和中东地区的许多国家也遭遇了相同境遇。西方政治、经济和军事渗透造成的后果在不同地区差别极大，因而需要区别分析。我们将在下一章讨论东亚的情况。第 24 章将重点讨论拉美和中东，在那里，新的竞争者——尤其是美国、俄国和日本——登上了帝国主义争夺战的舞台，在这一进程中扮演了活跃角色。到 19 世纪末，争抢殖民地的狂潮席卷了全球。

▬ 本章思考

— **问题 1**：19 世纪后半期，欧洲人在殖民接管亚洲和非洲的过程中是如何将其行为合理化的？这种论断在何等程度上有一定的合理性？

— **问题 2**：殖民国家在治理所征服的亚洲和非洲地区时，大致采取了两种基本思路，即同化与联合。这种思路背后体现了什么样的原则？它们又是如何实际操作的？你认为哪种思路更成功？

— **问题 3**：1884 年柏林会议的目的是什么？它在实现其目的上取得了怎样的成功？该会议对欧洲列强和非洲产生了什么样的影响？

▬ 拓展阅读

　　关于帝国主义和殖民主义有不少出色的著作。直接讨论殖民主义对被征服地区的人们是否有利的著作，可以参考 D.K.Fieldhouse, *The West and the Third World:*

Trade, *Colonialism*, *Dependence*, *and Development*, Oxford, 1999。另外，还可以参见 D.B.Abernathy, *Global Dominance*: *European Overseas Empires*, *1415-1980*, New Haven, Conn., 2000。英国人对帝国主义的辩护，可以参考 N.Ferguson, *Empire*: *The Rise and Demise of the British World Order*, New York, 2003。

关于非洲的殖民主义时代。可以参考 B.Vandervoort, *Wars of Imperial Conquest in Africa*, *1830-1914*, Bloomington, Ind., 1998；T.Pakenham, *The Scramble for Africa*, New York, 1991。南非的三方矛盾，可以参考 M.Meredith, *Diamonds*, *Gold*, *and War*: *The British*, *the Boers*, *and the Making of South Africa*, New York, 2007。比属刚果的情况，可以参考 A.Hothschild, *King Leopold's Ghost*: *A Story of Greed*, *Terror*, *and Heroism in Central Africa*, New York, 1999。此外，还可以参考 R.O.Collins 主编: *Historical Problems of Imperial Africa*, Princeton, N.J., 1994。

关于印度。英国接管印度的概况，可以参考 S.Wolpert, *A New History of India*, 8th.ed, New York, 2008。C.A.Bayly, *Indian Society and the Making of the British Empire*, Cambridge, 1988, 就英国政府对印度经济的影响进行了深入研究。另外，还可以参考 A.Wild 的行文流畅、优美的 *East India Company*: *Trade and Conquese from 1600*, New York, 2000。D.Cannadine, *Ornamentalism*: *How the British Saw Their Empire* 一书认为，英国在印度次大陆的政策的驱动力来自阶级而非种族。W.Dalrymple, *The Last Mughal*: *The Fall of a Dynasty*: *Delhi 1857*, New York, 2007, 一书认为，印度土兵起义的主要因素是宗教。另外，还可以参考 N.Dirks, *Scandal of Empire*: *India and the Creastion of Imperial Britain*, Cambridge, Mass., 2007。

关于东南亚的殖民时代。对这一问题的总体研究非常少，因为大多数学者关注的是专门史，可以参考 N.Tarling 等编: *The Cambridge History of Southeast Asia*, vol.3, Cambridge, 1992。

第 22 章
太平洋上的阴影：备受挑战的东亚

1793 年，马戛尔尼伯爵率领的英国使团满载着献给中国皇帝的礼物访问中国。中国人自认为，马戛尔尼使团来华是为了"表贡"。不过，马戛尔尼一无所获，因为他提出加强中英两国贸易的请求被断然拒绝。直到半个世纪之后，清王朝才在英国的武力胁迫下同意了加强中英商业联系。

中国的乾隆皇帝对马戛尔尼的请求看似礼貌，实则极为傲慢和屈尊俯就。对于马戛尔尼提出在北京设立英国驻华使节的建议，乾隆皇帝的回应是"此则与天朝体制不合，断不可行"。乾隆皇帝还拒绝了马戛尔尼在中英两国间建立常规贸易往来的要求，并且表示"万国来王，种种贵重之物，梯航毕集，无所不有。然从不贵奇巧，并无更需尔国制办物件"。

历史学家往往认为，马戛尔尼使团的失败反映了中国统治者对其他国家统治者的蔑视，以及对中国文明优越于野蛮世界的自信。如果真是这样，则乾隆的自信可以说是大错特错，因为随着 18 世纪的结束，中国不仅面临着蒸蒸日上的西方势力和野心的挑战，还面临着内部挑战。英国在其通商和派驻使节的要求被拒后，转向对中国使用武力。1839 年爆发的鸦片战争给了清政府沉重的一击。遭遇屈辱失败的中国最终被迫打开了国门。

■ 清王朝的衰落

□ 问题：为什么清王朝最终走向了崩溃？西方势力在这一过程中起了什么样的作用？

1800 年，清王朝达到鼎盛。在康熙和乾隆治下，中国经历了长期的和平与繁荣。边疆安宁、文化和知识成就斐然，足以让世界艳羡。深藏在紫禁城高墙后的统治者有各种理由将其统治的国家称为"中国"。不过，一个多世纪后，清王朝遭到了西方各国的黑火药和枪炮的羞辱，结束了中国延续两千多年的封建时代。

历史学家一度认为，清王朝迅速崩溃的主要原因在于西方各国的强大压力。然而，现在，大多数历史学家相信，内部挑战在清王朝的崩溃中起了主要作用，至少，清王朝在19世纪面临的许多问题，其根源都在于自身。

这两种说法都有合理性。如同此前的中国历代王朝一样，清王朝也是经历长期发展后由于类似的王朝通病、官员腐败、农民暴动和朝廷无能而开始衰弱。这种衰弱又由于人口迅速增长而加速。长期和平、从美洲引入的新作物、快熟新水稻的种植，使中国的人口在1500—1800年翻了一番。到19世纪末，中国人口达到了前所未有的4亿。即便没有西方势力的影响，清王朝也可能要重蹈此前历代王朝的命运覆辙。西方的坚船利炮和思想不过凸显了清王朝的衰落，并加速了它的解体。在这一过程中，西方帝国主义对中国近现代史产生了无法抹去的影响，不过，它是一个起作用的因素，而非病原。

● 鸦片与反叛

到1800年，西方人与中国的往来已经超过了200年，但西方商人与中国的往来只限于广州一隅。对英国人来说，这种安排是难以接受的。这不仅仅是由于英国人受不了只局限于一小片天地，更在于英国对中国茶叶不断增长的需求引起了严重的贸易逆差。1793年马戛尔尼使团失利后，1816年阿美士德使团访华，后者的这次访问进一步加剧了中英两国间的紧张关系。英国的解决方案是将在印度东北一带种植的鸦片贩卖到中国。在中国的华南地区，种植鸦片已经有数百年的历史，但主要是做药用。现在，随着鸦片进口量的不断增加，尽管官方禁止吸食，但华南地区大众吸食鸦片的需求越来越难以满足。很快，大量白银外流到英国商人的口袋里。

中国人日渐关注鸦片问题，试图与英国进行协商。1839年，林则徐（1785—1850年）下令禁烟，并致信维多利亚女王，以道义和实际利益为由请求英国禁止鸦片贸易，还以禁止大黄（19世纪被广泛用来制作泻药）贸易来威胁英国满足其要求。不过，在商业利益面前，道义原则是苍白无力的。英国继续发展鸦片贸易，它认为，如果中国人不需要鸦片，则大可不买。沟通无效后，林则徐分三路出击：处罚吸食鸦片者、逮捕鸦片贩卖者、没收走私鸦片分子手中的鸦片。最后一个措施直接导致了林则徐的失败。当他在广州实行封锁以迫使英美鸦片贩子交出鸦片时，英国政府宣扬，它绝不会允许英国臣民受到侮辱和不公正待遇，随之发动远征以惩罚清政府，迫使中国开放对外

林则徐给英国女王的信

鸦片战争期间，林则徐是派驻广东的钦差大臣。战争爆发前，林则徐试图用理性和报复性威胁劝导英国停止向中国走私鸦片。以下材料来自林则徐写给英国维多利亚女王的信。在信中，他对维多利亚女王表达了应有的谦逊后，也表示出传统中国对其他国家统治者的屈尊俯就。

……贵国王累世相传，皆称恭顺。……窃喜贵国王深明大义，感激天恩，是以天朝柔远绥怀，倍加优礼，贸易之利垂二百年。该国所由以富庶称者，赖有此也。

唯是通商已久，众夷良莠不齐，遂有夹带鸦片，诱惑华民，以致毒流各省者。……

……以中国之利利于外夷，是夷人所获之厚利，皆从华民分去，岂有反以毒物害华民之理。……试问天良安在？闻该国禁食鸦片甚严，是固明知鸦片之为害也。既不使为害于该国，则他国尚不可移害，况中国乎？中国所行于外者，无一非利人之物；利于食，利于用，并利于转卖，皆利也。中国曾有一物为害外国否？况如茶叶、大黄，外国所不可一日无耶。……而外来之物，皆不过以供玩好，可有可无，既非中国要需，何难闭关绝市！乃天朝于茶、丝诸货，悉任其贩运流通，绝不靳惜，无他，利与天下公之也。……

……王其诘奸除慝，以保乂尔有邦，益昭恭顺之忱，共享太平之福……

接到此文之后，即将杜绝鸦片缘由速行移覆，切勿诿延。……

□ **问题**：林则徐是怎样劝说维多利亚女王禁止向中国贩卖鸦片的？他的论点有多大说服力？

贸易[1]。

鸦片战争

鸦片战争持续了三年（1839—1842年），彰显了英国武力和军事战略的优势。英国战船摧毁了中国沿海和内河的堡垒，占领了近海、靠近长江口的舟山。当英国舰队从广州扬帆北上到达南京、切断了从华南到华北的贡粮供应时，清王朝最终同意了英国的要求。1842年签订的《南京条约》中，中国同意五口通商，对进口的英国商品征

---

〔1〕 H.B.Morse, *The International Relations of the Chinese Empire*, vol.2, London, 1910-1918, p.622.

收固定关税，给予英国人治外法权，并且赔偿英国的战争损失。中国还同意将香港岛割让给英国（在一名英国官员的眼里，这里是"一片光秃秃的岩石"）。《南京条约》并未谈及鸦片贸易，在20世纪初期中国政府努力控制鸦片贸易前，它一直有增无减。

尽管传统上将鸦片战争看作是中国近代史的开端，但在当时几乎没有中国人这么认为。统治王朝与外来者订立和约，这并非首次，五口通商几乎对中华帝国造不成什么严重威胁。尽管部分忧虑的中国人认为，朝廷应当增进对欧洲文明的了解，但其他人声称，中国无须向蛮夷学习，采用西学会削弱儒家文明的纯洁性。

从一开始，清王朝就试图以传统的以夷制夷的策略将外国人玩弄于股掌之间。清王朝将英国享有的最惠国待遇权给予了包括美国在内的其他国家，很快，从广东到上海的广大沿海地区就出现了租界。

● 太平天国叛乱

清王朝应对内部经济问题的失败导致了动摇其统治根基的大规模农民反叛。表面上看，太平天国似与西方入侵有关，起义领导人洪秀全科举考试失利，改信基督教，自称为耶稣的弟弟，他希望建立一个"太平的天国"。不过，起义爆发的主要原因仍出自清王朝内部。人口的快速增长迫使数百万农民为了维持生存不得不做佃农，或是成为无地劳力。官员腐败和无能导致税捐不断增加，政府服务却持续下降。甚至连大运河都年久失修，淤积严重，漕运倍受妨碍。1853年，太平军占领南京，反叛运动达到高峰。此后，太平天国内部饱受派系矛盾的冲击，逐渐丧失了发展动力，最终于1864年被清政府镇压。到太平天国失败时，已有2500万人被杀，死者中，绝大多数是平民百姓。

清政府未能有效解决内部叛乱的原因之一在于，它与西方帝国主义之间始终矛盾不断。1856年，因贸易和传教活动受限而耿耿于怀的英法两国发动了第二次鸦片战争，并于1860年攻占北京。为了惩罚清政府，英法军队摧毁了圆明园。随后签订的《天津条约》中，清政府做出了屈辱让步：承认鸦片贸易合法化、开放新的通商口岸、割让九龙（位于香港岛对面）给英国。此外，清政府还给俄国割让了大片东北领土。

● 改革的努力

到19世纪70年代末，老旧的清王朝已经走上了内部瓦解之路，不过，许多地方督抚拒绝解散军队，继续征收地方税以供地方使用。在中国历史上并不陌生的可怕的帝国崩溃模式再次出现。

最终，朝廷接受了改革派官员的意见，这些改革派倡导实施自强的新政策，即在不动摇儒家基本原则和保持体制完整的前提下借用西方技术，这一政策通常被称为"中体西用"，成为 20 多年内中国的指导原则。当然，也有一部分人号召进行教育和政治体制改革。王韬（1828—1897 年）曾指出，英国的繁荣与强大"所恃者，在上下之情通，军民之分亲，本固邦宁，虽久不变。观其国中平日间政治，实有三代以上之遗意焉"[1]。不过，这样的民主观念对大多数中庸的改革者来说太过激进。张之洞批评道：

> 民权之说，无一益而有百害。将立议院欤？中国士民，至今安于固陋者尚多，环球之大势不知，国家之经制不晓，外国兴学立政、练兵制器之要不闻，即聚胶胶扰扰之人于一室，明者一，暗者百，游谈呓语，将焉用之……[2]

● 帝国主义的巅峰

张之洞的说法自一开始就占了上风。19 世纪最后二十年里，清政府推进军队的现代化，试图在不干扰中国传统文明的本质的前提下建立近代工业基础。中国建设了铁路、兵工厂、造船厂，但价值体系并未改变。

结果不言而喻。19 世纪的最后十年，欧洲对中国的渗透和瓜分进一步加深。贪婪的帝国主义开始吞噬中国边疆。清王朝逐渐失去了长城以北的戈壁、中亚等非汉族为主并且未被中华帝国完全同化的地区。在华北和西北，最主要的受益者是俄国，它迫使清政府割让了阿穆尔河（即黑龙江——译者注）流域的大片领土。英俄两国的竞争虽然防止了西藏被英国或俄国完全控制，但却使西藏在一定程度上脱离中央政府。在南边，英法两国向东南亚推进，缅甸和越南丧失了清王朝的藩属国地位。更凶险的是外国势力在中国腹心地带的影响，地方督抚乐于将通商、建筑铁路、采矿等各种特权出卖给西方国家。

---

〔1〕 引自 S. Teng., J.K. Fairbank 编：*China's Response to the West：A Documentary Survey, 1839-1923*, New York, 1970, p.140.
〔2〕 同上，第 167 页。

随着 19 世纪的结束，清政府的瓦解继续加速。1894 年，甲午战争爆发，直接威胁着中国在朝鲜半岛的宗主权。中国在此次战争中的惨败，也让某些人确认了不彻底的自强运动的失败。1897 年，新加入东亚争夺战的德国以传教士被杀为由，要求将山东作为其势力范围。清政府同意了德国的要求，由此揭开了帝国主义瓜分中国领土的序幕。俄国要求将辽东半岛作为其势力范围，英国则获得了毗邻香港的新界和其他一些地区。

对于这场瓜分浪潮，清政府再一次用改革的方式应对。1898 年，进步的经学家康有为得到了年轻的光绪皇帝的支持，开展了一场参照日本的综合改革。几个月的时间里，光绪皇帝发布了一系列政治、行政和教育改革的诏令。毫不奇怪，康有为的改革主张遭到保守势力的反对，他们认为复制西方模式不但毫无益处，而且风险过大。更重要的是，改革遭到了清政府的真正掌权人——光绪的姨母慈禧太后——的反对。慈禧是咸丰帝的宠妃，咸丰帝死后，她对继位的同治帝垂帘听政；同治帝死后，于 1878 年她将年幼的光绪皇帝扶上位。在长达 20 年的时间里，慈禧以光绪帝的名义把持朝政。在军队中保守势力的支持下，慈禧于 1898 年（戊戌年）逮捕并处决了数名改革者，囚禁了光绪帝。由于慈禧发动的戊戌政变，持续仅数月的百日维新以失败告终。

门户开放

接下来的两年里，外国势力对清政府的压迫愈甚。1899 年，受英国支持，深怕清政府整体崩溃的美国国务卿海·约翰（John Hay）建议各帝国主义一同确保中国市场向各国平等开放，以保证中国的领土和行政完整。尽管门户开放政策实施的动机更多在于美国希望中国成为开放市场，而非其仁慈的愿望，但它确实在一定程度上削弱了帝国主义瓜分中国的狂潮。门户开放的相关"绅士协定"（门户开放并非条约，是没有约束力的协议）平息了英法德俄对于其他国家可能利用清王朝的衰弱而主宰中国市场的担忧。

尽管门户开放政策在一定程度上暂时平息了帝国主义在东亚的争夺，但不幸的是，为时已晚，它未能阻止义和团运动的

表 22.1 清代中后期大事记

事　件	时　间
马戛尔尼使团访华	1793 年
鸦片战争	1839—1842 年
太平军占领南京	1853 年
太平天国运动被镇压	1864 年
光绪登基，慈禧垂帘听政	1875 年
中日甲午战争	1894—1895 年
百日维新	1898 年
义和团运动	1900 年
五大臣出洋考察宪政	1905 年
光绪和慈禧去世	1908 年
辛亥革命	1911 年

爆发。义和团以习武为名，主要存在于华北农村地区，是一个秘密结社组织。受到旱灾以及部分由于外国在华活动（如铁路和蒸汽船的引入影响了运河和内河码头工人的生计）引起的高失业率的刺激，拳民们攻击外国人，并围困了北京的使馆区。1900 年夏，各主要外国势力组成联军，共同镇压义和团运动。为了惩罚清政府，联军摧毁了北京近郊的各种寺庙。在此后签订的协议中，清政府还被迫向这些国家支付巨额赔款。

● 旧秩序的崩塌

接下来的几年里，清政府绝望地试图改革。长期反对改革的慈禧太后现在也实施了一系列改革措施。科举考试被以西方模式为蓝本的新式教育取代。1905 年，清政府宣布预备立宪。此后的数年时间内，各省纷纷成立谘议局。1910 年，资政院第一次会议召开。

这些举措不过是让清政府苟延时日而已，历史显示，集权制度最危险的时候是它开始改革之时，因为改革会催生不稳定，改革的成果很少能满足人们不断上升的期望。中国的情况也不例外。主要由商人、专业人员和一心改革的士绅组成的新地方精英阶层对缓慢改革失去耐心，他们失望地发现，新成立的谘议局的主要性质是咨政而非参政。改革对农民、手工业者、矿工、运输工人等群体来说也意义甚微，他们的生活被不断增加的税捐和官员的贪赃枉法所侵蚀破坏。不断出现的农民暴动表达了对社会不公根深蒂固的愤恨之情。

孙中山的崛起

19 世纪最后十年里出现的未来革命的第一个具体表现是年轻激进的孙中山（1866—1925 年）成立的兴中会。孙中山生于广东香山，在夏威夷求学，后回到中国行医。很快，他将全部精力投入到了解决中国社会的弊病之中。

起初，孙中山的努力没有取得什么积极效果，不过，1905 年，他成功地团结了几个组织，组成同盟会。同盟会的理论基础是孙中山的民族（主要是推翻清政府统治）、民权、民生思想，即三民主义。他提出了以军政开端、宪政结束的三阶段论。尽管同盟会规模不大、经验不多，但却从大众日益增长的不满情绪中受益颇多。

辛亥革命

1911 年 10 月，孙中山的追随者在工业重镇武汉发起了革命。孙中山此时正在美国游历，义军群龙无首，不过，清政府的无能反应很快激励了地方政治力量自己采取

政治与统治

新中华之计划

1905 年，孙中山联合反清革命团体组成了中国同盟会。同盟会最终发展为国民党。以下资料节选自 1906 年在东京颁布的同盟会革命方略。值得注意的是，孙中山认为中国人民尚未做好民主的准备，需要经过一个约法阶段后才能进入宪政。这种方案在二战后被亚洲和非洲许多国家采纳。

今者国民军起，立军政府……国民之责任即军政府之责任，军政府之功即国民之功，军政府与国民同心勠力，以尽责任。用特披露腹心，以今日革命之经纶暨将来治国之大本，布告天下：

一、驱除鞑虏。今日之满洲，本塞外东胡……后乘中国多事，长驱入关，灭我中国，据我政府，迫我汉人为其奴隶，有不从者，杀戮亿万。……义师所指，覆彼政府，还我主权。……

二、恢复中华。中国者，中国人之中国；中国之政治，中国人任之。驱除鞑虏之后，光复我民族的国家。

三、建立民国。今者由平民革命以建国民政府，凡为国民皆平等以有参政权。

四、平均地权。文明之福祉，国民平等以享之。当改良社会经济组织，核定天下地价。其现有之地价，仍属原主所有；其革命后社会改良进步之增价，则归于国家，为国民所共享。肇造社会的国家，俾家给人足，四海之内无一夫不获其所……

右四纲，其措施之次序则分三期：第一期为军法之治。义师既起，各地反正，……政治之害，如政府之压制、官吏之贪婪、差役之勒索、刑罚之残酷、抽捐之横暴、辫发之屈辱，与满洲势力同时斩绝。风俗之害，如奴婢之蓄养、缠足之残忍、鸦片之流毒、风水之阻害，亦一切禁止……第二期为约法之治。每一县既解军法之后，军政府以地方自治权归之其地之人民，地方议会议员及地方行政官皆由人民选举……第三期为宪法之治。全国行约法六年后，制定宪法，军政府解兵权、行政权，国民公举大总统及公举议员以组织国会……

——孙中山《中国同盟会革命方略》

⋯⋯

☐ 问题：孙中山将中国转变为现代社会的主要建议是什么？他的计划与本章所讨论的日本的明治维新相比，有何不同？

电影与历史

《末代皇帝》

1908 年 11 月 14 日，光绪皇帝在北京去世。第二天，慈禧太后去世。3 岁的溥仪登基。3 年后，清王朝崩溃，被废黜的溥仪在中国政治的动荡不安中度过了余生。

意大利导演贝纳尔多·贝托鲁奇的《末代皇帝》是一部杰出影片，它描述了在看似没完没了的革命中无助而不幸的个体的经历和命运。影片描述了清朝最后一个皇帝溥仪的一生：他的皇帝时光，其所经历的军阀时代，抗日战争时期的伪"满洲国"时代，以及 1949 年后的时代，影片的主角始终未能理解他的国家正在发生什么，无论是活着还是死去，他都是个无足轻重的人。

这部以溥仪的自传为基础的影片极为出色，原因之一在于它的部分场景是在紫禁城拍摄的。影片中唯一一个主要的西方演员是彼得·奥图尔，他在里面扮演皇帝的家庭教师。

措施。清政府此时已经陷入事实上的崩溃：1908 年，光绪和慈禧先后去世；皇位由年幼的宣统皇帝溥仪继任。然而，孙中山的同盟会缺乏抓住主动权的军事实力和政治基础，不得不寻求旧秩序的代表袁世凯相助。袁世凯一直负责带领北洋军镇压革命，但现在他抛弃了清政府，自行其是。在与革命党谈判的过程中，袁世凯同意担任中华民国总统。旧王朝以及它试图维持的旧体制覆灭。

尽管旧王朝已经瓦解，孙中山和革命党人却无法巩固革命成果。他们以西方自由民主原则为基础的新政体的施政目标是城市中间阶级，但中国中间阶级的力量太过弱小，没法构成新政治秩序的基础。鉴于绝大多数中国人仍生活在农村，孙中山希望通过土地改革得到他们的支持，然而，极少有农民愿意参与到革命中来，辛亥革命未能真正建立变革所需的新体制和价值观，因而，它更多的是旧秩序的崩溃，而非新体制的建立。由于帝国主义的压迫和内部的羸弱，在新政治和社会力量准备好填补真空前，清王朝一直在苟延残喘。

中国的经历也是全球传统帝国衰落历程中的一部分。不仅在受西方帝国主义侵略的地方如此，欧洲本身也在经历这一进程，沙皇俄国、奥匈帝国、奥斯曼土耳其帝国都在清王朝崩溃不久后终结。各帝国解体的背景各不相同：奥匈帝国是在一战后被协约国解体，沙俄的命运则直接源于一战。当然，清王朝、沙俄、奥匈帝国和奥斯曼帝国的命运部分原因都是它们未能应对时代的挑战。这些国家在面对工业化势力和大众参与政治时都犹豫不决、不情不愿，它们的改革努力也远远不够、为时已晚。为此，都付出了最高代价。

■ 转变中的中国社会

□ 问题：清王朝在最后十年中进行了什么样的政治、经济和社会改革？为什么这些改革在力图阻止清王朝统治的崩溃中没有取得太大成效？

19世纪末20世纪初，西方在华势力的不断增长显然对中国社会产生了重大影响。因此，直到最近，历史学家通常认为，欧洲人的到来摇醒了沉睡数百年的中国，开启了中国走向革命性变化的道路。然而，如同我们现在所分析的，在19世纪欧洲人到来并加速中国社会的变迁前，中国社会已经处于转变之中。城市工业和贸易的发展尤为显著，桐油、铜、盐、茶叶和瓷器等商品的全国市场已经发展起来。更有利于货币经济兴起的基础设施已经具备。在农村，从国外引入的新作物极大地提高了粮食产量，有利于人口增长。中国经济从未如此繁盛和复杂。

● 经济：传统的阻力

中国在没有外界干预下出现的自身变化是否能催生出工业革命或西方式的资本主义经济？我们无从知晓。不过，可以肯定的是，诸多障碍使中国难以走向西方式道路。

尽管中国的工业产值在增加，但它完全依靠传统方法。没有统一的度量衡制度，用欧洲标准看，中国的货币制度也还比较原始。几个世纪前就已出现的纸币，其使用程度还比较有限。从元代起就不太受重视的交通运输系统越来越混乱。完整的道路极少，长期以来最高效的大运河也淤塞严重。

中国人未能大量借鉴西方技术。外国制造企业到19世纪末时才能在中国合法开办，除了沿海各租界地区外它们的制造方法对中国其他地方的影响微乎其微。中国人仿照西式制造业的努力，主要表现在造船业和武器制造方面，多由政府主导，并且往往经营困难、管理不善。

农村的发展，同样阻碍重重。人口的迅速增长导致农民耕种的土地越来越少，并且催生了大量佃农。作为主食的大米日渐被营养更少的食物所取代，这些作物让本就备受人口急剧增长压力的土地更加不堪重负。一些农民转而种植沿海城市所不断需求的经济作物，但这种转变需要大量投资。许多地主进城，追求西方引入的新型城市生活方式，而农民却深陷债务危机。

无疑，这些问题部分要归因于越来越强的西方影响力。但清政府在应对这些挑战时的犹疑不决表明最大的障碍还在于上层：清政府的官员们常常被外部压力和内部矛盾压倒。当其他如俄国、奥斯曼帝国和日本等传统社会正积极推进经济现代化时，清政府与其精英阶层却令人吃惊地停留在骄傲自满上。

帝国主义的影响

无论如何，随着帝国主义时代的到来，帝国主义给中国本土经济造成了严重扭曲，导致了20世纪中国社会的巨大变迁。西方势力无疑在某些方面加速了中国经济的发展：现代生产、交通和运输方式的引入；出口市场的建立；中国市场稳定融入全球经济。对当时的许多西方人来说，他们自信于这样的变化最终将会使中国人受益。在他们看来，通过给中国人提供"燃油"，西方给后进的社会提供了一个攀升人类进化阶梯的机会。

不过，并非人人都同意这一观点。列宁认为，西方帝国主义为了让殖民地成为西方制造品的市场以及廉价劳动力和资源的来源地，阻止殖民地半殖民地的工商业发展，从而妨碍了前工业社会的结构性变迁的发展。

当前的许多历史学家可能会说，这样的解释太简而化之了。帝国主义将中国从传统心态中惊醒，加速了开始于明末清初的变迁过程，迫使中国人采用新的思维和行动方式。同时，中国也付出了沉重的代价，本土产业遭到巨大破坏，大量利益流向海外。尽管工业革命是一个不可避免的痛苦历程，但中国人的工业革命历程更为痛苦，因为这是外力强加给他们的。

● 清代中国的日常生活

在即将进入19世纪之时，绝大多数中国人的日常生活与几个世纪前并没有本质区别。大部分人是农民，他们的人生由农业生产的周期、乡村习俗、家族仪式主宰。他们的社会角色由古老的儒家社会道德准则决定。男孩——至少富裕家庭的男孩——接受儒家经典教育，而女孩却留在家里，或在田间地头劳作。子女都应孝顺父母，妻子要顺从丈夫。

一百年后的造访中国者看到的是一个极为不同的社会，尽管这明显仍然是中国人

帝国主义与全球环境

从 19 世纪 70 年代开始，欧洲各国纷纷在亚洲和非洲争抢殖民地。在这种"新帝国主义"缔造的帝国中，西方各国为满足自己的需要而重塑政治边界，无视现存的政治、语言或宗教差异。例如，在非洲划分边界时，欧洲人往往将相同的社区分成不同的殖民地，或是将彼此仇视的社区划入同一个殖民地中；这样的划分往往成为现代非洲国家的边界。

同样，欧洲人也几乎无视殖民地人民的需求，相反，它们组织其帝国的经济资源以满足自己在世界市场中的需求。在这一过程中，欧洲人极大地改变了全球环境。西方人建造了铁路和港口，开发了油田，开挖了金、锡、铁、铜等矿产。尽管这样的资源开发往往带来了巨额利润，但主要的受益者是殖民者，而非当地人民。同时，这样的工程还改变并往往侵蚀了自然环境。

欧洲对经济作物的大量需求深刻改变了自然环境。在亚洲和非洲的广大地区，林地被清除，让路给种植业。在锡兰（今天的斯里兰卡）和印度，英国人大肆砍伐热带森林来种植一排排的茶树。荷兰清除了东印度的森林，用来种植从秘鲁引入的金鸡纳树（用来治疗疟疾的奎宁就是从金鸡纳树的树皮中提取的）。在印度支那，法国人砍掉了森林，取而代之的是橡胶、甘蔗和咖啡种植园。当地工人为这些庞大的种植园提供了劳动力，但往往报酬微薄。

在许多地方，珍贵的农田变成了经济作物种植园。在荷属东印度，农民们被迫将稻田变为甘蔗种植园。在西非，经济作物的过度种植破坏了当地脆弱的草原，将萨赫勒变成了荒漠。

然而，欧洲各国从这样的环境巨变中获利匪浅。在英国植物学家约翰·克里斯托弗·维尔斯（John Christopher Wills）看来，这些国家的举动完全是正义的。他在 1909 年所著的《热带农业简论》（*Agriculture in the Tropics: An Elementary Treatise*）中，这样评论：

热带地区的种植业是否会一直在欧洲人的管理下进行，这是另一个问题。但是，北半球各国不会允许富饶、然而相当程度上属于未开发的热带国家在能为寒冷地带的人民提供如此多必需品的情况下被完全浪费掉，仅满足于本国人的衣食住行之需。

□ **问题：**与欧洲和北美工业革命的影响相比，帝国主义对殖民地的环境产生了怎样的影响？

的社会。沿海城市的变化最为惊人，这里受教育的人和富人受到了西方的影响。儒家社会制度和行为规范的影响力正迅速衰退，而欧洲和北美的影响力则在上升。农村的变化不太明显，即便是农村，传统习惯的束缚力也在减弱。

有些变迁可归因于教育体制。19世纪，由于高达半数仕宦是通过花钱捐买获得的，儒家教育的重要性持续下降。1906年，清政府正式废除了科举制度，西式教育需求更甚。清王朝试图按照西方模式建立初级普及教育体系，这一教育改革的效果在城市中较为显著，官办学校、教会学校和其他私人所办教育机构培育了新一代中国人，他们极少尊重或了解过去。

妇女角色的变化

妇女的地位也在转变。清代中期，妇女仍被认为要留在家中。可能源于唐代宫廷娱乐的缠足习俗是她们作为无用的性对象的痛苦体现。到19世纪中期，超过一半的中国成年女性缠足。

19世纪后半期，变化的迹象开始显现。妇女开始在工厂做工——尤其是在棉纺织厂和丝厂。一些妇女还参加了太平天国运动和义和团运动，辛亥革命中也有女性身影。女革命家秋瑾发表了号召妇女解放的宣言，组织了反清武装起义，1907年，她被清政府逮捕并处决，年仅22岁。

到19世纪末，妇女第一次有了受教育的机会。一些传教士创办了女子学校，这些学校主要集中在租界。尽管只有极少数妇女在其中学习，但因一些进步知识分子宣扬，无知的妇女培养无知的儿童，这些学校和学生的出现便显得极为重要。1905年，清政府正式宣布开办女子学堂，不过，真正开办的女子学堂为数极少。清政府还采取措施鼓励妇女放弃缠足，但起初收效甚微。

■ 富国强邦：近代日本的崛起

□ **问题**：明治维新在多大程度上算一场"革命"？它对日本的成功改变体现在哪些方面？

到19世纪初，德川幕府统治日本各岛已经达两个世纪之久。德川幕府振兴了此前一度几乎解体的旧统治体制，它驱逐了外国贸易商人和传教士，削弱了与西方世界的联系，尽管它与荷兰和中国商人在长崎一带有非正式贸易往来，但仅与朝鲜维持着正式的外交往来。然而，孤立并不意味着停滞。尽管绝大多数日本人仍然依靠农业为生，但生机勃勃的制造业和商业也因长期的稳定和繁荣发展起来。结果，日本社会开始发生深刻变化，传统的阶级界限变得模糊。最终，这些变化终结了德川幕府的统治，摧毁了传统的封建制度。

有些历史学家认为，文艺复兴初期欧洲中世纪秩序开始解体之时，日本的幕府就开始分裂了。派系主义和腐败困扰着中央官僚机构，农业歉收激发的农民暴动席卷了农村。农民逃往城市。城市则由于武士的农业收入和薪俸减少，愤怒情绪与日俱增。对于这些现象，幕府统治的反应是统治越来越死板，压制批评声音，迫使逃离的农民回归农村。

日本幕府还进一步限制了与外部世界的接触，驱逐停泊在沿海地带的越来越多的外国商船。多年来，日本向亚洲其他国家进口丝绸和其他所需制造品，自己则出口银和铜。但随着 18 世纪银铜开采日渐枯竭，幕府减少对外贸易，鼓励本国生产此前进口的制造品。因而，德川幕府采取了锁国政策，甚至封锁了一度与日本有活跃往来的亚洲邻国间的交往。

● 开放

对西方各国来说，日本拒绝向西方产品打开国门既是冒犯也是挑战。西方国家确信，贸易扩张将使所有国家受益，他们开始接近日本，希望能让日本打开国门。

最先成功的是美国。美国船只抵达中国前，在穿越北太平洋途中需要有加油站。1853 年，马修·佩里（Matthew Perry）准将率领的四艘美国军舰驶入江户湾，他们还携带着美国总统米勒德·菲尔莫尔（Millard Fillmore）要求日本与美国建立外交往来的信函。几个月后，佩里带着一支更大的舰队再赴日本，要求得到日本的答复。佩里第一次离开日本期间，日本官员就是否应与美国建交问题展开了激烈争论。部分人认为，与西方往来在政治上和道德上都对日本不利；一些人则指出美国的军事优势，建议对美国妥协。对江户的幕府将军来说，佩里舰队的枪炮具有决定性作用。日本遂与美国订立了《神奈川条约》，条约规定，日本对美国失事船只及船员提供保护，向美国开放两个港口，美国可在日本设立领事馆。1858 年，美国驻日领事汤森·哈里斯（Townsend Harris）与日本订立了更详细的《日美友好通商条约》，日本开放了更多的港口，日美互派公使，并且确认美国人在日本享有领事裁判权。很快，日本又与其他几个欧洲国家订立了类似的通商条约。

在某些地方，与西方的开放往来极不受人欢迎，特别是在远离江户幕府统治核心地带的偏远地区。1863 年，倒幕派迫使幕府许诺与西方断交。幕府最终违背了承诺，而倒幕派势力很快出现内乱。当长州藩的部队向下关海峡的西方船只发起进攻时，西方人立即反击并摧毁了长州藩的防御堡垒。这一事件进一步激化了反叛武士对西方的仇视，也让他们确信，必须建立自己的军队。他们要求幕府下台，恢复天皇权力。1868 年 1 月，倒幕军队攻向京都，并宣布恢复天皇制。几个星期后，幕府反击失败，幕府制度由此终结。

● 明治维新

尽管倒幕派的胜利表面上看似是传统战胜了变革，但新的领导者们很快意识到日本必须以变革求取生存。因此，他们开始进行错综复杂的改革，为日本在短短一代人的时间里发展成现代工业国家奠定了基础。

新时代的代表人物是 1867 年即位的年轻的明治天皇。尽管后德川幕府时代被称为"维新"，但如同被幕府将军们控制的前任天皇一样，明治天皇接受了倒幕派新近采纳的现代观，也受到政府中新领导层的控制。大家默认真正的政治权力之源在江户，遂将政府迁都江户，改名东京，皇宫也随之迁往江户城中心的幕府将军的宫殿。

日本政治的转变

日本的新领导层进行了一系列政治、社会、经济和文化体制的复杂改革。他们首先摧毁了旧秩序的残余势力，将行政权掌握在了自己手中。为了削弱大名们的权力，日本政府于 1871 年取消了大名的世袭特权，大领主们失去了土地所有权。作为补偿，他们得到了政府职务，并被任命为此前他们所控制地区的行政长官。占总人口 8% 的武士阶层获得一次性的报酬，取代了此前的薪俸，但他们被禁止佩戴象征其传统地位的武士之刀。

明治维新的现代化人士还仿照西方模式建立了日本的近代政治制度。1868 年颁布的宪章中，他们承诺在保持天皇制的基础上设立新议会。同时，明治维新的改革家们还号召清除过去的恶习，实施以国际惯例为基础的改革，以此强化日本的帝制基础。政府中的关键职位都被现代化的武士阶层所控制，他们后来被称为元老。

接下来的 20 年里，明治政府系统地学习西方政治体制。以伊藤博文为首的代表团访问英国、德国、俄国和美国，观察它们的政治体制。最终，日本出现了几个代表不同政治思想的派别。自由党倾向于议会制，即议会拥有最高权威，代表全体人民。进步党则呼吁立法与行政分权，权力稍微向后者倾斜。

1890 年的《明治宪法》

19 世纪 70 年代和 80 年代，上述几个政党相互竞争。1890 年实施的《明治宪法》以俾斯麦模式为基础，行政机关掌握权力，这一安排也安抚了帝制势力，因为宪法是天皇赐予的礼物。明治时代的政治寡头们精心挑选内阁成员。上议院议员由天皇指定，下议院议员经民选产生，上下议院拥有同样的立法权。国家的核心性质，即国体表现了日本的政治制度以天皇拥有至高无上的权力为基础这一独特理念。古代的神道教变成了国家宗教，皇宫内所有重要场合都要举行神道教仪式。

由此造成的结果是，日本的制度形似民主，实却专制；现代其外，传统其内，权力仍掌握在寡头统治者手中。这一制度容许传统的统治阶级保留其影响力和经济实力，同时也默许新机构和价值观的出现。

明治时代的日本经济

随着大名统治的终结，日本政府需要确立新的土地所有制，将大量农村人口从农奴转变为公民。为此，明治政府实施了土地改革，将土地重新分配给耕作者，作为他们的私有财产；同时，对原土地所有者进行赔偿，向他们发布政府债券。政府还颁布了按照每年土地估值的 3% 计算的新土地税，增加了政府的收入。事实证明，该税收成为日本政府的财政来源之一，但对农民来说，这却是繁重的负担，此前，他们一直要将一定比重的收成交给地主。年岁不佳时，许多农民根本无力支付赋税，被迫将土地卖给富裕的邻居。后来，日本政府将赋税减少至土地价值的 2.5%。然而，到 19 世纪末，仍有四成农民是佃农。

财政预算得到保障后，日本政府转而积极发展工业，以确保在西方帝国主义的挑战面前安然无恙。明治时代的改革家们以德川时期就已存在的日渐发展的小规模工业经济为基础，用财政补贴、提供培训和海外顾问、改善交通运输、建立强调应用科学的普及教育体系等方式积极刺激工业发展。与中国不同，日本对外国资本的依赖非常小。

明治时代后期，日本的工业经济发展迅速。除了茶叶和丝绸，日本的核心工业经济还包括武器制造、船舶制造、米酒酿造。从一开始，明治模式的一个鲜明特点就是政府与私营企业之间联系密切。一旦一个企业能够自立，它将完全私有化，尽管政府往往还继续起到某些作用。有历史学家如此解释这一过程：

（明治政府）开创了许多工业领域，支持了其他诸多领域的发展，努力说服商人们投入新的冒险事业，帮助商人们筹集必要的资本，迫使弱小企业合并成更强大的集团，向私营企业家提供各种帮助和在今天被视为腐败徇私的各种特权。所有这一切都符合幕府时代的政府容许并支持商业发展的传统。有些政治领导人甚至政商两界通吃。[1]

从工人的角度看，明治维新却没有多少吸引力。工业增长依靠的是新土地税提供的大量资金，但税收却给农民施加了沉重的负担，许多人逃往城市，成为廉价劳动力的丰富来源。正如欧洲的早期工业革命一样，纺织厂和煤矿的工人劳动时间非常长，工作环境恶劣得可怕。据说，在长崎一个小岛上的煤矿中，工人们在130华氏度的高温下赤身裸体地工作。如果逃跑，将会被枪杀。

构建近代社会结构

幕府时代末期，等级森严的社会秩序开始瓦解。富裕商人开始花钱进入武士阶层，各阶层的日本人都放弃农田，奔向城市。然而，社区和等级仍然构成了日本社会的基础。所有日本人的生活都由他们所在的各种社会组织决定——家庭、村庄、社会阶层。个人所处的特定社会阶层决定了他的职业以及与其他人的社会关系。特别是女性，被束缚于"三从"中：在家从父、出嫁从夫、夫死从子。丈夫轻易就可以离婚，妻子却没法主动离婚（据说，丈夫可以因妻子喝茶太多或说话太多而离婚）。婚姻要听父母之命，女性的平均结婚年龄是16岁。妇女也无法与男性享有平等的继承权，极少有女性可以在家庭之外接受教育。

明治维新的改革者们摧毁了传统社会制度。1871年，日本废除了世袭继承权，过去的法律规定由此作废。贵族的一些特权被取消，对传统的奴隶阶级（19世纪70年代日本的奴隶人数约40万）的法律限制同样被废除了。改革者们的另一个关注焦点是军队改革，他们震惊于日本军队在与西方列强冲突中的羸弱无能，于是，开始创建近代化军队。旧式的建立在传统武士阶层基础上的封建军事体制遂被废除，取而代之的是1871年成立的日本帝国军队，它以普遍的征兵制为基础。

教育领域也发生了重大变化。明治维新领导人意识到建立包括技术科目在内的普及教育的必要性，仿照美国的初、中、高三级模式创建了日本的新教育制度，其中，高等教育包括一系列大学和专门研究机构。同时，日本还派遣优秀学生留学海外，同

---

〔1〕 J. K. Fairbank, A. M. Craig 和 E. O. Reischauer, *East Asia : Tradition and Transformaton*, Boston, 1973, p.514.

"女人原本如太阳"

西方思想中，明治维新时期的改革家最不想参照的一点就是两性平等。尽管日本女性有时也试图像男人一样"现代"，但整体来说，日本社会对待女性的态度仍然极为不同。1911年，年轻的女性评论家平冢雷鸟创建了《青鞜》杂志，以促进日本的妇女解放运动。她的目标是鼓励女性发挥自己的聪明才智，而非变革法律。以下是青鞜社创办时的宣言。可对照第18章玛丽·沃斯通克拉夫特对妇女权利的讨论做比较阅读。

自由与解放！我们常常听说"妇女解放"。可是，然后呢？……假设妇女再也不受外来的压迫，摆脱了羁绊，获得了所谓的更高层次的教育，从事各种职业，有了参政权，有了独立于父母与丈夫的机会，受到家庭的限制更少，难道这一切就可以说是妇女的解放？它们也许提供了比较适合于实现妇女解放的真正目标的环境和机会。然而，这些只是手段，并非我们的目标或理想。

不过，我不赞同许多日本知识分子认为的女性没必要受更高教育的观点。自然赋予了男女同等的天赋与才华。因此，假设两性中一方需要教育而另一方不需要，这很奇怪。在特定国家和特定时代，这可能是可以容许的；但从本质上来说，这是极不公平的。

我哀叹的是，日本仅有一所私立女子大学，而且，在许多为男性设立的大学里，根本不容许女性进入。然而，当女性的知识水平与男性相当时，有什么好处呢？男人追求知识是为了免得自己缺乏智慧和启迪。他们想要解放自己……而各种各样的思想能让真正的智慧失色，使男人们远离自然……

我要寻求的真正解放是什么？不是别的，正是女性可以完全发挥其潜在天分和能力的机会。我们必须清除女性发展路上的一切障碍，不管它们是外在的压迫还是知识的匮乏。而最重要的是，我们必须意识到我们是伟大天分和才能的拥有者，我们是天赋的所有者。

□ **问题：** 为什么平冢雷鸟认为明治时期的日本必须进行妇女解放？她的主张与同时代的西方女性有什么相似之处？

时聘请海外学者来日本讲学。这些新学校里，不少教学内容都受到西方教育模式的启发。另一个打破传统的做法是，女性第一次获得了受教育的机会。

这些变化都体现在1890年的《教育敕语》中，不过，该文件也突出强调了传统忠君爱国的儒家忠孝观。日本颁布《教育敕语》的原因之一是，担心西方个人主义思想会冲淡日本强调社会责任的传统价值观。

事实上，西方思潮和风尚备受日本精英阶层的追捧，第一届明治内阁的首脑们因热衷于在西式舞厅中跳舞而被称为"跳舞内阁"。年轻人开始模仿欧美同龄人的服饰、饮食习惯、社会活动。

传统价值观和妇女权利

不过，日本自我标榜的向"现代社会"的转型绝非完全斩断了国家的传统羁绊。尽管 1872 年颁布的教育令增加了公共教育中的妇女入学比例，但保守分子很快对其横加限制，将之拉回了更传统的社会关系中。如前所见，1890 年的《教育敕令》强调儒家的忠孝观。传统价值观成了 1890 年明治宪法的坚实基础，参政权主要限于男性，个体自由须"在法律规定范围内"。1898 年颁布的《民法典》压缩了个人权利，妇女被局限在家庭角色中。

然而，到 19 世纪末，随着妇女在日本现代化过程中扮演至关重要的角色，变化也随之而来。受父母方面增加家庭收入需求的刺激以及政府鼓励她们为国奉献的影响，大量年轻女性进入纺织厂作工。从 1894 年到 1912 年，日本劳动力中有六成是女性。正因为有了她们，到 1914 年，日本成为世界丝产品的主要出口国，并主宰了棉制造业。假如没有这些棉纺织品出口带来的收入，日本可能需要引入大量外资来发展工业和军事力量。

不过，日本妇女的收获远逊于她们的贡献。1900 年，新法规限制妇女加入政治组织或参加公共集会。从 1905 年起，一群具有独立思想的妇女吁请日本国会废除这一陈规，尽管直到 1922 年，这项规定才告废除，但人们对女权的呼吁不断向社会扩散。

● 加入帝国主义俱乐部

就传统而言，日本并非扩张主义者，但此时的日本开始在对外事务和对内政策方面仿效西方。这并没什么令人奇怪的。日本自感在世界经济舞台上尤为脆弱。而且，日本领土狭小、资源缺乏、人口密集，缺乏天然的扩张出路。那些目光敏锐的日本人认为历史教训显而易见。西方国家的财富和势力积累并不仅仅是民主制度和高水平教育的结果，更是殖民的结果。日本人开始在邻近地区扩张领土。1874 年，在与清政府短暂冲突后，日本宣布对长期以来属于中国藩属国的琉球享有宗主权。两年后，日本海军迫使朝鲜开放三个港口。

19 世纪初期，朝鲜曾追随日本，闭关锁国，除了与中国有定期朝贡往来外，与外部世界隔绝。基督教传教士——大部分是中国人或法国人——遭到严厉迫害。不过，朝鲜的问题主要是内部矛盾。19 世纪 60 年代初，受到中国太平天国运动的部分影响，朝鲜爆发了农民起义。接下来的数年内，朝鲜的李氏朝廷试图通过回归传统价值观和抵制外来势力的渗透来强化国家实力，但农村的赤贫和官员腐败仍在蔓延。1871 年，一支美国舰队进犯朝鲜，但被朝鲜军队击退。

不过，真正对朝鲜虎视眈眈的是日本。日本决心结束朝鲜对中国的依赖，将其打造为日本的附庸国。1876 年，朝鲜同意向日本开放三个口岸，作为回报，日本承认朝鲜的独立地位。19 世纪 80 年代，中日两国在朝鲜半岛的竞争日益激烈。1894 年，朝鲜爆发东学党起义，中日两国在朝鲜问题上站在对立的位置，并引发了中日甲午战争。甲午战争中，日本海军摧毁了中国的北洋舰队，并占领了中国东北的旅顺港。接下来的中日《马关条约》中，中国被迫承认朝鲜独立，并将台湾和辽东半岛割让给了日本。

很快，日本遭到了西方列强的施压、俄、法、德三国出面干涉，要求日本放弃辽东半岛，将之归还中国。日俄两国在远东的竞争不断加剧，两国关系日趋紧张。1904 年，日本突袭旅顺港的俄军，日俄战争爆发。日军实力稍弱，但俄国面临着严重的后勤难题和动荡的国内政局。1905 年，日本海军在朝鲜半岛海岸几乎全歼俄国舰队。俄国同意和谈，辽东半岛落入日本手中，库页岛和千岛群岛也被日本控制。俄国还同意撤出在朝鲜半岛和中国东北的政治和经济势力，而日本在这些地区的影响力则持续上升。日本的胜利让世界一震，东南亚殖民地人民现在认识到，白种人并非不可战胜。

日俄战争结束后的几年内，日本不断巩固在东北亚的地位，并吞并了朝鲜。当朝鲜人对此抗议时，日本采取严酷的报复行动，造成数千人死亡。在日本表示尊重美国对菲律宾的占领后，美国也最先承认了日本吞并朝鲜。1908 年，美国承认日本在东北亚的势力范围，与之对应的是，日本接受了美国的门户开放原则。不过，美日间的互不信任也在不断增加，这部分地归因于美国当时的亚洲国家移民政策。

表 12.2　帝国主义时代的朝鲜与日本大事记

事　件	时　间
佩里抵达东京湾	1853 年
《日美友好通商条约》签订	1858 年
幕府倒台	1868 年
美国舰队企图打开朝鲜国门，失败	1871 年
日本废藩置县	1871 年
《明治宪法》颁布	1890 年
《教育敕语》颁布	1890 年
《马关条约》订立，台湾被割让给日本	1895 年
日俄战争	1904—1905 年
日本吞并朝鲜	1908 年

两种世界观

19世纪，中国对外界的三六九等的看法受到严重挑战，挑战不仅来自西方国家，还来自势力渐起的日本。日本接受了西方的观点，即殖民帝国是国家强盛的关键。日本向外扩张的第一个目标是长期属于中国朝贡国的朝鲜，中日两国在朝鲜半岛的矛盾最终在1894年引发了战争。以下是中日两国的宣战书。请注意中国人用的还是具有贬义性质的称呼——"倭人"，以此指代日本人。

……朝鲜乃最初受帝国之启导与列国为伍，成为独立之国。然而，清国每每自称朝鲜为其属邦，或明或暗干涉其内政。当其内乱之时，借口拯难于属邦，出兵朝鲜。朕依明治十五年之条约出兵防变，更为使朝鲜永免祸乱，保持将来治安，以维护东亚全局之和平，首先劝告清国协同从事，清国反设词相拒……如是……帝国之权利将为之损伤，东亚之和平将为之难保长久……不得不公开宣战。

——对清国宣战诏书

朝鲜为我大清藩属二百余年，岁修职贡，为中外所共知。近十数年来，该国时多内乱，朝廷字小为怀，迭次派兵前往戡定，并派员驻扎该国都城，随时保护。本年四月间，朝鲜又有土匪变乱，该国王请兵援剿，情词迫切。当即谕令李鸿章派兵赴援，甫抵牙山，匪徒星散。乃倭人无故派兵，突入汉城，嗣又增兵万余，迫令朝鲜更改国政，种种要挟，难以理喻……该国不遵约章，不守公法，任意鸱张，专行诡计，衅开自彼，公论昭然。用特布告天下，俾晓然于朝廷办理此事，实已仁至义尽，而倭人渝盟肇衅，无理已极，势难再予姑容。著李鸿章严饬派出各军，迅速进剿，厚集雄狮，陆续进发，以拯韩民于涂炭。

——清政府宣战上谕

□ 问题：对比上述两个宣战书中中日两国在19世纪末的世界观，你认为哪个更有说服力？

● 转变中的日本文化

19世纪后半期涌入日本的西方技术和思潮极大地改变了日本的传统文化。日本文学受西方影响至深，西方文学模式使幕府时代的作品黯然失色。惊叹于"新"文学的日本作家开始翻译和模仿西方文学。尽管传统诗歌仍有问世，但日本诗人广泛受到象征主义、达达主义和超现实主义等风格的影响。

日本从欧美引入的技术人员、工程师、手工艺人和艺术家向求知若渴的日本青年一代教授他们的"现代"技巧，西方的艺术手法和风格也大量传入日本。日本建筑师和艺术家创造了大型钢筋混凝土建筑，装饰着希腊式柱子和穹顶、欧式油画，以及各种世俗题材的青铜雕塑。

随着日本艺术和工艺品、瓷器、纺织品、扇子、屏风以及版画风靡欧洲和北美，日本与其他国家的文化交流也不断加剧。日本艺术影响了文森特·梵·高、埃德加·德加、詹姆斯·惠斯勒等艺术家，他们尝试着用较为平面的视角和不寻常的姿态进行创作。日本极其讲究山水的园林艺术尤受欢迎。

经历了大量吸收西方艺术的初始阶段后，19 世纪末，日本在文化领域出现回归，许多艺术家回归到前明治时代的风格和技术之中。1889 年，东京美术学校（即现在的东京艺术大学）创建，旨在促进日本传统艺术的发展。在接下来的几十年里，日本艺术复兴，这也是国家繁荣富强的反映。一些艺术家试图融合本土和外来艺术，另一些艺术家则在传统中寻找灵感。

● 明治维新：上层革命

从一个封建、农业社会转变为工业化、技术先进的社会，日本只用了略超过半个世纪的时间，这常常被外界观察者视为近乎奇迹。部分历史学家对此进行探讨后指出，明治时代领导者们取得的成就参差不齐。加拿大历史学家 E. H. 诺曼（E. H. Norman）在他的《现代日本的崛起》（*Japan's Emergence as a Modern State*）一书中惋惜明治维新是"不完全的革命"，因为它并未结束封建社会的经济和社会不平等，未能让普通民众完全参与政治进程。尽管元老们在不少领域起到了启蒙作用，但他们也是专制和精英主义者，财富分配仍然如同在旧体制中一样不平等[1]。

而且，日本向主要工业国家的转变绝非在 20 世纪初就能完全实现。起码在 1914 年一战爆发时，日本的主要制造品还源自传统的棉纺织业，而非现代工厂。日本经济与世界市场的融入度也是有限的，与西方大多数国家的经济不同，外来投资对日本的作用小很多。

这些批评有一定的说服力，尽管大多数批评也适用于多数国家的工业化早期阶段。

---

[1] 引自 J.W.Dower 编：*The Origins of the Modern Japan State：Selected Writings of E.H.Norman*，New York，1975，p.13.

无论如何，从经济方面看，明治维新肯定是近代社会的一大成就。明治时代的日本领导者不仅让日本走上了经济和政治发展之路，而且还成功地废除了 19 世纪中期订立的不平等条约。与既未能在传统社会中产生重大变迁又未能对变革的必要性达成共识的中国相比，日本的成就更令人印象深刻，也更类似于欧洲国家，不过，西方完成这样的工业发展用了一个半世纪之久，而日本则只用了 40 年。

日本从传统社会转向现代社会过程中的一个鲜明特征在于，其大多数转变并非像别的国家那样靠的是暴力手段或政治、社会革命，开启这一转变的明治维新一直被称为"上层革命"，也就是说，它是由统治集团对社会发起的复杂重构。

如何解释日本的独特性？

中国、日本及亚洲许多国家应对西方冲击时的不同反应，在比较史学领域引发了激烈的争论。在本章以及前面部分章节，我们已经讨论了中国和亚非大多数国家在 19 世纪末未能独立进入工业革命的部分原因。不过，难题来了，为什么日本明显成了向先进工业经济完成转变的唯一国家？

对这一问题，有许许多多的解释。有些人认为，日本的成功部分归因于好运气。不像它的许多邻国，日本自然资源缺乏，因而遭受的西方压力相对较小。不过，这种解释也存在问题，可能没法被当时的日本人接受。它也未能解释为什么如老挝和尼泊尔等其他外来压力较小的国家并未像日本一样得到更快发展。总而言之，运气好的假说并不是很有说服力。

有些原因已经在本书中有所揭示。日本独特的地理位置肯定是原因之一。多民族的大陆国家中国因其儒家文化而与日本有所不同。与中国人和亚洲其他国家的人不同，日本人不用担心文化变迁对民族认同带来影响。实质在于，作为日本国家的象征，天皇本人就接受了变革，从而确保其臣民能毫无畏惧地跟随他的脚步。

此外，还有其他诸多因素也起了作用。日本人强调实用和武力的价值观也有一定影响。而且，明治时代得益于从幕府时代开始就不断加快发展的城市化、商业和工业。日本贵族——大名和武士——已经失去了传统的封建地位及收入，他们可以扔下手中的刀，脱下和服，穿上现代军服或西装，在传统和现代之间都能安之若素。

不管怎么说，如同历史学家 W. G. 比斯利（W. G. Beasley）所指出的，明治维新的成功可能得益于贵族和资本家的合作。日本变革的时机已经成熟，没有什么比西方重视财富和权力的思想更适合做旧制度崩溃后的治病良方。日本是成功面对挑战的经典案例。

东西融合

明治维新的最后一个产物是新与旧、日本与外国之间的融合构成了一个新的、但依然是独一无二的日本文明。不过，它也带来了一些不良后果。由于明治时期的政治本质上仍是专制，日本领导人能够将传统元素如武士道和封建忠孝观念与现代工业资本主义相结合，创建出一个完全醉心于掌握物质财富和国家权力的国家。这种"亚洲法西斯主义"的国体和资本主义的结合非常高效，在国际上也极富侵略性。如同直接由封建社会进入工业时代的近代德国一样，日本最终通过在国内实施高压、国外大肆扩张的方式走上了实现富国强邦之路。也如同德国，战败让日本切断了国家发展与封建伦理的关联，促成了日本向致力于与邻国和平协作的多元化社会的转变。

━ 本章小结

极少有地区如东亚一样顽强而有效地抵制西方的入侵。尽管欧洲列强在东亚一带的军事、政治和经济压力极为强大，但东亚两个主要国家即中国和日本成功地维持住了国家独立，但另一个国家——朝鲜——却暂时被强大的邻居日本吞并。为什么中日两国能够阻止西方列强完全控制其政治和军事？这是个有趣的问题。一个关键因素在于两国作为界限明确、民族认同和领土完整的国家的历史都很悠久。尽管中国时不时被外来民族征服，但却一直保持着独特的文化和身份。中日两国的地理位置也比较有利。作为大陆国家的中国能够幸存，部分原因在于它的国土辽阔。日本则拥有岛国这一有利条件。

不过，更令人吃惊的是，这两个国家应对挑战的方法不同。日本人选择以务实面对难题，借鉴西方有价值的思想和体制，同时又不与传统观念和风俗发生冲突。而中国却为这一问题痛苦了半个世纪，保守势力殊死搏斗，试图最大限度地维护传统遗产。

本章讨论了中日两国这种区别的一些原因。回顾来看，很难不得出这样一个结论：日本的方法更有效。明治时代的日本领导人实现了日本从传统向先进社会的有序转变；而中国，旧制度在混乱中崩溃，留下的是几十年后都未能平静的无序和动荡。

不过，日本的"上层革命"绝非全然成功。日本领导人瓜分世界的野心导致它与中国和西方国家的矛盾日益加剧，并在20世纪40年代引爆了全球战争。我们将在第25章讨论这一问题。同时，在欧洲，旧的对抗加上工业革命，致使发生地区大冲突，并最终影响了全世界。

本章思考

— **问题1**：明治时期的改革家成功推动日本工业化的关键原因是什么？哪些因素也适应于清王朝？

— **问题2**：19世纪欧洲的殖民统治对亚洲和非洲造成了什么影响？这些因素在中日两国的表现如何？

— **问题3**：帝国主义时代，西方价值观和体制是如何影响中日两国社会及其传统的？

拓展阅读

关于中国。中国近代通史，可以参考 I. C. Y. Hsu, *The Rise of Modern China*, 6th.ed, Oxford, 2000。另外，还可以参考 J. Spence, *The Search for Modern China*, New York, 1990。

关于太平天国。J. Spence, *God's Chinese Son: The Taiping Heavenly Kingdom of Hong Xiuquan*, New York, 1996，是经典作品。太平天国时期的社会问题，可以参考 E.S.Rawski, *The Last Emperors: A Social History of Qing Imperial Institutions*, Berkeley, Calif., 1998。关于清政府对现代化的态度，可以参考 D. Pong, *Shen Pao-chen and China's Modernization in the Nineteenth Century*, New York, 1994。另外，还有许多关于中国向现代性转变的论文，可以参考 Wenhsin Yeh 主编：*Becoming Chinese: Passages to Modernity and Beyond, Berkeley*, Calif., 2000。

关于孙中山，可以参考 J.Lloyd 译，M.C.Bergere, *Sun Yat-Sen*, Stanford, Calif., 2000。关于慈禧，可以参考 S.Seagrave, *Dragon Lady: The Life and Legend of the Last Empress of China*, New York, 1992。义和团运动的情况，可以参考 D.Preston, *The Boxer Rebellion: The Dramatic Story of China's War on Foreigners That Shook the World in the Summer of 1900*, Berkeley, Calif., 2001。

关于明治维新时期的日本。可以参考 M.B.Jansen 主编：*The Emergence of Meiji Japan*, Cambridge, 1995，还可以参考 D.Keene, *Emperor of Japan: Meiji and His World, 1852-1912*, New York, 2000, C.Glunk, *Japan's Modern Myths: Ideology in the Lat Meiji Period*，Princeton，N.J.，1985。关于武士阶层与明治维新，可以参考 E.Ikegami，*The Taming of the Samuraik*：*Honorific Individualism and the Making the Modern Japan*，Cambridge，1995。

关于国际关系。W.Lafeber，*The Clash*：*U.S.-Japanese Relations Throughout History*，New York，19997，读起来虽然耗时，但提供了大量信息。G.Feifer，*Breaking Open Japan*：*Commodore Perry*，*Lord Abe*，*and American Imperialism in 1853*，Washington，D.C.，2007，对美国在打开日本大门中的作用进行了分析。关于日俄战争，可以参考 R.Connaughton，*Rising Sun and Tumbling Bear*：*Russia's War with Japan*，London，2003。关于日本艺术，可以参考 P.Mason，*History of Japanese Art*，New York，1993。

第 23 章
20 世纪危机的开始：战争与革命

1916 年 7 月 1 日，英法陆军沿法国索姆河附近 25 英里的战线向德军发起进攻。每个士兵携带 70 磅装备，致使"他们行军和漫步差不多"。德国的机关枪很快开火，"我们看着战友为了穿越无人区而前进，结果如同野草一样倒了下来。"一位英国士兵回忆道，"目睹这场屠杀让我难受到恶心"。短短一天内，超过 2.1 万名英国士兵丧生。6 个月的战斗过后，英军前进了 5 英里，在这场战争中，有 100 万英法德士兵阵亡。

英国战地记者菲利普·吉比斯（Philip Gibbs）曾这样形容被英国占领的德国战壕的景象："胜利！……有些阵亡的德军是年轻男孩，太过年轻，杀害他们如同犯罪。还有一些阵亡者看不出年龄大小，他们面目全无，只是一堆裹着军服的血肉。到处散落着残肢，附近却找不到尸身。"

一战是 20 世纪西方世界的一个标志性事件。由于它难以比拟的战斗规模、极其惨重的伤亡，以及对生活各方面的影响，时人称其为"大战争"。对欧洲人来说，大战争更令人不安，因为直到战争爆发前，许多人相信他们正处于进步时代。物质繁荣和对科学、技术进步的热烈信念使许多人确信，世界正处在人类梦想了数百年的乌托邦边缘。历史学家汤因比（Arnold Toynbee）曾如此描述一战前的时代在他们那代人中的意味：

> （我们一直期望）整个世界的生活都将变得更理性、更人性化、更民主，政治民主尽管缓慢，但肯定会带来更大的社会公正。我们还期盼着科学和技术的进步让人们更加富裕，不断增加的财富将逐渐从少数扩展到多数。我们盼着所有这一切都会和平实现。实际上，我们认为，人类的进程如同尘世天堂。[1]

1918 年后，人们再也不可能对西方文明的进步抱以天真的幻想了。紧接一战而

---

[1] A. Toynbee, *Surviving the Future*, New York, 1971, pp.106—107.

来的是革命的动荡、极权政府的大规模谋杀机器和二战的浩劫，很显然，西方文明不是什么乌托邦，而是噩梦。可以将一战同它激发的革命视为 20 世纪危机的第一个阶段。

■ 通往一战之路

□ 问题：一战的深层原因和直接原因是什么？

1914 年 6 月 28 日，奥地利王储弗朗茨·斐迪南大公（Archduke Francis Ferdinand）在波斯尼亚的萨拉热窝被刺身亡。尽管这一事件在奥匈帝国与塞尔维亚之间造成的对抗引爆了一战，但将欧洲人推向战争的潜在原因由来已久。

● 民族主义与内部纷争

19 世纪后半期，欧洲出现的民族国家引起了各国间的激烈竞争。帝国主义疯狂扩张的时代，各国对殖民地和商业的争夺极为激烈，而欧洲各大国分成的两个松散联盟（德国、奥匈帝国和意大利组成同盟国，英、法、俄三国组成协约国）进一步加剧了这种紧张态势。20 世纪初，考验这两个联盟的一系列危机使欧洲各国间怨愤丛生，急切地盼着复仇，甚至愿意为了维护其民族国家而诉诸战争。

19 世纪民族主义的上升导致了另一个严重后果。并非所有民族都实现了民族国家的目标。例如，巴尔干半岛的斯拉夫民族以及哈布斯堡帝国的诸多民族仍然梦想着建立自己的民族国家；大英帝国的爱尔兰人和沙皇俄国的波兰人同样如此。

然而，立国愿望并非 20 世纪初欧洲内部冲突的唯一根源。社会主义工人运动的力量越来越大，他们越来越倾向于采用罢工甚至暴力手段来实现目标。一些保守的领导人对劳资纠纷和阶级分立极为警惕，进而担心欧洲各国处在革命边缘。这些政治家在 1914 年选择战争是否因为他们相信，如一些奥匈帝国领导人所说的，"实施积极的外交政策"将"平息国内矛盾"？部分历史学家认为，压制内部冲突的愿望也许鼓励了部分国家领导人在 1914 年开战。

● 黩武主义

1900 年后，大规模的扩军不仅加剧了欧洲现有的紧张局势，而且倘使战争一旦来临，其极具毁灭性的事实已经无可避免。1914 年以前，西方大部分国家已经确立了常规的征兵制，即义务服役（英美两国例外）。欧洲的军队规模在 1890—1914 年增加了一倍。其中，俄国军队规模最大，达 130 万人，德法两国也不甘落后，各自达到了 90 万人。英国、法国和奥地利军队人数在 25 万～50 万。

黩武主义不仅仅表现在大规模军队上。随着军队的扩充，军事首脑的影响力也不断增大，他们制订了动员数百万人以及战争物资供应的庞大而复杂的计划，进而担心改变这些计划将导致军队混乱，遂坚持不再更改计划。1914 年夏的危机中，各国将领因缺乏灵活性致使欧洲政治领导人在做决策时，是基于军事而非政治原因的考量。

● 一战爆发：1914 年夏

黩武主义、民族主义以及扼杀内部分歧的愿望可能都对一战的爆发起了作用，但欧洲领导人在 1914 年夏做出的决策直接引爆了战争。迫使欧洲政治家陷入困境的是巴尔干半岛的另一场危机。

如前所述，19 世纪和 20 世纪初，欧洲东南部各国一直在为摆脱奥斯曼帝国的统治而奋斗。不过，奥匈帝国与沙俄对这些国家控制权的争夺，引发了这一地区的紧张局势。到 1914 年，得到沙俄支持的塞尔维亚决定在巴尔干半岛建立庞大而独立的斯拉夫国家，而也须应付境内斯拉夫少数民族的奥匈帝国则试图阻止出现独立的斯拉夫国家。许多欧洲人察觉到，这种内在的危险将会一触即发。1913 年，英国驻维也纳大使曾写道：

> 塞尔维亚有一天会在欧洲挑起衅端，给欧洲大陆带来一场大战……我没法告诉你，这里的人们对于这个小国在沙俄鼓励下给奥地利带来的持续动荡不安有多么让人恼火。……倘若欧洲能成功避免目前危机将引发的战争，那将是件幸事。下一次出现的是塞尔维亚危机……我很肯定，奥匈帝国拒绝俄国对这一争端的任何干预，它会自己解决与这个小邻国的纷争。[1]

---

[1] 引自 J.Remak："*1914—The Third Balkan War：Origins Reconsidered*"，*Journal of Modern History* 43（1971），pp.364—365.

1914 年夏的各种事件就是在这样互不信任和互相敌视的背景下发生的。

暗杀斐迪南:"空白支票"?

1914 年 7 月 28 日,暗杀奥地利王储斐迪南大公夫妇的是一个波斯尼亚活跃分子,他曾为致力于建立泛斯拉夫王国的塞尔维亚恐怖组织黑手党服务。尽管奥地利政府并不知道塞尔维亚政府是否直接参与了对大公夫妇的暗杀,但它认为,如奥地利外交部部长所说,这是一个"用武力一劳永逸地解决塞尔维亚"的机会。由于担心俄国会站在塞尔维亚这边出手干预,奥地利领导人便寻求其盟友德国的支持。德皇威廉二世和大臣对此的回应是开了一纸臭名昭著的"空白支票",表示即便"事态发展到奥匈帝国与俄国发生战争",奥匈帝国也将得到德国的"全力支持"。许多历史争论都聚焦于德国开给奥地利的这一"空白支票"。德国人是否意识到奥匈帝国与塞尔维亚的开战会导致一场更大的战争?如果意识到了这一点,他们真的想要一场战争吗?对于这些问题,历史学家的答案仍然各不一样。

宣战

得到德国支持后,7 月 23 日,奥地利对塞尔维亚发出最后通牒,提出极为严苛的要求,塞尔维亚毫无选择,只能为了保全主权而拒绝部分要求。随后,奥地利于 7 月 29 日宣战。尽管奥地利人希望将战争局限在奥地利与塞尔维亚之间,以确保他们能在巴尔干半岛获胜,但俄国决定支持塞尔维亚。7 月 28 日,沙皇尼古拉二世下令对俄军进行局部动员,以对抗奥地利。俄国将军斯塔夫告诉沙皇,他们的动员计划是基于对德奥两国同时开战而制定的。他们没法在不引发军队骚乱的情况下实施局部动员。结果,俄国政府于 7 月 29 日下令全面动员,他们知道德国人会认为这是针对德国所采取的战争行动。很快,德国以最后通牒回应俄国的举动,要求俄国在 12 个小时内停止战争动员。俄国置之不理,德国于 8 月 1 日对俄宣战。

在这一阶段的冲突中,德国的战争计划决定着法国是否会卷入战争。由于俄、法在 1894 年结成军事同盟,德国总参谋部在阿尔弗雷德·冯·施里芬(Alfred von Schlieffen,1891—1905 年任总参谋长)将军的指导下,制订了对俄、法两线作战的军事计划。施里芬计划提出用最小部署的部队对付俄国,同时在俄国对东部采取有效行动以及英国穿越英吉利海峡援助法国之前,大部分德军向法国发动闪电攻击。这一计划意味着德军要穿越中立的比利时进攻法国,因为在比利时的沿海平原中,德军的行军速度比东南的崎岖地区更快。德国计划迅速击败法国后,在东线重新部署对俄作战。按照施里芬计划,德国没有针对俄国进行单独的军事动员,8 月 2 日,德国向比利时发生最后通牒,要求比利时允许德军在其境内通行,随后,德国于 8 月 3 日对法宣战。

8月4日，英国因比利时违反中立而正式对德宣战，实际上，英国的宣战是为了维持其世界霸权。正如一位英国外交官所言，如果德奥赢得战争，"英国会是什么地位"？8月4日，欧洲所有大国都参加了战争。

■ 大战争

□ 问题：为什么一战的进程与各交战国所设想的如此不同？一战是如何影响各交战国的政府和政治组织、经济事务、社会生活的？

1914年前，许多政治领导人确信，政治和经济风险如此之多的战争不值得打。还有一些人认为，"理性"外交可以控制住任何局势，阻止战争的爆发。1914年8月初，这两种战前幻想都破灭了，新的幻想很快也被证明是愚蠢至极。

● 1914—1915：幻想与僵局

1914年，欧洲人满怀激情地开战了。政府宣传成功地激起了战前人们的敌对情绪。1914年8月，各参战国政府对抵御侵略者的紧急呼吁获得了不少人的响应。诸多新幻想也为战争狂热推波助澜；1914年8月，几乎人人都相信战争在几个星期内就可以结束。人们想起1815年以来的主要战争都是在几周内打完的；1914年8月，兴高采烈地登上开往前线列车的士兵和用鲜花欢送他们的喜气洋洋的市民们都相信，到圣诞节时，战士们都能回家过节。

德国寄托于军事赌博，希望能迅速结束战事。施里芬计划要求德军经过比利时进入法国北部，采取大规模包围战，围困巴黎，包围大部分法军。不过，在第一次马恩战役（9月6—10日）中，德军前进的步伐在距离巴黎仅20英里的地方停止了。战争很快陷入僵局，德、法两军都没法将对方从最初为了避难而修筑的战壕中赶出去。

与西线不同，东线战场的机动性更强，尽管伤亡同样惨重。战争开始时，俄军进入德国东部，但在8月30日的坦能堡（Tannenberg）战役和9月15日的马祖里湖战役（Masurian Lake）中遭到了彻底失败。俄国人对德国领土再也构不成威胁。

起初，德国的盟友奥地利表现不佳。奥地利军队在加里西亚（Galicia）战役中被

政治与统治

战争的兴奋

1914 年 8 月，战争甫一开始，人们宣泄出的令人难以置信的爱国热情清楚地显示了 20 世纪初期民族主义情绪的力量。许多欧洲人似乎相信战争会赋予他们更高远的目标、重新燃起为国奉献的精神。以下节选的三段资料，分别出自奥地利作家斯蒂芬·茨威格（Stefan Zweig）的自传、英国作家罗伯特·格雷夫斯（Robert Graves）的回忆；以及德国士兵沃尔特·利默（Walter Limmer）给父母的信。

第二天早晨就到了奥地利！每个车站上都张贴着宣布战争总动员的告示。列车上挤满了刚刚入伍的新兵，旗帜飘扬，音乐声震耳欲聋。在维也纳，我发现全城的人都头脑发昏，对战争的最初惊恐突然变成了满腔热情。……突然之间，到处是旗帜、彩带、音乐。年轻的新兵喜气洋洋地行军，脸上非常得意……

说实在话，我今天不得不承认，在群众最初爆发出来的情绪中确有一些崇高的、吸引人的地方，甚至有使人难以摆脱的诱人之处。尽管我非常憎恶战争，但我今天仍然不愿在我一生的回忆中省略掉那次战争的最初几天。成千上万的人尽管在战前的和平时期相处得比较好，但是从来没有像战争刚开始时的那种感情：觉得他们属于一个整体。一座两百万人口的城市，一个几乎有五千万人口的国家，在那个时刻觉得自己就是世界的历史，觉得他们共同经历着一个一去不复返的时刻，而且每个人都得到召唤，要把渺小的"我"融化到那火热的群众中去，以便在其中克服各种私心。地位、语言、阶级、宗教信仰的一切差别都被那短暂的团结一致的狂热感情所淹没……

只见到过第二次世界大战爆发的今天一代人或许会问自己：我们怎么没有经历过那种事？……

而在1914年前，广大群众享受了几乎半个世纪的和平，他们对于战争又能知道些什么呢？他们不知道战争是怎么回事。他们事先几乎从来没有想到过战争。在他们看来，战争是奇遇，恰恰是因为离得遥远，从而赋予战争一种英雄色彩和浪漫色彩。他们始终还是从街上和美术馆绘画的角度看待战争：穿着铮亮戎装的骑兵在进行眼花缭乱的交战；致命的一枪总是击穿心脏；壮烈的牺牲，而全军在嘹亮声中胜利前进——所以，在1914年8月，新兵们笑着向母亲高声喊道："圣诞节我们就回家啦！"……在普通人的想象中，1914年的战争被描绘成这样：一次浪漫色彩的短途旅行，一场热烈的、豪迈的冒险。甚至有一些年轻人真的担心自己可能会失去一生中这件美妙和令人兴奋的事。因此他们急急忙忙地跑去报名参军，在开往葬身之地的列车上欢呼、歌唱。整个帝国的脉管里都激荡着鲜红的血液，头脑发热，希望急切。

——茨威格《昨日的世界》

我刚刚完成卡尔特公学的学习生涯，并已经到了哈莱克，这时英国对德国宣战了。一两天后，我决定去参军。起初，尽管报纸上预测战争时间会非常短——到圣诞节就能结束了，我却希望时间拖得久一点，这样我就可以拖延去牛津的时间了，我实在害怕去牛津。我也不想积极战斗，我希望能留在国内。紧接着，当我得知德国人悍然入侵中立的比利时时，我出离愤怒了。尽管我将各种残暴细节当作战时夸张宣传而给它们打了两成折扣，不过，这还远远不够。

——罗伯特·格雷夫斯《向一切告别》

不管怎样，我都要参与其中……这是我们每个人应尽的责任和义务。这种感情在士兵中间很普遍，尤其是在军营里得知英国宣战时。当天夜晚，直到深夜三点前都没人睡觉，我们满怀激动、愤怒和热情。与这样的战友们同去前线真是愉快。我们肯定会胜利的！在这样必胜的决心面前，一切都不成问题。

——沃尔特·利默给父母的信

□ 问题：以上节选的材料揭示了人们是以什么样的动机参加一战的？它们是否显示出20世纪初期民族主义的影响和力量？

俄军击败，又被赶出了塞尔维亚。雪上加霜的是，意大利背弃了德国和奥地利，于1915年5月加入协约国一方，向奥地利发起进攻。此时，德国已经在支援奥地利了。德奥联军在加里西亚包围俄军，迫使俄军后撤300英里，返回俄境。俄军共伤亡250万人，俄国人几乎在战争中被淘汰出局。德奥联军大为振奋，1915年9月，保加利亚加入其阵营后，它们进攻并打败了塞尔维亚。

● 1916—1917年：大屠杀

东线战事的成功使德国人可以回到西线战场耀武扬威。1914年修筑的从英吉利海峡延伸到瑞士的战壕现在成了复杂的防御体系。战壕两边竖起了3~5英尺高、30码宽的铁丝网，水泥砌的机枪巢，迫击炮，远处还有重型武器支援。士兵们住在地下掩体中，两军被无人区隔离开来。

西线的堑壕战出乎意料地难住了一直接受运动战和机动战训练的军队首脑。双方高层将领会定期下令进攻，用炮火夷平对方的铁丝网，打对方一个措手不及。用这种方式"摆平"敌方后，大队士兵拿着上了刺刀的枪爬出战壕，冲向敌人的战壕。攻击很少奏效，机枪往往将一大群在开火地带前进的毫无防护的士兵置于死地。1916 年和1917 年，数百万年轻人在寻找突破中丧生。1916 年，长达 10 个月的凡尔登战役中，在几英里的战壕中就有 70 万人丢掉了性命。

西线堑壕战的恐怖难以想象。整个战场如同地狱，布满铁丝网、弹孔、泥浆、伤者和死者。1915 年毒气战的使用造成了新的伤亡形式。一位英国作者如此形容：

> 我希望那些口口声声将此描述为一场圣战的人能看看这次芥子气攻击……看看这些可怜的被烧焦的人，这些身上布满了芥末色浓泡、失明的眼睛都粘在了一起的人……他们一动不动，挣扎着呼吸，说话如同呻吟，他们说自己的喉咙被卡住了，他们知道自己会窒息而死。[1]

战壕里的士兵们还要与持续下去的死亡为伍。由于一场战役往往持续数月之久，士兵们不得不在无数尸体或被炮火轰炸的残体中继续战斗。许多士兵都能想起战壕里的无数残骸和成群的硕鼠。

● 战争的扩大

作为对西线僵局的另一回应，交战双方都在寻找能给自己带来胜利的新盟友。奥斯曼帝国已于 1914 年 8 月加入德国一边。俄国、英国和法国于 1914 年 11 月对奥斯曼帝国宣战。尽管协约国于 1915 年 4 月试图登陆君士坦丁堡西南边的加里波利，以开辟巴尔干战线，但保加利亚加入同盟国以及加里波利战役（也称为达达尼尔战役）的灾难性失败使他们不得不撤退。

全球冲突

由于主要的几个欧洲大国控制了世界其他地方的殖民帝国，欧洲的战争很快演变为世界性冲突。在中东，阿拉伯的劳伦斯（T. E. Lawrence，1888—1935 年）在 1917 年鼓动阿拉伯人反抗奥斯曼帝国的统治。1918 年，埃及和美索不达米亚的英军摧毁了中东奥斯曼

---

[1] 引自 J.M.Winter, *The Experience of World War I*, New York, 1989, p.142.

战争的现实：堑壕战

西线战场上的堑壕战如火如荼时，充斥于许多年轻人脑海中的战争冒险与激情的浪漫幻想很快破灭。以下有关堑壕战的叙述来自于描述一战故事的最著名小说——埃里希·玛丽亚·雷马克（Erich Maria Remarque）的作品《西线无战事》（*All Quiet on the Western Front*），1929 年出版。一战期间，雷马克在法国参加了堑壕战。

半夜我们醒了。大地发出隆隆的响声。猛烈的炮火就在我们头顶上空。我们蜷缩在角落里，我们能分辨出各种口径的炮弹。

每个人都伸手去抓自己的东西，时不时地查看这些东西是否还在。掩蔽壕在震动，黑夜在嘶吼，闪着亮光。在转瞬即逝的闪光中，大家面面相觑、脸色苍白、嘴唇紧闭、摇着头。

每个人都感觉到沉重的炮弹在撕毁战壕，战壕的斜坡都被掀翻了，最上面的混凝土炸得粉碎……早晨，好几个新兵脸色铁青地呕吐着。他们太没经验了……

炮火并未减弱。炮火还落在我们后面。肉眼可见的地方，到处都是泥土和铁片飞溅。一整条宽阔的地带都被夷为平地。

进攻并未发生，炮击却还在继续。我们的耳朵慢慢地失去了听觉。几乎没人说话，实际上根本也听不到有人说话。

我们的战壕已经几乎一马平川。好多地方只有半米高，到处都是孔洞、弹坑和小山一般的土堆。一颗炮弹正好落在我们前面爆炸了。顿时一片漆黑。我们被掩埋了，必须自己挖出道来……

将近早晨，天色还昏暗，发生了一阵骚动。一大群老鼠冲到入口处，拼命想爬到墙上去。我们用手电筒照亮，人人都在叫喊、诅咒、打老鼠。好几个小时里积压的狂怒、绝望找到了发泄的机会。大家脸色扭曲、挥动着胳膊，打得老鼠吱吱叫。好不容易才停下来，差点自己人打自己人了……

突然响起了吼声，惊人的火光闪烁着，一颗炮弹击中了掩体，幸好只是一颗轻型炮弹，混凝土板还承受得住。金属般的叮当声响起来，墙壁都在颤抖，机枪、钢盔、泥土和尘沙四处飞扬。硫黄的浓烟腾空升起……先前所说的那个新兵又狂闹起来，而且还有另外两个人也跟着。一个拔腿就跑，冲了出去。我们忙着对付这两个人。我冲向逃跑的人，心里想着，是否要朝他的腿开上一枪——就在这时，传来一阵呼啸声，我立即扑倒在地，等我站起来时，壕沟的墙上已经是滚烫的弹片、碎肉和军服碎片。我爬了回去。

头一个兵真是疯了。他像头羊一样将头撞在墙上。我们必须今晚就把他送到后方去。我们暂时把他捆起来，但是在遭到攻击时又得把他放开。

……

突然附近没了爆炸声。炮击仍在继续，但都落在我们后面；我们的堑壕安全了。大家抓起手榴弹，把它们扔到掩蔽壕前头，跳了出去。密集的轰炸已经停止，猛烈的掩护炮火在我们身后响起。进攻开始了。

没人相信这片被炸得坑坑洼洼的地方上还能有人；但是战壕里到处都是钢盔。离我们50码的地方，已经架起了机关枪，并开始扫射了。

铁丝网已经支离破碎。不过，它多少还是造成了一些障碍。我们看到冲锋的部队。我军立即开火。机关枪和步枪哒哒哒地扫射。海埃和科鲁普两人扔手榴弹，他们尽可能地扔得远一些。其他人把手榴弹递给他们——引线已经拉开。海埃可以扔75码远，科鲁普能扔60码远。距离已经丈量过，这很重要，因为敌人在45码以外的距离根本做不了什么。

我们看清了那些扭曲的脸、扁平的钢盔，都是法国人。他们抵达铁丝网附近时，已经损失惨重。一整排的队伍都在我们的机枪扫射中倒下了；我们的机枪卡壳了，他们逼得更近了。

我看见他们中有人跌倒在铁丝网上，他的脸向上抬，身体慢慢倒下去，双手垂在两边，仿佛在祈祷，然后整个身体全倒了下去，只有一双手连同胳膊的残肢挂在铁丝上。

□ 问题：是什么导致了雷马克所描述的"疯狂和绝望"？为什么文中的新兵似乎要疯了？

帝国的残余势力。为了中东的战斗，英国动员了印度、澳大利亚和新西兰的大量军队。

此外，协约国还利用德国专心于欧洲战事和缺乏海军的弱点，大量抢占德国在非洲的殖民地。一战中，英国的第一枪实际上是在非洲打起的，1914年8月末，英军进攻德国在非洲的保护国多哥兰。不过，在东非，德军上校保罗·冯·沃尔贝克（Paul von Lettow–Vorbeck）率领非洲部队激战四年，直到欧洲战事结束两周后才投降。

在非洲，协约国主要依赖非洲士兵。不过，有些国家——特别是法国——招募非洲士兵参加欧洲战事。法国征募了17万西非士兵，许多人都参加了西线的堑壕战。一战后期，非洲士兵还充当了占领德国莱茵兰的角色。在欧洲，非洲人伤亡达8万，由于水土不服，欧洲对他们来说极为不利。

还有数十万非洲人做了劳工，尤其是在运输物资、修筑道路和桥梁方面。在东非，协约国和同盟国都招募非洲人做挑夫。有 10 万多名劳工死于疾病或饥饿。

一战对非洲的直接影响是，由于德国在非洲的殖民地被转让到胜利的各国手中，特别是英法两国，结果造成了殖民统治的扩大。不过，一战也给欧洲人带来了意想不到的后果。参加协约国的非洲士兵，尤其是那些参加欧洲战事的非洲士兵在政治上觉醒了，开始倡导政治和社会平等。正如一位曾为法军参战的非洲士兵所言，"我们不是为了法国战斗，而是为了能够成为法国公民而战斗"[1]。而且，受过教育的、曾帮助殖民者招募士兵的非洲精英确实相信战后他们能够获得公民身份和新的政治机会。当他们的希望受挫时，他们很快投入到了反殖民运动中（见第 24 章）。

在东亚和太平洋地区，1914 年 8 月 23 日，日本加入协约国，主要是抢占德国在亚洲的控制地。正如一位日本政治家所宣称的，欧洲的战争"为日本的命运提供了神助"[2]。日本占领了德国在中国的势力范围和在太平洋的德占岛屿。新西兰和澳大利亚也很快加入抢夺德占新几内亚的行列。

美国参战

对协约国来说，最重要的一环是美国的参战。美国参战的时机是德英两国间的海战。英国将其超一流的海军实力发挥到极致，给德国建立了海军封锁线。德国则通过无限制的潜艇战进行反封锁。美国强烈抗议德国炸沉客船，特别是 1915 年 5 月 7 日英国船只卢西塔尼亚号（Lusitania）被炸沉，造成超过 100 名美国人丧生。美国的抗议迫使德国政府于 1915 年 9 月暂停其无限制潜艇战。

然而，1917 年 1 月，德国迫切希望打破战争僵局，决定再赌一把，重新拾起无限制潜艇战。德国海军向威廉二世保证，无限制潜艇战能让英国人在 5 个月内投降，而美国人肯定来不及行动。德国重返无限制潜艇战直接促成了美国于 1917 年 4 月 6 日的参战。尽管直到 1918 年美国才在欧洲派出大规模军队，但它的参战宛如给协约国注射了一剂强心针。

1917 年，对协约国来说并不顺利。协约国在西线的进攻遭遇惨败。意大利军队在 10 月和 11 月被击溃；俄国爆发十月革命，致其退出战争，这样，德国就可以将军队整个集中在西线。同盟国看似利好，然而，奥斯曼帝国、保加利亚和奥匈帝国已经厌战，德国也开始遭受挫折。后方很快如前线一样广受关注。

---

〔1〕 引自 H.Stachan：*The First World War*，New York，2004，pp.94—95.
〔2〕 同上，第 72 页。

● 后方：整体战的影响

一战的扩大使它成为一场影响所有人的整体战，不管他们与战场如何绝离。组织数年战争所需的大量人力物力（仅德国在1916年就动员了550万人）导致政府权力不断集中，为了进行战争，政府实施经济统制和舆论管控。

政治集权和经济统制

由于人们都认为战争很快就能结束，很少有人考虑到战争的长期需求问题。不过，当战争机器未能一击即中，甚至需要更多人力物力支持时，政府很快对此有了反应。为了满足战争所需的人力物力，各国政府扩大权力。许多国家征募数百万年轻人，希图打破僵局，取得胜利。

在整个欧洲，战时各政府扩大了对经济领域的统治。自由市场经济资本主义体制暂时被搁置，政府采取价格、工资和租金控制，食物和物资实行配给制，交通运输体系和行业国有化。在总体战的动员下，前线士兵与后方公民之间的差距大大缩小。在政治领导人看来，全体公民组成了一支国家军队。

公共舆论控制

随着大战的继续和伤亡的不断增加，一战初期的爱国热情消退了。到1916年，已经有不少迹象显示，在整体战的压力下，人们的士气日益低落。政府用强力举措对付越来越高的反战声浪，甚至连议会制政府也转向扩大警察权力，以弭平国内异议。例如，英国议会通过了国土防卫法案（Defence of the Realm Act），允许公共当局可以逮捕异议人士，并且指控他们叛国。报纸受到审查，有时甚至被禁止出版。

战时政府还积极采取宣传手段激发战争热情。起初，官员们不费吹灰之力就能实现这一目标。例如，英法两国夸大德国在比利时的暴行，结果发现市民们极其相信这些报道。但随着战争的继续和士气低落，政府不得不变换手法来重燃人们衰退的热情。

战争中的妇女

一战也使女性扮演了新的角色。由于太多男性在前线作战，妇女们被号召起来承担此前从未从事过的工作和职责，包括那些一直被认为属于"妇女的能力"之外的工作。这些职业包括扫烟囱工人、卡车司机、农场工人、重工业工厂工人等。在德国，1918年的克虏伯兵工厂中，38%的工人是女性。尽管妇女的工资因政府规定而显著增加，然而，一战结束时，工业领域的女工工资仍低于男性。

更糟糕的是，妇女的劳动力地位没有保障。不管是男性还是女性，人们似乎都认为女性的许多新工作只是暂时的。1916年的英国诗歌《战争姑娘》鲜明地表达了人们

家庭与社会

工厂中的妇女

一战期间，妇女被号召承担新的工作职责，包括在工厂做工。以下资料来自于一位年轻的中上层妇女娜奥米·洛夫南（Naomi Loughnan）的记载，她描述了自己在兵工厂的经历，这极大地拓宽了她的生活视野。

当我们第一次穿上工作服、戴上帽子、进入兵工厂时，我们并未想到，这比我们所设想的要令人激动得多。尽管我们这些弹药厂的工人牺牲了安逸，但我们得到了更有意义的生活。我们的生活充满了乐趣以及为祖国的伟大自由事业而奉献的热情。在制造战争武器的同时，我们也在汲取生活的深刻教训。在繁忙、嘈杂的工厂中，我们与每个阶层的人们密切接触，各阶层的人们也在互相学习……

工程界难以动摇的观点是，女人没有机械感。如果我们中有人谦虚地请教为什么这么说，或者为什么我们没有以这样或那样的方式来改进机器的缺点，对方会带着优越感的微笑解释道，他已经与面前的这台机器打了好多年交道，如果真有任何可以改进的地方，早就已经解决了。我们只需做他们让我们做的事，不必耗费我们的脑子，他们就非常满意，他们把我们看作是乖孩子。任何偏离男性为我们准备的轻松道路的举动都会引起他们男人内心最严厉的轻视……然而，女性证明，她们进入军需领域反而提高了产量。那些在爱国热忱中忘记了个人私欲的雇主们对女性在销售领域中取得的成功抱以极高的热情。但是，必须对他们手下的工人们尽可能温和谨慎地进行处理，以免他们真的认为这是在暗示，经过同样的培训，女人可以做得如他们一样好——至少体力并非如此……

工厂中男女混合工作制的到来逐渐对男人们的意识产生了决定性影响。他们的"语言"不知不觉地变得柔和起来，也有让我们毛骨悚然的极端例子……但言辞斥责或恐惧的表情往往让最野蛮的人理直气壮……听到女孩子们也骂骂咧咧、说着脏话，真令人难过。与贫民窟的孩子们肩并肩工作，上层阶级也打开了眼界，看到了他们的姐妹们所处的恶劣环境。脏话、不道德的行为，以及其他一些恶劣行为不过是极端、苦痛的贫困的自然产物而已。……有时厌恶之情会占上风，但是我们也正痛苦地认识到，并非她们的举止让我们感到不适，而是那些让现状继续存在的阶级，正是这样的现状才催生了让我们畏惧和惊骇的东西。

——娜奥米·洛夫南《兵工厂的工作》

□ 问题：娜奥米·洛夫南从兵工厂里工作的男性和低阶层女性身上学到了什么？她对自己产生了什么样的认识？

的期待：

> 为你剪火车票的是姑娘，
>
> 为你按电梯的是姑娘，
>
> 雨中为你送牛奶的是姑娘，
>
> 在门口给你下订单的是姑娘，
>
> 她们坚强、感性、俊秀，
>
> 她们显示出自己的坚韧，
>
> 充满活力，灵巧机敏地工作。
>
> 她们不再被封闭和隔绝，
>
> 在战士们回家前，
>
> 她们会一直精神饱满不泄气。[1]

战争结束时，各国政府很快把妇女从此前鼓励她们从事的工作中赶走，还降低了就业妇女的工资。

不过，在某些国家，妇女在战时经济中所起的作用对妇女社会和妇女解放运动产生了积极影响。最显著的收获是，英国妇女在 1918 年 1 月有了投票权，战争结束后，德国和奥地利的妇女也很快获得了投票权。然而，当时的媒体关注更多且在某种程度上也显得更为肤浅的只是中上层妇女的解放。越来越多的女性外出工作、拥有自己的住房、穿短裙，并且剪着非常新式的发型。

■ 俄国危机和一战的结束

□ 问题：俄国十月革命的原因是什么？为什么布尔什维克在内战中获得优势并且控制了俄国？

到 1917 年，整体战给欧洲各参战国都带来了严重的国内动荡。然而，只有一个国家经历了人们认为可能会在欧洲发生的彻底崩溃，这就是俄国革命，它导致了沙皇俄国

---

[1] 引自 C.W.Reilly 编：*Scars upon My Heart*：*Women's Poetry and Verse of the First World War*, London, 1981, p.90.

的分崩离析。

● 俄国革命

沙皇尼古拉二世是个依赖于军队和官僚机构维持政权的专制统治者。不过，一战放大了俄国面临的问题，给沙俄政府带来严峻挑战。俄国的工业不能生产军队所需的武器。军队羸弱不堪、装备极差，在一战中损失惨重。1914—1916 年，有 200 万俄军士兵丧生，另有 400 万～600 万士兵被俘或受伤。

同时，尼古拉二世与德国出生的妻子亚历山德拉越来越离心。亚历山德拉受过良好教育，但受到西伯利亚的拉斯普京（Rasputin）的操纵。拉斯普京是个西伯利亚农民，却被皇后亚历山德拉视为圣人，因为只有他能给皇后患了血友病的儿子阿列克谢止血。拉斯普京的影响力使他成为皇冠背后的权势人物，他肆无忌惮地参与政事。当上层领导经历了一系列军事和经济灾难后，中间阶级、农民、贵族、士兵和工人越来越对沙俄政权不满，就连是支持君主制的保守贵族也感觉到要做点什么来扭转恶化的形势。他们的行动序幕是在 1916 年 12 月暗杀了拉斯普京。不过，君主制已经无可挽救。1917 年 3 月初，沙俄迅速走向崩塌。

三月革命

1917 年初，首都彼得格勒（此前被称为圣彼得堡）爆发了一系列工人阶级妇女举行的罢工。几周前，面对突飞猛涨的面包价格，俄国政府在首都实施了面包配给制。许多排队领取面包的妇女都是在工厂工作 12 小时的工人。俄国政府很快意识到了首都形势的不安。一份警察报告表示，"母亲们被没完没了的排队搞得筋疲力尽，为吃不饱和生病的孩子忧心如焚。她们现在比自由的反对派领袖更贴近革命。当然，她们更危险，因为一点就着"[1]。3 月 8 日，即自 1910 年后就设立的国际妇女节，约有 1 万名妇女在彼得格勒游行，要求"和平和面包"。很快，其他工人也加入她们的队伍，并一致呼吁在 3 月 10 日举行关闭所有工厂的总罢工。沙皇尼古拉二世下令，一旦必要，军队可开枪驱散民众。但很快，许多士兵也加入示威队伍。沙皇曾经试图解散的杜马于 3 月 12 日宣布它将担负起政府职责。3 月 15 日，俄国组成临时政府，同一天，沙皇宣布退位。

7 月起，由亚历山大·克伦斯基（Alexander Kerensky）领导的临时政府决定继续

---

[1] 引自 W. M. Mandel: *Soviet Women*, Garden City, N.Y., 1975, p.43.

参加一战，维护俄国的荣耀。这可是大错特错。无论是工人还是农民，都对此不满，他们首先想的就是结束战争。临时政府还面临着另一个麻烦——苏维埃。1917 年 3 月，彼得格勒苏维埃成立，而且，苏维埃很快同时在军队、工厂和农村地区扩展。苏维埃代表的是下层阶级的激进利益，大多数由各种社会主义者组成，其中一个群体——布尔什维克——起了关键作用。

列宁和布尔什维克革命

布尔什维克是俄国社会民主党的一个分支，由弗拉基米尔·乌里扬诺夫（Vladimir Ulianov）即列宁（1870—1924 年）领导。在列宁的指导下，布尔什维克很快成为一个醉心于暴力革命的政党。列宁相信，只有革命才能摧毁资本主义制度，要完成这一任务，就要由活动分子先锋队组成一个由纪律良好的职业革命者构成的政党。1900—1917 年，列宁的大部分时间在瑞士流亡。1917 年 3 月，俄国临时政府组成后，列宁认为布尔什维克夺取政权的机会来了。几周后，在盼着给俄国添乱的德国高级指挥部的默许下，列宁经芬兰回到俄国。

列宁认为，布尔什维克必须努力控制苏维埃的士兵、工人和农民，然后利用他们推翻临时政府。同时，布尔什维克要通过许诺满足人们的要求来获得广泛支持，结束战争，将工厂和工业从资本家手中转移给工人委员会，解除临时政府的权力，将其转交给苏维埃。布尔什维克的计划可总结为三句口号："和平、土地、面包"，"工人控制生产"和"一切权力归苏维埃"。

到 10 月末，布尔什维克已经在彼得格勒苏维埃和莫斯科苏维埃中占略微多数。布尔什维克党的人数也从 5 万增加到 24 万。在彼得格勒苏维埃主席、狂热的革命者利昂·托洛茨基（Leon Trotsky，1877—1940 年）的支持下，列宁和布尔什维克在苏维埃中占据了主导地位。11 月 6 日晚，亲苏维埃和亲布尔什维克的力量接管了彼得格勒。临时政府很快垮台，几乎没造成什么流血冲突。第二天晚上，全俄苏维埃代表大会正式确认交接权力。11 月 8 日晚，列宁宣布成立新的苏维埃政府，列宁当选为苏维埃政府人民委员会主席。

然而，对布尔什维克来说，前路漫漫。首先，列宁许诺和平，但他也意识到，这可不是件容易的事，因为俄国将在领土上遭遇奇耻大辱。但是，事实已别无选择。1918 年 3 月 3 日，列宁与德国签订了《布列斯特条约》（Treaty of Brest-Litovsk），放弃了东边的波兰、乌克兰和波罗的海诸省。列宁向俄国人民许诺和平，然而，真正的和平并未到来，俄国很快陷入了内战。

内战

反对新生苏俄政权的声浪非常高，反对者不仅有忠于沙皇的群体，还包括小资产阶级和贵族自由分子，以及反列宁的社会主义者。此外，数千协约国军队被派到俄国各地，希望俄国继续参加一战。

从 1918 年到 1921 年，苏俄红军被迫多线作战。对苏俄政权的第一个严峻威胁来自西伯利亚，在那里，白俄势力一路西进，几乎到了伏尔加河流域。在西南部和波罗的海一带，也有针对苏俄的进攻。1919 年中，白俄势力横扫乌克兰，快要到莫斯科时才被击退。到 1920 年，主要的白俄势力都被击溃，苏俄重新控制乌克兰。1921 年，苏俄政府控制了高加索的各独立政府，包括格鲁吉亚、亚美尼亚和阿塞拜疆。

为什么列宁和红军能够战胜看上去一度不可一世的那些势力呢？首先，红军纪律严明，这很大程度上要归结于托洛茨基的组织天才。作为革命军事委员会主席，托洛茨基恢复了征兵工作，坚持军队要纪律严明，不服从命令的士兵一概枪决。

其次，反苏俄各种势力之间的内部不和严重削弱了他们的实力。政治分歧致使白俄各势力互不信任，使他们没法进行有效的军事协作。白俄势力也缺乏共同目标，这与苏俄一心一意地朝目标前进形成鲜明对照。

苏俄还成功地将它们的革命信仰转变成实际的权力工具。例如，苏俄实施战时共产主义政策，以确保红军的日常供应。这一政策包括银行和大多数工业部门国有化、强制征收农民的粮食、在布尔什维克控制下实施政府权力集中。另一个布尔什维克工具是"革命恐怖"。新的秘密警察即契卡（Cheka）建立起来，实施恐怖，目的是摧毁反对新政权的所有人。

最后，外国军队的干预使苏俄能够获得爱国主义者的有力帮助。协约国对共产党接管俄国权力大为震惊，随后，他们干涉俄国。协约国入侵俄国领土的军队一度达到了 10 万人之众，主要是日本人、英国人、美国人和法国人。协约国的武装干涉使大批爱国的俄国人加入苏俄政府，反对外国企图控制俄国。

到 1921 年，苏俄已经控制了整个俄国局势。在内战期间，苏俄政府将俄国转变为一个单一政党控制的官僚集权制国家。它也是一个憎恶协约国的政权，因为在内战中，协约国试图援助苏维埃政权的敌人。

● 战争的最后一年

对德国而言，1918 年 3 月俄国的撤出重新让他们燃起了顺利结束战争的希望。战胜俄国后，指挥德军行动的埃里希·冯·鲁登道夫（Erich von Ludendorff，1865—1937 年）和大多数德国领导人开始了最后一次军事赌博——在西线发起大规模进攻，以打破僵局。3月，德军发起攻势，此次行动持续到7月，但协约国也予以反击，并且得到了14万美军的支持。7月18日，德军在第二次马恩河战役中被击败，鲁登道夫的赌博失败了。

1918年10月29日，鲁登道夫正式告知德国领导人，战争失败了，坚持要求政府立即求和。然而，德国官员们发现协约国并不愿意与专制的帝国政府讲和，要求德国进行改革，

表 23.1　一战大事记

事　件	时　间
坦能堡战役	1914 年 8 月 26—30 日
第一次马恩战役	1914 年 9 月 6—10 日
马恩河战役	1914 年 9 月 15 日
加里波利战役	1915 年 4 月 25 日
意大利对奥匈帝国宣战	1915 年 4 月 23 日
凡尔登战役	1916 年 2 月 21 日—12 月 18 日
美国参战	1917 年 4 月 6 日
德国最后一波进攻	1918 年 3 月 21 日—7 月 18 日
第二次马恩河战役	1918 年 7 月
协约国进攻	1918 年 7 月 18 日—11 月 10 日
德国与协约国停战	1918 年 11 月 11 日

成立自由政府。同时，德国各地爆发了民众示威活动。威廉二世在民众压力下屈服了，于11月9日宣布退位。弗里德里希·艾伯特（Friedrich Ebert，1871—1925 年）率领的德国社会民主党建立了魏玛共和国。两天后，即1918年11月11日，德国新政府同意停火。战争终于结束。

一战的伤亡

一战摧毁了欧洲文明。八九百万士兵死于战场，2200万人受伤。许多战争的幸存者后来或死于伤病，或缺胳膊少腿，或有其他各种伤残。由于损失了大量年轻男性，欧洲许多国家的出生率大幅下降。一战还催生出迷失的退伍军人一代，他们习惯于暴力，后来一同支持墨索里尼和希特勒上台。

伤亡并不限于士兵。无数平民死于战火或饥饿。1915年，奥斯曼土耳其政府以亚美尼亚少数民族暴动和支持俄国为借口，蓄意杀害了大量亚美尼亚男性，并驱逐亚美尼亚妇孺。在7个月的时间里，60万亚美尼亚人被杀害，50万人流离失所。在流离失所的50万人中，有40万人死于穿越沙漠以及叙利亚和美索不达米亚的沼泽途中。到1915年9月，据估计，有100万亚美尼亚人死亡，他们是种族灭绝的受害者。

● 和平协定

1919年1月，27个一战胜利国齐聚巴黎，召开和平会议。许多年后，人们对参加一战原因的解释从自私的国家利益转变到理想主义的原则。

在解释这些理想主义原则方面，没有人比美国总统伍德罗·威尔逊更出色。威尔逊的真正公平和持久和平的建议包括：公开订立和平条约，"外交公开而非秘密外交"；将各国军备削减到"维持国内安全水平"；民族自决，从而"所有界定明确的民族的愿望都应最大限度地得以满足"。作为以民主和国际合作为基础的世界新秩序的发言人，当威尔逊抵达欧洲参加和会时，受到了欧洲人民的热烈欢迎。威尔逊对民族自决的褒扬也鼓舞了亚洲、非洲和中东的殖民地的人民。在这些地区的反殖民主义民族解放运动中，他的这一主张很有影响力。

然而，威尔逊很快发现，在巴黎和会上，主导其他国家的是更实际的动机。战前缔结的秘密条约和协定不能完全被忽略，即便这与威尔逊倡导的民族自决原则相冲突。国家利益更让巴黎和会上的商讨复杂化。英国首相戴维·劳合·乔治（David Lloyd George，1863—1945 年）在 1918 年 12 月的大选中因主张要求德国为惨重的一战进行赔偿而大获全胜。

法国在巴黎和会上的主要决策因素是考虑其国家安全。对带领法国打赢了一战的活跃好斗的法国总理乔治·克里孟梭（Georges Clemenceau，1841—1929 年）来说，在德国的侵略行动中，法国人首当其冲。他认为，他们应当报复德国，而且要防范未来德国的侵略。

巴黎和会上最重要的决策是威尔逊、劳合·乔治和克里孟梭做出的。最终，只有相互妥协才可能达成和平协定。威尔逊建立国际维和组织这一最重要的愿望实现了。1919 年 1 月 25 日，巴黎和会原则上确认了建立国际联盟。作为回报，威尔逊同意对领土处置做出让步，以确保顺利建立国际联盟，他认为，一个正常运转的国际联盟将来可以矫正错误的处置。

凡尔赛对德和约

巴黎和会的和平协定由与五个战败国分别订立的协定组成，即对德和约、对奥地利和约、对匈牙利和约、对保加利亚和约以及对土耳其和约。其中，1919 年 6 月 28 日签订的对德和约最为重要。德国人认为这是一个极其严苛的和平协议，他们尤其对第 231 条所谓的战争罪责不满。该条内容宣称，德国（和奥地利）要对一战的爆发负责，要求德国向所有协约国政府及其人民因一战所造成的损失进行赔偿。

凡尔赛和约中有关军事和领土的处置也让德国人怨恨不已。德国不得不将军队规模裁减到 10 万人，并且要削减海军、放弃空军力量。德国还遭遇了领土损失，将阿尔萨斯和洛林割让给法国，并将普鲁士的部分地区让渡给波兰。莱茵河以西和以东 30 英里的地区设为非军事区，所有军事装备和防御工事都被拆除，为以后德国向西进攻法

观点争锋

对议和的三种声音

1919 年 1 月，协约国在巴黎召集和平会议时，胜利者对和平协议的不同期望很快显示出来。以下第一段资料来自美国总统伍德罗·威尔逊的演讲，描述了其基于正义和调解的和平目标。

法国领导人乔治·克里孟梭对议和的态度明显不同于威尔逊。法国要的是复仇和安全。以下第二段资料节选自克里孟梭的《胜利的喜与悲》（*Grandeur and Misery of Victory*）一文，揭示了他打心底里对德国的厌恶和不信任。

关于议和，1919 年的巴黎还有第三种声音，尽管这在巴黎和会上并未表现出来。非裔美国作家和活动家杜波依斯（W. E. B. DuBois）组织了泛非大会（Pan-African Congress），以配合巴黎和会。泛非会议的目标是提出一系列促进非洲人民及其后代的利益和福祉的解决方案。以下第三段资料即来自于此，这种解决方案并未呼吁非洲国家马上实现独立。

我们正在为自由、自治、自决而战，为那些所有没能发声的人民而战。结束这场战争的解决方案的每一项都必须要确保和实现这一目的。错误必须纠正，必须确立适当的保障措施，以阻止再犯类似错误……

任何人都不能被迫接受违背其意愿的统治。任何领土的改变都必须是为了确保生活在其领土之上的人民的生活和自由。任何赔偿都必须是为纠正显而易见的错误。任何势力的调整都应当是确保世界的未来和平以及人民的未来福祉与幸福。

世界上的自由人民必须在共同的约定中团结一致、进行真切而实际的合作，从而将其力量凝聚起来，确保在处理国与国的关系中的和平与正义。

——伍德罗·威尔逊 1917 年 5 月 26 日演说

战争与和平，连同它们的强烈对比，总是交替出现。1914 年灾难的责任在德国人。只有职业骗子才会否认这一点……

这场战争是德国人发动和进行的。是谁罔顾良心？在穷兵黩武的枷锁下、在奴役和破坏一切人类尊严的情况下希望和平？这不过是永无休止的暴力的再现和重复而已，最初的野蛮部落由此利用一切野蛮资源实施他们的劫掠。……

我有时会深入日耳曼邪教的神圣洞穴之中——大家都知道——啤酒馆。那里可谓是人性展示之大场所，弥漫着烟草的烟雾与啤酒，人们刺耳地大叫着："德意志高于一切！德意志高于一切！"民族主义的喊叫声由此甚嚣尘上。男女老少，都在神圣的酒杯前举杯致敬，他们眉毛紧皱、眼神在迷梦中迷失、嘴唇因激动而扭曲，在渺茫和模糊的期盼中畅饮。

——乔治·克里孟梭《胜利的喜与悲》

提请协约国以及同它们站在一起的国家仿照已经提出的国际劳动法，制定一部对非洲土著居民实施国际保护的法规。……

全世界黑人要求，今后应当根据以下原则治理非洲土著居民和非裔人民：

1. 土地。土地及其自然资源的托管必须有利于土著居民。他们在任何时候都拥有能有利开发的土地的实际所有权。……

…………

3. 劳动。奴隶制和体罚应当废除，强制劳动只可用于惩罚犯罪……

…………

5. 国家。根据政府为土著居民而存在、并非土著居民为政府而存在的原则，只要条件具备，非洲土著居民就有权参加政府组织。……

——《泛非大会》决议

□ 问题：威尔逊与克里孟梭在议和的目标上有何不同？他们的不同看法对巴黎和会及最后和约的订立产生了什么影响？泛非大会的看法与威尔逊和克里孟梭的观点有何不同？为什么会有这样的区别？

国设置障碍。德国政府被这种"受控制的和平"激怒，尽管抱怨不已，但最终还是接受了和平协定。

其他和约

与同盟国其他国家订立的和约重塑了东欧版图。许多变化只是确认了一战的结果。德国和俄国丢掉了东欧的大片领土，奥匈帝国整个消失了。在这三个帝国原来的版图上出现了新的民族国家：芬兰、拉脱维亚、爱沙尼亚、立陶宛、波兰、捷克斯洛伐克、奥地利和匈牙利。同样，巴尔干半岛也重新安排疆域，塞尔维亚成为新的南斯拉夫国家的核心部分，包括塞尔维亚、克罗地亚和斯洛文尼亚，实行单一君主制。

尽管巴黎和会据说是以民族自决原则为主导，但东欧各民族的混居使之不可能按照民族界限来划定疆域。妥协的结果是，最终每个东欧国家都留下了导致未来冲突的民族问题。如波兰的德国人，捷克斯洛伐克的匈牙利人、波兰人和德国人，罗马尼亚的匈牙利人，南斯拉夫的塞尔维亚人、克罗地亚人、斯洛文尼亚人、马其顿人和阿尔巴尼亚人，所有这些都成为后来冲突的根源。

另一个延续了数百年之久的帝国即奥斯曼土耳其帝国也在巴黎和会后解体。一战期间，协约国为了获得阿拉伯人的支持来反对奥斯曼帝国，曾承诺，将承认奥斯曼帝国中西部地区的阿拉伯国家的独立。不过，西方各国的帝国主义惯性不会轻易消失。一战后，法国管控了黎巴嫩和叙利亚，而英国则控制了伊拉克和巴勒斯坦（包括外约旦）。英法两国的这些战利品的官方称呼为托管（mandates），所谓托管制度指的是一个国家可以正式代表国际联盟管理一片领土。托管制度并不能掩盖这样一个事实：巴黎和会上的民族自决原则主要是给欧洲人的。

■ 不确定的和平

□ 问题：20 世纪 20 年代，欧洲和美国面临着什么问题？

灾难深重的四年战争留给许多欧洲人的是一种深刻的绝望感和幻灭感。一战向许多人表明，西方价值观出了致命问题。斯宾格勒（Oswald Spengler，1880—1936 年）的《西方的没落》（*The Decline of the West*）一书就反映了这种幻灭感，他强调指出了西方文明的衰落，并认定它将崩溃。

● 寻求安全

一战结束后的和平协定试图通过建立新的边界和国家来实现 19 世纪的民族主义梦想。然而，从一开始，这一和平协定就让不少国家怨怼，它们热切地盼望着颠覆它。

美国总统威尔逊意识到和约包括了一些不明智的条款，这将成为新冲突的起因，于是他将自己对未来的诸多希望放在国际联盟上。然而，国际联盟在维持和平方面并不那么有效。从一开始，由于美国在强烈的孤立主义情绪影响下未能加入国际联盟，故而，削弱了国际联盟的影响力。而且，国际联盟只能用经济手段来制裁侵略。

1919—1924 年，法国对安全的追求主要是严格遵循凡尔赛和约。这一对德严厉政策的目的是为了获得战争损失的赔偿。1921 年 4 月，赔偿委员会确定德国赔偿额为1320 亿马克（330 亿美元），每年要赔偿 25 亿金马克。1921 年，魏玛共和国赔偿了第一年的份额，但到 1922 年，德国面临着财政难题，宣布没法赔偿。愤怒的法国政府派遣军队占领了鲁尔河一带，即德国的主要工业和矿业中心。如果德国不继续赔偿，法国将以鲁尔河矿业和工厂作赔款抵押。

德法两国都因法国占领鲁尔地区大伤脑筋。德国政府采取了消极抵抗政策来对付法国的占领，印刷更多的纸币，这只是进一步加剧了德国在一战结束时就已经出现的通货膨胀的压力。德国马克一文不值，经济灾难又给政治动荡火上浇油。所有国家，包括法国在内，都乐于接受美国的建议：召开新的专家会议重新讨论赔偿问题。

1924 年 8 月，一个国际委员会推出了新的赔偿计划。以委员会主席、美国银行家道威斯命名的道威斯计划（Dawes Plan）削减了德国的赔偿额度，以德国支付能力为基础，稳定了德国的赔偿支付。道威斯计划还为德国复兴提供了 2000 万美元的贷款，揭开了美国大幅投资欧洲的序幕，推动了 1924—1929 年欧洲新繁荣时期的到来。

经济繁荣的同时，欧洲外交也进入新时代。合作精神由于德国外长古斯塔夫·施特雷泽曼（Gustav Stresemann）和法国外长阿里斯蒂德·白里安（Aristide Briand）的推动而兴盛，他们于 1925 年订立了《洛迦诺公约》（*Treaty of Locarno*）。该公约确认了德法两国的西部新边界。尽管公约明显未涉及德国与波兰的东部边界，但它被许多人认为是欧洲和平新时期的开端。

然而，《洛迦诺公约》的精神却没有什么实质意义。就算德国想改变西部边界，它也缺乏军事实力。裁军问题很快证明，即便是《洛迦诺公约》的精神也不能让各国削减军备。当然，被解除武装的德国盼着其他国家也能这么做。由于各国除了自己的军事实力之外，并不愿意将自己的安全寄托在别人身上，无数次的裁军会议都没有取得什么实质成果。

● 大萧条

20 世纪 30 年代的经济崩溃带来的破坏不亚于两次世界大战。有两件事造成了大萧条：国内经济活动低迷；1929 年美国股市崩溃造成的国际金融危机。

20 世纪 20 年代中期，农产品价格已经由于小麦等基本商品的生产过度而迅速下降。除了国内经济困难外，1924—1929 年的欧洲繁荣很大程度上是建立在美国银行对德国的贷款的基础上的。1929 年 10 月，美国股市崩溃导致美国投资者惊慌失措，将大量资金从德国和其他欧洲市场撤回。美国资金的撤回严重削弱了德国和其他中欧国家的金融业。到 1931 年，由于国际金融业失败对国内经济造成的连带灾难性影响，各国贸易迟缓，工业生产萧条，失业率不断上升。

在欧洲历史上，经济萧条绝非新现象，不过 1929 年之后的经济萧条程度完全可以打上大萧条的标签。在大萧条最严重的 1932 年，英国有 1/4 的工人失业；德国有 600 万人即 40% 的劳动力失业。在先进的工业国家，街上到处是无家可归或失业的人。

各国政府似乎在应对危机方面毫无能力。对经济萧条的经典自由疗法是实行平衡预算的货币紧缩政策，即通过降低工资来削减预算，通过提高关税来排斥其他国家的商品进入国内市场。但这一政策只是进一步恶化了经济危机，甚至引发了民众的更大不满，反过来又催生了严重的政治后果。经济危机的另一个影响是人们对马克思主义重新燃起兴趣。马克思不是早就预料了资本主义将因生产过剩而自我摧毁吗？共产主义获得了新声望，尤其在工人和知识分子中间更是如此。最后，大萧条增强了简单独裁解决方案的吸引力，特别是法西斯运动。在 20 世纪 30 年代，民主似乎在各地都处于守势。

● 民主国家

一战后，英国经历了严重的经济困窘时期。一战期间，英国失去了许多工业品市场，特别是美国和日本市场。战后，煤炭、钢铁、纺织品等大宗商品的低落致使失业率上升，1921 年，英国失业人口达 200 万。不过，英国很快重整旗鼓，1925—1929 年，英国再度繁荣。

然而，到 1929 年，英国面临着不断加剧的大萧条带来的影响。工党和保守党组成的联合政府宣称，通过传统的平衡预算和关税保护政策，政府将负责把英国从大萧条最糟糕的阶段中解救出来。英国政治家基本上忽略了剑桥经济学家约翰·梅纳德·凯恩斯（John Maynard Keynes，1883—1946 年）的新理论。1936 年，凯恩斯出版了他的著作《就业、利息和货币通论》（*Great Theory of Employment*, *Interest and Money*）。书中，他批评了那种认为在自由经济中经济萧条应当任其自由解决的传统观点。凯恩斯认为，失业并非缘自生产过剩，而在于需求下降，通过让人们参与高速公路和公共建设等活动，可以维持需求的不断增加，哪怕政府不得不举债来支付这些公共工程的费用，这就是所谓的赤字支出概念（deficit spending）。

德国战败后，法国成为欧洲大陆最强势的力量。但从 1921—1926 年，法国政府似乎并不能解决国内的财政难题。不过，同其他欧洲国家一样，法国也在 1926—1929 年经历了相对的繁荣期。

与其他国家相比，法国的经济更平衡，因此，直到1932年才体会到大萧条的全面影响。随后，经济不稳定很快引发了政治后果。1932—1933年的19个月中，政治动荡的法国经历了6任政府。最终，1936年6月，左翼政党——共产党、社会党、激进党——组成了联合政府，即人民阵线，但人民阵线的政策也未能解决大萧条带来的问题。到1938年，法国人对自己政治制度的信心严重跌落。

德国战败后，威廉二世的帝国统治宣告结束，魏玛共和国建立。从一开始，魏玛共和国就饱受一系列问题之困。魏玛共和国没有真正出色的政治领袖，同时还面临着严重的经济困难。1922年和1923年，德国的通货膨胀完全失控；寡妇、孤儿、退休老人、军官、教师、公务员以及其他依靠固定收入生活的人们眼睁睁地看着自己的月薪一文不值，一生的积蓄消失殆尽。经济损失不断地将中间阶级推向愤恨魏玛共和国的右翼政党一边。雪上加霜的是，在经历了1924—1929年的繁荣期后，德国面临着大萧条。1930年，德国的失业人口从3月的300万增加到12月的440万。经济萧条为极右翼势力的崛起铺平了道路。

从大萧条所造成的影响来说，除了德国之外，没有其他国家比美国更深。1932年，美国的工业产量下降到1929年的一半。到1933年，美国失业人口达到1500万。在这样的背景下，民主党人富兰克林·罗斯福（Franklin Delano Roosevelt，1882—1945年）于1932年以压倒性优势在竞选中获胜。罗斯福和他的顾问们实行了政府积极干预经济的政策，后来被称为罗斯福新政（The Roosevelt New Deal）。政府的经济干预包括强化公共工程计划，如1935年成立了公共事业振兴署（Works Progress Administration），雇佣了200万—300万人从事桥梁、道路、邮局、机场等基础设施建设。1935年，社会安全法案建立起了老年退休金和失业保险体制。

罗斯福新政还进行了一些社会改革，但仍然没有解决大萧条造成的失业问题。1937年5月，即所谓的全面复兴时期，美国的失业人口仍然高达700万。

● 苏俄的社会主义

俄国的内战让它付出了沉重代价。列宁推行了战时共产主义政策，但一旦战争结束，农民就开始囤积粮食，破坏这一政策。旱灾让粮食问题更为严峻，并引发了1920—1922年的饥荒，据称有500万人丧生其中。农业灾难还伴随着工业崩溃。到1921年，俄国的工业生产仅相当于1913年的20%。俄国已经精疲力竭。农民打出的标语写道："打倒列宁和马肉！欢迎沙皇和猪肉回归！"正如托洛茨基所说，"国家和政府正如临深渊"[1]。

1921 年 3 月，列宁采取了旧资本主义制度的变体——新经济政策（New Economic Policy），将俄国从深渊的边缘拉了回来。零售商店和有 20 名以下雇员的销售工业现在可以由私人运营，尽管重工业、银行和矿业仍然由政府控制。

1922 年，列宁和联共（布）正式将国家改称为苏维埃社会主义共和国联盟，简称苏联。此时，市场的复苏和农业丰收已经结束了苏联的饥荒，农业产量恢复到了战前的 75%。

1924 年列宁的去世引发了苏共领导机构即中央政治局内 7 名常委间的权力斗争。政治局内部对于苏联的将来发展方向存在严重分歧。托洛茨基为首的左派试图结束新经济政策，将苏联带向迅速工业化的道路，并且在国外传播革命。政治局中的右派则反对进行世界革命，希望集中力量进行社会主义建设。这一派也赞成继续列宁的新经济政策。

这种意识形态的分歧由于托洛茨基与约瑟夫·斯大林（Joseph Stalin，1879—1953 年）两人之间的紧张竞争而更趋尖锐。1924 年，托洛茨基担任革命军事委员会主席，也是政治局中的左派发言人。斯大林很满意自己担任中央委员会总书记一职，同时，其他政治局委员也担任党内各种职务。斯大林很善于避免在政治局中站队，同时他还是个出色的组织者，利用总书记的职位获得了对苏共的完全控制权。1927 年，托洛茨基被开除出党。到 1929 年，斯大林成功地将革命年代的布尔什维克清除出政治局，建立了自己的统治。

■ 追求新的现实：文化和知识潮流

□ 问题：一战后的文化和知识趋势是怎样反映时代危机的？又是如何反映挥之不去的一战影响的？

一战造成的巨大损失以及近 1000 万人的死亡动摇了社会根基。欧洲人试图重建人生，他们奇怪，西方文明到底出了什么问题。大萧条更加深了战后的荒凉。

---

[1] 引自 I.Howe 编：*The Basic Writings of Trotsky*，London，1963，p.162.

政治和经济不稳定的同时，社会却出现了一些新变化。一战打破了中间阶级的许多传统看法，尤其是对于性的态度。20世纪20年代，女性的着装打扮急剧变化。短裙、短发、使用化妆品等原来普遍流行于风尘女子间的做派以及美黑的新实践让女性形象面目一新。这种突出女性身体外表上的变化还伴随着人们对性的坦率讨论。1926年，荷兰医生西奥多·范·德·菲尔德（Theodor Van De Velde）的作品《理想婚姻：生理与技巧》（*Ideal Marriage：Its Physiology and Technique*）一书甫一出版，即畅销全球。范·德·菲尔德对男女进行了解剖学上的描述，讨论了节育技术，并赞扬婚姻中的性愉悦。

● 噩梦与新视野

一战后的文化和知识成就也充满着不稳定。艺术潮流很大程度上是战前艺术发展的反映和延续。例如，抽象画更为流行。此外，战前人们对心灵的荒诞和潜意识的痴迷似乎对经历了一战噩梦后的时代更契合。达达主义运动和超现实主义应运而生。

达达主义（Dadaism）试图展现生命的无意义、无目的；达达主义者厌恶生命的疯狂，并试图通过创建"反艺术"来加以表达。1918年的达达宣言强调，"达达是我们这个时代的国际表达，是艺术运动的大反叛"。许多达达主义者在大学里收集各种垃圾碎片（电线、绳子、破布、报纸碎片、洗衣机等），他们相信自己正把文化垃圾变成艺术。在汉纳·奥克（Hannah Hoch，1889—1978年）手中，达达主义成为评论妇女在新大众文化中的角色的新方法。

更重要的一个艺术运动是超现实主义。超现实主义寻求的是超越物质和感知世界的现实，通过描绘幻想、梦境和噩梦等方式在潜意识的世界里寻找现实。西班牙艺术家萨尔瓦多·达利（Salvador Dali，1904—1989年）是超现实主义的大祭司。在他的艺术成熟期，他成了最具代表性的超现实主义大师。达利描绘的对象完全脱离其正常形态，他将各种物体置于难以辨认的关联中，创造出一个令人不安的世界，在这个世界里，荒诞变得真实有形。

● 探求潜意识

人们对潜意识的兴趣，在超现实主义中表现得很明显，在20世纪20年代出现的新的文学技巧中也显而易见。其中，最典型的表现就是"意识流"流派。"意识流"

艺术领域的革命

1880—1930 年，西方文明出现了艺术革命。部分是受物理学和心理学发展的影响，艺术家和作家开始反抗"艺术的任务是反映'现实'"这一传统观点，尝试用新技术、新视角来看待现实。

从印象主义到表现主义、立体主义、抽象艺术、达达主义、超现实主义，画家似乎醉心于他们的画布将有助于揭示正在发生根本性变化的世界的这一理念。尤其是在一战的大灾难后，理性社会的形象四分五裂，艺术家寻求绝对的表达自由，他们相信，艺术可以在混乱中重新定义人性。其他艺术也很快追随这一潮流：詹姆斯·乔伊斯（James Joyce）将注意力聚焦于揭示人物的内心世界和思想，阿诺德·勋伯格（Arnold Schonberg）首创了十二音体系的无调性音乐。

这种革命精神已在毕加索 1907 年创作的《阿维农的少女》中得以展现。毕加索用几何设计创造全新的现实，并借用包括非洲面具在内的非西方文化资源来复兴西方艺术。

艺术方法的另一个革命性案例是法国艺术家马塞尔·杜尚（Marcel Duchamp），他在1917 年纽约艺术展的参展作品是一件瓷质小便器。他在上面签上名字，将之取名为《泉》，宣称它变成了一件艺术品。达达主义艺术家库尔特·施威特斯（Kurt Schwitters）将邮票、旧传单、车票、报纸碎片和纸板拼凑起来组成艺术作品。

这种有意的不敬行为打破了传统上对艺术作品近乎神圣的崇敬。实质上，杜尚和其他人宣言，阳光下的任何东西都可以被选来做艺术品，因为内心选择本身就等同于艺术创作。因此，艺术并不需要手工制作，只需要精神的概念化。这种思想解放开启了艺术世界的闸门，使新世纪的艺术家能够自由遨游和探索。

□ **问题**：1880—1930 年的艺术革命与同时期的政治、经济和社会发展有怎样的关系？

文学中，作者呈现出每一个角色的内心独白或内心最深处的想法。詹姆斯·乔伊斯（James Joyce，1882—1941 年）在其作品《尤利西斯》（*Ulysses*，1922 年出版）中，通过角色的内心对话讲述了都柏林普通人的一天。

德国作家赫尔曼·黑塞（Hermann Hesse，1877—1962 年）用各种方式描述潜意识。他的小说反映了新的心理学理论和东方宗教的影响，集中揭示了在机械化城市社会中现代人的精神孤独。黑塞的小说对 20 世纪 20 年代的德国年轻人影响深远。1946 年，他获得诺贝尔文学奖。

对西方世界的许多人来说，寻找（或逃避）现实的最佳方法是大众娱乐。20 世纪 30 年代可谓好莱坞的盛世，仅 1937 年，好莱坞就出产了近 600 部影片。除了影片外，还有便宜的平装书，以及带给大众各种运动方式、肥皂剧和流行音乐的收音机。

与印刷世界不同，电台和影院拥有大量的听众和观众，提供即时的大众体验，为大众文化增添了新内容。深受喜爱的电影演员成为明星，他们的生活方式成为公众崇尚和观察的对象。美丽的女演员，如因出演早期有声电影《蓝色天使》而声名鹊起的玛琳·黛德丽（Marlene Dietrich），展现了一代女性性感的新形象。

━ 本章小结

1914 年夏，斐迪南大公在萨拉热窝被暗杀，此后 6 个星期内，欧洲几个主要国家就相继开战。德国在东边把俄国赶了回去，但在西边，战场上的僵局使双方陷入了以铁丝网和机枪为防护的堑壕战，战场从瑞士直达英吉利海峡。由于德国的无限制潜水艇攻击战，美国于 1917 年参战。一战一开始，欧洲各交战国在非洲的殖民地以及亚洲都加入了战争，使一战成为名副其实的全球战争。

俄国对一战毫无准备，很快因战败而崩溃，直接导致了沙皇倒台。随即，俄国新临时政府也很快垮台，列宁领导的布尔什维克革命政党掌权执政。列宁与德国达成了代价惨重的停战协定。美国参战后，德国政府迅速崩溃，1918 年 11 月 11 日，一战结束。

一战是 20 世纪的一个标志性事件。它造成了几近 1000 万人丧生，严重破坏了整个人类的进步理念。一战也是一场需要大力动员资源和人口，以及政府权力集中化的总体战。出版、演讲和集会等公民自由权在国家安全的名义下受到限制。政府的食物配给制计划需要也限制了经济自由。一战使强大的中央集权成为一种生活方式。

一战终结了欧洲对世界事务的霸权。1917 年，俄国革命为新的欧亚强国——苏联奠定了基础，同时，美国参战。不过，欧洲时代的没落并未立即显现出来，其没落迹象一时被美国的孤立主义以及苏俄暂时撤离世界事务、集中发展社会主义制度所掩盖。这种事态发展虽然是暂时的，但却在欧洲形成了政治真空，并很快被复兴的德国填满。

尽管一战摧毁了战前人们的自由乐观主义，但在 20 世纪 20 年代，许多人仍然希望能够在某种程度上恢复西方文明的进步。这些期盼很大程度上是没什么依据的。害怕再次遭到入侵的法国试图削弱德国的实力。欧洲复兴主要是美国贷款和投资的结果，并在20世纪20年代末伴随大萧条的到来而终结。英、法、美等民主国家在20世纪30年代的大部分时间内试图从萧条中脱身。在苏联，列宁的新经济政策有助于经济稳定，他死后，苏联内部的权力斗争以斯大林建立集权统治而告终。

▬ 本章思考

— **问题1**：哪个国家——如果真有的话——对一战的爆发负有最大责任？为什么？

— **问题2**：列宁与布尔什维克为什么在人数较少的情况下还能建立和巩固政权？

— **问题3**：大萧条爆发的原因是什么？欧洲人是怎样应对的？

▬ 拓展阅读

关于20世纪欧洲的总体战。有大量20世纪欧洲史的著作可以帮助我们理解一战和俄国革命。其中，比较有代表性的是 N.Ferguson, *The War of the World*: *Twentieth-Century Conflict and the Descent of the West*, New York, 2006；R.Paxon, *Europe in the Twentieth Century*, 4th.ed, New York, 2004。

关于一战爆发的原因。有不少史学著作有所讨论，J.Joll 和 G.Martel, *The Origins of the First World War*, 3th.ed, London, 2006；A.Mombauer, *The Origins of the First World War*: *Controversie and Consensus*, London, 2002，是比较有代表性的作品。另外，关于导致战争爆发的历史事件，可以参考 D.Fromkin, *Europe's Last Summer*: *Who Started the Great War in 1914?*, New York, 2004。

关于一战简史，可以参考 H.Strachan, *The Firs World War*, New York, 2004。一战的全球化性质的讨论，可以参考 M.S.Neiberg, *Fighting the Great War*: *A Global History*, Cmbridge, Mass., 2005；William S. Storey, *The First World War*: *A Concise Global History*, New York, 2010。关于一战中妇女的地位和作用，可以参考 M.MacMillan, *Paris, 1919*: *Six Months That Changed the World*, New York, 2002。

关于俄国革命。R.A.Wade, *The Russian Revolution*, *1917*, 2th.ed, Cambridge,

2005；S.Fitzpatrick，*The Russian Revolution，1917-1932*，New York，2001，是比较好的入门著作。关于列宁，可以参考 R.Service，*Lenin：A Biography*，Cambridge，Mass.，2000。

　　关于 20 世纪 20 年代。一战结束后的概况，可以参考 M.Kitchen，*Europe Between the Wars*，2th.ed，London，2006。关于巴黎和会后欧洲的安全问题，可以参考 S.Marks，*The Illusions of Peace：Europe's International Relations，1918-1933*，New York，2003。关于大萧条的情况，可以参考 C.P.Kindleberger，*The World in Depression，1929-1939*，rev.ed，Berkeley，Calif.，1986。

第 24 章
民族主义、革命和独裁：
1919—1939 年的亚洲、中东和拉丁美洲

　　1920 年圣诞节，法国图尔，一个穿着租来的不合身西装的亚洲青年在数百名法国社会党代表前发表演讲。演讲者是法属印度支那联邦的越南人，名叫阮爱国。

　　此次法国社会党代表集会是为了讨论是否要追随新生苏俄的暴力革命道路。支持这一道路的投票者中就有阮爱国，他认为只有马克思和列宁的道路才能带领同胞取得民族独立。后来，阮爱国成为越南共产党的创建者，以化名胡志明享誉世界。

　　图尔会议举行时，正值反殖民运动兴起，阮爱国所面临的是否支持暴力革命的难题，也是全世界各殖民地人民的问题。当欧洲人正在战场上摧毁自己的文明时，欧洲各殖民地的人民迅速认识到这是摆脱外国控制的大好机会。在这些殖民地地区，民族独立运动开始成形。有些民族独立运动受到了西方民族主义者和自由运动的激励，而有些转向了苏俄共产主义胜利所代表的马克思主义新模式，他们迅速将革命运动传播到非洲和亚洲各国。在中东，一战结束了奥斯曼帝国的统治，催生了不少新国家，其中许多国家处于西方主宰之下。

　　拉丁美洲各国结束了直接的殖民统治，因此，大部分拉美国家面临的挑战与亚非各国不同。然而，有时候拉美的经济实际上仍被外国利益控制。日本和中国也情况相同，尽管有西方国家的强大压力，这两个国家还是在一定程度上获得了政治独立。对于亚洲、中东和拉美各族人民而言，一战的结束并未如伍德罗·威尔逊所希望的那样催生出民主安全的世界，而是进入了大危机和动荡的时代。

■ 民族主义的兴起

　　□ **问题**：亚洲和中东地区民族主义运动兴起主要有哪几个阶段？它们面临着哪些问题？

尽管西方在一战后还相对完整，但其政治和社会根基，乃至自信已然遭受严重破坏。在欧洲，对西方文明生命力的质疑四处蔓延，尤其在精英知识分子之间更是如此。这些质疑很快被亚洲和非洲的观察家们获知，并且导致了殖民地和半殖民地地区不断兴起的反对西方政治控制的动荡潮流。这种动荡形式各不一样，但在不断发展的工人运动、农村抗议和反殖民主义知识分子的国家狂热中表现得最为明显。在独立国家成功抵制住西方冲击的亚洲、非洲和拉丁美洲各地区，一战和后来的大萧条带来的不满情绪使人民对民主机制失去信心，政治独裁由此兴起。

● 现代民族主义

亚洲和非洲抵制西方的第一阶段以屈辱和失败告终，也必然让许多西方人确信，殖民地人民缺乏实力和建立现代国家、主宰自身命运的技能。事实上，这一进程刚刚开始。下一个阶段——现代民族主义的兴起——在 20 世纪初成形，这是几个因素共同作用的结果。反殖民主义情绪最大的发声来源是新兴城市中产阶级中的西化知识分子。多数时候，这些商人、小官员、办事员、学生和职业人员在西式学校中受教。还有一些人留学西方。许多人说西方语言、穿西服，从事与殖民政权相关的职业。有些人甚至用殖民者的语言书写。

结果却自相矛盾。一方面，"新阶层"崇尚西方文化，有时内心深处还鄙视传统。另一方面，许多人强烈地憎恶外国人和他们对殖民地人民的无理轻蔑。尽管这些知识分子热切地将西方思想和机制引入本国，但他们却由于殖民政策中的理想与现实、理论与实践的差距而倍感沮丧。虽然西方政治思想高举民主、平等和个人自由，但在殖民地，民主机制还比较原始，或根本就不存在。

在殖民地半殖民地，经济机遇和社会生活的平等同样极为缺乏。通常，中产阶级遭遇的痛苦与贫困农民或人力工人所遭遇的并不一样，因为往往在政府或商业中从事较为低层的工作，与欧洲人同工不同酬，他们对此也怨声载道。欧洲人在许多方面都有特权，包括"仅限白种人"俱乐部，并在解决当地问题时使用他们熟悉的语言（通常是成年人对儿童所使用的）。

在这样的情况下，许多新兴城市受教育阶层对殖民者及他们所代表的文明持矛盾态度，怨恨与希望交织在一起，激发出了亚洲和非洲的现代民族主义。在 20 世纪前二十年内，从苏伊士运河到太平洋的殖民地和半殖民地，当地受过教育的人开始组织政党，进行政治改革，谋求结束外国统治，恢复民族独立。

宗教和民族主义

起初，这些运动的许多领导者将关注点更多地放在了本土宗教信仰或经济利益上，而非国家。在缅甸，最初展现现代民族主义的是仰光大学的学生，他们抗议官方迫害佛教以及英国不尊重当地宗教传统（如进入佛寺时不脱鞋）。学生的抗议活动以德钦（Thakin，缅甸语意为"主人"）为名，以此突出对自治权的要求。到了 20 世纪 30 年代，德钦党才开始特别注重民族独立。

在荷属东印度的穆斯林商人中，出现了萨瑞卡（Sarekat）伊斯兰联盟的自助社会组织，起初，他们反对华人对当地经济的控制。最终，活动分子意识到问题不在于华商，而在于殖民政权。20 世纪 20 年代，萨瑞卡伊斯兰联盟转变为聚焦于民族独立的印尼国民党（Nationalist Party of Indonesia）。如同缅甸的德钦党一样，印尼国民党在二战后带领国家取得了民族独立。

民族主义的两难：独立或是现代化？

然而，建立一个新的国家所需要的不只是对外国侵略的共同愤慨，还要必须解决其他诸多问题。很快，殖民地的爱国者就为其基本目标是现代化还是民族独立而争论不休。这一问题的答案部分取决于人们是如何看待殖民政权的。假如殖民政权被视为改革的来源，渐进的方法就比较合理。不过，如果将殖民政权当作必须改变的主要障碍，那么，对许多人来说，第一要义是将其终结。绝大多数爱国者都确信，为了生存，他们所处的社会必须大量采用西式生活方式。然而，许多人坚决认为，本土文化不会也不应当成为西方文化的复本。毕竟，如果不纳入一些传统元素，所谓的国家认同又该如何认定？

利用传统价值观的另一个原因是，提供普通民众能够理解并团结在一起的意识形态符号。尽管意识到在斗争中要争取普罗大众，但在与不理解民主和国家等陌生概念的农村人交流时，大部分城市知识分子都存在困难。正如印尼知识分子苏丹·沙里尔（Sutan Sjahrir，1909—1966 年）抱怨的，比起农村人，许多西化的知识分子与殖民统治者更有共同语言。恰如一个法国殖民官员带着惊奇和不解诘问一名受过法国教育的越南人："为什么你比我更法国化？"

● 甘地与印度国大党

有关上述问题的争论中，没有其他地方比印度更激烈的了。1857 年土兵起义前，印度意识主要聚焦于宗教认同问题。不过，在 19 世纪后半叶，受到英国殖民当局的保

艺术与思想

知识分子的两难境地

苏丹·沙里尔是印度尼西亚民族解放运动的杰出领导人，20 世纪 50 年代，他曾短期担任印度尼西亚共和国总理。如同许多接受西方教育的亚洲知识分子一样，较之本国人民，他也因与殖民母国荷兰的关系更近而倍受困扰。以下这封信是他在 1935 年写给妻子的，后来收入到其作品集《流亡》(Out of Exile) 中。

我是否可能疏远了人民？……为什么对他们来说很美好的、激发他们温情的东西我却完全无感甚至不快？实际上，我与人民之间的精神隔阂肯定不会比荷兰知识分子与未得发展的荷兰人民之间更大……这种差别在于……荷兰知识分子并没有感到这样的隔阂，因为有一部分——甚至是相当大一部分——荷兰人民的教育水平与他们大致相当……

这就是我们这里所缺乏的。不仅知识分子的数量占总人口的比重要小得多——实际上是相当微乎其微，而且，在这里，几乎没有任何精神上的统一，或是精神生活和文化上的统一……对他们来说，困难要比荷兰的知识分子大得多。

在荷兰，他们在现有基础上进行建设——有意识地或无意识地……即便他们不赞同，也会将反对作为手段或起点。

在我们国家，情况完全不一样。这里几个世纪里都没有精神或文化生活，也谈不上知识进步。这里的确有备受称赞的东方艺术，但这些完全是封建文化的东西，有可能会为 20 世纪的人民提供动力支撑吗？……我们的精神需求是 20 世纪的；我们的问题和看法是 20 世纪的……

我们这里的知识分子更靠近欧洲或美国，而非婆罗浮屠或摩诃婆罗多，或是爪哇和苏门答腊的原始穆斯林文化……

因此，似乎问题是原则性的。在这方面，我们很少发声，相反，我们大多数人无意识地寻求一种能让我们内心安宁的杂糅。我们想兼具西方的科学和东方的哲学、东方"精神"。不过，这种东方精神到底是什么？他们说，是更高层次的精神、宗教和心灵意识，而非西方的物质主义。我无数次听到过这种说法，但从来没有被说服。

□ 问题：为什么苏丹·沙里尔感到与本土文化相隔阂？对于自己国家在现代世界中所面临的挑战，他的回答是什么？

守政策和种族歧视的刺激，印度兴起了更强烈的国家意识。

最初，印度民族主义者几乎毫无例外都是上层阶级和受过教育的人。许多人来自孟买、金奈、加尔各答这样的城市。比起革命，他们更倾向于改革，并认为在独立前，印度需要的是现代化。这些改革主义者取得了一定成效。19世纪80年代，印度政府允许自治，不过，这些努力一再被当地英国官员蓄意破坏。

改革进程的缓慢让许多印度民族主义者确信，依靠英国人的仁慈是徒劳的。1885年，一小群印度人和一些英国人，但主要代表是受过英国教育的上层印度人在孟买组建了印度国民大会党（India National Congress）。他们希望代表印度说话。如同他们的改革主义者前辈一样，印度国大党的许多人并不要求立即独立，而是通过改革结束童婚和萨蒂等传统恶习。同时，他们要求印度人参政，并减少前线的印度人。英国人进行了一些妥协，但改变极为缓慢。

国大党内部在调和宗教差异方面困难重重。国大党的既定目标是，无论其宗教与阶级如何，寻求所有印度人民的自决，但国大党的许多人是印度人，因此他们必然要反映印度人的关注点。20世纪前十年里，建立了代表印度社会中数百万穆斯林利益的穆斯林联盟。

非暴力不合作

1915年，一位年轻的印度律师从南非回到印度，在国大党中非常活跃。他改变了国大党的运动方向，激励国大党的斗争转向民族独立和认同，他就是莫罕达斯·甘地（Mohandas Gandi）。1869年，甘地生于印度西部古吉拉特的一位政府官员之家。在伦敦学习法律后，他于1893年前往南非，就职于一家为南非工作的印度人服务的律师事务所。很快，甘地意识到南非印度人所遭受的种族歧视和剥削，便试图将他们组织起来，维护他们的利益。

回到印度后，甘地在独立运动中非常积极，发起非暴力不合作运动，印度语中称之为satyagrah，意为坚持真理。甘地试图以此来迫使英国改善穷人待遇，同意印度独立。他的目标是改变英国人，使其认同他的观点，同时加强自己同僚间的团结和自尊。当英国人试图镇压不同政见者时，他号召追随者拒绝遵从英国人的规矩。他自己制作衣服，穿着用粗糙的手工棉布制成的简单长裤，把纺纱轮当作抵抗英国进口棉纺品的象征。

为实现目标，以"圣雄甘地"名声大噪的甘地把大众组织起来进行抗议。不过，1919年，他们不可挽回地导致了暴力运动，英国也对之展开了暴力报复。英国人在阿姆利则杀害了数百名手无寸铁的抗议者。甘地被暴力运动吓到，暂时退出政治，后因在抗议运动中的作用，甘地被捕并坐了好几年牢。

甘地将他的反殖民活动与唤起所有印度人的精神本能结合在一起。他是印度教徒，但他关于上帝的普遍主义态度已经超越了印度教，尽管这一态度是被印度教历史主题所塑造的。在 1931 年的演讲中，甘地将上帝描述为"一种难以定义的、渗透一切的神秘力量……一种看不见的、可以感知，无需证据证明的力量"[1]。

甘地坐牢期间，印度的政治形势继续演化。1921 年，英国通过了印度政府法案，将以前咨询性质的立法委员会改变为两院制议会，议会中 2/3 的议员由选举产生。各省也成立了类似机构。一下子就有 500 万印度人获得选举权。不过，对国大党的许多人来说，这样的改革远远不够，他们要的是实现完全独立。英国人提高盐税、禁止印度人提炼或开采盐，这些举动进一步激化了情势。此时甘地已经出狱，回到了此前他的公民不服从（civil disobedience）政策上来，与数十个支持者徒步 240 英里前往海边，在那里，他拾起一块盐，鼓励印度人无视法律。甘地和其他许多国大党党人被捕。

20 世纪初期，印度成立了促进妇女权利的组织，印度妇女也在政治运动中起了积极作用。两次世界大战之间，有 2 万名或 10% 的妇女参与了抗议运动。妇女们游行示威，抗议外国商店，提倡纺纱和穿土布衣服。到 20 世纪 30 年代，妇女组织还积极参与社会改革，包括妇女教育、引入节育措施、取消童婚、要求普遍选举权。1929 年的萨尔达法案（Sarda Act）将结婚年龄提高到 14 岁。

新的领导人和新问题

20 世纪 30 年代，一个新人物进入了印度独立运动，他就是尼赫鲁（Jawaharla Nehru，1889—1964 年）。尼赫鲁出身于婆罗门，是前国大党领导人之子，曾在英国接受教育，他也是新的英印政治家的典型代表：世俗、理性、上层阶级、有知识。实际上，他在所有方面都与甘地不同。随着他的出现，独立运动开始走向两条道路：宗教的和世俗的，印度的和西方的，传统的和现代的。通过将独立愿望背后的两种推动力——精英民族主义与印度传统主义的原始力量——相结合，国大党的双重领导特征强化了独立运动的力量。不过，这一特征也为印度后来的新领导体制埋下了问题。同时，不满于印度人主宰国大党的穆斯林也越来越多。1940 年，穆斯林联盟呼吁在西北部建立独立的伊斯兰国家巴基斯坦（"纯洁之地"）。印度人与穆斯林之间的鸿沟愈来愈深，许多印度人痛苦地意识到（一些英国殖民主义者却很高兴），英国的统治是和平与内战的决定因素。

---

[1] 甘地演讲是在 1931 年 9 月的伦敦，当时他正参加第一次圆桌会议。

《甘地传》（1982 年）

对许多同时代人来说，圣雄甘地是印度的良心。他出生于古吉拉特的一个印度高官之家，在伦敦大学学习法律。当甘地为南非种族隔离制度下的印度劳工做法律援助时，第一次遭遇到种族歧视。回到印度后，他迅速成为英国殖民统治的尖锐批评者。他的不合作主义的宣言——对殖民活动中的非正义和非人性的坚定但消极的抵抗理念——激励了爱国者们为民族独立进行长期的艰巨斗争，它也得到全世界各地的人们和富有同情心的观察家们的赞誉。1948 年，甘地被印度教极端分子暗杀，举世震惊。

然而，时间的流逝使甘地的形象和思想多少有些黯淡了。甘地对未来印度的看法的一大象征是纺纱轮——他抗拒工业时代和物质追求，偏爱传统印度乡村的简朴生活。然而，自独立以后，在尼赫鲁的带领下，印度朝着国家富裕和实力增长的道路发展。甘地对国内宗教宽容和相互尊重的呼吁很快被印度教与穆斯林之间的血腥冲突淹没了。他对世界和平和兄弟般友爱的看法也同样被人们所无视，起初是冷战，后来是西方国家与极端伊斯兰势力间的"文明的冲突"。

英国导演理查德·阿滕伯勒执导的影片《甘地传》（Gandhi，1982 年），其目的之一便是复苏甘地的思想。这部史诗般的电影再现了甘地的一生，描绘了甘地从了解南非的种族隔离制度到二战后的悲剧离世。父亲是印度人、母亲是英国人的演员本·金斯利（Ben Kingsley）出色而令人信服地出演了甘地。这部电影广受称赞，并斩获奥斯卡金像奖，金斯利获得了最佳男主角奖。

● 中东的民族主义暴动

如同欧洲一样，一战也加速了中东旧帝国的瓦解。从 18 世纪末起，自 1453 年占领君士坦丁堡起就一直统治着地中海地区的奥斯曼土耳其帝国日趋衰弱，并且由于政治腐败、苏丹们的影响力下降，以及丢掉巴尔干和俄国西南部的大片领土而麻烦不断。在北非，充其量只能说微不足道的奥斯曼帝国政权于 19 世纪瓦解，法国占领了阿尔及利亚和突尼斯，英国则控制了尼罗河流域。

奥斯曼帝国的瓦解

伊斯坦布尔的改革主义分子时不时试图对抗帝国瓦解的潮流，但奥斯曼帝国的军

现代世界中的伊斯兰教：两种看法

作为他将土耳其转变为现代国家计划的一部分，凯末尔试图清除掉他认为传统信仰中已经过时了的做法。以下第一段资料来自结束自奥斯曼帝国形成以来由苏丹控制的哈里发制度时凯末尔所作的演说。不过，并非所有的穆斯林都希望朝更加世俗化的社会发展。印度著名的穆斯林诗人穆罕默德·伊克巴尔（Mohammed Iqbal）就是建立南亚独立的伊斯兰国家的积极倡导者。第二段资料来自伊克巴尔在全印穆斯林联盟的讲话，他解释了其主张的缘由。

哈里发制度赋予哈里发这样的职责：维持着地球上三亿穆斯林的正义、守护着这些人民的权利、防止任何可能危及秩序和安全的事件、也抗衡着来自其他国家的每一次攻击。他的职责之一就是尽一切可能地维护伊斯兰教的福利与精神进步……

如果哈里发真是尊重整个伊斯兰教，难道他们意识不到土耳其遭遇的沉重负担吗？意识不到土耳其的存在吗？意识不到土耳其的所有资源和力量都用于哈里发一己之私吗？……

几个世纪以来，我们的民族是受这样极其错误的思想影响的指引下发展的。结果如何呢？我们在各地失去了数百万人。我想问，你们知道多少安纳托利亚的孩子在也门灼热的沙漠中丧生？你们知道我们为了维护叙利亚和埃及、为了维持在非洲的地位承受了多大的负担？你们看到结果了吗？你们了解吗？

那些赞成哈里发统治、赞同哈里发有权管理整个伊斯兰世界的所有事务的理念的人根本不受安纳托利亚人民的欢迎，更不合八九倍于安纳托利亚人口的穆斯林人民的脾胃。

新土耳其、新土耳其的人民完全有理由只关注自身的生存与福祉。他们没什么多余的精力给其他人。

——凯末尔，1924 年 10 月在大国民会议上的演说

不可否认的是，伊斯兰教被认为是一种伦理理念和确定的政体。我说的意思是，这是一种由法律体系和特定伦理观念规范的社会结构。伊斯兰教是印度穆斯林的历史的主要构建因素，它塑造的情感和忠诚渐渐地将分散的个体和群体统一起来，将其转变为确定的民族。

实际上，毫不夸张地说，印度可能是世界上唯一最能体现伊斯兰教作为民族构建力量的国家。在印度，如同其他地方一样，伊斯兰教作为一种社会结构，几乎完全是由于伊斯兰教作为一种文化在特定的道德理念的激励下在发挥作用。我的意思是，穆斯林社会因其出色的同质性和内在同一性，是在伊斯兰教文化密切相关的法律和制度的影响下形成和成长的。

在印度这样的国家，要形成整体和谐，更高层次的群体主义是不可或缺的，印度社会的

单元不像欧洲那样的领土国家。印度是归属于不同宗教的群体构成的大陆。他们的行为完全不由共同的族群意识决定。甚至印度教徒也未能形成同质的群体。由于这种不承认共同群体的事实，欧洲民主原则不能适用于印度。因此，穆斯林在印度建立伊斯兰国家的要求是完全合理的……

因此，我要求为了穆斯林和印度的至大利益，建立稳固的伊斯兰国家。对印度而言，这意味着由于内在的权力平衡，它将带来安全和和平；对伊斯兰教来说，这是摆脱阿拉伯帝国主义印记的机会；是发展其教育、文化、法律，并使它们建立与伊斯兰教的原始精神和现代精神更密切联系的机会。

——穆罕默德·伊克巴尔，1930 年在全印穆斯林联盟上的讲话

□ 问题：凯末尔为什么认为哈里发制度再也不能适应土耳其人民的需要？为什么默罕默德·伊克巴尔认为，在印度建立独立的伊斯兰国家是必须的？他是如何说服非穆斯林这种做法也符合他们的利益的？

事失利仍在继续：希腊宣布独立，奥斯曼帝国在中东的控制力持续衰落。塞尔维亚人、亚美尼亚人和其他许多少数族群威胁着奥斯曼帝国的稳定与凝聚力。19 世纪 70 年代，在伊斯坦布尔，新一代改革主义者掌权，通过宪法，建立了代表全国所有人民的立法会。不过，戴着王冠的苏丹们却暂停了新宪章，试图用传统的极权方法继续统治。

到 19 世纪末，流产的 1876 年宪法已经成为改革分子的变革象征，他们现在组成了青年土耳其党（Young Turks），在军队、行政队伍和流亡土耳其人中获得了广泛支持。1908 年，青年土耳其党迫使苏丹恢复宪法。次年，苏丹被剥夺权力。

不过，青年土耳其党出现时，奥斯曼帝国正四面楚歌。内部叛乱和奥地利吞并奥斯曼帝国在巴尔干的领土削弱了人们对新政府的支持，并且导致军队干政。随着奥斯曼帝国的大多数少数族群脱离伊斯坦布尔的管辖，许多土耳其人开始接纳建立以土耳其民族为基础的新土耳其国家的观念。

一战中，奥斯曼帝国与德国结盟，希望将英国势力驱逐出埃及，恢复奥斯曼帝国对尼罗河流域的控制，这给了奥斯曼帝国致命的最后一击。作为回应，英国宣布对埃及正式实施保护，并且得到了冲劲十足又有点古怪的冒险家 T.E. 劳伦斯（被普遍称为阿拉伯的劳伦斯）的锐意帮助。英国试图通过鼓励阿拉伯民族主义者来削弱奥斯曼土耳其帝国在阿拉伯半岛的统治。1916 年，麦加当地政府宣布阿拉伯半岛脱离奥斯曼帝国，当时，从埃及出发的英国军队占领了巴勒斯坦。1918 年 10 月，在损失 30 多万人后，

奥斯曼帝国与协约国订立停火协定。

穆斯塔法·凯末尔（Mustafa Kemal）与土耳其的现代化

接下来的几年内，随着英法两国计划瓜分奥斯曼帝国在中东的领土，以及希腊在协约国的帮助下占领安纳托利亚半岛西部，试图恢复古老的拜占庭帝国，风雨飘摇的奥斯曼帝国分崩离析。奥斯曼帝国的行将崩溃，让在一战英雄穆斯塔法·凯末尔（1881—1938 年）领导下的土耳其关键人物大受鼓舞。一战期间，凯末尔在达达尼尔战役中成功抵抗住了英国的进攻。此时，已经退役的凯末尔召集了国民议会，要求建立民选政府、在新的土耳其共和国中保存奥斯曼帝国的剩余领土。凯末尔定都安卡拉，将希腊人赶出了安纳托利亚半岛，劝说英国与土耳其重订和约。1923 年，奥斯曼帝国最后一任苏丹逃亡，土耳其共和国成立。奥斯曼帝国终结。

此后的几年里，被人们尊称为国父的土耳其总统凯末尔试图将土耳其转变为一个现代化国家。以大国民议会（Grand National Assembly）为核心的民主体制的基础已经建立，不过，凯末尔总统对反对派却不那么宽容，他严厉镇压了异见人士。土耳其的民族主义强化，使用罗马字母书写的土耳其语也去掉了许多阿拉伯元素。大众教育受到重视，旧的贵族精英头衔帕夏和贝伊被取消，所有土耳其公民都被赋予了欧洲方式的姓。

国父凯末尔还采取措施来推动经济现代化，监督成立了轻工业部门，如纺织、玻璃、造纸、水泥等，并仿照苏联的计划经济模式，实施五年计划。不过，凯末尔并不崇尚苏联的共产主义，土耳其的经济更适合于称为国家资本主义。凯末尔还建立了培训机构和现代农场，以推动农业现代化，不过，这一改革对以保守为主的农民成效甚微。

凯末尔改革中最重要的内容可能是打破伊斯兰教会的势力，将土耳其转变为一个世俗国家。1924 年，土耳其取消了哈里发制度，瑞士民法典的改编版取代了沙里阿（Shari'a，即伊斯兰教法）。作为头饰的毡帽（土耳其穆斯林戴的无边帽）被取消，政府也不鼓励妇女佩戴传统的伊斯兰面纱。1934 年，妇女拥有了选举权，法律上，在婚姻和继承权方面男女完全平等。男女在教育和职业上机会均等，有些妇女甚至开始参政。所有公民都有权按照自己的意愿改变宗教信仰。

凯末尔的遗产极为丰富。尽管并非他的所有改革都在实践中被广泛接受，尤其是不被虔诚的穆斯林接受，但他发起的绝大多数改革在他于 1938 年去世后仍保留了下来。最终，从各方面来说，土耳其共和国都可以说是凯末尔建立现代国家的果决努力的产物。

伊朗的现代化

伊朗也出现了类似于土耳其的进程。扎尔王朝（1794—1925 年）统治下的伊朗在抵挡俄国进逼高加索或解决国内问题方面不太成功。为了免受外国势力影响，扎尔王朝将首都从大不里士迁往里海南部多山地带的德黑兰。19世纪中期，一位现代化的沙阿（shah）试图进行政治和经济改革，但遭到各部族和教派势力，主要是什叶派的反对。为免遭人民反对，扎尔王朝日渐转向寻求俄国和英国保护。

最终，持续上升的外国影响力导致了伊朗民族主义运动的兴起。受什叶派宗教领导人支持，农民和城市中商人的反政府活动不断增加。1906年，公众压力迫使沙阿同意颁布仿照西方模式的宪法。

不过，如同奥斯曼帝国和中国的清王朝一样，要求实现现代化的人们在其权力基础尚未稳固时，步子走得太快。在俄国人和英国人的帮助下，沙阿重新掌权，而英俄两国却将伊朗分裂成两个势力范围。外国势力之所以重视在伊朗的利益，其原因之一是1908年伊朗发现了大量石油资源。接下来的数年中，石油开采迅速发展，英国投资者从中赚取了巨额利润。

1921年，伊朗军官礼萨·汗·巴列维（Reza Khan Pahlavi，1878—1944年）掌权。他意图建立共和国，但传统势力阻挠了他的努力。1925年，礼萨·汗担任沙阿的新巴列维王朝取代了扎尔王朝。此后，礼萨·汗试图效仿土耳其国父凯末尔，实施改革，强化中央政府，推行行政和军事机构的现代化，建立现代经济基础设施。1935年，他将国名正式改为伊朗。

与凯末尔不同，礼萨·汗不打算摧毁伊斯兰宗教势力，但他鼓励伊朗建立西式教育体系，禁止妇女在公共场合戴面纱。然而，妇女还是遭受剥削。两次世界大战之间，妇女们密集劳动织造的毛毯是伊朗仅次于石油的第二大出口产品。为了加强伊朗民族主义、削弱伊斯兰教势力，礼萨·汗试图普及前伊斯兰时代的信仰。然而，如同扎尔王朝一样，他也遭到了强大的外国势力的阻碍。二战期间，英国和苏联决定出兵伊朗，礼萨·汗以辞职抗议，三年后去世。

伊拉克的国家建构

奥斯曼帝国瓦解的另一个结果是，在底格里斯河和幼发拉底河流域出现了一个新的政治实体，这里曾是古代文明的心脏地带。在这一带，缺乏可防御的边界，民族和宗教的界限和分裂极为明显，占多数的什叶派在农村地区，少数的逊尼派则在城市，北边的多山地带则以库尔德人为主，并且从17世纪以来就处于奥斯曼帝国的统治之下。一战期间，为了保护从德国手中接管的伊朗产油区，英军占领了巴尔干南部到波斯湾的大片领土。

尽管英国宣称他们是作为解放者来到这里的，但1920年，国际联盟却将伊拉克委

表 24.1　两次世界大战之间的中东大事记

事　　件	时　　间
关于巴勒斯坦的贝尔福宣言	1917 年
礼萨·汗在伊朗掌权	1921 年
奥斯曼帝国终结，土耳其共和国建立	1923 年
凯末尔在土耳其执政	1923—1938 年
伊朗巴列维王朝统治开始	1925 年
沙特阿拉伯建国	1932 年

托给英国管理。内部动荡和不断上升的反西方情绪很快使建立独立政府的所有计划落空。1921 年，在镇压了反抗力量后，伊拉克被置于先知穆罕默德的后世子孙即叙利亚国王费萨尔（Faisal）的统治下。费萨尔在政治上主要依靠精于世故的城市逊尼派的支持，尽管他们占伊拉克的人口比例不到 1/4。1927 年，在基尔库克发现石油资源后，伊拉克对英国的价值更为重要。尽管英国许诺于 1932 年让伊拉克独立，但英国顾问对脆弱的伊拉克政府的影响力仍很强大。

阿拉伯民族主义的兴起

如前所见，一战期间阿拉伯人民的起义导致了奥斯曼帝国的瓦解。从 18 世纪以来，阿拉伯半岛反抗奥斯曼帝国统治的起义就没有断过，当时虔诚的穆斯林瓦哈比派试图清除此前几百年里形成的外来影响，清理伊斯兰教的腐败行为。起义最终被镇压下去，但瓦哈比派的影响力仍在。

一战给了阿拉伯人推翻摇摇欲坠的奥斯曼帝国统治的机会，不过，取而代之的又是什么呢？阿拉伯人是一种概念，并非民族，是一个在许多有关自己社群的事情上都无法取得一致的松散群体。就阿拉伯民族构成上的分歧困扰了数代政治领导人，他们试图将阿拉伯半岛各分立群体组成单一的阿拉伯国家，却一直都未能成功。

1916 年，当麦加的阿拉伯领导人宣布脱离奥斯曼帝国独立时，他们希望得到英国的支持，不过，得到的只有失望。一战结束时，英法两国在阿拉伯半岛设置了多个国际联盟监管的托管地。伊拉克分给了英国，叙利亚和黎巴嫩（这两个地方分开，这样黎巴嫩的基督教徒就能置于基督教管理下）则分给了法国。

20 世纪 20 年代初，一位瓦哈比派领袖、18 世纪阿拉伯人起义参与者的后代伊本·沙特（Ibn Saud，1880—1953 年）团结了阿拉伯半岛北部的阿拉伯各部族，清除了奥斯曼帝国的统治残余。伊本·沙特信仰虔诚、天赋甚高，在阿拉伯各部族中获得广泛支持，于 1932 年建立了沙特阿拉伯，其国土包括阿拉伯半岛大部分。

起初，基本上由阿拉伯半岛广袤沙地构成的新王国极为贫困，其经济主要以穆斯林朝圣者前往麦加和麦地那的旅游收入为主。20 世纪 30 年代，美国公司开始在阿拉伯半岛开发油田，1938 年，标准石油公司成功开采了位于波斯湾的达兰油田。很快，众所周知的阿美石油公司（Aramco）成立，原本孤立的沙特阿拉伯突然被西方石油大佬和富豪们淹没了。

巴勒斯坦问题

巴勒斯坦曾经是犹太人的故乡，但此时的主要居民是穆斯林阿拉伯人，这里是英国的托管地，个中问题很快变得棘手起来。1897年，出身于奥地利的记者西奥多·赫茨尔（Theodor Herzl，1860—1904年）在瑞士召开了一次国际会议，这次会议促成了世界犹太复国主义组织（World Zionist Organization）的成立，它的目标是为长期分散于欧洲、北非和中东各地的犹太人在巴勒斯坦建立家园。

接下来的10年里，在世界犹太复国主义组织的支持下，进入尚在奥斯曼帝国统治下的巴勒斯坦的犹太移民不断增加。到一战爆发时，已有8.5万犹太人居住在巴勒斯坦，占当地总人口的15%。1917年，英国外交大臣贝尔福（Arthur Balfour）响应英国法学家哈伊姆·魏茨曼（Chaim Weizmann）的请求，颁布了贝尔福宣言，宣布巴勒斯坦将成为犹太人家园。后来被国际联盟承认的贝尔福宣言对于巴勒斯坦领土的法律地位却模棱两可，并许诺不会动摇此时居住在巴勒斯坦的非犹太居民的现状。阿拉伯民族主义者被激怒了。怎么能够在大多数居民都是穆斯林的地方建立犹太人的家园呢？

一战后，越来越多的犹太人由于贝尔福宣言的许诺而定居巴勒斯坦。新来者与长期居住于此的穆斯林居民之间的紧张气氛不断升级，英国试图限制犹太移民进入巴勒斯坦，而阿拉伯人则拒绝在此建立一个独立国家的概念。为了缓解阿拉伯人的敏感情绪，英国在巴勒斯坦东部建立了外约旦酋长国。二战结束后，外约旦酋长国成为独立的约旦王国。二战后巴勒斯坦一带冲突的伏笔已经埋下。

英国在埃及

英国从19世纪中期开始对埃及进行松散托管，尽管名义上这里仍处于奥斯曼帝国的统治之下。1914年，英国正式将埃及变为其保护国，以免苏伊士运河和尼罗河河谷落入同盟国手中。然而，一战后，埃及的民族主义者开始活跃，并且组成了华夫脱党（Wafd Party），其宗旨是致力于建立以代议制政府原则为基础的独立埃及。如同土耳其的凯末尔一样，华夫脱党也得到了大量埃及中产阶级的支持，他们希望将伊斯兰教习俗与现代西方世俗传统相融合。然而，这种建立现代形式的伊斯兰教的呼吁却没有在大都会之外的其他地方广获支持。1928年，穆斯林牧师哈萨·班纳（Hasan al-Bana）创立穆斯林兄弟会，该组织要求严格遵循古兰经中的先知教义。穆斯林兄弟会拒绝西方方式，要求建立一个严格基于沙里阿戒律的新埃及。到20世纪30年代，穆斯林兄弟会已经有100万名成员。

● 民族主义与革命

在俄国革命前，对于亚洲和非洲的大多数知识分子来说，"西化"指的是西欧和美国的资本主义民主文明，而非卡尔·马克思的社会主义革命教义。1917 年以前，马克思主义一直被认为是乌托邦理想，而非具体的政治制度。而且，在亚洲和非洲似乎并不具备马克思主义生长的环境。毕竟，马克思主义认为共产主义社会只能从已经经历了工业革命的先进资本主义的灰烬中产生。从马克思主义的历史分析中看，亚洲和非洲的大多数社会仍处于封建社会，它们缺乏实现产生工人阶级掌权的社会主义革命的经济条件和政治意识。最后，马克思主义对民族主义和宗教的看法在非西方世界没有什么吸引力。马克思相信民族和宗教都是虚幻的观念，会使被压迫民众的注意力偏移阶级斗争这一关键问题。马克思强调以阶级意识为基础的国际主义观，最终建立一个没有文化、民族或宗教的人为划分的无阶级社会。

列宁与东方

俄国十月革命发生后，形势发生变化。列宁的布尔什维克政权宣布马克思主义的革命政党将推翻腐败、过时的制度，并且开始了致力于结束人类不平等和实现尘世天堂的新试验。1920 年，列宁提出了新的革命战略，目的是将马克思主义的思想与实践向非西方社会推进。他提出这一战略的原因并非完全无私。被资本主义各国包围的苏俄极度需要在恶意世界中寻找生存斗争的盟友。对列宁来说，一战后北非、亚洲和中东发生的反殖民运动是困境中的新生苏俄政权的天然盟友。列宁确信，帝国主义国家寻找市场、原料的能力，以及在非西方世界进行的资本投资导致资本主义仍然存活。如果切断亚非资本主义势力的触角，帝国主义将被削弱并灭亡。

不过，建立这样的同盟并非易事。殖民地的大多数民族主义领袖都是城市中产阶级，厌恶那种进行全面革命以创建完全平等社会的观念。此外，许多人仍然坚守传统宗教信仰，反对经典马克思主义的无神论原则。

由于指望资产阶级民族主义者支持社会革命不现实，列宁转而寻求妥协，希望在亚非前工业社会的工人阶级中建立共产主义政党，这些政党将建立与现有中产阶级政党的非正式联盟，反对传统统治阶级和西方帝国主义。当然，这样的联盟并非永久性的，因为亚洲和非洲的许多资产阶级民族主义者反对建立平等、无阶级的社会。因此，一旦帝国主义被推翻，共产党将转而对付此前的民族主义盟友，自己掌握政权，实施社会主义革命。

列宁的战略成为 20 世纪 20 年代苏联对外政策的主要因素之一。苏联的代理人在工业化欧洲之外的世界各地传播马克思主义。这一工作的主要媒介是共产国际。共产国际是 1919 年列宁促成建立的，是致力于世界革命的共产党国际组织。在共产国际的莫斯科总部，来自世界各地的代表接受共产主义思想，随后被派往各国组建马克思主义政党，促进社会革命。到 20 世纪 20 年代末，亚洲每一个殖民地或半殖民地几乎都有了马克思主义政党。在中东，却不那么成功，那里的马克思主义主要对城市中的犹太人和亚美尼亚人等少数群体有吸引力。在非洲，苏联的战略家认为，无论如何，这里都不具备建立共产党组织的条件。

共产主义的吸引力

按照马克思主义的理论观点，共产党应当是由那些在非人的工作条件下干活的、与资本家离心离德的城市产业工人构成。然而，在现实中，欧洲共产党的许多领导人甚至是城市知识分子或中产阶级下层成员。这一现象在非西方世界中更为明显，在那里，大部分早期马克思主义者是无根的知识分子，有些马克思主义者可能是受爱国主义吸引而加入到了共产主义运动中，他们将马克思主义看作是一种更新、更有效的实现现代化和摆脱殖民剥削的手段。其他一些人被无阶级社会的乌托邦理想吸引。对那些失去传统宗教信仰的人来说，共产主义往往是一种新的、取代失去真理性的传统信仰的世俗意识形态。

当然，新理论的吸引力在各非西方国家并不一样。在越南和中国这样的儒家社会中，传统信仰已经受西方影响的挑战而名声扫地，共产主义立即在这里生根，并很快成为反殖民运动中的主要因素。然而，在佛教和穆斯林社会，传统宗教仍然强劲并成为反抗运动中的内聚力量，共产主义则不太成功。为了最大限度地扩大马克思主义的吸引力，最大限度地降低与传统观念的潜在矛盾，共产党常常试图将马克思主义与本土价值观和体制结合起来。例如，在中东，叙利亚的复兴党（Ba'ath Party）采取了将马克思主义与阿拉伯民族主义相结合的混合社会主义；在非洲，激进知识分子模糊地谈论着"非洲走向社会主义的道路"。

各地共产党在工人阶级中获得的支持以及与民族主义政党建立联盟的成功同样各不相同。在有些地方，共产党很快就与资产阶级政党协作。最著名的例子是中国国民党与共产党的合作。然而，1928 年，共产国际为了反击蒋介石背叛国共合作，放弃了合作，宣布共产党应当集中吸收中国社会中最革命的分子，尤其是城市知识分子和工人阶级。受到殖民当局的阻挠和对当地情况知之甚少的莫斯科指导的影响，大多数殖民地的共产党在 20 世纪 30 年代并没有取得什么成功，也未能在人民群众中建立可靠的支持根基。

■ 中国的革命

□ 问题：两次世界大战之间，中国面临着什么难题？国共两党是如何解决这些问题的？

总的来说，革命的马克思主义在中国的影响力最大。1921 年，一群激进的年轻人创建了中国共产党。共产党的出现也是 1911 年失败的辛亥革命的产物。当政治势力太过薄弱和分裂而没法在动荡时期巩固权力时，军人往往乘虚而入，填补权力真空。1911 年，在中国，由于没有军事力量能与袁世凯相抗衡，孙中山及其同志决定由袁世凯接任中华民国总统。不过，有些人对袁世凯不太放心。有人在致友人的信中表示，"不知道他会是华盛顿还是拿破仑"。

事实证明，袁世凯既非华盛顿，也非拿破仑。袁世凯对西方引入的新思想知之甚少，仍用传统方式进行统治，尊孔复古，甚至还试图复辟。袁世凯的独裁致使他与孙中山领导的国民党矛盾丛生。当袁世凯解散国会时，国民党开始反抗。讨袁运动失败后，孙中山逃亡日本。

袁世凯有足够的力量镇压革命势力，但却无法逆历史潮流而动。1916 年，复辟失败的袁世凯郁郁而终。在接下来的几年里，由于中央政府势力衰微和各省军人干政，中国陷入半无政府状态。

● 德先生和赛先生：新文化运动

同时，对现状的不满持续发酵。最强烈的抗议声来自激进知识分子，他们现在确信，除非中国人民更熟悉外部世界，否则政治变迁难以发生。北京大学的学生不顾袁世凯及其他军阀的不满，发起了新文化运动，目的是消除旧制度的残余，引入西方价值观和体制。他们通过课堂和新创报刊引入了许多新思想——从尼采的哲学到亨利克·易卜生的女性主义戏剧。很快，受教育的中国年轻人高呼"打倒孔家店"的口号，谈论着"德先生"和"赛先生"主导的新时代。在保护自由思想和言论方面，再没有人比北大校长蔡元培更突出的了。他治校期间，采取兼容并包的方针，"无论何种学派，苟其言之成理，持之有故，尚不达自然淘汰之运命者，虽彼此相反，而悉听其自由发

政治与统治

解放之路

1919 年，越南革命者胡志明流亡法国，在那里，他了解到了俄国革命。后来，成为越南共产主义运动的领袖。以下资料来自胡志明在 1960 年的回忆，描述了自己为什么会成为一名共产党员。其中提到的第二国际是温和社会主义者于 1889 年建立的，主张以议会制实现其目标。列宁于 1919 年创建的第三国际即共产国际则主张暴力革命。

第一次世界大战以后，我在巴黎做工，有时在相片放大馆工作，有时给中国古代美术工艺品（由法国工厂生产的！）描绘加工。当时，我常常散发传单，控诉法国殖民者在越南的罪行。

那时候，我仅是出于自发的感情而支持十月革命。我还没有完全懂得它的重大历史意义。我敬爱列宁，因为列宁是一个伟大的爱国者，他解放了本国人民。在这以前，我从没有读过列宁的著作。

我参加法国社会党，只是由于那些"先生和女生们"（那时候，我是这样称呼我的同志的）同情我，同情各被压迫民族的斗争。至于什么是党，什么是工会，什么是社会主义和共产主义，我还不知道。

当时，在社会党的各支部里，人们热烈地争论着是否应该留在第二国际里，还是组织第二半国际，或参加列宁的第三国际。我按期参加了这些每周举行两三次的会议。我注意听取每一个发言人的话。起初，我没有全部了解：为什么人们争论得这样激烈呢？在第二国际、第二半国际和第三国际中，人们不是都同样可以搞革命吗？为什么要争论呢？还有第一国际，人们又怎样对待它呢？

我最需要知道的，然而也是人们没有在会上讨论的问题是：哪个国家维护殖民地国家人们的权利呢？

在一次会议上，我提出了这个对我来说是最重要的问题。几个同志回答我说：那是第三国际，不是第二国际。有位同志递给我《人道报》刊登的列宁写的《民族和殖民地问题提纲初稿》。

在这个提纲里，有许多难懂的政治名词，但是经过多次反复阅读，最后我也懂得了它的主要内容。列宁的提纲使我非常感动、振奋、豁然开朗和充满信心！我高兴得热泪盈眶，独自坐在屋里，但却像对广大群众讲话一样大声嚷起来："被奴役的苦难的同胞们！这是我们所需要的，这是我们解放的道路！"

从此，我就完全信赖列宁，信赖第三国际。

——胡志明"我走上列宁主义的道路"

□ **问题**：为什么胡志明认为第三国际是解放殖民地人民的关键？列宁解放殖民地战略的基本要素是什么？

展"[1]。毫不奇怪，这样的观点并不为保守军人欣赏，其中有人威胁要往大学里扔炸弹，摧毁这些有毒的新思想。

然而，知识分子的不满很快就与日益高涨的反对日本在华扩张的运动相汇合。20世纪初，日本趁清王朝衰落之机扩充在中国东北的势力，并控制了朝鲜。1915年，日本政府向袁世凯提出将中国变为日本的实际保护国的二十一条要求。袁世凯借助公众愤怒抵制了那些最苛刻的要求。不过，在4年后的巴黎和会上，作为一战中协约国的战利品，日本接手了德国在山东的势力范围。1919年5月4日，得知中国政府将接受巴黎和约时，北京和其他一些大城市的学生发起示威运动。尽管五四运动并没有让中国收复山东，但它的确警醒了政治上的有识之士，让他们意识到了民族的危亡和军阀政府的无能。

● 国共合作

到1920年，中国几乎已经不存在中央政府。混乱中，出现了两种竞争性的政治势力，即国民党和中国共产党。遵照列宁的战略，共产国际代表建议中国共产党与经验更丰富的国民党建立合作。由于中国的反帝国主义呼吁使他与许多西方国家不睦，孙中山也需要苏俄所提供的人力和外交支援。1923年，两党合作，结成打倒列强、驱除军阀的联盟。

在三年时间内，两党搁置猜疑，动员国民革命军北伐以控制全国。1926年夏，北伐开始。次年春，国民革命军控制了长江流域以南的大部分地区，包括武汉和上海这样的大港口城市。不过，国共两党的紧张关系很快表面化了。1925年，孙中山去世，继之而起的是蒋介石。蒋介石假装支持国共合作，实际上却计划将之摧毁。1927年4月，蒋介石在上海发动政变，杀了数千人。屠杀过后，共产党的多数领导人藏匿于城市，试图依靠城市工人阶级的传统根基复兴革命运动。然而，以年轻党员毛泽东为代表的一些共产党人却转战到长江流域以南的山区。

和大多数共产党领袖不一样，毛泽东确信中国革命的基础不是大城市的工人，而是农村的贫苦农民。毛泽东是富农之子，北伐期间，他成为湖南农民运动的发起者。当时，毛泽东发表报告，建议共产党应当支持农民要求的土地改革。但他的上级拒绝了这一提议，担心这样激进的政策可能会破坏与国民党的联盟。

---

[1]《答林琴南函》，孙常炜编:《蔡元培先生全集》，台湾商务印书馆，1968年，第1057—1058页。

● 南京国民政府

1928年，南京国民政府成立。在接下来的三年中，蒋介石试图通过对北方各军阀采取军事行动或诱导他们加入南京政府而重新统一中国。他还试图终结共产党，摧毁他们在上海的城市基地和江西的农村根据地。1931年，蒋介石成功迫使共产党的大部分领导人逃离上海，前往毛泽东所在的根据地。三年后，蒋介石包围了江西的农村根据地，导致毛泽东和红军被迫开始历史上著名的长征——从江西到西北延安数千英里的艰难旅程。

同时，蒋介石还试图建立一个新国家。1928年南京政府成立时，蒋介石公开宣称将遵循孙中山的三民主义。1918年，孙中山曾就有关政治建设的第二阶段展开论述：

> 中国今日之当共和，犹幼童之当入塾读书也。然入塾必要有良师益友以教之，而中国人民今日初进共和之治，亦当有先知先觉之革命政府以教之。此训政之时期，所以为专制入共和之过渡所必要也，非此则必流于乱也。[1]

根据孙中山的规划，蒋介石宣称中国人民需经过一段时间的政治教导后才能实施宪政。同时，国民党将利用其力量进行土地改革，并且实现工业现代化。

然而，建立一个新中国需要的远比纸上计划更多。大城市中心出现了一些发生工业革命的微弱迹象。不过，大多数被军阀勒索和内乱榨干的农村人口却仍然赤贫，并且几乎都是文盲。西化的城市中间阶级开始出现，并成为南京政府的天然支持者。不过，新的西化精英专注于个人进步和财富积累，与农民或人力车夫等"受苦受难"的人民没什么联系。许多批评家驳斥蒋介石和他的追随者是香蕉人——黄皮白心。

东西融合

意识到将外来西方思想引入文化保守社会的困难，蒋介石试图将西方思想与传统儒家的勤奋、服从、正直等价值观相结合，在受教于韦尔斯利学院的妻子宋美龄的支持下，蒋介石发起了新生活运动，大力宣传礼义等传统儒家社会道德观，同时反对西方资本主义的过度自由主义和物质贪婪。

不幸的是，对蒋介石而言，儒家思想——至少在它们的机制形式上——已经由于传统制度在解决中国问题上的失败而名誉扫地了。在北方，中国政府对各省的控制非

---

[1] 孙中山:《建国方略》，W.T. de Bary 编: *Sources of Chinese Tradition*，New York，1963，p.783.

号召革命

1926 年秋，国共两党开始了推翻军阀统治的北伐战争。年轻的共产党员毛泽东随同革命部队一起回到家乡湖南，在那里，他向中共中央写下了号召进行更大规模农民运动的报告。以下节选的资料显示出，与许多持怀疑论的同事不同，毛泽东相信农民运动将在中国革命中起积极作用。

我这回到湖南，实地考察了湘潭、湘乡、衡山、醴陵、长沙五县的情况……很短的时间内，将有几万万农民从中国中部、南部和北部各省起来，其势如暴风骤雨，迅猛异常，无论什么大的力量都将压抑不住。他们将冲决一切束缚他们的罗网，朝着解放的路上迅跑。一切帝国主义、军阀、贪官污吏、土豪劣绅，都将被他们葬入坟墓。一切革命的党派、革命的同志，都将在他们面前受他们的检验而决定弃取。站在他们前头领导他们呢？还是站在他们的后头指手画脚地批评他们呢？还是站在他们的对面反对他们呢？每个中国人对于这三项都有选择的自由，不过时局将迫使你迅速地选择罢了。

……

农民的主要攻击目标是土豪劣绅，不法地主，旁及各种宗法的思想和制度，城里的贪官污吏，乡村的恶劣习惯……其结果，把几千年封建地主的特权，打得个落花流水。地主的体面威风，扫地以尽。地主权力既倒，农会便成了唯一的权力机关，真正办到了人们所谓"一切权力归农会"。……

农民在乡里造反，搅动了绅士们的酣梦。乡里消息传到城里来，城里的绅士立刻大哗。……从中层以上社会至国民党右派，无不一言以蔽之曰："糟得很。"即使是很革命的人吧，受了那班"糟得很"派的满城风雨的议论的压迫，他闭眼一想乡村的情况，也就气馁起来，没有法子否认这"糟"字。很进步的人也只是说："这是革命过程中应有的事，虽则是糟。"总而言之，无论什么人都无法完全否认这"糟"字。实在呢，如前所说，乃是广大的农民群众起来完成他们的历史使命……农民的举动，完全是对的，他们的举动好得很！"好得很"是农民及其他革命派的理论。一切革命同志须知：国民革命需要一个大的农村变动。辛亥革命没有这个变动，所以失败了。现在有了这个变动，乃是革命完成的重要因素。一切革命同志都要拥护这个变动，否则他就站到反革命立场上去了。

——毛泽东《湖南农民运动考察报告》

□ 问题：为什么毛泽东认为中国会发生社会革命？他的看法与俄国十月革命的现实对比有何异同？

常微弱，日本的势力却日益增长，加之大萧条带来的全球苦痛，蒋介石所做的努力收效甚微。因镇压所有反对意见和对自由言论进行审查，许多知识分子和中间人士与蒋介石离心。1930 年，南京政府实施了土地改革，但收效甚微。

蒋介石的南京政府在促进工业发展方面也没有取得什么进展。北伐后的十年里，工业年增长率只有 1%。许多国民财富落入高官和与统治精英关系密切的人的手中。军费开支占财政预算的一半，而用于社会和经济发展的财力却少得可怜。

因此，在解决中国深层的经济和社会问题中，新的南京政府也没什么建树。现在，内部解体和外国压力的致命合力，与大萧条引发的全球经济秩序的实际崩溃交织于一起，日本国内好战的政治力量崛起，决心在一个不稳定的亚洲扩大日本的影响和权力。这些势力以及它们导致的动荡将在下章进行论述。

● "打倒孔家店"：民国时期的经济、社会和文化变迁

清末开始的旧秩序转变到了民国初期仍在继续。工业继续发展，尽管非常缓慢。虽然到 20 世纪 30 年代初，75% 左右的工业产品还是手工生产的，但在许多传统工业领域，尤其是纺织业中，机械化开始取代人力。不过，传统的中国出口产品，如丝绸和茶叶，在大萧条时期遭到严重打击。20 世纪 30 年代，制造业衰落。在农村，农民往往成为地方军事冲突和军阀征收高额税捐的受害者。

社会变迁

紧随经济和政治文化的变动而来的是社会变迁。到 1915 年，受教育的年轻人对旧制度和旧价值观的攻击非常猛烈，其焦点是儒家的家庭伦理观念——特别是孝道和妇女的从属地位。年轻人坚持他们有择偶和就业的自由。妇女开始要求与男人享有同等的权利和机会。更进一步，进步人士呼吁终结所谓社会责任观念，赞扬西方的个人主义。鲁迅的流行短篇小说批判中国的社会"吃人"，在这篇名为《狂人日记》的小说中，主人公说：

> 记得我四五岁时，坐在堂前乘凉。大哥说爷娘生病，做儿子的须割下一片肉来，煮熟了请他吃，才算好人。……四千年来时时吃人的地方，今天才明白，我也在其中混了多年。[1]

---

[1] 鲁迅：《狂人日记》，《鲁迅选集》第一卷，中国青年出版社，1957 年，第 20 页。

走出玩偶之家

在亨利克·易卜生（Henrik Ibsen）的戏剧《玩偶之家》中，娜拉·赫尔墨（Nora Helmer）告诉丈夫托瓦尔德（Torvald），她再也不会让他掌控自己的生活了，她宣布自己要离家出走，过上新生活。当愤怒的托瓦尔德称为人妻、为人母是娜拉的神圣职责时，娜拉回应说，她还有其他同样神圣的职责。她说，"我再也不会满足于绝大多数人所说的。我得自个儿好好想想"。

对易卜生的同时代人来说，这样的宣言是革命性的。在 19 世纪的欧洲，基于性别定义的社会角色的传统两性特征被提升到普遍法则的高度。男人是家庭收入的主要劳动力，他们外出工作，而妇女则留在家里照顾家务。人们要求女人们接受自己的命运，还得尽可能优雅和有效地扮演好自己的角色。在世界其他地方，妇女往往没有什么权利。例如，在中国，女性常常被看作是玩物。

然而，理想与现实并非总是相符合的。随着工业革命的推进，许多女性——尤其是那些社会阶层比较低的女性——受到补贴收入的激励，开始外出务工。有些女性受到启蒙运动和法国大革命的人权和自由思想的影响，开始反对女性从属地位、女性禁锢在男人主宰的"玩偶之家"的传统，要求法律面前男女平等。

妇女解放运动首先在英国、美国等英语国家中生根发芽，并渐渐扩散到欧洲大陆、亚非殖民地。到 20 世纪初期，妇女解放运动也在北非部分地区、中东、东亚等开展起来，人们要求妇女有教育权、法律平等权和选举权。在中国，一小群受过教育的女性开始要求和鼓吹男女平权。

然而，进步往往是缓慢而苦痛的，特别是那些传统价值观尚未被工业革命削弱的地区。殖民主义也是一把双刃剑，因为欧洲官员们的性别偏见与本土男权传统相结合，女性被更加边缘化。男性前往城市的殖民政权中寻找机会后，女性被留了下来，承担她们的传统职责，并往往连前殖民时代支撑她们的男人提供的安全都没了。随着民族主义运动的发展，许多殖民地地区争取妇女权利的运动往往从属于民族独立的目标。有时候，妇女解放运动是那些尚未关注到工人阶级妇女利益的精英阶层领导的。

□ 问题：如果有的话，女性在多大程度上受益于欧洲人的殖民政策？

这样的批判有一些积极作用。在民国初期，在经济变迁的影响和新文化知识分子的推动下，至少在城市，旧的家庭制度开始衰落，妇女起而逃离与世隔绝的生活，去求学和就业。婚姻自由在城市富裕家庭中变得普遍起来，那里，西化精英的子女模仿欧美同龄人的服装、社会习惯，甚至音乐品位。

表24.2 中国革命大事记

事 件	时 间
五四运动	1919 年
中国共产党诞生	1921 年
孙中山去世	1925 年
北伐	1926—1928 年
南京国民政府建立	1928 年
长征	1934—1936 年

不过，通常来说，新的个人主义和妇女权利并没有渗透到纺织厂或农村中。在纺织厂，有 100 多万妇女在奴隶般的工作条件下做工。在农村，传统价值观和习俗仍然占支配地位。包办婚姻并非例外，仍然占主导地位，纳妾现象也很普遍。20 世纪 30 年代的一份调查显示，75% 的城市夫妻都是受了父母安排而结合在一起的。

新文化

传统与现代之间的斗争，在文化领域表现得最为突出。从新文化运动初期开始，激进的改革主义者批判传统文化是封建压迫的象征和工具。20 世纪 20 年代和 30 年代，西方文化和艺术高度流行，尤其是在城市中产阶级之中。然而，传统文化在保守分子中仍然占主宰地位，有些知识分子认为，新艺术应当是中西合璧的。不过，大多数具有创造性的艺术家们热衷于模仿外国潮流，而传统主义者却更关心保护传统。

文学特别受到外国思想的影响。尽管一战后创作的大部分中文小说都与中国人的主题相关，但却反映了西方的现实主义潮流，并且往往关涉新的西化的中间阶层。例如茅盾的《子夜》，描述了上海城市精英的变迁。另一个受欢迎的主题是传统儒家家庭的解体，如巴金的小说《家》。大部分现代中国作家显示出对过去的明显蔑视。

■ 两次世界大战之间的日本

□ 问题：20 世纪前 10 年，日本是如何解决国家建设问题的？为什么民主机制未能更有效地发挥作用？

20 世纪前 20 年，日本在迈向先进西式社会的路上取得了长足进步。以 19 世纪 90

家庭与社会

包办婚姻

两次世界大战期间，受西方的影响，对许多城市精英来说，中国的社会风俗正发生剧变。中国出现了声势浩大的要求扩大普选权、结束性别歧视的妇女运动。一些进步人士鼓吹婚姻自由、离婚自由，甚至恋爱自由。到 20 世纪 30 年代末，政府采取了一些措施，解除了一些父权制婚姻的约束。不过，整体来说，农村生活并没受太大影响，传统模式仍旧盛行，因此，往往使年轻一代与父辈间矛盾激烈，正如以下节选的 20 世纪杰出作家巴金的作品所描述的。

他（觉新）在爱的环境中渐渐地长成，到了进中学的年纪。在中学里他是一个成绩优良的学生，四年课程修满毕业的时候又名列第一。他对于化学很感到兴趣，打算毕业以后再到上海或北京的有名的大学里去继续研究，他还想到德国去留学……

然而恶运来了。在中学肄业的四年中间他失掉了母亲，后来父亲又娶了一个年轻的继母……固然他知道，而且深切地感到母爱是没有什么东西能代替的，不过这还不曾在他的心上留下十分显著的伤痕。因为他还有更重要的东西，这就是他的前程和他的美妙的幻梦。同时，他还有一个能够了解他、安慰他的人，那是他的一个表妹。

但是有一天他的幻梦终于被打破了，很残酷地被打破了。事实是这样：他在师友的赞誉中得到毕业文凭归来后的那天晚上，父亲把他叫到房里去对他说：

"你现在中学毕业了。我已经给你看定了一门亲事。你爷爷希望有一个重孙，我也希望早日抱孙。你现在已经到了成家的年纪，我想早日给你接亲，也算了结我一桩心事。……我在外面做官好几年，积蓄虽不多，可是个人衣食是不用愁的。我现在身体不太好，想在家休养，要你来帮我料理家事，所以你更少不掉一个内助。李家的亲事我已经准备好了。下个月十三是个好日子，就在那一天下定。……今年年内就结婚。"

…………

他不说一句反抗的话，而且也没有反抗的思想。他只是点头，表示愿意顺从父亲的话。可是后来他回到自己的房里，关上门倒在床上用铺盖蒙着头哭，为了他的破灭了的幻梦而哭。

…………

是的，他也曾做过才子佳人的好梦，他心目中也曾有过一个中意的姑娘，就是那个能够了解他、安慰他的钱家表妹……然而现在父亲却给他挑选了另一个他不认识的姑娘，并且还决定就在年内结婚，他的升学的希望成了泡影，而他所要娶的又不是他所中意的那个"她"。对于他，这实在是一个大的打击。他的前程断送了。他的美妙的幻梦破灭了。

……

他绝望地痛哭，他关上门，他用铺盖蒙住头痛哭。他不反抗，也想不到反抗。他忍受了。他顺从了父亲的意志，没有怨言。可是在心里他却为着自己痛哭，为着他所爱的少女痛哭。

——巴金《家》

□ 问题：为什么觉新顺从了父亲对他的婚姻安排？为什么包办婚姻在传统中国如此盛行？

年代的明治宪法为基础的政治制度开始沿着西方多元路线进化，多党制成形。明治时代的经济和社会改革使日本的现代工商业日益发展和繁荣起来。

● 民主的实验

20 世纪前 20 年，日本政党扩大了影响力，竞争与日俱增。利益集团开始出现，同时还出台了独立出版物和权利法案。然而，旧的统治寡头元老一直没有遭到大挑战，日本的意识形态基础即国体也没有改变。

这些脆弱的民主机制延续到 20 世纪 20 年代，常常被人们称为大正民主。大正时期，军费预算下降，1925 年的选举权法案赋予所有日本妇女选举权。尽管妇女仍然被剥夺权利，但许多妇女却在劳工运动和社会改革运动中活跃起来。

不过，大正时代也是社会动荡不断加剧的时期，两种对立力量正在加紧挑战盛行的民主：一是 20 世纪 20 年代左翼的马克思主义劳工运动成形，一是右翼的超国家主义群体，它们反对西方发展模式，要求用更激进的方法实现国家目标。

新与旧、本土与外来的矛盾也反映在日本文学中。日本战胜中国和俄国后，自信满满，影响所及，甚至在 20 世纪初的文学领域里形成了新的创作时期。对西方文化的痴迷催生了引人注目的被称为"私小说"的流派。一些作家蔑视日本传统的含蓄，坦白地揭示自己内心最深处的想法。其他一些作家则将精力投入 20 世纪 20 年代初期的无产阶级文学运动中。受苏联文学激励，这些作家希望文学能够为社会主义目标服务，改善工人阶级的生活。另外，一些日本作家在怀念旧日本的精致小说中，将西方心理学与日本的感性相融合。其中最著名的作品之一是谷崎润一郎的《食蓼虫》（1929 年），该书微妙地展现了日本传统与现代的相得益彰。然而，到 20 世纪 30 年代，军事审查日益遏制了文学的自由表达。

● 财阀经济

在经济领域，日本也取得了令人瞩目的进步。受日益增长的国内需求和政府持续投资的刺激，1900—1930 年，日本的原料生产翻了 3 倍，工业产值增加了 12 倍多。这些增长的产品许多出口国外，西方制造商开始抱怨日本的竞争。

如同经常发生的一样，快速工业化也伴随着一些艰难和日益上升的社会矛盾。在明治模式下，许多生产程序都集中于一家企业，即财阀。其中有些财阀拥有进入新领域的资本和远见。另一些财阀是由进取的武士创建的，他们在新环境下利用自身的地位和管理经验大显身手。不论这些财阀的来源如何，它们常常得到官方支持，遂发展成大的产业集团，控制了日本经济的主要领域。到 1937 年，4 个最大的财阀——三井、三菱、住友和安田——控制了 21% 的银行、26% 的矿业、35% 的造船业、38% 的商业航运，以及超过 60% 的造纸业和保险业。

财富和权力大量集中在少数财阀手中后，一些问题也应运而生。首先，出现了二元经济：一方面是以最先进的方法和大规模政府补贴为特点的现代工业；另一方面是以保守方法和小规模生产技术为特点的传统制造业。

其次，经济不平等日益严重。如前所述，经济增长一直是以牺牲农民的利益为代价的，许多农民为了逃离贫困的农村前往城市。劳动力剩余有利于工业发展，但城市无产阶级的收入仍然少得可怜，居住条件也极为恶劣。人口的迅速增长（日本本土的人口从 1900 年的 4300 万增加到 1940 年的 7300 万）导致食物短缺和失业率持续上升。而那些留在农村的人日子也并不好过。据估计，二战开始时，佃农占日本农民的一半。

● 币原外交

对于后明治时代的日本领导人来说，最后一个难题是如何为日本制造寻找原料和海外市场。直到一战时，日本一直在夺取领土，如中国台湾、朝鲜、中国东北的南部，并将这些领土变为日本的殖民地或保护国。这一政策引起了西方各国的关注，有时甚至引发了敌意。中国对此也忧虑重重，如前所述，日本在巴黎和会上要求获得山东权益激起了中国的大规模抗议。

美国尤其关注日本的步步紧逼。尽管美国在太平洋追求建立殖民地方面远没有欧洲国家那么活跃，但它在保持太平洋对美国商业活动的开放上有巨大利益。1922 年，关涉太平洋相关利益的各国在华盛顿召开会议，讨论太平洋地区的安全问题。华盛顿会议在一系列问题上达成了协议，但最主要的成果是订立了确保中国领土完整和门户开放的九国公约。其他与会国以承认日本在中国东北的特殊地位为由，诱导日本接受九国公约。

此后几年里，日本试图在华盛顿会议的规则下行事。以外务大臣币原喜重郎命名的币原外交由此出台，该政策试图通过外交和经济手段，实现日本在亚洲的利益。不过，随着日本工业家开始转入新领域，如化学、采矿、机械和汽车制造等，币原外交遭受巨大压力。由于本土极度缺乏这些行业所需要的资源，日本政府遂在海外寻找新资源，然而，压力越来越大。

激进民族主义的兴起

20 世纪 30 年代初，随着大萧条的爆发和国际社会日渐加剧的紧张气氛，民族主义势力开始主宰日本政府。20 世纪 30 年代发生的变化并不在于基本保持不变的宪法或制度结构中，而在于统治集团的组成及态度。20 世纪 20 年代的日本执政党领袖试图在现存全球政治和经济架构中实现政府野心。到了 30 年代，主宰日本政府的军官和超国家主义政治家确信，20 年代的币原外交已经失败，他们倡导在残酷和竞争激烈的世界里用更激进的办法保护国家利益。

大正民主：畸变？

20 世纪 30 年代初期日本政治文化发生的巨大转变，使一些历史学家对 20 年代的民主潮流的广度和深度产生怀疑。大正民主只是明治时代帝国观和国体观主导架构下的一种较为自由的脆弱尝试吗？或者 30 年代的激进民族主义是大萧条带来的变异，并最终导致日本民主顿挫？

显然，这两种观点都有一定的合理性。20 世纪前一二十年里，日本的确出现了民主化进程，但这一进程却未能动摇明治时代国家观的本质核心。当 20 年代的"自由"方法不能解决问题时，日本浅薄的民主根基暴露出来，向更激进的方向转变成为必然。

当然，二战后日本的历史进程表明，20 年代的多党制民主并非变异，而是日本社会革命潮流的自然结果。大萧条的灾难性影响遏止了大正时代孕育的民主的种子，但在二战后的有利环境下，民主制度——针对日本土壤进行适当调整——最终开花结果。

■ 拉丁美洲的民族主义与独裁

□ 问题：两次世界大战之间的拉丁美洲各国面临着什么问题？这些问题在多大程
　　度上是外国影响的结果？

尽管拉丁美洲各国基本没有参与一战，但一战却也影响了它们，尤其在经济方面。到 20 世纪 20 年代末，拉丁美洲又受到全球性大萧条的影响。

● 变化中的经济

20 世纪初，除了圭亚那三国、英属洪都拉斯、部分加勒比岛国之外，拉美其他地区都获得独立。拉美的经济基础主要是食品和原材料出口。有些国家只依赖于一两种产品的出口。例如，阿根廷主要出口牛肉和小麦；智利主要出口硝酸盐和铜；巴西和加勒比各国主要出口糖；中美洲各国主要出口香蕉。有些人通过出口贸易获得巨大利润，但对大部分人来说，回报微乎其微。

美国的角色

一战导致欧洲对拉美投资回落以及美国在拉美经济中的影响力上升。到 20 世纪 20 年代末，美国取代英国，成为拉美最主要的投资国。然而，与英国不同，美国投资者将其资金直接投入拉美的生产企业，导致拉美大部分出口工业落入美国手中。例如，许多中美洲国家由于美国联合果品公司的势力及影响而被打上了"香蕉共和国"的流行标签。美国公司还主宰了智利和秘鲁的铜业，以及墨西哥、秘鲁和玻利维亚的石油工业。

● 从属效应

19 世纪晚期，拉丁美洲的大多数政府日益被地主和军事精英主导，他们明目张胆地利用武力控制着普罗大众——大部分是贫困农民。由于大萧条造成的国内不稳定，这种威权主义趋势在 20 世纪 30 年代更趋明显，并形成了整个拉美地区的独裁政治。这种趋势在阿根廷和巴西尤为明显，其次是墨西哥，这三个国家占拉美地区一半多的人口和财富。

阿根廷

少数精英主宰政治往往给阿根廷带来灾难性后果。通过出口牛肉和小麦获得巨额利益的种植园主控制着政府，他们迟迟未意识到建立本土工业基础的重要性。1916年，激进党（Radical Party）党魁希伯里托·伊里戈延（Hipolito Irigoyen，1852—1933年）当选总统，他主张为中下层民众改善条件。然而，由于激进党腐败日增并且越来越接近大种植园主，这一举措成效甚微。1930年，阿根廷军方推翻了伊里戈延，有地阶层重新掌权。不过，他们重返过去的出口经济和镇压影响与日俱增的工会的尝试以失败告终。

巴西

巴西的历史与阿根廷类似。1889年，军队推翻巴西的君主制，建立共和国，但控制政府的是有地精英，许多人依靠大规模的橡胶和咖啡种植业发财。一战爆发前，巴西的橡胶出口主宰了整个世界橡胶市场。然而，当事实证明东南亚更容易种植橡胶时，巴西的橡胶出口突然一落千丈，亚马孙河流域的经济崩溃。

巴西的咖啡业同样问题重重。1900年，世界上3/4的咖啡产自巴西。与阿根廷一样，寡头政府忽视了建立城市工业基础的重要性。当大萧条摧毁咖啡出口业时，富裕的大种植园主热图利奥·瓦加斯（Getulio Vargas，1883—1954年）上台掌权，从1930年到1945年一直担任巴西总统。起初，瓦加斯试图通过建立八小时工作制和最低工资制吸引工人的支持，但受到欧洲法西斯政权成功的影响，他转向依靠日益专制的手段进行统治，依靠警察镇压反对声浪。不过，他的工业化计划相对开明，到二战结束时，巴西已经成为拉美最重要的工业国。1945年，巴西军队因担心瓦加斯会继续非法延长其统治，呼吁进行选举，迫使瓦加斯辞职。

墨西哥

1910年，独裁者波费里奥·迪亚斯（Porfirio Diaz）被推翻后，墨西哥进入了持续多年的动荡时期。迪亚斯之后的无能领导人既不能解决墨西哥的经济问题，也没法终结内乱。在墨西哥南部，当艾米里亚诺·萨帕塔（Emiliano Zapata，1879—1919年）号召进行土地改革并占领富裕种植园主的农场时，无地的农民热烈响应。

接下来的数年里，萨帕塔和北部奇瓦瓦州的起义领导人潘丘·维拉（*Pancho* Vill，1878—1923年）成为墨西哥的重要政治力量，他们呼吁采取措施缓解穷人的不满和苦衷。不过，萨帕塔和维拉都未能完全把握墨西哥面临的挑战，政权最终由宪政党的中间派改革群体掌握。他们意图打破大的有地家族和美国公司的势力，但不进行激进的土地或国有化改革。在经历了死亡数千人的血腥冲突后，中间派巩固了权力，1917年，

表 24.3　两次世界大战期间的拉丁美洲大事记

事　件	时　间
希伯里托·伊里戈延当选为阿根廷总统	1916 年
阿根廷军方推翻希伯里托·伊里戈延	1930 年
热图利奥·瓦加斯执政巴西	1930—1945 年
善邻政策开始	1933 年
拉萨罗卡·卡德纳斯任墨西哥总统	1934—1940 年

他们通过了新宪法，建立了强大的总统制，开展土地改革，限制外国投资，还制定了社会福利计划。

1920 年，宪政党首脑阿尔瓦洛·奥伯瑞冈（Alvaro Obregon）当选总统，实施改革。不过，到 1934 年拉萨罗卡·卡德纳斯（Lazaro Cardenas，1895—1970 年）上台时，墨西哥并未发生真正变化。卡德纳斯下令将有地精英控制的 4400 万亩土地进行重新分配，并且控制了石油工业。1933 年，美国提出改善与拉美各国关系，总统罗斯福宣布实施善邻政策（Good Neighbor Policy），表示放弃在拉美使用武力。现在的罗斯福拒绝干预拉美，最终，墨西哥同意赔偿美国石油公司的财产损失。墨西哥国家石油公司（PEMEX）成立，主导了墨西哥的石油行业。

● 拉美的文化

20 世纪前半期，拉丁美洲的文学极为活跃。许多拉美文学作品反映了拉美与欧洲和美国的矛盾关系。许多作家虽然过上了引自欧美的现代化生活方式，但他们也用本土主题和社会问题表现拉美的独特身份。例如，墨西哥作家马里亚诺·阿苏埃拉（Mariano Azuela，1873—1952 年）的《失败者》（*The Underdogs*，1915 年）表达了对墨西哥革命的同情，但又并不盲目。

有些作家赞美拉美的庞大处女地以及人民的多样性。里卡多·吉拉尔德斯（Ricardo Guiraldes，1886—1927 年）的《堂·塞贡多·松布拉》（*Don Segundo Sombra*）赞美了高乔人（游牧民族）的生活，认为阿根廷的希望和力量在于对其肥沃土地的开明管理。在《唐娜芭芭拉》（*Dona Barbara*，1929 年）里，作者加列戈斯（Romulo Gallegos，1884—1969 年）用类似的手法描述了他的故乡委内瑞拉。其他一些作家描述的是孤独和疏离的主题，反映了拉美与世界其他地区的有形隔离。

拉美艺术家追随着他们文学同行的步伐，加入欧洲的现代化运动中，但是他们也渴望庆祝新区域和民族气质的出现。在墨西哥，政府资助公共建筑上的壁画创作，迭戈·里维拉（Diego Rivera，1886—1957 年）开始创作一种不朽的壁画艺术，其目的有两个：通过描绘阿兹特克人的传说和民间习俗书写国家历史；宣传有利于墨西哥革命的社会目标的政治信息。里维拉的妻子弗里达·卡罗（Frida Kahlo，1907—1954 年）将超现实主义的奇思妙想融入作品当中，其作品的很多主题是她和家人的肖像画。

▬ 本章小结

　　一战带来的动荡不仅导致了几个主要西方帝国的崩溃和欧洲版图的重绘，也揭开了世界其他地方社会混乱的序幕。在中东，奥斯曼帝国的衰落和崩溃后，出现了土耳其共和国。在阿拉伯半岛，沙特阿拉伯建国，巴勒斯坦成为新近到来的犹太移民与长期居住于此的穆斯林居民之间的紧张关系的发源地。

　　亚洲和非洲其他地方也出现了民族独立运动的浪潮。许多情况下，这些运动的当地领导人在欧洲或美国接受过教育。在印度，甘地和他领导的非暴力不合作运动在争取印度独立中作用至关重要。随着激进分子寻求推翻西方帝国主义的新方法，亚洲的一些国家也出现了共产主义运动。日本继续其自己的现代化道路，尽管从经济角度看，这一道路取得了成功，但在 20 世纪 30 年代，日本发生了危险的转变。

　　从 1919 年到 1939 年，中国为建立现代国家，经历了艰巨斗争。两个活力充沛的政治组织——国民党和共产党——争做旧秩序的合法继承者。起初，他们互相合作，以对付共同的对手，但是，合作最终变成了斗争。蒋介石为首的国民党一枝独秀，但蒋介石发现清除军阀政权的残余势力很困难，而大萧条又削弱了国民党建立工业化国家的努力成效。

　　两次世界大战之间，拉美各国由于主要依赖于出口而面临着严重的经济问题。美国在拉美日益增长的投资使它们对北方邻居美国的敌意日益增加。大萧条迫使拉美开始发展新工业，却也导致了极权政府的兴起，有些极权政府以意大利和德国的法西斯政权为模板。

　　通过在战场上摧毁旧文明残余，欧洲人不经意间激励起他们广大殖民地的人民进行民族独立运动。这一进程绝非凡尔赛和约订立后的二十年内能完成，但是帝国统治的桎梏已经不堪重负。一旦欧洲人的势力在更具破坏性的二战中被削弱，亚非人民民族独立和自由的希望最终就能够变成现实。现在我们面临的是这场毁灭性的世界战争。

▬ 本章思考

— **问题 1**：两次世界大战之间，日本的政治制度和社会结构在哪些方面体现了现代与传统元素的融合？日本在建立现代政治体制上取得了多大的成功？

— **问题 2**：20 世纪初，本章所讨论国家中的妇女境况是变得更好还是更坏了？为什么？

— **问题 3**：俄国十月革命后，亚洲许多国家随即成立了共产主义政党。它们在赢得公众支持和实现目标方面取得了怎样的成功？

▬ 拓展阅读

关于民族主义。现代民族主义最新的研究，可以参考 E.Gellner, *Nations and Nationalism*, 2th.ed, Ithaca, N.Y., 2009, 不过本书对非西方地区的民族主义着墨极少。亚洲民族主义的根源的研究，可以参考 B.Anderson, *Imagined Communties : Reflections on the Origins and Spread of Nationalism*, London, 1983。

关于印度。有不少著作讨论甘地及其思想，例如，S.Wolpert, *Gandhli's Passions : The Life and Legacy of Mahatma Ganhi*, Oxford, 1999；D.Dalton, *Mahatma Gandhi : Nonviolent Power in Action*, New York, 1995。关于尼赫鲁，可以参考 J.M.Brown, *Nehru*, New York, 2000。

关于中东。关于两次世界大战之间中东的重大历史事件的梳理，可以参考 E.Bogle, *Modern Middle East : From Imperialism to Freedom*, Upper Saddle River, N.J., 1996。更专门化的研究，可以参考 I.Gershoni 等主编：*Egypt, Islam, and the Arabs : The Search for Egyptian Nationhood*, Oxford, 1993；W.Laqueur, A *History of Zoinsm : From the French Revolution to the Establishment of the State of Israel*, New York, 1996。关于国父凯末尔，可以参考 A.Mango, *Ataturk : The Biography of the Founder of Modern Turkey*, New York, 2000。巴勒斯坦问题，可以参考 B.Morris, *Righteous Victims : The Palestinian Conflict, 1880-2000*, New York, 2002。关于奥斯曼帝国的瓦解及其对战后世界的影响，可以参考 D.Fromkin, *A Peace to End All Peace : The Fall of the Ottoman Empire and the Creation of the Modern Middle East*, New York, 2001。

关于中国与日本。民国初期的中国，可以参考 J.Fitzgerald，*Awakening China：Politics，Culture and Class in the Nationalist Revolution*，Stanford，Calif.，1996。关于中国共产党的兴起，可以参考 A.Dirlik，*The Origins of Chinese Communism*，Oxford，1989；J.Taylor，*The Generalisssimo：Chiang Kai-shek and the Struggle for Modern China*，Cambridge，Mass.，2009。日本的情况，可以参考 J.McLain，*Japan：A Modern History*，New York，2001。

关于拉丁美洲。两次世界大战之间的拉美概况，可以参考 J.Chasteen，*Born in Blood and Fire：A Concise History of Latin America*，2th.ed，New York，2005。关于拉美研究的资料集，可以参考 J.Wood、J.Chasteen 主编：*Problems in Latin America History：Sources and Interpretations*，3th.ed，New York，2009。

第 25 章

危机深化：第二次世界大战

1933 年 2 月 3 日，当选德国总理三天后，阿道夫·希特勒秘密会见了德军首脑。他向他们表明了清除"民主癌"、建立新的威权主义领导体制以及新的统一国家的决心。所有德国人都将意识到，"只有斗争才能拯救我们，其他一切都得服从于这一想法"。希特勒说，由于德国的生存空间过小，因而必须重新武装起来，为"征服东边的新生存空间及毫不留情地将其德国化"做好准备。甚至在他巩固权力之前，希特勒就对自己的目标以及实现这些目标将意味着另一场战争有着清醒的认识。

在欧洲，二战显然就是希特勒的战争。尽管其他国家未能早一些抵抗希特勒，从而在某种程度上推动了战争，但纳粹德国的行动使得二战不可避免。

不过，二战并不仅仅是希特勒的战争。事实上，二战是由两个独立却并存的战场构成的。一个在欧洲，是由德国挑衅而形成的；另一个在亚洲，是日本挑衅发动的。20 世纪 30 年代初，在希特勒巩固权力的同时，美国及主要欧洲国家对日本进口商品提高关税，竭力维护本国企业的利益和工人的工作机会。为此，日本的军国主义势力提出，日本必须用武力夺取和平手段所无法获得的利益。到 1941 年，当美国同时卷入欧洲战场和亚洲战场时，这两个战场最终变成了一场全球战争。

一战曾被形容为一场总体战，显然，二战更是如此，它也是人类历史上前所未有的大规模战争。交战国的几乎所有人都以这种或那种方式卷入战争：或是参战士兵，或是战时的工业工人，或是被入侵军队统治的普通公民，或是难民，或是大规模屠杀的受害者。世界从未目睹过如此大规模的人为伤亡和毁灭。

■ 民主的退却：独裁政权

□ 问题：极权主义国家的特征是什么？在法西斯意大利和纳粹德国，这些特征是如何体现出来的？日本在多大程度上属于一个极权国家？

20 世纪 30 年代，独裁政权的出现与二战的爆发关系极大。到 1939 年，欧洲仅有法国和英国两个民主政权。意大利和德国都在所谓的法西斯主义运动中屈服了，斯大林统治下的苏联也走向高压极权主义。在日本的军国主义政府将日本推向战争道路的同时，许多欧洲国家和拉美国家也采取了各种形式的极权体制。

两次大战期间的独裁政权其形式有新有旧。独裁并非新事物，不过，现代极权国家却是个新生物。极权政权——斯大林统治下的苏联和纳粹德国最为典型——极大地扩大了中央政府的职能和权力。新的"全能政府"期望民众对该政权的目标高度忠诚和一心一意，不管它是战争、社会主义社会还是千年帝国。它们用现代的大众宣传技术和高效交流手段来征服民众的思想与心灵。全能政府不仅要控制经济、政治和社会生活，还要控制知识文化领域。

现代极权国家是由单一首脑和单一政党领导的。它无情地拒绝有限政府权力和个人自由受宪法保障的自由主义理念。实际上，个人自由屈从于大众的集体意志，而这种大众集体意志是被领袖组织和决定的。现代技术也使全能政府具有了前所未有的警察控制力，从而将其意志加诸民众。

● 法西斯主义的产生

20 世纪 20 年代初，贝尼托·墨索里尼（1883—1945 年）将欧洲的法西斯主义运动第一次成功地引入意大利。1919 年，参加过一战的墨索里尼建立了一个新政党——"战斗法西斯"。该党获得了大量害怕工人阶级暴动的中产企业主和反对农民罢工的大地主的支持。由于墨索里尼的民族主义言论和中产阶级对社会主义、共产主义革命的恐惧，法西斯运动得势，而且法西斯主义似乎越来越有吸引力。1922 年 10 月 29日，在墨索里尼和法西斯分子以在罗马游行相威胁要求上台掌权后，意大利国王维克托·伊曼纽尔（Victor Emmanuel，1900—1946 年）屈服了，任命墨索里尼为总理。

到 1926 年，墨索里尼已经确立了法西斯独裁的组织框架。总理是"政府首脑"，有权立法。另外，意大利还通过法律，授权警察可以在不起诉的情况下因非政治和政治罪逮捕和拘禁任何人。政府有权解散政治和文化团体。1926 年，所有非法西斯政党都被宣布为非法，同时，意大利还建立了秘密警察。到 1926 年年末，墨索里尼俨然成了意大利的领袖。

墨索里尼认为法西斯国家就是极权国家，"法西斯主义就是极权主义，就是法西斯国家，就是所有价值观、所有阐释的合成与统一，它发展并赋予人民全部生活的力量"。[1]墨索里尼的确试图建立一个警察国家，不过，效果不佳。同时，意大利的法西斯势力还试图控制包括报纸、广播、电影在内的各种形式的大众媒体，以利于他们利用宣传手段将民众融入国家，不过，此举同样收效甚微。法西斯的宣传绝大多数时候是用简单粗暴的标语传播的，诸如，在意大利各地的墙上到处都写着"墨索里尼总是对的"。

法西斯分子将家庭描绘为国家的核心，他们认为妇女是家庭的基础。"女人主内"成为法西斯标语。做家庭主妇、生儿育女是"她们（妇女）的天性和人生的基本使命"，在墨索里尼看来，人口增长是国家实力的象征。法西斯分子认为，妇女出去工作会让她们无心生育，"会使她们独立，形成与生儿育女相悖的生理和道德习惯"。[2]

尽管墨索里尼有镇压的工具，也利用了宣传，还建立起了众多的法西斯组织，但他从未实现德国和苏联般的极权控制。墨索里尼和他的法西斯政党从未彻底摧毁旧的权力结构，他们的风头很快就被北边更强势的法西斯运动盖住了。

● 希特勒与纳粹德国

1923 年，一个由无名的奥地利裔煽动家阿道夫·希特勒（1889—1945 年）率领的小型右翼政党试图在臭名昭著的啤酒馆暴动（Beer Hall Putsch）中夺取南部德国的权力。尽管这次暴动以失败告终，但却让希特勒及其党羽在德国异军突起。

希特勒上台，1919—1923 年

一战结束时，西线战场上服了四年役的希特勒去了慕尼黑，打算参政。1919年，他加入了没什么名气的德国工人党，这是慕尼黑为数众多的极右翼政党之一。到 1921 年夏，希特勒已经控制了该党，他将其改名为德国民族社会主义工人党（National Socialist German Workers' Party），或简称为纳粹党。在短短两年内，纳粹党的成员达到 5.5 万人，其中包括 1.5 万名被称为冲锋队（SA，德语为 Sturmabteilung）的党军。

希特勒自信满满，于 1923 年 9 月在慕尼黑发起反政府武装暴动。这次所谓的啤酒馆暴动很快被镇压下去，希特勒被判入狱。在短暂的牢狱生活期间，希特勒写下了《我的奋斗》一书，此书是他的政治运动及深层意识形态的自述。本书中，希特勒将德国

〔1〕 B. Mussolini：*"Doctrine of Fascism"*，A.Lyttleton 编：*Italian Fascism*，London，1973，p.42.
〔2〕 引自 A.De Grand：*"Women Under Italian Fascism"*，*Historical Journal* 19（1976），pp.958—959.

极端民族主义、恶毒的反犹主义、反共产主义通过社会达尔文主义的斗争理论联系在一起，强调优等民族有通过扩张获得生存空间的权利，优秀领袖有对大众进行威权领导的权利。

坐牢期间，希特勒还意识到，纳粹党必须通过宪政手段而非推翻魏玛共和国来掌权。

出狱后，希特勒重组纳粹党，并且与其他政党就选票展开激烈竞争。到1929年，纳粹党已经成为全国性政党。

3年后，纳粹党成员达80万，是德国规模最大的政党。德国的经济困境是纳粹上台掌权的一个关键因素。此时，德国的失业率迅速攀升，失业人数从1931年的400万增加到1932年冬的600万。希特勒宣称他将战胜一切困难，许诺建立一个没有阶级差别和党派内斗的全新德国。他对民族自豪、民族荣誉和传统军事主义的呼吁获得诸多听众的响应。在参加了一次希特勒的宣讲集会后，汉堡的一位教师说："演讲结束时，欢呼震耳，掌声如雷……后来，希特勒走了——无数人对之仰望，相信他就是将他们从难忍的痛苦中解救出来的救世主。"[1]

德国的右翼精英——工业大亨、地主贵族、军事当权派、高级官僚——逐渐将希特勒看作是建立右翼极权政权的不二人选，这一政权将拯救德国人，拯救他们免受共产主义接管。由于纳粹党在国会中拥有最多席位，德国总统保罗·冯·兴登堡（Paul von Hindenburg）同意任命希特勒为总理（1933年1月30日），组建新政府。

希特勒在两个月内打下了全面控制德国的基础。3月23日，当国会以2/3的票数通过"授权法案"（Enabling Act）时，希特勒"合法掌权"过程中的重要一步到来了。该法案授权政府在4年内无须受宪法制约即可颁布法律。

得到此种新权力的纳粹党迅速行动，将所有机构纳入其控制之下。犹太人和民主分子被清除出公务员队伍，关押新政权反对者的集中营建起来了，工会被解散，除纳粹外的其他所有政党都被解散。到1933年夏末，希特勒及其纳粹党已经打下了极权主义国家的基础。当兴登堡于1934年8月2日去世后，总统一职也被取消了，希特勒当上了元首——德国唯一的统治者。

纳粹政权，1933—1939年

希特勒捣毁了议会制政府，现在，他认为当前的真正任务是发展"全能政府"。希特勒的目标是，建立一个统驭欧洲以及几代人之后可能还将统驭世界的雅利安种族国家。他宣称：

---

〔1〕引自 J.J.Spielvogel：*Hitler and Nazi Germany：A History*，5th.ed，Upper Saddle river，N.J.，2005，p.60.

> 我们必须建立这样的机构——一个人的整个人生都可以被囊括其中。这样，每个人的活动及其需求都可以由党所代表的集体来规范。再也不会有人任意妄为，再也不会有个人归属于自己的自由王国。……个人幸福的时代结束了。[1]

纳粹用各种手段寻求实现这样的极权化。

纳粹党用大型集会和表演将德国整合为一个集体组织，并将这一集体调动起来，成为希特勒的政策工具。这种大型集会——尤其是纳粹党于每年9月在纽伦堡的集会——融合了宗教的象征性与流行娱乐的趣味性，往往激发起大众的狂热与兴奋。

尽管建立一个拥有绝对控制和秩序的全能政府是希特勒的目标，并且德国确实有这样的表征，但实际上，纳粹德国始终存在着个人与组织之间的冲突，结果导致了行政上的混乱不堪。斗争成了党内关系、政府内关系、党与政府关系的一大症结。当然，希特勒仍然是终极决策者和绝对统治者。

在经济上，希特勒和纳粹党也试图建立控制权。尽管政府利用公共工程项目和针对民营建筑公司的刺激计划来促进就业、结束经济低迷，但毫无疑问，重整军备在解决失业问题上的贡献远远超过前者。1932年，德国的失业人数为600万；到1936年，下降到260万；1937年，失业人数已经不到50万。这是说服不少人接受新政权的重要原因，虽说该政权过激过度。

对那些需要镇压的德国人来说，全能政府有针对他们的恐怖手段。其中尤为重要的是被简化为SS的党卫军。海因里希·希姆莱（Heinrich Himmler，1900—1945年）领导的党卫军控制了所有常规和秘密警察力量。希姆莱和党卫军的行事基于两个原则：恐怖和意识形态。恐怖包括用来镇压和谋杀的各种手段：秘密警察、刑事警察、集中营、后来的行刑队和灭绝犹太人的死亡集中营。对于希姆莱来说，党卫军的基本目标是推动雅利安的"优等民族"化。

纳粹全能政府的创建还影响了妇女。在雅利安种族主义国家中，妇女扮演了重要角色，她们是那些将实现雅利安种族胜利的孩子们的养育者。对纳粹而言，男女不同天经地义：男人注定要成为战士和政治领袖；女人则注定做妻子和母亲。

纳粹全能政府旨在变成一个雅利安种族国家。从一开始，纳粹党就反映出希特勒的强烈反犹思想。一旦上台执政，纳粹即将反犹意识变成反犹政策。1935年9月，在一年一度的纽伦堡纳粹党集会上，纳粹宣布了新的种族主义法律，剥夺德国犹太人的

---

[1] 引自 J.Fest: *Hitler*, New York, 1974, R.Winston、C.Winston 译, p.418.

公民身份，禁止犹太人与德国公民之间通婚和私通。

以 1938 年 11 月 9—10 日臭名昭著的"水晶之夜"（德语 Kristallnacht）事件为开端，1938 年年末和 1939 年，德国爆发了更暴力的反犹活动。德国驻巴黎使馆的一名秘书被杀身亡，结果成了纳粹反犹暴动的借口，许多犹太教堂被焚，7000 家犹太商店被毁，至少 100 名犹太人被杀。犹太人被排斥于一切公共场合，并且禁止其拥有或从事任何零售业。

● 苏联的斯大林时代

1928 年，当约瑟夫·斯大林发起第一个五年计划时，苏联经济政策上的一个重要转折随之开启。五年计划的真正目的就是几乎于一夜之间将苏联从农业国转变为工业国。五年计划重点不是消费品，而是尽最大力量生产资本货物和武器，它成功地使苏联的重型机械产品增加了 4 倍，石油产量翻倍。1928 年到 1937 年的两个五年计划期间，苏联的钢产量从每年 400 万吨增加到每年 1800 万吨。

苏联的快速工业化还伴随着同样快速的农业集体化。农业集体化的目的是消除私人农庄，将农民赶往集体农场。斯大林的这一计划遭到了农民的强烈抵制，他们囤积谷物、杀死牲畜，但这只是让斯大林加快了他的集体化计划。到 1934 年，苏联的 2600 万个家庭农庄被集体化为 25 万个农场。1932—1933 年，估计有 1000 万农民死于人为造成的饥荒。斯大林向农民做出的唯一让步是允许每个集体农场的工人有一片小小的私人园地。

为了实现目标，斯大林强化了他控制下的党的官僚机构。他的反对者被送到西伯利亚的劳改营。斯大林对唯一决策控制权的渴望也导致了他对老布尔什维克的清洗。从 1936 年到 1938 年，多数杰出的老布尔什维克被判处死刑。在这一时期内，斯大林还发动了对军官、外交官、工会官员、党员、知识分子以及无数普通公民的清洗。据估计，有 800 万人被捕，数百万人死于西伯利亚的劳改营。

斯大林时代还推翻了 20 世纪 20 年代初的许多较为宽容的社会立法。20 世纪 20 年代初，苏联倡导女性完全平等平权，以故离婚和流产都比较容易，同时，苏联还鼓励妇女外出工作，建立她们自己的道德标准。斯大林上台后，家庭被称赞为最小的集体，父母要负责向家庭灌输责任、守纪、勤奋的价值观。流产成了非法，离婚而不抚养子女的父亲则要被处以重额罚款。

● 日本军国主义的兴起

日本军国主义的兴起并非新政党上台掌权的结果，而是上层政治中军方势力影响不断上升的产物。20 世纪 30 年代初期，日本侵入中国东北和大萧条的爆发，结束了了日本战后初期的脆弱稳定状态。

如同许多欧洲国家，大萧条也给日本带来了灾难性的影响，同时，美国为保护本国苦苦挣扎的工业从而提高日本廉价商品的进口关税的举措，也对日本造成了打击。随之而来的经济放缓给日本脆弱的民主带来沉重负担。尽管文官内阁绝望地试图向世界大萧条引发的经济危机发起挑战，放手一搏，但各政党却再也无法遏制日益壮大的军国主义分子。极端爱国主义组织暗杀商人和被认为是对外采取绥靖政策的公众人物，导致日本社会的恐怖化。有些人认为，西式政治体制应当被回归的日本传统价值观和帝制的新体制取代。大萧条让不少日本人确信资本主义并不适合日本，"亚洲是亚洲人的亚洲"的口号随之越来越受欢迎。

20 世纪 30 年代中期，军方和极端民族主义者对日本政府的影响力与日俱增。全国选举仍在进行，但内阁被军方或日本扩张论者控制。1936 年 2 月，日本高级军官发动政变，杀害了几名内阁成员，短暂地占领了东京的议事堂和其他关键的政府机构。尽管政变元凶很快被判处死刑，但这却进一步强化了军方的影响。

■ 走向战争之路

□ 问题：第二次世界大战的深层原因是什么？纳粹德国和日本法西斯的哪些举动
　　最终引发了战争？

仅仅在"结束战争的战争"结束后的 12 年，世界再度跌入深渊。从纳粹德国的发展和日本军国主义的崛起看，20 世纪 20 年代的集体安全努力毫无意义。

● 欧洲的战争之路

在欧洲，第二次世界大战起源于希特勒的想法，他认为，只有雅利安人才能创建伟大的文明。对希特勒来说，德国需要更多的土地以养活更多的人口，并且德国终将成为一霸。早在 20 世纪 20 年代《我的奋斗》第二版中，希特勒就曾表示，民族社会主义工人党政权将在东方的俄国找到落脚地。

1935 年 3 月 9 日，希特勒无视《凡尔赛和约》，宣布德国将组建空军，一周后，德国出台了将军队从 10 万扩充到 55 万的征兵计划。希特勒单方面撕毁《凡尔赛和约》的行为立即引起了法国、英国、意大利的反应，它们谴责德国的举动，警告德国不要得寸进尺。不过，这些国家并未采取任何具体措施来加以遏止。

同时，希特勒找到了新盟友。1935 年 10 月，墨索里尼治下的意大利法西斯走向了帝国主义的扩张之路，入侵了埃塞俄比亚。对希特勒的支持，墨索里尼欢迎之至，并试图拉近与这个德国独裁者的距离。1936 年 10 月，希特勒和墨索里尼缔结了一项承认双方共同利益的协定。一个月后，墨索里尼公开提及新的德意轴心同盟。11 月，德国与日本缔结了反共协定，同意双方结成反共阵线。

到 1937 年，如同希特勒宣称的，德国再度成为"世界强国"。希特勒确信，无论是法国还是英国，都不会反对他的计划。1938 年，他决定向他的长远目标再推进一步：与奥地利结盟。希特勒以入侵相威胁，要求奥地利总理让奥地利的纳粹党上台执政。奥地利新政府立即邀请德军入境，并且协助德军维持法律和秩序。德军入境后的第二天，即 1938 年 3 月 13 日，希特勒胜利返回故土，正式宣布奥地利并入德国。

希特勒的下一个目标是摧毁捷克斯洛伐克。他相信，英法两国不会使用武力保护捷克斯洛伐克。这次，他又对了。1938 年 9 月 15 日，希特勒要求，捷克斯洛伐克将苏台德地区（Sudetenland，位于捷克斯洛伐克西北部，大部分居民都说德语）转让给德国，倘若这一要求得不到满足，他将不惜冒"世界大战"的风险来获取。这一要求同样没遇到阻碍，不但如此，英、法、德、意反而在慕尼黑仓促会面，达成了慕尼黑协定，满足了希特勒的所有要求。德军被允许占领苏台德地区。希特勒愈加相信自己绝对正确，而且，他绝对不会满足于慕尼黑协定。1939 年 3 月，希特勒占领了所有捷克地区（波西米亚和摩拉维亚），而斯洛伐克也在希特勒的煽动下宣布独立，成为纳粹德国的傀儡政权。1939 年 3 月 15 日晚，希特勒在布拉格趾高气扬地宣称，他将成为最伟大的德国人。

当希特勒要求波兰将但泽（Danzig，即格但斯克，按照凡尔赛和约，但泽是自由市，也是波兰的一个海港）归还德国时，西方国家终于对希特勒的威胁有所反应了。英国提出一旦发生战争，它将保护波兰。而且，法国和英国也意识到，只有苏联才有遏制德国扩张的强大实力，于是，开始与苏联进行政治和军事谈判。

与此同时，希特勒继续向前扩张。为了避免德国两线作战，希特勒粉碎了西方与苏联的结盟，他自己与斯大林订立了互不侵犯协定。1939 年 8 月 23 日，苏德互不侵犯条约公布，举世震惊。苏德条约使希特勒可以放手进攻波兰。他对手下将领们表示："波兰束手可擒……我现在只担心有些讨厌鬼会向我提出什么调停计划。"[1] 他无须担心。9 月 1 日，德军入侵波兰，两天后，英法对德宣战。欧洲再度开战。

● 亚洲的战争之路

20 世纪 20 年代中期，日本在被军阀控制的中国东北拥有强大的军事和经济实力。1931 年 9 月，日本军人发动了完全占领东北的"九一八"事变。尽管遭到了国际联盟成员国的一致谴责，但日本还是稳步地加强了对中国东北的控制，并建立了"满洲国"。随后，日本又向中国华北地区扩张。

当时，蒋介石力图避免与日本直接冲突，这样他才能专心对付被他视为更大威胁的共产党。当中日军队爆发冲突时，他试图以给予日本在华北一定的管辖权来安抚日本人。不过，随着日本稳步向前推进，中国各城市的反日抗议也在高涨。1936 年 12 月，蒋介石结束了针对延安共产党的围剿，与共产党结成了抗日民族统一战线。1937 年 7 月 7 日，卢沟桥事变爆发，中国拒绝退让，战争扩大。

日本并没有打算对中国宣战，但无论是日本还是中国，都不会妥协，卢沟桥事变演变成一场大战。日军沿长江流域推进，并且于 1937 年 12 月占领了国民政府首都南京，蒋介石拒绝投降，将国民政府迁往武汉。武汉失守后，国民政府又迁往偏远的四川重庆，此后的抗战期间，重庆一直是陪都。

日本的战略是迫使蒋介石加入其东亚新秩序。而这只是日本占领资源极其丰富的西伯利亚、建立新"亚洲门罗主义"的更大计划的一部分。在"亚洲门罗主义"下，日本将带领亚洲邻国走上发展和繁荣之路。毕竟，还有谁比一个已经实现现代化的国家能更好地指导亚洲各国走上现代化之路呢？

20 世纪 30 年代末，日本与德国达成合作，它们认为，两国最终将会发动对苏联的联合进攻，并瓜分其资源。不过，当德国于 1939 年 8 月与苏联订立互不侵犯条约时，日本的战略家不得不重新评估他们的长远目标。日本并没有强大到可以单独打败苏联的地步，因此，它将目标转向南边，即拥有丰富资源的东南亚，如荷属东印度的石油

---

[1] *Documents on German Foreign Policy*, vol.7, London, 1956, p.204.

观点争锋

慕尼黑会议

慕尼黑会议上，英法两国领导人屈从了希特勒对捷克斯洛伐克的要求。尽管英国首相张伯伦自我辩护说他在慕尼黑会议上的决策是和平的必要之举，但另一名英国政治家温斯顿·丘吉尔却将慕尼黑协定称为一场"极大灾难"。

我首先要说的是，可能人人都会忽视或忘记、然而却是确定的一点，这就是我们遭遇了完全的、彻底的失败，法国遭受的失败甚至要远甚于我们……尊敬的首相……一直在为捷克斯洛伐克争取。在与德国独裁者的争端中，他不是在谈判桌上据理力争，而是步步退让…………我相信，如果让捷克自己去对付，告诉他们不可能从西方国家得到支持，那么，他们或者早就能取得比经过这番波折所得到的更好的条件，他们总不会比现在更坏……

我们正遭受一场降临到英法两国头上的极大灾难……

不要以为事态会就此结束。这只是开始。这不过是我们将要年复一年地饮下的第一口苦酒，除非我们彻底振作精神，恢复我们的战斗活力，我们才能重新站起来，如往日般为自由而战。

——1938 年 10 月 5 日，丘吉尔在下议院的演说

对于那些说我们几个星期前就应该跟德国人表明一旦德军越过捷克斯洛伐克国境我们将对其开战的人，这就是我的答复。我们对捷克斯洛伐克没有条约义务、也没有法律义务。当我们确信——而且我们已经确信——没有可能让捷克斯洛伐克保留苏台德地区了，我们强烈敦促捷克斯洛伐克政府出让领土并立即同意德国的要求……对任何爱国者来说，这都是艰难抉择，但是，指责我们背叛了捷克斯洛伐克，简直是荒谬。我们所做的是让它免于毁灭，给它一个以新国家而进入新生的机会。这个新国家失去了领土和堡垒，但是也将让它享有未来，能够如今日的瑞士那样在中立和安全的环境下发展和生存。因此，我认为，议会理应批准政府在处理最近的捷克斯洛伐克的危机中的做法，我们挽救了捷克斯洛伐克，使它免于被摧毁，也让欧洲免遭大难。

——1938 年 10 月 6 日，张伯伦在下议院的演说

资料来源：丘吉尔的演说来自《下议院的议会辩论记录》（London: His Majesty's Stationery Office, 1938）第 339 册，第 361—369 页；张伯伦的演说来自《寻求和平》（New York, Putnam, 1939）第 215、217 页。

□ **问题**：丘吉尔和张伯伦对慕尼黑会议的观点如何？为什么他们互不赞同？你同意哪种观点？为什么？

资源、马来亚的橡胶和锡、缅甸和印度支那的大米。

当然，南下就要冒与欧洲殖民国家和美国开战的风险。1937年夏，日本的全面侵华已经招致了其他国家的强烈批评，尤其是美国。1940年夏，当日本要求占领法属印度支那的机场和开采资源的权利时，美国警告日本，将会中止对日出口石油和废铁，除非日本从那里撤离，回到1931年的状态。

日本极度需要美国的石油和废铁。一旦该项贸易被中止，日本将不得不到其他地方寻找这些资源。日本因此被钳制住了。它认为美国的这种报复性威胁阻碍了其实现长远目标。为了获得维持运转战争机器所需要的各种自然资源，日本必须冒着被切断现有战争所需原材料来源的危险去放手一搏。几经争论后，日本决定突袭美国以及欧洲各国在东南亚的殖民地，希望以速战速决将美国驱逐出这些地区。

■ 第二次世界大战

□ 问题：二战中，欧洲战场和亚洲战场主要发生了哪些事件？

通过早期的"闪电战"，希特勒让欧洲对德国的进攻速度和高效目瞪口呆。德军装甲师（一个装甲师大概有300辆坦克，同时还有各种支援部队和物资供应）在空中力量的支持下迅速撕破了波兰的防线，包围了手足无措的波兰军队。随后，常规陆军控制了新近占领的领土。短短4周后，波兰投降。1939年9月28日，苏德两国正式瓜分了波兰。

● 欧洲开战

1940年4月9日，等待了一个冬天后，希特勒再度开战，对丹麦和挪威发动"闪电"袭击。一个月后，即5月10日，德军进攻荷兰、比利时、法国。完全出乎英法的意料，德军主要袭击了卢森堡和阿登森林。德国装甲师突破了法国在那里的脆弱防线，长驱直入法国北部，打散了盟军，围困了法军和敦刻尔克海岸的所有英军。经过英勇努力，英国才成功撤退了敦刻尔克的33万盟军部队。6月22日，法国投降。当一战时的法国英雄亨利·贝当（Henri Petain）元帅在南部地区建立专制政权——维希政府时，德

《维也纳会议》

东西方的纺织工厂

工厂改变了工人与雇主的关系，工不得不适应严格监管的新工作体制上面这幅1851年的图片刻画的是英棉纺织厂的女工。工厂制度在世界他地方的发展要比英国更晚。

下图显示的是日本最早的工厂之一建于19世纪70年代的富冈绢丝厂。请注意，尽管两个工厂中做工的都女人，但监管者却是男人。

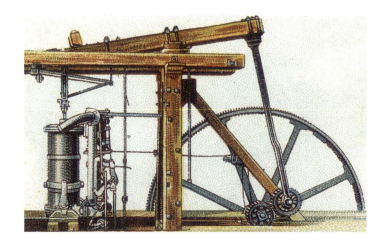

蒸汽机

图中是詹姆斯·瓦特发明的早期蒸机。蒸汽机使棉产品制造出现革命进展，也促进了工厂体系的发展。

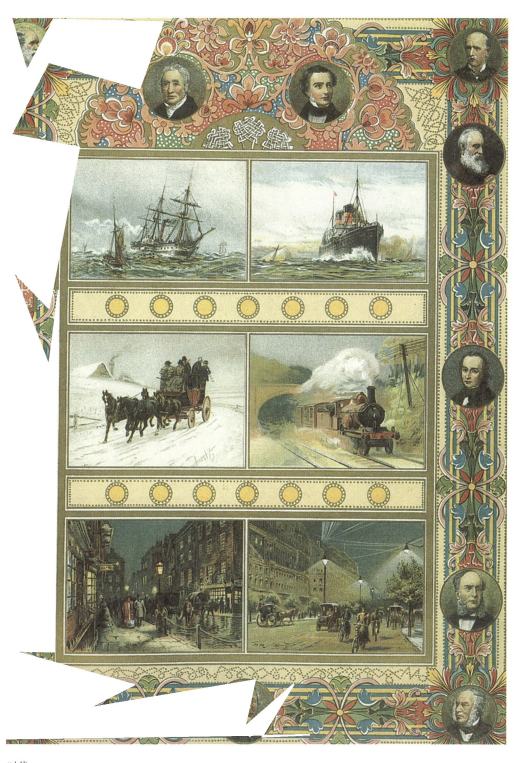

时代

—1914年，第二次工业革命让许多欧洲人认为他们生活在进步时代。在这个时代，科学可以解决人类的绝大多数问这幅插图来自1897年《伦敦新闻画报》庆祝维多利亚女王登基六十周年的特刊。图片左边是1837年的场景，当时维多刚刚登基；右边的是1897年的场景。这样生动的对比突出了该杂志的结论："最惊人的……进步的证据是物理学的成快地进入日常生活。蒸汽和电力在过去的六十年里对时间和空间产生的影响比过去六百年还要大。"

《革命中的奥地利学生》

1848年，革命热火横扫欧洲大陆，颠覆了法国、中欧和意大利的政府。在奥地利帝国，学生们加入革命卫队，控制了维也纳，迫使奥地利皇帝召集宪法大会，起草宪法。

德国统一

1871年1月18日，在普鲁士人的领导下，全新的德意志在凡尔赛宫的镜厅宣告成立。普鲁士国王威廉成为德意志第二帝国的威廉一世。图中描绘的是在德国统一中功勋卓著的俾斯麦耀眼地穿着白色制服，立于王座之下。

地独立运动领导人杜桑·卢维杜尔的肖像画

的解放者

德·圣马丁和西蒙·玻利瓦尔被誉为南美洲独立运动的领袖。

法国浪漫主义艺术家奥多尔·热里科的作品，描述的是1817年圣马丁率军参加智利的查卡布科战役。

描绘的是1823年玻利瓦尔率领部队翻越安第斯山，进入秘鲁作战。这幅画的作者是智利艺术家弗兰科·戈麦斯，描绘装整齐的军队以完美队形穿越安第斯雪山，当然，这是极不现实的。

艾米里亚诺·萨帕塔

无能的弗兰西斯科·马德罗实施的改革导致墨西哥农村地区更激进的变动。艾米里亚诺·萨帕塔率领一群印第安人反抗墨西哥南部大地主的统治，提出了自己的土地改革宣言。

安提塔姆的死者

奴隶制上的南北分裂导致了美国的血腥内战，共有60万人死亡。图为1862年9月17日安提塔姆战役后阵亡的南方军。19世纪30年代照相机的发明使人们可以用最生动形象的方式记录战争的恐怖。

之家

纪的中产阶级道德主义者认为，家庭是健康社会的基础支柱。家庭是中产阶级的核心，团结和团圆是中产阶级家庭最
的理念之一。这幅菲利普·P.福睿斯的作品《生日乐》（*Many Happy Returns of the Day*）描绘的是全家为小女孩庆祝
的场景。图中，祖父母和小女孩坐在旁边。左边的仆人拿着给小女孩的礼物。

加里波第

朱塞佩·加里波第是一名坚定的爱国者，也是最终促成意大利
于1870年统一的民族主义的典范人物。

《阿尔及尔的女人们》

浪漫主义的一大特征是对异国情调的喜好。画家德拉克洛瓦的
《阿尔及尔的女人们》反映了他对异国风情的迷恋。画作描绘
了北非的闺房中女人，衣服的珠宝同她们平静的表情展现出一
种安宁的感性气氛。这幅作品还显示出德拉克洛瓦对光影和色
彩的关注。

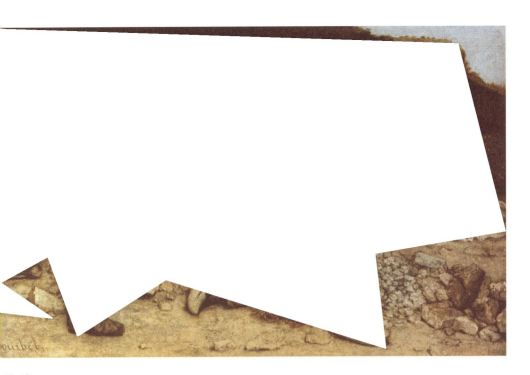

《采石工》

由法国画家们发展起来的现实主义流派旨在栩栩如生地描绘普通人的日常生活。居斯塔夫·库尔贝是最著名的现实主义艺术家之一，其代表作《采石工》非常写实。这幅画中，衣着破烂的年长修路工和年轻帮手正在辛勤劳动，敲碎修路用的石头。

东西方绘画

贝尔特·莫里索是第一位印象派女画家，形成了自己独特的艺术风格。她对柔和色彩和浓郁的粉彩的运用在《窗边的少女》（左图）中表现得最为显著。

法国印象派风格也传到了国外。日本当时最杰出的艺术家黑田清辉（1866—1924年）曾在巴黎生活9年，在东京开办了一所西式学校。上图是他的《树下》，是法国印象派绘画与日本传统版画相融合的杰作。

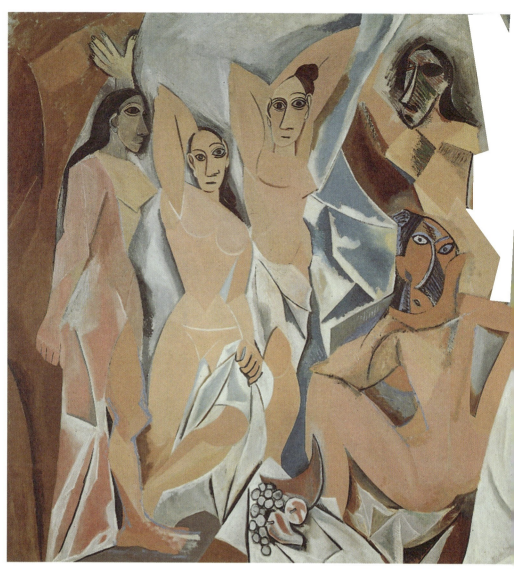

《阿维农的少女》

毕加索是现代艺术的先锋和代表，他实验性地大量运用现代风格。《阿维农的少女》是立体主义的典范，被艺术史学家称为"20世纪最颠覆过去的风格"。毕加索用几何形状取代传统形式，使观者重塑现实。右边是毕加索受非洲艺术影响所创作的艺术作品。

崇拜征服者:
英国在非洲统治的建立

度门

1年，为了纪念英国国王乔治五世和王后玛丽造访印度，英国人在印度最大的港口城市孟买的水边建造了罗马帝国风格
印度门。对数千抵达印度的英国人来说，印度门是他们到达新家园的第一眼景观，也是英印统治的权威和庄严的象征。

东印度公司董事及其傀儡

英国的东印度公司逐渐取代了此前独立的印度国家的主权，它利用傀儡统治者来实施其政策。该图中东印度公司董事骑马在前，而印度统治者萨拉卜吉跟在他身后如同随从。萨拉卜吉年少时曾受教于欧洲家庭教师，家里堆满了英语书和英式家具。

东西方文化影响

19世纪，一些亚洲人已经开始为了声誉或社会进步而模仿西方风尚。左图显示的是，20世纪20年代一个穿着西式运动服的越南年轻人正在学习打网球。然而，文化影响有时候也会是另外的样子。下图显示的是，一个在印度的英国人模仿印度贵族的举止，他抽着水烟，享受后宫为他的服务。不过，墙上的画却是欧洲风格的。

新加坡的政府山

英国于19世纪初期占领新加坡后，将这个以前的海盗据点发展为重要的商业港口。如同其他殖民港口城市一样，新加坡成为多民族杂居和聚居地，人们纷纷来到这个新兴的大英帝国市场做商人、城市劳工、手工艺人。这幅19世纪中期英国术家的画作中鲜明地显示了殖民地的多种族杂居特点。不同民族的人们漫步于政府山，背后是繁荣的港口。

星期日的战斗

当布尔人"迁徙者"于19世纪30和40年代抵达德兰士瓦时，遭到了祖鲁人的激烈抵抗。祖鲁人是一支说班图语的民族，十年来，他们一直反抗欧洲人的侵犯。这幅1847年的印刷画描述了数千名祖鲁战士与欧洲人战斗的场景。祖鲁人的抵抗直持续到19世纪末。

耻辱的遗产

...9世纪中叶，大多数欧洲国家都禁止非洲的奴隶贸易，但非洲的奴隶贸易仍然存续到20世纪。最明目张胆的是比属刚果...在那里，对劳工的虐待遭到公众的强烈抗议，并成立了专门委员会进行调查，提出改革建议。图中显示的是比属刚果...个被链子锁着的非洲人。照片拍摄于1904年。

1793年访华的马戛尔尼使团

鸦片战争

1839—1842年的鸦片战争是中国与欧洲大国的第一次交战。由于缺乏近代军事技术，中国遭受屈辱失败。图片描绘的是装重型武器的英国船只摧毁笨重的中国帆船的情景。中国在海战中的惨败是自15世纪中期以后统治者对海事漠不关心的结果

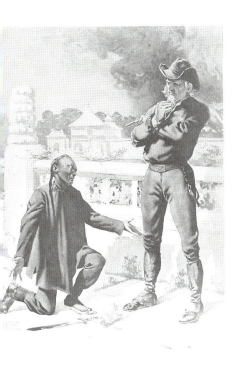

缠足的妇女

为了给女儿谋个好姻缘，从宋代开始，中国上层阶级的家庭开始实施缠足。最终，缠足之风扩散到所有社会阶层。尽管小脚女人被认为是养尊处优，但实际上，大多数缠足的中国女人都要劳作。她们主要从事纺织业和手工制作业，以补贴家用。

X还是仁慈？山姆大叔说了算

)年夏，中国的义和团团民围攻北京的使馆区。包括在内的西方国家派遣联军入侵中国。这幅美国新闻又登载的漫画描绘中国人向严正的山姆大叔求饶。

锡兰采摘茶叶的情景

这张1900年的照片显示锡兰种植园中的妇女们正在采摘茶叶。英国人砍掉了锡兰和印度的大量热带森林，种植茶叶，以满足其国内的大量需求。

东京湾的黑船

1853年，马修·佩里准将率领的美国舰队叩开日本大门，引起了许多日本人的恐慌。这幅19世纪的木刻画显示的是好奇的日本人划着船欢迎美国人。

明治天皇与五条御誓文

1868年，日本改革派推翻了德川幕府，开启了迅速现代化的时代。他们的目标体现于1868年明治天皇的五条御誓文中。该图描绘的是年轻的明治天皇正在东京的皇宫中听大臣们宣读五条御誓文。

东京的银座

这幅1877年的木版画描绘的是东京主要商业中心银座，这里有现代化的砖质建筑和马拉的街车。人们关注的焦点是新的电灯。这幅画融合了传统与现代，也体现出日本人善于借鉴外来思想的同时又保留了自己的传统文化。

加拿大士兵正在为索姆河战役做准备

世界各地的士兵

尽管一战是在欧洲开打的，但它很快演变为在几个地方开战、全球各地的士兵都参与其中的全球大战。尤其是法国，它其非洲殖民地招募了大量士兵。左图显示法国非籍部队正在西线战壕中作战。在欧洲，有约8万非洲士兵伤亡。右图是带着机枪的德国军队。

英国的征兵海报

随着战争年复一年地拉锯，各国政府都开始进行积极的宣传活动，以激发人们的战争热情。这张英国的征兵海报中，政府企图向男人们施压，让他们自愿参军。到1916年，英国不得不开始采取义务兵役制度。

列宁

弗拉基米尔·列宁是布尔什维克在俄国成功掌权的关键人物。
图中是1917年莫斯科集会上演讲的列宁。

大萧条：巴黎买面包的队伍

大萧条摧毁了欧洲的经济，产生了严重的政治后果。由于经济更为平衡，法国并未像其他欧洲国家那样迅速地感受到大萧
条的影响。然而，到1931年，法国也开始出现大量失业人员集中免费领取物资的景象。

……尔特·施威特斯

……尔特·施威特斯开始创作拼贴画时，与达达主义运动联系在一起。1928年，
……写道："本质上，我没法理解为什么人们不能如同商业上运用色彩的方式把
……堆在壁橱或垃圾堆里的那些旧废品运用在画作中。"

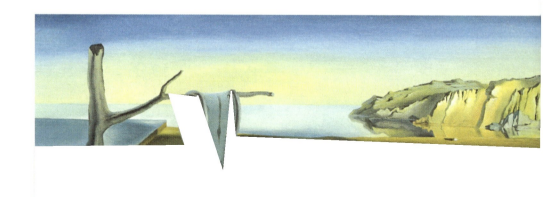

《记忆的永恒》

超现实主义是20世纪20年代兴起的重要艺术运动。受弗洛伊德
心理学理论的影响，超现实主义者寻求揭示潜意识的世界或他
们认为的存在于物质表象世界之外的"更大的现实"。正如这
幅作品明显体现的，达利试图通过描述难以识别的关系中的可
识别对象来描绘世界。

志明在法国图尔

国父凯末尔

战斗英雄穆斯塔法·凯末尔是土耳其共和国的创建者。担任总统后，凯末尔通过重建土耳其的经济、采纳西式装扮、打破伊斯兰的强势传统，努力将土耳其转变为世俗国家。他因反对建立伊斯兰教国家而被伊斯兰原教旨主义者攻击谩骂。该图是1934年伊朗沙阿访问土耳其时的照片，左边穿着西服的凯末尔正在招待他。

师生

民族主义运动的创建者将领导权传给继承者时，其结果往往是运动的战略和策略发生转变。

尼赫鲁（上图左边）取代甘地（仅穿着印度的长裤，而非他的同事们所喜欢的西服）成为印度国大党领袖后，印度民族解放运动采取的是更加世俗化的立场。

在中国，孙中山于1925年去世后，蒋介石（右图站立者）控制了国民党，采取了更保守的发展策略。

的"玩偶之家"

的中国妇女。

，新与旧

是古老日本的象征。她们穿着传统服饰，其形体运动高度程序化，她们
仅是艺人和伶人，也是日本精英文化的美丽传播者。在现代西方影响的
之下，新日本的艺伎发生巨变。左图显示的是20世纪初期东京的艺伎模
方风尚和舞姿。右上图显示的是在现在京都街头三位穿着传统服饰的日
轻女性。

东京大地震

1923年9月1日，一场大地震袭击了日本关东地区，地震中造成超过
13万人死亡，东京几乎沦为一片废墟。

为旗帜而奋斗

与迭戈·里维拉一样，戴维·阿尔法罗·西凯罗斯（David Alfaro Siqueiros，
——1974年）也以在公共建筑上描绘墨西哥革命，以及工人和农民为自由
而斗争的大型壁画闻名。从20世纪30年代起，西凯罗斯在大型壁画中表达对
被剥削和被奴役的墨西哥人民的同情，比如上图。他在乌拉圭、阿根廷和巴
西也创作了类似的作品，在美国时，还因为政治艺术和观点太过激进，而被
驱逐出境。

斯大林格勒战役

斯大林格勒战役是二战期间东线上的重大转折点。上图是在占领斯大林格勒北部后，德国步兵站在拖拉机厂的废墟上
1942年10月15日，斯大林格勒战役局势转折，当时希特勒仍然相信他正在取得斯大林格勒战役的胜利。随着苏军在11月
起反攻，希特勒的信心很快灰飞烟灭。德国惨败。下图显示的是数千名被俘德国士兵在冰天雪地里被押往集中营。戴着
皮帽子的是罗马尼亚人。仅有不到六千名被俘者回到了家乡，有8.5万人在集中营丧生。

化之路

为了建立先进工业社会的一大举措是农业集体化，包括粮食生产
速机械化。这张图片显示的是农民们正在观看新型拖拉机。

轰炸平民——东西战场

二战是世界历史上最具毁灭性
争。对前线士兵和普通平民来说
如此。最灾难性的轰炸平民发生
战即将结束的时候，当时，美国
本的广岛和长崎扔下了两颗原子
上图是原子弹袭击后成了一片废
瓦砾的广岛。

下图是1941年3月被德国轰炸后
近苏格兰格拉斯哥的克莱德班克
道景象。整座城市中1.2万座房
有7座幸免被毁，4.7万名居民中
人无家可归。

国已经占领了 3/5 的法国领土。此时的德国控制了欧洲的西部和中部，不过，英国还没被打败。

如同希特勒所意识到的，只有当德国获得制空权后，对英国的水陆两栖进攻才可能成功。1940 年 8 月初，德国空军发动了对英国空军和海军基地、海港、交通枢纽、军事工业的大规模空袭。在可预警德军攻击的高效雷达系统支援下，英军顽强抵抗。到 8 月末，英国空军已是千疮百孔，或许是因为希特勒的战略转变才幸免于亡。9 月，英国对柏林发起报复性打击，为重挫英国的士气，希特勒下令德军将回击目标转向大规模轰炸英国城市。英国迅速重建空中力量，很快就重挫德国空军轰炸机。到 9 月末，德国已经在这场对英战争中失利，入侵英国的计划被迫推迟。

尽管希特勒没有两线作战的打算，但他确信，英国仍然坚持对德作战是因为它在盼望得到苏联的支持。倘若苏联被摧毁，英国的最后一线希望也将破灭。德国早就计划在 1941 年春进攻苏联，但临时出了巴尔干问题，入侵苏联的计划只好延迟。尽管希特勒已经获得匈牙利、保加利亚和罗马尼亚的合作，但 1940 年 10 月，墨索里尼灾难般的入侵希腊，将希特勒的南翼暴露给英国在希腊的空军基地。为了确保巴尔干战线的安全，德军于 1941 年 4 月占领了希腊和南斯拉夫。重新感到安全的希特勒随后将目光转向东方，于 1941 年 6 月 22 日进攻苏联。

这次大规模进攻的战线长达 1800 英里。德军迅速推进，俘虏了 200 万苏军士兵。到 11 月，一支德军已经横扫乌克兰，一支德军正包围列宁格勒，另一支德军逼近离苏联首都莫斯科仅 25 英里的地方。然而，早冬的来临和预料外的苏军顽强抵抗阻止了德军前进的步伐。这也是二战以来德军第一次被迫停止脚步。1941 年 12 月，对德国人来说，苏军的反击预示着这一年的不祥结束。此时，希特勒的另一个决定——对美国宣战——将欧洲战争变成了全球战争。

● 战争中的日本

1941 年 12 月 7 日，日本舰载飞机突袭美国在夏威夷群岛的珍珠港海军基地。同一天，另一支日军进攻菲律宾，并且向英国在马来亚的殖民地进军。很快，日军又进攻荷属东印度，占领了太平洋的许多岛屿。到 1942 年春，几乎全部东南亚和西太平洋都落入日军之手。日本宣布建立大东亚共荣圈，将整个东亚地区纳入日本控制之下，同时，日本宣称，其目标是将东南亚的各殖民地从西方殖民统治下解放出来。实际上，当时的日本需要当地资源来维持战争机器的运转，并将这些国家置于殖民统治之下，充当日本的战时基地。

日本领导人希望，对美国海军基地的突袭能够摧毁美国的太平洋舰队，从而使罗斯福总统接受日本主宰太平洋的局面。不过，日本失算了。突袭珍珠港反而进一步刺激了美国，为罗斯福的二战政策赢得了广泛的民众支持。现在，美国与欧洲国家，以及中国一起结成了反日本法西斯同盟，来结束日本在太平洋的霸权。希特勒认为，美国卷入太平洋战争将导致它在欧洲战场上自顾不暇。于是，珍珠港事件爆发4天后，德国对美国宣战。

● 战争转折点：1942—1943

美国参战促成了最终打败德意日轴心国同盟的世界反法西斯同盟的建立。为了克服相互间的猜忌，英美苏三巨头同意搁置政治分歧，加强军事合作。1943年初，盟军赞同一直战斗到轴心国无条件投降为止，这个决定起到了巩固反法西斯同盟的作用，因为它使希特勒几乎不可能分化其敌人。

然而，在1942年，希特勒离失败还远得很。随着日军在珍珠港重挫美国海军舰队后不断在太平洋推进，希特勒继续在欧洲进行对英国和苏联的战争。1942年秋季前，似乎德国人仍能在战场上所向披靡。德军增援北非，使埃尔温·隆美尔（Erwin Rommel）率领的非洲军团得以突破英国在埃及的防线，向亚历山大前进。1942年春，德军对苏联的新一轮攻击使整个克里米亚落入德军手中。不过，到1942年秋，战争转而对德国不利起来。

在北非，英军于1942年夏在阿拉曼（El Alamein）阻住了隆美尔军团，迫使他们穿越沙漠。11月，英美盟军进入法属北非，迫使德意军队于1943年5月投降。在东部战线，战争的转折点发生在斯大林格勒。德军占领克里米亚后，希特勒认为，接下来应该进攻伏尔加河流域的主要工业中心斯大林格勒。1942年11月至1943年2月，德军先是被苏军阻住，随后被包围，最终于1943年2月2日投降。德军第六集团军整整30万人损失殆尽。到1943年2月，在苏联的德军不得不撤回到1942年6月时的所处位置。

在远东，战争同样在1942年出现了巨大转变。1942年5月7—8日的珊瑚海战役中，美国海军抵挡住了日军前进的步伐，暂时解决了澳大利亚被入侵的威胁。6月4日，中途岛战役爆发，美军舰载飞机摧毁了日军全部4艘航空母舰，确立了美军在太平洋的优势。然而，美军的胜利代价惨重，有3/5的飞机被击毁。到1942年秋，盟军开始集合 3 个区域的军队，准备反攻：印缅北部的军队向缅甸其他地方推进；所罗门群岛和新几内亚的盟军在道格拉斯·麦克阿瑟（Douglas MacArther）将军的率领下向菲律宾推进；美国陆海军横越太平洋，向日本发起夺岛战。1942 年 8—11 月所罗门群岛的艰苦战斗过后，日军的命运江河日下。

● 战争的最后几年

到 1943 年初，战争局势转而对德意日不利。1943 年 5 月 13 日，轴心国军队在突尼斯投降，此后，盟军穿过地中海，向意大利开战。占领西西里后，盟军于 9 月向意大利本岛推进。墨索里尼被驱逐和逮捕后，意大利新政府下令向盟军投降。不过，墨索里尼被大胆突袭的德军救了出来，随后在意大利北部建立傀儡政权，而德军也占领了意大利的大片领土。德军在罗马南部山脉建立的新防线极为有效，以至于盟军在意大利半岛的进攻非常吃力，伤亡惨重。直到 1944 年 6 月 4 日，盟军才占领罗马。此时，随着盟军准备在西欧开辟等待已久的新的"第二战线"，意大利战场已经居于次要位置。

在美国艾森豪威尔（Dwight D. Eisenhower，1890—1969 年）将军的指挥下，盟军于 1944 年 6 月 6 日在诺曼底分 5 个抢滩点登陆，这也是有史以来规模最大的海军行动。德军起初犹豫不决的反应使盟军成功抢占了一个滩头阵地。3 个月内，200 万军队、50 万辆车成功登陆，并向内陆推进，突破了德军防线。

诺曼底登陆后，盟军向南、向东进军，到 8 月末，解放了巴黎。到 1945 年 3 月，盟军越过莱茵河，深入德国境内。1945 年春末，德国北部的盟军向易北河推进，他们在那里与苏军会师。从 1943 年的斯大林格勒战役以来，苏军一直在长途跋涉。1943 年，二战中规模最大的坦克战——库尔斯克战役中（7 月 5—12 日），苏军大胜德军。随后，苏军开始一路果决西进。1943 年末，苏军重新占领乌克兰，解除了德军对列宁格勒的包围，并于 1944 年初进入波罗的海诸国境内。沿北推进的苏军在 1945 年 1 月占领华沙，4 月进入柏林。同时，南进的苏军横扫匈牙利、罗马尼亚和保加利亚。

1945 年 1 月，希特勒躲在柏林地下 55 英尺深的碉堡里指挥战争。在他最后的政治遗嘱中，希特勒——这个至死都是疯狂的反犹主义者——将战争归罪于犹太人。4 月 30 日，希特勒自杀身亡。两天前，墨索里尼被意大利军队枪杀。5 月 7 日，德军投降。欧洲战事结束。

德国士兵在斯大林格勒

苏军取得斯大林格勒战役的胜利是二战的重大转折点。以下材料来自一名参加斯大林格勒战役并阵亡的德国士兵的日记。他凯旋回家的梦想很快被苏军抵抗的现实击毁。

今天，我们洗了澡。指挥官告诉我们，如果之后的战斗得胜的话，我们很快就能抵达伏尔加河，夺取斯大林格勒，战争将很快结束。可能我们在圣诞节时就能回家团圆了。

7月29日。指挥官说俄军已经被彻底击垮了，坚持不了多久了。抵达伏尔加河、攻下斯大林格勒不是什么难事了。元首知道俄军的弱点，胜利不远了。

8月10日。元首的命令传达给了我们。他期望我们能够战胜。我们确信俄军阻挡不了我们。

8月12日。今天上午，表现优秀的士兵都带上了勋章。我真的会在得不到勋章的情况下回到艾尔莎身边吗？我相信，拿下斯大林格勒，元首肯定会奖励我……

9月4日。我们向北朝斯大林格勒前进。我们整夜行军，黎明时分，抵达了沃罗波诺沃（Boroponovo）车站。我们已经看见了炊烟四起的城镇。离战争结束越来越近的念头涌现出来。人人都这么说……

9月8日。两天不停歇地战斗。俄国人的抵抗极为顽强。我们伤亡不小……

9月16日。我们的战斗部队加上坦克向粮食储存地发起进攻，浓烟四起——粮食着火了；似乎是俄国人自己放火烧掉的。太野蛮了。我们损失惨重……

10月10日。俄国人距离我们太近，我们的飞机没法轰炸他们。我们正准备发起总攻。元首下令要尽快夺取整个斯大林格勒……

10月22日。部队未能突破工厂。我们损失了不少人，每一步都是踏着战友的尸体前进……

11月10日。今天收到了艾尔莎的信。人人都期盼能在圣诞节时凯旋。在德国，人人都以为我们已经占领了斯大林格勒。他们真是错得离谱。要是他们看看斯大林格勒对我军的摧残……

11月21日。俄国人沿着整个前线发起反击。激烈的战斗一直未能平息。伏尔加河，胜利，很快就能回家了！我们显然很快就会在另一个世界里看到他们了。

11月29日。我们被包围了。据说，今天早晨元首说："前线部队要相信，我在为确保补给和迅速突围而竭尽一切。"

12月3日。我们饥肠辘辘，等着元首许诺的补给……

12月14日。每个人都饿得虚弱无力。冻僵的土豆就是最好的美食。但是在俄国的火力猛攻下，从冰雪覆盖的冻土里挖出它们可非易事……

12月26日。马已经被吃掉了。我可能会吃猫肉，他们说猫肉味道也不错。士兵们如同行尸走肉，寻找一切可以果腹的东西。他们再也不躲避俄国人的炮弹；他们没力气走路、逃跑和隐藏。诅咒战争！

——德国士兵的日记

资料来源：Vasili Chuikov：《斯大林格勒保卫战》（*The Battle of Stalingrad*，Grafton Books）

□ **问题**：这名德国士兵是如何相信希特勒的？为什么？他的信息来源是什么？为什么斯大林格勒战役被认为是二战的转折点？

日本的失败

在亚洲，战争仍在继续。1943年初，美军发起反攻，并缓慢地越过太平洋，向前推进。美军的进攻导致敌人的战争资源消耗不断增加，尤其是在海上和空中。随着盟军在1945年前几个月内坚决地向日本本岛推进，继任罗斯福总统（4月12日去世）的杜鲁门（Truman）总统不得不做出极其艰难的决定：是否使用原子弹（当时，仅研发出两颗原子弹，其威力尚未得到验证）来结束战争，而无须攻击日本本岛？众所周知，杜鲁门以肯定的姿态回答了这一问题。8月6日，第一颗原子弹落在广岛。三天后，第二颗原子弹落在长崎。8月14日，日本无条件投降。二战终于结束了。

表 25.1　二战进程大事记

事　　件	时　　间
苏德瓜分波兰	1939 年 9 月 29 日
德国对丹麦和挪威发动闪电袭击	1940 年 4 月
德国进攻比利时、荷兰和法国	1940 年 5 月
法国投降	1940 年 6 月 22 日
大不列颠战役	1940 年秋
德国占领南斯拉夫和希腊	1941 年 4 月
德国进攻苏联	1941 年 6 月 22 日
日军突袭珍珠港	1941 年 12 月 7 日
珊瑚海海战	1942 年 5 月 7—8 日
中途岛战役	1942 年 6 月 4 日
盟军进攻北非	1942 年 11 月
德国在斯大林格勒投降	1943 年 2 月 2 日
轴心国军队在北非投降	1943 年 5 月
库尔斯克战役	1943 年 5 月 5—12 日
盟军进攻意大利本土	1943 年 9 月
盟军进攻法国	1944 年 6 月 6 日
希特勒自杀	1945 年 4 月 30 日
德国投降	1945 年 5 月 7 日
美国在广岛投掷原子弹	1945 年 8 月 6 日
日本投降	1945 年 8 月 14 日

电影与历史

《硫磺岛的来信》

1945 年 2 月，美军向距离东京 650 英里远、5 英里长的火山岛——硫磺岛发起进攻。硫磺岛有 3 个简易机场，这里是日本防卫链的重要一环，盟军计划把它作为轰炸日本本土各岛的空军基地。

硫磺岛战役成了克林特·伊斯特伍德执导、2006 年上映的两部电影的主题：《父辈的旗帜》是从美国人的视角讲述这场战役；《硫磺岛的来信》则是从日本人的视野来讲述。其中《硫磺岛的来信》获奖无数，包括获得奥斯卡金像奖的最佳影片提名。

这部影片是对日本防守硫磺岛的真实描绘。情节主要聚焦在两个人身上：虚构的普通士兵（二宫和也饰演），他的愿望是回到妻女身边；中将粟林忠道（渡边谦饰演），硫磺岛战役中的真实日军指挥官。影片写实性地描述了粟林忠道，他与士兵同甘共苦，曾作为驻美武官在美国生活三年，对美国有切身了解。在日军采取让美军陆战队登陆硫磺岛的战略中，粟林忠道是主要决策人。日军未在美军登陆前从碉堡和遍布岛屿的各种洞穴中侧面袭击他们。这一战略被证明是相当有效的。2.2 万日军给美军造成了毁灭性打击：登陆的 11 万美军中，6800 人阵亡，1.7 万人受伤。美军预计半个月结束的硫磺岛战役实际上打了整整 36 天。

这部电影还写实地描述了激励日军的武士道。武士道以忠孝观为基础，强调为荣誉奋斗、忠于天皇、忠于国家和家庭，一旦使命未能完成则要以自杀明志。在自杀前，谷田中尉（坂东工饰演）对手下说："各位，我们是天皇的忠勇将士。永远不要忘记这一点。我们唯一的选择就是尊严地死去。"与许多美国二战电影中日本士兵的刻板形象不同，电影还刻画了其更加人性化的一面。大多数情况下，美军士兵与日军士兵都差不多：他们正在杀人或正在死去，他们是只想回家与家人团聚的活生生的人。

■ 新秩序

□ **问题**：德国和日本试图在其占领区建立什么性质的新秩序？

德国和日本的起初胜利使它们有机会在欧洲和亚洲建立新秩序。双方实施的都是对占领区人民进行残酷统治的政策。

● 欧洲的新秩序

1942 年，纳粹势力横扫西起英吉利海峡、东达莫斯科近郊的欧洲大陆。德占欧洲主要以两种方式组织起来。在有些地方，如波兰西部，直接被纳粹德国吞并，变成德国的行政区划。欧洲其他被占领地区则由德军或受傀儡政权控制程度不同的文官来管理。

由于东边被征服地区在德军扩张所需的生存空间内，且这里的居民在纳粹眼里是种族低劣的斯拉夫人，相比西边，纳粹在这里的统治更为残酷无情。占领波兰后不久，纳粹种族意识的坚定信仰者和党卫军首脑海因里希·希姆莱负责东部德国居民的安置计划。希姆莱的任务是迁离斯拉夫人，以德国人取代，这一政策起初主要用于从波兰西部夺取的新领土。100 万波兰人被赶出家园，涌向波兰南部。纳粹鼓励数十万德裔（早年从德国移居欧洲东部和南部各地的德国人的后代）在指定的波兰地区殖民。到 1942 年，波兰已经有 200 万德裔居民。

德国的劳动力短缺导致它实行残酷剥削外国劳工的政策。1942 年，德国成立了一个为德国农场和工厂招募劳工的特别办公室。到 1944 年夏，有 700 万外国工人在德国做工，占德国总劳动力的 20%。同时，还有 700 万工人在他们自己国家的农场、工厂乃至军营中服劳役。德国募工政策的残酷往往导致越来越多的人抵抗德国占领军。

● 大屠杀

纳粹新秩序中，没有比处心积虑的灭绝犹太人更恐怖的政策了。种族斗争是希特勒意识形态中的关键元素之一，在他眼里，它是界限分明的对立两方：人类文明发展的创建者雅利安人与试图摧毁雅利安人的寄生虫犹太人之间的斗争。希姆莱和党卫军深切信奉希特勒的种族主义意识形态。党卫军被赋予最后解决纳粹所说的"犹太人问题"的重任——灭绝犹太人。波兰投降后，党卫军令特别行动队（Einsatzgruppen）围捕所有波兰犹太人，并将他们集中于波兰各城市的犹太人区。

1941 年 6 月，特别行动队又被赋予了充当移动杀人组织的新职责。党卫军暗杀小组跟随常规军的步伐进入苏联。他们的工作是把犹太人圈禁于村子里，对其进行集体处决和集体焚毁，并且常常要受害人在被杀前自掘坟墓。这样的长期谋杀使党卫军行刑者处在了道德困境之中。走访明斯克期间，希姆莱试图鼓舞士气，他说："如果德国人愉快地做这种事，并即便他们不喜欢，他们的良知也没有受到损害，因为他们是士兵，要无条件地服从每一项命令。只有他在上帝和希特勒面前对所发生的一切负责。"[1]

尽管据估计有100万犹太人被屠杀，但在德国人看来，这种解决犹太人问题的方法还是不够好。因此，纳粹选择在死亡集中营中对欧洲犹太人进行集中灭绝。来自德占区的犹太人被集中围起，如牲畜般装进货运列车，运往波兰，在那里，有6个用于屠杀犹太人的集中营。其中，最大也是最知名的一个是奥斯维辛集中营。医疗技术人员选用齐克隆B（Zyklon B，即氰化氢）作为最有效的毒气来快速毒杀毒气室的大量人口。为了便于受害者们合作，这些毒气室被设计成了淋浴间的样子。

到1942年春，集中营建好并投入使用。夏季起，来自法国、比利时和荷兰的犹太人也被运往集中营。甚至到盟军取得重大进展时的1944年，来自希腊和匈牙利的犹太人还在被运往集中营。到达集中营后，等待犹太人的是极其恐怖的经历。奥斯维辛集中营司令鲁道夫·赫斯（Rudolf Hoss）这样描述：

> 在奥斯维辛，我们有两个党卫军医生对进来的囚犯进行体检。一个医生让囚犯们向前走，并做出现场决定。身体健康、适合工作的囚犯被送往集中营。其他人则立即被送往处决场。年幼的孩子总是被处决，因为他们太小，还不能工作……在奥斯维辛，我们千方百计地愚弄受害者，让他们以为他们要去除虱。当然，他们常常也会意识到我们的真正企图，由于该事实，我们有时候会遇到骚乱和困难。[2]

抵达奥斯维辛集中营的约30%的犹太人被送往劳动营，剩下的则被送往毒气室。受害者被毒杀后，遗体在特设的火葬场焚烧。受害者的随身物品乃至遗体都被用来创造经济收益。女性的头发被收集起来制作床垫或衣服。德国人一共杀害了五六百万犹太人，其中，超过300万人死于集中营。波兰和波罗的海各国90%的犹太人被杀害。也正是由于大屠杀，欧洲有近2/3的犹太人死亡。

纳粹还要对另一种大屠杀负责——还有900万～1000万人死于枪杀、饥饿或劳作过度。纳粹将欧洲的吉普赛人也看作含有异族血统的民族，被集中屠杀。欧洲100万

---

〔1〕 引自 R.Hilberg: *The Destruction of the Europe Jews*, vol.1, rev, ed, New York, 1985, pp.332—333.

〔2〕 *Nazi Conspiracy and Aggression*, vol.6 Washington, D.C., 1946, p.789.

吉普赛人中，有40%被杀害于集中营。"次等人"斯拉夫人中的主导者——神职人员、知识分子、公务员、法官、律师——被逮捕和蓄意杀害。在波兰、乌克兰和白俄罗斯，大概还有400万人死于为纳粹德国做苦工，尚有三四百万苏联战俘被杀。纳粹还迫害同性恋者，数千人丧命于集中营。

● 亚洲的新秩序

一旦完全接管占领区，日本在占领区的战争政策实质上就变成了防御策略，因为它希望占领区能够满足其对锡、油、橡胶等原材料迅速增长的需求，同时，这些地方也是日本制造品的出口地。为了上述目的，日本领导人提出了相关组织架构，即大东亚共荣圈，这是一种旨在为被占领地区和日本本国提供互惠互利的自给自足的经济共同体。

日军对东南亚的征服在"亚洲是亚洲人的亚洲"口号下得以完成。占领区的日本官员承诺，将很快在日本指导下建立独立政府。并最终在缅甸、荷属东印度、越南和菲律宾建立起这样的政权。

然而，实质上，各占领区的真正权力仍然掌握在当地日军军事当局手里，而当地日军直接听命于东京军事高层。为了开动日本战争机器，殖民地的经济资源被开发，当地人被征募到军队或到公共工程中劳动。某些情况下，占领区的人们生活极度困苦。例如，在印度尼西亚，日军强制外运大米使当地食物短缺，引发了1944—1945年的灾荒，导致100万人忍饥挨饿。

起初，许多东南亚民族主义者接受了日本的承诺，同意与新征服者合作。不过，随着日本占领政策的剥削性越来越明显，他们转而反对新秩序。日军官员有时不知不觉地以对当地习俗的傲慢和蔑视进一步激发了他们的这种敌对情绪。

如同德军士兵在欧洲占领区的所作所为一样，日军往往也对征服区居民的生命毫不尊重。1937年，日军占领南京，在此进行长期的屠戮、强奸、劫掠，制造了南京大屠杀。日军还将80万朝鲜人送往海外，大部分是去日本做劳工。朝鲜和菲律宾的数万妇女被强迫给日军做慰安妇。日本还将大量战俘和当地百姓充做战争工程的苦力。1943年，为了修建泰缅铁路，日军征用了6.1万澳大利亚、英国、荷兰战俘，以及来自缅甸、马来亚、荷属东印度的30万平民。到铁路修成时，有1.2万盟军战俘和9万当地劳工死于饮食不良与当地恶劣气候下的艰苦工作。

大屠杀：集中营的指挥官与集中营受难者

对集中营里数百万男女老幼进行系统的、有计划的整体灭绝使大屠杀成为人类历史上最恐怖的事件之一。第一段资料来自奥斯维辛集中营的指挥官鲁道夫·赫斯。第二段材料来自一位法国医生，他所描述的是赫斯文中一处焚尸处的情景。

1号和2号大焚尸场建于1942年冬到1943年春……每个……每天可以焚毁2000具尸体……1号和2号焚尸炉都有可以完全通风的地下掩体以及毒气室。尸体通过升降机被运到焚尸炉。整个毒气室可以容纳3000人。

Topf公司计算过，两个小一点的焚尸场，即2号和4可以每天各焚毁1500具尸体。不过，由于战时物资紧缺，施工方不得不从简，因此地下掩体和毒气室建在了地面上，焚尸炉建得不太坚固。很快，这两个显然造得比较粗糙的焚尸炉就不敷使用了。3号焚尸场只投入很短一段时期就停用了，再没启用过。4号焚尸场使用四到六周后就不得不时常停用：焚尸炉和烟囱都烧坏了。毒气室的受害者主要都在4号焚尸场后面成堆烧掉了。

——鲁道夫·赫斯描述的集中营进行种族灭绝的设备

中午时分，一长队妇女、儿童和老人进到院子里。负责的主管军官……站在凳子上，告诉他们，他们要去浴室，洗完澡后还可以喝一杯热咖啡。他们全都脱掉衣服……门开着，混乱的拥挤开始了。最先进入毒气室的人开始往后退。他们感到死亡正在等着他们。党卫军用步枪殴打抱着孩子的绝望妇女，结束了推挤和骚动。巨大的双层橡木门关上了。仿佛永无止境的两分钟后，墙上的砰砰声和尖叫声再也没有了。一切静默。5分钟后，门开了。尸体扭曲地挤在一起，如同瀑布般跌落下来……尸体还有余温，特别行动队立即剪下尸体上的头发、拔下金牙……4号焚尸场刚刚处理过一批人。

——法国医生描述的受害者

资料来源：鲁道夫·赫斯的描述来自《鲁道夫·赫斯自传》（*Cleveland World Publishing Company*）；法国医生的描述来自 J. Noakes 和 G. Pridham 的《纳粹主义：历史文献和目击记》第三卷（1988年）。

☐ 问题：赫斯描述的是什么样的"设备"？法国医生描述的是什么事件的过程？这两段资料是否表现出对受害者的同情？为什么会发生这样的恐怖事件？

■ 后方

□ 问题：二战期间各主要交战国的后方情况如何？

比起一战来，二战更是一场总体战。战争范围更广，覆盖了世界大多数地区。死亡人数也远超过一战。

● 动员：三个案例

苏联最初的失败导致它采取了影响平民百姓的紧急动员措施。例如，列宁格勒被围困 900 天，期间，军民弹尽粮绝，不得不吃狗、猫和老鼠渡过难关。随着德军迅速在苏联境内推进，苏联西部的工厂被迫解体，搬迁到内陆——乌拉尔河流域、西伯利亚、伏尔加河流域。机器安置在露天环境里，砌以围墙，就开始了工作。

斯大林号召全国进行广泛的军事和工业动员，来打响"机器战"。这场机器战中，苏方获胜，制造了 7.8 万辆坦克和 9.8 万枚炮弹。1943 年，苏联国民收入的 55% 用于战争资源，而 1940 年，这一比例只有 15%。

苏联妇女为战争做出了卓绝贡献。妇女们被征召到工厂、矿场、铁路，工业领域中，女工的人数增长了近 60%。苏联妇女还从事修建反坦克壕沟、空袭警哨等工作。此外，苏联是二战期间唯一一个妇女参与战斗的国家。她们在战争中充当狙击手、轰炸机队员。

1914 年 8 月，德国热情地欢送士兵们上前线；1939 年 9 月，街上却一片冷清。许多德国人很冷漠，使纳粹政权雪上加霜的是，他们已经预感到了灾难将至。希特勒高度意识到后方的重要性，他相信，一战中后方的崩溃导致了德国的失败。为了避免重蹈覆辙，他所采取的经济政策可能确实使德国付出了战争的代价。

二战的前两年，为维持后方士气，希特勒拒绝削减消费品产量或增加武器产量。然而，当德国在前线打败苏联以及美国参战后，情况为之一变。1942 年初，希特勒终于下令大量增加武器生产、扩大军队规模。希特勒的建筑师阿尔贝特·施佩尔（Albert Speer）于 1942 年担任军备部长。施佩尔通过消灭浪费和精简生产者，使 1942—1943 年的德国尽管遭遇了盟军的空袭，武器生产却还是增长了 3 倍。不过，施佩尔对战争资源总动员的紧急呼吁却没有引起希特勒的注意。希特勒担心平民的士气可能削弱后

现代化的道路

在一般观察者看来，20 世纪前半期最重要的特征是，恶性竞争性民族主义的兴起，它源于欧洲，并最终沦入两次世界大战的深渊。然而，除此之外，还存在着一种竞争，这就是最有效的现代化道路之争。

英国、法国和美国采取传统的现代化道路——独立的城市商人阶层促成的现代化道路——促成了资本主义模式的民主社会。第二种道路是德国和明治时期的日本在 19 世纪晚期所采取的，这就是在缺乏强大的独立的资产阶级的情况下，由传统精英阶层推动的现代化。德国和日本都依赖强势政府来推动国家财富和经济实力增长，在这两个国家，现代化最终导致了在大萧条的 20 世纪 30 年代初期法西斯主义和军国主义政权的出现。

第三种道路是在十月革命后列宁所采取的，即不经过中间资本主义的阶段而直接进行工业革命。这种道路是在几乎没有城市中间阶级的情况下，由共产党领导，通过摧毁私人财产概念而创造出一个先进的工业社会。尽管列宁号召最终实现"国家消亡"，但所采取的办法是以专政消灭革命敌人、推行变革，以建立无产阶级乌托邦。

这几种办法对 20 世纪前半期的世界危机造成了什么样的影响？民主—资本主义的方式被证明在经济上取得了巨大成功，带来了先进的经济，可以以前所未有的速度生产制造产品。那些刚刚开始进行工业革命的国家试图仿照资本主义国家的成功模式，实行"自上而下的革命"，如德国和日本。但大萧条以及全球对资源和市场的竞争很快导致了比较稳定的资本主义国家以及野心勃勃的后进国家间的激烈竞争，这种争夺最终发展为全球冲突。

20 世纪前十年，沙皇俄国自行其是地加入了工业化国家的行列。但随着它参与一战，这一进程脱轨了。而在一战结束前，俄国又爆发了十月革命。苏联脱离了资本主义市场，避免了卷入大萧条。但是，尽管斯大林百般努力，苏联仍未能成功避开 20 世纪 30 年代末期的"帝国主义战争"。随着二战结束，胜利者——美国与苏联——之间为了争夺政治和意识形态主导权的斗争的舞台已经搭好。

□ 问题：20 世纪前半期，世界上主要有哪三种现代化道路？为什么它们导致了冲突与战争？

方，拒绝对消费品进行任何的大削减。到 1944 年，德国实施经济总动员时为时已晚。

战争导致了纳粹对妇女态度的逆转。随着战争的进行，以及越来越多男性被征兵入伍，纳粹对妇女就业的反对声浪逐渐减弱。现在，纳粹的杂志宣称，"我们认为妇女是人民永远的母亲，也是男人工作和战斗的同志"。[1]不过，工业、农业、商业和服务业的就业女性数量增长缓慢。1944年9月，1490万妇女就业；1939年，这一数字是1460万。许多妇女，尤其是中产阶级妇女，抵制正规就业，特别是在工厂中劳作。

战时日本是一个高度动员的社会。为了确保对所有国家资源的控制，日本政府设立专门机构，控制物价、工资、劳动力的利用和资源的再分配。在帝国神圣观念支撑下的顺从和上尊下卑的传统习俗不断被强化，用来鼓励百姓为了国家事业奉献其资源，甚至不惜舍弃生命。为了对抗美国战舰，这种宣扬在二战的最后几年达到顶峰，许多日本青少年被鼓动自愿当自杀式袭击——神风突击队的飞行员。

妇女的权利也让步于更宏伟的国家事业。到1937年，日本妇女一直被劝导要通过生儿育女和拥护大日本妇人会的口号来履行她们的爱国职责。然而，日本极不愿意为战争而动员妇女。1941—1944年任日本首相的东条英机反对妇女就业，他认为，"家庭体系的弱化会导致国家的弱化……我们能尽职尽责，是因为我们家中有妻有母"。[2]二战期间，日本妇女就业有所增加，但仅限于那些传统的妇女就业领域，如纺织业和农业。为了解决劳动力短缺，日本不是鼓动妇女就业，而是从朝鲜和中国引入劳动力。

● 前线的百姓：轰炸城市

二战期间，轰炸被用来对付非人军事目标、敌方部队、城市平民。轰炸平民使二战中对非战斗人员的伤害性完全不亚于对前线战斗人员的伤害性。一战最后一年的少量轰炸袭击引发了广泛讨论，人们认为，反对轰炸平民的舆论将成为迫使政府寻求和平的有效手段。因而，20世纪30年代，欧洲各国空军开始大力发展远程轰炸机。

第一次对平民的持续轰炸导致上述理论失败。从1940年9月初起，德国空军对伦敦和英国其他许多城镇进行夜间轰炸，使闪电战成了一场全国性经历。伦敦市民遭遇第一次重大打击，但仍士气高昂，给其他地区的英国人民树立了榜样。

然而，英国未能从自己的经历中吸取经验教训。英国首相丘吉尔及其顾问认为，摧毁德国社区将打击德国人的士气，并带来胜利。1942年，英国开始对德国进行大

---

[1] 引自 C.Koonz: *"Mothers in the Fatherland: Women in Nazi Germany"*, R.Bridenthal、C.Koonz 编: *Becoming Visible: Women in European History*, Boston, 1977, p.466.
[2] 引自 J.Campbell: *The Experience of World War II*, New York, 1989, p.143.

规模空袭。5 月 31 日，科隆成为德国第一个被空袭的城市，遭受了 1000 颗炸弹的袭击。伴随与日俱增的食物、衣服、燃料短缺，轰炸使这种困境更添了一层恐怖气氛。1945 年 2 月 13—15 日，英美空军对德累斯顿的轰炸引发了火灾，造成 3.5 万人伤亡。

因盟军空袭，德国损失巨大。数百万栋建筑被毁，可能有 50 万人死于空袭。然而，盟军轰炸并未削弱德国的士气。相反，德国人——无论是支持纳粹还是反对纳粹——往往单纯受到生存意志的驱动而顽强战斗。盟军的战略轰炸调查显示，实际上，1942—1944 年德国的战略物资生产反而有所增加。

在日本，由于首次使用原子弹，对平民的轰炸达到了新的恐怖程度。从 1944 年 11 月 24 日开始，二战期间最大的轰炸机即美国的新型空中堡垒 B-29 轰炸机轰炸日本。到 1945 年夏，日本许多工厂以及 1/4 的住宅已经被摧毁。日本政府下令动员所有 13~60 岁的百姓自愿入伍后，美国总统杜鲁门及顾问认为，日本的疯狂意味着可能将有 100 万美军会在日本本土的直接作战中伤亡，因此，杜鲁门决定在长崎和广岛扔下新近研发的原子弹。原子弹造成的损失惊人。广岛原子弹爆炸震源附近，有 7.6 万栋建筑，其中 7 万栋被夷为平地。到 1945 年末，40 万居民中有 14 万人丧生。接下来的 5 年里，还有 5 万人遭遇辐射。1945 年 8 月 6 日对广岛的原子弹袭击昭示着核时代的到来。

■ 二战的后果

□ 问题：二战的损失是什么？二战给欧洲殖民帝国带来了什么影响？盟国间对战后的态度有何不同，这些不同对冷战的到来产生了什么样的影响？

二战是人类历史上灾难最为深重的战争。许多东西都摇摇欲坠。为了建立雅利安帝国，纳粹德国遵循以种族灭绝和奴役数百万人为基础的世界观。受到极端民族主义思想刺激的日本人试图实现亚洲帝国梦，大规模伤亡和无数灾难因此产生。二战期间，为了对付轴心国，盟国不得不动员数百万普通男女。正如丘吉尔指出的，"战争是恐怖的，但更糟糕的是被奴役"。

● 二战的损失

二战带来的损失难以数计。至少有 2100 万名士兵丧生。平民伤亡更重，现在估计，其伤亡数量有 4000 万之巨，其中，超过 2800 万是苏联人和中国人。苏联在二战中损失最重，损失了 1000 万士兵和 1900 万平民。1945 年，全世界数百万人忍饥挨饿，在欧洲，100 万人要依赖食物救济求生。

还有数百万人因战争而颠沛流离，成为难民。仅欧洲就有 300 万人无家可归，其中，不少人发现难以重返家园。在亚洲，数百万日本人被遣返本土，同时，数千在日朝鲜劳工也回到了朝鲜。

到处都是一片荒芜。欧洲大部分地方或是破败不堪，或是满目疮痍。中国在经历 8 年抗战后百孔千疮，菲律宾也遭遇重创，日本主要大城市的大部分地方都被空袭摧毁。据估计，二战造成的金钱损失共计 4 万亿美元。除美国外，大多数交战国的经济都已经枯竭，处于崩溃边缘。

● 二战与欧洲殖民地：去殖民地化

正如第 24 章所述，两次世界大战之间这段时间内，亚洲和非洲都开始了独立运动。二战后，独立运动的声势更为浩大。殖民强权不断奴役人们似乎与盟军推翻德、意、日压迫政权的目标相矛盾。各地人民呼吁民族自决，并表达他们的独立决心。

然而，欧洲殖民帝国的结束并不容易。1941 年，丘吉尔曾说，"我做首相可不是为了负责清算大英帝国"。英法两国尤其不愿意对它们的殖民地放手，不过，由于显而易见的诸多原因，英法的帝国时代还是终结了。

二战期间，日本通过推翻西方殖民政权羞辱了西方各国。此外，那些为了盟军利益而参战的殖民地士兵（如印度就有许多人参加了英印军队）也清晰地认识到，盟军的战争目标包含了世界各国人民民族自决原则。在去殖民地化进程中同样重要的是，欧洲各国的势力已经被二战期间筋疲力尽的战争摧垮。最庞大的帝国——大英帝国——再也无心无力维持它的帝国了。由于诸多因素的共同影响，二战后期，世界各地掀起了去殖民地化浪潮。

● 盟国会议

盟军取得二战的总胜利后，随之而来的并不是真正的和平，而是被称为冷战的新冲突的到来。到 20 世纪 80 年代前，冷战一直主宰着世界政治。冷战起源于各国之间尤其是美苏两国间的军事、政治和意识形态的分歧，在二战的最后阶段，这些分歧在几次会议上表现得越来越明显。

1943 年 11 月，盟军三巨头丘吉尔、斯大林、罗斯福在德黑兰举行会议，决定战争的未来进程。斯大林和罗斯福成功地达成协定，决定英美盟军于 1944 年春经法国向欧洲大陆发起进攻，这意味着苏联将与英美盟军在击败德国的过程中南北呼应。苏军很艰难地解放了东欧。三巨头还同意战后共同分区占领德国。

到 1945 年 2 月雅尔塔会议时，德国的失败已成定局。西方各国现在面临着 1100 万苏联红军占据东欧和中欧的现实。对西方国家高度猜疑的斯大林渴望有一个缓冲区可以保护苏联免受西方入侵的威胁。不过，同时，斯大林也急切地希望获得重要的经济资源和军事战略点。此时的罗斯福正朝着欧洲自决理念的方向前进。三巨头通过了解放欧洲的宣言。该份宣言承诺帮助解放的欧洲各国"按照它们自己的选择创建民主制度"。解放了的各国都准备举行自由选举，决定其政治制度。

在雅尔塔会议上，罗斯福请求苏联出兵对付日本。此时，原子弹尚未研制出来，美国军方担心进攻日本本岛要蒙受巨大损失。因此，罗斯福同意了斯大林出兵日本的交换条件：苏联占领库页岛和千岛群岛。同时，苏联在中国东北拥有铁路和两个不冻港的权益。

创立联合国是雅尔塔会议上美国的主要关注点。罗斯福希望在三巨头之间的分歧激化成敌对阵营前，能够确保三巨头都参与联合国这一战后国际组织。在系列妥协后，丘吉尔和斯大林接受了罗斯福创建联合国的计划，并且于 1945 年 4 月在旧金山召开了联合国制宪会议。

在德国和东欧问题上，盟国间达成的决定则相对较少。三巨头重申德国必须无条件投降，并建立四个占领区。同时，三巨头还在波兰问题上达成妥协。斯大林同意波兰将来以自由选举的形式组织政府。不过，东欧各国的自由选举问题造成美苏两国间的严重裂痕。原则上，东欧各国政府是由自由选举组成的，但它们应当也是亲苏政权。企图调和这两种不相容的目标注定要失败，这一点在三巨头接下来的聚会上很快就变得明晰起来。

1945 年 7 月的波茨坦会议是在一片互不信任的乌云下召开的。4 月 12 日，罗斯福去世，由杜鲁门继任总统。波茨坦会议上，杜鲁门要求在东欧普遍进行自由选举。

斯大林回答："东欧任何自由选举的政府都会是反苏的，这是我们不能容许的。"[1] 在异常激烈和灾难性的战争后，斯大林要求绝对的军事安全。对斯大林来说，这一点只有通过在东欧建立共产党政权来获得，而自由选举可能导致建立敌视苏联政府的政权。到1945年中期，只有西方国家的入侵才能扰乱东欧的这种发展趋势，而极少有人欢迎这种政策。

随着二战逐渐走向结束，意识形态冲突再度出现。许多西方人认为苏联的政策是全球共产主义阴谋的一部分。苏联则认为，西方尤其是美国的政策无异于资本主义的全球扩张，或者用列宁的话说，是经济帝国主义的全球扩张。1946年3月，英国首相丘吉尔在针对美国听众的演讲中宣称，"铁幕"正降临于"整个欧洲大陆"，将德国和欧洲分裂成两个敌对阵营。斯大林给丘吉尔的这番话打上了西方"向苏联宣战"的标签。世界上有史以来灾难最深重的战争结束没几个月，世界似乎再度在冷战中极度分裂。

▄ 本章小结

从1933年到1939年，欧洲人目睹了希特勒将德国重建成一个军事强国的过程。同一时期，日本也受到策动右翼力量进行向外扩张计划的军国主义领导人的影响。德国和日本的野心导致了全球性冲突，并最终引发了人类历史上最具灾难性的战争。

德意日轴心国集团在二战的前两年里节节胜利。到1942年，战争开始有利于盟军方向。1942年，日本的前进步伐在珊瑚岛和中途岛的海战中结束。1943年2月，苏联取得了斯大林格勒战役的胜利，并开始西进。到1943年中，德意已经被驱逐出北非。1944年6月，罗马落入盟军手中；在法国，英法美联军在诺曼底登陆。1945年4月，苏联红军与英美盟军会师，希特勒自杀，欧洲战场结束战事。1945年8月，日本广岛和长崎遭到原子弹袭击，亚洲战场战事结束。

纳粹德国在二战期间制造了巨大的人员伤亡，尤其是犹太人和被纳粹认为是低劣种族的群体伤亡更重。日本的东亚新秩序同样给处于日本统治下的人民带来了剥削、极端困难和死亡等灾难。二战期间，无论是轴心国还是反法西斯同盟各国，都对平民实施了空袭，二战给平民带来的伤亡不亚于前线士兵。

假如希特勒在二战中获胜，以极权主义和种族灭绝为基础的纳粹新秩序可能

---

[1] 引自 N.Graebner: *Cold War Diplomacy*, *1945-1960*, Princeton, N.J., 1962, p.117.

意味着野蛮主义的胜利以及自由和平等的终结。无论在现实中它们是如何不完美，自由和平等一直是西方文明的重要理念。

在经历巨大牺牲和惨重代价后，纳粹被打败了。欧洲文明满目疮痍。现在，欧洲人无助地眼睁睁地看着由两次世界大战催生的两个新兴超级大国主宰着他们的命运。即便在二战的最后时期，美苏两国对于战后欧洲仍存在不同愿景。二战一结束，美苏间的分歧就导致了新的、可能也是更具毁灭性的冷战的开始。

▬ 本章思考

— **问题 1**：德国为什么能在 1939—1941 年取得成功？

— **问题 2**：纳粹德国和日本是如何在占领区建立新秩序的？这些新秩序带来了什么影响？

— **问题 3**：二战后的和平措施是如何引发冷战这一新冲突的？

▬ 拓展阅读

关于集权政权。墨索里尼的传记，最有代表性的是 R.J.B.Bosworth, *Mussolini*, London, 2002。纳粹德国的简史，可以参考 J.J.Spielvogel、D.Redles, *Hitler and Nazi Germany*: *A History*, 6th, ed, Upper Saddle River, N.J., 2010。希特勒的传记，最出色的是 I.Kershaw, *Hitler, 1889-1936*: Hubris, New York, 1999，和 *Hitler*: *Nemesis*, New York, 2000。关于纳粹上台，可以参考 R.J.Evans, *The Third Reich in Power, 1933-1939*, New York, 2005。苏联农业集体化的情况，可以参考 S.Fitzpatrick, *Stalin's Peasants*: *Resistance and Survival in the Russian Village After Collectivization*, New York, 1995。斯大林的传记，可以参考 R.Service, *Stalin*: *A Biography*, Cambridge, Mass., 2006。

关于二战的起源。可以参考 A.J.Crozier, *Causes of the Second World War*, Oxford, 1997。关于太平洋战争的起源，可以参考 A.Iriye, *The Origins of the Second World War in Asia and the Pacific*, London, 1987。

关于二战的通史。可以参考 G.Weinberg, *A World at Arms*: *A Global History of World War II*, 2th, ed, Cambridge, 2005。二战中的军事史，可以参考 W.Murray、

A.R.Millett, *A War to Be Won*: *Fighting the Second World War*, Cambridge, Mass., 2000。

关于大屠杀的研究。比较出色的有 S.Friedander, *The Years of Extermination*: *Nazi Germany and the Jews, 1939-1945*, New York, 2007; Y.Yahil, *The Holocaust*, New York, 1990。大屠杀简史，可以参考 D.Dwork、R.J.van Pelt, *Holocaust*: *A History*, New York, 2002。

关于二战中的后方。德国的情况，可以参考 M.Kitchen, *Nazi Germany at War*, New York, 1995。二战期间的苏联，参见 M.Harrison, *Soviet Planning in Peace and War, 1938-1945*, Cambridge, 1985。二战期间的日本，可以参考 T.R.H.Havens, *The Valley of Darkness*: *The Japanese People and World War Two*, New York, 1978。盟军轰炸德国的情况，参见 R.Hansen, *Fire and Fury*: *The Allied Bombing of Germany, 1943-1945*, London, 2008。

The Essential World History

PART V

Toward a Global Civilization?
The World Since 1945

第五部分

走向全球文明？

1945年以来的世界

随着二战的结束，血腥战争中的幸存者们开始谨慎乐观地期待未来。人们有理由期盼西方大国间的激烈竞争将会终结，英美苏的战时联盟会维持到战后。

即便是 60 多年后，这些期盼也只有部分实现。二战结束后的数十年中，西方资本主义国家从导致二战爆发的大萧条中复苏。20 世纪前半期肆虐欧洲的血腥战争已经终结，德国和日本完全重新融入世界。

同时，由于以苏美两个超级大国为首的社会主义与资本主义阵营间的意识形态斗争的出现，乃至时不时关系紧张，人们对繁荣稳定的世界秩序以及终结均势政治的期盼遭受了挫折。

在美苏争霸的阴影下，西欧各国实现了可喜的经济复苏和前所未有的繁荣。在东欧，苏联在政治上和经济上都处于主导地位，以至于许多人怀疑东欧可能会消失。不过，共产主义从未在东欧扎下深根。到 20 世纪 80 年代后期，随着苏联领导人戈尔巴乔夫（Mikhail Gorbachev）暗示苏联政府再也不会在军事上要求东欧各国听命行事，这些国家很快走向自由，并基于西方模式进行了经济改革。

亚非人民在二战结束时也有理由保持乐观主义。在《大西洋宪章》中，罗斯福和丘吉尔联合发表声明，表示他们将支持各国人民的自决。

结果，一些殖民国家很不情愿放弃他们的殖民地。然而，第二次世界大战严重削弱了殖民秩序的稳定性，到 20 世纪 40 年代末，亚洲的大部分殖民地都实现了独立。接下来的一二十年里，非洲也出现了同样的变化。

通常，这些新近解放的国家在独立之初就提出了三个目标。第一，它们想摆脱西方经济主宰的束缚，确保物质财富为本国国民所有。第二，它们想引入新的政治机制，提高国民的自治权利。第三，它们希望在国内建立普遍的民族认同感以及安全的领土边界。大多数国家在发展经济时或选择资本主义，或选择中庸的社会主义道路。

不管选择哪条道路，对许多国家来说，结果令人失望。非洲和亚洲的许多地区经济上仍依赖于先进工业国。有些国家面临着严重的城市化和农村贫困问题。还有一些国家饱受内部冲突的困扰。

到底是什么打破了经济繁荣的光明梦想呢？20世纪50年代末60年代初，现代化理论在美国学术界和政府官员中成了主流派，该理论认为，新近独立国家所面临的问题是从传统向现代社会转型之难。现代化理论的拥趸确信，农业国家注定要遵照西方的模式建立现代工业国家，但是，要实现该目标，需要时间，也需要大量的财富积累和西方的技术援助。

现代化理论后来遭到新一代学者的批评，他们认为，后殖民地地区经济不发展的原因并非出在这些国家身上，而在于它们仍然受前殖民国家的主宰。这种依附理论（dependency theory）提出，亚洲、非洲和拉丁美洲的许多国家成为国际市场的受害者，西方工业产品的价格高，而这些前工业化国家出口原材料的价格则很低。由于欧美公司对当地资源的控制，这些国家建立工业部门及朝自给自足方向发展的努力受阻。赞同依附理论者认为，为了终结这种"新殖民"关系，发展中国家应当减少与西方国家的经济联系，实施自立的经济政策，从而掌握自己的命运。

亚非各国的领导人还遇到了一些与新的政治文化相关的问题。起初，大多数人接受了新政治文化中的民主概念。然而，短短十多年内，发展中国家的民主体制被一党制政府或军事独裁取代，并按照自己的喜好重塑了民主概念。显然，发展中国家在构建民主政治体制上的困难向来被人们低估了。

共同的国家认同的建立，在某种程度上来说是亚非新兴国家面临的最艰巨挑战。许多新兴国家都是多民族、多宗教、多语言国家，人们很难在民族主义或国家价值观上取得一致。确定官方语言和划定殖民时代遗留下来的领土边界给许多国家造成了不少困难。根深蒂固的不同的历史和价值观所激发的矛盾与日俱增，导致有些民族出现了自13—14世纪以来最大规模的跨境迁徙。

西方文化价值观和习俗的引入也对许多地区造成了灾难性影响。尽管这些理念受到一些群体的欢迎，但也遭到另外一些人的强力抗拒。在西方影响力侵蚀传统习俗和宗教信仰的地区，往往出现暴力仇视和紧张气氛，甚至引发不同社会群体之间的严重冲突。近来伊斯兰国家直接针对美国的愤怒无疑源自这种情感。

无论如何，随着新经济环境带来的更世俗化的世界观，许多亚非国家的社会和政治面貌迅速发生变化，传统等级关系衰落，两性关系更开放。这些变化部分源自西方影视、音乐作品的影响，不过，也是亚非各国富裕中产阶级不断壮大的产物。

今天的我们不仅在经济上走向全球化，社会也同样在趋向全球化。中东地区的革命会引起美国石油价格的上涨，以及马来西亚和印尼的社会行为的变迁，一个帝国在亚洲的瓦解其影响可能远及哈瓦那和河内，纽约或伦敦遭遇的恐怖袭击则会带来世界金融市场的动荡。

第 26 章
冷战格局下的东方与西方

"我们的英雄们在克里米亚的会晤重申了我们的共同决心，即在今后的和平时期中，一定要保持并加强在这场战争中使联合国家胜利成为可能和确定的目的方面和行动方面的团结一致。我们相信，这就是我们政府对于我们本国人民以及对全世界所有各国人民的一种神圣义务。"[1]

这段文字出自 1945 年 2 月美国总统罗斯福、苏联领导人斯大林和英国首相丘吉尔在雅尔塔会议上起草的会议公报。三巨头在这份公报中向世界宣布，二战中取得胜利的大同盟将在战后继续存在并维持。公报还指出，唯有三国之间持续增进合作与理解，才能实现安全持久的和平，用《大西洋宪章》的话说，即"确保所有地方的所有人生活在没有恐惧和不虞匮乏的自由中，安度他们的一生"。

罗斯福希望雅尔塔达成的决议可以为战后的稳定和平奠定基础。盟军——西方的美、英、法和东方的苏联——将结束轴心国的历史，并且在欧洲组织自由选举的民主政府。为了促进战前资本主义世界与苏联的互信，结束双方间的猜疑，罗斯福向斯大林确保，莫斯科的合法领土诉求和切实的安全需要将通过永久的和平协议得到满足。

事与愿违。德国投降后的几个月内，同盟国间的信任——假如确曾有过的话——便迅速消解，稳定和平的愿望被潜在的毁灭性的幽灵所取代。创建者们设想的处理国际争端的联合国深陷偏颇性的争吵之中。随着莫斯科与华盛顿间的冷战状态加剧，欧洲分裂成两个武装阵营，出于意识形态的深刻裂痕而冷眼相对的美苏两个超级霸主控制着整个世界。

---

[1] 引自 *Department of State Bulletin*, February 11, 1945, pp.213—216.

■ 伟大同盟的崩溃

□ **重点**：为何在二战后，美苏两国互不信任？ 1945—1949 年，哪些事件加深了美苏两国间的紧张关系？

问题起于欧洲。二战结束时，苏联红军占领了整个东欧和巴尔干的大部分（除希腊、阿尔巴尼亚和南斯拉夫），美国和其他同盟国则控制着欧洲大陆西部。罗斯福认为，有"民主和热爱和平的力量"迅速组织起的自由选举将在当地产生民主政府。然而，有一点很快就清楚地显示出来，即苏联对雅尔塔协议的解释大为不同。苏联占领军开始组建新的波兰政府，斯大林拒绝接受流亡的波兰政府，该政府二战期间流亡伦敦，成员大多数是土地众多的贵族，对苏联很不信任。斯大林则坚持由二战期间流亡莫斯科的波兰共产党掌权政府。尽管罗斯福向斯大林有所抱怨，但最终还是妥协了：伦敦流亡政府的两名成员加入波兰共产党政府。一个星期后，罗斯福因脑出血去世，斯大林由此为所欲为。

● 苏联控制东欧

苏军占领的所有地方，都发生了类似波兰的情况。各政治党派（除了法西斯或右翼政党）组成联合政府，但一两年内，各联合政府中的共产党独掌大权。紧接着，这些国家建立了共产党的一党政权。从 1945 年到 1947 年，共产党政权在东欧的保加利亚、罗马尼亚、波兰和匈牙利稳固地建立起来。在有浓厚民主体制传统的捷克斯洛伐克，共产党直到 1948 年才掌权。1946 年捷克斯洛伐克选举后，共产党与其他非共党派共同执政。1948 年初，当非共政党看似将赢得大选时，共产党在 2 月 25 日控制了捷克斯洛伐克政府。其他政党均被解散，斯洛伐克共产党领导人克莱门特·哥特瓦尔德（Klement Gottwald，1896—1953 年）成了捷克斯洛伐克总统。

在东欧，对于苏联主导的模式而言，南斯拉夫是个明显的例外。南斯拉夫共产党在二战期间一直坚持抵抗纳粹，战后，共产党轻轻松松地掌握了政权。南斯拉夫共产党领导人铁托（Josip Broz Tito，1892—1980 年）似乎是个忠诚的斯大林主义者。二战结束后，铁托建立了一个独立的共产党国家。斯大林想控制南斯拉夫，铁托拒绝听命于斯大林，并通过将斗争描绘成为南斯拉夫民族自由的斗争来获取南斯拉夫人民（还有部分西方同情者）的支持。1958 年，南斯拉夫在共产党联盟大会上表示他们并未背离共产主义，只是与斯大林主义相脱离。他们认为，南斯拉夫权力下放的体制更符合马克思—列宁的思想，在这种体制下，工人们自我管理，地方享有一定的政治权力。

对斯大林来说（曾夸口说"我动动手指，铁托就会消失"），在整个东欧建立亲苏政权，并将其作为反对西方资本主义的缓冲区，这是他对雅尔塔和平协议的理解，以及为二战期间苏联的牺牲所寻求的回报。假如苏联领导人有在西欧推进共产主义革命的意图——确实有迹象表明曾有过，那就不得不等待十年或更久后资本主义新危机的出现。无疑如斯大林所想起的，列宁一直坚持认为，革命浪潮终将一波波地到来。

● 铁幕的降落

不过，对美国来说，苏联控制的东欧代表的是一种噩兆般的前景，威胁着罗斯福持久和平的愿景。公众对苏联的猜忌迅速增加，尤其是在有亲友居住在东欧的数百万美国人中间更是如此。丘吉尔很快将这种恐惧诉诸言辞。1946 年 3 月，这位英国前首相在密苏里州富尔顿的威斯敏斯特学院发表了备受瞩目的演讲，宣告"横贯欧洲大陆的铁幕已经降下"，将德国和欧洲分为两个敌对阵营。斯大林将丘吉尔的表述打上了"向苏联宣战"的标签。不过，他无须担忧。尽管美国的舆论对罗斯福的继任者哈里·杜鲁门（1884—1972 年）带来了与日俱增的压力，要求他制定有效战略，防止苏联在美国势力之外推进，但美国人民并没有心思再打一战。

美苏对抗的第一个威胁性事件发生在中东。二战期间，苏联和英国都在伊朗驻军，以阻止轴心国获得伊朗的油田。英苏两国都许诺在二战后撤军，但到 1945 年末，有不祥迹象显示苏联正试图以驻军为筹码，要求伊朗北部的领土即阿塞拜疆加入苏联。得到美国强力支援的伊朗政府威胁称，拟将该问题提交联合国裁决，苏联只好让步，1946 年春，苏军撤出伊朗。

● 杜鲁门主义

希腊内战为美苏对抗提供了另一个舞台，也给了杜鲁门政府表达立场的机会：希腊共产党游击力量在得到铁托领导的南斯拉夫的支持后，与雅典亲西方的希腊政府交火。英国起初认为其主要任务是在地中海东部推进战后重建，然而，到 1947 年，持续不断的经济问题迫使英国从一度积极干预的希腊和土耳其撤离。美国总统杜鲁门担忧英国的软弱无力和苏联可能向地中海东部扩张，提出了杜鲁门主义。这一宣言表示，美国将给那些宣称受到共产主义扩张威胁的国家提供财政援助。如果苏联不在希腊停手，美国将不得不面对共产主义向整个自由世界扩散的境况。正如美国国务卿艾奇逊（Dean Acheson）解释的："如同一个烂苹果会引起一桶苹果都烂掉一样，希腊的腐烂会传染给伊朗以东的所有国家，它还会通过小亚细亚和埃及传染给非洲，并通过意大利和法国传染给欧洲……并非因为罗马和迦太基曾是地球上的集权势力。"[1]

艾奇逊的表态是故意带有这种世界末日般语气的。除美国人民无心再进行国外冒险外，民主党在国会中的竞争对手们也怀抱孤立主义的心态。艾奇逊这位总统顾问认为，只有国外的可怕威胁才能说服美国采取行动。这个策略奏效了，美国国会投票通过了杜鲁门提出的财政援助法案。

然而，事实证明，美国怀疑莫斯科积极支持希腊动乱是毫无根据的。斯大林显然对铁托干预希腊内战极为不快，不仅因为他怀疑铁托试图在巴尔干建立自己的势力范围，还在于他认为这有激发美苏直接对抗的风险。不过，杜鲁门主义在美国达到了预期效果，公众对今后苏联意图的关注达到新高度。

● 马歇尔计划

继杜鲁门主义后，1947 年 6 月，欧洲复兴计划即"马歇尔计划"出台，该计划旨在复苏被战争摧残的欧洲经济，向其提供共计 130 亿美元的援助。马歇尔在哈佛大学的演讲中曾表示："我们的政策并不针对任何国家或主义，而是针对饥饿、贫困、绝望和混乱。"[2]

在苏联看来，马歇尔计划是资本帝国主义，是赤裸裸地企图收买欧洲小国的支持，"代价是他们放弃其经济的，乃至政治的独立地位"。[3]一位苏联发言人将美国形容为"资本主义阵营中的主力"，其最终目标是"强化帝国主义，为反对社会主义和民主的帝国主义战争做准备，为反动的、反民主的亲法西斯政权及行动撑腰"。尽管马歇尔计划向苏联和东欧各卫星国开放，但苏联领导人将其视为帝国主义的阴谋诡计，拒绝参与这一计划。在莫斯科的强大压力下，东欧各国政府也将其拒之门外。

---

〔1〕 引自 J.M.Jones: *The Fifteen Weeks, February 21-June 5, 1947*, New York, 1964, pp.140—141.
〔2〕 引自 W.Laqueur: *Europe in Our Time*, New York, 1992, p.111.
〔3〕 引自 W.Loth: *The Division of the World, 1941-1955*, New York, 1988, pp.160—161.

政治与统治

杜鲁门主义

1947 年，冷战两大阵营已经界限分明。以下资料来自美国总统哈里·杜鲁门在国会发表的演讲，在这次演讲中，他提出要援助希腊和土耳其。杜鲁门表达了遏制共产主义蔓延的急迫性。

今天世界已面临的严重局势使我必须出席国会的联席会议。这关乎我国的对外政策和国家安全。

此刻，我想请各位考虑和决定现今情势中的一个局面，它跟希腊和土耳其有关。

美国最近已经接到希腊政府要求财政和经济援助的紧急请求。目前在希腊的美国经济代表团的初步报告以及美国驻希腊大使的报告，都证实了希腊政府的说法：如果希腊打算作为一个自由国家继续存在下去，那么经济援助是绝对需要的。

我相信，美国人民和国会不会对希腊政府的要求置若罔闻。

希腊不是富国。由于缺乏足够的自然资源，希腊人民不得不一直辛苦工作，如此才能收支平衡。自 1940 年以来，这个勤劳和热爱和平的国家遭受了侵略——被残暴的敌人占领了四年——和激烈的内战。

……

最近世界上有一些国家违背人民的意志，将极权政体强加给人民。针对在波兰、罗马尼亚和保加利亚诸国违反雅尔塔协定的强制行径和威吓行径，美国政府曾多次提出抗议。我还必须指出，在另外一些国家里，也有类似的情况发生。

世界历史发展到当前时刻，几乎每个民族都必须在两种生活方式中进行挑选。这种挑选在大多数情况下不是自由地进行的。

一种生活方式以多数人的意志为基础，它突出地表现为自由制度、代议制政府、自由选举、对个人自由的保障、言论和宗教信仰自由，以及免受政治压迫的自由。

另一种生活方式则以少数人的意志强加于多数人为基础。它所依靠的是：恐惧和压迫、受到控制的报纸和电台、内定的选举和对个人自由的压制。

我相信，美国的政策必须是支持各自由民族，他们正在抵制武装的少数人集团或外来压力。

我相信，我们必须帮助各国自由民族通过他们自己的方式来安排自己的命运。

我相信，我们的帮助应该首先通过经济和财政援助的途径，这种援助对于经济稳定和有秩序的真实进展是至关重要的。

世界不是静止的，现状也不是神圣的。但我们不能听任诸如胁迫之类的办法，或者耍弄诸如政治渗透那样的诡秘伎俩，破坏《联合国宪章》，改变现状。在帮助自由独立国家维护它们的自由时，美国将履行《联合国宪章》原则。

只需要看一下地图，就足以明白，希腊国家的生存和完整，从更大范围的形势看，是具有极其重要的意义的。如果希腊真的陷落到武装的少数人集团的控制之下，这对它的邻国土耳其势必产生严重的、直接的影响。混乱和骚动很可能扩大到整个中东地区。而且，希腊作为独立国家的沦亡，将给一些欧洲国家带来深远影响。这些国家的人民在医治战争创伤的同时，与各种巨大困难做斗争，以维护它们多种多样的自由和独立地位。

这些国家曾经长期与强权做斗争，付出了巨大的牺牲才赢得胜利，如果它们真的丧失了这个胜利成果，实在是无法形容的悲剧。自由制度的崩溃和独立地位的丧失，不仅对这些国家，而且对全世界都是灾难性的。沮丧加上可能降临的失败，恐怕将迅速成为力争维护其自由和独立的各国人民的厄运。

在这千钧一发的时候，如果我们不援助希腊和土耳其，那么其深刻影响和后果不仅限于东方，还将波及西方。

我们必须立刻采取果断行动。……

我现在建议给予希腊和土耳其的援助，为数只略多于这笔投资的千分之一而已。至于我们应该保护这笔投资，并且确保它不至于虚掷落空，这不过是常识。

极权政体的种子是靠苦难和匮乏发育滋长的。它们散布和生长在贫困与不和的秽土中。当一个民族要求改善生活的希望破灭时，它们便会很快茁壮成长起来。

我们必须使人民要求改善生活的希望永不熄灭。

世界上自由国家的人民都在期待我们的支持，以维护他们的自由。

如果我们在领导方面迟疑不决，我们就会使全世界的和平受到危害——肯定也会让我国的繁荣幸福受到危害。

由于事态的急剧发展，伟大的责任已经落在我们肩上。

我深信，国会将证实这种责任。

——1947 年 3 月 12 日，杜鲁门在国会的演讲

□ **问题：**杜鲁门总统是怎样为援助希腊和土耳其辩护的？这一决定对强化冷战有什么作用？

然而，苏联人无法在财政上与美国竞争，除了加强对东欧的控制外，他们无法抗衡马歇尔计划。

● 欧洲分裂

到 1947 年，东欧和西欧的分裂已成事实。二战末，美国希望迅速结束在欧洲的任务。但美国对苏联的担忧导致它在欧洲事务中扮演了越来越重要的角色。著名苏联问题专家、外交官乔治·凯南（George Kennan）在 1947 年 7 月的《外交事务》（*Foreign Affairs*）上撰文，宣扬采取"遏制"（containment）政策以回应苏联的步步紧逼。凯南主张"灵活而警惕地在一系列不断变化的地方和政治目标中运用对抗力量，以遏制苏联政策的变动和策略部署"。1948 年，当苏联人封锁柏林（亦称第一次柏林危机——译注）时，遏制苏联正式成为美国的外交政策。

封锁柏林

德国的命运是东西方白热化竞争的源头。除了去纳粹化（denazification）和将德国分为四个占领区外，盟国在德国的其他问题上很少达成一致意见。遭受战争创伤最重的苏联准备通过掠夺德国工业获得赔偿。渴求技术的苏联人在将柏林西部的控制权移交给其他盟国前，拆解并搬走了 380 家工厂。到 1946 年夏，德国东部的 200 家化工厂、造纸厂、纺织厂被运往苏联。同时，在乌布利希（Walter Ulbricht，1893—1973 年）的领导下，德国共产党得以重建，并很快主导了东部苏占区的政治重建工作。

尽管四个占领国的外交部部长试图会商达成最终的对德和约，但他们之间却渐行渐远。同时，英、法、美三国逐渐在经济上将其占领区整合为一体，1948 年 2 月，三国计划合并三个占领区，建立德国政府。为保证整个柏林的安全，阻止西德政府组建，苏联封锁西柏林，中断了经东德的苏联控制区进入西柏林的所有交通。

西方各国进退两难。直接的军事对抗似乎很危险，没人敢冒第三次世界大战的风险，因而用坦克和卡车冲破封锁的方案被排除了。最后的解决方案是向柏林居民空投物资。高峰时期，英法美每天向柏林空投 1.3 万吨物资。苏联人也不想打仗，并未干预西方的空投，最终在 1949 年 5 月解除了封锁。封锁柏林严重加剧了美苏间的紧张关系，导致德国分裂成东西两个国家。1949 年 9 月，英法美三个占领区组成的联邦德国正式成立，一个月后，东德的德意志民主共和国也宣告成立。柏林分裂为两部分，仍是东西竞争的重要源头。

北约与华沙条约

在冷战新世界中寻求安全也导致出现了军事同盟组织。1949 年 4 月，比利时、丹麦、法国、英国、冰岛、意大利、卢森堡、荷兰、挪威、葡萄牙、美国、加拿大订立协定，组成北大西洋公约组织。这些国家同意，一旦任何一个北约国家遭到攻击，所有北约成员国都将提供援助。几年后，希腊、土耳其、西德加入北约。

很快，东欧国家也如法炮制。1949 年，他们组建起经济合作的经济互助委员会。1955 年，阿尔巴尼亚、保加利亚、捷克斯洛伐克、东德、匈牙利、波兰、罗马尼亚和苏联成立正式军事同盟——华沙条约组织。欧洲再一次在战略上分裂成两个敌对的同盟体系。

谁开启了冷战？

对于谁应承担开启冷战的责任，历史学家有许多争论。20 世纪 50 年代，西方大多数学者认为，主要责任在斯大林，他控制东欧的决心扼杀了东欧的自由和民族自决，引发了西方对苏联扩张的合理担忧。然而，接下来的十年中，修正主义史学家——部分是由于他们反对美国在东南亚的侵略政策——认为主要责任在华盛顿，正是杜鲁门及其反共顾问们放弃了雅尔塔会议的精神，试图用许多亲美的附庸政权包围苏联才导致了冷战爆发。而近些年，许多历史学家的观点更加微妙，他们指出，美苏两国的一些不明智举动导致二战结束时双方关系日趋紧张。

实际上，美苏两国的机制都受到历史的制约和影响。这两个超级大国之间的竞争实际上源于他们不同的历史观和互不相容的政治野心。激烈的政治和军事霸权竞赛一直是西方文明的基本特征。

美苏两国都是欧洲强权政治传统的继承者，因而，毫不奇怪，这两种如此迥异的制度都试图向全世界推行它们的生活方式。由于需要确保其西部边境的安全，苏联不打算放弃它在德国战败后获得的东欧优势。不过，西方领导人也不想毫无异议地接受苏联卫星国的形成，这不仅会威胁到西欧的安全，还因它公然无视西方的意识形态，深深触怒了西方人的感情。

这并不必然意味着美苏两国对冷战的开启负同等责任。有些史学家认为，美国的遏制主义是一种挑衅行为，引起了斯大林的猜疑，使他对西方采取敌对态度。这种指控不可信。尽管可以理解苏联对美国利用核武器垄断来威吓它很担心，但新发现的苏联档案及其他资料越来越清楚地显示，斯大林对西方的猜忌早于华盛顿发布的遏制主义宣言。苏联外交部部长莫洛托夫曾评论道，苏联的政策天性好斗，一有机会就将触发。尽管斯大林显然并不打算将苏联势力推进到西欧，但一旦下一波革命浪潮来临，他可能将尽一切努力这么做。西方领导人完全有理由通过强化他们自身的防御线来回应这种可能性。

另一方面，可以说，西方领导人在决定主要以军事方式回应苏联的挑战上反应过度，最终导致冷战转变成军备竞赛。可以想象，这种军备竞赛结果将变成新的、独特的毁灭性战争。遏制主义的创始者乔治·凯南最初主要将其作为一种政治手段，并最后拒绝承认实施了遏制策略。

■ 冷战在亚洲

□ **问题：** 毛泽东和中国共产党是如何取得政权的？其原因何在？冷战对毛泽东和中国共产党的胜利有何影响？

冷战在亚洲似乎出现得稍晚。雅尔塔会议上，斯大林正式同意欧战结束三个月内发动对日作战。作为苏联参加对日作战的回报，罗斯福许诺，将确保苏联在中国东北的"优先利益"（俄国在日俄战争战败前享有的权益），苏联可在旅顺建立海军基地。斯大林投桃报李，答应与中华民国政府订立协定，暗示苏联不会在将来的内战中支持中国共产党。尽管后来的许多观察家质疑斯大林公开支持反共的蒋介石的诚意，但在莫斯科看来，做出这样的决定其来有自。

杜鲁门政府也同样不愿意在情势不明朗的东亚与莫斯科对抗。华盛顿方面对蒋介石高度不信任，美国的许多关键决策人物希望通过调停毛蒋，以避免更深地卷入中国事务。

尽管如此，美苏之间的协议很快被打破，到 20 世纪 40 年代末，东亚也深陷冷战漩涡。问题的根源在于蒋介石政权的羸弱，它导致莫斯科和华盛顿在东亚建立政治真空的尝试落空。

● 中国的内战

随着二战在太平洋结束，蒋介石政权与其强有力的同盟美国之间的关系变得紧张起来。尽管罗斯福期望中华民国成为他和平计划的组成部分和战后东亚稳定的基石，但美国政府官员因蒋介石政府的腐败无能和不愿用自己的力量与日作战（蒋介石希望保存实力，在太平洋战争结束后对付共产党）而大失所望，随着战争结束，中国不再是华盛顿关注的焦点。尽管如此，美国仍加强了对中国的经济和军事援助，二战结束时，新上台的杜鲁门政府仍希望可以依靠蒋介石帮助美国实现其在东亚的目标。

抗战时期，共产党在华北的势力得到发展。为扩大政治基础，共产党推行群众路线、减少地租、土地改革。到二战结束时，共产党政权辖两三千万人口，人民解放军有近百万军队。

随着二战的结束，世界开始将目光聚焦于中国新一轮的内战上。驻扎延安的美国调停团队对共产党的成绩印象深刻，部分人建议美国支持共产党，或至少在国共争夺政权的斗争中保持中立。杜鲁门政府尽管怀疑蒋介石是否有能力打造一个强有力的繁荣国家，但越来越关注共产主义在欧洲的蔓延，并试图通过在中国建立各党派参与的联合政府来寻求和平。

共产党的胜利

美国的努力付诸东流。到1946年，还都南京的国民党政府与共产党之间爆发了全面内战。起初，战争主要在东北打响，在那里，新近抵达的共产党军队包围了占领主要城市的国民党军队。蒋介石现在自食其果。在农村，被共产党的分田分地和许诺社会公正的政策所吸引的数百万农民加入了人民解放军。在城市，因蒋介石镇压异己，再加国民党政府在解决通货膨胀及其引起的经济问题时的无能，中间阶层与它们离心离德。到1947年末，整个东北几乎都被共产党所控制。

杜鲁门政府对共产党势力在中国迅速扩张极其不快。华盛顿不愿意看到中国大陆出现一个共产党政权，但它对蒋介石实现罗斯福的繁荣、强大、统一的中国梦的能力又几乎毫无信心。1945年12月，为国共实现和平协议，杜鲁门总统派遣马歇尔将军最后一搏，国民党政府内的反共势力抵住了美国要求国共建立联合政府的压力。接下来的两年中，美国给予了国民党一定的军事援助，但拒绝直接用美国军队保障其获胜。美国的不干涉政策激怒了一些国会议员，他们指责，白宫"对共产党绥靖"，要求对国民党政府增加军事援助。

随着城市中士气低落，蒋介石的军队开始转向防御。有时，国民党的整支部队倒戈相向。到1948年，人民解放军向南推进，控制了整个北平。1949年春，解放军挥戈渡过长江，占领了商业重心上海。接下来的几个月，蒋介石的政府及200万军队退往二战后从日本人统治下重回中国的台湾。

随着共产党在中国的胜利，亚洲成为冷战的主要威胁和美国政策中不可或缺的一环。1949年秋，美国国务院发布的白皮书中，杜鲁门政府将此中的主要责任归咎于蒋介石政权的崩溃。然而，国会中的共和党人却认为，罗斯福在雅尔塔会议上同意确保苏联在东北的优先权益之举出卖了蒋介石。在他们看来，苏军阻碍了国民党军队进入东北。

1949 年的《美中关系白皮书》

1949 年，面对国民党政府在中国大陆的惨败，为应对国会和国内舆论的质疑，美国总统杜鲁门向国会提交了白皮书。白皮书认为美国没法改变国共胜负的结果。今天中国的大多数观察家们赞同这一论断，但在当时，人们纷纷批评美国出卖了其中国盟友的利益。

战争结束后，美国对华有三途径，可资抉择：（一）退居不闻不问地位；（二）从事于大规模之军事干涉，援助国民党消灭中共；（三）一面协助国民党，尽可能使其统治权力扩展于全中国，一面力使双方妥协，避免内战。

吾人当时认为：如采第一途径，不啻于吾人尚未尽援华最大努力之前，而遽放弃吾人之国际责任及对华友好之传统政策，当时我国舆论，谅有同感；至第二途径，则在理论上及追溯往事之时或颇动听，实则丝毫不切实用。考国民政府之在战前，十年剿共而无功，其在战后，实力日衰，意志日削，民心日失，已如上述。其军政大员在光复区中之所作所为，益使政府丧失人心与威望。反之，中共势力，却较诸前此任何时期为更强大，且已掌握华北之一大部分。由于国民党军队之腐败无能，欲征服中共，唯有假手于美军之力，庶几可望成功。然在一九四五年或其后，由我国军队接受此一巨大责任之约束，决非美国人民所能容许。情形如此，吾人惟有选择第三途径。在此种政策下，吾人针对当时时局之种种事实，企图协助国民政府寻觅一既可避免内战，复能保持并增进国民政府力量之一妥协办法。

…………

国共两党领袖之互不信任，实已根深蒂固，以致临时停战协定虽获观成，双方所为谈判，虽在表面上时露曙光，而最后协议之达成，则终归无望。国军且于一九四六年不顾马歇尔将军之迭次忠告，决定从事于过分野心之军事行动。其时马歇尔将军曾迭次劝告：此等军事行动，不仅将招致失败，且将使中国经济陷入紊乱状态，终而促成国民政府毁灭。……

中国内战所造成之总结果，系在美国政府控制能力范围之外，此乃一不幸而不可避免之事实。此一结果，决非美国政府在其能力之合理范围以内所已采取或可能采取之措施所能予以变更，而此一结果之造成，亦非由于美国政府未采某项措施之所致。此一结局，乃中国若干内部力量所造成。美国曾就该力量，力谋予以左右而无成。中国已在其国境内自做决定，纵使此项决定系属谬误，亦无如之何也。

——《美中关系白皮书》（节选）

□ **问题：** 白皮书的作者是如何解释共产党在中国大陆取得胜利的？

后来，莫斯科和北京方面的资料清楚地显示，事实上，二战后的国共内战中，苏联很少援助共产党。斯大林——更关心与美国军事对抗的前景——建议毛泽东不要夺取全国政权。尽管共产党部队无疑从占领东北的苏军那里获得了某些帮助，但他们的胜利本质上源自中国的内部因素。尽管如此，白宫回应了外界对它的批评。1950 年春，美国国会和民众舆论要求定义美国在亚洲的利益，在这双重压力之下，杜鲁门政府采取了新的国家安全政策，暗示将采取一切必要手段阻止共产党势力在亚洲的进一步扩张，遏制政策蔓延到东亚。

● 印度支那的冲突

20 世纪 50 年代中期，中国试图与非社会主义世界建立联系。1953 年 7 月末，中美在朝鲜战场达成停火协议，中国表明愿意与亚洲其他独立国家和平共处。不过，在中国南边的法属印度支那（法国在东南亚的殖民地，包括现在的越南、老挝和柬埔寨——译注），一场相对较小的冲突让中国越来越紧张。法属印度支那的斗争从二战结束后开始，胡志明（1890—1969 年）领导的越南共产党率领多党组成越南民主阵线，占领了越南北部和中部。胡志明政府与重返越南的法国谈判失败后，越南战争于 1946 年 12 月爆发。法军占领了城市和人口密集的低地地区，越南人则流亡山区。

三年时间里，越南人发动了摆脱殖民统治、争取民族解放运动的"人民战争"，所控制面积不断增加，成效显著。然而，越南的冲突几乎没有引起其他国家领导人的多少关注，他们认为这只是战后亚洲殖民地争取独立的一个例子。杜鲁门政府尽管对胡志明长期充作苏联的代理人感到不满，但又不愿意因代表法国干预越南战争而激怒亚洲反殖民主义势力。莫斯科对越南问题更没什么兴趣。斯大林——仍希望看到法国共产党掌权——无视胡志明的请求，即苏联认可其举动并承认他是越南人民民族利益的合法代表。

1949 年后，越南民主阵线反对法国殖民的斗争在冷战中更为错综复杂。1950 年初，中国向越南提供军事援助，增加越南的革命资本，使其保护中国边境免受敌对势力的侵扰。杜鲁门政府越来越意识到革命的"红色浪潮"正席卷越南，于是，决定向法国提供财政和技术援助，同时要求法国做好准备，使越南、老挝和柬埔寨向独立的非共产主义政府做最后过渡。

尽管美国一再卷入越战，但越南的势力还是越来越强。1954 年春，在中国的帮助下，越南占领了距离老挝不远的法国重要军事据点奠边府。法国继续增援，双方进入决战。

由于伤亡不断增加以及法国公众厌倦了在印度支那打"肮脏战争"，1954年5月，法国同意与越南和谈。日内瓦和谈的前一天，越南民主阵线攻破了奠边府的法军堡垒。这次屈辱的失败进一步削弱了法国维持印度支那的决心。越南暂时出现了两个政权，北边是共产党领导的越南民主共和国，南边是以西贡（即现在的胡志明市）为基地的非共产主义的越南共和国。双方在北纬17度线划定了非军事线，并决定两年内选举组成统一政府。老挝和柬埔寨也宣布独立，组成中立政府。法国势力从这三个国家退出。

■ 从对抗到共处

□ 问题：什么事件导致了20世纪60年代东西方共存时代的出现？双方在缓解国际紧张局势方面有什么样的举动？

刚进入20世纪50年代，世界就战战兢兢地站在了核毁灭的边缘。1949年，苏联第一次引爆核装置，资本主义和社会主义两大阵营在意识形态鸿沟的两岸两两相望，每过一年，意识形态的鸿沟就拓宽一些。不过，到20世纪50年代末，冷战中悄然有了些许理智，世界主要大国的领导人开始寻求和平稳定的世界中所需的共处方式。

第一个清晰的转变迹象发生在1953年初斯大林死后。斯大林的继任者马林科夫（Georgy Malenkov，1902—1988年）公开表示将减少国防支出，政府财政将转向日益增长的消费需求，并希望改善与西方的关系。于1955年取代马林科夫的赫鲁晓夫（Nikita Khrushchev，1894—1971年）继续了前任缓解与西方紧张关系的努力，提高了苏联民众的生活水平。

1956年，在一次圆滑的公关活动中，赫鲁晓夫呼吁对西方采取和平共处政策。1955年，他曾令人吃惊地同意通过谈判结束盟国对奥地利的战后占领，并允许奥地利建成一个与西方有密切经济和文化往来的中立国家。他还呼吁减少国防支出，缩减苏联军队的规模。

● 东欧的动乱

起初，西方领导人怀疑赫鲁晓夫的动机，尤其是考虑到东欧正在发生的事情，这种怀疑更是无可厚非了。对苏联西部边疆安全至关重要的是二战结束后建立的东欧卫星国。一旦得以确保共产党的主导地位，莫斯科衍生出的执政的大批"小斯大林"们就推出重点强调重工业、农业集体化和工业国有化的苏式五年计划。他们还借用斯大林在苏联推行的政治策略清除非共产主义党派，建立经典的高压组织——秘密警察和军队。异见分子被镇压并投入监狱，反对屈从苏联的"民族共产主义者"在公开审判中被控犯叛国罪后遭处决。

尽管遭受种种高压，好几个东欧国家中仍出现了日益不满的情况。匈牙利、波兰和罗马尼亚有着被帝俄统治的痛苦记忆，它们怀疑斯大林是打着国际主义的幌子复苏沙皇帝国。对东欧的大多数人民来说，这种强加的所谓人民民主（莫斯科发明的一种指代社会主义转型早期阶段的术语）带来的是经济困难和对最基本的政治自由的严重威胁。最初的动荡迹象出现在东柏林，1953年，那里发生了反共产主义的公众暴乱。暴乱最终被镇压下去，但暴乱的病菌扩散到周边国家。

1956年，波兰民众发起了反对食物价格飞涨的示威游行，并升级为反对波兰政府的经济政策和对天主教的限制、反对苏联长期驻军波兰（华沙组织所要求的）的大规模抗议运动。波兰共产党领导人镇压抗议失败，不得不下台，由哥穆尔卡（Wladyslaw Gomulka，1905—1982年）接替。哥穆尔卡是个备受欢迎的人物，此前因其"民族主义"倾向被降职。正当哥穆尔卡采取措施解决危机时，赫鲁晓夫飞抵华沙，警告他不要采取削弱党的政治支配地位以及弱化与苏联的安全关系的政策。波苏两方紧张磋商后，波兰同意仍留在华沙组织内，保持党的神圣统治。作为回报，苏联赞同哥穆尔卡进行内政改革，如取消对宗教活动的限制、结束农村强制集体化。

匈牙利革命

波兰的事态发展对整个东欧地区带来了巨大冲击。邻近的匈牙利，其影响最为强烈。1956年10月末，首都布达佩斯爆发了学生领导的公众骚乱，并迅速蔓延到全国城乡地区。拉科西被迫辞职，取而代之的是试图在不激怒莫斯科的情况下满足公众要求的共产党人纳吉·伊姆雷（Nagy Imre，1896—1958年）。与哥穆尔卡不同，对于抗议运动领导人提出的进行重大政治改革以及匈牙利退出华沙组织的要求，纳吉没法满足。11月1日，纳吉许诺进行自由选举。考虑到全国民众的情绪，这一许诺可能会终结共产党在匈牙利的统治。短暂犹豫后，莫斯科决定采取坚决行动。刚刚在纳吉的请求下撤退的苏军重新抵达布达佩斯，建立了一个更恭顺的领导人卡达尔·亚诺什（Kadar Janos，1912—1989 年）统治的政府。卡达尔废除了纳吉的许多政策，纳吉躲进了南斯拉夫使馆。几周后，在得到安全保证后，他离开南斯拉夫使馆，不料却很快被捕，以卖国罪的罪名被处决。

社会主义的不同道路

波兰和匈牙利发生的戏剧性事态形象地显示了东欧卫星国的脆弱性，许多观察家预测，美国将代表自由斗士干预匈牙利。毕竟，艾森豪威尔政府曾许诺要打击共产主义，美国支持的解放和自由欧洲电台的广播节目也鼓励东欧人民起来反抗苏联统治。事实上，华盛顿清醒地意识到干预将导致核战争，因而将其行动限制在抗议苏联残酷镇压起义上。

不过，1956 年波兰和匈牙利的事件并非毫无影响。苏联领导人现在认识到，莫斯科只有给卫星国留有余地、让它们因地制宜地采取合适的政策才能维持苏联对东欧的控制。1955 年，赫鲁晓夫已经对此表态，他向铁托表示，"社会主义有不同道路"。有些东欧共产党领导人采纳了赫鲁晓夫的表态，进行改革，使社会主义更切合大多数民众的要求。即便是被嘲弄地打上了"布达佩斯的屠夫"标签的卡达尔也采用了纳吉的一些改革措施，允许在匈牙利保留一些资本主义的激励措施和言论自由。

柏林危机

然而，到 20 世纪 50 年代末，柏林爆发了一场新危机。1957 年 8 月，苏联发射了第一颗洲际弹道导弹，引起了美国对美苏导弹发展差距的担忧。赫鲁晓夫试图利用美国对洲际导弹的惊怒解决西柏林，在相对贫困的东德境内，这里仍然是一座繁荣的"西方之岛"。许多东德人逃往西柏林，这是东德严重的信誉污点，也是潜在的东西方关系的不稳定因素。1958 年 11 月，赫鲁晓夫宣称，除非西方在六个月内撤出西柏林，否则苏联将接管通往东德的各条通道。美国不愿接受这个将西柏林扔给共产主义的最后通牒，艾森豪威尔和西方各国坚决不让步，赫鲁晓夫最终偃旗息鼓。

尽管东西关系时不时有类似这般危机，但有迹象表明，两大阵营和平共处的时代可以实现。20 世纪 50 年代末，美苏开始有了文化交流。列宁格勒的基洛夫芭蕾舞团（Kirov Ballet）在美国演出，本尼·古德曼（Benny Goodman，美国单簧管演奏家——译注）在莫斯科演奏，电影《西区故事》（*West Side Story*）在莫斯科上映。1959 年，赫鲁晓夫访问美国，与美国总统艾森豪威尔在马里兰州北部的总统度假地有过短暂而友好的会晤。

● 第三世界的竞争

赫鲁晓夫很少能避免在争夺世界影响力的竞争中获得对美国优势的诱惑，这种姿态加剧了这两个全球霸主间的不稳定关系。与对所有不亦步亦趋地追随其领导的政治人物心怀深度猜疑的斯大林不同，赫鲁晓夫认为，亚洲、非洲和拉丁美洲殖民政权的瓦解对苏联来说是潜在的优势。当一些中立领导人——如印度的尼赫鲁、南斯拉夫的铁托和印度尼西亚的苏加诺——于 1955 年发起不结盟运动并形成两大阵营外的另类时，赫鲁晓夫抓住一切机会扩大苏联在第三世界（指的是所说的亚洲、非洲和拉丁美洲的不结盟国家）的影响。赫鲁晓夫公开寻求与印度、印度尼西亚和埃及等战略上非常重要的中立国家的联盟，而华盛顿在联合国的影响力开始减弱。

1961 年 1 月，肯尼迪（1917—1963 年）当选美国总统。与赫鲁晓夫在维也纳的非正式会晤，让新总统大为烦躁。赫鲁晓夫宣言，苏联将积极支持全世界的民族解放运动。这让华盛顿方面日益担忧苏联会在一些敏感地方横插一手，如起义运动持续发酵的东南亚。在中非，亲苏的中非激进领导人卢蒙巴（Patrice Lumumba，1925—1961年）引起了华盛顿的深度怀疑。在加勒比，名不见经传的古巴革命者卡斯特罗（Fidel Castro）要将其国家变为苏联在美洲扩张的根据地。

● 古巴导弹危机与走向缓和

1959 年，古巴左翼革命者卡斯特罗推翻了富尔亨西奥·巴蒂斯塔（Fulgencio Batista）的独裁统治，建立了有苏联支持的新政府。随着古巴新政权与美国之间紧张关系的不断升级，艾森豪威尔政府与古巴断交，计划推翻卡斯特罗的统治，作为回应，卡斯特罗更接近苏联。

1961 年初，上台不久的肯尼迪通过了支持流亡的反卡斯特罗人士入侵古巴的计划。不过，他们在古巴南部猪湾的登陆彻底失败了。在卡斯特罗的邀请下，苏联开始在古巴布置核导弹，而美国本土就在其射程内（很快，赫鲁晓夫表示美国在土耳其布置了射程可轻易抵达苏联的核导弹）。当美国情报人员发现苏联舰队正带着更多的导弹前往古巴时，肯尼迪决定派遣军舰进入大西洋，阻止苏联舰队抵达目的地。

这种解决方法风险极大，但好处是它拖延了双方的对抗，给了美苏双方寻求和平解决方法的时间。经过几近爆发直接核对抗（苏联在古巴的导弹已经做好了发射准备）的紧张对峙后，最终，赫鲁晓夫给肯尼迪发了一封和解信，表示如果美国保证不入侵

苏联镇压东欧：1956 年的匈牙利

1956 年波兰发生的事激励了匈牙利共产党领导人试图摆脱苏联控制的决心。然而，赫鲁晓夫的容忍是有限的，他派遣苏军镇压了匈牙利的独立运动。以下第一段资料是苏联为其武力出兵做辩护的宣言（即《苏联政府关于发展和进一步加强苏联同其他社会主义国家的友谊和合作的基础的宣言》），第二段是匈牙利总理纳吉简短而悲惨的最后陈述。

苏联政府认为必须就匈牙利事件发表声明。事件的发展表明，在人民民主制度基础上获得巨大进展的匈牙利劳动人民正确地提出了必须消除经济建设方面的严重缺点的问题、进一步提高人民物质福利的问题，以及同国家机关中官僚主义偏差进行斗争的问题。但是，黑暗的反动势力和反革命势力很快就混入了劳动人民这个正当和进步的运动中，它们企图利用部分劳动人民的不满来破坏匈牙利人民民主制度的基础，使地主和自己的旧制度在匈牙利复辟。

苏联政府和全体苏联人民深为遗憾的是，匈牙利事件的发展竟引起了流血。

应匈牙利人民政府的请求，苏联政府同意苏军部分进入布达佩斯，帮助匈牙利人民和匈牙利政权机关维持市内秩序。

——《苏联政府关于发展和进一步加强苏联同其他社会主义国家的友谊和合作的基础的宣言》（1956 年 10 月 30 日）

这次斗争是匈牙利人民反抗苏联干涉、争取自由的斗争，我可能只能在岗位上待一两个小时了。全世界都将看到苏联的武装力量是如何违背所有条约和公约、镇压匈牙利人民的抵抗的。他们还将看到苏联军队是如何绑架一个联合国成员国的国家首脑，将其带离首都，因此，毫无疑问，这是最残酷无情的干涉。在这最后时刻，我请求革命领导人如果可能的话，离开这个国家。我请求将我在广播中所说的一切以及我们在部长联席会议各革命领导人达成的一致意见形成备忘录，领导人应向全世界所有人民求助，并向他们解释，今天是匈牙利，明天可能会是其他国家，因为莫斯科帝国主义不知道边界，只是在争取时间。

——纳吉的最后讲话（1956 年 11 月 4 日）

□ **问题：** 美国及其盟友是如何回应匈牙利事件的？为什么美国决定不支持匈牙利的异见势力？

古巴，苏联将撤回舰队。在多年后披露的双方秘密会商细节中，肯尼迪许诺拆除在土耳其的导弹。然而，对整个世界来说（以及对愤怒的卡斯特罗来说），似乎是肯尼迪打败了赫鲁晓夫。"我们以眼还眼，"美国国务卿迪安·腊斯克（Dean Rusk）说，"他们蔫了。"

世界可能在几天内就灰飞烟灭的认知对东西方都产生了深刻影响。为加速两个超级大国之间的快速沟通，莫斯科和华盛顿于1963年建立了交流热线，同年，美苏两国同意停止大气层的核试验，这个措施缓和了两国间的紧张关系。

● 越战

艾森豪威尔政府反对1954年的日内瓦和平协议，因为该协议将越南暂时分为两个独立部分，即"北越"（越南民主共和国）和"南越"（越南共和国），特别是协议中规定的全国选举可能会使整个越南都处在共产主义的统治下。不过，艾森豪威尔不愿意在不想和平解决问题的英法的全面支持下派遣美军前往越南。最终，华盛顿许诺不破坏和平协议的规定，但拒绝承诺其结果。

接下来的几个月里，美国开始向越南共和国提供支援。在反共政治家吴庭艳的领导下，越南共和国政府开始清除异己。吴庭艳得到美国默许，拒绝举行日内瓦协定中约定的全国大选。人们公认——即便在华盛顿——共产党将赢得大选。1959年，对越南和平统一于共产党统治下深感绝望的胡志明决定重新在南方进行革命战争。

1960年，在越南共和国一个偏远之地，出现了一个获得广泛支持的政治组织，即民族解放阵线，该组织受到越南民主共和国高级共产党人秘密而坚定的领导。

到1963年，越南共和国已处于崩溃边缘。吴庭艳的独裁手段、对严重的经济不平等的忽视使大多数人与之反目，而被俗称为"越共"并得到越南民主共和国政府支持的革命势力扩散到全国大多数地方。1963年秋，在肯尼迪政府的支持下，越南共和国的高级军官推翻了吴庭艳政府。不过，新军事领导层的派系纷争导致越南共和国在与革命势力的斗争中毫无起色，越南共和国的情况越来越糟。到1965年初，越南民主共和国军队加入后更加壮大的越共即将控制整个越南。3月，美国总统约翰逊决定派遣作战部队前往越南共和国，防止西贡反共政府的彻底失败。接下来的三年中，白宫将火力对准胡志明，要求他放弃将越南统一在共产党之下，同时美军不断增援越南。

观点争锋

和平共处还是人民战争？

苏联领导人列宁认为，社会主义阵营与资本主义阵营间的战争不可避免，因为帝国主义绝不会不战而屈。这种假设可能影响了斯大林，二战结束后不久，他对同事们说，十五至二十年内，将爆发新的战争。不过，斯大林的继任者赫鲁晓夫却担心，新的世界战争可能会带来灾难，他认为两大阵营必须学着和平共处，尽管和平竞争仍将继续。1959年，赫鲁晓夫在北京发表演讲。

同志们！社会主义给人们带来了和平——这是最大的幸福。社会主义阵营的力量越壮大，它就越有可能有效地捍卫世界和平事业。现在社会主义的力量已经十分强大，因此，有了排除以战争作为解决国际争端的手段的实际可能性。

现在，某些资本主义国家政府的领导人，开始表现了一定的以现实主义态度来了解世界上的既成形势的倾向。

我刚从美国回来，在我同艾森豪威尔总统交谈的时候，我有了这样的印象，得到不少人支持的美国总统是明白必须缓和国际紧张局势的。……

……维护和平只有一条道路，这就是不同社会制度的国家和平共处。现在问题是这样：或者和平共处，或者进行战争而遭到毁灭性的后果。现在，社会主义和资本主义的力量对比已经有利于社会主义，谁要继续奉行"冷战政策"，谁就是自取灭亡。……

……

社会主义国家反对战争，主张和平共处，绝不是因为资本主义还强调。不是的，我们根本不需要战争。甚至像社会主义这样一种崇高而进步的制度，如果人民不要它，也不能用武力强迫他们接受。因此，一贯执行和平政策的社会主义国家集中精力来进行和平建设，用社会主义建设的示范力量鼓舞人心，引导他们跟着自己走。至于某一个国家什么时候走上社会主义道路的问题，这要由人民自己来决定。这件事对我们是最神圣的。

——赫鲁晓夫在1959年北京举行的中华人民共和国建国十周年国庆招待会上的讲话（节选）

□ **问题**：为什么赫鲁晓夫认为，列宁所预测的资本主义和社会主义阵营中的斗争不再是不可避免的？

寻求和平

1969 年，尼克松（Nixon）执掌白宫，他承诺光荣体面地结束越战。由于美国公众对越战问题意见分歧严重，尼克松一方面撤军，另一方面继续在巴黎和谈。不过，他的战略重心是改善与中国的关系，于是派遣基辛格秘密访华。美国表示决心从越南撤军，并希望改善与中国大陆政府的关系，作为回应，中国领导人希望尼克松于 1972 年初访华。尼克松接受了这一邀请，中美决定在台湾问题上搁置分歧，去追求更好的双边关系。

西贡的陷落

亲密盟友明显的转向，使越南民主共和国领导人非常愤怒，遂决定与美国进行和平谈判。1973 年 1 月，美越双方在巴黎签署和平协议，协议要求美国撤出越南共和国。作为回报，越南共产党政府同意停止军事行动，与西贡政权谈判以解决双方分歧。不过，越南南北间的政治协议很快就被撕毁，1975 年初，越南民主共和国重新发动对越南共和国的进攻。到 4 月末，在越南民主共和国军队的大举进攻下，越南共和国政府投降。一年后，越南统一于共产党的统治之下。

共产党在越南的胜利对美国来说屈辱至极，但由于中美新关系的确立，其战略影响有限。在接下来的 10 年里，中美关系继续好转。1979 年，中美建交，并通过联合公报。到 20 世纪 70 年代末，中美已经建立起了一种"战略关系"，在这一关系中，中美携手合作应对共同的敌人——苏联在亚洲的威胁。

为什么美国未能阻止共产党在越南的胜利？约翰逊政府的一位高级官员后来曾评论道，华盛顿低估了其河内对手的决心，高估了美国人民的耐心。然而，深思熟虑下，我们还发现另一个至关重要的原因：美国高估了它在越南共和国的附庸政府抵御纪律严明的对手的能力。在接下来的许多年里，这成为美国国家建设中的一个重要教训。

■ 均势时代

□ 问题：为何 20 世纪 80 年代冷战再起？为什么到了 20 世纪 80 年代末，冷战格局才最终终结？

20 世纪 60 年代中期，美国官员认为苏联本质上是一种保守势力，更关心如何保护其庞大的帝国，而非扩张边界。实际上，美国的决策者在寻求和平解决越战时曾经时不时地寻求苏联的帮助。只要赫鲁晓夫在位，他们就能在莫斯科找到接纳者。赫鲁晓夫坚定地致力于推进东西方和平共处（至少在他看来），强烈反对越南民主共和国继续在越南共和国的革命战争。

1964 年 10 月，赫鲁晓夫下台，继任者是党中央总书记勃列日涅夫（Leonid Brezhnev，1906—1982 年）和苏联部长会议主席阿列克谢·柯西金（Alexei Kosygin，1904—1980 年）。随后，苏联对越南的态度变得更为暧昧不明。一方面，新领导人不愿意看到越南的冲突危及大国关系。另一方面，为了扭转兄弟国家指控其背叛了世界被压迫人民的利益，莫斯科急于表明它支持越南民主共和国。结果，苏联官员公开表示同情美国在越南的困境，但并未向其盟友越南施压，让它结束战争。事实上，在越战的最后几年中，苏联是河内的主要武器装备的提供者。

● 勃列日涅夫主义

与此同时，新冷战在东欧不断加剧，捷克斯洛伐克也对斯大林政策不满。20 世纪 50 年代，仍处在由斯大林本人扶植上台的强硬派诺沃提尼（Antonin Novotny，1904—1975 年）统治下的捷克斯洛伐克曾像波兰和匈牙利一样出现"解冻"。不过，到 20 世纪 60 年代末，诺沃提尼的政策使广大民众离心离德。1968 年，在知识分子和改革派党员的支持下，亚历山大·杜布切克（Alexander Dubcek，1921—1992 年）当选捷克共产党总书记。杜布切克当选后，立即试图施行通常所说的"人性社会主义"，解除了言论、出版和出国方面的限制。他还宣布进行经济改革，放松了党对社会各方面的控制。一段狂欢后，捷克发生了"布拉格之春"。

"布拉格之春"昙花一现。受到杜布切克举措的鼓励，一些捷克人要求进行更深远的改革，包括脱离苏联阵营、实行中立。为阻止这场"春热"扩散，在华沙组织其他一些国家的支持下，苏联红军于 1968 年 8 月侵入捷克，镇压了改革运动。忠心的斯大林主义者古斯塔夫·胡萨克（Gustav Husak，1913—1991 年）取代了杜布切克，恢复了旧秩序，而莫斯科则为证明其行动合理，提出了所谓的勃列日涅夫主义。

在东德，斯大林政策仍在盛行。瓦尔特·乌布利希领导的共产党政府在 20 世纪 50 年代初巩固了政权，成了忠实的苏联卫星国。东德实行工业国有化、农业集体化。在 1953 年工人示威被苏联坦克镇压下去后，东德人接连经过柏林逃往西德。逃离者大多数是熟练工人（一位苏联观察者嘲讽说，"很快就只剩下总书记乌布利希了"）。这引

勃列日涅夫主义

1968 年夏，当捷克斯洛伐克共产党的新领导人严肃考虑改革捷克的集权制度时，华沙组织各成员国在苏共首脑勃列日涅夫的领导下会晤，宣称捷克的行为是对社会主义阵营的威胁。很快，苏联几个加盟共和国的军队进入捷克，强迫捷克新政府向莫斯科俯首称臣。在"无产阶级国际主义"精神下，这一举动被合理化，并且被广泛认为是警告其他社会主义国家不要背离苏联所阐释的马列主义正统太远。莫斯科的这些行动使冷战的局势更加紧张。

亲爱的同志们！

我们以保加利亚、匈牙利、德意志民主共和国、波兰和苏联共产党和工人党的中央委员会的名义给你们写这封信，是出于建立在马克思列宁主义和无产阶级国际主义原则基础上的真挚友谊，出于对我们的共同事业，对加强社会主义阵地和安全、加强各国人民的社会主义大家庭的关怀。

你们国家事态的发展使我们深感不安。我们深信，受到帝国主义支持的反动派对你们党和捷克斯洛伐克社会主义共和国的社会制度基础的进攻，使你们国家有离开社会主义道路的危险，因而也威胁着整个社会主义体系的利益。

    …………

我们过去和现在都无意干涉纯属你们党和你们国家内部事务的事情，无意破坏共产党和社会主义国家关系中尊重、独立和平等的原则。

    …………

同时，我们不能同意让敌对势力把你们国家从社会主义道路上拉开，和造成把捷克斯洛伐克从社会主义大家庭中争夺过去的危险。这已经不仅仅是你们的事了。这是用联盟、合作和友谊联合起来的所有共产党和工人党以及国家的共同事业。这是为保证自己的独立、欧洲和平与安全，为给帝国主义势力、侵略和复仇的阴谋设下不可逾越的障碍而在华沙条约中联合起来的我们这些国家的共同事业。……我们决不会同意让帝国主义通过和平或非和平途径、从内部或外部在社会主义体系中打开一个缺口，和使欧洲的力量对比变得有利于他们自己。

    …………

这就是为什么我们认为，坚决回击捷克斯洛伐克的反共势力和坚决为保全捷克斯洛伐克的社会主义制度而斗争，这不仅是你们的，也是我们的任务。

    …………

> 我们确信，捷克斯洛伐克共产党在意识到自己的责任的情况下，会采取必要的措施来堵塞反动派的去路。这场斗争中，你们可以指望得到兄弟社会主义国家的声援和大力帮助。
>
> ——致捷克斯洛伐克共产党中央委员会的信（1968 年 7 月 15 日）

....

□ 问题：为什么勃列日涅夫要把苏联决定出兵捷克合理化？你认为他的说法在多大程度上令人信服？

发了经济问题，有鉴于此，东德政府在 1961 年修建了柏林墙，柏林从此一分为二，还在东德与西德的整个边境修筑了更吓人的障碍。柏林墙修筑后，在苏联的东欧卫星国里，东德成了最强的经济体。1971 年，乌布利希下台，由强硬派领导人埃里希·昂纳克（Erich Honecker，1912—1994 年）接任。强化政治宣传和使用秘密警察组织斯塔西（Stasi）是昂纳克实施独裁的特征。在接下来的 18 年里，东德一直由昂纳克统治。

● 缓和时代

在勃列日涅夫和柯西金的领导下，苏联仍然追求与西方和平共处，在外交上总体采取了审慎态度。到 20 世纪 70 年代初，美苏关系进入常常被人们称为缓和（detente）的新时代，这个法语词汇指的是双方紧张关系的和缓。缓和的一大象征是 1972 年的战略武器限制谈判（Strategic Arms Limitation Talks）中，美苏签订了反弹道导弹条约（the Anti-Ballistic Missile Treaty），双方同意限制其弹道导弹体系的规模。

华盛顿推行该条约的目标是，任何一方都不可能通过先发制人的打击对方来赢得核战争。美国官员相信，双方势均力敌的"均势"政策是避免核对抗的最佳方式。其他方面也出现了缓和。1969 年尼克松上任后，加强了与苏联的贸易和文化往来。他的目的是在美苏关系中建立一系列"联系"，这些联系让莫斯科相信，维持与西方的良好关系将带来经济和社会收益。

东西方新关系的一大标志是赫尔辛基协议（Helsinki Accords）的签订。该协定是美国、加拿大以及铁幕两边的所有欧洲国家于 1975 年订立的，它确认了自二战结束后建立的欧洲国家的边界，第一次正式确认了苏联在东欧的势力范围。赫尔辛基协议还确认了各签约国要确认和保护其国内公民的人权，这也是西方国家为改善苏联及其欧洲卫星国的状况所做的努力。

● 第三世界的再度紧张

保障人权成为继任的吉米·卡特政府的主要外交目标之一。具有讽刺意味的是，就在美国即将结束越战、中美关系改善之机，美苏关系由于几方面的原因开始变味。有些美国人注意到苏联外交政策中日益显现的进攻性倾向。第一个迹象出现在非洲。苏联在索马里的影响上升，接着，它在索马里的近邻埃塞俄比亚的影响力也在加强。在曾是葡萄牙殖民地的安哥拉，得到古巴军队支持的起义武装上台掌权。1979 年，苏军越过边界入侵阿富汗，以保护新式的马克思主义政权免受原教旨主义穆斯林的内部阻抗。有些观察家怀疑，苏联进攻至今属于中立的阿富汗的最终目的是将其势力扩张到波斯湾的油田。为消灭这种可能性，白宫推出卡特主义，表示如果有需要，美国将利用其军事力量保卫西方通往中东油田的通道。实际上，后来解密的莫斯科方面的资料显示，苏联入侵阿富汗与波斯湾的油田没什么关系，而是为了在一个日益受到伊斯兰教狂热困扰的地区增加影响力。苏联担心伊斯兰激进主义扩散到中亚苏联国家的穆斯林中，并且确信美国已因所谓的越南综合征（美国公众担心卷入另一场越南式的冲突）心烦意乱，无心对阿富汗问题做出反应。

美国对苏联的怀疑不断增加的另一个原因是，有些美国国防分析人士指责苏联抛弃均势政策，寻求核武器方面的战略优势。因此，他们认为美国要大幅增加国防经费。这种控诉加上苏联在非洲和中东的所作所为，以及有关苏联迫害犹太人和异见人士的报道，使美国公众不再支持缓和政策。这种态度的转变在 1979 年国会否决卡特政府与苏联进行新的战略武器限制谈判的提案中体现出来。

● 反击"邪恶帝国"

里根（1911—2004 年）政府初期，人们见证了冷战的激烈措辞的回归，即便实际做法并非如此。里根是出了名的反共者。1980 年就任总统后不久的一次演讲中，他把苏联称为"邪恶帝国"，经常质疑苏联在外交事务中的动机。为消除所谓苏联的战略武器优势，白宫大搞军事建设，引发了新一轮的军备竞赛。1982 年，里根政府装备了巡航导弹，该导弹的低纬度飞行能力使它很难被敌方雷达侦察到。里根还是绰号为"星球大战"的战略防御计划（Strategic Defense Initiative）的狂热支持者。这一计划的目的除了建立可以摧毁来袭导弹的空中盾牌外，还为了迫使莫斯科进行没希望打赢的军备竞赛。

里根政府还在第三世界采取了更积极的——即便不是对抗性的——举措。这种姿态在中美洲表现得最直接。尼加拉瓜的索摩查（Anastasio Somoza）独裁统治被推翻后，桑地诺（Sndinista）民族解放阵线建立了革命政权。里根政府指控桑地诺政府支持萨尔瓦多的叛乱，开始给萨尔瓦多政府提供物资援助，同时支援尼加拉瓜的反共游击叛乱。尽管美国政府宣称这是反击共产主义在西半球的扩散，但它的中美洲政策在国会激起了相当大的争议，有些国会议员指责，美国对中美洲的不断干预可能导致重现在越南的痛苦经历。

其他领域里，里根政府也咄咄逼人。通过给阿富汗的反苏起义提供军事援助，白宫在阿富汗推波助澜，形成了类似于越战中的冲突，使苏联深陷泥潭，难以脱身。如同越战，阿富汗战争也给苏联带来了重大伤亡，它表明，在面对强大的游击式民族主义反抗时，苏联这一超级大国的影响力是有限的。

● 走向世界新秩序

1985 年，戈尔巴乔夫（Mikhail Gorbachev，1931— ）当选苏共总书记。在勃列日涅夫执政的最后几年以及他的两任继任者安德罗波夫和契尔年科的短暂执政期间，苏联进入经济严重衰退期，戈尔巴乔夫认为，必须实行重大变革，重燃曾激发布尔什维克革命的梦想。接下来的几年里，他发起了系列改革，以恢复苏联元气。其改革的内容之一便是修缮与美国和其他资本主义国家的关系。美苏领导人在冰岛首都雷克雅未克会晤，同意搁置意识形态之争。

戈尔巴乔夫不顾一切地挽救苏联免其崩溃的努力为时已晚。1989 年，东欧爆发了反共产主义的大规模示威运动，并迅速向东蔓延。1991 年，看似世界舞台上永久常客的苏联突然解体，原苏联境内出现了 15 个新国家。同一年，东欧的苏联卫星国也摆脱了苏联的控制，宣布脱离共产主义，冷战终结。

冷战的结束让许多观察家有了世界进入新秩序的愿景，该新秩序的特点是和平共处、不断繁荣。令人悲伤的是，这样的愿望并未实现。20 世纪 90 年代中期，巴尔干半岛的内战形象地说明，民族和民族敌对的旧裂痕仍然撕裂着后冷战世界。此外，非洲和中东也爆发了血腥的民族和宗教纷争。紧接着，2001 年 9 月 11 日，恐怖主义袭击美国，世界进入新时期，开始了西方与伊斯兰军事武装间的新一轮紧张局势。

与此同时，除了这些重点问题外，还有其他值得关注的一些问题。环境问题和全球

全球村还是文明的冲突？

1991 年，冷战结束后，决策者、学者和政客们开始预测"新世界秩序"的到来。政治哲学家弗朗西斯·福山提出一种观点，即共产主义的衰落标志着西方的工业资本主义民主在世界各种思潮中一枝独秀，并正重塑世界其他地区。

不过，并非人人都赞同他对世界形势的这种乐观态度。历史学家萨缪尔森·P.亨廷顿在《文明的冲突与世界秩序的重建》（*The Clash of Civilizations and the Remaking of the World Order*）中指出，后冷战时代远谈不上西方思潮的胜利，它的特点是日益加剧的全球分化以及基于族群、文化或宗教差异而形成的"文明的冲突"。在亨廷顿看来，21 世纪，世界将被东亚、中东、西欧、美国、欧亚的各种争议性的文化区块所主导。他总结说，由西方价值观主导的普遍秩序的梦想——全球村——不过是幻想。

近些年发生的系列事件证实了亨廷顿的观点。苏联的崩溃导致了原苏联帝国内部的紧张和冲突。更近时期发生的 9·11 恐怖袭击事件使先进西方国家与伊斯兰世界产生矛盾。至于新经济秩序——西方各国的官方政策，许多国家的公众对全球化影响的愤怒已经到了令人不安的程度，在迅速变化的世界里，人们要求自保和集体认同的需求与日俱增。

我们正在朝亨廷顿所说的由于宗教和文化导致的多级区块冲突方向发展吗？他的论断的确纠正了许多观察家将西方文明认为是人类成就顶峰的自满倾向。然而，亨廷顿将世界分成相互竞争的文化集团，却低估了世界各地区的离心力。随着工业和技术革命向全球扩张，它们的影响因地而异，有些地区的影响比其他地区的影响强烈得多，因而，它们可能强化了特定地区的历史竞争，同时加强了世界其他地区各社会与国家间的联系。例如，近年来，日本与美国的共性远远超过了它与其传统邻国中国和韩国间的共性。

因此，此后数十年内，世界的景象会远比地球村理论或文明的冲突理论复杂得多。21 世纪的特点将会是，随着技术和信息改变社会并引起各社会间人们寻求集体认同和在令人困惑的世界中的意义感与目的感，全球化趋势和分裂趋势将同时并存。

□ 问题：近年来的全球经济衰退对本文中讨论的问题产生了什么样的影响？

变暖，国与国之间贫富差距的加剧以及移民引发的紧张关系，所有这些都与日俱增地威胁着全球政治稳定与和平安乐。近来严重削弱了全球经济的整体健康的金融危机也是一重障碍。随着21世纪不断向前，确保人类生存的任务仍具有挑战性，而且比冷战时期更为复杂。

▬ 本章小结

　　二战结束时，随着美苏两个超级大国确立其政治主导权，新一轮的冲突产生了。这一时期，美国试图阻止共产主义在新中国的推动下扩散到朝鲜和越南，而苏联则在亚洲、非洲和拉丁美洲利用其影响力扶植亲苏政权，这种意识形态的分歧很快扩散到了全世界。

　　如同一战前欧洲各强国争夺在非洲和东亚的优势一样，横亘欧洲的铁幕竖起后造成的对抗最终影响到全球。结果，莫斯科和华盛顿都在这些本身对美苏两国的真正国家安全无关紧要的地区深陷泥潭。

　　然而，伴随20世纪的缓慢流逝，冷战出现令人欣喜的解冻迹象。1979年，中美建交，北京决定进行改革开放。六年后，戈尔巴乔夫上台。1991年，苏联解体，结束了两个超级大国近半个世纪的争霸。

　　冷战不是在核战争的恐怖中结束的。与此前导致两次世界大战的争夺不同，这次竞争中，对手们逐渐意识到，霸权可以在经济和政治领域而非军事斗争领域实现。是政治、经济和文化因素，而非军事霸权导致了西方文明战胜了苏联。世界各国的决策者现在可以将其注意力转移到其他共同关注的问题上了。

▬ 本章思考

— 问题1：由于两个超级大国的野心及其意识形态的分歧，冷战爆发是不可避免的。你赞同这种观点吗？冷战是否可以避免？

— 问题2：朝鲜战争和越南战争与冷战有什么关系？它们又是怎样影响冷战进程的？

▬ 拓展阅读

　　关于冷战。有关冷战的著作极为丰富。一些研究强调美国在冷战中的责任，例如 W.LaFeber, *America, Russia and the Cold War, 1945-1966*, 6th.ed, New York, 2002。J.L.Gaddis, *We Now Know: Rethinking Cold War History*, Oxford, 1997, 对冷战进行了极为出色的回顾。资深记者对冷战的观察, 可以参考 M.Frankel, *High Noon in the Cold War: Kennedy, Krushchev, and the Cuban Missile Crisis*, New York, 2004。

以冷战初期的许多文献为基础的研究, 到 20 世纪 80 年代末和 90 年代初才出现。可以参考 O.A.Westad, *Cold War and Revolution: Soviet-American Rivalry and the Origins of the Chinese Civil War*, New York, 1993; Chen Jian, *China's Road to the Korean War: The Making of the Sino-American Confrontation*, New York, 1994。S.Goncharov、J.W.Lewis 和 Xue Litai, *Uncertain Partners: Stalin, Mao and the Korean War*, Stanford, Calif., 1993; 从几个角度分析朝鲜战争。将朝鲜战争的主要责任归咎于美国的著作, 可以参考 B.Cumings, *The Korean War: A History*, New York, 2010。

关于中国。对新中国建立后的中国外交, 有许多相关研究。极富洞见的一部著作: Chen Jian, *Mao's China and the Cold War*, Chapel Hill, N.C., 2011。关于中国的对朝政策, 可以参考 Shu Guang Zhang, *Mao's Military Romanticism: China and the Korean War*, Lawrence, Kans., 2001 以及 Xiao bing Li 等主编: *Mao's Generals Remember Korea*, Lawrence, Kans., 2001。关于中苏关系, 可以参考 Guan Ang-Cheng, *Vietnamese Communists' Relations with China and the Second Indochina Conflict*, Jefferson, N.C., 1997。

关于冷战的终结。两本新著对冷战结束进行了深入探讨: M.E.Sarotte, *1989: The Struggle to Create Post-Cold War Europe*, Princeton, N.J., 2009; V.Sebestyen, *Revolution 1989: The Fall of the Soviet Empire*, New York, 2008。

第 27 章
1945 年以来的东欧和西半球

二战的结束让欧洲狂欢。一位莫斯科的访客这样写道："我朝窗外望去（深夜两点左右），几乎每一扇窗都灯光明亮——人们都醒着。大家互相拥抱，有些则大声抽泣。"

庆祝过后，欧洲人醒来后面临的是毁灭性的现实：他们的文明已成废墟。过去 6 年中，近 4000 万人丧生（士兵和平民）。空袭和炮火让欧洲的许多城市成了一片瓦砾。波兰首都华沙几乎完全被夷为平地。一位美国将军这样描述柏林："无论我走到哪里，都是满目疮痍。柏林如同死城。每个人的脸上都写着痛苦和打击。湖里和河里漂着尸体，还有尸体正从炸弹废墟下被挖出来。"由于当年粮食收成只有 1939 年的一半，数百万欧洲人正忍饥挨饿，无家可归。

然而，到 1970 年，西欧不仅从二战的破坏中复苏过来，而且经历了奇迹般的经济振兴。经济增长为时很长，以至于 1973 年第一次经济衰退到来时，让人震惊。不过，衰退为时甚短，经济再度增长。伴随着经济发展，福利国家应运而生——这是战后欧洲极其重要的社会进步。1989 年，极权政权在革命中垮台后，许多东欧国家建立市场经济体系，加入了最初由西欧国家创建的军事和经济联盟组织。

1945 年后，世界发展最重要的一个方面是美国成为世界上最富有、最强大的国家。二战后的 20 年里，美国的繁荣达到新顶点。不过，战后，它也面临着一系列社会和经济问题——包括种族隔离和惊人的预算赤字。

美国南边的拉丁美洲有其独特的传统。尽管 19 世纪的一些拉丁美洲人将美国视为发展楷模，但到了 20 世纪，许多拉丁美洲人强烈批评美国对中美洲和南美洲的军事和经济控制。同时，许多拉美国家也在努力与经济和社会不稳定做斗争。

进入 20 世纪末，随着西方适应了从冷战到后冷战的现实，其他方面的变革也改变着欧洲的概貌。随着大量移民的出现并形成多样化的民族结构，欧洲国家的人口结构面貌已变。新的艺术和知识潮流、科技的不断进步、解决环境问题的努力、妇女解放运动，所有这些都表明这是一个生机勃勃、日新月异的世界。同时，2001 年，美国遭遇灾难性的恐怖袭击，让西方世界清晰地意识到国际恐怖主义的致命性。

■ 欧洲的复苏与复兴

□ **问题**：1945 年以来，西欧国家面临着哪些问题？为解决这些问题，各国都采取了什么措施？ 1989 年以来，东欧国家面临着什么问题？

二战结束时，所有欧洲国家都面临着相似的问题。首先且最重要的是要重建破碎的经济。值得注意的是，在短短几年中，西欧国家出现了令人惊奇的经济复苏，并带动了经济的新增长。

● 西欧：民主的胜利

在马歇尔计划的经济援助下，西欧各国很快从二战的创伤中恢复了元气。20 世纪 50 年代初到 20 世纪 70 年代末，西欧各国的工业产值达到史上高峰，就业率近百分之百。

法国：从戴高乐到新的不稳定

二战后，法国在近 1/4 个世纪里都由一人主导——戴高乐（Charles de Gaulle，1890—1970 年）。起初，他曾退出政坛，但 1958 年，由于担心阿尔及利亚危机带来的痛苦分裂，法兰西第四共和国又让戴高乐重掌政权，并修改了宪法。

戴高乐第五共和国的宪法大大加强了总统的权力，现在，总统有权选择总理、解散国会、监督国防和外交政策。作为新总统的戴高乐试图带领法兰西重返大国地位。抱着这样的目标，戴高乐大量投资参与核武器竞赛。1960 年，法国成功试验原子弹。然而，戴高乐并未真正实现其宏伟目标，实际上，对这样宏大的全球性抱负而言，法国太过弱小。

在戴高乐的统治下，法国成为一个大工业国和出口国，尤其是在汽车和武器装备方面。不过，传统产业的发展，如现在全部国有化的煤炭、钢铁和铁路，带来了巨大的政府赤字。法国生活成本的增速远远超过其他欧洲国家。长期的不满情绪使法国在1968 年 5 月爆发了系列学生抗议运动，继而又发生了工会总罢工。其后虽然恢复了秩序，但戴高乐于 1969 年 4 月辞职，次年去世。

20 世纪 70 年代，法国经济继续恶化，也导致法国在政治上左翼化。到 1981 年，社会党成了国民议会中的第一大党，社会党领导人密特朗（Franois Mitterrand，1916—1995 年）当选总统。密特朗通过了一系列帮助工人的措施：提高最低工资、提升社会福利、五周带薪假、一周 39 小时工作制等。社会党还实施了一些更激进的改革，如银行、航空和电子产业、重要保险公司都实行国有化。

然而，社会党的政策总体还是失败了，三年时间里，密特朗政府在某些经济领域又重新回到私有化上来。法国的经济仍在继续衰落，1993 年，保守党联盟获得了 80% 的席位。当保守派巴黎市长雅克·希拉克（Jacques Chirac，1932—2019 年）于 1995 年和 2002 年两度当选总统时，法国右转倾向明显加强。对外国出生的公民的不满导致了对移民限制的呼吁。希拉克本人还推出了遣返非法移民的计划。

2005 年秋，排外情绪引发了强烈反应，巴黎郊区的年轻穆斯林发起暴动，抗议恶劣的生活条件和缺乏就业机会。穆斯林社区与法国居民之间的紧张关系成了社会不安之源。2007 年上任的萨科齐（Nicolas Sarkozy，1955— ）承诺要设法解决这一问题，但收效甚微。2009 年，25 岁以下年轻人的失业率达到 22%，在穆斯林为主体的社区中，失业年轻人的比例超过 50%。2012 年 5 月，萨科齐连任失败，社会党人奥朗德（Francois Hollande，1954— ）当选总统。奥朗德许诺取消对富人的减税措施，对年薪百万欧元的个人征税税率提高到 75%。

从西德到德国

如第 26 章所述，二战后，英法美三个德占区于 1949 年组成德意志联邦共和国。基督教民主党领导人阿登纳（Konrad Adenauer，1876—1967 年）于 1949—1963 年任总理，成为联邦德国的"立国英雄"。

阿登纳的任期与西德经济的显著复苏联系在一起。尽管西德的领土只有战前的 52%，但到 1955 年，西德的国内生产总值已经超过了德国的战前水平。失业率从 1950 年的 8% 下降到 1965 年的 0.4%。

阿登纳之后，德国选民在政治上从中间偏右的基督教民主党转向了中间偏左的社会民主党。1969 年，社会民主党上台执政。第一个社会民主党总理是勃兰特（Willy Brandt，1913—1992 年）。1971 年，勃兰特与东德签订了加强东德与西德之间的文化、个人和经济交流的协定。1972 年，勃兰特因"对东开放"——亦称为东进政策——而获得诺贝尔和平奖。

1982 年，基督教民主党的科尔（Helmut Kohl，1930— ）上台，组建了新的中间偏右的政府。科尔得益于 20 世纪 80 年代中期的德国经济繁荣以及 1989 年的东德革命。1990 年，德国统一，人口有 7900 万，是欧洲的第一大国。然而，很快，科尔政府意识到复兴东德的成本远远超过预期，面临着因大幅增税带来的政治上不受欢迎的境况。而且，近乎崩溃的东德经济导致失业率极高。1998 年，选民们重新选举社会民主党执政，施罗德（Gerhard Schroeder，1944—　　）当选总理。不过，施罗德也没能解除德国的经济灾难。结果，2005 年选举中，基督教民主党人默克尔（Angela Merkel，1954—　　）上台，成为德国历史上的第一位女总理。在国内，默克尔推行医疗改革和新能源政策，同时在欧盟中担负主导作用。2009 年，默克尔连任总理。2012 年，她率领欧盟为经济恶化的希腊提供援助，对其进行债务重组。

大不列颠的衰落

二战的结束给英国留下了许多经济难题。战后的选举中，工党以压倒性优势战胜了丘吉尔的保守党。工党许诺的广泛社会福利政策对消费品和住房极度短缺的英国人来说很有吸引力。艾德礼（Clement Attlee，1883—1967 年）率领的新工党政府致力于将英国打造为现代福利国家。

福利国家的建设首先从英格兰银行、煤铁工业、公共交通和如电力和天然气等公共事业的国有化开始。1946 年，新政府建立了全面的社会保障体系，并将医疗保险国有化。尽管仍保留私人从业者，但健康服务法案让英国建立起要求医生与公立医院协作的医疗体系。英国打造的福利国家成为大部分欧洲国家的典范。

持续存在的经济问题导致保守党在 1951—1964 年重新执政。尽管保守党更偏好私人企业，但它也接受了福利国家的概念。此时，英国经济已从二战中恢复，但增长缓慢，反映出经济的长久不振状态。与此同时，英国的世界大国地位大幅衰落。1964—1979 年，保守党与工党轮流执政，但二者都无法解决状况不佳的经济问题。

1979 年，撒切尔夫人（Margaret Thatcher，1925—　　）率领保守党上台，她成为英国历史上第一位女首相。这位"铁娘子"削弱工会权力，但无法消除福利国家的基本构成。她以"撒切尔主义"命名的经济政策改善了英国的经济形势，但代价高昂。例如，英格兰南部繁荣发展，但中部和北部的老工业区却衰落了，并且饱受高失业率、贫困和断断续续的暴力的困扰。

20 世纪 80 年代，撒切尔夫人主导了英国政坛。但到了 1990 年，当撒切尔政府试图用每个成年人均需缴付的统一税取代财产税时，工党势力复活。批评者们认为，撒切尔的这种办法实际上是人头税，使富人和穷人交了同等的税。1990 年，撒切尔夫人辞职，1997 年的选举中，工党获得压倒性胜利。新首相布莱尔（Tony Blair，1953—　　）

政治与统治

玛格丽特·撒切尔：进入男人的世界

1979 年，玛格丽特·撒切尔成为英国第一位女首相，并且开启了她长期的首相生涯。以下文字摘自她的自传。撒切尔描述了她接受保守党官员们面试的景象，当时，他们首次考虑能否让她成为达特福特的议员候选人。1950 年，撒切尔第一次竞选议员，尽管落选了，却将保守党在该选区的票数提高了 50%。

我应邀于周六与约翰·米勒和他的妻子菲、达特福特妇女协会主席弗莱彻夫人在诺多诺码头餐厅共进午餐。他们可能对一个女人将成为达特福特议员候选人持保留意见，但他们对见到的这个人还是喜欢的。我跟他们也相谈甚欢。……午餐后，我们沿码头走回会场，找个好座位，听党魁温斯顿·丘吉尔的演讲。……当然，他讲话的重点是外交。当时苏联封锁柏林，西方向西柏林空运日用物资。他传达的信息是令人忧郁的。他告诉我们，只有美国的核武器才能保护欧洲免遭共产主义的暴政，并警告说第三次世界大战正可怕地向我们逼近。

直到 12 月我才收到达特福德让我去位于市里奇街的保守党中央总部面试的通知……同其他许多候选人一样，12 月 30 日即星期四的晚上，我第一次坐到了选拔委员会面前。非政界人士很少有人知道这种场合多么让人神经紧张，忐忑不安。不紧张的面试很可能表现不佳。因为懂化学的人都会告诉你，如果你想有上乘表现，就需要肾上腺素。我很幸运，桌边有几个人对我比较友好，当然，要说的是，对一个想进入政坛的年轻女人来说，这种场合既有好处，也有不利。

我入围了，他们又通知我去达特福德参加下一次面试。我……向约由 50 人组成的达特福德市保守党协会执行委员会讲话。同其他 5 个参加面试者一样，我要发表 15 分钟的演讲，然后回答问题 10 分钟。

更可能给我带来麻烦的正是那些问题。当时人们对女性候选人怀有成见，尤其是达特福特这样的工业重镇的席位。毫无疑问，这是男人的世界，连天使也不敢涉足。当然，保守党人赢得这个席位的希望很小，更不要说像埃布韦尔那样安全的被认为是最有希望是工党席位的地方。工党的优势是难以逾越的两万多张选票。但也许谁也不愿意说破的事实反而对我有利。为什么不冒险让年轻的玛格丽特·罗伯茨试一试呢？保守党不会输掉什么，保守党反而能够进行更好的宣传。

政治活动成功的最可靠的信号是你感觉还不错。达特福德的那个晚上，我感到很顺利，

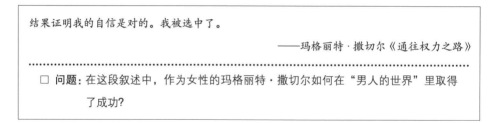

是个温和派,他的年轻活力为英国政治舞台注入了新的生机。

在2001年美国遭遇恐怖袭击后,布莱尔是国际联合对抗恐怖主义的领军人物之一。然而,4年后,在多数英国人的反对下,他依然支持美国发动伊拉克战争,这使他的支持率直线下降。

2010年,在不断攀升的失业率和全球经济危机中,工党的13年执政历程宣告终结,基于保守党与自由民主党的联盟,保守党人卡梅伦(David Cameron,1966—)当选首相。卡梅伦许诺通过削减政府开支和社会服务来降低政府债务,进行医疗改革。

● 解体后的东欧

1989年东欧解体,事实证明,民主化和市场化都不容易。然而,到2000年,许多东欧国家,尤其是波兰和捷克斯洛伐克,正成功地转向自由市场和民主化。1997年,波兰、捷克斯洛伐克和匈牙利加入北大西洋公约组织。

有些国家,因存在着一些老问题——尤其是民族问题,因此在向非共产党统治的转变过程呈现复杂化。尽管捷克人和斯洛伐克人同意将捷克斯洛伐克分为捷克共和国和斯洛伐克两个国家,但在南斯拉夫,情况却完全不同。

南斯拉夫的解体

南斯拉夫从1919年建国起,其领导人——尤其是二战后的铁托——将6个独立的共和国(即塞尔维亚、黑山、斯洛文尼亚、克罗地亚、波黑和马其顿——译注)和两个自治省合并组成南斯拉夫。1980年铁托死后,南斯拉夫卷入了席卷东欧的改革运动。

1991年6月,6个共和国谈判失败,斯洛文尼亚和克罗地亚宣布独立。这一举动遭到了塞尔维亚领导人米洛舍维奇(Slobodan Milosevic,1941—2006年)的反对。米洛舍维奇坚持斯洛文尼亚和克罗地亚须调整边界,以安置那些不希望生活在塞尔维亚边境外的少数塞族人。塞尔维亚出兵斯洛文尼亚和克罗地亚,虽然在斯洛文尼亚的军事行动失败了，但塞尔维亚占领了 1/3 的克罗地亚领土。

1992 年，国际社会确认了斯洛文尼亚和克罗地亚的独立地位，后来又承认了马其顿和波黑的独立，但阻止了现在属于波黑共和国的塞尔维亚人的独立。到 1993 年中，塞尔维亚武装力量占领了波黑近 70% 的领土。塞尔维亚的种族清洗政策——杀害波黑穆斯林或将他们驱逐出其领土——让人想起二战期间的纳粹暴行。在斯雷布雷尼察（Srebrenica），近 8000 名男性被塞尔维亚人屠杀。该镇一个幸存穆斯林的记述让人恐怖地想起纳粹特别行动队（见第 25 章）。

> 卡车停下时，他们告诉我们按五人一组下车。我们立即听到卡车旁边传来枪声……10 个左右带着自动机枪的塞族人让我们趴在地上。我们一趴下，他们就开始射击。我跌倒在一堆尸体上，感到温热的液体顺着脸颊流下。我意识到我只受了轻伤。在他们继续向更多的人群射杀时，我就在尸体中间挤着。[1]

恐怖蔓延后，欧洲国家和美国开始干预，阻止屠戮。1995 年，达成了脆弱的停火协议。国际维和武装进驻当地，阻止进一步的敌对行为。

然而，波黑的和平并没有给南斯拉夫带来和平。1999 年，新一轮战争在塞尔维亚共和国境内的科索沃省爆发。科索沃的主要人口是阿尔巴尼亚人。1994 年，阿尔巴尼亚人组成科索沃解放军，开始反抗塞尔维亚人的统治。当塞尔维亚武装开始屠杀阿尔巴尼亚人，以努力粉碎科索沃解放军时，美国和北约国家发起轰炸，阻止米洛舍维奇。2000 年的大选中，米洛舍维奇下台，后来被国际法庭审判，因其种族清洗政策而被判犯有反人类的战争罪行。2006 年，米洛舍维奇死于监狱。

表 27.1　西欧大事记

事　件	时　间
英国出现福利社会	1946 年
康拉德·阿登纳当选为西德总理	1949 年
戴高乐再度在法国掌权	1958 年
法国爆发学生抗议运动	1968 年
维利·勃兰特当选为西德总理	1969 年
玛格丽特·撒切尔当选为英国首相	1979 年
密特朗当选法国总统	1981 年
科尔当选西德总理	1982 年
东德和西德统一	1990 年
法国保守党获胜	1993 年
希拉克当选法国总统	1995 年
英国工党竞选获胜	1997 年
德国的社会民主党竞选获胜	1998 年
默克尔当选德国总理	2005 年
萨科齐当选法国总统	2007 年
卡梅伦当选为英国首相	2010 年
法国社会党获胜	2012 年

---

〔1〕 引自 W.I.Hitchcock：*The Struggle for Europe：The Turbulent History of a Divided Continent，1945-2001*，New York，2003，pp.399—400.

维和武装仍驻扎在波斯尼亚和科索沃。2004 年，新政府正式改国名为塞尔维亚和黑山，南斯拉夫不复存在。两年后，黑山公投宣布独立。到 2006 年，前南斯拉夫的 6 个加盟共和国已经全部成为独立国家。2008 年，科索沃也宣布从塞尔维亚独立出来，并且得到其他大部分国家的认可，成为从南斯拉夫分立出来的第 7 个主权国家。

● 俄罗斯

1991 年苏联解体后，俄罗斯在总统叶利钦的率领下开始了新时代。俄罗斯新宪法确立两院议会体制和强势总统制。20 世纪 90 年代中期，叶利钦在进行形成多元化政治体系的改革中，还能勉强维持其权力。不过，后共产党时代的俄罗斯一如既往地脆弱不堪。迅速加剧的经济不平等和猖獗的腐败动摇了俄罗斯人民——资本主义制度优于共产主义制度——的信心。高加索地区不得安宁的战争——车臣人要求从俄罗斯独立出来——耗尽了政府预算，也暴露出曾令人引以为豪的军队的疲弱状态。1996 年，叶利钦连任总统，但不佳的健康状态使人们开始质疑他的执政能力。

普京时代

1999 年末，叶利钦突然辞职，由普京（Vladimir Putin，1952— ）继任。普京发誓要终结猖獗的腐败，强化中央政府的作用。他还发誓将处于分裂状态的车臣重新拉回俄罗斯的统治之下，并且表态在国际事务中要更有发言权。新总统利用公众对北约不断向东欧扩张的愤怒，力图恢复俄罗斯在世界上举足轻重的地位。

普京试图通过强化他对体制的控制权和压制批评意见——尤其是俄罗斯媒体中的不同意见——来解决俄罗斯面临的一些长期问题。尽管这些举动遭到西方的抨击，但许多俄罗斯人对普京恢复民族自豪感和纪律抱以同情。普京在俄罗斯民众中的支持率也随着 21 世纪前几年俄罗斯的持续繁荣而不断上升。普京也进行了一些重要的经济改革，随着石油价格上升，俄罗斯经济日渐繁荣。到 2008—2009 年全球经济危机爆发前，俄罗斯经济一直在飞速增长。

2008 年，由于俄罗斯宪法的限制，普京不能再度参选总统，梅德韦杰夫（Dmitry Medvedev，1965— ）接任总统，普京任总理，二人联合执政。2011 年，普京计划再度参选总统，激起了民众的抗议，但他还是在 2012 年第三次上台执政。

● 欧洲的统一

如前所述，冷战导致的分裂使西欧各国在1949年通过组建北约组织来寻求安全保障。然而，两次世界大战的破坏也让许多有思想的欧洲人寻求某种其他形式的统一。

1957年，法国、西德和比利时、荷兰、卢森堡三国联盟（1944年，比、荷、卢建立了经济联盟。——译注）、意大利联合签订罗马协定，创建了欧洲经济共同体（European Economic Community）。欧洲经济共同体消除了这六个成员国之间的关税壁垒，建立了受统一对外关税保护的大型自贸区。各成员国在经济上因此受益匪浅。1973年，英国、爱尔兰、丹麦加入欧洲经济共同体。1981年，希腊加入。接着，西班牙和葡萄牙于1986年也加入其中。1995年，澳大利亚、芬兰和瑞典也成为成员国。

欧盟

20世纪80年代和90年代，欧洲走向更广阔的经济一体化。1994年1月1日起生效的欧盟条约将欧洲经济共同体发展为欧盟，一个真正的经济和金融共同体。到2000年，欧盟已经有3.7亿人口，也是世界上最大的单一贸易主体，其交易量占世界商业交易量的1/4。1999年，随着统一货币欧元的出现，欧盟的一大目标得以实现。2002年1月1日，欧元正式取代了12个国家的货币。到2012年，欧元已经在17个国家通行，大约有3.27亿人使用。

然而，2010年，当希腊债务危机使得希腊国家濒临破产，并导致许多欧洲银行财政困难时，欧元遭遇重大危机。在德国的带领下，其他欧盟成员国提出针对希腊的财政救助计划，但实际上其他一些国家，如爱尔兰、葡萄牙和西班牙，也面临着严重的财政问题。

欧盟另一个一体化举措是建立了共同的农业政策，这一政策为农民提供补贴，让他们能在世界市场上具有竞争力。国家护照的取消，让数百万欧洲人在旅行中有更大的自由度。在建立共同的对外政策方面，欧盟不太成功，主要是由于各成员国仍认为外交政策具有国家优先性，不愿意将这种权力让渡于一个单一的最重要的机构。2009年，欧盟通过了《里斯本条约》（Lisbon Treaty），设立常任主席职位和以每个成员国人口规模为基础的表决制度。另外，为促进欧盟的外交政策一体化，该条约也给予了欧洲议会更大的权力。

走向统一的欧洲

在21世纪开始时，欧盟提出了新目标：将东欧和东南欧洲的各国纳入欧盟，包括那些近来刚脱离共产主义统治的国家。比起当前的欧盟成员国来说，这些国家中的许多国家要穷得多，因此产生了这种可能性：帮助这些国家可能会削弱欧盟本身的力量。为了减少这种危险，欧盟要求申请国必须明确，它们将转向资本主义市场体制和民主，包括尊重少数民族的人权。2004 年，欧盟接收了 10 个成员国：塞浦路斯、匈牙利、捷克、爱沙尼亚、拉脱维亚、立陶宛、马耳他、波兰、斯洛伐克和斯洛文尼亚，欧盟的人口规模由此达到了 4.55 亿。2007 年，随着罗马尼亚和保加利亚的加入，欧盟再度扩大。

■ 超级大国的出现：美国

□ 问题：1945 年以来，美国经历了哪些政治、社会和经济变迁？

二战结束时，美国是世界上两个超级大国之一。但由于美苏之间冷战的加剧，美国将大量精力用于对付共产主义的扩张。随着 20 世纪 90 年代初期苏联的崩溃，美国成为世界上第一军事大国。

● 越战时期的美国政治与社会

20 世纪 30 年代，罗斯福新政开启了美国社会的基本转型，包括联邦政府的地位和权力大幅增长、工会崛起为经济和政治中的一股重要力量、走向福利国家、少数族裔勉强被接受、把财政赤字当作刺激经济的手段。这些倾向随着民主党的三个总统上任而加强——1948 年的哈里·杜鲁门，1960 年的约翰·肯尼迪（John F. Kennedy，1917—1963 年），1964 年的林登·约翰逊（Lyndon B. Johnson，1908—1973 年）。即使 1952 年和 1956 年当选总统的是共和党人艾森豪威尔，美国政治的基本方向也没有根本改变。

二战后美国经济的繁荣增强了人们对美国生活方式的信心。战争期间，消费品的短缺让美国人在战后既有剩余的收入，又有强烈的消费欲望。而且，劳工组织日益增长的影响力也让越来越多的工人增加了工资，刺激了国内市场的增长。从 1945 年到 1973 年，工人实际工资年均增长 3%，这也是美国历史上持续时间最长的增长期。

然而，从 20 世纪 60 年代起，早前被掩盖的一些问题显现出来了。20 世纪 60 年代从年轻、乐观的气氛中拉开了帷幕，当时，年仅 43 岁的肯尼迪当选总统，这是美国历史上最年轻，也是第一位出生于 20 世纪的总统。肯尼迪政府将事务主要聚焦在外交上，然而，1963 年 11 月 22 日，暗杀者的子弹让肯尼迪的命运戛然而止，继任者林登·约翰逊于 1964 年以压倒性优势当选总统，他扩大了罗斯福新政时建立的福利国家。约翰逊的措施还包括为老年人提供医疗、向贫困宣战、与食品券做斗争以及就业工作队计划。

约翰逊还致力于为黑人争取平等权利。1963 年 8 月，雄辩的马丁·路德·金（Martin Luther King Jr., 1929—1968 年）率队在华盛顿举行大游行，为黑人争取就业和自由。这次游行和马丁·路德·金对种族平等的激昂呼吁让美国人大为振奋。在约翰逊的动议下，1964 年，美国国会通过了民权法案（Civil Rights Act），建立机制，以结束工作场所与所有公共场所中的种族隔离和种族歧视。1965 年的选举权法案（Voting Rights Act）清除了南方各州黑人参选的障碍。不过单靠法律无法保障实现约翰逊展望的大社会（Great Society）计划，而且，约翰逊政府很快就面临着剧烈的社会动荡。

在美国北部和西部，多年来，黑人一直享有选举权，但当地的种族隔离导致黑人失业率比白人高很多，也导致黑人被隔离在大城市的贫民区里。1965 年夏，洛杉矶华兹塔区爆发了种族骚乱，34 人丧生，1000 多座建筑被毁。1968 年，马丁·路德·金被暗杀后，100 多个城市爆发了骚乱，包括首都华盛顿特区。骚乱引起了白人的强烈反弹，以及更严重的种族分离。

约翰逊派美军前往越南（见第 26 章）后，反战活动进一步让美国人发生分歧。1970 年，肯特州立大学的 4 名抗议学生被俄亥俄州国民卫队枪杀，这一事件震惊了抗议者和普通平民。随后，反战运动虽然平息下来，但各城市的反战示威运动和骚乱让许多人呼吁"法律与秩序"，这一呼吁被理查德·尼克松（1913—1994 年）利用。1968 年，他代表共和党竞选总统。尼克松的当选让美国政治开始"右转"。

● 1973 年后的"右转"

尼克松逐渐将美军撤出越南，最终结束了越战。政治上，他推行南进战略，认为"法律与秩序"问题对南方白人很有吸引力。尼克松的热衷导致了水门丑闻——企图窃听民主党全国总部的拙劣行为，随后又企图掩饰此事。尽管尼克松再三否认参与了此事，但他自己录制的在白宫与保守党人的秘密录音显示并非如此。1974 年 8 月 9 日，尼克松不体面地辞职下台，这个举动将他从几乎确定要面临的弹劾和定罪中解救了出来。

水门事件后，美国政治主要集中在经济问题上。尼克松辞职后，格兰特·福特（Gerald Ford，1913—2006 年）就任总统。1976 年，吉米·卡特（Jimmy Carter，1924—　）当选总统。到 1980 年，卡特政府面临着两大灾难性问题：高通胀和平均收入下降，导致美国人的生活水平明显降低。与此同时，国外也爆发了危机——阿亚图拉－霍梅尼（Ayatollah Khomeini）的伊朗政府挟持了 53 名美国人为人质，长达 15 个月之久。卡特在解救人质上的无能让国内公众认为，他是个软弱的总统。1980 年大选时，卡特被共和党右翼政策的总代表罗纳德·里根（Ronald Reagan，1911—2004 年）以绝对优势击败。

"里根革命"引领美国政策走向了新方向。里根通过削减食物券、学校午餐计划和工作计划的开支削弱了福利国家。同时，他进行了美国历史上和平时期规模最大的军事建设。政府支出从 1981 年的 6310 亿美元增长到 1986 年的 1 万多亿美元。里根政府的财政开支政策让政府创下了赤字纪录，成为长远发展的障碍。20 世纪 70 年代，国家债务总额为 4200 亿美元，里根时期，这一数字增加了 3 倍。

里根的继任者乔治·布什（George H. W. Bush，1924—　）在解决赤字问题和经济下滑问题上的无能致使民主党人比尔·克林顿（Bill Clinton，1946—　）在 1992 年上台。新总统是南方人，誓言要做新的民主党人——赞同 20 世纪 80 年代民主党的许多政策。这清晰地表明，民主党的胜利并未终结美国政治右转。

克林顿的政治命运因美国长期的经济复兴而如虎添翼。财政赤字的稳定下降更强化了人们对国民经济的信心。然而，克林顿第二个任期的多半时间却因被控与白宫实习生发生婚外情而蒙上了阴影。在激烈的派系斗争后，众议院提出弹劾总统案的两条理由，但参议院宣告总统无罪。不过，克林顿的丑闻倒是帮助共和党人小布什（George W. Bush，1946—　）在 2000 年的总统大选中胜出。

小布什政府第一个任期的大部分精力都被反恐战争和伊拉克战争所占据。2001 年的恐怖主义袭击后，美国建立国土安全部，保护本土免受恐怖主义袭击。同时，小布什还通过国会实行了对富人有利的减税措施，以及让人想起里根时代的赤字纪录。环境主义者深感不安的是，小布什政府致力于美国企业的利益而弱化环境法律和法规。第二个任期内，由于美国人对伊拉克战争、共和党的财政腐败、政府就 2005 年新奥尔良的卡特琳娜飓风救济不力等问题的不满情绪滋长，小布什的民意支持率直线下跌。

小布什政府的多方失败使其支持率达到历史最低，也给美国政治的巨大变革打开了大门。巴拉克·奥巴马（Barack Obama，1961—　）充满新意且激动人心的"我们相信变革"的口号，以及伊拉克战争的结束让民主党在 2008 年的总统角逐中获得压倒性胜利。民主党还受益于 2008 年秋爆发的经济危机。2009 年，奥巴马迅速行动，解决被称为大萧条以来最严重的经济衰退。同时，他强调要解决医疗危机、气候变化、教育体系衰落、经济政策失败等问题。奥巴马政府成功通过了医改方案和金融改革的多德弗兰克法案（Dodd-Frank Act），并且设立了消费者金融保护局（Consumer Financial Protection Bureau）。

■ 加拿大的发展

□ 问题：1945 年以来，加拿大发生了怎样的政治、社会和经济变迁？

二战结束后的 25 年中，加拿大步入新的发展道路，经历了非同寻常的经济繁荣，电子、飞机、核能和化工等行业都有飞速进步。然而，加拿大的增长很大程度上得益于美国资本的帮助，从而使美国控制了加拿大的不少产业。虽然一些加拿大人对经济增长心怀欢喜，但另一些人则担忧美国将主导加拿大的经济。

1945 年后，自由党主导了加拿大的政治。在莱斯特·皮尔逊（Lester Pearson, 1897—1972 年）的带领下，自由党人通过实行国民社会保障体系和全民医疗保险计划，创建了加拿大的福利国家。自由党执政时期，最杰出的执政者莫过于 1968 年担任总理的皮埃尔·特鲁多（PierreTrudeau, 1919—2000 年）。

特鲁多政府推行积极的工业化计划，不过，通货膨胀和特鲁多试图将联邦政府的意愿强加给势力强大的各省政府让选民们离心，也削弱了其政府的力量。20 世纪 80 年代的经济衰退让进步保守党的布赖恩·马尔罗尼（Brian Mulroney, 1939—　）于 1984 年上台执政。马尔罗尼政府将加拿大的许多国有公司私有化，并且与美国订立了自由贸易协定。由于遭到民众的强烈反对，这一协定消耗了马尔罗尼政府的民意支持率。1993 年，自由党人以压倒性优势打败保守党人，让·克雷蒂安（Jean Chretien, 1934—　）担任总理。克雷蒂安的保守财政政策和强劲的经济增长使政府在 20 世纪 80 年代末出现了预算盈余，也让自由党在 1997 年内的大选中再度获胜。不过，因政府受到严重的贪污腐败的控诉，2006 年初的大选中，保守党人胜出，史蒂芬·哈珀（Stephen Harper, 1959—　）任总理。2011 年 3 月，哈珀政府解散，但在 5 月的大选中，哈珀留任总理。

■ 1945 年以来的拉丁美洲

□ **问题**：1945 年以来，拉美国家存在着哪些问题？马克思主义意识形态在解决这些问题中起到了什么作用？

20 世纪 30 年代的大萧条引发了许多拉美国家的政治动荡，军事政变频仍，许多国家建立起了军事政权（见第 24 章）。不过，大萧条为拉美从传统经济向现代经济的转变提供了动力。自 19 世纪以来，拉美主要出口原材料，尤其是矿石和粮食，从欧洲和美国等工业国家进口制造产品。然而，由于大萧条，拉美的出口额下降一半，购买制造品的财政收入也大幅减少。这促使许多拉美国家发展工业，生产以前需要进口的产品。由于私人缺乏资本，政府常常投资并统领了新产业，例如，智利和巴西的国有钢铁制造业，阿根廷和墨西哥的国有石油工业。

20 世纪 60 年代，拉美国家在现代工业的先进技术方面仍然依靠美国、欧洲和新近崛起的日本。由于许多拉美国家极端贫困，国内市场规模有限，只得寻求国外市场，但这一努力失败了。这些失败引发了社会动荡以及对军事政权的重新依赖，尤其遏制了工业化中崛起的新兴工业中产阶级和工人阶级的力量。20 世纪 60 年代，智利、巴西、阿根廷的军事政权取缔了政党，重新回到依靠外国资本的进口经济之路上来。

20 世纪 70 年代，拉美国家越来越依赖于从国外引入资本维持其失败的经济。从 1970 年到 1982 年，拉美国家的外债——多数来自美国和欧洲的银行——从 270 亿美元增加到 3150.3 亿美元。到 1982 年，好几个拉美政府宣称经济崩溃不再偿还债务利息。

20 世纪 80 年代，拉美在遭遇债务危机的同时也在走向民主。许多人意识到，没有民众支持的军事政权无法建设一个强大的国家。从 20 世纪 80 年代到 20 世纪 90 年代初，除古巴、一些中美洲国家、智利和巴拉圭外，其他拉美国家都建立起了民主政权。到 20 世纪末和 21 世纪初，拉美值得注意的一个政治倾向是左翼政府上台，如 1998 年乌戈·查韦斯（Hugo Chavez，1954—　　）当选委内瑞拉总统，2002 年卢拉（Luiz Inacio Lula da Silva，1945—　　）当选巴西总统，2006 年迪尔玛·罗赛夫（Dilma Rousseff，1947—　　）当选智利总统，2010 年宣称采取社会主义的某些社会和经济政策的中间偏右的塞巴斯蒂安·皮涅拉（Sebastian Pinera，1949—　　）当选智利总统，2007 年丹尼尔·奥尔特加（Daniel Ortega，1945—　　）第四次当选尼加拉瓜总统。

1945 年以来，美国也在拉丁美洲扮演重要角色。从 20 世纪 20 年代起，美国一直是拉丁美洲最重要的投资者。结果，美国公司控制了拉美包括铜工业和石油工业在内的许多重要行业。美国投资者的这种控制也激化了拉丁美洲日益增长的民族主义情绪，他们谴责美国是新帝国主义势力。

不过，美国也试图与拉美建立新型关系。1948 年，西半球各国创建了美洲国家组织（Organization of American States），旨在消除一国单方面干预任何其他国家的内外事务。不过，随着冷战的加剧，美国的决策者越来越忧虑中美洲和加勒比沿岸共产党政权崛起的可能性，当他们认为苏联的代理人正试图建立共产党政府时，便重归单边行动的政策。尤其是古巴在卡斯特罗建立政权后，美国阻止"另一个古巴"的决心在很大程度上决定了美国的拉美政策。到 20 世纪 90 年代初冷战结束前，美国一直在给拉美各国的反共政权提供大规模军事援助，而不管这些政权的本性如何。

● 古巴

从 1934 年起，以富尔亨西奥·巴蒂斯塔（Fulgencio Batista，1901—1973 年）为首且与美国投资者在经济上密切相连的独裁政权一直统治着古巴。20 世纪 50 年代，巴蒂斯塔政府遭到菲德尔·卡斯特罗领导的反抗运动的猛烈攻击。卡斯特罗坚信只有武装斗争才能推翻巴蒂斯塔，不过，他对巴蒂斯塔政权的第一次进攻失败了，随后，他转向了游击战。对此，巴蒂斯塔采取了残酷镇压政策，不过，这一措施却让他的支持者离心离德。1958 年 12 月，巴蒂斯塔逃亡。1959 年 1 月，卡斯特罗率领的革命者占领了哈瓦那。

20 世纪 60 年代初，由于苏联同意购买古巴的蔗糖并提供 1 亿美元的贷款，古巴与美国的关系迅速恶化。1960 年 10 月，美国对古巴实施贸易禁运，反而让卡斯特罗更接近苏联。1961 年 1 月 3 日，美国与古巴断交。美国新总统肯尼迪支持古巴的反卡斯特罗军事政变，4 月 17 日，1400 名古巴流亡分子在中情局的帮助下试图登陆猪湾，结果却是一场彻底的军事灾难。苏联通过在古巴境内部署核导弹，进一步推动古巴的独立，这一举动让美国阴云密布（见第 26 章）。作为讨价还价解决导弹危机的一部分，美国同意不入侵古巴。

在古巴，卡斯特罗推进社会主义革命，产生了复杂影响。古巴人民得到一些社会益处，尤其是在医疗卫生和教育方面。政府为所有居民提供医疗服务，古巴人的健康状况得到显著改善。通过创办新学校、建立教师培训机构，10 年内教师数量翻了 3 倍，文盲率急速下降。

尽管没有迅速工业化，卡斯特罗却鼓励发展多样化农业。不过，古巴经济仍然继续依靠制糖业。经济问题使政府不得不依赖苏联援助和社会主义阵营购买古巴的蔗糖。1989年，苏联解体和东欧剧变后，古巴失去了这些援助。尽管经济状况持续低迷，但卡斯特罗仍继续掌权，直到2008年才因健康原因辞职，继任者是他的弟弟劳尔·卡斯特罗。

● 民族主义与军队：阿根廷

在20世纪许多拉美国家的历史上，军队成为政治掮客。由于害怕工业化所释放出来的各种势力，1930年，阿根廷的军队干预政治，扶持从20世纪初期起就控制着权力缰绳的农业大鳄。1943年6月，一伙不安分的军官推翻了文官统治。新政权的成员之一胡安·庇隆（Juan Peron，1895—1974年）利用其劳工部长的身份讨好工人，获得了工人的支持。不过，随着庇隆越来越受欢迎，其他军官开始担心他权势过大，于是将之逮捕。工人发动起义迫使军方释放庇隆，1946年，庇隆当选总统。

为取悦主要支持者——工人和城市中产阶级，庇隆采取了加强工业化的政策。与此同时，他还试图将阿根廷从外国投资者的控制下解放出来。政府收购铁路，接管了银行、保险、船运和交通等产业。不过，庇隆政府也是独裁政权。庇隆模仿希特勒——暴力恐吓反对者的"褐衫党"（Brown Shirts）——组织起法西斯团体时，他的妻子爱娃·庇隆建立了妇女组织，支持政府。庇隆政府的日益腐败，再加上因政府无度而使越来越多的民众离心，最终使庇隆在1955年9月被推翻。庇隆流亡西班牙。

然而，被各种问题困扰的军方领导人又让流亡的庇隆重新回来掌权。1973年9月，庇隆再度当选总统，一年后去世。1976年，军方建立新政府，并且杀害了6000多名左翼人士。即便如此，经济问题仍然存在。为转移民众注意力，军政府于1982年4月入侵了马尔维纳斯群岛。从19世纪以来，英国一直控制着马尔维纳斯群岛，此次果断击退了阿根廷军队。这次失败让军方名誉扫地，开启了平民执政的大门。1983年，劳尔·阿方辛（Raul Alfonsin，1927—2009年）当选总统，试图重建民主。1989年大选中，庇隆主义者卡洛斯·萨乌尔·梅内姆（Carlos Saul Menem，1930—　）获胜。这次权力的和平交接让阿根廷有了走向民主道路的希望。尽管受外债和通货膨胀之扰，但从2003年以来阿根廷的经济一直在增长。在此期间，起先是基什内尔（Nestor Kirchner，1950—　）政府，紧接着是基什内尔的妻子克里斯蒂娜·费尔南德斯·基什内尔（Cristina Fernandez de Kirchner，1953—　）赢得2007年的大选，成为阿根廷的第一位女总统。

卡斯特罗的革命理念

1953 年 7 月 26 日，菲德尔·卡斯特罗及一小群支持者在古巴的圣地亚哥发动了对蒙卡达兵营的袭击战。起义失败后，卡斯特罗被捕，随后被判处入狱。以下材料是卡斯特罗的自辩词，其中表述了他的革命理念。

我说过，我们赖以成功的第二个考虑因素是社会秩序，我确信我们得到了人民的支持。当我说到人民的时候，我们说的不是那些养尊处优的人，不是那些欢迎一切压迫人的政权、一切独裁统治和专制暴君的保守分子，他们对主子们卑躬屈膝、磕头迎合。当我们谈到战斗的时候，我们所说的人民是广大受压迫的普罗大众，有人对他们许诺，但他们却被人欺骗。我们所说的人民，是那些渴望有更美好、更有尊严和更正义公平的祖国的人们……

第一项革命法律规定，将权力还给人民，并宣布以 1940 年的宪法为国家的最高法律。同时，由人民决定修改或更改法律……

第二项革命法律将规定，将土地的不可剥夺和不可转让的所有权授予拥有土地 5 个卡瓦耶里亚（大致相当于 33 英亩）或不足 5 个卡瓦耶里亚的垦殖农、半垦殖农、佃农、分成制佃农和暂耕农。国家将对原来的土地占有者按照他在这些土地上的十年收益的平均数进行赔偿。

第三项革命法律规定，在包括糖厂在内的一切大的工、商、矿业企业中，工人和职员可以分配三成的利润……

第四项革命法律规定，一切垦殖农都有权获得甘蔗收入的 55%，所有已经经营了三年或三年以上的小垦殖农的最低份额不得少于 4 万阿罗瓦（约相当于 25 磅）。

第五项革命法律规定，经由特别法庭没收以前政府的一切贪污受贿者的全部财产，没收其继承人的一切不正当来源的遗产或法院判处的财产。

——菲德尔·卡斯特罗《历史将宣判我无罪》

□ **问题**：卡斯特罗打算怎样实现他在古巴的革命？他的革命代表了谁的利益？

● 墨西哥道路

20 世纪 50 年代和 60 年代，墨西哥的执政党制度革命党（Institutional Revolutionary Party）锐意推进工业平衡发展政策。15 年的稳定经济增长、低通胀率和实际工资上涨使这一时期如同墨西哥经济上的黄金时代。不过，到 20 世纪 60 年代末，学生起而抗议一党政治。1968 年 10 月 2 日，警察向墨西哥城的示威学生开火，数百名学生被杀。制度革命党领导人开始关注体制改革。

20 世纪 70 年代，两任总统——路易斯·埃切维里亚（Luis Echeverria，1922—　）和波蒂洛（José López Portillo，1920—2004 年）都实施了改革。他们放松了政党登记制，使政党迅速发展，并允许在媒体和大学进行更大自由度的辩论。不过，经济问题仍未解决。20 世纪 70 年代末，墨西哥发现大量新油田，政府更加依赖石油收入。当 20 世纪 80 年代中期石油价格跌落时，墨西哥已无法偿还 800 亿美元的外债。债务危机和失业率上升使人们加剧了对政府的不满。这在 1988 年的大选中体现得很明显，当时制度革命党候选人卡洛斯·萨利纳斯（Carlos Salinas，1948—　）仅以 50.3% 的支持率获胜，而非其设想的压倒性优势。对政府经济政策的日益不满最终导致了不可思议的一幕：2000 年大选中，比森特·福克斯（Vicente Fox，1942—　）击败了制度革命党候选人，当选总统。虽然人们对之期望很高，但福克斯政府没能成功解决警察腐败和官僚体制的无能。他的继任者费利佩·卡尔德龙（Felipe Calderon，1963—　）的政策也没什么起色。2012 年，制度革命党重掌政权，恩里克·培尼亚·涅托（Enrique Pena Nieto，1966—　）担任总统。

■ 西方世界的社会与文化

□ 问题：1945 年以来，西欧和北美在社会、文化和知识方面有什么重要进展？

1945 年以来，无论是社会上、文化上，还是知识上，西方世界都呈现出多样性。

● 新社会的出现

战后，计算机、电视、喷气式飞机、避孕用品、新的外科手术技术等新技术的发展极大地改变了人类生活。科学发展和经济增长也助长了战后社会的迅速变化。对于战后的西方社会，有些观察家将其称为技术专家社会（technocratic society），有些则称其为消费社会（consumer society），其特点是流动的社会结构和新的变革。

1945 年后，欧洲社会尤其值得注意的是中产阶级的变化。由商人、律师和医生等专业人士构成的传统中产阶级队伍，因受雇于大公司和政府机关的白领主管和管理人员的不断增加而极大地壮大了。

传统上更低一级的阶层也发生了变化。尤其值得注意的是，人口从农村转移到城市。农业人口急剧下降。不过，产业工人的规模并没有扩大。在西德，20 世纪 50 年代和 60 年代，产业工人占总劳动力的 48%。此后，随着白领服务型雇员的增加，产业工人数量开始减少。与此同时，实际工资的大幅增加使工人阶级向往中产阶级的消费模式。20 世纪 50 年代，分期付款消费越来越普遍，这让工人们可以买电视、家具和汽车。

收入的上涨和工作时间的缩短也扩大了大众娱乐消费市场。从 1900 年到 1980 年，工作时间从每周的 60 小时减少到 40 小时，带薪假期也增加了。大众文化的各方面——音乐、运动、媒体——均得以商业化，为人们提供了更多的娱乐机会。

教育领域发生的变化也非常明显。二战前，高等教育大致上是富裕阶层的专属。战后，欧洲国家通过减少学费从而大力提升高等教育的受教育机会，大学随之出现了中产阶级和底层阶级的学生潮，入学率急剧增长。在法国，1950 年，4.5% 的年轻人接受了高等教育，到 1965 年，这个数字增加到 14.5%。

不过，也存在一些问题。过于拥挤的教室、教师们不太关注学生、专制作风的行政管理、被认为与现代没什么关系的教育内容等种种因素，导致 20 世纪 60 年代末出现了学生反抗运动。某种程度上可以说，这场学生运动是 20 世纪 60 年代中期美国大学中的反越战运动的延伸。最知名的学生运动爆发于 1968 年法国巴黎附近的南泰尔大学，但很快蔓延到巴黎大学主校区所在的索邦。学生要求在大学的管理中有更大发言权，他们占领了一些建筑物，并邀请工人加入抗议队伍。近半数的法国工人参与了罢工运动。戴高乐政府提出大幅涨薪计划，工人于是重回工作岗位，随之，警察镇压了剩下的抗议学生。

学生的激进主义有几个原因。部分学生真正地渴望对大学进行改革。其他一些学生则是抗议越战，他们认为这是西方帝国主义的产物。他们还攻击西方社会的物质主义，担忧自己会成为庞大的、没人情味的官僚机器上一个无足轻重的小齿轮。对许多学生来说，要求大学进行民主决策反映了他们对西方社会发展倾向的深层关注。

● 放任的社会

有些批评者将战后欧洲的新生活看作是放任的社会（permissive society）。在 20 世纪 60 年代的所谓性解放活动中，瑞典走在前列，欧洲其他国家和美国很快紧随其后。学校性教育和同性恋合法化是瑞典性解放的两个主要内容。20 世纪 60 年代，避孕药的发明和广泛使用使人们更加自由地性爱。同时，性暴露的电影、戏剧和书籍也打开一度被隐蔽对待的主题的新世界。

传统婚姻家庭破裂。离婚率急速上升，尤其是 20 世纪 60 年代，婚前性行为和婚外性行为大幅增多。1968 年荷兰的一份调查显示，78% 的男性和 86% 的女性曾有婚外情。

20 世纪 60 年代还出现了毒品文化。大学生普遍非法吸食大麻。对有兴趣体验更深层次致幻意识的年轻人来说，哈佛大学的蒂莫西·利里（Timothy Leary）成了致幻体验的大祭司，他以研究 LSD（人工致幻剂）闻名。

对性的新态度和使用毒品只是不断发展的质疑权威、鼓励反叛上一代人的青年运动的两个表现。在反抗意识和不断增强的政治意识的推动下，青年反叛在 20 世纪 60 年代后半期变成了青年抗议运动。

● 战后世界中的妇女

尽管妇女为二战做出了巨大贡献，但在二战结束时，她们却远离了工作岗位，将工作机会让给了重返家园的士兵。经历了战争恐怖后，人们似乎愿意在一段时间内回归传统家庭。就业女性的数量下降，出生率上升，形成了一波"婴儿潮"。不过，出生率的上升并没有持续太久，到 20 世纪 60 年代中期，家庭规模也开始减小。造成这种现象的主要原因是避孕措施的发展。此时 19 世纪发明的避孕套已经广泛使用，但避孕药在 20 世纪 60 年代的出现提供了更方便和更可靠的避孕方式，这种方式迅速在所有西方国家推广开来。

家庭规模变小的趋势也引起了美国和欧洲女性就业的变化，现在女性养育孩子的时间要少得多。已婚职业女性的数量迅速增加。20 世纪初，即便是工人阶级的妻子，只要经济上有所支撑，她们也更愿意做家庭主妇。战后，情况大不相同。比如在美国，1900 年，女性劳动力中已婚女性比例为 15%；到 1970 年，这一数字上升到 62%。

不过，职业女性数量的增加并没有改变某些旧模式。尤其是工人阶级女性仍然不能与男人同工同酬。20 世纪 60 年代，英国女性的工资水平仅相当于男性工资的 60%；在法国，只有 50%；在西德，只有 63%。而且，女性仍倾向于进入传统的女性职业领域。许多女性仍面临着挣钱和照顾家庭的双重负担。这种不平等引起妇女反抗运动的上升。

女权运动：追求解放

女性在两次世界大战中的贡献让她们实现了 19 世纪女权运动的主要目标之一——选举权。一战后，许多国家的政府通过给予女性选举权来承认她们的贡献。1918 年，瑞典、英国、德国、波兰、匈牙利、奥地利和捷克斯洛伐克承认女性有选举权。1920 年，美国女性获得选举权。法国和意大利的女性到 1945 年才获得选举权。二战后，女权主义没什么进展。但到了 20 世纪 60 年代，女性再度宣告她们的权利，以女权主义身份发声。随着 20 世纪 60 年代末学生运动的发展，女权主义（或现在所说的妇女解放运动）复兴。

波伏娃（Simone de Beauvoir，1908—1986 年）的作品对妇女解放运动的兴起至关重要。波伏娃做过教师，后来成为一名作家。她认为自己是一个过着"解放了的"生活的 20 世纪欧洲女性，但她仍然认为，作为一名女性，她面临着男性所没有的限制。在她影响力极高的著作《第二性》（*The Second Sex*，1949 年）中，她指出，男性主导社会的结果之一是，女性因其与男性的差别而被界定，从而处在次等地位，"使女人处境变得特别引人注目的一个原因是，她这个和大家一样的既自由又自主的人，仍然发现自己生活在男人强迫她接受他者地位的世界当中"。[1]

女性生活的转变

为确保人口的自然更替，女性平均需要生育 2.1 个孩子。许多欧洲国家远低于这一标准，20 世纪 60 年代，这些国家的人口停止增长，并且这一趋势始终在延续。到 20 世纪 90 年代，欧盟国家中，每位母亲平均只生育了 1.4 个孩子；2009 年，则下降到 1.31 人。西班牙是全球出生率最低的国家。

同时，职业女性数量持续增长。在英国，1970 年，女性占劳动力总人口的 32%；到 1990 年，该比例上升为 44%。而且，女性还进入新的职业领域。在大学和职业学校受教育机会的增多使女性可以从事法律、医药、政府、商业、教育等行业。比如，苏联有 70% 的医生和教师是女性。然而，女性在与男性同工的情况下仍然不能同酬，管理岗位上的晋升机会也更少。

妇女解放运动中的女权主义者开始相信，必须改变女性自身生活的基本条件。20 世纪 60 年代和 70 年代，通过努力废除禁止流产的法律，数十万欧洲女性在一定程度上更自由地掌控了自己的身体。即便在教会反对堕胎的天主教国家，法律也允许避孕节育，并且在 20 世纪 70 年代和 80 年代实现了堕胎合法化。

---

[1] S.de Beauvoir, *The Second Sex*, New York, 1961, H.M.Parshley 译，p.xxviii.

"变革的时代"：青年抗议运动的音乐

20 世纪 60 年代，摇滚乐的歌词反映出许多年轻人的反叛情绪。极具影响力的艺术家鲍勃·迪伦用歌词表达了年轻一代的情感，他于 1964 年创作的经典歌曲《变革的时代》（*The Times They Are a-Changin*）被称为"抗议运动的赞歌"。

来吧，朋友们

无论你在何方，都要聚集在一起

请看清滚滚潮流已来到

接受这现实

你将被这浪潮淹没

如果你对人生仍有所求

那就赶紧奋起

否则你将如同石沉大海

因为时代在变革当中……

来吧，议员们

请听从号召

别挡着道

别事不关己高高挂起

受伤的就是那些

停滞不前的人

斗争的烈焰正在外面汹涌

很快将震撼你们的深宫，要封锁厅门

因为时代在变革当中

这片土地上的每一位父亲、母亲

不要妄加评论，如果你们无法弄明白

你的儿女们

都是你们无法弄懂的

你们的陈腐道路

正在迅速没落

儿女已不在你们掌控中

无法出力，就请让路

因为时代在变革当中

界限已划清

咒语已降临

步履缓慢的人将健步如飞

世界当前，转眼明日黄花

眼下秩序，日渐消融

今日最是风流，他日沦落末流

因为时代在变革当中

——鲍勃·迪伦《变革的时代》

· ·

□ 问题：是什么导致了 20 世纪 60 年代的学生叛逆？鲍勃·迪伦在这首歌里认为问题
在于什么？出在哪些人身上？

女性越来越活跃并参与新领域。有些女性通过与反核运动结盟，尝试影响政治环境。1981 年，一群女性将自己锁在美军基地的围墙边，抗议美国在英国部署核导弹，随后，数千人加入其中，建立和平营地。人们热情高涨，一位参与者说："我永远都忘不了那种感觉，它将永随我身……我们手挽着手走过去……这是为女性而奋斗，为和平而奋斗，为世界而奋斗。"[1]

西方女性还与世界其他地方的女性一同合作，改变她们的生活环境。1975 年到 1995 年，联合国召开了一系列有关女性问题的会议。这些会议明确了西方国家女性与非西方国家女性之间的差异。西方国家的女性谈论着政治、经济、文化和性权利，但拉丁美洲和亚洲的发展中国家的女性主要讨论的却是结束危害她们生活的暴力、饥饿和疾病。

● 恐怖主义的发展

个人和群体反对政府、恐怖主义是现代西方社会令人恐惧的一面。20 世纪 70 年代末和 80 年代初，小股恐怖主义分子利用暗杀、无差别杀害平民、绑架人质、劫机等

〔1〕 引自 R.Bridenthal："*Women in the New Europe*"，R.Bridenthal、S.Mosher Stuard 和 M.E.Wiesner 编：*Becoming Visible*：*Women in European History*，3rd.ed，Boston，1998，pp.564—565.

方式引发社会关注他们的要求，或动摇政府，希望以此实现其政治目的。

恐怖主义分子的行动动机各不相同。20世纪70年代末和80年代初，左翼和右翼恐怖组织迅速发展，也有一些恐怖行动是希望建立独立国家的激进民族主义者发动的。最著名的是爱尔兰共和军（Irish Republican Army），他们残暴地攻击北爱尔兰的执政政府和无辜平民。

到了20世纪80年代，尽管左翼和右翼恐怖活动有所下降，但国际恐怖主义仍在继续。因部分领土被以色列占领，一些愤怒的激进巴勒斯坦人以恐怖袭击回应以色列的支持者。巴勒斯坦恐怖分子袭击欧洲人和在欧洲的美国人，1985年袭击罗马和维也纳机场的游客便是其暴行之一。政府支持的恐怖主义常常是国际恐怖主义的一个组成部分。伊朗、利比亚、叙利亚等国家的激进政府暗中帮助袭击欧洲人和美国人的恐怖组织。1988年10月21日，泛美航空103次航班从法兰克福飞往纽约时在苏格兰洛克比上空爆炸，飞机上所有乘客和机组人员共计259人全部丧生。此次袭击是两名利比亚恐怖分子策划并实施的。

对美国的恐怖袭击

最具灾难性的一次恐怖袭击发生在美国，时在2001年9月11日。恐怖分子劫持了从波士顿、纽瓦克和华盛顿起飞的四架民航客机。劫机者劫持两架飞机撞向纽约的世贸中心大楼，导致大楼和周边几栋建筑倒塌。第三架被劫持的飞机撞向华盛顿的五角大楼，第四架显然是朝华盛顿飞去的飞机在宾夕法尼亚州坠毁。这次恐怖袭击中，3000多人丧生。

这次恐怖劫机行动与本·拉登（Osama bin Laden，1957—2011年）控制的国际恐怖主义组织——基地组织有关。本·拉登是土生土长的沙特阿拉伯人，故乡在也门，他利用自己继承的遗产在阿富汗建立恐怖主义训练营地，并且得到该国激进原教旨主义伊斯兰统治组织塔利班的保护。

布什总统发誓要对恐怖主义开战，并与其他国家联合，以肃清基地组织和其他恐怖主义组织的势力。美国遭遇恐怖袭击后的几个星期内，美国和北约组织的空中力量开始轰炸阿富汗塔利班控制的中心地区以及基地组织的藏身处。在地面战斗中，阿富汗军队在美国特种部队的帮助下，到2011年末，将塔利班的势力清除出阿富汗，重新控制了国家局势，并建立了多民族民主政府，但由于塔利班再起，仍面临诸多问题。

● 外来劳工和移民

20 世纪 50 年代和 60 年代，随着西欧国家的经济复兴，严重的劳工荒使这些国家不得不依赖外来劳工。于是，数千名来自土耳其、东欧以及南欧的劳工移居德国，北非移民则前往法国，加勒比、印度和巴基斯坦的移民前往英国。20 世纪 80 年代，欧洲的外籍工人总数可能高达 150 万人。

尽管因经济原因雇佣了这些外来工人，但他们的存在也给其所客居的国家带来了社会和政治问题。外来移民的涌入不仅让欧洲国家的社会服务压力增大，而且某些地方的外来工人——许多是非白种人——高度集中，导致他们与反对国家民族多样化的本国居民之间的关系紧张。到 1998 年，伦敦市内贫民区中 1/3 的儿童的第一语言并非英语。德国的法兰克福、慕尼黑和斯图加特等城市，外来人口已经占了近 1/5。仇外情绪随着失业率的上升而更趋激烈化。

即便传统上对移民开放的国家也开始改变政策。荷兰 19% 的人都有外国背景，来自 180 个国家。然而，2004 年，荷兰政府通过了新的移民法，要求新来者必须通过荷兰的语言和文化考试才能获准入境。有些情况下，这些政策是针对宗教活动的。在法国，穆斯林数量的不断增加导致了对展示伊斯兰教标志的限制：2004 年，法国通过一项法律，禁止女学生在学校戴面纱，但小十字架等小的宗教符号或饰物不在受限之内。批评者认为，这一法律将恶化法国的民族和宗教紧张关系，但支持者坚持，这是秉承了法国的世俗主义和女性平等的传统。

● 环境问题与绿色运动

1970 年，环境问题第一次成为欧洲政治议程中的重要内容。当时，生态环境问题已经非常严峻并显而易见。道路车辆、发电厂和工业厂房等排放的尾气导致的空气污染引发了呼吸道疾病，也对建筑物和各种古迹造成了腐蚀性影响。许多河流、湖泊、江海也遭到了严重的污染，以至于引发了严重的健康风险。1986 年，苏联乌克兰地区切尔诺贝利核电站发生灾难性泄露，让欧洲人更关心潜在的环境灾难。1989 年，东欧开放后当地毫无约束的环境污染造成的破坏显露出来。

不断增长的生态意识让整个欧洲在 20 世纪 70 年代出现了绿色运动和绿色政党。最典型的是德国绿党，该党于 1979 年正式成立，到 1987 年，在西德议会中，该党共有 42 名代表。绿党在瑞典、奥地利和瑞士等国也非常有竞争力。为支持绿色政府的发展，各国主要政党开始倡导新的环境法规，1987 年被称为环境年。到 20 世纪 90 年代，欧洲各国政府采取了各种保护环境和清除污染源的措施。

到 21 世纪初，欧洲意识到城市可持续性发展的必要性。许多城市限制新建设，提升城市内绿色空间的质量和数量，推进包括火车、地铁、公交和自行车在内的公共交通体系的建设与利用。

● 1945 年以来的西方文化

二战以来，西方世界在知识和文化上的革新和多样性都成绩可观。尤其是自 1970 年以来，新的发展方向让一些观察者将其定义为"后现代"文化世界。

战后文学

战后文学的一个重要发展趋向是荒诞派戏剧（Theater of the Absurd）出现，其最著名的倡导者是旅居法国的爱尔兰作家塞缪尔·贝克特（Samuel Beckett，1906—1989 年）。在他的《等待戈多》（Waiting for Godot，1952 年）中，舞台上的表演显然是非现实的。两个人在等人，他们可能与对方有约，也可能没约好。在表演此剧的过程中，似乎什么都没有发生。观众也从不知道他们面前的演出到底是出自现实还是源于想象。观众们奇怪的不是"接下来会发生什么"，而只是"现在到底在干吗"。

荒诞派戏剧是时代的折射。战后是一个确定的政治和宗教意识形态信仰幻灭的时代。这种凸显荒诞派戏剧荒凉世界观所强调的幻灭感也激发出了存在主义作家阿尔贝·加缪（fAlbert Camus，1913—1960 年）和让-保罗·萨特（Jean-Paul Sartre，1905—1980 年）的存在主义及世界毫无意义的感受。存在主义者萨特和加缪的首要看法是宇宙中不存在上帝。尽管上帝之死是悲剧性的，但这也意味着人并没有天定的命运，因而人在宇宙中没有未来、没有希望，呈现一种完完全全的孤独之状。加缪这样表示：

> 一个能用歪理来解释的世界，还是一个熟悉的世界，但是在一个突然被剥夺了幻觉和光明的宇宙中，人就感到自己是个局外人。这种放逐无可救药，因为人被剥夺了对故乡的回忆和对乐土的希望。这种人和生活的分离，演员和布景的分离，正是荒诞感。[1]

---

[1] 引自 H.Grosshans, *The Search for Modern Europe*, Boston, 1970, p.421.

伊斯兰教与西方：法国的世俗主义

在法国各学校禁止戴蒙面头巾前，法国出现了一场有关世俗政府的大辩论。尽管法国承认人们有宗教表达的权利，但法律规定，宗教表达必须限于私下场合，不能进入公众场所。此前，总统希拉克设立了一个委员会，调查学校、宗教和政治领袖们是否允许在学校里戴蒙面头巾。委员会认为应当禁止学校中出现一切显性宗教象征。以下第一段资料是希拉克的讲话，他赞同取消在学校里戴蒙面头巾。第二段资料来自对法国穆斯林妇女的采访。她们中不少人质疑法律怎样保护她们个人的宗教表达权利和自由。

这次关于世俗主义原则的争论切中了我们价值观的核心。它关注的是我们的民族凝聚力、共同生活的能力以及在重要事情上团结一致的能力……许多移民家庭年轻人的第一语言是法语，他们在自己所处的社会中获得成功、自在轻松。要取得这样的成功，必须打破环绕当前现实社会的沉默和冷漠的壁垒。我很清楚移民家庭的年轻人被误解、无助，甚至有时遭遇反感的感受，他们时常因为其名字的发音而错失工作机会，也往往在安居方面遭遇歧视……所有法国儿童，不管其过往如何，来自哪里，有什么样的信仰，都是法兰西共和国的儿女。他们必须得到法律的承认，当然，最重要的是，在现实生活中也须得到认可。我们应当确保尊重这种需求，改革我们的一体化政策，确保人人机会平等，再度提升我们的民族凝聚力。我们还应当遵循世俗化原则，这是我国宪法的支柱。……世俗主义确保人们的信仰自由。它保护人们信教或不信教的自由……我们需要重新确认学校中的世俗主义原则，因为学校必须得到绝对保护……

毫无疑问，学校应成为一个统一的匿名之地，宗教生活或归属理应被禁止……直到最近，由于自发形成的理性和合理习俗，有一点已经无人质疑，即学生天然有宗教信仰的自由，但宗教不应进入学校……宗教服饰也不应进入学校。这并非新规，也不是要改变世俗主义界限。这是尊重宗教表达的问题，也是明确而坚定的原则问题，这一规则已经成为我们习俗的一部分，并已实践了很长时间。……我研究了各种政党、各宗教领袖以及各主要思潮的代表人物的观点。平心而论，我认为，必须禁止在公立学校中穿戴具有明显宗教倾向的服饰或符号。

——希拉克《法国社会中的世俗主义》

拉比芭（Labiba，35岁，阿尔及利亚人）

我认为不应干预世俗国家中人们的私生活；法国不应当采取对某种宗教有利、对另一种宗教不利的立场……我认为，在世俗学校里，应当人人世俗化，不然，我们就得设立宗教学校，在那些学校里，人人都可以随意穿着。

努尔（Nour，34 岁，阿尔及利亚人）

老实说，你知道世俗学校从来不会错过复活节。每当他们庆祝复活节时，我可没有因此烦恼。我女儿回家后画万圣节彩蛋或其他东西，看起来又美又有趣。市郊的学校里八成是穆斯林，他们过万圣节，也过圣诞节。而对世俗学校来说，这从来不是问题。我觉得这不公平。

我认为，逢穆斯林斋月时，人们也应当关注。实话说，对我来说，这不是个问题。相反，有些……戴头巾去学校的人会引发问题，即我们应当在课堂里讨论讨论为什么这个人会戴着头巾来学校。为什么要惩罚他们呢？为什么不经讨论就随意割裂他们文化中的一部分呢？为什么我们明明可以将对宗教的讨论纳入课堂时，学校里有人戴头巾就让人烦乱？执着于头巾实际上是掩饰了问题所在。他们小题大做，可怜的女孩们，她们被赶出了学校……最终，我们将她们变成了在身份认同、文化认同以及各方面都存在问题的人……对一个文化如此多元的国家来说，这样做毫无理由。

依思玛（Isma，36 岁，阿尔及利亚人）

对法国戴头巾的女孩子——尤其是初高中的女学生们——而言，最首要的问题是身份认同问题，因为她们出生在法国，父母是移民……在特定时期，青少年们都希望肯定自己。我想说，他可能会认为，他通过自己的装扮和服饰表明他来自何处。因此，我认为应当放任他们自由展示，继而，通过这种展现，使人们回归真我。

——法国的北非妇女对头巾禁令的回应

┈┈

□ 问题：法国总统和接受采访的穆斯林妇女各自的立场如何？你认为有没有办法融合这两种对立的立场？为什么？

因而，按照加缪的观点，世界都是荒诞的，无意义的。人类，同样是无意义无目的的。失望和绝望之下，人唯一的希望之源就是他们自己。

后现代主义

后现代（Postmodern）这个术语囊括了自 20 世纪 70 年代以来奉行的各种知识艺术风格和思维方式。广义上来说，后现代主义反对现代西方对客观真理的信仰，它所关注的是现实和知识的相对性。

在存在主义者纠结于意义和存在等概念时，20 世纪 60 年代的一些法国哲学家试图通过研究语言和符号来理解意义和知识的运行。雅克·德里达（Jacques Derrida，1930—2004 年）构建的后结构主义（poststructuralism）或解构主义（deconstruction）认为，文化是被创建的，因而，根据哪些人用什么方法创建出其独特的意义，可以对文化进行各种方法的分析。故此，没有不变的真理或普遍的意义。

米歇尔·福柯（Michel Foucault, 1926—1984 年）用德里达的观点来阐释权力关系。福柯相信，"权力是被行使的，而非被占有的"，他认为权力的扩散与压迫是所有关系的特点。比如，任何教学行为都需要断言与服从，学生则接受了掌握权力的教师的观点。因此，所有规范都是文化造就的，都需要某种程度的权力斗争。

后现代主义在文学中体现得也非常明显。其中一个例子是米兰·昆德拉（Milan Kundera, 1929—   ），他将幻想与现实结合，用幻想来审视道德问题，但仍对人类怀抱乐观。在他的小说《生命中不能承受之轻》（*The Unbearable Lightness of Being*，1984 年）中，昆德拉并未因他贴切描写的祖国捷克斯洛伐克的政治迫害而绝望，他让小说的主人公以爱作为开创更美好生活的手段。人类的精神可以被轻视，却无法被摧毁。

● 艺术潮流

战后，美国主导了艺术世界，同样也主导了世界的流行文化。纽约取代巴黎，成为西方的艺术中心。古根海姆博物馆、纽约现代艺术博物馆、惠特尼现代艺术博物馆和纽约数不清的画廊推动了现代艺术的发展，也推动并确立了世界其他许多地方的艺术品位。有一种艺术风格可谓纽约艺术兴起的代名词，这就是抽象表现主义（Abstract Expressionism）。

被一位批评家称为"泼洒画"的抽象表现主义充满活力、自发自然，这在杰克逊·波洛克（Jackson Pollock，1912—1956 年）的巨幅画作中有所体现。在他的《薰衣草之雾》（*Lavender Mist*，1950 年）等作品中，颜料似乎要迸发出来，用感情与动感感染观者。波洛克作品的随意和看似混乱的图案打破了所有约定俗成的模式和结构。受印第安人沙画的启发，波洛克在地板上用帆布作画。他解释说："在地板上作画，我更放松，感觉更贴近画画，更像是画的一部分，因为这样可以在它周围走动，从四周工作，并融入画中。一旦我沉入画作，我甚至意识不到自己在做什么。这是真正的和谐。"

后现代主义将过去的传统与现代创新折中融合，这在建筑领域体现得尤为突出。罗伯特·文图里（Robert Venturi，1925—2018 年）认为，建筑师应当如拉斯维加斯大道那样在历史风格中寻找灵感。查尔斯·莫尔（Charles Moore，1929—1993 年）的作品就是典型例子。他设计的新奥尔良市的意大利露天广场，将古典罗马柱与不锈钢和霓虹灯结合在一起。这种将当代材料与历史参照相结合的方式，使 20 世纪 70 年代和

80 年代的后现代主义建筑有别于现代派的玻璃盒体建筑。

在 20 世纪 80 年代和 90 年代，艺术和音乐产业越来越多地采用营销和广告技巧。随着大量资金投资给画家和音乐家，迫于压力，要取得关键和商业上的成功。弄清艺术与流行文化之间的区别非常重要，因为许多人将价值等同于销量或经济价值。

在艺术领域，新表现主义（Neo-Expressionism）在 20 世纪 80 年代中期发展到顶峰。安塞尔姆·基弗（Anselm Kiefer，1945—　　）等新表现主义艺术家越来越受欢迎。基弗将抽象主义派、拼贴画、德国表现主义等相结合，创造出鲜明而令人难忘的作品。他的《出埃及记》（*Departure from Egypt*，1984 年）是对犹太人历史及其沦入纳粹恐怖的反思。基弗希望通过描绘德国的暴行，让德国人从历史中解放出来，并且从恶中诞生出善的因子。

● 世界科技的发展

二战后的科技进步给人们的生活带来了革命性影响。二战期间，大学中的科学家被政府招募，研制新武器和实战工具。在改进雷达系统方面，英国物理学家功不可没。1940 年的不列颠之战中，雷达系统帮助摧毁了德国空军。德国科学家研制出自行火箭和喷气式飞机，让希特勒妄图在战争中奇迹般翻盘。计算机也是战时发明。英国数学家阿兰·图灵（Alan Turing）发明了原始计算机，用来帮助英国情报人员破译德国密码机的密码。战时科学研究最著名的成果是，一群美国和欧洲科学在奥本海默（J. Robert Oppenheimer）的指引下研制出来的原子弹。尽管原子弹是出于破坏目的问世的，但如计算机和核能等许多战时发明很快就被用在了和平时期。

战后科学与技术的结合加快了社会变化，这已经成为西方社会的现实。这种结合的成果之一——计算机——是 20 世纪所有技术发明中最具革命性的一个。早期的计算机又大又容易发热，占地极大。晶体管和硅片的发明给计算机带来革命性的改变。1971 年，微处理器的发明打开了个人计算机的发展之路，到 20 世纪 90 年代，个人计算机已经成为商业、学校和家庭的标准配备。

尽管科学和技术产生了奇迹，但有些人提出质疑，科学是否总是有益的？尤其是它使人们掌握了操控环境的能力。他们认为，有些进步的技术在损害环境方面副作用深远。比如化肥，最初是为了增加粮食产量，但却对溪流、河流和林地的生态平衡造成了巨大破坏。

● 流行文化的爆炸

自 1900 年——尤其是二战以来，流行文化在帮助西方人自我定位上起了重要作用。流行文化是经济体制的映射，因为这一体制制造、传播、出售人们消费的流行文化的各种形象。因此，现代流行文化与产生它的大众消费社会有不可分割的联系。

在西方——放宽些说，整个世界——的流行文化形成过程中，美国最具影响力。通过电影、音乐、广告和电视，美国传播其独特形式的消费主义，也向世界数百万人传播美国梦。1923 年，《纽约晨报》的一则影评说，"这部电影讲的是美国曾是英

参照文章

从工业时代到技术时代

正如许多观察者指出的，世界经济正转向日益全球化和技术密集型的"后工业时代"。自二战以来，系列技术变革——尤其是交通运输领域、医药领域和农业领域——深刻地改变了世界。这种变革也引发了新问题和新忧虑。一些科学家担心，基因工程可能会意外导致新的致命细菌的出现。一些医生警告，抗生素的滥用催生了对抗生素产生抵抗性的超级细菌。技术进步也带来了包括核武器在内的新的致命性破坏方法。

后工业世界——未来学家阿尔文·托夫勒（Alvin Toffler）称其为第三次浪潮（第一、第二次浪潮分别是农业革命和工业革命）的来临给许多人带来难题。他们之中，有由于工厂迁往劳动力成本低廉的外国而失去工作的蓝领工人，有缺乏完成复杂工作所需的技能的穷人和未受教育者，甚至有因雇主为适应全球市场竞争而将不少工作外包而失业的中产阶级。

现在，越来越清楚的一点是，如同此前的工业革命一样，技术革命也会引发巨大后果。战后先进资本主义国家取得的成功是建立在两个重大共识的基础上的：（1）政府在教育、交通运输等方面的高水平投资的需求；（2）为产品自由交换而维持开放市场的诉求。

今天，随着市民们拒绝为了支持教育而增税、反对建立促进商品自由流动和劳动力跨国界流通的贸易联盟，上述两点正日益遭遇困境。公众共识的破裂引发了一个严峻问题，这就是能否在不引起政治和社会紧张关系的情况下成功应对第三次浪潮的挑战。

□ 问题：第三次浪潮的含义是什么？它对人类社会带来什么样的挑战？

国的一部分。但它意味着山姆大叔可能希望有一天……能将世界美国化"。[1]这已经成为现实。

一战结束后的一段时间里，电影是美国流行文化的主要传播工具，而且，随着时间的推移，美国电影的市场更大。20世纪30年代发明的电视直到40年代末才投入使用，不过，到1954年，随着电视成为中产阶级的核心配件，美国已经有3200万台电视。20世纪60年代，电视机向全世界推广，美国电视网将其电视产品以极其低廉的价格向欧洲和第三世界倾销。

从二战结束起，美国还主导了流行音乐。爵士、蓝调、节奏布鲁斯、说唱、摇滚一直是西方世界及广大非西方世界最流行的音乐形式，而所有这些音乐形式都源自美国和美国黑人的音乐创新。这些音乐后来传播到全世界，启发了世界其他地方的艺术家，他们进而也以自己的方式转变其音乐形式。

20世纪80年代，MTV的出现给音乐领域带来了根本性变化，在唱片销售中，影像与声音同等重要。迈克尔·杰克逊（Michael Jackson）和麦当娜（Madonna）等艺术家们将音乐电视看作一种艺术形式，从而成为超级明星。许多音乐电视不只是拍摄下来的表演，还是精心制作并参入了与音乐契合的特效的短电影。

战后，体育成为流行文化和休闲产业的主要产物。卫星电视和各种电子发明使体育成了全球性现象。现在，奥运会可以在全球任何地方收看。2010年，大约7.15亿人——或者说，每十个人中有一人——观看世界杯。体育成了廉价的娱乐方式，因为爱好者们无须离家就能享受体育竞赛。许多体育赛事现在每年的大部分收入都来自电视转播。

━ 本章小结

随着经济复兴催发出新的乐观主义，20世纪50年代和60年代西欧得以重塑。西欧国家推行政治民主化，随着欧共体的发展，许多国家走向经济统一。二战后，新的欧洲社会形成。白领工人数量增加，分期付款购物也推进了消费社会的发展。福利国家提供退休和医疗保障。生育控制导致家庭规模更小，更多女性加入就业队伍。

尽管许多人对"世界新秩序"持乐观态度，但不确定因素仍占上风。德国成功

---

[1] 引自 R.Maltby 编：*Passing Parade：A History of Popular Culture in the Twentieth Century*，New York，1989，p.11.

统一，欧盟启用统一货币——欧元。然而，南斯拉夫却分裂成战争不断的几个国家，最终，所有成员国都独立了，原来被迫生活在不同国家的民族开始反抗，要求建立自治国家。尽管有些反抗成功了，但许多反抗仍被残酷镇压了。

在西半球，美国和加拿大在20世纪50年代建立起经济繁荣、相对稳定的社会，不过也有一些新问题，包括民族、种族和语言差异、经济困难，从而挫伤了前几十年的乐观。尽管有些拉美国家在20世纪50年代和60年代经济方面有了增长，但政治稳定并未随之而来。到20世纪80年代，拉美国家的民主政府才开始取代高压军事政权。

在"世界新秩序"跌跌撞撞地发展过程中，涌现了其他一些挑战。大量外来人口涌入，尤其是在西欧，不仅让欧洲国家的社会服务负担沉重，也引发了仇外情绪。滥用环境带来的威胁不仅危及欧洲人，也危及全人类。恐怖主义活动成为许多西方国家的威胁。21世纪初，人们达成的一个主要共识是，困扰西方世界的许多问题已经成为全球性问题。

━ 本章思考

— 问题1：1945—2010年，西欧民主的主要成败表现在哪里？

— 问题2：东欧脱离苏联控制后，走向了什么样的发展方向？为什么它们会有这样的反应？

— 问题3：1945年以后，流行文化在西方世界中扮演了什么角色？

━ 拓展阅读

关于1945年以后的欧洲。1945年后的通识类著作，可以参考 T.Judt, *Postwar：A History of Europe Since 1945*，New York，2005；W.I.Hithchcock, *The Struggle for Europe：The Turbulent History of a Divided Continent，1945-2002*，New York，2002。关于西欧共同机制的建设，参考 S.Henig, *The Uniting of Europe：From Discord to Concord*，London，1997。关于东欧的情况，可以参考 P.Kenny, *The Burden of Freedom：Easter Europe Since 1989*，London，2006。

关于美国和加拿大。1945年以来的美国通史，可以参考 W.H.Chafe，

Unfinished Journey：*America Since World War II*，Oxford，2006。更详细的情况，可以参考 J.T.Patterson 的牛津美国史中的两卷，*Grand Expectations*：*The United States*，*1945-1974*，Oxford，1997，以及 *Restless Giant*：*The United States from Watergate to Bush v. Gore*，Oxford，2005。加拿大的情况，可以参见 C.Brown 主编：*The Illustrated History of Canada*，4th.ed，Toronto，2003。

关于拉丁美洲。拉美通史，可以参考 M.C.Eakin，*The History of Latin America*：*Collision of Cultures*，New York，2007；E.Bradford Burns、J.A.Charlip，*Latin America*：*An Interpretive History*，8th.ed，Upper Saddle River，N.J.，2007。20 世纪的拉美情况，还可以参考 T.E.Skidmore、P.H.Smith，*Modern Latin America*，6th.ed，Oxford，2004。

关于西方社会。关于动荡的 20 世纪 60 年代，可以参考 A.Marwick，*The Sixtie*：*Social and Cultural Transformation in Britian*，*France*，*Italy*，*and the United States*，Oxford，1999。关于 20 世纪 60 年代的性解放，可以参考 D.Allyn，*Make Love*，*Not War*：*The Sexual Revolution-An Unfettered History*，New York，2000。

关于妇女的地位和角色，可以参考 R.Rosen，*The World Split Open*：*How the Modern Women's Movement Changed America*，New York，2001。恐怖主义的情况，可以参考 C.E.Simonsen、J.R.Spendlove，*Terrorism Today*：*The Past*，*the Players*，*the Future*，3th，ed，Upper Saddle River，N.J.，2006。外来劳工和移民的情况，可以参考 W.Laqueur，*The Last Days of Europe*：*Epitaph for an Old Continent*，New York，2007。

关于 1945 年以来的西方文化。二战后思想和文化方面的通史，可以参考 J.A.Winders，*European Culture Since 1848*：*From Modern to Postmodern and Beyond*，New York，2001。关于后现代主义，可以参考 C.Butler，*Postmodernism*：*A Very Short Introduction*，Oxford，2002。关于艺术，可以参考 A.Marwick，*Arts in the West Since 1945*，Oxford，2002。

第 28 章

非洲和中东地区国家的变与不变

到二战结束时，亚洲和非洲的许多国家遭受了半个多世纪的殖民统治。尽管欧洲人志得意满地表示，殖民主义对推进"落后"地区人民的文明进程是必要的一步，不过，他们的殖民对象可不赞同。有些殖民地区的人们甚至认为，西方对政治霸权主义和经济利益的追求是最终危及整个人类的瘟疫，远非解决世界弊病的灵丹妙药。

西方文明的一个重要内容是现代世界公民认同的民族国家概念，但它却被一些有思想的亚洲人和非洲人所反对。在这些亚洲人和非洲人看来，民族主义是 20 世纪诸多恶行之源，战后应当摒弃这种发展模式。在非洲，一些知识分子将传统村落社会视为人类的人文和精神特质的独特象征，他们认为，村落可以作为一种共同纽带，将非洲大陆的所有民族聚集为一个有凝聚力的非洲共同体。民族国家在中东的一些观察者那里也同样遭受冷遇，中东的不少穆斯林认为，西方的物质主义文化是对伊斯兰基本准则的威胁。为抵御来自老对手的新威胁，有些领导人梦想复兴全球哈里发的概念，统一所有的穆斯林人民，让他们在整个伊斯兰世界中追寻共同的命运。

时间却并未慷慨对待这些跨国团结和合作的梦想。尽管非洲和中东人民逐渐从欧洲人的统治中解放出来，但这两个地区的多数政治精英却热烈地采用了民族国家模式。其结果喜忧参半，有时还代价惨重。缺乏政治经验以及欧洲的长期经济主宰使这些地区的政治稳定遇挫。同时，殖民势力随意划分国与国的边界，以及民族和宗教分歧导致的激烈冲突，也破坏了人们实现团结合作梦想的努力。现在，中东和非洲尽管有巨大的潜力，但也是世界上最动荡、冲突最多的地区。

■ 自由：非洲的民族独立运动

□ **问题**：在非洲走向独立的过程中，民族主义运动起了什么作用？非洲的民族主义运动与世界其他地方的民族主义运动有何差别？

二战后的 30 年里，非洲人民慢慢摆脱了欧洲殖民主义的统治。

● 殖民遗产

如同亚洲，殖民统治对非洲人民和非洲社会也产生了复杂影响（见第 21 章）。西方的存在给非洲带来了短期和长远的效益，如交通运输设施的改善，还在一些地区奠定了现代工商业发展的基础。卫生医疗条件的改善延长了人们的寿命。但殖民主义的效益分配极不均匀，绝大多数非洲人发现，即便生活有所改善，也变化极小。大部分非洲人仍然是仅能维持粮食自给的农民。只有南非和法国控制的阿尔及利亚有现代工业、广泛的铁路网和现代通信体系。在这两个国家，欧洲居民为数巨大，多数工业企业的投资资本来自欧洲，几乎整个职业阶层和管理阶层都是白人。本土居民整体上只能从事工资还不到欧洲人 1/5 的非熟练型和半熟练型工作。

● 民族主义的兴起

到第一次世界大战结束后，非洲才出现致力于非洲权利的政治组织，而且，也仅有少数地区才有这样的组织，如英国统治的肯尼亚和黄金海岸（即加纳——译注）。二战后，参照其他地方的独立运动，非洲出现了各种以独立为目标的政治党派。在黄金海岸，克瓦米·恩克鲁玛（Kwame Nkrumah，1909—1972 年）领导的大会人民党（Convention People's Party）是非洲第一个正式的政党。20 世纪 40 年代末，乔莫·肯雅塔（Jomo Kenyatta，1893—1978 年）成立了主要关注经济问题、但也有政治意志的肯尼亚非洲民族联盟（Kenya African National Union）。

这些政治活动大多数是非暴力的，由受过西方教育的非洲知识分子领导，其成员主要是城市职业阶层、商人和工会成员。但是独立的要求并不完全限于城市。比如，在肯尼亚，基库尤人中广为传播的茅茅运动（Mau Mau）把游击战当作实现摆脱英国统治的独立运动的基本手段。尽管茅茅运动中的多数暴力活动是直接针对其他非洲人的，但全国性暴动的阴影震惊了欧洲居民，也让英国政府于 1959 年许诺将使肯尼亚独立。

在南非和阿尔及利亚这种政治体制由欧洲人控制的地方，转向独立的过程同样复杂。在南非，当地非洲人通过 1912 年组建非洲国民大会（African National Congress），开始了他们的政治活动。起初，非洲国民大会主要是由西化的知识分子主导，民众支持率有限。它的目标是在现存体制内进行经济和政治改革，包括实现所有受教育的非洲人的完全平等。不过，非洲国民大会的努力没有什么成效。1948 年，保守的白人政党强化种族隔离法，强行推进全面种族隔离合法化政策。为回应这一政策，非洲国民大会日益激进，到 20 世纪 50 年代，暴力对抗的可能性日益增加。

在阿尔及利亚，农村的柏柏尔人和阿拉伯人的反法运动从未停止。二战后，城市的不安定愈演愈烈，导致 20 世纪 50 年代中期出现了广泛的反抗运动。起初，法国政府试图维持其在阿尔及利亚的统治。但 1958 年戴高乐就任总统后，改变了法国的政策，阿尔及利亚在总统艾哈迈德·本贝拉（Ahmed Ben Bella，1918—2004 年）的带领下实现了独立。阿尔及利亚的武装斗争也加速了其邻国的转变。1956 年，在部分城市和农村出现动乱后，突尼斯实现了独立，但仍与法国关系密切。法国试图通过流放穆罕默德五世（Sultan Muhammad V）来镇压摩洛哥的民族主义运动，但失败了。1956 年，穆罕默德五世回国，成为独立后摩洛哥的执政者。

20 世纪 50 年代末和 60 年代，大部分非洲国家都获得了独立。这波独立风潮始于 1957 年黄金海岸即现在的加纳。紧接着是尼日利亚、比属刚果（即现在的刚果民主共和国）、肯尼亚、现属于坦桑尼亚一部分的坦噶尼喀以及其他一些国家。大多数法国殖民地在戴高乐执政期间获得独立。到 20 世纪 60 年代末，只有非洲南部的部分地区和葡萄牙属地莫桑比克和安哥拉仍被欧洲人统治。

■ 独立时代

□ 问题：非洲的独立国家中，理想与现实出现了什么样的碰撞？非洲各国政府是如何应对这些挑战的？

新近独立的非洲国家面临着令人生畏的挑战。尽管至少在城市中引入了西方政治组织、价值观和技术，但西方文明的洗礼对多数非洲人来说充其量只流于表面，而对许多人而言，更是悲剧。独立时，多数非洲社会仍然是原始的农业和传统社会，其现代产业主要依赖于从西方引入。

● 非洲的命运：统一还是分裂？

和南亚及东南亚的许多同行一样，大部分非洲领导人都出身于城市中产阶级。他们在欧洲或美国求学，懂欧洲语言。尽管大部分人深刻地批判殖民政策，但他们似乎接受了将西方模式适用于非洲的理念，至少在口头上赞成西方的民主价值观。

他们对经济的看法在某种程度上更多样化。有些人，如肯尼亚的肯雅塔和扎伊尔（现刚果民主共和国）的蒙博托·塞塞·塞科（Mobutu Sese Seko，1930—1997年），倡导西方的资本主义经济。其他一些人，如坦桑尼亚的朱利叶斯·尼雷尔（Julius Nyerere，1922—1999年）、加纳的恩克鲁玛以及几内亚的塞古·杜尔（Sekou Toure，1922—1984年），则更倾向于近似于苏联马列社会主义的"非洲形式的社会主义"，按照其倡导者的说法，这是源于前殖民时代的非洲传统的社区实践。

大部分非洲新领导人都接受了殖民时代确立的边界。不过，如前所述，这些边界是殖民者人为划定的。最终所有这些新国家都存在广泛多样的民族、语言和领土集团。比如，扎伊尔由 200 多个领土集团组成，有 75 种语言。这给建设统一的民族国家提出了严峻的挑战。

许多领导人——包括加纳的恩克鲁玛、几内亚的杜尔和坦桑尼亚的尼雷尔——被超越国界的非洲大陆统一化的概念即泛非洲主义所吸引。尤其是恩克鲁玛，他希望能够将所有非洲新国家团结起来，组成一个更广泛的非洲社会。然而，他的梦想并没有引起其他非洲政治领袖的共鸣。他们最终在一些关键问题上达成了更加宽泛苍白的区域合作理念，其具体实施就是 1963 年在亚的斯亚贝巴建立的非洲统一组织（Organization of African Unity）。

● 梦想与现实：独立非洲的政治和经济状况

非洲统一组织的目标是建立一个以自由、平等、正义、尊严为基础的非洲，建立统一、稳定、繁荣、领土统一的非洲国家。很快，它就受到了现实的打击。教育和财富的巨大差异使非洲大部分地区难以实现物质经济的繁荣。随着最初的多元化政府被一系列军事政权和一党政府所取代，那种认为独立将带来以一人一票为基础的稳定政治结构的希望很快就破灭了。从 1957 年到 1982 年，非洲国家有超过 70 位领导人被暴力推翻，近年来这种状况仍未减轻。

新殖民主义问题

部分问题可以（而且已经）归咎于殖民主义的残余影响。大部分非洲新国家依赖于单一的粮食或自然资源出口。一旦价格波动，它们就只能受国际市场的摆布。有些国家的资源仍然被外国人控制，导致人们指控殖民主义变成了新殖民主义（neocolonialism），即西方主导权主要是通过经济手段而非政治或军事手段维持的。让情况更为不妙的是，大部分非洲国家不得不从西方引入技术或进口制造产品，这些产品的价格上涨程度远远超过了出口产品的价格增长。

这种状况也与其自身的问题分不开。稀缺的国家资源被浪费在军事装备或昂贵的消费品上，而没有用于为工业经济提供支撑的基础建设上。腐败——整个现代世界的一个苦痛现实——在非洲几乎成为一种生活方式，哪怕要获得最基本的服务，贿赂都是必不可少的。

冷战中的非洲

非洲新国家面临的许多问题也是由于独立并没有结束西方对非洲的政治干预这一事实造成的。当20世纪60年代初，美国为首的西方国家密谋推翻刚果的左翼政治家帕特里斯·卢蒙巴（Patrice Lumumba，1925—1961年）时，许多非洲领导人怒不可遏。曾留学苏联的卢蒙巴让华盛顿担心他会在中非推进苏联的影响力。最终，他被离奇暗杀。

这一事件成了非洲领导人建立旨在减轻西方对非洲影响的非洲统一组织的主要因素，不过，这一战略没有奏效。尽管许多非洲领导人同意在冷战中持中立态度，但美苏两国在非洲的竞争非常激烈，常常使非洲各国政府建立稳定新国家的脆弱努力功亏一篑。雪上加霜的是，非洲国家在许多问题上都难以达成一致立场，它们之间的分歧使非洲在外部影响和冲突面前不堪一击。许多地区饱受边界争端之苦，有些情况下，如摩洛哥与西撒哈拉的动乱、肯尼亚与乌干达之间的争端，升级为直接的战争。在北非，野心勃勃的利比亚领导人穆阿迈尔·卡扎菲（Muammar Qaddafi，1942—2011年）想在撒哈拉建立更大的伊斯兰国家，致使与近邻乍得之间发生冲突。

人口炸弹

最后，迅速增长的人口严重削弱了建立现代经济的努力。到20世纪80年代，非洲人口年增长率将近3%，比其他几大洲都高。干旱以及撒哈拉沙漠的蔓延（即沙漠化，部分是由于过度耕种土地造成的）引发大面积的饥馑，从尼日尔和马里等西非国家爆发后，又波及埃塞俄比亚、索马里和苏丹。

据估计，接下来的10年里，预计非洲人口至少会增加2亿，不过，这一估计未考虑到艾滋病的流行。在非洲，艾滋病肆虐。据联合国一项研究显示，撒哈拉以南非洲，

艺术与思想

偷窃国家财富

　　1965 年后，非洲小说家将愤怒的矛头从外国压迫者转移到本国领导人身上，揭发他们的贪婪、腐败和残暴。1968 年，加纳作家阿伊·克维·阿尔马赫（Ayi Kwei Armah）的小说《美好的人尚未诞生》（*The Beautiful Ones Are Not Yet Born*）是悲观地描述新独立的非洲被背叛的佳作之一。作者谴责了恩克鲁玛政府，对军事政变的传言不感兴趣，他预测，军事政变不过是由新暴君和他的"胖子"随从们取代政权而已。现在的加纳在打击和减少腐败方面已经取得了很大的进展。

　　网是用独特的加纳方式编成的，让真正的腐败大人物得以畅通无阻。这是个只抓微不足道的小鱼小虾的网，看着它们盲目而痛苦地跳跃以获得快感和安慰是它唯一能做的事。而大鱼们却如同口号和标语中所言，在自由遨游。结束行贿受贿和腐败。建设社会主义。平等。去他妈的。人们心里只有失望，并且无处可逃……

　　在国家生活层面，也许没有发生任何新变化。新人们掌权，盗取国家财富，谋一己之私利。当然，这是可以料想的。新人们利用国家权力消灭掉那些不奉承他们的男男女女。这是加纳生活方式唯一的延续。不过，也发生了真正的变化。掌权的人正在瑟瑟发抖，他心中充满着将遭到被冤枉的人们报复的恐惧。对他而言，一切都变了。对那些因为依附于他而脑满肠肥的人和准备享乐的人来说，漫长的苦日子正等着他们。开着白色奔驰车的阿谀奉承者将不得不自食其果。对那些直截了当地反对旧势力的人来说，幸福还长着呢。但对国家本身而言，不过是换了一批窃国者，以及猎人和猎物发生变化而已。当所有当权者心心念念的都是以权谋私时，世界在倒退。日复一日，年复一年，看不到尽头。

——阿伊·克维·阿尔马赫《美好的人尚未诞生》

　　□ 问题：在阿伊·克维·阿尔马赫看来，谁要对国家的这种状况负责？非洲统一组织能够解决类似的境况吗？为什么？

　　大概有 5% 的人口感染了艾滋病毒，其中城市中产阶级占有很高比例。世界报告的艾滋病例有 65% 在非洲。有些观察人士估计，如果没有有效遏制措施，这将对几个非洲国家造成严重影响，使其人口不增反减。

　　贫困在非洲普遍存在，其中有 3/4 的人口仍然靠天吃饭。城市地区发展很快，但大部分非洲城市都被贫民区包围了，这里生活着从农村逃到城市以谋求更好生活的农村居民。城市的扩张压垮了脆弱的交通和卫生体系，导致污染日益严重，交通严重堵塞。数百万人在没有自来水和电的条件下生活，而幸运的极少数人（大多数都是政府官员）却生活奢侈，仿效西方的消费主义（用一个尤其形象的短语来说，许多非洲国家的富人被人们称为"wabenzi"，即瓦奔茨人，也就是开奔驰宝马的人）。

● 寻求解决方案

尽管上述国家建设中的难题在不同程度上困扰着所有非洲新兴国家，但各国也在寻求自己的方法来解决挑战，其结果呈现出惊人的差异。有些非洲国家在过去20年中取得了显著的进步，但也有一些国家却面临着越来越多的困难。尽管存在着相同的问题，非洲到今天却仍然是全球最多样化的地区。

坦桑尼亚：非洲道路的社会主义

对危险的经济不平等的关注使许多非洲领导人限制外国投资，将主要工业和设施国有化，同时推行民主思想和价值观。坦桑尼亚领导人尼雷尔便是最坚决者之一，他通过1967年的阿鲁沙宣言表达了社会主义和自立的理念，该宣言也确立了在非洲建立社会主义社会的准则。尼雷尔并非要在坦桑尼亚建立列宁主义式的无产阶级专政，他也并非多党制民主的倡导者，在他看来，现在条件下，非洲多党制民主将导致分裂。他说：

> 如果只有一个党——并将国家视为一个整体——民主的基础就将更巩固，比起两个或多个政党的情况，人民有更多机会做出真正的选择。

尼雷尔还认为，把西方的议会制引入非洲，将会导致暴力，因为反对派政党会被大多数人看作叛国者。[1]

尼雷尔利用他强大的政治影响力，通过设置收入限制、建立乡村集体，避免经济不平等和政府腐败带来的腐蚀性影响。怀抱同情的其他国家为他的实验提供了大量的经济援助。许多观察人士指出，坦桑尼亚的腐败、政治不稳定和道德冲突的程度比其他非洲国家低很多。然而，尼雷尔的观点并没有被他的所有同僚接受。由于坦桑尼亚土壤贫瘠，降雨量不足，资源有限，导致它发展缓慢，农村和城市持续贫困。故而，

---

[1] 引自 M.Meredith：*The Fate of Africa*，New York，2005，p.168.

桑给巴尔岛的政治人士以 20 年社会主义导致发展停滞为由，要求自治，甚至要求从坦桑尼亚分离出来。

1985 年，尼雷尔辞去总统一职。在辞职演说中，他承认自己没有实现在非洲建立社会主义社会的目标。不过，尼雷尔坚持，他的许多政策在改善社会和经济方面是成功的，他还认为，唯一真正的解决办法是巩固该地区众多小国的地位，建立一个更大的东非联盟。1/4 世纪后的今天，尼雷尔的革命党仍然是国家的执政党。现任总统贾卡亚·基奎特（Jakaya Kikwete，1950— ）于 2010 年以大多数票再度当选，尽管有人指控选举存在舞弊现象。

肯尼亚：资本主义的危险

选择资本主义的非洲国家也面临着困境。与坦桑尼亚接壤的肯尼亚有更肥沃的高山土壤，当地有商业传统，还有许多留居的欧洲人，这里欢迎外国投资，也有利润激励措施。然而，其结果是好坏参半。肯尼亚有强大的本土非洲资本主义潮流，有大量的中产阶级，大部分居住在首都内罗毕。不过失地、失业和收入不平等的现象即便以非洲标准来看，也非常严重。人口增长率年均 2.5%，是世界上人口增长率最高的国家。近 80% 的人口都是农民，50% 的人口生活在贫困线以下。

肯尼亚的问题由于长期的民族冲突、农民与牧民之间蓄势已久的紧张关系而加剧。多年来，肯尼亚在非洲最专制的领导人之一——总统尼尔·阿拉普·莫伊（Daniel Arap Moi，1924— ）的独裁统治下维持着脆弱的政治稳定。莫伊受困于腐败指责，最终于 2002 年同意辞职，其继任者瓦伊·齐贝吉（Mwai Kibaki，1931— ）也无能为力，在他统治下，政治不稳定和普遍贫困这两大问题继续折磨着肯尼亚。2008 年大选中，齐贝吉所在的党获胜，反对党——基库尤人选民对政府偏袒齐贝吉愤怒至极——举行了声势浩大的抗议，全国爆发了暴动。最终，双方达成脆弱的停火协议，暂时压制了对当前现状的普遍愤怒情绪。

南非：种族隔离的终结

可能非洲取得成就最大的是南非。在强大的国际压力下，白人政府——长期实施种族隔离政策并将黑人限制在土地相对贫瘠的班图斯坦（Bantustan，即黑人家园）——最终意识到非洲人参与政治和国民经济的必然性。1990 年，以总统弗雷德里克·威廉·德克勒克（Frederik Willem de Klerk，1936— ）为首的南非政府释放了被监禁的非洲人国民大会领导人曼德拉（Nelson Mandela，1918—2013 年）。从 1964 年起，曼德拉一直被监禁。1993 年，两个领导人同意进行民主选举，结果非洲人国民大会党获得绝大多数选票，曼德拉当选总统。1996 年 5 月，南非通过新宪法，建立多种族国家。

1999 年，曼德拉下台，由长期跟随他的弟子塔博·姆贝基（Thabo Mbeki，1942—　）接任总统，这是南非走向政治稳定的重要一步。新总统面临一系列令人生畏的问题，包括不断上升的失业率、普遍的目无法纪、官员的腐败、资本以及专业人士逃离本国等。姆贝基的保守经济政策获得了部分白人选民和新黑人精英的支持，但招致工会的批评，他们认为，新的黑人领导带来的益处并没有惠及底层穷人。政府实施广泛土地改革的许诺——目的是为国家的 4000 万黑人农民提供农地——并没有实现，激起了部分人擅自占用约翰内斯堡的空闲私人土地。2008 年，不满的非洲人国民大会党员迫使姆贝基下台。一年后，曾任副总统、姆贝基的竞争对手雅各布·祖马（Jacob Zuma，1942—　）当选总统。

南非仍然是非洲最富裕、工业化程度最高的国家，也是最有希望在非洲大陆成功建设多种族社会的国家。现在，南非的黑人精英人数占全国最富裕人数的比例已近 1/4，与 1991 年的仅 9% 形成鲜明对比。

尼日利亚：分裂的国家

如果说南非的情况为适度的乐观主义提供了依据的话，那么，尼日利亚的情况则引发了人们的严重忧虑。尼日利亚是非洲人口最多的国家，因为有大量油田，它也是非洲最富裕的国家之一。多年来，尼日利亚一直处在军事强人的统治下。在萨尼·阿巴查（Sani Abacha，1943—1998 年）将军统治期间，曾残酷地镇压一切反对派，1995 年末，尽管遭到国外人权组织的强烈抗议，他还是下令处决了作家肯·萨罗－维瓦（Ken Saro-Wiwa，1941—1995 年）。肯·萨罗－维瓦曾批评尼日利亚南部的外国投资使环境恶化。1998 年，阿巴查离奇死去，随后，尼日利亚举行全国大选，建立了奥卢塞贡·奥巴桑乔（Olusegun Obasanjo，1937—　）为首的平民政府。

然而，文官领导并不是解决尼日利亚难题的灵丹妙药。尽管奥巴桑乔许诺进行改革，以结束长期困扰尼日利亚政治的腐败徇私问题，但结果却不尽如人意（国家供电局即 NEPA 相当懒政无效，尼日利亚人取笑说"永远别指望会再来电"）。2007 年大选后上台的奥马鲁·亚拉杜瓦（Umaru Yar'Adua，1951—2010 年）是奥巴桑乔的执政党中不起眼的一名成员，反对派和中立观察人士抱怨说，投票存在严重问题。2010 年亚拉杜瓦因病去世后，副总统古德勒克·乔纳森（Goodluck Jonathan，1957—　）接任，并在 2011 年大选中凭个人能力当选总统。

近年来，尼日利亚政府面临的关键问题是宗教争端。2000 年初，由于穆斯林省官员决定在其整个辖区内采用伊斯兰教法，结果引发了北方几个城市中基督徒与穆斯林之间的动乱。官方设法妥协，限制使用穆斯林法律中的一些严厉处罚后，暴动暂时平息，但基督教徒与穆斯林之间时不时发生的冲突继续威胁着这个非洲人口最多的国家的脆弱统一。

撒哈拉的紧张态势

尼日利亚的宗教紧张也波及撒哈拉边界的邻近国家。在马里，极端伊斯兰组织控制了北部地区，对据说违反了伊斯兰教法和破坏古城廷巴克图穆斯林圣迹的当地居民实施严厉惩罚。

类似的裂痕也是苏丹饱经漫长内战蹂躏的根源。得到中央政府支持的穆斯林牧民与南部主要信基督教的黑人农民之间的冲突持续多年，直到政府最终同意——在联合国的协助下，南方以公投决定当地居民是否脱离苏丹。2011 年初，公投举行，选民们排山倒海地支持独立，组成新的南苏丹共和国，但是苏丹与南苏丹共和国之间的领土争端冲突继续挑起双方间的紧张关系。

南部撒哈拉的基督徒与穆斯林间的冲突，是整个非洲早就存在的农民与牧民间的传统冲突的现代变种。穆斯林放牧牛羊，向南迁徙，逃离撒哈拉南部日益干旱的草原，不得不与当地基督教徒为主的农民们争夺宝贵的土地。整个非洲大陆现在仍在发生的宗教争斗的结果之一是，对抗往往演变成带有强烈宗教和民族色彩的暴力事件。

中部非洲：冲突的熔炉

最悲惨的是中非的卢旺达和布隆迪。在这两个国家，少数族群图西族与占多数的胡图族之间经年累月的冲突引发了内战，数千难民逃亡到邻近的刚果。在比利时殖民政府的支持下，游牧民族图西族长期统治着定居的胡图族人。胡图族人试图结束图西族人的统治，引起以双方大屠杀为标志的内战。同时，大量外国军队和难民的存在也强化了扎伊尔内部的离心势力。在扎伊尔，蒙博托·塞塞·塞科长期实行铁腕统治。1997 年，蒙博托的

表 28.1　现代非洲大事记

事　件	时　间
加纳脱离英国，实现独立	1957 年
阿尔及利亚脱离法国，实现独立	1962 年
非洲统一组织建立	1963 年
坦桑尼亚发表阿鲁沙宣言	1967 年
纳尔逊·曼德拉出狱	1990 年
纳尔逊·曼德拉当选为南非总统	1994 年
中非的种族屠杀	1996—2000 年
奥卢塞贡·奥巴桑乔当选为尼日利亚总统	1999 年
第二次苏丹内战	1983—2005 年
非洲联盟创建	2001 年
肯尼亚的种族暴动	2008 年
雅各布·祖马当选为南非总统	2009 年
南苏丹共和国独立	2011 年

长期对手洛朗·卡比拉（Laurent—Desire Kabila，1939—2001 年）推翻了他的腐败政府。上台伊始，卡比拉就将国家改名为刚果民主共和国，许诺实行民主。然而，新政府有组织地镇压了异见人士。2001 年 1 月，卡比拉遭暗杀身亡，继任者是他的儿子约瑟夫·卡比拉（Joseph Kabila，1971—　　）。是年秋，和平谈判开启，但战争仍在继续。在 2011 年秋的大选中，经历大规模带有暴动性质的竞选后，卡比拉重新掌权。

● 非洲：变化中的大陆

对部分非洲国家的简单考察显示，非洲史学家对非洲大陆近几十年来的变化速度和广度做任何一般性结论都面临巨大困难：某地取得进步，某地却出现越来越多的问题；一地充满希望，另一地却满是绝望。

整个非洲大陆的命运变迁最突出地表现在政治方面。在过去的 20 年里，一党政权的崩溃导致数个国家出现了虚弱的民主政权。然而，在另外一些国家，民主政府却陷入内战的深渊或被独裁领导人取代。后者的一个突出例子是象牙海岸——科特迪瓦，它一直被认为是西非最稳定和繁荣的国家之一。1993 年科特迪瓦总统费利克斯·乌弗埃－博瓦尼（Felix Houphouet-Boigny）去世后，南方的基督教徒与北方新近到来的穆斯林移民之间的积怨爆发为公开冲突。2010 年的全国大选导致反对派武装与现任总统之间时不时爆发暴力冲突。2012 年，总统被迫辞职。与之相比，在利比亚，激烈的内战结束了，取而代之的是以非洲大陆第一位女总统约埃伦·翰逊·瑟利夫（Ellen Johnson Sirleaf，1938—　　）为首的稳定民主政府。

非洲的经济状况也非常复杂。大部分非洲国家仍旧非常贫困，居民多为文盲。而且，非洲关注的问题在国际社会中几乎无足轻重。世贸组织最近就减少发达国家的农业补贴的必要性所达成的协议被广泛忽视了。有些观察人士认为，除非非洲各国采取措施，建立良好政府，实施合理经济政策，否则，外来援助不可能成功。

尽管非洲大陆存在长期的经济困难，但希望也在。现在非洲的整体经济增长率是20 世纪 80 年代和 90 年代的两倍。比起世界其他地区，非洲国家受到最近经济衰退的影响也较少。尽管贫困、艾滋病、教育和基础设施缺乏仍然是妨碍非洲发展的主要因素，但商品价格的上升——最值得注意的是石油收入的增加——让许多国家可以进行其他方面的投资，减少国家债务。

非洲联盟：一线希望

非洲的一个重要问题是，它们必须找到相互合作的更好途径，以保护和提升自身

宗教与社会

随着人们日益从宗教转向科学，以寻求对自然现象的解释和对日常生活挑战的解答，19世纪和 20 世纪的人类社会稳定走向世俗化。

不过，近些年来，随着世界许多地方宗教信仰的复兴，风向又反转了。尽管许多国家定期参加宗教活动或有严格宗教信仰的人数在稳定下降，但信众中宗教信仰的强度似乎在上升。这种现象在美国很明显，美国的福音派运动在许多社会问题中成为一股重要的政治力量，颇有影响力。拉丁美洲也出现了类似的情况。在那里，罗马天主教会的成员在减少，但福音派新教的传播却在大幅增长。在伊斯兰世界，传统伊斯兰教的影响力在稳定增加，不仅中东地区如此，马来西亚、印度尼西亚等非阿拉伯国家也是如此。在非洲，如同本章所言，基督教和伊斯兰教的影响力都在上升。

宗教在当代社会生活中流行的一大原因在于，人们渴望消除因缺乏人生意义和目的感而带来的普遍的萎靡感，而宗教信仰能够为人生目的和意义提供一定指引。例如，对许多美国福音派教徒来说，基督教的生活方式是解决犯罪、毒品和社会问题的必要前提。这在世界其他地区和其他宗教中也存在类似现象。此外，在乡村和家庭联系纽带衰退的国家，宗教还能提供一种社群感。

然而，历史证据显示，尽管宗教狂热能够提高集体感和信众的奉献精神，但从整体上来说，它也会造成社会的高度分裂，例如北爱尔兰、南斯拉夫、非洲和中东就是生动的例子。即便是美国和拉美这样的地区，宗教同样在撕裂国家。促进对其他宗教信仰的宽容，这也是各宗教领袖的长期任务。

当代宗教的另一个挑战是，如何找到与不断发展的科学知识共存的方式。例如，美国福音派传教运动的关键人物不仅支持保守社会运动，还对当代世界的科学和技术心存质疑。世界其他宗教的一些派别也有类似观点。尽管人们普遍担忧科技对当代生活的影响，但在科学知识的进步成为改变世界的强劲力量的情况下，倒退到神秘化的黄金时代显然难以成功。

□ **问题**：当前世界许多地区宗教信仰不断高涨的原因有哪些？

的利益。1991 年，非洲互助合作迈出了第一步，非洲统一组织统一建立非洲经济共同体。2001 年，非洲统一组织被非洲联盟取代，该组织旨在参照欧盟模式，促进整个非洲大陆的政治和经济一体化。非洲联盟已经调停了非洲数个地区的冲突。随着非洲的发展，记住这一点——经济和政治变迁往往是一个痛苦而缓慢的过程——是很有用处的。非洲引入工业化和西方民主概念的历史仅有百年，它还处在摸索阶段，即将西方的政治机构和经济实践移植到一个仍受传统价值观和态度强烈影响的结构体系中。

■ 现代非洲社会的变与不变

□ 问题：独立国家的兴起怎样影响了非洲社会的女性生活及其地位？与世界其他国家的女性相比，有何区别？

总体来说，城市和受教育的非洲人受西方影响更大，农村和文盲人口受影响有限。毕竟，殖民统治首先是在城市中建立起来并巩固起来的。许多非洲城市，包括达喀尔、拉各斯、约翰内斯堡、开普敦、布拉扎维和内罗毕，是殖民活动的直接产物。大部分非洲城市现在看起来和世界其他城市一样，都有高楼大厦、居民公寓、林荫大道、霓虹灯、电影院和交通堵塞。

● 教育

19世纪，欧洲人将近代西方教育引入非洲。起初，学校主要聚焦于职业教育，此外，也有一些欧洲语言和西方文明的教育内容。后来，非洲人的压力使其开始有了专业教育。20世纪初，非洲建立了最初的高等教育机构。

独立后，非洲各国建立了自己的公立学校，将着重点放在了小学教育上，大城市里也有高中和大学。学校的基本目标是进行职业培训，提高识字率。结果，文盲率仍旧很高，据估计，整个非洲有70%的人口都是文盲。教育的一个明显转变是使用本土语言。在西非，只有1/4的成年人精通西方语言。

● 城市和农村的生活

城市是非洲精英生活和工作的地方。富裕的非洲人如同世界其他发展中国家的同类人一样，沉迷于西方文化物质主义。他们住在西式房屋或公寓里，吃着西方生产的冰箱里保存的食物，买得起车的人还开着西方产的汽车。据说——并不完全是称赞——尼日利亚的奔驰车比原产国德国还多。

在大城市之外，居住着 3/4 的非洲人口，这里受西方影响要小得多。数百万非洲人仍如其祖辈们那般生活，住在没有暖气和电的茅草屋里，他们还用传统方法种植或狩猎，举行古老的家庭仪式，信仰传统的神灵。然而，即便这样的地方也在发生变化。尽管还有苏丹南部未设防的村庄被奴隶贩子袭击的报道，但在大多数地方，奴隶制废除了。在部分人从事种植业的同时，经济需求带来了大量移民，许多人为了躲避饥饿去了城市，还有些人逃到国外，或去了难民营。移民本身是段痛苦的经历，人们中断了熟悉的家庭和村庄关系，形成了新的社会关系。

● 非洲妇女

如第 21 章指出的，非洲殖民主义的后果之一是改变了两性关系。这些变化有些可以说是有益的，有些却并非如此。妇女常常接触到西方教育，有了在前殖民时代所没有的合法权利。但她们也是劳动力资源，有时候被招募或强迫从事建筑工作。

独立对非洲社会的性别角色产生了深刻影响。非洲各新政府几乎都毫无例外地确立了性别平等的准则，允许妇女有选举权和参与政治事务。不过，像其他地方一样，妇女仍然处在一个由男性主宰的世界中。政治仍是男人的保留项目，尽管有一些职业，如教师、育儿、文书等，是妇女主导的，但大部分非洲妇女从事的是粗糙的杂活，如农业劳作、工厂做工、小买卖或家务劳动。小学教育对所有人开放，但在当前非洲社会的高层次教育中，女性所占比例不到 22%。

城市妇女

毫不奇怪，女性在城市中取得的进展是最多的。尽管还有极少数人愿意接受父母的包办婚姻，但现在的大部分城市女性和男性一样，都自由选择各自的婚姻。婚后，非洲女性似乎比大多数亚洲女性的地位更平等。结婚双方有各自独立的收入，女性有权保留不受丈夫控制的个人财产。虽然有些女性还如传统那样对待丈夫，但和作家阿比瑟·尼科（Abioseh Nicol）的小说《一个真正的已婚女人》（*A Truly Married Woman*）中所描写的女性一样。小说中的女性与丈夫同居多年后，终于能付得起钱，完成婚姻了。婚礼后，她向丈夫宣告，"十二年来，我每天早晨五点起床给你泡茶，做早餐。现在我是个真正的已婚女人了，你多少要更尊重我一些。你现在是我的丈夫而非情人。

赶紧起床自己去泡茶吧"。[1]

农村地区的女性

在传统仍然有顽强控制力的农村地区，个人仍要服从集体。在有些地方，女性还实施割礼。一夫多妻制也不少见，包办婚姻仍然占主导地位而非偶然现象。农村与城市截然两分的价值观导致城乡关系严重紧张。许多农村人认为城市是邪恶、颓废和腐败之源。女性更因为城市与乡村的拉锯而备受苦痛。男人们为了就业和刺激前往城市，却把他们的女友和妻子扔在农村——字面上和象征意义上皆是如此。

● 非洲文化

渗透在当今非洲社会的传统与现代、本土与国外、个体与集体之间的紧张关系必然也反映在文化上。总体而言，在视觉艺术和音乐上，实用性与仪式性让位于娱乐和装饰。在这个过程中，非洲人受到外来世界的影响，但仍然保留了他们各自的特征。比如，木刻、金属工艺、绘画、雕刻等都还保留着传统形式，不过现在也日益为旅游业和出口市场服务。

文学

自独立以来，非洲的文化领域中，没有哪个方面如文学般受到政治和社会事件的强烈影响。出于对西方文学中非洲负面形象的愤怒，非洲作家最初的主要目标读者为欧洲读者，他们将写作作为一种建立黑人自尊和意志的手段。许多作者歌颂传统非洲的令人动情和集体化的一面。尼日利亚作家钦努阿·阿契贝（Chinua Achebe，1930—2013年）被认为是第一批用英语写作的非洲小说家。在他的作品中，他尝试着从非洲视角揭示非洲历史，建立新的非洲认同感。在他的开拓性小说《崩溃》（*Things Fall Apart*，1958年）中，他讲述了一个拒绝接受英国统治、最终自杀身亡的尼日利亚人的故事。主人公批评那些接受外国统治的同代人，痛感白人"用刀割裂了将我们团结在一起的东西，我们分崩离析了"。

近几十年来，非洲小说有了巨大的转变，关注重点从外国压迫者的残酷无情转移到了非洲大陆本土统治者的缺陷上。得益于非洲国家的独立，非洲的政治人物被刻画成了殖民前辈的仿效者，甚至所作之恶远远超过了他们。最典型的例子是肯尼亚作家恩古吉·瓦·提安哥（Ngugi Wa Thiong'o，1938—　　）的作品。恩古吉的第一部小说《一

---

[1] A.Nicol; *A Truly Married Woman and Other Stories*, London, 1965, p.12.

非洲：黑暗大陆还是光明大地？

殖民主义以"教化使命"掩饰其经济动机，在非洲，就是用欧洲的璀璨文明"照亮""黑暗的非洲大陆"。1899 年，出生于波兰的英国作家约瑟夫·康拉德（Joseph Conrad，1857—1924 年）在其作品《黑暗的心》（*Heart of Darkness*）中描述了他在刚果河的悲惨行程。小说主人公马洛（Marlow）溯河而上寻找一位神秘失踪的比利时商人，期间，他逐渐认识到殖民统治的猖獗以及潜伏在人们脑海里的恶意。小说以"恐怖！恐怖！"的呐喊结束。康拉德以维多利亚时代的视角，将非洲形容为难以理解、感性和原始之地。

多年来，康拉德的作品引起了诸多争议。例如，钦努阿·阿契贝抨击《黑暗的心》是过激的谩骂。自独立后，许多非洲作家共同致力于扭转康拉德的描述，重申非洲人民的尊严和意志。其中最先从事这项工作的是几内亚作家卡马拉·莱伊（Camara Laye，1928—1980 年），1954 年，他出版了自己的杰作《国王的光辉》（*The Radiance of the King*）。这部作品可以说是与康拉德的《黑暗的心》形成镜子般的对照。在莱伊的这部作品中，主人公欧洲人克拉蓝斯（Clarence）在非洲难以逾越的心脏地带进行了一场旅行。不过，这一次，他受到启发，从而实现了自我认知并最终获得救赎。

我们越来越进入黑暗的深处。万籁俱寂。树林后面的鼓声隐隐约约地传到河边，仿佛就盘旋在我们头顶的高空中，直到天明。

这到底意味着战争还是和平，或是祈祷，我们不得而知……突然，我们正走到一个拐弯处时，看见了一堵高墙、尖顶的茅草屋、喊叫声、舞动的肢体、鼓掌声、踩脚声、旋转的身体、转动的眼睛，周围是沉静的树林。轮船缓缓地经过这黑色、令人难解的狂乱景象。这些史前人类在诅咒我们？欢迎我们？对我们祈祷？谁知道呢。

我们没法理解周边的一切，我们如同幽灵一样经过，暗中的疑惑和惊骇，如同理智的人们面对疯人院一样。

——约瑟夫·康拉德《黑暗的心》

就在此刻，国王不知不觉地转过头，他的目光落在克拉蓝斯身上。……

"当然，没人如我这般卑贱，也没人如我这般赤贱，"他想着，"而你，你愿意将目光停驻在我身上。"或是因为他太过赤裸？……"因为你太裸露了。"这目光似乎如此说。"你内心一片空虚，正向我敞开；你的饥饿也引发了我的饥饿感；你的卑贱感是因为我；你深感羞愧……"

他站在国王面前，立在国王的荣光里，被火舌萦绕，但仍然活着，也只有在触碰这火舌时才感到自己活着。克拉蓝斯跪在地上，似乎对他来说，他终于抵达寻觅的终点。

——卡马拉·莱伊《国王的光辉》

□ 问题：对比这两段对非洲大陆的描述，莱伊是在回应康拉德吗？如果是，他的回应是什么？

粒小麦》（*A Grain of Wheat*），描述的是肯尼亚独立前夕的故事。尽管它嘲弄了当地英国社会的种族主义、势利和肤浅，但它的主旨却是理智地，甚至是贬抑地刻画了日常为生存而奋斗的普通肯尼亚人。

许多同时代人追随恩古吉的脚步，聚焦于描述非洲大陆新领导人在实现独立目标中的失败和挫折。其中最杰出的是尼日利亚作家沃莱·索因卡（Wole Soyinka, 1934— ）。他的小说《诠释者》（*Interpreters*，1965 年）谴责尼日利亚政治的腐败和伪善。后来的小说和剧作也延续了这一风格。1968 年，他获得诺贝尔文学奖。

现在许多非洲最优秀的作家是女性。传统上，非洲女性就因为她们讲故事的才能而受到重视，不过，传统当权者和殖民政府都劝阻女性不要进行写作，理由是女性应当承担家庭责任。然而，近些年来，非洲小说家中，有许多出色的女作家，其中之一就是加纳作家阿玛·阿塔·埃杜（Ama Ata Aidoo, 1942— ），她主要描写现代非洲女性的身份认同以及男女关系的变化。在小说《变化：爱情故事》（*Changes: A Love Story*，1991 年）中，她描写了三位女性的生活，里面没有受害者，只有为生存和幸福所做的努力和奋斗。

● 非洲的未来是什么？

发展中地区中，没有一地如非洲般在变与不变的困境中饱受痛苦。非洲知识分子心醉神迷于西方的富裕景象，又憎恶从奴隶制到二战期间的血腥历史以及广岛和长崎的原子弹爆炸，他们一直在西方物质主义和非洲统一性的双重形象之间挣扎。当然，对于普通非洲人来说，日常生存尚且面临挑战，这种知识分子的苦恼如同无病呻吟。但非洲传统与现代间的根本隔阂可能比世界其他任何地方都大，也可能更难跨越。

非洲的未来是什么？考虑到非洲存在的民族、语言、文化的多样性，回答这样的问题似乎轻率而鲁莽。毫不奇怪，对未来的看法同样千差万别。有些非洲人仍渴望实现非洲统一组织的梦想。作家恩古吉呼吁，"为了人类平等、和平和进步，一切民主和社会斗争都要国际化"。[1] 有些人抛弃了民主思想，将注意力转向基于个人服从集体的制度，认为这才是国家发展的指导原则。非洲人必须最终在自己的传统背景中找到适合自己的解决办法，而非仿效别人。

■ 当代中东的社会与文化

□ 问题：近几十年来，宗教问题是怎样影响着中东的经济、社会和文化状况的？

今天的中东，社会和文化的各个方面——从政治、经济到文化、艺术和家庭的角色——都与宗教信仰问题纠缠在一起。

● 形形色色的政府：伊斯兰的政治

在许多老练的观察人士看来，布什总统的伊拉克战略似乎很不现实，因为民主价值观并没有在中东文化中深深扎根。许多中东国家仍然被封建统治者牢牢控制。比如，沙特阿拉伯仍处在传统观念的统治下，以穆斯林社会的独特性为由，不愿建立政治代议机构。

诚然，整个中东地区的政府形形色色。在某些国家，传统权威被一党统治或军事独裁取代。纳赛尔统治下的埃及就是单一政党国家，领导人通过其个性或力量掌握政治权力。伊朗的霍梅尼、利比亚的卡扎菲和伊拉克的萨达姆在某种程度上也可以说是通过其个人魅力掌权的。

其他一些国家则出现了现代化政治制度。其中包括叙利亚、也门、土耳其和埃及。在埃及，安瓦尔·萨达特和其继任者胡斯尼·穆巴拉克关注于政府效能。然而，这几个国家除了土耳其外，都还具有高度专制的特点。在土耳其，近年来民主选举和权力共享已经越来越盛。

---

〔1〕 Ngugi Wa Thiong'o, *Decolonizing the Mind*: *The Politics of Language in African Literature*, Portsmouth, N.H., 1986, p.103.

还有部分中东国家，如巴林、科威特和约旦，实行了有限的民主实践。不过，大部分中东地区的领导人仍然坚持西方式民主不适合他们的国家。叙利亚总统巴沙尔·阿萨德（Bashar al—Assad，1965—　）曾说他只能容忍对他政策的"积极批评"。埃及总统穆巴拉克针对外国的批评，坚持认为只有极权统治才能阻止伊斯兰激进主义在埃及的蔓延。世界上大部分国家的领导人接受了这种观点，这也引起了人们对西方政府的指责。批评者认为，西方政府为维持中东的稳定和保护它们在阿拉伯半岛的石油获取权而纵容了中东的独裁政府。

2011年春以来，从北非到阿拉伯半岛爆发的民众示威运动带来了一些疑问——整个中东地区国家能否出现民主变革。民主机制和人类自由的准则是否真的与中东文化和伊斯兰的准则相对立？对当前民众示威运动浪潮将产生的后果，我们拭目以待，中东地区仍是前途未卜。

● 中东的经济：石油和沙

在个人和国家财富方面的差异上，很少有其他地区比中东更大：一边是数百万人一贫如洗，另一边幸运的极少数人成了世界最富有者之一。这种巨大反差的主要原因在于石油。不幸的是，对大多数中东地区的人们来说，石油资源分布极不平衡，往往石油储量多的国家多数都位于那些人口密度低的地方。各自拥有超过7500万人口的埃及和土耳其几乎没有油田，而石油资源丰富的科威特、阿拉伯联合酋长国、沙特阿拉伯三个国家的人口加起来只有3500万。这种财富的分布不均激励了纳赛尔寻求阿拉伯的统一，不过，这也是实现统一的主要障碍。

经济与伊斯兰教

毫不奇怪，考虑到中东国家在资源和政治制度上的差异，各国在发展强劲稳定的经济方面也采取了不同的方法。有些国家的领导人，如埃及的纳赛尔、叙利亚的巴斯党领袖等，曾短期试图建立阿拉伯形式的社会主义，主张政府高度参与经济，以解决自由企业制度的不公平问题。其他一些国家则转向了西方资本主义模式，以获得最大限度的增长，同时利用税收或大规模开发来建立现代化基础设施，重新分配财富，保持政治稳定，维持经济机遇。不过，人口的迅速增长、腐败的蔓延、教育和技术力量的不足也成了地区经济增长的阻力。

农业政策

尽管中东地区的可耕地相对较少，但大部分国家还是依靠农业为不断增长的人口提供粮食。许多肥沃的土地掌握在富裕的在外地主手中，有几个国家试图开展土地改革，以缓和这种局面。

最深刻、也可能是最成功的土地改革发生在埃及。纳赛尔及其继任者通过限制个人占有土地的总数量，重新分配了全国近 1/4 的可耕地。伊朗、伊拉克、利比亚和叙利亚进行的同类改革总体来说成效较小。1979 年伊朗革命后，许多农民强行占领了地主的土地，引发了土地所有权纠纷，伊朗革命政府试图解决这一问题，但几乎没有取得成功。

中东地区的农业产量一直因缺水而不太理想。随着中东地区的人口以每年超过 2% 的速度增长（有些国家超过了 3%），有些国家试图增加水利灌溉设施。但许多努力由于政府的低效无能、政治分歧、领土纷争而大打折扣。比如，近些年来，以色列与邻国的用水权纷争、伊拉克及邻国在开发底格里斯河与幼发拉底河上的纠纷导致双方关系的紧张。现在，中东地区的水资源枯竭已经到了危及人口生存的境地。

● 中东的女性

没有其他地方如中东穆斯林社会那样，在有关女性的角色和地位方面，传统与现代的裂痕如此尖锐。20 世纪初，中东社会的女性地位发生了一些变化。女性被隔绝在家里，仅有极少的法律、政治或社会权利。

在 20 世纪前十年，现代主义倡导者辩称，伊斯兰教教义并非天生反对女性的权利。对现代主义者来说，女性隔离、戴面纱和一夫多妻制等伊斯兰教传统是前伊斯兰教时期的民间传统，这些民间传统在早期伊斯兰社会仍得到承认并一直延续。这种观点对许多中东国家产生了深远影响，包括土耳其和伊朗。凯末尔在土耳其推动的社会变革中，妇女享有更多的权利是一个关键内容。在伊朗，国王礼萨·汗和儿子礼萨·巴列维赋予女性选举权，鼓励发展女性教育。在埃及，早在 20 世纪 20 年代，开罗的受教育女性中就兴起了女权运动。

以色列同样如此，除了某些正统的宗教社区外，女性获得了真正的与男性平等的权利，并且在政治和专业领域乃至军队中都非常活跃。从 1969 年到 1974 年任总理的果尔达·梅厄夫人（Golda Meir，1898—1978 年）成为女性具有担任世界领导人能力的国际性标志人物。

近年来，对女性地位及角色的更传统的看法开始在许多中东国家盛行。宗教保守派对女性日益增长的作用的攻击激发了 1979 年伊朗革命的情绪。伊朗女性被要求在公共场合戴上面纱、穿着整齐。

最保守的国家是遵循瓦哈比派传统的沙特阿拉伯，女性不仅要被隔离和在公共场合戴面纱、限制受教育，甚至不许开汽车。不过，在一些国家，女性权利已经扩展。1999年，科威特的女性获得了选举权，埃及女性享有与丈夫平等的离婚权利。即便在伊朗，女性也有了20世纪之前所没有的诸多权利，比如，她们可以接受军事训练，有选举权、节育权、出版权。最重要的是，伊朗60%的大学新生是女性。

● 文学和艺术

如同亚洲和非洲，19世纪和20世纪与西方的遭遇激发了中东的文化复兴。穆斯林作者们将西方文学作品翻译为阿拉伯语或波斯语，并且开始进行新文学形式的创作实验。

文学

在当代中东，伊朗是民族文学创作最出色的国家。二战以来，伊朗文学在某种程度上受到政治顾虑的妨碍，因为文学被认为首先要为巴列维王朝的君主统治以及后来的伊朗共和国服务。即使如此，伊朗作家也是中东地区最多产的，并且常常以散文——被视作诗歌的同等形式——写作。

虽然男性主导着伊朗社会，但许多新兴作家却多是女性。从伊朗革命后，面纱、布卡（女性罩包）成了伊朗女性写作的中心象征。那些喜欢面纱或罩袍的女性认为它们是抵抗西方文化帝国主义的最后防御堡垒。在面纱背后，伊斯兰女性可以自由呼吸，不受外国剥削和道德腐败的污染。然而，也有一些女性认为罩袍是"移动的监狱"或是从黑暗时代来的过时的压迫物。如作家索桑·阿扎迪（Sousan Azadi）描述说，"我一穿上罩袍，就感到非常沉重。我隐藏起来了。根本看不见什么索桑·阿扎迪了"。[1]不管她们是否接受面纱或罩袍，女性作家是当代伊朗文学中的重要成员，诉说着社会各方面问题。

如同伊朗，20世纪的埃及也经历了自1950年共和国建立后文学的加速发展。埃及最出色的当代作家是1988年获得诺贝尔文学奖的纳吉布·马哈福兹（Naguib Mahfouz，1911—2006年）。他的《开罗三部曲》（*The Cairo Trilogy*，1952年）描述了两次世界大战中动荡年代里开罗一个商人家庭三代人的经历。马哈福兹尤

---

〔1〕 S.Azadi、A.Ferrance：*Out of Iran：One Woman's Escape from the Ayatollah*，London，1987，p.223.

家庭与社会

让骆驼待在帐篷外

阿里说，"伟大的真主将人的性欲分成了十份；他给了女人九份，男人一份"。他这样解释为什么妇女要在道德上对激发性欲负有重要责任。因此，几个世纪以来，伊斯兰教的妇女一直被要求隔离、戴面纱，许多地区的妇女还要实施割礼。妇女禁止直视男性，也不能在婚前接触男性。即便现在，她们还常常被局限于家里，或是被严格限制在特定区域活动，以避免接触男性。妇女往往在家里或清真寺的封闭空间祷告，这样她们就不会干扰男人的心神凝聚力。

沙特阿拉伯对女性行为举止的法律尤为严苛。女孩无须接受教育，因为父亲们认为"教育女性就如同让骆驼的鼻子伸入帐篷；最终野兽会得寸进尺，占据所有空间"。到 1956 年，沙特阿拉伯才建立了第一所女校。以下资料来自记者杰拉尔丁·布鲁克斯（Geraldine Brooks）所著的《九分欲望：伊斯兰教妇女的隐秘世界》（ *Nine Parts Desire*: *The Hidden World of Islamic Women* ）。

1962 年，沙特阿拉伯首次允许妇女进入大学学习，而且，所有女子大学都被严格隔离开来。教室都安装了闭路电视和电话，这样女生可以通过电话听男性教授教课，并向他提问，而无须因为看见他而玷污自己。1973 年，首批十二位大学女生毕业时，她们发现毕业典礼上根本没有打出她们的名字。旧传统贬低女性，剥夺了她们认为自己曾经获得的认可。这些女性和她们的家人抗议，后来学校单独为这些女生和她们的家人举行了一次毕业典礼……

然而，大学对女性开放在扩大了她们接受高等教育机会的同时，也使教育经历更加浅薄。1962 年以前，许多开明进步的沙特阿拉伯家庭将女儿送往国外接受教育。她们回国后，不仅拥有了学位，还有外面世界的丰富经历……现在，整整一代沙特阿拉伯女性完全在国内完成教育……

缺乏国外教育机会意味着沙特阿拉伯的女性被远远落后于男性的教育体系束缚了。类似地质与石油开发领域——沙特阿拉伯石油经济的热门工作机会——仍然不对女性开放。……很少有女子大学有自己的图书馆，男校的图书馆完全不对女性开放，或是每周只对她们开放一天。……

但男女学生的考试内容是一样的。教师往往默认女性的成绩要比男生好。"这不足为奇，"一位女教授说，"看看他们的生活。男生有自己的车，每天晚上都可以在街上与朋友喝咖啡、喝酒、寻欢作乐。女生们都有什么呢？四堵墙和书。对她们来说，学习就是一切。"

□ **问题**：在杰拉尔丁·布鲁克斯看来，沙特阿拉伯的女性有机会接受教育吗？她们在多大程度上利用和把握了这一机会？

其善于在普通人的生活中展现历史事件的全貌。与其他当代作家不同，他的作品本质上是乐观的，反映了他希望宗教和科学能够为人类的整体进步而合作。

艺术

和文学一样，现代中东的艺术也受到西方文化的深刻影响。起先，艺术家试图模仿西方模式，不过，后来他们开始用民族风格进行艺术实验，回归到早期的艺术形式中去寻求灵感。有些艺术家仿照作家，回到乡村，描绘农夫和牧羊人，也有些艺术家则追溯国际潮流，试图表达现代生活中的异化和幻灭。

■ 本章小结

中东是当今世界上最不安定的地区。某种程度上，它的动荡不安要归结为受到阿拉伯半岛地下和波斯湾附近的大量石油所吸引的外来势力的干预。非洲与中东惊人地相似，两个地区的政府都致力于各自内部间的地区合作，同时抵御强大的外国或多国合作的影响。

然而，有些人认为，中东对西方干预的愤怒早在几代人甚至几个世纪前就开始了。在历史学家伯纳德·路易斯（Bernard Lewis）看来，穆斯林的不满之源在几个世纪前就已经出现，当时阿拉伯在这一地区的霸权被欧洲人的统治取代。到20世纪，当中东大部分地区都被欧洲人殖民统治后，这种屈辱感达到顶点。

另一个导致中东动荡的原因是，以民族主义形式表达出来的民族认同与成为更广阔的伊斯兰社会一部分——一个要追溯到先知穆罕默德时期的梦想——的强烈愿望之间的拉锯战。有时，寻求阿拉伯统一的愿望可能不过是自吹自擂，纳赛尔和萨达姆就是两个突出案例。不过，毫无疑问，还有一些人认为复兴哈里发只是扭转正发生于整个中东地区的道德衰落的一种手段。当前中东的民众抗议浪潮主要集中在各国的国内政治和经济问题上。不管结果如何，伊斯兰教的社会地位都是中东地区新领导人面临的首要问题。这一斗争的后果至今尚难预料。

■ 本章思考

— **问题 1**：中东地区的民主体制如此缓慢地生根发芽，其原因何在？

— 问题2：为什么现在非洲游牧民族与农民间的紧张关系不断上升？在非洲大陆，哪个问题最严峻？

— 问题3：造成中东现在失和状态的主要因素有哪些？这些因素是如何影响该地区的激进恐怖主义组织盛行的？

拓展阅读

关于非洲。非洲当代通史，可以参考 P.Nugent, *Africa Since Independence*, New York, 2004; M.Meredith, *The Fate of Africa*, New York, 2005; H.French, *A Continent for the Taking: The Tragedy and Hope of Africa*, New York, 2004。

关于非洲文学和艺术。非洲文学通论，可以参考 A.Kalu 主编: *The Rienner Anthropology of African Literatures*, London, 2007; M.J.Hay, *African Novels in the Classroom*, Boulder, Colo., 2000; M.J.Daymond 等主编: *Women Writing Africa: The Southern Region*, New York, 2003。非洲艺术，可以参考 S.L.Kasfir, *Contemporary African Art*, London, 1999。

关于非洲的妇女。M.Kevane, *Women and Development in Africa: How Gender Works*, Boulder, Colo., 2004, 对本章所讨论时期的非洲妇女问题进行了引人入胜的分析。

关于非洲近期的情况。J.Marah, *The African People in the Global Village: An Introductio to Pan-African Studies*, Lanham, Md., 1998, 和 G.Ayittey, *Africa in Chaos*, New York, 1998, 考察了非洲当前困境的原因。

关于中东。巴以问题的情况，可以参考 D.Ross, *The Missing Peace: The Inside Story of the Fight for Middle East Peace*, New York, 2004。关于耶路撒冷，可以参考 B.Wasserstein, *Divided Jerusalem: The Struggle for the Holy City*, New Haven, Conn., 2000。关于伊朗革命，可以参见 S.Bakash, *The Reign of the Ayatollahs*, New York, 1984。伊朗在中东外交和政治中的地位与影响，可以参考 T.Parse, *Treacherous Alliance: The Secret Dealings of Israel, Iaran, and the United States*, New Haven, Conn., 2007。两伊战争的情况，可以参考 S.C.Pelletiere, *The Iran-Iraq War: Chaos in a Vaccum*, New York, 1992。石油问题，可以参考 D.Yergin 等主编: *The Prize: The Epic Quest for Oil, Money and Power*, New York, 1993。

从史学角度考察伊拉克战争。可以参考 J.Kendell, *Iraq's Unruly Century*, New York, 2003; R.Khalidi, *Resurrecting Empire: Western Footprints and America's Perilous Path in the Middle East*, Boston, 2003, 对美国的中东政策进行了批判。

关于中东地区当前形势的分析。可以参考 B.Lewis, *What Went Wrong? Western Impact and Middle Eastern Response*, Oxford, 2001; P.L.Bergen, *Holy War, Inc.: Inside the Secret World of Osama bin Laden*, New York, 2001。另外，还可以参考 M.Afkhami、E.Friedl, *In the Eye of the Storm: Women in Post-Revolutionary Iran*, Syracue, N.Y., 1994。

关于中东文学。可以参考 M.M.Badawi, *A Short History of Modern Arab Literature*, Oxford, 1993。

第 29 章

走向太平洋的世纪？

　　第一次到马来西亚首都吉隆坡的访客会被耸入云雾的双子塔惊呆。双子塔高 1483 英尺（约 452 米），截至 1998 年，它是世界上最高的建筑（此后，它的高度先是被台湾的 101 塔超过，后又被上海的环球金融中心、迪拜的迪拜塔超过）。

　　吉隆坡双子塔是建筑成就的展现，也表明东南亚是国际舞台上的重要选手。

　　作为英国在东南亚的殖民霸权象征，双子塔位于雪兰莪州板球俱乐部的原址上，这并非意外之举。马来西亚一位地方官员评论说："这两座塔将为亚洲的自信自尊创造奇迹，我认为这一点非常重要，我也认为现在正是起飞的时刻。"〔1〕

　　耸入云端的吉隆坡双子塔和台北 101 大楼，并非彰显亚洲在新世纪世界舞台上异军突起的孤例。亚洲的另外几座城市——香港、新加坡、东京和上海——已成为传统金融和经济实力的中心城市纽约、伦敦、柏林和巴黎的竞争对手。

　　二战结束时，若说环太平洋国家将成为全球发展的驱动力，还是不可想象之事。当时，共产党在中国的胜利使太平洋沿岸迎来社会主义阵营与资本主义阵营激烈竞争的时代。朝鲜和越南的苦战正是太平洋地区动荡的突出表现。然而，在今天，东亚的许多国家已经成为国家建设的成功典范，其特点是经济繁荣和政治稳定。它们预示着所谓"太平洋的世纪"已开启。

■ 南亚

　　□ 问题：甘地和尼赫鲁关于印度问题的目标有什么区别？这两位领导人的观点对
　　　　现代印度的形成分别产生了什么样的影响？

---

〔1〕 引自 *The New York Times*, May 2, 1996.

1947 年，当印度和巴基斯坦独立时，宣告了英国对该地区近两个世纪的殖民统治终结。

● 英国统治的结束

20 世纪 30 年代，印度的民族主义政府由于穆斯林与印度教徒之间的派系分歧而被严重削弱。二战的爆发减轻了这种宗派冲突，但在 1945 年，随着二战结束，冲突再度爆发。数个城市爆发印度教徒与穆斯林之间的武斗，穆斯林联盟主席穆罕默德·阿里·真纳（Muhanmmad Ali Jinna，1876—1948 年）要求穆斯林与印度人独立建国。同时，长期因道德和经济原因批判英国殖民遗产的英国工党上台执政，新任首相克莱门特·艾德礼（Clement Attlee）宣称，在 1948 年 6 月前，英国将会把印度的权力转交给"负责的印度人手中"。

不过，即将到来的独立并没有抑制住社会冲突。随着暴乱升级，英国不情愿地接受了印巴不可避免的分立，并于 1945 年 8 月 15 日宣布将建立巴基斯坦和印度两个独立国家。巴基斯坦主要分到从西边印度河流域的穆斯林居住地到孟加拉东部 2000 英里的单独一片领土。尽管甘地警告说，分裂将激发"血腥的狂欢"，[1]但他却日益被认为是过时的人物，人们无视了他的看法。

英国要求各土邦统治者在 8 月 15 日之前选择他们要加入哪个国家，问题主要出现在印度的海德拉巴，那里的行政长官是穆斯林，多山的克什米尔则由印度教王公统治着穆斯林。印度和巴基斯坦宣布独立后，数百万印度人与穆斯林越过边境逃难，导致了暴力冲突，造成超过 100 万人死亡。其中的死难者就有甘地，1948 年 1 月 30 日，他在祷告途中被刺杀身亡。凶手是一个印度激进主义者，显然是受了甘地反对成立"印度人的印度"的刺激。

● 独立的印度

随着印度的独立，印度的国民大会党从反对派变成执政党，以总理尼赫鲁为首。然而，印度的前景令人生畏，印度 4 亿人口中的绝大多数都是穷人和文盲。新国家包含了许多民族，有 14 种语言。尽管国大党领袖勇敢地表示要建立新国家，印度社会仍

---

〔1〕 引自 L.Collins、D.Lapierre：*Freedom at Midnight*，New York，1975，p.252.

对印度的两种看法

尽管尼赫鲁和甘地在印度独立问题上意愿一致，但他们对祖国未来的看法却迥异。尼赫鲁倾向于通过工业化实现印度的物质繁荣，而甘地却赞同简朴的人力劳动。以下第一段资料是尼赫鲁的演讲，第二段资料来自甘地写给尼赫鲁的信。

我确信，世界以及印度面临的各种问题的唯一解决办法就是社会主义，我不是以模糊的人道主义的方式而是出于科学的经济意义的角度来使用这一词语……除了社会主义，我找不到结束印度人民贫困、大量失业以及堕落和被统治的办法。这包括对我们的政治和社会结构进行大刀阔斧和革命性的变革，终结土地和工业领域的既得利益，用更高的合作服务的理念来取代现存的利益体制……简而言之，这意味着新的文明，它与现存的资本主义秩序存在着根本区别。在苏联境内，我们可以瞥见这一新文明的一些镜像。不过，苏联的许多做法让我印象深刻，也有一些做法我不太同意。然而，我期待一种伟大的、令人心醉神迷的新秩序和新文明，我期待它成为我们这个悲惨时代最富有希望的特征。

——尼赫鲁的演讲

我认为，如果印度要实现真正的自由，以及世界经由印度获得自由，那么，无论早晚，人们都将生活在乡村，居住在乡村小屋而非高楼大厦里。数百万人们无法在城市或大厦中和平共处。他们会自相残杀，也就是说，将走向暴力和非真理……我们只有在乡村的简朴中才能发现真理和非暴力。这种质朴就在纺车的轮子中，这也是纺车车轮告诉我们的真理……

如果你认为我讨论的是今天的乡村，你可能没法理解我的想法。我的理想乡村仍然只存在于我的想象和脑海中……我梦想中的乡村中，人们不是阴沉的，而是清醒和充满活力的。人们再也不会像肮脏和黑暗中的牲畜一样。男男女女都将自由生活，准备面对整个世界。再也不会有鼠疫、霍乱、天花等疾病。无人无所事事，也无人奢华享乐。人人都要从事体力劳动。要做到这一切，我仍在考虑许多事情，我们要进行大规模的组织活动。可能甚至要修建铁路，建造邮局和电报室。我没法知道事态将会如何，我也不会为此烦扰。如果有我能确保关键的事务，其他事情也能迎刃而解。如果我放弃了关键一点，一切也都随风而散。

——甘地致尼赫鲁的信

□ **问题**：尼赫鲁与甘地关于印度未来的关键区别是什么？为什么尼赫鲁的看法占了上风？

然要承担过去的战争和分裂的创伤。

印度政府的第一个问题是解决过渡时期遗留的纷争。海德拉巴和克什米尔的执政者都遵循着自己的喜好而非其主体人群的意愿。尼赫鲁决定将双方都纳入印度。1948年，印度军队入侵且吞并了海德拉巴。印度还占领了克什米尔的大部分地区，但其代价是形成了影响至今的印巴关系这一棘手问题。

民主社会主义的试验

在尼赫鲁的领导下，印度采取了以英国为模板的政治制度，即有名无实的总统和议会制政府。印度出现了一系列合法政党，但威望很高和领袖充满个性魅力的国大党在中央和地方各级政府中都占有主导权。

尼赫鲁受到英国社会主义的影响，并且大致仿照英国工党的经济政策。政府接管了主要工业和资源、运输和公共设施，同时在地方和零售领域仍保留私营企业。土地仍掌握在私人手中，但鼓励农村合作。

在其他方面，尼赫鲁是个西方物质主义的信徒。他确信，印度要成功就必须工业化。在倡导工业化的过程中，尼赫鲁大幅度地偏离了甘地的立场。甘地相信，物质主义在道德上是腐败的，只有（如传统印度乡村所代表和纺车车轮所象征的）俭朴和非暴力才能将印度和世界从自我毁灭中拯救出来。

尼赫鲁外交政策的主题是反殖民主义和反种族主义。在他的引领下，印度在冷战中采取了中立立场并寻求领导所有亚、非和拉美新近独立的国家。印度的中立使它与20世纪50年代试图动员所有国家反对它所认定的国际共产主义威胁的美国的关系有点奇怪。

印度与巴基斯坦的关系是个持续的麻烦。即便当地的主要人口是穆斯林，印度也拒绝承认巴基斯坦对克什米尔的所有权。两国关系的持续紧张，最终在1965年爆发了战争。1971年，东巴基斯坦爆发了反对巴基斯坦政府的暴动，印度站在东巴基斯坦这边，后者宣布要独立组成新的孟加拉共和国。

后尼赫鲁时代

1964年，尼赫鲁去世，引发了人们对以尼赫鲁奇迹为基础的印度民主的关注。当他的继任者、老国大党成员于1966年去世后，国大党选择尼赫鲁的女儿英迪拉·甘地（Indira Gandhi，1917—1984年）担任总理。英迪拉没有什么政治经验，但她很快显示出如她父亲般的钢铁意志。

和尼赫鲁一样，英迪拉也主张民主社会主义和外交中立政策，不过，她在推进目标方面比她父亲更积极。为了解决贫困问题，她将银行国有化，给农民提供小额贷款，建设低成本住房，将土地分给无地农民，实行选举权改革，赋予穷人选举权。

英迪拉尤其担心印度不断攀升的人口。为了控制人口增长率，她采取了强迫绝育的政策。然而，这一政策被证明不受欢迎，加上日益严重的官员腐败和英迪拉的专制主义，在 1975 年全国大选中英迪拉落选，这是国大党第一次在全国选举中失败。

赞同资本主义的几个政党组成了少数派政府，不过，两年后，英迪拉又重新掌权。现在，她面临的挑战是新的宗教冲突。旁遮普的情况最危险，在那里，激进锡克教教徒要求自治，甚至脱离印度而独立。英迪拉毫不退缩，向藏身于阿姆利则金庙的锡克教教徒发起攻击。这一举动引起锡克教社区的普遍愤怒，1984 年，英迪拉被锡克教保镖暗杀。

国大党政治家坚信，倘若没有尼赫鲁家族成员，国大党就不可能掌权执政。尼赫鲁的外孙、对政治毫无兴趣的商业航线飞行员拉吉夫·甘地（Rajiv Gandi，1944—1991 年）被劝说接替母亲出任总理。拉吉夫缺乏其外祖父和母亲那样的坚强意志和政治自信，但他却让私营企业发挥出了更大的作用。然而，拉吉夫政府却被批评说任人唯亲、无能、腐败。

拉吉夫还试图在地区事务中扮演重要角色，调停斯里兰卡与泰米尔人（南部印度的主体人口）暴动（亦称猛虎组织）的矛盾。这一决定使他付出了生命：在 1991 年连任竞选活动期间，他被猛虎组织成员暗杀。印度面临着再无尼赫鲁家族成员可任总理的未来。

20 世纪 90 年代初期，国大党仍处在领导地位，但它过去对印度选民的强势控制已经一去不返。印度人民党等新政党在与国大党竞争地方和中央各级政府的控制权中非常活跃。中央政府日益不稳定，印度人与穆斯林之间的关系也日益紧张。

国大党领导下的联合政府垮台后，印度

表 29.1　1945 年以来的南亚大事记

事　件	时　间
印度和巴基斯坦独立	1947 年
圣雄甘地被暗杀	1948 年
尼赫鲁去世	1964 年
印巴战争	1965 年
英迪拉·甘地当选总理	1966 年
孟加拉国宣布独立	1971 年
英迪拉·甘地被暗杀	1984 年
拉吉夫·甘地被暗杀	1991 年
阿约提亚的清真寺被毁	1992 年
贝娜齐尔·布托被解职	1997 年
巴基斯坦军事政变推翻文官政府	1999 年
美国为首的军事力量在阿富汗开始打击塔利班	2001 年
国大党重新执掌印度	2004 年
贝娜齐尔·布托被暗杀	2007 年
印度河流域大规模洪灾	2010 年
本·拉登被袭身亡	2011 年

人民党在总理阿塔尔·比哈里·瓦杰帕伊（Atal Behari Vajpayee，1924—2018 年）的领导下执政，利用印度人的敏感建立其政治基础。新政府的成功建立在工业和商业的积极私有化上，并且积极夯筑技术国家的技术基础。不过，人民党的领导人低估了印度不太富裕阶层的不满。2004 年春，人民党在全国大选中遭遇了惊人的失败，瓦杰帕伊政府不得不辞职。国大党重新上台，组成了以它为首的联合政府。联合政府致力于维持经济增长，同时在农村实施改革，包括公共工程建设和为所有小学生提供热午餐。2009 年大选中，国大党保持了执政党地位，但包括普遍的官员腐败、印度人与穆斯林之间的宗派矛盾在内的严重问题仍困扰着政府。

● 纯洁之地：独立以来的巴基斯坦

当巴基斯坦于 1947 年 8 月获得独立时，和邻国印度不同，它在各个方面都是一个全新的国家，是基于宗教信仰而非历史或民族传统而形成的国家。这个独特的国家包括两片各占 2000 英里的领土。西巴基斯坦包括印度河盆地和西旁遮普，常年缺水，其人口主要是种植干旱作物的农民和草原牧民。东巴基斯坦主要是恒河和雅鲁藏布江的沼泽三角洲。这里人口密集，主要居民是种植水稻的农民，也是多才多艺和才智过人的孟加拉人的故乡。

西巴基斯坦的人民尤为多样化，除了穆斯林外，还有普什图人、俾路支人、旁遮普人。普什图人以部落为基础组织起来，与邻近阿富汗的主体人口有血缘关系。许多普什图人过的是游牧生活，跟随牲畜定期跨过边境。俾路支人则横跨巴基斯坦与伊朗，而旁遮普却在独立时被巴基斯坦和印度分裂为两部分。

即便新国家本质上是穆斯林社会，但在最初的几年中，巴基斯坦的内部也充满了激烈的宗教、语言和地区冲突。真纳设想的巴基斯坦是一个保证宗教自由和人人平等的民主国家，但这个设想遭到那些倡导以伊斯兰教准则为基础建立国家的人的反对。

更危险的是国家的东西分裂。东巴基斯坦的许多人认为，政府以西巴基斯坦为基础，忽略了东巴基斯坦人的诉求。1952 年，东巴基斯坦爆发了反对政府在乌尔都语问题上的决定的暴乱。乌尔都语源自印地语，是北印度穆斯林的使用语，也是整个巴基斯坦的国家语言。大部分东巴基斯坦人说的却是与乌尔都语毫无关系的孟加拉语。紧张关系一直延续，1971 年 3 月，东巴基斯坦宣布独立，建立孟加拉共和国。巴基斯坦军队试图恢复中央政府对孟加拉首府达卡的权威，但得到印度支持的暴乱势力继续进攻，巴基斯坦不可避免地屈服了，最终承认了孟加拉的独立。

东西巴基斯坦的分裂凸显了自 1958 年掌权以来巴基斯坦军事政权的脆弱权威，也导致它被佐勒菲卡尔·阿里·布托（Zulfikar Ali Bhutto, 1928—1979 年）为首的文官政府取代。不过，尽管现在有了新的对保守穆斯林做了许多让步的宪法，宗教冲突还是涌现出来。1977 年，以齐亚·哈克（Zia Ul Haq, 1924—1988 年）为首的新军事政府掌权，许诺将巴基斯坦建设为一个真正的伊斯兰国家。伊斯兰教法成为社会行为和法律制度的基础。按照伊斯兰教的严格要求，法律禁止酒水买卖，女性的角色和地位也受限制。不过，在齐亚因飞机失事而死后，巴基斯坦人选择佐勒菲卡尔·阿里·布托的女儿、曾在美国受教育的世俗化支持者贝娜齐尔·布托（Benazir Bhutto, 1953—2007 年）担任总理。1990 年，贝娜齐尔政府被指控无能和腐败，由军事政权取代。1993 年，贝娜齐尔再度当选，她试图镇压反对派，但 1997 年因被指控官员腐败而不得不第二次下台。她的继任者很快因为同样的原因被炮轰，1999 年被佩尔韦兹·穆沙拉夫（Pervez Musharraf, 1943—　　　）领导的军事政变推翻。穆沙拉夫许诺恢复政治秩序，建设诚实可信的政府。

2001 年 9 月，当美国为首的多国部队抵达邻近的阿富汗以推翻塔利班的统治和摧毁基地组织时，巴基斯坦成为国际社会关注的焦点。尽管塔利班的活动得到巴基斯坦当地人的高度支持，但总统穆沙拉夫誓言要尽力打击恐怖主义分子，他还表态要让巴基斯坦回归真纳主张的世俗化原则。他面对的形势因印巴两国在克什米尔问题上的冲突，以及印度的穆斯林与印度人之间的冲突而更趋复杂。不过，2003 年，随着印巴两国都表示要和平解决克什米尔问题，双方关系开始有所缓和。

不过，此时巴基斯坦的国内问题开始升级。由于穆沙拉夫要清除激进的穆斯林群体带来的挑战——这些势力有些与阿富汗境内的塔利班结盟——世俗化反对派批评其政权的专制独裁性。2007 年，贝娜齐尔·布托结束流亡，回到巴基斯坦，宣布参与 2008 年初的总统大选，但被暗杀。2008 年 9 月，在日益严峻的政治动荡中，贝娜齐尔的丈夫阿西夫·阿里·扎尔达里（Asif Ali Zardari, 1955—　　　）当选总统。

由几个政党的松散联盟组成的新文官政府在应对巴基斯坦的众多问题上困难重重。巴基斯坦的 1.5 亿人口中有一半都生活在贫困状态，文盲率极高。2010 年印度河的大规模洪灾导致近 2000 人丧生，数百万人无家可归。

在一个农村人口仍忠于传统部落领袖的国家，民族主义意识非常薄弱，而在巴基斯坦政治中长期起核心作用的军事精英继续自行其是。当基地组织领导人本·拉登在 2011 年春被美军袭击身亡时，巴基斯坦统治阶层内部的分裂表现得极其明显。拉登一直秘密生活在巴基斯坦境内的军事重镇阿伯塔巴德的一座别墅中，距离首都伊斯兰堡只有两个小时车程。许多观察人士怀疑，巴基斯坦军方的一些人知道拉登的存在，美军的袭击进一步恶化了它与这个所谓盟友的关系。

● 南亚的贫困与多元化

二战后，南亚各国的新领导人面临着一系列难题。南亚人民绝大多数仍然是不识字的穷苦百姓，同时，困扰印度社会长达数百年的宗派、民族和文化分裂问题也没有消失。

地方自治主义的政治

印度新宪法要求社会公正、自由、机遇和地位平等、友爱，保证所有公民不受宗教信仰、种族、等级、性别或出身等方面的歧视。因此，理论上，印度是一个以英国议会模式为基础的全面民主国家。实际上，诸多独特性表明这一制度并非完全西方意义上的民主，但也许能让它生存下去。如前所述，印度本质上是一党制国家。国大党通过领导印度独立获得了民众的广泛支持，使它能在印度政治中维持30年的优势地位。然而，当尼赫鲁于1964年去世后，在其娴熟掌控下被掩盖的一些问题凸显出来，问题的部分原因在于国大党执政过久。党内官员变得志得意满，太容易走向腐败和分肥政治。

尼赫鲁死后，分裂继续加深，在他的继任者统治时期，官员腐败更为严重。只不过由于竞争者缺乏吸引力和英迪拉具备尼赫鲁家族的魅力，才使国大党能继续掌权。不过，英迪拉没能阻止国家层面上党的权力基础的日渐瓦解，而地区或意识形态政党利用民族或社会革命主题赢得选民的支持。

20世纪80年代，宗教紧张局势更趋严峻。如前所述，英迪拉对锡克教分裂主义的毫不妥协导致她在1984年被暗杀。在她的儿子拉吉夫统治时期，印度北部阿约提亚的印度教激进分子要求摧毁建造在罗摩王降生地遗址上的巴布里清真寺，那里从前是印度教寺庙。1992年，印度示威者摧毁了该清真寺，搭建起一个临时寺庙，引发了全国范围内穆斯林与印度人的冲突。作为反击，巴基斯坦的暴乱者摧毁了国内的印度教圣地。2010年，印度法庭裁定，巴布里清真寺原址上分割为印度教和伊斯兰教两个部分。

在21世纪初期，随着激进印度教组织要求建立反映印度教群体——现在其人口已经超过7亿——需求的国家，印度社会的分裂进一步加剧。在东边的奥里萨邦，因基督教徒尝试争取皈依者，印度教教徒与基督教教徒之间爆发动乱。2004年后担

交流与交换

对麦当劳和肯德基说不！

拉吉夫·甘地决定放松对印度经济的管控的一大结果是外国公司在印度的增多，其中也包括美国快餐连锁店。它们的到来激起了印度的抗议风暴：环境保护主义者关心的是，用粮食饲养鸡降低了土地利用率；而宗教活动家愤怒于为了食物屠宰动物；民族主义者则强烈地要求保护本土市场免遭外国资本的冲击。快餐店现在代表的是印度社会日益增长的商机，但多数快餐店迎合的是当地人的口味，尽量避免牛肉产品，还提供素食，如全素披萨。下面是英迪拉·甘地的儿媳玛内卡·甘地（Maneka Gandhi）发表在《印度斯坦时报》（*Hindustan Times*）上的一篇文章。她曾担任过环境部长，也是国大党主席索妮娅·甘地（Sonia Gandhi）的主要竞争对手。

印度决定允许百事食品有限公司在印度开办 60 家餐厅，其中 30 家必胜客、30 家肯德基，这标志着以肉食为基础的垃圾食品跨国公司首度进入印度市场。如果这一决定真的变为现实，至少很快数十个类似的连锁店将接踵而至，包括臭名昭著的麦当劳。

允许垃圾食品连锁店进入印度，真是令人震惊。正如其名称所言，肯德基提供的食物主要是炸鸡和烤鸡。这种食物对人体健康有害无益，会引起包括肥胖、胆固醇过高、心脏以及癌症等在内的诸多健康问题。必胜客的主要食物是白面、奶酪和肉做成的披萨，这同样容易引起疾病……

此外，垃圾食品还会造成环境后果。现代的肉食产品的生产造成谷物、水、能源、牧区的滥用。而且，畜牧业还会带来惊人的水和空气污染。

肯德基和必胜客坚持说，它们所使用的鸡是用玉米和豆子喂养的。这也让我们要考虑到为了喂养这些鸡带来的粮食问题。随着肯德基和必胜客店铺数量的不断增加，越来越多的玉米要用于家禽业，这意味着乡村里很快将没有玉米了，玉米价格会大幅上涨，普通人难以企及。将玉米用于快餐所需要的鸡的养殖无异于将金子扔入烂泥……

令人耻辱的一件事是，在被饥荒和洪水困扰的国家，我们却将 37% 的可耕地用于生产动物的饲料。假如所有的粮食都能直接用于人们消费，它可以滋养 5 倍于转食肉、奶、蛋饮食的人口。

当然，带来这些损害的不仅仅是百事集团的必胜客和肯德基。一旦我们对这些快餐连锁公司开放，会有数十家同类公司跃跃欲试。美国各城市平均有 5000 家垃圾食品店。这是我们希望在印度看到的吗？

——玛内卡·甘地《印度为什么不需要快餐食品》

□ 问题：为什么本文作者反对将快餐店引入印度？你认为她的解释也适用于美国吗？

塔会议上的丘吉尔、罗斯福与斯大林

分裂的城市

1948年，美军飞机对柏林空投，以突破苏联军队对柏林的孤立。此图是美、苏柏林控制区边界的"查理检查站"，苏联的路障已经被移除了。充满讽刺意味的是，苏占区入口处的标语写着"自由区欢迎西边的自由和权利斗士们"。

计划向法军发起进攻

与许多国家和地区不同，越南人民在二战结束后仍在为独立而奋斗。越南民族独立运动是由杰出的共产党领袖胡志明……。这张1950年的照片是在胡志明的一处秘密基地拍摄的，胡志明正计划对法军发动进攻。为了躲避法军的搜捕，……转移根据地。

辩论

己50年代末期，美、苏两国领导人试图通过鼓励两国间的文化往来以缓解冷战的紧张态势。时任美国副总统的尼克松在苏联举行的美国文化和社会展访问苏联。该图显示的是尼克松与赫鲁晓夫就美国的厨房科技产品进行交谈。尼克松是后来的苏联共产党中央委员会总书记勃列日涅夫。

稻田里的战争

越南战争的第一个阶段主要是游击战，越共主要依靠游击战略打击受美国支持的西贡政府。然而，1965年，美国总统逊下令美军战斗部队进入南越（上图）。下图显示的是1968年即越战最激烈的一年中，越共军队在靠近非军事区的溪带袭击美军海军基地。尽管美军指挥官相信，直升机是摧毁越共的重要力量，但越战是技术优势并非一定带来胜利的案例。

结束时，波兰儿童在战争废墟中玩乐

玛格丽特·撒切尔

英国历史上第一位女首相玛格丽特·撒切尔是主宰20世纪80年代英国政坛的强势政治领袖。
这张照片拍摄于1986年撒切尔与法国总统密特朗会面期间。

·尼亚的战争

年年中，塞尔维亚武装占领了波斯尼亚和黑塞哥维纳的大部分地区，造成大量伤
这张照片拍摄于1992年8月21日，图中一位妇女奔跑着经过萨拉热窝街头遭炮击遇难
遗体。当时，三颗迫击炮弹落到此处，至少造成3人身亡。

三·庇隆与爱娃·庇隆夫妇

年，胡安·庇隆当选为阿根廷总统。图片显示的1952年他和妻子在他第二个总统任期内的就职仪式上。

Love-in聚会

20世纪60年代，年轻人的户外集会融合了音乐、毒品和性。艳丽的服饰、脸部彩绘、随意的舞蹈以及毒品是营造"爱与和平"氛围的重要因素。图为1967年"爱之夏"的"Love-in"集会上"嬉皮士"正在一辆装饰过的公交车周边舞蹈。

都市主义

城市都鼓励人们将骑自行车作为控制二氧化碳排放与促进城市可持续发展的一大手段。

是北京街头的自行车，有近400万人将自行车作为主要交通工具。

黎，2007年开始推行"自由骑行"的公共自行车工程，整个城市有1万辆自行车和700个自行车停放点。现在，"自由"的自行车总量达到了1.7万辆，停放点达到了1200个。如右图所示，市民和游客可以租赁自行车，

工作中的杰克逊·波洛克

二战后，抽象表现主义成为艺术主流。其中，最出名的抽象表现主义艺术家之一是杰克逊·波洛克。他的泼洒画实现了他的抽象主义理念。左图是正在长岛工作室作画的杰克逊·波洛克。

穷人新居

在种族隔离政策下，南非的大多数黑人被局限于黑人区，即各大城市边缘地带的贫民窟。

上图是位于南非最大城市之一的开普敦城郊的拥挤贫民窟。现在，南非政府正积极改善人们的居住环境、饮水安全和供应。下图显示的是新伦敦郊区的新黑人区。这里有不少现代化设施，甚至还有一座商场。

克图的清晨

与农业民族的区分——草原与耕种——一直是人类历史上一条至关重要的裂痕。当前，在这一点上，没有其他地方比更明显了。西非的穆斯林牧民与基督教农民为了珍贵的土地和水资源相互争斗。这种争端根源于肆虐于整个西非地区族和宗教矛盾。这张图片里，游牧家庭正在马里历史名城廷巴克图郊外迎接新的一天。廷巴克图曾是跨撒哈拉沙漠贸线上的一大重要商贸点，现在是撒哈拉沙漠边缘的一个河港。

尼日尔学习的人们

对现在的许多非洲国家来说，年轻人的教育是最关键的问题。很少有政府能提供解决这一问题的必要资金，因此，各种宗教组织常常施以援手。图为讲授《古兰经》的伊斯兰学校的学生们正在学习怎样阅读阿拉伯语，阿拉伯语也是伊斯兰教典籍的官方语言。在现在的西非，伊斯兰学校是穆斯林社会最重要的学校形式。

盐场

殖民时代以前，许多西非国家要从地中海各国进口盐，而它们的主要出口物是热带物产和黄金。现在，塞内吉尔本国内陆湖泊所产的盐已经足以满足国内需求了。这些湖泊是史前时期覆盖撒哈拉地区的海洋的遗迹。注意图中可见妇女从事繁重劳动，而男人则负责管理。

中东的贫富差距

按照世界标准来说，尽管中东许多国家比较贫穷，但也有少数国家因优越的地理条件而积累了大量财富。坐落在阿拉伯半岛东部边缘、占有世界上部分最丰富油田的小国阿拉伯联合酋长国就是典型。上图是富丽堂皇的迪拜，现在已经成了富人的游乐地，也是因世界对能源的渴求而致富的生动象征。与此形成尖锐对比的是阿拉伯半岛南端的也门，这里缺乏有价值的资源，人们还在按照下图所示的传统方式生活。

马来西亚首都吉隆坡的双子塔

两个印度

左图是中产阶级家庭的孩子在学习使用电脑，这也象征着印度近来正积极加入全球技术市场。但今天的印度仍然是个
社会。右图中衣着鲜艳的印度妇女在井里提水。如同许多发展中国家一样，缺水是印度的一大难题。

戴着金手镯的印度年轻新娘

印度南部最大的印度教神庙之一米纳克希神庙里，年轻的新娘正和女性亲友一起等待婚礼仪式开始。尽管童婚非法，
度女性仍然很早就步入婚姻。婚姻是父母安排的，这位新娘可能尚未见过新郎。她戴着金饰和珠宝首饰、穿着丝绸——
也是她嫁妆的一部分——紧张地在等待着前往夫家。在那里，她将开始为夫家服务的生活。

从遵从到反主流文化

一直以来，日本的中小学生都穿着制服，遵从国家的社群习俗。上图是年轻学生穿着统一的制服，参观始建于1603年德川家康时期的京都二条城。然而，近年来，反主流文化潮流在日本兴起。下图是染着茶色头发、时尚意识浓厚的青少年，他们是日本长期富裕时代的产物，这在他们昂贵的嘻哈服饰、厚底鞋以及各种饰品中得以窥见。这种时尚选择象征着当代日本越来越强烈的反抗顺从的风潮。

印度的麦当劳

麦当劳已成为美国文化的重要象征之一。上图是印度孟买维多利亚火车站外街头喝麦当劳的饮料的儿童。

参照文章

同一个世界，同一片环境

影响 21 世纪初期社会和全球经济的一个关键因素是人们日益关注工业化对地球环境所产生的影响。人类总是对自然环境造成一定的伤害，就生态而言，所造成破坏的广泛前所未有。排放到空气、河流、湖泊和海洋中的化学物质日益危害着一切生灵的健康与安全。

多年来，环境关注的焦点是西方发达国家。在这些国家，工业废弃物、汽车尾气、人工肥料和杀虫剂的广泛使用致使出现了城市中的雾霾、对农作物和野生动物的危害以及大气中臭氧层的大幅减少等诸多问题。近年来，环境问题不断扩散。中国急切的工业化进程导致了该国严峻的生态问题。工业废气使亚洲的许多城市几乎难以居住，森林被大肆砍伐，致使水土流失严重，进而危及耕地。雨林被毁是世界许多国家面临的日益严峻的难题，尤其是巴西和印度尼西亚。随着地球上森林的迅速消失，对减少大气中二氧化碳含量起关键作用的植物也大量减少。

值得注意的一个积极面是，人们对环境问题的关注已经成为真切的全球性特征。尽管全球变暖的原因尚不十分明确，但由于工业化导致的二氧化碳和其他气体的释放显然是原因之一。这一问题引起了高度关注，也成了 1997 年 12 月东京国际会议上的主要议题。如果如同许多科学家预测的，世界范围内的气温继续升高，海平面上升将对低海拔的岛屿和沿海地区带来严重威胁，而气候变迁还会导致严重的干旱或洪灾。

然而，认识到环境问题只是其一，解决环境问题则是其二。迄今，各国间环境问题的合作往往受到经济或政治、民族和宗教问题的阻碍。例如，1997 年有关全球气候变暖的会议就在发展中国家应当承担环境治理的份额上产生严重分歧。极少有国家愿意为了环境问题采取可能妨碍经济发展或导致失业率上升的行动。2001 年，美国总统布什拒绝签署东京协议，理由是这是歧视西方先进国家。此后在全球气候变暖的国际会议上——包括 2009 年丹麦哥本哈根会议和 2011 年南非德班会议——尽管美国更积极地参与了，但也没有取得太多实质性成果。

□ **问题：环境治理问题一直进展困难的主要原因是什么？**

任总理的曼莫汉·辛格（Manmohan Singh，1932— ）曾感叹，这是对"印度融合文化"的打击[1]。

---

[1] S.Sengupta: *In World's Largest Democracy*, *Tolerance Is a Weak Pillar*, *New York Times*, October 29, 2008.

经济

对于长期困扰南亚次大陆的社会和经济不平等，尼赫鲁的解决方案是社会主义。他提出了一系列五年计划，以建立规模较大且相当高效的国有工业。这些五年计划集中在钢铁、车辆和纺织领域。从 1950 年到 1965 年，印度的工业产量几乎翻了三番，而且，从 1950 年到 1980 年，尽管印度人均收入还不到 300 美元，但却增加了 50%。不过，到 20 世纪 70 年代，工业增长放缓。问题之一出在大部分进口石油的价格上涨上，现代基础设施建设因此受到影响。

然而，印度经济的主要弱点是农业。独立时，印度农业中，机械化还闻所未闻，化肥也很少使用。由于传统印度是将土地平分给所有儿子，因而大部分农民的耕地面积非常小，也没有什么效益。故而，大多数印度人还生活在赤贫状态。无地人口几乎是地主的两倍。政府尝试通过重新分配土地给穷人、限制地主的土地规模、鼓励农民组成自愿合作小组来解决这一问题，但所有措施都遭到了来自各方的广泛反对。

另一个问题是人口过多。即便在独立前，印度也难以养活其人口。20 世纪 50 年代和 60 年代，人口更以每年 2% 的速度增长，是 19 世纪的 2 倍。从 20 世纪 60 年代起，印度政府试图控制人口增长。英迪拉制定了金钱鼓励和强制节育相结合的人口控制政策。不过，这一政策因民众的抗拒而大打折扣，到 70 年代，政策目标也下调了。不过，在媒体推广和政府政策的影响下，即便在乡村地区，现在的趋势也是家庭规模更小。每名妇女生育子女的数量从 1950 年的 6 个下降到现在的 3 个。当然，印度也正朝向世界人口最多的国家发展，据估计，到 2025 年，其人口将超过中国。

1984 年英迪拉死后，其子拉吉夫对外国投资更开放，与此同时，还提高了私营经济的地位。印度开始出口更多制造品，包括计算机软件。改变的步伐在拉吉夫的几个继任者统治期进一步加速，他们继续将国有工业私有化。这些政策刺激了富裕的新中产阶级的增长，据估计，现在，中产阶级的人数已经超过 1 亿。消费飙升，电视、DVD 播放机、手机甚至汽车的销量暴涨。同样重要的是，西方进口品被本地品牌的新产品所取代，同时，大跨国公司，如零售业巨头沃尔玛，在进入印度市场时遭遇挫折。

印度进入工业时代的一个结果是规模小活力足的技术行业的形成，它也为世界诸多先进国家提供了重要服务。印度南部班加罗尔的发展得益于低廉的劳力成本和精通英语的熟练劳动力，已经成了重要的技术中心。印度还是美国和欧洲的主要"外包"场所，这也让整个西方世界失业的中产阶级增加。

如同西方工业化国家一样，印度的经济发展也伴随着环境问题。水污染和空气污染导致许多人染病，甚至身亡，环保运动由此产生。有些印度批评家——反映出印度知识分子中传统的反帝国主义态度——指责西方资本主义公司要对此负责。比如，博帕尔一家外商独资化工厂出现的毒气泄漏事故（1984 年 12 月 3 日，美国联合碳化物下属公司在博帕尔设立的农药厂发生毒气泄漏，数万人直接致死。被称为史上最严重的化学工业事故。——译注）。不过，环境问题的主要祸因是苏联帮助下建立的国有工厂。当然，并不是所有环境损害都归因于工业化。由于人们过度利用，恒河被污染得很严重，印度教徒不得不冒着风险在河里沐浴。

很多印度人并没有从新繁荣中获益。近 1/3 的印度人生活在贫困线以下。数百万人生活在城市贫民窟中，如著名的加尔各答"欢乐城"，绝大多数印度农民仍是赤贫。尽管社会主义者为印度领导人唱赞歌，但印度的财富不均与西方国家一样明显。实际上，印度被形容为两个国度：一个有近 1 亿受教育城市人口的印度，一个是包围它的 9 倍于城市人口却生活在农村的赤贫农民的印度。

这样的问题在邻近的巴基斯坦和孟加拉更为严重。巴基斯坦的绝大多数人民都生活贫苦，至少一半是文盲。2010 年印度河沿岸发生的洪灾对居住在这里的人们来说是一场大灾难，一位联合国官员形容，这是联合国自成立以来遭遇的最严重的人道主义危机。巴基斯坦的未来尚不明晰，因为它缺乏现代中产阶级赖以产生的基石——现代技术产业。

种族、阶级和性别

1950 年的印度宪法保障所有人不分种族，人人平等，禁止歧视贱民。近些年来，印度政府制定了一系列法律，确保所有印度人无论是什么种族都有受教育和就业的机会，也有许多低种姓的印度人获得比较高的社会地位。尽管如此，偏见难以消除，问题仍然存在，尤其是在农村地区，贱民即现在所说的达利人（Dalits）仍然从事卑贱的工作，往往被剥夺了基本的权利。

性别平等同样难以实现。独立后，印度领导人也试图实现性别平等。印度宪法禁止性别歧视，要求同工同酬。法律禁止童婚和女方家庭支付彩礼。政府还鼓励女性入学接受教育，进入劳动市场。

这些法律以及经济和社会变革对许多印度女性生活产生了重大影响。城市中产阶级女性更有可能走出家门就业，许多人还担任管理和专业职务。不过，还有一些印度女性选择双重角色——在工作和市场中，她们是现代女性；在家里，她们角色则更顺从和传统。

如同生活中的其他方面一样，农村地区女性地位的改变要小得多。20 世纪 60 年代初，许多乡村还在实行深闺制。女童仍很少接受教育。今天，印度的总体识字率约为 60%，但妇女的识字率不到 50%。农村地区，继承、禁止童婚和彩礼的法律常常无人理睬。还发生过一些引发高度关注的萨蒂（即寡妇自焚）案件，更多的女性无疑是死于丈夫或夫家其他人的虐待。

● 独立以来的南亚文学

近几十年来，印度文学异常繁荣，出版了大量文学作品（印度是现在世界上第三大英语出版物的国家）。安妮塔·德塞（Anita Desai，1937— ）是当代印度第一位杰出的女作家。她的作品聚焦于印度女性为争取独立而进行的斗争之上，其第一本小说《哭吧，孔雀》（*Cry, The Peacock*）中，女主人公为了争取自由、不做传统社会的奴隶而不惜任何代价——最终通过谋杀丈夫获得解放。

当代印度最具有争议性的作家是萨尔曼·鲁西迪（Sir Salman Rushdie，1947— ）。在他的《午夜之子》（*Midnight's Children*，1980 年）中，一千零一个孩子出生于印度独立当晚，他们的成长与现代印度的历史相融合，随国家的成就和挫折而起伏。鲁西迪后来的小说关注宗教不相容、政治暴政、社会不公、贪婪和腐败等问题。在《撒旦诗篇》（*The Satanic Verse*，1988 年）中，他抨击宗教激进主义，赢得了文学评论家们的喝彩，但也招致了穆斯林的普遍批评，伊朗的阿亚图拉·霍梅尼甚至宣布判处他死刑。

● 印度的未来是什么？

印度社会在形式上——即便不是内容上——似乎日益西化。如同许多亚洲和非洲国家一样，传统与现代或本土与西化间的区别有时候似乎就是农村与城市间的二元对立。大城市看上去现代化和西化，乡村却自前殖民时代以来都是老样子，没什么变化。

不过，传统做法的弹性在印度似乎比其他国家更大，其结果往往是相互冲突的价值观和机制的复杂综合而非对立。街头仍然流行的纱丽和托蒂服饰、寺庙中的宗教活动和家庭中的社会关系都证明了传统在印度社会中的重要性。

试图结合新与旧、而非非此即彼的折中办法的一个缺点是，有时候，对立的传统之间也不可调和。在《印度：伤痕累累的文明》（*India: A Wounded Civilization*）一书中，特立尼达印度人后裔、2001 年诺贝尔文学奖获得者 V. S. 奈保尔（V. S. Naipaul，1932—2018 年）指责说，圣雄甘地对贫穷和印度乡村的单纯赞美是克服印度过去的贫困、无知、堕落和建设繁荣的现代社会的障碍。奈保尔抱怨，甘地对印度精神的看法是失败主义的抚慰和为失败寻找借口。

然而，甘地哲学的吸引力仍然是这个国家的重要遗产。正如历史学家玛莎·娜斯鲍姆（Martha Nussbaum）在《内部的冲突：民主、宗教暴力和印度的未来》（*The Clash Within*：*Democracy*，*ReligiousViolence*，*and India's Future*）一书中所指出的，印度大部分农村人口继续固守业力观和种姓区分等与资本主义伦理及法律面前人人平等的民主信念不相容的传统信仰。然而，这些信仰提供了衡量身份的方法和精神抚慰，这往往是其他那些传统精神基础已被侵蚀的社会所缺乏的。

和巴基斯坦一样，印度也面临着其他诸多严峻挑战。作为一个民主的和多元的社会，印度无法启动不受大众欢迎的重大项目，也不能如中国那样迅速有效地行动。同时，印度的体制提供了一种机制，防止出现只关心自己生存的专制政府精英。尽管如此，印度是否能应对面临的挑战，答案尚未可知。

■ 东南亚

□ 问题：1945 年以来，东南亚各国面临着什么问题？它们是如何试图解决这些问题的？

如前所述（第 25 章），二战期间的日军占领给东南亚人民造成了重大影响。它揭示了该地区殖民统治的脆弱性，显示了亚洲强人可以打败欧洲人。盟国政府许诺到二战结束时让东南亚所有人民实现民族自决，也造成了当地——有时是不经意地——不断高涨的独立渴望。

有些国家的许诺实现了。1946 年 7 月，美国政府承认了菲律宾的完全独立。不过，美国仍在菲律宾驻军，美国人在这个新国家仍保留着经济和商业利益。

英国也表示愿意结束在东南亚长达一个世纪的帝国主义统治。1948 年，缅甸联邦独立。1957 年，马来亚的共产主义游击运动被镇压后，也独立了。

不过，法国和荷兰却认为，他们在东南亚的殖民地既是经济必要，也是国家荣誉的象征，拒绝在二战结束时让权于当地的民族主义运动。荷兰试图镇压由印度尼西亚国民党领袖苏加诺（Bung Sukarno，1901—1970 年）在荷属东印度群岛领导的起义。不过，担心共产主义在当地取胜的美国向荷兰施压，承认了印度尼西亚的独立和苏加诺的非共产党势力，1950年，荷兰最终承认了印度尼西亚共和国。

越南的形势稍有不同，整个20世纪的大部分时间里，共产党掌权。法国拒绝承认新政府并试图强化其殖民统治后，1946年12月，法国与越南间的战争爆发了。当时，这只是一次反殖民的战争，但很快就变味了。

● 冷战的阴影下

东南亚新独立的许多国家崇尚西方政治体制，希望将其移植到本国。他们的新宪法采用了西方民主模式，多党制政治体制迅速在这些国家推广。

寻求新的政治文化

到20世纪60年代，这些初露头角的多元化民主实验或取消，或遭遇重大威胁。有些被军事政权或一党专政取代。在缅甸，以英国议会制为基础、推行佛教和非暴力的马克思主义的温和政府被军事独裁统治取而代之。泰国同样是军事政权统治。在菲律宾，费迪南德·马科斯（Ferdinand Marcos，1917—1989年）抛弃民主约束，建立起自己的集权统治。在越南共和国，受共产党领导的起义运动的压力，吴庭艳及其继任者口头上赞赏西方民主模式，实际上却仍然是专制统治。胡志明领导的越南民主共和国则成了共产党执政。

大部分东南亚国家面临的一个问题是，独立并没有带来经济繁荣，或结束经济不平等以及外国投资对当地经济的垄断。这一地区大多数经济体的特点仍然是小工业，它们缺乏技术、教育资源和资本投资。

民族、语言、文化和经济差异也导致了这些国家在向西式民主转变时困难重重。比如，在马来亚，大多数马来人——大部分都是农民——对主要从事工商业的华人主导马来亚的经济与政治深感忧虑。1961年，马来亚联邦——执政党主要由马来亚人组成——统一了婆罗洲岛的前英国属地，组成了新的马来西亚，大大增加了非华人的人口比例。

民主试验失败的最突出案例是印度尼西亚。1950年，新领导人制定了宪法，建立了虚位总统制下的议会制。苏加诺担任第一任总统。苏加诺是个善于鼓动人的演说家，他在印度尼西亚群岛建立民族认同感的过程中发挥了主要作用。

不过，苏加诺在对虔诚的穆斯林、共产主义者、军队间的不断周旋中，越来越恼怒，20世纪50年代末，他废除宪法，试图通过所谓的引导式民主（guided democracy）来建立自己的统治。正如苏加诺描述的，引导式民主更贴近印度尼西亚的传统，比西方式民主更优越。苏加诺高度猜忌西方，力图将外资企业国有化，并寻求中国和苏联的经济援助，同时依靠国内的印尼共产党的支持。

电影与历史

《危险年代》（1982 年）

　　二战结束后的 20 年里，印度尼西亚总统苏加诺是东南亚最著名的政治人物之一。荷兰殖民统治时期，苏加诺是印度尼西亚民族主义运动的核心人物之一。1950 年，印度尼西亚独立，苏加诺当选总统。魅力十足的苏加诺起初由于结束了殖民统治、改善了贫困人群的生活环境而备受拥戴。但印度尼西亚的经济成就未能如苏加诺所描绘的那般美好，20 世纪 60 年代初，印度尼西亚爆发了政治动荡。苏加诺解散了独立后设置的国会，镇压异见者。

　　澳大利亚电影《危险年代》（此语出自苏加诺 1964 年 8 月的演说）即以此为背景。电影以克里斯汀·科克的同名小说为基础，描述的是 1965 年夏，反对独裁政府的公众运动达到高潮，整个印度尼西亚几乎要陷入内战。新来的澳大利亚记者哈密尔顿（梅尔·吉布森饰）得到身材矮小的印度尼西亚华人摄影师比利·关（琳达·亨特饰，因出色演技获得奥斯卡奖）的帮助。比利·关对苏加诺未能履行诺言越来越失望，让哈密尔顿见识到了印度尼西亚社会的阴暗面以及与印度尼西亚共产党有关联的激进分子，他们计划在雅加达发动政变。

　　当雄心勃勃的、打算做个大报道的记者哈密尔顿无意间卷入共产党的政变计划时，影片进入高潮。哈密尔顿引起了政府当局的猜忌。印度尼西亚似乎即将进入大规模动荡，哈密尔顿终于意识到危险，登上了最后一班离开雅加达的飞机。其他人却没这么幸运，苏加诺的安全警察严厉镇压了抗议运动。

　　《危险年代》是一部被低估了的重要影片，它戏剧性地描绘了因冷战而陷入不稳定的地区所发生的重大事件。美丽的风景以及动人心弦的电影情节（电影是在菲律宾拍摄的，因为小说在印度尼西亚被禁）营造出印度尼西亚这一热带天堂的紧张氛围。

　　军方和虔诚的穆斯林痛恨苏加诺对共产党的日益倚重，穆斯林尤其因苏加诺拒绝建立以伊斯兰教教义为基础的印尼而坐立不安。1965 年，印尼军官发动政变，激起大规模民众暴动，数十万人因被怀疑为共产党而遭杀害，其中许多都是长期遭穆斯林嫉恨的华人。1967 年，印尼建立了苏哈托（Haji Mohammad Suharto，1921—2008 年）统治下的军事政府。

　　新政府并不自诩要转向西方民主，但确实恢复了与西方的良好关系，寻求外国投资，以修复遭受重创的经济。不过，苏哈托政府也试图抚慰要求建立伊斯兰教国家的穆斯林。

● 走向政治改革

20世纪70年代末，随着越战的结束和中美建交，东南亚从独立后前30年的动荡不安逐渐进入政治更稳定和物质繁荣的新时期。在菲律宾，费迪南德·马科斯的独裁统治于1986年被起义民众推翻，取而代之的是几年前被暗杀的政治家贝尼格诺·阿基诺的遗孀克拉松·阿基诺（Corazon Aquino，1933—2009年）总统领导下的民选政府。不过，阿基诺也没能解决菲律宾长期以来的经济和社会问题，政治稳定依然任重道远。同时，南部棉兰老岛的穆斯林为寻求自治或独立发起了恐怖主义运动。

其他东南亚国家发展形势良好。马来西亚正在实行民主制度，尽管马来人与华人、世俗化穆斯林与要求建立伊斯兰社会的正统穆斯林间的紧张关系仍长期存在。邻近的泰国，军方认为举行全国大选、选举文官政府更有利，但政治深处始终存在着军方掌权的危险。2008年秋，民众针对现政府的大规模抗议使泰国社会陷入瘫痪的风险之中。缅甸仍由军事集团控制，尽管近来有迹象显示政府愿意调整政策，向外部世界开放。

苏哈托之后的印度尼西亚

多年来，在政治多元化趋势中，印度尼西亚都是一个例外，在那里，苏哈托毫无顾忌地独揽大权。不过，1997年，抗议者反对广泛存在的官员腐败，穆斯林要求伊斯兰教在印度尼西亚社会中拥有更重要的地位，结果导致街头暴动，并要求苏哈托辞职。1998年春，苏哈托被迫下台，由其代理人B. J.哈比比（B. J. Habibie，1936—2019年）接任总统。哈比比要求建立全国议会，选举出基于民众意愿的新政府。

新政府面临着要求自治或独立的国内不同政见者以及寻求将国家转向伊斯兰社会的宗教势力的挑战。在国际社会的压力下，印度尼西亚同意居民多数是罗马天主教徒的前葡萄牙属地东帝汶独立。不过，亲印度尼西亚的军事组织发动的暴动导致许多难民逃离本国。印度尼西亚群岛的其他地方也爆发了穆斯林与基督教之间的宗教冲突。同时，发生于巴厘岛的直接针对游客的恐怖袭击（即2002年10月12日的巴厘岛恐怖袭击案，造成202人死亡。——译注）引起了人们的恐惧，南亚的伊斯兰国家已经成为恐怖主义分子的避难所。

2004年的总统直选中，苏西洛·尤多约诺（Susilo Yudhyono，1949—　）击败了时任总统、苏加诺的女儿梅加瓦蒂·苏加诺普特丽（Megawati Sukarnoputri，1947—　）。新总统许诺将带领国家走向政治稳定清明、经济改革的新时代，并将给予全国33个省更多的自主权。传统穆斯林要求去世俗化、建立伊斯兰国家的压力持续存在，不过宗教和民族紧张关系的程度有所下降。2009年大选中，尤多约诺成功连任，但伊斯兰群体的支持率从 38% 下降到 26%。在这么紧张的局势中，印度尼西亚还能进行民主选举，这给它的未来带来一些希望。

例外的越南

越南一直是个特殊案例。1975 年春，随着西贡陷落，河内共产党政府在对南越的战争中取得了胜利，1986 年，越共领导人按照苏联戈尔巴乔夫的改革模式，实行了越南版的改革。近些年来，越南的趋势是朝着资本主义和社会主义的混合形式方向发展，并且在治国过程中越来越受欢迎。越南一院制国会的选举也比过去更开放。然而，政府仍然不信任西方式民主，并且打压任何反对共产党在国家中的领导地位的意见。

金融危机和复苏

东南亚朝更具民主性体制方向发展的趋势部分归因于持续的繁荣和受教育的富裕中产阶级的增长。印度尼西亚、缅甸和越南、老挝、柬埔寨这三个印度支那国家仍是农业国，但马来西亚和泰国则一直是经济发展相对较快的国家。

不过，1997 年夏末，随着金融危机席卷东南亚，经济增长受到威胁，民众的全球化最有益的信念也被动摇了。此次危机的爆发是一系列问题激发的，包括政府在野心勃勃的发展项目上过度开支导致的预算赤字不断增加、金融机构不负责任的借贷和投资行为、当地货币对美元的估值过高。一个潜在问题是政商幕后交易盛行，这两个群体获利变富，其代价则是经济的最终混乱。

由于东南亚的本地货币价值暴跌，国际货币基金组织同意提供援助，但唯一的条件是，有关国家的政府要允许其经济体系有更大透明度，允许市场更自由地运行，即便其代价是破产和失业。到 2000 年代初，有迹象显示，东南亚的经济已经平安度过了金融危机，并且开始复苏。经济增长的另一个挫折是 2004 年 12 月袭击东南亚的海啸，这是一次巨大的人类悲剧，但随着 21 世纪前十年的过去，东南亚又重新崛起。现在，除了极少数例外，东南亚国家是世界上发展最快的国家。

表 29.2　1945 年以来的东南亚大事记

事　件	时　间
菲律宾独立	1946 年
法越战争开始	1946 年
缅甸独立	1948 年
印度尼西亚独立	1950 年
马来西亚独立	1957 年
苏加诺开始在印度尼西亚实施"有引导的民主"	1959 年
印度尼西亚军方夺权	1965 年
东南亚国家联盟成立	1967 年
西贡落入越南民主共和国军队手中	1975 年
越南入侵柬埔寨	1978 年
克拉松·阿基诺当选为菲律宾总统	1986 年
越南从柬埔寨撤兵	1991 年
越南加入东盟	1996 年
苏哈托卸任印度尼西亚总统	1998 年
海啸造成东南亚的大规模伤亡和损失	2004 年
泰国爆发反政府抗议运动	2008 年
尤多约诺再度当选为印度尼西亚总统	2009 年

● 地区冲突与合作：东南亚国家联盟的崛起

东南亚国家也由于自身内部的紧张关系而发展受阻。造成这些紧张关系的部分原因是历史上的争战和在漫长的殖民统治时期被掩盖的领土之争。比如，柬埔寨与近邻泰国、越南在边界问题上争辩不休。这些边界起初是法国人为便利自己而划分的。

1975年，西贡陷落和越南统一后，柬埔寨和越南的边界冲突再起。1975年4月，波尔布特（Pol Pot，1925—1998年）为首的红色高棉残暴革命政权上台执政，制造了超过一百万人死亡的大屠杀。随后，红色高棉宣称湄公河三角洲的大片领土是越南人在数百年前从柬埔寨手中夺走的，于是，越过边境进攻越南。作为回应，越南军队于1978年12月入侵柬埔寨，建立了亲越的金边政权。

昔日的共产主义盟友，而今之间引发的战争受到了邻近其他国家的广泛关注。1967年，几个非共产主义国家建立了东南亚国家联盟。东盟的成员国有印度尼西亚、马来西亚、泰国、新加坡和菲律宾，它最初的重点是社会和经济合作。不过，越战结束后，东盟开始与其他国家合作，促成越南从柬埔寨撤军。1991年，越南最终撤出柬埔寨，金边建立了新政府。

东盟从一个多国家的松散联盟发展为更强大的组织，成员国之间的军事和政治合作让东南亚国家在世界舞台上可以代表其共同利益而一致发声。1996年，越南加入东盟。

● 日常生活：当代东南亚的城市与农村

印度的农村—城市二元对立也存在于东南亚。在那里，城市如同西方，农村却似乎与前殖民时代相比没什么变化。曼谷、马尼拉、雅加达等城市，宽阔的林荫大道旁林立着摩天大楼；而在城市周边，却是泥泞小路，两边挤满了茅草或铁皮屋顶的小木屋。最近几十年来，数百万东南亚人逃离到这些城市的贫民窟中。尽管大部分人能找到的都是苦力活，但收入总比农村高。

传统风俗，现代价值观

城市移民改变的不仅是外部环境，还包括人们的态度和价值观。有时，从农村到城市后，人们的传统信仰遭到了削弱。尽管如此，佛教、伊斯兰教和儒家信仰仍然很强烈，即便是曼谷、雅加达和新加坡这样的大城市也不例外。对传统的这种喜好也显示在生活方式中。本土服饰——或亚洲与西方合璧的服饰——仍然很常见。尽管西方摇滚乐在年轻人中很时髦，但传统音乐、艺术、戏剧和舞蹈仍然流行。不过，也有印度尼西亚的电影人抱怨，西方电影开始主宰电影市场。

女性地位的变化

近几十年来，东南亚最重要的变化之一是女性在社会中的地位。总体来说，历史上东南亚女性的行为举止受限较少，与亚洲其他地方的女性相比，享有更高的地位。尽管如此，她们在各方面都不能与男性平等。随着各国的独立，东南亚女性也获得了新的权利。事实上，所有新独立国家的宪法都确认女性拥有完全的政治权利，包括工作的权利。现在，女性有更多的受教育机会，也进入了以前男性控制的领域。女性在政治领域中更为活跃，有些还成为国家首脑。

然而，在东南亚任何一个国家，女性都没有真正地与男性平等。越南，女性法律上与男性平等，但直到最近女性都没有进入越共政治局。泰国、马来西亚和印度尼西亚，女性几乎很少在政府部门或大公司董事会中担任要职。

● 不断变动的地区

今天，在越战和冷战的紧张关系中东南亚所折射出的西方形象已成记忆。东南亚各国建立了一个可以服务于其共同的政治、经济、技术和安全利益的地区组织框架——东盟。一些东盟成员国正向先进国家发展。

诚然，麻烦还在继续。20 世纪 90 年代末的金融危机给印度尼西亚带来了严重的政治动荡，东南亚的经济虽然正在复苏，但仍要承受金融危机的伤痛。东南亚还存在激进的伊斯兰恐怖主义组织。尽管缅甸显示出可喜的变化迹象，但这个国家仍处在长期不发达的状态。印度支那三国仍然存在不稳定的可能性，整体上也还没有完全融入东南亚。不过，即便存在以上这些顾虑，东南亚的形势也比几十年前好转了许多。与非洲和中东地区的情况不同，东南亚各国搁置了殖民时代的痛苦遗产，拥抱二战后期席卷世界的全球化浪潮。

■ 日本：亚洲巨人

□ 问题：二战结束后，盟军是如何改变日本的政治体制和经济体制的？又有哪些方面保留了下来？

1945 年 8 月，日本满目疮痍，城市一片瓦砾，这个庞大的亚洲帝国灰飞烟灭，其领土被外国军队占领。半个世纪后，日本成为世界上第二大工业国，形式和内容都是民主体制，也是整个亚洲地区稳定之源。日本的成功催生出许多仿效者。

● 现代日本的变革

太平洋战争结束后的 5 年中，日本由道格拉斯·麦克阿瑟将军（Douglas MacArthur）统率的盟军占领军司令部统治。作为占领军的统帅，麦克阿瑟负责对日本社会进行民主化改造，摧毁日本的战争机器，试图用战争罪起诉日本平民和军官，确立战后日本社会的基础。

日本军国主义的一个重要支柱是大财阀。盟军的政策就是打散大财阀，其信念是，公司过于集中不仅会妨碍竞争，本质上也是不民主的，容易倒向政治威权主义。盟军当局还打算弱化国家对经济的控制权，为受压迫的日本工人充当发言人。通过广泛的土地改革——将土地分给耕种者，农村的经济不平等减少了。最后，教育体制也按照美国路线进行改造，以此培养独立的个体而非被国家操控的机器。

盟军重塑日本社会的计划可谓雄心勃勃，甚至有些大胆，不过，其远见卓识和无私的动机受到了广泛颂扬。这一改造计划的部分内容如宪法、土地改革、教育体制改革等，都极为成功。出于其他顾虑，有些改变或妥协并非始终是成功的。尤其是随着 20 世纪 40 年代末美国国内冷战情绪的上升，分散日本经济的目标让位于使日本成为保卫东亚免受国际共产主义影响的关键伙伴的愿望。美国决策者确信要推进日本的经济复兴，显示出对财阀的更多宽容。由于关心新的劳工运动中不断增长的激进主义倾向，美国占领当局不那么重视工会的独立性了。

冷战也影响了美日关系。1951 年 9 月 8 日，美国和其他一些交战国签订了恢复日本独立的《旧金山对日和平条约》。作为回报，日本放弃对朝鲜、南库页岛和千岛群岛等从前殖民地的所有权。同一天，日本和美国还订立了《共同合作及安全保障条约》，同意美国在日本保有军事基地。新宪法中的一项条款规定日本放弃了将战争作为国家的一种工具，并且禁止拥有常备军。

政治与政府

盟军占领军当局认为，日本的扩张与明治政府的宪法和意识形态基础直接相关。因此，他们开始将日本政治改造为更接近大部分西方国家所采用的多元化模式。不过，战后日本政治体制的许多特征反映出传统政治文化的韧性。尽管日本实行的是自由民主党和社会党为主的多党制，但实际上却是"政府党"和永久的反对派——30年来自民党都没有下台。

1993年，自民党由于政商之间的长期腐败，以及任人唯亲而被动摇，且未能在国会选举中获得多数席位时，传统为之一变。不过，新的联合政府很快因派系矛盾而分裂。1995年，自民党重掌政权。继任的首相无法兑现实行改革的诺言。2001年，曾任厚生大臣的小泉纯一郎（1942——　）当选首相，其个人魅力激起了人们的期望，希望他能带来重大变革，但官僚体制对改革的阻碍以及自民党内部长期的派系斗争使新首相的改革努力遇挫。2009年，小泉纯一郎卸任三年后，自民党再度丢了执政权。不过，后来的日本政府同样饱受批评——在2011年大地震和袭击本州的海啸后应对无能。

融合的日本

困扰现在日本制度的一大问题是源自明治时期的集权化倾向。政府是在集权基础而非联邦制基础上组织起来的，地方行政单位——县——几乎没有美国各州那样的权力。而且，中央政府在经济、调停劳资纠纷、制定物价和工资、补助重要出口产业的工业和企业等方面都扮演着积极乃至有时是指导性的角色。政府对经济的这种干预在历史上被广泛接受，也常常被认为是日本工业高效和成为工业巨人的关键原因。

不过，近年来，政府积极干预经济的传统遭到抨击。此前寻求政府保护的日本商界现在认为，为了有竞争力，应当放松对企业的管制，促进日本企业的创新。然而，这样的改革一直遭到东京强势政府各大臣的反对，他们习惯了在国家事务中扮演活跃角色。

第三个问题在于，自民党长期以来就派系林立，各自都要保护自身的利益，常常抵制那些可能整体上对社会有益的改革。这种派系主义传统常常使政治人物不受大众的监督，也激发了人们对秘密交易和官员腐败的敏感。不少高官——包括最近两任首相——都因与商界有严重的不正当金钱交易而辞职。毫无疑问，政治腐败是自民党在1993年和2009年大选中遭遇失败的主因，这一问题仍在继续折磨着日本政界。

弥补过去

还要提及的是挥之不去的社会问题。少数民族即现在所说的部落民以及朝鲜居民一直受到法律和社会的歧视。多年来，越来越多的证据显示，二战期间数千朝鲜女性被迫充当"慰安妇"，然而官方不愿意公布这些证据。许多生活在日本的朝鲜人表示，这种偏见一直存在。"慰安妇"代表要求日本政府对她们在战争期间的遭遇进行经济赔偿和正式道歉。几年来，有关"慰安妇"问题的谈判一直在进行。

日本在二战期间的作为尤其是个敏感问题。20 世纪 90 年代初，国内外的批评者指责，日本文部省批准的教科书没有充分讨论二战期间日军犯下的暴行。其他亚洲国家就日本政府对二战期间其所犯战争罪行的不负责任尤其愤怒，要求日本政府道歉。日本政府表示懊悔——但其语境是帝国主义时代所有殖民国家都有过侵略行为。

● 经济

经济领域中，没有哪个国家如二战后的日本那样变化显著。一个世纪内，日本发展成为一个主要工业和技术强国，超过了许多西方发达国家，如德国、法国和英国。尽管这种"日本奇迹"常常被描述为从二战后才开始的，是盟军改革的结果，但日本的经济发达实际上是从早得多的明治维新时代就开始的。明治维新推动了日本从半封建体制为基础的专制社会转变为进步的资本主义民主社会。

盟军的改革

如前面所指出的，盟军当局将集权的明治经济体制与日本军国主义的兴起等同起来。不过，随着冷战紧张局势的到来，拆散财阀的政策遭弃。盟军仍允许公司之间有松散的联系，新型的非正式关系即经联会或企业集团开始成形。通过这种供应商、批发商、零售商和金融组织之间的联系，财阀制度实际上不过是换了个名头。

占领军当局对农业体制的改革更成功。日本农业人口占总人数的一半，半数农民又都是佃农。通过土地改革，所有不属于地主的土地和可耕地面积超过最大限度的土地，都将以宽松信贷的方式出售给佃农。这一改革创立了一个强大的自耕农阶层，佃农占农村人口的比重下降到 10%。

"日本奇迹"？

接下来的 50 年里，日本重新开创了明治时代的惊人成就。1950 年，日本的国内生产总值大概是英国或法国的 1/3。30 年后，其国内生产总值超过了英国和法国的总和，相当于美国国内生产总值的一半多。日本是世界上最大的出口国之一，其人均收入相当于，甚至超过西方最发达的国家。

然而，在过去的几十年里，日本经济遭遇了严重困难，人们开始质疑日本模式是否如早先观察人士所宣称的那样有吸引力。日元升值不仅影响了出口，也让在日本政府保护伞下的日本银行的投资泡沫破灭。由于缺乏美国规模的国内市场，20 世纪 90 年代，日本经济进入衰退期，至今尚未完全复原。2008 年和 2009 年，随着全球金融危机引起日本出口量的大幅下降，日本经济呈现更不景气之态。

这些经济困难给日本经济自夸的一些特征带来沉重压力。终身雇佣的传统造就了臃肿的白领阶层，也使其瘦身困难。现在，随着越来越多的工人被解雇，工作保障也在下降。不成比例的负担落在了缺乏资历并且一直在职场遭到各种歧视的女性身上。

最后一个改变缓慢而无情，日本市场向外开放，面临着国际竞争。外国汽车制造商在日本国内市场的份额不断增加，而政府——关心粮食短缺的情况——致力于推进进口大米。近年来，日本消费者越来越挑剔某些国内产品的质量，一位大臣就对日本公司的"漫不经心和自鸣得意"抱怨连连（即便在汽车质量检测中一直排名靠前的丰田公司，最畅销的车型也始终存在质量问题）。2011 年袭击日本沿海的地震和海啸暴露出日本政府对核电站的保障措施不力，也进一步加重了日本的困难。灾难过后，沿海重建给已经面临信任危机的日本领导人提出了又一重大挑战。

● 转变中的社会

占领日本期间，盟军首脑开始改变那些他们认为在二战前和二战期间导致日本侵略性的社会特征。新的教育制度删除了所有的忠君内容，突出西方文明中的个人主义价值观。新宪法和修改后的民法废除了对女性离婚、工作或定居权的限制。女性有选举权，鼓励她们参与政治。

这种通过立法重塑日本人行为的努力得失兼有。过去 60 年里，毫无疑问，日本成为更个人主义化和平等的社会。与此同时，日本传统社会的许多特性保留至今，尽管形式上已经有所变化。比如，强调对集体和社区关系的忠诚在战后对日本企业的忠诚度上得以反映。

日本仍然高度重视职业道德。人们在年轻时就学到了努力工作的传统。日本学校每年运行 240 天，与美国的 180 天形成鲜明对比，课外作业也更多。其结果引人注目：日本学龄儿童的考试成绩比其他发达国家的更高。同时，这种一心求成功的心态也常常伴随着教师的霸道和对顺从的重视。

然而，不管如何，在日本，独立思考在增强。在某些情况下，这会导致反社会行为，如犯罪或加入青少年犯罪团伙。通常来说，独立思考是以更间接的方式表达的，如近年来青少年中流行将头发染成棕色（日本人谓之茶色）。由于许多学校禁止染发，长辈们也不赞同（酒吧里，有个警察局长发现一个染棕发的学生后，往他头上倒了一罐啤酒），许多学生将染发视作一种独立姿态。然而，在找工作或结婚时，他们常常将头发恢复本色。

家庭与社会

日本的校规

日本对学龄儿童成长环境的要求比美国更严格。例如，大多数日本中小学生穿着黑白校服去学校。日本文部科学省总结了一些过于严苛的规定，但它们可能是极为典型的。以下为日本各地中学的典型校规。

1. 男生头发长度不能超过眉毛、耳朵或衣领边缘。

2. 发型不能一成不变，不能染发。女生头发不能系发带或饰品。不可使用吹风机。

3. 校服裙子的长度应当限定为____厘米，不可过长或过短（数据根据学校和地区各不相同）。

4. 始终保持校服干净、整齐。女生衬衫后领上需有两颗扣子。男生裤子裤腿宽度应当保持一定。鞋子的鞋孔不能超过12个。衬衫扣子和褶子数量也有规定。

5. 始终佩戴校徽，并必须佩戴在正确的位置。

6. 早晨上学时，书包背在右肩上；放学时则背在左肩上。书壳的厚薄或是否包装书皮也有规定。

7. 女生只能穿纯棉的白色内裤。

8. 举手回答时，手臂应当向前伸并按照手册规定的角度举起。

9. 学生守则里规定了来校和离校路线；要谨慎遵照手册中的路线和街道，以及从哪边来校和离校。

10. 放学后，须直接离校回家，除非家长有书面便条允许学生去另外的地方。除非学校认为学生要去的地方安全合适，否则可能不会允许学生前往。学生不能去咖啡厅。必须在____点前到家。

11. 不许骑摩托车，也不可自行驾车。

12. 无论在哪里，都须尊重自己的学校，应当举止规矩。

□ **问题**：这些规定的目的是什么？为什么就学生的举止行为上，日本会比大多数西方国家设置更多的规定？

日本社会中的女性

日本社会过去最顽强的遗产之一是性别不平等。尽管现行法律禁止求职中有性别歧视，但只有极少女性在商业、教育或政治领域中身居高位。女性现在在劳动力中的比例近 50%，但大部分女性从事的是零售业或服务业。只有不到 10% 的管理岗位上有女性的身影，与美国近一半的比例形成反差。日本也有女权主义运动，但却没有美国女权运动般有活力和获得大众支持。

人口危机

日本现在的许多困境都源自其日益严峻的人口问题。现在，日本在工业化国家中，65 岁以上的老龄人口比例最高——占全国总人口的将近 23%。据估计，到 2024 年，日本将有 1/3 的人口超过 65 岁，中间年龄是 55 岁，比美国的中间年龄大了 10 岁。这种人口结构要归因于生育率下降和移民率低。移民占日本人口的比重仅为 1%。总之，老龄化人口和缺少移民导致未来几年中，日本将面临劳动力极度短缺。尽管如此，日本对外国人仍存偏见，政府也不愿意放松对来自亚洲其他国家移民的限制。

日本的人口老龄化对未来有多重影响。按照传统，日本家庭中一般是长子负责赡养父母，但由于住房有限和工作的年龄，女性越来越倾向于在劳动力市场上找工作，这一体系开始崩溃。日本与子女生活在一起的 65 岁以上人口的比例从 1970 年的 80% 下降到现在的 50%。同时，公共和私人退休金的财政压力越来越大，部分原因在于低生育率和人口老龄化。

宗教和文化

如西方一样，城市化的不断加强使日本有组织的宗教活动减少，尽管近年来福音派信徒激增。最大并且最著名的宗教团体是佛教组织创价学会，有数万信徒，并且还有自己的政党——公明党。禅宗非常流行，有些商人也利用禅宗的方法学习如何集中意志力，以此战胜竞争对手。还有许多人信奉神道教，不再认同对天皇或国家的崇敬。

西方文学、艺术和音乐也对日本社会产生了重大影响。二战后，许多在战前非常活跃的作家再度活跃于文坛，不过他们现在的作品主要反映民主化。许多人被存在主义吸引，有些人转向了享乐主义和虚无主义。对于那些幻想破灭的作家来说，因担心战后的日本美国化，失败感更加剧了。这种态度的最佳例子是三岛由纪夫（1925—1970 年），他领导了一场遏制他所形容的全世界，尤其是日本那种美国式的"普遍、统一的'可口可乐化'"潮流的圣战[1]。1970 年，三岛由纪夫切腹自杀，引发了人们的广泛猜测，也让他成了一个偶像人物。

日本最严肃认真的当代作家之一是大江健三郎（1935—　　）。1994 年，使他获得

---

[1] Y.Mishima、G.Bownas 编: *New Writings in Japan*, Harmondsworth, England, 1972, p.16.

诺贝尔文学奖的作品聚焦于日本对现代身份和目标的追求上。他笔下的人物反映出因日本帝国传统的崩溃以及此后采取西方文化而引发的精神苦闷。大江健三郎认为，这种趋势最终会导致毫不掩饰的物质主义、文化衰落和道德空虚。不过，与三岛由纪夫不同，大江健三郎并不希望重新灌输过去的帝国传统，而是主张通过恢复日本农村的集体意识和质朴天真重新找回精神意义。

自 20 世纪 70 年代以来，日本的日益富裕以及高识字率促进了大量出版物——从流行的快餐读物到一流小说——的出现。许多新作品都与所有富裕工业化国家共同关注的问题相关，包括城市化的影响、先进技术、大众消费。其中广受欢迎的一种文学形式是漫画艺术。一些反主流文化的青年用漫画来宣泄日本僵化的教育和循规蹈矩带来的压力。

日本文化的其他方面也受到西方思想的影响，尽管没有文学般明显注重互相结合。西方音乐在日本非常流行，许多日本古典音乐家也在西方取得了成功。即使是说唱音乐，在日本年轻人中也占有一席之地，但没有像美国那样，与性、毒品和暴力联系在一起。虽然有些歌词透露出对日本社会的拘谨的温和反抗态度，但大多数都缺乏这种内涵。

● 日本的区别

日本的独特性能否经久不衰，这一点尚未可知。人们对日本"经济奇迹"的信心由于长期的经济低迷而有所动摇，还有迹象显示，日本青年中的享乐主义和个人主义倾向越来越明显。年长的日本人常常抱怨，年轻一代缺乏忠诚感和牺牲精神。也有迹象表明，对雇主的忠诚可能在日本年轻人中开始消退。有些观察人士预测，随着日本的日渐富裕，它将更像西方工业化国家。尽管日本不太可能演变为美国的复制品，但数百万带着公文包、穿着细条纹西装的竞竞业业的工薪族赶去上班的夸张形象，可能再也不是当代现实的真实写照。

■ 韩国和新加坡

□ 问题：哪些因素使得韩国、新加坡取得如此出色的经济成就？在强化其发展战略上，它们是怎样借鉴日本模式的？

战后日本在应对西方资本主义挑战上的成功很快引起了其他亚洲国家的注意。到20世纪80年代，亚洲几个地区先后跟上了日本的步伐。

● 韩国：分裂的半岛

1953年，经历3年的激烈内战后，朝鲜半岛已经筋疲力尽。这场战争导致"三八线"两边的两个国家共有400万人伤亡。尽管1953年7月南北朝鲜订立了停火协议，但这是个脆弱的和平协议，留下了两个全副武装、互相敌视的国家彼此虎视眈眈。

"三八线"以北的是金日成（1912—1994年）领导的共产党政权——朝鲜民主主义人民共和国。南边是极端反共的总统李承晚（1875—1965年）为首的专制政权——大韩民国。经历了数年以政府腐败、选举舞弊、警察暴行为特点的残酷统治后，1960年春，韩国首都汉城（2005年1月，改名首尔）爆发了示威运动，迫使李承晚辞职。

1961年，韩国的一场政变让朴正熙（1917—1979年）掌握了政权。新政权颁布了新宪法。1963年，朴正熙当选总统。他开始促进韩国经济从数十年的外国占领和内战中复苏，通过推行一系列发展特定行业、促进出口、资助基础设施建设的五年计划，政府在经济复苏进程中起了积极作用。

复苏计划取得了坚实的胜利。得益于节俭、尊重教育、努力工作的儒家准则以及来自日本的资本和技术，韩国逐渐成为东亚的一大工业国。韩国规模最大的一些公司——包括三星、大宇、现代——转变为与战前日本财阀相类似的企业集团。韩国的商业开始在亚洲和世界的出口市场上与日本展开激烈竞争。

如同东亚其他许多国家一样，韩国在民主体制方面发展缓慢。尽管朴正熙政府表面民主，但他继续以专制手段进行统治，压制任何形式的异议。1979年，朴正熙被暗杀。短期的民主过渡后，1980年，以全斗焕（1931— ）为首的新军事政府上台执政。新政权同其前任一样专制，不过，在1987年的学生暴动后，到20世纪80年代末，反专制统治的运动已经深入到大部分城市人口的心中。

1989年，韩国终于举行了全国选举，并且转向文官统治。此后的几任总统都试图遏制腐败，同时打击财阀，开启与朝鲜共产党政府的联系，以期最终实现朝鲜半岛的统一。1997年亚洲金融危机后，韩国的经济状况暂时恶化。不过，韩国从经济危机中恢复过来，现在，韩国在世界市场上的竞争力越来越强。韩国日益增长的自信的象征之一是2007年上任的总统李明博（1941— ）。李明博此前是首尔市长，他在美化城市和提升同胞的生活质量方面做出了严格的努力——包括推行新的一周五天工作制——而闻名。不过，李明博最严峻的挑战是，如何保护严重依赖出口的国家经济免受近来经济危机的影响。

同时，韩国与走向核化边缘的朝鲜的关系仍然紧张。尽管朝鲜在 2009 年宣布成功进行了核试验，但多国一直在劝导朝鲜放弃核计划。更让半岛形势不稳的是，金日成的儿子金正日（1941—2011 年）突然于 2011 年死去，引起了朝鲜的继任危机，继任者是其子金正恩。

● 新加坡

新加坡的人口密度非常大。它曾是英国的殖民地并且一度成为马来西亚一部分，现在则已经是一个独立国家。近年来，新加坡成为工业强手，其生活标准远在周边地区之上。

新加坡的成功必须归因于其政治领导人的意志和能力之强。1965 年 8 月，新加坡独立时，它长期以来作为印度洋与南中国海之间的贸易转口地的地位已衰落。

10 年内，新加坡的地位和声誉得到极大的改变。在总理李光耀（1923—2015 年）的领导下，新加坡政府培育了颇有吸引力的商业环境，同时，开展了大量解决其 200 万民众的食、住和教育的公共建设。新加坡的成就主要体现在造船、炼油、旅游、电子和金融方面，这个城市国家已经成为整个亚洲的金融中心。

如同韩国一样，集权的政治体制确保了新加坡经济增长所需的稳定环境。到 1990 年离职时，李光耀及其人民行动党主宰了新加坡的政治，反对派人士在威吓下或沉默，或被捕。李光耀公开表示西式的多元民主不适合新加坡。节俭朴素、勤奋工作、服从权威的儒家价值观作为国家意识形态被提倡。

不过，随着越来越多的民众发声要求更多的政治自由、结束家长制政府，经济成功也开始削弱集权制度的基础。2004 年，李光耀的儿子李显龙（1952—　　）任总理。在他的领导下，政府放松了对言论自由和集会的限制，2011 年的选举中，李显龙获得了在野党的更多支持。

● 如何解释东亚奇迹？

怎么解释日本、韩国和新加坡转变为可以与欧美发达国家一争高低的出口型社会的出色能力呢？有些分析家将其指向儒家社会的传统特点，如节俭、职业伦理、尊师重教、服从权威。最近对亚洲行政部门的调查显示，超过 80% 的人表示，他们相信亚洲价值观不同于西方价值观，大多数人都认为，这种价值观对该地区近期的成功功不可没。还有人更强调政府和经济领导人采取的恰当审慎政策成功应对了这些地区面临的政治、经济和社会挑战。

没有理由质疑东亚传统社会的文化因素造成了它们的经济成功。确实，朴素、勤奋、个人意愿服从集体利益等习惯均提高了政府专注解决集体利益的能力。不过，如同前些章节所显示的，如果没有政治精英的激励，这种传统也不能有效地为社会的整体利益服务。东亚其他地方的政治精英也意识到传统价值观的重要性，并愿意将其用于国家发展。实际上，东亚在战后的迅速崛起并非奇迹，而是良好的文化因素和深思熟虑的人为作用相结合的幸运结果。

● 亚洲边缘：澳大利亚和新西兰

严格来说，澳大利亚和新西兰并不是亚洲的一部分，在这两个国家的历史上，它们在文化和政治上都等同西方而非其亚洲邻国。它们的政治体制和价值观源自欧洲，其经济也类似于发达国家而非东南亚的前工业化国家。它们还都是英联邦的成员国以及美国领导的澳新美同盟的成员。

不过，近年来的潮流也一直在影响澳大利亚和新西兰，尤其是更靠近亚洲的澳大利亚。首先，来自东亚和东南亚的移民迅速增加。澳大利亚超过半数的现有移民来自东亚，现有人口中，有 7%、共计 1800 万人有亚洲血统。在新西兰，亚裔人口的比重只有 3%，约 350 万人，但 12% 的人口是毛利人，即 1000 年前定居在新西兰岛的波利尼西亚人。其次，与亚洲的贸易关系日益紧密。澳大利亚现在有 60% 的出口市场在东亚，东亚在澳大利亚进口市场所占比例也有 50%。亚洲与新西兰的贸易往来同样在增加。

━ 本章小结

二战结束后，亚洲人民从一个世纪的帝国主义统治转向了面对建立稳定繁荣的独立国家挑战的新时期。起初，由于政治领导人不得不处理殖民主义的遗产、解决对未来的内部观点分歧，因而进展缓慢。不过，到 20 世纪末，亚洲的大部分国家都奠定了建立先进工业社会的基础。现在，如中国、日本和印度等一些亚洲大国已经成为世界市场上西方先进国家的强劲对手。

经济迅速发展也付出了牺牲环境的代价。一些国家的工业污染以及东南亚森林的破坏日益威胁着脆弱的生态系统，也使该地区国家间产生摩擦。除非它们能够在将来有效合作，应对挑战，否则，终将破坏已经取得的巨大经济和社会进步。

当然，历史表明，大部分东亚和南亚国家在应对独立后所面对的诸多挑战中取得了显著进步。政治多元化往往是经济增长的副产品，同时，生活标准的提高也能让该地区的人民应对他们面前的社会和环境挑战。

本章思考

— **问题 1**：东亚和南亚国家现在面临着什么样的问题？这些国家的政治领导人试图怎样解决这些问题？

— **问题 2**：独立对东亚和南亚的女性产生了什么样的影响？

— **问题 3**：东南亚地区各国是如何将少数民族和其他宗教群体融入其政治体制的？

拓展阅读

关于 1945 年以后的印度次大陆。战后印度通史，可以参考 S.Tharoor, *Indian*: *From Midnight to Millennium*, New York, 1997。关于尼赫鲁，可以参考 J.Brown, *Nehru*: *A Political Life*, New Haven, Conn., 2003。英迪拉·甘地的传记，可以参考 K.Frank, I*ndira*: *The Life of Indira Nehru Gandhi*, New York, 2000。巴基斯坦的情况，可以参考 O.B.Jones, *Pakistan*: *Eye of the Storm*, New Haven, Conn., 2002; C.Baxte, *Bangladesh*: *From a Nation to a State*, Boulder, Colo., 1997。

关于 1945 年以来的东南亚。有不少东南亚的近现代通史著作，如 N.Tarling, *Southeast Asia*: *A Modern History*, Oxford, 2002。更学术化的讨论，可以参考 N.Tarling 主编：*The Cambridge Histry of Southeast Asia*, vol.4, Cambridge, 1999。

T.Friend, *Indonesian Destinies*, Cambridge, Mass., 2003，是了解印尼社会和文化的比较好的入门之作。东南亚恐怖主义的问题，可以参考 Z.Abuza, *Militant Islam in Southeast Asia*: *Crucible of Terror*, Boulder, Colo., 2003。当代东南亚妇女问题的概论，可以参考 B.Ramusack、S.Sievers, *Women in Asia*, Bloomington, Ind., 1999。

关于 1945 年以来的日本。J.McLain, *Japan: A Modern History*, New York, 2001，比较全面地论述了战后日本各方面的问题。I.Buruma, *Inventing Japan*, New York, 2002，以新闻报道方式提出了日本未来民主的一些问题。

关于韩国、新加坡。可以参考 D.Oberdorfer, *The Two Koreas: A Contemporary History*, Indianapolis, 1997；Lee Kuan Yew, *From Third World to First: The Singapore Story, 1965-2000*, New York, 2000。

尾声　全球文明

　　2000 年，本书作者之一杰克森·J. 斯皮尔沃格和家人造访了德国纽伦堡，他惊讶地发现，他曾作为富布莱特项目学生时停留过的一个大火车站已经变成了麦当劳。麦当劳是 1940 年在加州开廉价汉堡店的兄弟俩头脑风暴的产物。他们将生意扩张到亚利桑那州时，开始用两个很远就能看到的金色拱门作店面标志。商人雷·克拉克（Ray Kroc）接管了麦当劳的生意后，麦当劳的金拱门在全美国迅速扩张。而且，它们还不止步于此。现在主要依靠计算机自动加工食品的快餐业还找到了国际市场。1971 年，麦当劳进入日本市场；1990 年，进入俄罗斯和中国；到 1995 年，麦当劳的一半门店都在海外；到 2000 年，麦当劳每天的客流量有 5000 万人。

　　麦当劳还只是无数利用先进技术和活跃于全球市场的美国公司中的一员。实际上，社会学家创造了麦当劳化（McDonaldization）这一术语，用来指代"快餐店的准则正逐渐支配着美国以及全世界其他地方越来越多的领域"[1]。如麦当劳这样的跨国公司带来了全球的社会同质化，也让我们意识到世界各国的政治、经济和社会相互依存，以及当代我们所面临的问题的全球性。这种全球意识的一个重要部分是技术维度。新技术让从前不存在交流的全球化成为可能。同时，本·拉登和基地组织则指责现代化的力量，他们用最近发展的通信系统传播他们的声音。这种技术革命将世界各地的人们和国家紧密地联系起来，带来了全球化——一个用来形容世界各民族与国家越来越相互依赖的术语。

---

〔1〕　引自 J.N.Pieterse：*Globalization and Culture*，Lanham，Md.，2004，p.49.

■ 全球经济

尤其是 20 世纪 70 年代以来，世界已经发展起全球性经济，产品的生产、分配和销售都在世界范围内进行。有几个国际组织促成了全球性经济的兴起。二战结束后不久，美国与其他国家创立了世界银行和国际货币基金组织，以扩大全球市场，避免 20 世纪 30 年代大萧条那样的经济危机。世界银行由 5 个发达国家控制的国际组织构成（即国际复兴开发银行、国际开发协会、国际金融公司、多边投资担保机构和国际投资争端解决中心），为发展中国家的经济发展提供担保、贷款和建议。国际货币基金组织则通过监管汇率和给发展中国家提供金融与技术援助来监督全球金融体系。现在，国际货币基金组织已经有 188 个成员。然而，有批评者认为，世界银行和国际货币基金组织有时推动非西方国家采取不适合它们的、只会加剧发展中国家的贫困和债务的经济举措。

新的全球经济秩序的另一个反映是多国或跨国公司的发展。跨国公司的出色例子包括西门子、可口可乐、埃克森美孚、三菱、索尼等公司。这些公司是世界 200 强跨国公司的成员，这 200 强跨国公司占了世界工业产值的一半多。2000 年，全球最大的跨国公司中，有 71% 的公司总部都集中在三个国家——美国、日本和德国。这些超级公司已经占据了世界上大部分投资资本、技术和市场。最近的公司销售额与国内生产总值的对比显示，世界最大的 100 个经济实体中，只有 49 个是国家，剩下的 51 个都是大公司。由于这样的原因，有些观察家认为，经济全球化用"公司全球化"来指代更合适。

经济全球化的另一个重要内容是自由贸易。1947 年，各国讨论达成了关税及贸易总协定，1955 年，这个全球贸易组织被世界贸易组织取代。世界贸易组织有 150 多个成员国，主要职能是达成贸易协定，调停贸易纠纷。它的目标是打开世界市场，将全球生产最大化，不过，许多批评家指责世界贸易组织忽略了环境和卫生，对中小和发展中国家造成了妨碍，也拉大了国与国之间的贫富差距。

在生产、资本和贸易都由于全球化而大大增加的同时，增加贸易的措施也导致世界金融紧密依存。金融市场现在的全球化程度之广，从 2008 年的金融危机——几乎不受监管的美国金融市场的崩溃迅速引发了世界经济的低迷——就可以看出。制造业暴跌，失业率上升，银行业衰退，世界各国都面临着新的、令人气馁的经济挑战。国际货币基金组织估计，全球产量在 2009 年下跌 1.3%，也是 60 年来的首次下降。尽管到

2010 年 5 月已经显示出经济复苏的迹象，但大部分经济学家认为，自 20 世纪 30 年代大萧条以来，全球最严重的经济下滑还远未结束。

■ 全球文化与数字时代

自 1971 年微处理器发明以来，计算机的计算能力呈飞跃式发展，使今天的我们进入了数字时代。从 20 世纪 80 年代起，苹果和微软等公司互相竞争，生产更强劲的计算机和软件。到 20 世纪 90 年代，技术产业的蓬勃发展使微软创始人比尔·盖茨成为世界首富。这一成功很大程度上归因于计算机在通信、信息和娱乐方面必不可少的一些创新。

● 全球交流

20 世纪 90 年代中期，电子邮件的发明改变了传播方式。同时，因特网尤其是万维网已是全世界人们交换信息的工具。随着网络技术的提升，新的交流形式出现了，如 Twitter，Facebook，Youtube 等。

电信技术的发展带来了移动电话以及后来智能手机的出现。尽管 20 世纪 70 年代和 80 年代就有了移动电话，但到 90 年代，这些设备的数字元件的尺寸才越来越小，使移动电话真正能够手持。手机的无处不在，以及它的数据电子化的能力使收发信息成为全球性传播方式。文本和即时消息带来书面语的革命化，因为速记简化法取代了完整的句子来传递简短信息。世界范围内，使用移动电话的人数从 1990 年的 1240 万人增长到 2009 年的近 46 亿人；2012 年，有超过 10 亿人使用智能手机。

苹果公司的诸多革新提升了消费者享受音乐、观看电影、网络搜索的能力，并且很快被其他公司效仿。可持音乐播放器 iPod 让音乐产业发生革命性变化，从网络上下载音乐产品基本取代了传统的购买唱片。iPhone 让使用者可以用手机连接因特网，可以源源不断更新来自 Twitter、Facebook 等各个信息点的资讯。可持平板电脑 iPad 畅销全球，发售后的 6 个月内，销售了 750 万台。

● 数字时代的现实

数字时代的传播和信息进步让不少人认为，世界文化日益相互依存和同质化。许多当代艺术家质疑计算机时代对身份和物质现实的影响。在有些人看来，虚拟现实时代已经取代了文化独特性和身体存在感。

当代艺术中的身体和身份

当代艺术家通过关注身体经验和文化准则，试图恢复数字时代已经消失的一些东西。出生在德国的美籍艺术家奇奇·史密斯（Kiki Smith，1954—　　）常常在解剖过程中创作身体雕塑。这些通常用蜡或石膏制作的作品质问围绕身体发生的包括艾滋和家暴在内的社会问题，同时重现身体体验。

当代艺术家也在继续探索西方和非西方世界之间的互动，尤其是全球性移民形成的多元文化。比如，伦敦出生、尼日利亚长大、现居英格兰的印卡·修尼巴尔（Yinka Shonibare，1962—　　）探讨混合身份概念，他将西方设计与非洲传统相融合，制作服装和真人大小的人物。

■ 全球化与环境危机

随着许多人以全球化视野看待 20 世纪，他们意识到，这个星球的每一个地方，人类与其呼吸的空气、喝的水、吃的食物、影响他们的气候都是互相依赖的。与此同时，人类活动也带来了威胁人类生存根基的环境挑战。

第一个问题是人口增长。到 2012 年 9 月，全球人口已经超过 70 亿，而从 50 亿到 70 亿只用了短短的 24 年。按照现在这个增速，据联合国长期人口预测估计，世界人口到 2050 年可能会达到 128 亿。结果是，人类对食物和其他资源的需求将给人类生态系统带来更大压力；同时，无法为越来越多的人口提供足够的食物，这个问题又因为几个大陆的干旱而进一步恶化，并且引起了严重后果，据估计，有 10 亿人口现在还在忍饥挨饿。每年，有超过 800 万人死于饥饿，许多是儿童。

另一个问题是，随着北半球的富裕国家消费了地球上的大量资源，人类的消费模式也在变化。比如，美国人口占全球人口的 6%，但消耗了全球 30%~40% 的资源。这种消费模式扩散到世界其他国家，带来了严峻的问题，即地球还能否支撑其自身及庞大的人口。例如，作为中国经济持续发展的结果之一，现在每年销往中国的汽车比美国还多。

另一个环境威胁是，很可能引起世界性危机的全球气候变化。几乎世界上所有科学家都一致认为，温室效应正导致灾难性的干旱和暴风雨、极地冰盖的融化以及海平面的上升——在 21 世纪后半期，这可能使沿海地区被淹没。另一个警钟是生物多样性的消失。有七成生物学家认为，地球现在正经历着动植物物种的惊人灭绝。

■ 全球化的社会挑战

从 1945 年以来，数千万人从一个地方迁徙到另一个地方。移民有多重原因。政治迫害使巴基斯坦、孟加拉、斯里兰卡和东欧国家的许多人逃往西欧各国避难，亚洲、非洲、中东和欧洲的内战也让数百万难民逃往邻国避难。不过，大部分人之所以移民是为了找工作。拉丁美洲人为了更好的生活移民美国，土耳其、南欧和东欧国家、北非、印度和巴基斯坦的工人则移民到更富裕的东欧国家。2005 年，约占世界人口比例的 3%、共计 2 亿人都生活在非出生国。

数百万移民也引发了许多国家的激烈社会反应。一旦国家面临经济困难，外籍工人常常就成了替罪羊。比如，法国和挪威的政党要求遣返黑人、穆斯林和阿拉伯人，以保护其民族或文化的纯洁性；而在亚洲国家，也有针对其他亚洲民族群体的敌意。

全球化的另一个挑战是国家间的贫富差距。富裕国家或发达国家主要位于北半球。美国、加拿大、德国、日本，都有组织良好的工业和农业体系、先进的技术、有效的教育体系。一些穷国，即发展中国家，主要分布在亚洲、非洲和拉丁美洲，以低技术含量的农业经济为主。许多发展中国家的一个严峻问题是人口爆炸式增长，并且由于土地贫瘠和经济条件导致食物严重短缺。比如，种植出口发达国家的经济作物可能对土地所有者来说，获利更大，但却让许多小农场只有很少的土地来种植粮食。

内战也导致了食物紧缺。战争不仅破坏了正常的农业耕种，而且，作战各方为削弱或杀死敌方，常常控制粮食。20 世纪 80 年代的苏丹内战中，当交战方都实行粮食控制时，有 130 万百姓被饿死。21 世纪初期，随着苏丹达尔富尔地区的紧张局势继续，许多人被迫离开土地。到 2004 年年中，据估计，有 7 万人仍在挨饿。

■ 全球性运动与新希望

随着人们意识到人类面临的问题并不只是哪一个国家或地区独有的，而是全球性的，他们也开始用不同方法来回应这种挑战。其中方法之一是发展包括致力于环境保护、两性解放、人类潜力、适当的技术和非暴力等在内的基层社会运动。"全球思考，地方行动"（Think globally，Act locally）往往成为这些草根组织的口号。与这种社会运动相关联的是非政府组织（NGO）的增长。有分析家指出，非政府组织是培养全球视野的一个重要工具。"非政府组织的定位是超越国界的利益，我们期盼所有的非政府组织从全球角度来定义问题，考虑到地球上所有地区的人类利益和需求"[1]。非政府组织通常以联合国为代表，包括各种专业、商业和合作组织，各种基金会，各种宗教、和平和裁军组织，青年和妇女组织，环境和人权组织，以及研究机构。国际非政府组织的数量从 1910 年的 176 个增长到 2007 年的 4 万个。

不过，全球问题的全球性解决方法的希望也受到政治、民族和宗教差异的阻碍。莱茵河沿岸工厂造成的污染激起了欧洲国家间的纠纷，美国和加拿大就加拿大森林遭受的酸雨所造成的影响上争论不休。俄罗斯和中国的干旱导致全球粮食供应困难，巴基斯坦的洪灾威胁着亚洲的稳定。苏联及其东欧卫星国体系的解体似乎对全球性问题的国际合作的可能性方面起了巨大推动作用，但它也几乎同时起了反作用。前南斯拉夫的血腥冲突揭示了东欧不同民族和宗教群体间民族主义情绪的内在危险。富裕的发达国家与较穷的发展中国家间不断扩大的贫富差距威胁着全球经济的稳定。许多冲突因宗教而起，进而引发了国际关注。国际恐怖主义组织在全球肆虐。

因此，即便世界在文化和关系的互相依存上越来越全球化，试图重新定义分割世界的政治、文化和民族的离心力量依旧存在。这些举动往往是破坏性的，有时候还能抵消提升人类命运的措施。不过，它们也代表着人类的特点和人类历史不可缺少的一部分，也无法在不懈努力地创建全球性社会过程中被压制。

随着环境破坏、人口过剩、资源匮乏等共同性危机越来越明显，有迹象表明，全球各国将有充分理由将他们的注意力从文化差异转向全球互相依存的要求。21 世纪可能的最大挑战是，将个人和群体认同的驱动力与人类社会的共同需求协调起来。

---

[1] E.Boulding, *Women in the Twentieth Century World*, New York, 1977, pp.187—188.

Supplements Request Form (教辅材料申请表)

Lecturer's Details（教师信息）

Name: (姓名)		Title: (职务)	
Department: (系科)		School/University: (学院/大学)	
Official E-mail: (学校邮箱)		Lecturer's Address / Post Code: (教师通讯地址/邮编)	
Tel: (电话)			
Mobile: (手机)			

Adoption Details（教材信息） 原版□ 翻译版□ 影印版□

Title: (英文书名) Edition: (版次) Author: (作者)	
Local Publisher: (中国出版社)	

Enrolment: (学生人数)		Semester: (学期起止日期时间)	

Contact Person & Phone/E-Mail/Subject:
(系科/学院教学负责人电话/邮件/研究方向)
（我公司要求在此处标明系科/学院教学负责人电话/传真及电话和传真号码并在此加盖公章.）

教材购买由 我□ 我作为委员会的一部份□ 其他人□[姓名：　　　¦ 决定。

Please fax or post the complete form to

（请将此表格传真至）：

CENGAGE LEARNING BEIJING
ATTN : Higher Education Division
TEL: (86) 10-83435000
FAX : (86) 10 82862089
EMAIL: asia.infochina@cengage.com
www.cengageasia.com
ADD: 北京市海淀区科学院南路 2 号
融科资讯中心 C 座南楼 707 室　100190

You can also scan the QR code,
您也可以扫描二维码，
Apply for teaching materials online through our public account
通过我们的公众号线上申请教辅资料

Note: Thomson Learning has changed its name to CENGAGE Learning